Meffert/Bruhn · Dienstleistungsmarketing

Heribert Meffert / Manfred Bruhn

Dienstleistungs-marketing

Grundlagen – Konzepte – Methoden

Mit Fallbeispielen

2., überarbeitete und erweiterte Auflage

GABLER

Prof. Dr. Dr. h.c. Heribert Meffert ist Professor der Betriebswirtschaftslehre, insbesondere Marketing und Direktor des Instituts für Marketing an der Westfälischen Wilhelms-Universität Münster.

Prof. Dr. Manfred Bruhn ist Professor für Allgemeine Betriebswirtschaftslehre, insbesondere Marketing und Unternehmensführung, am Wirtschaftswissenschaftlichen Zentrum der Universität Basel.

Die Deutsche Bibliothek – CIP-Einheitsaufnahme

Meffert, Heribert:
Dienstleistungsmarketing : Grundlagen – Konzepte – Methoden ; mit Fallbeispielen / Heribert Meffert/Manfred Bruhn. – 2., überarb. und erw. Aufl. – Wiesbaden : Gabler, 1997
ISBN 3-409-23688-0
NE: Bruhn, Manfred:

1. Auflage 1995
2. Auflage 1997

Der Gabler Verlag ist ein Unternehmen der Bertelsmann Fachinformation.

Lektorat: Barbara Roscher

Umschlaggestaltung: Schrimpf und Partner, Wiesbaden
Satz: FROMM MediaDesign GmbH, Selters/Ts.
Druck: Wilhelm & Adam, Heusenstamm
Bindung: Osswald & Co., Neustadt/Weinstraße
Printed in Germany

ISBN 3-409-23688-0

Vorwort zur zweiten Auflage

Die erste Auflage des Lehrbuches „Dienstleistungsmarketing" hat eine positive und schnelle Akzeptanz im Markt gefunden. So war es erforderlich, sich bereits ein Jahr nach dem Erscheinen der ersten Auflage mit einer zweiten Auflage zu beschäftigen. Dies haben die Autoren zum Anlaß genommen, nicht nur eine überarbeitete und aktualisierte, sondern auch eine wesentlich erweiterte zweite Auflage vorzulegen.

Bei dieser zweiten Auflage wurde die Grundkonzeption des Buches beibehalten. Die Überarbeitungen und Erweiterungen beziehen sich hauptsächlich auf eine Kürzung des ersten Kapitels bei der Klassifikation von Dienstleistungen und eine stärker beispielhafte Darstellung der Informationsgrundlagen sowie des Strategischen Dienstleistungsmarketing in den folgenden beiden Kapiteln. Ferner wurde die Erweiterung des vierten Kapitels um neue Verfahren der Qualitätsmessung und neue Qualitätsmodelle sowie die Einarbeitung von weiteren Marketinginstrumenten in den Bereichen Kommunikations- und Personalpolitik in das fünfte Kapitel vorgenommen. Am Ende des Buches wurden, wie auch schon in der ersten Auflage, Fallstudien zum Qualitätsmanagement von Dienstleistungsunternehmen einbezogen.

Die Erarbeitung der zweiten Auflage wurde parallel an den Universitäten in Münster und Basel durchgeführt. Die Verfasser bedanken sich ganz besonders bei den Herren Dipl.-Kfm. Frithjof Netzer und Dipl.-Kfm. Thomas Schwetje vom Institut für Marketing der Universität Münster sowie Herrn Dipl.-Kfm. Dominik Georgi vom Lehrstuhl für Marketing und Unternehmensführung der Universität Basel für ihre tatkräftige Unterstützung bei der Überarbeitung.

Trotz der enormen Bedeutung des tertiären Sektors für die Volkswirtschaft haben sich Ausführungen über das Dienstleistungsmarketing bislang noch nicht entsprechend in den Lehrprogrammen von Universitäten und Fachhochschulen niedergeschlagen. Es ist jedoch abzusehen, daß künftig in den Curricula weitere Schwerpunkte auf diesen Themenbereich gelegt werden. In der Praxis möge die Veröffentlichung dazu beitragen, daß die Unternehmen ihre Aktivitäten zur Professionalisierung des Dienstleistungsmarketing steigern werden und somit einen Beitrag zur Verbesserung der Wirtschaftsstandorte Deutschland und Schweiz leisten.

Münster und
Basel

HERIBERT MEFFERT
MANFRED BRUHN

Vorwort zur ersten Auflage

Es ist unbestritten, daß sich die hochentwickelten Volkswirtschaften seit geraumer Zeit auf dem Weg in die Dienstleistungsgesellschaft befinden. Auch in Deutschland ist der tertiäre Sektor erheblich gewachsen: Nahezu 60 Prozent der Beschäftigten erwirtschaften 55 Prozent der Bruttowertschöpfung im Dienstleistungssektor. Darüber hinaus werden in zunehmendem Maße Dienstleistungen von Unternehmen des sekundären Sektors mit dem Ziel einer Wettbewerbsprofilierung erbracht.

Der Dienstleistungsbereich wurde in der Betriebswirtschaftslehre und Marketingwissenschaft lange Zeit relativ stiefmütterlich behandelt. Dementsprechend liegt eine „Betriebswirtschaftslehre für Dienstleistungsunternehmen“ bislang nur in Ansätzen vor. Auch in der Marketingwissenschaft dominierten im deutschsprachigen Raum in den letzten Jahrzehnten sachgüterbezogene Fragestellungen. Erst in jüngerer Zeit wurden unter stark begrifflich-klassifikatorischen Ansätzen dienstleistungsspezifische Themen verstärkt aufgegriffen. Eine integrierte „Theorie des Dienstleistungsmarketing“ liegt bislang noch nicht vor. Demgegenüber hat die wissenschaftliche und praktische Auseinandersetzung mit Themen des Dienstleistungsmarketing in den Vereinigten Staaten und Skandinavien bereits eine längere Tradition.

Die praktische Bedeutung und Notwendigkeit eines professionellen Dienstleistungsmarketing ist unbestritten. Die hohe Wettbewerbsintensität im nationalen und internationalen Kontext zwingt sowohl Dienstleistungsunternehmen als auch Sachgüterunternehmen, die zusätzliche Serviceleistungen anbieten, sich durch eine systematische und konsequente Kundenorientierung zu profilieren. Die Besonderheiten der Dienstleistung (zum Beispiel Leistungsbereitschaft und -fähigkeit des Dienstleistungsanbieters, Einbeziehung eines externen Faktors, Immaterialität), die für ein systematisches Qualitätsmanagement erhebliche Schwierigkeiten mit sich bringen, erfordern konsequente und kontinuierliche Aktivitäten im Rahmen der marktorientierten Unternehmensführung.

Vor diesem Hintergrund entstand die Idee – unter einer entscheidungsorientierten Perspektive – die zentralen Themenstellungen und Bedingungen für ein erfolgreiches Dienstleistungsmarketing in einem Lehrbuch zusammenzufassen. Zu diesem Zweck erfolgt zunächst eine Auseinandersetzung mit den Besonderheiten des Dienstleistungsmarketing (Kapitel 1). Darauf aufbauend werden Spezifika der Informationsgewinnung in den Bereichen Käuferverhalten, Marktforschung und Marktsegmentierung behandelt (Kapitel 2). Konzeptionelle Überlegungen im Rahmen des strategischen Dienstleistungsmarketing befassen sich mit zentralen Strategietypen (Kapitel 3). Im Mittelpunkt der Umsetzung der Marketingstrategien steht ein systematisches Qualitätsmanagement (Kapitel 4), das im Rahmen des operativen Dienstleistungsmarketing durch den integrierten Einsatz der Marketinginstrumente realisiert wird (Kapitel 5). Schließlich werden Barrieren und Voraussetzungen für eine Implementierung des Dienstleistungsmarketing erörtert

(Kapitel 6) sowie Entwicklungstendenzen (Kapitel 7) aufgezeigt. Die theoretischen Ausführungen werden durch die Dokumentation von sechs Fallstudien erfolgreicher Dienstleistungsunternehmen ergänzt. Diese Unternehmen zeichnen sich durch ein systematisches, auf die Qualitätsaspekte fokussiertes, strategisches und operatives Dienstleistungsmarketing aus.

Das Buch richtet sich an Studierende der Betriebswirtschaftslehre und des Marketing, die sich während ihres Studiums mit Fragestellungen des Dienstleistungsbereiches auseinandersetzen. Gleichermaßen sind Praktiker angesprochen, die sich in ihren Unternehmen systematisch mit der Planung und Umsetzung des Dienstleistungsmarketing beschäftigen.

An der Erstellung und Abwicklung des Buches haben eine Reihe von Personen direkt und indirekt mitgewirkt, bei denen wir uns an dieser Stelle bedanken möchten. Dies gilt zunächst für die verschiedenen Führungskräfte und Mitarbeiter jener Dienstleistungsunternehmen, die uns die für die Erstellung der Fallstudien notwendigen Daten zur Verfügung gestellt haben. Dabei handelt es sich um die Unternehmen American Express, Avis Deutschland, Deutsche Lufthansa AG, Ploenzke AG, United Parcel Service Deutschland sowie den Bertelsmann Club.

Darüber hinaus danken wir insbesondere Herrn Dipl.-Kfm. Kai Laakmann von der Universität Münster sowie Frau Dipl.-Kffr. Bettina Bunge und Frau Dipl.-Kffr. Anja Zimmermann sowie Herrn Dipl.-Kfm. Michael Grund von der European Business School für die tatkräftige Unterstützung bei der Fertigstellung des Buches.

Münster und
Schloß Reichartshausen

HERIBERT MEFFERT
MANFRED BRUHN

Inhaltsverzeichnis

Erstes Kapitel
Gegenstand und Besonderheiten des Dienstleistungsmarketing

Zweites Kapitel
Informationsgrundlagen des Dienstleistungsmarketing

Drittes Kapitel
Strategisches Dienstleistungsmarketing

Viertes Kapitel
Qualitätsmanagement im Dienstleistungsbereich

Fünftes Kapitel
Operatives Dienstleistungsmarketing

Sechstes Kapitel
Implementierung des Dienstleistungsmarketing

Siebtes Kapitel
Entwicklungstendenzen des Dienstleistungsmarketing

Achtes Kapitel
Fallstudien zum Dienstleistungsmarketing

Abbildungsverzeichnis

Erstes Kapitel
Gegenstand und Besonderheiten des Dienstleistungsmarketing

1. Bedeutung und Entwicklung des Dienstleistungsmarketing

2. Begriff und Systematisierung von Dienstleistungen

3. Besonderheiten der Produktion von Dienstleistungen

4. Besonderheiten beim Absatz von Dienstleistungen

Zweites Kapitel
Informationsgrundlagen des Dienstleistungsmarketing

1. Besonderheiten des Käuferverhaltens bei der Inanspruchnahme von Dienstleistungen

2. Besonderheiten der Marktforschung im Dienstleistungsbereich

3. Besonderheiten der Marktsegmentierung im Dienstleistungsbereich

Drittes Kapitel
Strategisches Dienstleistungsmarketing

1. Strategische Unternehmens- und Marketingplanung im Dienstleistungsbereich

2. Strategische Analyse- und Planungskonzepte im Dienstleistungsmarketing

3. Ziele im Dienstleistungsmarketing

4. Festlegung von Strategien im Dienstleistungsbereich

Viertes Kapitel
Qualitätsmanagement im Dienstleistungsbereich

1. Bedeutung und Begriff des Qualitätsmanagements

2. Begriffliche Grundlagen zur Dienstleistungsqualität

3. Messung der Anforderungen an die Dienstleistungsqualität

4. Modelle zur Erfassung der Dienstleistungsqualität

5. Konzeptionierung eines Qualitätsmanagements

6. Instrumente des Qualitätsmanagements

7. Implementierung eines Qualitätsmanagements

8. Zertifizierung, Qualitätsauszeichnungen und Nationale Kundenbarometer

Fünftes Kapitel
Operatives Dienstleistungsmarketing

1. Leistungspolitik

2. Kommunikationspolitik

3. Preispolitik

4. Distributionspolitik

Achtes Kapitel
Fallstudien zum Dienstleistungsmarketing

1. Vorbemerkung

2. Fallstudie American Express Company

3. Fallstudie AVIS Deutschland GmbH

4. Fallstudie Deutsche Lufthansa AG

5. Fallstudie Ploenzke AG

6. Fallstudie United Parcel Service Deutschland Inc.

7. Fallstudie Bertelsmann Club GmbH

Kapitelübersicht

Erstes Kapitel

Gegenstand und Besonderheiten des Dienstleistungsmarketing

1. Bedeutung und Entwicklung des Dienstleistungsmarketing

Im Vergleich der Schwerpunkte wissenschaftlicher Forschung und Lehre mit denen der Praxis finden sich häufig Themenbereiche, für die eine Diskrepanz zwischen Praxisbedeutung und dem Ausmaß der theoretischen Durchdringung zu konstatieren ist. Eine derartige Diskrepanz existierte lange Zeit im Dienstleistungsbereich. Während in hochentwickelten Volkswirtschaften seit geraumer Zeit vom sogenannten **„Marsch in die Dienstleistungsgesellschaft"** (Fourastié 1954) gesprochen wurde, wurde der Dienstleistungsbereich in der Betriebswirtschaftslehre und insbesondere im Marketing zunächst vergleichsweise vernachlässigt.

In den letzten zehn bis fünfzehn Jahren wurde dem Dienstleistungsmarketing in der amerikanischen, aber auch in der deutschen Marketingwissenschaft eine größere Bedeutung beigemessen. Dies zeigt sich insbesondere in der zunehmenden Anzahl an **eigenständigen Publikationen zum Thema Dienstleistungen und Dienstleistungsmarketing** (Falk 1980a; Scheuch 1982; Berekoven 1983; Lovelock 1984, 1988, 1995; Kotler/Bloom 1984; Heskett 1986; Corsten 1988; Grönroos 1990; Swartz/Bowen/Brown 1992, 1993, 1994; Rust/Oliver 1994; Meyer 1994; Kleinaltenkamp 1995; Reckenfelderbäumer 1995; Bruhn/Stauss 1995). Dabei ist allerdings festzustellen, daß die grundlegende Diskussion, worin die **Charakteristika von Dienstleistungen** liegen und welche Bereiche zum Dienstleistungssektor zu zählen sind, noch immer nicht abgeschlossen ist (Engelhardt/Kleinaltenkamp/Reckenfelderbäumer 1992). Auffallend sind auch die Dominanz der branchenspezifischen Untersuchungen zum Dienstleistungsmarketing und die geringen Bemühungen, allgemeingültige Aussagen über den Dienstleistungsbereich im Sinne einer **„Theorie des Dienstleistungsmarketing"** zu entwickeln. Der Grund hierfür liegt analog zu anderen Forschungsfeldern darin, daß für theoretische Aussagen immer ein gewisser Grad an Allgemeingültigkeit angestrebt wird, der aber angesichts der Dienstleistungsvielfalt schwer erreichbar ist.

Der Sektor Dienstleistungen stellt sich schon auf den ersten Blick als außergewöhnlich heterogen dar (Banken, Touristik, freie Berufe, kulturelle Leistungen, öffentliche Dienste, Ausbildungswesen usw.). Daraus ergeben sich in der Praxis wie in der Theorie Zweifel an der Übertragbarkeit allgemeiner Aussagen auf die unterschiedlichen Branchen und Anwendungssituationen. Diese **Übertragbarkeitsproblematik** wird durch die Breite des Anwendungsspektrums zusätzlich unterstrichen. So stellen die Dienstleistungen heute in nahezu allen Bereichen des produzierenden Sektors einen nicht unerheblichen Bestandteil der angebotenen Problemlösungen dar. Der sogenannte **„Marketing-Verbund-Kasten"** von Hilke in Abbildung 1-1 verdeutlicht, daß es zwar einige wenige Absatzleistungen gibt, die ausschließlich aus Dienstleistungen bestehen, daß aber keine Sachleistung ohne einen bestimmten, wenn auch mitunter geringen, Dienstleistungsanteil abgesetzt werden kann (Hilke 1989b, S. 8).

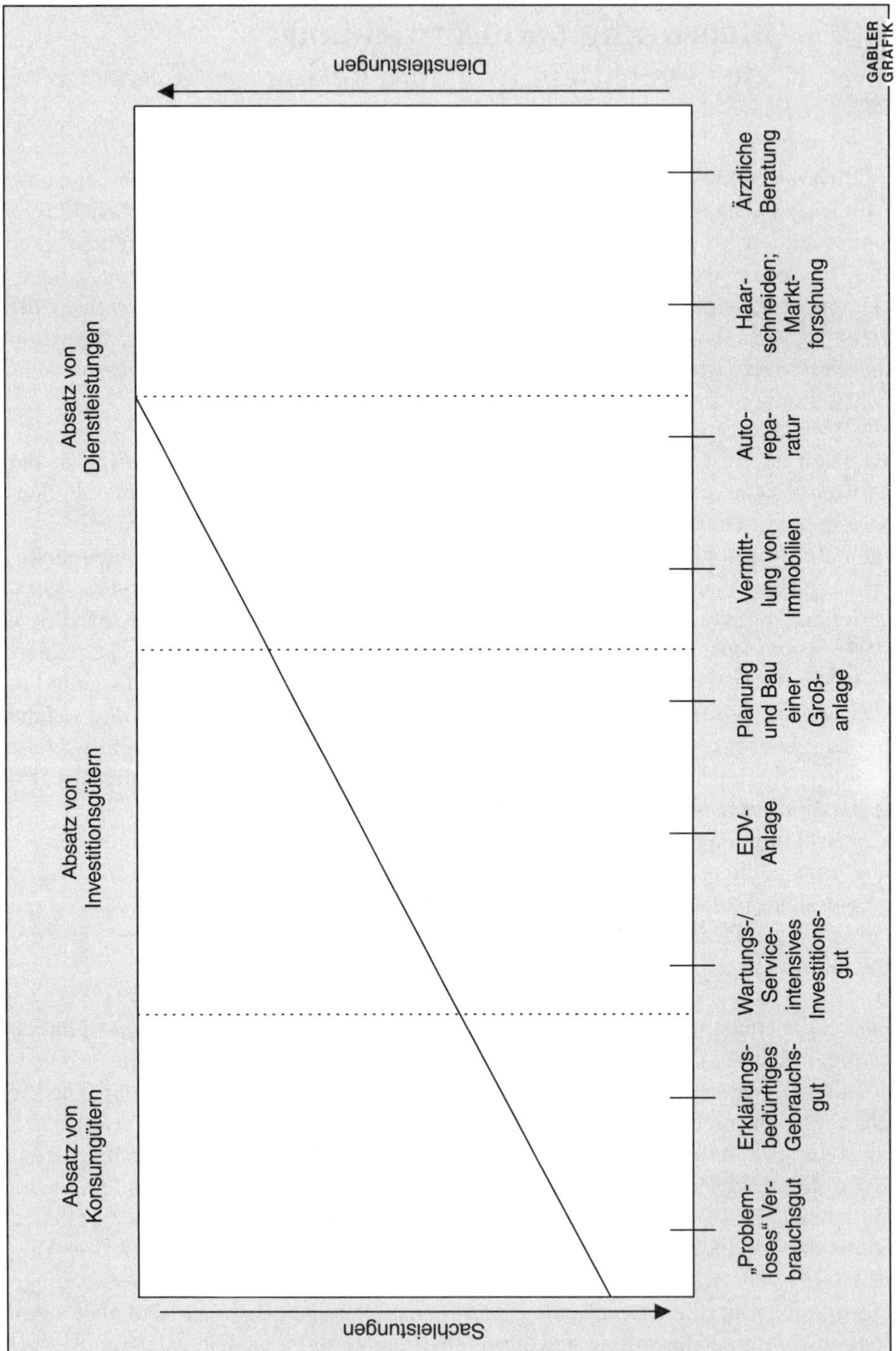

Abbildung 1-1: Marketing-Verbund-Kasten
(Quelle: Hilke 1989b, S. 8)

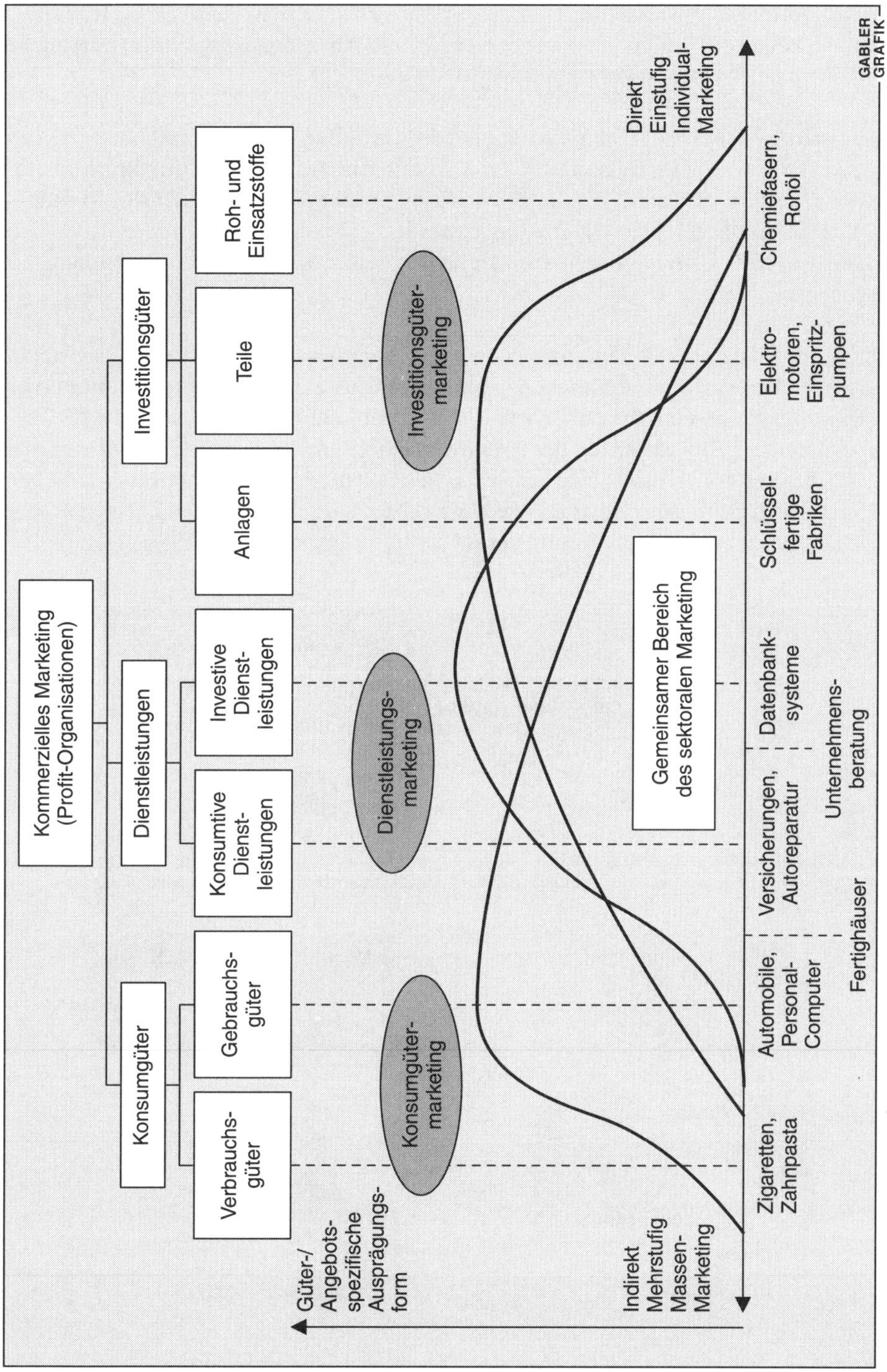

Abbildung 1-2: Theoriezyklen des sektoralen Marketing (Quelle: Meffert 1986, S. 46)

Damit wird offenkundig, daß Konsumgüter-, Investitionsgüter- und Dienstleistungsmarketing in bezug auf Untersuchungsgegenstand und Anwendungsspektrum erhebliche Schnittmengen aufweisen, die in Abbildung 1-2 dargestellt sind.

Um insbesondere der Praxis Unterstützung bei der Gestaltung ihrer Aktivitäten bieten zu können, wird Marketing im folgenden als **marktorientiertes, duales Führungskonzept** verstanden (Meffert 1994a, S. 4f.). So kann es zum einen als **Leitkonzept des Managements** im Sinne eines gelebten Unternehmenswertes („Shared Values") und zum anderen als gleichberechtigte **Unternehmensfunktion** interpretiert werden, wie in Abbildung 1-3 wiedergegeben.

Bei dem zu erwartenden Bedeutungsanstieg des Dienstleistungsmarketing darf nicht vergessen werden, daß auch deutliche Kritik an der These über die **„Entstehung einer Dienstleistungsgesellschaft"** geübt wird. Mit Blick auf die Statistiken läßt sich feststellen, daß ein immer größerer Anteil der Bruttowertschöpfung im tertiären Sektor erbracht wird. Gleichzeitig konzentriert sich ein wachsender Anteil der Beschäftigten auf eben diesen Sektor (vgl. zum Beispiel Stauss 1994a, S. 80f.). Dies deutet darauf hin, daß unsere Gesellschaft durch eine Intensivierung der Dienstleistungsorientierung geprägt ist.

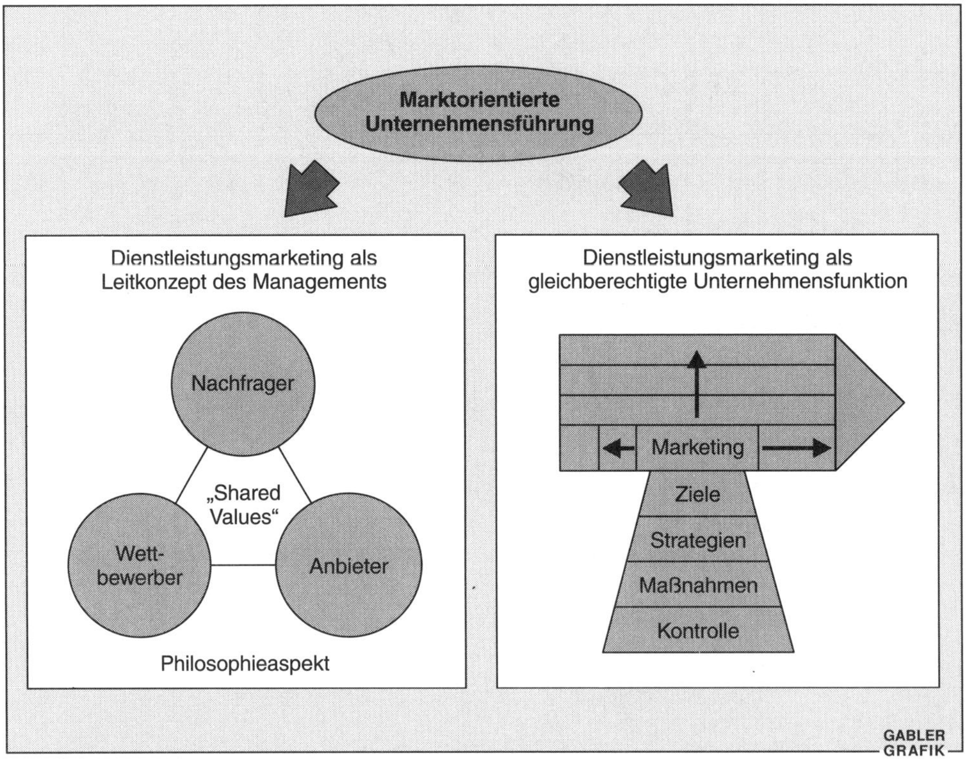

Abbildung 1-3: Entwicklungsrichtungen des Dienstleistungsmarketing

Ausgangspunkt und Begründung ist bei dieser These die steigende Nachfrage der Haushalte nach Dienstleistungen. Die Verfechter dieses Ansatzes leiten daraus einen Trend in Richtung „postindustrielle Gesellschaft“ ab, in der sanfte Technologien zum Einsatz kommen, die Umweltressourcen geschont und die Arbeitsplätze menschenfreundlicher gestaltet werden (vgl. dazu Lehmann 1995a).

Aber es gibt auch gegensätzliche Stimmen, die den „Marsch in die Dienstleistungsgesellschaft“ als zum größten Teil statistischen Effekt bezeichnen. So hat Albach 1989 die These vertreten, daß der in den amtlichen Statistiken ausgewiesene Effekt der Zunahme des tertiären Sektors lediglich auf einem Verlagerungseffekt zwischen den Unternehmen in Deutschland beruht (Albach 1989, S. 397ff.). Diesen Erklärungsansatz hat er als **„Theorie der industriellen Dienstleistung“** bezeichnet. Den Ausgangspunkt der Entwicklung bildete der hohe Wettbewerbsdruck, mit dem sich die meisten Industrieunternehmen konfrontiert sahen. Daraus leitete sich für die Unternehmen unter anderem die Notwendigkeit ab, ihre Sachleistungen zur Förderung des Absatzes mit attraktiven Dienstleistungen anzureichern. Darüber hinaus mußten sich die Unternehmen auf ihre Kernkompetenzen beschränken und bestimmte Prozesse auslagern, die von externen Unternehmen kostengünstiger als im eigenen Hause erbracht werden konnten. Zum einen betraf dieses „Outsourcing“ die Erstellung von Sachleistungen, zum anderen auch zahlreicher Dienstleistungen wie Marktforschungs-, Forschungs- & Entwicklungs- und Beratungsleistungen. Damit wurde deren statistische Erfassung in den tertiären Sektor verlagert.

Die offensichtlichen Bedeutungszuwächse des Dienstleistungssektors beruhen also einerseits auf Outsourcing-Prozessen von verarbeitenden Unternehmen, andererseits aber auch auf einer Zunahme der Nachfrage nach Dienstleistungen. Diese Zunahme der Dienstleistungsnachfrage hat vielfältige Ursachen, die in Abbildung 1-4 im Überblick dargestellt sind.

Zunächst sind generelle **gesellschaftliche Veränderungen** zu verzeichnen. Der gestiegene Anteil erwerbstätiger Frauen hat zu einer Verlagerung der bisher im Haushalt selbst erbrachten Dienstleistungen auf kommerzielle Dienstleister, zum Beispiel die Gastronomie, geführt. Die zunehmende Verkürzung der Arbeitszeit bewirkt zudem eine Steigerung des Angebotes der Freizeitindustrie; und auch der erkennbare Trend zur „Entlokalisierung“ beziehungsweise Internationalisierung von geschäftlichen und privaten Kontakten zieht das Angebot zahlreicher Dienstleistungen aus dem Reisebereich, aber auch der elektronischen Datenübermittlung nach sich.

Zu den **Änderungen im Konsumentenverhalten** zählt unter anderem der Trend zu mehr Komfort und Bequemlichkeit, der durch das Angebot zahlreicher Dienstleistungen unterstützt wird. Die guten Erfahrungen, die Konsumenten mit qualitätsorientierten Angeboten erfolgreicher Dienstleistungsunternehmen verschiedener Branchen, wie zum Beispiel einzelner Luftfahrtgesellschaften, machen, führen zu steigenden Ansprüchen und somit auch zu neuen Bewertungsmaßstäben für andere Dienstleistungen, wie zum Beispiel Fahrten mit der Deutschen Bahn.

Bei den **demographischen Veränderungen** ist insbesondere die gestiegene Lebenserwartung der Bevölkerung zu nennen, die in einer überproportionalen Zunahme des Anteils älterer Menschen und somit in einem steigenden Bedarf an Pflegeleistungen, aber auch altersgerechten Dienstleistungen des Freizeitsektors und des Versicherungsgewerbes resultiert.

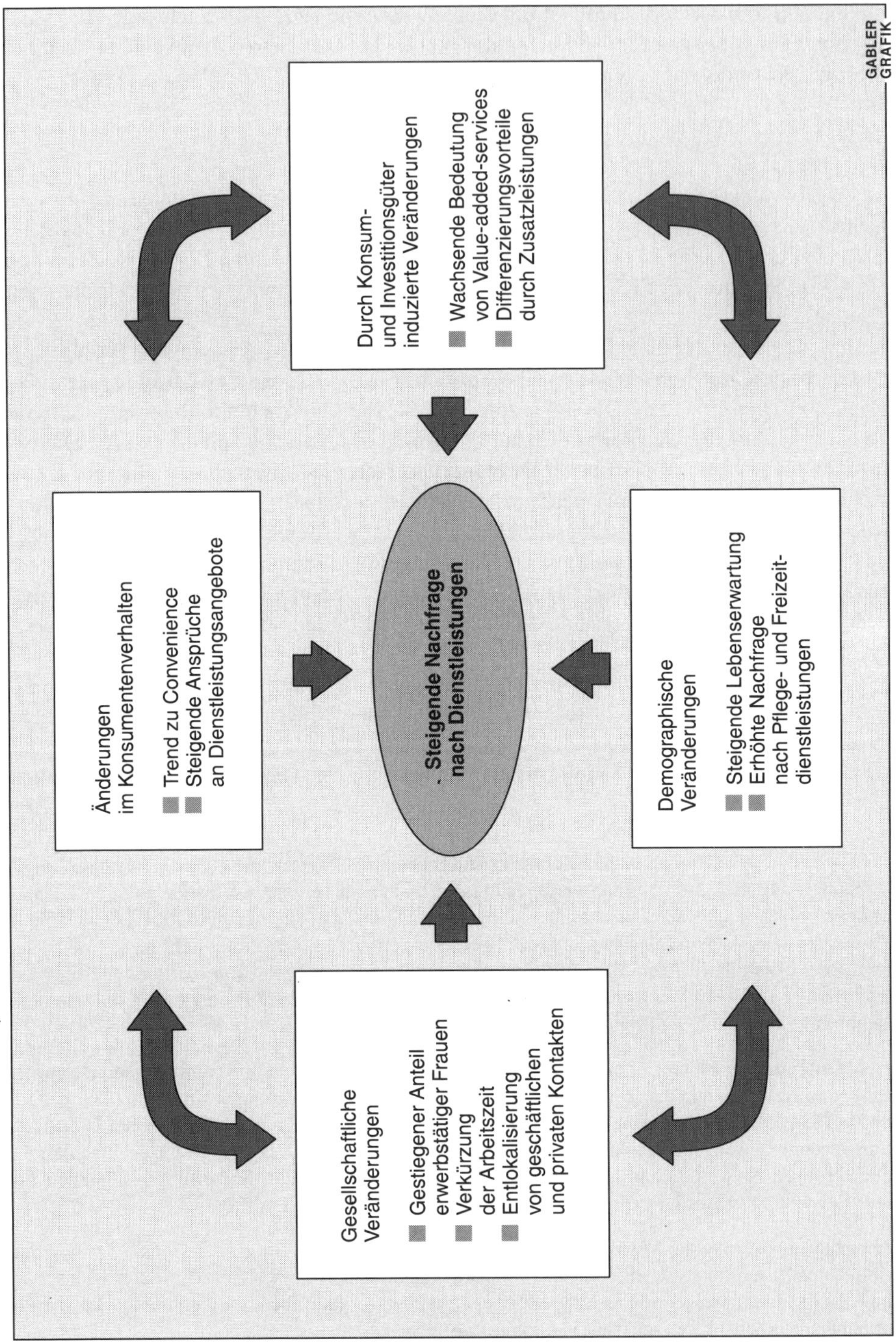

Abbildung 1-4: Ursachen der zunehmenden Nachfrage nach Dienstleistungen

Darüber hinaus sind **durch das Angebot von Konsum- und Investitionsgütern induzierte Veränderungen** der Dienstleistungsnachfrage anzuführen. Die zunehmende technische Komplexität vieler Güter erfordert die Bereitstellung unterstützender Dienstleistungen, wie zum Beispiel Computerschulungen oder Installationsdienste. Auch das gestiegene Angebot von Produkten und Dienstleistungen selbst führt dazu, daß viele Konsumenten nicht mehr in der Lage sind oder nicht über ausreichende Zeitpotentiale verfügen, einen Vergleich der am Markt angebotenen Leistungen durchzuführen. Hier sind Dienstleister, wie zum Beispiel Versicherungsbroker, Computer-Consultants oder ähnliche, gefordert, die das breite Angebotsspektrum sichten, Empfehlungen hinsichtlich der am Markt angebotenen Leistungen geben und diese gegebenenfalls für den Kunden einkaufen.

Weiterhin ist die wachsende Homogenität der von der Industrie angebotenen Produkte ein Grund für das steigende Angebot von sogenannten **„Value-added-Services"**. Hersteller sehen gerade in produktbegleitenden Dienstleistungen die größte Chance für eine langfristig wirksame Wettbewerbsdifferenzierung, so daß davon ausgegangen werden kann, daß der Dienstleistungsanteil an „Problemlösungspaketen" auch weiter kontinuierlich ansteigen wird (Simon 1993, S. 5ff.).

Diese Entwicklungstendenzen gilt es zu berücksichtigen, wenn eine volks- und betriebswirtschaftliche Betrachtung des Dienstleistungsbereiches vorgenommen wird.

1.1 Volkswirtschaftliche Betrachtung des Dienstleistungssektors

In Volkswirtschaften entwickelt sich im allgemeinen zunächst der primäre Sektor, die Urproduktion, zu dem die Land- und Forstwirtschaft sowie Viehzucht und Fischerei gezählt werden. Im Zeitablauf kommt dann der industriellen Produktion eine steigende Bedeutung bei der Erwirtschaftung des Bruttosozialproduktes zu. Schließlich nimmt der **tertiäre Sektor**, der vielfach vereinfachend als **Dienstleistungssektor** bezeichnet wird, eine dominante Stellung ein.

Eine substantielle **volkswirtschaftliche** Analyse von Dienstleistungen wurde zuerst durch die klassische Nationalökonomie vorgenommen. Während Adam Smith in seinem Werk „Wohlfahrt der Nationen" den Dienstleistungen noch ihren produktiven Wert absprach, wurde ihnen diese Eigenschaft von Malthus bereits zugebilligt (Smith 1789; Malthus 1836). Allerdings ermöglicht erst eine nutzenorientierte Betrachtungsweise von Gütern, wie sie Say vornahm, verbunden mit der Unterteilung in materielle und immaterielle Produktion, eine intensive Auseinandersetzung mit dem Themenkreis Dienstleistungen (Say 1830).

Ebenfalls auf der Ebene des Nutzens für den Konsumenten argumentiert Mischler 1898 im Wörterbuch der Volkswirtschaft: „Unter persönlichen Dienstleistungen versteht man solche Arbeitsleistungen, welche, für sich allein betrachtet, Bedürfnisse zu befriedigen vermögen; sie unterscheiden sich von den übrigen Arbeitsleistungen dadurch, daß die letzteren die Herstellung eines Sachgutes bezwecken, welches erst die Bedürfnisbefriedigung ermöglicht ... Es kann mitunter ganz dasselbe Bedürfnis durch ein Sachgut oder durch eine Dienstleistung befriedigt werden, wie zum Beispiel durch ein Buch beziehungsweise einen Vortrag" (Mischler 1898, S. 548).

Die auf der Unterteilung der Volkswirtschaft in drei Sektoren aufbauende Beschreibung des Dienstleistungssektors versucht demgegenüber, mittels **Negativabgrenzung** sämtliche Leistungen, die nicht in den Bereich der Urproduktion oder der Weiterverarbeitung fallen, dem Dienstleistungssektor zuzurechnen (Berekoven 1983, S. 6f.; Corsten 1985a, S. 230ff.). Diese **3-Sektoren-Theorie** hat sich sowohl national als auch international durchgesetzt, obgleich die vorgenommene Klassifikation wenig marketingpolitische Ansatzpunkte bietet.

Nach der **Systematisierung des Statistischen Bundesamtes** werden insgesamt folgende zehn Bereiche unterschieden (Statistisches Bundesamt 1995):

Primärer Sektor	0. Land- und Forstwirtschaft, Tierhaltung und Fischerei
Sekundärer Sektor	1. Energiewirtschaft und Wasserversorgung, Bergbau
	2. Verarbeitendes Gewerbe
	3. Baugewerbe
Tertiärer Sektor	4. Handel
	5. Verkehr und Nachrichtenübermittlung
	6. Kreditinstitute und Versicherungsgewerbe
	7. Dienstleistungen von Unternehmen und freien Berufen
	8. Organisationen ohne Erwerbscharakter und private Haushalte
	9. Gebietskörperschaften und Sozialversicherungen

Meyer (1994) differenziert darüber hinaus nach den Trägern der Dienstleistung und unterscheidet hierbei zwischen **funktionellen**, das heißt von Sachleistungsbetrieben, und **institutionellen**, das heißt von (reinen) Dienstleistungsunternehmen/-institutionen, angebotenen Diensten, wie in Abbildung 1-5 deutlich wird. Somit können über den amtlich bestimmten tertiären Sektor hinaus Dienstleistungen auch im primären und sekundären Sektor nachgewiesen werden (zum Beispiel die Hauslieferung in der Landwirtschaft oder der Kundendienst eines Produktionsbetriebes) (Meyer 1994). Offenbar führt die institutionelle Ausrichtung der amtlichen Statistik zu einer systematischen **Unterschätzung des Dienstleistungssektors** (Corsten 1985a, S. 242f.). Durch die von Albach beschriebenen Effekte wird diese Entwicklung jedoch relativiert (Albach 1989, S. 397ff.).

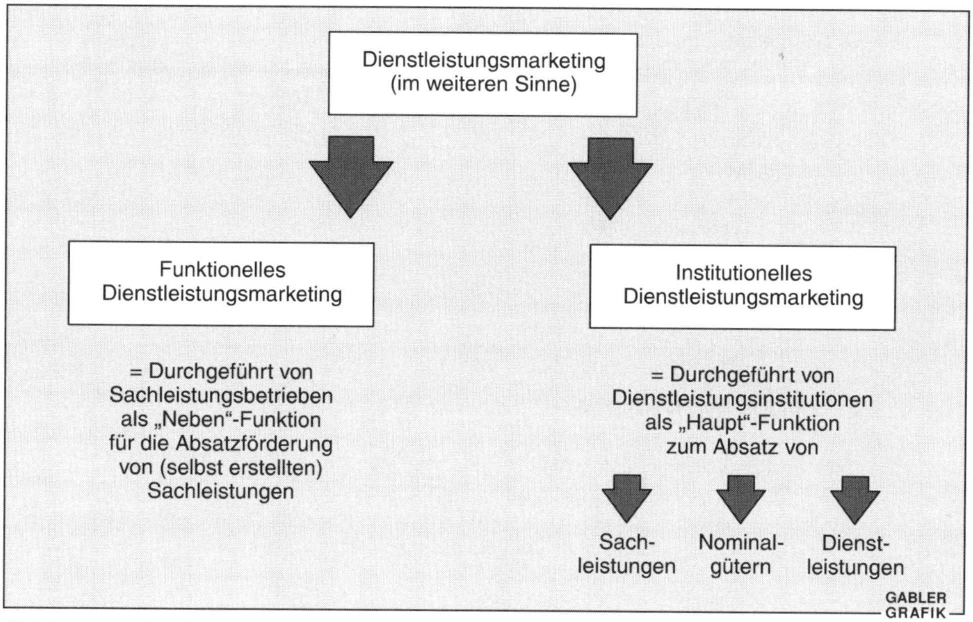

Abbildung 1-5: Funktionelles und institutionelles Dienstleistungsmarketing

Die Entwicklung beziehungsweise Veränderung des Dienstleistungsmarktes seit 1950 läßt sich durch die **Verlagerung der Beschäftigtenstruktur** sowie die **Investitionsentwicklung** in den drei Sektoren dokumentieren. Die von Fourastié prognostizierte Situation, daß bis zum Ende dieses Jahrhunderts für hochentwickelte Volkswirtschaften ein Beschäftigungsanteil von 80 Prozent für den tertiären Sektor gegenüber jeweils zehn Prozent für den primären und sekundären Sektor erreicht würde (Fourastié 1954, S. 268ff.), konnte zwar zum gegenwärtigen Zeitpunkt noch nicht realisiert werden, eine Tendenz in diese Richtung ist aber zu verzeichnen. Aufgrund veränderter Konsumgewohnheiten und erheblicher Rationalisierungspotentiale werden bis zum Jahr 2010 deutliche Verschiebungen in der branchenbezogenen Beschäftigungsstruktur mit erheblich höheren Zuwachsraten im Dienstleistungssektor vorausgesagt, wie sich in Abbildung 1-6 erkennen läßt.

Der Anteil der Erwerbstätigen im tertiären Sektor nahm in den alten Bundesländern stetig bis auf 60,8 Prozent in 1994 zu (Statistisches Bundesamt 1995). Diese Entwicklung ging vorrangig zu Lasten der Landwirtschaft, während der sekundäre Sektor hiervon vergleichsweise wenig betroffen war.

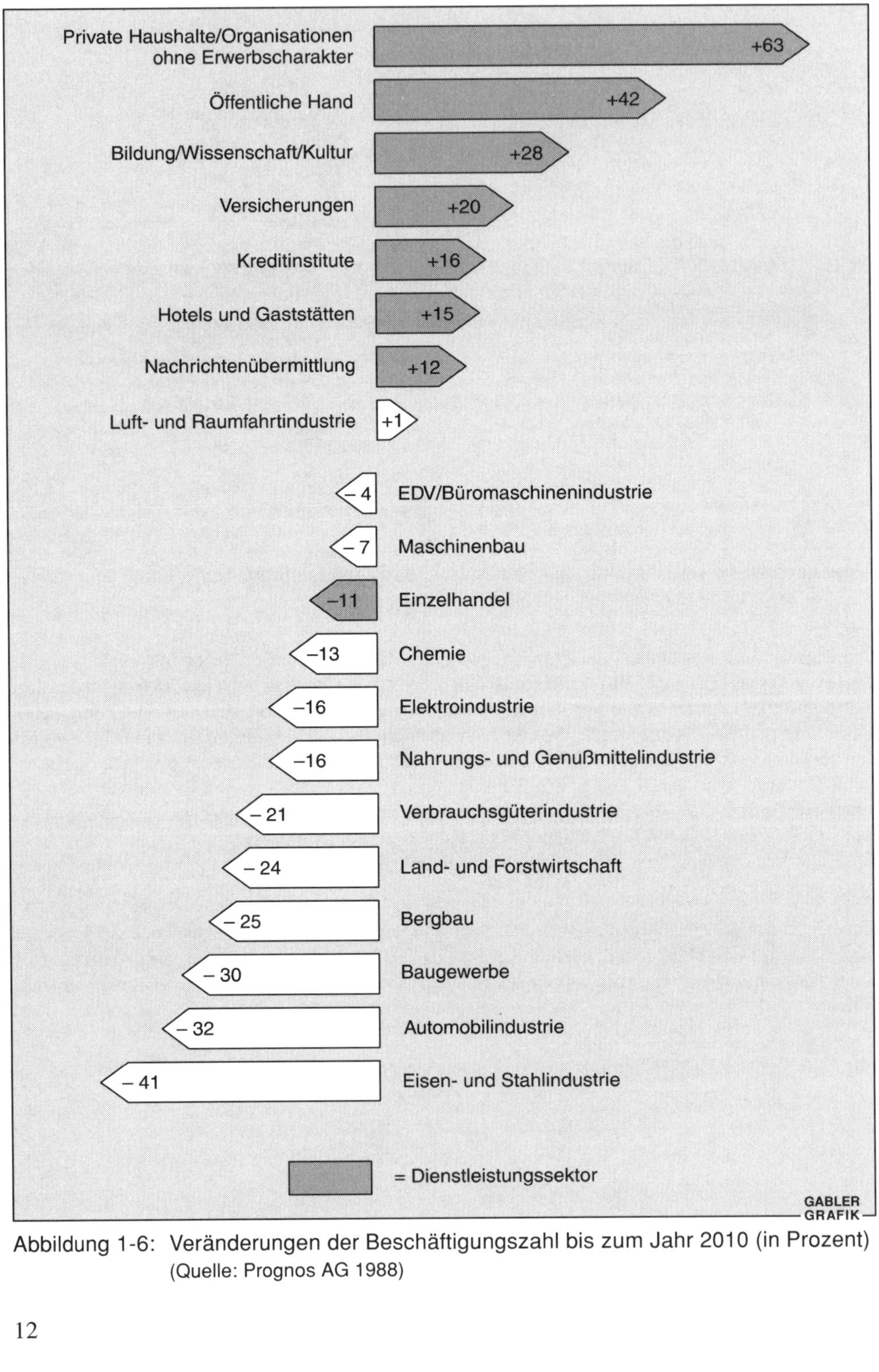

Abbildung 1-6: Veränderungen der Beschäftigungszahl bis zum Jahr 2010 (in Prozent) (Quelle: Prognos AG 1988)

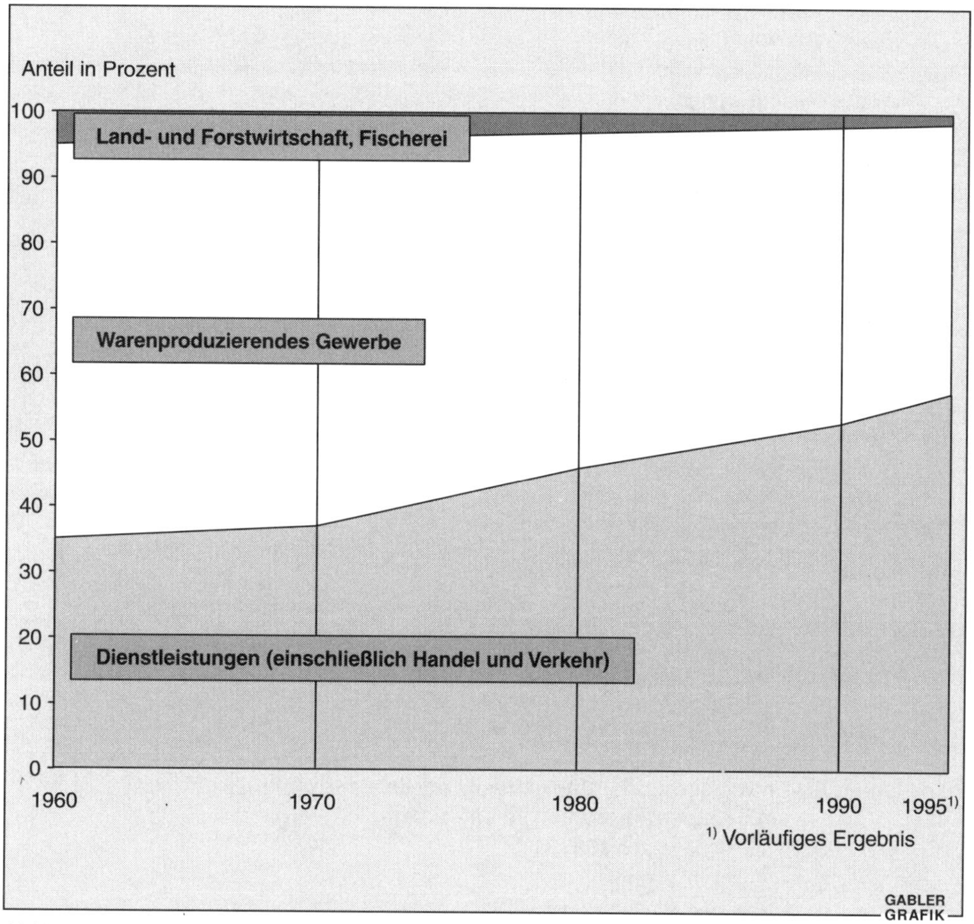

Abbildung 1-7: Entwicklung der Bruttowertschöpfung in jeweiligen Preisen nach Sektoren
(Quelle: Statistisches Bundesamt 1995)

Eine Untersuchung der **Bruttowertschöpfung der Unternehmen** (vgl. Abbildung 1-7) zeigt außerdem, daß durch den überproportionalen Anstieg in den achtziger Jahren bereits 1990 mehr als die Hälfte der Bruttowertschöpfung im Dienstleistungssektor erzielt wurde.

Die Entwicklung des Dienstleistungssektors im **internationalen Vergleich** in Abbildung 1-8 zeigt, daß sich insbesondere die Vereinigten Staaten durch einen hohen Anteil des Dienstleistungssektors am Bruttosozialprodukt auszeichnen (Lehmann 1995a, S. 3ff.). So wurden von 1973 bis 1987 über 25 Millionen neue Arbeitsplätze überwiegend im Dienstleistungssektor geschaffen, obwohl die Vereinigten Staaten seit 1973 mehrere tiefe Konjunktureinbrüche erlebt haben.

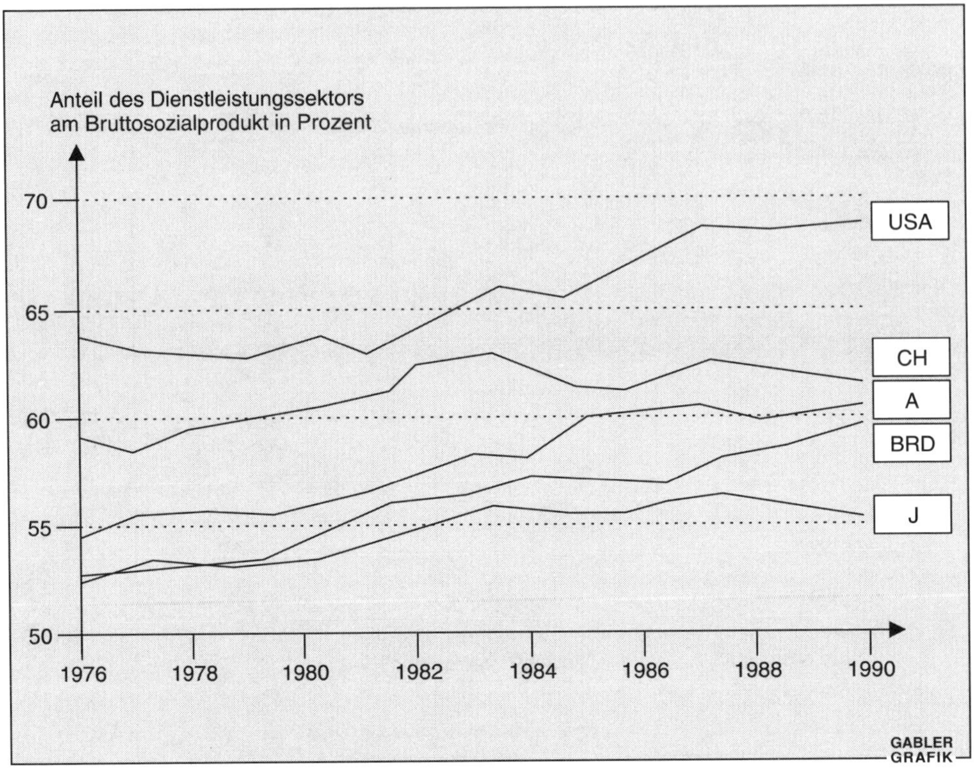

Abbildung 1-8: Entwicklung des Anteils des Dienstleistungssektors am Bruttosozialprodukt im internationalen Vergleich
(Quelle: Lehmann 1993, S. 5)

Inzwischen arbeiten im tertiären Sektor, wie sich in Abbildung 1-9 erkennen läßt, schon mehr als zwei Drittel aller erwerbstätigen Nordamerikaner (USA und Kanada), die somit auf dem Weg zur Dienstleistungsgesellschaft am weitesten fortgeschritten sind. Offensichtlich ist Deutschland zur Zeit das „Schlußlicht" unter den Industriestaaten der westlichen Welt und bietet somit noch erhebliche Spielräume für die weitere Entwicklung. (Hierbei ist zu beachten, daß lediglich der Anteil der Beschäftigten, also nicht aller Erwerbspersonen, zu der Grundgesamtheit der Erwerbstätigen in Relation gesetzt wird.)

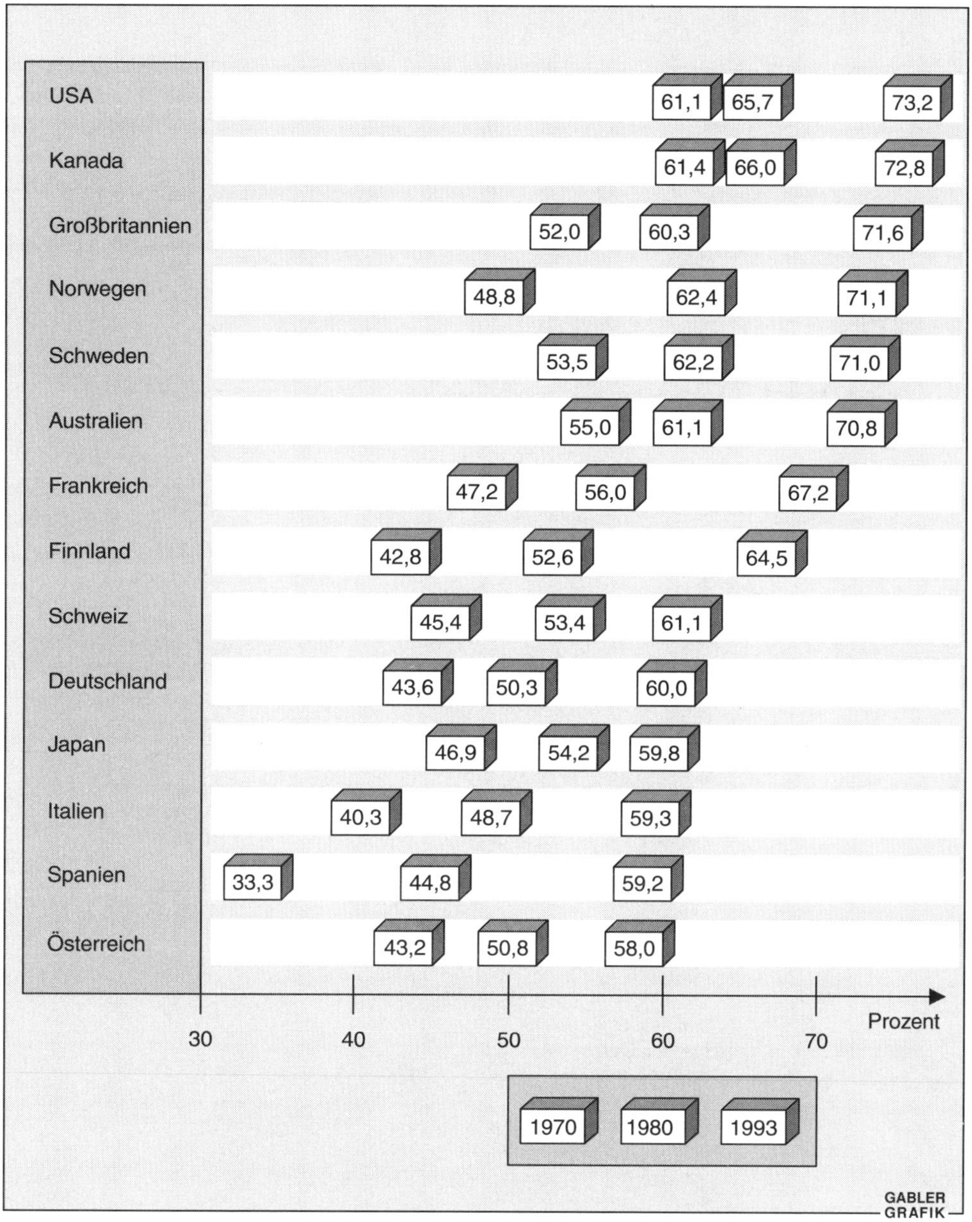

Abbildung 1-9: Anteile der im Dienstleistungsbereich Beschäftigten an der Gesamtzahl der Erwerbstätigen im Zeitablauf
(Quelle: Statistisches Bundesamt 1995, S. 243f.)

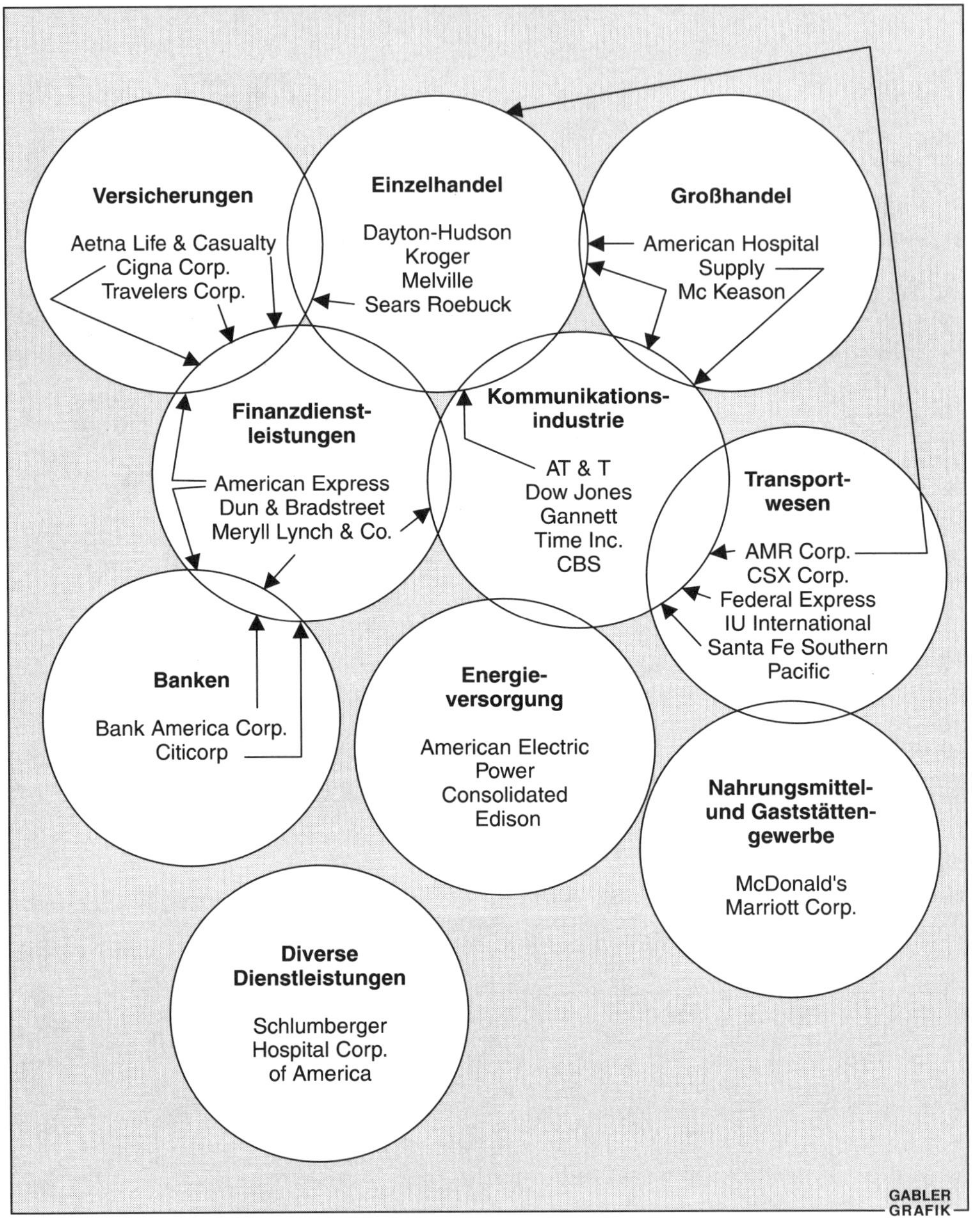

Abbildung 1-10: Die strategische Positionierung einiger im Cambridge Services Index enthaltener Dienstleistungsunternehmen
(Quelle: Heskett 1988, S. 182)

Bei der unaufhaltsamen Verschiebung der Anteile und damit der Bedeutung der drei volkswirtschaftlichen Produktionssektoren handelt es sich um eine sogenannte **„säkulare Tendenz“** im Sinne einer über einen längeren Zeitraum andauernden Veränderung.

Die Strukturverschiebungen finden jedoch nicht nur zwischen den drei Sektoren statt. Vielmehr sind auch innerhalb des Dienstleistungsbereiches, wie Abbildung 1-10 zeigt, deutliche Verschiebungen erkennbar. Unternehmen, die vormals eindeutig einer Branche zuzuordnen waren, befinden sich mittlerweile im Schnittpunkt zweier oder mehrerer Bereiche. Banken und Versicherungen verändern sich zu umfassenden Finanzdienstleistungskonzernen, aber auch die Tourismusindustrie, das Transportwesen und andere Bereiche sind deutliche Beispiele dafür, daß die Grenzen der Dienstleistungsbranchen weiter verschwimmen.

1.2 Betriebswirtschaftliche Betrachtung des Dienstleistungssektors

Der seit Anfang der statistischen Erfassung festzustellende Bedeutungsanstieg des Dienstleistungssektors in Deutschland fand über Jahrzehnte hinweg keine entsprechende Berücksichtigung durch die betriebswirtschaftliche Forschung.

So schrieb beispielsweise Nicklisch im Jahre 1922 „Die Betriebswirtschaft kennt nur Sachgüter“ (Nicklisch 1922, S. 8) und verengte damit erkennbar den Horizont der betriebswirtschaftlichen Betrachtung von Absatzobjekten.

Gutenberg unterteilte dann bereits Güter in solche materieller und in solche immaterieller Art, die er mit den Begriffen Dienste beziehungsweise Dienstleistungen belegte (Gutenberg 1979). Dabei beschränkte er sich aber im wesentlichen auf institutionelle Dienstleister, wie zum Beispiel Banken und Versicherungen, und beschäftigte sich hierbei hauptsächlich mit den Fragestellungen, die wieder mit dem Absatz von Sachgütern in Zusammenhang stehen.

Eine intensive Auseinandersetzung mit dem Begriff Dienstleistung erfolgte erstmals durch Berekoven, der bereits auf den prozessualen Charakter und den synchronen Kontakt zwischen Dienstleistungsanbieter und -nachfrager eingeht (Berekoven 1966, S. 314ff.). Zahlreiche Marketingwissenschaftler haben bis dato versucht, eine **allgemeingültige Definition des Dienstleistungsbegriffes** aufzustellen, ohne dabei jedoch zu einem Konsens zu gelangen.

Obwohl Versuche unternommen werden, eine **Betriebswirtschaftslehre für Dienstleistungsunternehmen** zu formulieren (Corsten 1988), bleibt die Allgemeine Betriebswirtschaftslehre vornehmlich eine Industriebetriebslehre, die schwerpunktmäßig auf

Sachgüter bezogen ist und sich lediglich am Rande mit den Besonderheiten der Erstellung und des Absatzes von Dienstleistungen beschäftigt.

Die Bedeutung des Dienstleistungssektors und die Verknüpfung mit der betriebswirtschaftlichen Betrachtungsebene ist inzwischen beispielsweise daran zu erkennen, daß sich die Gesetzgebung intensiv mit den **rechtlichen Aspekten der Dienstleistungsproblematik** beschäftigt (vgl. hier zum Beispiel Rheinbay/Günther 1995). Der Erstellung einer Dienstleistung im eigentlichen Sinne liegt oft ein sogenannter **Dienstvertrag** (§ 611 BGB) zugrunde, der meist zeitbestimmt ist, und den der Verpflichtete im Zweifel in Person zu leisten hat. Der Anspruch auf die Dienste ist in der Regel nicht mehr übertragbar (§ 613 BGB). Ist die Leistung mehr ergebnisbetont, so kann sie durch einen **Werkvertrag** abgesichert werden, der sowohl die Herstellung oder Veränderung einer Sache als auch einen anderen durch Arbeit oder Dienstleistung herbeizuführenden Erfolg zum Gegenstand haben kann (§ 631 II BGB).

Der sogenannte **Geschäftsbesorgungsvertrag** (§ 622 BGB) umfaßt demgegenüber das Tätigwerden im Auftrage des Nachfragers zum Zwecke der Erledigung eines übertragenen Geschäftes. Der **Werklieferungsvertrag** (§ 651 BGB) enthält dann bereits Elemente des Kaufs und der Neuerstellung, da das Werk aus einem vom Anbieter zu beschaffenden Stoff herzustellen ist. Er kann sowohl autonome Auftragsproduktion als auch Installation und Montage an Objekten des Kunden beinhalten.

Hiervon abzugrenzen ist der **Mietvertrag**, der eine Gebrauchsüberlassung und bestimmte Nebenpflichten (Instandhaltung usw.) umfaßt (§ 535 BGB). Der **Verwahrungsvertrag** beinhaltet die reine Aufbewahrung von Sachen einschließlich bestimmter Sorgfaltspflichten (§ 688 BGB), und dem **Pachtvertrag** schließlich liegt die Gebrauchsüberlassung einschließlich der Nutzung der Erträge des Objektes zugrunde (§ 581 BGB).

In bezug auf die **betriebswirtschaftliche Betrachtung des Dienstleistungsbegriffs** kann die vom Deutschen Patentamt anläßlich des Inkrafttretens des **Gesetzes über die Eintragung von Dienstleistungsmarken** zum 01.04.1979 vorgenommene Einteilung der Dienstleistungen in acht Klassen herangezogen werden:

Klasse 35	Werbung und Geschäftswesen
Klasse 36	Versicherungs- und Finanzwesen
Klasse 37	Bau- und Reparaturwesen
Klasse 38	Nachrichtenwesen
Klasse 39	Transport- und Lagerwesen
Klasse 40	Materialbearbeitung
Klasse 41	Erziehung und Unterhaltung
Klasse 42	Verschiedenes

Eine eigene Dienstleistungsdefinition liegt allerdings weder der nationalen noch der internationalen Einteilung zugrunde. Vielmehr wird versucht, das Problem durch eine dezidierte Auflistung von Dienstleistungsbezeichnungen zu umgehen (Meyer 1994, S. 9).

Zu einer genauen Begriffsbestimmung der Dienstleistung oder gar zu einer Systematisierung der Dienstleistungsarten kann somit auch die Gesetzgebung kaum einen Beitrag liefern. Der Versuch einer Abgrenzung bleibt unscharf und teilweise willkürlich, da die Vertragsarten mehr über das Leistungsergebnis aussagen, als über die Art und den Prozeß der Leistungserstellung. Das bloße Vorliegen einer bestimmten Vertragsform berechtigt daher nicht, auf eine Dienstleistung zu schließen.

1.3 Entwicklungsphasen des Dienstleistungsmarketing

Neben den verschiedenen Versuchen, den Begriff Dienstleistung genauer zu bestimmen, existieren auch, wie sich in Abbildung 1-11 erkennen läßt, vielfältige **Ansätze des Dienstleistungsmarketing**, die im folgenden genauer untersucht werden.

In den Vereinigten Staaten haben sich Marketingwissenschaftler bereits seit 1960 mit den Besonderheiten der Dienstleistungen und ihrer Produktion auseinandergesetzt, wobei Ausgangspunkt dieser ersten Untersuchungen die Überlegung war, über die Herausstellung der Besonderheiten von Dienstleistungen Ansätze für ein eigenes Dienstleistungsmarketing abzuleiten (Lovelock 1988).

Im deutschen Sprachraum wurde Dienstleistungsmarketing lange Zeit mit dem Marketing von technischen Kundendienstleistungen gleichgesetzt (Meffert 1987, S. 93). Mit dem Bedeutungszuwachs, den derartige produktbegleitende Leistungen, sogenannte „Value-added-Services“, im Rahmen der Wettbewerbsprofilierung von Unternehmen erfahren haben, wurde dann die Forschung auf diesem Gebiet intensiviert. Hier stehen insbesondere die Funktionen von Value-added-Services als Marketingerfolgsfaktoren im Vordergrund (Laakmann 1995).

Als die Marketingwissenschaft begann, sich auch mit Fragestellungen des Social Marketing, das heißt mit Fragen nichtkommerzieller Aufgaben und Institutionen, zu befassen (Kotler/Roberto 1991), intensivierten insbesondere Vertreter der sogenannten „Nordic School“, wie zum Beispiel Grönroos und Gummesson, ihre dienstleistungsspezifischen Forschungen, nicht zuletzt wegen der Bedeutung des staatlichen Sektors in den skandinavischen Ländern. Wissenschaftler aus dem deutschsprachigen Raum haben Ansätze der „Nordic School“ und der amerikanischen Forschung aufgegriffen und seit Mitte der siebziger Jahre zu einem eigenständigen, institutionellen Dienstleistungsmarketing weiterentwickelt (Scheuch 1982; Hilke 1989; Meyer 1994).

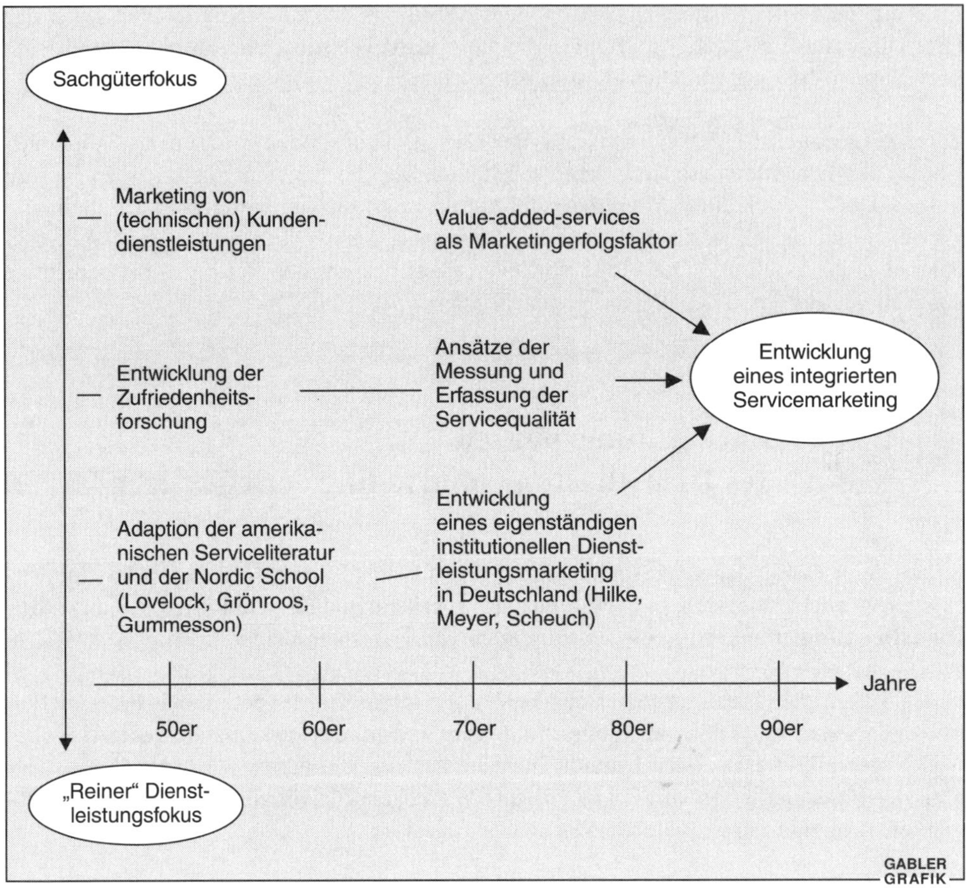

Abbildung 1-11: Entwicklungstendenzen des Dienstleistungsmarketing

Auch im Rahmen der Zufriedenheitsforschung wurden seit den fünfziger Jahren immer wieder Problemstellungen aufgegriffen, die den Dienstleistungsbereich betrafen. Insbesondere seit Anfang der achtziger Jahre konnten im Rahmen der Zufriedenheitsforschung spezifische Ansätze zur Messung und Erfassung der Dienstleistungsqualität abgeleitet werden (Bruhn 1982; Parasuraman/Zeithaml/Berry 1985, 1988; Büker 1991; Burmann 1991; Hentschel 1992, 1995).

Das offensichtliche Zusammenwachsen einzelner dienstleistungsbezogener Forschungsgebiete führt zu einem **integrierten Dienstleistungsmarketing**, das sowohl Zusatz-/Sekundärdienstleistungen als auch institutionelle Dienstleistungen umfaßt (Müller 1993). Allerdings ist zu beachten, daß mit einer steigenden Zahl an unterschiedlichen Untersuchungsobjekten, für welche die zu ermittelnden Zusammenhänge Gültigkeit besitzen sollen, die Aussagekraft der entstehenden Theorie zwangsläufig abnimmt.

		Marktgerichtete Dimension	
	Abnehmer / **Art der Dienstleistung**	Endverbraucher	Gewerbliches Unternehmen
Unternehmensgerichtete Dimension	Kerndienstleistung des Unternehmens	Konsumtive Kerndienstleistung	Investive Kerndienstleistung
	Zusatzleistung des Unternehmens	Konsumtive Sekundärdienstleistung	Investive Sekundärdienstleistung

GABLER GRAFIK

Abbildung 1-12: Matrix der Dienstleistungen

Betrachtet man die bisherigen Forschungsschwerpunkte, die sich gezielt mit dem Marketing von Dienstleistungen auseinandersetzen, so können Dienstleistungen nach einer marktgerichteten und einer unternehmensgerichteten Dimension klassifiziert werden, wie in Abbildung 1-12 deutlich wird. Im Rahmen der **marktgerichteten Dimension** wird unterschieden, ob der Abnehmer der Dienstleistung ein Endverbraucher (konsumtive Dienstleistung) oder ein gewerbliches Unternehmen (investive Dienstleistung) ist. Die **unternehmensgerichtete Dimension** gibt Auskunft darüber, ob die betrachtete Dienstleistung die Kernleistung des Unternehmens darstellt oder lediglich eine Zusatzleistung beziehungsweise Sekundärdienstleistung.

1. Der Fall einer **konsumtiven Kerndienstleistung**, bei der die Leistung zwingend durch einen institutionellen Dienstleister (zum Beispiel Autovermieter) erbracht wird, stellt das am intensivsten erforschte Feld des Dienstleistungsmarketing dar (Heskett 1986; Normann 1987; Grönroos 1990b; Meyer 1994).

2. Bei **konsumtiven Sekundärdienstleistungen** kann es sich demgegenüber beim Anbieter sowohl um einen institutionellen Dienstleister (zum Beispiel Autovermieter, der zusätzlich Versicherungen anbietet) als auch um ein warenproduzierendes Unternehmen (zum Beispiel Autohersteller, der Versicherungen anbietet) handeln. Hier sind deutliche Schnittstellen zum Konsumgütermarketing erkennbar. Während sich die Forschung in diesem Feld zunächst auf Kundendienstleistungen beschränkte (Meffert 1987), werden derartige Services gegenwärtig im Rahmen eines breiter angelegten Spektrums unter Value-added-Gesichtspunkten, häufig mit einem speziellen Branchenfokus, diskutiert (Rosada 1990; Dyckhoff 1993; Rennert 1993).

3. Der Fall **investiver Kerndienstleistungen** findet in der Marketingforschung bisher keine ähnlich intensive Behandlung wie der Bereich konsumtiver Dienstleistungen (Kotler/Bloom 1983).

4. Im Bereich der **investiven Sekundärdienstleistungen** ist wiederum zu bedenken, daß es sich beim dienstleistenden Unternehmen sowohl um einen Dienstleister als auch um einen Hersteller von Sachgütern handeln kann. Hier sind gegenwärtig diverse Forschungsbemühungen zu verzeichnen (Simon 1993, S. 1ff.; einen Überblick über empirische Untersuchungen zu diesem Gebiet geben Homburg/Garbe 1996).

Angesichts der Heterogenität der sich aus den verschiedenen Bereichen ableitenden Fragestellungen können nur für bestimmte Fragen übergreifende Lösungen erarbeitet werden. Um dennoch alle Fragenkomplexe des Dienstleistungsmarketing erschöpfend behandeln zu können, beschränkt sich dieses Buch zunächst auf das erste Feld der **konsumtiven Kerndienstleistungen**. Aufgrund des Zusammenwachsens von Güter- und Dienstleistungsmärkten wird aber darüber hinaus eine Übertragbarkeit der dargestellten Aussagen auf den Sekundärdienstleistungsbereich angestrebt. Investive Gesichtspunkte werden nur insoweit behandelt, als Schnittmengen mit dem konsumtiven Bereich bestehen.

2. Begriff und Systematisierung von Dienstleistungen

2.1 Begriffliche Abgrenzung von Dienstleistung und Service

Es wurde bislang deutlich, daß aufgrund einer fehlenden einheitlichen Abgrenzung und Definition des Dienstleistungsbegriffs zum Beispiel die statistische Erfassung von Dienstleistungen mit Problemen behaftet ist.

Zur **terminologischen Abgrenzung des Begriffes Dienstleistung** werden zunächst verschiedene Definitionsansätze von Autoren, die sich speziell mit dem Dienstleistungsbereich befassen, vorgestellt und kritisch gewürdigt. Auf der Grundlage der in der Literatur herausgearbeiteten Besonderheiten von Dienstleistungen wird dann eine **Arbeitsdefinition** entwickelt, der sich das heterogene Spektrum von Dienstleistungen subsumieren läßt. Zur **Entwicklung einer umfassenden Leistungstypologie** werden die **Dienstleistungsbesonderheiten** weiter präzisiert, um die generellen Aussagen über Dienstleistungen genauer zu spezifizieren, das heißt ihren Gültigkeitsbereich einzuengen und somit die Aussagekraft der Erkenntnisse zu steigern (Corsten 1985b, S. 220ff.).

Die in der Literatur vorgenommenen **Definitionsversuche** zum Dienstleistungsbegriff lassen sich in drei Gruppen aufteilen (Corsten 1985b, S. 173):

- Erfassung des Dienstleistungsbegriffes durch die Aufzählung von **Beispielen** (enumerative Definitionen) (Langeard 1981),
- Abgrenzung des Dienstleistungsbegriffes über eine **Negativdefinition** zu den Sachgütern (Altenburger 1981),
- Explizite Definition des Dienstleistungsbegriffes durch **konstitutive Merkmale** (Schüller 1967; Berekoven 1974; Kulhavy 1974; Scheuch 1982; Corsten 1985b; Hilke 1989a; Rosada 1990; Mudie/Cottam 1993; Meyer 1994).

Im folgenden werden einige zentrale Definitionen der letzten Gruppe vorgestellt, da eine Abgrenzung des Dienstleistungsbegriffes nur über die Herausarbeitung konstitutiver Merkmale möglich erscheint. Hierbei lassen sich vier unterschiedliche **Definitionsansätze** unterscheiden:

1. Tätigkeitsorientierte Definitionen
2. Prozeßorientierte Definitionen
3. Ergebnisorientierte Definitionen
4. Potentialorientierte Definitionen

1. Eine sehr weite und umfassende Definition legt Schüller vor: „Jede menschliche Tätigkeit ist im eigentlichen und ursprünglichen Sinne eine „Dienstleistung", das heißt eine **Leistung** im Dienste eigener und/oder anderer Interessen. Man kann auch sagen: Das, was der Mensch tut, um seine physische und psychische Arbeitskraft mit oder ohne Verbindung zur materiellen Güterwelt in den Zweckbereich der menschlichen Bedürfnisbefriedigung zu bringen, ist eine Dienstleistung" (Schüller 1967, S. 19). Er weist damit darauf hin, daß Dienstleistungen direkt am Menschen oder an materiellen Gütern erbracht werden können. Diese Definition ist allerdings mit erheblichen Schwierigkeiten verbunden, da die abstrakte, nicht unbedingt praxisnahe, anwendungsbezogene Ebene der Abgrenzung wenig Möglichkeiten bietet, dienstleistungsmarketingspezifische Besonderheiten abzuleiten.

2. In den Ausführungen von Berekoven wird dagegen der **Prozeßcharakter** der Dienstleistung in den Vordergrund gestellt: „Dienstleistungen im weitesten Sinne sind der Bedarfsdeckung Dritter dienende Prozesse mit materiellen und/oder immateriellen Wirkungen, deren Vollzug und deren Inanspruchnahme einen synchronen Kontakt zwischen Leistungsgeber und Leistungsnehmer beziehungsweise deren Objekten von der Bedarfsdeckung her erfordert" (Berekoven 1983, S. 23). Daher wird der synchrone Kontakt der Marktpartner beziehungsweise von deren Objekten als entscheidendes Merkmal von Dienstleistungen herausgestellt. Diese Definition ist eine Weiterentwicklung seiner Dienstleistungsdefinition von 1974, als er unter „synchron" noch einen zeitlich und räumlich synchronen Kontakt verstand (Berekoven 1974, S. 29). Meyer kritisierte diese Notwendigkeit der räumlich synchronen Dienstleistungserstellung und bemängelte weiter, daß Berekoven auch in seiner modifizierten Abgrenzung von 1983 sämtliche Arbeitsleistungen dem Dienstleistungsbegriff subsumiert (Meyer 1994, S. 12).

3. Eine **ergebnisorientierte Betrachtung** liegt der Definition von Maleri zugrunde: „Demnach kann ... Leistung nicht als ein Prozeß, sondern nur als Ergebnis des Prozesses angesehen werden, denn nur dieses ist am Markt vertretbar" (Maleri 1994). Darauf aufbauend definiert er Dienstleistungen „als für den Absatz produzierte immaterielle Wirtschaftsgüter." Der Umkehrschluß gelingt allerdings nicht, wie Maleri selbst zugesteht: „Zwar sind alle Dienstleistungen zu den immateriellen Gütern zu rechnen, nicht jedoch sind umgekehrt alle immateriellen Güter Dienstleistungen" (Maleri 1994). Trotz der Kritik von Meyer, daß einige Dienstleistungen, wie zum Beispiel die Sprengung einer Fabrik, durchaus materielle Ergebnisse zur Folge haben können (Meyer 1994, S. 12), haben zahlreiche Autoren die Definition von Maleri aufgegriffen und weiterentwickelt (vgl. dazu etwa Entgelter 1979, S. 116).

4. Die **potentialorientierte Dienstleistungsdefinition** beinhaltet die Auffassung, daß Dienstleistungen als die durch Menschen oder Maschinen geschaffenen Potentiale beziehungsweise Fähigkeiten eines Dienstleistungsanbieters angesehen werden können, spezifische Leistungen beim Dienstleistungsnachfrager zu erbringen, wie zum Beispiel das Hotelgebäude (vgl. Meyer/Mattmüller 1987, S. 187f.; Hentschel 1992, S. 19f.).

Zur Erfassung der konstitutiven Merkmale von Dienstleistungen nimmt Hilke eine **phasenbezogene Integration** der prozeß-, ergebnis- und potentialorientierten Interpretation der Dienstleistung vor (Hilke 1984, S. 17ff., 1989b, S. 10f.). Er hebt hervor, daß das Wesen einer Dienstleistung nur zu erfassen ist, wenn alle drei Phasen durch jeweils ein gesondertes Merkmal in die Dienstleistungsdefinition eingehen. Dabei findet die Potentialorientierung der Dienstleistung in der Fähigkeit und Bereitschaft des Dienstleistungsanbieters zur Ausübung einer dienstleistenden Tätigkeit ihren Ausdruck (Hilke 1984). Den phasenbezogenen Zusammenhang der prozeß-, ergebnis- und potentialorientierten Dimensionen einer Dienstleistung zeigt Abbildung 1-13. Auch Rosada und Engelhardt nehmen eine explizite Phasenbetrachtung vor, allerdings kommen sie zu abweichenden Ergebnissen. Nach ihrer Meinung ist weder das Leistungspotential noch das Leistungsergebnis, sondern ausschließlich der Leistungsprozeß ein differenzierendes Merkmal zwischen Dienst- und Sachleistungen. Im Rahmen einer phasenbezogenen Betrachtung besteht in dieser Phase die Notwendigkeit der Integration eines externen Faktors (vgl. Engelhardt 1990, S. 278ff.; Rosada 1990, S. 20ff.).

Erst aus den spezifischen **Fähigkeiten und der Bereitschaft des Dienstleistungsanbieters** zur Erbringung einer Dienstleistung **(Potentialorientierung)** und der **Einbringung des externen Faktors** durch den Dienstleistungsnachfrager als prozeßauslösendes und -begleitendes Element **(Prozeßorientierung) resultiert** ein Dienstleistungsergebnis **(Ergebnisorientierung)**.

Allerdings ist die Auffassung von Hilke, daß es sich bei Dienstleistungen stets um immaterielle Güter handeln muß, wiederum der Kritik von Meyer auszusetzen, da das Ergebnis einer Dienstleistung auch materieller Art sein kann, wie zum Beispiel bei Dienstleistungen eines Malers, einer Autoreparaturwerkstatt oder eines Friseurs (vgl. Meyer 1994, S. 12).

Auch die beiden anderen Kriterien weisen Mängel auf, da sie bestimmte Ausnahmen nicht erfassen beziehungsweise auch für einige Sachleistungen zutreffen (Engelhardt/Kleinaltenkamp/Reckenfelderbäumer 1992, S. 1ff.). Diese Einwände zeigen die Entwicklung der Diskussion um eine allgemeine Dienstleistungsdefinition, in deren Verlauf zunächst als konstitutiv erachtete Merkmale von Dienstleistungen im Zeitablauf als nicht eindeutig identifiziert wurden. Trotzdem soll im folgenden aus didaktischen Gründen zunächst eine **Dienstleistungsdefinition** vorgenommen werden, die auf lange Zeit als konstitutiv erachteten Merkmalen von Dienstleistungen beruht.

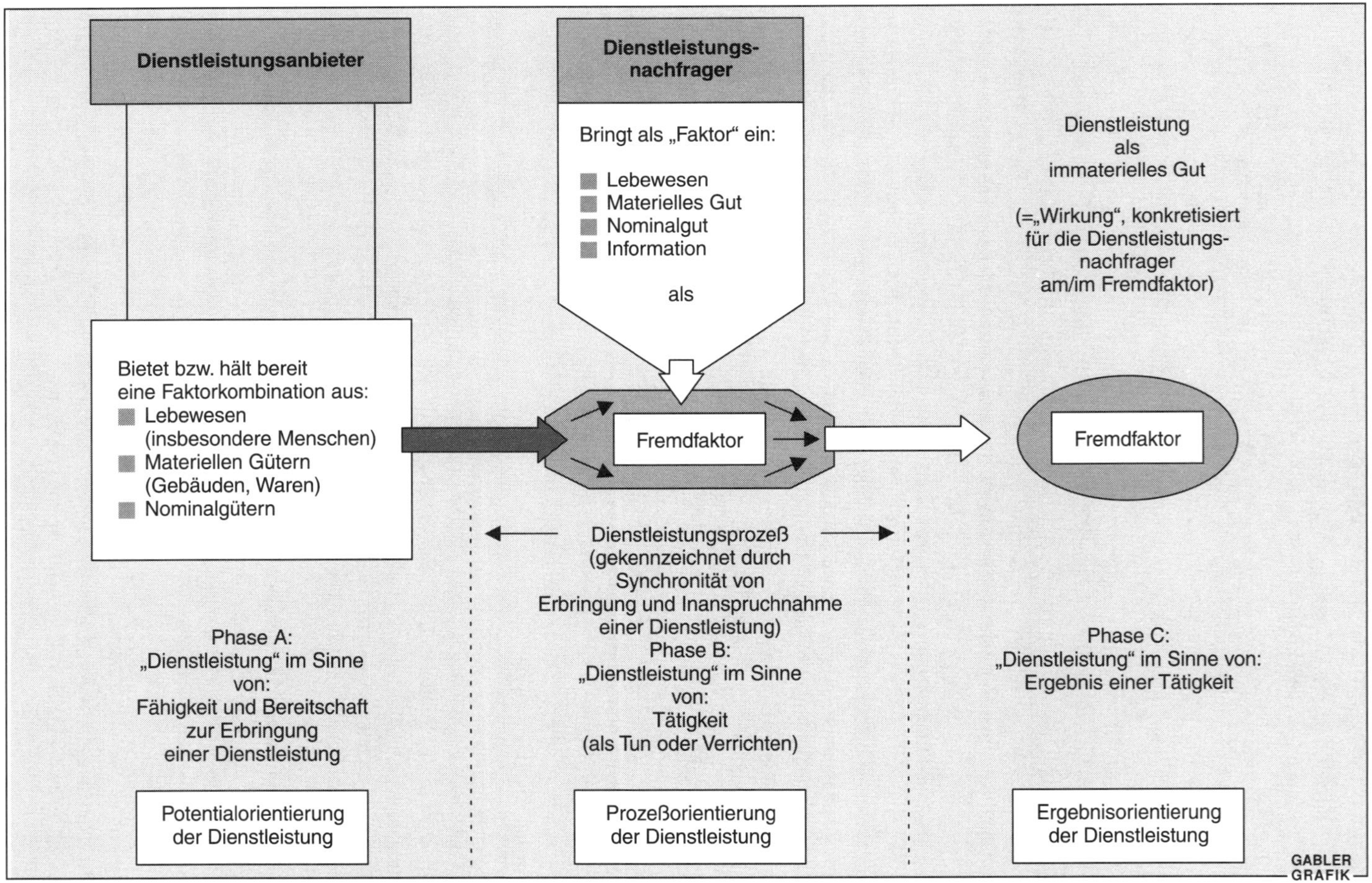

Abbildung 1-13: Phasenbezogener Zusammenhang zwischen den drei konstitutiven Merkmalen von Dienstleistungen
(Quelle: Hilke 1989b, S. 15)

Dienstleistungen sind selbständige, marktfähige Leistungen, die mit der Bereitstellung (zum Beispiel Versicherungsleistungen) und/oder dem Einsatz von Leistungsfähigkeiten (zum Beispiel Friseurleistung) verbunden sind **(Potentialorientierung)**. Interne (zum Beispiel Geschäftsräume, Personal, Ausstattung) und externe Faktoren (also solche, die nicht im Einflußbereich des Dienstleisters liegen) werden im Rahmen des Erstellungsprozesses kombiniert **(Prozeßorientierung)**. Die Faktorenkombination des Dienstleistungsanbieters wird mit dem Ziel eingesetzt, an den externen Faktoren, an Menschen (zum Beispiel Kunden) oder deren Objekten (zum Beispiel Auto des Kunden) nutzenstiftende Wirkungen (zum Beispiel Inspektion beim Auto) zu erzielen **(Ergebnisorientierung)**.

Obwohl der **Begriff „Services"** im deutschsprachigen Raum vielfach lediglich für Zusatzdienstleistungen von Konsumgüter- und Investitionsgüterherstellern Verwendung findet, soll er im folgenden, auch um keine Differenzen zum angloamerikanischen Wortgebrauch entstehen zu lassen, synonym zum Dienstleistungsbegriff verwendet werden.

Bevor im weiteren ausführlich auf die konstitutiven Merkmale des oben definierten Dienstleistungsbegriffes eingegangen wird, soll das breite **Spektrum von Dienstleistungen**, das sich unter diesem Begriff einordnen läßt, von den anderen in Abbildung 1-14 aufgeführten Wirtschaftsgütern abgegrenzt und systematisiert werden.

Dienstleistungen sind dem Realgüterbereich zuzuordnen und stellen im Gegensatz zu materiellen Gütern (zum Beispiel Auto, Fernseher, Wohnzimmereinrichtung) überwiegend immaterielle Leistungen dar. Dienstleistungen und Arbeitsleistungen unterscheiden sich gegenüber den anderen immateriellen Gütern, das heißt den Rechten (zum Beispiel Lizenzen, Patente) und Informationen (zum Beispiel Marktinformationen, Aktienberichte) durch ihren Verrichtungscharakter (Scheuch 1982, S. 16). So stellen Dienstleistungen und Arbeitsleistungen sogenannte Verrichtungen dar, das heißt, hier nimmt eine Person oder ein Automat eine Handlung an einem Objekt vor. Dabei erfährt allerdings die Abgrenzung von Dienstleistungen und Informationen in der Literatur eine kontroverse Diskussion (vgl. Corsten 1985b, S. 171), da Informationen das Resultat (Output) einer Dienstleistung (zum Beispiel Unternehmensberatung), aber auch den Gegenstand (Input) der Dienstleistung (zum Beispiel Marktinformationen als Input für eine Marktanalyse eines Unternehmensberaters) darstellen können. Die Information selbst stellt jedoch niemals eine Verrichtung dar.

Unterschiedlich wird auch die **Abgrenzung von Dienstleistungen und Arbeitsleistungen** vorgenommen. Zur Unterscheidung führt Entgelter (1979, S. 89f.) an, daß Arbeitsleistungen produktionsorientiert eher einen kausalen, Dienstleistungen dagegen einen finalen Charakter aufweisen. Corsten bemerkt hierzu jedoch treffend, daß Dienstleistungen sowohl kausalen Charakter als auch finalen Charakter haben können. Als Beispiel sind hier zum einen investive Dienste wie der Hardware-Service und zum anderen konsumtive Dienstleistungen, wie das Haareschneiden, anzuführen. Somit ist eine trennscharfe Abgrenzung zu den Arbeitsleistungen nicht möglich.

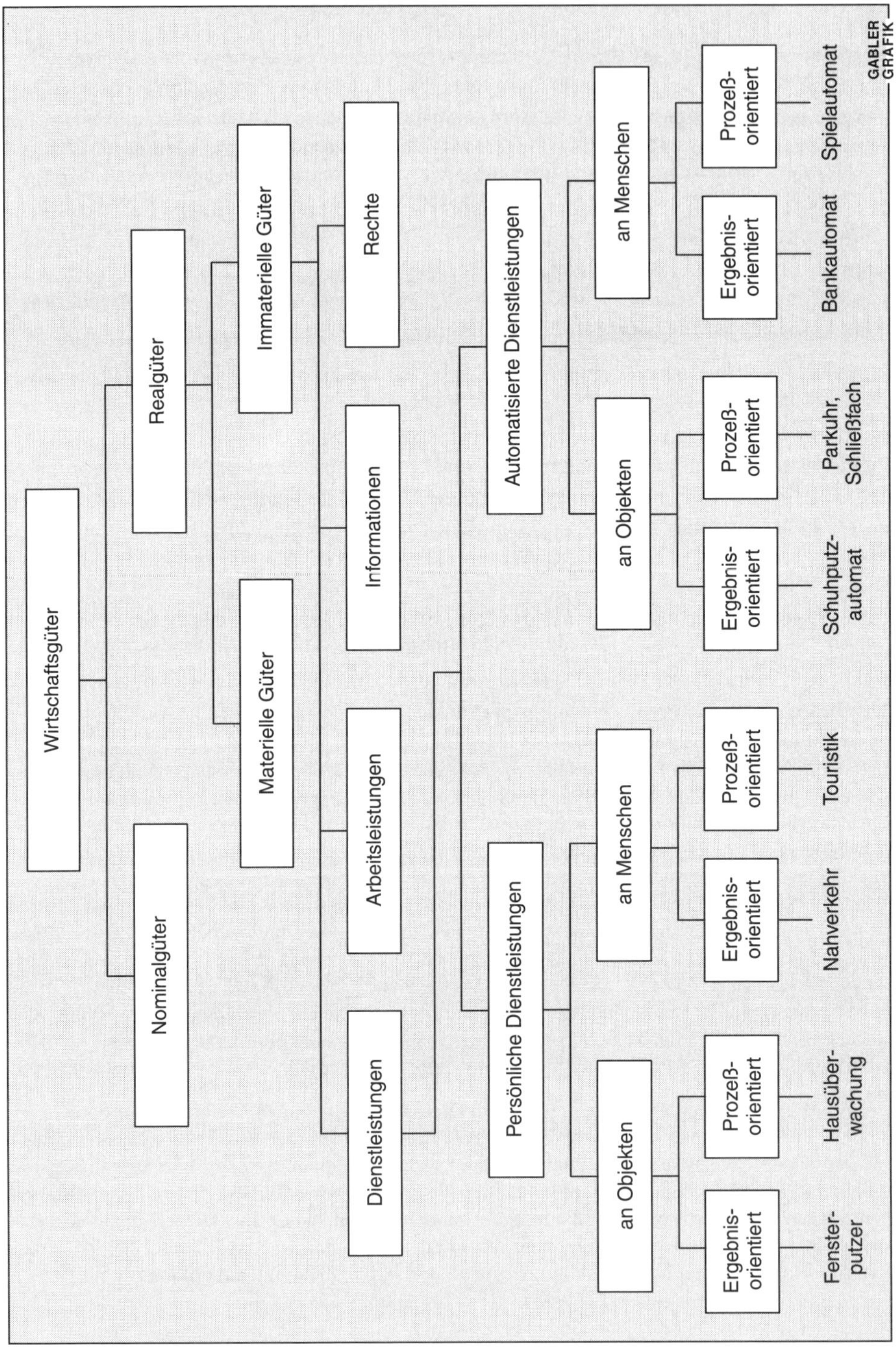

Abbildung 1-14: Systematik der Wirtschaftsgüter (mit Beispielen)

Eine präzisere Abgrenzung ist vielmehr darin zu sehen, daß Arbeitsleistungen als Input originäre Faktoren sind, während Dienstleistungen als derivative Faktoren beziehungsweise als Ergebnis eines vorangegangenen Kombinationsprozesses aufzufassen sind. Wenn beispielsweise ein Arbeitnehmer seine Arbeitsleistung einer Reparaturwerkstatt zur Verfügung stellt, dann handelt es sich um einen originären Faktor, und durch die Kombination von Ausstattung, Personal usw. entsteht dann das Angebot einer Dienstleistung. Weiterhin ist zur Unterscheidung anzuführen, daß Arbeitsleistungen die von Menschen an einen Arbeitgeber vermieteten Leistungsfähigkeiten darstellen, die an, dem Arbeitgeber gehörenden, internen Faktoren (Anlagen, Maschinen, Werkstoffe usw.) erbracht werden. Dienstleistungen werden demgegenüber direkt an Nachfragern oder an von Nachfragern zur Verfügung gestellten Objekten erbracht, in beiden Fällen also an externen Faktoren.

Zum besseren Verständnis des Dienstleistungsbegriffes wird neben der Abgrenzung gegenüber anderen Wirtschaftsgütern im folgenden eine erste **Systematisierung** des breiten und heterogenen Spektrums von Dienstleistungen vorgenommen.

Bei der Betrachtung von Dienstleistungen ist zwischen persönlichen und automatisierten Dienstleistungen zu differenzieren. Bei **persönlichen Dienstleistungen** dominiert die menschliche Leistung im Erstellungsprozeß (zum Beispiel Unternehmensberater, Rechtsanwalt, Arzt). Persönliche Dienstleistungen können aber über Zeichen-, Ton- und Bildspeicher haltbar und wiederholbar gemacht werden. Werden sie dann industriell vervielfältigt, kann nicht mehr von einer persönlichen Dienstleistung gesprochen werden, da sie in ein Sachgut, wie zum Beispiel Musikkassetten, Schallplatten, CDs, Bücher, übergehen. Wird eine persönliche Dienstleistung auf diese Art an ein Trägermedium gebunden, wird vielmehr von einer **veredelten Dienstleistung** gesprochen (Meyer 1994, S. 119ff.).

Angesichts der zunehmenden Bedeutung von „Neuen Technologien" im Dienstleistungsbereich (zum Beispiel Datenbanksysteme, Selbstbedienungsautomaten) kommt den von Automaten erstellten Dienstleistungen, die im folgenden als **automatisierte Dienstleistungen** bezeichnet werden, eine steigende Bedeutung zu.

Weiterhin ist bei Dienstleistungen zu unterscheiden, ob sich die nutzenstiftende Verrichtung einer Dienstleistung auf die **Veränderung an einem Objekt** (zum Beispiel Inspektion beim Auto) oder **an einem Menschen** (zum Beispiel ärztliche Untersuchung) bezieht. Die Unterscheidung von objekt- und personengerichteten Dienstleistungen beinhaltet wesentliche Implikationen für die Organisation des Dienstleistungsprozesses.

Letztlich kann auch zwischen **ergebnisorientierten** und **prozeßorientierten Dienstleistungen** differenziert werden. Dieser Unterscheidung liegt die Fragestellung zugrunde, ob der Dienstleistungsnachfrager am Ergebnis (zum Beispiel Reparatur eines Autos) oder aber am Erstellungsprozeß (zum Beispiel Theateraufführung) einer Dienstleistung interessiert ist.

Unterschiedliche Intentionen einer einzigen Dienstleistung lassen sich an folgendem **Beispiel** verdeutlichen: Die Benutzung des öffentlichen Personennahverkehrs stellt für einen Stadtbewohner die Inanspruchnahme einer ergebnisorientierten Dienstleistung mit der Funktion der Raumüberbrückung dar. Die Inanspruchnahme desselben Autobusses ist für den Besucher einer Stadt bei einer Stadtbesichtigung demgegenüber eine prozeßorientierte Dienstleistung.

Es zeigt sich also, daß der **Charakter der Dienstleistung** letztlich entscheidend von den externen Faktoren, wie in diesem Fall von Dienstleistungsnachfragern, von den räumlichen, zeitlichen und situativen Rahmenbedingungen und nicht ausschließlich von den internen Faktoren abhängt. Hier liegt schließlich auch einer der Hauptgründe dafür, daß theoretisch fundierte Aussagen mit einem notwendigen Grad an Allgemeingültigkeit im Bereich der Dienstleistungen schwer zu formulieren sind.

Als weiteres **Beispiel** für die Schwierigkeit der Zuordnung von Dienstleistungen kann eine Haus- oder Gebäudeüberwachung herangezogen werden. Hierbei handelt es sich grundsätzlich um eine persönliche Dienstleistung an einem Objekt mit dem Ziel, bei einem der Situation angemessenen Aufwand, das heißt je nachdem, ob es sich um einen Tag- oder Nachtpförtner handelt, ständig ein Maximum an Sicherheit zu leisten. Es stellt sich nun die Frage, ob die Dienstleistung ergebnisorientiert ist, weil das Ziel „Sicherheit" angestrebt wird, oder ob sie potentialorientiert ist, da eine ständige „Sicherheitsbereitschaft" gewährleistet sein muß.

Es bleibt festzuhalten, daß eine vollständige Abgrenzung von Dienstleistungen und Sachleistungen sowie die Unterscheidung einzelner Dienstleistungsarten mit erheblichen Problemen verbunden ist. Dieses Defizit ist nicht zuletzt auf die **hohe Komplexität und Heterogenität des Untersuchungsgegenstandes „Dienstleistung"** zurückzuführen.

Diese methodisch nur schwer faßbare Komplexität hat in der jüngsten Vergangenheit über die Forderung nach einem geschlossenen Theoriegebäude hinaus weitere grundsätzliche Fragestellungen aufgeworfen. Diskutiert wird beispielsweise der von Engelhardt vorgeschlagene Verzicht auf die ursprüngliche Trennung der Begriffe Sach- und Dienstleistung zugunsten einer allgemeinen **Typologie von Absatzobjekten** (Engelhardt/Kleinaltenkamp/Reckenfelderbäumer 1992, S. 37).

2.2 Leistungstypologische Abgrenzung

Generelles Ziel einer Typologie im Bereich des Marketing, so auch der von Engelhardt, ist die **Identifikation von spezifischen Leistungstypen**, die typenübergreifend differenzierte, aber innerhalb eines Typs einheitliche Implikationen für das Marketing besitzen. Der zentrale Vorteil einer Typologie beziehungsweise Klassifikation gegenüber rein definitorischen Ansätzen ist darin zu sehen, daß die als relevant erachteten Merkmale eines Begriffs nicht eineindeutig bestimmt werden müssen, sondern als Kontinuum zwischen ihren Extremausprägungen dargestellt werden können. Typologien verwenden somit keine konstitutiven Leistungsmerkmale, sondern greifen vielmehr auf solche

Kriterien zurück, die für den jeweiligen Zweck der Typologiebildung den höchsten Aussagewert besitzen. Damit sind Typologien in besonderem Maße geeignet, das Abgrenzungsproblem zwischen Dienst- und Sachleistungen transparent zu machen. Typologien vermögen das Problem von Unschärfebereichen zwischen den „Reinformen“ bestimmter Absatzobjekte abzubilden, ohne gleichzeitig zu dessen Lösung – im Sinne einer eindeutigen Zuordnungsvorschrift – beitragen zu müssen.

In diesem Zusammenhang haben Engelhardt et al. eine in ihrer methodischen Fundierung überzeugende **Leistungstypologie** vorgelegt (Engelhardt/Kleinaltenkamp/Reckenfelderbäumer 1992, S. 34ff.), die auf zwei Dimensionen beruht, dem Immaterialitätsgrad des Leistungsergebnisses sowie dem Integrationsgrad der betrieblichen Leistungsprozesse, wobei letztere Dimension wieder in die Teildimensionen „Eingriffstiefe“ und „Eingriffsintensität“ zerlegt wird, wie sich in Abbildung 1-15 erkennen läßt. Die Kombination der jeweiligen Extremausprägungen führt zu **vier Grundtypen von Leistungen**, für die konkrete Marketingimplikationen abgeleitet werden können.

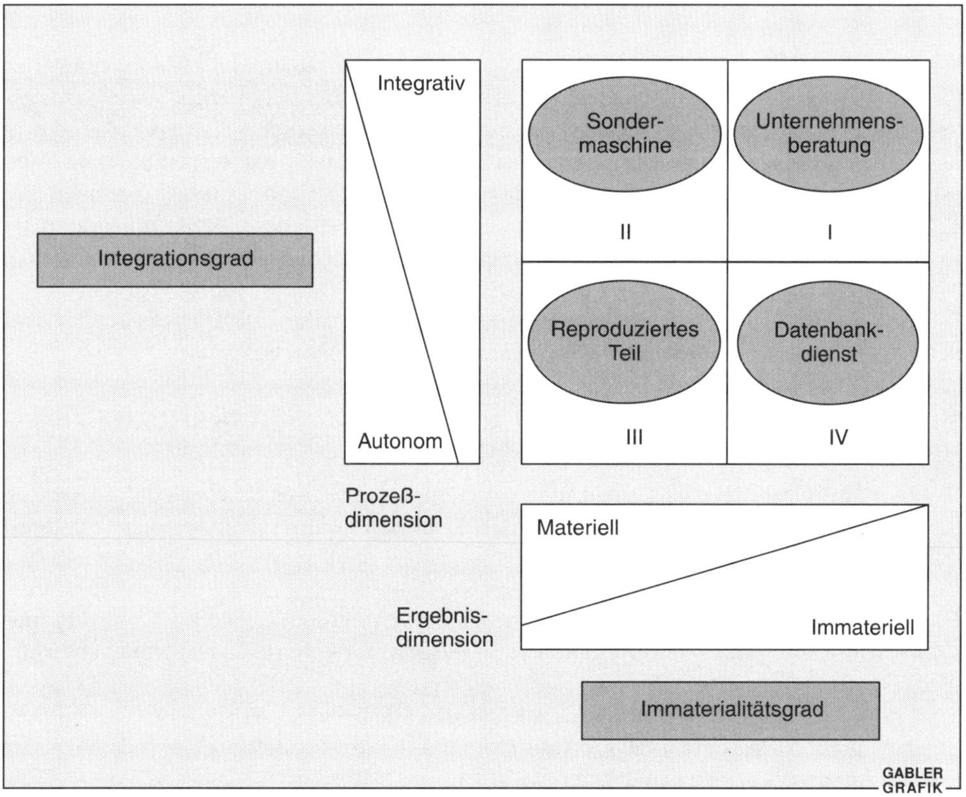

Abbildung 1-15: Leistungstypologie nach Engelhardt et al.
(Quelle: Engelhardt/Kleinaltenkamp/Reckenfelderbäumer 1992, S. 35)

1. Der erste Leistungstyp ist durch ein immaterielles Leistungsergebnis und eine starke Integration des externen Faktors in den Prozeß der Leistungserstellung gekennzeichnet. Typisches Beispiel sind hier die Leistungen klassischer Unternehmensberatungen, die Problemlösungen im engen Kontakt mit ihren Kunden erarbeiten.

2. Demgegenüber weist der zweite Leistungstyp bei ebenfalls hohem Integrationsgrad ein materielles Leistungsergebnis auf, zum Beispiel eine im Kundenauftrag individuell angefertigte Sondermaschine.

3. Beim dritten Leistungstyp handelt es sich um typische, industriell gefertigte Massenprodukte. Sie sind durch ein materielles Leistungsergebnis bei gleichzeitig autonom gestalteten Leistungserstellungsprozessen gekennzeichnet. Hier sind die klassischen Produkte der Konsumgüterhersteller von Automobilen bis zu Lebensmittelprodukten einzuordnen.

4. Autonome Prozesse bei der Leistungserstellung sind auch für den vierten Leistungstyp charakteristisch, wobei das Leistungsergebnis hier jedoch immaterieller Natur ist. Datenbankdienste etwa zeichnen sich durch eine derartige Ausprägung der Leistungs- und Prozeßmerkmale aus.

Eine intensive Prüfung dieser Leistungstypologie und insbesondere ihres Aussagewertes für das Management von Dienstleistungsunternehmen offenbart einige Verbesserungs- beziehungsweise Ergänzungspotentiale. Sinnvoll kann beispielsweise eine **Zerlegung der Integrationsdimension** in solche Teildimensionen sein, die weiterführende Aussagen zur Leistungserstellung, vor allem aber zur Gestaltung von Struktur, Systemen und Kultur auch und insbesondere von Dienstleistungsunternehmen besitzen (eine ähnliche Erweiterung der Integrationsdimension findet sich bei Maister/Lovelock 1988, S. 67ff.).

Dabei kann die **Integrationsdimension** in zwei relevante **Teildimensionen** zerlegt werden (vgl. auch Wohlgemuth 1989, S. 339f.; Corsten 1990, S. 172):

- Den **Interaktionsgrad**, der zu einer Differenzierung zwischen quasiindustriellem und interaktionsorientiertem Management führt.
- Den **Individualisierungsgrad**, der ein Kontinuum zwischen der Standardisierung von Leistungen und der individuellen Kundenorientierung im Sinne einer „Customization“ aufspannt.

Die Unterteilung in diese beiden Teildimensionen ermöglicht eine eindeutige und hinsichtlich der Ableitung von Implikationen für die marktorientierte Unternehmensführung wertvolle Trennung in:

- **Integration des externen Faktors in den Leistungserstellungsprozeß** im Sinne des Interaktionsgrades und
- **Ausrichtung von Wertaktivitäten** auf die Kundenbedürfnisse im Sinne des Individualisierungsgrades.

Der **Interaktionsgrad** bezieht sich damit auf jegliche Form einer Einbindung des externen Faktors in den Leistungserstellungsprozeß. Dabei können dem externen Faktor Unterstützungs-, aber auch Vollzugsfunktionen im Rahmen der Leistungserstellung zukommen. Demgegenüber kennzeichnet der **Individualisierungsgrad** die kundenbezogene Spezifität der Bereitstellungsleistung und des sich anschließenden Leistungserstellungsprozesses, ohne daß hiermit – mit Ausnahme von kundenbezogenen Informationen – gleichzeitig eine Einbindung des externen Faktors in die betriebliche Wertkette verbunden ist.

An dieser Stelle kann die **fehlende Unabhängigkeit** beider Teildimensionen kritisiert werden. Es stellt sich die Frage, ob nicht jede Individualisierung von Leistungen zumindest mit einer informationsbedingten Integration des externen Faktors, also zum Beispiel der Mitteilung individueller Körpermaße zur Herstellung eines Maßanzuges, verbunden ist (vgl. Engelhardt/Kleinaltenkamp/Reckenfelderbäumer 1995, S. 675f.).

Diesem Einwand ist zu entgegnen, daß es zum einen in **längerfristigen Kundenbeziehungen** auch bei einem hohen Individualisierungsgrad der Leistung nicht mit jedem Kaufakt einer erneuten informationsbedingten Integration bedarf. In diesem Fall ist also eine individuelle Leistungserstellung nicht gleichzeitig auch an eine Integration des externen Faktors im Sinne seiner Einbindung in den Leistungserstellungsprozeß geknüpft.

Zum anderen ist es sinnvoll, an dieser Stelle neben dem bislang in der Literatur dominierenden objektiven einen **subjektiven Integrationsbegriff** einzuführen. Inwieweit ein Konsument sich in den Leistungserstellungsprozeß eingebunden fühlt, hängt nicht direkt mit der Individualität der Leistung zusammen. Insbesondere neue Kommunikationstechnologien ermöglichen kundenindividuelle Leistungen bei einer seitens der Nachfrager nur als gering empfundenen Integration in den Leistungserstellungsprozeß. Aus einem solchen subjektiven Integrationsbegriff ergeben sich dann auch Implikationen für die **Marktsegmentierung**, da Nachfrager jeweils nach der erwarteten Integrationsintensität und -dauer homogenen Segmenten zugeordnet werden, auf deren Basis eine differenzierte Marktbearbeitung erfolgen kann.

Im Ergebnis entsteht, wie sich in Abbildung 1-16 erkennen läßt, eine **dreidimensionale Leistungstypologie** mit den folgenden Dimensionen (vgl. auch Meffert 1994c, S. 524f.):

- Immaterialitätsgrad,
- Interaktionsgrad,
- Individualisierungsgrad.

Dabei bezieht sich der **Immaterialitätsgrad** auf das Leistungsergebnis. Demgegenüber bildet der **Interaktionsgrad** im wesentlichen die Phase der Leistungserstellung ab, weist aber auch – im Sinne einer Ausrichtung von Leistungspotentialen auf Interaktionserfordernisse – gewisse Bezüge zur Bereitstellungsleistung auf. Der **Individualisierungsgrad** schließlich steht in Beziehung zu allen drei Phasen der Leistungserstellung, das heißt, er weist Implikationen für die Bereitstellungsleistung sowie den sich anschließenden Leistungserstellungsprozeß auf und kennzeichnet die Ausprägung des Leistungsergebnisses.

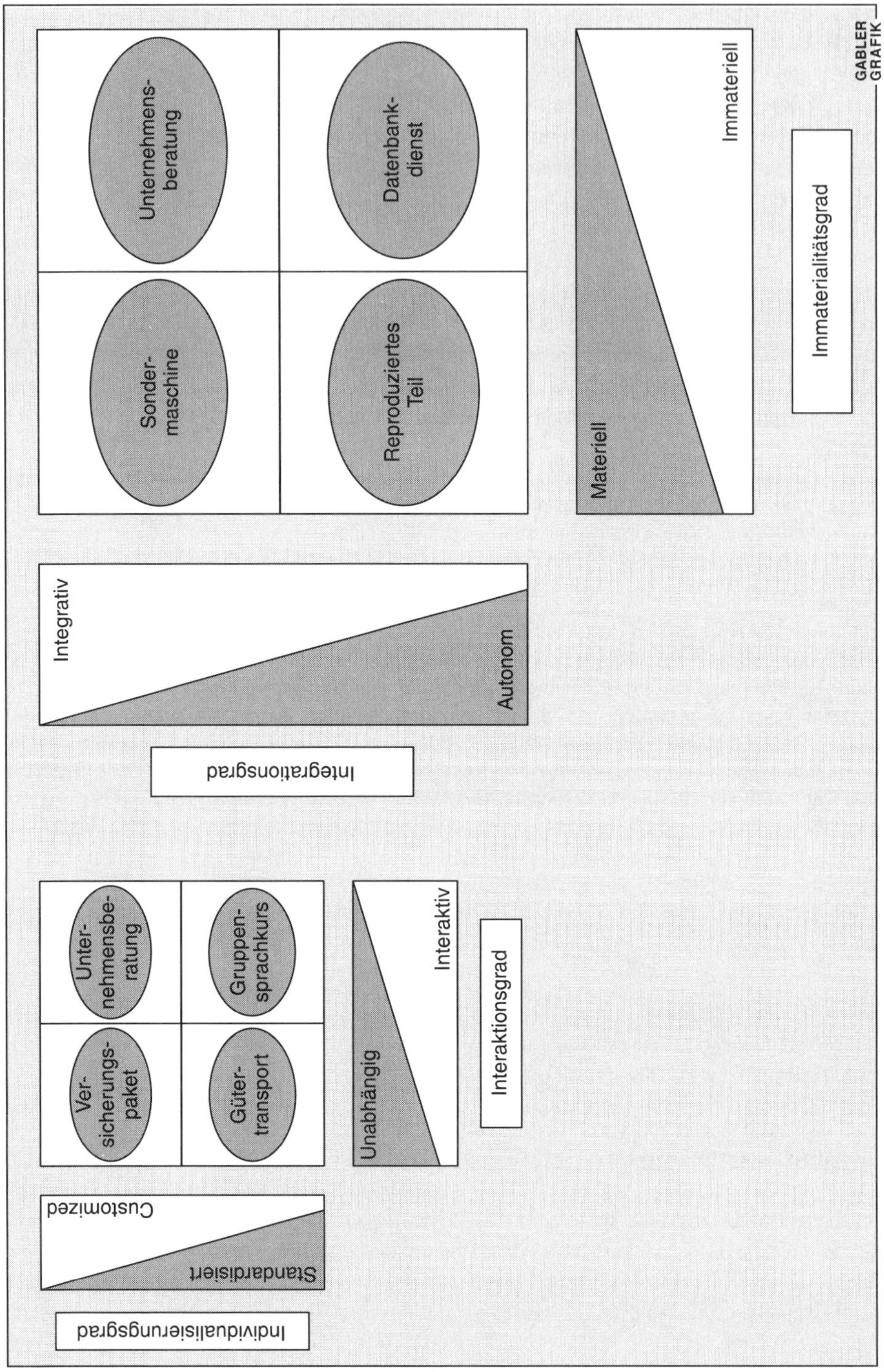

Abbildung 1-16: Typologie der Absatzobjekte nach Engelhardt et al. und deren Erweiterung
(Quelle: Meffert 1993, S. 12)

Innerhalb dieser Typologie ist eine eindeutige Abgrenzung zwischen Dienst- und Sachleistungen für die überwiegende Mehrzahl von Absatzobjekten allerdings nicht möglich. Trotz der Logik der Argumentation scheint aber der von Engelhardt vorgeschlagene Verzicht auf das **Begriffspaar Dienst- und Sachleistung** als zu weitreichend. Vielmehr können beide Begriffe eher als **Extremausprägungen eines Kontinuums** aufgefaßt und somit auch zukünftig in der wissenschaftlichen Diskussion beibehalten werden. Damit bleibt der Marketingwissenschaft ein Orientierungsrahmen erhalten, der die ansonsten nicht zu verhindernde Zersplitterung in eine Vielzahl typenspezifischer Partialtheorien aufzuhalten vermag.

2.3 Institutionenorientierte Abgrenzung

Die in Abschnitt 2.1 herausgearbeiteten konstitutiven Merkmale von Dienstleistungen sind definitionsgemäß für alle Dienstleistungen gültig. Somit können sie nicht dazu beitragen, das heterogene Spektrum der Dienstleistungen zu systematisieren. Ein erster Schritt einer **Systematisierung von Dienstleistungen** wurde in Abschnitt 2.2 vorgenommen, in dem zwischen persönlichen und automatisierten, personen- und objektbezogenen sowie ergebnis- und prozeßbezogenen Dienstleistungen unterschieden wurde.

Diese Systematisierung gilt es im folgenden durch weitere Merkmale zu differenzieren. Dabei soll das Ziel verfolgt werden, **Dienstleistungstypologien** aufzuzeigen, mit deren Hilfe verschiedene Dienstleistungstypen identifiziert werden können, die aus der Sicht des Marketing einer differenzierten beziehungsweise innerhalb eines Dienstleistungstyps einer einheitlichen Behandlung bedürfen. Daher sollen sich die für eine derartige Typologie zu verwendenden Merkmale dadurch auszeichnen, daß sie einen **Marketingbezug** aufweisen, das heißt die Erfordernis differenzierter Vorgehensweisen im Rahmen des Dienstleistungsmarketing erkennen lassen.

Hierin liegt auch ein wesentlicher Grund dafür, daß eine Systematisierung von Dienstleistungen und Dienstleistungsunternehmen in Form von Branchenkatalogen keine geeignete Typologie für das Dienstleistungsmarketing darstellt. Als Beispiel hierfür kann die bereits diskutierte Systematik des Statistischen Bundesamtes angeführt werden, der eine institutionelle Betrachtung zugrundeliegt, oder auch die wesentlich umfangreichere und detailliertere institutionelle Klassifikation von Scheuch, die er in Anlehnung an eine Branchenkategorisierung von Suppan entwickelt hat (Suppan 1980; Scheuch 1982, S. 27ff.).

Dieser Katalog umfaßt über 300 Betriebsbeziehungen und bietet zahlreiche Beispiele, die Auskunft darüber geben, für welche unterschiedlichen Dienstleister die noch zu entwickelnden Marketingtheorien anwendbar sein können.

Merkmal	Erscheinungsform
Produktbeziehung	■ Komplementäre Dienstleistungen ■ Substitutive Dienstleistungen
Produktverbindung	■ Isolierte Dienstleistungen ■ Kombinierte Dienstleistungen
Leistungsverwertung (Mittelbarkeit zum Konsum)	■ Direkte Dienstleistungen ■ Indirekte Dienstleistungen
Dauerhaftigkeit der Auswirkung	■ Produktionsdienstleistungen ■ Investitionsdienstleistungen
Leistungssubstanz	■ Dienstleistungen als Hauptleistung ■ Dienstleistungen als Nebenleistung
Verwendungsbereich (aus der Sicht der Unternehmung)	■ Dienstleistungen zur unternehmensinternen Verwendung ■ Dienstleistungen, die zum Absatz bestimmt sind
Rechtsstellung des Leistungsträgers	■ Private Dienstleistungen ■ Öffentliche Dienstleistungen
Zeiterfordernis	■ Dienstleistungen, die Zeit sparen ■ Dienstleistungen, die Zeit erfordern
Zeitliche Wirkung der Nutzenstiftung	■ Dauerhafte Dienstleistungen ■ Nicht dauerhafte Dienstleistungen
Verwendungsbezug	■ Konsumtive Dienstleistungen ■ Investive Dienstleistungen
Ausprägung des Faktors Arbeit	■ Körperliche Dienstleistungen ■ Geistige Dienstleistungen
Abhängigkeit des Dienstleistungswachstums	■ Induzierte Dienstleistungen ■ Autonome Dienstleistungen
Physische Exklusion	■ Individualdienstleistungen ■ Kollektivdienstleistungen
Integrationsgrad des externen Produktionsfaktors	■ Dienstleistungen mit direkter Abhängigkeit ■ Dienstleistungen mit indirekter Abhängigkeit
Novitätsgrad der Dienstleistung	■ Neue Dienstleistungen ■ Alte Dienstleistungen
Leistungsobjekt	■ Materielle Objekte ■ Immaterielle Objekte
Kaufphasen	■ Pre-sales-services ■ After-sales-services

GABLER GRAFIK

Abbildung 1-17: Überblick eindimensionaler Systematisierungsansätze von Dienstleistungen (1)
(Quelle: Corsten 1988, S. 24)

Merkmal	Erscheinungsform
Ökonomische Funktion	■ Servicefunktion (bei Absatzbeziehungen mit Verbrauchern) ■ Managementfunktion (Leistungen werden an andere Unternehmungen oder an Subsysteme der Unternehmung abgegeben)
Elastizität – der Nachfrage – des Einkommens	■ Dienstleistungen mit preiselastischer Nachfrage ■ Dienstleistungen mit preisunelastischer Nachfrage ■ Notwendige Dienstleistungen ■ Luxuriöse Dienstleistungen
Einsatzfaktoren (Faktordominanz)	■ Dispositive Dienstleistungen ■ Objektbezogene Dienstleistungen
	■ Sachbezogene Dienstleistungen ■ Personenbezogene Dienstleistungen
Betriebswirtschaftliche Funktionsbereiche	■ Dienstleistungen der Beschaffung ■ Dienstleistungen der Produktion ■ Dienstleistungen des Absatzes ■ Dienstleistungen der Finanzierung oder kaufmännischen Verwaltung
Teilmärkte	■ Dienstleistungen am Beschaffungsmarkt ■ Dienstleistungen am Absatzmarkt ■ Dienstleistungen am Geldmarkt ■ Dienstleistungen am Arbeitsmarkt
Betriebswirtschaftliche Phasenbereiche	■ Dienstleistungen der Planung ■ Dienstleistungen der Realisation ■ Dienstleistungen der Kontrolle
Art der Nutzenstiftung	■ Vermittlung des Nutzens von Produkten ■ Wert- und Funktionssteigerung oder Erhaltung von Produkten ■ Beseitigung von Nutzenbeeinträchtigungen an Produkten ■ Information, ästhetischer Genuß und Erbauung ■ Produktion immateriellen Kapitals ■ Dienstleistungen als Produktionsfaktor
Haupteinsatzfaktor	■ Personalintensiv erbrachte Dienstleistungen ■ Maschinenintensiv erbrachte Dienstleistungen
Art des Vertragsverhältnisses	■ Einzelvertraglich erbrachte Dienstleistungen ■ Dauervertraglich erbrachte Dienstleistungen
Räumliche Identität von Anbieter und Nachfrager	■ Mittelbare Dienstleistungen ■ Unmittelbare Dienstleistungen
Individualität	■ Individuelle Dienstleistungen ■ Standardisierte Dienstleistungen

GABLER GRAFIK

Abbildung 1-18: Überblick eindimensionaler Systematisierungsansätze von Dienstleistungen (2)
(Quelle: Corsten 1988, S. 25)

Um zu erkennen, ob die Branchendifferenzierung eine Differenzierung im Marketing zur Folge hat, empfiehlt es sich, Dienstleistungen und Dienstleistungsunternehmen anhand einer **marketingbezogenen Dienstleistungstypologie** zu klassifizieren. Die verschiedenen Möglichkeiten einer Systematisierung von Dienstleistungen unter Marketinggesichtspunkten hat Corsten veranlaßt, zahlreiche Kriterien zusammenzutragen. Aber selbst diese umfangreiche Auflistung **eindimensionaler Systematisierungsansätze** in Abbildung 1-17 und 1-18 erhebt keinen Anspruch auf Vollständigkeit. Im folgenden werden exemplarisch einige derartige eindimensionale Ansätze näher untersucht.

Eine erste Differenzierung in **kommerzielle** und **nichtkommerzielle (soziale) Dienstleistungen** gibt darüber Aufschluß, mit welcher Zielsetzung die Erstellung von Dienstleistungen erfolgt. So kann ein und dieselbe Verrichtungsleistung sowohl kommerziellen (zum Beispiel ärztliche Untersuchung in einer Privatklinik) als auch nichtkommerziellen (zum Beispiel ärztliche Untersuchung vom Gesundheitsamt) Charakter haben. Anhand dieser Unterscheidung können dann zentrale Marketingziele und Dienstleistungsstrategien abgeleitet werden.

Weiterhin ist es zweckmäßig, in Anlehnung an die Differenzierung zwischen Konsum- und Investitionsgütern zwischen **konsumtiven** und **investiven Dienstleistungen** zu unterscheiden, wie sich in Abbildung 1-19 erkennen läßt (vgl. Scheuch 1982, S. 57ff.; Meffert 1986, S. 44). Erstere werden an Konsumgüterhaushalte veräußert (zum Beispiel Friseurleistungen), wobei hier im Dienstleistungsmarketing die Erklärung des Kaufverhaltens von Konsumenten und gegebenenfalls Familien im Vordergrund steht. Investive Dienstleistungen gehen dagegen als Wiedereinsatzfaktoren in Produktionsprozesse ein (zum Beispiel Datenbanksysteme). Derartige Beschaffungsvorgänge beruhen auf Kaufentscheidungen in Organisationen.

Gegenüber den eindimensionalen Ansätzen zeichnen sich die im folgenden diskutierten **zweidimensionalen Ansätze** durch eine höhere Aussagekraft aus.

Unter Bezugnahme auf die Unterscheidung von personen- und objektbezogenen Dienstleistungen differenziert Lovelock (1988) in einem ersten Schritt zwischen **berührbaren** und **unberührbaren Prozessen** (tangible und intangible actions) sowie **Mensch-** beziehungsweise **Objektbezug** (vgl. Abbildung 1-20). Er stellt dabei die Frage nach der „Natur der Dienstleistung“ und führt aus, daß die beiden fundamentalen Dimensionen die Zielrichtung (Mensch/Objekt) und den Charakter (berührbar/unberührbar) der Dienstleistung beschreiben.

Lovelock erkennt die fehlende Überschneidungsfreiheit seiner Systematik, da eine Dienstleistung zwei oder mehreren Bereichen zuzuordnen ist. So wird eine Ausbildung zum Beispiel auch immer berührbare Elemente, wie etwa didaktische Hilfsmittel (zum Beispiel Tafel, Modelle, Overheadprojektor) beinhalten. In den meisten Fällen aber wird sich der Prozeß der Kerndienstleistung einer dieser vier Kategorien zuordnen lassen, auch wenn Teilprozesse sekundärer Natur in andere Bereiche übergreifen.

Art der Nutzung / Art der Leistung	Sachleistung	Dienstleistung
Konsumtive (Letzt-)Verwendung	■ Konsumgüter (zum Beispiel Lebensmittel, Zigaretten)	■ Konsumtive Dienstleistungen (zum Beispiel Einzelhandel, Touristik, Gastronomie)
Investive (Weiter-)Verwendung	■ Investitionsgüter (zum Beispiel Fabrikhallen, Produktionsanlagen, Firmenwagen)	■ Investive Dienstleistungen (zum Beispiel Unternehmensberatung, Personalschulung, Leistungen von Wirtschaftsprüfungsgesellschaften, Softwareberatungen)

GABLER GRAFIK

Abbildung 1-19: Differenzierung zwischen konsumtiven und investiven Dienstleistungen

Diese Klassifikation kann Antwort auf folgende Fragen liefern (Lovelock 1988, S. 48f.):

1. Muß der Kunde **physisch präsent** sein:
   - während der Dienstleistungserstellung (ärztliche Behandlung)?
   - um einen Dienstleistungsprozeß zu initiieren oder zu beenden (Auto zur Reparatur bringen und anschließend wieder abholen)?
   - überhaupt nicht (Kommunikationsbeziehung zwischen Dienstleister und Kunde über Telefon)?
2. Muß der Kunde während des Dienstleistungsprozesses **geistig präsent** sein und kann die geistige Präsenz mit Hilfe von Kommunikationstechnologien trotz einer räumlichen Distanz aufrechterhalten werden?

Einen weiteren Systematisierungsansatz von Dienstleistungen liefert die Frage nach der **Art der Beziehung zwischen Dienstleister und Kunde**. Mit wenigen Ausnahmen werden angebotene Produkte von Konsumenten in bestimmten Zeitintervallen gekauft, wobei sie die Ware beim jeweiligen Kaufprozeß bezahlen und nur selten eine **formale Beziehung** mit dem Anbieter eingehen. Im Bereich der Dienstleistungen hingegen lassen sich relativ häufig **mitgliedschaftsähnliche Beziehungen** zwischen Kunden und Dienstleistungsanbietern feststellen. Der Vorteil einer Dienstleistungsorganisation mit mitgliedschaftsähnlichen Kundenbeziehungen ist der, daß sie einen ständigen Überblick über das aktuelle Kundenkontingent hat und in der Regel feststellen kann, inwieweit ihr Dienstleistungsangebot von den Kunden in Anspruch genommen wird. Das kann vorteilhaft sein für eine Marktsegmentierung, für den gezielten Einsatz bestimmter Marketinginstru-

Welchen Charakter hat der Dienstleistungsprozeß?	Wer oder was ist der direkte Empfänger der Dienstleistung?	
	Mensch	**Objekt**
Berührbar (Tangible)	■ Dienste, die auf den menschlichen Körper gerichtet sind: – Gesundheitswesen – Schönheitssalons – Restaurants ↓ ■ Physische Präsenz des Kunden erforderlich	■ Dienste, die auf Güter oder andere physische Besitztümer gerichtet sind: – Fracht-/Transportwesen – Reparatur- oder Unterhaltungsservice – Reinigungsunternehmen – Müllverbrennungsunternehmen ↓ ■ Physische Präsenz des Kunden nicht erforderlich
Unberührbar (Intangible)	■ Dienste, die auf den Intellekt des Menschen gerichtet sind: – Ausbildung Rundfunk und TV – Informationsdienste – Theater ↓ ■ Geistige Präsenz des Kunden erforderlich	■ Dienste, die auf unberührbare Vermögenswerte gerichtet sind: – Bankwesen – Steuerberater – Versicherungswesen – Rechtsberatung ↓ ■ Geistige Präsenz des Kunden nur zeitweise erforderlich

GABLER GRAFIK

Abbildung 1-20: Charakter des Dienstleistungsprozesses
(Quelle: nach Lovelock 1988, S. 47)

mente wie Direct Mail, Telefonverkauf usw. sowie für Aktivitäten im Rahmen des Kundenbindungsmarketing.

Beispiele für Dienstleistungsunternehmen mit mitgliedschaftsähnlichen Beziehungen zum Kunden und solche ohne formale Beziehungen finden sich in Abbildung 1-21. Weiterhin wird unterschieden zwischen kontinuierlicher und diskreter Leistungserstellung, wobei die Leistung bei kontinuierlicher Leistungserstellung vom Konsumenten in der Regel nur zu bestimmten Zeitpunkten beansprucht wird (zum Beispiel Kraftfahrzeugversicherung, die nur im Schadensfall genutzt wird).

Relativ wenige Konsumgüter werden heute auf speziellen Wunsch hergestellt. Gleiches gilt in abgeschwächter Form für die Mehrheit der Investitionsgüter, auch wenn durch Auswechseln von Einzelbausteinen der Eindruck von relativ individuellen Problemlösungen vermittelt wird. Lediglich in der Art des Ge- und Verbrauchs bleiben dem Käufer Freiheitsgrade. Im Dienstleistungssektor hingegen stellt sich die Situation anders dar. Da

Art der Dienstleistungserstellung	Art der Beziehung zwischen Dienstleister und Konsument	
	Mitgliedschaftsähnliche Beziehung	Keine formale Beziehung
Kontinuierliche Erstellung	– Versicherung – Telefonanschluß – Kontoführung (Bank) – Autoclub	– Polizei – Autobahnmeisterei – Feuerwehr – Öffentlicher Nahverkehr
Diskrete Erstellung	– Theaterabonnement – Finanzamt – Lesezirkel	– Autoverleih – Post-Zustellwesen – Münzfernsprecher – Taxiunternehmen

GABLER GRAFIK

Abbildung 1-21: Beziehungen zwischen Dienstleister und Konsument
(Quelle: nach Lovelock 1988, S. 49)

Dienste in der Regel im Moment ihres Verzehrs erst erbracht werden, und da der Verbraucher oft in den „Produktionsprozeß“ involviert ist, bleibt hier mehr Raum, die Dienstleistung den individuellen Konsumentenbedürfnissen entsprechend zu gestalten.

Die Individualisierung der Dienstleistung ist jedoch nicht notwendig mit Erfolg verbunden. Eine **„Industrialisierung“ von Dienstleistungen** mit dem Ziel der Kostenersparnis durch Massenproduktion kann unter Umständen ebenfalls die Konsumentenzufriedenheit steigern. Rasche Verfügbarkeit der Dienstleistung, gleichwertige Konsistenz und Preisersparnisse können für viele Konsumenten wichtiger sein als ein hoher Grad an Individualisierung.

In vielen Bereichen geht der Konsument davon aus, die Dienstleistung mit anderen Kunden zu teilen – wie in Hotels oder bei Flügen –, ohne dabei auf eine individuelle Beratung und Betreuung verzichten zu wollen. Reservierungsmöglichkeiten für bestimmte Zimmer/Sitzplätze, persönliche Ansprache des Kunden (mit Namen), Weckdienst und Zimmerservice sind Möglichkeiten, dem Kunden den Eindruck einer individuellen Betreuung zu vermitteln. Auf der anderen Seite gibt es Dienstleistungen, die zwar vom Charakter her vorwiegend individualistisch konzipiert sind, aber dem Kontaktpersonal nur wenig Möglichkeiten lassen, auf spezifische Konsumentenbedürfnisse einzugehen. Die Benutzung eines Mietwagens erlaubt dem Kunden zwar eine individuelle Reiserouten- und Zeitplangestaltung, bei der Auswahl des Pkws kann jedoch auf Sonderwünsche (zum Beispiel Ausstattung, Typ, Farbe) wegen der notwendigen Beschränkung auf ein Standardsortiment nur begrenzt eingegangen werden.

Herstellerunternehmen können zum Ausgleich von Nachfrageschwankungen ein Lager aufbauen. Dies gibt ihnen die Möglichkeit, mit gleichbleibender Kapazität ökonomisch zu arbeiten. Dienstleistungsunternehmen ist diese Möglichkeit wegen der **mangelnden Lagerfähigkeit der Dienstleistung** nicht gegeben. Aber nicht in allen Dienstleistungsbereichen treten **Schwankungen in der Nachfrage und der Nachfragebefriedigung** auf. Eine entsprechende Systematisierung findet sich in Abbildung 1-22. Die eine Achse klassifiziert Dienstleistungsunternehmen in Abhängigkeit von ihren Nachfrageschwankungen; die andere Achse differenziert zwischen solchen Unternehmen, die den Spitzenbedarf befriedigen können und solchen, die dazu nicht in der Lage sind.

Die Dienstleister der Kategorie 1 sind in der Regel in der Lage, starke Nachfrageschwankungen ohne große Verzögerungen zu befriedigen. Ist ein Münzfernsprecher besetzt, wird der Konsument warten, bis er frei wird; ist das Telefonnetz überlastet, wird er kurz darauf einen weiteren Anruf versuchen. Ist eine Autowaschanlage am Wochenende stark frequentiert, wird sich der Autofahrer in die Warteschlange einreihen und eventuell beim nächsten Mal seinen Wagen an einem anderen Wochentag waschen lassen. Bei einem Unternehmen der Kategorie 3 bestehen diese Möglichkeiten der kurzfristigen zeitlichen Nachfrageverlagerung nicht. Wenn ein Hotel ausgebucht ist oder ein Kino ausverkauft, kann der Konsument in der Regel nicht warten, bis die Kapazitäten wieder frei sind. Er wird ein anderes Mal erneut kommen müssen, sofern er dann noch Interesse an dieser Dienstleistung hat.

Auch wenn deutliche Nachfrageschwankungen auftreten und keine Lagerbestände als „Puffer" zwischen Angebot und Nachfrage dienen können, ist es dennoch möglich, die **Kapazität in einem Dienstleistungsunternehmen**, wenn auch in Grenzen, den **Nachfrageschwankungen anzupassen**. Ein Hotel etwa kann zusätzliche Teilzeitkräfte anwerben und Räumlichkeiten (in Pensionen zum Beispiel) mieten, um der Spitzennachfrage während einer Messe oder eines Kongresses gerecht zu werden. Für eine Reihe von Dienstleistungsunternehmen ist die zufriedenstellende Bewältigung von Nachfrageschwankungen der Schlüssel zum Geschäftserfolg.

Befriedigung der Nachfrage nach Dienstleistungen	Nachfrageschwankungen im Zeitablauf	
	Hoch	**Gering**
Spitzenbedarf kann in der Regel ohne größere Verzögerung befriedigt werden	① – Fernsprecher – Polizei – Feuerwehr – Autowaschanlage – Öffentlicher Fernverkehr	② – Versicherungen – Rechtsberatung – Bankwesen
Spitzenbedarf überschreitet in der Regel die Kapazität	③ – Hotels – Restaurants – Kino – (Öffentlicher Nahverkehr)	④ Solche Unternehmen der Kategorie 2, die über eine unzureichende Kapazität verfügen

GABLER GRAFIK

Abbildung 1-22: Zusammenhang zwischen Nachfrageschwankungen und Befriedigung der Nachfrage im Dienstleistungsbereich
(Quelle: Lovelock 1988, S. 54)

Zur Lösung solcher Probleme ist es erforderlich, vorher zwei Fragen zu beantworten:

1. Wie sieht der typische Zyklus dieser Nachfrageschwankungen aus? Ist er vorhersehbar, zum Beispiel Nachfrageschwankungen im Tagesablauf, im Verlauf der Woche, des Monats oder des Jahres, oder ist er zufallsbedingt?

2. Welche sind die Gründe dieser Nachfrageschwankungen? Liegt es an den Konsumentengewohnheiten oder -präferenzen (können Marketinganstrengungen diese ändern?), den Rahmenbedingungen (zum Beispiel Arbeitszeiten oder Ferienregelungen), oder sind es unvorhersehbare Einflüsse (zum Beispiel Klima, Naturgewalten)?

Es gibt viele Möglichkeiten, diese Schwankungen auszugleichen, so zum Beispiel durch Preisreduktionen oder das Angebot von Zusatznutzen in Perioden schwacher Nachfrage, durch Einrichtung eines Reservierungssystems oder aber durch eine bevorzugte Behandlung von Mitgliedern eines Systems in Zeiten verstärkter Nachfrage.

Zum besseren Verständnis der Möglichkeiten der Kontaktanbahnung und der Distribution von Dienstleistungen ist es nützlich, die Dienstleistung nach zwei weiteren Dimensionen zu systematisieren. Zunächst ist die Frage nach der Art der **Kontaktaufnahme** zwischen Dienstleister und Nachfrager zu stellen. Zu unterscheiden ist hierbei, ob der Konsument den Dienstleister aufsucht, oder ob dieser zum Konsumenten geht. Zudem ist zu fragen, ob möglicherweise keine der beiden Parteien ihren Standort verläßt und den Kontakt mit Hilfe eines **Kommunikationsmediums** (zum Beispiel Telefon, T-Online) aufnimmt. Die zweite Frage richtet sich auf die **Verfügbarkeit der Dienstleistung**, da zu differenzieren ist, ob die Dienstleistung nur an einem Ort verfügbar ist, oder ob (annähernd) identische Dienstleistungen zur gleichen Zeit an mehreren Orten angeboten werden. Abbildung 1-23 zeigt eine Systematisierung nach diesen Kriterien und führt empirische Beispiele für die fünf Kategorien an. (Eine Kategorie bleibt unbesetzt, da die Nutzung interaktiver Kommunikationsmedien eine gleichzeitige Verfügbarkeit an zumindest zwei Orten bedingt.)

Befriedigung der Nachfrage nach Dienstleistungen	**Verfügbarkeit der Dienstleistungen**	
	An einem Ort	**An mehreren Orten**
Konsument geht zum Dienstleister	– Theater – Friseursalon	– Fast-food-Kette – Öffentlicher Personenverkehr
Dienstleister geht zum Konsumenten	– Putzfrau – Schornsteinfeger	– Pannendienst – Paketzustelldienst
Nutzung (interaktiver) Kommunikationsmedien		– Fernsehen – Telefonische Beratung

GABLER GRAFIK

Abbildung 1-23: Möglichkeiten der Dienstleistungsanbahnung
(Quelle: in Anlehnung an Lovelock 1988, S. 55)

Die Annehmlichkeit der Dienstleistung sinkt oft, wenn der Konsument zur Dienstleistungsorganisation beziehungsweise zu einer bestimmten Geschäftsstelle kommen muß. Das Angebot der Dienstleistung durch verschiedene Geschäftsstellen kommt dem Kunden entgegen, wirft aber Probleme einer gleichmäßigen (standardisierten) Qualität der Dienstleistung in allen Geschäftsstellen auf. Bei manchen Typen von Dienstleistungen kommt das Dienstleistungsunternehmen zum Kunden. Diese Vorgehensweise ist ohne Frage zwingend, wenn das Objekt der Dienstleistungsinanspruchnahme ein physisch unbeweglicher Gegenstand ist, wie etwa ein Gebäude, das gereinigt werden soll, oder eine Außenanlage, die bepflanzt werden soll. Darüber hinaus sind mit dem Wunsch der Konsumenten nach mehr „Convenience" aber auch zahlreiche andere Dienstleistungsbereiche denkbar (zum Beispiel Versicherungsberatung, Finanzdienstleistungen), bei denen der Dienstleister mittlerweile häufiger den Nachfrager der Dienstleistung zu Hause oder am Arbeitsplatz aufsucht.

In vielen Fällen ist der direkte Kontakt zwischen Dienstleistungsanbieter und -nachfrager nicht erforderlich. Hier kommen Kommunikationstechnologien zum Einsatz (zum Beispiel Telefon, Telefax, T-Online, Internet), oder es wird der Weg der schriftlichen Korrespondenz gewählt. Auch wenn viele Dienste nicht durch diese Medien bereitgestellt werden können, ist es dennoch möglich, einzelne Komponenten dieser Dienste herauszulösen und die Kommunikationstechnologien möglichst weitgehend auch hier zur Anwendung kommen zu lassen, so etwa im Zuge der Anbahnung der Dienstleistung (Offerte, Reservierung, Bestellung) oder der finanziellen Abwicklung des geleisteten Dienstes.

Die Systematisierungsschemata dieses Abschnitts brachten verschiedenartige analytische Grundstrukturen hervor, die in der Lage waren, die besonderen Aspekte der Erstellung und des Verzehrs von Dienstleistungen zu beleuchten. Die Erkenntnis, daß die im Grunde verschiedenartigen „Produkte" der Dienstleistungsunternehmen mit oftmals gleichartigen Problembereichen konfrontiert werden, brachte wertvolle neue **Perspektiven für das Dienstleistungsmarketing**. Marketinginnovationen leben oft von der Fähigkeit des Managers, zu abstrahieren und aus vergleichbaren Situationen – in einem anderen Kontext – zu lernen (Lovelock 1983, S. 9ff.). Ein zentrales Problem der bisher vorgestellten Systematisierungsansätze liegt darin, daß in der Regel immer nur Teilaspekte beleuchtet werden. Zur Erarbeitung einer umfassenden Dienstleistungstypologie ist es jedoch unbedingt erforderlich, aus den vorhandenen Kriterienkatalogen ein vergleichsweise vollständiges Set von **Charaktermerkmalen der Dienstleistungen** zusammenzustellen. In Abbildung 1-24 wird versucht, mit einer Auswahl von Gegensatzpaaren, die den Charakter einer Dienstleistung möglichst vollständig beschreiben, ein **Eigenschaftsprofil** für einzelne Branchen zu erstellen.

Das **Gaststättenwesen** beispielsweise ist ohne Zweifel derzeit noch eine vorwiegend persönliche Dienstleistung. Sie wird am Menschen erbracht und kann sowohl als ergebnisorientiert (Hunger stillen) als auch als prozeßorientiert (Aufenthalt in angenehmer, gemütlicher Atmosphäre) betrachtet werden. Es handelt sich dabei um einen materiellen und konsumtiven Prozeß. Wenngleich intellektuelle Fähigkeiten unter Umständen nützlich sein können, so handelt es sich doch um eine vorwiegend handwerkliche Tätigkeit, deren Ergebnis allgemein weder eindeutig individualisiert noch eindeutig standardisiert ist. Erst bei der Betrachtung von einzelnen Betrieben wäre hier eine genaue Unterscheidung möglich (zum Beispiel ein Spezialitätenrestaurant im Gegensatz zu einer Fast-food-Kette). Die zu verrichtenden Tätigkeiten dürften eher repetitiv und problemlos sein. Die Öffnungszeiten einer Gaststätte weisen auf ein kontinuierliches Dienstleistungsangebot hin, wo-

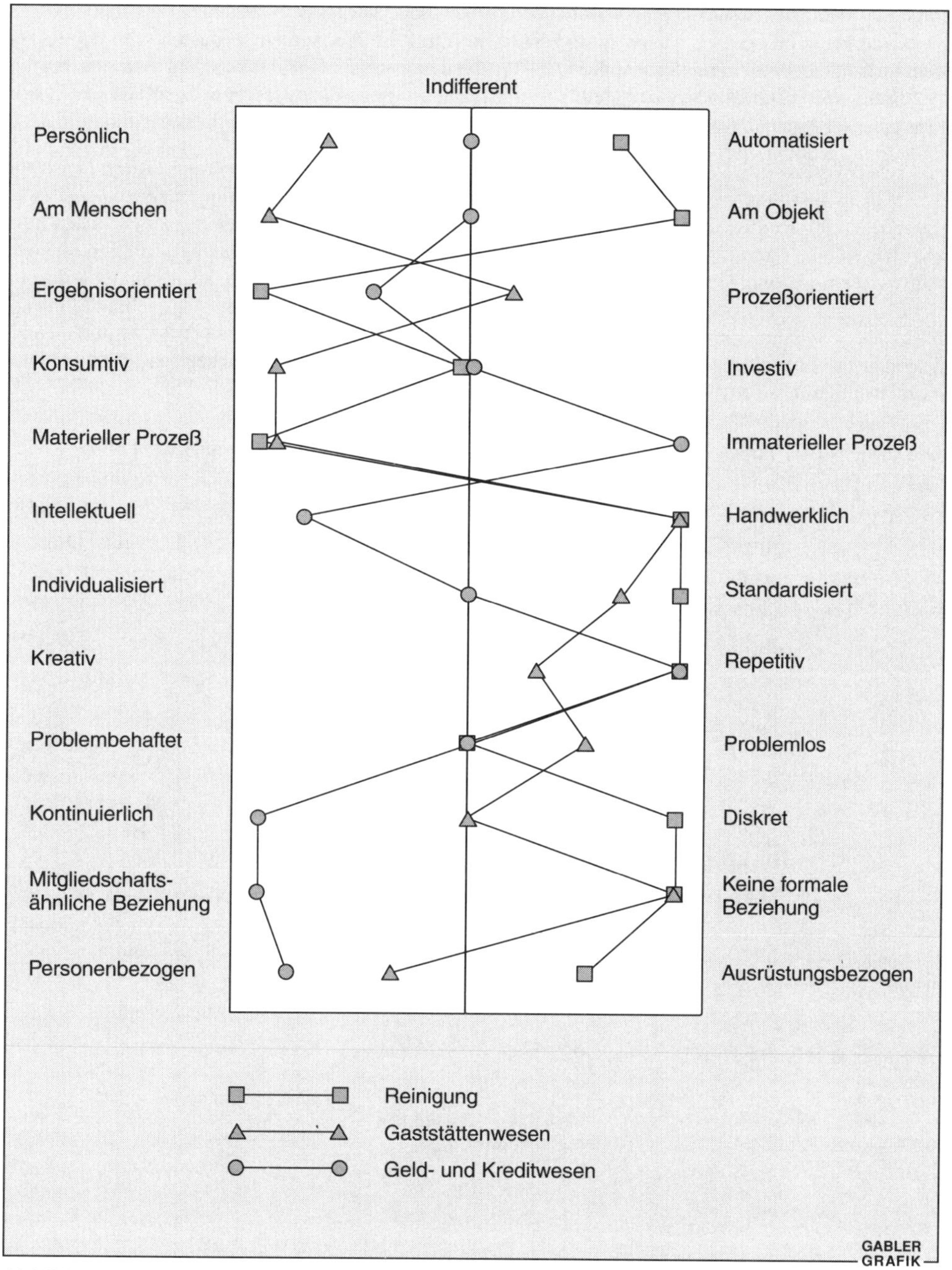

Abbildung 1-24: Eigenschaftsprofile von Dienstleistungsunternehmen

hingegen Mahlzeiten nur auf Wunsch erstellt werden, so daß sich bei dem angesprochenen Merkmal keine eindeutige Ausprägung festlegen läßt. Zum Konsumenten bestehen in der Regel keine formalen Beziehungen, und die Qualität der Dienstleistung dürfte sowohl von personalen Faktoren, wie Freundlichkeit der Bedienung, als auch von ausrüstungsbezogenen Faktoren, wie Einrichtung, Aufmachung und Standort, abhängen (vgl. Abbildung 1-24).

Als zweites Beispiel soll eine **Kleiderreinigung** herangezogen werden. Während diese Leistung weder als persönlich (zum Beispiel Annahme und Auslösung der Kleider) noch als automatisiert (zum Beispiel Reinigungsprozeß) bezeichnet werden kann, ist sie eindeutig objektorientiert. Darüber hinaus kann sie als ergebnisorientiert bezeichnet werden. Die Reinigung kann sowohl konsumtiven als auch investiven Charakter haben. Der materielle Prozeß ist als handwerklich, standardisiert und repetitiv zu bezeichnen. Der diskrete Ablauf kann mit Problemen behaftet sein. In der Regel existiert keine formale Beziehung zwischen Leistungsanbieter und Leistungsnachfrager. In Abbildung 1-24 ist ergänzend das Beispiel **„Geld- und Kreditwesen"** eingetragen, auf das aber nicht mehr explizit eingegangen werden soll.

Die unterschiedlichen Ausprägungen von Eigenschaftsprofilen können wertvolle Anregungen für die Formulierung der Marketingstrategien und die Ausgestaltung des Marketinginstrumentariums im Dienstleistungsbereich liefern. Insbesondere lassen sich durch den Vergleich unterschiedlicher Profile Ähnlichkeiten im Charakter einzelner Dienstleistungsunternehmen aufdecken, die zu interessanten Rückschlüssen hinsichtlich vergleichbarer Strategiekonzepte führen können.

3. Besonderheiten der Produktion von Dienstleistungen

Die verschiedenen Typologisierungsansätze von Dienstleistungen haben die Komplexität und Vielfalt des Dienstleistungsbereichs deutlich gemacht. Im folgenden wird versucht, die **Besonderheiten** bei der **Erstellung** beziehungsweise der **Produktion von Dienstleistungen** herauszuarbeiten.

Während in der Allgemeinen Betriebswirtschaftslehre die Theorie über die Produktion von Gütern eine lange Tradition aufweist (Gutenberg 1979) und auch noch heute wesentlicher Bestandteil der Ausbildung von Wirtschaftswissenschaftlern ist, wurde erst seit Anfang der siebziger Jahre versucht, diese Ansätze auf Dienstleistungen zu übertragen (Altenburger 1981; Corsten 1985b; Gerhardt 1987; Maleri 1994).

Nach wie vor besteht kein Konsens darüber, ob alle Leistungsprozesse von sämtlichen Unternehmen **Gegenstand der Produktionstheorie** sind oder nur solche, die zum Fertigungsbereich von Industriebetrieben gerechnet werden.

Dabei läßt schon die **Begriffsabgrenzung der Produktion** keinen gewichtigen Grund für eine derartige Einschränkung erkennen. Die Produktionstheorie will den mengenmäßigen Zusammenhang zwischen dem Produktionsergebnis (Output) und den dafür notwendigen Einsatzfaktoren (Input) aufzeigen (Heinen 1991). Diesem Ziel der Produktionstheorie können verschiedene **Begriffsinhalte** der Produktion zugeordnet werden:

- **Produktion im technischen Sinne**
  Hier wird die Produktion als Faktorkombinationsprozeß interpretiert.
- **Produktion als Phase des Betriebsprozesses**
  Dabei wird die Produktion als Phase zwischen Beschaffung und Absatz beschrieben.
- **Produktion im ökonomischen Sinne**
  Die Produktion umfaßt hier jegliche wertschaffende Erzeugung, das heißt letztlich die Bereitstellung von Wirtschaftsgütern zum Zwecke des Verbrauchs.

Von diesen zum Teil recht weitläufigen Produktionsbegriffen läßt sich für den Dienstleistungsbereich aufgrund der Simultaneität von Produktion und Verbrauch die Forderung ableiten, daß sowohl der Prozeß der Faktorkombination mit den zugrundeliegenden Produktionsfaktoren als auch die Transformation in absetzbare Leistungen im Hinblick auf die jeweiligen Besonderheiten zu untersuchen sind.

3.1 Faktoren der Dienstleistungsproduktion

Untersucht man zunächst die **Werkstoffe** (Material), so gehen diese als Grundstoffe oder Hilfsstoffe unmittelbar in die Erzeugnisse ein und werden verbraucht. Am ehesten vorstellbar ist die Existenz von „Werkstoffen“ für den Bankbereich und zwar in Form von Zentralbankgeld, Formularen, Banknoten und Münzen. Jedoch ist die Bedeutung von Werkstoffen im System der Dienstleistungsproduktionsfaktoren insgesamt als gering einzustufen (Corsten 1988).

Eine wesentlich größere Bedeutung hat in diesem Zusammenhang der **externe Faktor**. Folgende **Grundkonfigurationen** können dabei unterschieden werden (Maleri 1994, S. 131):

1. Materielle oder immaterielle Güter, die **von außen** (von Seiten des Dienstleistungsabnehmers) in den Produktionsprozeß **eingebracht** werden.
2. Der Abnehmer der Leistung beteiligt sich **passiv** an der Produktion der Dienstleistung.
3. Der Abnehmer beteiligt sich **aktiv** an der Dienstleistungserstellung.

Die **Erscheinungsformen des externen Faktors** reichen dabei von Menschen oder Tieren bis zu materiellen Objekten (zum Beispiel Auto) und immateriellen Objekten (Nominalgüter, Rechte, Informationen).

Da erst durch die Einbeziehung des externen (Produktions-)Faktors der Dienstleistungserstellungsprozeß vollzogen werden kann, stellt sich analog zur Güterproduktion die Frage nach seinem **Leistungsverzehr**.

Für die Dauer des Produktionsprozesses wird im Fall der Einbringung von Objekten dem Nachfrager in den meisten Fällen die **Verfügungsgewalt über den externen Faktor** entzogen. Dies geht einher mit einem zeitlichen Nutzungsausfall, der als Leistungsverzehr zu interpretieren ist. Der Leistungsverzehr wird folglich als ein Verbrauch von Nutzungsmöglichkeiten während des Einsatzes dieses externen Faktors im Produktionsprozeß aufgefaßt (Maleri 1994, S. 149).

Liegt eine **passive Beteiligung des Dienstleistungsnachfragers** vor (zum Beispiel Haarschneiden, Krankenhausaufenthalt), ergibt sich der Leistungsverzehr aus der durch den Nachfrager aufzuwendenden Zeit. Fraglich ist allerdings, ob jeder Abnehmer einer Dienstleistung in der aufgewendeten Zeit einen Opportunitätsverlust sieht. Dabei ist die individuelle Bewertung abhängig von den mit der Verfügbarkeit von Zeit verbundenen Nutzenvorstellungen. Wichtig für die Bewertung des Leistungsverzehrs ist also nicht die absolut verbrauchte Zeit, sondern es sind dies die für die Dauer des Produktionsprozesses verlorengegangenen Handlungsalternativen.

Die **aktive Beteiligung des Nachfragers** ist zumeist dadurch gekennzeichnet, daß dieser im Rahmen der Dienstleistungsproduktion objektbezogene, menschliche Arbeitsleistungen erbringt, die ihm durch den Leistungsgeber im Zuge einer **Externalisierung** übertragen wurden (zum Beispiel Sprachkurs, Unternehmensberatung). In diesen Fällen können die aktive Beteiligung des Nachfragers ebenso wie die unternehmensintern erbrachten objektbezogenen, menschlichen Arbeitsleistungen als Produktionsfaktoren betrachtet werden. Es ist jedoch auch in diesem Fall fraglich, inwiefern der Abnehmer seine Arbeitsleistung als ein knappes Gut ansieht und entsprechend seine Handlungsalternativen bewertet.

Der **externe Faktor** ist damit für die Dienstleistungsproduktion eine **unabdingbare Voraussetzung**. Handelt es sich beim externen Faktor um Personen und ihre Objekte, dann ergeben sich für den Anbieter die bereits angesprochenen Möglichkeiten für eine Externalisierung von Aktivitäten auf den Nachfrager bei gleichzeitiger Reduzierung seiner eigenen Aktivitäten. Vor diesem Hintergrund kann nun ein **Aktivitätsgrad des Nachfragers** (AG_N) ermittelt werden, der sich wie folgt ergibt (Maleri 1994, Corsten 1995):

$$AG_N = \frac{\text{Vom Nachfrager zu erbringende Aktivitäten}}{\text{Gesamtheit der zu erbringenden Aktivitäten}}$$

$$AG_A = 1 - AG_N$$

Es kann daher davon ausgegangen werden, daß die **Aktivitätsgrade von Nachfrager und Anbieter** zumindest in Teilbereichen in einer **substitutionalen Beziehung** zueinander stehen (vgl. Abbildung 1-25). Der Anbieter muß eine gewisse Mindestaktivität einbringen, da eine vollständige Verlagerung auf den Nachfrager bedeuten würde, daß dieser die Dienstleistung in Eigenarbeit erstellt (Corsten 1988, S. 93f.). Die hier aufgezeigten Besonderheiten der Produktionsfaktoren im Dienstleistungserstellungsprozeß haben dazu geführt, daß für verschiedene Dienstleistungsbranchen versucht wurde, ein **Produktionsfaktorensystem** zu entwickeln (vgl. für Banken zum Beispiel Haak 1982 und für Versicherungen zum Beispiel Farny 1969; Albrecht/Zemke 1987).

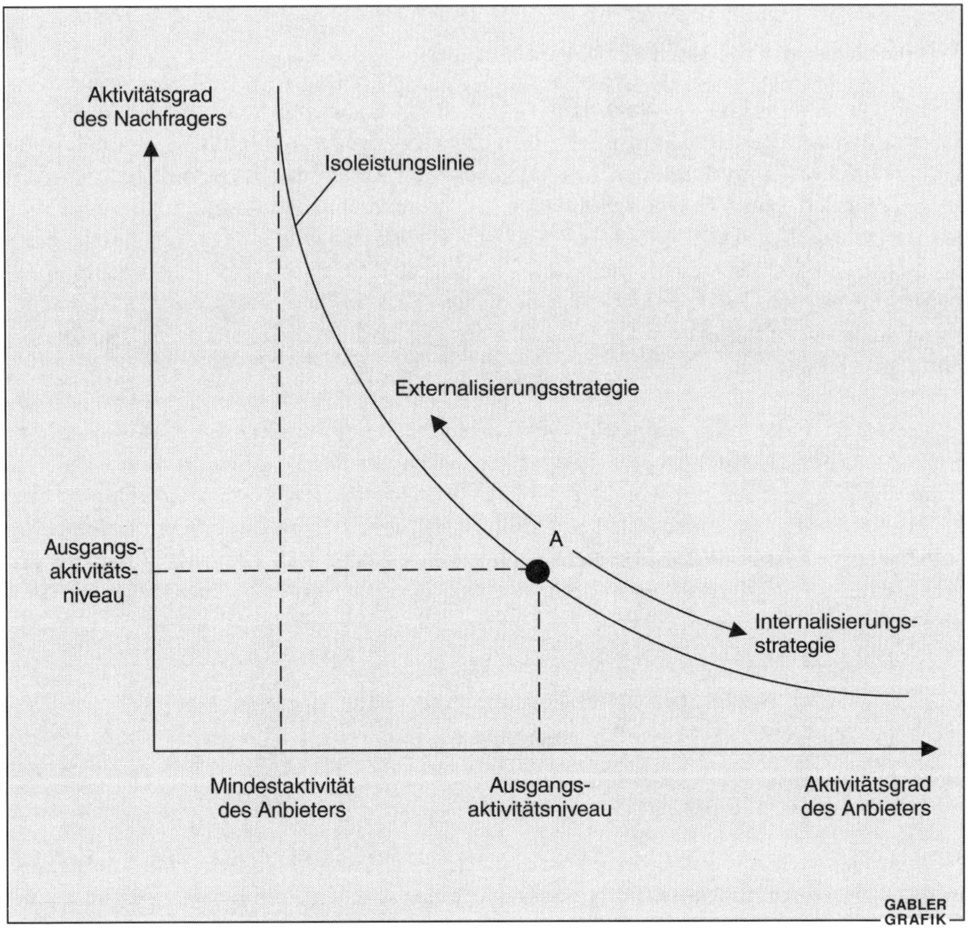

Abbildung 1-25: Isoleistungslinie
(Quelle: Corsten 1995, S. 194)

Darüber hinaus wurde aber auch versucht, ein **branchenunabhängiges Produktionsfaktorensystem für Dienstleistungen** zu entwerfen. Beispielhaft soll hier das von Maleri entwickelte System dargestellt werden (Maleri 1994, S. 164):

Interne Produktionsfaktoren

I. Reale immaterielle Produktionsfaktoren
   1. Menschliche Arbeit
   2. Dienstleistungen
   3. Informationen
   4. Ökonomische Potenzen
   5. Rechte auf materielle und immaterielle Güter

II. Tiere

III. Reale materielle Produktionsfaktoren
   1. Betriebsmittel
   2. Werkstoffe (ohne Rohstoffe)

IV. Nominale Produktionsfaktoren
   1. Darlehens- und Beteiligungswerte
   2. Geld

Externe Produktionsfaktoren

I. Materielle Güter des Abnehmers
   1. Immobile Sachgüter
   2. Mobile Sachgüter

II. Tiere des Abnehmers

III. Immaterielle Güter des Abnehmers
   1. Abnehmerseitige Arbeitsleistungen
   2. Nominalgüter
   3. Informationen
   4. Gefahren, Risiken, Probleme
   5. Rechtsgüter

IV. Aktive Mitwirkung und/oder passive Beteiligung des Abnehmers
   1. Physische und psychische Energie
   2. Zeit

Herauszustellen ist zusätzlich die **Bedeutung interner Produktionsfaktoren als Potentialfaktoren**. Entgegen der Produktion von Sachgütern bedeutet die Nichtlagerfähigkeit der Dienstleistung, daß sämtliche (internen) Produktionsfaktoren in ausreichender Quantität und Qualität zur Verfügung stehen müssen, um eine ständige Leistungsbereitschaft für den Faktorkombinationsprozeß zu gewährleisten.

3.2 Prozeß der Dienstleistungsproduktion

Die **Faktorkombination** stellt die Verbindung zwischen Input und Output her und ist somit Grundlage für den Dienstleistungserstellungsprozeß. Mit Hilfe eines geeigneten Verfahrens werden die Inputfaktoren so kombiniert, daß sie in die angestrebten Outputgüter transformiert werden können (vgl. Abbildung 1-26).

Die **Produktion von Dienstleistungen** verläuft üblicherweise in **zwei Phasen:** Vorkombination und Endkombination (Corsten 1988, S. 103ff.).

Im Rahmen der **Vorkombination** werden die notwendigen Leistungspotentiale aufgebaut. Dabei wird das generelle Leistungspotential als Kapazität bezeichnet; wichtiger jedoch ist das sofort verfügbare Leistungspotential, das die Leistungsbereitschaft determiniert. Die Leistungsbereitschaft stellt somit das Ergebnis der Vorkombination dar. Als Beispiel läßt sich hier das Hotelwesen mit den jeweiligen Bettenkapazitäten, Personal, Kücheneinrichtungen, Empfangshalle usw. nennen.

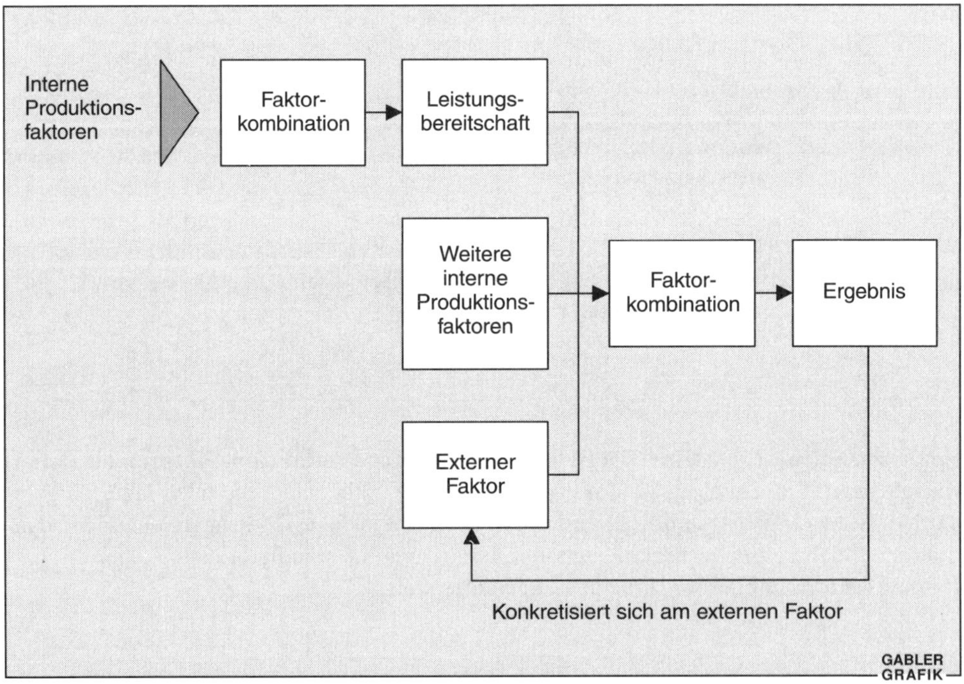

Abbildung 1-26: Grundmodell zur Erfassung der Dienstleistungsproduktion
(Quelle: Corsten 1988, S. 105)

Die besondere Bedeutung der Leistungsbereitschaft wird zum einen deutlich durch die entstehenden fixen Kosten, die in Zeiten geringer Nachfrage zu Leerkosten führen. Zum anderen darf die absatzpolitische Bedeutung der Leistungsbereitschaft zur Bildung von Präferenzen nicht übersehen werden (Gerhardt 1987). Die Nutzenstiftung der Leistungsbereitschaft läßt sich in die Komponenten Beanspruchungsnutzen und Bereitstellungsnutzen aufteilen. Während der **Beanspruchungsnutzen** über die Nutzung der abgegebenen Leistung entsteht und damit für den Abnehmer „greifbar" ist, stellt der **Bereitstellungsnutzen** ein Konstrukt der latenten Wahrnehmung dar. Der Bereitstellungsnutzen wird dem Abnehmer häufig erst dann bewußt, wenn durch negative Erfahrung eine Leistung nicht im entsprechenden Umfang in Anspruch genommen werden kann.

Eine Bewertung des Bereitstellungsnutzens stellt sich daher als äußerst schwierig dar. Aus Marketinggesichtspunkten, insbesondere unter dem Aspekt der nachfragerbezogenen Qualitätsbeurteilung von Dienstleistungen, sollten beide Nutzenkomponenten jedoch mindestens als gleichbedeutend betrachtet werden.

Im Rahmen der **Endkombination** gilt es schließlich, durch das Zusammenspiel von Leistungsbereitschaft und weiterer interner Produktionsfaktoren sowie die Integration des externen Faktors Absatzleistungen zu erstellen.

Das **Zusammentreffen der internen Produktionsfaktoren mit dem externen Faktor** hat Meyer (1994) näher charakterisiert (vgl. Abbildung 1-27). Es wird dabei zunächst die **Integrationswirkung** (positiv, neutral, negativ) unterschieden. Neben den verschiedenen **Integrationsintensitäten** (stark, mittel, schwach) sind drei **Integrationsformen** (physisch, intellektuell, emotional) zu unterscheiden. Mit Hilfe dieser drei Größen kann dann die Integration des externen Faktors exemplarisch beschrieben werden. Die Ausprägung der Variablen ist jedoch maßgeblich abhängig von der Gestaltung und Steuerung des Produktionsprozesses durch den Dienstleistungsanbieter und von den Erwartungen und Verhaltensweisen des Nachfragers selbst (Meyer 1994, S. 85ff.). Auf ähnliche Weise kann auch die Wirkung der Interaktivität der Nachfrager auf die Dienstleistungserstellung beschrieben werden (vgl. Abbildung 1-28).

Die Notwendigkeit der Einbeziehung des externen Faktors bedeutet für die Endkombination eine **Unsicherheitskomponente**, weil einerseits die sachliche Eignung dieser Faktoren und andererseits die räumlich-zeitliche Zuordnung nicht ausschließlich dem Dispositionsspielraum der Unternehmung überlassen sind. Damit besitzt die Produktion von Dienstleistungen im Gegensatz zur Sachgüterproduktion eine wesentlich **geringere produktionswirtschaftliche Elastizität**, die sich in dem Problem einer gleichbleibenden Auslastung niederschlägt. Demgegenüber ist das Absatzrisiko aufgrund der Zeitgleichheit von Produktion und Absatz geringer (**höhere Absatzelastizität**).

Das Problem der geringen produktionswirtschaftlichen Elastizität von Dienstleistungen wird noch verstärkt durch die Ausrichtung der Leistungsbereitschaft an dem zu erwartenden **Spitzenbedarf**. Um dieser Problematik zu begegnen, sollen im folgenden einige

Integrationswirkung (positiv, neutral, negativ) und Integrationsintensität (stark, mittel, schwach) der externen Faktoren im Transduktionsprozeß

Negativ			Positiv		
Stark	Mittel	Schwach	Schwach	Mittel	Stark
Negativ (– – –)	Negativ (– –)	Negativ (–)	Positiv (+)	Positiv (++)	Positiv (+++)

Integrationsformen und durchschnittliche -wirkungsintensitäten des externen Faktors, dargestellt an einigen Dienstleistungsbeispielen

Dienstleistungsbeispiele / **Integrationsformen**	Physisch	Intellektuell	Emotional
Skigymnastik	+++	+	+
Fußballspiel anschauen im Stadion	+	+	+++
Plenumsvorlesung	+	+	+
Seminar/Übung	+	+++	+
Autoreparatur in Fachwerkstätte	(+)	+	0
Wiederbelebung	+	0	0
Ergonometrische Untersuchungen	+++	+	+
Verkaufstraining	+++	+++	+++
Zahnbehandlung von Kindern	– –	0	– – –

GABLER GRAFIK

Abbildung 1-27: Die Integration des externen Faktors in den Transduktionsprozeß als vertikales Kontaktproblem zwischen internen Faktorkombinationen und externen Faktoren
(Quelle: Meyer 1994, S. 87)

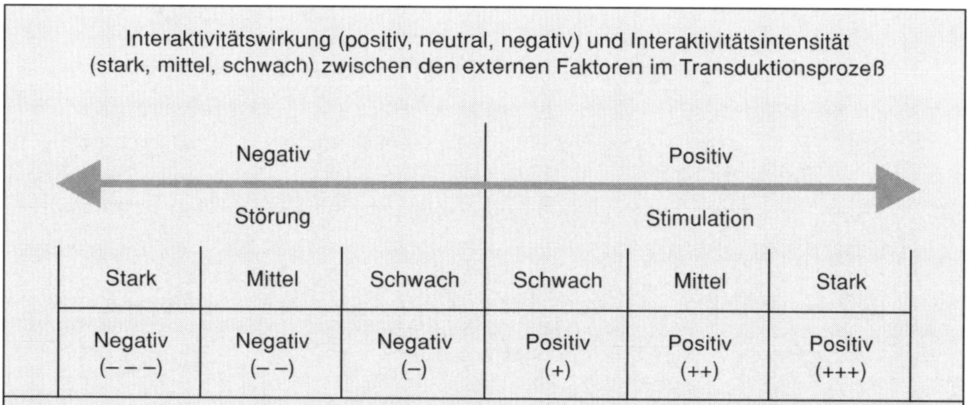

Interaktivitätsformen und durchschnittliche -wirkungsintensitäten, dargestellt an einigen Dienstleistungsbeispielen:

Interaktionsformen / **Dienstleistungsbeispiele**	Physisch	Intellektuell	Emotional
Rivalisierende Fußballfans vor, während und nach einem Fußballspiel	– – –	0	– – –
Zuschauer auf Stehplätzen in einer „Fanecke“ bei einem Fußballspiel	+	+	+++
Zuschauer auf der Ehrentribüne bei einem Fußballspiel	0	+	+
Patienten im Wartezimmer eines Heilpraktikers	0	+	+
Segelkursteilnehmer bei einem praktischen Segelkurs	–	+	+
Student in einer Fallstudienlösungsgruppe	0	+++	+
Fahrgäste in einem überbesetzten Linienbus	– – –	0	– –

GABLER GRAFIK

Abbildung 1-28: Die Interaktivität zwischen Dienstleistungsnachfragern im Transduktionsprozeß als horizontales Kontaktproblem zwischen externen Faktoren (Quelle: Meyer 1994, S. 90)

Maßnahmen vorgestellt werden, die den Prozeß der Faktorkombination den Nachfrageschwankungen anpassen können.

Zunächst können aufgrund längerfristiger Analysen **typische Belastungsprofile** erarbeitet werden. Dazu wird in der Regel die **Kundenfrequenz im Tagesablauf** herangezogen. Zu beachten sind hierbei die jeweils relevanten Dimensionen der Leistungsbereitschaft und die für die Dienstleistungserstellung relevanten Produktionsfaktoren Betriebsmittel und menschliche Arbeitsleistung.

Folgende **Dimensionen der Leistungsbereitschaft** sind zu berücksichtigen, auf deren Anpassungsprozesse kurz eingegangen wird (Corsten 1988, S. 107ff.):

- Quantitative Dimension,
- Intensitätsmäßige Dimension,
- Zeitliche Dimension,
- Qualitative Dimension,
- Räumliche Dimension.

Da der Bestand an Potentialfaktoren in der Regel eine gewisse Teilbarkeit aufweist, erscheint eine **quantitative Anpassung** grundsätzlich möglich. Dies trifft im besonderen auf den Faktor menschliche Arbeitskraft zu. Hier ist an eine Umschichtung des Personals innerhalb der Unternehmung zu denken oder aber an Freisetzung beziehungsweise Neueinstellung.

Eine **intensitätsmäßige Anpassung** hätte eine Variation der Arbeitsgeschwindigkeit zur Folge (zum Beispiel Reduzierung der Durchlaufzeiten im Krankenhaus). Zur kurzfristigen Behebung von Spitzenbelastungen ist diese Maßnahme in ausgewählten Fällen vielleicht noch sinnvoll. Die Grenzen liegen aber zum einen in der intensitätsmäßigen Anpassung der Potentialfaktoren (Krankenbett), zum anderen in den negativen Ausstrahlungseffekten auf den Kunden, insbesondere für verrichtungsorientierte Dienstleistungen unter Einbeziehung externer Faktoren (Rechtsanwalt, Unternehmensberatung oder gar eine Theateraufführung).

Die **zeitliche Anpassung** kann in Form von Kurzarbeit und Überstunden umgesetzt werden. Dabei sind einerseits rechtliche Restriktionen (zum Beispiel Öffnungszeiten) zu beachten, andererseits auch die Intensitätsschwankungen der Mitarbeiterleistung. Diese Anpassungsform bietet sich besonders für Dienstleistungen an, bei denen der Kundenkontakt eine untergeordnete Rolle spielt.

Eine Vielzahl sehr unterschiedlicher Maßnahmen eröffnet die **qualitative Dimension**. Bezogen auf die menschliche Arbeitskraft kann versucht werden, das Qualifikationsniveau an die Anforderungen der jeweiligen Aufgaben anzupassen. Die Anzahl hochspezialisierter Fachleute sollte dabei gering gehalten werden, um demgegenüber im Sinne einer Rollenflexibilität Bündelungen von Tätigkeiten zu ermöglichen (Multispezialist).

Außerdem ist zu überprüfen, inwiefern die Aufgabenerfüllung durch **Externalisierung** verbessert werden kann. Hier wäre sowohl an eine Übertragung auf den externen Faktor, aber auch an die Einschaltung von Dritten (zum Beispiel Subunternehmen) zu denken.

Eine weitere Maßnahme der qualitativen Anpassung stellt die Automation und Mechanisierung dar (zum Beispiel Schuhputzautomat, Expertensystem, Fahrkartenautomat).

Im Rahmen der **räumlichen Dimension** ist zwischen dem Standort und dem Produktionsort zu differenzieren. Dabei ist zunächst die Frage des Produktionsortes zu beantworten. Der Standort kann darauf aufbauend identisch mit dem Produktionsort sein. Im Falle immobiler Leistungspotentiale des Anbieters und einer Mobilität des externen Faktors werden Standort und Produktionsort in jedem Fall identisch sein.

Die verschiedenen Möglichkeiten der Anpassung haben gezeigt, welche Probleme und Besonderheiten der Produktion von Dienstleistungen existieren. Trotz dieser Komplexität oder gerade wegen der Vielschichtigkeit ungelöster Problemfelder in diesem Bereich ist versucht worden, **Produktionsfunktionen für Dienstleistungen** abzuleiten. Die in der Literatur bekannten Produktionsfunktionen sind dabei sehr stark branchenbezogen. Neben Ansätzen für Banken (Haak 1982), Versicherungen (Farny 1969) und Informatio-

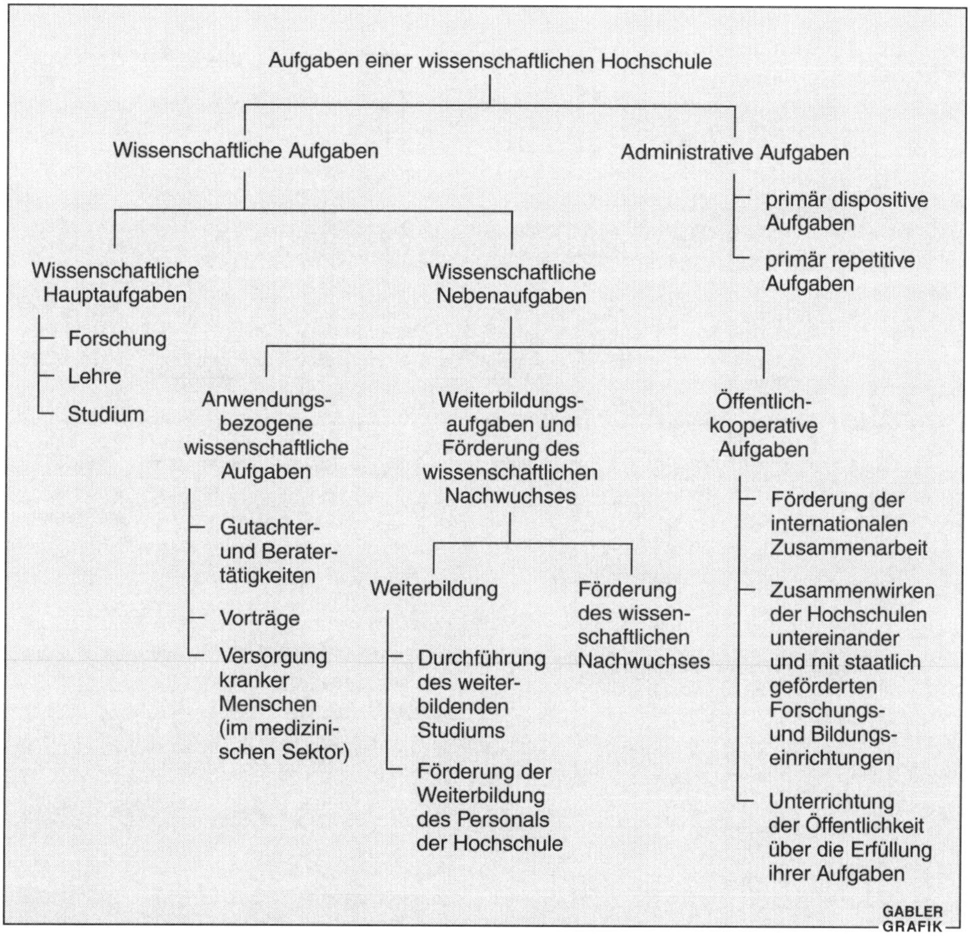

Abbildung 1-29: Aufgabenbereiche einer wissenschaftlichen Hochschule
(Quelle: Stieger 1980)

nen (Müller-Merbach 1985) wurde auch versucht, eine Produktionsfunktion für Hochschulen abzuleiten (Stieger 1980).

Ausgangspunkt dieser Untersuchung ist die Analyse der **Aufgaben einer wissenschaftlichen Hochschule** in Abbildung 1-29. Von der dargestellten Aufgabenvielfalt beschränkt sich der Ansatz auf die wissenschaftlichen Hauptaufgaben Forschung, Lehre und Studium. Diese wissenschaftlichen Aufgaben stehen in einem interdependenten Verhältnis zueinander und können zu zwei überlappenden Verbundsystemen zusammengefaßt werden (vgl. Abbildung 1-30). Das Verbundsystem Forschung und Lehre ist dadurch gekennzeichnet, daß der Austausch wissenschaftlicher Informationen primär in derselben Person oder Personengruppe erfolgt. Demgegenüber ist das Verbundsystem Lehre und Studium durch einen Austausch charakterisiert, an dem stets unterschiedliche Personen teilnehmen, nämlich die Lehrenden und die Studierenden.

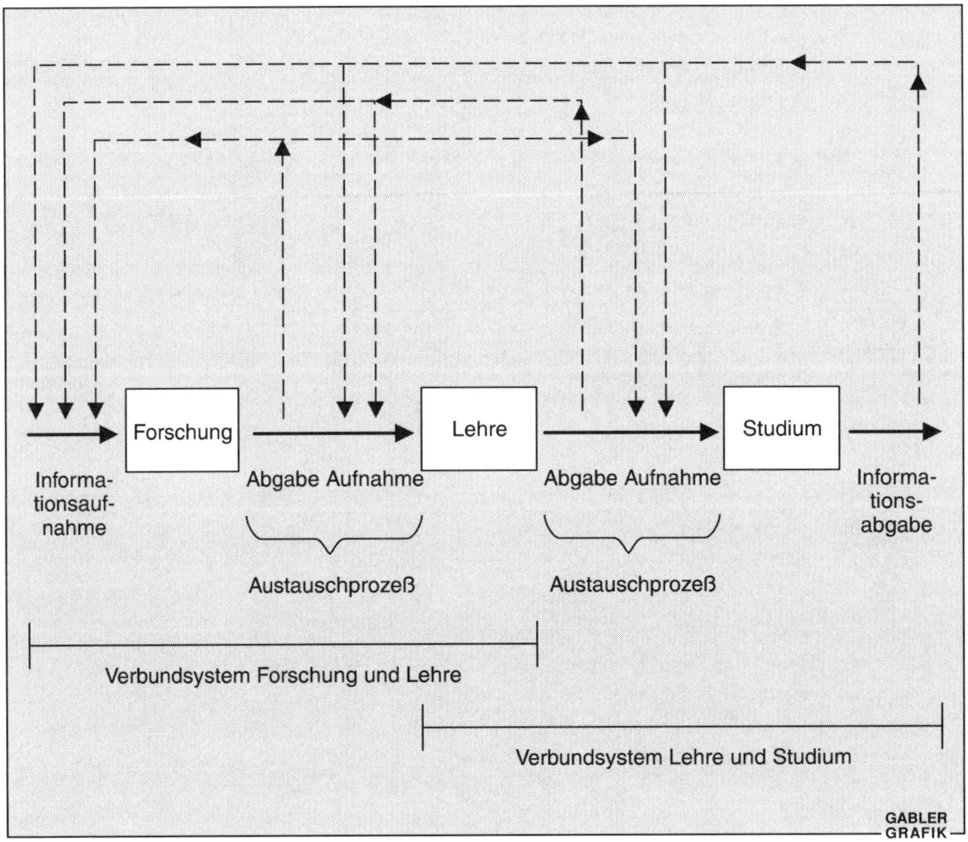

Abbildung 1-30: Wissenschaftliches Verbundsystem Hochschule
(Quelle: Stieger 1980)

4. Besonderheiten beim Absatz von Dienstleistungen

Ausgehend von der vorgenommenen Definition sowie den damit verbundenen konstitutiven Merkmalen von Dienstleistungen werden im folgenden die mit dem Angebot von Dienstleistungen verbundenen Besonderheiten insbesondere im Hinblick auf die Implikationen für das Marketing untersucht. Als Besonderheiten von Dienstleistungen werden die Immaterialität der Dienstleistung, die Leistungsfähigkeit des Dienstleistungsanbieters und die Integration des externen Faktors in den Mittelpunkt der Betrachtung gestellt.

4.1 Immaterialität von Dienstleistungen

Das erste Merkmal der Dienstleistung ist die **Immaterialität**. Diese Eigenschaft wurde bereits bei den ersten Definitionsversuchen von Dienstleistungen herangezogen. Bereits Say hat die Dienstleistung als ein immaterielles Produkt bezeichnet (Say 1830).

Dennoch kann sowohl die Vorleistung (der Input) der Dienstleistung als auch ihr Ergebnis (der Output) materiell oder immateriell sein. Wesentlich aber ist, daß die Dienstleistung als **angebotene** oder **nachgefragte menschliche** beziehungsweise **automatisierte Leistungsfähigkeit** und damit weder als Vorleistung noch als Ergebnis, sondern eben als noch nicht realisierte menschliche Leistungsfähigkeit gilt. Somit ist die Immaterialität als wesentliches Merkmal der Dienstleistung zu bewerten. Fähigkeiten, verstanden als Leistungspotentiale, solange sie noch nicht realisiert werden, sind immer unkörperlich und sinnlich nicht wahrnehmbar, verfügen also über einen immateriellen Status.

Aus der Immaterialität der Dienstleistung resultieren zwei weitere Abgrenzungskriterien, sogenannte **akzessorische Merkmale**, die in der deutschen und amerikanischen Literatur häufig angeführt werden. Dienstleistungen sind demnach nicht lagerfähig und nicht transportfähig.

Die **Nichtlagerfähigkeit** impliziert, daß der Konsument einer Dienstleistung diese nur in dem Moment in Anspruch nehmen kann, in dem sie produziert wird. Ein Friseur hat beispielsweise die Fähigkeit, Haarschnitte zu erstellen. Ebenso verfügt ein Hotelier über Übernachtungspotentiale. Diese Potentiale stehen aber zu einem bestimmten Zeitpunkt zur Verfügung und verfallen, wenn sie nicht genutzt werden. Leere Hotelzimmer, unbesetzte Plätze eines Linienfluges oder einer Theateraufführung, ungenutzte Stunden eines Beratungsdienstes können nicht gelagert werden, um sie in Momenten der Spitzenbelastung abzugeben.

Daraus leiten sich Aktivitäten im Bereich des Marketingmix ab, die in Kapitel 5 noch differenziert vorgestellt werden. Dazu zählen zum Beispiel „Last-Minute-Angebote", mittels derer versucht wird, freie Potentiale vor ihrem Verfall auszunutzen. Als weitere Möglichkeit sind Preisermäßigungen zu schwach ausgelasteten Terminen des Dienstleistungsanbieters (zum Beispiel Wochenendtarife von Hotels; zeitlich gestaffeltes Preissystem der Deutschen Bahn) zu nennen, wenn eine Anpassung der Nachfrage an eine vorgegebene Kapazität angestrebt wird.

Nicht zu verwechseln mit der Nichtlagerfähigkeit der Dienstleistung ist die **Lagerfähigkeit des Dienstleistungsergebnisses**, sei dies nun ein erstelltes, immaterielles Potential wie eine Ausbildung oder die Gesundheit eines Menschen oder aber das an ein Trägerobjekt gebundene Leistungs- oder Zustandspotential wie der Zustand nach Reparatur- und Wartungsarbeiten an einem Auto oder nach einer Gebäudereinigung. Wenngleich dieses Potential unter Umständen mit der Zeit wieder verbraucht werden kann, ist es doch zumindest zeitweise beständig (lagerfähig).

Der zweite Punkt, die **Nichttransportfähigkeit** der Dienstleistung, beinhaltet die Überlegung, daß fast keine Dienstleistung an einem anderen Ort konsumiert werden kann als an dem ihrer Erstellung. **Produktion und Konsumtion der Dienstleistung erfolgen simultan (Uno-actu-Prinzip)**. Haarschnitte oder medizinische Untersuchungen können nicht erstellt und dann räumlich transferiert werden, um sie an anderer Stelle zu verbrauchen. Wenn der Friseur oder der Arzt einen Hausbesuch vornimmt, geht zwar der Dienstleistungsersteller zum Abnehmer, die Dienstleistung an sich wird damit aber nicht transportfähig.

Ferner ist das Uno-actu-Prinzip nicht generell durchgängig, wenn man die Konsumtion einer Leistung in eine Phase der Endkombination der Produktionsfaktoren zur Leistungserstellung und eine Phase der Nutzung des Leistungsergebnisses unterteilt (Maleri 1994, S. 53). Beispiele: Nutzung des Abschlußberichtes eines Unternehmensberatungsprojektes nach der eigentlichen Leistungserstellung, Schutzimpfung.

Die oben genannte Einschränkung deutet bereits an, daß es Ausnahmen gibt, und daß die Allgemeingültigkeit dieses Kriteriums eine Einschränkung erfahren muß. Verschiedene technologische Innovationen erlauben die Produktion von Information oder Unterhaltung und ihren simultanen Konsum an Orten, die weit vom Ursprung ihrer Erbringung entfernt sind. Als Beispiel ist die Übertragung einer Theateraufführung durch das Fernsehen oder ein telefonischer Beratungsdienst anzuführen.

Die Merkmale Immaterialität, Nichtlager- und Nichttransportfähigkeit implizieren für das Dienstleistungsmarketing eine Reihe von **Besonderheiten** (Uhl/Upah 1979; Levitt 1981; Lovelock 1984 und speziell zur Markierungsproblematik vgl. Stauss 1994a), die in Abbildung 1-31 im Überblick dargestellt sind.

Aus der **Immaterialität** als Besonderheit von Dienstleistungen läßt sich eine Schlußfolgerung ziehen:

Besonderheiten von Dienstleistungen	Implikationen für das Dienstleistungsmarketing
Immaterialität	■ Materialisierung von Dienstleistungen
– Nichtlagerfähigkeit	■ Intensive Koordination zwischen Dienstleistungsproduktion und -nachfrage ■ Flexibilität bei der Planung von Dienstleistungskapazitäten ■ Management der kurzfristigen Nachfragesteuerung
– Nichttransportfähigkeit	■ Hohe Distributionsdichte für Dienstleistungen des täglichen Bedarfs ■ Räumliche Distanz von Angebot und Nachfrage bei Dienstleistungen mit geringer Bedarfshäufigkeit
Leistungsfähigkeit des Dienstleistungsanbieters	■ Dokumentation spezifischer Dienstleistungskompetenzen ■ Differenzierter Einsatz von Herstellungskomponenten ■ Materialisierung des Fähigkeitenpotentials
Integration des externen Faktors	■ Berücksichtigung von Transport- und Lagerproblemen des externen Faktors ■ Standardisierungsprobleme ■ Marketingorientierung im Dienstleistungserstellungsprozeß ■ Probleme der asymmetrischen Informationsverteilung ■ Demarketing bei verrichtungssimultanen Dienstleistungen

GABLER GRAFIK

Abbildung 1-31: Besonderheiten von Dienstleistungen und Implikationen für das Dienstleistungsmarketing

■ **Immaterielle Dienste müssen materialisiert werden**

Bestimmte materielle Produkte müssen „immaterialisiert“ werden, um zum Beispiel bestimmte Imageeffekte zu erzielen (Beispiel Autos: Sicherheit; Beispiel Zigaretten: Abenteuer). Im Gegensatz dazu werden bestimmte immaterielle Dienste materialisiert (zum Beispiel in Cellophan eingeschweißtes Besteck im Flugzeug zur Demonstration von Hygiene, Papierbezug auf Toilettenbrillen im Hotel). Auch materielle Herstellungskomponenten sind im Dienstleistungsmarketing von besonderer Bedeutung, wenn es gilt, die Aufmerksamkeit des Kunden zu wecken, auf die Art und Qualität der Dienstleistung hinzuweisen sowie den Beweis zu liefern, daß die versprochenen Vorteile auch eintreten werden.

Aus der **fehlenden Lagerfähigkeit** als einer weiteren Besonderheit von Dienstleistungen resultiert:

- **Intensive Koordination zwischen Produktion und Nachfrage**
  Ein professionelles Dienstleistungsmarketing muß eine enge Koordination von Produktionskapazität und Nachfrage gewährleisten, um die Probleme der fehlenden Lagerfähigkeit zu bewältigen. In vielen Branchen stellt daher das Kapazitätsmanagement (zum Beispiel durch Maßnahmen des Yield Management) einen zentralen Bereich des Dienstleistungsmarketing dar.
- **Flexibilitätserfordernis bei der Kapazitätsplanung**
  Die Handhabung der kurzfristigen Produktionskapazität für Dienstleistungen ist hauptsächlich eine Funktion der Durchflußrate (beispielsweise „fließen" zu vermittelnde Dienstleistungen schneller durch das Unternehmen, als solche, die im Unternehmen erbracht werden), der Möglichkeit, Dienstleistungen zurückzustellen (zum Beispiel Änderungsschneiderei, ärztliche Hilfe), des Potentialausbaus (zum Beispiel zusätzliche Teilzeitkräfte) und der Aufteilung der Kapazitäten (zum Beispiel Reservierung).
- **Management der kurzfristigen Nachfragesteuerung**
  Das Management der kurzfristigen Nachfrage nach Dienstleistungen geschieht hauptsächlich über preispolitische Maßnahmen, kommunikative Aktivitäten sowie das Angebot alternativer Dienstleistungsoptionen im Hause (zum Beispiel besteht bei einem Kino mit mehreren Vorführräumen eine Ausweichmöglichkeit auf andere Filme).

Eine weitere Besonderheit von Dienstleistungen ist die **mangelnde Transportfähigkeit**. Folgende Schlußfolgerungen lassen sich daraus für das Dienstleistungsmarketing ziehen:

- **Hohe Distributionsdichte bei Dienstleistungen des täglichen Bedarfs**
  Dienstleistungen des täglichen Bedarfs müssen zur Aufrechterhaltung der Konkurrenzfähigkeit eine hohe Distributionsdichte aufweisen, da die Erreichbarkeit des Dienstleistungsanbieters ein zentrales Auswahlkriterium der Nachfrager darstellt (zum Beispiel Fast-food-Ketten, Schlüsseldienste).
- **Räumliche Distanz von Dienstleistungsangebot und -nachfrage bei Gütern mit geringer Bedarfshäufigkeit**
  Dienstleistungen, die nicht zu denen des täglichen Bedarfs zählen (zum Beispiel Angebote von Marktforschungsinstituten, Unternehmensberatern), können in räumlicher Distanz zum Kunden angeboten werden, da

  - der Verkauf durch Agenturen, per Telefon oder per Korrespondenz erfolgen kann,
  - die Kunden zur Suche von Vorinformationen bereit sind,
  - die Kunden bereit sind, Wege in Kauf zu nehmen, oder
  - die Dienstleistung zum Kunden gebracht werden kann.

4.2 Leistungsfähigkeit des Dienstleistungsanbieters

Als zweites Merkmal von Dienstleistungen kann die **Leistungsfähigkeit des Dienstleistungsanbieters** herausgestellt werden. Keine Dienstleistung kann ohne spezifische Leistungsfähigkeiten (zum Beispiel Know-how, körperliche Fähigkeiten) erstellt werden. Dabei ist es unwesentlich, ob es sich bei den Potentialen des Dienstleistungsanbieters um einen Menschen oder einen Automaten handelt. Die, wenn auch sehr unterschiedliche, Leistungsfähigkeit beider Objekte bleibt Grundvoraussetzung zur Realisierung der Dienstleistung. Grundsätzlich können die **menschlichen Fähigkeiten** nach unterschiedlichen Gesichtspunkten weiter differenziert werden (Meyer 1994, S. 19). Eine mögliche Differenzierung kann nach **muskulären, sensorischen und geistigen Leistungsfähigkeiten** erfolgen, wie in Abbildung 1-32 dargestellt. Diese Differenzierung hat den Vorteil, daß sie zum einen darüber Aufschluß gibt, welche besonderen menschlichen Fähigkeiten für bestimmte Dienstleistungen erforderlich sind. Zum anderen wird durch sie die mögliche und erwünschte Intensität der Integration des externen Faktors beziehungsweise die Art der möglichen Übernahme bestimmter Teilprozesse durch den Nachfrager während der Dienstleistungserstellung teilweise vorprogrammiert.

Ähnlich der menschlichen Leistungsfähigkeit kann auch die automatisierte Leistungsfähigkeit differenziert werden in **energetische, sensorische und kommunikative Komponenten**; dies ist in Abbildung 1-33 dargestellt.

Im Zusammenhang mit der Immaterialität der Dienstleistung ergeben sich aus der Notwendigkeit der Leistungsfähigkeit des Dienstleistungserstellers **Implikationen für das Dienstleistungsmarketing**, die in Abbildung 1-31 zusammenfassend dargestellt sind.

- **Dokumentation spezifischer Dienstleistungskompetenzen**
  Bei fähigkeits- oder ausstattungsintensiven Dienstleistungsunternehmen sind die Fähigkeiten und Dienstleistungen besonders herauszustellen, wenn sie einzigartige, herausragende Vorteile bieten (zum Beispiel Softwareanbieter, Unternehmensberatung, Werbeagentur). Das gute Zusammenwirken von Personal und Ausstattung ist hervorzuheben, wenn die Ausstattung nicht mehr einzigartig, aber noch nicht allgemein verfügbar ist (zum Beispiel Fluggesellschaften, Computer-Hardwarehäuser). Wenn die Ausstattung allgemein üblich ist, sind das Personal, das Unternehmen an sich oder bestimmte profilierende Leistungselemente in den Vordergrund zu stellen (zum Beispiel Banken, Restaurants, Reinigungsunternehmen).

- **Differenzierter Einsatz von Herstellungskomponenten**
  Den Dienstleistungsunternehmen stehen verschiedene Herstellungskomponenten zur Verfügung, um Problemlösungspakete für den Endabnehmer zusammenzustellen. Dazu zählen Fähigkeiten und Ausstattung, Personal, das Methodeninstrumentarium und eine allgemeine Organisationskapazität. Dabei sind derartige Potentiale zu

Art der menschlichen Leistungsfähigkeit	Beispiele in Dienstleistungsbereichen
Muskulär	– Schuheputzen – Autowaschen – Verpacken
Sensorisch	– Gebäudeüberwachung – Pulsfühlen – Qualitätskontrolle
Geistig	– Unternehmensberatung – Psychotherapie – Theateraufführung

GABLER GRAFIK

Abbildung 1-32: Arten menschlicher Leistungsfähigkeiten
(Quelle: Meyer 1994, S. 19)

Art der automatisierten Leistungsfähigkeit	Beispiele in Dienstleistungsbereichen
Energetisch	– Schuhputzautomat – Autowaschanlage
Sensorisch	– Wetterstation – Gebäudeüberwachung
Kommunikativ	– Münzfernsprecher – T-Online

GABLER GRAFIK

Abbildung 1-33: Arten automatisierter Leistungsfähigkeiten

einem branchen-, anbieter- und kundensegmentspezifischen Gesamtpotential zu verbinden. Dienste wie etwa Datenverarbeitung, Fluglinien oder Autoverleih werden zu einem großen Teil von der physischen Ausstattung bestimmt. Andere Dienste, wie ärztliche Behandlung, werden in der Regel von Personen dominiert. Wiederum andersartige Dienstleister wie Banken oder Versicherungen sind am Methodeninstrumentarium und der allgemeinen Organisationskapazität orientiert. Dazu gehören Faktoren wie finanzielle Stabilität, Sachkundigkeit und hinreichende Reserven.

Materialisierung des Fähigkeitenpotentials

Bei potentialintensiven Dienstleistungen gilt es in besonderer Weise, über die Materialisierung dieser Potentiale eine Wettbewerbsprofilierung anzustreben. Dies gilt insbesondere, wenn es sich um Humanpotential handelt. Gerade der Bereich der Kommunikationspolitik ist gefordert, derartige Leistungsbeweise nach außen zu tragen. Aber auch das Erscheinungsbild von Personal, Räumlichkeiten und Ausstattung des Dienstleisters kann im Rahmen dieser Zielsetzung optimiert werden.

4.3 Integration des externen Faktors in den Dienstleistungserstellungsprozeß

Bei der Systematisierung der Dienstleistungen wurde bereits angesprochen, daß ein entscheidendes Kriterium zur Differenzierung von Dienstleistungen und Arbeits- beziehungsweise Erstellungsleistungen die Tatsache ist, daß das Objekt oder der Mensch, an dem sich die Leistungsfähigkeit konkretisiert, stets ein **externer**, also **außerhalb des Verfügungsbereichs der leistungsanbietenden Dienstleistungsunternehmung** befindlicher, Faktor ist.

Damit wird die dritte Besonderheit von Dienstleistungen angesprochen. In dem auf Veränderungen an bestehenden Objekten oder Menschen abzielenden Prozeß der Dienstleistungserstellung ist die **Integration (Einbringung) eines externen Faktors**, das heißt die Einbeziehung des Dienstleistungskonsumenten oder eines ihm gehörenden Objektes, zwingend notwendig. Jeder Prozeß der Erstellung einer Dienstleistung wird damit durch die Einwirkung eines Fremdfaktors mitbestimmt. So hängt auch gleichzeitig jedes Ergebnis eines solchen Prozesses von dem betreffenden Fremdfaktor ab.

Der externe Faktor grenzt sich von den anderen Faktoren im Erstellungsprozeß dadurch ab, daß er für den Dienstleistungsersteller **nicht frei am Markt disponierbar** ist. Weiterhin bleibt er vor, während und nach dem Erstellungsprozeß, gleichgültig, ob er in der Ausprägung „Mensch" oder „Objekt" vorliegt, zum Teil in **der Verfügungsgewalt des Abnehmers der Dienstleistung**. Schließlich gilt, daß auf diesen externen Faktor während der Leistungserstellung **eingewirkt** wird. Da aber in umgekehrter Richtung auch der Abnehmer von Dienstleistungen während der Leistungserstellung (oder bei objektgerichteten Dienstleistungen zumindest bei der Abgabe seiner Objekte zur Leistungserstellung) auf den Prozeß der Erstellung der Dienstleistung einwirkt, kann von einer **zweiseitigen (gegenseitigen) Einwirkung** beziehungsweise Beeinflussung von Dienstleister und Abnehmer der Dienstleistung gesprochen werden.

Aus der **Integration des externen Faktors** lassen sich folgende **Implikationen für das Dienstleistungsmarketing** anführen (vgl. Abbildung 1-31):

- **Transport- und Lagerproblem des externen Faktors**
  Ein Problem, das aus der Einbeziehung des externen Faktors erwächst, ist dessen Transport und eventuelle Unterbringung (Ausprägung „Objekt": beispielsweise Lagerung von noch zu reparierenden Fernsehgeräten; Ausprägung „Mensch": Unterbringung von Kranken vor der Operation oder Warten von Patienten im Wartezimmer). Diese Problematik ist kennzeichnend für zahlreiche Dienstleistungen und muß im Rahmen des Marketing hinreichende Berücksichtigung erfahren (zum Beispiel Abholdienst für Reparatur- oder Dienstleistungsobjekte wie Auto oder Fernseher; ansprechende Gestaltung von Warteräumen oder die Einführung von Reservierungssystemen).

- **Standardisierungsprobleme von Dienstleistungen**
  Aus der Integration des externen Faktors in die Dienstleistungserstellung resultiert der individualistische, personalintensive, schwer standardisierbare Charakter vieler Dienstleistungen. Dienstleistungen des täglichen Bedarfs können jedoch als Massenprodukt vermarktet werden, indem Potentiale, Prozesse und/oder Ergebnisse zumindest zum Teil standardisiert werden (vgl. Kapitel 3, Abschnitt 4.21).

- **Marketingorientierung im Dienstleistungserstellungsprozeß**
  Im Gegensatz zur Herstellung von Sachgütern ist der Dienstleistungsnachfrager, sofern er selbst als externer Faktor auftritt, während des Erstellungsprozesses präsent. Dies impliziert für den Dienstleistungsanbieter eine marketingorientierte Ausrichtung des Dienstleistungsprozesses. Zum einen sind die Bedürfnisse des Dienstleistungsnachfragers während der Erbringung der Dienstleistung zu berücksichtigen (zum Beispiel angenehme Raumgestaltung, Gespräche mit dem Kunden beim Friseur, Hintergrundmusik). Zum anderen erlangt die sorgfältige Ausführung der Dienstleistungserstellung bei direktem Kontakt mit dem Nachfrager besondere Bedeutung. Diese ist im Rahmen des Qualitätsmanagements für Dienstleistungen sicherzustellen (vgl. hierzu Kapitel 4).

- **Probleme der asymmetrischen Informationsverteilung**
  Bei der Dienstleistungsinteraktion bestehen sowohl für den Kunden als auch für den Dienstleistungsanbieter Handlungsspielräume, die zum eigenen Vorteil genutzt werden können. Aufgrund der Tatsache, daß dem Kunden (Dienstleistungsanbieter) bedeutende Eigenschaften des Dienstleistungsanbieters (Kunden) unbekannt, nicht beobachtbar oder nicht beurteilbar sind, liegt der Dienstleistungsinteraktion in der Regel eine asymmetrische Informationsverteilung zwischen den am Interaktionsprozeß Beteiligten zugrunde (Lehmann 1995b, S. 63ff.). Im Rahmen des Dienstleistungsmarketing muß die hieraus resultierende Unsicherheit und das damit einhergehende wahrgenommene Kaufrisiko durch Maßnahmen im Rahmen der Vertragsgestaltung sowie durch Nutzung weiterer Instrumente des Marketingmix reduziert werden.

- **Demarketing bei verrichtungssimultanen Dienstleistungen**
  Die Integration des externen Faktors bewirkt, daß der Dienstleistungserstellungsprozeß oft unter Anwesenheit weiterer Dienstleistungsnachfrager erfolgt (zum Beispiel Kneipenbesuch, Urlaub, Sprachkurs). Die Wahrnehmung der Prozeßdimension der Dienstleistung durch den Kunden wird in diesem Fall auch entscheidend durch die Eigenschaften und das Verhalten der anderen Dienstleistungsnachfrager beeinflußt. Entsprechend muß der Dienstleistungsanbieter durch Demarketing dafür sorgen, daß nicht der Zielgruppe angehörende Nachfrager von der Inanspruchnahme der Dienstleistung abgehalten werden. Hierfür kann der Dienstleister auf verschiedene Instrumente des Marketingmix zurückgreifen. So kann zum Beispiel im Rahmen der Kontrahierungspolitik eine Ausweisleistung zum Leistungszugang eingeführt werden (zum Beispiel „Clubkarte" für Diskothekenbesucher) (Rößl 1991).

Kapitelübersicht

Zweites Kapitel

Informationsgrundlagen des Dienstleistungsmarketing

1. Besonderheiten des Käuferverhaltens bei der Inanspruchnahme von Dienstleistungen

Im Rahmen der Diskussion der Informationsgrundlagen des Dienstleistungsmarketing gilt es zunächst, die Bestimmungsfaktoren des Käuferverhaltens offenzulegen. Darauf aufbauend werden die sich anschließenden Fragen des Einsatzes der Marktforschung im Dienstleistungsbereich erörtert. Schließlich soll aufgezeigt werden, wie die Erkenntnisse der Marktforschung in eine geeignete Marktsegmentierung umgesetzt werden können. In diesem Zusammenhang kommt der Informationsbeschaffung und -verarbeitung innerhalb des Dienstleistungsmarketing die Aufgabe zu, Käufer- und Marktpotentiale zu identifizieren und Anhaltspunkte für die Formulierung von Zielen und Strategien sowie für die Ausgestaltung der Marketinginstrumente zu liefern.

Die Analyse des Käuferverhaltens ist Grundvoraussetzung für die Durchführung jeglicher Marketingaktivitäten von Dienstleistungsunternehmen. Während im Bereich des Konsumgütermarketing bereits zahlreiche Untersuchungen durchgeführt und Erkenntnisse gewonnen werden konnten, erfolgte die Auseinandersetzung mit Fragen des Käuferverhaltens bei der **Inanspruchnahme von Dienstleistungen** bisher in vergleichsweise geringem Umfang. Damit stellt sich die Frage, inwieweit Erkenntnisse aus dem Konsumgüter- und Investitionsgüterbereich auf das Dienstleistungsmarketing übertragen werden können. Enis und Roering vertreten die Auffassung, daß eine Unterscheidung in Sachgüter und Dienstleistungen eine schlechte Basis für die Gestaltung des Marketingmix darstellt und fügen hinzu, daß beide Absatzobjekte auf Basis ihres Nutzens vermarktet werden sollten (Enis/Roering 1981). Demgegenüber sehen Zeithaml et al. fundamentale Unterschiede im Marketing von Gütern und Dienstleistungen, die in den jeweiligen Besonderheiten des Käuferverhaltens begründet sind (Zeithaml/Parasuraman/Berry 1985).

Grundsätzlich gibt es zwar Übereinstimmungen im Käuferverhalten von Dienstleistungen und Sachgütern; die Unterschiede hinsichtlich der Kaufentscheidungskriterien und der Bewertungsprozesse sind aber so gravierend, daß sie im folgenden differenziert diskutiert werden sollen.

1.1 Kaufentscheidungskriterien und Bewertungsprozeß

Am Ausgangspunkt einer Analyse des Käuferverhaltens hinsichtlich Dienstleistungen stehen **Art und Anzahl der am Kaufentscheidungsprozeß beteiligten Entscheidungsträger**. Grundsätzlich können am Kaufentscheidungsprozeß einer Dienstleistung mehrere Personen in unterschiedlichen Rollen partizipieren (Johnson/Scheuing/Gaida 1986, S. 51ff.):

- **Informer:** Rolle des Versorgers mit relevanten Informationen und Fakten.
- **Influencer:** Rolle des Beeinflussers, der als „advocate influencer" ein persönliches Interesse im Kaufentscheidungsprozeß vertritt oder vollständig objektiv und neutral ist („independent influencer").
- **Decider:** Rolle des eigentlichen Kaufentscheiders, wobei der Kaufentscheid die Bestimmung des Kaufzeitpunktes, des Budgets und der Marke beziehungsweise des Dienstleisters umfaßt.
- **Buyer:** Rolle des Käufers, der die zuvor gefällte Kaufentscheidung durchführt.
- **User:** Rolle des Anwenders, der den Nutzen aus der Dienstleistung erfährt.

Die Eigenschaften von Dienstleistungen bedingen, daß zumindest die Rollen des Buyers und Users in einer Person vereint sind. Ausnahme kann dabei der für Dritte gekaufte Dienst in Form eines Leistungsversprechens (zum Beispiel Eltern kaufen Zirkuskarten für ihre Kinder; Verzehrgutscheine eines Fast-food-Restaurants) oder einer veredelten Dienstleistung (Compact Disc) sein. Weiterhin ist zu unterscheiden zwischen **individuellen** (zum Beispiel Inanspruchnahme einer Transportleistung) und **kollektiven Kaufentscheidungen** (zum Beispiel gemeinsame Planung einer Urlaubsreise im Familienkreis) (Meffert 1992a, S. 37ff.). Darüber hinaus kann nach der Art der im Kaufentscheidungsprozeß befindlichen Personen in einen **investiven** und **konsumtiven Entscheidungsprozeß** unterschieden werden, wobei letzterer Gegenstand der folgenden Betrachtungen sein soll. Neben der Art und Anzahl von Kaufentscheidungsträgern bilden Kaufentscheidungstypen und die Phasen des Kaufentscheidungsprozesses wichtige Erklärungsgrößen des Käuferverhaltens bei der Inanspruchnahme von Dienstleistungen.

Bei der **Bildung von Kaufentscheidungstypen** wird auf die Informationsgewinnungs- und -verarbeitungsaktivitäten des Individuums abgestellt. Die in Abbildung 2-1 dargestellte Kaufentscheidungstypologie verknüpft Merkmale von Kaufobjekten mit verschiedenen Kaufentscheidungstypen. Die Hauptgliederungskriterien für die Typologie sind dabei der Grad der Kollektivität der Entscheidungsfindung sowie der Grad der Ausprägung eines Kaufprogramms. Darüber hinaus werden die Entscheidungstypen durch bestimmte Merkmale des Kaufobjektes (finanzielle Mittelbindung, soziale Sichtbarkeit usw.) gekennzeichnet. Die Merkmalsausprägungen dieser Unterscheidungskriterien können jeweils auf einem Kontinuum von gering bis hoch liegen und stehen dabei mit dem Kollektivitätsgrad der Entscheidung und dem Ausmaß eines vorgeprägten Kaufprogramms in Zusammenhang. Der Kollektivitätsgrad der Kaufentscheidung steigt, und die Wahrscheinlichkeit eines bestehenden Kaufprogramms sinkt, je weiter sich die Merkmalsausprägungen des Kaufobjektes in der Abbildung 2-1 nach rechts verlagern.

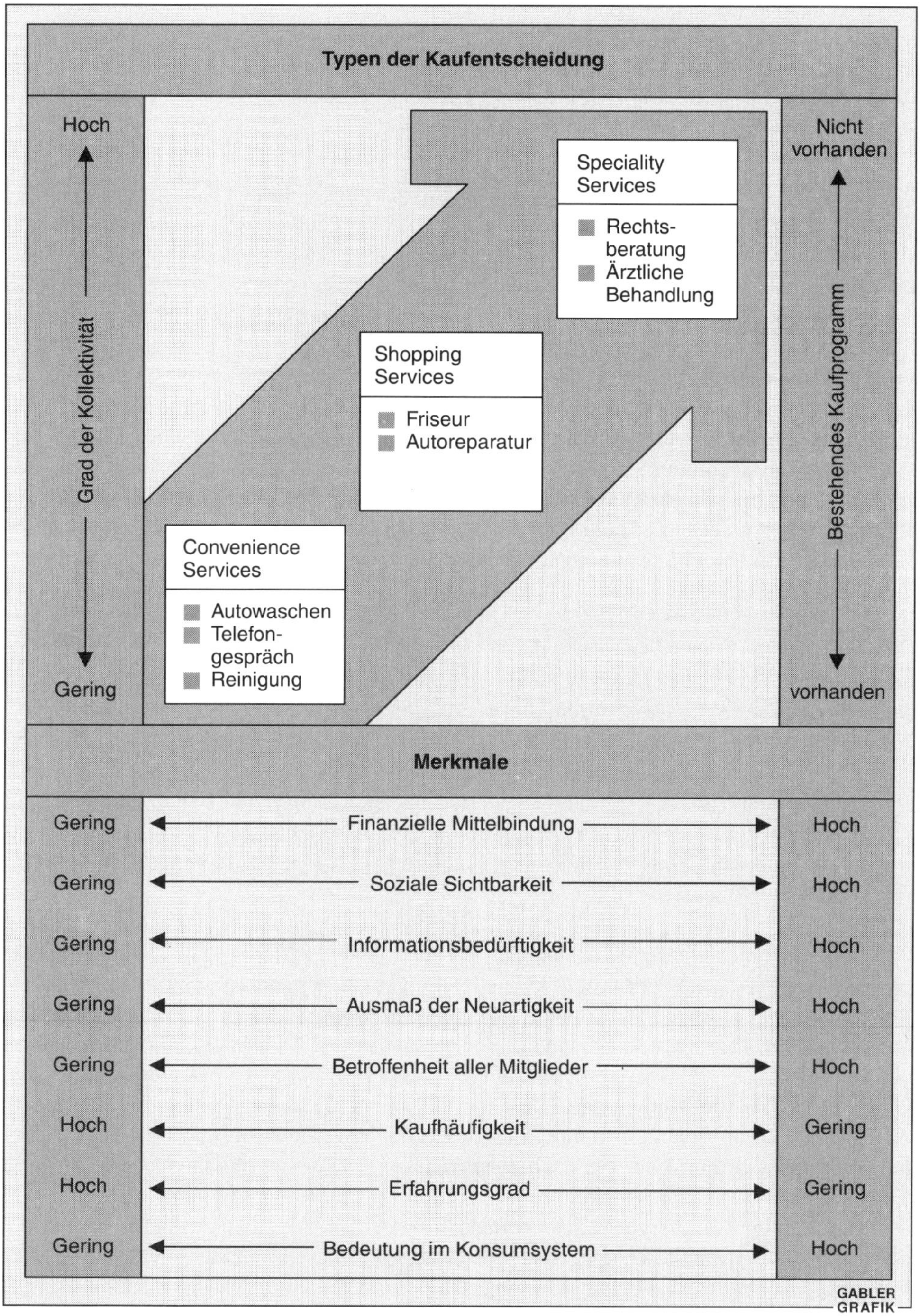

Abbildung 2-1: Typologie von Kaufentscheidungen bei Dienstleistungen

Während bei Convenience Services (zum Beispiel Autowaschen, Telefongespräch, Reinigung) die Informationsbedürftigkeit und die Zeitdauer für den Kaufentscheid eher gering sind, liegen beim Kauf von Speciality Services (zum Beispiel Rechtsberatung, ärztliche Behandlung) extensive Kaufentscheidungen vor (Nelson 1970, S. 729ff.; Darby/Karni 1973, S. 67ff.).

Während der **Phasen des Kaufentscheidungsprozesses** muß der Konsument eine Bewertung alternativer Dienstleistungen vornehmen. Die den Dienstleistungen inhärenten Eigenschaften, wie zum Beispiel Immaterialität und begrenzte Standardisierbarkeit, erschweren die Beurteilung von Dienstleistungen. Daher ziehen Konsumenten häufig Ersatzindikatoren, wie zum Beispiel die Innenausstattung des Dienstleisters oder das Firmenimage, bei der Anbieterwahl heran (Zeithaml 1991, S. 41f.). Im Vergleich zum Produktkauf berücksichtigen die Dienstleistungsnachfrager beim Kaufentscheid häufiger die Alternative der Selbsterstellung (Do-it-yourself). Auch ist das zum Kaufzeitpunkt vorhandene **„evoked set" von Servicealternativen** insgesamt erheblich geringer als beim Kauf von Sachgütern. Gründe hierfür sind zum einen die aufgrund der Nichtlagerfähigkeit von Dienstleistungen weitgehend unmögliche Präsentation mehrerer Dienstleistungsalternativen zum Zeitpunkt der Kaufentscheidung. Zum anderen scheut der Konsument oftmals Zeit und Mühe, mehrere Dienstleistungsanbieter aufzusuchen (Zeithaml 1991, S. 43).

In Abbildung 2-2 ist beispielhaft der **Kaufentscheidungsprozeß bei Urlaubsreisen** dargestellt (Goodall 1988, S. 6). Mit den verfügbaren Informationen, zum Beispiel durch Reiseveranstalter oder Broschüren, stellt sich der Konsument ein Opportunity-set von Urlaubsalternativen zusammen, die er mit seinen Erwartungen und Präferenzen (zum Beispiel Preis-Leistungsverhältnis, Wunsch nach Familienurlaub) verknüpft. Bei entsprechender Bedürfnisbefriedigung (Kaufzufriedenheit) durch den Urlaub kommt es zu einem Feedback-Effekt: War der Urlaub ein Erfolg, wird das Opportunity-set erweitert. Bei Unzufriedenheit wird der Urlaub als negative Erfahrung abgespeichert und diese im Bedarfsfall erneut abgerufen.

Zahlreiche Untersuchungen haben sich mit den **Unterschieden von Kaufentscheidungsprozessen** bei Gütern und Dienstleistungen auseinandergesetzt. Hartman und Lindgren (1993, S. 4ff.) beispielsweise haben Konsumenten hinsichtlich der Ausprägung von sieben verschiedenen Eigenschaften bei insgesamt 41 Gütern und Dienstleistungen befragt. Als Eigenschaften wurden in der Literatur diskutierte Trennkriterien zwischen Gütern und Dienstleistungen gewählt. Eine faktorenanalytische Verdichtung dieser sieben Eigenschaften brachte mit einem erklärten Varianzanteil von über 80 Prozent drei Faktoren hervor: Zunächst die **„Customization"** der Absatzobjekte, hinter der sich Eigenschaften wie Standardisierung, Variabilität und Individualität der Leistung sowie der Kontakt des Anbieters zum Konsumenten verbergen. Als zweiter Faktor konnte die **„Evaluation"** ermittelt werden, also der Grad der Beurteilbarkeit der Leistung. Als Einzeleigenschaften, die hoch auf diesen Faktor laden, sind die Tangibilität der Leistung, die Einfachheit einer a-priori-Beurteilung sowie der Grad der Verfügbarkeit der Leistung

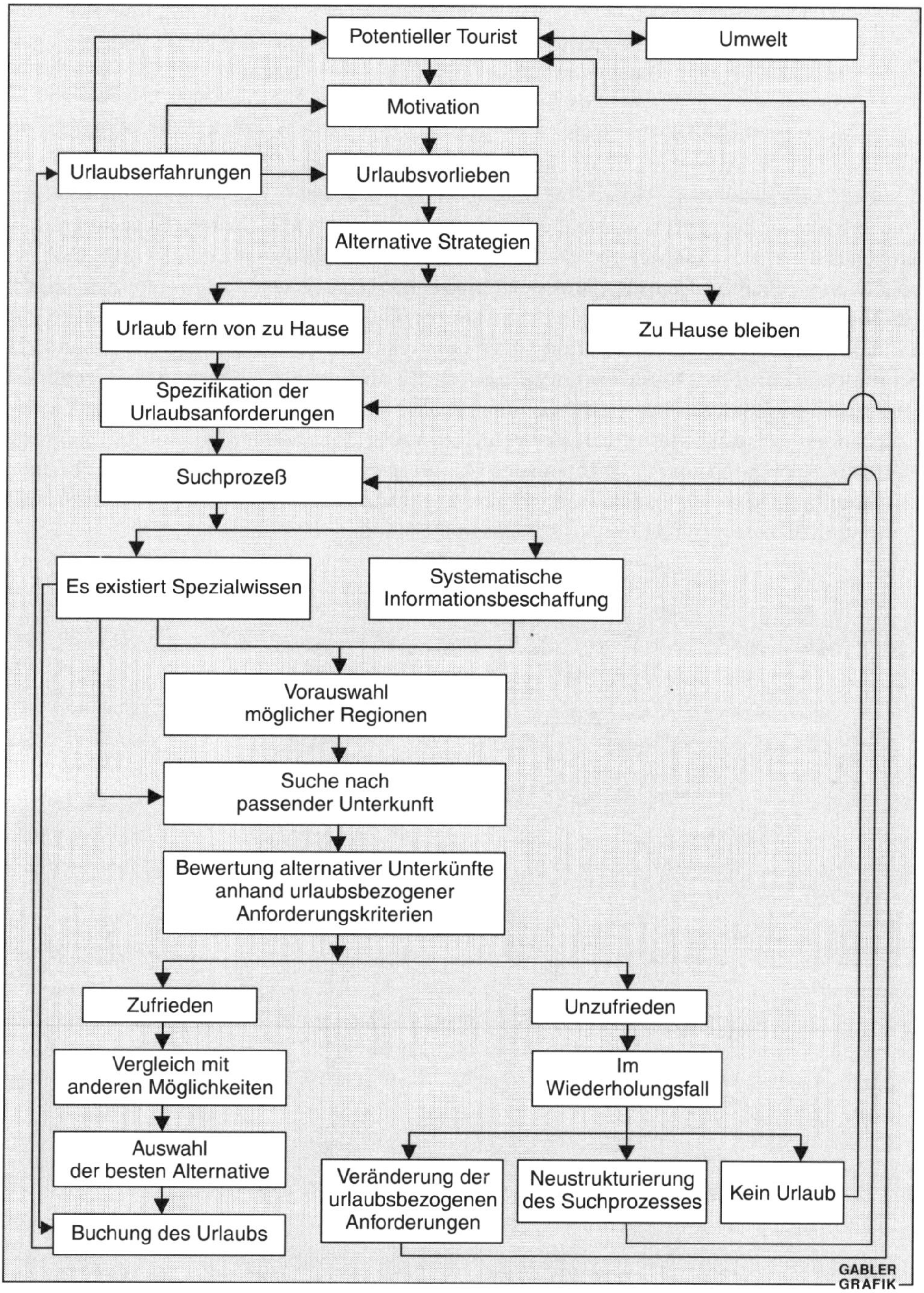

Abbildung 2-2: Der Kaufentscheidungsprozeß bei Urlaubsreisen
(Quelle: Goodall 1988, S. 6)

zu nennen. Der dritte Faktor wurde mit **„Delay“** bezeichnet und bestimmt, inwieweit auf die Leistung gewartet werden mußte. Interessanterweise war nur der zweite Faktor in der Lage, deutlich zwischen Gütern und Dienstleistungen zu trennen.

Diese Ergebnisse werden durch die Aussagen von Zeithaml (1991, S. 39ff.) unterstützt. Aufgrund der dienstleistungsimmanenten Eigenschaften sind demnach Dienstleistungen schwerer zu beurteilen als Güter. Zur Erläuterung kann auf eine Klassifikation von Darby und Karni zurückgegriffen werden, die Beurteilungskriterien in Search, Experience und Credence Qualities unterteilen (Darby/Karni 1973, S. 67ff.). Während Güter sich in hohem Maße durch **„Search Qualities“** auszeichnen, sich also bereits vor dem Kauf einschätzen lassen, gibt es eine Schnittmenge von Gütern und Dienstleistungen, die sich durch **„Experience Qualities“** auszeichnen, also erst während oder nach der Konsumtion beurteilbar sind. Für Dienstleistungen typisch ist die dritte Kategorie der **„Credence Qualities“** (Zeithaml 1991, S. 40; Friedman/Smith 1993, S. 47ff.). Hier sind die Eigenschaften der Leistung mitunter auch nach Kauf und Konsumtion nicht beurteilbar; dies trifft beispielsweise für eine medizinische Diagnose oder eine Risikolebensversicherung zu. Abbildung 2-3 veranschaulicht diese Möglichkeit der Beurteilung verschiedener Güter und Dienstleistungen an ausgewählten Beispielen.

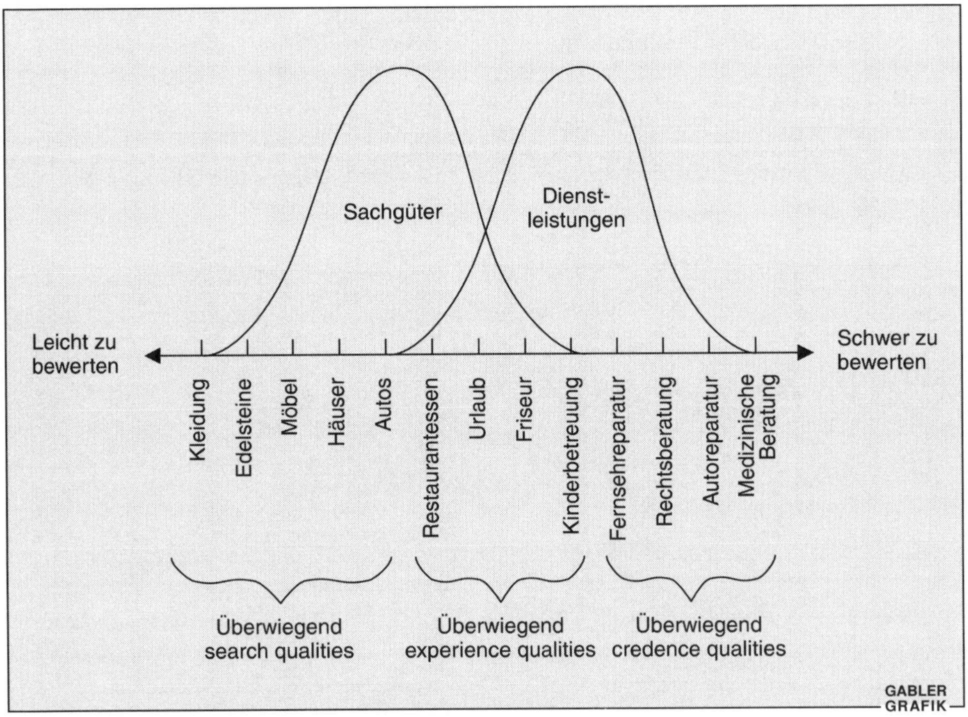

Abbildung 2-3: Mögliche Bewertung unterschiedlicher Sachgüter und Dienstleistungen (Quelle: Zeithaml 1991, S. 40)

Insgesamt bestehen also deutliche Unterschiede im Käuferverhalten bei Gütern und Dienstleistungen auch und insbesondere hinsichtlich des Bewertungsprozesses. Eine Übersicht findet sich bei Gabbott/Hogg (1994, S. 311ff.). Diese Unterschiede lassen sich differenziert anhand der Determinanten des Käuferverhaltens diskutieren.

1.2 Determinanten des Käuferverhaltens

Im Rahmen der Kaufverhaltensforschung wird zwischen intrapersonalen und interpersonalen Erklärungsansätzen des Käuferverhaltens unterschieden. Die **intrapersonalen Erklärungsansätze** beziehen sich auf aktivierende, kognitive und Persönlichkeitsdeterminanten. Aktivierende Determinanten (Emotionen, Motive, Einstellungen) beschreiben innere Erregungszustände, die den Konsumenten antreiben. Demgegenüber beeinflussen kognitive Determinanten (Wahrnehmung, Lernen, Problemlösung) die Vorgänge, mit denen das Individuum sich gedanklich innerhalb seiner Umwelt beschäftigt. Sie sind ohne aktivierende Prozesse nicht denkbar. Während die Aktivierung dafür sorgt, daß Verhalten überhaupt stattfindet, wird bei der kognitiven Steuerung der Frage nachgegangen, welches Verhalten stattfinden soll. Im Vergleich zu den aktivierenden und kognitiven Determinanten stellen die Persönlichkeitsdeterminanten relativ stabile verhaltensrelevante Dispositionen dar.

Mit den **interpersonalen Variablen** (Gruppeneinfluß, Familie, gesellschaftlicher Einfluß, Auswirkungen von Maßnahmen der Massenkommunikation usw.) wird dem Umstand Rechnung getragen, daß der Konsument mit seiner Umwelt in Beziehung steht und komplexe Reize aus dieser Umwelt auf ihn einwirken.

1.21 Intrapersonale Variablen

1.211 Aktivierende Determinanten des Käuferverhaltens

Emotionen

Emotionen sind innere Erregungszustände, die in unterschiedlichen Intensitäten als positiv oder negativ erlebt werden. Unangenehme Emotionen drücken sich in Gestalt von Ärger, Ablehnung oder Angst aus. Sie bewirken Meinungswiderstände, negative Erfahrungen oder nehmen Einfluß auf Erlebnisse beziehungsweise Situationen (Kroeber-Riel 1992, S. 50).

Ablehnende Emotionen des Dienstleistungsnehmers können sich gegen den Dienstleistungsbetrieb (zum Beispiel mangelndes Vertrauen gegenüber Flugunternehmen mit Flugzeugen der Gesellschaft XY) oder gegen das generelle Dienstleistungsangebot (zum Beispiel Behandlung beim Zahnarzt) richten. Da Emotionen die Aufnahme von Informationen beeinflussen können, sind sie im Zusammenhang mit Dienstleistungen besonders hervorzuheben. Beispielsweise kann die Zufriedenheit von Dritten mit einer bereits mehrfach in Anspruch genommenen Dienstleistung (zum Beispiel Abenteuerreise) die eigene Informationsaufnahme und -verarbeitung in gleicher Richtung sensibilisieren.

Bedürfnisse und Motive

In engem Zusammenhang mit emotionalen Vorgängen stehen die **menschlichen Bedürfnisse und Motive**. Motive versorgen den Konsumenten mit Energie und richten das Verhalten zusätzlich auf ein Ziel aus (Kroeber-Riel 1992, S. 49ff.).

Zur Erklärung des Käuferverhaltens von Dienstleistungen soll beispielhaft die bekannte **Bedürfnishierarchie von Maslow** (1975) herangezogen werden. Folgende fünf Bedürfnisschichten werden unterschieden:

1. Physiologische Bedürfnisse
   (zum Beispiel Nahrung, Schlaf, Erhaltung der Gesundheit),
2. Sicherheitsbedürfnisse
   (zum Beispiel Alterssicherung, Unfallschutz),
3. Soziale Bedürfnisse
   (zum Beispiel Pflege von Freundschaften),
4. Streben nach Selbstachtung sowie Anerkennung durch andere
   (zum Beispiel Kauf von Prestigeprodukten),
5. Streben nach Selbstverwirklichung
   (zum Beispiel individuelle Entwicklungsbedürfnisse).

In Abbildung 2-4 wird die Bedürfnispyramide von Maslow am Beispiel des Tourismus beziehungsweise des Reisemarktes erläutert (Freyer 1995). Die Spanne reicht hier von Grundbedürfnissen in Form von Reisen zur Sicherung des Grundbedarfs (zum Beispiel Fahrten zur Arbeitsstätte) bis hin zu Reisen als Selbstzweck.

Ausschlaggebend für die Erklärung des Käuferverhaltens ist die Annahme, daß alle übergeordneten Motive und Bedürfnisse der Hierarchie als Ziele erst dann „aktiviert“ werden, wenn die jeweils untergeordneten Bedürfnisse bereits befriedigt sind. Zahlreiche Dienste, wie zum Beispiel die Leistungen der Polizei, der Rettungsdienste oder auch der

	Allgemeine Erläuterung	Touristische Beispiele
Entwicklungsbedürfnisse	Selbstverwirklichung, Unabhängigkeit, Freude, Glück	Reisen als Selbstzweck, Vergnügen, Freude, „Sonnenlust“
Wertschätzungsbedürfnisse	Anerkennung, Prestige, Macht, Freiheit	Reisen zum Aufbau von Prestige und gesellschaftlicher Anerkennung
Soziale Bedürfnisse	Liebe, Freundschaft, Solidarität, Kontakt, Kommunikation	Private und gesellschaftliche Besucherreisen (zur Kommunikation)
Sicherheitsbedürfnisse	Vorsorge für die Zukunft, Gesetze, Versicherungen	Reisen zur Sicherung des Grundeinkommens, z. B. zur Regeneration der Arbeitskraft, Handelsreisen, Kurzreisen
Grundbedürfnisse	Essen, Trinken, Schlafen, Wohnen, Sexualität	Reisen zur unmittelbaren Deckung des Grundbedarfs, z. B. Fahrten zur Arbeitsstätte, eventuell Handelsreisen

GABLER GRAFIK

Abbildung 2-4: Bedürfnishierarchie mit Bezug zu Dienstleistungen
(Quelle: Freyer 1991, S. 66)

Versicherungen, haben für den Konsumenten eine bestimmte Dringlichkeitsordnung, wobei die Höhe des Anspruchsniveaus an diese Dienste abhängig ist von der Gesellschaft und der unmittelbaren Umgebung, in welcher der Konsument lebt. Darüber hinaus werden die Ansprüche von den Erfahrungen bestimmt, die das Individuum in der Vergangenheit mit diesen Diensten gemacht hat.

Wendet man diese Erkenntnisse auf die Situation zunehmend frei verfügbarer Einkommen an, so sind mit wachsendem Wohlstand die oberen Bedürfnisschichten (Streben nach Selbstachtung, Selbstverwirklichung) als besonders verhaltensrelevant anzusehen. In diesem Zusammenhang ist beispielsweise die aktive Freizeitgestaltung (Individualreisen, Heimwerken „Do-it-yourself“ usw.) als Möglichkeit zur Selbstverwirklichung erwähnenswert.

Eventuell auftretende **Motivkonflikte** bieten dem Dienstleister Ansatzpunkte, auf den Konsumenten einzuwirken. Als Beispiel soll eine geplante Urlaubsreise angeführt werden, bei der sich der Konsument in einem Konflikt zwischen Erholungsmotiv (zum Beispiel Aufenthalt in den Bergen) und Erlebnismotiv (zum Beispiel Aufenthalt in einer Weltstadt) befindet. Zur Lösung eines solchen Konfliktes kann der Reizcharakter der Dienstleistung derart verändert werden, daß die positive Verhaltenstendenz verstärkt wird (zum Beispiel besondere Herausstellung des Erlebnismotivs).

Einstellungen

Einstellungen sind innere Bereitschaften (Prädispositionen) eines Individuums, auf bestimmte Stimuli der Umwelt konsistent positiv oder negativ zu reagieren (Trommsdorf 1989, S. 137). Objekte der Einstellungen können Sachen, Personen, Themen oder – im vorliegenden Fall – Dienstleistungen sein (Meffert 1992a, S. 55).

Bei der Interpretation und Analyse der Einstellungen werden drei Komponenten unterschieden, die affektive, die kognitive und die konative Komponente:

Die **affektive Komponente** enthält die mit der Einstellung verbundene gefühlsmäßige Einschätzung der Dienstleistung.
Beispiel Urlaubsreise:

- Negatives Pauschalurteil über Urlaubsgebiete mit „bekanntlich hohen Preisen“,
- Positives Pauschalurteil bei zu erwartendem guten Wetter im Urlaubsgebiet.

Die **kognitive Komponente** beinhaltet das mit der Einstellung verbundene subjektive Wissen über die Dienstleistung.
Beispiel Urlaubsreise:

- Spanien ist als Urlaubsziel akzeptabel, da dort häufig die Sonne scheint.
- Die Länder des ehemaligen Jugoslawien sind weniger akzeptabel aufgrund der politischen und militärischen Risiken.

Die Ausgestaltung der affektiven und kognitiven Komponente bestimmt die **konative Komponente**, das heißt die mit der Einstellung gegenüber der Dienstleistung verbundene Handlungstendenz.

1.212 Kognitive Determinanten des Käuferverhaltens

Während die Aktivierung dafür sorgt, daß Verhalten überhaupt stattfindet, wird bei der kognitiven Steuerung der Frage nachgegangen, welches Verhalten im einzelnen realisiert wird. Die kognitiven Vorgänge lassen sich zur Erklärung des Konsumentenverhaltens in die **Wahrnehmung** einschließlich der Beurteilung sowie das problemlösende **Denken** und **Lernen** einteilen. In Analogie zur maschinellen Informationsverarbeitung kann man auch von **Informationsaufnahme, -verarbeitung und -speicherung** sprechen. Dabei gilt es zu berücksichtigen, daß die meisten Informationsverarbeitungsvorgänge automatisch ablaufen und sich insofern einer willentlichen und bewußten Kontrolle entziehen (Meffert 1992a, S. 60ff.).

Anders als beim Kauf von Sachgütern werden beim Dienstleistungskauf die **personenbezogenen Informationsquellen** wie Erfahrungsaustausch und Mund-zu-Mund-Kommunikation intensiver genutzt. Bei einer empirischen Überprüfung dieser These durch Murray (1991, S. 10ff.) wurden die folgenden Gründe hierfür ermittelt:

- Personenbezogene Informationsquellen (zum Beispiel Freunde, Experten) können von eigenen Erfahrungen mit der Dienstleistung berichten und sind daher besonders glaubwürdig.
- Viele Dienstleistungsanbieter sind lokalspezifisch angebunden und verfügen weder über ausreichende Erfahrung noch über das notwendige Budget für eine entsprechende Werbung.
- Da der Konsument oftmals nur einen unzureichenden Überblick über das Angebot in einem Dienstleistungsbereich hat (zum Beispiel Kreditkarten), ist er unsicher im Hinblick auf die zu treffende Anbieterwahl. Der „Word-of-mouth"-Erfahrungsaustausch zeichnet sich gegenüber anderen Informationsquellen (zum Beispiel Massenmedien) neben erhöhter Glaubwürdigkeit (Vertrauensgutcharakter der Dienstleistung) auch durch eine stärkere Problemorientierung aus (Zeithaml 1991, S. 41f.).

Als noch weitaus wichtiger als die genannte Mund-zu-Mund-Kommunikation erweisen sich bereits gemachte **eigene Erfahrungen** mit der Dienstleistung (Murray 1991, S. 10ff.). Damit erklärt sich auch die aus der Relevanz der Kundenzufriedenheit abgeleitete hohe Bedeutung des Qualitätsmanagements im Dienstleistungsbereich.

Ein weiterer Unterschied gegenüber dem Kauf von Sachgütern ist die ausgeprägte Informationssuche in der **Nachkaufphase** (Zeithaml 1991, S. 42). Die aufgrund von Erfahrungen gewonnene Einstellung gegenüber einer Dienstleistung versucht der Konsument durch weitere Informationen über diese Dienstleistung zu bekräftigen beziehungsweise die Unsicherheit über die getroffene Entscheidung für eine Dienstleistung abzubauen. Er befindet sich daher in einem quasi permanenten Prozeß der Informationsverarbeitung nach dem Kauf, insbesondere um kognitive Dissonanzen abzubauen.

Wahrnehmung

Der **Wahrnehmungsprozeß** umfaßt die Aufnahme und selektive Verarbeitung von Reizen durch das Individuum. Aus der Fülle der Informationen werden subjektiv die Informationen selektiert und dann aktiv verarbeitet, die den eigenen informellen Bezugsrahmen nicht überfordern (Kroeber-Riel 1992, S. 266ff.).

Die selektive Wahrnehmung ist insbesondere bei Dienstleistungen von Bedeutung, da die Wirkung wahrgenommener Dienstleistungselemente (zum Beispiel Personal am Bankschalter) vom Umfeld (zum Beispiel Verkaufsraumgestaltung, Dienstleistungsmerkmale) und den Einstellungen zu diesem Umfeld abhängt. So kann die positive Einstellung gegenüber einer Dienstleistungsmarke (zum Beispiel Deutsche Bank) die positive Wahrnehmung neuer Dienstleistungsangebote (zum Beispiel Lebensversicherung) fördern, wenn diese als aus demselben Unternehmen kommend erkannt werden (Imagetransfer).

In negativer Hinsicht kann die selektive Wahrnehmung durch Stereotypen, Rollenklischees oder Vorurteile geprägt sein. Beispiele für typische Vorurteile: Sommerurlaub kann man kaum im Norden machen; Kurorte sind für Alte und Kranke; Club-Ferien sind nicht familiengerecht.

Lernen

Lernen bezeichnet die systematische Änderung des Verhaltens aufgrund von Erfahrungen und ist daher zwischen Informationsverarbeitung und -speicherung angesiedelt (Kroeber-Riel 1992, S. 321ff.).

Wird ein Dienstleistungsnachfrager wiederholt in seinen Erwartungen an die Dienstleistung enttäuscht (zum Beispiel Service an Bord einer bestimmten Fluggesellschaft), kann dies dazu führen, daß er künftig einen anderen Leistungsanbieter auswählt.

Dieser und anderer Verallgemeinerungen negativer Erfahrungen kann der Dienstleistungsanbieter durch die Sicherstellung einer entsprechenden **Beschwerdepolitik** entgegenwirken. Beschwerdepolitik umfaßt die Planung, Durchführung und Kontrolle aller Maßnahmen, die ein Unternehmen im Zusammenhang mit Beschwerden ergreift (Meffert/Bruhn 1981; Bruhn 1982; Wimmer 1985; Hansen/Jeschke 1991a, 1991b; Stauss/Seidel 1996). Ihr Ziel ist es, die Kundenzufriedenheit wiederherzustellen (Weiternutzung der Fluggesellschaft) und die negativen Auswirkungen von Kundenunzufriedenheit auf das Gesamtunternehmen (ablehnende Haltung gegenüber weiteren Komponenten des

Serviceangebotes der Fluggesellschaft) zu minimieren (Stauss 1989). Darüber hinaus muß unbedingt negative Mund-zu-Mund-Kommunikation verhindert werden.

1.213 Persönlichkeitsdeterminanten

Im allgemeinen Sprachgebrauch umfaßt die **Persönlichkeit** eine bei jedem Menschen einzigartige, relativ stabile und den Zeitablauf überdauernde verhaltensrelevante Disposition. In diesem Sinne können Persönlichkeitsmerkmale als dauerhafte Muster der aktivierenden und kognitiven Verhaltensdeterminanten eines Individuums bezeichnet werden. Die Persönlichkeit stellt somit den Grundrahmen dar, innerhalb dessen die grundsätzlichen Prädispositionen zum Konsumentenverhalten, wie **Involvement, wahrgenommenes Kaufrisiko** und **Werte,** zu analysieren sind (Meffert 1992).

Involvement

Involvement bezeichnet den Grad der Ich-Beteiligung oder das Engagement einer Person, sich für bestimmte Sachverhalte oder Aufgaben zu interessieren und einzusetzen (Kroeber-Riel 1992, S. 371ff.).

Damit stellt das Involvement den inneren Zustand einer Person dar, der in Abhängigkeit der Relevanz beim Individuum unterschiedliche Wirkungen auf Informationsaufnahme, -verarbeitung und -speicherung auslöst. Das Konstrukt Involvement ist dabei als ein Bündel aus aktivierenden, kognitiven und persönlichkeitsbezogenen Einflußfaktoren zu verstehen, wobei der Grad der persönlichen Relevanz von Absatzobjekt zu Absatzobjekt unterschiedlich ist. High-involvement-Käufe sind Käufe, die in der Regel ein gewisses Risiko für den Konsumenten beinhalten, zum Beispiel ein finanzielles (teure Güter), soziales (Güter, die im Hinblick auf Bezugsgruppen wichtig sind) oder psychologisches Risiko (die falsche Produktentscheidung kann Sorge oder Angst bereiten). Da Dienstleistungen sich in hohem Maße durch Experience und Credence Qualities auszeichnen, kann von einem tendenziell höheren Involvement bei der Nachfrage nach Dienstleistungen als bei der Nachfrage nach Gütern ausgegangen werden. Diese These wird auch durch die gegenüber dem Produktbereich intensivere Informationssuche vor und nach dem Kaufabschluß unterstützt (Zeithaml 1991, S. 41f.). Das Konstrukt Involvement ist damit zwangsläufig mit dem Kaufrisiko verbunden.

Wahrgenommenes Risiko

Unter **wahrgenommenem Risiko** werden die als nachteilig empfundenen Folgen des Verhaltens verstanden, die vom Konsumenten nicht vorhersehbar sind (Kroeber-Riel 1992, S. 69ff.; Meffert 1992a, S. 260ff.).

Das wahrgenommene Risiko stellt eine vielfach untersuchte Größe im Dienstleistungsmarketing dar (Lutz/Reilly 1973, S. 393ff.; Murray 1991, S. 10ff.). Das Risikoempfinden variiert von Person zu Person und ist darüber hinaus im Zeitablauf Schwankungen ausgesetzt. Wesentliche Einflußgröße für das Ausmaß des empfundenen Risikos ist darüber hinaus die Güterart. Dienstleistungen zeichnen sich aufgrund ihrer Eigenschaften (Immaterialität, Schwierigkeit des Wettbewerbsvergleiches vor Inanspruchnahme, beschränkte Standardisierbarkeit, Abhängigkeit des Leistungsergebnisses von der Integration des externen Faktors, insgesamt schwierige Beurteilung) durch ein höheres Risiko im Vergleich zu Gütern aus (Fryar 1991, S. 53ff.; Zeithaml 1991, S. 43ff.; Friedman/Smith 1993, S. 47ff.).

Weiterhin wurde empirisch bestätigt, daß die Bereitschaft zu Spontankäufen bei Dienstleistungen geringer ausgeprägt ist als bei Gütern (Murray 1991, S. 10ff.). Folge der erhöhten Risikowahrnehmung ist auch eine geringere Bereitschaft zum Markenwechsel bei Dienstleistungen (Zeithaml 1991, S. 44ff.). Insbesondere bei innovativen Dienstleistungen erklärt sich aus dem gegenüber Produkten vergleichsweise höher empfundenen Risiko eine geringere Adoptions- und damit Diffusionsgeschwindigkeit (Zeithaml 1991, S. 43). Den Innovatoren unter den Konsumenten, also denjenigen, die zuerst die Risikoschranke überwunden haben, können dann besondere Meinungsführerpositionen für den weiteren Diffusionsverlauf zukommen.

Werte

Unter **Werten** sind „elementare, individuelle Vorstellungen vom Wünschenswerten" zu verstehen (Silberer 1991, S. 3). Sie zeichnen sich im Unterschied zu den übrigen Determinanten des Käuferverhaltens durch eine höhere zeitliche Stabilität aus.

Der Analyse von Werten und Wertestrukturen kommt im Dienstleistungsmarketing insbesondere aufgrund der geringeren Situationsabhängigkeit (Zeitstabilität) wachsende Bedeutung zu (Meffert 1993). So kann insbesondere für die Ermittlung des Marktpotentials innovativer Dienstleistungen eine Marktsegmentierung nach Wertestrukturen der Konsumenten vorgenommen werden. Zudem ist es sinnvoll, neben der aktuellen auch eine zukunftsorientierte Einschätzung der Werteorientierung des Einzelnen heranzuziehen und somit den Wertewandel in die Marketingaktivitäten der Dienstleistungsunternehmen miteinzubeziehen (Windhorst 1985).

1.22 Interpersonale Variablen

Die bisherigen Ausführungen bezogen sich auf das Individuum als Träger der Kaufentscheidung bei Dienstleistungen. Da der Konsument mit seiner Umwelt in Beziehung steht und komplexe Reize aus seiner Umwelt auf ihn einwirken, werden im folgenden **kulturelle Normen, Gruppeneinflüsse, Kommunikation der Dienstleistungsanbieter und -nachfrager** sowie die **Maßnahmen der Massenkommunikation** als Determinanten des Kaufverhaltens bei Dienstleistungen behandelt.

Kulturelle Normen

Normen können als kollektive Wertesysteme einer Gesellschaft verstanden werden, die innerhalb bestimmter Toleranzgrenzen ein konformes Verhalten der Gesellschaftsmitglieder festlegen.

Für den Dienstleistungskonsum relevante **Muß-Normen** beruhen auf Ge- und Verboten (zum Beispiel ärztliche Untersuchung vor dem Besuch bestimmter Länder, Verbot von Alkoholausschank an Autobahnen nach Mitternacht). **Soll-** beziehungsweise **Kann-Normen** legen allgemeine Verhaltensstandards fest und gewährleisten einen größeren Verhaltensspielraum (zum Beispiel Rolle der Hausfrau oder des Managers).

Die Einhaltung dieser sich im Zeitablauf durchaus wandelnden kulturellen Normen und Erwartungen wird durch ein System von Belohnungen und Bestrafungen sichergestellt. Auswahl und Bewertung von Kaufalternativen bleiben davon nicht unberührt.

Gruppeneinflüsse

Als **Gruppe** bezeichnet man Personen, die interaktiv miteinander in Beziehung stehen. Zur Gruppenbezeichnung können Merkmale wie Zusammengehörigkeitsgefühl (eigene Identität), soziale Ordnung, Einhalten bestimmter Verhaltensnormen sowie gemeinsame Werte und Ziele herangezogen werden (Kroeber-Riel 1992, S. 443ff.).

Durch die Zugehörigkeit eines Einzelnen zu einer Gruppe wird die **Gruppenkommunikation** ermöglicht. Im Rahmen dieser Kommunikation erfolgt ein Informations- und Meinungsaustausch, der von den einzelnen Gruppenmitgliedern in der Regel mit Vertrauen aufgenommen wird.

Einflüsse von Gruppen auf das Kaufverhalten bei Dienstleistungen umfassen im wesentlichen die Übernahme von konsumrelevanten Verhaltensweisen und Einstellungen gegenüber Dienstleistungen und Dienstleistungsanbietern. Die besondere Bedeutung des Gruppeneinflusses im Dienstleistungsbereich erklärt sich aus dem bereits beschriebenen hohen wahrgenommenen Risiko auf Konsumentenseite und der Tatsache, daß bei Dienstleistungen eher als bei Sachleistungen persönliche Quellen zur Orientierung herangezogen werden (Murray 1991, S. 10ff.).

Im folgenden sollen die von Bezugsgruppen und Familien ausgehenden Gruppeneinflüsse auf das Kaufverhalten bei Dienstleistungen erläutert werden. **Bezugsgruppen** sind alle Gruppen oder Personen, mit denen das Individuum sich identifiziert (Schule, Partei, Verein usw.). Den Bezugsgruppen kommt zunächst eine **normative Wirkung** zu, da bei Erreichen der Bezugsgruppennorm (zum Beispiel bestimmtes Handicap im Golf) die Anerkennung durch die Bezugsgruppe beziehungsweise bei Nichterreichen die Strafe (Entzug der „Platzreife" im Golf) erfolgt. Die normative Funktion wird häufig begleitet von einer **Vergleichsfunktion**. Die Wertvorstellungen, Konsumniveaus und Verbrauchsgewohnheiten anderer dienen als Vergleichsmaßstab für das eigene Verhalten.

Daher ist bei der Dienstleistungserstellung vor allem auf die Beobachtbarkeit des Dienstleistungsvollzugs und damit auf ihre demonstrative Wirkung zu achten. Beispiele sind:
- Spielkasino: Bezugsgruppe der „Wohlhabenden",
- Spektakuläre Sportart: Bezugsgruppe „aktive Sportler" (Drachenfliegen).

Für den Dienstleister besteht die Möglichkeit, sein **Angebot explizit bezugsgruppenorientiert** auszurichten (zum Beispiel Angebot von Traveller-, Junior- und Seniorenpaß durch die Bundesbahn; Angebot gesunder Kost in Vollwertrestaurants). Die Inanspruchnahme der Dienstleistung kann wiederum zur Zugehörigkeit zu einer Gruppe beitragen, deren Normen erfüllt werden müssen.

Die Familie unterscheidet sich von anderen Primärgruppen (zum Beispiel Freundeskreis) durch eine genau beschriebene Rollenstruktur sowie durch die Qualität der Beziehungen zwischen den Familienmitgliedern (in der Regel ausgeprägtes Zusammengehörigkeitsgefühl).

Für Dienstleistungsanbieter stellt sich die Frage, welchen **Einfluß Familienmitglieder auf den Kaufentscheidungsprozeß,** zum Beispiel bezüglich des gemeinsamen Urlaubs, nehmen. Für die Dienstleistungserstellung muß der Dienstleistungsanbieter (zum Beispiel der Reiseveranstalter) die Gruppenstruktur untersuchen und zum Gegenstand entsprechender Maßnahmen machen (zum Beispiel Kontaktperson des Dienstleistungsanbieters offeriert dem Familienvater preisliche Angebote für einen Cluburlaub; der Mutter werden die Vorzüge des Kinderdorfes innerhalb des Clubs vergegenwärtigt).

Bei **Finanzdienstleistungsanbietern** spielen die finanziellen Ziele und Wünsche von Familien in den einzelnen Lebensphasen eine entscheidende Rolle (Benölken/Greipel 1994, S. 113ff.). Abbildung 2-5 zeigt beispielhaft einen solchen Konsumentenlebenszyklus.

Während in jungen Jahren zunächst verschiedene Sparformen den Großteil der vermittelbaren Finanzdienstleistungen ausmachen, kann das Angebot in den darauf folgenden Lebensphasen um Versicherungen und liquiditätsunterstützende Services angereichert werden. Mit zunehmender Zukunftsorientierung geraten Finanzdienstleistungen in den Vordergrund, die auf die Absicherung der eigenen Person oder der Familie ausgerichtet sind. Mit derartigen Informationen lassen sich maßgeschneiderte Leistungsbündel für die potentiellen Kunden von Finanzdienstleistern zusammenstellen.

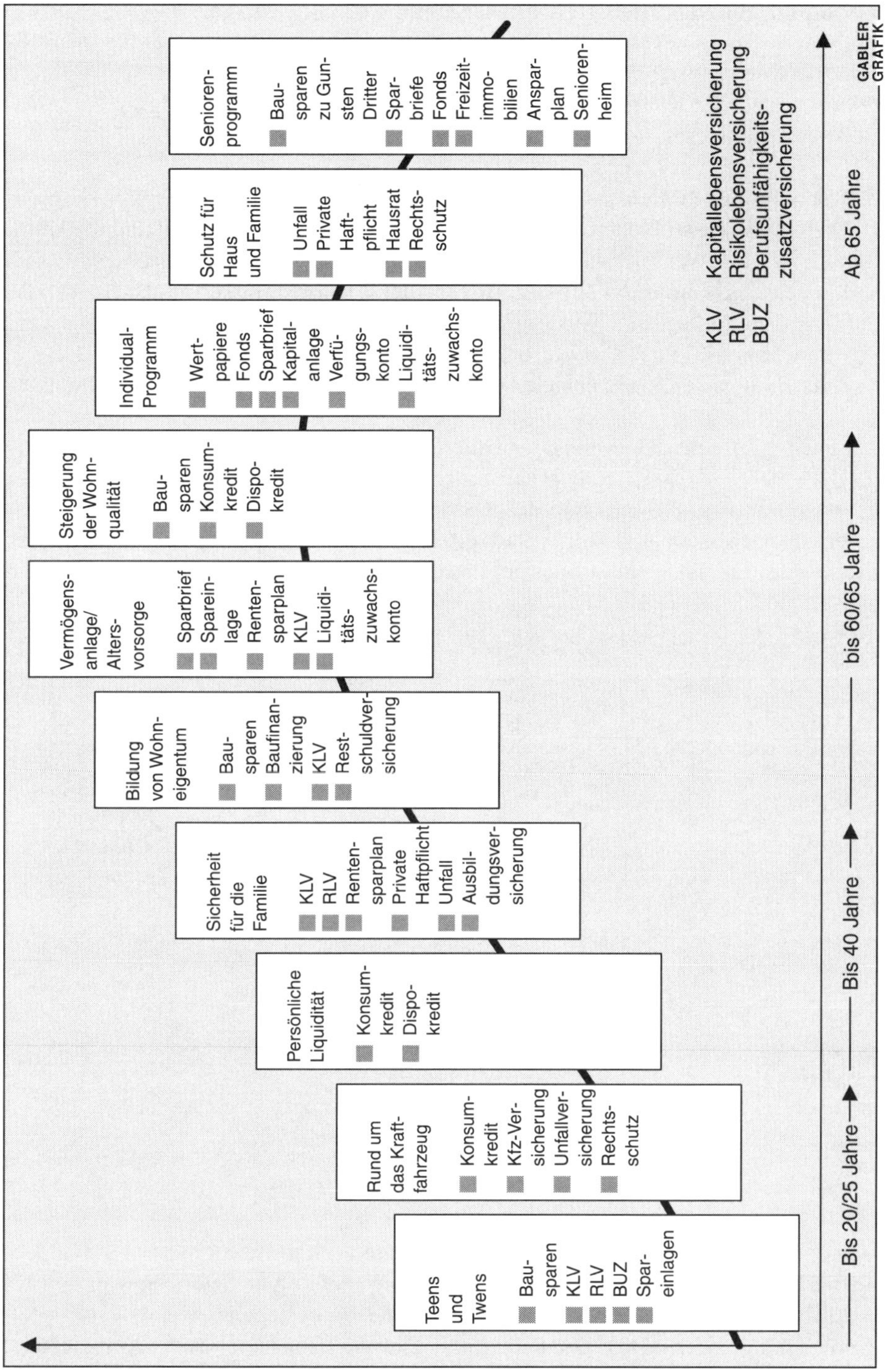

Abbildung 2-5: Lebenszyklus der Konsumenten und Nutzung von Finanzdienstleistungen
(Quelle: Benölken/Greipel 1994, S. 201)

Kommunikation der Dienstleistungsanbieter und -nachfrager

Neben der persönlichen Kommunikation innerhalb von sozialen Gruppen ist weiterhin der direkte, persönliche Kommunikationsvorgang zwischen Dienstleistungsanbieter und Dienstleistungsnachfrager von Bedeutung.

Der Kommunikationsvorgang resultiert dabei aus dem Zusammenspiel von Kommunikator (Dienstleistungsanbieter), Kommunikant (Dienstleistungsnehmer) und der Kommunikationssituation. Verlauf und Qualität des Kommunikationsvorganges hängen von den Merkmalen des Kommunikators (zum Beispiel Glaubwürdigkeit einer Bank), des Kommunikanten (zum Beispiel Einstellung gegenüber Geldinstituten, Zugehörigkeit zur Bezugsgruppe der Aktionäre) sowie der Kommunikationssituation ab (zum Beispiel Kunde ist der Bank bekannt und genießt bei Verhandlungen entsprechende Kreditbonität).

Abbildung 2-6 gibt einen Überblick über die **„Konfiguration" der Bedienungsinteraktion** (Klaus 1991, S. 261). Neben den beschriebenen Einflußgrößen Kommunikator (Agent), Kommunikant (Klient) und der Kommunikationssituation (situativer Kontext) sind das erweiterte soziale und kulturelle Umfeld des Kommunikanten sowie das engere Organisationsumfeld des Kommunikators für das Kommunikationsergebnis von Bedeutung (vgl. Kapitel 5, Abschnitt 2).

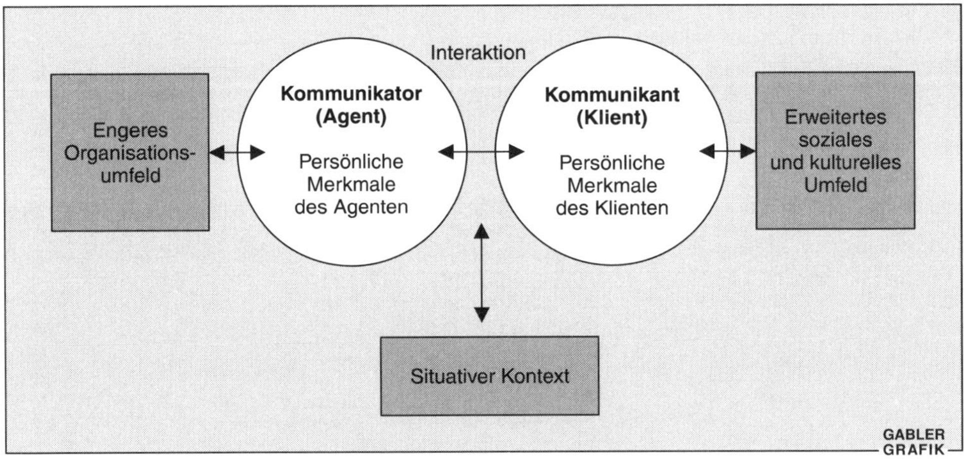

Abbildung 2-6: „Konfiguration" der Bedienungsinteraktion
(Quelle: Klaus 1991, S. 261)

Die Intensität des Kommunikationsvorganges wird in diesem Zusammenhang maßgeblich von den **Interaktionsmöglichkeiten** zwischen den beteiligten Personen während des Dienstevollzuges bestimmt (Scheuch 1982, S. 175ff.). So bestehen beispielsweise Interaktionsmöglichkeiten zwischen der Person des Dienstleistungsanbieters (zum Beispiel

Friseur), dem eigentlichen Kunden, mehreren Dienstleistungsbeobachtern (zum Beispiel Kinder des Kunden) und weiteren Kunden.

Maßnahmen der Massenkommunikation

Neben Gruppeneinflüssen, kulturellen Normen und der direkten, persönlichen Kommunikation von Anbietern und Nachfragern ist als weitere soziale Determinante des Kaufverhaltens bei Dienstleistungen der Einfluß der **Massenkommunikation** anzuführen.

Massenmedial kommunizierte Inhalte können sowohl normative als auch informative Wirkungen auf das Verhalten des Dienstleistungsnachfragers erzielen. In diesem Zusammenhang sind **Gesundheitskampagnen** besonders hervorzuheben. Beispiele hierfür sind:

- Impfkampagne
  („Schluckimpfung ist süß. Kinderlähmung ist grausam."),
- Anti-Aids-Kampagne
  („Gib Aids keine Chance."),
- Fitnesskampagne
  („Trimm dich fit."),
- Sicherheitsgurtkampagne
  („Erst gurten. Dann starten."),
- Anti-Alkohol-Kampagne
  („Alkohol zieht tierisch runter.").

Die Wirkung derartiger Maßnahmen der Massenkommunikation auf das Konsumentenverhalten ist begrenzt. Sie dienen eher der Sensibilisierung für bestimmte Themen (zum Beispiel gesundheitsgefährdendes Verhalten wie Rauchen, Freßsucht). Durch den Zugang zum Konsumenten in einem möglichst frühen Stadium (vor der eigentlichen Gesundheitsgefährdung) soll er zur verstärkten Informationssuche und -verarbeitung bezüglich des Themas angeregt werden. Genügend häufige Wiederholungen der Kampagnensujets und der daraus resultierende kumulative Effekt können eine Verhaltensänderung in die gewünschte Richtung bewirken.

Die Dienstleistungsunternehmen zur Beeinflussung ihrer potentiellen Kunden zur Verfügung stehenden Mittel der Massenkommunikation werden ausführlich in Kapitel 5, Abschnitt 2 diskutiert.

1.3 Verhaltenswissenschaftliche Implikationen

Mit den bisherigen Ausführungen zu den Determinanten des Käuferverhaltens ist die Basis für die Ableitung verhaltenswissenschaftlicher Implikationen bei Dienstleistungsangeboten geschaffen.

Aus der Fülle psychologischer Erklärungsansätze menschlichen Verhaltens kommen im Zusammenhang mit Dienstleistungen dem **risikotheoretischen** sowie dem **dissonanztheoretischen Ansatz** besondere Bedeutung zu.

Risikotheoretischer Ansatz

Das **wahrgenommene Kaufrisiko** kann beschrieben werden als die vom Konsumenten empfundene Unsicherheit über die mit dem Kauf verbundenen Handlungsfolgen.

Mit dem Dienstleistungskauf ist im allgemeinen ein höheres subjektiv empfundenes Risiko als beim Kauf von Sachgütern verbunden (Zeithaml 1991, S. 43f.). Dies resultiert aus den einer Dienstleistung **inhärenten Eigenschaften**: Zunächst bewirkt die **Intangibilität** von Dienstleistungen einen erhöhten Informationsbedarf und Erfahrungsaustausch mit anderen Nachfragern, wobei auch die Befolgung von Empfehlungen mit Risiken verbunden ist (zum Beispiel Konsultation eines empfohlenen Arztes, und dieser stellt eine Fehldiagnose). Aufgrund der **begrenzten Standardisierbarkeit** von Dienstleistungen kann der Dienstleistungsvollzug (zum Beispiel Sprachreise) sehr unterschiedlich sein (Lehrkörper und Unterbringung in Frankreich qualitativ schlechter als in Italien). Weiterhin ist oftmals die **fehlende Garantie** bei Dienstleistungsangeboten ein zusätzlicher Risikofaktor.

Möglichkeiten zur Risikobegrenzung liegen für den Konsumenten zum einen in erhöhter Markentreue und zum anderen in der Veränderung des Informationsverhaltens.

Gründe für die im Vergleich zu Sachgütern erhöhte **Dienstleistungs-Markentreue** sind beispielsweise (Zeithaml 1991, S. 44f.):

- Erhöhte Kosten bei Markenwechsel (zum Beispiel Wiederholung aller Untersuchungen bei Wechsel des Arztes),
- Problematische Ermittlung von Dienstleistungsalternativen (zum Beispiel Zeitplan alternativer Transportmittel wie Bahn, Flugzeug),

- Markentreue (zum Beispiel Stammkundschaft bei einer Bank) führt auf Dauer zu persönlichen Vorteilen (erhöhte Kreditlinie).

Im Rahmen der Risikobegrenzung durch das **Informationsverhalten** ist noch einmal die verstärkte Nutzung von persönlichen Informationsquellen durch die Konsumenten (Bekanntenkreis, Meinungsführer, Beratungsstellen usw.) hervorzuheben (Murray 1991, S. 10ff.; Zeithaml 1991, S. 41f.).

- **Dissonanztheoretischer Ansatz**

Der Grundgedanke der **Dissonanztheorie** besagt, daß das Vorhandensein von nicht zusammenpassenden Kognitionen (= Dissonanz) ein selbständiger, motivierender Faktor ist (Festinger 1957).

Dissonanz kann insbesondere in folgenden **Situationen** entstehen:

- Nach Wahlentscheidungen
  Beispiel: Konsument bucht einen Flug für den Urlaub mit einem bestimmten Flugzeugtyp und erfährt von zahlreichen Flugzeugabstürzen dieser Marke.
- Nach der Aufnahme von widersprüchlichen Informationen
  Beispiel: Konsument erfährt von mehreren Seiten unterschiedliche Urteile über Kenia als Reiseland („aidsverseucht" einerseits, „Naturwunder" andererseits).
- Nach unbestätigten Erwartungen
  Beispiel: Besuch eines empfohlenen Restaurants oder Theaterstückes erweist sich als „Reinfall".

Tendenziell stärker als bei Sachgütern ist bei Dienstleistungen die Möglichkeit eines **„Cognitive Overlaps"** gegeben. Die hohe Merkmalsübereinstimmung von Dienstleistungsangeboten (zum Beispiel Leistungsangebote bei Geldinstituten) stellt einerseits den Konsumenten vor das Problem der Differenzierung zwischen den einzelnen Angeboten. Andererseits bietet der „Cognitive Overlap" dem Konsumenten die Chance, sich seiner Dissonanzen zu entledigen, da es möglicherweise keinen Unterschied macht, welche Dienstleistung konsumiert wird.

2. Besonderheiten der Marktforschung im Dienstleistungsbereich

Auch im Rahmen des Dienstleistungsmarketing ist die planmäßige Erforschung des Marktes Voraussetzung für ein zielgerichtetes Marketingverhalten. Ebenso wie im Konsumgüter- und Investitionsgütermarketing stellt die Marketingforschung für ein Dienstleistungsunternehmen einen „Intelligenzverstärker" dar, mit dem die Chancen und Risiken absatzpolitischer Entscheidungen aufgedeckt werden sollen.

Im Gegensatz zum umfangreichen Wissen über Anwendungsmöglichkeiten, Methoden und Techniken im Bereich der Investitions- und Konsumgütermarktforschung kann der Wissensstand über die Marketingforschung im Dienstleistungsbereich als vergleichsweise gering bezeichnet werden. Die zunehmende Marketingorientierung von Dienstleistungsunternehmen hat nicht zuletzt aufgrund des intensiveren Servicewettbewerbes zur Notwendigkeit geführt, die bereits für den Produktgüterbereich entwickelten Marktforschungsmethoden entsprechend den veränderten Aufgabenstellungen im Dienstleistungsbereich zu modifizieren beziehungsweise neue methodische Ansätze zu entwickeln.

Bereits bei der Definition der Marketingforschung als **systematische Suche, Sammlung, Aufbereitung und Interpretation von Informationen**, die sich auf Marketingprobleme von Dienstleistungsunternehmen beziehen, wird deutlich, daß die besonderen Marketingprobleme im Dienstleistungsbereich zum Teil zu anderen Informationsbedürfnissen als im Konsumgüter- und Investitionsgüterbereich führen.

Ein generelles Problem der Marktforschung im Dienstleistungsbereich ist zunächst die **Formulierung des Forschungsbedarfs**, der sich vielfach aufgrund einer aktuellen Problemstellung des Dienstleistungsunternehmens ergibt. Dabei müssen folgende Fragen beantwortet werden (Chapman 1989, S. 51ff.):

- Welche Entscheidungen sollen auf Basis der Forschungsergebnisse getroffen werden?
- Welche konkrete Entscheidung soll bei welchen Forschungsergebnissen getroffen werden?
- Was wären die am meisten beziehungsweise die am wenigsten wünschenswerten Forschungsergebnisse?
- Warum reicht die bestehende Informationsbasis nicht aus?

Damit wird klar, daß eine konkret definierte Problemsituation vorliegen muß, um die Instrumente der Marktforschung im Dienstleistungsbereich gezielt einsetzen zu können. Aufgrund der Besonderheiten von Dienstleistungen ergeben sich vom Konsumgüter- und Investitionsgütermarketing abweichende Fragestellungen, die im folgenden diskutiert werden.

2.1 Aufgaben der Marktforschung im Dienstleistungsbereich

Neben den Grundfunktionen der Marketingforschung sollen insbesondere die sich aus den **Besonderheiten von Dienstleistungen ableitbaren Marktforschungsaufgaben** beleuchtet werden. Im Anschluß daran stellt sich die Frage, inwieweit aus den besonderen Aufgaben eine unterschiedliche **Schwerpunktsetzung** bei den klassischen Marktforschungsarten und -methoden resultiert.

> Die **Marketingforschung** umfaßt neben der Absatzmarktforschung als traditionellem Gebiet der **Marktforschung** zusätzlich die Auseinandersetzung mit den Wirkungen von Marketingaktivitäten des Dienstleistungsanbieters sowie dessen innerbetrieblichen Sachverhalten.

Demgegenüber sind Untersuchungen bezüglich des Beschaffungsmarktes zwar als Teilbereich der Marktforschung zu bezeichnen, sie zählen aber in der Regel nicht zur Marketingforschung (Meffert 1992a, S. 15ff.). Allerdings nimmt das **Personal** im Dienstleistungsbereich eine derart wichtige Position ein, daß eine Auseinandersetzung mit dem Arbeitsmarkt im Sinne eines Beschaffungsmarktes als **internes Marketing** (Stauss/Schulze 1990, S. 149ff.) interpretiert und somit dieser Bereich ebenfalls der Marketingforschung subsumiert werden kann.

Grundsätzlich lassen sich die **Aufgaben der Marketingforschung** in Dienstleistungsunternehmen wie folgt beschreiben (Meffert 1992a, S. 17):

- Die Marketingforschung sorgt dafür, daß Risiken frühzeitig erkannt und abgeschätzt werden können (Frühwarnfunktion).
- Sie trägt dazu bei, daß Chancen und Entwicklungen aufgedeckt und antizipiert werden können (Innovationsfunktion).
- Sie trägt im willensbildenden Prozeß zur Unterstützung der Arbeit der Unternehmensführung bei (Intelligenzverstärkerfunktion).
- Sie trägt in der Phase der Entscheidungsfindung zur Präzisierung und Objektivierung der Sachverhalte bei (Unsicherheitsreduktionsfunktion).
- Sie fördert das Verständnis bei der Zielvorgabe und die Lernprozesse in der Unternehmung (Strukturierungsfunktion).
- Sie sorgt dafür, daß aus der umweltbedingten Informationsflut die für die unternehmerischen Ziel- und Maßnahmenentscheidungen relevanten Informationen selektiert und aufbereitet werden (Selektionsfunktion).

Während sich bei diesen generellen Aufgaben keine Unterschiede zwischen der Marktforschung im Dienstleistungs- und Produktbereich ergeben, ist bei der Betrachtung spezifischer Aufgabeninhalte unter Berücksichtigung der Besonderheiten von Dienstleistungen eine Reihe von Schwerpunkten herauszustellen. Abbildung 2-7 gibt die Besonderheiten der Dienstleistungsmarktforschung überblicksartig wieder.

Besonderheiten von Dienstleistungen	Schwerpunkte in der Marktforschung
Immaterialität (Nichtlagerfähigkeit, Nichttransportfähigkeit)	■ Analysen über die Nachfrageverteilung – Nachfragehöhe – Nachfrageschwankungen – Öffnungszeiten ■ Analysen der Kundendaten „Database-Marketing" ■ Einsatz von Informationssystemen ■ Image- und Zufriedenheitsanalysen ■ Untersuchung des Adoptions- und Diffusionsprozesses für Dienstleistungsinnovationen ■ Beschwerdestatistik
Integration des externen Faktors	■ Standortforschung ■ Zufriedenheitsforschung ■ Analysen über das Integrationsverhalten der Kunden bei interaktiven Dienstleistungen; auch hinsichtlich anderer externer Faktoren ■ Auswertung der Informationen des Kontaktpersonals

GABLER GRAFIK

Abbildung 2-7: Besonderheiten der Dienstleistungsmarktforschung

Zunächst lassen sich spezifische Problemstellungen für die Marketingforschung eines Dienstleistungsunternehmens aufgrund der Notwendigkeit der **Integration des externen Faktors** herausstellen. So erlangen spezielle Teilgebiete der Konsumenten- und Kundenforschung sowie die Standortforschung besondere Bedeutung.

Insbesondere bei personengerichteten Dienstleistungen verlangt die Integration des Kunden besondere Kenntnis über sein **Verhalten** während des Erstellungsprozesses sowie über seine **Einstellungen** und **Meinungen**. Letzteres ist wichtig, um eine zielgerichtete Betreuung des Kunden während des Dienstleistungserstellungsprozesses vornehmen zu können (zum Beispiel Angst eines Patienten vor einer Operation; kundengerechte Auswahl von Gesprächsthemen beim Friseur). Somit steht die **Analyse der Kommunikations- und Interaktionsprozesse zwischen internen und externen Kontaktsubjekten** an erster Stelle. Die Marktforschung kann hier Daten über das Konsumentenverhalten, die Kaufprozesse und über das Verwendungsverhalten der Dienstleistungsnehmer bereitstellen. Dabei geht es unter anderem auch darum, Aufschluß über das (Fehl-)Verhalten des Kontaktpersonals des Dienstleistungsunternehmens zu gewinnen.

Beispielsweise zeigte sich bei einem **Versicherungsunternehmen**, das in den Markt der Baufinanzierung einsteigen wollte, im Rahmen von Testberatungsgesprächen mit den Außendienstmitarbeitern ein äußerst geringes Engagement beim Verkauf dieser neuen Dienstleistung. Dies manifestierte sich insbesondere darin, daß die Beratung für die Bausparverträge stark gekürzt wurde und eine Bedürfnisermittlung, Bedarfsweckung und Bedarfsstabilisierung gegenüber dem Dienstleistungskonsumenten kaum stattfand. Neben der Beobachtung führte eine anschließende Befragung des Kontaktpersonals zum Ergebnis, daß das neue Dienstleistungsprodukt als „versicherungsfremd" und als „nicht ausgereift" abgewertet wurde. Dieses Beispiel zeigt deutlich, daß eine Analyse der Interaktionsprozesse wichtige Erkenntnisse über die Verhaltensweisen der externen als auch der internen Kontaktsubjekte erkennen läßt.

Dem **Integrationsverhalten** von Dienstleistungsnachfragern ist im Rahmen der Kundenforschung ebenfalls große Bedeutung beizumessen. Im Mittelpunkt steht die Integrationsintensität, mit welcher der Dienstleistungskonsument am Erstellungsprozeß beteiligt ist (zum Beispiel Beteiligung der Teilnehmer an einem Sprachkursus) oder beteiligt werden kann. Diese Informationen sind von besonderer Bedeutung für die mögliche Übertragung von Dienstleistungsfunktionen auf den externen Faktor. Weiterhin sei auf die bei verschiedenen Dienstleistungen entweder in Kauf genommene (zum Beispiel Kinobesuch) oder bewußt gestaltete Interaktion (zum Beispiel Tanzkurs) von verschiedenen externen Faktoren beziehungsweise Personen hingewiesen. Die Qualität dieser Interaktionsprozesse hat mitunter erhebliche Auswirkungen auf die vom Konsumenten wahrgenommene Servicequalität (vgl. auch die Ausführungen in Kapitel 4).

Bei standortgebundenen Dienstleistungsunternehmen kommt durch die Notwendigkeit der Integration des externen Faktors der **Standortforschung** eine zentrale Bedeutung zu. Gerade bei Dienstleistungen mit hoher Bedarfshäufigkeit (Banken, Postdienste, Handel) hat die schnelle Erreichbarkeit besondere Relevanz für die vom Kunden wahrgenommene Dienstleistungsqualität. Im Rahmen von Standortanalysen sind Informationen über Standortpräferenzen der Konsumenten, Bedarf, Konkurrenz, Einkommen, Verkehrsanbindung, Größe des Einzugsgebietes usw. bereitzustellen. Bei Dienstleistungsunternehmen, die Versorgungs- (zum Beispiel Essen auf Rädern, Energieversorgungsunternehmen), Sicherheits- (zum Beispiel Polizei, Feuerwehr) oder technische Kundendienstleistungen anbieten, stellt sich die Standortproblematik aus einem anderen Blickwinkel dar. In der Regel kommt bei diesen Diensten der Dienstleistungsabnehmer nicht zum Dienstleistungsersteller, sondern der Dienstleistungsersteller erbringt seine Leistung **vor Ort beim Kunden**. Somit kommt es bei der Standortwahl dieser Unternehmen darauf an, ein möglichst dichtes Netz von Standorten aufzubauen, um die Dienstleistungen möglichst schnell erbringen zu können. Hierbei spielt die Analyse der räumlichen Verteilung der Dienstleistungsnachfrager, die Verkehrsanbindung und das gegenwärtige Distributionsnetz eine große Rolle.

Darüber hinaus kommt der **Zufriedenheitsforschung** im Dienstleistungsbereich große Bedeutung zu. Sie ergibt sich aus der im Vergleich zu Konsumgütern niedrigeren Wechselbereitschaft (Zeithaml 1991, S. 44f.), die es zu bewahren gilt, sowie aus den für den Dienstleister schädlichen und zugleich schlecht steuerbaren negativen „Mund-zu-Mund"-Kommunikationsprozessen unzufriedener Kunden.

Angesichts der Tatsache, daß Dienstleistungen in der Regel immateriell und damit weder lager- noch transportfähig sind, ist im Rahmen der Marketingforschung eines Dienstleistungsunternehmens die **zeitliche Nachfrageverteilung** zu untersuchen (**Kundenfrequenzanalysen**). Nachfrageschwankungen, Nachfragehöhe und die Kenntnis der günstigsten Öffnungszeiten stellen für einen Dienstleistungsanbieter wichtige Informationen zur Planung der Dienstleistungskapazitäten dar.

Die Analyse der zum Teil umfangreichen Kundendaten (zum Beispiel bei Versicherungen, Banken) kann über ein konsequentes **„Database-Marketing"** den Dienstleistungsunternehmen wichtige Hinweise für den Einsatz der Marketinginstrumente geben. Zum einen kann über Database-Informationen eine gezielte Kommunikationsaktivität entfaltet werden (zum Beispiel Direct-Mailing), zum anderen kann die Sammlung von Kundeninformationen zu einer „Customization" im Leistungsmixbereich genutzt werden, die im Extremfall dem „Segment-of-one-approach" gerecht wird.

Durch den Einsatz von **Informationssystemen** können zusätzlich die in den verschiedenen Abteilungen vorliegenden Daten zusammengefaßt werden, um durch die Vernetzung auf allen Ebenen des Unternehmens eine verbesserte Informationsbasis zur Verfügung zu stellen. In der Tourismusbranche beispielsweise werden Yield-Management-Systeme eingesetzt, um mit Hilfe einer integrierten Informationstechnologie eine gewinnoptimale Kapazitätsauslastung zu erreichen.

Aufgrund der Simultaneität von Dienstleistungsproduktion und -konsum (Uno-actu-Prinzip) stellt die **Analyse der Kundenzufriedenheit**, des **Images aus Kundensicht** sowie die **Untersuchung von Adoptions- und Diffusionsprozessen** bei neuen Dienstleistungen einen weiteren Schwerpunkt im Rahmen der Marketingforschung dar. Insbesondere im Finanzdienstleistungssektor werden Diffusionsmodelle zunehmend zur Prognose und Diagnose der Verbreitung von Finanzinnovationen eingesetzt und haben dort zumindest befriedigende Ergebnisse geliefert (Hesse 1987). Die Analyse der Kundenzufriedenheit ist beispielsweise bei den technischen Kundendienstleistungen im Automobilbereich ein weit verbreitetes Instrument.

Eng verbunden mit der Analyse der Kundenzufriedenheit ist das **Beschwerdemanagement**. Es hat einerseits die Aufgabe, die Kundenzufriedenheit wiederherzustellen beziehungsweise die negativen Auswirkungen der Unzufriedenheit zu minimieren und andererseits die in Beschwerden enthaltenen Hinweise auf betriebliche Schwächen und marktliche Chancen zu identifizieren (Bruhn 1982).

Das Beschwerdemanagement erhält seine besondere Bedeutung im Dienstleistungsmarketing aufgrund verschiedener Ursachen:

- Das Wissen um ein funktionierendes Beschwerdemanagementsystem hat beim Kunden kaufrisikoreduzierende Funktionen.
- Beschwerdepolitik leistet einen erheblichen imageprägenden Beitrag.
- Beschwerdepolitik kann negative Mund-zu-Mund-Kommunikation reduzieren und positive persönliche Kommunikation initiieren.
- Konsumentenbeschwerden sind als wesentliches Instrument der nachfragerbezogenen Qualitätsprüfung einsetzbar (Stauss 1989, S. 41ff.).

2.2 Methoden der Informationsgewinnung im Dienstleistungsbereich

Zur Darstellung ausgewählter Methoden der Informationsgewinnung im Bereich der Dienstleistungen gilt es zunächst, zwischen **Absatz- und Beschaffungsmarktforschung** im Dienstleistungsbereich zu differenzieren.

Häufig wird bei Unternehmen, die ein sogenanntes „zweiseitiges Dienstleistungsmarketing" betreiben (zum Beispiel Immobilienmakler, Banken, Verlage, Handel), die Notwendigkeit einer zusätzlichen **Beschaffungsmarktforschung** hervorgehoben (Meffert 1992a, S. 15ff.). So haben insbesondere Bausparkassen seit geraumer Zeit mit besonderen Problemen auf der Beschaffungsseite zu kämpfen. Mit nachlassendem Neugeschäft beziehungsweise Abschlüssen von Bausparverträgen wurden die Wartezeiten immer länger, was sich wiederum durch „Mund-zu-Mund-Propaganda" herumsprach und negative Auswirkungen auf das Neukundengeschäft hatte (Hilke 1984). Durch Beschaffungs- und Absatzmarktforschung gilt es, Problemstellungen auf den vor- und nachgelagerten Märkten zu identifizieren, um anschließend durch beschaffungs- und absatzmarktpolitische Maßnahmen beide Bereiche aufeinander abzustimmen. Dienstleistungsunternehmen sehen sich aufgrund der besonderen Bedeutung des Einsatzfaktors „Personal" in der Regel mit der Notwendigkeit konfrontiert, zumindest für den Arbeitskräftemarkt Aktivitäten im Bereich der Beschaffungsmarktforschung zu entwickeln.

Unterscheidet man die Marketingforschung eines Dienstleistungsunternehmens entsprechend der Art der Durchführung der Informationsgewinnung, so ist zwischen **Sekundär- und Primärforschung** zu differenzieren.

> Bei der **Sekundärforschung** ist das Informationsmaterial gegeben und dem Untersuchungszweck entsprechend auszuwerten. Hierbei können sowohl externe als auch interne Informationsquellen herangezogen werden.

Hervorzuheben ist im Dienstleistungsmarketing aufgrund des direkten Kontaktes von Dienstleister und Dienstleistungsabnehmer bei der Erbringung von personenorientierten Diensten die Nutzung von **Informationen des Dienstleistungspersonals** als interne Quelle. Ohne zusätzliche Erhebungsmethoden ergibt sich durch den direkten Kontakt mit den Kunden die Möglichkeit, detaillierte Kundendaten zu erhalten, die zur Beantwortung bestimmter Fragestellungen genutzt werden können:

- Besteht eine intensive Kundenbindung (regelmäßiger Besuch des Kunden)?
- Ist der Kunde mit der Dienstleistung zufrieden (Äußerungen der Kunden nach der Dienstleistungserstellung, zum Beispiel beim Friseur, Arzt, im Restaurant)?
- Welche Optionen/Ansätze bestehen, die Dienstleistung aus Kundensicht zu verbessern?
- Benötigt der Konsument noch weitere Dienstleistungen?
- Wann wird der Kunde die nächste Dienstleistung in Anspruch nehmen?

Das Kontaktpersonal bildet also die wesentliche Quelle für kundenbezogene Informationen, die regelmäßig auszuwerten sind. Vor allem wenn die Dienstleistungserstellung vor Ort beim Kunden vorgenommen wird, lassen sich Informationen gewinnen, die zum Beispiel im Rahmen von Besuchsberichten dokumentiert werden sollten. Besonders interessante Informationen können daher durch **Kundendienstmitarbeiter**, die vor Ort beim Kunden ihre Dienstleistung erbringen müssen (EDV-Anlagenwartung), erfaßt werden. Diese Informationen über spezifische Bedürfnisse des Kunden können Anregungen zu Produktverbesserungen und sogar Produktneuentwicklungen liefern. Der Kundendienstmitarbeiter erhält in der Regel einen direkten Einblick in den Benutzeralltag des Kunden und kennt somit die anwendungsbezogenen Bedürfnisse der EDV-Benutzer und deren Handhabungsprobleme besser als ein Verkäufer.

Auch bei Banken und Versicherungen stellen die vielfältigen Kundeninformationen durch das Personal wichtige sekundärstatistische Quellen dar, die häufig zur Erschließung von Cross-selling-Potentialen genutzt werden.

Die Sekundärforschung stellt somit in erster Linie sogenannte Ausgangsinformationen zur Verfügung, die durch eine anschließende Primärforschung weiter vertieft werden können.

Bei der **Primärforschung** werden speziell für bestimmte Problemstellungen des Marketing Erhebungen durchgeführt, wobei auch im Dienstleistungsmarketing die drei klassischen Erhebungsmethoden Anwendung finden: Befragung, Beobachtung und Experiment.

Sowohl die **Befragung** als auch die **Beobachtung** dienen in erster Linie der Tatsachenermittlung, während **Experimente** Ursache-Wirkungs-Zusammenhänge aufdecken sollen.

Im Dienstleistungsmarketing nehmen Befragungen einen besonders hohen Stellenwert ein, weil sie zur Ermittlung des Dienstleistungsimages, der Dienstleistungsqualität und zur Erfassung der Kundenzufriedenheit eingesetzt werden können. Zu beachten ist hier allerdings, daß bei Dienstleistungen, in deren Erstellungsprozeß sich der Kunde als externer Faktor einbringen muß, der Konsument mitunter geneigt ist, Erstellungsfehler auf seine eigene Person zurückzuführen (Hill 1986, S. 310ff.). Da derartige Effekte bei Konsumenten unterschiedlich stark ausgeprägt sind, kann es insbesondere im Bereich automatisierter Dienstleistungen zu heterogenen Befragungsergebnissen kommen.

Grundsätzlich können drei **Arten von Befragungen** unterschieden werden:

1. Persönliche Befragung
   (zum Beispiel Einstellungen der Stadtbevölkerung zum Zoo),
2. Schriftliche Befragung
   (zum Beispiel Beurteilungskarten im Hotel, Kundendienstumfragen bei EDV-Anwendern),
3. Telefonische Befragung
   – automatischer Art (zum Beispiel TED-Umfrage im Fernsehen),
   – nichtautomatischer Art (zum Beispiel telefonisches Interview).

Beim **persönlichen Interview** ist ein unmittelbarer Feedback möglich. Allerdings ist diese Erhebungsmethode sehr kostenintensiv, und es ist die Gefahr suggestiver Beeinflussungen durch den Interviewer gegeben. Häufig werden kurz nach dem Dienstleistungserstellungsprozeß Zufriedenheitsumfragen durchgeführt, so daß hier eine Leistungsbeurteilung durch Wegfall von Fahrtkosten und Fahrtzeiten relativ schnell und kostengünstig durchgeführt werden kann.

Bei **schriftlichen Befragungen** entfällt der Interviewereinfluß, und die Befragten können überlegtere Antworten geben. Allerdings ist die Rücklaufquote in der Regel geringer als bei mündlichen Befragungen.

Im Rahmen der **telefonischen Befragung** muß zwischen automatischer und nichtautomatischer Art unterschieden werden. Während die Aussagen zum persönlichen Interview auf die telefonische Befragung **nichtautomatischer Art** zu einem großen Teil übertragen werden können, gelten für die **automatischen Telefonbefragungen** einige Besonderheiten. Im Rahmen des Einsatzes von Informationstechnologien kommen dieser Art der telefonischen Befragung zum Beispiel über einen Rückkanal des gewählten oder eines additiv eingesetzten Mediums große Bedeutung zu. Aufgrund der schnellen Durchführung dieser Befragungsart können häufig noch während des Dienstleistungserstellungsprozesses ermittelte Bedürfnisse oder Beurteilungen des Dienstleistungsabnehmers berücksichtigt werden. Dies ist zum Beispiel bei den sogenannten „TED-Umfragen" im Fernsehen der Fall, bei denen das Fernsehpublikum durch die Anwahl bestimmter vorgegebener Telefonnummern eine Beurteilung einer Unterhaltungssendung beziehungsweise Stellungnahmen zu spezifischen Fragestellungen im Verlauf einer Sendung vornehmen können. Allerdings ist die Antwortenvielfalt bei dieser Befragungsart stark eingeschränkt.

Eine **Beobachtung** ist im Gegensatz zur Befragung nicht abhängig von der Auskunftsbereitschaft des Dienstleistungsabnehmers. So kann ein Kreditinstitut oder ein Postamt zum Beispiel durch Beobachtung der Schalterfrequenz Schalterbesetzungspläne entwikkeln. Wie bereits angeführt, können insbesondere durch Kundenbeobachtungen des Kontaktpersonals während des Dienstleistungserstellungsprozesses wichtige Informationen gesammelt werden.

Beim **Experiment** werden mit Hilfe einer Versuchsanordnung die Auswirkungen von Marketingvariablen unter kontrollierten Bedingungen getestet. Aufgrund der Immaterialität von Dienstleistungen erwiesen sich Experimente, in denen neue Dienstleistungen auf ihre Akzeptanz beim Konsumenten untersucht werden, als besonders schwierig, weil erst durch eine Inanspruchnahme der Dienstleistung der Konsument eine konkrete Vorstellung von dieser Leistung erhält (zum Beispiel Reisen, ärztliche Untersuchung). Bestimmte Testmethoden, wie Verpackungstests und Tests zur Farb- und Formgebung, entfallen im Dienstleistungsmarketing.

Besondere Methoden sind für die Standortforschung im Dienstleistungsmarketing entwickelt worden, die vielfach im Handelsmarketing ihren Ursprung fanden. In diesem Zusammenhang ist die **Zeit-Distanz-Methode** anzuführen, welche die unterschiedlichen Entfernungen in Metern beziehungsweise Kilometern auf der Basis des effektiven Zeitaufwandes ermittelt, der erforderlich ist, um den Standort zu Fuß oder mit einem Verkehrsmittel zu erreichen (Schöler 1981).

Bei Dienstleistungsunternehmen, die bereits über ein ausgebautes Filialnetz verfügen, kann die Festlegung des Standortes aufgrund von Erfahrungen bei ähnlich gelagerten Standorten im Rahmen des Analogieverfahrens vorgenommen werden. Durch **Marktstrukturanalysen** lassen sich jährlich zu erwartende Umsatzpotentiale im Einzugsgebiet ermitteln. Dies ist durch Erfassung von Haushaltsstrukturmerkmalen im Einzugsgebiet, wie zum Beispiel durchschnittliche Mitgliederzahl der Haushalte, jährliche Pro-Kopf-Ausgaben für die jeweiligen Dienstleistungen, Anzahl der Kraftfahrzeuge, Altersstruktur der Bevölkerung, möglich. Für Großobjekte des Einzelhandels, wie zum Beispiel Warenhäuser oder Shopping Center, sind mathematische Modelle zur Durchführung von Markt- und Einzugsgebietsanalysen entwickelt worden (Schöler 1981).

3. Besonderheiten der Marktsegmentierung im Dienstleistungsbereich

Zusammen mit der Positionierung ist die **Marktsegmentierung** eines der wohl am meisten behandelten Konzepte des Marketing. Aus den zahlreichen Ansatzpunkten und Konzepten kann eine Grundidee herausgearbeitet werden: Unter Marktsegmentierung wird in diesem Zusammenhang die Aufteilung eines Gesamtmarktes in bezüglich ihrer Marktreaktion intern homogene, untereinander heterogene Untergruppen (Marktsegmente) sowie die Bearbeitung eines oder mehrerer dieser Marktsegmente verstanden (Freter 1983).

> Hauptzweck der **Marktsegmentierung bei Dienstleistungen** ist es somit, Unterschiede zwischen den Abnehmern offenzulegen und daraus Schlußfolgerungen im Hinblick auf eine differenzierte Marktbearbeitung zu ziehen.

Ein guter Informationsstand bezüglich Strukturen und Gesetzmäßigkeiten des Marktes (zum Beispiel saisonal bedingte Nachfrageschwankungen im Reisemarkt) erlaubt es, die Dienstleistungspotentiale und -angebote proaktiv an die besonderen Ansprüche und Erwartungen genau definierter Käuferschichten anzupassen. Aus dem Merkmal der Integration des externen Faktors ergibt sich zudem die Möglichkeit, segmentspezifische Anforderungen noch im Verlauf des Dienstleistungserstellungsprozesses zu erkennen und entsprechend umzusetzen. Damit umfaßt die Marktsegmentierung sowohl die Markterfassungs- beziehungsweise Informationsseite als auch die Marktbearbeitungsseite.

Bevor die Marktsegmentierungskriterien im Dienstleistungsbereich vorgestellt werden, werden zunächst **Positionierungsmodelle** erläutert, da diese in engem Zusammenhang mit den Segmentierungskriterien stehen und von verhaltenswissenschaftlicher Seite brauchbare Hinweise für die Marktsegmentierung liefern.

Positionierungsmodelle als Ausgangspunkt der Marktsegmentierung im Dienstleistungsbereich

> Bei einem **Positionierungsmodell** erhalten Marken beziehungsweise Dienstleistungen aufgrund der wahrgenommenen Ausprägungen in relevanten Eigenschaften eine Position in einem mehrdimensionalen Eigenschaftsraum. Die Konsumenten lassen sich im selben Raum anhand ihrer Anforderungen an eine Idealmarke beziehungsweise ideale Dienstleistungen positionieren.

Bei unterschiedlicher Wichtigkeit der Eigenschaften ist für jede Eigenschaft ein relatives Gewicht zur Kennzeichnung dieser Unterschiede zu bestimmen. Die Einzeldistanzen zwischen Real- und Idealpositionierung werden mit dem jeweiligen Bedeutungsgewicht multipliziert, bevor eine Verrechnung vorgenommen werden kann.

Positionierungsmodelle vermögen einerseits das **Markenwahlverhalten** beziehungsweise den Dienstleistungskauf des einzelnen Konsumenten zu erklären. Andererseits bieten sie folgende Ansatzpunkte für eine **Einteilung der Konsumenten in homogene Segmente**:

- Die Merkmale des Eigenschaftsraumes stellen geeignete Marktsegmentierungskriterien dar.
- Die Idealmarkenvorstellungen zeigen, welche Segmente überbesetzt beziehungsweise welche bisher durch keine Marke beziehungsweise Dienstleistung direkt angesprochen wurden.
- Bei relativ homogenen Idealvorstellungen (wenn beispielsweise alle Konsumenten jeweils extreme Ausprägungen bei den einzelnen Eigenschaften bevorzugen) können die Bedeutungsgewichte als zusätzliche Segmentierungskriterien eingesetzt werden.

Die Marken- beziehungsweise Dienstleistungswahrnehmungen stellen eine weitere Möglichkeit zur Segmentierung dar. Im Rahmen einer zweistufigen Marktaufteilung werden zum Beispiel zunächst Idealmarken- beziehungsweise Idealdienstleistungsvorstellungen analysiert und anschließend die Wahrnehmung derjenigen Marken erfaßt, die den Idealvorstellungen am nächsten kommen.

3.1 Anforderungen an Marktsegmentierungskriterien

Um die Aufgabe der Bildung in sich homogener und untereinander heterogener Segmente aus der Gesamtheit der Käufer konsumtiver Dienstleistungen erfüllen zu können, müssen die Segmentierungskriterien bestimmte **Anforderungen** erfüllen (Freter 1983; Meffert 1986, S. 243ff.):

1. Meßbarkeit

Die Marktsegmentierungskriterien müssen mit vorhandenen Marktforschungsmethoden meßbar und somit erfaßbar sein. Dies ist eine wichtige Voraussetzung für den Einsatz mathematisch-statistischer Verfahren zur Identifikation von Marktsegmenten im Dienstleistungsbereich. Die Verwendung käuferverhaltenstheoretischer Konstrukte, wie Motive und Einstellungen, erfordert dabei ein hohes Maß an Expertenwissen.

2. **Kaufverhaltensrelevanz**
Als Kriterien sind geeignete Indikatoren für das zukünftige Käuferverhalten der Konsumenten auszuwählen. Es sind somit Eigenschaften und Verhaltensweisen zu erfassen, die eine Voraussetzung des Kaufes einer bestimmten Dienstleistung darstellen und anhand derer intern homogene, extern heterogene Marktsegmente abgegrenzt werden können. Der gezielte, segmentspezifische Einsatz des Marketinginstrumentariums und die Möglichkeit einer Verhaltensprognose der ermittelten Marktsegmente ist vom Grad der Erfüllung dieser Anforderung abhängig. Insbesondere im Dienstleistungsbereich besteht die Gefahr, daß eine Segmentierung nach demographischen und/oder psychographischen Kriterien zu Clustern ohne hinreichende Verhaltensunterschiede führt (Rapp 1993, S. 135ff.).

3. **Erreichbarkeit beziehungsweise Zugänglichkeit**
Segmentierungskriterien müssen so gewählt werden, daß sie die gezielte Ansprache der mit ihrer Hilfe abgegrenzten Segmente gewährleisten. Die Erfüllung dieser Anforderung beeinflußt das Ausmaß, in dem die Unternehmung mittels der segmentspezifischen Marketingaktivitäten eine direkte Ansprache der Konsumenten innerhalb eines Zielsegmentes erreichen kann. In diesem Zusammenhang kommen der Kommunikations- und der Distributionspolitik besondere Bedeutung zu.

4. **Handlungsfähigkeit**
Nur wenn die Segmentierungskriterien die Ausgestaltung und den gezielten Einsatz des Marketinginstrumentariums ermöglichen, sind sie für eine Marktsegmentierung als geeignet anzusehen. Ist dies der Fall, wird die Verbindung zwischen Markterfassung und Marktbearbeitung geschaffen. Dabei sind dienstleistungsspezifische Ausgestaltungsoptionen der Marketinginstrumente zu beachten, die in Kapitel 5 dargestellt werden.

5. **Wirtschaftlichkeit**
Die Erhebung der Kriterien hat derart zu erfolgen, daß der sich aus der Segmentierung ergebende Nutzen größer ist als die hierfür anfallenden Kosten. Das heißt also, daß die ausgewählten Segmentierungskriterien zu Marktsegmenten führen müssen, die die Ausarbeitung und Durchführung segmentspezifischer Marketingstrategien sowie den entsprechend differenzierten Instrumenteeinsatz rechtfertigen. Sofern diese Anforderung ex ante nicht überprüft werden kann, sollten die Kriterien zumindest das Ausmaß der segmentspezifischen Nachfrage erkennen lassen. Dieses Kriterium kann allgemein im Dienstleistungsbereich einfacher als im Konsumgüterbereich erfüllt werden, da eine Veränderung der Prozesse und Ergebnisse oft ohne zusätzliche Kosten durchführbar ist.

6. **Zeitliche Stabilität**
Die Informationen, die mittels der Kriterien erhoben werden, müssen über den Planungszeitraum hinweg weitgehend stabil sein. Eine Marktsegmentierung ist nur dann sinnvoll, wenn die Ergebnisse der Markterfassung für den Zeitraum der Durchführung und Wirkung der segmentspezifischen Marktbearbeitungsaktivitäten Gültigkeit besitzen.

7. **Dienstleistungsbezug**
   Die Kriterien müssen die Besonderheiten von Dienstleistungen berücksichtigen (Immaterialität, Nichtlagerfähigkeit, Nichttransportfähigkeit, Leistungsbereitschaft des Anbieters, Integration des externen Faktors). Daher sind Ansätze zur Marktsegmentierung, wie sie im Konsumgüter- und Investitionsgüterbereich eingesetzt werden, entsprechend zu modifizieren.

Zur Beurteilung der im folgenden zu analysierenden Marktsegmentierungskriterien müssen diese Anforderungen herangezogen werden. Dabei ist zu berücksichtigen, daß die Anforderungen der Meßbarkeit und der zeitlichen Stabilität von jedem einzelnen Kriterium zu erfüllen sind. Die darüber hinausgehenden Anforderungen müssen lediglich von dem zur Marktsegmentierung herangezogenen Kriterienkatalog insgesamt erfüllt werden.

3.2 Segmentierung von Dienstleistungsmärkten

Die Vielzahl der möglichen Segmentierungskriterien läßt sich nach unterschiedlichen Gesichtspunkten zu Kriteriengruppen zusammenfassen (Freter 1983). Im folgenden wird zwischen demographischen, psychographischen und Kriterien des beobachtbaren Kaufverhaltens unterschieden. In Abbildung 2-8 werden die für Dienstleistungsmärkte möglichen Segmentierungskriterien in einem Überblick dargestellt.

3.21 Demographische Segmentierungskriterien

Die **sozio-ökonomischen** beziehungsweise demographischen Kriterien stellen die „klassischen“ Marktsegmentierungskriterien im konsumtiven Bereich dar. Beispiele für derartige Kriterien sind:

- **Geschlecht**
  Das Geschlecht ermöglicht eine erste Grobaufteilung der Konsumenten. Die Eignung dieses Kriteriums hängt unter anderem wie im Konsumgüterbereich von der Art der angebotenen Unternehmensleistung ab.
- **Alter**
  Das Alter ist gut geeignet als weiteres Segmentierungskriterium, da viele Bedürfnisse mit dem Alter korrelieren (zum Beispiel Seniorenmarkt, Teenagermarkt).
- **Einkommen**
  Das Einkommen gibt Aufschluß über die Kauffähigkeit. Wegen allgemeiner Einkommensnivellierungstendenzen sollten aber weitere Kriterien hinzugezogen werden.

Segmentierungskriterien für investive Dienstleistungen	Segmentierungskriterien für konsumtive Dienstleistungen
1. Objektive Bedarfsmerkmale – Branche – Internationale Ausrichtung	1. Sozio-ökonomische Kriterien – Geschlecht – Alter – Einkommen – Geographische Kriterien – Soziale Schichten – Familienlebenszyklus
2. Subjektive Bedarfsmerkmale – Häufigkeit der Bedarfssituation – Zufriedenheit mit aktueller Dienstleistungsversorgung – Kostensensitivität	2. Psychographische Kriterien – Motive – Einstellungen – Lifestyle
3. Organisationsdemographische Merkmale – Unternehmensgröße – Dienstleistungstechnologische Ausstattung	3. Kriterien des beobachtbaren Kaufverhaltens – Dienstleistungsbezogene Ansatzpunkte – Kommunikationsbezogene Ansatzpunkte – Preisbezogene Ansatzpunkte – Einkaufsstättenbezogene Ansatzpunkte
4. Dienstleistungsdemographische Merkmale – Budget für Dienstleistungen – Aufwand für Dienstleistungsbeschaffung – Nutzungsgrad – Nutzer	
5. Merkmale des Buying Center	

GABLER GRAFIK

Abbildung 2-8: Segmentierungskriterien für Dienstleistungsmärkte

- **Soziale Schicht**
  Soziale Schichten geben häufig Auskunft über bestimmte Präferenzen und Kaufgewohnheiten.

- **Familienlebenszyklus**
  Auch der Familienlebenszyklus ist gut geeignet für die erste Segmentierungsstufe, da die Nachfrage nach bestimmten Dienstleistungen von der Phase im Familienlebenszyklus abhängt (zum Beispiel Familienstand, Alter, Zahl und Alter der Kinder).

- **Geographische Kriterien**
  Die geographischen Kriterien erlangen Bedeutung aufgrund kultureller Unterschiede (Bayern, Sachsen) und in Verbindung mit Kaufkraftkennziffern. Sie berücksichtigen darüber hinaus die Standortbezogenheit von Dienstleistungen, die sich aus der Nichttransportfähigkeit ergibt. Darüber hinaus haben mikrogeographische Kriterien in letzter Zeit an Bedeutung gewonnen (Wilde 1986). Dieser Ansatz beruht auf der

Erkenntnis, daß sich Menschen mit ähnlichen Lebens- beziehungsweise Konsumstilen häufig an bestimmten Wohnorten konzentrieren (zum Beispiel Studentenviertel). Durch die Verknüpfung regionaltypischer Kenndaten (zum Beispiel Demographie, Beschäftigungs-, Wirtschafts- und Infrastruktur) mit Angaben zum Lebensstil können spezifische Marktsegmente angesprochen werden (zum Beispiel Einteilung nach Regionen, Gemeindegrößenklassen, Stadt- und Landbevölkerung).

Zusammenfassend lassen sich die sozio-ökonomischen Kriterien folgendermaßen beurteilen: Sie sind relativ leicht und kostengünstig zu erfassen, ergeben medial erreichbare Segmente und erleichtern darüber hinaus die Abschätzung des Marktpotentials einer Dienstleistung. Die häufig fehlende Kaufrelevanz schränkt den Aussagewert dagegen ein. Zudem finden die Besonderheiten von Dienstleistungen nur indirekt Berücksichtigung.

3.22 Psychographische Segmentierungskriterien

Die **psychographischen** Kriterien standen in den letzten Jahren im Mittelpunkt von Erklärungsmodellen des Käuferverhaltens im konsumtiven Bereich. Als wichtigste Kriterien im Zusammenhang mit der Marktsegmentierung lassen sich die folgenden Kriterien nennen:

- **Motive**
  Motive stellen hypothetische Konstrukte dar, die den Konsumenten aktivieren beziehungsweise sein Verhalten initiieren und zugleich steuern. Es fehlt aber in vielen Fällen der konkrete Dienstleistungsbezug. Zudem gibt es deutliche Erhebungsprobleme. Motive haben daher in der Marktsegmentierung eine vergleichsweise geringe Berücksichtigung erfahren (vgl. auch Abschnitt 1.21).

- **Einstellungen**
  Einstellungen kommt insbesondere im Zusammenhang mit Positionierungsmodellen große Bedeutung zu. Zu trennen sind die allgemeinen, persönlichkeitsbezogenen Einstellungen, die zum Beispiel zur Bildung von Verlagstypologien herangezogen werden (Berekoven/Bruchmann 1992), und die marken- beziehungsweise dienstleistungsbezogenen Einstellungen, die im Zusammenhang mit mehrdimensionalen Einstellungsmodellen erhoben werden können. Die Segmentbildung aufgrund von Bedeutungsgewichten liegt zum Beispiel dem Konzept der Segmentierung nach Nutzenerwartungen (Benefit Segmentation) zugrunde, welches den Besonderheiten der Dienstleistung durchaus Rechnung trägt (vgl. Haley 1968, S. 30ff.; Mühlbacher/Botschen 1990, S. 159ff.). Ferner kann den marken- beziehungsweise dienstleistungsbezogenen Einstellungen eine große Kaufverhaltensrelevanz zugesprochen werden. Die Erhebung marken- beziehungsweise dienstleistungsspezifischer Einstellungen ist zwar mit einem hohen finanziellen Aufwand verbunden, doch besitzen

gerade diese Einstellungen einen hohen Aussagewert sowohl für den Einsatz der Marketinginstrumente als auch für die Entwicklung geeigneter Wettbewerbsstrategien. Zudem tragen sie dem Merkmal der Immaterialität von Dienstleistungen Rechnung.

- **Lifestyle-Kriterien**
  Lifestyle-Kriterien berücksichtigen die Persönlichkeit des Verbrauchers (seinen Lebensstil) und lassen sich anhand einer Vielzahl psychographischer Eigenschaften operationalisieren. Dabei spielen insbesondere Aktivitäten, Interessen und Meinungen eine wichtige Rolle. Die Lifestyle-Kriterien lehnen sich eng an die allgemeinen Einstellungskriterien an. Sie bringen zwar Nachteile in bezug auf die Kaufverhaltensrelevanz und ähnliche Probleme wie die Einstellungskriterien mit sich, bieten sich aber zur zusätzlichen Beschreibung von Segmenten an, die aufgrund anderer Kriterien (aktive Variablen) gebildet wurden. Oft werden sehr pragmatische Ansätze verwendet, die breit gestreute Kriterienkombinationen nutzen (sowohl sozio-ökonomische Bestimmungsfaktoren als auch Kriterien des beobachtbaren Kaufverhaltens). Dieser Ansatz kommt, ähnlich wie die Segmentierung mit Hilfe von Einstellungskriterien, der Immaterialität von Dienstleistungen entgegen.

3.23 Kriterien des beobachtbaren Kaufverhaltens

Neben den demographischen und den psychographischen Kriterien läßt sich eine weitere Kriteriengruppe – die **Kriterien des beobachtbaren Kaufverhaltens** – zur Segmentierung im Dienstleistungsmarketing heranziehen. Dabei handelt es sich nicht mehr nur um Bestimmungsfaktoren von Aktivitäten, sondern um in der Vergangenheit liegende Aktivitäten im Rahmen des Kaufentscheidungsprozesses. Folgende Kriterien sind zu nennen:

- **Dienstleistungsbezogene Kriterien**
  Diese Kriterien stellen die Wahl der Dienstleistungsart, die Nutzungsintensität der Konsumenten, die Markenwahl sowie die Markentreue in den Vordergrund. Während sich die Wahl der Dienstleistungsart für eine Vorsegmentierung anbietet, gewinnt die Nutzungsintensität besondere Bedeutung hinsichtlich der Bestimmung von Segmentpotentialen. Ferner liefert die Kenntnis der Verbrauchsintensitäten wertvolle Hinweise für den Einsatz leistungspolitischer Instrumente, insbesondere für die Mengendimensionierung. Ohne Kenntnis der Bestimmungsgründe des Dienstleistungsart- und Markenwahlverhaltens fehlen allerdings Hinweise auf eine wirksame qualitative Ansprache. Hier sollten ergänzend sozio-ökonomische Kriterien zur Segmentbeschreibung hinzugezogen werden. Bei dienstleistungsbezogenen Verhaltenskriterien sind der Zugänglichkeit der Segmente oft Grenzen gesetzt, da sich die dazu notwendigen Informationen über das Mediennutzungsverhalten der ermittelten Segmente nur schwer erfassen lassen. Diese Informationen können weitere Kriterien zur Marktsegmentierung bilden.

- **Kommunikationsbezogene Kriterien**
  Hier steht das Nutzungsverhalten einzelner Medien im Vordergrund. Es geht um die Eignung der Medien, kommunikative Botschaften des Dienstleistungsunternehmens an die Zielgruppen heranzutragen. Dabei ist insbesondere das Kriterium der medialen Erreichbarkeit ein wichtiges Beurteilungsmerkmal. Allerdings kommt den kommunikationsbezogenen Verhaltensmerkmalen nur eine geringe Kaufverhaltensrelevanz zu. Die in der Regel als sekundärstatistisches Material vorliegenden kommunikativen Verhaltensmerkmale genügen aber im allgemeinen dem Wirtschaftlichkeitsaspekt.

- **Preisbezogene Kriterien**
  Ansatzpunkte bieten hier bestimmte Preisklassen. Während zum Beispiel die Neigung zum Kauf von Sonderangeboten der generellen Verhaltensprognose dient, sind hinsichtlich der preispolitischen Instrumente dienstleistungsspezifische Preisklassen als Basis einer Segmentierung zu wählen.

- **Einkaufsstättenbezogene Kriterien**
  Die Analyse bezieht sich hier auf die Art der frequentierten Geschäfte und auf die Intensität der Nutzung. Hinsichtlich der distributiven Erreichbarkeit der Konsumenten besitzen die einkaufsstättenbezogenen Ansatzpunkte für die Marktsegmentierung eine besondere Bedeutung. Zugleich kommt ihnen aufgrund der Nichttransportfähigkeit sowie der Integration des externen Faktors bei Dienstleistungen eine zentrale Rolle zu. Weiterhin bieten derartig ermittelte Segmente Ansatzpunkte für distributionspolitische Maßnahmen.

Der Einsatz von Kriterien des beobachtbaren Kaufverhaltens erfolgt oft gleichzeitig mit anderen Segmentierungskriterien. Es ist zu prüfen, ob die Kriterien zur Segmentabgrenzung als aktive Variablen oder, zur nachträglichen Beschreibung von bereits erfaßten Segmenten, als passive Variablen herangezogen werden. Die kaufverhaltensrelevanten Merkmale eignen sich zum Beispiel als aktive Segmentierungsvariablen. Eine nähere Charakterisierung der so gebildeten Segmente mit Hilfe sozio-ökonomischer oder psychographischer Merkmale vermag zusätzliche Hinweise für die segmentspezifische Gestaltung des Marketingmix zu leisten.

Um zu zeigen, welche **Segmentierungskriterien** bei der Wahl einer Reise in Frage kommen, kann der in Abbildung 2-2 (Abschnitt 1.1) als Flußdiagramm dargestellte Kaufentscheidungsprozeß bei einer Urlaubsreise als **Beispiel** analysiert werden. Es lassen sich zwei Kategorien potentieller Segmentierungskriterien voneinander unterscheiden:

- Variablen des Reisenachfragers, das heißt sozio-ökonomische und allgemeine psychographische Kriterien (zum Beispiel Alter, Einkommen, Reisegewohnheiten).
- Variablen mit direktem Leistungsbezug, das heißt Kriterien des beobachtbaren Kaufverhaltens und psychographische Kriterien, wie Einstellungen zu den einzelnen Leistungsoptionen (Reiseeigenschaften, Reisealternativen usw.).

Der Dienstleistungsanbieter wird sein Angebot entsprechend der von ihm als bearbeitungswürdig erachteten Segmente ausrichten (zum Beispiel Urlaub mit kurähnlichen Elementen für ältere Menschen, Ferien mit Kinderbetreuung für Familien).

Einen Überblick über trennscharfe Segmentierungsmerkmale im Reisemarkt gibt Abbildung 2-9. Es wird ersichtlich, in welchem Ausmaß die einzelnen Kriterien zur Segmentierung herangezogen werden (Haedrich/Gussek/Tomczak 1989, S. 13). Am häufigsten werden Reisemotive, Unterkunftsarten und Bildungs- beziehungsweise Einkommensniveau der Reiseteilnehmer verwendet.

Segmentierungskriterien	N	Prozent
Reisemotive		
Verwendet Nicht verwendet	48 10 58	82,8 17,2 100,0
Familienstand		
Verwendet Nicht verwendet	14 44 58	24,1 75,9 100,0
Bildungs- beziehungsweise Einkommensniveau		
Verwendet Nicht verwendet	35 23 58	60,3 39,7 100,0
Alter		
Verwendet Nicht verwendet	26 32 58	44,8 55,2 100,0
Unterkunftsart		
Verwendet Nicht verwendet	41 17 58	70,7 29.3 100,0

GABLER GRAFIK

Abbildung 2-9: Segmentierungskriterien und deren Bedeutung im Reisemarkt
(Quelle: Haedrich/Gussek/Tomczak 1989, S. 13)

3.24 Käufertypologien im Dienstleistungsbereich

Für eine differenzierte und gezielte Ansprache der Kundensegmente sind multidimensionale Personenbeschreibungen notwendig, die möglichst umfassend Informationen über das angestrebte Kundensegment bereitstellen. Derartige **Typologien** unterscheiden sich in Art und Anzahl der einbezogenen Variablen beziehungsweise Marktsegmentierungskriterien.

Im folgenden sollen die vorherigen Ausführungen anhand konkreter Beispiele zur Marktsegmentierung aus unterschiedlichen Branchen des Dienstleistungsmarketing untermauert werden:

Luftverkehr

In einer empirischen Untersuchung des Instituts für Marketing an der Universität Münster wurden **Flugreisende** hinsichtlich ihres Reiseanlasses in „Privatreisende“ und „Geschäftsreisende“ unterteilt und daraufhin mit Hilfe der Conjoint-Analyse einer Nutzensegmentierung unterzogen. Diese ergab für das Segment der **Geschäftsreisenden** folgende Nutzencluster:

Cluster I: Die Preisorientierten (35 Prozent der Geschäftsreisenden)

- zeichnen sich durch eine Überbetonung der Nutzendimension „Preis“ aus (65 Prozent Merkmalswichtigkeit),
- verlangen ein Mindestmaß an Umbuchungs- und Stornierungsmöglichkeiten (20 Prozent Merkmalswichtigkeit).

Cluster II: Die Leistungsorientierten (45 Prozent der Geschäftsreisenden)

- betrachten Flexibilität als dominantes Leistungsmerkmal (40 Prozent Merkmalswichtigkeit),
- legen Wert auf angemessenen Preis (25 Prozent Merkmalswichtigkeit),
- bewerten Sitzkomfort (Sitzbreite/-abstand zum Vordersitz) als wichtige Nutzendimension eines Fluges (23 Prozent Wichtigkeit).

Cluster III: Die Flexibilitätsorientierten (20 Prozent der Geschäftsreisenden)

- betrachten Flexibilität als das bedeutendste Leistungsmerkmal (60 Prozent Wichtigkeit),
- Preis nimmt den zweiten Platz ein (20 Prozent Wichtigkeit),
- legen wenig Wert auf bequeme Sitze (3 Prozent Merkmalswichtigkeit).

Für das Segment der **Privatreisenden** ergaben sich inhaltliche Überschneidungen bei zwei Nutzenclustern, jedoch unterschiedliche mengenmäßige Verteilungen:

Cluster I: Die Preisorientierten (75 Prozent der Privatreisenden)

- sehen den Ticketpreis als wichtigste Dimension an (70 Prozent Merkmalswichtigkeit),
- betrachten Flexibilität als notwendige Nebenbedingung (20 Prozent Wichtigkeit).

Cluster II: Die Serviceorientierten (15 Prozent der Privatreisenden)

- legen Wert auf bequeme Sitze (20 Prozent Merkmalswichtigkeit),
- beachten den Preis als Maßgröße (18 Prozent Merkmalswichtigkeit),
- erwarten ein Mahlzeiten- und Zeitschriftenangebot an den Flugsteigen (15 Prozent Merkmalswichtigkeit).

Cluster III: Die Flexibilitätsorientierten (10 Prozent der Privatreisenden)

- verlangen angemessene Umsteige- und Stornierungsmöglichkeiten (60 Prozent Wichtigkeit),
- messen dem Preis gewisse Bedeutung zu (25 Prozent Wichtigkeit).

PC-Serviceleistungen

In einer Untersuchung der Nachfrager von **Kundendienstleistungen im Bereich kommerziell genutzter Personal Computer** wurde ebenfalls eine Segmentierung durchgeführt (Bauche 1994). Zu diesem Zweck wurden die mittels eines Fragebogens von den Nutzern erhobenen Kriterienausprägungen zunächst in die Bereiche „Abhängigkeitsgrad“ (generelle Einbindung von Personal Computern in verschiedenen Unternehmensbereichen) und „Kundenkompetenz“ (Kompetenz und Nutzungserfahrung der betreffenden Unternehmen) unterteilt. Im Rahmen von explorativen Faktorenanalysen konnten dann in diesen beiden Bereichen sinnvolle **Faktoren** ermittelt werden:

Faktoren des Abhängigkeitsgrades

- PC-Abhängigkeit im kaufmännischen Wesen,
- PC-Abhängigkeit im Marketingwesen,
- PC-Abhängigkeit im Produktwesen,
- PC-Abhängigkeit im Außendienstwesen,
- PC-Abhängigkeit im Personalwesen,
- PC-bezogene Ausfallsensibilität.

Faktoren der Kundenkompetenz

- PC-Involvement des Geschäftsführers,
- PC-Involvement des Abteilungsleiters,
- PC-Involvement des EDV-Beauftragten,
- Epistemische Anwenderkompetenz,
- Heuristische Anwenderkompetenz,
- Freizeitinduzierter Kompetenzeffekt,
- Datenverarbeitungserfahrung,
- Programmierkenntnis,
- Stör- und Ausfallerfahrung.

Diese Faktoren wurden dann in Verbindung mit mikro- und makroanalytischen Kriterien sowie reaktionsbezogenen Kriterien im Rahmen einer Clusteranalyse als segmentbildende Variablen herangezogen. Dies führte zu einer Lösung mit sechs bedürfnisbezogenen Kundendienstsegmenten, die im folgenden anhand ausgewählter Kriterien dargestellt sind:

Cluster I: Das kundendienstunsensible Segment
- Durchschnittliche PC-Integration im Unternehmen,
- Durchschnittliche Ausfallsensibilität,
- Durchschnittliche Kompetenz, dominiert durch den EDV-Beauftragten,
- Geringer Erfahrungszeitraum,
- Vielfach Unternehmen aus dem Dienstleistungsbereich,
- Geringe Sensibilisierung für servicebezogene Aspekte.

Cluster II: Das Kundendienst-Nischensegment
- Starke PC-Integration, insbesondere im Außendienst,
- Geringe Ausfallsensibilität,
- Durchschnittliche Kompetenz,
- Vergleichsweise langer Erfahrungszeitraum,
- Vielfach Unternehmen aus dem Dienstleistungsbereich, insbesondere Versicherungen,
- Servicesensibilisierung gegeben, aber geringe Kenntnis der Serviceprodukte.

Cluster III: Das Standard-Kundendienstsegment
- Sehr hohe PC-Integration, insbesondere im Marketing- und Produktwesen,
- Vergleichsweise hohe Ausfallsensibilität,
- Durchschnittliche PC-Kompetenz; hohes Involvement der Geschäftsleitung,
- Langer Erfahrungszeitraum,
- In erster Linie Industriebetriebe,
- Hohe Servicesensibilisierung, die sich in einer entsprechenden Nachfrage niederschlägt.

Cluster IV: Das kundendienstskeptische Segment
- Insgesamt durchschnittliche PC-Integration, jedoch geringe bis keine Einbindung im kaufmännischen Bereich,
- Durchschnittliche Ausfallsensibilität,
- Differenzierte Kompetenzsituation: vergleichsweise hohe Kompetenz der Anwender, aber geringe Kompetenz bei Geschäfts- und Bereichsleitung,
- Durchschnittlicher Erfahrungszeitraum,
- Vorwiegend Handelsbetriebe,
- Geringe Servicesensibilisierung; hohe Vorbehalte.

Cluster V: Das kundendienstunbetroffene Segment
- Sehr geringe PC-Integration; Einsatz von PCs lediglich im Produkt- und Außendienstwesen,
- Trotzdem hohe Ausfallsensibilität,
- Vergleichsweise niedrige PC-Kompetenz,
- Mittlerer Erfahrungszeitraum,
- Kein einheitliches Branchenbild,
- Vorbehalte gegenüber PCs führen zu einer sehr geringen Servicesensibilisierung.

Cluster VI: Das kundendienstignorante Segment

- Insgesamt durchschnittliche PC-Integration; starke PC-Abhängigkeit lediglich im kaufmännischen Bereich,
- Durchschnittliche Ausfallsensibilität,
- Hohe PC-Kompetenz,
- Vergleichsweise kurze PC-Erfahrung,
- Fast ausschließlich Handelsbetriebe,
- Geringe bis keine Servicesensibilität.

Die dargestellten Cluster unterscheiden sich zudem hinsichtlich der Reaktion auf Marketingparameter des Serviceanbieters. Damit sind Ansatzpunkte für den zweiten Aspekt der Marktsegmentierung, die segmentspezifische Marktbearbeitung, gegeben.

Insgesamt läßt sich festhalten, daß eine Erfassung des Marktes und insbesondere seine Segmentierung zu den unabdingbaren Voraussetzungen für die Marktbearbeitung gehören. Aufbauend auf den hier gewonnenen Erkenntnissen kann der strategische Planungsprozeß eingeleitet werden, der im folgenden beschrieben wird.

Kapitelübersicht

Drittes Kapitel

Strategisches Dienstleistungsmarketing

1. Strategische Unternehmens- und Marketingplanung im Dienstleistungsbereich

Die marktorientierte Ausrichtung und Führung eines Dienstleistungsunternehmens kann nur konsequent verwirklicht werden, wenn eine individuelle und abgesicherte Marketingkonzeption erarbeitet wird. Sie stellt für ein Dienstleistungsunternehmen das Ergebnis detaillierter strategischer Analysen und Planungsprozesse dar und umfaßt **drei Konzeptionsebenen** (Meffert 1986, S. 54):

- Zielebene,
- Strategieebene,
- Ebene der Marketinginstrumente.

Während **Dienstleistungsziele** als zukunftsbezogene Vorgaben verstanden werden können, stellen **Dienstleistungsstrategien** strukturierte Maßnahmen („Kanalisierungen") dar, innerhalb derer sich die Festlegung der **Dienstleistungsmarketinginstrumente** als operativer Planungsprozeß vollzieht. Durch unterschiedliche Bezugsgrößen der Ziele und Strategien (Gesamtunternehmen, Geschäftsfelder, „Produkte" beziehungsweise Leistungen) entstehen Überschneidungen und Wechselwirkungen insbesondere zwischen Ziel- und Strategieebenen. Diese Interdependenzen gilt es im Rahmen des strategischen Planungsprozesses zu berücksichtigen (Meffert 1994a, S. 24ff.).

Im Bereich der strategischen Unternehmens- und Marketingplanung ist eine große Begriffsvielfalt insbesondere bei der **Abgrenzung von Strategien** zu verzeichnen. Daher soll zunächst die Vielzahl der denkbaren Strategien kategorisiert werden. Eine in der Literatur weitverbreitete Abgrenzung von Strategien ist die Unterscheidung zwischen **Unternehmens-, Geschäftsfeld- und Marktteilnehmerstrategien**.

Unternehmensstrategien geben in erster Linie Antwort auf die Frage, in welchen Bereichen das Unternehmen tätig werden soll und in welcher Form die zur Verfügung stehenden Ressourcen auf die einzelnen Geschäftsfelder einer Unternehmung verteilt werden sollen. Demgegenüber beinhalten die **Geschäftsfeld- und Marktteilnehmerstrategien** Gesichtspunkte der Vorgehensweisen in den jeweiligen Geschäftsfeldern. Hier gilt es zu beachten, daß eine Ressourcenallokation auf einzelne Geschäftsfelder von den Geschäftsfeldzielen und -strategien abhängt.

Damit sind **Abstimmungsprozesse** auf Unternehmens- und Geschäftsfeldebene im Rahmen des Planungsprozesses notwendig (vgl. Abbildung 3-1).

Der **Planungsprozeß** beginnt mit der Analyse der externen und internen Umwelt. Dabei umfaßt die externe Umwelt nicht nur den Absatzmarkt (Einsatz der Absatzmarktfor-

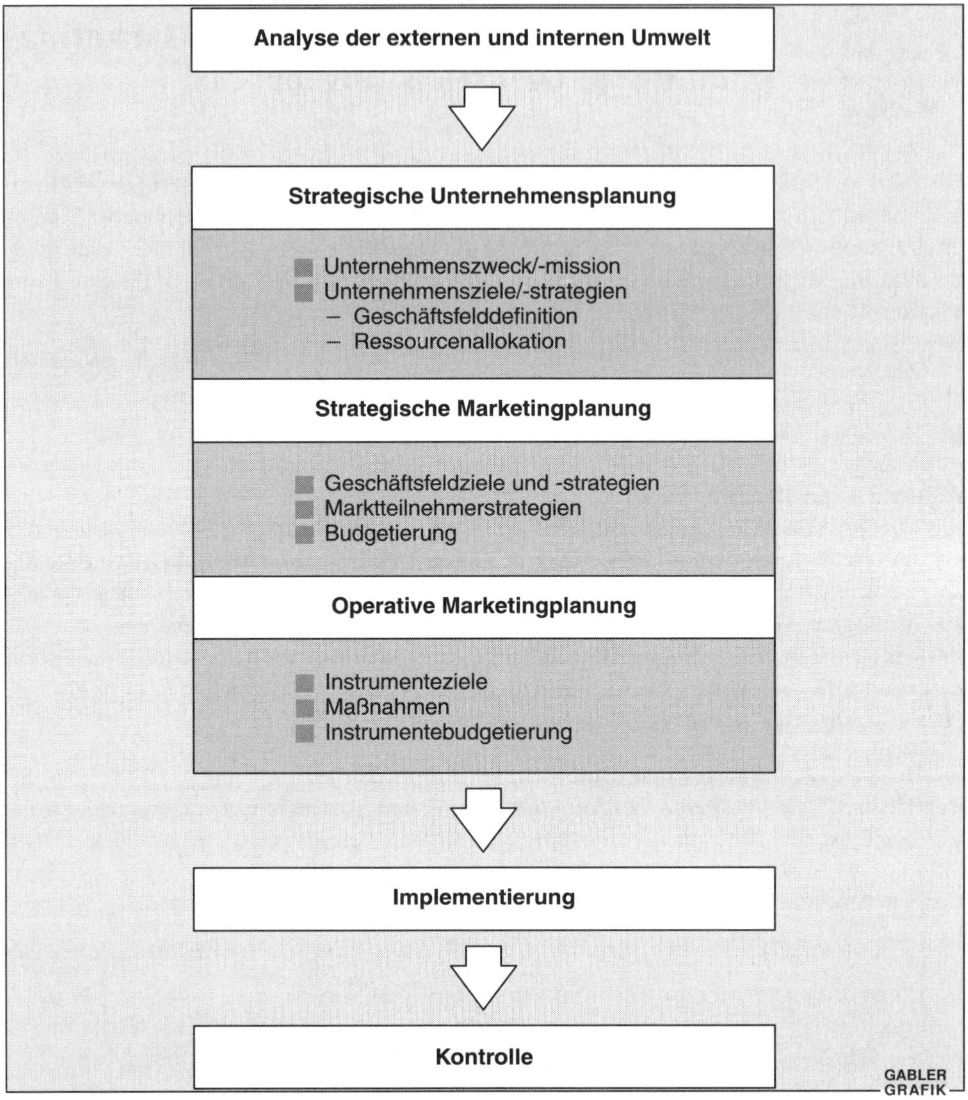

Abbildung 3-1: Strategische Unternehmens- und Marketingplanung

schung). Vielmehr sind hier auch Wettbewerber und Anspruchsgruppen wie Staat, Verbände, Organisationen usw. Gegenstand der Analyse. Im Rahmen der Betrachtung der internen Bereiche werden dann die Entwicklung und gegenwärtige Situation der Ressourcen des jeweiligen Unternehmens untersucht und bewertet. Die in Abschnitt 2 zu behandelnden strategischen Analyseinstrumente stellen das Bindeglied zwischen der beschriebenen Analyse der externen/internen Umwelt des Unternehmens und den folgenden Planungsprozessen dar, da sie in der Regel eine Verdichtung der Ausgangsinformationen für den Planungsprozeß vornehmen. Zudem bieten einige dieser Analyseinstrumente die Option der Ableitung von Normstrategien auf Unternehmens- und Geschäftsbereichsebene.

Der Planungsprozeß ist wiederum unterteilt in die strategische Unternehmensplanung, die strategische Marketingplanung und die operative Marketingplanung. Im Rahmen der **strategischen Unternehmensplanung** erfolgt zunächst die Festlegung von Unternehmenszweck und -mission, worin sich Dienstleistungsunternehmen und Industrieunternehmen nur unwesentlich unterscheiden. Im Rahmen der Markt- und Geschäftsfelddefinition sind bei Dienstleistungsunternehmen beziehungsweise bei Industrieunternehmen, die über Geschäftsbereiche mit Dienstleistungsschwerpunkten (zum Beispiel Kundendienst) verfügen, einige Besonderheiten zu berücksichtigen. Insbesondere die Marktfestlegung ist bei Dienstleistungen wie der Gastronomie oder bei Theateraufführungen problematisch. Die Ressourcenallokation erfolgt dann bei Dienstleistungsunternehmen beziehungsweise Geschäftsfeldern mit Dienstleistungsschwerpunkt ähnlich wie bei Industrieunternehmen.

Die bisher getroffenen Entscheidungen erfahren im Prozeß der **strategischen Marketingplanung** wiederum eine Konkretisierung. Zunächst gilt es, Geschäftsfeldziele und -strategien festzulegen. Weiterhin umfaßt der Prozeß der strategischen Marketingplanung noch die Auswahl geeigneter Marktteilnehmerstrategien sowie eine Budgetierung der getroffenen Entscheidungen beziehungsweise der Geschäftsfelder hinsichtlich der geplanten Aktivitätsniveaus.

Im Rahmen der **operativen Marketingplanung** werden schließlich Instrumenteziele, Maßnahmen sowie die Budgetierung des festgelegten Aktivitätsniveaus im Mixbereich fixiert.

Festzuhalten bleibt, daß **Wechselwirkungen** zwischen den einzelnen Elementen des Planungsprozesses bestehen und sich damit die Notwendigkeit einer systematischen Verknüpfung der einzelnen Planungszyklen ergibt (Köhler 1993, S. 109ff.; Meffert 1994a, S. 27).

Im Anschluß an die dargestellten Planungsprozesse findet die **Implementierung** der geplanten Aktivitäten statt. Die Ergebnisse der **Kontrolle** von Aktivitäten und Zielerreichungsgraden können dann im Rahmen eines revolvierenden Prozesses wiederum Eingang in die Analyse der externen und internen Umwelt finden. Da die strategische Unternehmensplanung von Dienstleistungsunternehmen nur in einigen Aspekten von der Vorgehensweise bei Investitions- und Konsumgüterherstellern abweicht, sollen im folgenden nur diejenigen Aspekte betrachtet werden, die sich durch deutliche Unterschiede zum Sachgüterbereich auszeichnen. Zu diesem Zweck werden in Abschnitt 2 zunächst die vom Konsumgüterbereich hinlänglich bekannten strategischen Analyseinstrumente hinsichtlich ihrer **Anwendbarkeit im Dienstleistungsbereich** bewertet.

2. Strategische Analyse- und Planungskonzepte im Dienstleistungsmarketing

Mit der zunehmenden strategischen Ausrichtung der Planung sind seit den sechziger Jahren eine Reihe von strategischen Analyse- und Planungsmethoden entwickelt worden (Meffert 1994a, S. 19). Diese Planungsmethoden stammen vornehmlich aus dem Sachgüterbereich. Mittlerweile haben sich aber auch zahlreiche Beiträge mit dem **Transfer der Analyse- und Planungsmethoden auf den Dienstleistungssektor** befaßt. In diesem Zusammenhang weist Moormann (1988, S. 309ff.) nicht nur auf einen hohen Verbreitungsgrad der strategischen Planung in ausgewählten Dienstleistungsbereichen hin, sondern auch auf den zunehmenden Diffusionsgrad zahlreicher strategischer Analysemethoden. Insbesondere sind dies die Stärken-Schwächen-Analyse, die 37 Prozent aller deutschsprachigen Banken regelmäßig zur Strategieformulierung einsetzen, die Chancen- und Risiken-Analyse (26 Prozent) sowie Portfoliomethoden (15 Prozent). In den letzten Jahren findet darüber hinaus die Wertkettenanalyse verstärkt Beachtung. Diese Instrumente werden im folgenden einer kritischen Würdigung bezüglich ihres Einsatzes im Dienstleistungsbereich unterzogen.

2.1 Chancen-Risiken-Analysen

Mit Hilfe einer **Chancen-Risiken-Analyse** sind diejenigen Umweltkräfte zu erkennen und zu antizipieren, die im Rahmen der strategischen Planungsprozesse für Dienstleistungsunternehmen zukünftig von besonderer Bedeutung sind.

Neben der reinen Analyse erfordert das Erkennen von Chancen und Risiken ein rechtzeitiges Agieren der betroffenen Unternehmung beziehungsweise des betroffenen Geschäftsfeldes, um Chancen nutzen und insbesondere Risiken begegnen zu können. Zu diesem Zweck müssen die **internen Ressourcenpotentiale** des Dienstleistungsunternehmens beziehungsweise des entsprechenden Geschäftsfeldes zielgerichtet zum Einsatz gebracht werden.

Dienstleistungsbranchenübergreifend sind folgende Gesichtspunkte als zukünftige **Chancen für Dienstleistungsunternehmen** zu werten (Johnson/Scheuing/Gaida 1986, S. 24ff.; Benölken/Greipel 1994, S. 64ff.):

- Veränderungen im Konsumentenverhalten,
- Steigende Bedeutung von Zusatzdienstleistungen (Value-added-Services) sowohl für produzierende Unternehmungen als auch für institutionelle Dienstleister,
- Erhöhtes Servicebewußtsein, Inanspruchnahme von Dienstleistungen zur Gewinnung von Freizeit,
- Trend zum Konsum qualitativ hochwertiger Dienstleistungen,
- Intensivere Nutzung von Unterhaltungsdienstleistungen angesichts der zunehmenden Freizeit,
- Einsatzmöglichkeiten neuer Servicetechnologien,
- Zunehmende Wachstumsraten im Bereich der investiven Dienstleistungen und anderes mehr.

Als **Bedrohungen für Dienstleistungsunternehmen** sind folgende Gesichtspunkte herauszustellen:

- Zunehmender internationaler Servicewettbewerb (EG 1992),
- Sinkende Loyalität gegenüber Dienstleistungsanbietern,
- Zusammenwachsen von Dienstleistungsmärkten (zum Beispiel Versicherungs- und Bankleistungen),
- Gefahr der Dienstleistungssubstitution durch Do-it-yourself-Konsum („Freizeit-Arbeits-Gesellschaft", vgl. Opaschowski/Raddatz 1982),
- Zunehmende Konkurrenz für institutionelle Dienstleister durch Angebote der Konsum- und Investitionsgüterindustrie (Differenzierung durch Value-added-Services, zum Beispiel die Finanzierungsaktivitäten der Automobilhersteller),
- Gesetzliche Regelungen,
- Ausweitung von staatlichen/öffentlichen Diensten und anderes mehr.

Bei der Zusammenstellung der Chancen und Risiken wird deutlich, daß einige der zukünftigen Entwicklungen nicht eindeutig als Chance oder als Risiko zugeordnet werden können. Vielmehr stellen beispielsweise Veränderungen im Konsumentenverhalten eine Chance für bestimmte Dienstleistungsunternehmen dar, für andere Unternehmen sind sie dagegen als Risiko zu klassifizieren. Damit erfolgt eine Konkretisierung von bestimmten Entwicklungen als Chance oder Risiko erst vor dem jeweiligen Hintergrund beziehungsweise angesichts der Ressourcen des betrachteten Unternehmens. Folglich sind Chancen-Risiken-Analysen sinnvollerweise stets um **Ressourcenanalysen** (vgl. Abschnitt 2.2) zu ergänzen.

Eine erste dienstleistungsbranchenübergreifende **Systematisierung der strategischen Chancen und Risiken** kann anhand der in Abbildung 3-2 (Service-Prozeß-Matrix;

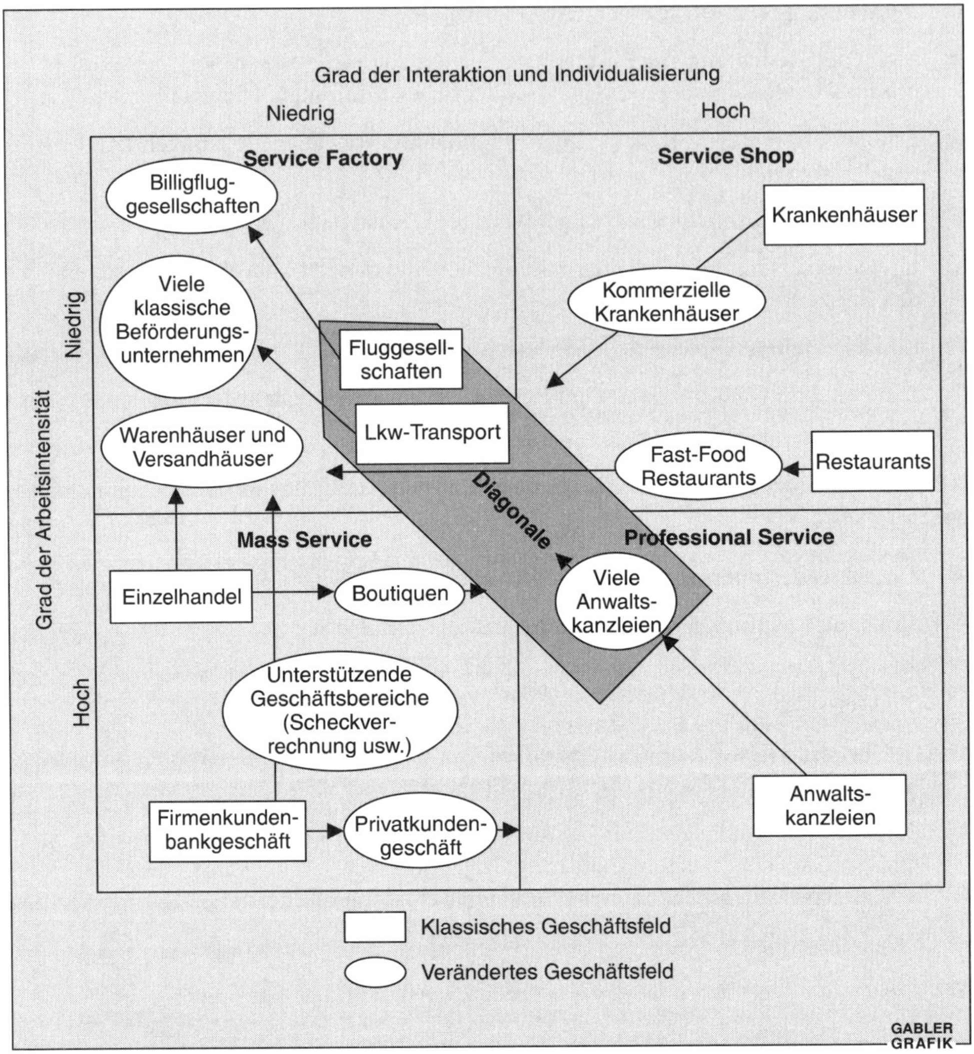

Abbildung 3-2: Systematisierung der strategischen Chancen und Risiken
(Quelle: Schmenner 1988, S. 33)

Schmenner 1988, S. 33) vorgenommenen Einteilung der Dienstleistungsunternehmen in spezifische Anbietertypen vorgenommen werden. Die Kategorisierung erfolgt dabei nach den beiden Dimensionen „Grad der Interaktion und Individualisierung" sowie „Arbeitsintensität". Die sich ergebenden vier Kombinationsmöglichkeiten der beiden aus Vereinfachungsgründen dichotomisierten Dimensionen zeigen Chancen und Risiken der diskutierten Branchen auf. Generell ist ein Trend in Richtung einer standardisierten und automatisierten Marktbearbeitung zu erkennen. So sehen sich die nach dem Individualisierungs-/Interaktionsgrad und der Arbeitsintensität gekennzeichneten Dienstleister abhängig von ihrer Ausgangsposition unterschiedlichen Herausforderungen („challenges") gegenüber.

Diese Herausforderungen lassen sich am Beispiel eines Restaurants darstellen: Klassische Restaurants sind durch ein mittleres bis hohes Maß an Arbeitsintensität sowie ein hohes Maß an Interaktion und Individualisierung gekennzeichnet. Die Bedeutungszunahme von Fast-food-Restaurants schließlich stellt die klassischen Restaurants vor die Frage, ob sie sich der Entwicklung in Richtung Standardisierung und Automatisierung anschließen oder in ihrer angestammten Position verbleiben sollen.

Abhängig von der Ausgangsposition der Unternehmen und der beabsichtigten Stoßrichtung ergeben sich unterschiedliche Herausforderungen, die sich vor dem Hintergrund der jeweiligen Ressourcenausstattung als Chancen beziehungsweise Risiken konkretisieren.

Abbildung 3-3 verdeutlicht, daß sich die Herausforderungen für Servicemanager in Abhängigkeit von der Art des betrachteten Dienstleistungsunternehmens unterscheiden. Unternehmen mit geringer Arbeitsintensität wie die **„Service Factory"** und der **„Service Shop"** sehen sich vor allem Herausforderungen bei der Technologieentwicklung, der Kapazitätsauslastung usw. gegenüber.

Arbeitsintensive Dienstleister (**„Mass Service"** und **„Professional Service"**) müssen sich hingegen besonders den Herausforderungen im Personalbereich wie Training, Personal- und Managemententwicklung stellen. Entsprechend lassen sich auch die Bedrohungen für unterschiedliche Customization-Grade systematisieren. Während die „Low Customizer" primär effiziente Ablauforganisationen schaffen müssen, sind die „High Customizer" aufgefordert, den externen Faktor so zu integrieren, daß einerseits die Kostensteigerungen kalkulierbar bleiben, andererseits eine Qualitätskonstanz sichergestellt ist.

Im Rahmen der vorangegangenen Ausführungen wurde deutlich, daß eine Analyse der Chancen/Risiken für Dienstleistungsunternehmen allgemein nur auf einem sehr globalen Niveau durchgeführt werden kann. Differenziertere Erkenntnisse für ein einzelnes Unternehmen lassen sich somit erst durch die Verbindung der Chancen-Risiken-Analyse mit einer Ressourcenanalyse gewinnen.

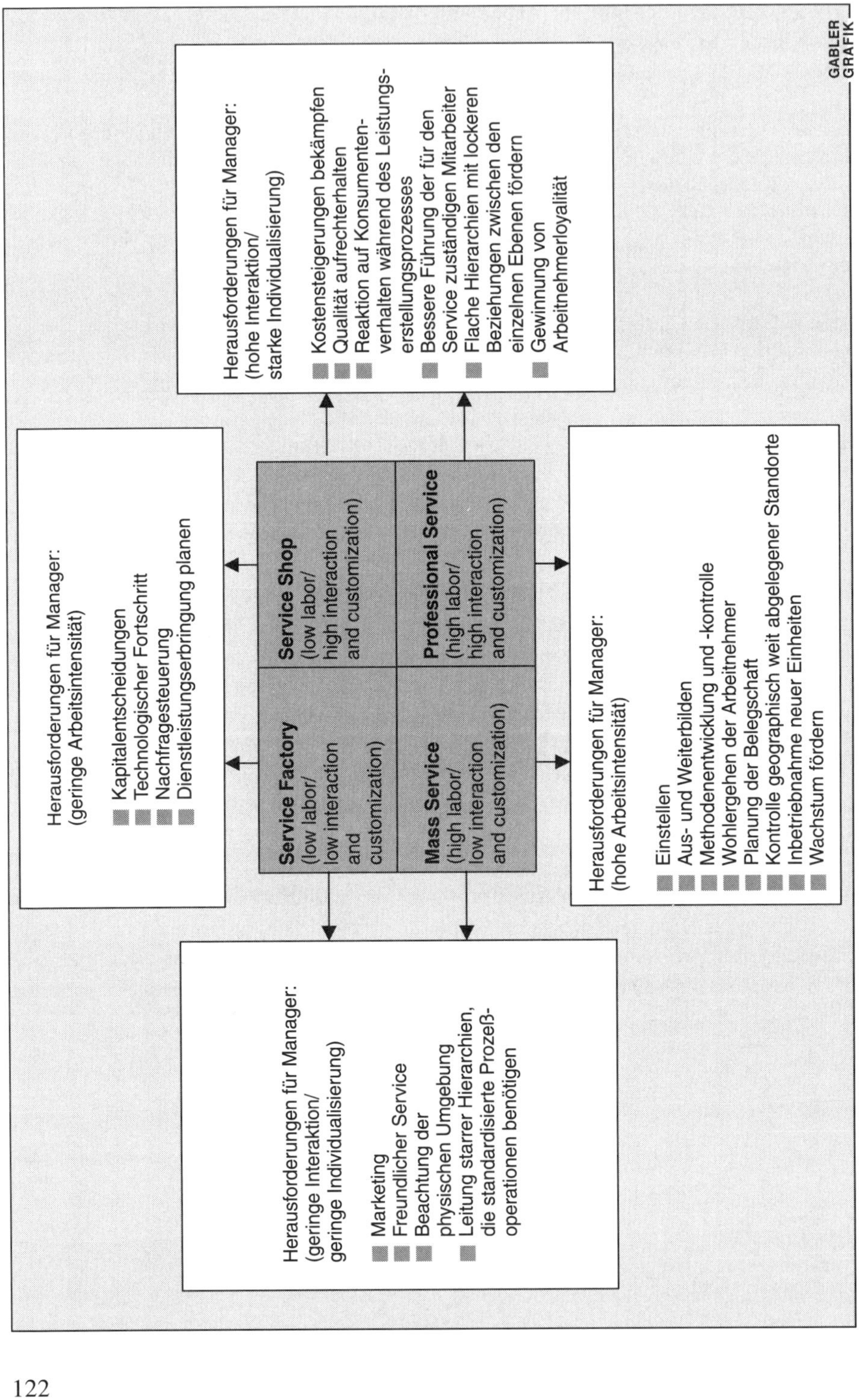

Abbildung 3-3: Herausforderungen für Servicemanager
(Quelle: Schmenner 1988)

2.2 Ressourcenanalysen

Während die Umweltanalyse durch Ermittlung der Chancen und Risiken der Dienstleistungsunternehmung den Möglichkeitsraum der Strategieplanung absteckt, versucht die **Ressourcenanalyse (Stärken-Schwächen-Analyse)** festzustellen, welche Aktivitäten die Unternehmung im Lichte der gegenwärtigen und zukünftigen Ressourcensituation strategisch sinnvoll ergreifen kann („Strategiefit") (Hinterhuber 1996, S. 167ff.; Johnson/Scheuing/Gaida 1986, S. 110f.).

Bezugsobjekt der Analyse können hier wiederum Gesamtunternehmungen sein oder auch – bei entsprechend diversifizierten Unternehmen – einzelne strategische Geschäftsfelder.

Im Rahmen der Ressourcenanalyse wird eine Inside-out-Betrachtung vorgenommen, die unternehmensinterne Ressourcen als Wettbewerbsvorteile und damit Quelle für den zukünftigen Unternehmenserfolg zu ermitteln versucht. Die Bedeutung einer Ressource für das strategische Potential ist um so größer, je geringer sich die Gefahr der Imitation durch Konkurrenten darstellt. In Dienstleistungsunternehmen stellen vor allem die „unique skills" der Mitarbeiter das erfolgsgenerierende Potential dar (Lienemann/Reis 1996, S. 257f.). Aber nicht nur die konkret im Dienstleistungserstellungsprozeß eingesetzten Ressourcen wie Know-how, Personal und Ausrüstungen werden bei der Ressourcenanalyse betrachtet, sondern es erfolgt die Ermittlung sämtlicher Leistungspotentiale, wie zum Beispiel finanzielle, organisatorische und technologische Ressourcen, akquisitorisches Potential des Unternehmens, Standort, Innovationsfähigkeit. Die Bewertung der einzelnen Leistungspotentiale kann durch ein Ressourcenprofil dargestellt und den Schlüsselanforderungen des Marktes gegenübergestellt werden (Becker 1993). Dadurch gelingt es, Hauptstärken und Synergien zu identifizieren, auf denen eine erfolgreiche Strategie basieren kann.

Ein **Beispiel**, wie die ermittelten Stärken in neuen Märkten eingesetzt werden können, zeigen die Bankdienstleistungen der Postbank. Ein dichtes Dienststellennetz, lange Öffnungszeiten und günstige Standorte bildeten die Voraussetzung, erfolgreich in den Bereich der Bankdienstleistungen zu diversifizieren. Gleichzeitig macht dieses Beispiel aber die durch Human-Ressourcen vorgegebenen Grenzen deutlich.

Spezifische Kompetenzvorteile gegenüber dem Hauptwettbewerber sind im Rahmen eines **Vergleichs der Ressourcenprofile** zu ermitteln. Eine Strukturierung der Stärken und Schwächen kann nach Zielgruppen (zum Beispiel Imagedefizite bei vermögenden Bankkunden), Marketingmixbereichen oder auch den betrieblichen Funktionen erfolgen. Der letzteren Vorgehensweise ähnelt der Ansatz einer Geschäftssystem- beziehungsweise Wertkettenanalyse (Porter 1985), auf die in Abschnitt 2.6 näher eingegangen wird.

Chancen	Risiken
■ Liberalisierung von Marktzutrittsbeschränkungen ■ Zunehmende Freizeitorientierung der Bevölkerung ■ Fortschreitende wirtschaftliche Integration	■ Eintritt neuer, preisaggressiver Wettbewerber in den Heimatmarkt ■ Zunehmende Bedeutung der Kommunikationstechnologie
Stärken	**Schwächen**
■ Hoher nationaler und internationaler Bekanntheitsgrad ■ Marktführer im Heimatmarkt ■ Image geprägt durch Sicherheit/ Zuverlässigkeit ■ Dichtes Streckennetz	■ Relativ schlechte Kostenposition im Vergleich zu den Hauptwettbewerbern ■ Motivationsprobleme bei Flugbegleitern

GABLER GRAFIK

Abbildung 3-4: Vereinfachte SWOT-Analyse am Beispiel einer Fluggesellschaft

In der Regel werden Chancen-Risiken-Analysen sowie Stärken-Schwächen-Analysen parallel durchgeführt und die strategischen „Key-issues“ in einer **Matrix** zusammengestellt, wie sie in Abbildung 3-4 am Beispiel einer Fluggesellschaft dargestellt ist. Eine solche umfassende Analyse wird auch als **SWOT-Analyse** bezeichnet (**S**trengths, **W**eaknesses, **O**pportunities and **T**hreats). Insbesondere wird deutlich, daß unternehmensindividuelle Zusammenhänge zwischen Chancen/Risiken und Stärken/Schwächen bestehen, die für den weiteren strategischen Planungsprozeß von Bedeutung sind.

2.3 Positionierungsanalysen

Wie Sachgüter werden auch Dienstleistungen um so höher geschätzt beziehungsweise intensiver nachgefragt, je besser sie in der Wahrnehmung der Dienstleistungskonsumenten deren jeweiligen Anforderungen und Bedürfnissen entsprechen, das heißt, je besser sie in einem konsumentenbezogenen Eigenschaftsraum „positioniert“ sind.

> Im Rahmen der **strategischen Positionierung** geht es darum, einzelne Dienstleistungen, strategische Geschäftseinheiten oder ganze Dienstleistungsunternehmen in einen durch Käuferbefragungen gewonnenen Eigenschaftsraum einzuordnen.

Dabei werden unternehmens-, konsumenten- und wettbewerbsbezogene Aspekte in die Positionierung integriert. Heskett spricht in diesem Zusammenhang von den „drei C's": The Company, the Customer, and the Competitor: „How do they relate to one another on dimensions considered important to the customer?" (Heskett 1986, S. 31).

Die Positionierung verfolgt mehrere Zielsetzungen (Brockhoff 1993, S. 124ff.; Lovelock 1995): So gibt sie Auskunft über die **Unternehmensposition** im Vergleich zu Hauptwettbewerbern hinsichtlich der aus Käufersicht relevanten Beurteilungskriterien (Deskriptive Positionierung; Bildung von Realpunkten). Daraus lassen sich in einem weiteren Schritt Ansatzpunkte zur Differenzierung beziehungsweise **Umpositionierung** von bestehenden Dienstleistungen ableiten oder Positionierungslücken identifizieren (Normative Positionierung; Erhebung von Idealpunkten und Vergleich mit Realpunkten). Aus den Besonderheiten von Dienstleistungen resultieren spezifische Anforderungen an eine Positionierung. Beispielsweise erschwert das Merkmal der Immaterialität einen Vergleich von Dienstleistungsattributen mit denjenigen der Konkurrenz, da Kunden keine direkte Überprüfung der Leistungsmerkmale wie im Fall von physischen Produkten vornehmen können (Payne 1993, S. 102).

Die strategische Positionierung erfolgt im Rahmen eines **fünfstufigen Prozesses**, an dessen Anfang die Bestimmung des zu positionierenden Objektes steht. Anschließend sind die segmentspezifischen Leistungsmerkmale festzulegen, die eine unmittelbare Kaufverhaltensrelevanz aufweisen. Informationsquellen auf dieser Stufe sind Kundenstatements, die sowohl mit Hilfe der multidimensionalen Skalierung als auch mittels faktoranalytischer Verfahren die Basis für eine Positionierung in einem Merkmalsraum bilden. An diese Stufe schließt sich die Bewertung unterschiedlicher strategischer Positionierungsoptionen an, die beispielsweise in der Besetzung einer lukrativen Marktnische oder der Repositionierung einer Dienstleistung bestehen. In der fünften Stufe erfolgt die Implementierung der Positionierung und die Festlegung des Marketingmix (Payne 1993, S. 108ff.).

Beispiele von Positionierungsmodellen sind in den Abbildungen 3-5 und 3-6 dargestellt. In Abbildung 3-5 sind amerikanische Unternehmensberatungsfirmen in Abhängigkeit des Spezialisierungsgrades ihrer Beratertätigkeit und hinsichtlich des Formalisierungsgrades der Tätigkeit positioniert. Das Positionierungsmodell wurde auf der Grundlage von Gesprächen mit 30 Unternehmensrepräsentanten erstellt, die eine Beurteilung der einzelnen Consulting-Unternehmen vorgenommen haben. Es zeigt sich deutlich, daß McKinsey als Generalist mit hohem Formalisierungsgrad eingestuft wird, während Arthur D. Little als Spezialist, ebenfalls mit hohem Formalisierungsgrad angesehen wird. Die Boston Consulting Group unterscheidet sich insbesondere im Formalisierungsgrad der Tätigkeit von diesen beiden Firmen (Payne 1986, S. 43f.).

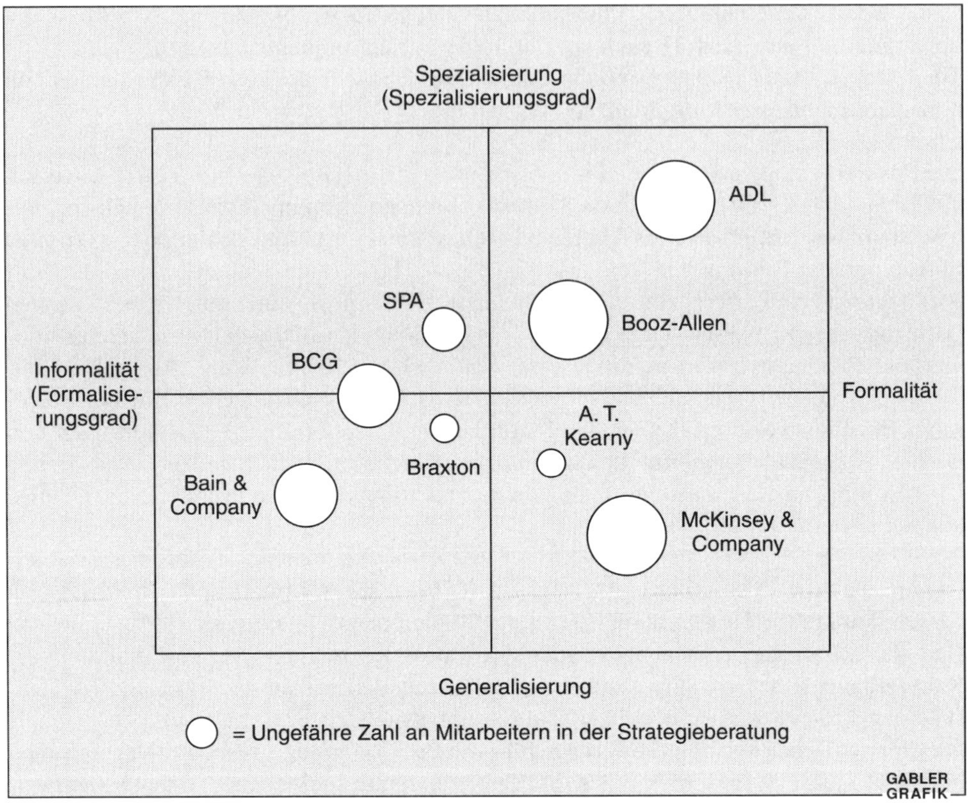

Abbildung 3-5: Positionierungsmodell ausgewählter US-Unternehmensberatungsfirmen
(Quelle: Payne 1986)

In Abbildung 3-6 ist ein Marktpositionierungsmodell des Bankenmarktes dargestellt, das dem Positionierungsdenken der siebziger Jahre entspricht, als den Dimensionen Erreichbarkeit und breite Produktpalette hohe Bedeutung beigemessen wurde. Spezialbanken sind in ihrer physischen Marktpräsenz begrenzt und verfügen nur über ein schmales Produktangebot, während Universalbanken, zu denen die Sparkassen und Genossenschaftsbanken zählen, ein dichtes Filialnetz und eine relativ breite Leistungspalette anbieten. Die Post bietet ein begrenztes Bankleistungsangebot an, erreicht aber durch das dichte Netz von Poststellen eine hohe Distributionsdichte (Gröne 1984, S. 57). Heute sind weitere Dimensionen zur Positionierung von Banken heranzuziehen und differenziert nach einzelnen Kundensegmenten zu analysieren.

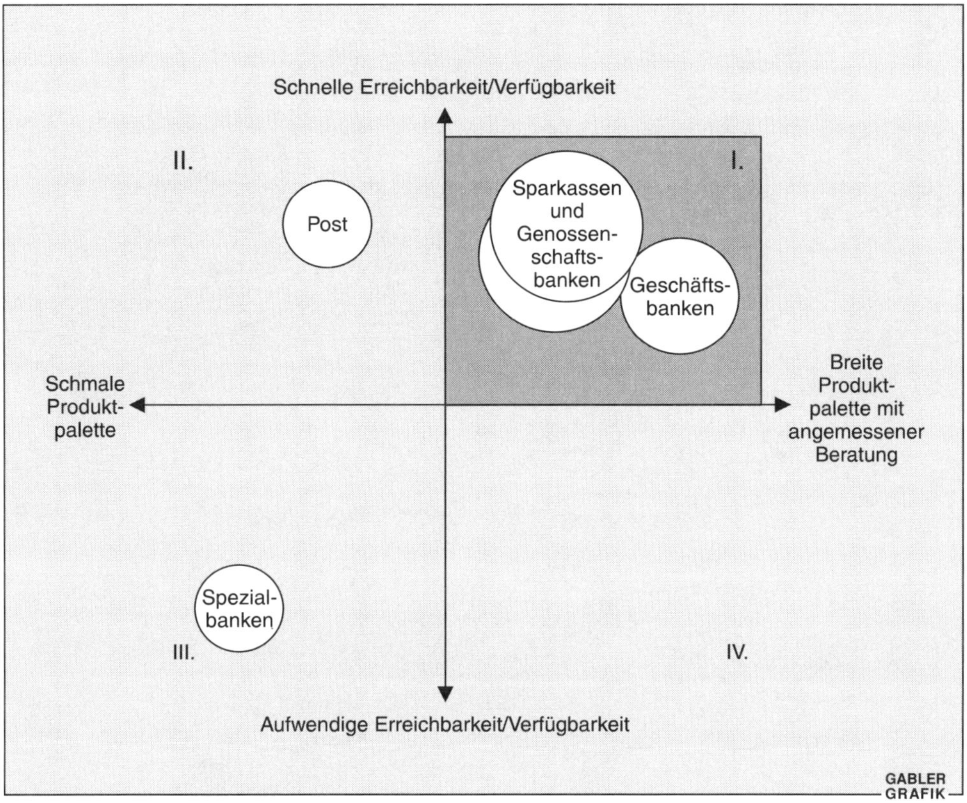

Abbildung 3-6: Marktmodell des Bankenmarktes nach dem Positionierungsdenken der siebziger Jahre
(Quelle: Gröne 1984, S. 57)

2.4 Lebenszyklusanalysen

Dienstleistungen beziehungsweise Dienstleistungsunternehmen unterliegen während ihrer Marktpräsenz in der Regel ebenso wie Sachgüter einem **Lebenszyklus**. In idealtypischer Weise lassen sich dabei mit Einführungs-, Wachstums-, Reife-, Sättigungs- und Verfallsphase fünf Stadien unterscheiden.

Bei der Verfolgung von Wachstumsstrategien im Dienstleistungsmarketing sind die Implikationen, die aus dem Lebenszykluskonzept abzuleiten sind, zu berücksichtigen

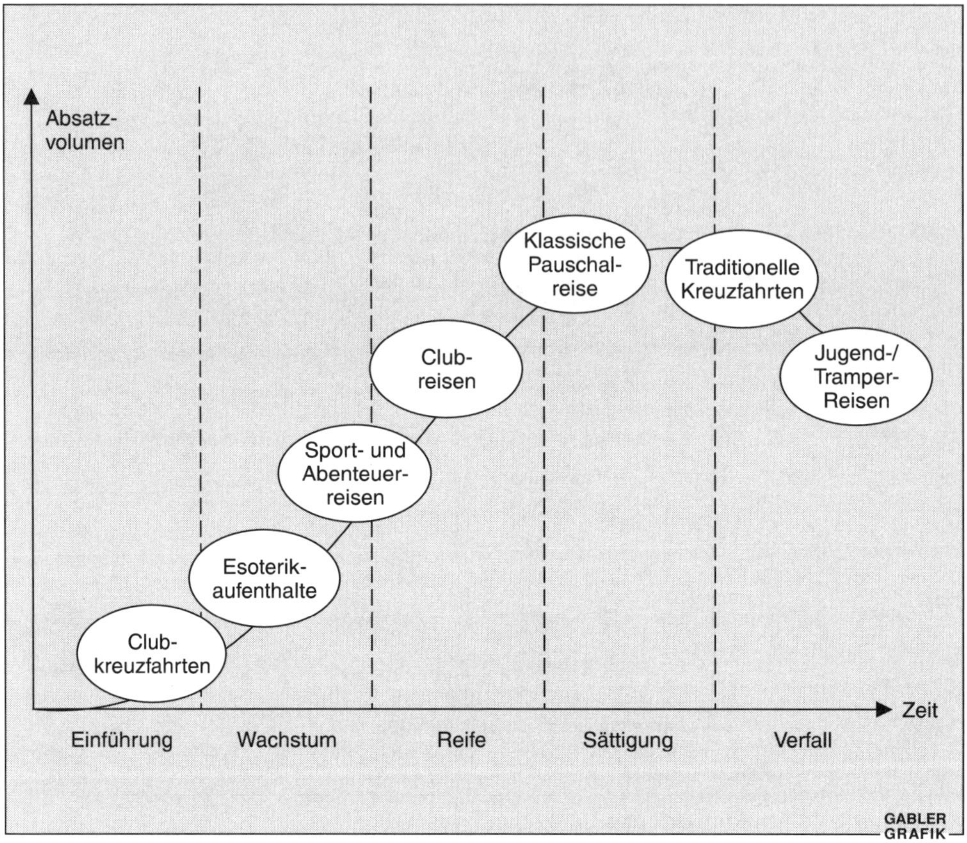

Abbildung 3-7: Lebenszyklus von Dienstleistungen am Beispiel der Formen von Urlaubsreisen

(Johnson/Scheuing/Gaida 1986, S. 120f.). Auf relativ hoch aggregierter Ebene kann die Lebenszyklusanalyse trotz erheblicher Vorbehalte (zum Beispiel Allgemeingültigkeit, Phasenabgrenzung) zur Typologisierung strategisch relevanter Situationen herangezogen werden (Meffert 1986, S. 369ff.; Schürmann 1993, S. 38). In Abbildung 3-7 sind verschiedene Formen von Urlaubsreisen hinsichtlich ihrer Position im Lebenszyklus dargestellt.

Grundsätzlich kann argumentiert werden, daß das Lebenszykluskonzept im Dienstleistungsbereich noch größere Bedeutung aufweist als im Konsumgüterbereich. Diese These stützt sich auf die Verwandtschaft von Lebenszykluskonzept und **Diffusionsforschung**. Der Unterschied zwischen den beiden Ansätzen besteht im wesentlichen darin, daß sich die Diffusion auf die prozentuale Entwicklung der Adopterbestände eines sozialen Systems oder Marktsegments (im Zeitablauf) bezieht, während das Lebenszykluskonzept auf absoluten Verkaufszahlen basiert. Dabei sind zusätzlich zur Anzahl der Adopter folgende Größen von Bedeutung: Durchschnittliche Kaufmenge bei Übernahme, Anzahl der Wiederkäufer sowie Kaufintervalle und Kaufmengen der Wiederkäufer (Robertson 1971, S. 30; Gierl 1987, S. 54). Im Dienstleistungsbereich besteht die Kaufmenge häufig aus einer Einheit, so daß starke Ähnlichkeiten der Übernahmeverteilungen im Diffusionsbereich mit dem ebenfalls glockenförmigen Verlauf der Lebenszykluskurve bestehen.

Dabei ist anzumerken, daß die Diffusionsforschung den „wissenschaftlichen Unterbau" für das explikativ ausgerichtete Lebenszyklusmodell darstellt. Da der Kaufentscheidungsprozeß im Dienstleistungsbereich häufig bei der interpersonellen Kommunikation zwischen aktuellen und potentiellen Konsumenten ansetzt, ist eine deutliche Nähe zur Diffusionsforschung gegeben, die eine Erklärung der individuellen Adoptionsprozesse im wesentlichen auf eben diese Prozesse ausrichtet (Warren/Abercrombie/Berl 1989, S. 23).

Gleichzeitig muß aber die **Bedeutung des Lebenszykluskonzeptes** insofern eingeschränkt werden, als Dienstleistungen aufgrund ihrer in der Regel beschränkten Standardisierbarkeit einem evolutorischen Anpassungsprozeß unterliegen. Hier liegt die besondere Schwierigkeit in der Bestimmung des Zeitpunktes, zu dem eine Dienstleistung soweit variiert, daß ein neuer Lebenszyklus eben dieser veränderten Dienstleistung entsteht.

Aus dem explikativen Lebenszyklusmodell können dennoch einige normative Aussagen abgeleitet werden. So ist in der **Einführungsphase** einer Dienstleistung eine schnelle Penetration und Diffusion der Leistung anzustreben. Es stellt sich insbesondere die Frage, wann ein Markteintritt erfolgen soll (First-to-market versus Late-to-market), mit welcher Stärke der Markteintritt vorgenommen und welches Segment konkret bearbeitet werden soll. Innerbetrieblich stellen sich in dieser Lebenszyklusphase vor allem Probleme im Bereich des Innovationsmanagements. In diesem Zusammenhang müssen Entscheidungen hinsichtlich Art und Dimensionierung der bereitzustellenden Potentiale, hinsichtlich der Gestaltung der durchzuführenden Prozesse sowie hinsichtlich der beabsichtigten beziehungsweise der aus Kundensicht gewünschten Ergebnisse getroffen werden.

In der **Wachstumsphase** gilt es, die Marktposition zu konsolidieren und weiterhin interpersonelle Kommunikationsprozesse zur Intensivierung des Diffusionsprozesses anzuregen. Darüber hinaus ist die Nachfrage durch die Ansprache neuer Dienstleistungssegmente oder eine geographische Ausweitung weiter zu steigern. Gleichzeitig sind Markteintrittsbarrieren zur Verteidigung der Marktposition aufzubauen. Intern wird der Fokus auf eine höchstmögliche betriebliche Effizienz verlagert.

In **reifen** und **gesättigten Märkten**, wie zum Beispiel dem Banken- und Versicherungsbereich, sind Strategien auszuwählen, die für die Verteidigung und den Ausbau des Marktanteils am zweckmäßigsten sind. Die Bemühungen der Versicherungsunternehmen, ihr Leistungsangebot weiter zu differenzieren und durch Diversifikation in den Bereich der Finanzdienstleistungen neue Absatzchancen zu nutzen, zeigen exemplarisch Behauptungsstrategien für Unternehmen in gesättigten Märkten auf. Schwerpunktaktivitäten liegen hier in einer optimierten Marktsegmentierung und dem Angebot von Zusatzleistungen.

In der **Verfallsphase** steht ein Unternehmen vor der strategischen Entscheidung, in welcher Form den in zunehmender Weise auftretenden Wettbewerbskonfrontationen bei etablierten Marktpositionen am erfolgreichsten begegnet werden kann. Unter Umständen ist in diesem Stadium eine Entscheidung über den Rückzug beziehungsweise Marktaustritt zu fällen. Viele Dienstleister werden in dieser Phase allerdings verstärkt Überlegungen hinsichtlich einer Diversifikation und Internationalisierung des Leistungsangebots anstellen.

Sofern sich Umweltentwicklungen kontinuierlich vollziehen, kann das Lebenszykluskonzept wichtige Hilfestellungen für die Strategieformulierung liefern und Umsatzsowie Absatzprognosen erleichtern. Die Lebenszyklusanalyse verliert jedoch ihre Aussagekraft, wenn sich ein Dienstleistungsunternehmen unsystematischen und diskontinuierlichen Veränderungen, wie zum Beispiel radikalen Änderungen der gesetzlichen Rahmenbedingungen, gegenübersieht.

2.5 Portfolioanalysen

Seit den siebziger Jahren zählt die **Portfolioplanung** zu den verbreitetsten Analyse- und Planungskonzepten. In Anlehnung an ein Wertpapierportfolio wird ein Unternehmen als Gesamtheit von Geschäftsfeldern und Produktlinien gesehen, wobei eine Ausgewogenheit dieser Portfolios auf Gesamtunternehmensebene anzustreben ist. Grundlage des Portfoliokonzeptes sind zum einen empirisch fundierte Fakten über die langfristigen Erfolgsdeterminanten von Unternehmen und die Realisierung von Skalen- beziehungsweise Lerneffekten, wie sie zum Beispiel im Rahmen des **PIMS-Projektes (Profit Impact of Market Strategies)** ermittelt werden konnten (Buzzell/Gale 1989). Darüber hinaus bestimmen Annahmen des oben beschriebenen Lebenszykluskonzeptes die Aussagen der Portfolioanalyse (Kreilkamp 1987).

Ausgangspunkt der **Portfolioanalyse** ist die Positionierung von Geschäftsfeldern, Produktlinien oder einzelnen Dienstleistungen in einer zweidimensionalen Matrix. Eine der beiden Dimensionen verkörpert in der Regel weitgehend von der Umwelt definierte und daher nicht von der Unternehmung beeinflußbare Größen (zum Beispiel Marktwachstum, Marktattraktivität), während die andere Dimension durch eine oder mehrere vom Unternehmen zu beeinflussende Größen gebildet wird. Bei den Dimensionen handelt es sich um (interne und externe) Determinanten für den Markterfolg eines Unternehmens.

Der Einsatz der Portfolioanalyse setzt eine geeignete **Abgrenzung der strategischen Geschäftseinheiten** voraus. Eine „Strategische Geschäftseinheit" ist im Idealfall durch eine spezifische Marktaufgabe gekennzeichnet, weist eine hohe Eigenständigkeit auf und liefert einen Beitrag zum Erfolgspotential eines Dienstleistungsunternehmens (Meffert 1986, S. 68).

In der PIMS-Studie wurde eine positive Korrelation zwischen dem ROI eines Unternehmens und dem relativen beziehungsweise absoluten Marktanteil sowie der Produkt- beziehungsweise Dienstleistungsqualität festgestellt (Neubauer 1989). Dabei wird die strategische Bedeutung des Marktanteils primär über den **Erfahrungskurveneffekt** zu erklären versucht. Dieser besagt, daß mit jeder Verdopplung der im Zeitablauf kumulierten Produktionsmenge die realen Stückkosten um 20 bis 30 Prozent sinken können (Henderson 1974, S. 19). Die Senkung der realen Stückkosten hat wiederum einen positiven Einfluß auf den Gewinn, so daß insgesamt eine Wirkungskette vom hohen Marktanteil über Erfahrungskurveneffekte hin zu einem hohen Gewinn vorliegt.

Als die wichtigsten **Einflußfaktoren des Erfahrungskurveneffektes** werden Lerneffekte, Größendegressionseffekte, technischer Fortschritt und Rationalisierung genannt (Henderson 1974). Unter Berücksichtigung der Besonderheiten von Dienstleistungen stellt sich die Frage, inwieweit diese Einflußgrößen in Dienstleistungsunternehmen vorliegen und ob sich die von Henderson beschriebenen Erfahrungskurven realisieren lassen.

Die Integration des externen Faktors in den Dienstleistungserstellungsprozeß und die häufig damit verbundene Individualität einer Dienstleistung sowie deren Nichtlagerfähigkeit beschränken die Ausnutzung von Erfahrungskurveneffekten, insbesondere bei persönlichen Dienstleistungen (zum Beispiel Friseur, Arzt, Rechtsanwalt). Hier läßt sich unter Umständen nur eine Degression der Personalkosten durch Lerneffekte erzielen. Mit zunehmendem **Automatisierungs- und Standardisierungsgrad** von Dienstleistungen (zum Beispiel Bankautomaten, Einsatz neuer Medien zur Informationsübermittlung) lassen sich hingegen Erfahrungskurveneffekte durch Größendegression, technischen Fortschritt und Rationalisierungen begründen.

Die **Realisierung von Erfahrungskurveneffekten**, zum Beispiel im Versicherungs- und Bankenbereich, wird in der Literatur kontrovers diskutiert (vgl. Thiesing 1986, S. 103). In Abbildung 3-8 sind beispielhaft Ergebnisse von Analysen wiedergegeben, bei denen für Teilzahlungsbanken und Lebensversicherungen Erfahrungskurven nachgewiesen werden konnten. Demgegenüber konnte für eine Universalbank keine Erfahrungskurve ermittelt werden (Lange 1982). Ausgehend von der Heterogenität des Dienstleistungsbereichs empfiehlt es sich daher, die Relevanz der dem jeweiligen Portfoliokonzept zugrundeliegenden Dimensionen zu überprüfen. Als Dimensionen empfehlen sich die spezifischen Erfolgsgrößen beziehungsweise Schlüsselgrößen in Abhängigkeit vom jeweiligen situativen Kontext des Dienstleistungsunternehmens.

Die konkrete Ausgestaltung der Dimensionen einer Portfoliomatrix hängt davon ab, welches die **langfristigen Erfolgsdeterminanten** (intern und extern) eines Dienstlei-

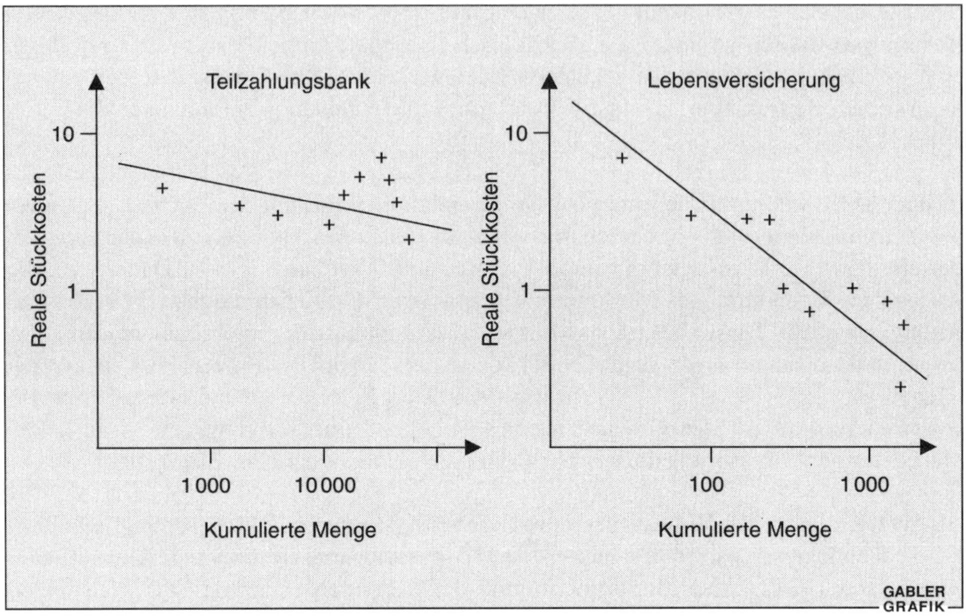

Abbildung 3-8: Beispiele von Erfahrungskurven im Dienstleistungsbereich bei Banken und Versicherungen
(Quelle: Lange 1982)

stungsunternehmens sind. Im folgenden soll beispielhaft das auf die Boston Consulting Group zurückgehende **Marktwachstums-Marktanteils-Portfolio** im Hinblick auf eine Anwendung im Dienstleistungsbereich untersucht werden. In Abbildung 3-9 ist das dabei zugrunde liegende Basismodell dargestellt.

Sollten sich wegen bestehender Erfahrungskurveneffekte innerhalb einer Branche Marktanteil und Marktwachstum als zentrale Dimensionen zur Beurteilung der strategischen Situation herausstellen, bietet sich das dargestellte Marktwachstums-Marktanteils-Portfolio zur Analyse im Dienstleistungsbereich an.

Aus der Positionierung einzelner Geschäftseinheiten innerhalb der jeweiligen Felder im Portfolio lassen sich dann strategische Stoßrichtungen – sogenannte **Normstrategien** – ableiten. Diese sind allerdings vor dem Hintergrund der zahlreichen Einschränkungen zu bewerten, die grundsätzlich mit dem Portfoliokonzept verbunden sind (Festlegung der Grenzen, Bestimmbarkeit des Marktanteils, Vernachlässigung von Synergien zwischen den Geschäftsfeldern usw.) (Kreilkamp 1987).

- **Question Marks** verfügen über einen geringen relativen Marktanteil, sind aber in einem stark wachsenden Markt positioniert. Ihre Stellung ist daher ambivalent. Einerseits sind sie für die Unternehmung gefährlich, da sie aufgrund des starken

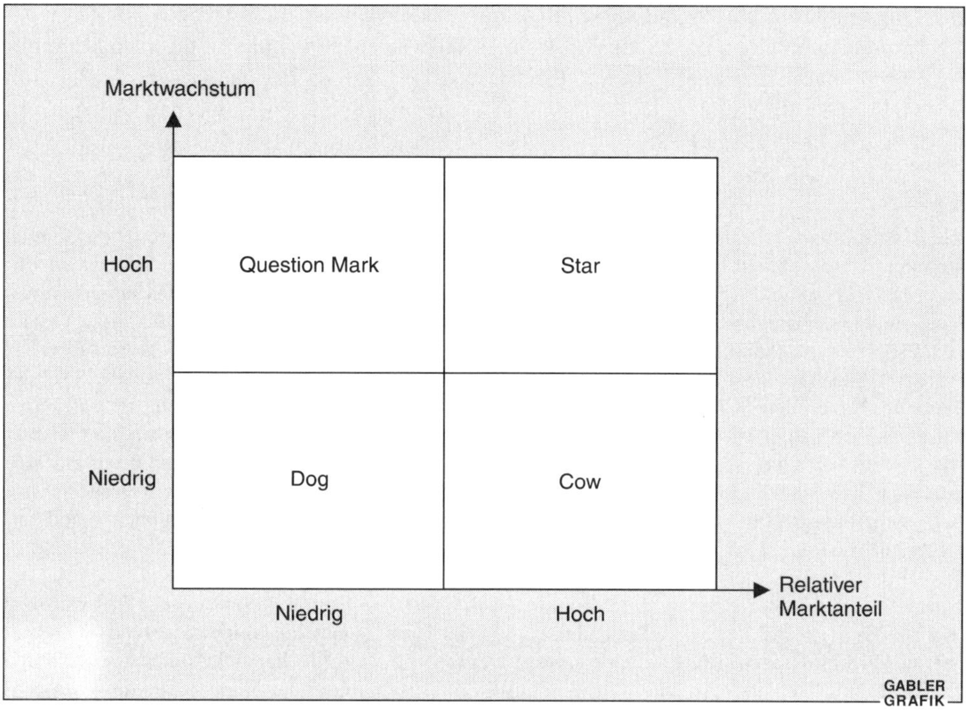

Abbildung 3-9: Marktwachstums-Marktanteils-Portfolio der Boston Consulting Group

Marktwachstums einen hohen Finanzmittelbedarf haben, ohne ihrerseits Finanzmittelüberschüsse zu erwirtschaften. Andererseits bieten Question Marks auch große Chancen, wenn es gelingt, den Marktanteil stark zu erhöhen.

- **Stars** sind Geschäftseinheiten mit überdurchschnittlichem Marktwachstum und dem Potential zu dominierender Marktposition bis in die Reifephase. Sie beanspruchen sehr große finanzielle Ressourcen und erwirtschaften in der Zeit des starken Wachstums kaum Finanzmittelüberschüsse. Sie haben aber die Chance, sich in Zukunft zu Cash Cows mit entsprechend hohen Finanzmittelüberschüssen zu entwickeln. Daher sollten sofortige Reinvestitionen der erwirtschafteten Finanzmittel und damit das Halten des hohen Marktanteils oder eine Marktanteilsausweitung angestrebt werden.

- **Cash Cows** sind Geschäftseinheiten auf kaum wachsenden oder stagnierenden Märkten, für die allerdings gute Marktpositionen bestehen. Diese Strategischen Geschäftseinheiten liefern die Finanzüberschüsse, die zum Aufbau der Nachwuchsgeschäfte und zur Absicherung der Stars benötigt werden. Cash Cows sichern den gegenwärtigen Erfolg der Unternehmung (Hauptquelle für Gewinne und Liquidität). Infolgedessen müssen Investitionen nur insoweit erfolgen, als dies zur Marktanteilserhaltung notwendig ist.

- **Dogs** sind schließlich jene Geschäftseinheiten, die sowohl ein niedriges Marktwachstum als auch einen niedrigen Marktanteil aufweisen. Sie sind von ihrer Position nur durch unverhältnismäßig hohen Einsatz von Ressourcen in eine günstigere Position zu bringen. Ihre relative Kostenposition ist unzureichend, und es werden häufig kaum Finanzmittelüberschüsse erwirtschaftet, so daß jede Investition Gefahr läuft, in einer Falle („Cash-trap") ohne Aussicht auf Gewinn zu verschwinden.

Ein Beispiel aus der Touristikbranche verdeutlicht das Portfoliokonzept: Im Flußkreuzfahrtbereich bietet ein Unternehmen drei Marken beziehungsweise Dienstleistungen an, die auf unterschiedliche Marktsegmente ausgerichtet sind. Mit der Marke „Classic Tours" besetzt das Unternehmen das Segment anspruchsvoller Kunden, die bereit sind, einen relativ hohen Preis für ihren Urlaub zu bezahlen. Das Marktsegment der Luxusreisen, in dem das Unternehmen Marktführer ist (relativer Marktanteil = 2,5), verzeichnet derzeit ein Wachstum von 0,5 Prozent mit rückläufiger Tendenz. Neben den „Classic Tours" wird zudem die „Activity Line" angeboten, die auf aktive Kurzurlauber ausgerichtet ist und zur Zeit Wachstumsraten von 5,5 Prozent verzeichnet. Dieser Markt wird von zwei Wettbewerbern dominiert, die zusammen 70 Prozent Marktanteil auf sich vereinen. Die Marke „Fun Cruise" richtet sich hingegen auf preiswerte Gruppenreisen, die mit 7 Prozent das größte Wachstum im Flußkreuzfahrtmarkt verzeichnen. Aufgrund speziell auf Gruppenreisen ausgerichteter Marketingaktivitäten und entsprechend ausgerüsteter Flußdampfer besitzt das Unternehmen in diesem Markt einen relativen Marktanteil von 1,5. Die Festlegung der Normstrategien sieht für die „Classic Tours" (Cash Cow) eine Nominalerhaltung der Investitionen und Marketingaktivitäten vor, während die „Activity Line" (Question Mark) aufgrund zu starker Wettbewerbseinflüsse mittelfristig eingestellt werden soll. Die mit den „Classic Tours" erzielten Deckungsbeiträge sollen zu einem großen Teil in die Erweiterung der Kapazitäten der Gruppenreisenaktivitäten („Fun Cruise") investiert werden (Star), um weiterhin an dem hohen Wachstum dieses Segmentes zu partizipieren und den Marktanteil auszubauen.

Eine Weiterentwicklung des Marktanteils-Marktwachstums-Portfolios stellt das **Marktattraktivitäts-Wettbewerbsvorteils-Portfolio** dar, bei dem die Dimensionen nicht durch je eine Einflußgröße gebildet werden, sondern durch Konglomerate ganzer Einflußfaktorenbündel, die in den Faktoren Marktattraktivität und relativer Wettbewerbsvorteil aggregiert sind. Diese multifaktorielle Vorgehensweise hat sich besonders im Dienstleistungssektor bewährt. Darüber hinaus kann durch die Aufstellung eines **Ist- und Ziel-Portfolios** festgestellt werden, welche Geschäftsfeldstrategien zur Erreichung der Ziel-Positionen im einzelnen entwickelt werden müssen.

Generell liegen die Vorteile der Portfoliomethode in der Anschaulichkeit, der leichten Operationalisierbarkeit und Handhabung sowie dem hohen Kommunikationswert. Allerdings sind die aus den Analysen abzuleitenden Normstrategien zu global gehalten, um dezidierte Aussagen bezüglich der Marktwahl-, Marktteilnehmer- und Marketinginstrumentestrategien ableiten zu können.

2.6 Wertkettenanalysen

Zunehmende Beachtung bei der Anwendung strategischer Analyse- und Planungsmethoden findet die auf Porter zurückgehende **Wertkettenanalyse** (Porter 1985).

In Zusammenhang mit der Identifikation von Wettbewerbsvorteilen schlägt Porter die Definition von sogenannten **Wertketten** vor. Ein Wettbewerbsvorteil ist dabei gleichzusetzen mit einem höheren Wert der Unternehmensleistung für den Abnehmer.

Der „Wert" spiegelt sich nach Porter in der Zahlungsbereitschaft der Abnehmer wider. Umgekehrt ergibt sich für den Unternehmer der Gewinn, wenn man von der Summe der Einzelwerte beziehungsweise dem Gesamtwert (Verkaufspreis) die durch die Wertaktivitäten verursachten Kosten abzieht. Der so definierte Wert wird durch das Unternehmen mit all seinen betrieblichen Funktionen geschaffen. Deshalb fordert Porter eine **ganzheitlich kompetitive Analyse des Unternehmens**: „Jedes Unternehmen ist eine Ansammlung von Tätigkeiten, durch die sein Produkt entworfen, hergestellt, vertrieben, ausgeliefert und unterstützt wird. All diese Tätigkeiten lassen sich in einer Wertkette darstellen." (Porter 1995).

Wie Abbildung 3-10 zeigt, ist die Wertkette zunächst ein grob strukturiertes Abbild der Unternehmung mit den wichtigsten „Aktivitäten" (Funktionen), gegliedert nach dem physischen Durchlaufprinzip. Die **primären Aktivitäten** befassen sich mit der Erstellung der Leistung sowie deren Verkauf und Übermittlung an den Abnehmer (Eingangslogistik, Operationen, Marketing und Vertrieb, Ausgangslogistik, Kundendienst). **Unterstützende Aktivitäten** – Porter spricht auch von Versorgungsfunktionen – umfassen demgegenüber den Kauf von Inputs (Beschaffung), die Technologieentwicklung, die Personalwirtschaft sowie die Infrastruktur für das ganze Unternehmen (Gesamtgeschäftsführung, Planung, Finanzen, Rechnungswesen, Rechtsfragen, Qualitätskontrolle usw.).

Eine solche **Wertkette** muß jeweils unternehmensspezifisch definiert werden. Dabei sind die einzelnen Wertaktivitäten in solche Tätigkeiten aufzuspalten, die ein hohes **kompetitives Differenzierungspotential** gegenüber dem Abnehmer innehaben oder einen erheblichen oder steigenden Kostenanteil aufweisen und somit die Gewinnspanne nachhaltig beeinflussen.

Damit ergeben sich zwei **instrumentelle Grundfunktionen der Wertkette**: Zum einen sollen solche Tätigkeiten identifiziert und der Unternehmensplanung und -gestaltung zugänglich gemacht werden, aus denen sich gegenüber dem Wettbewerber Abnehmervorteile im Sinne eines Zusatznutzens ergeben (**Wertkette als Instrument der Abnehmernutzenanalyse**).

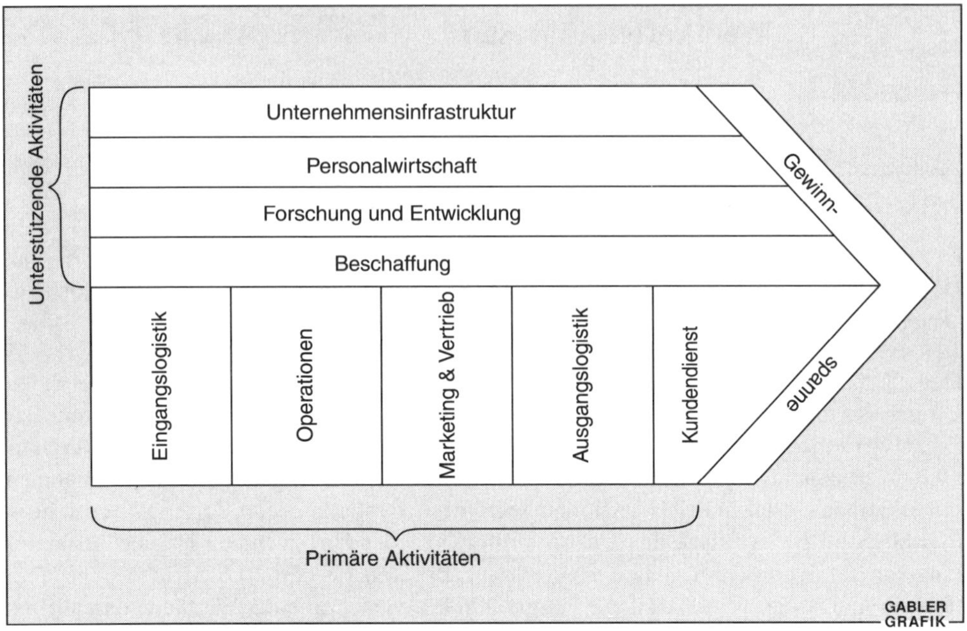

Abbildung 3-10: Modell einer Wertkette nach Porter
(Quelle: Porter 1992, S. 62)

Zum anderen können jene Tätigkeiten und (höher aggregiert) Wertaktivitäten herausgestellt werden, die einen besonders hohen Anteil an den Kosten haben und damit die Gewinnspanne deutlich reduzieren. In diesem Fall wird die **Wertkette als Kostenanalyseinstrument** eingesetzt. Dabei muß allerdings berücksichtigt werden, daß die einzelnen Aktivitäten nicht mit gegebenenfalls namensgleichen Kostenstellen identisch sind. In beiden Grundfunktionen kann die Wertkette ex post als Analyseinstrument („Ist-Wertkette") wie auch im Sinne einer „Soll-Wertkette" als Ex-ante-Gestaltungsinstrument eingesetzt werden.

Die Anordnung der Wertaktivitäten nach dem physischen Durchlaufprinzip (eines Gutes im Fertigungsprozeß) macht deutlich, daß die Zusammenstellung der Wertaktivitäten in einer Wertkette für die **Anwendung im Dienstleistungssektor** modifiziert werden muß. Zum einen gilt es, den **externen Faktor als „Abnehmeraktivität"** in die Dienstleister-Wertkette zu integrieren. Hier sei noch einmal auf Kapitel 1, Abschnitt 3 verwiesen, in dem die Einflüsse des Abnehmers auf Dienstleistungsprozesse und Dienstleistungsergebnisse dargestellt wurden. Darüber hinaus sollte zum anderen die Anordnung der Wertaktivitäten so erfolgen, daß die Befriedigung des der Dienstleistung zugrundeliegenden Bedürfnisses als Dienstleistungserstellungsprozeß abgebildet wird. Abbildung 3-11 veranschaulicht diese Vorgehensweise am Beispiel von Versicherungen.

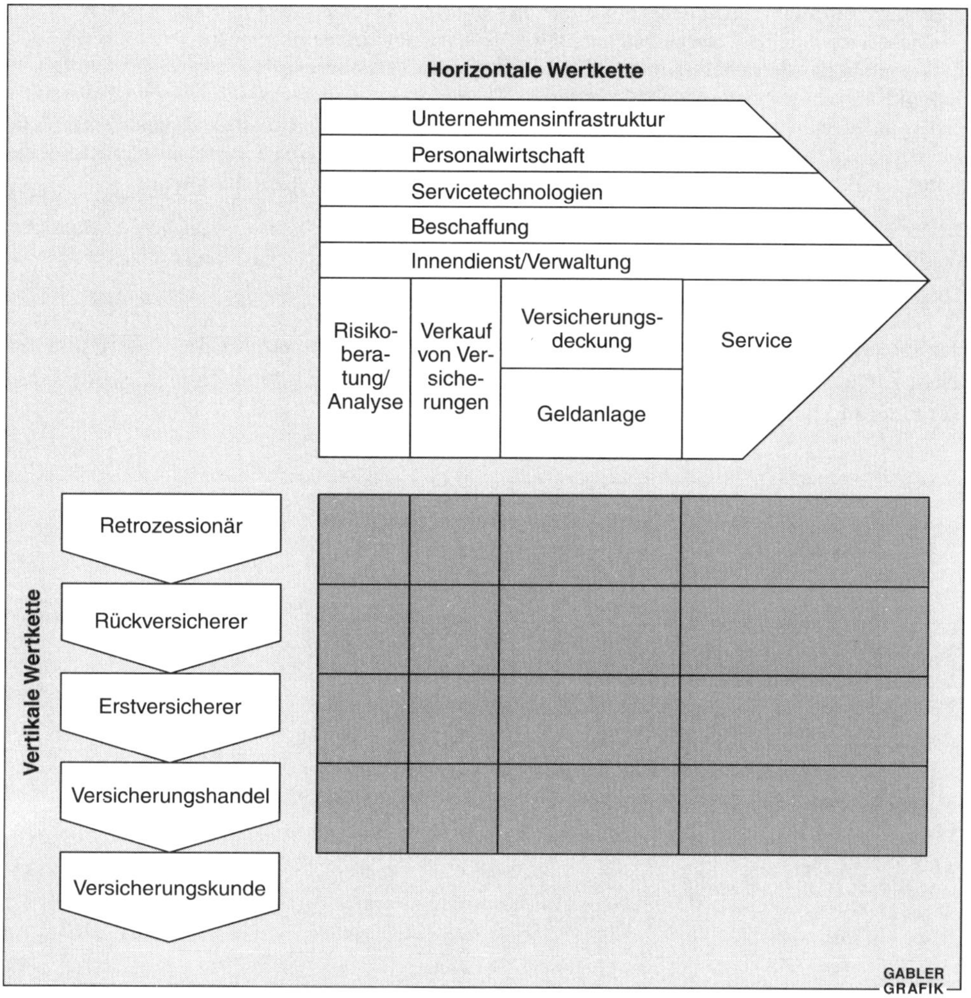

Abbildung 3-11: Wertkettenanalyse am Beispiel von Versicherungen

Eine **Versicherungsgesellschaft** schaltet zur „Produktion des Versicherungsschutzes" die folgenden Wertaktivitäten hintereinander: Zunächst gilt es (mehr oder minder ausgeprägt), eine Risikoanalyse und -beratung beim Versicherungsnehmer vorzunehmen. Bevor der Versicherer seine eigentliche Leistung – die Versicherungsdeckung – vollbringt und die Prämien an Kapitalmärkten anlegt, muß die Versicherungspolice, das heißt ein Leistungsversprechen, verkauft werden. Nach dem Verkauf kann ein entsprechender Service (zum Beispiel im Schadensfall) geboten werden.

Eine so definierte Wertkette kann dazu eingesetzt werden, die kosten- und differenzierungsrelevanten Erfolgsfaktoren innerhalb der Wertaktivitäten gegenüber dem Wettbewerber aufzuzeigen und gezielt zu steuern. Ferner kann der Versicherer überdenken, spezielle Wertaktivitäten zukünftig nicht mehr oder intensiver zu bearbeiten (zum Beispiel eine spezielle Risikoberatung vorzunehmen).

Diese **horizontale Wertkettenanalyse** läßt sich auf den verschiedenen **vertikalen** Stufen in der „Versicherungspipeline" durchspielen: Beispielsweise auf der Stufe des Rückversicherers des traditionellen Erstversicherers oder auf der des (reinen) Versicherungshandels. Zusätzlich lassen sich im Rahmen der Einbindung des externen Faktors gewisse dienstleistungstypische Wertaktivitäten auf den Abnehmer übertragen. So kann zum Beispiel der Direct-mail-Versicherer dem Kunden eine Risikoanalyse (von sich selbst) übertragen oder aber eine Selbstbeteiligung fordern, womit der Versicherungskunde einen Teil der Versicherungsdeckung übernimmt.

Die in Abbildung 3-11 abgebildete Wertkettenmatrix zeigt damit dem Versicherer zahlreiche Möglichkeiten, im horizontalen und vertikalen Wertschöpfungsprozeß innovativ Schwerpunkte zu setzen beziehungsweise zu diversifizieren.

Der Einsatz der vorgestellten Analysemethoden baut zum einen auf den unternehmerischen Zielen auf; zum anderen kann ihr Einsatz jedoch auch eine Zielanpassung oder -veränderung bewirken.

3. Ziele im Dienstleistungsmarketing

Die **Formulierung von operationalen Marketingzielen** ist ein wesentlicher Bestandteil der konzeptionellen Planung. Ihre explizite Formulierung erfüllt Kontroll-, Koordinations- und Motivationsfunktionen. Durch den Vergleich des geplanten Zustandes mit dem tatsächlich erreichten Zustand kann überprüft werden, ob die gesetzten Ziele des Dienstleistungsunternehmens erreicht worden sind (Kontrollfunktion). Die Koordinationsfunktion von Zielen wird durch die gemeinsame Ausrichtung der Marketingziele sowie weiterer Bereichsziele an der Unternehmensmission beziehungsweise an den Oberzielen des Dienstleistungsunternehmens erfüllt. Der Vorgabe sinnvoller und damit erreichbarer Ziele für das Dienstleistungsmanagement und insbesondere für die Mitarbeiter im Kundenkontakt kommt darüber hinaus unter motivationalen Aspekten besondere Bedeutung zu.

3.1 Zielarten im Dienstleistungsbereich

Die **Oberziele** eines Dienstleistungsunternehmens werden aus der Unternehmensmission (vgl. auch Abbildung 3-1) heraus konkretisiert. Im Dienstleistungsbereich sind zwei Typen von Unternehmen hinsichtlich ihrer generellen Zwecksetzung zu unterscheiden: Kommerzielle (profitorientierte) und nicht-kommerzielle (nonprofit-orientierte, soziale) Dienstleistungsunternehmen. Die Oberziele eines Anbieters kommerzieller Dienstleistungen weisen in der Regel keine Besonderheiten gegenüber anderen kommerziell geführten Unternehmen (Konsumgüter- und Investitionsgüterhersteller) auf. Die Vielfalt möglicher Ziele kann zu folgenden **Basiskategorien** zusammengefaßt werden:

- **Marktstellungsziele**
  - Umsatz
  - Marktanteil
  - Marktgeltung
- **Rentabilitätsziele**
  - Gewinn
  - Umsatzrentabilität
  - Return on Investment

- **Finanzielle Ziele**
  - Liquidität
  - Kreditwürdigkeit
  - Kapitalstruktur
- **Psychographische Ziele**
  - Bekanntheit
  - Zufriedenheit
  - Präferenz
  - Kundenbindung
- **Prestigeziele**
  - Unabhängigkeit
  - Image
- **Soziale Ziele (mitarbeiterorientiert)**
  - Mitarbeiterzufriedenheit
  - Einkommenssicherung
  - Soziale Sicherheit
- **Soziale Ziele (gesellschaftsorientiert)**
  - Toleranz und Akzeptanz im Einzugsgebiet
  - Dialog mit gesellschaftlichen Gruppen
- **Ökologische Ziele**
  - Erfüllung staatlicher Auflagen
  - Ökologische Wettbewerbsvorteile

Bezugsgrößen der einzelnen Ziele können wiederum das Gesamtunternehmen, einzelne Geschäftsfelder oder einzelne Dienstleistungen sein.

Dabei stellt der **Gewinn** für die **profit-orientierten Dienstleistungsunternehmen** in der Regel eine Voraussetzung für den Bestand und die Weiterentwicklung des Unternehmens dar, obwohl dem Gewinnziel neben den anderen Zielsetzungen in einigen Dienstleistungsunternehmen nur eine relativ geringe Bedeutung eingeräumt wird.

Für **Nonprofit-Organisationen** im Dienstleistungsbereich treten hingegen andere Zielinhalte in den Vordergrund. Da der Unternehmenszweck nicht mit der Absicht einer Gewinnerzielung verbunden ist, dominieren hier **soziale** und **gesellschaftspolitische Zielsetzungen**. Zielinhalte bestimmen sich häufig aus unterschiedlichen sozialen, rechtlichen oder politischen Zwecksetzungen heraus (Scheuch 1982, S. 152), das heißt durch:

- Gesetzesauftrag (zum Beispiel Vollzug der Gesetze durch die Polizei),
- „Überzeugung“ verantwortlicher Personen oder Gremien (zum Beispiel Aufklärung über Umweltverschmutzung durch Umweltverbände; Altenpflege durch kirchliche Institutionen; Gesundheitsvorsorge, zum Beispiel im Bereich Aids),

- Politische Erwägungen (zum Beispiel Beeinflussung der Wählergunst durch Maßnahmen politischer Institutionen, Parteien usw.).

An die Stelle der klassischen Rentabilitäts- und Finanzziele treten bei **Anbietern nicht-kommerzieller Dienstleistungen** andere, eher kosten-, versorgungs- und produktivitätsorientierte Zielsetzungen (Scheuch 1982, S. 153ff.):

- Budgeterfolg,
- Sparsame Mittelverwendung,
- Produktivität,
- Abdeckungsrate von Ausgaben.

Als Problem erweist sich für Anbieter von kommerziellen und nicht-kommerziellen Dienstleistungen gleichermaßen die Wahl einer Bezugsgröße, um **relative Zielinhalte** zu formulieren, das heißt Kosten- oder Ertragsgrößen auf bestimmte Recheneinheiten zu beziehen. Als Bezugsgrößen können hier zum Beispiel die Kontaktzahl (Besucher einer Ausstellung), Anzahl von Vollzugsakten (Anzahl bearbeiteter Bauanträge, Rechtsvorfälle usw.), Personenanzahl (Zuschauer einer Theateraufführung) oder Zeitdauer des Vollzugs (Aufenthaltsdauer im Krankenhaus, Hotelbetrieb) herangezogen werden (vgl. Scheuch 1982, S. 153f.).

Als **relative Zielinhalte** können daraus zum Beispiel abgeleitet werden:

- Kosten pro Vollzugsakt,
- Umsatz pro Kontakt,
- Mitteleinsatz pro Vollzugsakt.

Unter Bezugnahme auf Unternehmenszweck, Unternehmensmission und Oberziele der Unternehmung gilt es, für den Marketingbereich einer Dienstleistungsunternehmung spezifische Zielsetzungen festzulegen.

3.2 Formulierung von Marketingzielen im Dienstleistungsbereich

Die Festlegung spezifischer Marketingziele muß dem Kriterium der Operationalität genügen. Daher sind Ziele nach Inhalt, Ausmaß, Zeit- und Segmentbezug zu präzisieren.

Im folgenden wird die **Bedeutung von klassischen Marketingzielen für das Dienstleistungsmarketing** analysiert. Neben der Betrachtung strategischer Marketingziele werden auch Instrumenteziele des Dienstleistungsmarketing angesprochen, weil hier die Besonderheiten von Dienstleistungen den größten Einfluß auf die Zielinhalte haben.

Grundsätzlich läßt sich die **Systematisierung von Marketingzielen** nach ihren Inhalten in ökonomische und psychographische Ziele auch auf das Dienstleistungsmarketing übertragen.

Ökonomische Marketingziele knüpfen unmittelbar an den Erwerbszielen eines Dienstleistungsunternehmens an. Zu den wichtigsten ökonomischen Marketingzielen zählen der Deckungsbeitrag, der Marktanteil sowie der wert- oder mengenmäßige Absatz von Dienstleistungen.

Bei der Formulierung von Deckungsbeitrags-, Absatz- oder Marktanteilszielen ist im Dienstleistungsmarketing zunächst die Frage zu klären, durch welche Größen „Absatzmengen" im Dienstleistungsbereich ausgedrückt werden. Zur Ermittlung der Absatzmengen können beispielsweise die folgenden **Maßzahlen** herangezogen werden (Scheuch 1982, S. 153f.):

■ Kontaktzahl	(Verbraucherzentrale)
■ Tourenzahl	(Verkehrsbetrieb)
■ Passagierzahl	(Fluglinien)
■ Bettenauslastung	(Krankenhäuser)
■ Sitzladefaktor	(Personentransport)
■ Übernachtungszahl	(Hotelbetriebe)
■ Behandelte Patienten	(Arztpraxen)
■ Spielumsätze	(Spielbank)
■ Erledigte Akten	(Behörden)
■ Einsatzfahrten	(Hilfsdienste, Feuerwehr)
■ Vorlesungen, Prüfungen, Veröffentlichungen	(Universitäten)

Bei der **Bestimmung der Absatzmengen** ist zu prüfen, inwieweit sich diese auf eine Gesamtdienstleistung oder aber auf einzelne Teilelemente einer Dienstleistung beziehen. Beispielsweise kann die Behandlung eines Patienten in mehreren Behandlungsschritten erfolgen, wobei der Patient mehrmals den Arzt aufsuchen muß, um eine vollständige Dienstleistung (Wiederherstellung der Gesundheit) zu erhalten.

Dabei erschwert ein hoher Individualisierungsgrad von Dienstleistungen vielfach die Erfassung von gleichartigen Absatzmengen. Dies ist ein Grund dafür, daß die **Ermittlung von einheitlichen Deckungsbeiträgen** kaum möglich ist. Darüber hinaus behindert bei vielen Dienstleistungsunternehmen der hohe Anteil an Gemeinkosten beziehungsweise die Erfassung eines Großteils der Kosten als Gemeinkosten (zum Beispiel bei Banken, Krankenhäusern, Bundesbahn) die Ermittlung relativer Einzelkosten (Thomas 1983, S. 46f.; Thiesing 1986, S. 85).

Für die **Ermittlung des Marktanteils** ist neben den eigenen Absatzmengen noch die Bestimmung des wert- oder mengenmäßigen Gesamtabsatzes in dem für eine Unternehmung relevanten Markt erforderlich. Während dies für Dienstleistungsunternehmen mit relativ standardisierten Produkten (zum Beispiel Banken, Versicherungen, Bausparkassen, Transportunternehmen) kaum Schwierigkeiten bereiten dürfte, nimmt die Problematik der Abgrenzung des relevanten Marktes mit zunehmendem Individualisierungsgrad einer Dienstleistung zu. Als Beispiel sei hier die Bestimmung des Marktanteils eines Theaters oder eines Heilpraktikers angeführt.

In Nonprofit-Dienstleistungsunternehmen erfolgt die Ermittlung von Absatzmengen und Marktanteilen nicht aus erwerbswirtschaftlicher Sicht heraus. Häufig dienen diese Größen als Grundlage zur Formulierung von Produktivitätszielen (zum Beispiel Vollzugsakte pro Mitarbeiter) oder zur Konkretisierung von Zielen wie „mehr Bürgernähe“ (zum Beispiel Erhöhung der Kontakte zwischen Bürgern und der Polizei durch Intensivierung der Streifengänge).

Psychographische Marketingziele nehmen auf die mentalen Prozesse der Käufer Bezug. Sie richten sich auf kognitive, affektive und konative Reaktionen von Individuen.

Für das Dienstleistungsmarketing sind folgende **psychographische Ziele** von besonderer Bedeutung:

- Erhöhung des Bekanntheitsgrades,
- Imageverbesserung,
- Erzielung von Wissenswirkung,
- Verbesserung der wahrgenommenen Servicequalität,
- Erhöhung der Kundenzufriedenheit,
- Erhöhung der Kundenbindung.

Die zentrale Stellung von Image-, Servicequalitäts-, Zufriedenheits- und Kundenbindungszielen im Dienstleistungsmarketing erklärt sich aus dem besonderen Charakter des Dienstleistungsangebotes und damit aus den konstitutiven Merkmalen von Dienstleistungen.

Aus der Immaterialität der Dienstleistung und der Simultaneität von Dienstleistungserstellung und -verwendung resultiert, daß Dienstleistungen im Gegensatz zu Sachgütern vor dem Kauf keiner objektiven Prüfung durch den Kunden unterzogen werden können.

Diese Problematik wird bei vielen Dienstleistungen noch durch die Integration des Konsumenten in den Erstellungsprozeß verstärkt, da dieser Eigenanteil a priori schlecht eingeschätzt werden kann. Das sich daraus ableitende erhöhte Risikoempfinden des Nachfragers sowie der Vertrauensgutcharakter von Dienstleistungen wirken sich auf die Priorität einzelner Ziele im Rahmen der Zielsystematik aus.

So erklärt sich die besondere **Bedeutung psychographischer Zielgrößen** wie Kompetenz und Image im Dienstleistungsmarketing (Meffert 1993, S. 13). Ein positives Image einer Dienstleistungsunternehmung stellt beispielsweise einen wesentlichen Indikator für die Qualitätsbeurteilung einer Dienstleistung dar und trägt zur Reduktion des empfundenen Kaufrisikos bei. Empirische Untersuchungen aus dem Bankbereich zeigen, daß das Image einer Bank einen strategischen Schlüsselfaktor darstellt (Thiesing 1986, S. 136ff.).

Den Einfluß eines positiven Images zum Beispiel für eine Unternehmensberatung stellt Thomas treffend mit folgenden Ausführungen heraus: „Beratungsunternehmen sind ein Beispiel dafür, wie der Ruf zu einer Zugangsbarriere werden kann. Es gibt viele Managementprobleme, die von jedem beliebigen Beratungsunternehmen effektiv gelöst werden könnten. Die Großen haben es jedoch geschafft, einen einzigartigen Ruf zu erwerben, so daß nur sie bei bestimmten Problemen zu Rate gezogen werden. Ein derartiger Ruf dient hier als eine Art Zugangsbarriere für andere Beratungsunternehmen“ (Thomas 1983, S. 45).

Für den Wiederkauf und für die im Dienstleistungsmarketing besonders bedeutsame „Persönliche Kommunikation“ beziehungsweise „Mund-zu-Mund-Kommunikation“ (Zeithaml 1981, S. 186f.) stellt die **Erreichung eines hohen Zufriedenheitsgrades** bei den Dienstleistungskonsumenten, das heißt eine hohe Übereinstimmung der tatsächlich erbrachten Leistung eines Dienstleistungsunternehmens mit der Kundenerwartung, ebenso ein wichtiges psychographisches Marketingziel dar.

Eine weitere Besonderheit im Zielsystem erfolgreicher Dienstleistungsunternehmen besteht in der ungleich höheren Bedeutung **mitarbeitergerichteter Marketingziele**, welche die Aktivitäten im Rahmen des internen Marketing vorbestimmen (Stauss/Schulze 1990, S. 149ff.). Diese vergleichsweise hohe Bedeutung resultiert aus der Interaktivität von Kunde und Dienstleister sowie dem daraus folgenden Zusammenhang zwischen Personalmotivation, Leistungsqualität, Kundenzufriedenheit und ökonomischem Erfolg (Heskett 1986, S. 117ff., Heskett et al. 1994, S. 50ff., Baron/Harris 1995, S. 126ff.). In diesem Zusammenhang erweist sich die Rekrutierung ausreichend motivierter und qualifizierter Arbeitskräfte in vielen Dienstleistungsbranchen als schwierig. Insbesondere bei Tätigkeiten, die nur geringe Entwicklungsmöglichkeiten bieten, wird das Personal immer mehr zu einem betrieblichen Engpaßfaktor (Wohlgemuth 1989, S. 344; Fryar 1991, S. 53ff.; Schlesinger/Heskett 1991, S. 71ff.; Lehmann 1992, S. 20f.; Beckmann 1992, S. 118). Die Erhöhung der Mitarbeiterzufriedenheit und die damit zusammenhängende Senkung der Fluktuationsrate und Fehlzeitenquote sowie eine höhere Mitarbeiterproduktivität stehen daher häufig gleichberechtigt neben absatzmarktgerichteten Marketingzielen (Meffert 1993, S. 15f.).

Aufgrund der hohen Bedeutung des Faktors „Personal" bei der Dienstleistungsproduktion fordert Staffelbach (1988) im Rahmen der Strategischen Planung von Dienstleistungsunternehmen zusätzlich die Ableitung einer **Human-Resources-Strategie**. Bei dieser geht es darum, proaktiv und antizipativ Beschäftigungsveränderungen und Qualifikationsstrukturen im Hinblick auf den gezielten Abbau von Fähigkeitslücken und die Entwicklung von Dienstleistungskompetenzen zu planen und zu realisieren (Staffelbach 1988, S. 282).

Die mitarbeitergerichteten Marketingziele sowie die Zielgrößen Image und Kundenzufriedenheitsgrad wirken sich direkt auf das zentrale psychographische Ziel **Kundenbindung** aus (Lehmann 1989, S. 47f.; Grönroos 1990a, S. 5; Schlesinger/Heskett 1991, S. 75f.; Reichheld/Sasser 1991, S. 108ff.; Lehmann 1992, S. 21). Im Finanzdienstleistungsbereich äußert sich die besondere Bedeutung des Ziels Kundenbindung etwa in der zunehmenden Verbreitung von „Relationship-banking"-Konzepten auch im Privatkundengeschäft (o. V. 1992). Ein wesentlicher Grund für diese besondere Bedeutung liegt in den vielfältigen Einflüssen einer erhöhten Kundenbindung auf ökonomische Zielgrößen. So wird die Mengenkomponente des Umsatzes durch im Zeitablauf steigende Kauffrequenzen und größere Absatzmengen positiv beeinflußt. Beide Wirkungen sind auf die wachsende Vertrautheit mit der Leistung sowie die Nutzung von Cross-selling-Potentialen durch den Anbieter zurückzuführen. Zudem können im Zeitablauf höhere Preise durchgesetzt werden, denn die von Kunden bei langjährigen Beziehungen zu Dienstleistern empfundene Risikoreduktion führt zu einer sinkenden Preiselastizität der Nachfrage. Schließlich wirken langfristige Kundenbeziehungen auch kostenreduzierend. Dieser Effekt beruht auf zunehmenden Lerneffekten bei der Interaktion zwischen Kunden und Kontaktpersonal, die langfristig eine Reduktion der Kundenbetreuungskosten bewirken (Reichheld/Sasser 1991; Meffert 1993, S. 13ff.).

Die erläuterten Zusammenhänge zwischen den psychographischen, mitarbeitergerichteten und ökonomischen Zielgrößen werden in Abbildung 3-12 exemplarisch dargestellt.

Der Zusammenhang zwischen einer höheren Kundenbindung und dem ökonomischen Erfolg konnte zudem in empirischen Untersuchungen bestätigt werden. Hier wird insbesondere auf das **Konstrukt des Kundenwertes** eingegangen, der als diskontierter Gewinn, den ein Kunde im durchschnittlichen Verlauf einer Kundenbeziehung erzeugt, definiert werden kann. So ermittelten Reichheld und Sasser, daß beispielsweise bei Kreditkartengesellschaften eine Verringerung der Kundenabwanderungsrate um 5 Prozent zu einer Gewinnsteigerung um 75 Prozent führt. Abbildung 3-13 zeigt, daß sich ähnliche, wenn auch nicht so stark ausgeprägte, Gewinnsteigerungen auch für andere Dienstleistungsbranchen aufzeigen lassen (Reichheld/Sasser 1991, S. 109ff.). Der Grund für diesen Effekt liegt im Anwachsen des Gewinns pro Kunde und Zeiteinheit mit zunehmender Zeitdauer der Kundenbeziehung. So besagen die von Reichheld und Sasser durchgeführten Untersuchungen, daß beispielsweise ein Kreditkartenkunde im ersten Jahr einen durchschnittlichen Gewinn von 30 Dollar erbringt, im fünften Jahr aber bereits einen Gewinn von 50 Dollar. Dieser Gewinn setzt sich aus verschiedenen Größen zusammen: Grundgewinn, Gewinn aus erhöhter Kauffrequenz und gestiegenen Rechnungsbeträgen, Gewinn aufgrund geringerer Betriebskosten, Gewinn aufgrund von Weiterempfehlungen und Gewinn aus Preiszuschlägen. Aufgrund der Heterogenität im Dienstleistungsbereich ist der Kundenwert eine branchenindividuell

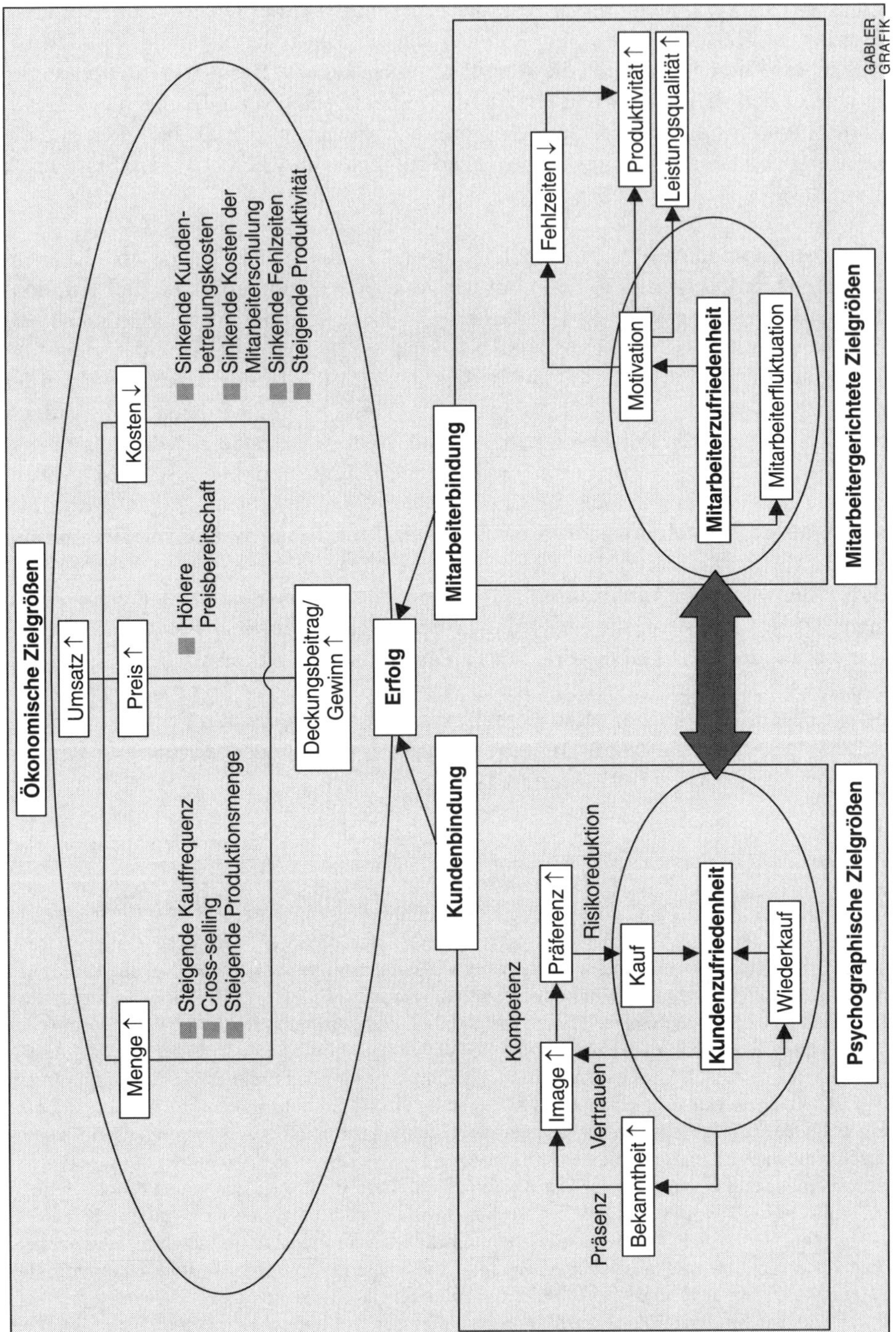

Abbildung 3-12: Kundenbindung und Mitarbeiterbindung im Zielsystem des Unternehmens

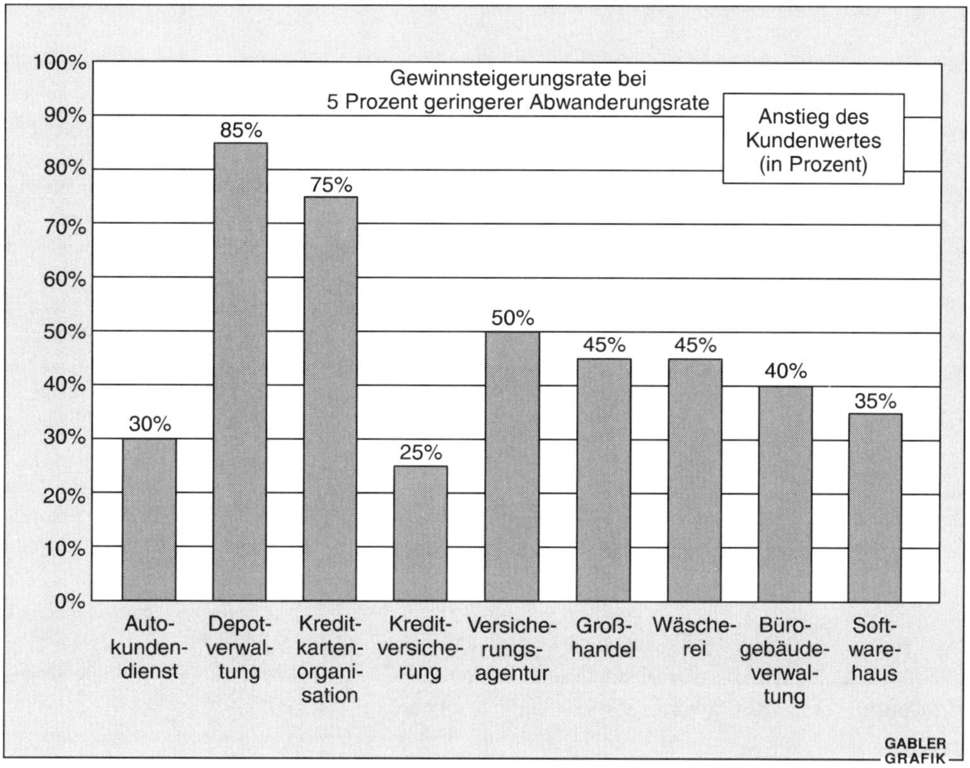

Abbildung 3-13: Kundenwertsteigerungen bei verlängerten Kundenbeziehungen
(Quelle: Reichheld/Sasser 1991, S. 113)

stark variierende Größe. In Abbildung 3-14 sind einige Dienstleistungsangebote beziehungsweise -branchen idealtypisch in einem zweidimensionalen Raum positioniert, der von den beiden Dimensionen „Länge der Kundenbeziehung" und „Umsatz pro Kundenkontakt" aufgespannt wird.

Die im Rahmen der strategischen Unternehmens- und Marketingplanung festgelegten Ziele bilden die Grundlage zur Ableitung von **Marketinginstrumente-Zielen** für die einzelnen Marketingmixbereiche einer Dienstleistungsunternehmung.

Im Zusammenhang mit den bereits dargestellten Merkmalen einer Dienstleistung gewinnen die folgenden **leistungspolitischen Ziele** besondere Relevanz:

- Leistungsbereitschaftsziele,
- Qualitätssicherungsziele,
- Kapazitätsauslastungs-/-anpassungsziele.

Die Zielsetzungen leiten sich insbesondere aus den Merkmalen der simultanen Produktion und Verwendung beziehungsweise der Nichtlagerfähigkeit eines „Dienstleistungs-

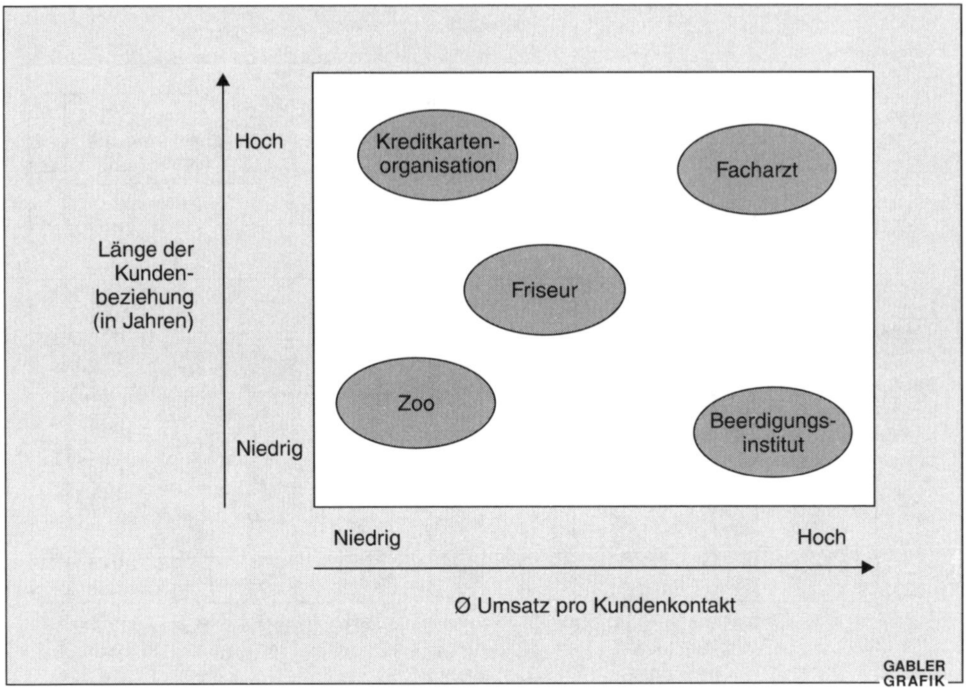

Abbildung 3-14: Kundenwertportfolio im Dienstleistungsbereich

produktes“ ab. Scheuch erwähnt darüber hinaus spezifische **Ziele der Produkt- und Marktentwicklung**:

- **Adoptionsziele:**
  Akzeptanz- beziehungsweise Versuchsquote einer neuen Dienstleistungsvariante.
- **Diffusionsziele:**
  Erstkontakt, Erstversuche, Erstbehandlung, Wiederholungsbehandlung.

Darüber hinaus sind Zielsetzungen, die auf die einzelnen Entscheidungstatbestände der Leistungspolitik Bezug nehmen, wie **Dienstleistungsinnovations-, -variations- und -eliminierungsziele** (vgl. Scheuch 1982, S. 154) zu nennen.

Bei der Festlegung **kontrahierungspolitischer Ziele** ist zu berücksichtigen, daß bei Nichtinanspruchnahme einer bestellten Dienstleistung, wie zum Beispiel Linienflüge, Reisen, Theatervorführungen, die Leistung nicht für eine spätere Inanspruchnahme „aufbewahrt“ werden kann. Somit sind Rücktrittsmöglichkeiten mit Abstandszahlung bei der Festlegung von Zahlungsmodalitäten (vgl. Scheuch 1982, S. 155) oder die Einbeziehung von zum Beispiel Rücktrittskostenversicherungen im Rahmen der Festlegung der Kontrahierungsmodalitäten zu berücksichtigen. Zusammenfassend bietet sich der Einsatz von kontrahierungspolitischen Instrumenten mit dem Ziel einer den Potentialen des Dienstleisters entsprechenden Nachfragesteuerung an.

Bei der Formulierung von **distributionspolitischen Zielen** ergeben sich ebenfalls dienstleistungsspezifische Besonderheiten wie die Erreichung eines hohen Distributionsgrades oder einer hohen Distributionsdichte aufgrund der Nichttransportfähigkeit. Werden Dienstleistungen in Kooperation mit Absatzmittlern erbracht und/oder vermittelt (zum Beispiel Reisebüro und Reiseveranstalter), so sind die Aufrechterhaltung von Qualitätskonstanz, Termintreue der Dienstleistungsverrichtung und die Sicherstellung der vom Kunden gewünschten regionalen Spezifizierung der vereinbarten Dienstleistung (Unterbringung in einem gebuchten Hotel mit den gewünschten Spezifika: zum Beispiel Blick auf das Meer, Verfügbarkeit von Tennisanlagen) distributionspolitische Zielinhalte. Die Notwendigkeit der Einbeziehung des externen Faktors erfordert unter Umständen die Festlegung von Zielsetzungen für eine den reibungslosen Ablauf des Dienstleistungsprozesses garantierende Logistik (zum Beispiel Aufbau eines Transfersystems zwischen Verkehrsmitteln, Abholung von Kunden) (Scheuch 1982, S. 156).

Die Fixierung **kommunikationspolitischer Zielsetzungen** ist im Dienstleistungsmarketing von besonderer Bedeutung. Aufgrund der Gleichzeitigkeit von Dienstleistungsproduktion und -konsumtion muß die Kommunikation als integraler Teil des Dienstleistungserstellungsprozesses verstanden werden. Eine Beschränkung der kommunikationspolitischen Aktivitäten auf eine bloße Leistungsdarstellung reicht daher nicht aus (Bruhn 1995e). Insbesondere sind die von Kunden wahrgenommenen Defizite hinsichtlich der Dienstleistungsqualität teilweise auf Unterschiede zwischen der tatsächlichen Dienstleistungserstellung und der Kommunikation der Leistungsaktivitäten zurückzuführen (Zeithaml/Parasuraman/Berry 1992, S. 135).

Je nach Dienstleistungstyp lassen sich weitere Zielsetzungen spezifizieren. Eine konkrete Ausgestaltung von allgemeinen Marketingzielen und Marketinginstrumente-Zielen zeigt die Abbildung 3-15, in der Marketingzielinhalte eines Bankbetriebes aufgeführt sind (Thiesing 1986, S. 83).

Zwischen den Marketingzielen und Unternehmenszielen eines Dienstleistungsunternehmens bestehen vielfältige **Zielbeziehungen**. Einige Zielsetzungen können sich gegenseitig positiv beeinflussen (komplementäre Zielbeziehungen – so erhöht die Marktanteilssteigerung in aller Regel den Gewinn). Es können jedoch auch konfliktäre Beziehungen bestehen, wenn die Marktanteilssteigerung ein differenzierteres Dienstleistungsangebot oder mehr Werbeaufwand erfordert, wodurch Gewinneinbußen möglich sind.

Im zweiten Schritt der Zielplanung gilt es, die Marketingziele in ein Zielsystem einzuordnen. Durch subjektive Gewichtung von Zielen oder die Formulierung von Zielnebenbedingungen lassen sich konfliktäre Zielsetzungen in eine Rangordnung bringen. Da die Aufstellung eines Zielsystems kein dienstleistungsspezifisches Problem darstellt, wird im folgenden auf eine ausführliche Betrachtung von Zielsystemen verzichtet.

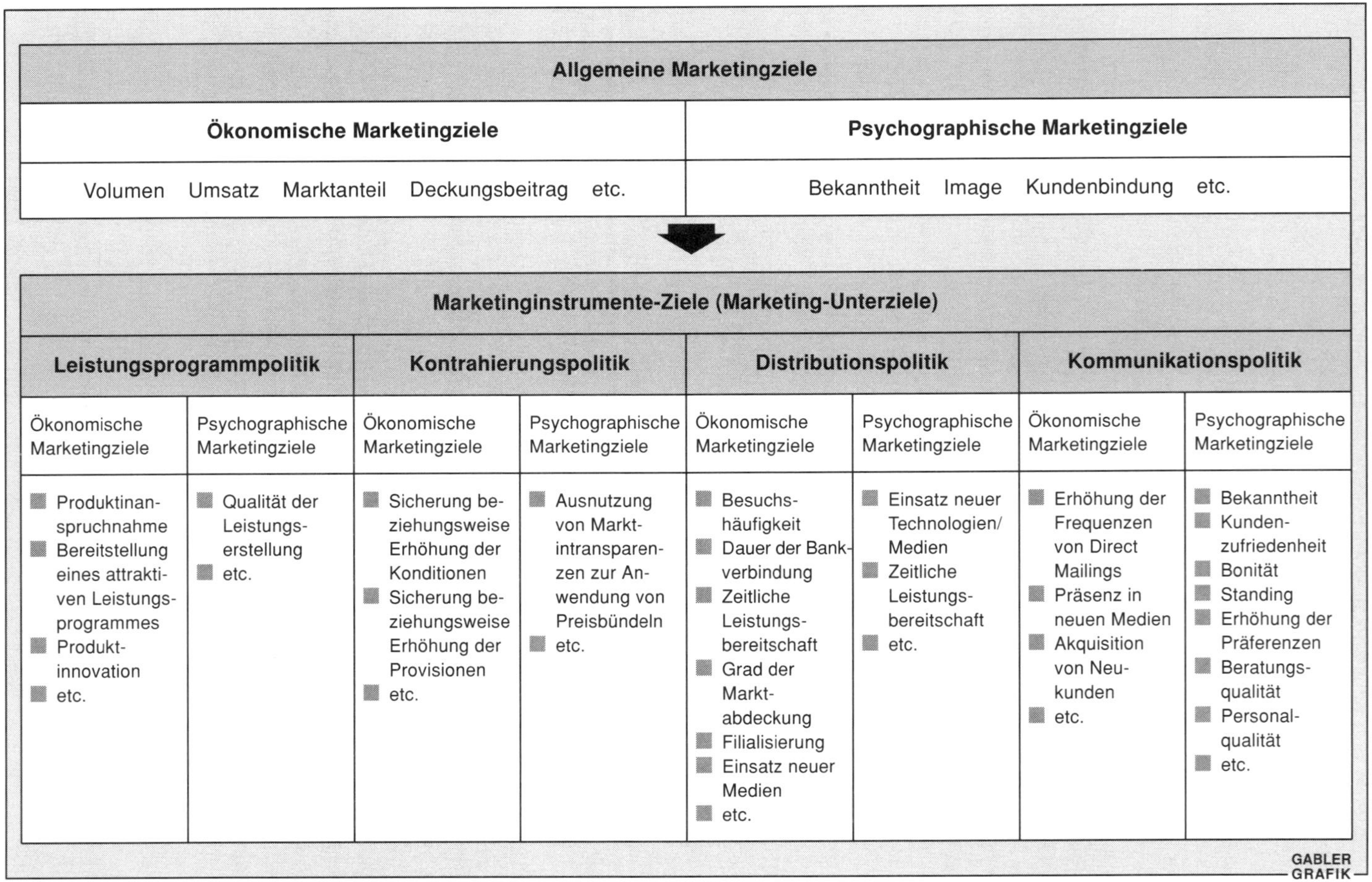

Abbildung 3-15: Beispiel von Marketingzielinhalten eines Bankbetriebes
(Quelle: Thiesing 1986)

4. Festlegung von Strategien im Dienstleistungsbereich

Nachdem zuvor die Zielinhalte und das strategische Analyse- und Planungsinstrumentarium im Rahmen des Dienstleistungsmarketing herausgearbeitet worden sind, ist im folgenden auf konkrete Strategien im Dienstleistungsbereich einzugehen. In der Literatur zum Dienstleistungsmarketing finden sich eine Reihe von **branchenbezogenen Strategiekonzepten** (zum Beispiel im Bereich Finanzdienstleistungen). Generelle Strategiesystematiken werden demgegenüber vergleichsweise wenig intensiv diskutiert. Im folgenden soll deshalb versucht werden, einen **Ansatz zur Systematisierung von Dienstleistungsstrategien** zu erarbeiten, der im Sinne einer „Theorie des Dienstleistungsmarketing" für alle Dienstleistungsbranchen gleichermaßen Gültigkeit besitzt. Entsprechende Ansätze, wenngleich nicht speziell auf den Dienstleistungsbereich zugeschnitten, finden sich in zahlreichen Varianten in der Marketingliteratur (Haedrich/Tomczak 1990; Becker 1993; Meffert 1994a; Backhaus 1995).

> Unter einer **Dienstleistungsstrategie** soll im folgenden ein bedingter, langfristiger, globaler Verhaltensplan zur Erreichung der Unternehmens- und Marketingziele verstanden werden. Strategien sind auf der Grundlage der Unternehmens- und Marketingziele zu entwickeln und dienen der Kanalisierung von Maßnahmen in den einzelnen Marketingmixbereichen eines Dienstleistungsunternehmens.

Eine Dienstleistungsstrategie bildet somit das zentrale Bindeglied zwischen den Zielen (vgl. Abschnitt 3) und der operativen Maßnahmenplanung (vgl. Kapitel 5). Der Diskussion einzelner Strategien beziehungsweise strategischer Optionen soll die in Abbildung 3-16 dargestellte **Strategiesystematik** zugrunde gelegt werden.

Zunächst gilt es, grundlegende Geschäftsfeldstrategien festzulegen (Abschnitt 4.1). Zu diesem Zweck müssen die strategischen Geschäftsfelder einer Unternehmung definiert werden (Abschnitt 4.11). Aufgrund der zentralen Bedeutung dieses Schrittes und der Interdependenz zu sämtlichen weiteren Strategieoptionen soll dieser Prozeß der Geschäftsfeldfestlegung detailliert am Beispiel von Versicherungen diskutiert werden. Im Anschluß ist zu überprüfen, welche marktfeldstrategische Option die Unternehmung wahrnehmen soll (Abschnitt 4.12). Diese Schritte sind noch Teilelemente der strategischen Unternehmensplanung. Mit der vollzogenen Festlegung dieser Elemente der Geschäftsfeldstrategien wird dann in den Bereich der strategischen Marketingplanung übergewechselt, der die Geschäftsfelder als Bezugsgrößen voraussetzt und verwendet. Als weitere Elemente der Geschäftsfeldstrategie werden noch die Wettbewerbsvorteilsstrategie (Art des Wettbewerbsvorteils, Abschnitt 4.13), die Marktabdeckungsstrategie (Gesamtmarkt versus Nische; Abschnitt 4.14) sowie die Timingstrategie (Pionier versus Folger; Abschnitt 4.15) diskutiert.

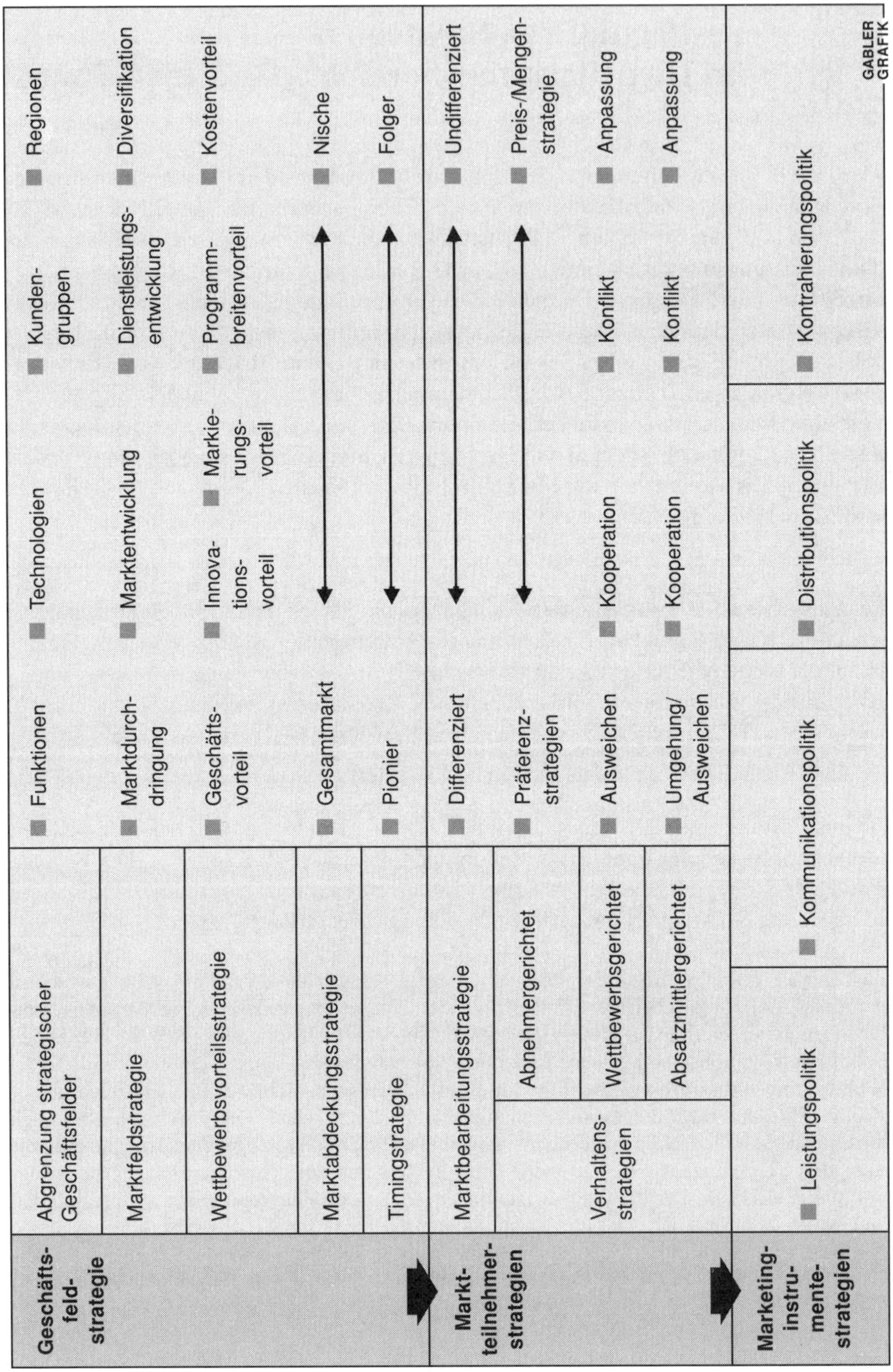

Abbildung 3-16: Zentrale strategische Fragestellungen und Strategieoptionen

Im Rahmen der auf den Geschäftsfeldstrategien aufbauenden **Marktteilnehmerstrategien** (Abschnitt 4.2) sind dann für jedes Geschäftsfeld weitere Überlegungen anzustellen. Zunächst müssen marktbearbeitungsspezifische Optionen gewählt werden (Abschnitt 4.21). Darüber hinaus müssen marktteilnehmerbezogene Verhaltensstrategien formuliert werden. Zu den Marktteilnehmern werden in diesem Zusammenhang die Abnehmer (Abschnitt 4.22), die Wettbewerber (Abschnitt 4.23) und die Absatzmittler (Abschnitt 4.24) gezählt. Denkbar wäre weiterhin eine Berücksichtigung von sonstigen Anspruchsgruppen (vgl. Meffert 1994a, S. 124). Da in diesem Zusammenhang allerdings keine deutlichen Abweichungen gegenüber Unternehmen aus dem Konsumgüterbereich zu verzeichnen sind, soll auf deren Einbeziehung verzichtet werden.

Das letzte Element der Strategiesystematik bildet die Festlegung von **Marketinginstrumentestrategien** (Abschnitt 4.3), die eine Konkretisierung von Geschäftsfeld- und Marktteilnehmerstrategien darstellen.

4.1 Geschäftsfeldstrategien

4.11 Abgrenzung strategischer Geschäftsfelder

Um die strategischen Geschäftsfelder einer Unternehmung ableiten zu können, sind zunächst deren relevante Märkte beziehungsweise deren Betätigungsfelder festzulegen. Dabei ist zwischen zwei Schritten zu trennen: Zuerst ist die gegenwärtige **Ist-Situation** festzustellen, die dann als feste Größe in den weiteren Strategieplanungsprozeß eingeht. In einem zweiten Schritt kann die systematische Erfassung der Ist-Situation Anstöße für eine zukünftige **(Neu-)Ausrichtung** der betreffenden Geschäftsfelder liefern. Damit werden auch die Interdependenzen zu den in den folgenden Abschnitten zu behandelnden Strategietypen deutlich.

Bei der **Abgrenzung der strategischen Geschäftsfelder** wird von der Überlegung ausgegangen, daß der für ein Dienstleistungsunternehmen zu bearbeitende Markt in der Regel mehr Abnehmergruppen und Abnehmerbedürfnisse umfaßt als überhaupt mit den zur Verfügung stehenden Unternehmensressourcen befriedigt werden können.

Eine explizite **Geschäftsfeldwahl** beinhaltet im ersten Schritt ein Aufbrechen des Gesamtmarktes in in sich homogene Marktsegmente, die sich voneinander in ihren abnehmerbezogenen Kriterien und anderen Charakteristika (zum Beispiel Wettbewerbsintensität, Technologie) unterscheiden. Im zweiten Schritt geht es darum auszuwählen, welche Marktsegmente wie bearbeitet werden.

Im folgenden soll überprüft werden, inwieweit die im Konsum- und Investitionsgüterbereich diskutierten Ansätze zur Geschäftsfeldplanung auch für den Dienstleistungsbereich anwendbar sind, und welche Strategien ein Dienstleistungsunternehmen bei der Marktwahl verfolgen kann.

Eine **eindimensionale Definition** des Betätigungsfeldes einer Unternehmung nur nach Produkten beziehungsweise Dienstleistungen oder nach Abnehmergruppen wird in der Literatur heute übereinstimmend als nicht ausreichend kritisiert (Köhler 1981, S. 266ff.; Meffert 1986, S. 98; Farny/Kirsch 1987, S. 377). Bei einer Unterteilung nach Abnehmergruppen können die Ergebnisse der Marktsegmentierung (vgl. Kapitel 2, Abschnitt 3) verwendet werden.

Konzepte der **zweidimensionalen Geschäftsfeldabgrenzung** nach Produkten und Abnehmergruppen bieten sich grundsätzlich auch für den Dienstleistungsbereich an. Beispielsweise könnte der Gesamtmarkt einer Bank hinsichtlich der Abnehmergruppen in Privat-, Individual- und Firmenkunden unterteilt werden (Krümmel/Rudolph 1983, S. 174ff.). Die zweite Dimension ist entsprechend den Dienstleistungsprodukten einer Bank zum Beispiel in Kredit-, Spareinlagen-, Anleihen- oder Wertpapiergeschäfte zu unterteilen. Es entsteht ein zweidimensionaler Suchraum für Betätigungsschwerpunkte einer Bank. So könnte sie sich auf die Bearbeitung von Privatkunden im Spareinlagen- und Kreditgeschäft konzentrieren.

Allerdings besteht heute weitgehend Einigkeit darüber, daß es strategisch unzureichend ist, das für die Zukunft ins Auge gefaßte Aufgaben- und Tätigkeitsgebiet einer Unternehmung allein durch Produkt-Markt-Kombinationen zu definieren (Abell 1980, S. 12).

Levitt erkannte bereits 1960 eine als „Marketing-Kurzsichtigkeit“ beschriebene Obsoleszenzgefahr von Marktangeboten, wenn bei der Beschreibung der Geschäftsfelder durch Produkte und Abnehmergruppen die Technologie- und Bedürfnisdimension vernachlässigt werden (Levitt 1960, S. 45ff.).

Abell schlägt angesichts der wenig flexiblen und unzureichend strategisch ausgerichteten Produkt-Markt-Abgrenzung eine **dreidimensionale Geschäftsfeldabgrenzung** mit den folgenden Dimensionen vor (Abell 1980):

- **Funktion**, die das Unternehmen im Sinne einer zu erbringenden Marktleistung wahrnimmt,
- **Zielgruppe**, für die diese Funktion wahrgenommen wird,
- **Technologie**, unter Verwendung derer die Funktionserfüllung erfolgt.

Zweifelsohne ergibt sich auch für ein Dienstleistungsunternehmen angesichts der oben angeführten Nachteile einer zweidimensionalen Geschäftsfeldabgrenzung die Notwendigkeit, die Betätigungsfelder durch eine mehrdimensionale Betrachtungsweise abzugrenzen. Es stellt sich nur die Frage, inwieweit der in industriellen Produktmärkten bewährte Ansatz von Abell unter Verwendung der **Technologiekomponente** auch auf den Dienstleistungsbereich übertragbar ist.

Aufgrund der Immaterialität der Dienstleistung kann eine Technologie im Sinne einer produktbezogenen Problemlösung nicht Gegenstand beziehungsweise Bestandteil eines **Dienstleistungsproduktes** sein und damit auch nicht zur Abgrenzung der Geschäftsfelder geeignet erscheinen. Während Dienstleistungen selbst keine Technologiekomponente beinhalten, so ist es vielmehr der **Dienstleistungserstellungsprozeß**, in dem verstärkt Technologien eingesetzt werden. Um den Ansatz von Abell auf den Dienstleistungsbereich übertragen zu können, ist daher von einem **modifizierten Technologieverständnis** auszugehen. Technologien stellen hier in der Regel alternative Möglichkeiten der Funktionserfüllung beziehungsweise Hilfsmittel zur rationelleren Erstellung von Dienstleistungen dar.

Ein auf diesen Überlegungen aufbauender Geschäftsfeldplanungsprozeß soll am **Beispiel von Versicherungen** dargestellt werden (Birkelbach 1988). Aufgrund der zentralen Bedeutung der Geschäftsfelddefinition bei der strategischen Unternehmensplanung und der zu erwartenden besonders komplexen **Funktions-Technologie-Beziehung** in der Assekuranz ist es sinnvoll, die Geschäftsfelddefinition und -wahl in zwei aufeinander aufbauende Teilstufen unterschiedlichen Aggregationsniveaus zu zerlegen. Dies bietet auch die Möglichkeit, die Vorteile einer **weitgefaßten** und damit **innovativen Geschäftsfelddefinition** systematisch mit einer detaillierten, praxisnahen Abgrenzung zu verbinden.

Zunächst gilt es, das dreidimensionale Definitionsschema zur Abgrenzung grundsätzlicher Problemlösungsbereiche von Versicherungen anzuwenden.

1. Abgrenzung grundsätzlicher Problemlösungsbereiche bei Versicherungen

Ausgangspunkt der funktions- und technologieorientierten Geschäftsfelddefinition ist das Aufspüren eines Kernbedürfnisses („Basic Want"), das dem Versicherungsgeschäft zugrundeliegt. Da die Leistung des Versicherers in der garantierten Risikoübernahme für den Versicherungsnehmer besteht, kann die Verbesserung der Risikosituation des Kunden, gleichbedeutend mit „Erhöhung der Sicherheit", als zentrales Kundenbedürfnis herausgearbeitet werden. Somit soll im Sinne einer innovativen Geschäftsfelddefinition in **Stufe 1** zunächst ein **Strategischer Suchraum „Sicherheitsnachfrage"** aufgebaut werden, der alle mit dem Gut „Sicherheit" möglichen wirtschaftlichen Problemlösungsbereiche systematisiert. Dieser Suchraum zur Lokalisierung von strategischen Geschäftsfeldern wird dann definitionsgemäß durch die Dimensionen „Nachfrager nach Sicherheit" (Kundengruppen), „Sicherheitsfunktionen" und „Sicherheitstechnologien" abgegrenzt. Dies ist in Abbildung 3-17 dargestellt.

Als **Nachfrager nach Sicherheit** können auf dieser Ebene der Makrosegmentierung erfaßt werden: Groß-, Mittel- und Kleinbetriebe, Vereine und Organisationen, private Haushalte wie auch Versicherungsunternehmen selbst, die Sicherheit in Form von Rückversicherungsschutz nachfragen.

Die **Sicherheitsfunktionen** leiten sich unmittelbar aus dem Bedürfnis der Sicherheitsnachfrager nach mehr Sicherheit ab und sollen in risikopolitische „Software-" und „Hardwarefunktionen" unterteilt werden. Risikopolitische Softwarefunktionen sind solche Sicherheitsfunktionen, die bei

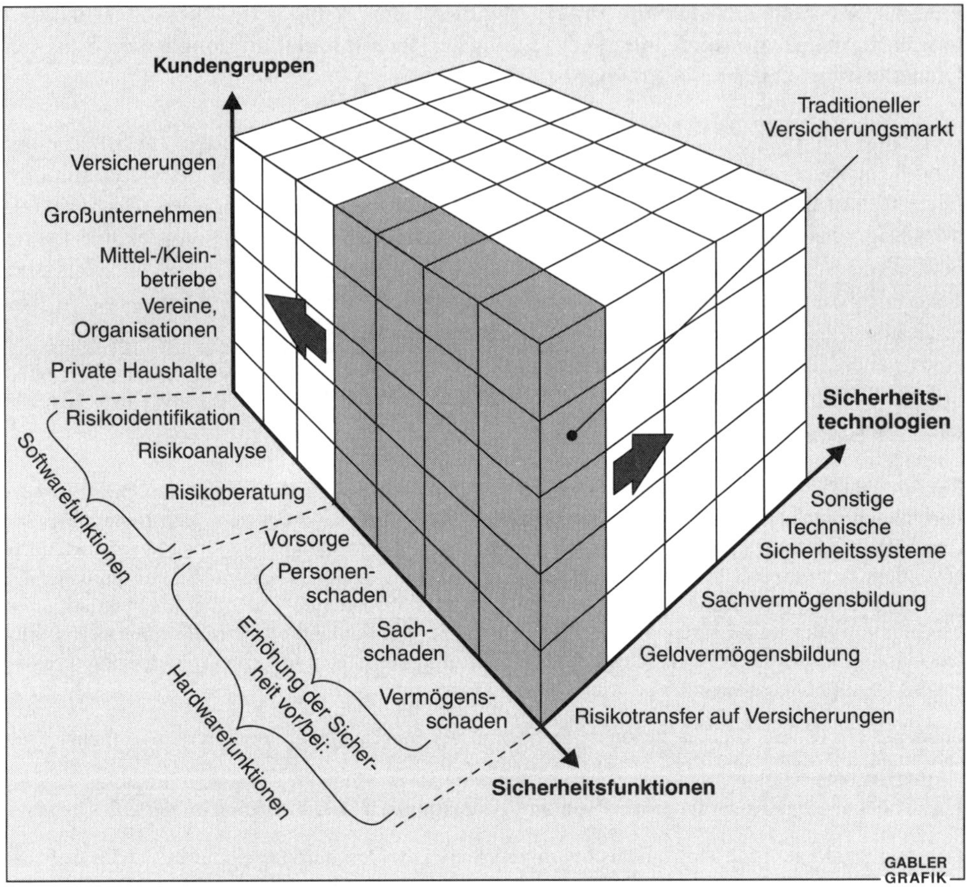

Abbildung 3-17: Strategischer Suchraum „Sicherheitsnachfrage“
(Quelle: Birkelbach 1988, S. 234)

jedem Sicherheitsproblem automatisch „mitbewältigt“ werden müssen: Risikoidentifikation, -analyse und -beratung. Risikopolitische Hardwarefunktionen beschreiben die Bedürfnisse nach tatsächlicher, materieller Erhöhung der Sicherheit: Erhöhung der Sicherheit bei/vor Personen-, Vermögens- und Sachschäden sowie durch Altersvorsorge.

Im Sinne des erweiterten Technologieverständnisses stellen **Sicherheitstechnologien** alle Möglichkeiten dar, die obengenannten Sicherheitsfunktionen zu erfüllen. Nur eine dieser Möglichkeiten, die Sicherheit zu erhöhen, ist der Risikotransfer auf eine Versicherungsgesellschaft. Denkbar ist auch eine „Eigenversicherung“ der Nachfrager durch Bildung finanzieller Rücklagen beziehungsweise im Industrieversicherungsbereich durch Gründung von „Captives“. Hier wird die Geld- und Sachvermögensbildung (Sparguthaben, Bausparverträge usw.) zur Sicherheitstechnologie. Sicherheit kann zudem durch Inanspruchnahme technischer Sicherheitssysteme (Alarmanlagen, Bewachungsunternehmen usw.) oder aber sonstige Sicherheitstechnologien (Informationsprodukte wie Krebsvorsorgeuntersuchungen, TÜV-Berichte usw.) erhöht werden.

Mit der Operationalisierung der Kundengruppen-, Sicherheitsfunktions- und Sicherheitstechnologieachse wird der gewünschte strategische Suchraum „Sicherheitsnachfrage“ dreidimensional zur Lokalisierung von strategischen Geschäftsfeldern durch den Versicherer aufgespannt. Er zeigt den etablierten Assekuranzunternehmen, in welchem durch Kundengruppen, Funktionen und Technologien beschriebenen Gesamtmarkt ihr Geschäftsfeld positioniert ist, wobei dieser wegen der Technologievielfalt nicht identisch mit dem „traditionellen“ Versicherungsmarkt ist (vgl. Abbildung 3-17).

Sichtbar werden jetzt für den Versicherer auch zahlreiche **Diversifikationsmöglichkeiten** sowohl in Richtung einer differenzierten Erfüllung der Sicherheitsfunktionen (zum Beispiel spezielle Risikoberatung durch den Industrieversicherer als neues strategisches Geschäftsfeld) als auch durch Aufnahme neuer Sicherheitstechnologien, die der Versicherer den Nachfragern nach Sicherheit neben dem Versicherungsschutz zusätzlich anbieten könnte (zum Beispiel Geldvermögensbildung, technische Alarmsysteme). Insbesondere die Geldvermögensbildung bietet einen zweifachen Diversifikationsanreiz für den Versicherer. Da die hier als „Sicherheitstechnologie“ charakterisierte Geldvermögensbildung sogar primär zur Erfüllung zahlreicher anderer Finanzdienstleistungsfunktionen (Liquiditätsfunktion, Abwicklung des Zahlungsverkehrs usw.) geeignet ist, kann der Versicherer über die Aufnahme dieser Sicherheitstechnologie seine Wertschöpfungskette im Finanzdienstleistungssektor konsequent ausweiten.

Neben diesen „Strategic Windows“ zeigen sich dem Assekuranzunternehmen auch in systematischer Weise **funktions- und technologieinduzierte Markteintrittsmöglichkeiten potentieller Wettbewerber** („New Entrants“). So verfügen zum Beispiel Banken und Sparkassen bereits über die Technologie „Geldvermögensbildung“, deren Einsatz sie nur funktionsseitig ausweiten müssen, um in den Sicherheitsmarkt einzudringen.

Um eine detaillierte Definition Strategischer Geschäftsfelder zu ermöglichen, ist es zur Planungsvereinfachung sinnvoll, an dieser Stelle eine erste **Eingrenzung** aus dem **Strategischen Suchraum „Sicherheitsnachfrage“** vorzunehmen. In diesem ersten Schritt der Geschäftsfeldwahl wird die Assekuranzunternehmung unter Beachtung der eigenen Ressourcen und Unternehmensfähigkeiten aus dem Strategischen Suchraum „Sicherheitsnachfrage“ eine bestimmte Auswahl von Nachfragern, Sicherheitsfunktionen und Sicherheitstechnologien treffen und als ihr zunächst nur grob bestimmtes Strategisches Geschäftsfeld bestimmen. Diese erste Stufe der Geschäftsfeldwahl kann als **„Basisauswahlentscheidung“** bezeichnet werden.

Zur Darstellung der zweiten Stufe der Geschäftsfelddefinition wird der hypothetische Fall einer für das deutsche Assekuranzgeschäft typischen Versicherungsgruppe unterstellt. Diese haben sich entschlossen, der (einen) Kundengruppe „Private Hauhalte“ alle Sicherheitsfunktionen mit der einen Sicherheitstechnologie „Risikotransfer auf Versicherungen“ als sogenanntes Strategisches Geschäftsfeld „Konsumversicherungen“ zu erfüllen. Abbildung 3-18 veranschaulicht diese Auswahlentscheidung anhand des strategischen Suchraumes.

2. Feinabgrenzung des Strategischen Geschäftsfeldes „Konsumversicherungen“

Die Feinabgrenzung des Strategischen Geschäftsfeldes „Konsumversicherungen“ wird notwendig, weil die nur globale Geschäftsfelddefinition noch nicht präzise genug ist, um zielsetzungsgerecht als Bezugsobjekt für funktionale Marketingstrategien zu dienen. Es bietet sich aufgrund der beschriebenen Vorzüge an, für diese Abgrenzung des Strategischen Geschäftsfeldes in der zweiten Definitionsstufe wiederum den dreidimensionalen Abgrenzungsvorschlag anzuwenden, dabei jedoch die ausgewählten Kundengruppen, Funktionen und Technologien in Untereinheiten zu differenzieren.

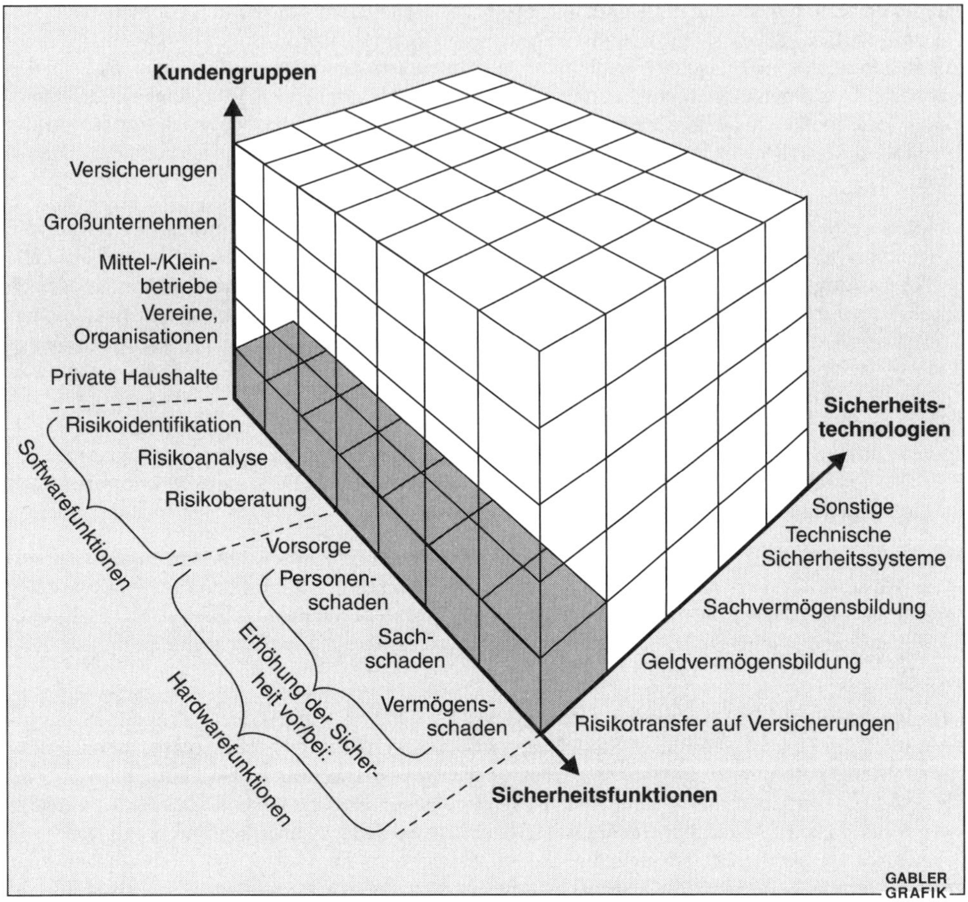

Abbildung 3-18: Basisauswahlentscheidung des Strategischen Geschäftsfeldes „Konsumversicherungen“ aus dem strategischen Suchraum „Sicherheitsnachfrage“
(Quelle: Birkelbach 1988, S. 235)

Bei der so fortentwickelten Geschäftsfelddefinition wird dann die in Stufe 1 ausgewählte Kundengruppe „Private Haushalte“ in mehrere Kundengruppen (Nichterwerbstätige, Selbständige, Beamte usw.) segmentiert. Sicherheitsfunktionen werden in Versicherungsmarktleistungen (Lebens-, Kranken-, Rechtsschutzversicherungen usw.) transformiert. An die Stelle der einzigen Sicherheitstechnologie „Risikotransfer auf Versicherungen“ tritt eine Auswahl von Subtechnologien, hier die sogenannten Servicetechnologien in Form alternativer Vertriebswege für Versicherungen.

Das in Stufe 1 der Geschäftsfelddefinition nur durch eine Kundengruppe, mehrere Sicherheitsfunktionen und eine Sicherheitstechnologie grob umrissene Strategische Geschäftsfeld „Konsumversicherungen“ stellt sich nun nach einer verfeinerten Analyse in Stufe 2 wieder als ein dreidimensionales, jedoch wesentlich präziser definiertes Geschäftsfeld dar, das in Abbildung 3-19 wiedergegeben ist.

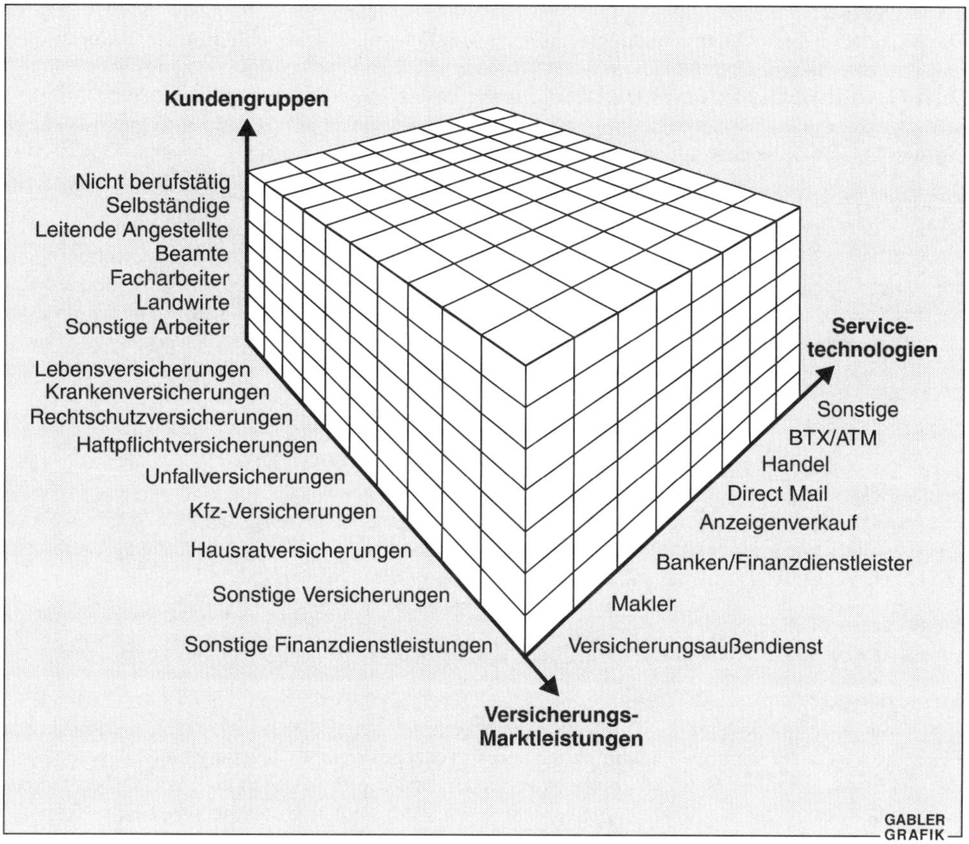

Abbildung 3-19: Präzisierung des Strategischen Geschäftsfeldes „Konsumversicherungen"
(Quelle: Birkelbach 1988, S. 236)

Nachdem sich die Versicherungsgesellschaft im Rahmen der Basisauswahlentscheidung grundsätzlich für die Bearbeitung des Strategischen Geschäftsfeldes „Konsumversicherungen" entschieden und dieses präziser dreidimensional definiert hat, gilt es nun, in einem zweiten Schritt der Geschäftsfeldwahl festzulegen, welche Segmente des Strategischen Geschäftsfeldes Konsumversicherungen bearbeitet werden sollen.

Geht man vereinfachend davon aus, daß sich eine der Definitionsachsen jeweils konzentriert oder voll abdecken läßt, so ergeben sich acht Typen von **Marktwahlstrategien** (Abell 1980, S. 200f.).

Strategietyp 1:
Das Versicherungsunternehmen bietet allen Kundengruppen des Nachfragesektors „Private Haushalte" eine breite Palette von Versicherungsmarktleistungen an. Dabei bedient es sich mehrerer alternativer Servicetechnologien.

Strategietyp 2:
Der Versicherer bietet allen Kundengruppen die Möglichkeit, alle Versicherungsmarktleistungen bei ihm zu erhalten. Entlang der Service-Technologiedimension erfolgt eine enge Abdeckung. Diese Geschäftsfeldabdeckungsstrategie dürfte der Prototyp für die großen Versicherungsgruppen und -konzerne sein, die als Mehrspartenversicherer in der Regel alle Kundengruppen mit einem eigenen Versicherungsaußendienst bedienen.

Strategietyp 3:
Entlang der Versicherungsmarktleistungsachse nimmt das Assekuranzunternehmen eine enge Auswahl vor. Diese wird den Kundengruppen über ein breites Netz an Servicetechnologien angeboten. Beispiele einer solchen Geschäftsfeld(-abdeckungs-)strategie sind die Anbieter von Reiseversicherungspaketen, die in der Regel über Handel, Reisebüros, Anzeigenverkauf usw. erhältlich sind.

Strategietyp 4:
Bei der Spezialisierung auf eine Kundengruppe werden alle Versicherungsmarktleistungen über eine breite Palette von Servicetechnologien angeboten.

Strategietyp 5:
Die Assekuranzunternehmung vertreibt eine Versicherungsmarktleistung über eine Servicetechnologie an alle Kundengruppen. Diese Abdeckungsstrategie ist kennzeichnend für die meisten nicht in Versicherungskonzerne eingebundenen Versicherungsunternehmen.

Strategietyp 6:
Eine Versicherungsmarktleistung wird einer Zielgruppe über alle Servicetechnologien angeboten.

Strategietyp 7:
Der Versicherer spezialisiert sich auf eine Kundengruppe, der alle Versicherungsmarktleistungen über eine Servicetechnologie angeboten werden. Praktisches Beispiel hierfür ist die HUK-Coburg, die der Kundengruppe „Beamte" mehrere Versicherungsmarktleistungen anbietet. Dabei bedient sie sich der Servicetechnologie „nebenberufliche Versicherungsvertreter aus öffentlicher Verwaltung".

Strategietyp 8:
Der Versicherer konzentriert sich auf eine Kundengruppen-/Versicherungs-/Servicetechnologie-Kombination. Eine solche „Nischenstrategie" verfolgte lange Zeit die HUK-Coburg, indem sie den Beamten nur Kfz-Versicherungen mit vorgenannter Servicetechnologie anbot.

Welche dieser Strategien vom Versicherer zu wählen ist, kann durch eine branchen- und unternehmensindividuelle Auswahlanalyse ermittelt werden.

Im Rahmen der **branchenbezogenen Auswahlanalyse** muß überprüft werden, inwieweit mit bestimmten Marktabdeckungsgraden intendierte Erfolgspositionen (zum Beispiel Erfahrungskurveneffekte) im Dienstleistungs- und speziell Versicherungssektor erreicht werden können.

Bei einer sich anschließenden **unternehmensbezogenen Wahl der Marktabdeckungsstrategie** muß der Versicherer prüfen, welche Strategie den besten „Fit" zu seinen Unternehmensressourcen und -fähigkeiten darstellt.

Erst nach der stufenweise erfolgten Definition des Geschäftsfeldes erfolgt die endgültige Auswahl von Segmenten des durch Kundengruppen, Versicherungsmarktleistungen und Servicetechnologien aufgespannten Strategischen Geschäftsfeldes „Konsumversicherungen".

Die in der Literatur im Zusammenhang mit der Bewertung und Auswahl von Strategischen Geschäftsfeldern beziehungsweise Segmenten vorgeschlagenen sogenannten Portfoliomethoden erweisen sich hier als ungeeignet, da mit der hohen Anzahl von Segmenten im Rahmen einer dreidimensionalen Abgrenzung von Strategischen Geschäftsfeldern ein exponentieller Analyseaufwand verbunden ist. Statt dessen bietet sich eine **sukzessive Auswahl von Segmenten entlang der drei Achsen** an (Krups 1985, S. 66ff.). Bei einer marktorientierten Vorgehensweise, die den spezifischen Finanzdienstleistungsbedarf der Zielgruppen zum Ausgangspunkt nimmt, werden erst unabhängig voneinander Kundengruppen-Segmente, dann Versicherungsmarktleistungen und anschließend Servicetechnologien ausgewählt, die schließlich unter Beachtung ihrer Nachfrageinterdependenzen einander zugeordnet werden. Abbildung 3-20 veranschaulicht das sukzessive Vorgehen bei der Auswahl eines Geschäftsfeldes (Birkelbach 1988, S. 237). Für die Auswahl gelten wiederum markt- und unternehmensbezogene Kriterien, wie sie teilweise schon angewandt wurden (Marktvolumen, Risikoverlauf, Beratungsbedarf, Kompatibilität usw.).

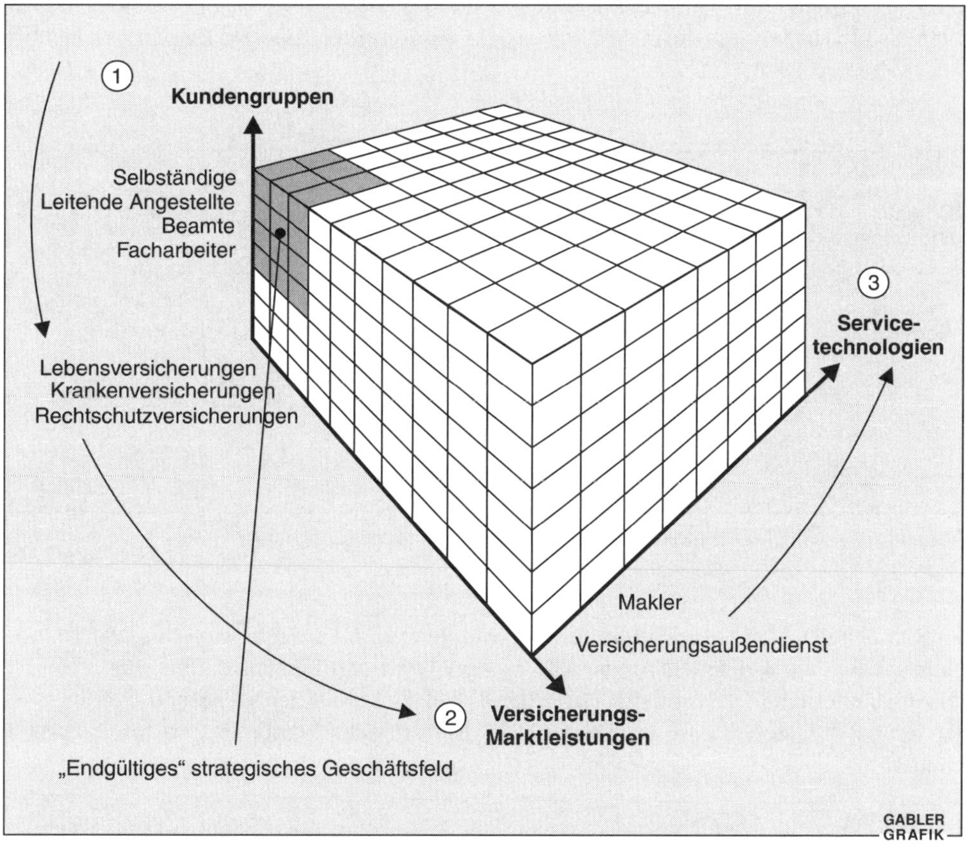

Abbildung 3-20: Sukzessives Verfahren der Geschäftsfeldwahl
(Quelle: Birkelbach 1988, S. 237)

Das vorliegende **endgültig definierte Strategische Geschäftsfeld** kann nun je nach Größe und Diversifikationsgrad der Versicherungsgesellschaft in mehrere (Sub-)Geschäftsfelder beziehungsweise -einheiten aufgeteilt werden, sofern nicht schon im Rahmen der Basisauswahlentscheidung mehrere Geschäftsfelder bestimmt worden sind. Für jede dieser Geschäftsfelder/-einheiten sind dann weitere, im folgenden zu diskutierende Strategietypen festzulegen.

4.12 Marktfeldstrategie

Im Rahmen der Festlegung von Dienstleistungsstrategien erfolgt als zweiter Schritt die Bestimmung der generellen strategischen Stoßrichtung, welche die langfristige Erreichung der Unternehmenszielsetzungen sicherstellen soll. Für eine erste Strukturierung möglicher Strategiealternativen kann die Ansoff-Matrix (Ansoff 1966, S. 13ff.) herangezogen werden. Auf den Dienstleistungsbereich übertragen (Johnson/Scheuing/Gaida 1986, S. 115) lassen sich die in Abbildung 3-21 dargestellten **Basisstrategien** unterscheiden (Langeard 1981, S. 238f.).

Dienstleistungen \ Märkte	Gegenwärtig	Neu
Gegenwärtig	① Marktdurchdringung	② Marktentwicklung
Neu	③ Dienstleistungsentwicklung/-innovation	④ Diversifikation

GABLER GRAFIK

Abbildung 3-21: Marktfeldstrategien im Dienstleistungsmarketing

Im Rahmen der **Marktdurchdringungsstrategie** erfolgt eine Intensivierung der Bemühungen, bei den vorhandenen Kunden die gegenwärtigen Leistungsarten eines Dienstleistungsunternehmens vermehrt abzusetzen. Bei dieser Strategie ergeben sich im wesentlichen drei zentrale Ansatzpunkte, die isoliert oder kombiniert verfolgt werden können:

1. Erhöhung der Dienstleistungsverwendung bei bestehenden Kunden (zum Beispiel Schaffung neuer Anwendungsbereiche, Beschleunigung des Ersatzbedarfes durch künstliche Obsoleszenz/Modetrends).

Diese Strategie verfolgte beispielsweise die Bundespost mit der Aktion „Ruf doch mal an". Primär versuchte man, die Intensität der Telefongespräche im gesättigten Telefonmarkt zu erhöhen. Zur Steigerung der gegenwärtigen Dienstleistungsnachfrage bieten sich im Banken- und Versicherungsbereich eine Reihe von Möglichkeiten im Rahmen des Cross-selling (Stracke/Pohl 1988, S. 196ff.).

2. Gewinnung von Kunden, die bisher bei der Konkurrenz gekauft haben (zum Beispiel durch Preisreduktion, Verkaufsförderungsaktionen, Dienstleistungsoptimierung insgesamt durch einen verbesserten Einsatz des Marketinginstrumentariums).

   Diese Strategie verlangt insbesondere bei Dienstleistungen, bei denen eine intensive Bindung zwischen Dienstleistungsanbieter und -nachfrager (externer Faktor) besteht (zum Beispiel Versicherungen, Kontoführung bei einer Bank, Theaterabonnement, Steuerberater), besondere Anstrengungen, um einen Kunden zum Wechsel zu bewegen. Dies erklärt sich vor allem durch das als hoch empfundene Kaufrisiko bei vielen Dienstleistungen.

3. Gewinnung bisheriger Nichtverwender der Dienstleistung (zum Beispiel durch intensivierte Kommunikation, Einschaltung neuer Distributionskanäle).

   Hier lassen sich beispielsweise die Bemühungen im sozialen Dienstleistungsbereich anführen, in dem durch Werbemaßnahmen und Aufklärungsaktivitäten auf die Inanspruchnahme von Krebsvorsorgeuntersuchungen hingewiesen wurde. Im kommerziellen Bereich ist beispielsweise die Inanspruchnahme von Kreditkartenservices zu nennen. Einige der Kreditkartenanbieter versuchen, bisherige Nichtverwender durch Probeangebote zu stimulieren.

Im Rahmen der **Marktentwicklungsstrategie** wird angestrebt, für die gegenwärtigen Produkte einen oder mehrere neue Märkte zu finden. Damit wird die Interdependenz zu der im letzten Abschnitt behandelten Abgrenzung Strategischer Geschäftsfelder deutlich. Ansätze für die Marktentwicklung finden sich insbesondere bei der Kundendimension des Abell'schen Schemas. Insgesamt sind im Rahmen der Suche nach neuen Marktchancen folgende Vorgehensweisen möglich:

1. Erschließung zusätzlicher Märkte durch regionale, nationale oder internationale Ausdehnung (Stauss 1994b)

   Beispielhaft für die Internationalisierung des Dienstleistungsgeschäftes ist das Vordringen von Fast-food- und Hotelketten auf internationale Märkte oder die weltweite Tätigkeit renommierter Unternehmensberatungsgesellschaften (zum Beispiel McKinsey, Boston Consulting Group).

2. Gewinnung neuer Marktsegmente (zum Beispiel durch speziell auf bestimmte Zielgruppen abgestimmte Dienstleistungsversionen oder „psychologische" Leistungsdifferenzierung durch Kommunikationsmaßnahmen).

In diesem Zusammenhang sei auf die Ausweitung des Angebots einer Linienfluggesellschaft um das Segment der Charterflüge verwiesen.

Im Rahmen der **nationalen** oder **internationalen Ausdehnung des Dienstleistungsangebotes** ist zu berücksichtigen, daß Dienstleistungen im Gegensatz zu Sachgütern häufig nicht transportfähig sind. Will sich ein bisher regional tätiges Dienstleistungsunternehmen über sein Einzugsgebiet hinaus ausdehnen, so ist ein Wachstum in der Regel nur über weitere Standorte möglich (Graumann 1984, S. 608). Ein „langsames Hineinwachsen" in internationale Märkte beziehungsweise Massenmärkte, wie es zum Beispiel mittels einer Exportstrategie für einen Konsumgüterhersteller möglich ist, wird für ein Dienstleistungsunternehmen damit ungleich schwieriger. So haben heute alle Banken, Versicherungen, Handelsunternehmen, die auf internationalen Märkten tätig sind, ein Filialnetz im Auslandsmarkt errichtet, um dort mit ihrem Dienstleistungsangebot präsent zu sein.

Als weitere Einschränkung erweist sich, daß bei bestimmten Dienstleistungen der externe Faktor (Mensch, Objekt) am Ort der Dienstleistungserstellung beziehungsweise Standort des Dienstleistungsanbieters anwesend sein muß. Eine Internationalisierung kann dann zum einen durch eine Multiplikation des Dienstleistungskonzeptes und der Outlets erfolgen, die mit bestimmten Investitionen verbunden ist (zum Beispiel McDonalds, Euro-Disney). Zum anderen kann eine Internationalisierung dadurch erreicht werden, daß das Einzugsgebiet für den Dienstleister erhöht wird und/oder der Kunde zum Dienstleister gebracht wird (Stauss 1994b). Beispiele hierfür sind Dienstleistungsangebote von Ferienorten, Nationalparks, Behandlungen in Spezialkliniken.

Abbildung 3-22 gibt eine Übersicht über mögliche Internationalisierungsstrategien in Abhängigkeit vom Ausmaß der Interaktionsprozesse zwischen Konsument und Dienstleistungsersteller sowie des „Güteranteils" der Dienstleistung (Vandermerwe/Chadwick 1991). So bietet sich bei veredelten Dienstleistungen der Export an, wohingegen bei anderen Dienstleistungen (intensiver Kundenkontakt, geringfügige bis keine Materialisierung der Dienstleistung) Investitionen in den ausländischen Märkten zum Aufbau oder Kauf von Tochterfirmen angeraten scheinen.

Die Strategie der **Dienstleistungsentwicklung** basiert auf der Überlegung, für die gegenwärtigen Kunden neue Dienstleistungen zu entwickeln. Hier sind alternative Vorgehensweisen denkbar:

1. Schaffung von Dienstleistungen im Sinne von echten Marktneuheiten und/oder
2. Programmerweiterung durch Angebot zusätzlicher Dienstleistungsvarianten („Me-too-Dienstleistungen").

Das Unternehmen American Express beispielsweise bietet seinen Kunden in Verbindung mit der Kreditkarte eine Reihe weiterer Dienstleistungen an, wie zum Beispiel Buchungsservice, Lebens- oder Reiseversicherungen.

Unternehmensberatungsgesellschaften beschränken ihr Serviceangebot heute nicht mehr auf die Unternehmensanalyse und -beratung, sondern sie übernehmen zunehmend auch die Implementierung von neuen Unternehmenskonzeptionen. Dabei verläuft die Grenze zwischen reinen Value-added-Services (zum Beispiel Kundenservice), die zusätzlich und aufbauend zur eigentlichen Leistung angeboten werden, und eigenständigen neuen Leistungen, wie sie im Rahmen der Diversifikationsstrategie angeboten werden, fließend.

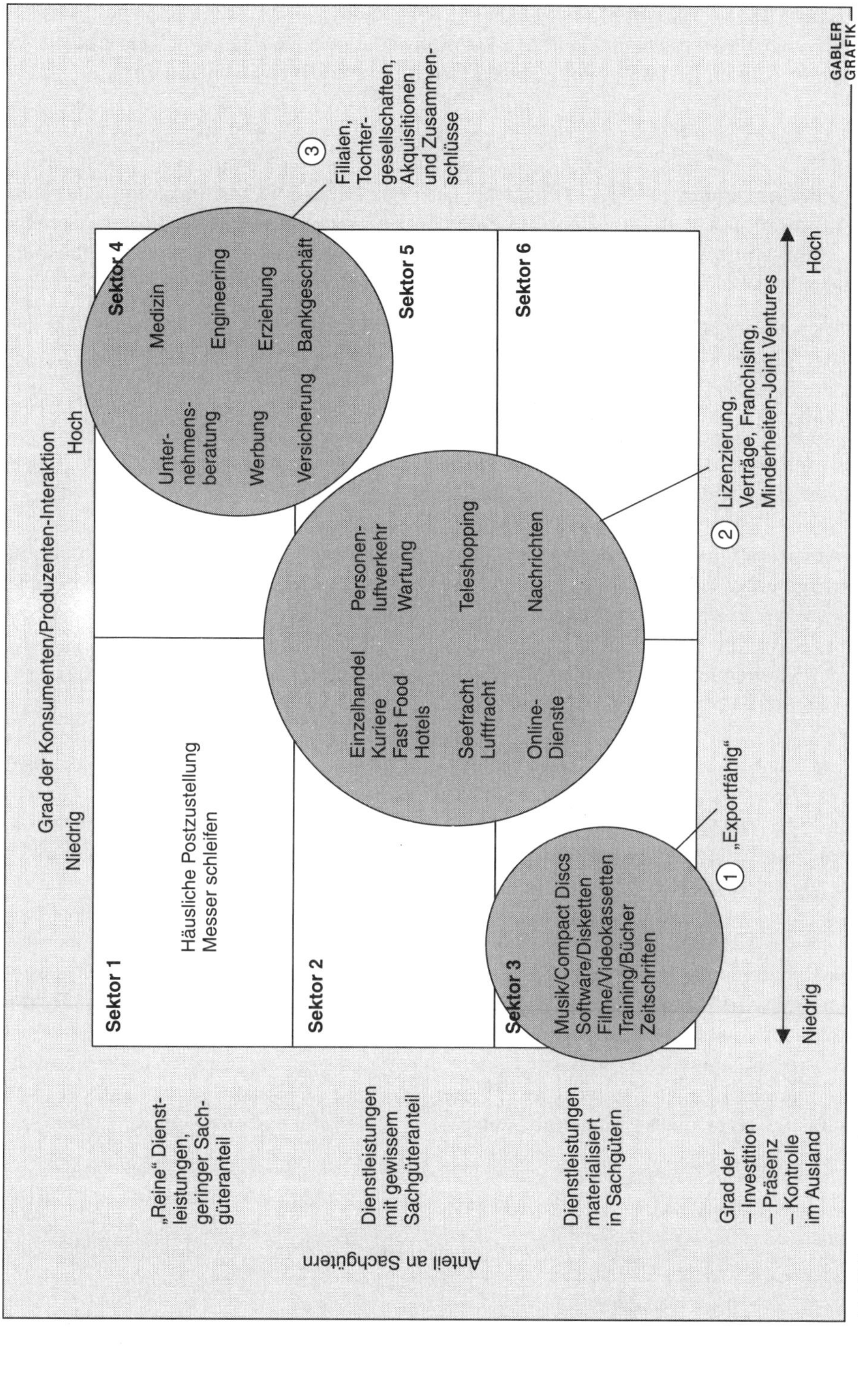

Abbildung 3-22: Einordnung von Internationalisierungsstrategien im Dienstleistungsbereich
(Quelle: Vandermerwe/Chadwick 1989, S. 52)

Eine **Diversifikationsstrategie** ist durch die Ausrichtung der Unternehmensaktivitäten auf neue Dienstleistungen für neue Märkte charakterisiert. Je nach Grad der mit dieser Strategie verfolgten Risikostreuung lassen sich folgende **Diversifikationsformen** unterscheiden (Ansoff 1966, S. 152ff.; Agthe 1978, S. 188ff.; Yip 1982, S. 129ff.; Meffert 1994a, S. 111):

1. Bei der **horizontalen Diversifikation** wird das Dienstleistungsprogramm um Leistungen erweitert, die mit dem bestehenden Programm noch in Verbindung stehen. Die Aufnahme von zusätzlichen Finanzdienstleistungen in das Angebot von Bausparkassen stellt ein Beispiel für diese Strategiealternative dar.
2. Die **vertikale Diversifikation** stellt eine Vergrößerung der Wertschöpfungstiefe des Absatzprogramms dar. Diese kann sowohl in Richtung Absatz der bisherigen Dienstleistungen (zum Beispiel Verlagsredaktion baut eine eigene Buchhandelskette auf) als auch in Richtung Dienstleistungs-„Vorproduktion" vorgenommen werden.
3. Bei der **lateralen Diversifikation** stößt das Unternehmen in völlig neue Dienstleistungsmärkte vor.

Die Diversifikationsbemühungen eines Dienstleistungsanbieters können sich auch auf den Sachgüterbereich beziehen. Beispielsweise könnte eine Versicherung neben dem Angebot von Versicherungsverträgen auch Alarm- und Sicherheitseinrichtungen anbieten und herstellen, um das „Sicherheitsbedürfnis" des Kunden umfassend zu befriedigen. Außerdem können Konsum- oder Investitionsgüterhersteller ihr Leistungsprogramm durch Dienstleistungen diversifizieren.

Als wesentliches Entscheidungskriterium für die Auswahl einer oder mehrerer Basisstrategien der Ansoff'schen Matrix kann der **Grad der Synergienutzung** angesehen werden. Während die Marktdurchdringungsstrategie das höchste Synergiepotential aufweist, lassen sich im Falle der Diversifikation kaum noch Synergien zum bestehenden Geschäft und Kundenkreis nutzen.

In diesem Zusammenhang bietet sich als weiteres Planungsinstrument für Diversifikationsbestrebungen die **Synergie-Affinitäts-Matrix** an, wie sie in Abbildung 3-23 dargestellt ist. Sie wird von den beiden Dimensionen „Kundengruppensynergie" und „Bezug zur Unternehmenskompetenz" aufgespannt. Dabei wird vom Kerngeschäft ausgegangen, das den Ausgangspunkt für die Bemessung von Kundengruppensynergien und Unternehmenskompetenzbezug darstellt (oberer rechter Quadrant). Die im folgenden aufgezeigten **strategischen Optionen** sollen am Beispiel eines Pizza-Zustellservices verdeutlicht werden.

Eine **Marktpenetration** ist beispielsweise durch erhöhte Kommunikationsbemühungen realisierbar. Unter Ausnutzung der Kundengruppensynergie ist darüber hinaus eine Kundenbindungsstrategie denkbar, die beispielsweise Preisermäßigungen für Stammkunden als Instrument beinhaltet.

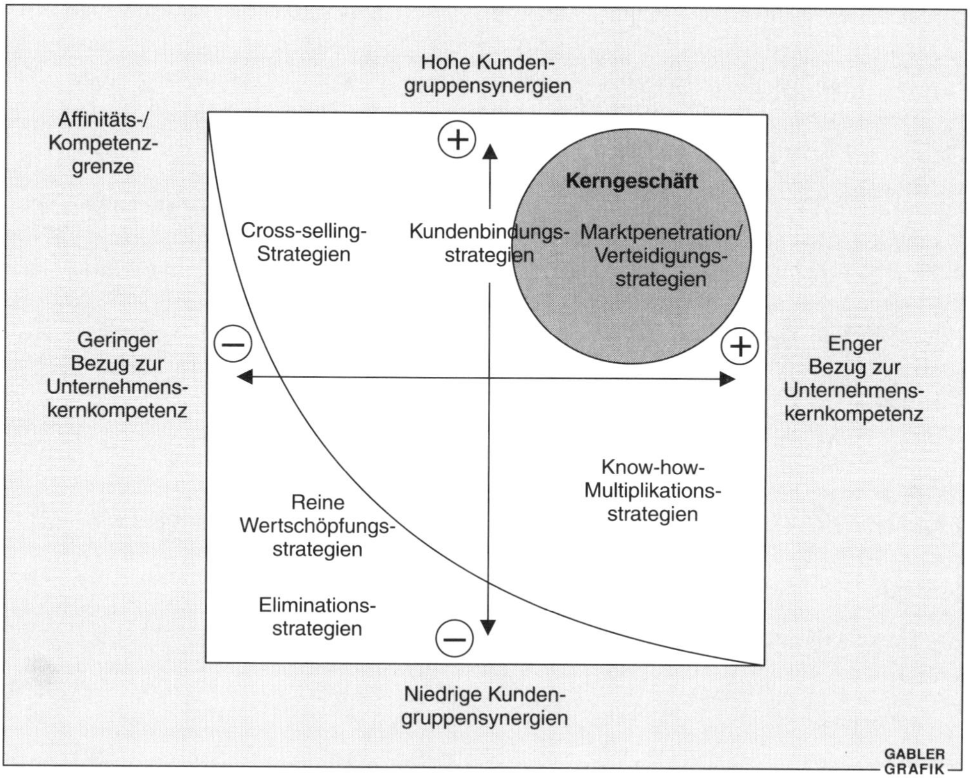

Abbildung 3-23: Synergie-Affinitäts-Matrix

Für Aktivitäten, die sich durch hohe Kundengruppensynergien, aber einen geringen Bezug zur Unternehmenskompetenz auszeichnen, müssen Cross-selling-Strategien durchgeführt werden. Beispielsweise kann gegenwärtigen Kunden ein hochwertiger Partyservice angeboten werden. Die Akzeptanz dieser Leistungen hängt in entscheidendem Maße von der Kompetenzzuweisung seitens der Kunden ab.

Als weitere strategische Option bietet sich ein Vordringen in neue Kundenfelder unter Ausnutzung der Unternehmenskompetenz an. Hier bietet sich insbesondere die Möglichkeit der räumlichen Ausweitung des Angebotes beziehungsweise der Multiplikation von Geschäftsstellen.

Im letzten Quadranten schließlich besteht ein geringer Bezug zur Unternehmenskompetenz und eine geringe Kundengruppensynergie. Diese strategische Option entspricht weitgehend der aus dem Ansoff-Schema ableitbaren Option der lateralen Diversifikation. Ein Vorstoßen in dieses Feld verringert einerseits das Risiko auf unternehmerischer Seite im Sinne des Portfoliogedankens durch entsprechende Streuung. Andererseits ist die strategische Option als solche mit erheblichen Risiken verbunden, da konsumentenseitig eine zumindest anfänglich eher geringe Akzeptanz zu vermuten ist. Insgesamt handelt es sich hier um reine Wertschöpfungsstrategien. Die aufgezeigten Probleme treten bei allen unternehmerischen Bemühungen auf, die jenseits der idealtypisch eingezeichneten Affinitäts-/Kompetenzgrenze liegen.

Die von Ansoff und der Synergie-Affinitäts-Matrix abgeleiteten strategischen Optionen lassen sich auch anhand des **Lebenszyklusmodells** verdeutlichen. Langeard stellt die alternativen Sequenzen der oben aufgeführten **Wachstumsstrategien** in einer Lebenszyklusbetrachtung einer Dienstleistungsunternehmung dar (Langeard 1981, S. 239). Er führt folgende **Wachstumssequenzen** an:

Stufe 1:
Existenz eines einzigartigen Dienstleistungskonzeptes für ein einzelnes Marktsegment.

Stufe 2:
Eventuelle Korrekturen am Dienstleistungssystem, Auswahl von Nebendienstleistungen.

Stufe 3:

a) Expansion in neue regionale Märkte.

b) Gleiches Dienstleistungskonzept mit gleichen Einrichtungen für neue soziodemographische Segmente.

c) Umfangreiche, innovative Neugestaltung des bestehenden Dienstleistungssystems.

Stufe 4:

a) Einsatz eines neuen Dienstleistungssystems in dem bestehenden Marktsegment.

b) Mit neuen Konzepten in neuen Marktsegmenten.

c) Kombinierte Diversifikation mit neuen Konzepten in neuen Marktsegmenten.

Während in der ersten Phase des Lebenszyklus einer Dienstleistungsunternehmung häufig ein einzigartiges Dienstleistungskonzept (Innovation) für ein einzelnes Marktsegment besteht, wächst die Unternehmung in einer zweiten Phase durch standardisiertes Auftreten im Rahmen einer Multiplikation von Dienstleistungspotentialen.

Diese von Langeard (1981) festgestellte Wachstumssequenz von Dienstleistungsunternehmen zeigt noch einmal deutlich, daß aufgrund der Nichttransportfähigkeit und Simultaneität von Produktion und Konsumtion einer Dienstleistung eine regionale Ausweitung des Dienstleistungsangebotes in der Regel nur durch **„Vervielfachung des Dienstleistungssystems“** möglich ist (begrenzte Mobilitätsbereitschaft des Nachfragers vorausgesetzt). Wenn die eigenen finanziellen und personellen Ressourcen einer Dienstleistungsunternehmung in dieser Phase der Expansion nicht ausreichen, so sind Franchising-Konzepte überzeugende Ansätze, um Markt- und Unternehmenswachstumsraten zu harmonisieren (Langeard 1981, S. 238).

Erst wenn ein Dienstleistungsunternehmen im Rahmen der regionalen Expansion mit einzelnen Niederlassungen ein zuverlässiges Imageprofil aufgebaut und Kompetenzen erworben hat, wird eine Ausweitung und Anpassung des Dienstleistungsangebotes für die Ansprache neuer sozio-demographischer Segmente von Langeard empfohlen. Hierbei muß unter Umständen eine umfangreiche **Neugestaltung des Dienstleistungssystems** (Organisation, Personal, Ausbildung) ins Auge gefaßt werden. Als letzten Schritt der Wachstumssequenz führt Langeard die **Produktentwicklungs- und Diversifikationsstrategie** an, die als risikoreichste Strategie bewertet wird.

Neben den aus der Ansoff-Matrix abgeleiteten Basisstrategien für einzelne strategische Geschäftsfelder ergeben sich weitere **strategische Ansatzpunkte aus der Portfolioanalyse**, die im Rahmen der strategischen Planungsinstrumente (Abschnitt 2.5) behandelt wurde.

Aus den Ist-Positionen der strategischen Geschäftseinheiten in einem Portfolio lassen sich unmittelbar sogenannte Normstrategien ableiten. Dabei sind **Investitions- und Wachstumsstrategien** zu wählen, wenn strategische Geschäftseinheiten einer Dienstleistungsunternehmung eine hohe Marktattraktivität und große relative Wettbewerbsvorteile aufweisen. **Abschöpfungs- und Desinvestitionsstrategien** sind für Geschäftseinheiten zu wählen, deren zukünftige Gewinnchancen eher gering einzuschätzen sind.

4.13 Wettbewerbsvorteilsstrategie

Die zunehmende Wettbewerbsintensität auf vielen Dienstleistungsmärkten erfordert neben einer kundenorientierten Strategieformulierung die explizite Ausrichtung der Dienstleistungsstrategie auf die **Wettbewerbssituation**. Im Rahmen derartiger Strategieansätze sind die von der Unternehmung anzustrebenden Wettbewerbsvorteile herauszuarbeiten. Diese Wettbewerbsvorteile sind zunächst objektiver Art. Die subjektive Wahrnehmung dieser Vorteile aus Sicht der Abnehmer wird später (in Abschnitt 4.22) aufgegriffen.

Die Bedeutung von Wettbewerbsvorteilen zeigt sich in allen Dienstleistungsbranchen, dabei jedoch im Versicherungsgeschäft, der Passagierluftfahrt oder im Transport- und Speditionswesen aufgrund der Gleichheit der Kernleistung mit besonderer Intensität. Um im Wettbewerb mit anderen Dienstleistungsanbietern bestehen zu können, gilt es, spezifische Leistungsvorteile und Dienstleistungskompetenzen gegenüber den Wettbewerbern zu entwickeln und zu kultivieren.

In Anlehnung an die **wettbewerbsstrategischen Grundkonzeptionen** von Porter werden im folgenden Möglichkeiten zur Erlangung von Leistungsvorteilen (Differenzierungsvorteilen) beziehungsweise zur Erlangung von Kostenvorteilen diskutiert.

Die **Leistungsvorteilsstrategie** verfolgt die Zielsetzung, durch Schaffung von Leistungsvorteilen beziehungsweise durch Erhöhung des Serviceniveaus gegenüber der Konkurrenz die Marktstellung zu verbessern. Diese Leistungsvorteile können verschiedener Art sein:

- Qualitätsvorteile,
- Innovationsvorteile,
- Markierungsvorteile,
- Programmbreitenvorteile.

Die Erlangung einer aus Kundensicht überlegenen Qualitätsposition erweist sich im Dienstleistungsmarketing als ein komplexes, mehrdimensionales Optimierungsproblem. Die Mehrdimensionalität resultiert aus der Existenz verschiedener Dimensionen der subjektiv wahrgenommenen Dienstleistungsqualität. So gelangen Parasuraman, Zeithaml und Berry (1985, S. 29ff.) zu fünf faktoranalytisch verdichteten **Qualitätsdimensionen**:

- Annehmlichkeit des tangiblen Umfelds („tangibles"),
- Zuverlässigkeit, mit der versprochene Dienstleistungen ausgeführt werden („reliability"),
- Reaktionsfähigkeit beziehungsweise die generelle Bereitschaft, den Abnehmer bei Problemlösungen zu unterstützen („responsiveness"),
- Glaubwürdigkeit, Leistungskompetenz, Höflichkeit und Vertrauenswürdigkeit der Mitarbeiter („assurance"),
- Einfühlungsvermögen beziehungsweise Bereitschaft, auch auf individuelle Wünsche der Abnehmer einzugehen („empathy").

Eine Analyse des Zusammenhangs zwischen diesen **Qualitätsdimensionen** und den zu ihrer Beeinflussung geeigneten **Wertaktivitäten** verdeutlicht, wie komplex die Realisierung von Qualitätsvorteilen im Dienstleistungsmarketing ist. Jede primäre und unterstützende Aktivität in der spezifischen Wertkette von Dienstleistern bietet Ansatzpunkte zur Einwirkung auf die Dienstleistungsqualität. So kann etwa durch die unterstützende Wertaktivität „Beschaffung sachlicher Ressourcen" auf die drei Qualitätsdimensionen „tangibles", „responsiveness" und „assurance" eingewirkt werden. Demgegenüber ist die Primäraktivität „Interaktive Operationen" mit Ausnahme der Gestaltung des tangiblen Umfeldes zu einer Beeinflussung sämtlicher Qualitätsdimensionen geeignet. Da zwischen diesen Einwirkungsmöglichkeiten zum Teil komplementäre, zum Teil substitutionale Beziehungen bestehen, steigt die Komplexität zusätzlich. Abbildung 3-24 gibt einen Überblick über relevante Qualitätsdimensionen im Dienstleistungsbereich und Möglichkeiten ihrer Beeinflussung anhand des Wertkettenmodells.

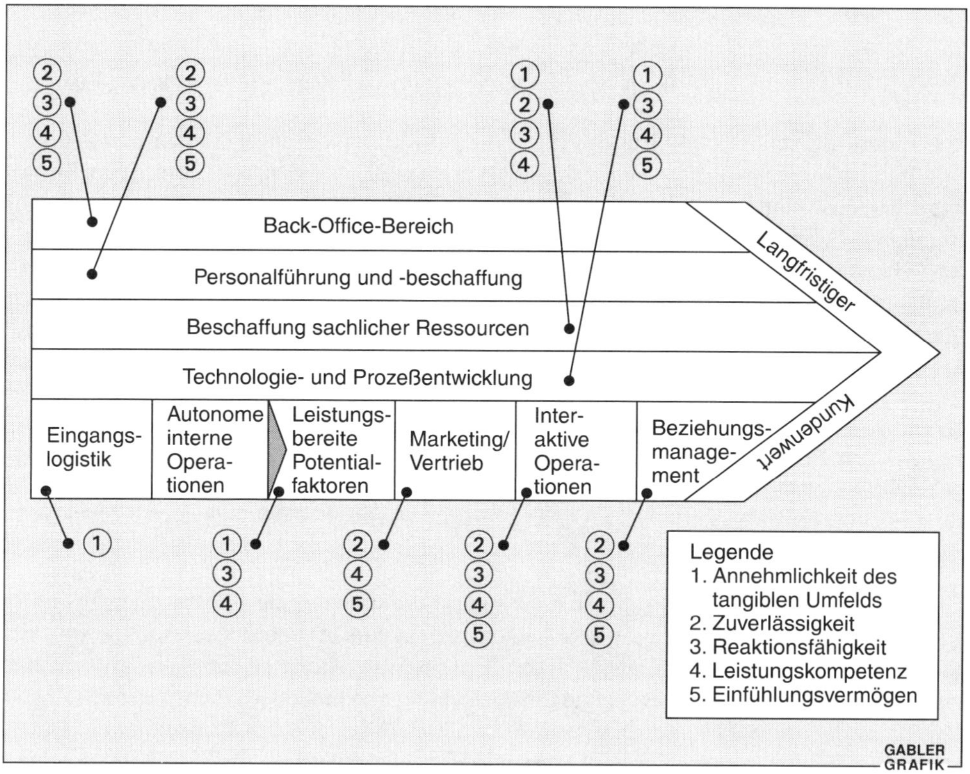

Abbildung 3-24: Qualitätsdimensionen und Möglichkeiten ihrer Beeinflussung

Die **qualitätsbezogenen Zeitvorteile** basieren primär auf der Integration des externen Faktors in den Dienstleistungserstellungsprozeß. Daraus resultiert eine bestimmte Zeiterwartung des Kunden an die Dauer der Dienstleistungserstellung. Durch die Optimierung des Erstellungsprozesses im Hinblick auf die jeweilige Zeiterwartung läßt sich eine nachhaltige Verbesserung der relativen Wettbewerbsposition erreichen (Stauss 1991a, S. 81ff.). Die besondere Problematik liegt darin begründet, daß kein einheitlicher funktionaler Zusammenhang zwischen der Zufriedenheit und der Dauer des Erstellungsprozesses besteht. Wirkt bei einem Tankstellenbesuch eine kurze Prozeßdauer zufriedenheitssteigernd, so verhält es sich bei Pflege- oder Beratungsleistungen tendenziell umgekehrt.

Besondere Herausforderungen weist auch das **Innovationsmanagement** von Dienstleistungsunternehmen auf, das aber in der betriebswirtschaftlichen Literatur bislang keine entsprechende Würdigung gefunden hat. Im Vergleich zum Sachgüterbereich bestehen zumeist größere Innovationspotentiale, denn Innovationen können im Dienstleistungsbereich an alle drei Phasen der Dienstleistungserstellung – die wahrnehmbare Bereitstellungsleistung (Potentiale), den Leistungserstellungsprozeß und das eigentliche Leistungsergebnis – anknüpfen. Als überaus innovationsträchtig erweist sich gegenwärtig der Ökologiebereich. Beispielhaft sei hier nur der Einstieg von Versicherungsunternehmen wie etwa des Gerling-Konzerns in den Bereich des Umwelt-Consulting genannt.

Neben der Entwicklung und Einführung echter Marktinnovationen können Innovationsvorteile durch spezielle Leistungsverbunde verwirklicht werden. Bei derartigen **Bundling-Innovationen** werden bereits bestehende Dienstleistungen in neuartiger Weise miteinander kombiniert. Dabei kommt der subjektiven Affinitätswahrnehmung des Kunden in bezug auf die kombinierten Teilleistungen wesentliche Bedeutung für den **Markterfolg neuer Leistungsverbünde** zu. Die Erosion von Branchengrenzen, wie sie vor allem im Finanzdienstleistungsbereich festzustellen ist, kann im wesentlichen auf diese Art des Innovationswettbewerbs zurückgeführt werden.

Zudem entwickeln in jüngster Zeit viele Unternehmen **intern erbrachte Dienstleistungen** zu marktfähigen Dienstleistungskonzepten weiter. So bündelte der Daimler-Benz-Konzern einen Großteil seiner intern erbrachten Dienstleistungen auf dem Gebiet der Informationstechnologie im Tochterunternehmen Debis, welches das gesamte Leistungsprogramm nun auch Nicht-Konzernunternehmen anbietet (Heller 1992).

Eine in engem Zusammenhang mit den Verbundvorteilen stehende Differenzierungsmöglichkeit basiert auf der Erlangung von **Leistungsprogrammvorteilen**. Derartige Vorteile können sowohl an der Breite als auch der Tiefe des angebotenen Leistungsprogramms anknüpfen. Substitutionale Beziehungen zwischen verschiedenen Dienstleistungsangeboten bedeuten eine Erweiterung der Wahlmöglichkeiten für den Konsumenten. Demgegenüber führen komplementäre Beziehungen wiederum zu Verbundvorteilen. Das zentrale Risiko einer derartigen Strategie besteht allerdings in einer **Abkehr von den Kernkompetenzen**. Dies beweist das Beispiel der Deutschen Lufthansa, die sich im Jahre 1992 vergeblich von ihrer defizitären Hotelkette Penta zu trennen versuchte (Pfund 1992).

Eine Differenzierung gegenüber den Wettbewerbern ist schließlich in Form von **Markierungsvorteilen** möglich. Einerseits ist die Markierung von Dienstleistungen aufgrund des hohen wahrgenommenen Risikos als Kompetenznachweis von großer Bedeutung, andererseits erweist sich die Identifikation geeigneter Markenträger (Gesamtunternehmen, Leistungsbündel, Einzelleistungen) und die damit verbundene Festlegung einer geeigneten Markenstrategie als schwierig. Grundsätzlich muß mit zunehmender Immaterialität der Leistung die produktbezogene Markenidentität durch die Unternehmensidentität ersetzt werden (Peters 1991, S. 53).

Hieraus ergeben sich besondere Anforderungen an alle Instrumente einer Corporate-Identity-Politik, insbesondere aber an das Verhalten der Mitarbeiter sowie an die Gestaltung aller für Kunden zugänglichen Unternehmenseinrichtungen. Dabei erweist sich die Sicherstellung eines konsistenten Markenbildes um so schwieriger, je höher der Interaktionsgrad ausgeprägt ist. Mit zunehmender Interaktion zwischen dem Kontaktpersonal und dem Kunden wird die wahrgenommene Unternehmensidentität immer stärker durch die individuellen und nur eingeschränkt steuerbaren Verhaltensweisen der Mitarbeiter bestimmt (Meffert 1994a, S. 315ff.).

Weiterhin sind **Programmbreitenvorteile** anzuführen, die sich auf die Heterogenität des angebotenen Dienstleistungsspektrums beziehen. Programmbreitenvorteile äußern sich in der Ausnutzung von Cross-selling-Potentialen, indem man den Kunden unter Convenience-Aspekten zum One-stop-shopping bewegt.

Dabei gibt es zwei grundlegende Ansatzpunkte zur Erlangung derartiger Programmbreiten: Zum einen kann das Leistungsprogramm von einem Dienstleister alleine realisiert werden. Für diesen Ansatz sprechen die möglichen Umsatzsteigerungen. Zum anderen kann das Angebot durch räumlichen oder sachlichen Zusammenschluß einzelner Dienstleister zu einem **Dienstleistungscenter** realisiert werden (Birkelbach 1993). Dabei können ähnliche Effekte (zum Beispiel One-stop-shopping) wie bei der ersten Option erzielt werden, ohne daß die Gefahr einer Kompetenzzersplitterung durch zu starke Diversifikation besteht.

Neben den genannten Leistungsvorteilen umfassen die möglichen Wettbewerbsvorteile auch die Gruppe der **Kostenvorteile**. Die eigenständige Bedeutung und Durchsetzbarkeit von Strategien der Kostenführerschaft im Dienstleistungsmarketing wird kontrovers diskutiert (Reichheld/Sasser 1991, S. 111; Reiss 1992, S. 62). Die Autoren stellen isolierte Kostensenkungsstrategien insbesondere vor dem Hintergrund der Vorteile von Kundenbindungstrategien in Frage, da letztere sowohl Kosten- als auch Erlösbestandteile positiv beeinflussen. Im Mittelpunkt steht dabei die Frage nach möglichen negativen Konsequenzen einer fortschreitenden Automatisierung und Standardisierung von Dienstleistungen.

In Wissenschaft und Praxis des Dienstleistungsmarketing sind die kostensenkenden und produktivitätsfördernden Effekte einer Automation und Standardisierung vor allem bei objektbezogenen Dienstleistungen unbestritten (Meyer 1987, S. 30ff.). Es lassen sich jedoch absatzmarktbezogene Entwicklungen identifizieren, die darauf hinweisen, daß Versuche einer Industrialisierung und Rationalisierung von Dienstleistungsbranchen, die auf gängigen Modellen des Sachgüterbereichs aufbauen, immer mehr an ihre Grenzen stoßen (Schlesinger/Heskett 1991, S. 74).

So deutet sich in bestimmten Dienstleistungsbranchen ein Wandel des Kaufverhaltens hin zu einer stärkeren **Bedürfnisdifferenzierung beziehungsweise -individualisierung** an. Diese Abkehr von standardisierten Massenleistungen wird als ein wesentlicher Grund für den sinkenden ökonomischen Erfolg von Fast-food-Ketten angeführt (Lehmann 1992, S. 21). Zudem bestehen bei Dienstleistungen mit relativ hohem Interaktionsgrad nur **eingeschränkte Automatisierungs- und Standardisierungspotentiale**. Mittelfristige Prognosen für den Finanzdienstleistungsbereich gehen beispielsweise davon aus, daß reine Selbstbedienungsfilialen gegenüber solchen mit personalgestützten Beratungsbereichen in der Minderzahl verbleiben werden (Terrahe 1992).

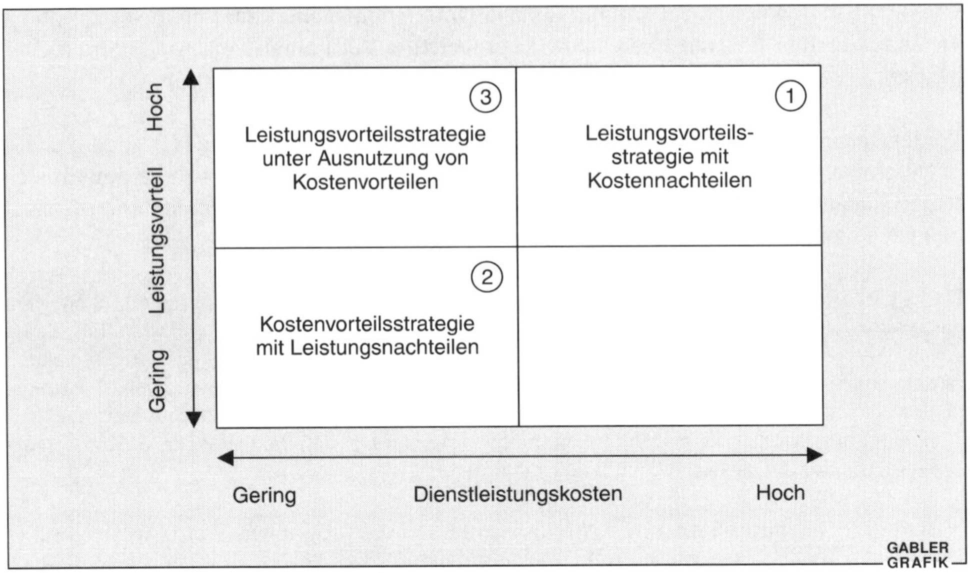

Abbildung 3-25: Wirkung alternativer Dienstleistungsstrategien auf Kosten- und Dienstleistungsniveaus
(Quelle: in Anlehnung an Heskett 1986)

Schließlich vermag auch die **Rationalisierung des Back-office-Bereichs** oftmals die in sie gesetzten Erwartungen nicht zu erfüllen. Empirische Untersuchungen in den Vereinigten Staaten führten zu dem Ergebnis, daß Investitionen in neue Technologien nicht die beabsichtigten Personaleinsparungen im Verwaltungsbereich erbrachten (Roach 1991, S. 85f.). In der Folge verschlechterten sich die Kostenstrukturen in Richtung einer Fixkostendominanz. Zusätzlich sank die Flexibilität aufgrund der hohen Anlagenintensität.

Wie bereits deutlich wurde, besteht in der Regel eine Interdependenz von Kosten- und Zeitvorteilen. So können Leistungsvorteile hinsichtlich ihrer Kostenwirksamkeit differenziert werden. Abbildung 3-25 zeigt, daß die Erhöhung des Serviceniveaus durch kostenerhöhende Maßnahmen, aber auch durch eine Reihe kostenreduzierender Maßnahmen erreicht werden kann (Heskett 1986, S. 45ff.).

Bei hohen Dienstleistungskosten und hohen Leistungsvorteilen liegt die Situation einer **Leistungsvorteilsstrategie mit Kostennachteilen** vor (Feld 1 in der Abbildung 3-25).

Folgende Ansatzpunkte sind möglich, um eine Leistungsführerschaft zu erreichen, die in der Regel mit erhöhten Kosten verbunden ist:

- **Leistungsvorteile durch Differenzierung von Standarddienstleistungen mittels**
  - Individualisierung (customization) von Dienstleistungen (vgl. Abschnitt 4.21); Beispiele: Sprachkurse, die individuelle Leistungsunterschiede der Teilnehmer berücksichtigen, differenziertes Angebot an individuell zu gestaltenden Versicherungsverträgen.
  - Angebot von Zusatzleistungen; Beispiele: Abholservice einer Reparaturwerkstatt, Finanzierungsdienstleistungen bei hochwertigen Leistungen.
  - Verbesserung der Qualifikation des Dienstleistungspersonals; insbesondere bei persönlich zu erbringenden Diensten ist die spezifische Kompetenz eines Dienstleistungsanbieters im Know-how der vielen Mitarbeiter begründet. Um Leistungsvorteile zu erlangen, ist eine hohe Qualifikation der am Dienstleistungsprozeß beteiligten Personen notwendig; Beispiele: Unternehmensberatung, Anlageberatung einer Bank.
  - Dienstleistungsinnovationen.

- **Leistungsvorteile durch Qualitätskontrollen**
  Direkte Qualitätskontrollen vor dem Kauf einer Dienstleistung sind aufgrund der Simultaneität von Dienstleistungserstellung und -konsum nur bedingt möglich (zum Beispiel Konditionenvergleich bei Lebensversicherungen, Ausstattung von Bankfilialen). Alternativ kann hier eine verstärkte Aufsichtsführung bei der Erstellung einer Dienstleistung implementiert werden.

- **Ausbau eines dichten Servicenetzes**
  Beispielsweise bei Kundendiensten, Notfalldiensten.

- **Materialisierung von Dienstleistungen**
  („managing the evidence“)
  Grundidee dieser strategischen Option ist es, die Dienstleistung zu materialisieren beziehungsweise dem Kunden sichtbar zu machen und dadurch Leistungsvorteile zu schaffen, zum Beispiel:
  - Bankkreditkarte als Ausweis für Kreditwürdigkeit der Bankkunden,
  - Einheitliche Kleidung, saubere Werkstatteinrichtungen zur Demonstration von qualifizierter und systematischer Vorgehensweise bei der Dienstleistungserstellung.

- **Leistungsvorteile durch Technologieeinsatz**
  Erlangung und Absicherung von Leistungsvorteilen durch den Einsatz von hochentwickelten Technologien, wie zum Beispiel beim Buchungsservice für Linienflüge, Diagnosegeräte bei medizinischen Untersuchungen, Online-Wartungsservice.

- **Verbindung von „High Tech“ und „High Touch“**
  Leistungsvorteile ergeben sich im Dienstleistungsbereich häufig durch kombinierten Einsatz von Servicetechnologien und Ausweitung des Angebotes an individuellen, persönlichen Diensten (zum Beispiel Bankautomaten und persönliche Beratung in der Bank) (Berry 1986).

- **Erhöhung der Dienstleistungsqualität durch Standardisierung und Automatisierung des Dienstleistungserstellungsprozesses**
  Im Gegensatz zu den kundenorientierten Strategien, bei denen die Standardisierungsproblematik der Dienstleistung als Output von Bedeutung ist, handelt es sich bei dieser strategischen Option um die Standardisierung der Faktorkombination zur Erstellung der Dienstleistung (**Prozeßstandardisierung**). Levitt sieht für die Standardisierung des Dienstleistungserstellungsprozesses in erster Linie drei Ansatzpunkte (Levitt 1972, S. 47ff.):

  - Soft Technologies,
  - Hard Technologies,
  - Hybrid Technologies.

  Im Bereich der **„Soft Technologies"** sind die individuellen Tätigkeiten in der Dienstleistungsproduktion durch systematisch geplante Leistungssysteme zu substituieren (zum Beispiel Tätigkeit des Bedienungspersonals in Fast-food-Restaurants; Vorgaben, Checklisten für einen Kundendienstmitarbeiter bei Wartungsarbeiten).

  Durch **„Hard Technologies"** (Automaten) sind individuelle Leistungen – sofern es möglich ist – zu substituieren. Derartige Maßnahmen lassen geringere Qualitätsschwankungen erwarten. Die dabei anfänglich im Rahmen der notwendigen Investitionen anfallenden Kosten können langfristig durch eine höhere Produktivität und/oder durch Einsparung von Personalkosten zumindest ausgeglichen werden (Beispiele: Autowaschanlagen, Geldautomaten, Münzwechsler).

  Als dritte Möglichkeit sind **„Hybrid Technologies"** zu erwähnen, die durch Kombination von Hard und Soft Technologies entstehen. Als Beispiele nennt Levitt computergestützte Straßentransportsysteme und Vorordersysteme für den Fruchttransport. Ein weiteres Beispiel für den Einsatz von Hybrid Technologies ist der Kundendienstbereich für Computeranlagen, bei dem ein vom Kundendienstmitarbeiter unterstützter Online-Wartungsservice durchgeführt werden kann.

- **Effiziente Steuerung der Dienstleistungskapazitäten**
  Auch durch eine effizientere Steuerung der Dienstleistungskapazitäten können Leistungsvorteile realisiert werden. Beispiele sind hier das Angebot von Vorausbuchungen, der Abschluß langfristiger Verträge sowie die Auswertung der Kundendaten (Database-Management), um die zukünftige Inanspruchnahme von Dienstleistungen einschätzen zu können (beispielsweise können der letzte Wartungstermin oder die Gebrauchsintensität für die Planung des nächsten Wartungstermins herangezogen werden).

Insgesamt müssen die entstehenden Leistungsvorteile die im Rahmen dieser Strategie entstehenden Kostennachteile überkompensieren.

Die **Kostenvorteilsstrategie mit Leistungsnachteilen** (Feld 2 in Abbildung 3-25) verfolgt das Ziel, durch Senkung der Stückkosten unter das Niveau der wichtigsten Wettbewerber eine Kosten- und daraus abgeleitet gegebenenfalls eine Preisführerschaft im Markt zu erreichen. Die Verfolgung dieser Strategie kann folgende **Maßnahmen** umfassen:

- Angebotsbeschränkung (-standardisierung)
  (zum Beispiel beschränktes Standardsortiment der 1-2-3 Auspuffservice-Werkstätten),
- Kostenreduzierung durch Betriebsgrößenausweitung
  (zum Beispiel der Einsatz von Großraumflugzeugen, -kinos, -bussen),
- Auswahl von Dienstleistungssegmenten mit geringer Kostenintensität
  (zum Beispiel Kliniken mit ausschließlicher ambulanter Behandlung, Voraussetzungen für den Abschluß einer Lebensversicherung verschärfen),
- Substitution von Servicepersonal durch Automaten,
- Übertragung von Dienstleistungsfunktionen auf den Nachfrager,
- Konsequente Ausnutzung von „Know-how-Synergien" bei Diversifikationen.

Die **Erhöhung der Produktivität** von Dienstleistungsunternehmen zur Reduzierung von Kosten ist aufgrund der bestehenden Risiken nicht uneingeschränkt positiv zu beurteilen, wie dies im Rahmen der Produktion von materiellen Gütern unterstellt wird. Im Gegensatz zu ergebnisorientierten Dienstleistungen (Reparatur) ist eine Erhöhung der Produktivität bei prozeßorientierten Dienstleistungen (Theater, Kinoaufführung, Stadtbesichtigung) nicht ohne Einschränkung der Dienstleistungsqualität möglich, weil die Nutzenstiftung der Dienstleistung aus der Teilnahme des Konsumenten am Dienstleistungserstellungsprozeß resultiert. Da die Dauer des Dienstleistungserstellungsprozesses nicht zu verkürzen ist, kann hier die Betriebsgrößenerweiterung häufig der einzige Weg zur Produktivitätssteigerung sein (zum Beispiel Großraumkinos). Die Möglichkeit zur Ausnutzung von Mengendegressionseffekten (economies of scale) sinkt mit zunehmendem Individualisierungsgrad einer Dienstleistung. Weiterhin erschweren die Schwankungen in der Kapazitätsauslastung aufgrund der Nichtlagerfähigkeit der Dienstleistung die konsequente Ausnutzung von Kostendegressionseffekten.

Wünschenswert wäre eine Strategie, mittels derer gleichzeitig die Kostensituation verbessert wird sowie Leistungsvorteile erzielt werden, also eine **Leistungsvorteilsstrategie unter Ausnutzung von Kostenvorteilen** (Feld 3 in Abbildung 3-25).

Hier bieten sich folgende **Ansatzpunkte** (Heskett 1986, S. 45ff.), die zum Teil bereits bei der Diskussion der Prozeßstandardisierung angesprochen wurden:

- Realisation von Kostenvorteilen durch Standardisierung des Dienstleistungsprozesses bei gleichzeitiger Sicherstellung einer höheren Qualität der Dienstleistung.
- Übertragung von Dienstleistungsfunktionen auf den Nachfrager. Im Rahmen dieser Strategie der Leistungsbeteiligung des Dienstleistungsnachfragers kann zum einen durch die Übertragung von Aufgaben, die ursprünglich der Dienstleistungsanbieter erfüllte, auf den Konsumenten eine kostenreduzierende Wirkung erreicht werden. Im Prinzip findet hier eine Verminderung der Wertschöpfung des Dienstleisters statt.

Zum anderen kann der Konsument direkten Einfluß auf die Leistungsgestaltung nehmen, wodurch ein größerer Individualisierungsgrad von Dienstleistungen möglich wird. In der Praxis lassen sich eine Vielzahl von **Beispielen** finden, die diese Strategiealternative verfolgen:

- Selbstbedienungsgeschäfte (Kaufhäuser, Tankstellen, Fast-food),
- Frühstücksbuffet im Hotel,
- Do-it-yourself-Werkstätten,
- Selbstbeteiligung bei Versicherungen,
- Entwerten von Fahrkarten.

Die Strategie der Leistungsbeteiligung findet allerdings dort ihre Grenzen, wo der Dienstleistungserstellungsprozeß den Einsatz komplizierter Technologien erfordert und/oder spezifisches Wissen voraussetzt. Weitere Nachteile dieser Strategie sind darin zu sehen, daß durch die aktive Einbeziehung des Konsumenten in den Erstellungsprozeß einer Dienstleistung die Dienstleistungsqualität nicht mehr in vollem Umfang vom Dienstleistungsanbieter kontrolliert werden kann (Corsten 1985b, S. 364). Während beispielsweise ein Speiserestaurant beim Angebot von Menüs die einzelnen Gerichte geschmacklich aufeinander abstimmen kann, so ist dies beim Buffet mit Selbstbedienung nicht mehr möglich. Ein weiteres Problem ist die Gefahr der vollständigen Substitution einer Dienstleistung durch Eigenleistungen des Dienstleistungsnachfragers. Hier sei als Beispiel das starke Anwachsen des Do-it-yourself-Segments angeführt. In einem realistischen Szenario für das Jahr 2010 spricht der Freizeit- und Zukunftsforscher Opaschowski bereits von einer „Freizeit-Arbeits-Gesellschaft", in der – bedingt durch ein kontinuierliches Sinken der Arbeitszeit – erhebliche Teile des Volkseinkommens durch nebenberufliche „Freizeitarbeit" geschaffen werden (Opaschowski 1989).

4.14 Marktabdeckungsstrategie

Hier sind insbesondere die Überlegungen von Porter von Bedeutung, der den in Abbildung 3-26 dargestellten **Zusammenhang zwischen dem ROI und dem relativen Marktanteil** sieht (Porter 1995). Daraus leitet sich die Forderung für Dienstleistungsunternehmen ab, entweder Marktführer zu sein oder aber sich in einer Nische zu betätigen. Wenn man die Nische wiederum als eigenständigen Markt definiert, wird die Aussage Porters durch die PIMS-Ergebnisse unterstützt, die besagen, daß der ROI positiv mit dem Marktanteil korreliert (Buzzell/Gale 1989).

Diese Strategien der unterschiedlichen Marktabdeckung können mit denen der Festlegung von Wettbewerbsvorteilen kombiniert werden, wie es der Ansatz von Porter zur **Systematisierung von Wettbewerbsstrategien** vorsieht (Porter 1985).

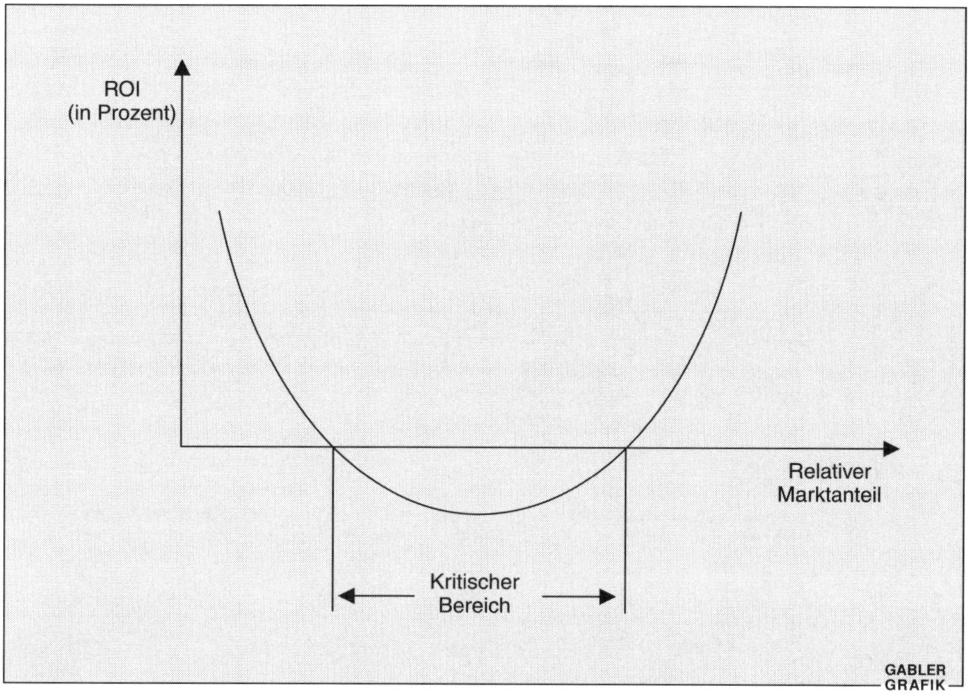

Abbildung 3-26: Zusammenhang zwischen Rentabilität und relativem Marktanteil
(Quelle: Porter 1992, S. 73)

In Abbildung 3-27 sind die grundlegenden Strategien am Beispiel des Reiseveranstaltermarktes erläutert.

Neben der Strategie der Gesamtmarktabdeckung scheint hier für Dienstleistungsunternehmen insbesondere die **Nischenstrategie** von Interesse, die sowohl auf Kosten- als auch auf Leistungsvorteilen beruhen kann. Im Rahmen dieser Strategie versucht ein Dienstleistungsunternehmen durch Spezialisierung auf spezifische Zielgruppen Wettbewerbsvorteile gegenüber jenen Konkurrenten zu erlangen, die eine breitere Marktabdeckung anstreben. Im Dienstleistungsbereich finden sich eine Vielzahl von Unternehmen, die diese Strategie verfolgen, wie zum Beispiel Spezialitätenrestaurants, Spezialwerkstätten, -banken.

Demgegenüber versuchen sich einige Anbieter von Dienstleistungen durch eine **vollständige Marktabdeckung** zu profilieren. Damit wird zum einen ein gewisser Risikoausgleich zwischen den einzelnen Marktsegmenten angestrebt. Zum anderen werden durch Nutzung von Know-how-Synergien und Größeneffekten Wettbewerbsvorteile und Eintrittsbarrieren gegenüber Nischenanbietern geschaffen. Die Degressionseffekte spielen in diesem Zusammenhang allerdings eine geringere Rolle, da sie aufgrund der konstitu-

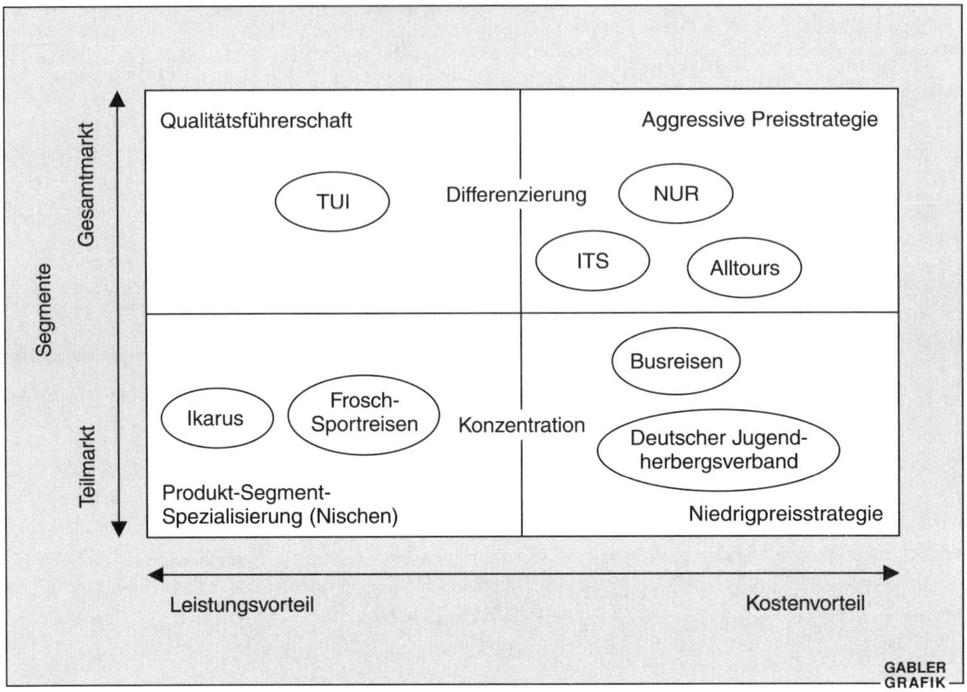

Abbildung 3-27: Systematisierung von Wettbewerbsvorteils-/Marktabdeckungsstrategien am Beispiel von Reiseveranstaltern

tiven Eigenschaften von Dienstleistungen nur begrenzt realisiert werden können (siehe dazu auch Abschnitt 2.5).

Im Rahmen der Strategie der Gesamtmarktabdeckung tritt hier wiederum das Problem der Multiplizierbarkeit bei einer räumlichen Abdeckung des Gesamtmarktes auf. Zudem verlangt eine inhaltliche Gesamtmarktabdeckung ein eher breites Dienstleistungsangebot (zum Beispiel Arzt für Allgemeinmedizin versus Spezialist für Hals/Nasen/Ohren) und impliziert daher folgende **Voraussetzungen**:

- Flexibel einsetzbare Ressourcen/Potentiale des Dienstleistungsanbieters,
- Hohes Know-how der Mitarbeiter,
- Herausstellung deutlicher Kompetenzbeweise.

4.15 Timingstrategie

Die **Timingstrategie** kennzeichnet die Planung und Realisation des Markteintrittszeitpunktes eines Unternehmens.

Die Timingstrategie dient der Koordination zwischen der Unternehmens- und Marktdimension einer Innovation (Dalrymple/Parsons 1994). In diesem Sinne wird in der Literatur in Anlehnung an Abells Konzept des strategischen Fensters von einem **„Strategic Entry Window"** (Mattson 1985) beziehungsweise **„Window of Opportunity"** (Sommerlatte/ Layng/v. Oene 1986) gesprochen. Es soll damit die Bedeutung des Timing als **„strategischer Klammer"** unternehmerischer Verhaltensweisen zum Ausdruck gebracht werden.

Neben dieser eher theoretischen Interpretation resultiert die Bewertung des **Timing als strategischem Schlüsselfaktor** aus der Struktur der jungen Märkte, in die eingetreten wird. In diesem Zusammenhang wird das **Phänomen der „Zeitfalle"** diskutiert. Die kurze Präsenz von Dienstleistungen am Markt ist zumeist mit Investitionen und Entwicklungszeiten bei gleichzeitigem Preisverfall verbunden. Zwar sind diese Effekte im Dienstleistungsbereich insgesamt weniger stark als im Konsum- und Investitionsgüterbereich ausgeprägt, doch sind wesentliche Erkenntnisse hinsichtlich des Faktors Zeit (Pfeiffer 1985) auf den Dienstleistungssektor übertragbar.

Im allgemeinen werden als **Grundtypen von Timingstrategien** die Pionierstrategie sowie die frühe beziehungsweise späte Folgerstrategie unterschieden (Crawford 1983; Schnaars 1986; Remmerbach 1988; Meffert 1994a, S. 207ff.; Backhaus 1995). Eine Abgrenzung der Grundtypen kann unter Bezugnahme auf die Lebenszyklusphase des Eintrittsmarktes und den Strategieschwerpunkt zum Zeitpunkt des Markteintritts vorgenommen werden, wie in Abbildung 3-28 graphisch dargestellt wird (Remmerbach 1988).

Der **Pionier** tritt als erstes Unternehmen in einen entstehenden Markt ein. Da der Markt durch ihn erst geschaffen wird, liegt der Strategieschwerpunkt zum Zeitpunkt des Eintritts im **Marktaufbau**. Hier gilt es, aufbauend auf den Besonderheiten des Käuferverhaltens bei Dienstleistungen, Möglichkeiten zur Risikoreduktion für Erstkäufer der Dienstleistung zu schaffen (zum Beispiel durch Gratisangebote, verbilligte Einführungspreise). Zudem sollte eine positive Word-of-mouth-Kommunikation initiiert und damit der Diffusionsverlauf beschleunigt werden. Beim Pionier läßt sich der Eintrittszeitpunkt absolut bestimmen, das heißt ohne Bezug zu anderen Timing-Strategien. Das Entstehen des Marktes ist mit dem Eintreten des Pioniers identisch.

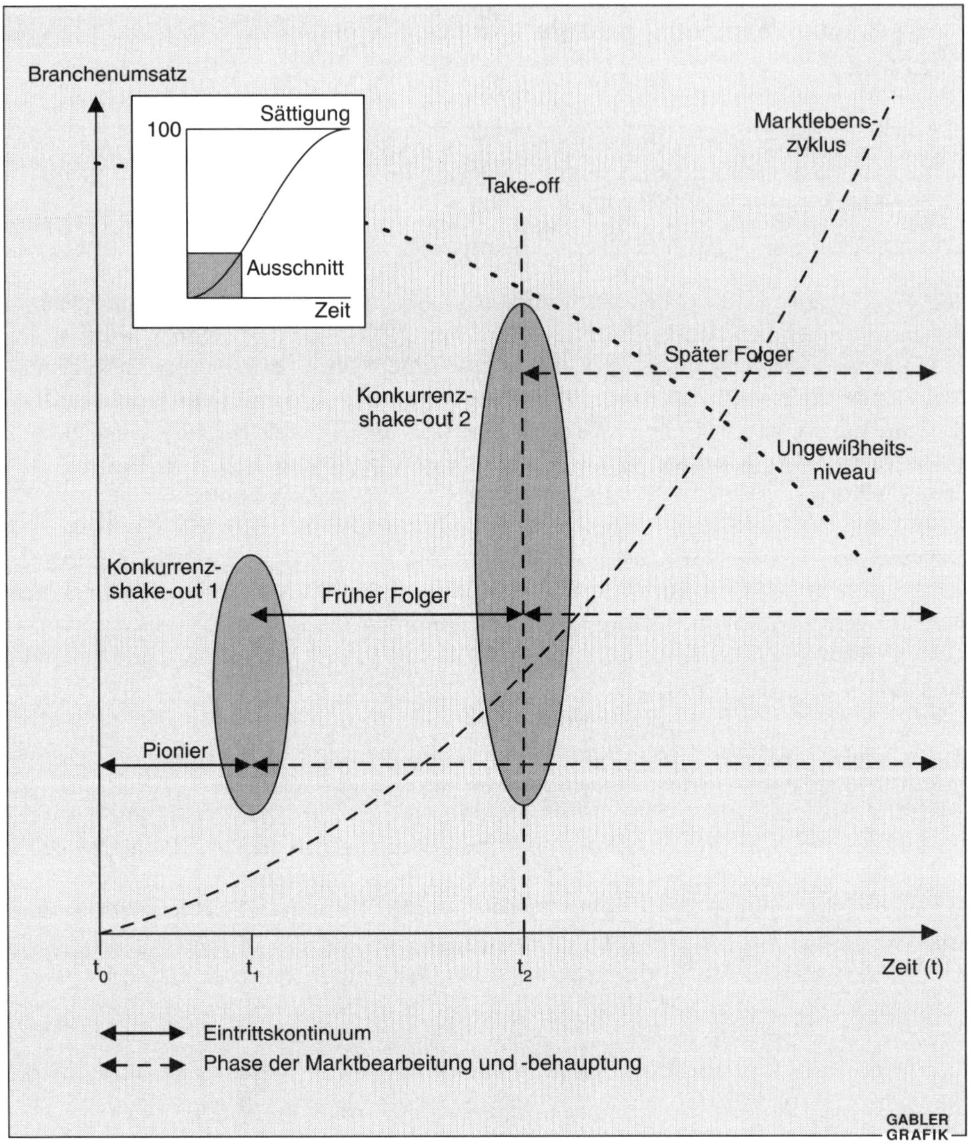

Abbildung 3-28: Abgrenzung von Timing-Strategien

Der Dienstleistungspionier hat nach seinem Markteintritt das Bestreben, den Eintritt neuer Wettbewerber durch den Aufbau von **Markteintrittsbarrieren** zu verhindern. Dieser Gesichtspunkt erlangt für Dienstleistungen besondere Bedeutung, da sie als immaterielle Produkte nur in eingeschränktem Umfang durch schutzrechtliche Maßnahmen vor Imitationen geschützt werden können. Einen Ansatzpunkt kann die Entwicklung und Patentierung der vom Dienstleistungsunternehmen im Erstellungsprozeß eingesetzten Technologien bilden (zum Beispiel Diagnosesysteme für Reparaturdienste), um Leistungsvorteile langfristig zu sichern. Als weitere Markteintrittsbarrieren werden im Dienstleistungsbereich das spezifische Dienstleistungs-Know-how, economies of scale, die Verfügbarkeit eines dichten Dienstleistungsnetzes (Filial-, Kundendienstsystem), Einsatz von Kommunikationstechnologien sowie der Aufbau und die Auswertung einer Kundendatenbank genannt (Heskett 1986, S. 107ff.). Darüber hinaus können aufgrund der vergleichsweise geringen Wechselbereitschaft der Konsumenten im Rahmen einer frühzeitigen Marktdurchdringung Markteintrittsbarrieren geschaffen werden.

Dabei gilt es, den Faktor Zeit im Sinne eines Wettbewerbsvorteils zu nutzen. Derartige **konkurrenzbezogene Zeitvorteile** begründen sich aus einer dynamischen Betrachtung von Differenzierungs- und Kostenvorteilen. Die relevante Fragestellung lautet dabei nicht, ob ein Wettbewerbsvorteil existiert, sondern vielmehr, wie lange dieser gegenüber der Konkurrenz abgesichert werden kann. Das zentrale Problem von Zeitvorteilen im Dienstleistungsmarketing besteht in einer ungleich höheren Imitationsgeschwindigkeit, die aus den eingeschränkten Möglichkeiten zur Absicherung von Innovationsvorsprüngen resultiert.

Als Beispiel für die hohe Imitationsgeschwindigkeit läßt sich die Einführung des auf niedrigen Einheitstarifen, schneller Abfertigung und reduziertem Serviceangebot beruhenden Dienstleistungskonzeptes „Lufthansa Express“ anführen. Am 1. September 1994 trat die Deutsche Lufthansa mit Preisen ab 99,– DM auf zunächst sechs innerdeutschen Streckenverbindungen in den Markt ein. Dem Unternehmen gelang es, auf der Strecke Hamburg-München innerhalb von zwei Wochen Zuwächse von 27 Prozent zu realisieren. Nur kurze Zeit nach der Markteinführung dieses Konzeptes imitierte der stärkste innerdeutsche Konkurrent, die Deutsche British Airways, dieses Konzept und konnte durch eine Preissetzung unter den „Lufthansa-Express“-Preis beachtliche Marktanteilsgewinne auf den von beiden Fluggesellschaften beflogenen Strecken verbuchen. Auch dem Regionalanbieter Eurowings gelang es im Zuge einer raschen Imitation, seine Marktposition zu behaupten (o. V. 1994c, S. 21).

Der **frühe Folger** tritt nach dem Pionier in den Markt ein. Die Take-off-Phase des Marktes bestimmt die Grenze des theoretisch möglichen Eintrittskontinuums. Damit stehen frühen Folgern alternative Eintrittsschwerpunkte in einem begrenzten Zeitraum zur Verfügung. Der Strategieschwerpunkt des frühen Folgers bestimmt zugleich den **Neustrukturierungs(shake out)-Zeitpunkt** auf der Anbieterseite. Dabei ist es unerheblich, ob sich die Neustrukturierung der Konkurrenzsituation in einem friedlichen Tolerieren, Kooperieren oder im Extremfall in einem scharfen Verdrängungswettbewerb vollzieht. In jedem Fall tritt eine Veränderung der Konkurrenzsituation ein, zumal die Marktpositionen der einzelnen Wettbewerber in der Regel noch nicht endgültig verteilt sind. Als Besonderheit des Dienstleistungsmarktes ist hervorzuheben, daß durch die Heterogenität des externen Faktors eine beschränkte Standardisierbarkeit von Potentialen, Prozessen und Dienstleistungsergebnissen besteht. Deshalb lassen sich die Leistungen der einzelnen Wettbewerber nicht immer miteinander vergleichen und stellen sich dem Kunden unter Umständen gleichfalls als unterschiedliche Leistungen dar.

Der **späte Folger** tritt nach dem frühen Folger frühestens nach Erreichen der Take-off-Phase in den Markt ein. In Analogie zu den obigen Ausführungen bestimmt sich der Eintrittszeitpunkt beziehungsweise die Abgrenzung zum frühen Folger aus der **Neustrukturierung des Wettbewerbs** (Meffert 1994a, S. 210). Der späte Folger kann auf bereits etablierte Standards zurückgreifen und hat keine Markterschließungskosten mehr zu tragen. Gerade im Dienstleistungsbereich aber sind beträchtliche Anstrengungen erforderlich, um bestehende Präferenzstrukturen aufzubrechen.

Insgesamt lassen sich deutliche Unterschiede beim Einsatz von Timingstrategien im Dienstleistungs- gegenüber dem Sachgütermarketing feststellen. Während im Gütermarketing das Bestehen von technischen Standards eine besonders wichtige Rolle spielt und sich damit in vielen Fällen eine Folgerstrategie anbietet, sind im Dienstleistungsmarketing die **Konsumentenpräferenzen** von entscheidender Bedeutung. Damit empfiehlt sich in vielen Fällen ein früher Markteintritt, um die entstehenden Kaufpräferenzen als entscheidende Markteintrittsbarrieren gegenüber den Folgern nutzen zu können. Allerdings darf nicht vergessen werden, daß eine große Zahl echter Dienstleistungsinnovationen zunächst von eher kleinen Unternehmen angeboten werden, die vielfach nicht die Finanzkraft für eine Multiplikation ihres Konzeptes besitzen. In diesen Fällen bietet sich eine Folgerstrategie mit dem Ziel der Standardisierung und Multiplikation der Konzepte an (zum Beispiel Sicherheitsdienste, Büroraumvermietung, Gebäudereinigung).

4.2 Marktteilnehmerstrategien

Eine Reihe von Dienstleistungsbranchen (zum Beispiel Versicherungen, Bausparkassen, Banken, Rechtsanwälte) sehen sich einem zunehmend verschärften Wettbewerb in Märkten mit Stagnations- und Sättigungserscheinungen ausgesetzt. Die im Rahmen der Geschäftsfeldstrategien festgelegten Wettbewerbsvorteile müssen dann mittels der **Marktteilnehmerstrategien** umgesetzt und ausgebaut werden. In diesem Zusammenhang sind bei der Formulierung von Dienstleistungsstrategien abnehmer-, wettbewerbs- und absatzmittlerbezogene Aspekte zu integrieren. Ausgangspunkt für diese anspruchsgruppenspezifischen Verhaltensstrategien bildet die marktteilnehmerübergreifende Marktbearbeitungsstrategie.

4.21 Marktbearbeitungsstrategie

Im Rahmen der Marktbearbeitungsstrategie kann ein Dienstleistungsunternehmen zwischen verschiedenen **Strategiealternativen** wählen, die in Abbildung 3-29 überblicksartig dargestellt sind:

- Undifferenzierte Marktbearbeitung,
- Differenzierte Marktbearbeitung,
- „Segment-of-one-approach".

> Im Rahmen der **undifferenzierten Marktbearbeitung** werden von einem Unternehmen Standarddienstleistungen angeboten.

Beispiele für diese Strategiealternative sind in Abbildung 3-30 aufgeführt. So stellen die Firmen McDonalds, Microsoft und der ADAC durch ein **Standarddienstleistungsangebot** auf die Gemeinsamkeiten und nicht auf die Unterschiede in den Bedürfnissen und Verhaltensweisen der anvisierten Marktsegmente ab. Häufig wird die Zielsetzung verfolgt, durch Standardisierung und „Massenproduktion" Kostendegressionseffekte zu erzielen.

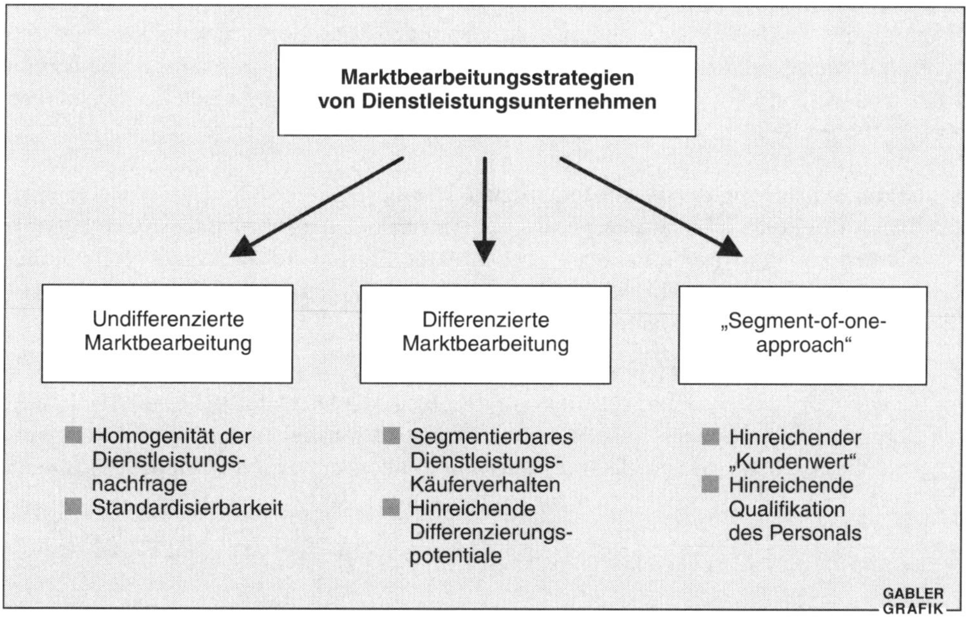

Abbildung 3-29: Marktbearbeitungsstrategien von Dienstleistungsunternehmen

Kundenorientierte Dienstleistungsstrategie	Beispiele
Undifferenzierte Marktbearbeitung	■ McDonald's ■ Standardsoftwarehersteller, zum Beispiel Microsoft ■ ADAC
Differenzierte Marktbearbeitung	■ Deutsche Bahn (Bahncard 1. und 2. Klasse) ■ Lufthansa (First Class, Business Class, Economy Class) ■ Privatkliniken ■ WDR (Regionalprogramme) ■ UPS
„Segment-of-one-approach"	■ Unternehmensberatungen (zum Beispiel McKinsey, BCG) ■ Werbeagenturen

GABLER GRAFIK

Abbildung 3-30: Beispiele für Marktbearbeitungsstrategien

Weiterhin trägt die Standardisierung von Dienstleistungsprodukten zur **Vereinheitlichung des Service- beziehungsweise Qualitätsniveaus** bei. Da hierbei vielfach die Prozesse Gegenstand der Standardisierungsbemühungen sind, kann gegenüber individuellen Erstellungsprozessen eine Verringerung von Qualitätsunterschieden erreicht werden. Das Standardisierungspotential von Dienstleistungen ist grundsätzlich durch die Intensität des Einflusses des externen Faktors auf den Dienstleistungserstellungsprozeß beziehungsweise auf die Dienstleistung determiniert. Ausgehend von dieser Überlegung können im wesentlichen drei zentrale **Arten der Standardisierung** von Dienstleistungen hervorgehoben werden (Corsten 1985b):

1. **Standardisierung der gesamten Dienstleistung**
   Diese Möglichkeit bietet sich an, wenn die Dienstleistung im voraus exakt determiniert ist und der externe Faktor keinen direkten Einfluß auf die Leistungserstellung hat. Beispiele: Kino-, Theaterbesuch, Pauschalreise, Inanspruchnahme eines Linienbusses, -fluges, Abgassonderuntersuchung.

2. **Standardisierung von Teilkomponenten einer Dienstleistung**
   Gewinnt der externe Faktor stärkeren Einfluß auf die Dienstleistung und den Erstellungsprozeß, so können Teilkomponenten einer Dienstleistung standardisiert werden. Diese Standarddienstleistungsmodule können durch individuelle Leistungen ergänzt werden. Beispiele: Standardsoftware eines Softwareherstellers, die mit benutzerspezifischen Unterprogrammen ergänzt wird; Standardversicherungspolicen (zum Beispiel Reiseversicherungspakete) mit Zusatzleistungen.

3. Standardisierung des Kundenverhaltens

Ein gewisses Maß an Standardisierungspotential kann realisiert werden, wenn durch die Standardisierung des Kundenverhaltens der individuelle Einfluß des externen Faktors im Dienstleistungserstellungsprozeß verringert wird. Beispiele: Auswahl von Teilnehmern an einem Ausbildungslehrgang anhand der Vorkenntnisse, Verhaltenshinweise für Patienten bei einer ärztlichen Untersuchung.

Eine von Graumann auf der Grundlage der im Warenzeichenblatt bis zum 31. Juli 1982 veröffentlichten Eintragungen von Dienstleistungsmarken durchgeführte Untersuchung belegt, daß die **Standardisierungsbemühungen bei den Dienstleistungsanbietern** nicht unerheblich sind (Graumann 1983, S. 168ff.). Bei 71 Prozent der untersuchten Dienstleistungen konnte keine Auftragsindividualität festgestellt werden. Fast 45 Prozent der untersuchten Dienstleistungsarten wurden als standardisiert bezeichnet, wobei sich der **Standardisierungsgrad** zwischen den Dienstleistungsbranchen deutlich unterscheidet:

Handel	48,6 Prozent
Banken	22,5 Prozent
Versicherungen	73,9 Prozent

Die von Graumann durchgeführten Studien werden durch neuere Arbeiten, insbesondere von Schmenner (1988) gestützt. Unter Verwendung der in Abbildung 3-2 (siehe Abschnitt 2.1), vorgenommenen Systematisierung von Dienstleistungsunternehmen in die Kategorien „Service Factory“, „Service Shop“, „Mass Service“ und „Professional Service“ arbeitet Schmenner explorativ starke **Automatisierungs- und Standardisierungstendenzen im Dienstleistungssektor** heraus. Faßt man eine Verringerung des Customizationgrades als Standardisierungsbewegung auf, so läßt sich am Beispiel von Fast-food-Ketten und Fluggesellschaften aufzeigen, daß zahlreiche Anbieter zu mehr und mehr standardisierten Angeboten übergehen. Gleichzeitig wird vornehmlich wegen der steigenden Lohnkosten der Grad der Arbeitsintensität in zahlreichen Branchen sukzessive zurückgeschraubt und der Dienstleistungserstellungsprozeß automatisiert. Als Beispiele können hier Geld- oder Buchungsautomaten im Bankenbereich sowie die Buchungssysteme im Luftverkehr angeführt werden. Faßt man die Standardisierungs- und Automatisierungsbewegung zusammen, so zeigt sich, daß sich die Dienstleistungsanbieter in der von Schmenner entwickelten Matrix in Richtung der „Service Factory“ bewegen.

Neben den Arten der Standardisierung nach Corsten gibt es grundsätzlich verschiedene **Ansatzpunkte für die Standardisierung von Dienstleistungen**. Neben der Prozeßstandardisierung bieten sich, ausgehend von der definitorischen Ableitung von Dienstleistungen, weitere Standardisierungsansätze an. Insgesamt können drei Standardisierungsebenen unterschieden werden, die Abbildung 3-31 wiedergibt:

- Potentialstandardisierung,
- Prozeßstandardisierung,
- Ergebnisstandardisierung.

Diese drei Ebenen bauen in der Regel aufeinander auf: So ist es schwer, eine Ergebnisstandardisierung ohne eine vorherige Prozeß- und Potentialstandardisierung zu erreichen.

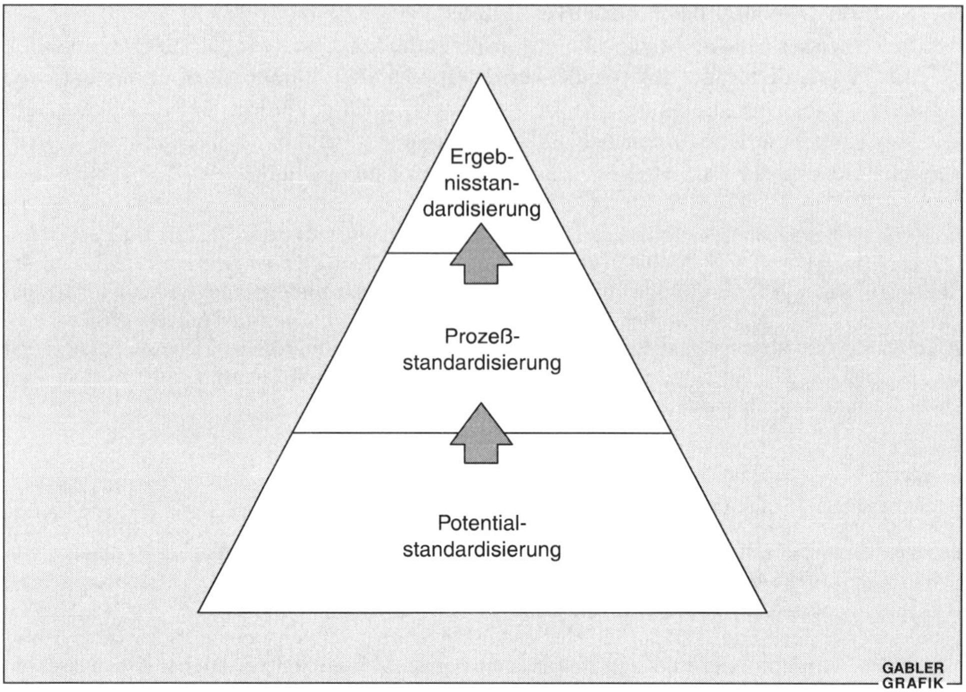

Abbildung 3-31: Standardisierungsebenen im Dienstleistungsbereich

Beispiel für eine reine Potentialstandardisierung ist die Dienstleistung eines Friseurs, dessen Potential im Zeitablauf konstant ist. Die Prozesse sind dagegen aufgrund der Heterogenität des externen Faktors und der gewünschten Individualität des Ergebnisses sehr konsumentenspezifisch. Bei der Leistung eines Wirtschaftsprüfers sind die Potentiale und Prozesse weitgehend standardisiert, während das Ergebnis individuell ausfallen muß. Als Beispiel für eine Standardisierung von Potentialen, Prozessen und Ergebnissen können Fast-food-Restaurants (zum Beispiel McDonald's) herangezogen werden.

Im Rahmen einer **differenzierten Marktbearbeitung** werden die ausgewählten Marktsegmente durch zielgruppenspezifischen Einsatz der Marketinginstrumente bearbeitet.

Mit dieser Strategie wird versucht, sich auf die Besonderheiten unterschiedlicher Kundengruppen einzustellen („Service Customization“).

Eine differenzierte Strategie betreibt zum Beispiel die Deutsche Bahn durch das Angebot des Junior-, Senior- oder Familienpasses beziehungsweise durch das Angebot 1. und 2. Klasse sowie die Einführung der Bahncard für Vielreisende. Die Lufthansa versucht, durch eine Trennung von

Business und Economy Class insbesondere den gehobenen Ansprüchen der vielreisenden Geschäftsleute gerecht zu werden. Ein anderes Beispiel aus dem Bereich der Informationsanbieter stellt die Regionalisierung von Fernsehprogrammen zu bestimmten Tageszeiten dar.

Schließlich kann die Marktbearbeitung noch unter der Leitidee des **„Segment-of-one-approach“** erfolgen. Hinter diesem Ansatz steht die Forderung, daß jede Leistung so stark individualisiert werden soll, daß für jeden Konsumenten ein individuelles Ergebnis entsteht (Meffert/Birkelbach 1992).

Während dieser Ansatz in der Konsumgüterindustrie eine neue Herausforderung darstellt, wird er in vielen Dienstleistungsbereichen durch die Art der Dienstleistung automatisch realisiert. Hier können Dienstleistungen aus den Bereichen medizinische Untersuchung, Unternehmensberatung, Wirtschaftsprüfung oder Werbung als Beispiele angeführt werden.

Die vorgestellten Beispiele machen deutlich, daß Differenzierung und Standardisierung sich nicht gegenseitig ausschließen. Im Idealfall wird trotz einer aus ökonomischen Gründen auf Potential- und Prozeßebene vorgenommenen Standardisierung ein höchst individuelles Ergebnis erzielt.

4.22 Abnehmergerichtete Verhaltensstrategie

Unter Berücksichtigung der grundlegenden Strategiedimensionen können abnehmergerichtete Verhaltensstrategien formuliert werden. Hier ist von besonderer Bedeutung, wie die im Rahmen der Geschäftsfeldstrategien festgelegten **Wettbewerbsvorteile aus Kundensicht** wahrgenommen werden. Ein echter Wettbewerbsvorteil liegt nämlich erst dann vor, wenn bestimmte **Bedingungen** erfüllt sind (Ghemawat 1985, S. 53ff.; Simon 1988, S. 4; Meffert 1994a, S. 127; Backhaus 1995, S. 28f.):

- Es handelt sich um ein für den Kunden wichtiges Merkmal.
- Der Vorteil wird vom Kunden wahrgenommen.
- Der Vorteil ist von der Konkurrenz kurzfristig nicht einholbar.

Eine Herausstellung der Leistungsvorteile wird dann als **Präferenzstrategie** bezeichnet, eine entsprechende Herausstellung und Weitervermittlung der Kostenvorteile an den Kunden als **Preis-/Mengenstrategie**.

Die Verwandtschaft und Überschneidung zu der Strategiesystematik von Porter (vgl. auch Abschnitt 4.13) ist deutlich. Unterschiede bestehen insofern, als die Wettbewerbsvorteile bei Porter immer in Relation zur Konkurrenz verstanden werden und die Porterschen Wettbewerbsstrategien einen stärker funktionsübergreifenden Bezug gegenüber den vor allem auf das Marketing bezogenen Preis-/Mengen- und Präferenzstrategien aufweisen.

4.23 Wettbewerbsgerichtete Verhaltensstrategie

Die Wahl zwischen den verschiedenen Optionen einer wettbewerbsgerichteten Verhaltensstrategie hängt auch und insbesondere von **Art und Ausmaß des Wettbewerbs** im betrachteten Markt ab (Meffert 1994a, S. 141ff.; Porter 1995). Diese Parameter werden wiederum von der Lebenszyklusphase des Marktes, Zahl, Art und Ähnlichkeit der im Markt tätigen Wettbewerber sowie den Marktanteilsverhältnissen zwischen den Wettbewerbern bestimmt. Allerdings ist aufgrund der Heterogenität von Dienstleistungen einerseits und der Tendenz zum Zusammenwachsen einzelner Dienstleistungsmärkte andererseits die grundlegende Marktabgrenzung mit Schwierigkeiten behaftet.

Der Erfolg der im Anschluß zu diskutierenden strategischen Optionen hängt von den **Ressourcen der Dienstleistungsunternehmen** ab. Dazu zählen:

- Managementpotential,
- Finanzielle Ressourcen,
- Erfahrungshorizont,
- Wachstumsfähigkeit,
- Reaktionsschnelligkeit,
- Anpassungsvermögen,
- Bisher praktizierte Verhaltensstrategien.

Die **Arten des Wettbewerbsverhaltens** lassen sich anhand von zwei **Dimensionen** kategorisieren:

Die erste Dimension unterscheidet zwischen **innovativem und imitativem Verhalten** des Dienstleisters. In der Managementliteratur wird in ähnlicher Art zwischen innovativem beziehungsweise entrepreneurorientiertem und konservativem Verhalten unterschieden (Miller/Friesen 1982; Murray 1984; Magyar/Magyar 1987).

Die zweite Dimension unterscheidet zwischen wettbewerbsvermeidendem und wettbewerbsstellendem Verhalten. Hier kommen vor allem jene Kriterien zur Anwendung, die in der Literatur unter den Aspekten des offensiven und defensiven beziehungsweise proaktiven und reaktiven Verhaltens diskutiert werden (Easton 1987; Meffert 1994a). Ein **wettbewerbsvermeidendes Verhalten** beruht in diesem Sinne auf der Anpassung der eigenen unternehmerischen Entscheidungen an die Handlungen der Wettbewerber. Demgegenüber liegt **wettbewerbsstellendes Verhalten** vor, wenn Dienstleister bereits auf

Verhaltensdimensionen	Innovativ	Imitativ
Wettbewerbsvermeidend	Ausweichung	Anpassung
Wettbewerbsstellend	Konflikt	Kooperation

GABLER GRAFIK

Abbildung 3-32: Wettbewerbsgerichtete Verhaltensstrategien

erste „schwache Signale“ (Ansoff 1976, S. 129) im Vorfeld wettbewerblicher Anstrengungen der Konkurrenten reagieren.

Typologisiert man das konkurrenzgerichtete Verhalten von Unternehmen anhand der diskutierten Dimensionen, so lassen sich die in Abbildung 3-32 gezeigten vier **Basisstrategien** identifizieren:

- Kooperation,
- Konflikt,
- Ausweichen,
- Anpassung.

Strategien der Kooperation werden vor allem von Dienstleistern angestrebt, die über keinen deutlichen Wettbewerbsvorteil beziehungsweise nicht über die Ressourcen verfügen, langfristige Konkurrenzauseinandersetzungen zu führen. Darüber hinaus herrscht auf Oligopolmärkten häufig ein mehr oder weniger ausdrückliches Einverständnis über das „Wettbewerbsgebaren“ (informale Kooperation) (Lambin 1987, S. 180).

Im Rahmen einer **formalen Kooperation** wird häufig das Bindungsinstrument Vertrag benutzt. In diesem Zusammenhang sind Managementverträge, Joint Ventures und Lizenzverträge zu nennen (Gahl 1991). Gerade in den Bereichen Luftfahrt und Telekommunikation hat das Instrument der funktionsspezifischen Joint Ventures eine starke Bedeutung (Hergert/Morris 1987, S. 15ff.; Porter/Fuller 1989, S. 389ff.; Meffert 1994a, S. 159).

Konfliktstrategien sind zumeist mit der Zielsetzung verbunden, durch ein im Vergleich zum Wettbewerber stark unterschiedliches Verhalten Marktanteile zu gewinnen und möglicherweise die Marktführerschaft zu realisieren. Üblicherweise läßt sich aggressives Verhalten auf Märkten beobachten, die sich in der Stagnations- oder Schrumpfungsphase befinden, da eine Positionsverbesserung nur noch auf Kosten der Marktstellung anderer Anbieter möglich ist (Nullsummenspiel). Auch oligopolistische Märkte können oft durch aggressives Wettbewerbsverhalten charakterisiert sein. Ein deutliches Beispiel für derartige Konfliktstrategien bieten die Teilnehmer des US-amerikanischen Marktes für Personenflugverkehr nach der Deregulierung. Darüber hinaus kann auch das Geschäft der bundesdeutschen Autovermieter als Beispiel herangezogen werden.

Ausweichstrategien sind dadurch gekennzeichnet, daß der Dienstleister versucht, einem erhöhten Wettbewerbsdruck durch im Vergleich zur Konkurrenz innovative Aktivitäten zu entgehen. Im Einzelfall kann dies durch abgeschirmte Marktsegmente, innovative Leistungen oder Leistungsprozesse sowie durch ausgeprägte Marketinganstrengungen erfolgen (Meffert 1994a, S. 160).

Anpassungsstrategien zielen auf eine Erhaltung der einmal realisierten Produkt-Markt-Position ab. Das eigene Verhalten wird auf die Reaktion der Wettbewerber abgestimmt. Diese wettbewerbsvermeidende, defensive Ausrichtung wird häufig nur so lange beibehalten, wie keine Schwächung der eigenen Position durch Vorstöße der Wettbewerber erfolgt.

4.24 Absatzmittlergerichtete Verhaltensstrategie

Neben den konkurrenzorientierten Verhaltensstrategien müssen in der Regel **absatzmittlerorientierte Strategieansätze** formuliert werden. Bei einem Großteil von Dienstleistungsunternehmen finden sich – allein aus dem Sachverhalt heraus, daß Dienstleistungen immaterielle Güter darstellen und die Konsumtion in der Regel simultan mit der Produktion erfolgt – direkte Absatzwege (Johnson/Scheuing/Gaida 1986, S. 261). Allerdings besteht heute zunehmend die Möglichkeit, mit Hilfe neuer Kommunikationstechnologien zum Beispiel Informationsdienste über verschiedene Absatzmittler anzubieten. Es können aber auch Dienstleistungsversprechen gehandelt werden, das heißt das Versprechen des Dienstleistungsanbieters gegenüber dem Dienstleistungsnachfrager, zu einem späteren Zeitpunkt beziehungsweise Zeitraum bestimmte Dienstleistungen zu erbringen (zum Beispiel Urlaubsreise, Massagen, Versicherungsleistungen). Für den Handel dieser Leistungsversprechen werden verschiedene Arten von Absatzmittlern, zum Beispiel Makler, Buchungsbüros, Informationsbroker, Versicherungsvertreter eingesetzt (Hilke 1984, S. 27 f.). Darüber hinaus werden „veredelte Dienstleistungen" in der Regel wie Güter über Absatzmittler vertrieben. Unterscheidet man hier wie bei den konkurrenzorientierten Strategien in zwei Dimensionen, so bieten sich zum einen die **Aktivität** beziehungsweise **Passivität des Dienstleisters** in bezug auf die Marketingaktivitäten des Handels an. Als zweite Dimension kann die **Art der Gestaltung der Absatzwege** herangezogen werden (Meffert 1994a, S. 166ff.).

Aus der sich ergebenden Matrix lassen sich vier **Strategiealternativen** ableiten, die Abbildung 3-33 zeigt:

- Anpassungsstrategie,
- Kooperationsstrategie,
- Konfliktstrategie,
- Umgehungsstrategie.

Marketing des Dienstleisters	Passiv in der Gestaltung der Absatzwege	Aktiv in der Gestaltung der Absatzwege
Passiv in der Reaktion auf Marketingaktivitäten des Handels	Anpassung (Machtduldung)	Konflikt (Machtkampf)
Aktiv in der Reaktion auf Marketingaktivitäten des Handels	Kooperation (Machterwerb)	Umgehung/Ausweichung (Machtumgehung)

GABLER GRAFIK

Abbildung 3-33: Absatzmittlergerichtete Verhaltensstrategien

Ein Anbieter von audiovisuellen Unterhaltungsinformationen kann sich in bezug auf die Gestaltung seiner Absatzwege passiv verhalten und seine Informationen sowie Unterhaltungssendungen in ein vorhandenes Sendenetz einspeisen. Wenn er sich darüber hinaus den Marketingaktivitäten des Handels anpaßt, kann von einer **Anpassungsstrategie** gesprochen werden. Die kosten- und risikoreichste Strategie wäre die **Umgehungsstrategie**, bei der durch Aufbau eines eigenen Sendenetzes die bestehenden Absatzmittler umgangen werden. Durch eine lose oder vertraglich fixierte **Kooperation** werden zum Beispiel Leistungsversprechen eines Reiseveranstalters über Reisebüros abgesetzt. Eine ähnliche Strategie verfolgt die Lufthansa mit ihrem „Same-day-service“. Im Rahmen einer derartigen Vorgehensweise erlangen die Ansätze zum Beziehungsmarketing/-management (Diller 1992a; Bruhn/Bunge 1994) und im speziellen zum vertikalen Marketing (Steffenhagen 1975) besondere Bedeutung. Übernimmt ein Dienstleistungsanbieter eine aktive Rolle bei der Gestaltung der vorhandenen Absatzwege und versucht, seine Vorstellungen gegen die Interessen der Absatzmittler durchzusetzen (zum Beispiel Verlängerung von Sendezeiten, Ausbau des Sendenetzes), so kann diese Vorgehensweise als **Konfliktstrategie** bezeichnet werden.

4.3 Marketinginstrumentestrategien

Im Rahmen der konzeptionellen Marketingplanung steht jedem Dienstleistungsunternehmen eine Reihe von marktbeeinflussenden Instrumenten zur Verfügung. Für sie gilt es, **Marketinginstrumentestrategien** zu entwickeln, mit deren Hilfe die in Kapitel 3.3.2 formulierten ökonomischen und psychographischen Ziele verfolgt werden. Die Gesamtheit dieser Instrumente kann in vier Teilbereiche unterschieden werden: Leistungs-, Kontrahierungs-, Distributions- und Kommunikationsmix (vgl. Scheuch 1982; Johnson/Scheuing/Gaida 1986). Im Vergleich zum Marketingmix von Konsumgüter- und Investitionsgüterunternehmen verlangt das Dienstleistungsmarketing einen modifizierten Einsatz einzelner Instrumente. Dies wird insbesondere vor dem Hintergrund der zentralen

Zielgröße „Kundenbindung" deutlich. Aus diesem Grund werden den einzelnen Submixbereichen des traditionellen **Marketingmix** im folgenden verschiedene Arten der Kundenbindung beispielhaft zugeordnet.

1. **Leistungsmix**
   Im Rahmen des Leistungsmix wird entschieden, welche Dienstleistungen in welcher Qualität wie am Markt angeboten werden sollen. Besondere Bedeutung im Rahmen des Leistungsmix kommt der **technisch-funktionalen Kundenbindung** zu. So kann der Dienstleister den Kunden durch den Verbund von Zusatzleistungen an die Kerndienstleistung zu einer weiteren Dienstleistungsnachfrage stimulieren. Der Hersteller von Software für die Mandantenbuchhaltung von Rechtsanwälten kann zum Beispiel zusätzlich zum Softwareprogramm auch die Schulung der Mitarbeiter des Rechtsanwalts im Umgang mit der Software anbieten. Ferner kann die Wiederkaufrate durch die technische Kompatibilität einzelner Dienstleistungen erhöht werden. Für den Softwarehersteller bedeutet dies zum Beispiel, daß neben der Mandantenbuchhaltung weitere einzeln käufliche Softwaremodule wie Kostenrechnung oder Textverarbeitung angeboten werden könnten, die den Datenaustausch untereinander unterstützen.

2. **Kontrahierungsmix**
   Der Dienstleister hat festzulegen, zu welchen Preisen und Konditionen die Dienstleistungen am Markt angeboten werden sollen. Es ist in diesem Zusammenhang unter anderem zu überlegen, ob Instrumente der **ökonomischen Kundenbindung** eingesetzt werden sollen. So besteht die Möglichkeit, durch eine Erhöhung der mit einem Anbieterwechsel verbundenen Wechselkosten die Kundenfluktuation zu reduzieren. So erheben Kreditinstitute zum Beispiel regelmäßig Vorfälligkeitsentschädigungen bei der frühzeitigen Kreditrückzahlung. Auch durch die Preissetzung selbst kann die Wiederkaufrate erhöht werden. Bewährt haben sich in diesem Zusammenhang Rabattsysteme (zum Beispiel ein freier Kinobesuch bei Vorlage von zehn alten Kinokarten), Preisdegressionen in Abhängigkeit von der Bindungsdauer (zum Beispiel Schadenrabatte bei Versicherungen) und die Erhebung fixer Eintrittskosten bei gleichzeitiger Ermäßigung der Folgekosten (zum Beispiel Bahncard).

   Auch der Einsatz von Instrumenten der **vertraglichen Kundenbindung** ist bei der Festlegung des Kontrahierungsmix zu erwägen. Insbesondere bietet sich die vertragliche Bindung von Zusatzleistungen an die Kernleistung an. Service-Verträge und Garantiebedingungen, wie sie im Automobilhandel üblich sind, stellen typische Beispiele für die vertragliche Bindung von Zusatzleistungen an die Kerndienstleistung dar. Ferner können auch Folgekäufe vertraglich gesichert werden. Beispiele stellen Zeitschriftenabonnements und Mindestbezugsvereinbarungen von Buchclubs dar. Auch langfristige Vertragsgestaltungen, wie sie vielfach in Fitness-Clubs vorzufinden sind, stellen ein Instrument der vertraglichen Kundenbindung dar.

3. **Distributionsmix**
   Im Rahmen des Distributionsmix wird entschieden, an wen und auf welchen Wegen die Dienstleistungen verkauft werden sollen und in welcher Form der externe Faktor

zu integrieren ist. In einigen Branchen erfolgt die Integration des externen Faktors vermehrt durch die Interaktion des Kunden mit Maschinen und Automaten (zum Beispiel bei Banken mittels Geldautomaten). Das Kundenbindungsmanagement ist dann vor die Herausforderung gestellt, daß der persönliche Kontakt zum Kunden nicht verloren geht und trotz der Automatisierung die emotionale Bindung zum Dienstleister bestehen bleibt. Dies kann vor allem durch Instrumente des Kommunikationsmix gewährleistet werden.

4. **Kommunikationsmix**
   Bei der Festlegung des Kommunikationsmix ist der Frage nachzugehen, welche Informations- und Beeinflussungsmaßnahmen ergriffen werden sollen, um die Dienstleistung abzusetzen. Als Kommunikationsinstrument zur **emotionalen Kundenbindung** kommt insbesondere dem Direct Marketing besondere Bedeutung zu. Aber auch der Einsatz von Kundenzeitungen und Kundenkarten, die vor allem im Handel vermehrt eingesetzt werden, können emotionale Bindungen zum Dienstleister herstellen.

Die jeweilige Marketinginstrumentestrategie ergibt sich aus den im Rahmen der Geschäftsfeld- und Marktteilnehmerstrategien formulierten Schwerpunkten. Entschließt sich eine Dienstleistungsunternehmung beispielsweise für eine **undifferenzierte Marktbearbeitungsstrategie**, indem sie nur Standarddienstleistungen anbietet, so wird sie sich primär auf den Einsatz von preis- und konditionenpolitischen Instrumenten konzentrieren. Bei einer **differenzierten Marktbearbeitungsstrategie** werden hingegen die Marketinginstrumente eingesetzt, die hohe Präferenzen bei den entsprechenden Zielgruppen aufbauen (zum Beispiel hohe Servicequalität, hoher Distributionsgrad durch dichtes Filialnetz, endverbrauchergerichtete Werbung). Die emotionale Kundenbindung über Zufriedenheit stellt in diesem Zusammenhang einen Schlüsselfaktor dar. Da die Kundenzufriedenheit stark mit der wahrgenommenen Dienstleistungsqualität korrespondiert, kommt dem Qualitätsmanagement von Dienstleistungsunternehmen eine besondere und zentrale Bedeutung zu.

Kapitelübersicht

Viertes Kapitel

Qualitätsmanagement im Dienstleistungsbereich

1. Bedeutung und Begriff des Qualitätsmanagements

Die **Bedeutung des Qualitätsmanagements** für die strategische Führung von Dienstleistungsunternehmen ist nicht zuletzt durch die Ergebnisse der PIMS-Datenbank bestätigt worden. Eine hohe Servicequalität im Vergleich zur Konkurrenz kann der Dienstleistungsunternehmung Vorteile verschaffen, wie zum Beispiel einen höheren Marktanteil, eine hohe Umsatzrendite oder niedrigere Kosten (Buzzell/Gale 1989). Im Spannungsfeld zwischen Kosten, Zeit und Qualität als zentrale Erfolgsfaktoren einer Dienstleistungsunternehmung ist es daher die Hauptaufgabe eines Qualitätsmanagements, die in Kenntnis der Kundenerwartungen definierte Dienstleistungsqualität permanent sicherzustellen (Bruhn 1995d). Dabei kann **Qualitätsmanagement** als ein **Führungsprozeß** bezeichnet werden, der die gezielte Planung, Steuerung und Kontrolle aller Qualitätsaspekte und -dimensionen der Unternehmung umfaßt (Krotz/Gratzer 1989, S. 18). Am Anfang eines Qualitätsmanagementprozesses steht daher die genaue Kenntnis der Kunden und ihrer Erwartungen hinsichtlich der Dienstleistungsqualität. Daraus ergeben sich folgende Fragestellungen:

- Wie kann Dienstleistungsqualität definiert werden?
- Welche Anforderungen an die Dienstleistungsqualität existieren, und wer stellt diese Anforderungen?
- Wie können die Anforderungen gemessen werden?
- Wie können die Anforderungen in einem Qualitätsmanagement umgesetzt werden?

2. Begriffliche Grundlagen zur Dienstleistungsqualität

2.1 Begriff der Dienstleistungsqualität

Analog zu den diversen Ansätzen, den Begriff der **Dienstleistung** eindeutig zu erfassen, liegt in bezug auf den Begriff der **Qualität** ebenfalls ein kontroverses Verständnis in der betriebswirtschaftlichen Literatur und vor allem in der Praxis vor. Daher wird zunächst auf zwei „offizielle" Definitionen hingewiesen.

Das **Deutsche Institut für Normung e. V.** (DIN) hat in der DIN 55350 (Teil 11, S. 3, Nr. 5, Mai 1987) folgende Definition zugrundegelegt:

> „**Qualität** ist die Beschaffenheit einer Einheit bezüglich ihrer Eignung, festgelegte oder vorausgesetzte Erfordernisse zu erfüllen."

Als „Beschaffenheit" müssen dabei die einzelnen Merkmale der Einheiten, als „Einheiten" verschiedene materielle und immaterielle Gegenstände und als „Erfordernisse" die Qualitätsanforderungen verstanden werden. Eine ähnliche Definition liefert die **Deutsche Gesellschaft für Qualität e. V.** (1993):

> „**Qualität** ist die Gesamtheit von Eigenschaften und Merkmalen eines Produktes oder einer Tätigkeit, die sich auf deren Eignung zur Erfüllung gegebener Erfordernisse bezieht."

Beide Definitionen gelten sowohl für Produkte als auch für Dienstleistungen. Mit ihnen werden zwei zentrale **Ansätze des Qualitätsverständnisses** verbunden:

1. **Produktbezogener Qualitätsbegriff**
   Qualität ist die Summe beziehungsweise das Niveau der vorhandenen Eigenschaften von Produkten beziehungsweise Dienstleistungen. Ziel ist es, eine Messung der Qualität nach objektiven Kriterien vorzunehmen.

2. **Kundenbezogener Qualitätsbegriff**
   Qualität ist definiert durch die Wahrnehmung der Produkteigenschaften beziehungsweise Leistungen durch den Kunden. Eine Messung der Qualität erfolgt demnach anhand von subjektiven Kriterien (Bruhn/Hennig 1993, S. 216f.; Bruhn 1995d, S. 24).

Diesen beiden grundlegenden Qualitätsbegriffen fügt Garvin (Garvin 1984, S. 25ff.) noch drei weitere Qualitätsauffassungen hinzu:

- Der **absolute Qualitätsbegriff** definiert Qualität als ein Maß für die Güte eines Produktes oder einer Leistung. Sie kann in verschiedene Klassen kategorisiert werden (gut, mittel, schlecht). Damit entspricht diese Definition weitgehend dem umgangssprachlichen Verständnis des Qualitätsbegriffes.
- Der **herstellungsorientierte Qualitätsbegriff** definiert Qualität als die Vorgabe von betrieblichen Standards, die als Basis für die Qualitätskontrolle einer Unternehmung dienen. Es bleibt offen, ob diese Maßstäbe durch objektive oder subjektive Indikatoren definiert werden.
- Der **wertorientierte Qualitätsbegriff** stellt die Frage nach dem Preis-Leistungs-Verhältnis aus Sicht des Kunden. Dieser beurteilt, ob die Leistung ihren Preis „wert" ist und demzufolge ein bestimmtes Niveau an Qualität erreicht.

Als Konklusion der genannten Definitionen soll folgende **Begriffsauffassung** zugrunde gelegt werden:

Dienstleistungsqualität ist die Fähigkeit eines Anbieters, die Beschaffenheit einer primär intangiblen und der Kundenbeteiligung bedürfenden Leistung aufgrund von Kundenerwartungen auf einem bestimmten Anforderungsniveau zu erstellen (Bruhn 1996a, S. 27).

Diese Begriffsauffassung verdeutlicht zum einen den produktorientierten Qualitätsbegriff: Dienstleistungsqualität ist die Beschaffenheit einer Leistung, die auf einem bestimmten Niveau – gut oder schlecht – erstellt werden kann. Zum anderen kommt der kundenorientierte Qualitätsbegriff dadurch zum Ausdruck, daß die Anforderungen an das Niveau vom Kunden festgelegt werden. Daher ist der Qualitätsbegriff auch relativ – aus der subjektiven Perspektive des Kunden – zu formulieren.

2.2 Dimensionen der Dienstleistungsqualität

Die Koexistenz verschiedener begrifflicher Auffassungen der Dienstleistungsqualität erfordert eine Festlegung der relevanten **Dimensionen der Dienstleistungsqualität**. Bedingt durch die Heterogenität des Dienstleistungssektors existiert eine Vielzahl branchen- und typenspezifischer Qualitätsmerkmale. Es stellt sich die Frage, welche der Dimensionen für alle Dienstleistungen zutreffen und wie diese vom Kunden wahrgenommen werden. In diesem Zusammenhang wird als **Qualitätsdimension** „die Wahrnehmung unterschiedlicher Qualitätseigenschaften durch unternehmensinterne und -externe Zielgruppen“ verstanden (Bruhn 1995d, S. 25).

Im Mittelpunkt der Ausführungen in der Marketingliteratur steht hier die Unterscheidung in eine Potential-, Prozeß- und Ergebnisdimension (Donabedian 1980): Die **Potentialdimension** beinhaltet die sachlichen, organisatorischen und persönlichen Leistungsvoraussetzungen des Dienstleistungsanbieters. Die **Prozeßdimension** bezieht sich auf alle Prozesse während der Leistungserstellung. In der **Ergebnisdimension** erfolgt die Beurteilung der erbrachten Leistung am Ende des Dienstleistungsprozesses.

Eine Unterscheidung der Qualitätsdimensionen ist aber auch in bezug auf den Umfang und die Art der erstellten Leistung möglich (Grönroos 1990b). Die **technische Dimension** beinhaltet den Umfang des Leistungsprogramms und fragt nach dem „Was“ einer Dienstleistung. Die **funktionale Dimension** fragt dagegen nach dem „Wie“ einer Dienstleistung, das heißt in welcher Form das Leistungsprogramm angeboten wird.

Eine weitere Unterteilung der Dimensionen der Dienstleistungsqualität bezieht sich auf die Erwartungshaltung der Kunden im Hinblick auf das Dienstleistungsprogramm (Berry 1986): Zu der sogenannten **Routinekomponente** gehören alle Eigenschaften, die normalerweise zu einer Dienstleistung zählen. Für eine Negativabweichung kann es vom Kunden „Strafpunkte“ geben. Die **Ausnahmekomponente** beinhaltet dagegen Zusatzleistungen des Dienstleistungsanbieters, die vom Kunden nicht erwartet wurden und von ihm mit Bonuspunkten honoriert werden.

Die folgenden drei Qualitätsdimensionen beantworten dagegen die Frage, welche Nähe des Kunden zum Dienstleistungsprodukt bei der Beurteilung der Dienstleistungen gegeben ist (Zeithaml 1981, S. 186ff.): Im Rahmen der **Suchkomponente** („Search Qualities“) besitzt der Kunde noch keine Erfahrung mit dem Dienstleistungsanbieter und sucht im Vorfeld Indikatoren zur Beurteilung der Dienstleistung. Dagegen ist der Kunde in bezug auf die **Erfahrungskomponente** („Experience Qualities“) in der Lage, eine Beurteilung aufgrund von Erfahrungen während des Leistungsprozesses oder am Ende der Leistungserstellung vorzunehmen. Die **Glaubenskomponente** („Credence Qualities“) umfaßt alle Merkmale einer Dienstleistung, die sich einer genauen Beurteilung entziehen beziehungsweise erst später eingeschätzt werden können.

Schließlich werden **fünf Qualitätsdimensionen** dargestellt, die zum einen alle aufgeführten Unterteilungen beinhalten und zum anderen das Ergebnis nicht nur konzeptioneller Überlegungen, sondern auch empirischer Prüfungen sind (Parasuraman/Zeithaml/Berry 1985, 1988; Zeithaml/Parasuraman/Berry 1992):

- Die **Annehmlichkeit des tangiblen Umfeldes** („tangibles“) beinhaltet das äußere Erscheinungsbild des Dienstleistungsortes, insbesondere die Ausstattung der Räume und das Erscheinungsbild des Personals.

- Als **Zuverlässigkeit** („reliability“) wird die Fähigkeit des Dienstleistungsanbieters bezeichnet, die versprochenen Leistungen auch auf dem avisierten Niveau zu erfüllen.
- Die **Reaktionsfähigkeit** („responsiveness“) stellt die Frage, ob das Dienstleistungsunternehmen in der Lage ist, auf spezifische Wünsche der Kunden einzugehen und sie zu erfüllen. Dabei spielen sowohl die Reaktionsbereitschaft als auch die Schnelligkeit der Reaktion eine Rolle.
- Die **Leistungskompetenz** („assurance“) bezieht sich auf die Fähigkeiten des Anbieters zur Erbringung der Dienstleistung, insbesondere in bezug auf das Wissen, die Höflichkeit und die Vertrauenswürdigkeit der Mitarbeiter.
- Das **Einfühlungsvermögen** („empathy“) kennzeichnet sowohl die Bereitschaft als auch die Fähigkeit des Dienstleistungsanbieters, auf individuelle Wünsche der Kunden einzugehen.

Neben einer strukturierenden Funktion sind die aufgeführten Unterscheidungen von Qualitätsdimensionen in der Lage, erste Hinweise für die Gestaltung von Meßkonzepten zur Erfassung der Dienstleistungsqualität zu liefern. Dazu ist es jedoch notwendig, die Dimensionen durch einzelne Merkmale der Dienstleistungsqualität zu konkretisieren (Stauss/Hentschel 1991, S. 240), denn aufgrund des Abstraktionsgrades, auf dem die Dimensionen abgegrenzt werden, sind sie einer unmittelbaren Messung kaum zugänglich (Benkenstein 1993, S. 1099).

2.3 Bestimmung der Dienstleistungsqualität

Die Dienstleistungsqualität bestimmt sich aus der Summe der Eigenschaften beziehungsweise Merkmale von Dienstleistungen, um bestimmten Anforderungen gerecht zu werden (Bruhn 1995d, S. 29). Im folgenden soll daher zunächst die Frage beantwortet werden, wer oder was diese Qualitätsanforderungen bestimmt. Unternehmen sehen sich in ihrer Umwelt einer Vielzahl von Anforderungen an die Dienstleistungsqualität ausgesetzt. Neben Einflüssen der globalen Umwelt, wie zum Beispiel technische und politisch-rechtliche Rahmenbedingungen, stehen vor allem die **Anforderungen aus Marktteilnehmersicht** im Vordergrund, denn sie entscheiden letztlich über den Erfolg der Unternehmung am Markt. Im folgenden werden daher die Anforderungen aus Kunden-, Wettbewerber- und Unternehmenssicht dargestellt (Bruhn 1995d, S. 29f.).

1. **Anforderungen aus Kundensicht**
   Die Anforderungen aus Kundensicht sind definiert durch die spezifischen Erwartungshaltungen der aktuellen und potentiellen Kunden. Diese können sich auf die Potentialdimension (zum Beispiel Ausstattung eines Hotelzimmers), auf den Dienst-

leistungsprozeß (zum Beispiel Höflichkeit der Bankangestellten) und/oder auf das Ergebnis der Dienstleistungserstellung (zum Beispiel Haarschnitt nach Friseurbesuch) beziehen. Die Erwartungshaltungen der Kunden werden dabei nicht nur durch die individuellen Bedürfnisse gebildet, sondern gleichzeitig von den Erfahrungen mit der Dienstleistung in der Vergangenheit, von Kommunikationsmaßnahmen des Dienstleisters oder von der Mund-zu-Mund-Kommunikation mit Kunden und anderen Personengruppen beeinflußt.

2. **Anforderungen aus Wettbewerbersicht**
   Die Anforderungen aus Wettbewerbersicht beziehen sich auf die Überlegung, wie sich ein Unternehmen durch eine gezielte Qualitätsstrategie gegenüber den Hauptkonkurrenten profilieren kann; Dienstleistungsqualität wird somit als strategischer Wettbewerbsvorteil definiert. Konkrete Anforderungen an die Dienstleistungsqualität einer Unternehmung ergeben sich dabei beispielsweise aus dem Qualitätsniveau der von den wichtigsten Mitbewerbern angebotenen Dienstleistungen, aus der jeweiligen Qualitätsposition oder aus den unternehmensinternen Leistungspotentialen der Konkurrenz.

3. **Anforderungen aus Unternehmenssicht**
   Die Anforderungen aus Unternehmenssicht resultieren aus der Fähigkeit und der Bereitschaft des Dienstleistungsanbieters zur Erbringung bestimmter Niveaus der Dienstleistungsqualität. Dabei spielen unterschiedliche Faktoren eine Rolle, wie beispielsweise die Dienstleistungsmentalität der Mitarbeiter, ihre fachliche Qualifikation und die Bedeutung der Qualitätspolitik für die Marketingstrategie des Dienstleistungsanbieters.

Die Erläuterung der einzelnen Anforderungen verdeutlicht, daß die Bestimmung der Dienstleistungsqualität nicht eindimensional und einseitig festgelegt werden kann. Vielmehr handelt es sich um einen mehrdimensionalen Vorgang, der sich an dem **Dreiecksverhältnis** Kunde, Wettbewerb und Unternehmen, dem sogenannten „magischen Dreieck“, orientieren muß (Bruhn 1995d, S. 29). Letztlich bestimmt der Kunde die Anforderungen an eine Dienstleistung und steht daher auch im Mittelpunkt der Ansätze zur Messung der Dienstleistungsqualität. Der Wettbewerb dagegen setzt dem Qualitätsmanagement der Unternehmung Grenzen, indem er sich eigenständig positioniert und sich Wettbewerbsvorteile schafft. Der Dienstleistungsunternehmung sind durch ihr Qualitäts-Know-how und ihre Kapazitäten Rahmen gesetzt, die sie bei der Bestimmung ihrer Dienstleistungsqualität zu berücksichtigen hat.

3. Messung der Anforderungen an die Dienstleistungsqualität

Ein kundenorientiertes Qualitätsmanagement setzt voraus, daß eindeutige Aussagen über die geplante und realisierte Dienstleistungsqualität und das Niveau ihrer Merkmale gemacht werden können. In diesem Zusammenhang bezeichnet der Vorgang des Messens das „Feststellen von Ausprägungen festgelegter Merkmale eines Meßobjektes aufgrund eines vorab vereinbarten Maßstabes“ (Nieschlag et al. 1988). Es müssen demnach einerseits **Indikatoren** generiert werden, mit denen das theoretische Konstrukt „Qualität“ indirekt erfaßbar gemacht wird. Andererseits sind eindeutige Zuordnungsregeln beziehungsweise Skalen zu entwickeln, auf denen das Qualitätsniveau festgehalten werden kann.

Dieser weitgefaßte Meßbegriff und die vielfältigen Definitionen von „Qualität“ führen zu einem breiten Spektrum von **Instrumenten der Qualitätsmessung**. Daher werden im folgenden verschiedene Ansätze zur **Systematisierung** dieser Meßverfahren aufgezeigt.

1. **Systematisierung nach der Aggregationsebene in differenzierte und undifferenzierte Messungen**
   In bezug auf das Aggregationsniveau des Qualitätsbegriffs kann zwischen undifferenzierten Messungen, die ein globales Qualitätsurteil ermitteln, und differenzierten Messungen, deren Ziel die Erhebung von Aussagen über Teilqualitäten ist, unterschieden werden. Da stark differenzierte Merkmale nur leistungsspezifisch erhoben werden können, erscheint es bezüglich allgemeiner Aussagen zu Dienstleistungen sinnvoll, nach relativ abstrakten Qualitätsdimensionen zu fragen (beispielsweise gemäß der Unterscheidung von Donabedian in Potential-, Prozeß- und Ergebnisdimensionen) (Hentschel 1995, S. 353). Da im Dienstleistungsbereich globale Qualitätsurteile höchstens als Ergänzung zu differenzierten Messungen erhoben werden, beziehen sich die folgenden Ausführungen lediglich auf Verfahren der differenzierten Qualitätsmessung.

2. **Systematisierung nach der Sichtweise in nachfrager-, anbieter- und mitarbeiterorientierte Messung**
   Eine Messung der Qualität kann sowohl aus **Kundensicht** (nachfragerorientiert) als auch aus der Perspektive des **Dienstleistungsunternehmens** (anbieter- und mitarbeiterorientiert) erfolgen. Im Rahmen des Qualitätsmanagements zur Sicherstellung der Dienstleistungsqualität gemäß den Kundenerwartungen stellen die nachfragerorientierten Verfahren zentrale Meßinstrumente dar.

3. **Systematisierung nach der Art der Beurteilungskriterien in objektive und subjektive Messung**
   Mittels **objektiver** Kriterien orientiert sich die Messung der Qualität an dem produktbezogenen Qualitätsbegriff, das heißt es existieren eindeutige intersubjektiv

nachprüfbare Indikatoren, wie beispielsweise die Beschaffenheit eingesetzter Produkte während des Dienstleistungsprozesses. Dagegen unterstellt eine Messung nach **subjektiven** Kriterien, daß Qualität der subjektiven Wahrnehmung des Qualitätsbeurteilenden unterliegt und sich an seinen subjektiven Bedürfnissen orientiert (Hentschel 1995, S. 353).

Abbildung 4-1 gibt einen Überblick über die verschiedenen Meßverfahren.

Der Einsatz der Verfahren zur Qualitätsmessung hat unter Berücksichtigung der Stärken und Schwächen der einzelnen Ansätze sowie in bezug auf unternehmensspezifische Rahmenbedingungen zu erfolgen. Als allgemeine **Kriterien** zur Beurteilung der Verfahren sollen im folgenden herangezogen werden:

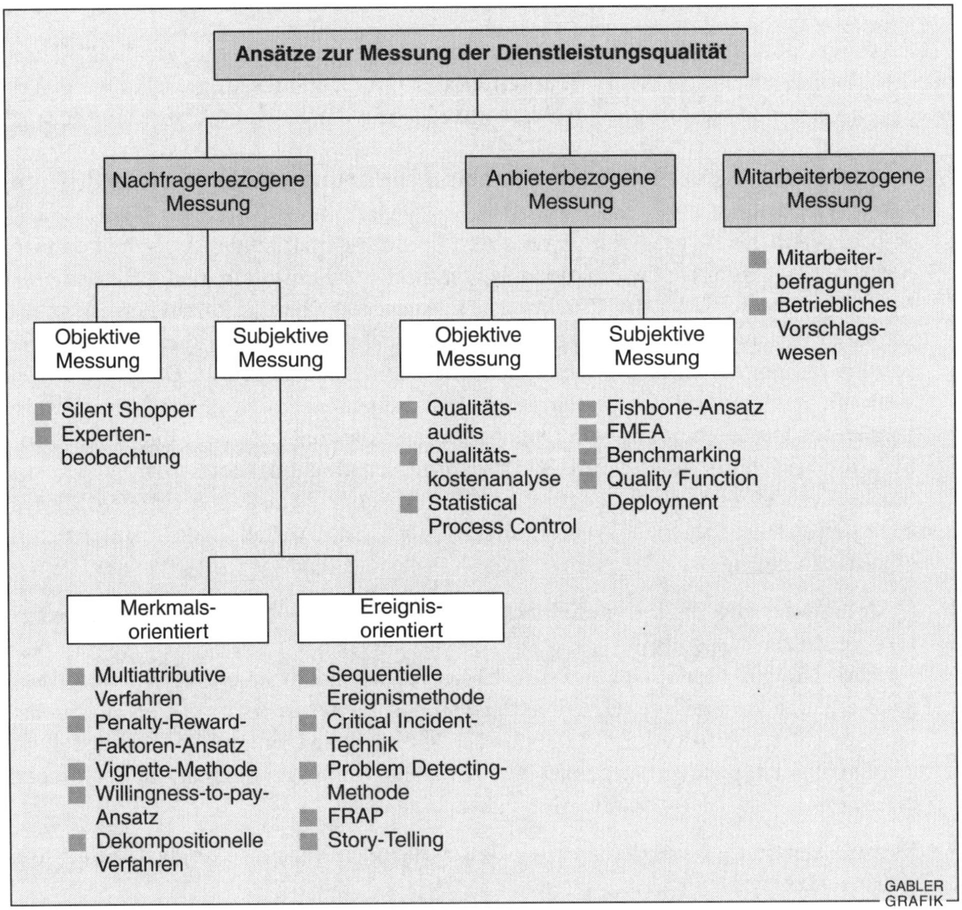

Abbildung 4-1: Ansätze zur Messung der Dienstleistungsqualität

- **Relevanz:** Sind die gemessenen Beurteilungskriterien der Dienstleistungsqualität in der Wahrnehmung der Kunden oder des Unternehmens überhaupt als Kaufentscheidungskriterium und damit für Marketingentscheidungen relevant?
- **Vollständigkeit:** Ermöglicht das Verfahren eine Messung aller aus Kunden- oder Unternehmenssicht relevanten Qualitätsdimensionen?
- **Aktualität:** Repräsentieren die Ergebnisse des Verfahrens aktuelle Beurteilungen der Qualität aus Kunden- oder Unternehmenssicht?
- **Eindeutigkeit:** Lassen die Meßergebnisse dieses Verfahrens eindeutige Rückschlüsse auf die Qualitätsbeurteilungen der Dienstleistung durch den Kunden oder das Unternehmen zu?
- **Steuerbarkeit:** Liefern die Ergebnisse gezielte Ansatzpunkte für eine Qualitätsverbesserung?
- **Kosten:** Rechtfertigen die Ergebnisse der Verfahren den finanziellen und personellen Aufwand, der mit der Messung verbunden ist?

Um die Qualitätsanforderungen zu erfassen, sind Instrumente der externen und internen **Marktforschung** notwendig, wie beispielsweise die Einrichtung eines internen Qualitätscontrolling, Kundenbefragungen, -beobachtungen, -experimente oder Expertenurteile. Unternehmensspezifisch ist zu prüfen, ob die von der Unternehmung angebotene Dienstleistung einer Messung mittels dieser Verfahren überhaupt zugänglich ist. In diesem Zusammenhang können die Merkmale einer Dienstleistung, wie zum Beispiel die Integration des externen Faktors oder die Immaterialität der Dienstleistung, zur Beurteilung der Verfahren herangezogen werden. Je stärker der Kunde in den Dienstleistungsprozeß integriert wird, desto mehr gewinnt die Auswertung der Informationen des Kundenkontaktpersonals zur Qualitätseinschätzung an Bedeutung. Je intangibler die Dienstleistung dagegen ist, desto häufiger müssen beispielsweise Zufriedenheitsmessungen oder Beschwerdestatistiken analysiert werden, da eindeutige Kriterien der Qualitätseinschätzung fehlen.

Im folgenden werden zunächst die für Dienstleistungen bedeutsamen Verfahren der nachfragerbezogenen Qualitätsmessung beschrieben. Anschließend folgt die Darstellung der anbieter- und mitarbeiterbezogenen Methoden.

3.1 Nachfragerbezogene Messung der Anforderungen an die Dienstleistungsqualität

3.11 Messung nach objektiven Kriterien

Entsprechend dem produktorientierten Qualitätsbegriff kann eine **Messung nach objektiven Kriterien** erfolgen, sofern für einzelne Merkmale intersubjektiv nachprüfbare Qualitätsbewertungen mittels objektiver Indikatoren oder neutraler dritter Personen durchgeführt werden können.

Beispiele für objektive Indikatoren sind die Beschaffenheit von eingesetzten Produkten oder die Wartezeit der Kunden bis zur Leistungserstellung (Bruhn 1995d, S. 36). In bezug auf den Einsatz neutraler dritter Personen kann man zwischen folgenden **Verfahren** unterscheiden:

1. Silent-shopper-Verfahren,
2. Expertenbeobachtung.

1. Silent-shopper-Verfahren
Unter einem „Silent-shopper" (das heißt einem Schein- beziehungsweise Testkunden) versteht man Beobachter und Testpersonen, die als Dienstleistungskunden auftreten, wobei sie eine reale Situation simulieren, um dadurch Hinweise auf wesentliche Mängel im Leistungserstellungsprozeß zu erhalten (Bruhn/Hennig 1993, S. 220). Diese Testkaufmethode kann nicht nur einen Überblick über die eigene Dienstleistungsqualität vermitteln, sondern ermöglicht – in anonymer Form durchgeführt – auch einen Konkurrenzvergleich.

Fraglich ist jedoch, ob diese „Scheinkunden" in der Lage sind, die Wahrnehmungen und Empfindungen „wirklicher" Kunden nachzuvollziehen, vor allem da die Anzahl der zu untersuchenden situativen Faktoren und Verhaltensmerkmale des Kundenkontaktpersonals begrenzt ist (Stauss 1995a, S. 388). Der Erfolg des Einsatzes dieses Verfahrens ist daher abhängig vom Erfahrungspotential des „Silent-shopper". In der Praxis werden vor allem im Bankenbereich und im Handel regelmäßig Scheinkunden eingesetzt.

2. Expertenbeobachtung
Ziel dieses Verfahrens ist es, Hinweise auf offensichtliche Mängel im Dienstleistungserstellungsprozeß und das daraus resultierende Kundenverhalten zu ermitteln, indem beispielsweise geschulte Sozialforscher Kundenkontaktsituationen beobachten, um Verhaltensweisen von Kunden und Mitarbeitern zu analysieren (Stauss 1995a, S. 388).

Die Einsatzmöglichkeiten dieses Verfahrens sind jedoch begrenzt, da aus einem beobachteten Verhalten nur unzureichend auf die Qualitätswahrnehmung von Kunden geschlossen werden kann. Weiterhin können viele Kundenkontaktsituationen nicht ohne Wissen der Beteiligten erfaßt werden, so daß unter Umständen Beobachtungseffekte auftreten können. Problematisch erscheint auch der hohe finanzielle und personelle Aufwand dieses Verfahrens, insbesondere wenn der Erstellungsprozeß möglichst vollständig analysiert werden soll (Stauss 1995a, S. 388).

Bei der **Gesamtwürdigung** der objektiven nachfragerbezogenen Verfahren der Qualitätsmessung muß berücksichtigt werden, daß ihre Indikatoren kein alleiniger Maßstab für die Qualität einer Leistung sein können, da aus Kundensicht die Relevanz und Vollständigkeit der herangezogenen Kriterien nicht bestätigt werden kann. Um eine eindeutig nachfragerorientierte Qualitätsmessung zu gewährleisten, sind die genannten Methoden um subjektive Meßverfahren zu ergänzen, die im folgenden genauer erläutert werden.

3.12 Messung nach subjektiven Kriterien

Sollen die Anforderungen an die Dienstleistungsqualität aus Kundensicht nach subjektiven Kriterien ermittelt werden, können merkmals- oder ereignisorientierte Meßverfahren herangezogen werden. Während im Rahmen der **merkmalsorientierten Messung** die Gesamtdienstleistungsqualität anhand der Beurteilung verschiedener Leistungsmerkmale bestimmt wird, rückt bei der **ereignisorientierten Messung** die Wahrnehmung der „moments of truth", das heißt der Kundenkontaktpunkte, in den Vordergrund.

3.121 Merkmalsorientierte Meßverfahren

Mittels merkmalsorientierter Meßverfahren setzt sich die Beurteilung der Gesamtleistung aus der Bewertung einzelner Leistungselemente zusammen. Zu dieser Gruppe gehören:

1. Multiattributive Verfahren,
2. Penalty-Reward-Faktoren-Ansatz,
3. Vignette-Methode,
4. Dekompositionelle Verfahren,
5. Willingness-to-pay-Ansatz.

1. Multiattributive Verfahren

Multiattributive Meßverfahren kennzeichnen kundenorientierte, subjektive und differenzierte Methoden der Qualitätsmessung. Sie gehen von der Annahme aus, daß globale Qualitätseinschätzungen von Dienstleistungskunden das Ergebnis einer individuellen Einschätzung der verschiedenen Qualitätsmerkmale sind (Stauss/Hentschel 1991, S. 240), das heißt, daß ein globales Qualitätsurteil die Summe einer Vielzahl (multi) bewerteter Qualitätsmerkmale (Attribute) darstellt.

Aus der Reihe der Anwendungsvarianten (Kroeber-Riel 1992, S. 182ff.; Hentschel 1992, S. 116ff.; Bruhn 1994b, S. 13ff.) lassen sich insbesondere die **einstellungs- und zufriedenheitsorientierte Messung** unterscheiden. Ferner soll auf den SERVQUAL-Ansatz von Parasuraman/Zeithaml/Berry eingegangen werden, der Erkenntnisse der Einstellungs- und der Zufriedenheitsforschung in kombinierter Weise verwendet.

a) Einstellungsorientierte multiattributive Qualitätsmessung

Die **einstellungsorientierte multiattributive Qualitätsmessung** basiert auf der Annahme, daß die Qualitätseinschätzung eines Kunden „als gelernte, relativ dauerhafte, positive oder negative innere Haltung gegenüber einem Objekt" beziehungsweise einer Dienstleistung zu bezeichnen ist (Trommsdorff 1993). Die Qualitätseinschätzung eines Dienstleistungskunden entsteht dabei durch Lernprozesse, die auf seine bisherigen Erfahrungen zurückgehen. Diese Erfahrungen sind entweder auf unmittelbare Erlebnisse mit der jeweiligen Dienstleistung zurückzuführen oder basieren auf Kommunikationsprozessen mit dem Dienstleistungsunternehmen oder seinen Kunden. In der Regel wird im Rahmen von einstellungsorientierten Verfahren die sogenannte **Eindrucksmessung** herangezogen. Neben der Beurteilung der Qualitätsmerkmale erfolgt zusätzlich eine Einschätzung der Wichtigkeit auf Ratingskalen durch den Kunden. Als Aggregationsalgorithmus dient ein Modell, das das Produkt aus der Bewertungs- (QB_i) und der Wichtigkeitskomponente (w_i) eines Qualitätsmerkmals (i) additiv verknüpft (Fishbein 1967; Benkenstein 1993, S. 1103):

$$\text{Qualität} = \Sigma \quad QB_i \cdot w_i$$

b) Zufriedenheitsorientierte multiattributive Qualitätsmessung

Die **zufriedenheitsorientierte multiattributive Qualitätsmessung** definiert die Zufriedenheit mit einer Dienstleistung als Reaktion auf eine Diskrepanz zwischen erwarteter und tatsächlich erlebter Dienstleistungsqualität. Dieses Verfahren setzt im Gegensatz zur einstellungsorientierten Messung voraus, daß der Kunde bereits über Erfahrung mit der Dienstleistung verfügt (Bruhn 1995d, S. 37). Im Rahmen der sogenannten **Divergenzmessung** werden neben der Qualitätsbeurteilung (QB_i) auch Qualitätserwartungen (QE_i) auf Ratingskalen erhoben und die Divergenzen als

Maßstab für die Qualitätsbeurteilung herangezogen. Die Dienstleistungsqualität wird anschließend durch Addition der merkmalsbezogenen Einzeldiskrepanzen dargestellt (Benkenstein 1993, S. 1103):

$$\text{Qualität} = \Sigma \mid QE_i - QB_i \mid$$

Ein Vergleich zwischen einstellungs- und zufriedenheitsorientierter Messung der Dienstleistungsqualität macht deutlich, daß eine grundsätzliche Empfehlung für eine der Varianten nur bedingt möglich ist. Für eine Verwendung des einstellungsorientierten Ansatzes spricht, daß der Proband über keine Erfahrung mit der Dienstleistung verfügen muß, da sich die Befragung nicht auf ein spezifisches Konsumerlebnis beziehen muß (Hentschel 1992, S. 121). So kann man durchaus die Einstellung besitzen, daß „Bank x" zu den Qualitätsführern im Finanzdienstleistungsbereich gehört, ohne dort eine Kontoverbindung zu halten. Dagegen erscheint der zufriedenheitsorientierte Ansatz dann sinnvoll, wenn Kunde und Dienstleistungsunternehmen erstmalig für einen begrenzten Zeitraum aufeinandertreffen (Hentschel 1992, S. 122). Im Rahmen einer Studie von Lewis/Owtram (1986) wurden beispielsweise die Qualitätsmerkmale einer Urlaubsreise zufriedenheitsorientiert erhoben, da sich bei vielen Reisenden unter Umständen überhaupt keine oder nur eine oberflächliche Einstellung in bezug auf den Reiseveranstalter bildet (Hentschel 1992, S. 122). Welcher der beiden Ansätze zur Qualitätsmessung verwendet werden sollte, hängt demnach davon ab, inwiefern der Dienstleister Informationen über antizipierende, von dauerhaften Überzeugungen geprägte Einstellungen der Kunden erhalten oder konkrete zufriedenheitsorientierte Bewertungen seines Dienstleistungsproduktes erfahren möchte.

c) Der SERVQUAL-Ansatz

Zu den Verfahren der Einstellungs- und Zufriedenheitsmessung zählt auch der in den achtziger Jahren entwickelte **SERVQUAL-Ansatz** (Parasuraman/Zeithaml/Berry 1985, 1988). Gegenstand der Beurteilung ist hier das Dienstleistungsunternehmen selbst. Dienstleistungsqualität wird als ein globales einstellungsorientiertes Konstrukt interpretiert, das aus dem Vergleich zwischen erwarteter und erlebter Leistung resultiert (Hentschel 1990a, S. 232).

Zur Messung der wahrgenommenen Dienstleistungsqualität aus Sicht eines Kunden dient ein standardisierter Fragebogen, in dem 22 Items fünf Dimensionen der Qualität repräsentieren:

- Annehmlichkeit des tangiblen Umfeldes,
- Zuverlässigkeit,
- Reaktionsfähigkeit,
- Leistungskompetenz,
- Einfühlungsvermögen.

Zu jedem Item werden zwei Aussagen in Form einer „Doppelskala" formuliert. Die Aussage „so sollte es sein" ermittelt die Erwartungen des Kunden hinsichtlich der

Beispiel für die Doppelskala (Item 16):	Lehne ich vollkommen ab						Stimme ich vollkommen zu
Mitarbeiter eines hervorragenden Service-Providers sind stets gleichbleibend höflich zu den Kunden	1	2	3	4	5	6	7
Mitarbeiter des Service-Providers x sind stets gleichbleibend höflich zu den Kunden	1	2	3	4	5	6	7

GABLER GRAFIK

Abbildung 4-2: Doppelskala im SERVQUAL-Modell

Dienstleistungsqualität, die Aussage „so ist es" fragt nach der erlebten Qualität eines Leistungsprozesses in bezug auf eine spezielle Dienstleistungsunternehmung beziehungsweise Dienstleistung. Auf einer 7er-Skala, die in Abbildung 4-2 an einem Beispiel dargestellt wird, werden die Probanden gebeten, ihr Urteil von „stimme völlig zu" (7) bis „lehne entschieden ab" (1) abzugeben.

Die sich ergebende Differenz zwischen beiden Aussagen ergibt dann einen Wert pro Item zwischen – 6 und + 6. Je größer dieser Wert ist, desto höher schätzt der Kunde die wahrgenommene Dienstleistungsqualität in bezug auf das jeweilige Item ein.

Um ein globales Qualitätsurteil zu erhalten, wird zunächst der Durchschnitt aller zu einer Dimension gehörenden Items berechnet und dann anschließend der Mittelwert sämtlicher Dimensionen ermittelt.

Trotz der empirischen Fundierung des Modells und seiner grundsätzlichen Eignung als branchenübergreifendes Modell zur Messung der Dienstleistungsqualität wurden in der Literatur mehrfach die begrifflichen und theoretischen Grundlagen sowie methodische Aspekte des Modells kritisiert (Carman 1990; Hentschel 1990b, 1991). So stellt die verwendete Doppelskala hohe Ansprüche an die Urteilsfähigkeit der Probanden, ihre jeweiligen Erfahrungen mit verschiedenen Dimensionen der Dienstleistung nachträglich in eine Erwartungs- und Wahrnehmungskomponente zu zerlegen. Dabei kann unter Umständen auch das Problem der sogenannten „Anspruchsinflation" entstehen, indem erhöhte Werte im Rahmen der „So sollte es sein"-Aussagen von den Probanden genannt werden (Hentschel 1990a, S. 235).

Ein wesentlicher Kritikpunkt betrifft die Differenzbildung des Modells. Für einen Dienstleistungskunden, der zum Beispiel von den Mitarbeitern einer Bankfiliale einen hohen Grad an Leistungskompetenz erwartet (Bewertung des erwarteten Service mit 7) und diesen auch erlebt (Bewertung des erlebten Service ebenfalls mit 7), ergibt sich als Differenz ein Wert von 0. Ein anderer Bankkunde erwartet dagegen nur eine Leistungskompetenz von 1, beurteilt aber die Kompetenz der Mitarbeiter als sehr positiv mit einem Wert von 7. Seine wahrgenommene Dienstleistungsqualität in bezug auf dieses Item besitzt damit einen Differenzwert von + 6. Gemäß der Interpretation dieser beiden Werte nach SERVQUAL schätzt der zweite Kunde die Qualität des Dienstleistungsunternehmens in bezug auf die Leistungskompetenz seiner Mitarbeiter höher ein. Dieses Ergebnis erscheint aus Plausibilitätsgründen nicht korrekt (Hentschel 1990a, S. 236).

Darüber hinaus ist im SERVQUAL-Ansatz eine konstante Interpretation in bezug auf die „so sollte es sein“-Erwartungen durch die Probanden nicht gewährleistet. Die Aussage „so sollte es sein“ kann von den Kunden interpretiert werden als (Teas 1993, S. 37f.):

- Reine Annahme über das Niveau der Dienstleistungsqualität („Forecasted Performance“),
- Gewünschtes Niveau der Dienstleistungsqualität („Deserved Performance“),
- Angemessenes Niveau der Dienstleistungsqualität („Equitable Performance“),
- Mindestniveau der Dienstleistungsqualität („Minimum Performance“),
- Idealniveau der Dienstleistungsqualität („Ideal Performance“),
- Ausdruck der Wichtigkeit dieser Dimension der Dienstleistungsqualität für den Kunden („Service Attribute Importance“).

Unterschiedliche Meßergebnisse können daher auch durch unterschiedliche Interpretationen dieses Erwartungsbegriffes hervorgerufen werden.

Trotz dieser Einwände in bezug auf die Validität des Modells hat sich der SERVQUAL-Ansatz vor allem in amerikanischen Banken zur Messung der Dienstleistungsqualität durchgesetzt, da hier zum ersten Mal ein Meßmodell für die Dienstleistungsqualität entwickelt wurde, das einen konkreten Praxisbezug enthält und daher aus Sicht der Unternehmen durchführbar erscheint.

Eine Alternative zu der Doppelskala des SERVQUAL-Modells ist die Bildung einer Einfachskala, die den Probanden auffordert, lediglich das Niveau der wahrgenommenen Dienstleistungsqualität, beispielsweise für das Kriterium beziehungsweise die Aussage „die Gestaltung der Geschäftsräume der Bank x ist sehr gut“, zu beurteilen (zum Beispiel Hentschel 1990a, S. 239) und so eine implizite Erwartungsbewertung durch den Befragten anzunehmen.

2. Penalty-Reward-Faktoren-Ansatz

Der Penalty-Reward-Faktoren-Ansatz ist ein den multiattributiven Verfahren sehr ähnlicher Ansatz und orientiert sich an der Unterteilung der Dimensionen der Dienstleistungsqualität in Routine- und Ausnahmekomponenten (Berry 1986; Brandt 1987, S. 61ff.; 1988, S. 35ff.). Er basiert auf der Annahme, daß bei jeder Dienstleistung Qualitätsfaktoren existieren, deren Nichterfüllung beim Kunden Unzufriedenheit hervorruft. Diese Attribute werden als **Penalty-Faktoren** bezeichnet. Im Gegensatz dazu stellen die **Reward-Faktoren** Zusatzleistungen dar, die beim Kunden eine höhere Qualitätswahrnehmung und daher eine höhere Zufriedenheit erzeugen. Während der Kunde für die Reward-Faktoren „Bonuspunkte" verteilt, bestraft er das Unternehmen bei Nichtvorhandensein der Penalty-Faktoren mit sogenannten „Demerits" (Brandt 1987, S. 61).

Das Ziel dieses Meßansatzes ist es, diese Penalty-Faktoren zu identifizieren. Daher wird zunächst ein Gesamtqualitätsurteil der Dienstleistung auf einer 5er-Skala von „sehr zufrieden" bis „sehr unzufrieden" erhoben. Anschließend werden die Kunden gebeten, die einzelnen Attribute der Dienstleistung, die den Probanden vorgegeben werden, auf einer Skala von „viel schlechter als erwartet" bis „viel besser als erwartet" zu bewerten. Mit Hilfe dieser Daten wird eine multiple Regressionsanalyse unter dem Einsatz von Dummy-Variablen („Penalty-Reward-Contrast-Analyse"; Brandt 1987, S. 62f.) durchgeführt. Die Ergebnisse dieser Analyse hinsichtlich einzelner Merkmale werden wie folgt interpretiert:

- **Penalty-Faktoren** kennzeichnen diejenigen Attribute der Dienstleistungsqualität, bei denen der Kunde kein höheres globales Qualitätsurteil abgibt, obwohl die Leistung in bezug auf das jeweilige Attribut besser als erwartet ausfiel. Dagegen sinkt das globale Qualitätsurteil, sofern die Qualität des jeweiligen Attributes schlechter als erwartet war.

- **Reward-Faktoren** zeichnen sich dadurch aus, daß das globale Qualitätsurteil steigt, sofern die Qualität des jeweiligen Attributes besser als erwartet eingeschätzt wurde, jedoch nicht sinkt, sollte die Leistung schlechter als erwartet gewesen sein.

  Der Vorteil dieses Meßansatzes liegt darin, daß er qualitätsrelevante Ergebnisse liefert, die nicht nur die Qualität der Dienstleistung aus der Sicht des Kunden messen, sondern auch einen gezielten Einsatz des Qualitätsmanagements in bezug auf die Penalty-Faktoren ermöglichen. Zunächst muß es dem Unternehmen gelingen, mit diesen Dienstleistungsattributen den Kunden zufriedenzustellen, erst dann kann sich das Qualitätsmanagement auf zusätzliche „Bonusleistungen" konzentrieren (Haller 1993, S. 27).

3. Vignette-Methode

Auch die **Vignette-Methode** (Govers 1991, S. 327ff.) benutzt kein globales Qualitätsurteil zur Messung der Dienstleistungsqualität. Dieser Meßansatz geht davon aus, daß Qualitätsurteile auf einer relativ geringen Zahl von Faktoren basieren, die in der Wahrnehmung des Kunden relevant sind. Eine **Vignette** stellt dabei eine fiktive Situation dar, die anhand von bestimmten Charakteristika beschrieben werden kann. Das grundsätzliche Vorgehen wird im folgenden mit Hilfe eines Beispiels erläutert.

Voraussetzung für die Vignette-Methode ist die Ermittlung sogenannter **„Critical Quality Characteristics"** (CQC's), das heißt jener Attribute, die für die Qualitätsbeurteilung relevant sind. So kann die Qualitätsbeurteilung einer Bankfiliale, analog zu den Quali-

Critical Quality Characteristics	Werturteile
Annehmlichkeit des tangiblen Umfeldes: zum Beispiel Ausstattung der Geschäftsräume	Ansprechend
	Nicht ansprechend
Zuverlässigkeit: zum Beispiel Vermeidung von Fehlbuchungen	Hoch
	Niedrig
Reaktionsfähigkeit: zum Beispiel schnelle Korrektur von Fehlbuchungen	Flexibel
	Unflexibel
Leistungskompetenz: zum Beispiel Beratungskompetenz der Wertpapierberater	Kompetent
	Nicht kompetent
Einfühlungsvermögen: zum Beispiel Einrichtung spezieller Gebührenkonditionen für besondere Privatkunden	Zuvorkommend
	Nicht zuvorkommend

GABLER GRAFIK

Abbildung 4-3: „Critical Quality Characteristics" und die Werturteile einer Vignette

tätsdimensionen des SERVQUAL-Ansatzes, auf Faktoren basieren, die in Abbildung 4-3 am Beispiel einer Bankfiliale dargestellt sind. Die einzelnen Vignettes werden schließlich gebildet, indem jedem Faktor eines der zugehörigen Werturteile zugeordnet wird. Jede Vignette stellt damit eine Kombination unterschiedlicher Charakteristika und Werturteile dar.

Analog zur Conjoint-Analyse (Backhaus et al. 1996, S. 496ff.) wird der Kunde nun gebeten, die verschiedenen Vignettes zu beurteilen. Das kann auf einer Skala von „sehr gut" bis „sehr schlecht" geschehen. Im Rahmen der Auswertung mittels einer Häufigkeitstabelle stellen die Charakteristika die unabhängigen Variablen und die Gesamtbeurteilungen die abhängigen Variablen dar. Somit kann der Einfluß der einzelnen Attribute auf das globale Qualitätsurteil mittels eines Koeffizienten ausgedrückt werden.

Das Ziel der Vignette-Methode ist daher die **Analyse der Rangfolge und Gewichtung von einzelnen Qualitätsattributen** der Dienstleistung und die **Ermittlung globaler Qualitätsurteile**. Als Nachteil des Verfahrens erweist sich der hohe Erhebungsaufwand, vor allem da aufgrund der hohen Anzahl von Vignettes eine große Anzahl von Befragungen durchgeführt werden muß. Weiterhin besteht die Gefahr eines Informationsverlustes, da die zahlreichen Qualitätsmerkmale einer Dienstleistung auf wenige „Critical Quality Characteristics" reduziert werden und damit die Möglichkeit differenzierter Aussagen verhindert wird (Haller 1993, S. 30).

4. Dekompositionelle Verfahren

Bei den **dekompositionellen Verfahren** wird in umgekehrter Richtung als bei den multiattributiven Ansätzen vorgegangen (vgl. auch im folgenden Hentschel 1995, S. 355). Zunächst wird anhand globaler Qualitätsurteile eine Rangreihe verschiedener Leistungen mit unterschiedlichen Merkmalsausprägungen gebildet. In einem zweiten Schritt werden, zum Beispiel mit der Methode der Conjoint-Analyse, Teilqualitäten berechnet.

5. Willingness-to-pay-Ansatz

Beim Willingness-to-pay-Ansatz handelt es sich um ein Verfahren, das auf dem **wertorientierten Qualitätsbegriff** basiert (vgl. auch im folgenden Haller 1995, S. 136ff.). Dabei wird davon ausgegangen, daß der Kunde zu seinem Qualitätsurteil hinsichtlich einer Leistung kommt, indem er die erhaltene Leistung mit den im Rahmen der Inanspruchnahme der Leistung in Kauf genommenen Opfern finanzieller, zeitlicher, psychischer oder physischer Art vergleicht. Diese „Opfer" werden meist durch den Preis der Leistung ausgedrückt. Die Beurteilung einer Leistung nach dem Willingness-to-pay-Ansatz kann in zweierlei Hinsicht vorgenommen werden:

- Der Nutzen einer Leistung, der sich aus der gewichteten Bewertung einzelner Leistungsmerkmale zusammensetzt, wird zu dem Preis der Leistung in Beziehung gesetzt.
- Der Preis wird in die Merkmalsliste im Rahmen der oben genannten multiattributiven Verfahren aufgenommen.

Der Einsatz dieser Methode ist vor allem sinnvoll, wenn Dienstleistungen im Rahmen der Leistungspolitik variiert werden sollen. Dann kann mittels des Willingness-to-pay-Ansatzes festgestellt werden, ob die Erweiterung oder Verbesserung eines Merkmals zu einer entsprechend höheren Zahlungsbereitschaft der Kunden führt.

Bei einer abschließenden **Würdigung sämtlicher merkmalsorientierter Meßverfahren** läßt sich konstatieren, daß bei allen Ansätzen das Problem besteht, die einzelnen relevanten Attribute zu ermitteln und auszuwählen. Nicht der Kunde beziehungsweise der Proband entscheidet offensichtlich, welche Kriterien er für qualitätsrelevant erachtet und im Rahmen der Meßverfahren beurteilt. Das Unternehmen gibt vielmehr eine begrenzte Anzahl abstrakt formulierter Qualitätsmerkmale vor. Implizit setzen daher alle Verfahren voraus, daß eine Auswahl dieser Merkmale unter Berücksichtigung der Vollständigkeit und Qualitätsrelevanz durchführbar ist. Daher sind vorausgehende Studien, wie zum Beispiel Expertenbefragungen, die den Aufwand der Meßansätze erhöhen, unbedingt erforderlich.

Merkmalsorientierte Verfahren eignen sich folglich nur bedingt für Qualitätsersterhebungen, sie ermöglichen jedoch bei regelmäßig durchgeführten Befragungen eine valide Qualitätsmessung, sofern sie mit Hilfe anderer Verfahren, wie beispielsweise der Beschwerdemessung, kombiniert werden. Ein weiterer Kritikpunkt der merkmalsorientierten Qualitätsmessung ist darin zu sehen, daß bei der Verwendung einer Vielzahl von Einzelmerkmalen die Befragten schnell überfordert sein können. Daher muß die Anzahl der abgefragten Attribute gering gehalten werden. Dies führt wiederum zu einer Verringerung des Aussagegehalts der Ergebnisse.

3.122 Ereignisorientierte Meßverfahren

Ereignismessungen basieren auf der Überlegung, daß Kunden aus der Vielzahl von Situationen während eines Dienstleistungsprozesses bestimmte Standard- oder Schlüsselerlebnisse als besonders qualitätsrelevant wahrnehmen.

Die **Messung dieser Kundenereignisse** beziehungsweise -erlebnisse liefert somit Informationen darüber, welche Phasen des Dienstleistungsprozesses einer besonderen Aufmerksamkeit der Unternehmung im Hinblick auf ein gezieltes Qualitätsmanagement bedürfen. Da bei diesen Verfahren die Messung des Kontaktes zwischen Kunde und Dienstleistungspersonal im Vordergrund steht, kann man sie auch als **Kontaktpunktanalysen** bezeichnen (Bruhn 1994b, S. 11ff.). Im Rahmen dieser Verfahren sind zu nennen:

1. Sequentielle Ereignismethode,
2. Critical Incident-Technik,
3. Problem Detecting-Methode,
4. Frequenz-Relevanz-Analyse für Probleme,
5. Verfahren des Story-Telling,
6. Beschwerdemessungen.

1. Sequentielle Ereignismethode

Die sequentielle Ereignismethode umfaßt eine phasenorientierte Kundenbefragung, basierend auf der Erstellung eines sogenannten **„Blueprints"**. Dieser beinhaltet die systematische Analyse des Dienstleistungsprozesses anhand eines graphischen Ablaufdiagramms, wie in Abbildung 4-4 dargestellt. Er ermöglicht eine vollständige Erfassung der verschiedenen **Kundenkontaktsituationen** (Stauss/Hentschel 1991, S. 242).

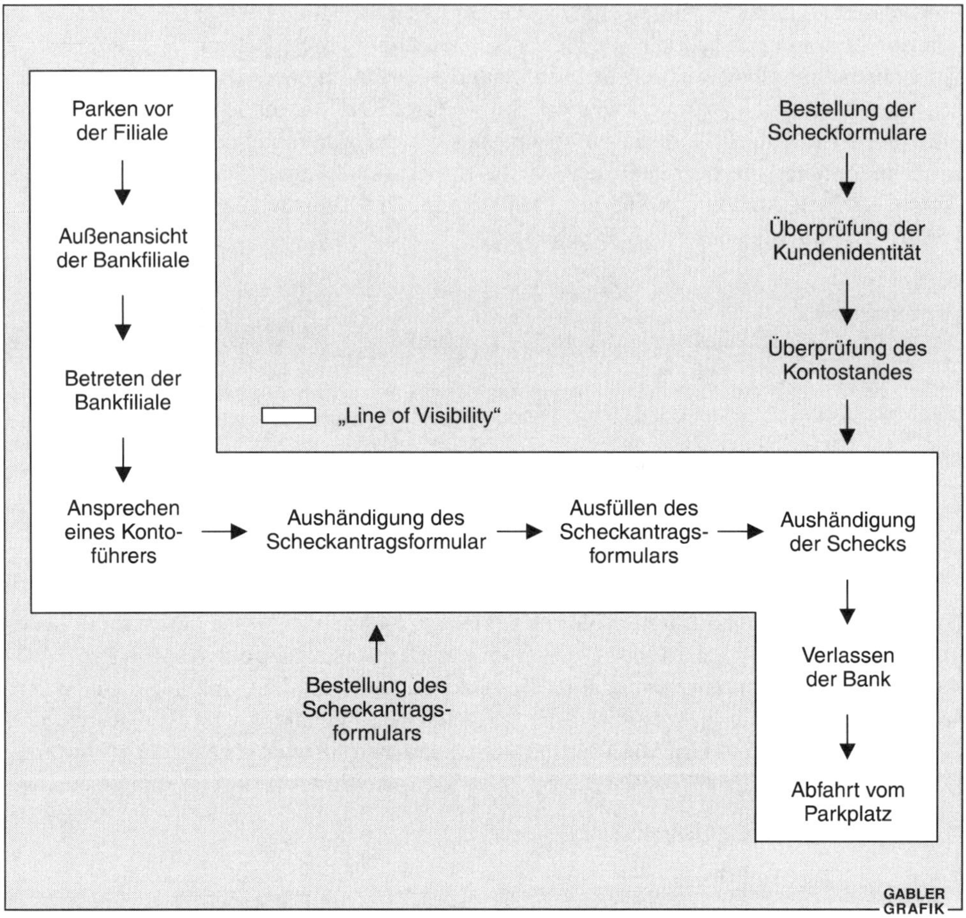

Abbildung 4-4: Beispiel eines Blueprinting zur Abholung eines Schecks in einer Bankfiliale

Im Rahmen eines offenen, strukturierten Interviews werden hierbei die Kunden gebeten, den Ablauf ihres Dienstleistungserlebnisses noch einmal „gedanklich-emotional" zu rekonstruieren und ihre Eindrücke zu schildern. In bezug auf jede einzelne Kundenkontaktsituation des Blueprints wird nach dem wahrgenommenen Ablauf, den Empfindungen und den jeweiligen Bewertungen gefragt (Stauss 1995a, S. 389).

Gegenüber dem Silent-shopper-Verfahren und der Expertenbeobachtung (vgl. Abschnitt 3.11 dieses Kapitels) erweist sich die Sequentielle Ereignismethode als vorteilhaft, da die einzelnen Phasen des Dienstleistungsprozesses aus aktueller und subjektiver Kundensicht bewertet werden. Demgegenüber müssen jedoch der relativ hohe Erhebungs- und Auswertungsaufwand und die entsprechend hohen Durchführungskosten dieses Meßansatzes als Kritikpunkte erwähnt werden.

2. Critical Incident-Technik

Kritische Ereignisse können als **„Schlüsselereignisse"** eines Interaktionsprozesses zwischen Kunde und Dienstleistungsanbieter verstanden werden, die vom Kunden als außergewöhnlich positiv oder negativ empfunden werden (Bitner/Booms/Tetreault 1990, S. 71ff.).

Im Rahmen der Critical Incident-Technik werden Kunden in offenen standardisierten Interviews gebeten, diese kritischen Ereignisse während eines Dienstleistungsprozesses zu schildern. Der Kunde wird dabei aufgefordert, die einzelnen Situationen mittels einer möglichst konkreten Beschreibung sämtlicher Details zu rekonstruieren. Die anschließende Interpretation der Fragebögen beinhaltet ein mehrstufiges Auswertungsverfahren, bei dem insbesondere typische Erlebniskategorien gebildet werden und somit kategoriebezogen die Häufigkeiten der positiven oder negativen Erlebnisse aufgezeigt werden können.

Als **Beispiel** für die Critical Incident-Methode kann eine Studie von Bitner/Booms/Tetreault herangezogen werden (vgl. auch im folgenden Bitner/Booms/Tetreault 1990). Bei dieser Untersuchung wurden in Restaurants, Hotels und bei Fluggesellschaften – als Branchen mit hohem Interaktionsgrad – Kundenbefragungen durchgeführt. Dabei wurden den Probanden die folgenden Fragen gestellt:

- „Erinnern Sie sich an einen besonders (nicht) zufriedenstellenden Kontakt mit einem Angestellten eines Restaurants, Hotels oder einer Fluggesellschaft?
- Wann ereignete sich dies?
- Welche spezifischen Umstände führten zu dieser Situation?
- Was sagte oder machte der Angestellte genau?
- Was ereignete sich genau, so daß Sie den Kontakt als (nicht) zufriedenstellend empfanden?"

Mittels der Erhebung konnten insgesamt 699 valide Ereignisse ermittelt werden, von denen 347 zufriedenstellend und 352 nicht zufriedenstellend waren. Anschließend wurden diese in zwölf Kategorien eingeteilt, die sowohl für die zufriedenstellende als auch für die nicht zufriedenstellende Ausprägung verbal beschrieben wurden. Die Resultate sind in Abbildung 4-5 wiedergegeben.

Dieses Verfahren liefert insofern aussagefähige Informationen, als daß sämtliche Aspekte des Dienstleistungsprozesses, die für den Kunden subjektiv relevant sind, erfaßt werden können (Bitner/Booms/Tetreault 1990, S. 71ff.). Damit sind nicht nur Aussagen über die Mindesterwartungen von Kunden bezüglich des Qualitätsniveaus von Dienstleistungen möglich, sondern auch Aussagen über ihre Erwartungen in bezug auf das Reaktionsverhalten der Mitarbeiter, zum Beispiel bei Kundenbeschwerden (Bruhn/Hennig 1993, S. 224). Im Vergleich zu den Verfahren der merkmalsorientierten Messung beinhaltet die Methode der kritischen Ereignisse den entscheidenden Vorteil der Eindeutigkeit der Aussagen, da die befragten Kunden nicht aufgefordert werden, eine vorgegebene Anzahl von abstrakt formulierten Qualitätsmerkmalen (zum Beispiel Leistungskompetenz, Freundlichkeit) zu beurteilen, sondern frei die für sie persönlich bedeutsamen Erlebnisse in eigenen Worten schildern können (Bruhn/Hennig 1993, S. 224). Der Nachteil möglicherweise unvollständiger Kundenbeschwerden im Rahmen der Beschwerdeanalyse wird

Ereignis	Zufriedenstellende Ausprägung	Nicht zufriedenstellende Ausprägung
Antwort auf nicht erfüllbare Kundenwünsche	Meine Zimmerreservierung ging verloren, dafür wohnte ich in der „V.P. suite“ zum selben Preis.	Unsere Zimmerreservierung ging verloren – keine Erklärung, keine Entschuldigung, keine Hilfe bei der Suche nach anderem Hotel.
Antwort auf unvernünftig langsamen Service	Obwohl ich mich nicht über die 1,5 Stunden Wartezeit beim Auschecken beschwerte, entschuldigte sich die Angestellte mehrmals.	Die Angestellte gab uns falsche Informationen, so daß wir statt eine Stunde sechs Stunden auf den Flug warten mußten.
Antwort auf andere Fehler bei Erstellung der Kernleistung	Mein Krabbencocktail war halb gefroren, die Bedienung entschuldigte sich und mein Essen ging auf Kosten des Hauses.	Als ich mich über eine Beschädigung an meinem Koffer beschwerte, meinte der Flugbegleiter, ich würde lügen und wolle die Gesellschaft reinlegen.
Verhalten bei besonderen Kundenwünschen	Der Flugbegleiter half mir, mein reisekrankes Kind zu pflegen.	Mein allein fliegendes Kind sollte von einer Flugbegleiterin beaufsichtigt werden. Statt dessen ließ sie es beim Umsteigen allein stehen.
Verhalten hinsichtlich Kundenpräferenzen	Ich hatte eine Panne im Schnee, alle Hotels waren voll, eins stellte mir ein Bett in einem Gesellschaftsraum auf.	Die Bedienung weigerte sich, mich von einem Sonnenplatz wegzusetzen, weil in ihrem Bereich kein Platz frei war.
Verhalten bei offensichtlichem Kundenfehler	Meine im Flugzeug vergessene Brille wurde mir ins Hotel gebracht.	Wegen Stau verpaßten wir unseren Flug, die Angestellten weigerten sich, uns bei der Suche nach einem Flug bei einer anderen Fluggesellschaft zu helfen.
Verhalten bei Fehlern, die zur Unterbrechung führen	Der Manager beobachtete einen verdächtigen Gast, damit er uns nicht stören konnte.	Die Angestellten sprachen nicht mit den Hotelgästen, die um drei Uhr nachts laut feierten.
Dem Kunden entgegengebrachte Aufmerksamkeit	Der Kellner bediente mich königlich. Er zeigte, daß er sich wirklich um mich kümmerte.	Der Portier achtete mehr auf den Fernseher als auf die Hotelgäste.
Außergewöhnliches Verhalten der Angestellten	Ich hatte verschlafen und mein Hotelzimmer unaufgeräumt verlassen. Als ich zurückkam, war alles perfekt aufgeräumt.	Als ich bei der Bestellung etwas länger brauchte, meinte die Bedienung: „Lesen Sie die Speisekarte und nicht die Autokarte."
Verhalten hinsichtlich kultureller Normen	Der Hotelangestellte kam uns nachgelaufen, weil mein Freund einen 50 $-Schein verloren hatte.	Der Kellner in dem teuren Restaurant behandelte uns wie den letzten Dreck, weil wir nur Schüler an unserer Abschlußfeier waren.
Positiv überraschendes Verhalten	Der Angestellte war offensichtlich gestreßt, aber er blieb ruhig und verhielt sich sehr professionell.	
Gesamteindruck	Alles verlief perfekt.	Der Flug war schrecklich – Verspätung, Belüftung kaputt ...

GABLER GRAFIK

Abbildung 4-5: Beispiel für die Critical Incident-Technik
(Quelle: Bitner/Booms/Tetreault 1990, S. 77f.)

hierbei durch eine systematische Erfassung von Problembereichen aufgehoben. Analog zur Sequentiellen Ereignismethode ist jedoch auch hier ein nicht unerheblicher Aufwand des Verfahrens zu verzeichnen (Stauss 1995a, S. 391).

3. Verfahren des Story-Telling

Das Verfahren des Story-Telling ähnelt der Sequentiellen Ereignismethode und der Critical Incident-Technik. Allerdings werden hierbei die Kunden gebeten, **ohne** konkrete Fragestellung unstrukturiert ihre Erlebnisse mit einem Dienstleistungsanbieter zu schildern (Scharitzer 1994, S. 137).

4. Problem Detecting-Methode

Im Rahmen der Problem-Detecting-Methode wird versucht, Aussagen über die **Dringlichkeit der Problembehebung** zu ermitteln. Dabei basiert das Verfahren auf der Annahme, daß ein Problem um so dringlicher der Aufmerksamkeit durch das Management der Dienstleistungsunternehmung bedarf, je häufiger es auftritt und je ärgerlicher beziehungsweise bedeutsamer sein Auftreten von den Kunden empfunden wird (Bruhn 1994b, S. 5f.). Im Unterschied zu den oben genannten Verfahren findet hierbei jedoch keine generelle Entdeckung von Problemen statt, sondern es wird die jeweilige Bedeutung der Probleme aus Kundensicht erfaßt. Folglich handelt es sich um ein lediglich ergänzendes Verfahren der Qualitätsmessung, das als Voraussetzung für seine Anwendung stets die Kenntnis der kundenrelevanten Probleme bedarf.

Das grundsätzliche Vorgehen bei der Problem Detecting-Methode erfolgt in mehreren **Schritten** (Stauss/Hentschel 1990, S. 233ff.):

- Ermittlung einer Problemliste, beispielsweise durch die Critical Incident-Technik,
- Komprimierung der Problemliste nach Relevanz- und Redundanzaspekten,
- Erstellung eines Fragebogens mit Statements zu den einzelnen Problemen,
- Datenerhebung der Kundenaussagen mittels schriftlicher, mündlicher oder telefonischer Befragung,
- Auswertung der Daten und Präsentation in Problemindizes oder -diagrammen.

In bezug auf die Formulierung der Fragen und deren Auswertung existieren eine Reihe von Alternativen. In der ursprünglichen Version der Werbeagentur BBDO wurden zum einen die **Problemhäufigkeit** („frequency“) und die **Problemrelevanz** („importance“) ermittelt. Zum anderen wurde gefragt, ob dem Kunden **Lösungsmöglichkeiten**, beispielsweise bei der Konkurrenz, für das Problem bekannt sind („preemptibility“). Eine Multiplikation der Skalenwerte ergab dann für jedes Ereignis einen **Problemwert**, der in eine Rangfolge nach der Höhe der Punktwerte eingeordnet werden konnte. Somit wurde eine einfache Übersicht über die Probleme ermöglicht, die häufiger auftreten und für die keine Lösungsansätze bekannt sind. Fraglich ist jedoch, ob eine solche Ermittlung der Lösungsansätze aus Kundensicht unbedingt sinnvoll ist. Sind der Konkurrenz beispielsweise bisher keine Problemlösungen bekannt, so ist das noch kein Indikator für eine (nicht) gegebene Dringlichkeit der Problembehebungen. Hätte ein Konkurrenzunternehmen dagegen bereits Lösungspotentiale entwickelt, so würde diese Tatsache die Dringlichkeit der Problembehebung wesentlich erhöhen.

Andere Ansätze ermitteln statt der Lösungsmöglichkeiten die **Problemlösungseffektivität** des Dienstleistungsunternehmens aus Sicht der Kunden, die sich auf die wahrgenommenen unternehmerischen Reaktionen bezieht. Da sich jedoch die Ursache der Kundenunzufriedenheit in der Regel genau auf ein unzureichendes Problemlösungsverhalten der Unternehmung bezieht, scheint eine unabhängige Messung von Problemrelevanz und -lösungseffektivität nicht sinnvoll (Stauss/Hentschel 1990, S. 233ff.).

5. Frequenz-Relevanz-Analyse für Probleme

Die **Frequenz-Relevanz-Analyse für Probleme (FRAP)** stellt eine Weiterentwicklung der Problem Detecting-Methode dar und setzt bei den genannten Problemen der Frageformulierung und Auswertung an. Sie erfolgt analog zum Vorgehen der Problem Detecting-Methode, beinhaltet allerdings folgende **Fragestellungen**:

- Ist das jeweilige Problem überhaupt aufgetreten?
- Wie groß ist das Ausmaß der Verärgerung?
- Wie erfolgt das faktische oder geplante Reaktionsverhalten des Kunden?

Den unterschiedlichen Kundenreaktionen, wie zum Beispiel der Wechsel der Dienstleistungsunternehmung oder die Beschwerdeführung, werden anschließend Skalenwerte zugeordnet. Diese werden durch Multiplikation mit den Punktwerten für das Ausmaß der Verärgerung zu einem sogenannten „Relevanzwert" verdichtet und dem Wert der Problemfrequenz in einer zweidimensionalen Matrix, analog zu Abbildung 4-6, gegenübergestellt (Stauss/Hentschel 1991, S. 242; Stauss 1995a, S. 393).

Obwohl beide Verfahren nicht unbedingt als Alternativen zur Sequentiellen Ereignismethode und zur Critical Incident-Technik zählen können, sind sie sinnvolle und vor allem anschauliche Meßinstrumente zu deren Weiterentwicklung beziehungsweise Ergänzung. Sie bieten sich durch ihre Standardisierbarkeit insbesondere zur laufenden Qualitätsüberwachung bei wiederholt genutzten Dienstleistungen oder in bezug auf langfristige Kundenbeziehungen an.

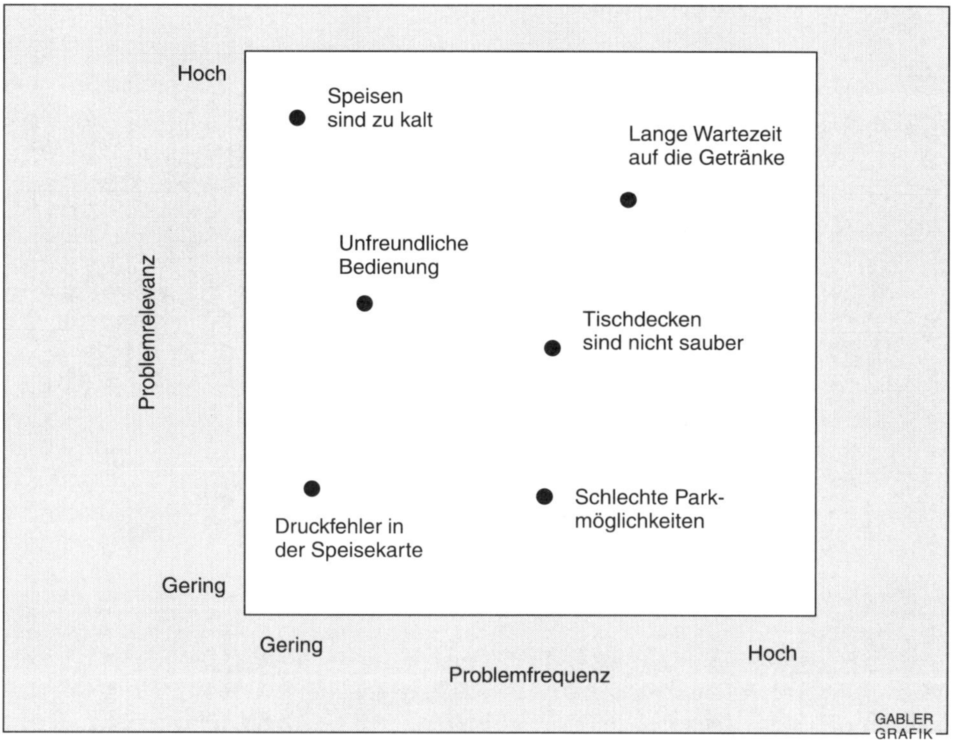

Abbildung 4-6: Problemrelevanz/Problemfrequenz-Matrix der FRAP am Beispiel eines Restaurants

6. Beschwerdemessungen

Beschwerden sind Artikulationen der Unzufriedenheit eines Kunden, die gegenüber einem Dienstleistungsunternehmen (oder auch Drittinstitutionen) vorgebracht werden, wenn der Kunde die erlebten Probleme subjektiv als gravierend betrachtet (Bruhn/Hennig 1993, S. 222; Stauss/Seidel 1996, S. 27).

Im Rahmen von **Beschwerdemessungen** werden entweder die mündlichen und schriftlichen, direkt an das Unternehmen gerichteten Kundenbeschwerden systematisch erfaßt und analysiert (zum Beispiel im Rahmen von Beschwerdebriefen, artikulierten Garantiemängeln und Außendienstberichten) oder im Rahmen von Kundenbefragungen ermittelt.

Vorteile der Nutzung von Beschwerdemessungen sind die Aktualität und Relevanz der Probleme (Kunden beschweren sich in der Regel sehr bald, sofern sie schwerwiegende

Beurteilungs-kriterien/ Meßverfahren	Qualitäts-relevanz	Vollstän-digkeit	Aktualität	Eindeu-tigkeit	Steuer-barkeit	Kosten	Dienstleistungs-spezifika	Gesamtwürdigung
Objektive Verfahren								
Silent-Shopper-Verfahren	Nicht gegeben	Nicht vollständig	Aktuell	Nicht eindeutig	Steuerbar	Hoch	Für alle Dienstleistungen geeignet	**Vorteil:** Ermöglicht einen Konkurrenzvergleich **Nachteil:** Verzerrte Wahrnehmung der Qualität durch Scheinkunden
Experten-beobachtung	Nicht gegeben	Nicht vollständig	Aktuell	Nicht eindeutig	Steuerbar	Sehr hoch	Bei hohem Integrationsgrad des externen Faktors nicht geeignet	**Vorteil:** Verfahren kann Ansatzpunkte für den Einsatz subjektiver Verfahren liefern **Nachteil:** Gefahr von Beobachtungseffekten
Subjektive Verfahren								
Merkmals-orientierte Verfahren	Nicht gegeben	Nicht vollständig	Nicht aktuell	Nicht eindeutig	Steuerbar	Hoch	Für alle Dienstleistungen geeignet	**Vorteil:** Große Anzahl von Kundenbefragungen möglich **Nachteil:** Unternehmen gibt Qualitätsmerkmale vor
Sequentielle Ereignis-methode	Gegeben	Vollständig	Nicht aktuell	Eindeutig	Steuerbar	Sehr hoch	Für alle Dienstleistungen geeignet	**Vorteil:** Prozeßorientierte Betrachtung einer Dienstleistung aus Kundensicht **Nachteil:** Hoher Erhebungsaufwand
Critical Incident-Technik	Gegeben	Vollständig	Nicht aktuell	Eindeutig	Steuerbar	Sehr hoch	Für alle Dienstleistungen geeignet	**Vorteil:** Bildung von problemspezifischen Erlebniskategorien möglich **Nachteil:** Hoher Erhebungsaufwand
Story-Telling	Gegeben	Nicht vollständig	Nicht aktuell	Eindeutig	Nicht steuerbar	Hoch	Für alle Dienstleistungen geeignet	**Vorteil:** Aus Kundensicht werden relevante Ereignisse erhoben **Nachteil:** Unvollständigkeit
Problem-Detecting-Methode/Frequenz-Relevanz-Analyse für Probleme	Abhängig von den vorausgehenden Verfahren				Steuerbar	Sehr hoch	Für alle Dienstleistungen geeignet	**Vorteil:** Sehr anschaulich **Nachteil:** Nur als Ergänzung zu den anderen Verfahren
Beschwerde-analyse	Gegeben	Nicht vollständig	Aktuell	Eindeutig	Steuerbar	Niedrig	Besonders bei hoher Intangibilität der Dienstleistung geeignet	**Vorteil:** Qualitätsrelevante, aktuelle Ergebnisse bei geringen Kosten **Nachteil:** Problem der Beschwerdeaufforderung

GABLER GRAFIK

Abbildung 4-7: Beurteilung der nachfragerbezogenen Verfahren zur Messung der Dienstleistungsqualität

Mängel der Servicequalität erfahren haben) und der relative Kostenvorteil dieses Verfahrens, da die Beschwerden auf Initiative und Kosten der Kunden artikuliert werden.

Die **Probleme bei der Beschwerdemessung** betreffen vor allem:

- die Schwierigkeit der Initiierung von Beschwerden durch das Unternehmen und
- die Unvollständigkeit der Beschwerdeerfassung.

Trotz dieser Einwände gelten Beschwerdemessungen als ein zentrales Instrument der Qualitätsmessung. Denn eine konsequente Nutzung von Beschwerdeinformationen im Unternehmen dient nicht nur der (Wieder-)Herstellung von Kundenzufriedenheit beziehungsweise der Minimierung der Kundenunzufriedenheit, sondern ermöglicht eine Identifikation von betrieblichen Schwächen und marktlichen Chancen.

Auf die Bedeutung und die Durchführung eines Beschwerdemanagements von Dienstleistungsunternehmen wird intensiv im Rahmen der Ausführungen zu den Instrumenten der Leistungspolitik (vgl. Kapitel 5, Abschnitt 1.24) eingegangen.

Bevor im folgenden die anbieterorientierten Verfahren genauer erläutert werden, stellt Abbildung 4-7 die Stärken und Schwächen der nachfragerbezogenen Meßansätze zusammenfassend dar.

3.2 Anbieterbezogene Messung der Anforderungen an die Dienstleistungsqualität

Im Rahmen der anbieterbezogenen Verfahren der Qualitätsmessung wird versucht, Erkenntnisse über den Zusammenhang zwischen unternehmensorientierten Bestimmungsfaktoren der Dienstleistungsqualität (wie zum Beispiel Mitarbeiterpotential) und in erster Linie Qualitätsschwächen der Unternehmung zu erlangen.

3.21 Messung nach objektiven Kriterien

Die Qualitätsmessung innerhalb der Unternehmung kann dabei auf intersubjektiv nachprüfbaren Verfahren basieren. Zu dieser Verfahrensgruppe gehören:

1. Qualitätsaudits,
2. Qualitätskostenanalyse,
3. Verfahren der Statistical Process Control.

1. Qualitätsaudits

Im Rahmen von **Qualitätsaudits** werden die Dienstleistungsprozesse einer systematischen Überprüfung durch unternehmensinterne oder -externe unabhängige Experten unterworfen (Gaster 1994, S. 927). Dabei bezeichnet ein Audit die unabhängige Untersuchung einer Aktivität und deren Ereignisse, durch die das Vorhandensein und die sachgerechte Anwendung spezifizierter Anforderungen beurteilt und dokumentiert werden (Kirstein 1991). Gegenstand eines Qualitätsaudits ist das Qualitätsmanagementsystem der Dienstleistungsunternehmung. Im Rahmen dieses Meßansatzes wird daher nicht die Qualität der Dienstleistung selbst überprüft, sondern die verschiedenen Strukturen, Prozesse und Ziele des Unternehmens.

2. Qualitätskostenanalyse

Dagegen dient die **Qualitätskostenanalyse** der Ermittlung von Ansatzpunkten für zukünftige Qualitätsverbesserungen, indem die Qualitätskosten identifiziert und problemspezifisch zugeordnet werden (Birkelbach 1993, S. 95; Kandaouroff 1994). Qualitätskosten werden als Kosten definiert, die „durch alle Tätigkeiten der Fehlerverhütung, durch planmäßige Qualitätsprüfungen sowie durch intern oder extern festgestellte Fehler verursacht sind" (Deutsche Gesellschaft für Qualität e. V. 1993, S. 44).

Problematisch erweist sich die Qualitätskostenanalyse insofern, als die genaue Erfassung der einzelnen Kosten und ihre Zurechnung kaum praktikabel ist. Ferner weist das Konzept zur Beurteilung der Qualität die Schwierigkeit auf, daß Qualitätskostensenkungen kurzfristig häufig möglich sind, ohne jedoch die Qualität zu verbessern. Dies ist zum Beispiel der Fall, wenn eine Fehlervorbeugung oder -prüfung vernachlässigt wird. Während aus diesem Grunde die Qualitätskostenanalyse in der Praxis kaum zur Qualitätsmessung eingesetzt wird, hat eine objektive Qualitätsmessung in Form von Qualitätsaudits in den Dienstleistungsunternehmen an Bedeutung gewonnen. Beispiel hierfür ist die zunehmende Nachfrage nach neutralen Zertifizierungen für die Qualitätssicherungssysteme von Dienstleistungsunternehmen (Stauss 1994c). Die Qualitätskostenanalyse dagegen ist ein wichtiger Bestandteil der Untersuchung zur Wirtschaftlichkeit von Qualitätsmanagementsystemen.

3. Verfahren der Statistical Process Control

Die Verfahren der Statistical Process Control wurden bislang überwiegend im Sachgüterbereich eingesetzt (Haller 1995, S. 130ff.). Sie beziehen sich ausschließlich auf objektive Daten (zum Beispiel Transportzeiten, Anzahl der Beschwerden, Wartezeiten der Kunden). Dabei geht es darum, die Einhaltung festgelegter Standards zu beobachten. Es soll herausgefunden werden, von welchen Standards gravierend abgewichen wird, um Ansatzpunkte für eine Qualitätsverbesserung zu entdecken. Diese Verfahren sind auch für jene Dienstleistungsunternehmen einsetzbar, deren Qualität durch objektive Merkmale abgebildet werden kann.

3.22 Messung nach subjektiven Kriterien

Subjektive anbieterorientierte Verfahren zur Messung der Dienstleistungsqualität basieren auf der Einstellung beziehungsweise Einschätzung des Managements bezüglich der Dienstleistungsqualität ihrer Unternehmung. Es gibt verschiedene **Meßansätze**:

1. Fishbone-Analyse,
2. Fehlermöglichkeits- und -einflußanalyse (FMEA),
3. Benchmarking-Ansatz,
4. Quality Function Deployment.

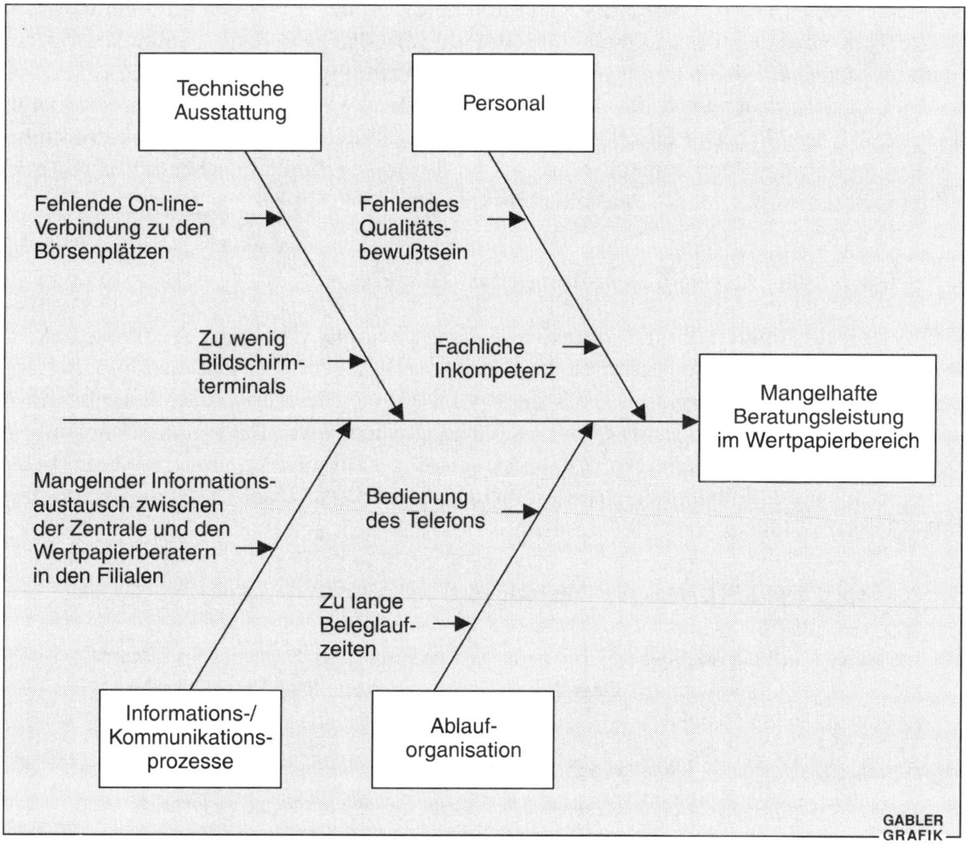

Abbildung 4-8: Beispiel einer Fishbone-Analyse im Bereich der Finanzdienstleistungen

1. Fishbone-Analyse

Die **Fishbone-Analyse** erfolgt mittels eines Ursache-Wirkungs-Diagramms („Ishikawa-Diagramm"), das der systematischen **Ermittlung von Qualitätsmängeln** innerhalb der Dienstleistungsunternehmung dient (Frehr 1994, S. 239). Dabei wird ein besonders dringlicher Qualitätsmangel stets in den Mittelpunkt der Untersuchung gestellt. Anschließend werden die Haupt- und Nebeneinflußgrößen für dieses Problem erarbeitet und in Form einer „fischgrätenähnlichen" Grafik dargestellt.

Abbildung 4-8 zeigt, daß zum Beispiel im Bereich der Finanzdienstleistungen der Qualitätsmangel „mangelhafte Beratungsleistung im Wertpapierbereich" durch die Hauptursachen Personal oder technische Ausstattung erklärt werden kann. Das Problem „Personal" wiederum kann durch Nebenursachen wie fehlendes Qualitätsbewußtsein oder fachliche Inkompetenz der Mitarbeiter hervorgerufen worden sein.

Der Vorteil des Ursache-Wirkungs-Diagramms liegt in der einfachen kommunikativen Darstellung von Qualitätsmängeln und ihren Einflußgrößen. Das qualitätsbezogene Hauptproblem wird dabei durch die systematische Sammlung aller denkbaren Ursachen erklärt und nicht nur durch die Annahme einer oder zweier Einflußgrößen verdrängt (Frehr 1994, S. 239). Die einzelnen Ursachen werden dabei nicht empirisch ermittelt, sondern im Rahmen von Problemfindungs- und -lösungstechniken, wie zum Beispiel mit Hilfe eines „Brainstorming", erarbeitet (Birkelbach 1993, S. 98).

2. Fehlermöglichkeits- und -einflußanalyse (FMEA)

In Dienstleistungsunternehmen sollte der Fehlervermeidung besondere Aufmerksamkeit geschenkt werden, da eine nachträgliche Fehlerkorrektur oftmals nicht mehr möglich ist (zum Beispiel bei der Verspätung eines Zuges). Im Rahmen der **Fehlermöglichkeits- und -einflußanalyse (FMEA)** wird deshalb versucht, alle denkbaren Fehler und Irrtumsmöglichkeiten eines Dienstleistungsprozesses systematisch aufzulisten, um so die Dringlichkeit vorbeugender Maßnahmen zu ermitteln und umzusetzen (Tlach 1993, S. 278; Pfeifer 1993, S. 59ff.; Masing 1995, S. 252; Bruhn 1996a, S. 37ff.).

Dabei können drei **FMEA-Arten** unterschieden werden:

- Im Rahmen der **System-FMEA** wird das Zusammenwirken verschiedener Systemelemente untersucht (zum Beispiel Zusammenarbeit einzelner Mitarbeiter an der Rezeption eines Hotels).
- Bei der **Subsystem-FMEA** geht es um die Anforderungserfüllung einzelner Leistungskomponenten (zum Beispiel das zügige Auschecken eines Hotelgastes).
- Mit Hilfe der **Prozeß-FMEA** werden einzelne Leistungsprozesse analysiert (zum Beispiel die korrekte Erstellung der Rechnung eines Hotelgastes).

Abbildung 4-9 zeigt am Beispiel eines Hotels die Methodik der FMEA.

FMEA-Art	Komponente/ Prozeß	Funktionen	Fehler-ursache	Fehler-ergebnis	Fehler-konsequenz
System-FMEA	Rezeption	Rechnungserstellung; Gepäckaufbewahrung; Verabschiedung	Mangelnde Kommunikation zwischen den Mitarbeitern	Gepäck wird nicht vom Zimmer abgeholt	Verspätete Abreise des Gastes
Subsystem-FMEA	Organisation des Checkout der Gäste	Garantie eines reibungslosen Checkout	Rechnungen nicht vorbereitet	Wartezeiten der Gäste	Verzögerung des Checkout
Prozeß-FMEA	Rechnungserstellung	Rechnung beim Checkout bereithalten	Unvollständige Darstellung auf dem Bildschirm	Berechnung eines zu niedrigen Betrags	Fehlerhafte Rechnung

GABLER GRAFIK

Abbildung 4-9: Methodik der FMEA am Beispiel eines Hotels

Dabei wird anhand von **vier Phasen** vorgegangen:

- Fehlerbeschreibung,
- Risikobeurteilung,
- Festlegung von Maßnahmen der Qualitätsverbesserung,
- Erfolgsbeurteilung.

Im Rahmen der **Fehlerbeschreibung** gilt es, sämtliche potentiellen Fehler im Leistungserstellungsprozeß, ihre Ursachen und Konsequenzen zu erfassen und verbal auszuformulieren. In der Phase der **Risikobeurteilung** werden die Bedeutung der Fehlerfolgen sowie die Wahrscheinlichkeiten des Fehlerauftretens und der Fehlerentdeckung auf einer Skala von 1 („bedeutungslos" für die Folgen, „unwahrscheinlich" für die Wahrscheinlichkeiten) bis 10 („katastrophal" für die Folgen, „wahrscheinlich" für die Wahrscheinlichkeiten) bewertet und anschließend durch Multiplikation der Werte die „Risikoprioritätszahl" ermittelt. Je größer diese Zahl ist beziehungsweise je größer die Einzelwerte sind, desto notwendiger erscheinen vorbeugende Maßnahmen im Unternehmen (Masing 1995, S. 252). Bei der **Festlegung von Maßnahmen für Qualitätsverbesserungen** existieren vier Ansatzpunkte:

- Vermeidung der Fehlerursachen,
- Reduzierung der Wahrscheinlichkeit des Fehlerauftretens,
- Reduzierung der Bedeutung der Fehlerfolgen,
- Erhöhung der Wahrscheinlichkeit der Fehlerentdeckung.

Dabei ist solchen Maßnahmen der Vorzug zu geben, die das Auftreten des Fehlers überhaupt verhindern. Eine **Erfolgsbeurteilung** kann zum Beispiel durch eine Zeitreihenanalyse der Fehlerprioritätszahl hinsichtlich der jeweiligen Fehler vorgenommen werden.

Der FMEA-Ansatz wird in der Regel von Teams praktiziert, die aus erfahrenen Fachleuten des Unternehmens bestehen. Dabei ist die Erfahrung der Teilnehmer wichtige Voraussetzung für eine erfolgreiche FMEA (Frehr 1994, S. 235). Der Vorteil dieses Verfahrens liegt in der einfach zu verstehenden Methodik und in seiner Wirksamkeit, Fehlerquellen schon im Ansatz und in der Planungsphase zu erkennen und Maßnahmen zu deren Beseitigung zu entwickeln. Ein Nachteil dieses Meßansatzes ist jedoch der erforderliche hohe Zeit- und Rechenaufwand, der allerdings durch den Einsatz von computergestützten Methoden reduziert werden kann (Frehr 1994, S. 235).

3. Benchmarking-Ansatz

In jüngerer Zeit gewinnt schließlich ein weiterer Ansatz zur Messung der Dienstleistungsqualität zunehmend an Bedeutung. Über ein **Benchmarking** können die unternehmenseigenen Prozesse und Ergebnisse relativiert und anhand bestimmter Vergleichsgrößen evaluiert werden (Madu/Kuei 1995, S. 27ff.). Als **Vergleichsobjekt** kommen dabei verschiedene Einheiten in Betracht:

- **Unternehmensinterne Dienstleister, welche die gleiche Leistung erstellen (Internal Benchmarking).** In diesem Fall werden die Ergebnisse einer Abteilung oder Leistungseinheit mit bestimmten Kennzahlen anderer unternehmensinterner Leistungseinheiten verglichen. So kann beispielsweise die Leistung der Patentabteilung eines Großkonzerns mit den Leistungen anderer Patentabteilungen in Zweigniederlassungen des Unternehmens verglichen werden.

- **Unternehmensexterne Dienstleister, die in der gleichen Branche die gleiche Leistung erstellen (Competitive Benchmarking).**
  Dies ist der klassische Fall des Benchmarking. Die Leistungen eines Unternehmensteils werden mit weitgehend identischen Leistungen in anderen Unternehmen verglichen. Beispiele solcher Benchmarks sind Werte zur Kundentreue oder auch Produktivität eines Dienstleistungsanbieters. Diese Form des Benchmarking, die sich nur bei der Ausrichtung an „ehrlichen“ Vergleichswerten als sinnvolles Instrument zur Messung der Dienstleistungsqualität darstellt, wird allerdings durch Vorbehalte konkurrierender Unternehmen bei der Weitergabe von teilweise sensiblen Firmendaten erschwert.

- **Unternehmensexterne Anbieter, die in einer fremden Branche die gleiche Leistung erstellen (Best-in-class-Benchmarking).** Die Datenbasis eines branchenfremden Benchmarking kann in der Regel einfacher geschaffen werden. Hierbei werden zwar die gleichen Leistungen – beispielsweise die unternehmensinterne Verbuchung von Belegen – miteinander verglichen, doch erlaubt die Zugehörigkeit zu unterschiedlichen Branchen einen intensiveren – und offeneren – Datenaustausch.

Eine besondere Rolle im Rahmen des Benchmarking nehmen **Kundenbarometer** ein, auf die in Abschnitt 8.3 dieses Kapitels ausführlich eingegangen wird.

4. Quality Function Deployment

Das Konzept des **Quality Function Deployment (QFD)** stellt eine umfassende Systematik zur kundenorientierten Qualitätsmessung dar (vgl. zum Beispiel für den gewerblichen Bereich Pfeifer 1993, S. 38ff.; Saatweber 1994; Sondermann 1994, S. 238ff.; Gogoll 1995). Die Methodik erfolgt anhand einer (oder mehrerer) Matrixanordnung(en) (Sondermann 1994, S. 238). Aufgrund ihrer spezifischen Form wird die Matrix auch als **„House of Quality"** bezeichnet (vgl. für den Einsatz im Sachgüterbereich zum Beispiel Hauser/Clausing 1988; Pfeifer 1993, S. 40; Sondermann 1994, S. 238f.). In dieser Matrix sind die verschiedenen Analyse- und Planungsschritte der Produkt- beziehungsweise Dienstleistungskonzeption sowie der Entwicklungsplanung dokumentiert.

In bezug auf die konkrete Vorgehensweise bei der QFD-Methode lassen sich folgende **zentrale Ablaufschritte** festhalten (Pfeifer 1993, S. 40ff.; Saatweber 1994, S. 449ff.; Gogoll 1995, S. 4ff.):

a) **Ermittlung der relevanten Kundengruppen**
Der QFD-Prozeß startet mit einer Identifikation der Zielgruppe, das heißt der relevanten Kundengruppen des Dienstleistungsunternehmens (Wer?). Der interne und externe Empfänger der Leistung ist zu ermitteln, wobei auch die Interessen der Geldgeber und der Öffentlichkeit Berücksichtigung finden sollten.

b) **Erfassung der Kundenanforderungen und -bedürfnisse**
Anschließend werden die, vielfach in einer Baumstruktur angeordneten und gewichteten, Wünsche, Bedürfnisse und konkreten Anforderungen der Kunden (Was?) an eine Dienstleistung erfaßt; Daten der primären und sekundären Marktforschung können hierbei genutzt werden.

c) **Ableitung von Qualitätsmerkmalen**
Weiterhin sind die zur Erfüllung der Kundenanforderungen notwendigen Leistungsmerkmale (Wie?) festzulegen. Hier ist im Rahmen des QFD-Projekts ein geistiger Transformationsprozeß notwendig, der Exaktheit und Kreativität erfordert, um die verschiedenen Lösungsalternativen für oftmals global formulierte Kundenwünsche zu entwickeln (Saatweber 1994, S. 454).

d) **Festlegung von Zielgrößen in bezug auf die Qualitätsmerkmale**
In diesem Arbeitsschritt werden den Qualitätsmerkmalen meßbare beziehungsweise bezifferbare Zielgrößen und -einheiten (Wieviel?) zugeordnet. Der Bestimmung der quantitativen Ausprägungen der Leistungsmerkmale folgt die Ermittlung der Optimierungsrichtung für die einzelnen Merkmalsausprägungen. Außerdem sind die technischen Schwierigkeiten bei der Realisierung der Dienstleistung zu ermitteln.

e) **Prüfen von Wechselwirkungen**
Zusätzlich werden mögliche Korrelationen beziehungsweise positive oder negative Wechselwirkungen zwischen den einzelnen Qualitätsmerkmalen untersucht und in der Korrelationsmatrix, dem „Dach" des House of Quality, dokumentiert. Beispielsweise kann das Qualitätskriterium „Beratung durch Mitarbeiter" mit dem Merkmal „Wartezeiten am Schalter" negativ und mit dem Merkmal „Verhalten bei Reklamationen" positiv korrelieren. Negative Wechselwirkungen geben Hinweise auf erforderliche Änderungen oder die Notwendigkeit völlig anderer Lösungsansätze.

f) **Leistungsvergleiche mit den Dienstleistungen von Wettbewerbern**
Hier werden eigene und fremde Kunden, aber auch Mitarbeiter des Unternehmens gebeten, über eigene und fremde Dienstleistungen der engeren Wettbewerber zu urteilen. Die Gegenüberstellung der Antworten auf Fragen, wie beispielsweise „Wie gut ist die eigene Leistung?" und „Wie gut ist die Leistung des Hauptwettbewerbers?", ergibt Hinweise auf Entwicklungspotentiale und Wettbewerbsvorteile.

Sämtliche Ergebnisse der beschriebenen Tätigkeiten werden dann in einem sogenannten House of Quality festgehalten, wobei die Resultate eines QFD-Diagramms zugleich Eingangsgrößen für ein weiteres QFD-Projekt sein können (Pfeifer 1993, S. 42). Die Anzahl der notwendigen QFD-Planungsschritte ist dabei abhängig von der Komplexität der zu planenden Dienstleistung.

Hinzuweisen ist noch auf einige Schwierigkeiten, die bei der Verwendung der QFD-Methode im Dienstleistungsbereich auftreten können. Zunächst ist bereits im Rahmen der Erfassung der Kundenanforderungen festzustellen, daß keine detaillierte Angabe über die einzusetzenden Marktforschungsmethoden und Verfahren erfolgt (Gogoll 1995, S. 6). Vorschläge zur Nutzung der Sequentiellen Ereignismethode, Informationen aus den Kundenbeschwerden, der FMEA-Methode oder der Conjoint-Analyse beinhalten auch die mit diesen Verfahren verbundenen Probleme der Datenerfassung und -auswertung. Zudem sind auch die Phasen der Analyse der Kernleistungen und Optimierung der Prozesse mit Problemen behaftet. Für den Einsatz der QFD-Methode beziehungsweise des House of Quality für den Dienstleistungsbereich ist es erforderlich, das Konzept zu modifizieren. Die Immaterialität der Leistungen sowie die Integration des externen Faktors erschweren dabei eine trennscharfe Erstellung der Abhängigkeitsmatrizen. Dennoch ermöglicht die QFD-Methode eine Fokussierung des gesamten qualitätsbezogenen Planungsprozesses auf die Wünsche der Kunden.

3.3 Mitarbeiterbezogene Messung der Anforderungen an die Dienstleistungsqualität

Im Rahmen der mitarbeiterbezogenen Verfahren können unterschieden werden:

1. Mitarbeiterbezogene Anwendung der nachfragerorientierten Verfahren,
2. Betriebliches Vorschlagswesen.

1. Mitarbeiterbezogene Anwendung der nachfragerorientierten Verfahren

Im Rahmen von **Mitarbeiterbefragungen** erhält das Dienstleistungspersonal – analog zu den nachfragerorientierten Verfahren der Qualitätsmessung – die Gelegenheit, subjektive Urteile über die Dienstleistungsqualität der Unternehmung zu äußern oder kritische Ereignisse im Umgang mit den Kunden zu schildern (Dotzler/Schick 1995, S. 281). Dabei ist in erster Linie der Bottom-up-Prozeß der internen Kommunikation angesprochen, welcher der Auswertung von Informationen des Kundenkontaktpersonals dient. Ziel dieser Befragungen ist es, mit Hilfe der Mitarbeiterkommunikation die „falschen" Vorstellungen des Managements hinsichtlich der Kundenerwartungen der Dienstleistungsqualität zu revidieren (Zeithaml/Parasuraman/Berry 1992). Inhalte dieser regelmäßig stattfindenden Befragungen können Informationen über das Unternehmen selbst, äußere Arbeitsbedingungen, Aufgaben und Arbeitsanforderungen sowie die persönliche Einstellung des Mitarbeiters zum Thema „Qualität" sein (Haist/Fromm 1991, S. 75).

Bei der Gestaltung des Erhebungsdesigns sollte eine anonyme schriftliche Befragung anderen Untersuchungsmethoden vorgezogen werden, um dem Mitarbeiter Gelegenheit zu geben, auf die Fragen offen, das heißt beispielsweise ohne Rücksicht auf berufliche Konsequenzen, zu antworten. Analog zu den nachfragerorientierten multiattributiven Meßverfahren ist jedoch auch bei dieser Methode die Gefahr der Unvollständigkeit in bezug auf die gemessenen Qualitätsdimensionen gegeben, da das Dienstleistungspersonal lediglich eine begrenzte Anzahl vorgegebener Fragen beantworten soll. Daher empfiehlt es sich, Mitarbeiterbefragungen um das Verfahren des betrieblichen Vorschlagswesens zu ergänzen.

2. Betriebliches Vorschlagswesen

Das Kundenkontaktpersonal sollte stets die Möglichkeit haben, sich an das Management zu wenden, sofern qualitätsrelevante Probleme in der Dienstleistungsunternehmung auftreten oder auftreten könnten. Zur Förderung dieses Bottom-up-Prozesses ist es sinnvoll, ein **Bonifizierungssystem für Verbesserungsvorschläge der Mitarbeiter** einzurichten (Dotzler/Schick 1995, S. 281). Im Rahmen eines solchen Vorschlagsprogramms dokumentiert der Mitarbeiter seine Vorschläge auf einem Formblatt, indem er

Beurteilungs-kriterien/ Meßverfahren	Qualitäts-relevanz	Vollständigkeit	Aktualität	Eindeutigkeit	Steuerbarkeit	Kosten	Dienstleistungs-spezifika	Gesamtwürdigung
Objektive Verfahren								
Qualitäts-audits	Nicht gegeben	Nicht vollständig	Aktuell	Nicht eindeutig	Steuerbar	Sehr hoch	Nur in bezug auf die „hard facts“ der Dienstleistung anwendbar	**Nachteil:** Nur als Ergänzung zu den anderen Verfahren
Qualitäts-kostenanalyse	Nicht gegeben	Nicht vollständig	Nicht aktuell	Nicht eindeutig	Steuerbar	Niedrig	Für alle Dienstleistungen geeignet	**Nachteil:** Theoretisch zwar meßbar, praktische Umsetzung aber nicht möglich
Statistical Process Control	Nicht gegeben	Nicht vollständig		Nicht eindeutig	Steuerbar	Niedrig	Für alle Dienstleistungen geeignet	**Nachteil:** Lediglich Orientierung an objektiv meßbaren Kriterien
Subjektive Verfahren								
Fishbone-Analyse	Nicht gegeben	Nicht vollständig	Nicht aktuell	Nicht eindeutig	Steuerbar	Niedrig	Für alle Dienstleistungen geeignet	**Vorteil:** Sehr anschaulich **Nachteil:** Nur als Ergänzung zu den anderen Verfahren
FMEA-Methode	Nicht gegeben	Nicht vollständig	Nicht aktuell	Nicht eindeutig	Steuerbar	Niedrig	Für alle Dienstleistungen geeignet	**Nachteil:** Nur als Ergänzung zu den anderen Verfahren
Benchmarking	Nicht gegeben	Nicht vollständig	Nicht aktuell	Nicht eindeutig	Nicht steuerbar	Hoch	Für alle Dienstleistungen geeignet	**Nachteil:** Schwierige Datenerhebung
Quality Function Deployment	Nicht gegeben	Vollständig	Nicht aktuell	Nicht eindeutig	Steuerbar	Niedrig	Für alle Dienstleistungen geeignet	**Vorteil:** Prozeßorientierte Analyse
Mitarbeiterbezogene Anwendung der nachfragerorientierten Verfahren (Mitarbeiterbefragungen)	Nicht gegeben	Nicht vollständig	Nicht aktuell	Nicht eindeutig	Steuerbar	Hoch	Für alle Dienstleistungen geeignet	**Vorteil:** Große Anzahl von Mitarbeiterbefragungen möglich **Nachteil:** Unternehmen gibt Qualitätsmerkmale vor
Betriebliches Vorschlags-wesen	Gegeben	Nicht vollständig	Aktuell	Eindeutig	Steuerbar	Niedrig	Für alle Dienstleistungen geeignet	**Vorteil:** Dient nicht nur zur Qualitätsmessung, sondern auch zur Qualitätsverbesserung (Mitarbeitermotivation) **Nachteil:** Problem der Vorschlagsaufforderung

GABLER GRAFIK

Abbildung 4-10: Beurteilung der unternehmensbezogenen Verfahren zur Messung der Dienstleistungsqualität

beschreibt, wo Qualitätsprobleme im Unternehmen aufgetreten sind, und wie diese Probleme innerhalb der Unternehmung gelöst werden können. Bei Annahme des Vorschlags sollte eine Prämierung erfolgen, die sich in der Regel an den eingesparten Kosten orientiert. Darüber hinaus können prämierte Vorschläge zum Beispiel in Mitarbeiterzeitschriften veröffentlicht werden, um anderen Mitarbeitern Anreize zur Beteiligung am Vorschlagsprogramm zu geben (Haist/Fromm 1991, S. 74).

Parallel zum Beschwerdemanagement als nachfragerorientiertem Meßinstrument stellt die Aufwärtskommunikation in Form des Vorschlagswesens damit ein zentrales Instrument der Qualitätsbestimmung dar. Zum einen erfordert es einen relativ geringen personellen und finanziellen Aufwand, zum anderen fördert es die Motivation und Sensibilität des Kundenkontaktpersonals, qualitätsrelevante Probleme zu erkennen und sich für deren Lösung zu engagieren. In der Praxis wird das betriebliche Vorschlagswesen vor allem von großen Dienstleistungsunternehmen in bezug auf die Qualitätsmessung und -steigerung interner Dienstleistungsprozesse eingesetzt.

Abbildung 4-10 zeigt eine Übersicht über die Stärken und Schwächen der unternehmensbezogenen, das heißt der anbieter- und mitarbeiterorientierten, Verfahren der Qualitätsmessung.

4. Modelle zur Erfassung der Dienstleistungsqualität

Modelle zur Erfassung der Dienstleistungsqualität versuchen, die Qualitätsbeurteilung aus Nachfragersicht und die angebotene Dienstleistung der Unternehmung im Gesamtzusammenhang abzubilden (Benkenstein 1993, S. 1107). Dabei können erste Implikationen beziehungsweise Ansatzpunkte für Maßnahmen des Qualitätsmanagements einer Dienstleistungsunternehmung abgeleitet werden. Nach dem Grad der Berücksichtigung dynamischer Aspekte des Dienstleistungserstellungsprozesses kann zwischen statischen und dynamischen Modellen unterschieden werden.

4.1 Statische Qualitätsmodelle

In den letzten Jahren wurden Modelle der Dienstleistungsqualität entwickelt, die sich vor allem mit der Differenzierung verschiedener Qualitätsdimensionen auseinandersetzten. Dabei handelte es sich um statische Modelle, die ausgewählte Bestimmungsfaktoren der Qualität zu einem bestimmten Zeitpunkt untersuchen (vgl. zum Beispiel Donabedian 1980; Grönroos 1990b).

In den achtziger Jahren gingen Zeithaml/Parasuraman/Berry der Frage nach, welche Faktoren ursächlich sind für das Vorhandensein von Qualitätsschwächen in Dienstleistungsunternehmen. Ihr **GAP-Modell der Dienstleistungsqualität** stellt ein umfassendes Rahmenkonzept zur Bestimmung der Dienstleistungsqualität aus Kunden- und Unternehmenssicht dar (Zeithaml/Parasuraman/Berry 1992). Es basiert auf Fokusgruppeninterviews mit Dienstleistungskunden als auch Expertengesprächen mit Dienstleistungsanbietern in den Bereichen Banken, Kreditkartenunternehmen, Versicherungen, Broker und Reparaturdienstleister. Als Ergebnis stellte sich heraus, daß **Diskrepanzen**, sogenannte **„GAPs“**, zwischen den Wahrnehmungen des Kunden hinsichtlich der Dienstleistungsqualität und dem Versuch der Unternehmen, Kundenerwartungen in Dienstleistungsspezifikationen umzusetzen, bestehen. Die Dienstleistungsqualität wird dabei als Differenz zwischen Kundenerwartung und -wahrnehmung einer Dienstleistung definiert (Bruhn 1994b, S. 17ff.). Diese Diskrepanz (auch als **GAP 5** und **SERVQUAL-Modell** bezeichnet) resultiert aus vier weiteren in einer Unternehmung auftretenden **Lücken**, die auch in Abbildung 4-11 dargestellt sind.

- **GAP 1:** Diskrepanz zwischen den Kundenerwartungen und deren Wahrnehmung durch das Management.

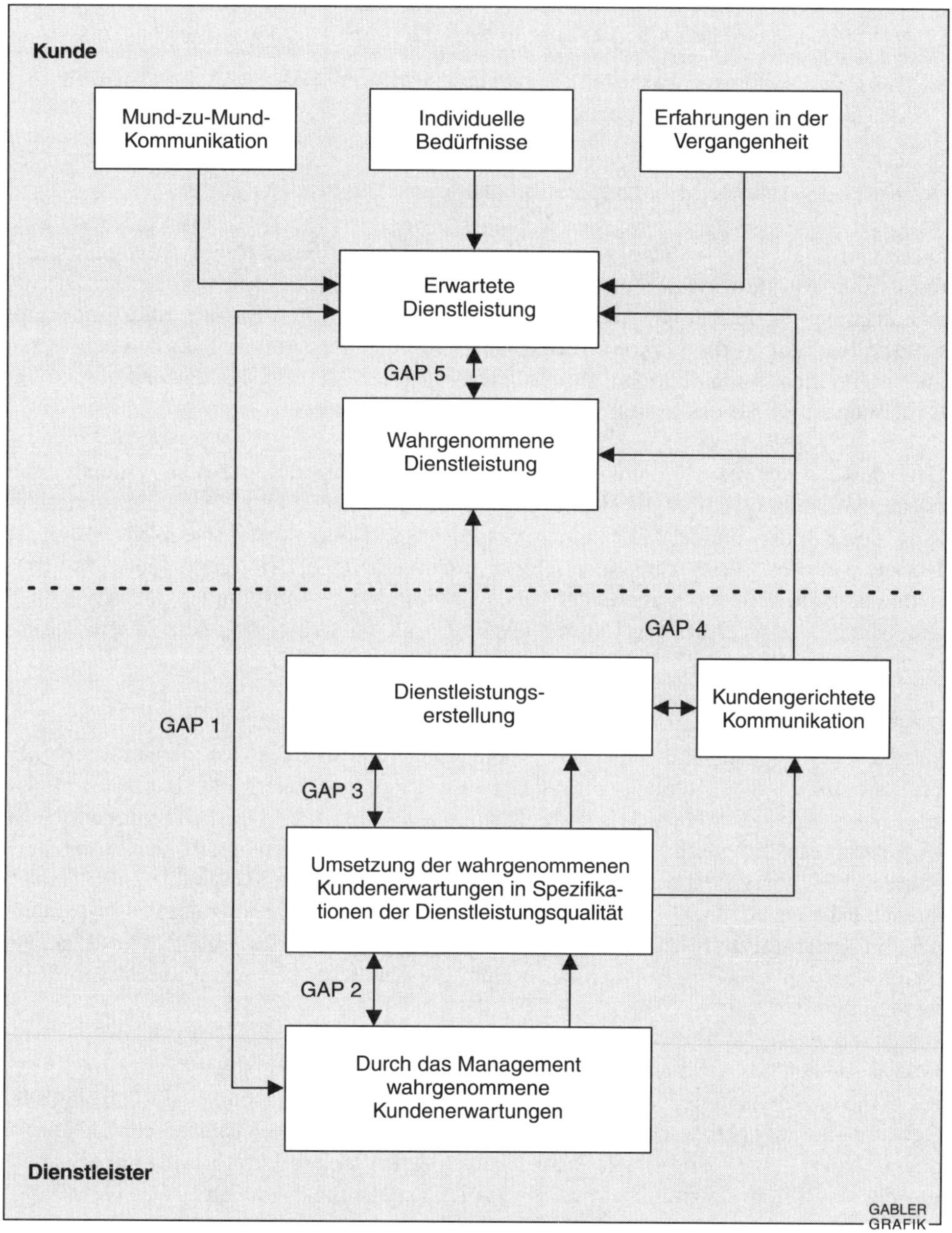

Abbildung 4-11: GAP-Modell der Dienstleistungsqualität
(Quelle: Parasuraman/Zeithaml/Berry 1985)

- **GAP 2:** Diskrepanz zwischen den vom Management wahrgenommenen Kundenerwartungen und deren Umsetzung in Spezifikationen der Dienstleistungsqualität.
- **GAP 3:** Diskrepanz zwischen den Spezifikationen der Dienstleistungsqualität und der tatsächlich erstellten Leistung.
- **GAP 4:** Diskrepanz zwischen tatsächlich erstellter Dienstleistung und der an den Kunden gerichteten Kommunikation über diese Dienstleistung.

Diese vier Lücken basieren auf einer Reihe von Faktoren, die im Rahmen einer Explorationsstudie ermittelt wurden und erste Ansatzpunkte für die Verbesserung der Dienstleistungsqualität liefern. Die meisten dieser Faktoren betreffen **Kommunikations- und Kontrollverfahren zur Personalführung** in Unternehmen. Andere Faktoren beinhalten die potentiellen Auswirkungen dieser Verfahren (zum Beispiel Rollenverständnis und Rollenkonflikte) auf das Erstellen der Dienstleistungsqualität.

GAP 1 weist auf die Möglichkeit hin, daß Dienstleistungsunternehmen fehlende oder falsche Vorstellungen über die Bedeutung einzelner Merkmale für die Qualitätseinschätzung der Kunden und das von ihnen geforderte Leistungsniveau besitzen. Mögliche Ursachen dieser Lücke können aus einer unzureichenden Orientierung an Marktforschungsergebnissen, einer unzulänglichen Kommunikation vom Kundenkontaktpersonal zum Management („Aufwärtskommunikation“) und einer zu großen Anzahl von Hierarchiestufen resultieren.

GAP 2 analysiert die Umsetzung der wahrgenommenen Kundenerwartungen in Spezifikationen der Dienstleistungsqualität. Manager werden in Dienstleistungsunternehmen bei der Erfüllung von Kundenerwartungen oftmals mit Schwierigkeiten konfrontiert, wie zum Beispiel kurzfristige Gewinnorientierung oder schlechte Marktbedingungen. Diese Umsetzungsdefizite werden im Modell durch folgende Faktoren identifiziert: Eine mangelnde Entschlossenheit des Managements zur Servicequalität, mangelnde klare Zielsetzungen in bezug auf die Dienstleistungsqualität, eine mangelnde Nutzung von Instrumenten und Verfahren zur Standardisierung von Leistungen sowie die Annahme des Managements über ein zu geringes Ausmaß, in dem die Kundenerwartungen überhaupt erfüllt werden können.

GAP 3 spiegelt das Ausmaß wider, in dem das Dienstleistungspersonal die Leistung nicht auf dem vom Management erwarteten Niveau erbringt. Verursachende Faktoren sind zum Beispiel eine mangelnde Qualifikation der Mitarbeiter, falsche Kriterien der Leistungsüberwachung, eine mangelhafte Teamarbeit oder Rollenkonflikte beziehungsweise ein unsicheres Rollenverständnis auf seiten des Dienstleistungspersonals.

GAP 4 entsteht, wenn die Wahrnehmung des Kunden bezüglich der Dienstleistungsqualität durch übertriebene Versprechungen in der Werbung oder auch durch fehlende Informationen so beeinflußt wird, daß eine Diskrepanz zwischen tatsächlich erstellter und versprochener Leistung entsteht. Ursachen können eine unzureichende horizontale

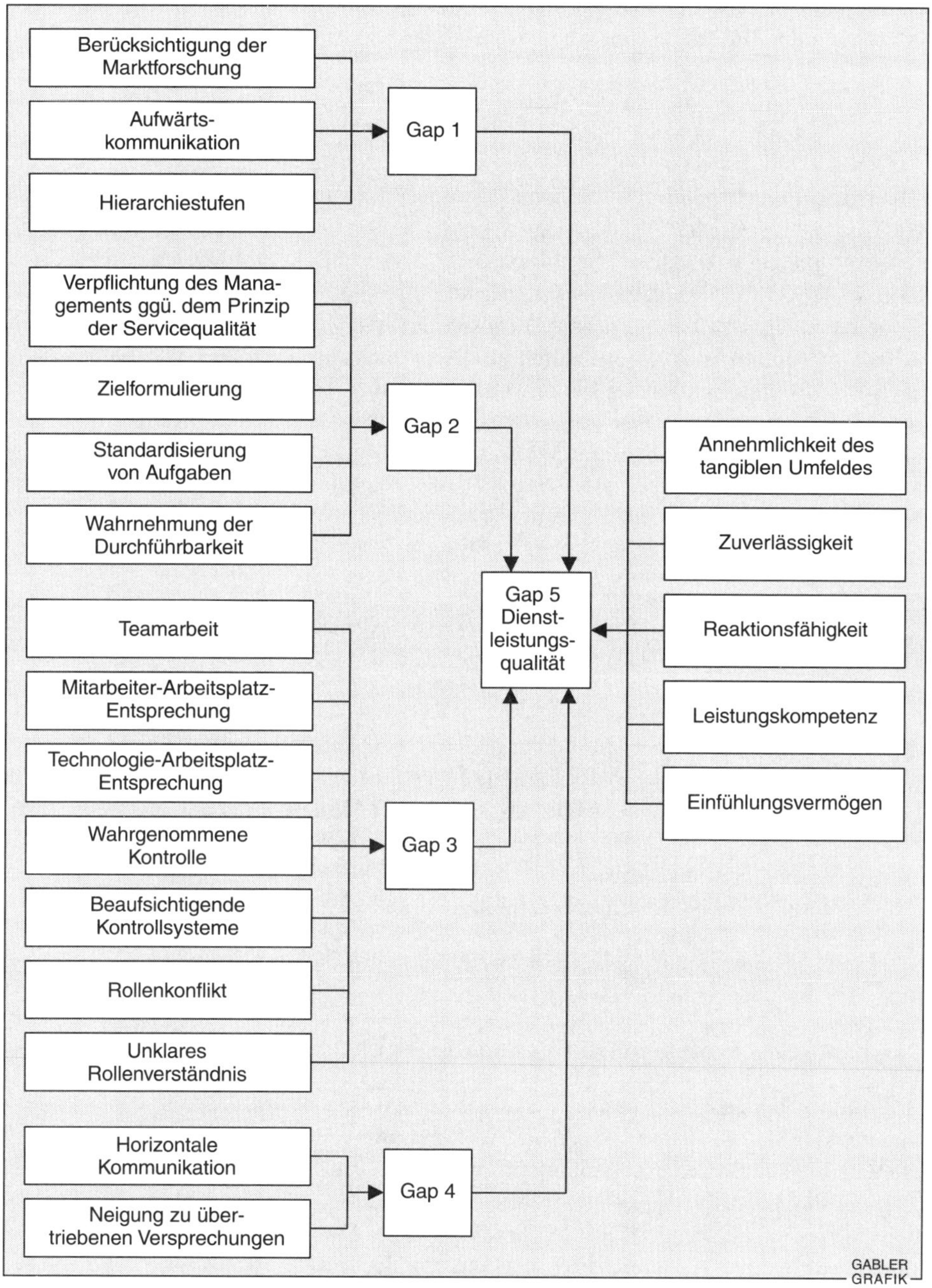

Abbildung 4-12: Einflußfaktoren des GAP-Modells
(Quelle: Parasuraman/Zeithaml/Berry 1990, S. 131)

Kommunikation, zum Beispiel zwischen Marketing und Kundenkontaktpersonal, oder eine Tendenz der Unternehmung zu übertriebenen Versprechungen nach außen sein.

Die verschiedenen **Einflußfaktoren** der einzelnen Gaps werden in Abbildung 4-12 zusammenfassend aufgezeigt.

Die **Kritik am GAP-Modell** bezieht sich in erster Linie auf die Operationalisierung von GAP 5 durch den SERVQUAL-Ansatz. GAP 5 wird zwar als einstellungsähnliches Konstrukt interpretiert, aber anschließend zufriedenheitsorientiert gemessen (Cronin/Taylor 1992, S. 55ff.). Darüber hinaus stellt sich die Frage, inwiefern das GAP-Modell überhaupt für sämtliche Dienstleistungsbereiche anwendbar ist. So sind die Struktur oder die im Modell implizit unterstellten Dienstleistungsprozesse vor allem auf den empirisch erprobten Bereich der Finanz- und Reparaturdienstleistungen „zugeschnitten". Das GAP-Modell wurde daher zunächst hauptsächlich von amerikanischen und englischen Banken in die Praxis umgesetzt und ist erst in den letzten Jahren von deutschen Finanzdienstleistern übernommen worden (Bruhn/Hennig 1993).

4.2 Dynamische Qualitätsmodelle

Im Unterschied zu statischen Qualitätsmodellen berücksichtigen dynamische Qualitätsmodelle den **Prozeßcharakter der Leistungserstellung**. Von der Vielzahl der Modelle, die dynamische Aspekte berücksichtigen, sollen drei Modelle herausgegriffen werden:

1. Dynamisches Prozeßmodell von Boulding et al.,
2. Beziehungsqualitätsmodell von Liljander/Strandvik,
3. Qualitatives Zufriedenheitsmodell von Stauss/Neuhaus.

1. Dynamisches Prozeßmodell von Boulding et al.

Das **dynamische Prozeßmodell** der Servicequalität von Boulding et al. basiert auf der Annahme, daß sich die Erwartungen und Wahrnehmungen eines Kunden hinsichtlich der Dienstleistungsqualität im Zeitablauf verändern und unterschiedliche Verhaltensmuster gegenüber der Dienstleistungsunternehmung verursachen können (vgl. auch im folgenden Boulding et al. 1993; Boulding/Staelin 1993). Die **wahrgenommene Dienstleistungsqualität** eines Kunden wird vor allem von drei **Faktoren** beeinflußt (vgl. Abbildung 4-13):

- Die dem Dienstleistungsprozeß vorangehenden **Wird-Erwartungen** über die Dienstleistungsqualität in bezug auf: Was wird passieren?

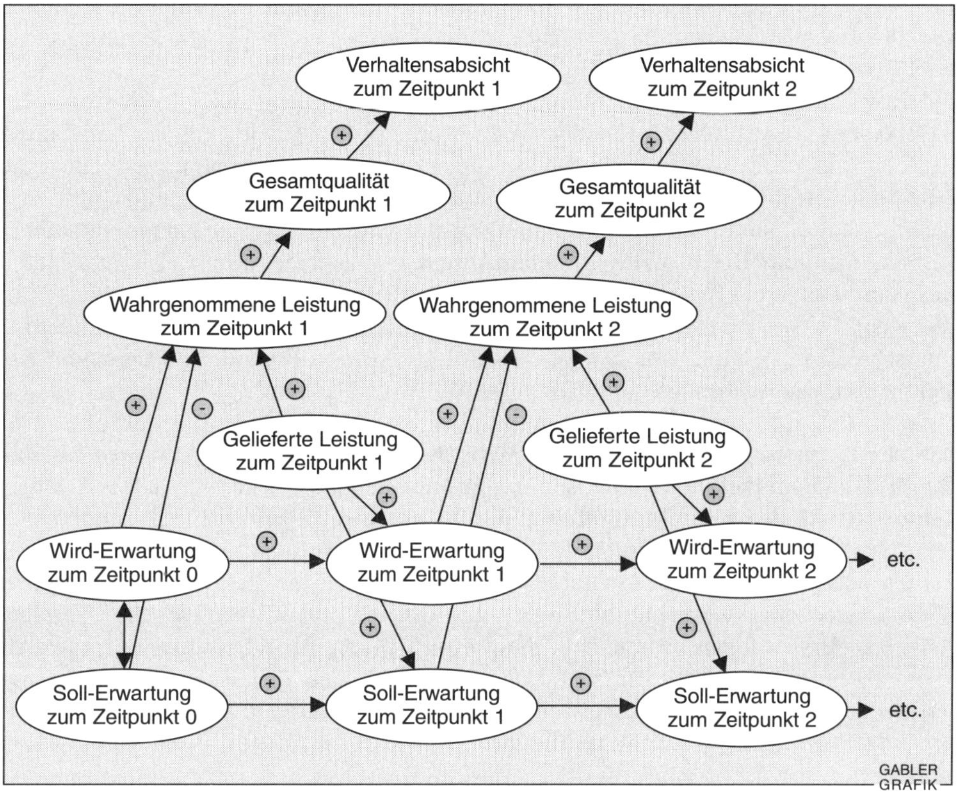

Abbildung 4-13: Dynamisches Prozeßmodell nach Boulding et al.
(Quelle: Boulding et al. 1993, S. 12)

- Die dem Dienstleistungsprozeß vorangehenden **Soll-Erwartungen** über die Dienstleistungsqualität in bezug auf: Was sollte passieren? Dies sind die Vorstellungen des Kunden hinsichtlich eines angemessenen, vom Dienstleistungsanbieter unter Umständen versprochenen Services (im Gegensatz zu den sogenannten Idealvorstellungen über die Dienstleistungsqualität).
- Der gerade gelieferte Service während des Dienstleistungsprozesses beziehungsweise während des Kontaktes mit dem Unternehmen.

Der Kunde besitzt bereits vor dem Dienstleistungsprozeß konkrete Vorstellungen über seine Wird- und Soll-Erwartungen hinsichtlich jeder Dimension der Dienstleistungsqualität. Diese ursprünglichen Erwartungen und der dann gelieferte Service führen zu einer bestimmten kumulierten Wahrnehmung der Dimensionen der Dienstleistungsqualität. Die **Addition dieser wahrgenommenen Qualitätsdimensionen**, die sich auf die Dimensionen des GAP-Modells beziehen, ergibt ein **globales Qualitätsurteil** über die Servicequalität der Unternehmung. Dieses Urteil veranlaßt den Kunden zu einem bestimmten Verhaltensmuster, wie zum Beispiel zur Loyalität gegenüber der Unternehmung.

Die Erwartungen des Kunden hinsichtlich der Dienstleistungsqualität sind also ein entscheidender Einflußfaktor für seine Wahrnehmung. Der Kunde ist in der Lage, diese im Zeitablauf zu revidieren, neu zu bilden oder zu bestätigen, indem er zum einen die Erfahrungen früherer Begegnungen mit dem Dienstleistungsanbieter nutzt und zum anderen relevante Informationen über die Dienstleistung aus externen Kommunikationsquellen, wie zum Beispiel der Kommunikation mit anderen Dienstleistungskunden, analysiert. Durch die Annahme, daß jeder Kunde über unterschiedliche Erwartungen in bezug auf die Servicequalität verfügt, ist das Modell in der Lage, eine Begründung für unterschiedliche Wahrnehmungen von ein- und derselben Dienstleistungsqualität aus Sicht verschiedener Kunden zu liefern.

Darüber hinaus beinhaltet dieses dynamische Modell konkrete **Implikationen für das Qualitätsmanagement** einer Dienstleistungsunternehmung. Während das oben vorgestellte GAP-Modell indirekt impliziert, das Management könne die wahrgenommene Dienstleistungsqualität steigern, indem entweder die Erwartungen des Kunden gesenkt werden oder die betrachtete Leistung verbessert wird, trennt dieses Modell zwischen Wird- sowie Soll-Erwartungen und stellt das Management konkret vor die Aufgabe, diejenigen Erwartungen zu erhöhen, die die wahrgenommene Dienstleistungsqualität positiv beeinflussen und damit den Kunden zu einer den Zielen der Unternehmung entsprechenden Handlung beeinflussen (zum Beispiel wiederholte Inanspruchnahme der Leistung). In Labor- und Feldexperimenten ergaben sich beim Test des Modells die folgenden Resultate:

- Je höher die „Wird-Erwartungen" des Kunden sind, desto besser wird von ihm auch die wahrgenommene Dienstleistungsqualität eingeschätzt.
- Je höher die „Soll-Erwartungen" des Kunden sind, desto schlechter schätzt er die wahrgenommene Dienstleistungsqualität ein.

Das Management sollte daher versuchen, zum einen die Wird-Erwartungen zu steigern und die Soll-Erwartungen des Kunden zu senken oder zumindest konstant zu halten. Das Modell liefert hierfür jedoch, im Gegensatz zum GAP-Modell, keine konkreten Umsetzungsstrategien für das Management. Es scheint überhaupt fraglich, ob geeignete Maßnahmen zur Erzeugung dieser gegenläufigen Erwartungsbildung beim Kunden existieren.

Ein Versuch in diese Richtung wurde von einer amerikanischen Fluggesellschaft unternommen. Im Rahmen einer Werbekampagne wurde den Rezipienten einerseits kommuniziert, daß alle Fluggesellschaften Probleme haben, pünktlich zu starten und zu landen (Senkung der Soll-Erwartung). Andererseits gab sie an, ihr gelinge es am besten, die deklarierten Flugzeiten einzuhalten (Steigerung der Wird-Erwartung).

Der Erkenntniswert dieses Modells liegt demnach zum einen in den Aussagen über die Prozesse der Erwartungsbildung und Wahrnehmung von Kunden hinsichtlich der Qualität von Dienstleistungen und zum anderen in der Annahme, daß positive Wahrnehmungen dieser Dienstleistungsqualität auch positive Verhaltensmuster der Kunden gegenüber der Unternehmung veranlassen. Konkrete Handlungsanweisungen für das Qualitätsmanagement müssen allerdings noch entwickelt werden.

2. Das Beziehungsqualitätsmodell von Liljander/Strandvik

Ein weiteres Modell, das auf dynamische Aspekte des Dienstleistungserstellungsprozesses Bezug nimmt, wurde von Liljander/Strandvik erarbeitet (vgl. auch im folgenden Liljander/Strandvik 1993, S. 118ff.; Liljander/Strandvik 1995, S. 141ff.). Anders als Boulding et al. versuchen Liljander/Strandvik nicht, ein originär statisches Qualitätsmodell zu dynamisieren, sondern ziehen zahlreiche Konstrukte in ihre Betrachtung ein, die in Zusammenhang zu der **Prozeßorientierung** und der **Bedeutung der Kunden-Dienstleister-Beziehung** stehen. Ausgangspunkt ihres Modells ist die Annahme, daß eine positive Dienstleistungsqualität und Kundenzufriedenheit zu einer höheren Kundenbindung führen und somit eine bedeutende Determinante für den Unternehmenserfolg darstellen. Sie sehen Dienstleistungsqualität aus einer externen und Zufriedenheit aus einer internen Perspektive, das heißt daß (Un-)Zufriedenheit nur aufgrund eines Dienstleister-Kunden-Kontaktes entstehen kann, während die Qualität auch beurteilt werden kann, ohne daß der Kunde die Leistung in Anspruch genommen hat. Dabei hängt die Zufriedenheit für Liljander/Strandvik stärker mit dem Kundenverhalten zusammen als die Qualitätsbeurteilung, letztere ist jedoch eine Determinante der Zufriedenheit.

Liljander/Strandvik unterscheiden **zwei Ebenen des Kontaktes** eines Dienstleisters zu seinen Kunden: Episoden und die Beziehung. Eine **Episode** wird definiert als ein Ereignis der Interaktion zwischen Kunde und Dienstleister mit einem eindeutig definierten Start- und Endpunkt. Sie repräsentiert den vollständigen Akt der Leistungserstellung und kann aus mehreren Transaktionen bestehen. Eine Episode ist gekennzeichnet durch einen finanziellen und sozialen Austausch sowie einen Austausch einer Leistung und von Informationen. Eine **Beziehung** setzt sich generell aus mindestens zwei Episoden zusammen. Je nach Kontinuität und Häufigkeit der Inanspruchnahme der betrachteten Leistung kann eine Beziehung unterschiedlich ausgestaltet sein. Bei kontinuierlich in Anspruch genommenen Leistungen stellt die erste Episode meist den Beginn einer Beziehung dar, während bei wenig kontinuierlich und selten in Anspruch genommenen Leistungen die zweite Episode eine notwendige, jedoch keinesfalls hinreichende Bedingung für den Beginn einer Beziehung darstellt. Aufbauend auf diesen Überlegungen unterstellen die Autoren ein Modell der Beziehungsqualität, das in Abbildung 4-14 wiedergegeben ist.

Ausgehend vom Disconfirmation-Paradigma wird angenommen, daß der Kunde auf beiden Ebenen des Kontaktes die jeweilige Performance an einem Vergleichsstandard mißt. Unter Gewährung einer gewissen Toleranzzone nimmt er so eine bestimmte Qualität wahr. Diese wird dem jeweiligen „Opfer“ des Kunden gegenübergestellt, wo-

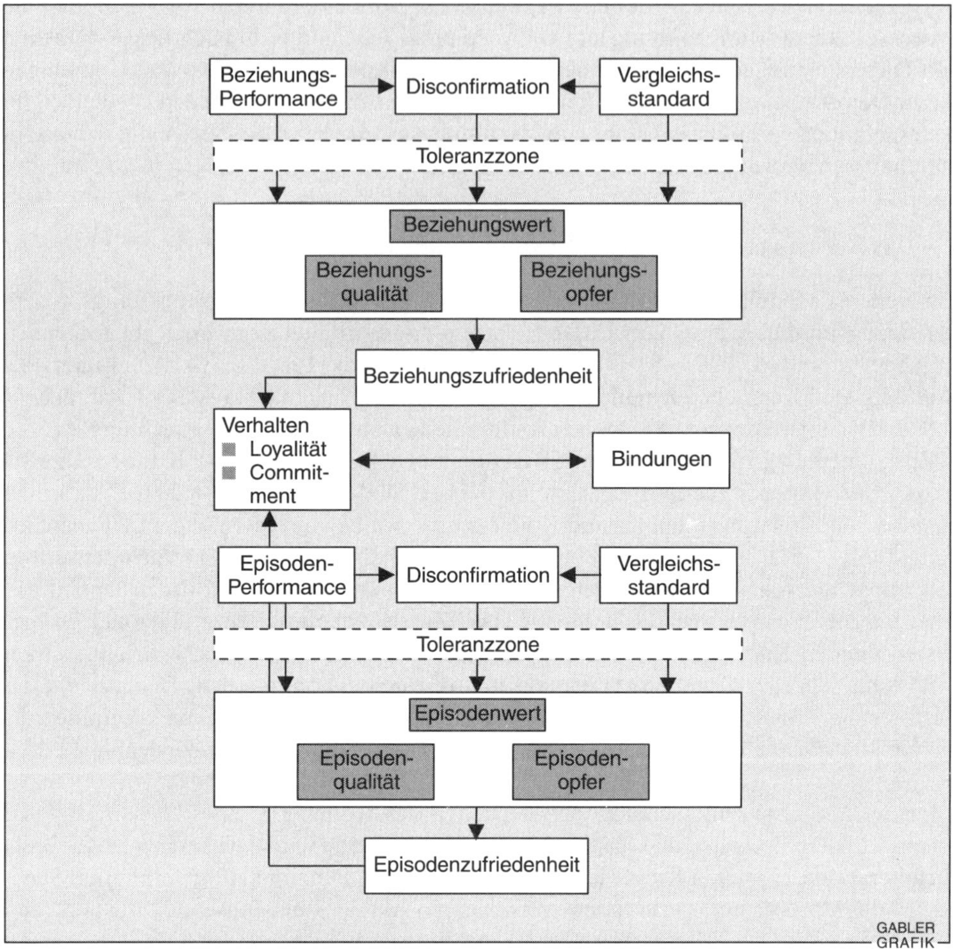

Abbildung 4-14: Beziehungsqualitäts-Modell von Liljander/Strandvik
(Quelle: Liljander/Strandvik 1995, S. 143)

durch sich (Un-)Zufriedenheit ergibt. Die sich ergebende **Beziehungsqualität** ist eine wichtige Determinante des Kundenverhaltens, das durch die Konstrukte **Commitment** und **Loyalität** ausgedrückt wird. In engem Zusammenhang zum Verhalten stehen sogenannte **Bonds (Bindungen)** zum Unternehmen. Dabei können solche Bonds bestehen, die als Austrittsbarrieren interpretiert werden können und damit vom Kunden negativ wahrgenommen werden sowie außerdem vom Dienstleister kaum steuerbar sind (zum Beispiel legale, ökonomische, technologische, geographische oder zeitliche Bindungen). Zu einer zweiten Gruppe gehören Wissens-, soziale, kulturelle, ideologische und psychologische Bindungen.

Bei der Betrachtung des Commitment zur Beziehung ist sowohl dasjenige des Kunden als auch dasjenige des Leistungserstellers zu betrachten. Commitment wird verstanden als die Haltung einer Person gegenüber der Interaktion und daraus abgeleitete Handlungsintentionen. Geht man davon aus, daß sowohl der Kunde als auch der Dienstleister ein positives, negatives oder indifferentes Commitment gegenüber der Beziehung aufweisen können, ergeben sich neun Commitment-Konstellationen, die zu unterschiedlichen Beziehungstypen zwischen Kunde und Dienstleister aus Kundensicht führen und in Abbildung 4-15 wiedergegeben sind.

Geschätzte Beziehungen zeichnen sich durch ein hohes Commitment des Kunden aus. Je nach Stärke des Commitments des Dienstleisters kann entweder gegenseitiges Commitment vorliegen oder der Kunde wird trotz seines hohen Commitments vom Unternehmen wie alle anderen aktuellen und potentiellen Kunden beziehungsweise sogar ablehnend behandelt. Letzteres kann zum Beispiel der Fall sein, wenn eine Bank einen unprofitablen Kunden eigentlich nicht mehr bedienen möchte, aufgrund gesetzlicher Bestimmungen jedoch muß. **Indifferente Beziehungen** sind dadurch gekennzeichnet, daß der Kunde weder ein positives noch ein negatives Commitment gegenüber der Beziehung zum Unternehmen an den Tag legt. Das bedeutet, daß er ein geringes Leistungsinvolvement aufweist, kaum Unterschiede zwischen den Angeboten unterschiedlicher Dienstleister wahrnimmt und sich nicht fest an das Unternehmen gebunden fühlt.

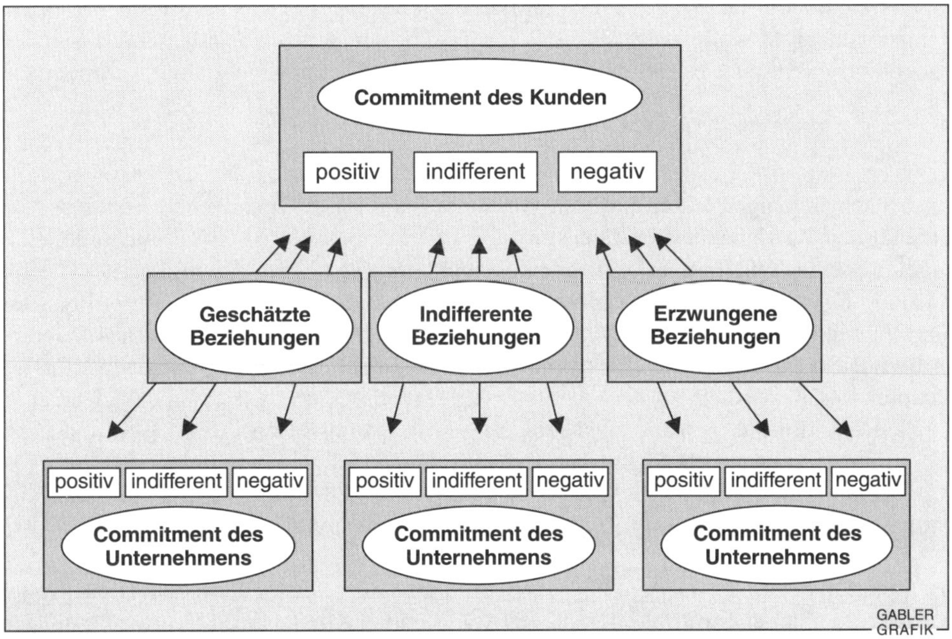

Abbildung 4-15: Beziehungstypen zwischen Kunde und Dienstleister nach Liljander/Strandvik

Dies ist häufig der Fall, wenn der Kunde lediglich aus Gewöhnung die Leistung eines bestimmten Unternehmens in Anspruch nimmt. Diesem indifferenten Commitment des Kunden können ein positives, ebenfalls indifferentes oder negatives Commitment des Unternehmens gegenüberstehen. Weist der Kunde im dritten Fall ein negatives Commitment gegenüber der Beziehung zum Dienstleiter auf, spricht man von **erzwungenen Beziehungen**. Diese können in formalen Bindungen oder dem Mangel an Alternativen begründet sein. Auch hier kann der Dienstleister großes, kein bestimmtes oder gar kein Interesse an der Beziehung haben.

Das Modell liefert einige **Implikationen für die Dienstleistungspraxis**. Erstens ist es notwendig, daß der Dienstleister eine Beziehung aus Kundensicht definiert. Das bedeutet, daß sich der Kunde selbst beim Einsatz von Database-Marketing nicht unbedingt in einer engen Beziehung zum Dienstleister fühlen muß. Zweitens ist es wichtig, die Beziehung zu profitablen Kunden zu stärken, wozu das Wissen um die Bestimmungsgründe des Commitment des Kunden unerläßlich ist. Schließlich wird die Bedeutung der Relevanz einzelner Transaktionen im Rahmen einer Episode sowie bestimmter Episoden einer Beziehung deutlich.

Bei einer **kritischen Würdigung** des Modells ist zunächst die Meßproblematik der Episoden-Performance zu nennen. Es ist schwierig, mit Hilfe einer einmaligen Messung auf die Beziehungsqualität zu schließen. Einerseits ist es möglich, daß der betreffende Kundenkontaktmitarbeiter oder aber der Kunde gerade einen schlechten Tag hat. Andererseits kann sich der Kundenkontaktmitarbeiter besonders zuvorkommend verhalten, wenn er von der Messung weiß. Ferner kann das Problem auftreten, daß mehrere Kunden trotz unterschiedlicher Beziehungshistorien gleiche Beziehungsqualitäten wahrnehmen.

3. Qualitatives Zufriedenheitsmodell von Stauss/Neuhaus

Im deutschsprachigen Raum hat sich vor allem Stauss mit dynamischen Aspekten von Qualität und Zufriedenheit im Dienstleistungsbereich beschäftigt. Im Rahmen der Entwicklung seines Qualitativen Zufriedenheitsmodells weist er auf **Zweifel** an der Grundannahme hin, daß eine **hohe Zufriedenheit** grundsätzlich zu **hoher Kundenloyalität** führt. Für entsprechende empirische Ergebnisse anderer Forscher macht er konkurrierende Bedürfnisse des Kunden, die Attraktivität von Leistungsalternativen sowie situative Faktoren verantwortlich. In dem Modell wird hypothetisiert, daß es unter zufriedenen Kunden **emotionale, erwartungsbezogene** und **bindungsintentionale Gefährdungspotentiale** gibt. In Anlehnung an das dynamische Modell der Arbeitszufriedenheit von Bruggemann unterscheiden Stauss/Neuhaus drei **Zufriedenheits-** und zwei **Unzufriedenheitstypen** (vgl. auch im folgenden Stauss/Neuhaus 1995):

- Der **„Fordernd Zufriedene“** ist durch eine hohe Zufriedenheit mit dem Dienstleister gekennzeichnet; aufgrund der ständig wachsenden Kundenanforderungen muß sich letzterer jedoch stets bemühen, diese aufs neue zu erfüllen.

- Anders als der erste Typ weist der **„Stabil Zufriedene“** ein passives Anspruchsverhalten auf.
- Der **„Resignativ Zufriedene“** weist eine gewisse Gleichgültigkeit gegenüber der Beziehung zum Dienstleister auf. Dies kann vor allem im Mangel an Alternativen begründet sein.
- Ähnlich wie der „Stabil Zufriedene“ weist auch der **„Stabil Unzufriedene“** ein schwaches Aktivitätsniveau auf, er ist jedoch unzufrieden mit der Leistung.
- Der **„Fordernd Unzufriedene“** bringt dahingegen seine Unzufriedenheit dem Dienstleister gegenüber zum Ausdruck und würde sich nicht wieder für denselben Anbieter entscheiden.

Ausgehend von den Zufriedenheitstypen wird angenommen, daß die Globalzufriedenheit und die Typzugehörigkeit zusammenhängen. Außerdem hängt das **Gefährdungspotential** von der Typzugehörigkeit ab. So wird der „Resignativ Zufriedene“ ein größeres Gefährdungspotential aufweisen als der „Fordernd Zufriedene“ und beide ein größeres als der „Stabil Zufriedene“. Es kann jedoch auch davon ausgegangen werden, daß Kunden mit einer hohen Globalzufriedenheit zu den „Resignativ Zufriedenen“ gehören können. Dabei ist das Gefährdungspotential eine bedeutende Einflußgröße des jeweiligen Kundenverhaltens, das sich zum Beispiel in Kundenbindung oder -loyalität äußern kann. So haben „Fordernd Zufriedene“ und „Resignativ Zufriedene“ wahrscheinlich eher schon einen Anbieterwechsel in Erwägung gezogen als der „Stabil Zufriedene“ und sind weniger bereit, das Unternehmen weiterzuempfehlen.

Das Modell gibt Anlaß zu einigen **Implikationen für die Dienstleistungspraxis**. Es wird deutlich, daß es bei Zufriedenheitsuntersuchungen nicht ausreicht, lediglich die Globalzufriedenheit zu erheben. Vielmehr ist es bedeutsam, das Gefährdungspotential zufriedener Kunden festzustellen. Ausgehend von diesen Analysen sollte das Marketinginstrumentarium insbesondere bei den Kunden ansetzen, die ein großes Gefährdungspotential aufweisen.

Im Rahmen einer **kritischen Würdigung** des qualitativen Zufriedenheitsmodells ist insbesondere auf die globale Messung der Kundenzufriedenheit hinzuweisen. Dadurch, daß keine Einzelmerkmale der Leistung bewertet werden, entstehen zwei grundlegende Probleme. Im Rahmen der Zufriedenheitsmessung ist es fraglich, ob die Befragten eine Leistung bezüglich derselben Kriterien beurteilen. In engem Zusammenhang dazu steht das Problem, daß ein Dienstleister keine konkreten Anhaltspunkte erhält, mit welchen Teilleistungen die Kunden unzufrieden sind, so daß es schwerfällt, Bereiche zu identifizieren, in denen Modifikationen vorgenommen werden sollten.

Da die beschriebenen Modelle zur Messung der Dienstleistungsqualität erste Ansatzpunkte zur Gestaltung eines Qualitätsmanagements liefern, werden im folgenden diese Handlungsempfehlungen in konkrete Maßnahmen des Qualitätsmanagements umgesetzt.

5. Konzeptionierung eines Qualitätsmanagements

5.1 Total Quality Management als Ausgangspunkt

Der Begriff des **Total Quality Management** wird von der Deutschen Gesellschaft für Qualität (DGQ-Lenkungsausschuß Gemeinschaftsarbeit (LAG) der Deutschen Gesellschaft für Qualität e. V. 1993) wie folgt definiert:

> **Total Quality Management** ist eine auf der Mitwirkung aller ihrer Mitglieder beruhende Führungsmethode einer Organisation, die Qualität in den Mittelpunkt stellt und durch die Zufriedenheit der Kunden auf den langfristigen Geschäftserfolg sowie auf den Nutzen für die Mitglieder der Organisation und für die Gesellschaft zielt.

In diesem Zusammenhang wird der Nutzen für die Gesellschaft als die Erfüllung der Forderungen der Gesellschaft interpretiert.

Das Konzept des Total Quality Management findet seinen Ursprung in japanischen Qualitätskonzepten, die auch unter dem Begriff **Total Quality Control** zusammengefaßt werden können (Dale/Lascelles/Plunkett 1990, S. 3ff.; Kamiske/Brauer 1993b, S. 27). Dahinter steht die Annahme, daß eine totale Qualitätskontrolle zu einer kontinuierlichen Qualitätsverbesserung, einer größeren Effizienz, einer höheren Effektivität und zu geringeren Kosten führt. Zentrales Element dieses Ansatzes ist die Forderung, daß die Verantwortung für die Qualitätskontrolle von sämtlichen Mitarbeitern in allen Bereichen der Unternehmung getragen wird (Wyckhoff 1988, S. 232).

Eine Weiterentwicklung stellt das Konzept des Total Quality Management insofern dar, als daß von einer Unternehmenskultur oder Führungsphilosophie ausgegangen wird, in deren Mittelpunkt die Kundenzufriedenheit steht (DIN ISO 8402 1992, S. 22; Frehr 1994, S. 1). Elemente dieser **Qualitätsmanagementphilosophie** sind (Kamiske/Brauer 1993a, S. 143; Mudie/Cottam 1993, S. 92):

- Orientierung an dem Kunden und an seinem Urteil, sowohl in bezug auf externe als auch interne Kunden (Mitarbeiter),
- Kontinuierliche und dynamische Qualitätsverbesserung,

- Aufnahme der Qualität als oberstes Unternehmensziel,
- Forderung, daß jeder Mitarbeiter des Unternehmens „Qualitätsmanager" ist.

Damit sind für „Qualität" nicht nur spezifische Abteilungen zuständig, sondern sämtliche Mitarbeiter auf allen unternehmerischen Hierarchieebenen (Stauss 1993, S. 116).

Das für die Sachgüterproduktion entwickelte Konzept des Total Quality Management läßt sich auf Dienstleistungen übertragen. Im Rahmen einer **integrierten Qualitätssicherung** hat eine Einbeziehung aller Beteiligten in den Dienstleistungsprozeß zu erfolgen (Bruhn 1995d, S. 41). Bausteine eines Total Quality Management im Dienstleistungsbereich sind:

1. **Total** – das heißt die Einbeziehung aller an der Dienstleistung beteiligten Mitarbeiter, Zulieferer und Kunden,
2. **Quality** – das heißt die konsequente Orientierung des Dienstleistungsprozesses an den Qualitätsforderungen sämtlicher internen und externen Kunden,
3. **Management** – das heißt die Übernahme einer Vorbildfunktion für die Dienstleistungsqualität mit einem partizipativ-kooperativen Führungsstil des Managements.

Zusammenfassend kann Total Quality Management als eine integrierte, das gesamte Unternehmen mit allen Aktivitäten und Mitarbeitern sowie die Unternehmensumwelt einbeziehende **Führungsstrategie** bezeichnet werden, deren Aufgabe die Vorgabe aus Kundenanforderungen abgeleiteter Qualitätsziele und deren Erfüllung ist (Kamiske/ Brauer 1993a, S. 143).

5.2 Ziele und Aufgaben eines Qualitätsmanagements

Die zentrale **Aufgabe eines Qualitätsmanagements** ist die permanente Sicherstellung der vom Anbieter unter Berücksichtigung der Kundenerwartungen definierten Dienstleistungsqualität (Bruhn 1995d, S. 39). Dieses Ziel, Qualität aktiv zu fördern und nicht nur defensiv zu verteidigen, erfordert eine klare Formulierung der einzelnen wahrzunehmenden Aufgaben und Ziele des Qualitätsmanagements. Dabei sind die Ziele direkt von den übergeordneten Unternehmenszielen, wie Gewinnorientierung, Rentabilität und Sicherung von Wettbewerbsvorteilen, abzuleiten (Weber 1989, S. 56f.). Diesen Zusammenhang gibt Abbildung 4-16 wieder.

Qualität erweist sich gemäß den Ergebnissen der PIMS-Datenbank als ein wesentlicher Baustein für den langfristigen Unternehmenserfolg, sowohl in bezug auf den „Return on Investment" als auch im Verhältnis zu den Kosten einer Qualitätssteigerung (Bowen et al. 1990, S. 236). Eine Erhöhung der Qualität bei gleichzeitiger Reduzierung der Kosten

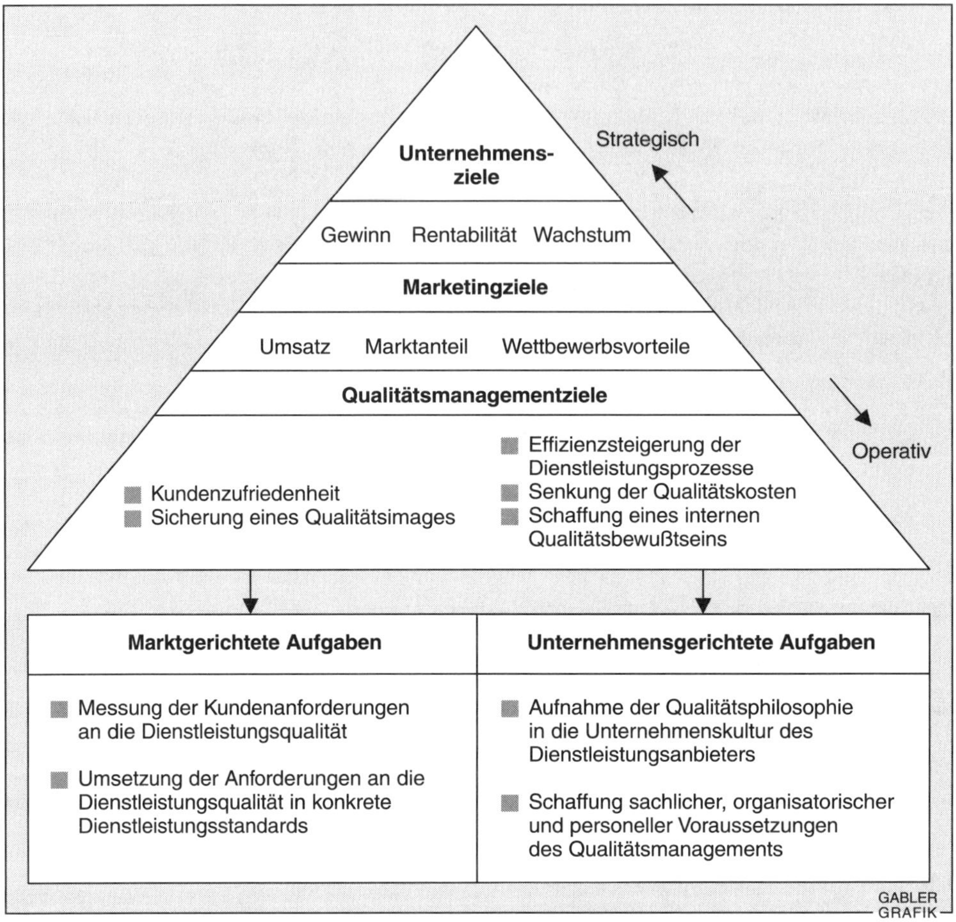

Abbildung 4-16: Zielsystem eines Dienstleistungsunternehmens

kann die Marktposition des Unternehmens verbessern, da zum einen dem Kunden die Qualitätserhöhung ohne gleichzeitige Preiserhöhung angeboten werden kann und zum anderen die Qualitätssteigerung ein Profilierungsinstrument gegenüber dem Wettbewerb darstellt (Staal 1990, S. 7f.). Die Ziele des Qualitätsmanagements von Dienstleistungsunternehmen, die in Abbildung 4-17 in einer Übersicht dargestellt sind, können dabei nach ihrer Gerichtetheit in markt- und unternehmensgerichtete Ziele unterteilt werden.

Bei den **marktgerichteten Zielen** sind die Steigerung der Kundenzufriedenheit und der Kundenbindung, die Imageverbesserung und die Einrichtung von Markteintrittsbarrieren gegenüber den Wettbewerbern zu nennen (Kamiske/Brauer 1993a, S. 75ff.). **Unternehmensgerichtete Ziele** eines Qualitätsmanagements sind die Senkung der Qualitätsko-

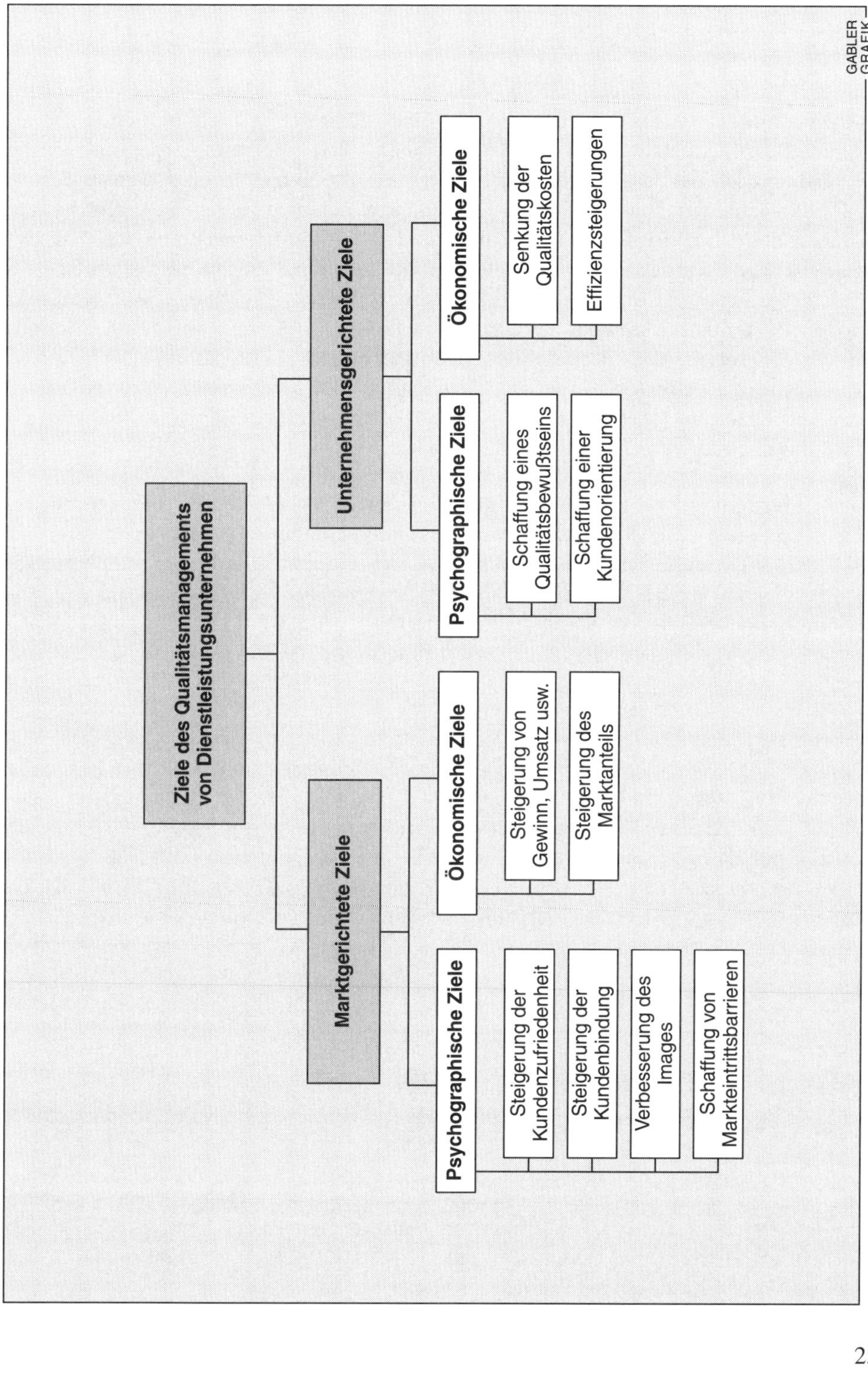

Abbildung 4-17: Ziele des Qualitätsmanagements von Dienstleistungsunternehmen

sten, eine Effizienzsteigerung im Rahmen der internen Dienstleistungsprozesse sowie die Schaffung eines Qualitätsbewußtseins sowie einer Kundenorientierung der Mitarbeiter.

Nach der Festlegung der Ziele des Qualitätsmanagements sind konkrete **Aufgaben des Qualitätsmanagements** abzuleiten, die zur Erreichung dieser Ziele beitragen sollen. Entsprechend der Zielkategorisierung können markt- und unternehmensgerichtete Aufgaben differenziert werden. Die **marktgerichteten Aufgaben** sind von den entsprechenden Zielen abzuleiten. Zur Realisierung der marktgerichteten Ziele ist es erforderlich, daß dem Unternehmen Informationen über die kundenrelevanten Dimensionen beziehungsweise Kriterien der Dienstleistungsqualität und ihrer Beurteilung vorliegen. Die zentrale marktgerichtete Aufgabe des Qualitätsmanagements ist es daher, diese **Kundenanforderungen** durch Methoden der Marktforschung und Mittel der internen Kommunikation zu ermitteln und in eindeutige **Anforderungen an die qualitätsrelevanten Leistungen umzusetzen**. Dazu gehören auch Maßnahmen der externen Kommunikation, welche die Qualitätserwartungen der Kunden bilden und bestätigen sollen und als Profilierungsinstrument gegenüber dem Wettbewerb dienen.

Zu den **unternehmensgerichteten Aufgaben** gehört die Verankerung einer **Qualitätsphilosophie** des Dienstleistungsanbieters in der Unternehmenskultur. Das kann durch die Aufnahme der Dienstleistungsqualität als oberstes Unternehmensziel, durch Schulungsmaßnahmen des Dienstleistungspersonals und durch interne Dokumentation des Qualitätsmanagements geschehen. Voraussetzung hierfür ist jedoch ein „Vorleben" der Qualitätsphilosophie beziehungsweise eine Vorbildfunktion der Führungskräfte des Dienstleistungsunternehmens.

Eine Effizienzsteigerung der internen Dienstleistungsprozesse sowie eine generelle Kostenreduzierung können nur realisiert werden, wenn entsprechende **qualitätsbezogene Voraussetzungen** im Unternehmen gegeben sind. In diesem Zusammenhang sind sachliche, das heißt die eingesetzte Technologie betreffende, organisatorische, das heißt die Schaffung geeigneter Organisationsstrukturen betreffende, und personelle, das heißt die Auswahl geeigneter Mitarbeiter betreffende, Voraussetzungen zu erfüllen. Ferner ist die Installierung qualitätsorientierter Kommunikations- und Kontrollsysteme erforderlich (Bruhn 1995d, S. 40f.).

5.3 Anforderungen an ein Qualitätsmanagementsystem

Zur Entwicklung und Umsetzung eines Qualitätsmanagementsystems müssen bestimmte Voraussetzungen im Dienstleistungsunternehmen gegeben sein, damit es erfolgreich implementiert werden kann. Die in Abbildung 4-18 dargestellten Anforderungen stehen hierbei im Vordergrund (Bruhn 1996a, S. 90ff.):

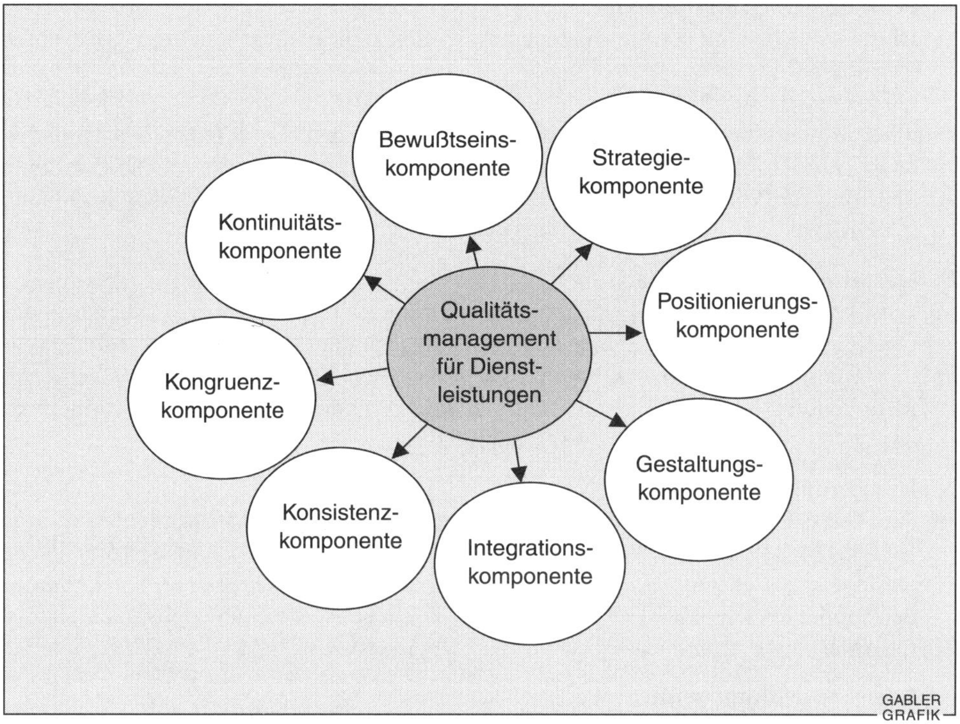

Abbildung 4-18: Anforderungen an ein Qualitätsmanagementsystem für Dienstleistungsunternehmen
(Quelle: Bruhn 1996, S. 91)

- **Bewußtseinskomponente**
  Sämtliche Mitarbeiter sollten sich der Notwendigkeit zur Kunden- und Qualitätsorientierung bewußt sein. Daher ist es erforderlich, eine „Servicekultur" im Unternehmen zu verankern, um das Mitarbeiterverhalten sowohl gegenüber den externen als auch gegenüber den internen Kunden nach Qualitätsaspekten auszurichten. Ferner ist es notwendig, in der Unternehmensorganisation einen einheitlichen kundenorientierten Qualitätsbegriff zu erarbeiten und verbindlich festzulegen.

- **Strategiekomponente**
  Grundlegende Erfolgsvoraussetzung eines Qualitätsmanagements für Dienstleistungen ist seine unternehmensweite, strategische Verankerung im Unternehmen. Daher sollten sämtliche bislang als Einzelmaßnahmen konzipierten Qualitätsaktivitäten unter ein gemeinsames „strategisches Dach" gestellt werden, um eine umfassende Kundenorientierung sicherzustellen. Dies verlangt die Formulierung einer langfristig ausgerichteten Qualitätsstrategie, welche die zentralen Qualitätsziele, -inhalte und -maßnahmen definiert und als Orientierungsrahmen für sämtliche Mitarbeiter verpflichtend gilt.

- **Positionierungskomponente**
  Die verschiedenen Qualitätsmaßnahmen sollten sich inhaltlich an der angestrebten Positionierung der Unternehmung beziehungsweise ihren angebotenen Dienstleistungen am Markt orientieren. Die geplante Positionierung des Dienstleistungsunternehmens bestimmt das Sollimage gegenüber den verschiedenen Anspruchsgruppen und stellt somit eine für das gesamte Unternehmen verbindliche Qualitätsplattform dar, die eine gleichgerichtete Serviceorientierung nach außen und innen ermöglicht.

- **Gestaltungskomponente**
  Die Schaffung einheitlicher formaler Gestaltungsprinzipien für die Umsetzung des Qualitätsmanagementkonzeptes ist notwendig, um den Mitarbeitern Richtlinien für ihre qualitätsbezogenen Aktivitäten zu geben. Schriftlich fixierte und sämtlichen Mitarbeitern kommunizierte Qualitätsstandards für alle Geschäftsprozesse innerhalb der Unternehmung sind hier zweckmäßig.

- **Integrationskomponente**
  Aus den differenzierten qualitätsbezogenen Maßnahmen und Instrumenten ist eine Einheit herzustellen, welche die Ausrichtung sämtlicher Unternehmensaktivitäten an den Bedürfnissen und Anforderungen sowohl externer als auch interner Kundengruppen beinhaltet. Die inhaltliche, formale und zeitliche Abstimmung der verschiedenen Qualitätskonzepte und -instrumente ist hierbei gefordert.

- **Konsistenzkomponente**
  Die verschiedenen Maßnahmen des Qualitätsmanagements sollten von den Kunden und Mitarbeitern des Dienstleistungsunternehmens widerspruchsfrei beziehungsweise einheitlich wahrgenommen werden können. Irritationen der Dienstleistungskunden aufgrund uneinheitlicher Serviceerbringung beispielsweise in bezug auf das Verhalten der Mitarbeiter oder die technische Ausstattung einzelner Filialen beziehungsweise Geschäftsstellen können zu Glaubwürdigkeits- und Akzeptanzproblemen führen. Daher sollte im Rahmen des Qualitätsmanagements sichergestellt werden, daß keine inhaltlichen oder formalen Widersprüche bei der Erstellung der Dienstleistungsqualität auftreten.

- **Kongruenzkomponente**
  Ein Qualitätsmanagementsystem kann nur dann im Dienstleistungsunternehmen erfolgreich implementiert werden, wenn das Verhalten der Mitarbeiter untereinander in den Abteilungen, Unternehmensbereichen und Tochtergesellschaften dem Verhalten gegenüber den externen Kunden entspricht. Qualitäts- und Serviceorientierung darf nicht nur nach außen Gültigkeit besitzen, sondern ist auch intern zwischen den Mitarbeitern verschiedener Abteilungen zu realisieren, das heißt die sogenannten „Kunden-Lieferanten-Beziehungen“ sind zu optimieren. Hierbei ist stets darauf zu achten, daß die Qualitätsversprechen gegenüber den verschiedenen externen und internen Anspruchsgruppen mit den realisierbaren Qualitätszielen übereinstimmen.

- **Kontinuitätskomponente**
  Ein umfassendes Qualitätsmanagementsystem erfordert eine mittel- bis langfristige Orientierung der qualitätsbezogenen Teilkonzepte und Instrumente. Fehlt der kontinuierliche Einsatz der entwickelten qualitätsbezogenen Maßnahmen, wie beispielsweise Kunden- und Mitarbeiterbefragungen, dann wird sich der Erfolg einer konsequenten Qualitätsorientierung nur teilweise einstellen. Wirkungs- und Effizienzmessungen wären nur partiell durchführbar, und ein Qualitätsbewußtsein könnte bei den Mitarbeitern in Dienstleistungsunternehmen nur bedingt geschaffen werden.

Diese genannten Aspekte sind die zentralen Voraussetzungen für die Konzipierung und erfolgreiche instrumentelle Umsetzung eines Qualitätsmanagementsystems in Dienstleistungsunternehmen, auf die im folgenden Abschnitt eingegangen wird.

6. Instrumente des Qualitätsmanagements

6.1 Phasen eines Qualitätsmanagementsystems

Die Umsetzung des Total Quality Management-Konzeptes in der Dienstleistungsunternehmung erfordert die Entwicklung von konkreten Instrumenten des Qualitätsmanagements. In diesem Zusammenhang wird von einem **Regelkreis des Managements der Qualität** (Pfeifer 1993, S. 300f.; Lehmann 1993, S. 109f.) gesprochen, der sich an den klassischen Managementfunktionen der Planung, Durchführung sowie Kontrolle orientiert und die folgenden **Phasen** beinhaltet (DIN ISO 8402 1992, S. 22ff.):

1. Qualitätsplanung,
2. Qualitätslenkung,
3. Qualitätsprüfung,
4. Qualitätsmanagementdarlegung.

An diesen Phasen orientieren sich die folgenden Ausführungen bezüglich der Instrumente des Qualitätsmanagements (vgl. Abbildung 4-19).

6.2 Instrumente der Qualitätsplanung

Die **Qualitätsplanung** ist notwendige Voraussetzung eines gezielten Qualitätsmanagements. Sie wird von der Deutschen Gesellschaft für Qualität (DGQ-Lenkungsausschuß Gemeinschaftsarbeit (LAG) der Deutschen Gesellschaft für Qualität e. V. 1993) wie folgt definiert:

> Die **Qualitätsplanung** umfaßt alle Maßnahmen des Auswählens, Klassifizierens und Gewichtens der Qualitätsmerkmale sowie des schrittweisen Konkretisierens aller Einzelforderungen an die Beschaffenheit einer Leistung zu Realisierungsspezifikationen im Hinblick auf die durch den Zweck der Einheit gegebenen Erfordernisse, auf die Anspruchsklasse und unter Berücksichtigung der Realisationsmöglichkeiten.

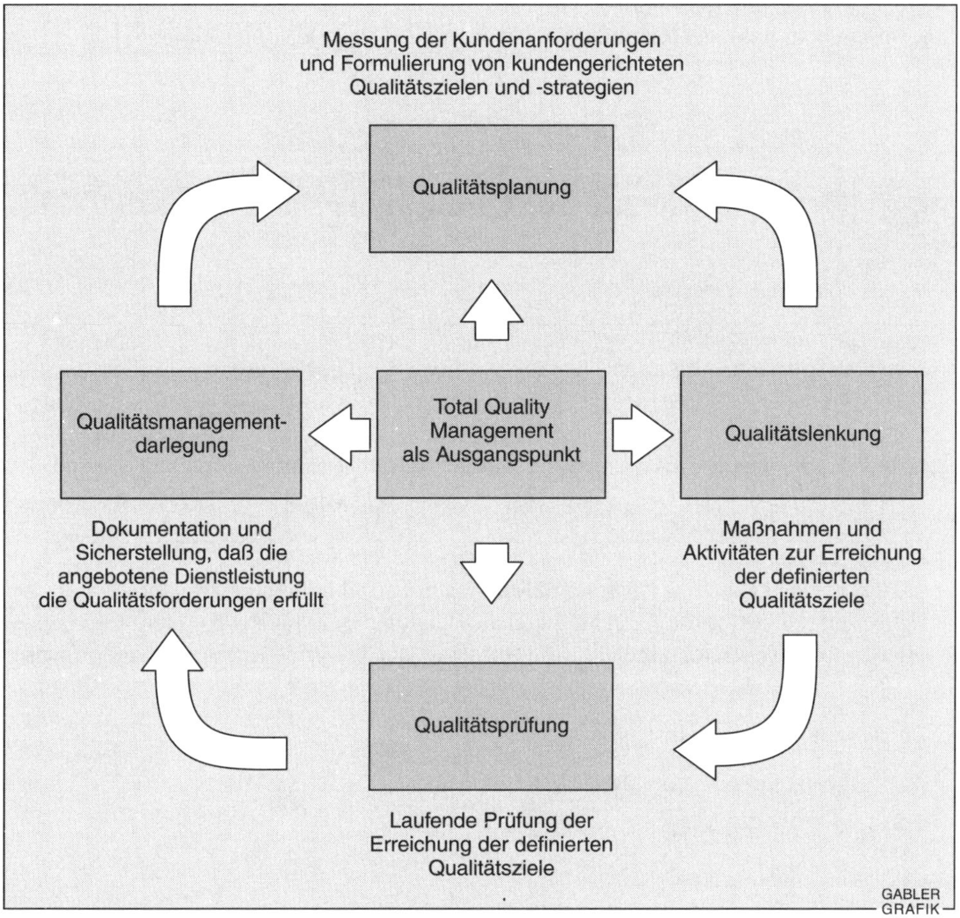

Abbildung 4-19: Phasen eines Qualitätsmanagements

Die Phase der Qualitätsplanung beinhaltet somit das Planen und Weiterentwickeln der Qualitätsforderung an die Dienstleistung. Es wird hierbei nicht die Qualität selbst geplant, sondern die Anforderungen an die Qualität festgelegt. Im Rahmen dieser Phase können strategische und operative Instrumente unterschieden werden. Auf **strategischer Ebene** geht es darum, den Handlungsrahmen des Qualitätsmanagements festzulegen. Die Auswahl der Instrumente der strategischen Qualitätsplanung fällt in den Verantwortungsbereich der Geschäftsführung. Zunächst werden die Qualitätsposition, -ziele und -strategien definiert. Weitere Instrumente sind Kundenbarometer sowie die aus dem Bereich der strategischen Unternehmensplanung stammende Stärken-/Schwächen-/Chancen-/Risiken-(SWOT-)Analyse sowie die Portfoliomethode, die zur Anwendung im Qualitätsmanagement modifiziert werden. Auf **operativer Ebene** werden die in Abschnitt 3 dieses

Kapitels diskutierten Instrumente zur Messung der Anforderungen an die Dienstleistungsqualität sowohl aus Kundensicht als auch aus Dienstleistungsanbietersicht eingesetzt.

6.3 Instrumente der Qualitätslenkung

Unter **Qualitätslenkung** (auch „Quality Control" genannt) werden sämtliche „vorbeugenden, überwachenden und korrigierenden Tätigkeiten bei der Realisierung einer Einheit" verstanden, mittels derer „unter Einsatz von Qualitätstechnik die Qualitätsforderungen" erfüllt werden sollen (DGQ-Lenkungsausschuß Gemeinschaftsarbeit (LAG) der Deutschen Gesellschaft für Qualität e. V. 1993, S. 87).

Sie basiert auf den Ergebnissen der Qualitätsplanung und beinhaltet alle Tätigkeiten, die zur Erfüllung der Anforderungen an die Dienstleistungsqualität aus Kunden- und Unternehmenssicht erforderlich sind. Die Instrumente der Qualitätslenkung können in drei Gruppen unterteilt werden:

1. Mitarbeiterbezogene Instrumente,
2. Kulturbezogene Instrumente,
3. Organisationsbezogene Instrumente.

1. Mitarbeiterbezogene Instrumente

Da das Kundenkontaktpersonal eines Dienstleisters aufgrund der Integration des externen Faktors in den Leistungserstellungsprozeß in direktem Kontakt zu den Kunden steht, wird sein Verhalten vom Kunden häufig als Qualitätsindikator herangezogen. Daher müssen im Rahmen der Qualitätslenkung personalpolitische Instrumente zur Steuerung des Mitarbeiterverhaltens eingesetzt werden. Dabei konzentrieren sich die folgenden Ausführungen auf die qualitätsrelevanten Aspekte personalpolitischer Maßnahmen, auf die im Rahmen der Darstellung der Personalpolitik von Dienstleistungsunternehmen (vgl. Kapitel 5, Abschnitt 5) in ihrer Gesamtheit eingegangen wird. Qualitätspolitisch relevant sind die folgenden Instrumente (vgl. zum Beispiel Bruhn 1996a, S. 124ff.):

- Einstellung neuer Mitarbeiter,
- Schulung von Mitarbeitern,
- Anreizsysteme für die Mitarbeiter.

Bei der **Personaleinstellung** gilt es, darauf zu achten, daß die potentiellen Mitarbeiter in ihren Fähigkeiten den qualitätsrelevanten Anforderungen des Unternehmens (zum Beispiel Kundenorientierung, Servicementalität, Kommunikationsfähigkeit) entsprechen. Die Eignung der Mitarbeiter zur Erfüllung dieser Anforderungen kann außer mittels persönlichen Vorstellungsgesprächen insbesondere durch Verhaltenstests (zum Beispiel Rollenspiele, Gruppendiskussionen) überprüft werden.

Große Bedeutung kommt ferner qualitätsorientierten **Schulungen** zu, die dazu dienen, den Mitarbeitern psychosoziale Kompetenzen anzueignen. Zu diesen zählen:

- Erkennen verschiedenartiger Transaktionsabläufe in Interaktionsperioden während der Erstellung einer Dienstleistung,
- Aktive Gestaltung dieser Interaktionsperioden anhand der Erkenntnisse aus der Transaktionsanalyse,
- Bewältigung schwieriger und für die Dienstleistungsqualität negativ wirkender Interaktionsprozesse mit dem Konsumenten,
- Begreifen der eigenen Grundeinstellung und der bevorzugten Rollen im Umgang mit Personen.

In diesem Zusammenhang sollte mittels Mitarbeiterbefragungen herausgefunden werden, in welchen Bereichen die Mitarbeiter selbst Schulungsbedarf sehen. Einzelmaßnahmen im Rahmen von Schulungen sind:

- Qualitätsseminare,
- Servicetraining für das Kundenkontaktpersonal,
- Coaching für Führungskräfte.

Schließlich sind bezüglich der mitarbeiterbezogenen Maßnahmen **Anreizsysteme** zu nennen, die zur Steigerung der Mitarbeitermotivation in Richtung eines kunden- und serviceorientierten Verhaltens führen können.

2. Kulturbezogene Instrumente

Die Umsetzung der Qualitätsorientierung eines Dienstleistungsunternehmens erfordert die Implementierung einer **kunden- und serviceorientierten Unternehmenskultur,** die von allen Mitarbeitern gelebt werden muß. Dabei bezieht sich diese Anforderung sowohl auf die Beziehungen des Unternehmens und seiner Mitarbeiter zu den Kunden als auch auf die Zusammenarbeit der Mitarbeiter untereinander. Der Wandel der Unternehmenskultur hin zu einer unternehmensübergreifenden externen und internen Dienstleistungskultur ist ein schwer zu steuernder und langfristiger Prozeß. In diesem Zusammenhang ist es insbesondere erforderlich, daß sich die Führungskräfte des Dienstleisters ihrer Vorbildfunktion ihren Mitarbeitern gegenüber bewußt sind und sich entsprechend verhalten.

3. Organisationsbezogene Instrumente

Die organisationsbezogenen Instrumente der Qualitätslenkung beziehen sich auf die Erfordernis gewisser aufbau- und ablauforganisatorischer Voraussetzungen zur **Institutionalisierung eines Qualitätsdenkens** im Unternehmen. In diesem Zusammenhang sind zwei Aspekte von besonderer Bedeutung:

- Organisatorische Gestaltung des Qualitätsmanagements,
- Implementierung qualitätsfördernder Informations- und Kommunikationssysteme.

Im Rahmen der **organisatorischen Gestaltung des Qualitätsmanagements** sollte die **Qualitätsverantwortung** auf das Linienmanagement übertragen werden, damit qualitätsorientierte Verhaltensweisen in die tägliche Arbeit der Mitarbeiter integriert werden können. In stark filialisierten Unternehmen (zum Beispiel Banken) ist es ferner angebracht, einen zentralen Qualitätsmanager einzusetzen, der die Verantwortung für die unternehmensweite Koordination und Kontrolle der Qualität übernimmt.

Ergänzend zu diesen an die Organisationsform des Unternehmens angepaßten Maßnahmen können stellenübergreifend **Qualitätszirkel** eingerichtet werden. Grundgedanke dieses aus der industriellen Fertigung stammenden Ansatzes ist es, das bisher weitgehend ungenutzte Problemlösungspotential der Mitarbeiter zu aktivieren (Corsten 1987, S. 196). Insbesondere das Kundenkontaktpersonal ist aufgefordert, die Schwierigkeiten, die sich im täglichen Umgang mit den Kunden ergeben, aufzugreifen und hierzu Lösungsvorschläge zu erarbeiten. Der Aufbau von Qualitätsbewußtsein und -verantwortung des Dienstleistungspersonals sollte unterstützt werden, um damit zum einen die Qualität und Produktivität der Mitarbeiter zu erhöhen und zum anderen ihre persönliche Entwicklung und Arbeitszufriedenheit zu verbessern (Oess 1991, S. 286f.).

In der Definition der „General Principles of the Quality Circle" wird ein **Qualitätszirkel** als „eine kleine Gruppe von Mitarbeitern, die freiwillig Qualitätssicherungsaktivitäten innerhalb des gleichen Arbeitsfeldes betreibt" (Oess 1991, S. 286f.), bezeichnet. Dabei handelt es sich meist um vier bis fünf Mitarbeiter der gleichen Hierarchiestufe, die innerhalb ihrer Gruppe folgende **Aufgaben** bearbeiten (Corsten 1987, S. 198):

- Erkennen von Schwachstellen im eigenen Arbeitsbereich,
- Ursachenermittlung,
- Entwicklung von Problemlösungen,
- Präsentation der Ergebnisse vor dem Management,
- Realisation der Lösung,
- Laufende Überwachung.

Problembereiche dieses Ansatzes können in einer mangelnden Unterstützung der Arbeit der Qualitätszirkel durch die Leitung der Dienstleistungsunternehmung oder in der fehlerhaften Auswahl geeigneter Mitarbeiter liegen. Entscheidender Vorteil dieses Konzeptes ist jedoch seine Eignung als Instrument eines partizipativen Führungsstils (Corsten 1987, S. 199), das den Gedanken des Total Quality Management, daß grundsätzlich jeder Mitarbeiter Qualitätsmanager des Unternehmens ist, positiv unterstützt (Oess 1991, S. 286ff.).

Schließlich ist für eine erfolgreiche Qualitätslenkung die qualitätsorientierte Anpassung der **Informations- und Kommunikationssysteme** des Dienstleisters unerläßlich. Im folgenden soll exemplarisch für den **Finanzdienstleistungssektor** aufgezeigt werden, welche Bedeutung den informations- beziehungsweise kommunikationstechnologischen Instrumenten des Qualitätsmanagements zukommt.

Aus der Perspektive der Kreditinstitute ist dem Umstand entgegenzutreten, daß derzeit nach wie vor von 100 Kundenkontakten am Schalter mehr als 90 Prozent dem Routinegeschäft und weniger als zehn Prozent der Beratung zuzuordnen sind (Ambros 1993, S. 10) und Servicekräfte ca. ein Drittel ihrer Tätigkeit in die Ausgabe von Vordrucken investieren. Auch aus Kostengesichtspunkten sollte dieser Aspekt berücksichtigt werden.

Die steigende Bedeutung der Automatisierung und Selbstbedienung, insbesondere bei **Bankautomaten** und beim **Telefonbanking** beweisen offensichtlich, daß es Kundensegmente gibt, die in der beleglosen und zeitökonomischen Distanzabwicklung von Routinegeschäften ohne Limitierung von Öffnungszeiten einen Qualitätsvorteil erkennen.

Electronic Banking, das heißt computergestützte Bankdienstleistungen, bieten aber auch in der Beratungsphase Ansatzpunkte zur Qualitätssteuerung, da die Mitarbeiter im Kundenkontakt aktuelle Markt-, Kunden- und Produktinformationen „online" abrufen können, die bei einer individuellen, umfassenden Beratung hilfreich oder sogar notwendig sind. Auch **Simulationen** in bezug auf alternative Problemlösungen bei der Geldanlage oder der Finanzierung sowie **Modellrechnungen** im Computerdialog können im Rahmen von **Expertensystemen** eingesetzt werden, um den Informationsbedürfnissen von Kunde und Berater zu dienen.

6.4 Instrumente der Qualitätsprüfung

Der **Qualitätsprüfung** sind sämtliche Maßnahmen zu subsumieren, die im Rahmen des Qualitätsmanagements eingesetzt werden, um die Erfüllung der Qualitätsforderung durch eine Einheit festzustellen, das heißt sämtliche qualitätsbezogenen Elemente, Prozesse und Tätigkeiten eines Dienstleistungsunternehmens im Hinblick auf die Erreichung der geplanten Qualitätsziele zu testen (DGQ 1995, S. 108).

Der Einsatz der Instrumente dieser Phase dient der Überprüfung der Einhaltung der in der Qualitätsplanung festgelegten Qualitätsnormen und -richtlinien sowie der Erfolgskontrolle von Maßnahmen der Qualitätslenkung. Qualitätsprüfungen können permanent in verschiedenen Bereichen der Unternehmung durchgeführt werden, das heißt an einem Dienstleistungsprodukt beziehungsweise -ergebnis, während des Dienstleistungsprozesses oder auch bei der Potentialdimension der Dienstleistungsqualität (DGQ-Lenkungsausschuß Gemeinschaftsarbeit (LAG) der Deutschen Gesellschaft für Qualität e. V. 1993, S. 97).

Die Gesamtheit der Instrumente der Qualitätsprüfung kann grundsätzlich in interne und externe Instrumente der Qualitätsprüfung untergliedert werden.

1. Instrumente der internen Qualitätsprüfung

Die Instrumente der internen Qualitätsprüfung setzen an der **Qualitätswahrnehmung der Unternehmensmitglieder** an. Zu diesen Methoden gehören:

- Vieraugenprinzip,
- Dienstaufsichtskontrollen,
- Mitarbeitergespräche,
- Befragungen der internen Kunden.

Beim **Vieraugenprinzip** geht es darum, daß sich sämtliche Mitarbeiter als Dienstleister ansehen und permanent ihr eigenes Verhalten und dasjenige ihrer Kollegen hinsichtlich einer Kunden- und Serviceorientierung kritisch hinterfragen und prüfen. Ferner sollten **Dienstaufsichtskontrollen** durchgeführt werden. Hierbei ist zum einen die Kontrolle mittels technischer Hilfsmittel, zum Beispiel Computern, vorstellbar. Diese dienen der Vorbeugung gegen mißbräuchliches Verhalten und der Prüfung der Einhaltung festgelegter Qualitätsnormen. Zum anderen sollten sich die Führungskräfte des Dienstleistungsunternehmens entweder aktiv oder passiv, zum Beispiel im Rahmen von Mitarbeiterbeobachtungen, an der Interaktion zwischen Kontaktpersonal und Kunden beteiligen. **Mitarbeitergespräche** zwischen Vorgesetztem und Mitarbeiter dienen einerseits der Festlegung von Qualitätszielen eines bestimmten Mitarbeiters und der Überprüfung ihrer Realisierung. Andererseits sollen im Rahmen dieser Gespräche Mitarbeiterprobleme offengelegt werden, weil von vielen Autoren ein positiver Zusammenhang zwischen Mitarbeiter- und Kundenzufriedenheit unterstellt wird. Aus diesem Grunde ist es schließlich auch ratsam, regelmäßig **Mitarbeiterbefragungen** durchzuführen, um die Qualität unternehmensinterner Leistungen durch die internen Kunden beurteilen zu lassen.

2. Instrumente der externen Qualitätsprüfung

Im Gegensatz zu der internen Qualitätsprüfung orientieren sich die Instrumente der externen Qualitätsprüfung an den **qualitätsbezogenen Kundenwahrnehmungen**. Hierbei können die folgenden Verfahren zum Einsatz kommen (Bruhn 1996a, S. 144ff.):

- Customer Satisfaction Tracking Systems,
- Kundenbefragungen,
- Beschwerdemanagement,
- Testkaufmethoden.

Zunächst besteht im Rahmen der externen Qualitätsprüfung die Möglichkeit, die bereits vorgestellten Verfahren zur Messung von Kundenerwartungen und -wahrnehmungen in modifizierter Form einzusetzen. Bei kontinuierlicher Messung können im Rahmen sogenannter **Customer Satisfaction Tracking Systems** mittels Zeit-, Abteilungs-, Geschäftsstellen-, Kundengruppenvergleichen und ähnlichen Veränderungen der Kundenwahrnehmungen analysiert werden. Ferner ist es möglich, **Kundenbefragungen** außer zur Bestimmung der Kundenanforderungen an den Dienstleister in der Phase der Qualitätsplanung auch zur Erfolgskontrolle durchgeführter Qualitätsmaßnahmen einzusetzen. Hierbei ist jedoch die Problematik der Feststellung eindeutiger Ursache-Wirkungs-Zusammenhänge und die zeitliche Wirkungsverzögerung von Qualitätsmaßnahmen zu beachten. Zentrales Element der externen Qualitätsprüfung ist ein **systematisches Beschwerdemanagement**, das aufgrund des engen Mitarbeiter-Kundenkontaktes im Dienstleistungsbereich besonders zur Qualitätsprüfung geeignet ist. Schließlich finden im Rahmen der Qualitätsprüfung häufig **Testkaufmethoden** (zum Beispiel Testkonten, Testberatungsgespräche im Bankensektor) Anwendung. Diese dienen der Überprüfung des Mitarbeiterverhaltens und der Dienstleistungsqualität aus Kundensicht, zum Beispiel durch einen Experten oder durch ausgewählte Kunden.

6.4 Instrumente der Qualitätsmanagementdarlegung

Die **Qualitätsmanagementdarlegung** (auch „Quality Assurance" genannt) beinhaltet „alle geplanten und systematischen Tätigkeiten, die innerhalb des Qualitätsmanagementsystems verwirklicht und wie erforderlich dargelegt sind, um angemessenes Vertrauen zu schaffen, daß die angebotenen Dienstleistungen die jeweilige Qualitätsforderung erfüllen werden" (DGQ-Lenkungsausschuß Gemeinschaftsarbeit (LAG) der Deutschen Gesellschaft für Qualität e. V. 1993, S. 132).

Ein **Qualitätsmanagementsystem** dient letztlich der Strukturierung und systematischen Umsetzung von Qualitätsaufgaben in einer Dienstleistungsunternehmung. So entsteht ein System vernetzter Regelkreise auf sämtlichen betrieblichen Ebenen, indem Ziele, Struktur, Verantwortlichkeiten, Verfahren, Prozesse und die zur Durchführung erforderlichen Mittel zur Sicherung der Qualität festgelegt werden (Kamiske/Brauer 1993a, S. 78). **Elemente eines Qualitätssicherungssystems** sind beispielsweise (Oess 1991, S. 98):

- Genau festgelegte Qualitätsziele,
- Exakte Aufgaben- und Verantwortungsbereiche,
- Hinweise über Rolle und Bedeutung von Dokumentation, Qualitätsprüfung, Audits, Qualitätskosten, Prüfmittelüberwachung und andere.

Gestaltung und Umfang eines Qualitätsmanagementsystems können nur unternehmensspezifisch festgelegt werden und sind in Form von **Qualitätsmanagement-(Qualitätssicherungs-)Handbüchern** zu dokumentieren (Jahn 1988, S. 924). Diese definieren den Ist-Zustand des Qualitätsmanagementsystems und gelten gleichzeitig als Entwicklungsrichtlinie für die Zukunft (o. V. 1993, S. 9). Darüber hinaus ermöglichen sie eine regelmäßige Überprüfung des Qualitätsmanagementsystems in bezug auf Wirksamkeit und Funktionsfähigkeit im Rahmen von Qualitätsaudits. Die genannte Qualitätsmanagementdarlegung dient hierbei in erster Linie Zwecken der internen und externen Kommunikation. Sie soll den Mitarbeitern und Führungskräften des Dienstleistungsunternehmens Vertrauen in die eigene Qualitätsfähigkeit geben und auch als Motivationsinstrument eingesetzt werden. Nach außen erfüllt sie Profilierungszwecke und kann beispielsweise als Basis für die Erteilung eines **Zertifikats** dienen, das der Unternehmung die Erfüllung ihrer Qualitätsanforderungen bescheinigt (DGQ-Lenkungsausschuß Gemeinschaftsarbeit (LAG) der Deutschen Gesellschaft für Qualität e. V. 1993, S. 132f.).

7. Implementierung eines Qualitätsmanagements

Es handelt sich beim **Management der Dienstleistungsqualität** weniger um ein konzeptionelles und/oder methodisches Problem. Sowohl die Konzepte als auch zahlreiche Methoden der Qualitätssicherung stehen zur Verfügung und haben sich in vielen Unternehmen und Branchen bereits bewährt. Die Hauptschwierigkeit der Qualitätssicherung liegt vielmehr in der Implementierung des Qualitätsmanagements. Durch die Beteiligung verschiedener Personen, Abteilungen und Geschäftsstellen im Dienstleistungsunternehmen erhöht sich die Komplexität der internen Durchsetzung von Qualitätssicherungsmaßnahmen. Es empfiehlt sich, zur Implementierung eines umfassenden Qualitätsmanagementsystems ein Programm zu entwerfen, um das System schrittweise einzuführen.

7.1 Ansatzpunkte zur Implementierung eines Qualitätsmanagements

Da es sich bei der Implementierung eines Qualitätsmanagements um einen langfristigen Umwälzungsprozeß handelt, ist es zweckmäßig, die Entwicklung und Umsetzung des Qualitätsmanagementsystems als **mehrstufiges Phasenkonzept** zu definieren, das in verschiedene Zeiteinheiten aufgeteilt ist. Ein Beispiel für einen Zeitrahmen der verschiedenen Phasen zeigt Abbildung 4-20.

Grundsätzlich sollte die Umsetzung der einzelnen Phasen des Qualitätsmanagementsystems im Rahmen einer detaillierten Projektplanung erfolgen (Döttinger/Klaiber 1994, S. 263). Da die Implementierung unternehmensweit zu erfolgen hat, ist es erforderlich, für sämtliche Mitglieder auf allen betrieblichen Ebenen Ziele, Strukturen, Verantwortlichkeiten, Verfahren, Prozesse und die zur Durchführung erforderlichen Maßnahmen festzulegen. Zur systematischen Implementierung eines Qualitätsmanagementsystems wird man planerische Überlegungen anstellen, die sich speziell mit der Überwindung der zu erwartenden Implementierungsbarrieren beschäftigen. Dabei kann – in Anlehnung an den entscheidungsorientierten Ansatz im Dienstleistungsmarketing – ein **Grundkonzept für ein Implementierungsprogramm** aufgestellt werden.

Bei diesem Grundkonzept stellt die **Analyse der Implementierungssituation** den Ausgangspunkt dar. Hierbei muß der Implementierungsbedarf für das Qualitätsmanagement in den einzelnen Unternehmensbereichen festgelegt werden. Anschließend sind die **Ziele und Zielgruppen der Implementierung** festzulegen, bevor konkrete **Einzelmaßnahmen** geplant, gestaltet und untereinander koordiniert werden können. Die **Erfolgs-**

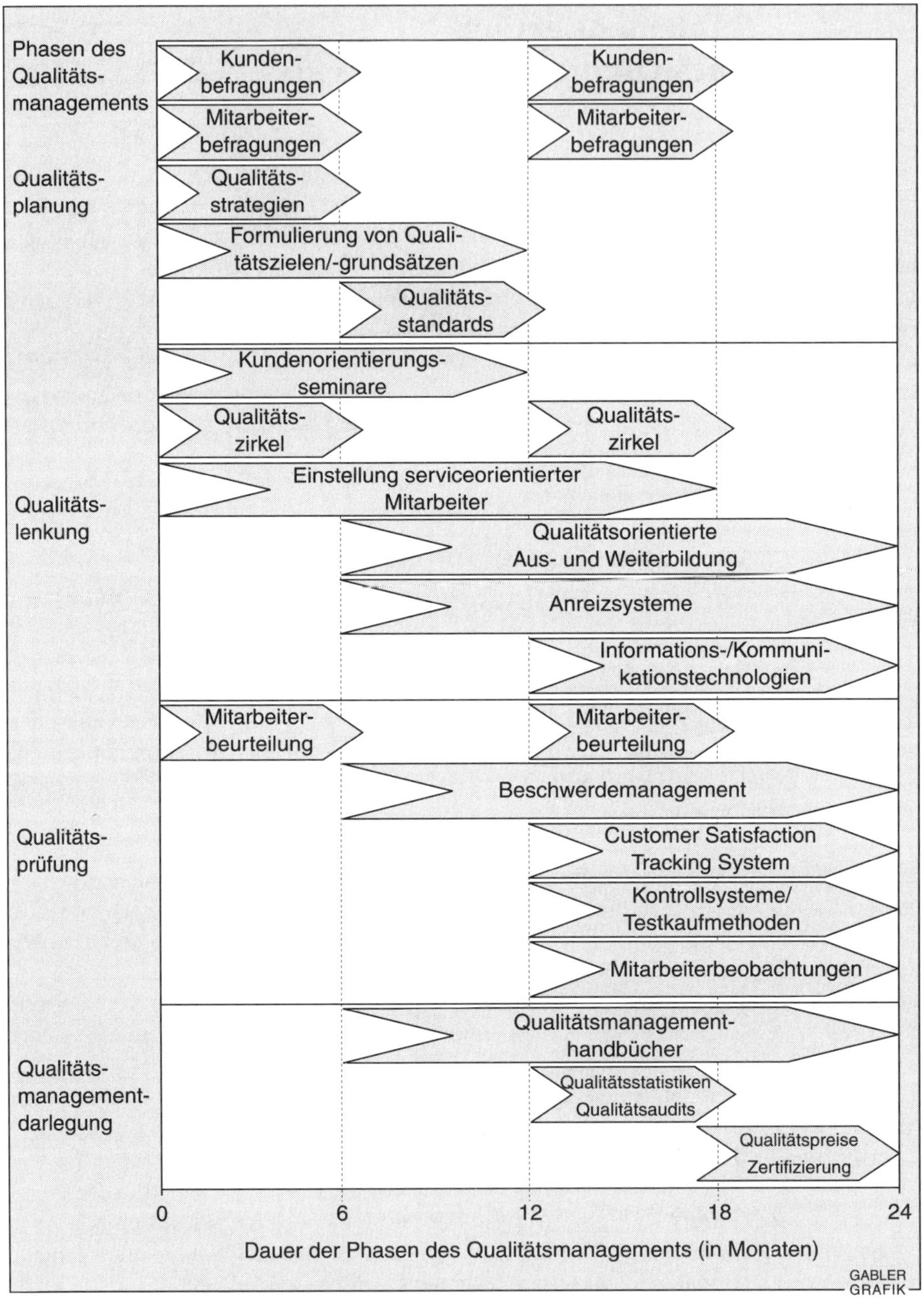

Abbildung 4-20: Beispielhafte Darstellung eines Phasenkonzepts des Qualitätsmanagements für Dienstleistungsunternehmen
(Quelle: Bruhn 1996, S. 156)

kontrolle ist erforderlich, um kontinuierlich den Erreichungsgrad der Implementierungsziele zu messen und mögliche Korrekturmaßnahmen einzuleiten.

Bei diesem Grundkonzept eines Implementierungsprogramms empfiehlt sich eine **iterative Vorgehensweise** mit ständigen Rückkopplungsprozessen auf sämtlichen Ebenen, um eine unternehmensweite Verankerung des Qualitätsgedankens zu gewährleisten.

7.2 Wirtschaftlichkeit des Qualitätsmanagements

Eine zentrale Implementierungsbarriere eines Qualitätsmanagementsystems ist das unzureichende Verständnis der Kosten- und Erlöswirkungen von Qualitätsmanagementmaßnahmen (Wildemann 1992).

Die in Wissenschaft und Praxis zunehmend geforderte Auseinandersetzung mit der dienstleistungsspezifischen **Wirtschaftlichkeitsproblematik von Qualitätsmanagementsystemen** (zum Beispiel Edvardsson/Gustavsson 1991, S. 324; Dale/Plunkett 1993; Pfeifer 1993b, S. 381ff.; Atkinson/Hamburg/Ittner 1994) verlangt, daß hier nicht nur einzelne Aspekte untersucht werden. Es sind vielmehr systematisch Kosten- und Nutzenkategorien abzuleiten, deren Einflußfaktoren zu analysieren sowie wirtschaftlichkeitsrelevante Zusammenhänge aufzuzeigen.

7.21 Kosten des Qualitätsmanagements

Wesentlicher Ansatzpunkt zur Bestimmung der Wirtschaftlichkeit von Maßnahmen des Qualitätsmanagements in Dienstleistungsunternehmen bildet das **Konzept der Qualitätskosten** (zum Beispiel Campanella 1990; Dale/Plunkett 1993; Pfeifer 1993b, S. 383ff.; Steinbach 1994).

Qualitätskosten beziehungsweise qualitätsbezogenen Kosten werden sämtliche Kosten subsumiert, die „vorwiegend durch Qualitätsforderungen verursacht sind, das heißt (...) durch Tätigkeiten der Fehlerverhütung, durch planmäßige Qualitätsprüfungen sowie durch intern oder extern festgestellte Fehler sowie durch die externe Qualitätsmanagementdarlegung verursacht sind" (DGQ 1995b, S. 50).

Darüber hinaus werden auch „die Verluste infolge des Nichterreichens zufriedenstellender Qualität“ (AQS 1992, S. 31) als Qualitätskosten erfaßt. Man unterscheidet grundsätzlich drei **Arten von Qualitätskosten** (Steinbach 1994, S. 67):

- Zu den **Fehlerverhütungskosten** zählen die Kosten der Qualitätsplanung und -sicherung (zum Beispiel Kosten für Schulungsmaßnahmen für die Mitarbeiter).
- **Prüfkosten** ergeben sich bei der Durchführung von Qualitätsanalysen und -kontrollen (zum Beispiel Kosten für die Durchführung von Kundenbefragungen).
- Die **Fehlerkosten** können unterschieden werden in externe und interne Fehlerkosten. **Interne Fehlerkosten** treten auf, wenn Qualitätsmängel beseitigt werden, bevor der Kunde in den Erstellungsprozeß integriert wird (zum Beispiel Kellner bemerkt, daß das Steak durchgebraten wurde, obwohl der Kunde es „medium“ bestellte). Dahingegen entstehen **externe Fehlerkosten** zum Beispiel bei einer nachträglichen Wiedergutmachung von Fehlern gegenüber dem Dienstleistungskunden, das heißt wenn der Fehler erst erkannt wird und beseitigt werden kann, wenn der Kunde bereits am Erstellungsprozeß beteiligt ist (zum Beispiel Zahlen von Schadenersatz wegen eines Defektes am Auto nach der Benutzung einer Autowaschanlage).

Es wird deutlich, daß mit dem Begriff Qualitätskosten

- Kosten zur Erfüllung vorgegebener Qualitätsstandards und
- Kosten aufgrund von Nichtqualität

verbunden sind.

Die Verluste infolge des Nichterreichens zufriedenstellender Qualität stellen qualitätsbezogene Opportunitätskosten da, die vor allem im Dienstleistungsbereich von besonderer Bedeutung sind. Da sich Qualitätsmängel im Dienstleistungsunternehmen oft direkt auf den Kunden auswirken, führen sie nicht selten zu Kundenabwanderungen und damit auch zu Erlöseinbußen.

So stellen beispielsweise Fehlerverhütungskosten Opportunitätskosten dar, die nicht ausgabewirksam und damit nur schwer quantifizierbar sind. Den genannten Kosten stehen weiterhin Qualitätssicherungs- beziehungsweise -vorbeugungskosten gegenüber. Diese entwickeln sich gegenläufig zueinander, so daß ein Qualitätskostenminimum gefunden werden muß, das theoretisch, wie in Abbildung 4-21 zu sehen, exakt bestimmbar ist.

Diese traditionelle Sichtweise geht demnach davon aus, daß eine **Null-Fehler-Strategie** wenig sinnvoll ist, weil ab einem bestimmten Qualitätsgrad die Gesamtkosten wieder steigen. Das Problem dieser Sichtweise liegt in der Unterschätzung der mit schwacher Qualität einhergehenden Kosten. So haben Untersuchungen in den USA ergeben, daß diese Kosten in Dienstleistungsunternehmen 30 bis 50 Prozent des Umsatzes betragen.

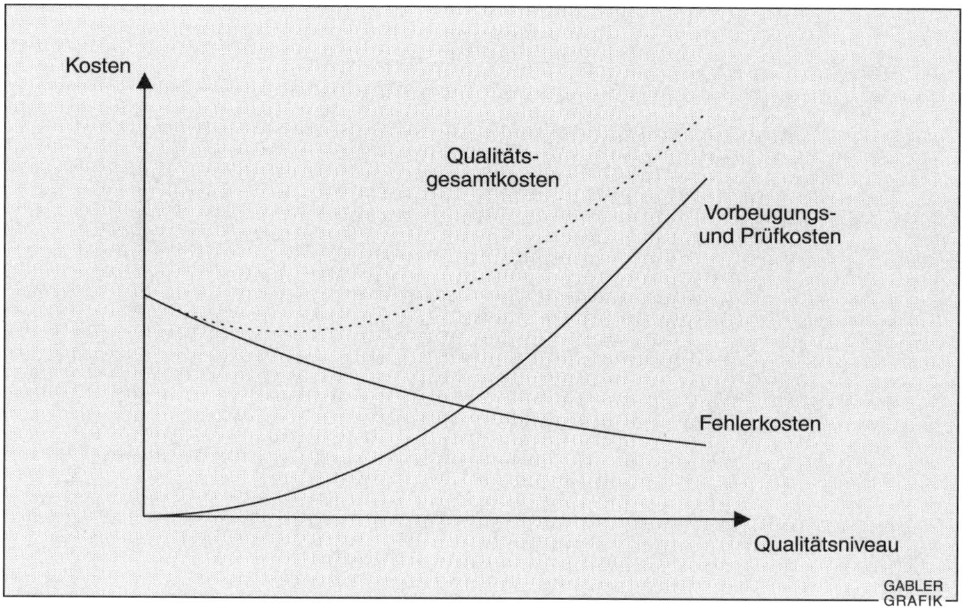

Abbildung 4-21: Traditionelle Sichtweise des Qualitätsoptimums
(Quelle: Rust/Zahorik/Kleiningham 1994, S. 94)

Daher geht eine neue Sichtweise der Qualitätskosten davon aus, daß die Gesamtkosten kontinuierlich abnehmen. Dieser Zusammenhang, der in Abbildung 4-22 wiedergegeben ist, führt zu der Forderung an Dienstleistungsunternehmen, eine möglichst hohe Qualität zu erstellen.

In der Praxis findet man häufig den Tatbestand vor, daß Unternehmen eher an der Fehlerprüfung als an der Fehlervermeidung ansetzen. Dies liegt darin begründet, daß die Qualitätsprüfung an das Ende des Leistungserstellungsprozesses beziehungsweise einzelner Teilschritte angeschlossen werden kann. Um Fehler zu vermeiden, muß jedoch der gesamte Dienstleistungsprozeß neu geplant und konzipiert werden. Dies ist zunächst mit einem höheren finanziellen und personellen Aufwand verbunden, weshalb zahlreiche Unternehmen diesen Schritt scheuen. So ergibt es sich, daß ein Großteil der Fehler auf Designprobleme beziehungsweise Fehler bei Zuliefererleistungen zurückzuführen ist.

Um die Erfassung der Qualitätskosten sowie die Planung und Durchführung von Qualitätsmaßnahmen möglichst effizient und systematisch vorzunehmen, sollte ein **Qualitätskostensystem** implementiert werden. Dabei kann nach folgenden Schritten vorgegangen werden:

- Schaffung der organisatorischen Voraussetzungen,
- Festlegung der Ziele des Qualitätskostensystems,

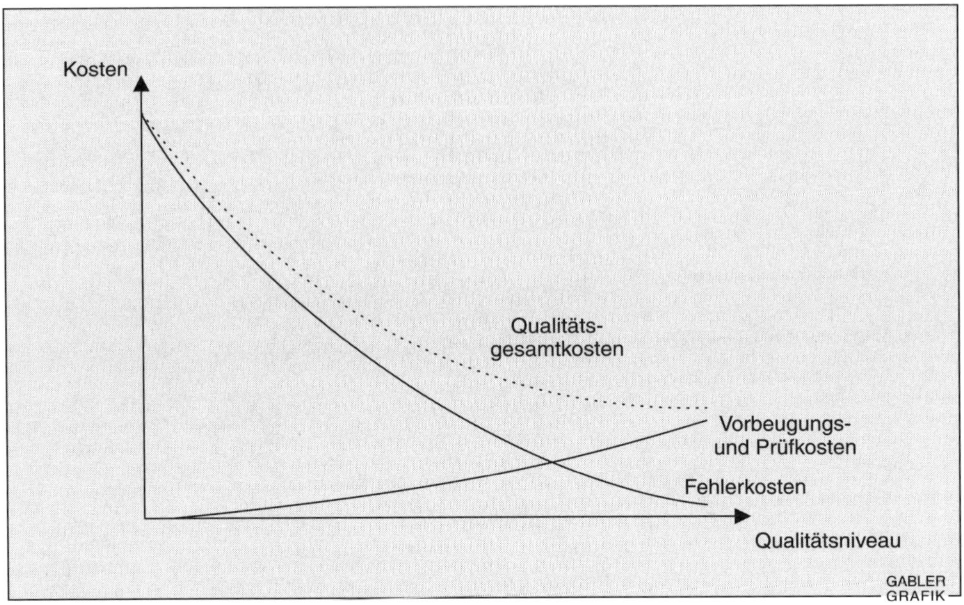

Abbildung 4-22: Neue Sichtweise des Qualitätsoptimums
(Quelle: Rust/Zahorik/Kleiningham 1994, S. 95)

- Planung, Steuerung und Durchführung von Maßnahmen,
- Erfolgskontrolle.

Im Rahmen der Schaffung der organisatorischen Voraussetzungen zur Durchführung einer systematischen Qualitätskostenanalyse sollte zunächst das Engagement der Geschäftsführung gewonnen werden. Deren Einsatz kann zum Beispiel durch das Aufzeigen der Höhe der Qualitätskostenbeträge geweckt werden, weil diese höher ausfallen werden, als von den Verantwortlichen angenommen. Ferner sollten unternehmensweit zu beobachtende Kostengrößen definiert und aufgezeigt werden, wie die entsprechenden Kosten in den Teilbereichen des Unternehmens ermittelt und gegebenenfalls beseitigt werden können. Anschließend bietet sich die Bildung eines Qualitätskostenteams an, dessen Aufgaben in Abbildung 4-23 dargestellt sind.

Die **Qualitätskostenerfassung** in Dienstleistungsunternehmen stellt sich problembehaftet dar, weil zum einen kostenrechnungstechnische **Schwierigkeiten** auftreten können, zum anderen aber auch die allgemeine Meßproblematik im Dienstleistungsbereich eine Rolle spielt.

In bezug auf kostenrechnungstechnische Probleme läßt sich zunächst feststellen, daß Qualitätskosten in traditionellen Kostenrechnungssystemen nicht als eigenständige Kostenart ausgewiesen werden (Weidner 1992, S. 900). Demzufolge werden Sonderrech-

Abbildung 4-23: Aufgaben des Qualitätskostenteams

nungen erforderlich, welche diejenigen Kostenkategorien als Qualitätskosten ausweisen sollen, die im Rahmen der traditionellen Kostenrechung unter anderen Kostenarten erscheinen, das heißt vor allem Fehlerverhütungs- und Prüfkosten sowie interne Fehlerkosten (Carr 1992, S. 74).

Aufgrund der Immaterialität von Dienstleistungen sind die im Unternehmen entstehenden Kosten oft weniger konkret faßbar als im industriellen Bereich. Beispielsweise kann nur bedingt nachgewiesen werden, ob die Beratungsleistung in einer Bank fehlerfrei erfolgte oder nicht. Selbst beim eindeutigen Nachweis von offensichtlichen Beratungsfehlern, wie zum Beispiel falsche Produkt- oder Marktinformationen für den Kunden, stellt sich immer noch das Problem der Quantifizierung der mit diesen Fehlern verbundenen Qualitätskosten (Hentschel 1992, S. 86).

Da „Nachbesserungen" häufig noch während des Dienstleistungserstellungsprozesses vorgenommen werden, liegen oft nur wenige Informationen über die Häufigkeit und Art der im direkten Kundenkontakt aufgetretenen Fehler vor. Demzufolge können qualitätsbezogene Kosteninformationen über Nachbesserungen in kundennahen Bereichen nur sehr schwer von den Herstellkosten getrennt erfaßt werden.

Darüber hinaus stellen in der Interaktion zwischen Anbieter und Kunde Aspekte wie Höflichkeit, Freundlichkeit und Einfühlungsvermögen zentrale Qualitätsdeterminanten und damit auch Kosteneinflußgrößen dar, die sich jedoch mangels direkt meßbarer Indikatoren einer objektiven Erfassung weitgehend entziehen (Rosander 1989, S. 141).

Schließlich sind auch Qualitätsfolgekosten, die durch das Kundenverhalten nach dem Prozeß der Dienstleistungserstellung entstehen, schwer zu ermitteln, da der Nachweis eines eindeutigen Ursache-Wirkungs-Zusammenhangs nicht immer gelingt (Heskett/Sasser/Hart 1990, S. 82). Beispielsweise läßt sich eine kausale Beziehung zwischen wahrgenommener Dienstleistungsqualität und Weiterempfehlung oder Wiederwahl des Dienstleistungsunternehmens nur bedingt ermitteln und noch weniger kostenbezogen quantifizieren.

Abbildung 4-24 zeigt eine Beispielberechnung der Nichtqualitäts-Kosten, die von Werne am Beispiel dreier Schweizer Großbanken durchgeführt hat.

1.	**Allgemeine Unternehmensdaten**		
1.1	Anzahl der Mitarbeiter		55.827
1.2	Bilanzsumme		521,3 Mrd. Fr.
1.3	Operativer Gewinn		2.524 Mio. Fr.
2.	**Annahmen für die Schätzung der Nichtqualitäts-Kosten**		
2.1	Ungewollte Kundenfluktuation / Kundenbestand		1,8 %
2.2	Unzufriedene Kunden / Kundenbestand		20 %
2.3	Gewinnbeitragspotential ungewollt verlorener Kunden / Operativer Gewinn		15 %
2.4	Gewinnabschlag auf das Gewinngefährdungspotential bei unzufriedenen Kunden / Operativer Gewinn		6 %
2.5	Materielle Ausschußkosten / Bilanzsumme		0,2 %
2.6	Arbeitszeit für die Korrektur fehlerhafter Ausführungen / Gesamtarbeitszeit		10 %
2.7	Ungewollte Mitarbeiterfluktuation / Mitarbeiterbestand		3 %
2.8	Unzufriedene Mitarbeiter / Mitarbeiterbestand		10 %
2.9	Pauschaler Personalkostenabschlag für unzufriedene Mitarbeiter		20 %
2.10	Durchschnittliche Fluktuationskosten / Mitarbeiter		60.000 Fr.
2.11	Durchschnittliche Personalvollkosten / Mitarbeiter		110.000 Fr.
3.	**Berechnung der Nichtqualitäts-Kosten**		
3.1	Kosten ungewollt verlorener Kunden	= (2.3) * (1.3)	= 379 Mio. Fr.
3.2	Kosten unzufriedener Kunden	= (2.4) * (1.3)	= 151 Mio. Fr.
3.3	Materielle Ausschußkosten	= (2.5) * (1.2)	= 104 Mio. Fr.
3.4	Immaterielle Ausschußkosten	= (2.6) * (2.11) * (1.1)	= 614 Mio. Fr.
3.5	Kosten ungewollt verlorener Mitarbeiter	= (2.7) * (2.10) * (1.1)	= 100 Mio. Fr.
3.6	Kosten unzufriedener Mitarbeiter	= (2.8) * (2.9) * (2.11) * (1.1)	= 123 Mio. Fr.
Gesamtsumme der Nichtqualitäts-Kosten			**1. 471 Mio. Fr.**

GABLER GRAFIK

Abbildung 4-24: Berechnung der Nichtqualitäts-Kosten am Beispiel dreier Schweizer Großbanken
(Quelle: von Werne 1994, S. 239)

Zusammenfassend läßt sich festhalten, daß die Erfassung der Qualitätskosten für Dienstleistungen mit zahlreichen Operationalisierungs- und Zurechnungsschwierigkeiten verbunden ist. Hier sind durch die Kostenrechnung und durch das Dienstleistungsmarketing weitere Forschungsarbeiten notwendig, um die Probleme der Quantifizierung qualitätsbezogener Kosten zu lösen.

7.22 Nutzenwirkungen des Qualitätsmanagements

Im Hinblick auf die Nutzenwirkungen eines Qualitätsmanagements für Dienstleistungsunternehmen lassen sich kostensenkende und erlössteigernde Nutzenwirkungen unterscheiden.

1. Kostensenkende Nutzenwirkungen

Häufig wird die Ansicht vertreten, daß höhere Qualität auch steigende Qualitätskosten verursache und damit über verteuerte Leistungen auch den Absatz negativ beeinflusse. Hierbei werden allerdings langfristig wirkende Kostensenkungseffekte nicht berücksichtigt (Harris 1989, S. 144).

Eine Erhöhung der Dienstleistungsqualität ist zum einen immer mit steigenden Qualitätsanpassungskosten, zum anderen aber mit langfristig sinkenden Qualitätsabweichungskosten verbunden (Hentschel 1992, S. 51f.). Werden im Rahmen des Qualitätsmanagements Investitionen zur präventiven Fehlerverhütung forciert, so steigen die Fehlerverhütungskosten. Gleichzeitig aber verringert sich auch die Fehlerhäufigkeit und damit auch die Höhe der Fehlerkosten. Zudem ergibt sich ein kostensenkender Effekt auf die Prüfkosten, da mit steigendem Qualitätsniveau auch die Zahl der Prüfungen reduziert werden kann (Haist/Fromm 1991, S. 58).

2. Erlössteigernde Nutzenwirkungen

Während kostensenkende Nutzenwirkungen eines wirtschaftlichkeitsorientierten Qualitätsmanagements eher als Sekundäreffekte betrachtet werden, stellen erlössteigernde Nutzenwirkungen das primäre Ziel qualitätsbezogener Aktivitäten dar (Primäreffekte). Über qualitätsbedingte Wettbewerbsvorteile sollen Marktanteile ausgeweitet und damit die Erlössituation des Unternehmens verbessert werden (Buzzell/Gale 1989; Engelhardt 1991, S. 399).

Dies kann zum einen über die Steigerung der Kundenbindung und zum anderen über Neukundengewinnung geschehen. Der Nutzen der **Kundenbindung** ist erst in den letzten Jahren erkannt worden. Bisher war der Großteil der Marketingmaßnahmen und damit auch der Maßnahmen des Qualitätsmanagements auf die Gewinnung neuer Kunden ausgerichtet. Zur Bestimmung des Nutzens der Kundenbindung können insbesondere die Problem Impact Tree-Analyse sowie Segmentierungsschemata

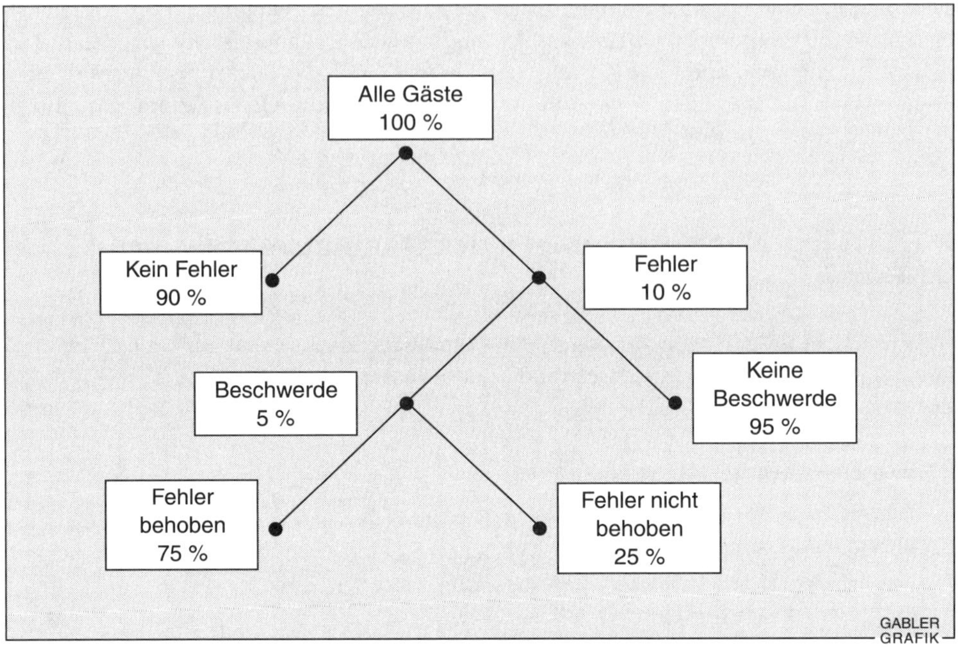

Abbildung 4-25: Problem Impact Tree am Beispiel eines Hotels

herangezogen werden. Die **Problem Impact Tree-Analyse** kombiniert Wahrscheinlichkeitsüberlegungen bezüglich potentieller Leistungserstellungsprobleme und ihrer Lösung mit dem Konzept des Kundenwertes. Zunächst werden die Wahrscheinlichkeiten für das Auftreten von Problemen und das Erkennen sowie die Lösung dieser Probleme geschätzt. Diese Wahrscheinlichkeiten können graphisch in einem Baumdiagramm dargestellt werden, das in Abbildung 4-25 beispielhaft skizziert ist. Multipliziert man die jeweiligen Wahrscheinlichkeiten mit dem Kundenwert, kann an der jeweiligen Stelle festgestellt werden, welche Maßnahmen ergriffen werden sollten.

Beim Einsatz von **Segmentierungsschemata** werden die Dienstleistungskunden nach unterschiedlichen Kriterien kategorisiert. Darauf aufbauend wird untersucht, welche Kundengruppen dem Unternehmen wahrscheinlich am ehesten treu sein werden und damit eher mit Marketingmaßnahmen angesprochen werden sollten.

Was die **Neukundengewinnung** anbelangt, so ist die Weiterempfehlungsbereitschaft der Kunden bedeutsam. Allerdings ist der finanzielle Nutzen einer positiven Word-of-mouth-Empfehlung nur schwer bestimmbar.

7.23 Ansatzpunkte für einen Kosten-Nutzen-Vergleich

Ansatzpunkte für den Kosten-Nutzen-Vergleich von Maßnahmen des Qualitätsmanagements für Dienstleistungen ergeben sich mit Hilfe verschiedener Instrumente. Hier sind vor allem folgende Verfahren hervorzuheben:

- Kennzahlensysteme,
- Wirtschaftlichkeitsrechnungen,
- Qualitätsbilanzen.

Werden **Kennzahlensysteme** im Hinblick auf ihre Eignung als Instrumente eines qualitätsbezogenen Kosten-Nutzen-Vergleichs untersucht, können drei Kategorien qualitätsbezogener Wirtschaftlichkeitskennzahlen abgeleitet werden (Wildemann 1992, S. 771):

- Mittels **kostenbezogener Kennzahlen** soll der Prozeß der Qualitätskostenoptimierung abgebildet werden. Zu diesem Zweck werden Kennzahlen gebildet, die eine Beziehung zwischen den einzelnen Qualitätskostenkategorien (zum Beispiel Fehlerverhütungskosten) und geeigneten Bezugsgrößen (zum Beispiel Gesamtqualitätskosten, Umsatz) herstellen.
- Aufgabe der **erlösbezogenen Kennzahlen** ist es, sowohl die unternehmensinternen, kostensenkenden (zum Beispiel Anzahl der Reklamationen) als auch die unternehmensexternen, erlössteigernden Nutzenwirkungen (zum Beispiel Anzahl der Weiterempfehlungen) des Qualitätsmanagements zu erfassen.
- Schließlich sollten auch **qualitätsfähigkeitsbezogene Kennzahlen** zur Verfügung stehen, mit denen gezeigt werden soll, wie die Umsetzung des Qualitätsmanagementkonzeptes voranschreitet, das heißt, wie sich die Fehlerverhütungsfähigkeit des Unternehmens verändert (Stebbing 1990, S. 37; Haist/Fromm 1991, S. 117f.; Wildemann 1992, S. 780).

Im Gegensatz zu qualitätsbezogenen Wirtschaftlichkeitskennzahlen, die die Gesamteffizienz eines Qualitätsmanagements in Dienstleistungsunternehmen darstellen sollen, können **qualitätsbezogene Wirtschaftlichkeitsrechnungen** zur Identifikation effizienter Investitionsalternativen herangezogen werden.

Genau wie materielle Investitionen im Industriegüterbereich führen auch qualitätsbezogene, materielle und immaterielle Investitionen in Dienstleistungsunternehmen kurzfristig zu „Anschaffungsauszahlungen“ und erst langfristig zu „laufenden Einzahlungen“, die zusammen die Rentabilität einer Investition bestimmen. In bezug auf die Einzahlungen gilt es vor allem, sowohl die immateriellen Effekte, wie zum Beispiel erhöhte Kundenzufriedenheit und Mitarbeitermotivation, als auch die materiellen Effekte, wie zum Beispiel geringere Fehlerhäufigkeit, und damit geringere Fehlerkosten beziehungsweise gesteigerte Nachfrage und damit höhere Gewinne, zu erfassen.

Ein weiteres Instrument zur Gegenüberstellung von Kosten- und Nutzenwirkungen des Qualitätsmanagements stellt die sogenannte **Qualitätsbilanz** dar (Wildemann 1992, S. 780). Hierbei werden unternehmensspezifisch die verschiedenen, bereits dargestellten, Qualitätskosten- und Nutzenkategorien systematisch gegenübergestellt, um langfristig eine vergleichende Beurteilung und Analyse qualitätsbezogener Maßnahmen vornehmen zu können, qualitätsbezogene Trends abzuleiten und darauf aufbauend zukünftige Qualitätsbudgets zu planen (Campanella 1990, S. 28).

Abschließend ist darauf hinzuweisen, daß weitere Verfahren zur Erfassung qualitätsbezogener Kosten- und Nutzenwirkungen notwendig werden, um den Anforderungen eines wirtschaftlichkeitsorientierten Qualitätsmanagements gerecht werden zu können.

8. Zertifizierung, Qualitätsauszeichnungen und Nationale Kundenbarometer

8.1 Zertifizierung eines Qualitätsmanagementsystems

Immer mehr Unternehmen und Unternehmensverbände fordern von ihren Lieferanten beziehungsweise Mitgliedern Qualitätsnachweise. Aufgrund der zunehmenden Bedeutung der Zertifizierung von Qualitätsmanagementsystemen ordnen immer mehr Unternehmen aus den verschiedensten Branchen ihr Qualitätsmanagement gemäß dem internationalen Normensystem DIN ISO 9000 bis 9004 (Stauss 1994c).

Hierbei wird eine Zertifizierung als die Durchführung eines umfassenden Qualitätsaudits durch einen unabhängigen Dritten bezeichnet. Bei einem positiven Auditergebnis wird durch die Zertifizierungsstelle ein Zertifikat ausgestellt, welches die Eignung des Qualitätsmanagementsystems der Unternehmung nach außen dokumentieren soll. Seit 1985 existiert auch in der Bundesrepublik Deutschland eine solche Zertifizierungsstelle, die „Deutsche Gesellschaft zur Zertifizierung von Qualitätssicherungssystemen (DQS)" (Jahn 1988, S. 928). Während Qualitätssicherungsnormen international bereits standardisiert wurden (DIN ISO 9001 bis 9004), arbeiten die Zertifizierungsstellen der Länder in der EU weiterhin auf nationaler Ebene, erkennen allerdings die jeweiligen Zertifizierungen untereinander an. Geplant ist eine europäisch einheitliche Normeninstitution, das sogenannte „CEN/CENELEC" (Comité Européen de Normalisation Electronique) (Seghezzi 1992).

Grundlagen zum Aufbau und Betrieb eines Qualitätsmanagementsystems und damit auch Basis eines Qualitätsaudits sowie einer Zertifizierung sind die **Normen DIN ISO 9000 bis 9004** beziehungsweise die Europa-Normenreihe EN 29000 bis 29004. Die Normen mit der Bezeichnung ISO (International Standard Organization) charakterisieren, daß diese Normenreihe nicht nur in Deutschland, sondern weltweit in 40 Ländern verbindlich anerkannt ist (o. V. 1993, S. 8). Dabei sind die Normen 9000 bis 9004 Referenznummern und haben folgenden Inhalt:

DIN ISO 9000
Qualitätsmanagement- und Qualitätssicherungsnormen, Leitfaden zur Auswahl und Anwendung.

DIN ISO 9001
Qualitätssicherungssysteme – Modell zur Darlegung der Qualitätssicherung in Design/ Entwicklung, Produktion, Montage und Kundendienst.

DIN ISO 9002
Qualitätssicherungssysteme – Modell zur Darlegung der Qualitätssicherung in Produktion und Montage.

DIN ISO 9003
Qualitätssicherungssysteme – Modell zur Darlegung der Qualitätssicherung bei der Endprüfung.

DIN ISO 9004
Qualitätsmanagement und Elemente eines Qualitätssicherungssystems – Leitfaden.

DIN ISO 9004
(Teil 2) – Leitfaden für Dienstleistungen.

Während ISO 9000 einige Definitionen, Konzepte sowie eine Zusammenfassung für die Auswahl und Anwendung der Normen umfaßt, sind ISO 9001 bis 9003 zur Auditierung gedacht. ISO 9004 dient dagegen im Rahmen eines internen Gebrauchs als „Gradmesser" für den Entwicklungsstand eines Total Quality Systems. Im Unterschied zu den Normen ISO 9001 bis 9003 fordert es nicht mehr, daß im Unternehmen bestimmte für Qualität verantwortliche Abteilungen existieren. Es werden keine einzuhaltenden Bedingungen gefordert, sondern Vorschläge in bezug auf technische, administrative und menschliche Faktoren, welche die Qualität von Produkten oder Dienstleistungen beeinflussen, formuliert (Oess 1991, S. 61f.).

Der **Prozeß der Zertifizierung** von Qualitätsmanagementsystemen stellt sich wie folgt dar (Jahn 1988, S. 928ff.):

- Überprüfung, ob die notwendigen Voraussetzungen für die Durchführung einer Zertifizierung innerhalb der auftraggebenden Unternehmung gegeben sind und Bestimmung der Qualitätssicherungsnorm, die als Grundlage für die Zertifizierung gelten soll.
- Benennung des Audit-Teams, das aus zwei qualifizierten und erfahrenen Fachleuten aus der Wirtschaft besteht.
- Auswertung des Qualitätssicherungs-Handbuches der Dienstleistungsunternehmung.
- Durchführung des eigentlichen Qualitätsaudits im Unternehmen mittels Befragung der Mitarbeiter, Verfolgen von Vorgängen und Stichprobenentnahmen.
- Erstellung eines Audit-Protokolls, in dem die objektiven Nachweise für das tatsächliche Ausführen der Anweisungen des Qualitätssicherungshandbuches festgehalten werden und Mitteilung an das Unternehmen.
- Überwachung der Korrekturmaßnahmen im Unternehmen, sofern diese im Auditbericht gefordert werden.
- Erteilung des Zertifikats, dessen Gültigkeitsdauer in der Regel zwei bis drei Jahre beträgt.

Neben dem Zeugnis eines systematischen Qualitätsmanagements liefert eine Zertifizierung die Basis für kontinuierliche Qualitätsverbesserungen des Dienstleistungsprozesses, indem sie Chancen zur Effizienzsteigerung und Kostensenkung eröffnet. Unternehmensintern kann sie als Motivationsinstrument für die Mitarbeiter genutzt werden und unternehmensextern dient sie als Mittel zur Vertrauenssteigerung beim Kunden und als Verkaufsargument gegenüber dem Wettbewerb (o. V. 1993, S. 9).

Problematisch erweist sich dagegen die **praktische Umsetzung** der in den DIN-Normen verlangten Qualitätssicherungselemente im Bereich der Dienstleistungen. Bei der Durchführung der Qualitätsaudits zeigt sich eine eher technische Orientierung der Normen DIN ISO 9000 bis 9003, die eine Überprüfung der tangiblen Anteile der Dienstleistung in den Vordergrund stellen (Oess 1991, S. 63ff.). Die in den Normen verlangten „Prüfmittel" sind nicht auf den intangiblen Bereich der Dienstleistung übertragbar, lediglich die **dienstleistungsspezifische Norm DIN ISO 9004 (Teil 2)** sieht Kundenbefragungen vor, ohne diese Prüfmethoden jedoch zu spezifizieren (DIN ISO 9004 1993, S. 22f.).

Daher stellt sich die Frage, ob Dienstleistungen überhaupt in bezug auf alle Dimensionen zertifizierbar sind. So können technische Faktoren oder auch „Hard Facts", wie die technische Ausstattung einer Bank, einem Qualitätsaudit unterzogen werden, eine objektive Beurteilung der „Soft Facts", wie zum Beispiel der Freundlichkeit der Mitarbeiter, ist dagegen nicht möglich (Moller 1987, S. 156f.). Erste Ansatzpunkte liefert zwar die Norm DIN ISO 9004 Teil 2, sie hat allerdings Leitfadencharakter und ist nicht als Basis für eine Zertifizierung geeignet. Darüber hinaus ist eine stärkere Orientierung der Normen an den Kundenerwartungen in bezug auf den Dienstleistungsprozeß wünschenswert.

Die **Eignung einer Zertifizierung** zur Verbesserung des Qualitätsmanagements und zur Erhöhung von Kundenzufriedenheit kann nur in Abhängigkeit vom Grad der Materialität der Dienstleistung, des Interaktionsgrades und des Automatisierungsgrades beurteilt werden. Je materieller die Dienstleistung, je geringer der Interaktionsgrad und je höher der Automatisierungsgrad, desto eher scheinen die „Hard Facts" einer Dienstleistung zertifizierbar, da sie einer objektiven Beurteilung zugänglich sind.

8.2 Qualitätsauszeichnungen

Einen Ansatzpunkt für die Berücksichtigung der Kundenwahrnehmungen liefern Qualitätsauszeichnungen (auch Qualitätspreise oder „Quality Awards" genannt). An dieser Stelle soll beispielhaft der bedeutendste Qualitätspreis, der **Malcolm Baldrige National Quality Award** (MBNQA), vorgestellt werden. Er wird in den Vereinigten Staaten als Qualitätspreis an Unternehmen verliehen, die ein Qualitätsmanagement erfolgreich durchsetzen (Oess 1991, S. 66; George 1992; Stauss/Scheuing 1994).

Folgende **Grundüberzeugungen** sind für das Qualitätsverständnis des MBNQA entscheidend (Stauss/Scheuing 1994, S. 309ff.):

1. Qualität wird vom Kunden bestimmt,
2. Verantwortung der Unternehmensführung,
3. Kontinuierliche Verbesserung,
4. Mitarbeiterbeteiligung und -entwicklung,
5. Schnelle Reaktion,
6. Planungsqualität und Fehlerprävention,
7. Langfristige Perspektive,
8. Faktenorientiertes Management,
9. Partnerschaftsbildung,
10. Soziale Verantwortung.

Um bewerten zu können, inwieweit die Unternehmen, die sich um den Preis bewerben, diese Grundsätze beachten, werden im Rahmen des MBNQA **sieben Qualitätskategorien** herangezogen (Stauss/Scheuing 1994, S. 312):

- Unternehmensführung (Leadership),
- Information und Analyse (Information and Analysis),
- Strategische Qualitätsplanung (Strategic Quality Planning),
- Human Resource Management (Human Resource Development and Management),
- Prozeßqualitäts-Management (Management of Process Quality),
- Qualitäts- und Betriebsergebnisse (Quality and Operational Results),
- Kundenorientierung und -zufriedenheit (Customer Focus and Satisfaction).

Die sieben Kategorien werden dann wieder in Subkategorien und Einzelpunkte unterteilt, wobei unterschiedliche Gewichtungen die relative Bedeutung des jeweiligen Qualitätskriteriums angeben. In Abbildung 4-26 wird beispielsweise der Kriterienkatalog für den MBNQA 1994 dargestellt.

Im Unterschied zu der DIN-ISO-9000-Normenreihe ist der MBNQA eine wettbewerbsorientierte Qualitätsauszeichnung und bescheinigt nicht exzellente Produkt- oder Servicequalität, sondern zeigt, in welchen Bereichen und auf welche Weise ein Qualitätsmanagementsystem eingesetzt wurde (Mudie/Cottam 1993, S. 92ff.; siehe auch Vergleich von MBNQA und den ISO-9000-Normen bei Reimann/Hertz 1994).

Kategorie		Maximale Punkte
1.0	**Unternehmensführung**	**95**
1.1	Führung durch das Top-Management	45
1.2	Management für Qualität	25
1.3	Öffentliche und staatsbürgerliche Verantwortung	25
2.0	**Information und Analyse**	**75**
2.1	Breite und Nutzung von Qualitäts- und Leistungsdaten	15
2.2	Wettbewerbsvergleiche und Benchmarking	20
2.3	Analyse und Nutzung gesamtunternehmensbezogener Daten	40
3.0	**Strategische Qualitätsplanung**	**60**
3.1	Prozeß der strategischen Planung von Qualität und unternehmerischer Leistung	35
3.2	Qualitäts- und Leistungspläne	25
4.0	**Human Resource Management**	**150**
4.1	Human Resource-Planung und -Management	20
4.2	Mitarbeiterbeteiligung	40
4.3	Qualitätsausbildung und -weiterbildung	40
4.4	Mitarbeiterleistung und -anerkennung	25
4.5	Wohlergehen und Zufriedenheit der Mitarbeiter	25
5.0	**Prozeßqualitäts-Management**	**140**
5.1	Entwicklung und Einführung von hochqualitativen Sachgütern und Dienstleistungen	40
5.2	Prozeßmanagement: Produktion und Lieferung von Sachgütern und Dienstleistungen	35
5.3	Prozeßmanagement: Geschäfts- und unterstützende Dienstleistungsprozesse	30
5.4	Qualität der Zulieferunternehmen	20
5.5	Qualitätssicherung	15
6.0	**Qualitäts- und Betriebsergebnisse**	**180**
6.1	Sachgüter- und Dienstleistungsqualität	70
6.2	Unternehmerische Maßnahmen	50
6.3	Geschäfts- und unterstützende Dienstleistungsprozesse	25
6.4	Qualität der Zulieferunternehmen	35
7.0	**Kundenorientierung und Kundenzufriedenheit**	**300**
7.1	Aktuelle und zukünftige Kundenerwartungen	35
7.2	Kunden-Beziehungsmanagement	65
7.3	Kundenbindungsmaßnahmen	15
7.4	Bestimmung der Kundenzufriedenheit	30
7.5	Kundenzufriedenheit: Ergebnisse	85
7.6	Kundenzufriedenheit: Vergleiche	70
Totale Punktzahl		**1000**

GABLER GRAFIK

Abbildung 4-26: Bewertungsschema des Malcolm Baldrige National Quality Award 1994
(Quelle: NIST National Institute of Standards and Technology 1993, S. 13ff.)

8.3 Nationale Kundenbarometer

Auch **Nationale Kundenbarometer** berücksichtigen in starkem Maße die qualitätsbezogenen Erwartungen und Wahrnehmungen der Kunden. Die wenigen Ansätze zur nationalen Erhebung der Qualität von Leistungen und der Zufriedenheit von Konsumenten sind noch vergleichsweise jung. So startete das Swedish Customer Satisfaction Barometer (SCSB) 1989 mit der Untersuchung der Zufriedenheit mit den größten Unternehmen Schwedens in verschiedenen Branchen (Fornell 1992; Meyer/Dornach 1995b, S. 444ff.). 1994 wurde erstmals der American Customer Satisfaction Index (ACSI) ermittelt, der sich eng an der Konzeption des schwedischen Vorbildes orientiert.

Auch in Deutschland werden seit 1992 Daten zur Kundenzufriedenheit erhoben. Das **Deutsche Kundenbarometer**, das durch die Deutsche Marketing Vereinigung e. V. und die Deutsche Bundespost Postdienst als Exklusivsponsor veröffentlicht wird, verfolgt verschiedene Ziele (Meyer/Dornach 1994, S. 1; 1995, S. 439):

- Bestimmung der Position und Identifikation von Defiziten in Hinblick auf Marktleistung und Kundenorientierung einzelner Branchen beziehungsweise Anbieter.
- Sensibilisierung der beurteilten Branchen, Verbände, Unternehmen und Institutionen für die Idee von Kundenorientierung und Marketing.
- Stärkere Ausrichtung von Leistungsangeboten auf die Kundenerwartungen.
- Identifikation von Bestleistungen im Sinne der Benchmarking-Idee.
- Bereitstellung von Kennziffern als Basis eines kontinuierlichen Controllings von Maßnahmen zur Steigerung von Qualität und Kundenorientierung.
- Steigerung der Lebensqualität und Kundenzufriedenheit in Deutschland.

Gegenstand der Erhebung ist die Kundenzufriedenheit von privaten Endverbrauchern und deren Auswirkungen auf die zukünftige Kundenbeziehung. Für das Deutsche Kundenbarometer 1994 wurden ca. 180 000 computergestützte Einzelinterviews mit 30 340 Kunden in den alten und 5 675 Kunden in den neuen Bundesländern geführt. Untersucht wurden 38 Branchen und über 700 Unternehmen beziehungsweise Institutionen.

Die Ermittlung der Kundenzufriedenheit erfolgt dabei auf zwei Ebenen (Meyer/Dornach 1995b, S. 441ff.):

1. Ebene der Globalzufriedenheit,
2. Ebene einzelner Leistungsfaktoren.

Branche	1993	1994	1995
Urlaubsregionen	2,02	1,98	1,97
Pkw-Hersteller	2,08	2,11	2,11
Apotheken	2,21	2,18	2,16
Kreditkartenorganisationen		2,25	2,21
Tankstellen	2,30	2,30	2,27
Hörfunksender			2,29
Kfz-Werkstätten	2,29	2,32	2,29
Reiseveranstalter	2,29	2,28	2,29
Automobilclubs	2,35	2,33	2,30
Krankenkassen/Krankenversicherungen	2,29	2,34	2,30
Kfz-Versicherungen	2,32	2,35	2,32
Tiefkühlkost			2,32
Fluggesellschaften			2,35
Personal-Computer (Software)		2,38	2,37
Personal-Computer (Hardware)		2,43	2,40
Hifi- und Elektromärkte/-geschäfte	2,34	2,41	2,42
Banken / Sparkassen	2,36	2,47	2,43
Mobilfunk (Telefone)			2,44
Elektrohaushaltsgroßgeräte (Kundendienst)	2,41	2,44	2,45
Hilfs-, Spenden- und Umweltorganisationen	2,37	2,49	2,45
Lebensmittelmärkte/-geschäfte	2,36	2,43	2,45
Technische Überwachungsdienste (Kfz-Untersuchung)	2,40	2,41	2,45
Versandhäuser	2,39	2,44	2,46
Möbelhandel		2,41	2,47
Zeitungen (überregionale)	2,29	2,40	2,48
Drogeriemärkte/-geschäfte	2,41	2,49	2,52
Bausparkassen	2,42	2,59	2,58
Mobilfunk (Service-Provider)			2,58
Stromversorgungsunternehmen			2,58
Bau- und Heimwerkermärkte			2,59
Mobilfunk (Netzbetreiber)			2,60
Kauf- und Warenhäuser	2,55	2,65	2,64
Paketdienste	2,67	2,73	2,73
Briefpostdienst	2,69	2,75	2,81
Telefondienst	2,70	2,86	2,84
Öffentlicher Personennahverkehr	2,81	2,78	2,91
Deutsche Bahn	2,79	2,87	2,93
Wertstoffentsorgung (Duales System Deutschland)	3,34	3,17	2,96
Kirchen/Religionsgemeinschaften	2,93	2,94	3,03
Stadt- und Kreisverwaltungen	2,91	3,03	3,07
Polizei (öffentliche Sicherheit)	3,05	3,06	3,09
Fernsehsender	3,30	3,29	3,27

GABLER GRAFIK

Abbildung 4-27: Globalzufriedenheit der Kunden in verschiedenen Branchen nach dem Deutschen Kundenbarometer
(Quelle: Meyer/Dornach 1995, S. 11)

Zur Ermittlung der Globalzufriedenheit werden den Befragten Einzelfragen zu einem Unternehmen, einem Produkt oder auch der Leistung einer Institution vorgelegt, die mit ganzzahligen Zufriedenheitswerten zwischen „1" (sehr zufrieden) und „5" (unzufrieden) beantwortet werden sollen. Die Ergebnisse der letzten drei Jahre sind in Abbildung 4-27 dargestellt.

Einzelne Leistungsfaktoren werden für den jeweils genutzten Anbieter beziehungsweise ein spezifisches Angebot erhoben. Bei Dienstleistungen sind hier der Leistungserstellungsprozeß beziehungsweise die Kundenkontaktsituation von besonderem Interesse. Berücksichtigung finden hier die klassischen Dimensionen der Kundenzufriedenheit: Freundlichkeit, fachliche Kompetenz, Verläßlichkeit, Schnelligkeit und Erreichbarkeit.

Die Zusammenhänge zwischen Kundenzufriedenheit und Kundenbindung werden dabei über Parameter der zukünftigen Kundenbeziehung operationalisiert, so zum Beispiel die Weiterempfehlungsabsicht beziehungsweise das Cross-buying-Verhalten. Die Ergebnisse der Studie zeigen, daß es eindeutige Zusammenhänge zwischen der globalen Zufriedenheit und den einzelnen Faktoren der Kundenbindung gibt (Meyer/Dornach 1995b, S. 441ff.).

Vergleicht man die einzelnen nationalen Ansätze in Schweden, USA und Deutschland, so läßt sich festhalten, daß das Deutsche Kundenbarometer einen stärker betriebswirtschaftlich orientierten Bezug aufweist als die beiden anderen Barometer. Steht in Schweden und den USA hauptsächlich die globale Zufriedenheit im Vordergrund, so lassen sich aus den deutschen Daten für die betroffenen Unternehmen direkte, umsetzungsorientierte Rückschlüsse ziehen.

Zu kritisieren bleibt freilich, daß sich die ermittelten – absoluten – Globalzufriedenheitswerte insbesondere im Bereich der mittleren Zufriedenheit sehr wenig unterscheiden. So beträgt der Wert der globalen Zufriedenheit für den 15. Platz 2,40 und für den 26. Platz 2,49. Die Eindrücke, die ein Ranking über alle Branchen vermittelt, müssen vor diesem Hintergrund relativiert werden. Auch wäre es verfehlt, aus den Bewegungen in den vergangenen drei Jahren allzu große und tiefgreifende Tendenzen abzuleiten. Der bislang betrachtete Zeithorizont ist sehr kurz und das Ausmaß der absoluten Veränderungen vergleichsweise gering. Echte Trends werden sich somit erst in einigen Jahren ableiten und erforschen lassen.

Die Ausführungen dieses Kapitels haben die Bedeutung des Qualitätsmanagements für Dienstleistungsunternehmen aufgezeigt. Da erwähnt wurde, daß ein Qualitätsmanagement nur unternehmensweit die erhoffte Wirkung auf den Unternehmenserfolg entfalten kann, sind insbesondere im Rahmen des im folgenden dargestellten operativen Dienstleistungsmarketing qualitätsrelevante Aspekte zu berücksichtigen.

Kapitelübersicht

Erstes Kapitel
Gegenstand und I

Zweites Kapitel
Informationsgrun

Drittes Kapitel
Strategisches Die

Viertes Kapitel
Qualitätsmanage

Fünftes Kapitel
Operatives Dien

Fünftes Kapitel

Operatives Dienstleistungsmarketing

Auf der Grundlage der Marketinginstrumentestrategien sowie unter Einbeziehung der Ergebnisse der Marktforschung und der darauf aufbauenden Marktsegmentierung sind die Marketinginstrumente hinsichtlich ihres zielgerichteten Einsatzes zu bestimmen. Ebenso wie im Marketing für Konsum- oder Investitionsgüter kann grundsätzlich eine **Systematisierung der Marketinginstrumente** in die vier Mixbereiche, die sogenannten „4 P's", vorgenommen werden (Scheuch 1982; Hilke 1984; Heskett 1986):

- Leistungspolitik („**p**roduct"),
- Kommunikationspolitik („**p**romotion"),
- Distributionspolitik („**p**lace"),
- Preispolitik („**p**rice").

In der Literatur des Dienstleistungsmarketing besteht keine Einigkeit darüber, ob die klassische Systematisierung deckungsgleich auf den Dienstleistungsbereich übertragen werden kann.

In der deutschen Literatur wird diese Einteilung häufig aus dem Sachgüter- auf den Dienstleistungsbereich transferiert (Corsten 1990, S. 181ff.; Hilke 1989a, S. 16ff.). Zahlreiche Autoren, vor allem in den USA, vertreten jedoch die Auffassung, daß die Aufteilung in die gezeigten vier klassischen Mixbereiche den Besonderheiten des Dienstleistungsmarketing nicht gerecht wird (Magrath 1986; Beaven/Scotti 1990).

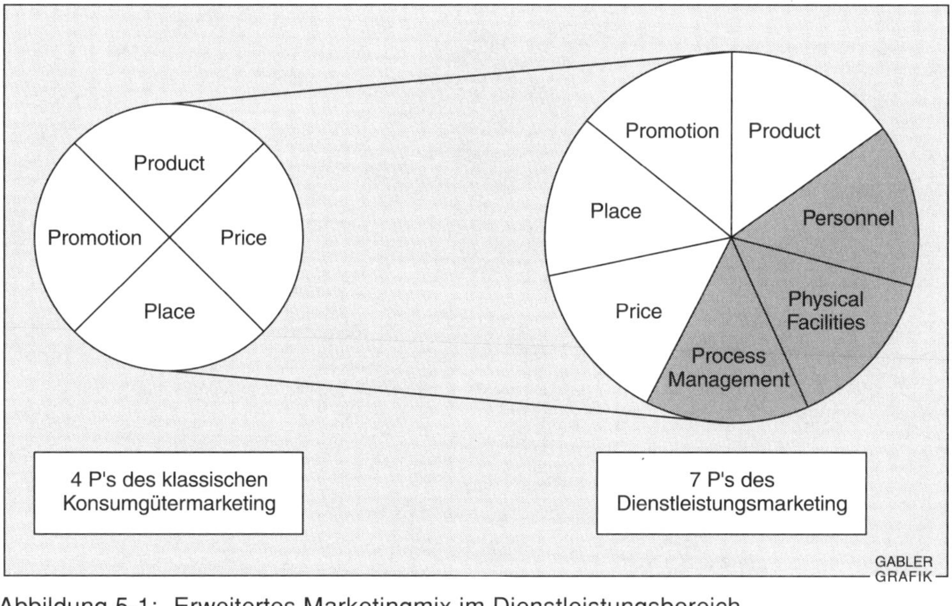

Abbildung 5-1: Erweitertes Marketingmix im Dienstleistungsbereich
(Quelle: Magrath 1986)

In diesem Zusammenhang diskutiert man im Dienstleistungsmarketing eine **Erweiterung des Marketingmix zu „7 P's"** um die Bereiche (Magrath 1986; Cowell 1993, S. 99ff.; Payne 1993, S. 24):

- Personalpolitik („**p**ersonnel"),
- Ausstattungspolitik („**p**hysical facilities"),
- Prozeßpolitik („**p**rocess").

Die Gegenüberstellung des klassischen und des erweiterten Marketingmix ist in Abbildung 5-1 wiedergegeben.

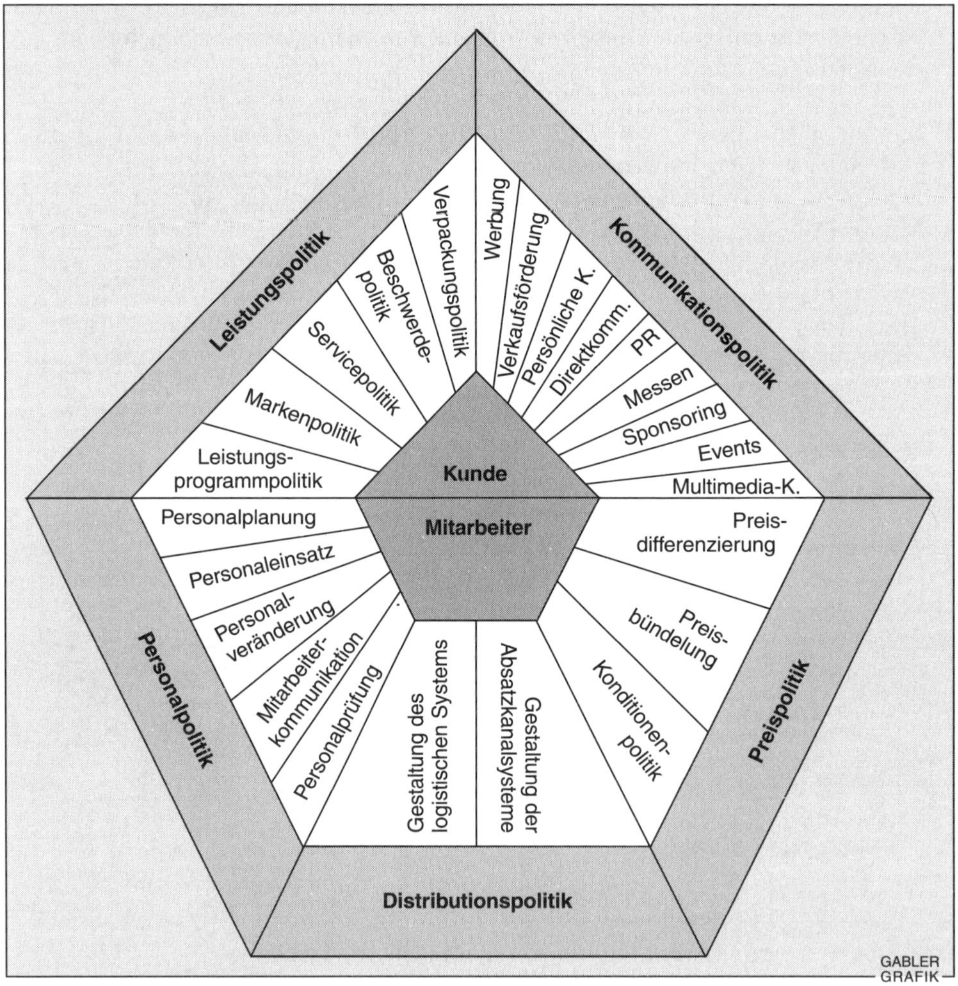

Abbildung 5-2: Marketingmix von Dienstleistungsunternehmen

Gegen eine solche weite Fassung des Dienstleistungsmarketingmix spricht die **klassische Marketingdefinition,** die lediglich Aktivitäten zur Verhaltensbeeinflussung des (externen) Kunden berücksichtigt (Meffert 1986, S. 31; Backhaus 1995, S. 7). Diese Begriffsfassung entstand für das klassische Marketing von Konsum- und Investitionsgüterherstellern und hat in diesen Bereichen ihre volle Berechtigung.

Im Bereich des Dienstleistungsmarketing hat sich in den letzten Jahren sehr deutlich gezeigt, daß die Anwendung eines **kundenorientierten Marketing als Leitidee** der Berücksichtigung auch **interner Kunden** bedarf (Bruhn 1995b, S. 22). Daraus ergibt sich die Fragestellung, ob die **Personalpolitik** von Dienstleistungsunternehmen als eigenständiges (internes) Marketinginstrument betrachtet werden sollte (Bieberstein 1995, S. 165f.). Für diese Sichtweise können folgende Argumente angeführt werden:

- Aufgrund der **Immaterialität** von Dienstleistungen werden die Mitarbeiter des Dienstleisters häufig als Surrogat der eigentlichen Leistung angesehen (Engelhardt et al. 1992, S. 48).
- Die Notwendigkeit einer permanenten Bereitstellung des **Leistungspotentials** impliziert die Erfordernis der Aufrechterhaltung und kontinuierlichen Verbesserung des Fähigkeitenpotentials der Mitarbeiter des Dienstleisters (Engelhardt et al. 1992, S. 51f.).
- Aufgrund der **Integration des externen Faktors** stehen Kunden und Mitarbeiter des Dienstleisters vielfach in direktem Kontakt. Dadurch haben Maßnahmen der Personalpolitik einen direkteren Einfluß auf das Verhalten des (externen) Kunden als im Sachgüterbereich (Bateson 1992, S. 260).

Aus Gründen der Zweckmäßigkeit soll somit im folgenden von **vier externen Instrumenten des Dienstleistungsmarketing,** den klassischen Mixbereichen Leistungs-, Kommunikations-, Preis- und Distributionspolitik, und einem **internen Instrument des Dienstleistungsmarketing,** der Personalpolitik, ausgegangen werden (vgl. Abbildung 5-2). Dabei soll die Betrachtung der Personalpolitik jedoch nicht im Sinne eines umfassenden Personalmanagements erfolgen, vielmehr werden lediglich jene personalbezogenen Aspekte beleuchtet, die bei der Erstellung von Dienstleistungen aus Marketingsicht zu berücksichtigen sind.

1. Leistungspolitik

1.1 Grundlagen der Leistungspolitik

1.11 Besonderheiten der Leistungspolitik von Dienstleistungsunternehmen

Aufgrund der Immaterialität von Dienstleistungen, der Notwendigkeit der permanenten Bereitstellung des Leistungspotentials und der Integration des externen Faktors ergeben sich zahlreiche Besonderheiten der Leistungspolitik von Dienstleistungsunternehmen gegenüber derjenigen von Anbietern anderer Güter (zum Beispiel Verbrauchs-, Gebrauchs-, Investitionsgüter).

Einen Überblick über diese Besonderheiten gibt Abbildung 5-3.

Besonderheiten von Dienstleistungen	Implikationen für die Leistungspolitik
Immaterialität (Nichtlagerfähigkeit, Nichttransportfähigkeit)	■ Leistungsdimensionen als Ansatzpunkte für Variationen und Innovationen ■ Leistungsbündelung ■ Markierungsproblematik ■ Vorherrschen von Firmenmarken ■ Wegen starker Rolle des Images große Bedeutung der Markenpolitik ■ Geringere Bedeutung der Verpackungspolitik
Leistungsfähigkeit des Dienstleistungsanbieters	■ Automatisierung bei Standardleistungen ■ Berücksichtigung der Leistungspotentiale bei der Planung des Leistungsprogramms
Integration des externen Faktors	■ Externalisierung/Internalisierung im Rahmen der Leistungsvariation ■ Automatisierungsproblematik ■ Zeitabhängige Variation ■ Vereinfachte Beschwerdestimulierung

GABLER GRAFIK

Abbildung 5-3: Besonderheiten der Leistungspolitik von Dienstleistungsunternehmen

Aus der **Immaterialität** von Dienstleistungen ergeben sich folgende Besonderheiten:

- Bei der Planung von **Leistungsinnovationen** beziehungsweise **-variationen** kann an der Potential-, Prozeß- und/oder Ergebnisdimension einer Dienstleistung angesetzt werden.
- Zur Abgrenzung von der Konkurrenz bietet sich eine **Leistungsbündelung** an. Dadurch wird die Vergleichbarkeit unterschiedlicher Leistungen durch den Kunden weiter eingeschränkt.
- Die **Markierung** von Dienstleistungen ist aufgrund des überwiegend immateriellen Charakters von Dienstleistungen mit Problemen behaftet. Dies stellt besondere Anforderungen an die Leistungsprogrammpolitik (zum Beispiel Veredelung) und an die Markenpolitik (zum Beispiel Markierung einzelner Leistungselemente).
- Aufgrund der Immaterialität herrschen ferner **Firmenmarken** vor. Der Überbewertung der Probleme bei der Planung von Phantasiemarken für Dienstleistungen widerspricht jedoch deren zunehmender Einsatz in der Praxis.
- Die große Bedeutung des **Images** für den Markterfolg von Dienstleistungen impliziert trotz der genannten Schwierigkeiten eine starke Rolle der Markenpolitik.
- Der **Verpackungspolitik** kommt wegen der Immaterialität eine geringere Bedeutung als im Konsumgüterbereich zu. Zu vernachlässigen ist sie jedoch nicht, weil zum Teil einzelne Leistungselemente verpackt werden können oder sogar müssen.

Aus der Notwendigkeit der permanenten **Leistungsfähigkeit des Anbieters** lassen sich die folgenden Besonderheiten der Leistungspolitik herausstellen:

- Bei Standardleistungen bietet sich bis zu einem gewissen Grad eine teilweise **Automatisierung** des Leistungserstellungsprozesses an. Dadurch kann – abgesehen von technischen Defekten – eine ganztägige Leistungsbereitschaft demonstriert werden.
- Bei der Planung des Leistungsprogramms sind die **Leistungspotentiale** des Anbieters in Form der Qualifikation der Mitarbeiter oder vorhandenen tangiblen Einrichtungen zu berücksichtigen. Auf diese Weise kann sichergestellt werden, daß der Dienstleister in der Lage ist, die geplante Leistung auf dem gewünschten Qualitätsniveau zu erstellen.

Die **Integration des externen Faktors** in den Leistungserstellungsprozeß läßt folgende Schlußfolgerungen für die Leistungspolitik zu:

- Als Alternative im Bereich der Planung von Eliminierungen und Variationen kommt die **Externalisierung** beziehungsweise **Internalisierung** von durch den Kunden selbst zu tätigenden Leistungen in Betracht.

- Trotz der oben genannten positiven Seite der **Automatisierung** des Leistungserstellungsprozesses ist diese insbesondere bei individuellen Leistungen mit Problemen behaftet.
- Da zum Teil die Anwesenheit des Kunden bei der Leistungserstellung unerläßlich ist, kommt im Rahmen der Leistungsprogrammpolitik insbesondere die **zeitabhängige Variation** von Leistungen in Betracht.
- Aufgrund des direkten Kontaktes zwischen Dienstleister und Kunden wird die **Beschwerdestimulierung** im Rahmen der Beschwerdepolitik vereinfacht.

1.12 Festlegung des Leistungsprogramms

Die wachsende Anzahl der im Dienstleistungsbereich tätigen Unternehmen und die damit gestiegene Wettbewerbsintensität machen deutlich, daß eine zweckmäßige und attraktive Gestaltung des **Dienstleistungsprogramms** für die Erfolgsposition des Dienstleistungsanbieters im Wettbewerb, sein Unternehmenswachstum und die langfristige Unternehmensexistenz von zentraler Bedeutung sind. Der **Prozeß der Festlegung des Leistungsprogramms** findet auf **zwei Ebenen** statt (vgl. Abbildung 5-4).

Im Rahmen dieses Prozesses sollen dabei wegen der hohen Interaktivität des Leistungserstellungsprozesses Kunden- und Unternehmensperspektive miteinander verbunden werden.

1. **Ebene der Kernleistung („core service level")**
   Um sich von der Konkurrenz abzugrenzen und die eigene Leistung für den Kunden attraktiv zu gestalten, stellt der Kundennutzen den Ausgangspunkt der Festlegung des Leistungsprogramms dar. Dieser Kundennutzen wird in der amerikanischen Literatur als Kernleistung („core service") bezeichnet (Palmer/Cole 1995, S. 68). Auf diese Weise wird eine USP (unique selling proposition) aufgebaut, das heißt die Leistung soll Eigenschaften haben, durch die sie sich – aufgrund von zum Beispiel höherer Qualität – eindeutig wahrnehmbar für den Kunden von Leistungsangeboten der Konkurrenz unterscheidet. In diesem Zusammenhang ist jedoch zu berücksichtigen, daß die Herausstellung dieser Eigenschaften wegen der Heterogenität der Leistungserstellung und des externen Faktors sowie aufgrund der Immaterialität und Intangibilität der Leistung mit Problemen behaftet ist. Anders als bei Sachgütern können diese besonderen Eigenschaften nur schwer dargestellt und daher durch den Kunden auch nur schwer mit den Eigenschaften anderer Leistungen verglichen werden. So ist es zum Beispiel einfach, die Höchstgeschwindigkeit zweier Autos zu vergleichen, während der Vergleich der Leistungskompetenz der Angestellten zweier Banken problematisch ist. Ferner weist das Merkmal Höchstgeschwindigkeit eine höhere Konstanz auf als das Merkmal Leistungskompetenz der Mitarbeiter.

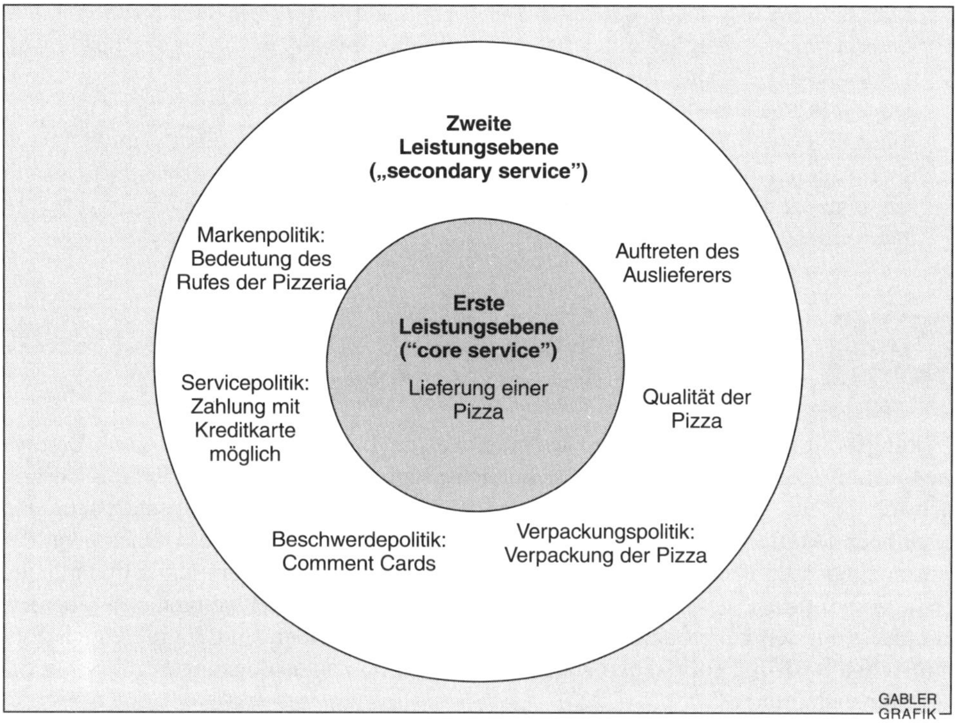

Abbildung 5-4: Ebenen bei der Festlegung des Leistungsprogramms am Beispiel eines Pizza-Lieferservices
(Quelle: in Anlehnung an Palmer 1994, S. 129)

2. Ebene der Gesamtleistung („secondary service level")

Diese zweite Ebene ersetzt die im Rahmen der Festlegung des Leistungsprogramms von Konsumgüterherstellern unterschiedenen Phasen der Gestaltung des Produktes und der Erstellung des Leistungsprogramms (Palmer/Cole 1995, S. 67; Bruhn 1995c, S. 126). Ausgehend von der angestrebten Einzigartigkeit der Leistung kann die Gesamtleistung (auch „secondary service" genannt) entwickelt werden (Palmer/Cole 1995, S. 68). An dieser Stelle sind Entscheidungen in folgenden Bereichen zu treffen:

- Positionierung der Leistung,
- Design der tangiblen Elemente,
- Einsatz von Humankapital,
- Qualität der Leistung,
- Markierung,
- Zusatzleistungen,
- Umgang mit Beschwerden,
- Verpackung der tangiblen Elemente.

Insbesondere die durch den technischen Fortschritt und die Neubewertung von Unternehmensstrategien zu beobachtenden Verknüpfungsprozesse zwischen einzelnen traditionellen Dienstleistungsbranchen (zum Beispiel Banken und Versicherungen, Verkehrsdienstleistungen und Tourismusdienstleistungen) stellen Dienstleistungsunternehmen vor die Herausforderung, ihr Leistungsangebot ständig neu zu überdenken. Dabei können die im folgenden aufgezeigten leistungspolitischen Zielsetzungen und Entscheidungstatbestände eines Dienstleistungsanbieters hervorgehoben werden.

1.13 Ziele der Leistungspolitik

Leistungspolitische Ziele sind Sollzustände, welche die Wahl zwischen den im Bereich der Leistungspolitik zur Verfügung stehenden Möglichkeiten mit dem Ziel der Zusammenstellung des optimalen Leistungsprogramms einer Dienstleistungsunternehmung bestimmen (Meffert 1986; Becker 1993). Sie haben sich dabei an den Oberzielen der Unternehmung und den daraus abgeleiteten Marketingzielen zu orientieren. Im Falle der Leistungspolitik ist, verglichen mit den anderen Mixzielen, eine weitgehende Übereinstimmung mit den Unternehmenszielen gegeben. Im einzelnen sind die folgenden **ökonomischen leistungspolitischen Zielsetzungen** für den Dienstleistungsbereich von besonderer Bedeutung:

- **Wachstumsziele** sind zum Beispiel unausweichlich, wenn Kostensteigerungen aufgrund der Wettbewerbsverhältnisse nur bedingt im Abgabepreis weitergegeben werden können. Wachstum ebnet in diesem Fall die Möglichkeit, statische und dynamische Degressionseffekte zu erzielen. Unter Umständen weisen allerdings die bisher angebotenen Hauptleistungen Wachstumsbarrieren auf, denen dann durch die Einführung von speziellen Zusatz- beziehungsweise Serviceleistungen oder sogar gänzlich neuen Leistungen entgegengewirkt werden muß.
- Die Risikostreuung trägt zum Erreichen des **Erhaltungsziels** bei. Solche Risiken können durch Abhängigkeiten von einzelnen Angebotsleistungen, Märkten oder Abnehmern induziert sein. Zu diesem Ziel trägt daher eine Leistungsdifferenzierung bei, welche die Abhängigkeit von wenigen Segmenten vermindert.
- **Ertragsziele** bedingen den effizienten Einsatz der vorhandenen, knappen Ressourcen (zum Beispiel freie Mittel und Mitarbeiter), das heißt, daß diese auf ertragsstarke Dienstleistungen verteilt werden müssen.
- Aufgrund der mangelnden Lagerfähigkeit der Dienstleistung ist die **Auslastung der Leistungserstellungskapazität** als weiteres Ziel anzustreben. In diesem Zusammenhang kommt, wie bereits erwähnt, der Nachfragesteuerung eine große Bedeutung zu.

- Als übergeordnetes Prinzip der Leistungsprogrammgestaltung ist weiterhin die **Rationalisierung des Leistungserstellungsprozesses** (Nutzung von Synergieeffekten, Implementierung von Leistungsmodulen) zu nennen.

Neben diesen primär ökonomischen Zielen werden im Rahmen der Leistungspolitik auch **psychographische Zielsetzungen** verfolgt:

- **Profilierungsziele** gewinnen im Zuge des immer stärker werdenden Konkurrenzdrucks an Bedeutung. Das Leistungsprogramm ist derart auszugestalten, daß differenzierte Kundenbedürfnisse erfüllt werden. Dazu gehört auch die Anpassung des Dienstleistungsprogramms an veränderte Kaufverhaltensgewohnheiten und Trends.
- **Imageziele** lehnen sich eng an Profilierungsziele an. Es kann unterstellt werden, daß die Dienstleistungsanbieter, denen eine Profilierung gegenüber der Konkurrenz gelingt, auch bessere Imagewerte erreichen. Darüber hinaus sind spezielle Imageziele, wie zum Beispiel die Stärkung der Hauptleistungsposition und die Erweiterung des Marken-/Unternehmensimages über das Angebot zusätzlicher Dienstleistungen, zu nennen.
- **Bekanntheitsziele** können zum Beispiel dadurch erreicht werden, daß Leistungspolitik und Kommunikationspolitik sorgfältig aufeinander abgestimmt werden.
- **Kundenbindungsziele** gewinnen in Zukunft gerade im Zuge der allgemein abnehmenden Einkaufsstättentreue an Bedeutung. Es ist zu überlegen, wie durch eine Attraktivitätssteigerung des Leistungsprogramms die Kundenbindung gehalten oder sogar erhöht werden kann. Dazu gehört auch das Angebot von Sekundärdienstleistungen, die als Kundenbindungsinstrument ausgestaltet werden können (zum Beispiel Kundenzeitschrift, Kundenclub).

Im Rahmen der Leistungspolitik von Dienstleistungsunternehmen sind zahlreiche Entscheidungen zu treffen. Zunächst müssen Fragestellungen hinsichtlich der **Leistungsprogrammgestaltung (Leistungsprogrammpolitik)** beantwortet werden. Dazu zählen Programminnovationen und -variationen sowie die Eliminierung einzelner Programmelemente. Als zweiter großer Block sind Entscheidungen hinsichtlich der **Markenpolitik** zu treffen, die im Dienstleistungsbereich deutliche Unterschiede zu den bekannten Ansätzen des Konsumgütermarketing aufweisen. Vergleichbar mit der Abrundung des Leistungsprogramms im Sachgüterbereich durch Zusatzleistungen (zum Beispiel Kundendienst, Garantien) kann auch die definierte Kerndienstleistung um **Zusatzleistungen (Servicepolitik)** ergänzt werden. Dabei kann es sich sowohl um tangible (zum Beispiel Tiefgarage eines Hotels) als auch um intangible Zusatzleistungen (zum Beispiel Abholservice einer Autoreparaturwerkstatt) handeln. Eine besondere Rolle für Dienstleistungsunternehmen spielt im Rahmen der Leistungspolitik aufgrund der Integration des externen Faktors die **Beschwerdepolitik**, während der **Verpackungspolitik** wegen der Immaterialität von Dienstleistungen eine geringere Bedeutung als im Konsumgüterbereich zukommt.

1.14 Planungsprozeß der Leistungspolitik

Zur systematischen Regelung des Ablaufes der Leistungspolitik eines Dienstleistungsunternehmens kann der folgende **Prozeß der Leistungsplanung** unterstellt werden (Bruhn 1995c, S. 128):

1. Die **Situationsanalyse des Leistungsprogramms** soll Aufschluß darüber geben, inwiefern es Handlungsbedarf für Veränderungen des Programms gibt. Dabei müssen die Kundenbedürfnisse, die Leistungen der Konkurrenz, der Erfolg der eigenen Leistungen sowie die Zusammenstellung des eigenen Leistungsprogramms berücksichtigt werden.
2. Die **Festlegung der Ziele der Leistungspolitik** hat unter Berücksichtigung der Unternehmensziele zu erfolgen. Dabei ist auf Zielüberschneidungen mit anderen Zielen des Marketingmix zu achten.
3. Durch die **Entwicklung leistungspolitischer Strategien** wird festgelegt, in welchem Zeitraum die Ziele der Leistungspolitik erreicht werden sollen. Mögliche Ansatzpunkte der Strategie sind die Qualität oder der Preis der Leistung.
4. Bei der Bestimmung des **Budgets der Leistungspolitik** sind verschiedene Kostenbereiche zu berücksichtigen, zum Beispiel Kosten für Marktforschungs-, Beratungsleistungen, die Entwicklung von Prototypen für tangible Elemente.
5. Mittels der Planung des **Einsatzes der leistungspolitischen Instrumente** wird festgelegt, auf welchem Wege die Strategie umgesetzt werden soll. Hierbei sind die Leistungsprogrammpolitik, die Markenpolitik, die Servicepolitik, die Beschwerdepolitik sowie die Verpackungspolitik zu berücksichtigen.
6. Im Rahmen der **Kontrolle des Leistungsprogramms** soll festgestellt werden, inwiefern die Ziele der Leistungspolitik erreicht wurden beziehungsweise werden. Bei Nichtrealisierung von Zielen sind unter Umständen Anpassungsmaßnahmen vorzunehmen.

1.2 Instrumente der Leistungspolitik

1.21 Leistungsprogrammpolitik

Im Hinblick auf die Gestaltung des Dienstleistungsprogramms stellen sich dem Dienstleistungsanbieter bei der Variation des Leistungsprogramms, der Entwicklung und Einführung von Dienstleistungsinnovationen sowie der Eliminierung bestimmter Programmelemente aufgrund der dienstespezifischen Besonderheiten besondere Problemstellungen.

1.211 Variation von Dienstleistungsprogrammen

Aufgrund der Immaterialität der Dienstleistungen sind nicht materielle Güter Gegenstand von programmpolitischen Entscheidungen, sondern die Entwicklung und Veränderung von Dienstleistungspotentialen, -prozessen und -ergebnissen (Meyer 1994). Hier ergeben sich ähnliche Probleme wie bei der in Kapitel 3, Abschnitt 4.21, diskutierten Standardisierung von Dienstleistungen. Bei einer Veränderung auf einer der drei Ebenen ist vielfach auch eine Anpassung zumindest einer der beiden anderen Ebenen erforderlich. So ist beispielsweise die Verbesserung des Ergebnisses eines Sprachkurses in der Regel an eine verbesserte Qualifikation des Lehrpersonals (Potentiale) und/oder an eine Veränderung des Unterrichts (zum Beispiel verstärkte Einbeziehung der Lernenden; Prozesse) gebunden.

Bei leistungsprogrammpolitischen Entscheidungen stehen im Dienstleistungsbereich folgende Ansatzpunkte im Vordergrund: die **materielle und personelle Ausstattung**, die **Verrichtungs- beziehungsweise Ablaufprogramme** sowie im Zusammenhang damit die Planung von **raum- und zeitbezogenen Dienstleistungskapazitäten**. Leistungsprogrammerweiterungen durch Markteinführungen neuer Dienstleistungen werden dadurch erschwert, daß bei der Durchführung von Produkttests beziehungsweise Dienstleistungstests stets der externe Faktor zu berücksichtigen ist. Somit sind dem Einsatz von Testmethoden bestimmte Grenzen gesetzt.

Weiterhin können „Produktmerkmale" – oder hier treffender – „Dienstleistungsmerkmale" nur durch die **Beschreibung von Dienstepotentialen und -verrichtungen** anschaulich gemacht werden. Dies impliziert, daß bei Einführungsentscheidungsprozessen innovativer immaterieller Leistungen verstärkt **Argumentations- und Beweisprobleme** auftreten (Scheuch 1982; Meyer 1994).

Wie auch im Bereich des warenproduzierenden Gewerbes bereitet die **Abgrenzung von Variationen und Innovationen** große Schwierigkeiten. Grundsätzlich besteht die Zielsetzung von **Programmvariationen** im Dienstleistungsmarketing darin, bereits im Markt eingeführte Dienstleistungen in den Augen der Konsumenten attraktiver erscheinen zu lassen **(Leistungsverbesserungen)** oder einem veränderten Nachfrageverhalten anzupassen **(Leistungsmodifikationen)** sowie durch eine Differenzierung des Leistungsangebots **(Leistungsdifferenzierungen)** dem Bedarf bestimmter Zielgruppensegmente besser zu entsprechen (Meffert 1986, S. 364 ff.). Im Rahmen der Dienstleistungsdifferenzierung werden zum bestehenden Programm neue Leistungsvarianten hinzugefügt, während Leistungsverbesserungen und -modifikationen bestehende Dienstleistungsangebote ersetzen. Programmvariationen und Innovationen können sowohl der Kundenpflege als auch der Kundengewinnung durch bessere Ausschöpfung der Marktsegmente dienen.

Die drei grundlegenden Optionen der Leistungsprogrammvariation sollen am Beispiel einer Fluglinie erörtert werden: Im Falle einer **Leistungsverbesserung** wird eine Teileigenschaft der Dienstleistung gewählt und verbessert (zum Beispiel Verkürzung der Flugzeit, Verringerung des Absturzrisikos). Bei einer **Leistungsmodifikation** hingegen erfolgt keine Veränderung von Teilleistungen mit dem ausschließlichen Ziel der Optimierung von aus Kundensicht wichtigen Beurteilungskriterien der Gesamtleistung. Vielmehr wird hier gezielt ein Wechsel der Beurteilungskriterien aus Kundensicht antizipiert und in Veränderungen von Leistungen umgesetzt (zum Beispiel wird einer erhöhten Preissensitivität der Konsumenten dadurch Rechnung getragen, daß keine Essensausgabe an Bord erfolgt und gleichzeitig die Flugpreise gesenkt werden; weiterhin können Fluglinien dem Trend zum Nichtrauchen durch das ausschließliche Angebot von Nichtraucherflügen entgegenkommen). Im Rahmen der **Leistungsdifferenzierung** wird der Heterogenität der Konsumenten durch differenzierte Ausgestaltung des Leistungsprogramms und damit das Angebot zusätzlicher Wahloptionen Rechenschaft getragen. Als Beispiel kann hier die Differenzierung in First, Business und Economy Class vieler Fluggesellschaften herangezogen werden.

Da eine dichotome Unterscheidung zwischen Dienstleistungsprogrammvariation und Dienstleistungsinnovation nicht möglich ist und durch eine graduelle Abstufung ersetzt werden muß, wird im folgenden zunächst der Fall der **Leistungsprogrammvariation** aufgegriffen und diskutiert. Anschließend wird auf diejenigen Entscheidungstatbestände eingegangen, die darüber hinaus überwiegend bei der Gestaltung von Dienstleistungsinnovationen auftreten.

Angesichts der Immaterialität von Dienstleistungen stellt sich im Rahmen dieser Entscheidungstatbestände die Frage, in welcher **Form** eine Veränderung bestehender Leistungen erfolgen kann. Bereits einleitend wurde hervorgehoben, daß Veränderungen von Dienstleistungen sich auf Potentiale, Prozesse und Ergebnisse beziehen können, wie in Abbildung 5-5 dargestellt.

Auslöser für Variationsentscheidungen können Anregungen und Impulse verschiedener unternehmensinterner und -externer Quellen sein:

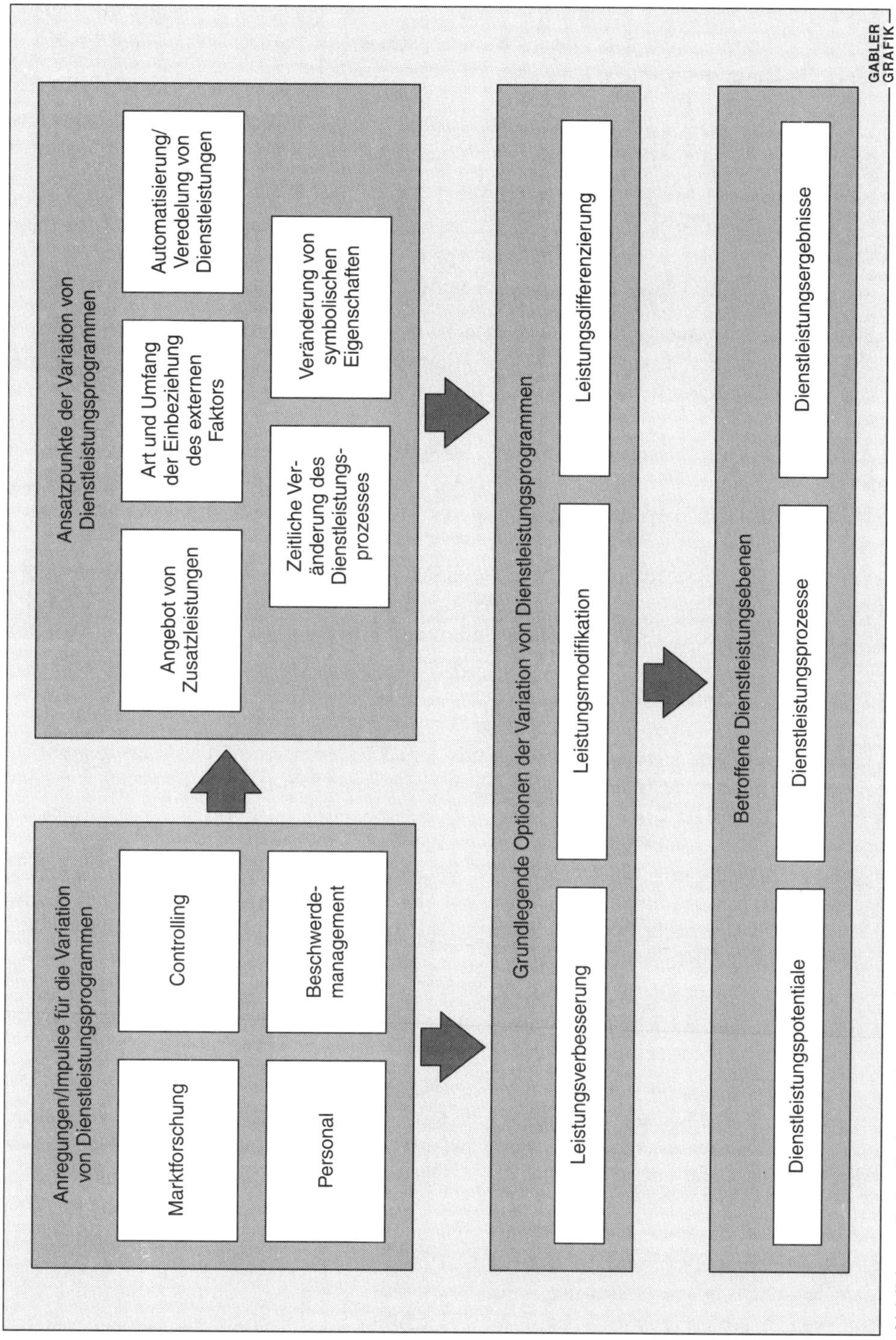

Abbildung 5-5: Entscheidungstatbestände der Variation von Dienstleistungsprogrammen

- Dazu zählen zunächst die **Marktforschung**, die beispielsweise Trends im Konsumentenverhalten aufzeigen und im Rahmen von Kundenzufriedenheitsbefragungen spezielle Defizite ermitteln kann.
- Im Rahmen des betriebsinternen **Controlling** können darüber hinaus Daten abgeleitet werden, die eine Variation des Leistungsprogramms sinnvoll erscheinen lassen.
- Eine weitere wichtige Quelle von Anregungen sind die bei der Erstellung von Dienstleistungen im Kundenkontakt stehenden **Mitarbeiter**. Diese verfügen über detaillierte Kenntnisse der Kundenwünsche und den gegenwärtigen Grad der Bedürfnisbefriedigung (Grönroos 1990b; Zeithaml/Parasuraman/Berry 1992).
- Schließlich muß auf die besondere Bedeutung des **Beschwerdemanagements** und der dort abgeleiteten Anregungsinformationen für die Ausgestaltung der Leistungsvariation hingewiesen werden.

Die Anregungsinformationen können nicht ausschließlich in Form von Leistungsverbesserungen und Leistungsmodifikationen umgesetzt werden. Vielmehr bietet sich in vielen Fällen durch die Heterogenität der Kundenwünsche eine **Leistungsdifferenzierung** (service customization) an. Voraussetzung der Leistungsdifferenzierung ist in der Regel die Aufteilung des Gesamtmarktes in einzelne Marktsegmente, in denen die Abnehmergruppen nach Merkmalskategorien klassifiziert werden. Ansatzpunkte zur Dienstleistungsdifferenzierung sind wiederum Potentiale, Prozesse und Ergebnisse, wobei die neuen Varianten im Gegensatz zur Leistungsverbesserung und -modifikation zusätzlich im Programm geführt werden.

Die Leistungsdifferenzierung ist vielfach mit dem differenzierten Einsatz weiterer Marketingmixinstrumente verbunden. In bezug auf einzelne Dienstleistungselemente lassen sich folgende **Beispiele für eine Leistungsdifferenzierung** anführen:

- Leistungsdifferenzierung durch Variation der Potentialfaktoren (Ausstattung) und Zusatzleistungen (zum Beispiel First-Class-, Business-Class- und Economy-Class-Angebote bei Luftfahrtgesellschaften; Wahl zwischen unterschiedlichen Hotelkategorien bei Reiseveranstaltern; Klasseneinteilung der Bundesbahn),
- Leistungsdifferenzierung in bezug auf die Art der Einbeziehung und Auswahl des externen Faktors (zum Beispiel Schulungsangebote, differenziert nach Grund- und Fortgeschrittenenkurs),
- Leistungsdifferenzierung durch Variation der Dienstleistungsmarke (zum Beispiel der zielgruppenspezifische Einsatz von Marken beim Reiseveranstalter TUI: Transeuropa und Scharnow für Familienreisen oder Club 28 für Clubangebote, differenziert nach unterschiedlichen Alters- und Bedürfniskategorien).

Neben den bisher dargestellten Entscheidungsabläufen bei der **Variation des Leistungsprogramms** (Ausgangspunkt interne und externe Informationen; dann Entscheidung hinsichtlich Leistungsverbesserung, -modifikation und/oder -differenzierung in Abhängigkeit vom aktuellen Leistungsprogramm; abschließend Entscheidung hinsichtlich der

Anpassung der Potentiale, Prozesse und Ergebnisse) gibt es – wie in Abbildung 5-5 dargestellt – fünf **inhaltliche Ansatzpunkte für eine Variation**, die auf fast jedes Dienstleistungsunternehmen zutreffen:

1. Angebot von Zusatzleistungen,
2. Art und Umfang der Einbeziehung des externen Faktors,
3. Automatisierung und Veredelung der Dienstleistung,
4. Zeitliche Veränderungen des Dienstleistungsprozesses,
5. Veränderung symbolischer Eigenschaften.

Diese Alternativen von Dienstleistungsvariationen werden im folgenden ausführlich erläutert:

1. Angebot von Zusatzleistungen

Entsprechend der Produktdifferenzierung durch Serviceleistungen im Konsumgüterbereich werden im Dienstleistungsbereich sowohl in der Praxis als auch in der Wissenschaft erfolgversprechende Ansatzpunkte zur Leistungsdifferenzierung in der **Kombination einer Grundleistung** mit den folgenden **Zusatzleistungen** gesehen (Corsten 1990):

- **Materielle Zusatzleistungen** beziehungsweise **-produkte** (zum Beispiel Teilnehmer eines Sprachkurses erhalten Trainingskassetten und Bücher) und/oder
- **Immaterielle Zusatzleistungen** beziehungsweise **-dienste** (zum Beispiel Kreditkartenangebote schließen eine Reiseversicherung mit ein).

Corsten spricht in diesem Zusammenhang von einer **leistungsadditiven Produktdifferenzierung** im Dienstleistungsmarketing, die eine anbieterseitige Zusammenfassung selbständiger oder unselbständiger Leistungskomponenten zu einem Leistungsbündel beziehungsweise Servicepaket umfaßt (Corsten 1990). Diese Leistungsbündelung wird vielfach in Verbindung mit preispolitischen Maßnahmen, der sogenannten **Preisbündelung**, eingesetzt. Sowohl die Leistungsbündelung alleine als auch in Verbindung mit der Preisbündelung ermöglicht es dem Dienstleistungsanbieter, sich vom Preiswettbewerb abzukoppeln. Ein direkter Preisvergleich von Servicepaketen verschiedener Dienstleistungsanbieter wird für den Konsumenten dadurch erschwert oder sogar unmöglich gemacht (eine detaillierte Diskussion der Optionen der Preisbündelung erfolgt in Abschnitt 3 dieses Kapitels).

Andererseits kann für den Dienstleistungsnachfrager durch den **Angebotsverbund** auch ein Vorteil in der Form gegeben sein, daß er ein seinen Bedürfnissen entsprechendes Dienstleistungsbündel erwerben kann und durch ein sogenanntes „one stop shopping“ der Koordinationsaufwand für den Einzelerwerb der Leistungen entfällt.

Wichtige Anregungen zur leistungsadditiven Differenzierung bei der zielgruppenspezifischen Gestaltung des Leistungsangebotes bieten vielfach die vom Dienstleistungsnachfrager bei der Inanspruchnahme einer Dienstleistung (Grundleistung) selbständig erbrachten (Vor-)Leistungen, deren **„Internalisierung"** neue Zusatzleistungen im Dienstleistungsprogramm darstellen können.

Beispiele für derartige Cross-selling-Angebote sind die beim Erwerb von Kreditkarten eingeschlossenen Reiseversicherungen oder Transferleistungen von Reiseveranstaltern. Autohändler (das heißt Anbieter von Produkten) können in Kooperation mit Finanzinstituten Servicepakete anbieten, die von der Inzahlungnahme des alten Fahrzeugs über die Finanzierung, Versicherung und erweiterte Garantieleistungen zahlreiche Einzeldienste umfassen. Die Inzahlungnahme des alten Autos stellt dabei eine typische Form der Internalisierung von Leistungen dar, die auch vom Dienstleistungsnachfrager problemlos selbst erbracht werden können.

Corsten führt in Anlehnung an Bressand verschiedene **Erscheinungsformen** einer leistungsadditiven Differenzierung im Dienstleistungsmarketing an (Bressand 1986; Corsten 1988). Diese unterscheiden sich hinsichtlich des Verhältnisses beziehungsweise der Hierarchie der einzelnen Leistungen (Haupt- versus Nebenleistungen), der beabsichtigten Zielsetzung (Niedrigpreis versus Convenience) sowie hinsichtlich der Wahlmöglichkeiten des Konsumenten bei der Zusammenstellung einzelner Leistungspakete.

Ausgewählte **Beispiele für Cross-selling-Potentiale** verschiedener Dienstleister zeigt Abbildung 5-6.

Dienstleistungsbereich	Einstiegsprodukte (Grundprodukt)	Cross-selling-Potentiale	
		Zusatzprodukte	Trading-up
Versicherungen	Grundschutz zum Beispiel Hausrat, Kfz-Haftpflicht	Unfall, Rechtsschutz	Kapitallebens-/ Berufsunfähigkeitsversicherung
Banken	Kontokorrentkonto	Sparbuch, Allzweckdarlehen	Vermögens- und Anlageberatung, Hausfinanzierung
Kreditkartengesellschaften	Kreditkarte	Versicherungspaket	Reiseangebot
Handel	Grundprodukt	Über den täglichen Bedarf hinausgehend	Hochpreisprodukte
Touristik	Bahnreise, Flug, Unterbringung	Pauschalreise	Club-Reise

GABLER GRAFIK

Abbildung 5-6: Beispiele für Cross-selling-Potentiale verschiedener Dienstleister
(Quelle: Benölken/Greipel 1994, S. 92)

2. Art und Umfang der Einbeziehung des externen Faktors

Ein weiterer Ansatzpunkt für die Variation des Leistungsprogramms von Dienstleistungsunternehmen ist die Veränderung von Art und Umfang der Einbeziehung des externen Faktors. In diesem Zusammenhang stellen **Internalisierung und Externalisierung** mögliche Optionen für eine **Leistungsmodifikation** und eine **Leistungsdifferenzierung** dar (Corsten 1995). Bei einer deutlichen Abweichung der Leistung gegenüber bisher angebotenen Problemlösungen kann man mittels dieser Optionen sogar eine **Innovation** generieren.

Grundlegender Gedanke dieses Ansatzes ist die für den Dienstleistungserstellungsprozeß typische **Integration des externen Faktors**, der vielfach in der Person des Dienstleistungsnachfragers selbst auftritt. Bei jeder Dienstleistung ist ein Ist-Integrationsgrad festzustellen. Darauf aufbauend kann eine bereits in Kapitel 1, Abschnitt 3 dargestellte Isoleistungslinie ermittelt werden, die den geographischen Ort der verschiedenen möglichen Kombinationen der Aktivitätsgrade von Nachfrager und Anbieter darstellt. Eine von der aktuellen Kombination ausgehende Verschiebung in Richtung einer verstärkten Aktivität des Nachfragers wird als Externalisierung bezeichnet, während eine gegenläufige Bewegung als Internalisierung beschrieben wird. Beide Optionen bieten aus Sicht des Dienstleistungsanbieters bestimmte **Vorteile**, die im folgenden kurz beleuchtet werden.

Eine **Internalisierung** von Leistungen durch das dienstleistende Unternehmen ermöglicht die Realisierung bereits angesprochener Convenience-Vorteile für den Konsumenten und führt damit zu Profilierungsvorteilen des Dienstleisters (zum Beispiel Abholen des Fahrzeuges durch die Reparaturwerkstatt). Durch eine derartige Vergrößerung der Wertschöpfungstiefe, die im Grunde auf einer Ausweitung des Dienstleistungsangebotes basiert, können zum einen Umsatz und Gewinn direkt positiv beeinflußt werden. Zum anderen wird sich eine Steigerung der Kundenbindung ergeben. Zudem kann ein Abbau des empfundenen Kaufrisikos aus Kundensicht erfolgen, falls die integrierten Wertschöpfungsaktivitäten aus Kundensicht mit entsprechenden Erstellungsrisiken verbunden sind (zum Beispiel Abschluß von Kurssicherungsgeschäften durch die Bank bei Geldanlage im Ausland).

Eine **Externalisierung** von Leistungen dagegen bedeutet eine Verlagerung von Wertschöpfungsaktivitäten auf den Dienstleistungsnachfrager, die nur dann sinnvoll ist, wenn sie vom Kunden entsprechend gewünscht wird und der Kunde entsprechende Fähigkeiten zur Übernahme der Aktivitäten aufweist. Das ist regelmäßig dann der Fall, wenn das Leistungsergebnis individuell, das heißt „customized", ausfallen soll. In diesem Zusammenhang wird vielfach die These vom „Consumer as a Co-Producer" beziehungsweise von der Entwicklung des Konsumenten hin zum **„Prosumenten"** gesprochen (Normann 1987; Meffert/Birkelbach 1992). Durch die verstärkte Einbeziehung des Konsumenten in den Erstellungsprozeß erfolgt eine Intensivierung der sozialen Kontakte zwischen Dienstleistungsanbieter und -nachfrager, die bei entsprechend positiver Beurteilung durch den Nachfrager die Kundenbindung steigert. Zudem erhöht sich die Transparenz des Leistungserstellungsprozesses aus Kundensicht. Schließlich lassen sich mitunter von Kundenseite erwünschte Preisvorteile realisieren.

Letztlich lassen sich keine generellen Empfehlungen hinsichtlich der beiden vorgestellten Optionen abgeben. Vielmehr muß im Einzelfall unter Berücksichtigung der Kundenwünsche sowie der den zu internalisierenden beziehungsweise externalisierenden Wertschöpfungsaktivitäten zurechenbaren Kostenpositionen entschieden werden.

3. Automatisierung und Veredelung der Dienstleistung

Während im Rahmen der Diskussion von Integrationsoptionen der externe Faktor als von außen in den Dienstleistungserstellungsprozeß einzubringender Produktionsfaktor im Mittelpunkt der Analyse stand, sind bei der Frage nach der Automatisierung und Veredelung die **internen Faktoren** von besonderer Bedeutung.

Zentrale Ansatzpunkte für die Diskussion der **Automatisierung versus Veredelung** lassen sich aus den konstitutiven Merkmalen der Dienstleistung ableiten. Die Immaterialität der Dienstleistung führt zur Nichtlagerfähigkeit der Dienstleistung, die eine Übereinstimmung von Leistungserstellung und -konsumtion bedingt. Somit kann es kein „Transferobjekt" geben, das eine Funktion als Wert- und Nutzenträger aufweist.

Aus der Integrationsnotwendigkeit des externen Faktors kann sich ein Zwang zur Individualisierung der internen Faktorkombination ableiten. Zudem muß gegebenenfalls der Interaktionsprozeß zwischen den beteiligten externen Faktoren berücksichtigt werden.

Vor diesem Hintergrund erscheint sowohl eine Veredelung als auch eine Automatisierung insbesondere von persönlichen Dienstleistungen mit Schwierigkeiten verbunden. Demgegenüber besteht allerdings aufgrund festgestellter Produktivitätsschwächen in vielen Dienstleistungsbereichen die Notwendigkeit einer konsequenten Automatisierung und Veredelung.

Im Rahmen der **Automatisierung** werden bisher von menschlichen Leistungsträgern durchgeführte Dienstleistungsprozesse durch entsprechende Maschinen ersetzt. Dabei ist nach der Art des in den Erstellungsprozeß eingebrachten externen Faktors zu unterscheiden. Zum einen kann es sich dabei um einen Menschen handeln. In diesem Zusammenhang kann die automatisierte Telefonauskunft als Beispiel herangezogen werden. Im anderen Fall bringt der Dienstleistungskunde ein Verfügungsobjekt in den Erstellungsprozeß der Dienstleistung ein. Als Beispiel soll hier eine vollautomatische Waschstraße dienen, die eine Autowäsche von Hand ersetzt (Meyer 1987; Quinn/Gagnon 1987).

An diesem Beispiel wird zudem deutlich, daß eine **graduelle Abstufung der Automatisierung** möglich ist. So führt Meyer (1987) verschiedene Stufen einer zunehmenden „Objektivation" beziehungsweise Automatisierung menschlicher Leistungen bei der Autowäsche an, die vom

Waschen mit Waschbürste und einigen Hilfsmitteln über Waschen in einer teilautomatisierten Anlage bis zu der bereits erwähnten vollautomatischen Waschanlage reicht. Anhand des Beispiels der Telefonauskunft lassen sich ähnliche Stufen ableiten: Während gegenwärtig nur die Ansage der Telefonnummer automatisch erfolgt, wird beim zukünftigen Fortschritt der elektronischen Spracherkennung auch eine vollautomatische Auskunft denkbar sein.

Automatisierungsbestrebungen im Dienstleistungsbereich sind jedoch zahlreichen Restriktionen unterworfen. So kann ein hohes Maß an **Heterogenität des externen Faktors** – wenn überhaupt – nur durch technisch sehr komplexe Einrichtungen ausgeglichen werden. Zudem muß sichergestellt werden, daß zumindest der Beginn des Dienstleistungserstellungsprozesses vom Nachfrager ausgelöst werden kann (Meyer 1987). Schließlich sollte die technische Entwicklung soweit fortgeschritten sein, daß die automatisierte Dienstleistung besser und/oder billiger als die entsprechende von Menschen ausgeführte Leistung erbracht werden kann.

Grundsätzlich kann festgehalten werden, daß die Automatisierung in der Regel dann mit größeren Schwierigkeiten verbunden ist, wenn es sich beim externen Faktor um einen Menschen handelt. Hier bietet sich eine Automatisierung nur dann an, wenn der Dienstleistungsprozeß weitestgehend standardisierbar ist.

Überblicksartig können folgende **Vor- und Nachteile der Automatisierung** festgehalten werden (Scheuch 1982; Meyer 1987):

Vorteile

- Verringerung der Personalkosten (zum Beispiel Fahrkartenautomaten der Deutschen Bundesbahn),
- Unabhängigkeit von Öffnungszeiten (zum Beispiel Geldautomat),
- Leichte Multiplizierbarkeit bei Bewährung der Dienstleistung (zum Beispiel Automaten zum Drucken von Visitenkarten),
- Relative Konstanz des Leistungsergebnisses – in Abhängigkeit von der Heterogenität des externen Faktors (zum Beispiel Autowaschanlage),
- Bei Dienstleistungen mit Schwellenängsten bleibt Anonymität gewahrt (zum Beispiel Kondomautomat).

Nachteile

- Zum Teil hohe Investitionskosten,
- Fehlen persönlicher Kontakte zum Aufbau von Kundenbindung und zur Realisierung von Cross-selling-Potentialen,
- Geringe Möglichkeit des Ausgleichs von Kapazitätsüberhängen durch eine intensitätsmäßige Anpassung der Maschine,

- Unmöglichkeit des Aufbaus von Markteintrittsbarrieren wegen leichter Imitierbarkeit durch Wettbewerber,
- Fehlende Möglichkeit der Nachbesserung,
- Berührungsängste vieler Nachfrager mit Maschinen.

Neben der Option der Automatisierung, die eines der Merkmale von Dienstleistungen, nämlich die menschliche Leistungsfähigkeit, zu überwinden versucht, existiert als zweite Option die **Veredelung von Dienstleistungen**. Mittels dieser Vorgehensweise wird ebenfalls versucht, konstitutive Merkmale von Dienstleistungen zu umgehen. Dazu gehören die Integration des externen Faktors und die Immaterialität der Dienstleistung. Im Rahmen der Veredelung wird die Multiplikation einer menschlichen Leistungsfähigkeit vorgenommen, die zu diesem Zweck zunächst mittels eines materiellen Trägermediums konserviert wird (Meyer 1987).

Damit setzt sich die Veredelung der Dienstleistung aus zwei klar definierten Teilprozessen zusammen: Zum einen dem **Speicherungsprozeß**, bei dem eine persönliche Leistungsfähigkeit auf ein Speichermedium übertragen wird (zum Beispiel Konservierung eines Konzertes mittels eines Magnetbandes; andere Speichermedien: Papier, EDV-Speicher). Zum anderen wird im Rahmen des dann folgenden **Multiplikationsprozesses** das Speichermedium beliebig oft vervielfältigt. Das Marketing derartig veredelter Dienstleitungen entspricht weitgehend dem Marketing für Konsumgüter.

Die Option der Veredelung bietet sich aber nicht für alle Dienstleistungen an. So sind dies in der Regel **Leistungen mit informativem, kommunikativem oder künstlerischem Inhalt**. Neben den Vorteilen der Veredelung, wie der Möglichkeit der Massenproduktion, der leichten Markierbarkeit der Leistung, der Möglichkeit der Vorratshaltung, entstehen auch gewichtige Nachteile. Insbesondere geht der persönliche Kontakt zum Nachfrager verloren. Darüber hinaus können gerade bei Leistungen, die sowohl als originäre Dienstleistung als auch als veredelte Leistung vermarktet werden (zum Beispiel Konzerte), mitunter ungewollte Trade-off-Effekte zu Lasten der originären Leistung auftreten.

Insgesamt setzen sowohl die Option der Automatisierung wie auch der Veredelung die Standardisierbarkeit einzelner Elemente der Dienstleistung voraus, um damit bestimmte Restriktionen, die sich aus den dann entschärften konstitutiven Merkmalen der Dienstleistung ergeben, zu umgehen. Dabei muß aber beachtet werden, daß gleichzeitig bestimmte Vorteile, die sich ursprünglich aus den nun entfallenden Merkmalen ergeben haben, aufgegeben werden.

4. Zeitliche Veränderungen des Dienstleistungsprozesses

Ausgehend von der These, daß Dienstleistungsangebote als Zeitverwendungsangebote verstanden werden können, stellt Stauss (1991a) die Forderung nach einem **kunden-**

orientierten Zeitmanagement auf. Ein derartiges Zeitmanagement stellt eine grundlegende Option bei der Ausgestaltung des Leistungsprogramms, besonders bei der Variation von Leistungen, dar. Darüber hinaus kann der fokussierte Einsatz des Zeitmanagements zu innovativen Leistungen führen (Stauss 1991a; Otto/Reckenfelderbäumer 1993).

Grundlegende Überlegung ist hier der Umstand, daß die im Rahmen der **Dienstleistungskonsumtion verbrachte Zeit** zum einen als erlebnisorientierte Freizeitgestaltung verstanden wird (zum Beispiel Besuch eines Freizeitparks), zum anderen aber als notwendiges Übel hingenommen wird (zum Beispiel Arztbesuch). Darüber hinaus gibt es Dienstleistungen, bei denen die subjektive Einschätzung der Zeit stark von der Person des Dienstleistungsnachfragers bestimmt wird. So kann der Besuch eines Friseurs als willkommener Zeitvertreib sowie als notwendiger Zeitverlust aufgefaßt werden.

Basis des kundenorientierten Zeitmanagements ist die Aufteilung der mit der Inanspruchnahme der Dienstleistung verbundenen Kundenzeiten. Stauss (1991a) unterscheidet vier verschiedene Zeitarten, die in Abbildung 5-7 dargestellt werden.

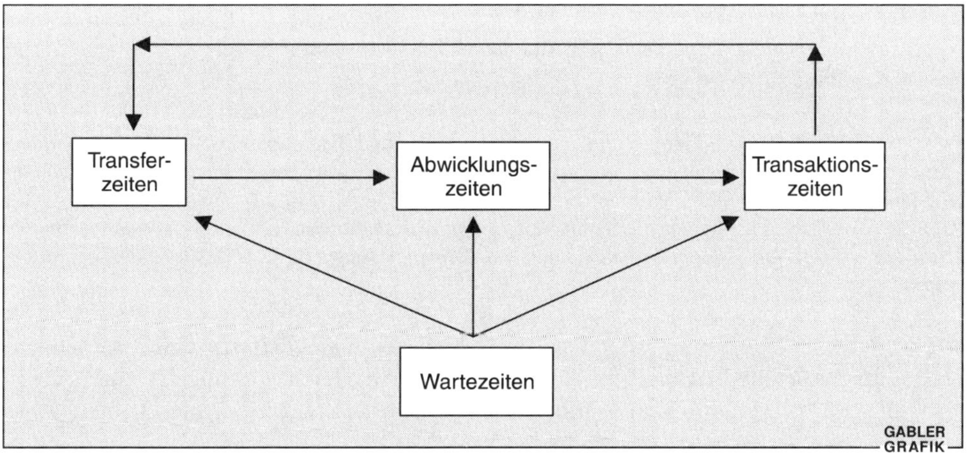

Abbildung 5-7: Kundenzeiten des Dienstleistungskonsums
(Quelle: Stauss 1991a, S. 82)

Im folgenden werden die **Kundenzeiten** am **Beispiel einer Theateraufführung** verdeutlicht:

- Die **Transferzeiten** entfallen auf den Transport hin zum Dienstleister und wieder zurück. Im Rahmen des gewählten Beispiels wäre das etwa die Zeit für die Fahrt zum Theater und vom Theater wieder nach Hause, die wahlweise mit privaten Verkehrsmitteln, zu Fuß, mit dem Taxi oder aber mit öffentlichen Verkehrsmitteln durchgeführt werden kann. Je nach Art des gewählten Verkehrsmittels fällt die Transferzeit unterschiedlich lang aus und kann unterschiedlich positiv beziehungsweise negativ bewertet werden.

- Die **Abwicklungszeit** wird zur Erledigung sämtlicher Formalien benötigt, die zwar mit der Dienstleistung in direktem Zusammenhang stehen, aber nicht selbst Bestandteil der Dienstleistung sind. Bezogen auf das gewählte Beispiel wäre das die für den Kauf der Tickets und die an der Garderobe verbrauchte Zeit.
- In den **Wartezeiten** finden keinerlei Transaktionen statt. Im Beispiel wäre das etwa die Zeit in der Theaterpause oder vor Beginn der Vorführung. In diesem Zeitraum hat der Dienstleister die Gelegenheit zum Angebot weiterer Dienstleistungen entgeltlicher oder unentgeltlicher Art (zum Beispiel Sektangebot), was zu einer positiven Wahrnehmung der Gesamtleistung beitragen kann.
- Die **Transaktionszeit** schließlich beschreibt den Zeitraum, der für die eigentliche Erbringung der Dienstleistung beziehungsweise für den Kern des Interaktionsprozesses in Ansatz gebracht werden muß. Bezogen auf das gewählte Beispiel wäre das die eigentliche Theateraufführung.

In Anlehnung an die Ausführungen von Graham (1981) und Stauss (1991a) können darauf aufbauend die in Abbildung 5-8 dargestellten **strategischen Stoßrichtungen für Zeitstrategien** abgeleitet werden.

Zum einen kann versucht werden, im Rahmen einer Spezialisierung eine **„Lineare Zeitstrategie“** zu verfolgen. Diese geht generell von einem knappen Zeitbudget des Nachfragers aus und versucht daher, die Transfer-, Abwicklungs-, Transaktions- sowie die Wartezeiten zu verkürzen.

Beispiele für eine Verminderung der Transaktionszeit sind Bremsenschnelldienste und Fotoschnelldienste. Verkürzte Abwicklungszeiten werden beim Arztbesuch durch den Einsatz von Kundenkarten der Krankenkassen erreicht. Durch Hol- und Bringdienste beispielsweise von Automobilwerkstätten können die Transferzeiten reduziert werden. Die Direktannahme im Bereich des Automobil-Kundendienstes kann als Beispiel für verkürzte Wartezeiten angeführt werden.

Als weitere Spezialisierungsstrategie ist die **„Prozedurale Zeitstrategie“** zu nennen. Generelle Zielsetzung ist hier die Schaffung einer Ausgleichswirkung für eine im Extremfall sogar verlängerte Konsumtionszeit von Dienstleistungen.

Als **Beispiele** sind hier Freizeitparks, Erlebniskinos oder etwa ein Kinderhort beim Zahnarzt zu nennen.

Schließlich ist auch eine **Kombination der beiden Strategien** denkbar. Ein Erlebnisautohaus mit angegliederter Expreß-Werkstatt stellt eine derartige Vorgehensweise dar. Zu bedenken ist hier allerdings, daß mit der Schaffung von Erlebnissen und den damit verbundenen Kosten vielfach eine Verlängerung der Verweildauer der Kunden, nicht zuletzt zur Realisierung von Cross-selling-Potentialen, erreicht werden soll. Durch eine gleichzeitige Zeitreduktion werden dann derartige Bemühungen konterkariert. Richten sich die prozeduralen und linearen Strategieelemente an verschiedene Zielgruppen, um dieser Gefahr vorzubeugen, droht das Erscheinungsbild diffus zu werden.

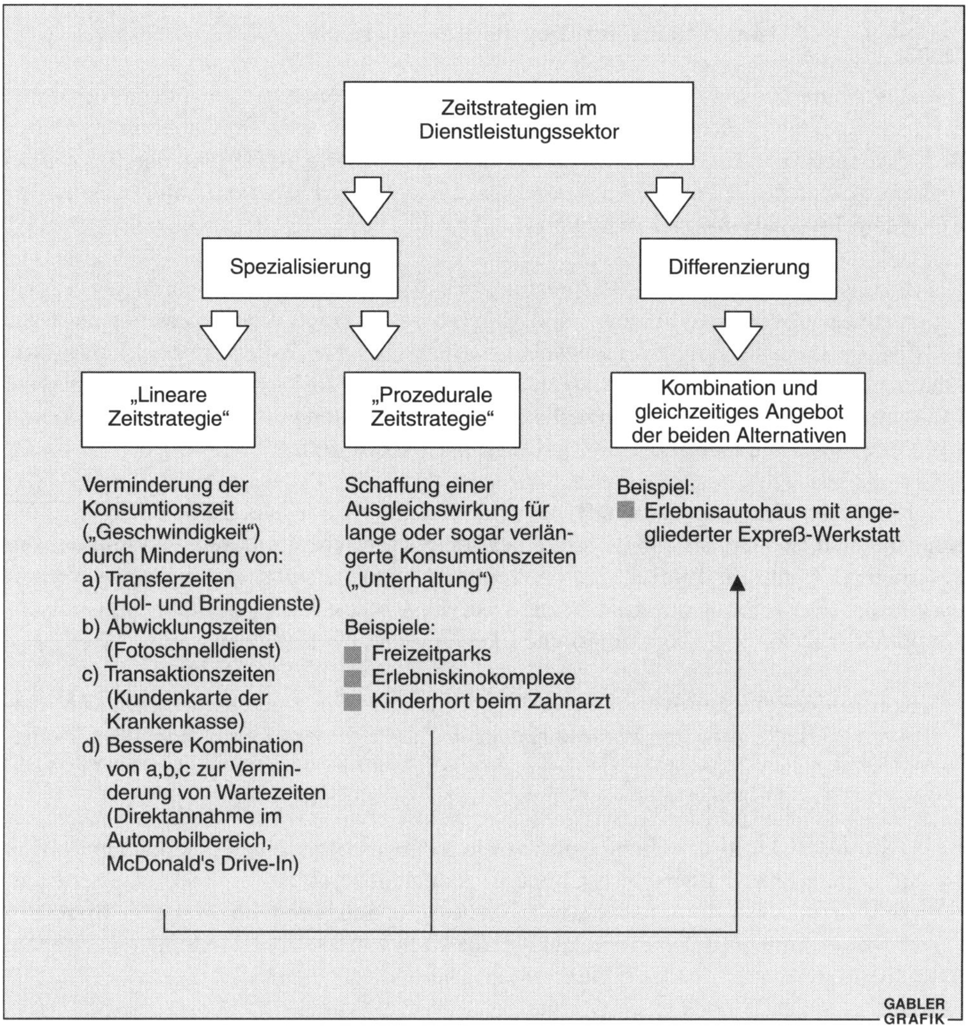

Abbildung 5-8: Zeitorientierte Dienstleistungsstrategien
(Quelle: in Anlehnung an Stauss 1991a, S. 85)

5. Veränderung symbolischer Eigenschaften

Die Veränderung symbolischer Eigenschaften zielt in der Regel auf **Elemente der Markenpolitik** ab und wird in diesem Zusammenhang in Abschnitt 3 diskutiert.

Im Laufe der Diskussion wurde deutlich, daß Schnittmengen zwischen den Problemfeldern der Variation und Innovation bestehen. Daher werden im folgenden nur die bisher nicht behandelten Besonderheiten der Innovation im Dienstleistungsbereich diskutiert.

1.212 Innovationen im Dienstleistungsbereich

Um eine Abgrenzung zu den bereits vorgestellten Variationen des Leistungsprogramms herzustellen, soll zunächst der **Innovationsbegriff** geklärt werden. Dabei müssen zwei Bezugsebenen betrachtet werden: Zum einen muß das **Bezugsobjekt** der Innovation abgegrenzt werden, zum anderen ist die Frage nach der **Innovationshöhe** beziehungsweise dem **Innovationsgrad** zu stellen (Laakmann 1994a, S. 93ff.).

Als **Bezugsobjekte** kommen Dienstleistungen sowie auf einem untergeordneten Aggregationsniveau Potentiale, Prozesse und Ergebnisse in Frage, wobei hier verstärkt auf vollständige Dienstleistungen eingegangen werden soll. Zur Festlegung des Innovationsgrades sind zwei verschiedene Innovationsbegriffe – der **objektive** und der **subjektive Innovationsbegriff** – zu betrachten, die für die Ausgestaltung des Innovationsmarketing von Bedeutung sind (Meffert 1986; Laakmann 1994a, S. 93ff.).

Der **objektive Innovationsbegriff** bewertet die Innovation aus Sicht der relevanten Konsumenten (Robertson 1967). Von einer Innovation wird in diesem Zusammenhang gesprochen, wenn ein Einfluß der betrachteten Dienstleistung auf bisherige Verhaltensmuster der Verbraucher zu erkennen ist. Es werden kontinuierliche, dynamisch-kontinuierliche sowie diskontinuierliche Innovationen unterschieden.

- **Kontinuierliche Innovationen** verfügen nur über einen geringen Einfluß auf etablierte Verhaltensmuster. In diese Kategorie fallen Änderungen bestehender Dienstleistungen, wobei Produktgrundelemente erhalten bleiben (Beispiele: Direktannahme des Kundendienstes im Automobilbereich, Autokino).
- **Dynamisch-kontinuierliche Innovationen** haben bereits einen erheblichen Einfluß auf etablierte Verhaltensmuster, ohne sie jedoch generell zu verändern. Dieser Kategorie zuzuordnen sind entscheidende Verbesserungen bereits am Markt existierender Dienstleistungen (Beispiele: verschiedene Arten von Krebsvorsorgeuntersuchungen, Cluburlaub).
- **Diskontinuierliche Innovationen** schließlich bewirken eine grundsätzliche Veränderung menschlicher Verhaltensmuster. Diese Kategorie umfaßt originär neue Dienstleistungen (Beispiele: bargeldloser Zahlungsverkehr, Kreditkarten, Informationsdatenbanken).

Die Unterteilung aus Sicht der Konsumenten hat entscheidenden Einfluß auf die individuellen Kaufentscheidungsprozesse und damit auf die Adoptions- und Diffusionsverläufe. Sie muß daher entsprechend bei der Gestaltung der Marketingaktivitäten des Dienstleistungsunternehmens beachtet werden. Je innovativer eine Leistung aus Sicht der Kunden ist, desto mehr werden die individuellen Kaufentscheidungsprozesse von interpersonellen Kommunikationsprozessen mit denjenigen Personen, die die Leistung bereits einmal konsumiert haben, bestimmt. Die Unternehmen sind hier gefordert, im Rahmen ihrer Mix-Aktivitäten auf eine Übernahme der Innovation seitens der Konsumenten einzuwirken (Warren/Abercrombie/Berl 1989).

Der (aus Unternehmenssicht) **subjektive Innovationsbegriff** beschreibt die Neuartigkeit der Leistung für die betreffende Unternehmung (siehe die Ausführungen zu Markteintrittsstrategien in Kapitel 3, Abschnitt 4.15). Im folgenden wird auf den objektiven Innovationsbegriff Bezug genommen.

Ein deutliches **Defizit** der Marketingforschung im Dienstleistungsbereich gegenüber dem Konsumgüterbereich ist in bezug auf die **Analyse und Konzeptionierung von Innovationsprozessen** festzustellen. Während Ansätze zur Gestaltung von Innovationsprozessen im Konsumgüterbereich bereits sehr früh vorgestellt wurden (Scheuing 1974; Pessemier 1977; Urban/Hauser 1980; Crawford 1987), sind derartige Bemühungen im Bereich des Dienstleistungsmarketing noch vergleichsweise unterrepräsentiert (Donelly/Berry/Thompson 1985; Johnson/Scheuing/Gaida 1986; Bowers 1986; Scheuing/Johnson 1989).

Shostack (1984) und Heskett (1986, 1988) sehen in der Immaterialität von Dienstleistungen zentrale Gründe für einen derartig unterschiedlichen Forschungsstand, obwohl es unmöglich ist, die Qualität von Dienstleistungen zu gewährleisten, ohne eine detaillierte Planung zugrundezulegen.

Abbildung 5-9 zeigt beispielhaft den von Scheuing und Johnson (1989) entwickelten **Planungsprozeß für Dienstleistungsinnovationen**.

Als Elemente des Entwicklungsprozesses lassen sich die folgenden Kernstufen unterscheiden (Meffert 1986):

- **Ideengewinnung** (Phasen 1 und 2)
  Durch interne (Dienstleistungspersonal, Beschwerdeabteilung, F&E-Abteilung usw.) und/oder externe Ideenquellen (Konsumenten, Konkurrenten, Absatzhelfer usw.) sowie den zielgerichteten Einsatz von Verfahren zur Ideenproduktion sind innovative Vorschläge für neue Dienstleistungsangebote zu generieren.
- **Ideenprüfung und -auswahl** (Phasen 3 bis 7)
  In einer ersten Grobauswahl sind Ideen, die hinsichtlich des Leistungspotentials des Dienstleistungsunternehmens nicht zu realisieren sind oder in bezug auf Akzeptanz beim Konsumenten wenig erfolgversprechend erscheinen, herauszufiltern. Bereits hierbei erscheint es sinnvoll, den externen Faktor beziehungsweise Dienstleistungsnachfrager, zum Beispiel im Rahmen von Fokusgruppengesprächen bei der Vorauswahlphase, zu berücksichtigen. Erfolgversprechende Dienstleistungsideen sind in einem Serviceentwurf („Service-Blueprint") zu konkretisieren und ersten Wirtschaftlichkeitsanalysen zu unterziehen. Auf Grundlage der Wirtschaftlichkeitsanalysen erfolgt der Übergang in die Verwirklichungs- und Markteinführungsphase.

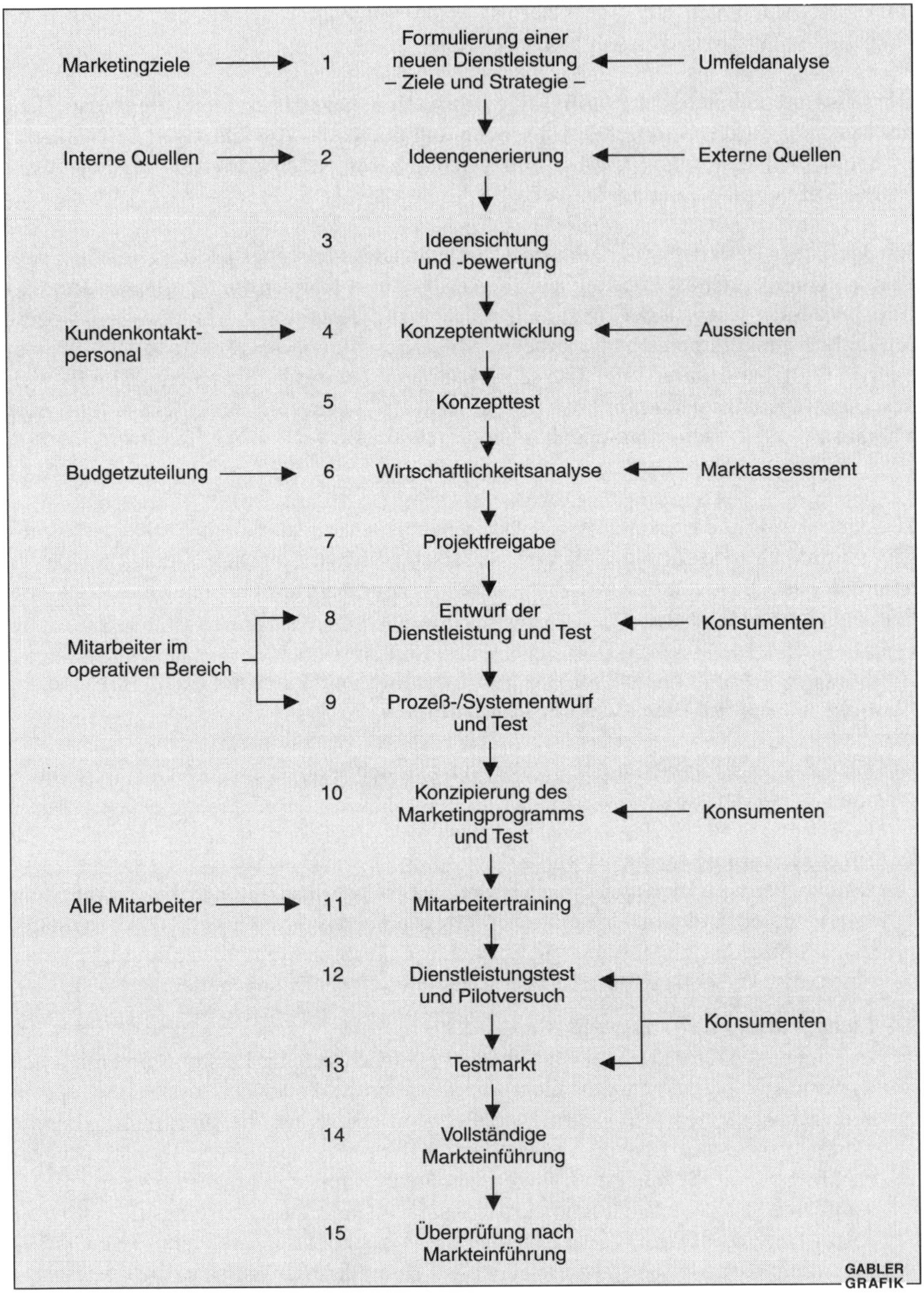

Abbildung 5-9: Planungsprozeß für Dienstleistungsinnovationen
(Quelle: Johnson/Scheuing 1989, S. 30)

- **Ideenverwirklichung** (Phasen 8 bis 15)
  Die endgültige Festlegung der Leistungsmerkmale und die Anpassung der zum Angebot einer Dienstleistung vom Anbieter bereitzustellenden Leistungspotentiale sowie die eigentliche Markteinführung von Serviceinnovationen bilden zentrale Bestandteile der dritten Stufe des Planungsprozesses. Bei persönlichen Dienstleistungen wird hier dem Personaltraining ein hoher Stellenwert beigemessen. Aufgrund der Immaterialität der Dienstleistungen und der Integration des externen Faktors sind durch Pilotversuche mögliche Fehlerquellen im Dienstleistungsprozeß auszuschließen. Dies setzt zum Beispiel bei ärztlichen Leistungen (Tests von neuen Medikamenten und Behandlungsmethoden) einen intensiven Kontakt mit den Testpersonen voraus.

Im Anschluß an diesen Prozeß muß der **Erfolg der Innovation** am Markt beobachtet und Abweichungen von ursprünglichen Zielen im Rahmen eines revolvierenden Prozesses erneut überdacht werden (Brown/Haynes/Saunders 1993).

Vergleicht man den Planungsprozeß für Dienstleistungsinnovationen und den Neuproduktplanungsprozeß bei Sachgütern, so ergeben sich in den einzelnen Planungsstufen eine Reihe dienstespezifischer Besonderheiten. Grundsätzlich können in der **Ideengewinnungsphase** sowohl **diskursive** (zum Beispiel Fragenkataloge, Funktionsanalysen, morphologische Analysen) als auch **intuitive** (zum Beispiel Brainstorming, Synektik) **Verfahren der Ideenproduktion** Anwendung finden, jedoch ergibt sich zum Beispiel beim Einsatz von Funktionsanalysen die Notwendigkeit zur Präzisierung von Eigenschaften, Ausprägungen und Merkmalen beziehungsweise Dienstleistungselementen. Hierbei ist zu berücksichtigen, daß alle im Dienstleistungserstellungsprozeß einzusetzenden Faktoren beziehungsweise Potentiale (Gebäude, Personal, technische Geräte usw.) als Elemente eines Dienstleistungsangebots anzusehen sind. Eine Trennung von Prozeßinnovationen (zum Beispiel neue Produktionstechnologie für Automobile) und Produktinnovationen (zum Beispiel Elektroauto) wie im Sachgüterbereich ist bei Dienstleistungen aufgrund der Simultaneität von Konsum und Produktion somit vielfach nicht gegeben, so daß die Veränderung von Dienstleistungserstellungsprozessen in der Regel einen direkten Einfluß auf die einzelnen Dienstleistungsangebote hat.

Nicht zuletzt hierin sind auch zentrale Probleme für die **Vorauswahl und Prüfung von neuen Dienstleistungsideen** zu sehen. Die Auswahl geeigneter Vorschläge für Dienstleistungsinnovationen verlangt zumindest für Wirtschaftlichkeitsanalysen und Feinauswahl eine Konkretisierung der immateriellen Leistungen in der Form, daß der Dienstleistungserstellungsprozeß in einzelnen Ablaufschritten mit den in qualitativer und quantitativer Hinsicht notwendigen Potentialfaktoren des Dienstleistungsanbieters beschrieben wird. Shostack (1984) bezeichnet die Planung einer Dienstleistung beziehungsweise des Dienstleistungserstellungsprozesses als **„Service-Blueprint“** beziehungsweise **„Serviceengineering“**. In Anlehnung an Methoden wie Arbeitsablaufpläne, Netzplantechniken und Entscheidungsanalysen kann ein Serviceplaner feststellen, welche Vorgänge während der Bereitstellung einer neuen Dienstleistung ablaufen müssen, welche Potentialfaktoren für den Erstellungsprozeß einzusetzen sind und wie der zeitliche Rahmen für die Dienstleistungserstellung gestaltet werden kann.

Erste Wirtschaftlichkeitsanalysen zur endgültigen Auswahl von Serviceinnovationen lassen sich erst auf der Grundlage eines **Service-Blueprint** systematisch erstellen. Eine weitere Verfeinerung des Serviceentwurfs im Rahmen der Ideenverwirklichung stellt in Analogie zum Sachgüterbereich der **„Prototyp"** einer Dienstleistungsinnovation dar. Als **Vorteile des Service-Blueprint** können folgende Gesichtspunkte hervorgehoben werden (Shostack 1984, 1987):

- In einem frühen Planungsstadium werden Serviceideen und Dienstleistungserstellungsprozesse konkretisiert und „sichtbar gemacht" beziehungsweise visualisiert.
- Der Ablaufplan gibt Hinweise auf personelle sowie materielle Einsatzfaktoren und zeigt Ansatzpunkte auf, durch Automatisierung Kosteneinsparungen zu realisieren. Andererseits wird sichtbar, wo der persönliche, zwischenmenschliche Kontakt zum Dienstleistungsnachfrager ein zentrales Element der Dienstleistungserstellung darstellt.
- Konkurrierende Dienstleistungen können durch Darstellung in Blueprinting-Form mit eigenen Leistungen verglichen werden.
- Service-Blueprints können in Ergänzung zu der bereits dargestellten Wertkettenanalyse einen weiteren Ausgangspunkt für Überlegungen über mögliche Produktivitätssteigerungen bieten.

Die **Verwirklichung von Dienstleistungsinnovationen** stellt insbesondere hinsichtlich des Dienstleistungstests gegenüber dem klassischen Produkttest veränderte Anforderungen an das Dienstleistungsmarketing, weil zum Beispiel bei der Gestaltung eines Freizeitparks oder der Ausdehnung von Unternehmensberatungsleistungen auf Implementierungsleistungen bereits der externe Faktor einzubeziehen ist. Vergleichbare Möglichkeiten, wie zum Beispiel Produkttests im Windkanal, Schnellgreifbühnen und anderes mehr, zur optimalen Gestaltung von Dienstleistungsinnovationen sind im Dienstleistungsmarketing nicht einsetzbar. Vielmehr ist jeder Dienstleistungstest mit Vollzug des Dienstleistungsprozesses am externen Faktor verbunden, wobei gerade das Verhalten des Dienstleistungsnachfragers während des Erstellungsprozesses (zum Beispiel neue ärztliche Behandlungsmethoden, Angebot von Abenteuerreisen) für die endgültige Festlegung von Leistungselementen neuer Dienstleistungen wichtig ist.

Weiterhin erfordert die Entscheidung zur Einführung neuer Leistungsangebote eine Entscheidung über die bereitzustellenden **Kapazitäten** (Scheuch 1982). Die Kapazitätsplanung muß die potentielle Inanspruchnahme sowohl in bezug auf die Menge als auch auf die Zeit berücksichtigen. Hier liegen bei Dienstleistungen große **Prognoseprobleme**. Darüber hinaus ist zu berücksichtigen, daß die Qualifikation des im Rahmen der innovativen Dienstleistung eingesetzten Personals ausreichend ist. Sollten hier bereits im

Planungsprozeß Defizite deutlich werden, sind geeignete Schulungsprogramme oder aber die Akquisition von neuen Mitarbeitern anzustreben.

Aus der Immaterialität der Dienstleistung folgt weiterhin, daß Dienstleistungsinnovationen in der Regel nicht patentiert werden können (Hilke 1989b). Somit ist es für Unternehmen mitunter schwierig, durch innovative Dienstleistungen langfristige Wettbewerbsvorteile aufzubauen. Beispiele hierfür sind im Tourismus die „Club-Idee" (des Club Méditerranée), die sehr schnell von anderen Reiseveranstaltern übernommen wurde (TUI, NUR). Hierzu zählen auch die „Abenteuer-Reisen", die – bis vor kurzem – eine Domäne der kleinen und mittleren Reiseveranstalter darstellten, bis weitere Anbieter die Idee aufgriffen.

Die **Imitierbarkeit** hängt gerade im Dienstleistungsbereich von der für die Erbringung der Dienstleistung notwendigen Qualifikation ab. Hieraus erklärt sich auch, daß es für besonders qualifizierte, angestellte Mitarbeiter in Dienstleistungsbranchen relativ einfach ist, sich selbständig zu machen. Als Beispiel für diese sogenannten **„Easy Entry"-Branchen** können Werbeagenturen, Seminarveranstalter oder auch Rechtsanwälte und Unternehmensberatungen genannt werden.

Abschließend sollen generelle **Erfolgsfaktoren von Innovationen im Dienstleistungsbereich** diskutiert werden. In diesem Zusammenhang kann auf eine Studie von Martin und Horne (1993) zurückgegriffen werden, die branchenübergreifend Dienstleistungsunternehmen sowohl schriftlich als auch mündlich befragt haben. Deutlich wurde, daß der Erfolg der innovativen Dienstleistung in hohem Maße von der Art des Innovationsmanagements beziehungsweise von der Art des Innovationsprozesses, wie er in Abbildung 5-9 dargestellt wurde, abhängt. Dabei stellte sich heraus, daß nur 57,6 Prozent der befragten Firmen überhaupt über einen formalisierten Prozeß zur Entwicklung von Innovationen verfügen.

Interessant ist, daß bei einer Betrachtung des **Formalisierungsgrades der Innovationsprozesse** die Zahl der erfolgreichen Unternehmen nur dann die Zahl der erfolglosen Unternehmen übersteigt, wenn entweder keinerlei Formalisierung oder aber ein extrem hoher Formalisierungsgrad vorliegt (vgl. Abbildung 5-10).

Dieses bei den „Ad-hoc"-Entscheidern verwunderliche Ergebnis kann entweder auf deren hohe Kreativitätspotentiale zurückgeführt werden oder aber auf eine falsche Selbsteinschätzung, da gegebenenfalls auch keine formalisierte Erfolgsermittlung durchgeführt wurde.

Eindeutig sind hingegen die Ergebnisse hinsichtlich der Erfolgsträchtigkeit in Abhängigkeit von der **Art der Innovation**. In Abbildung 5-11 zeigt sich, daß ein enger Bezug zum Kerngeschäft, also zur Kernkompetenz, von den Konsumenten durch entsprechenden Markterfolg belohnt wird.

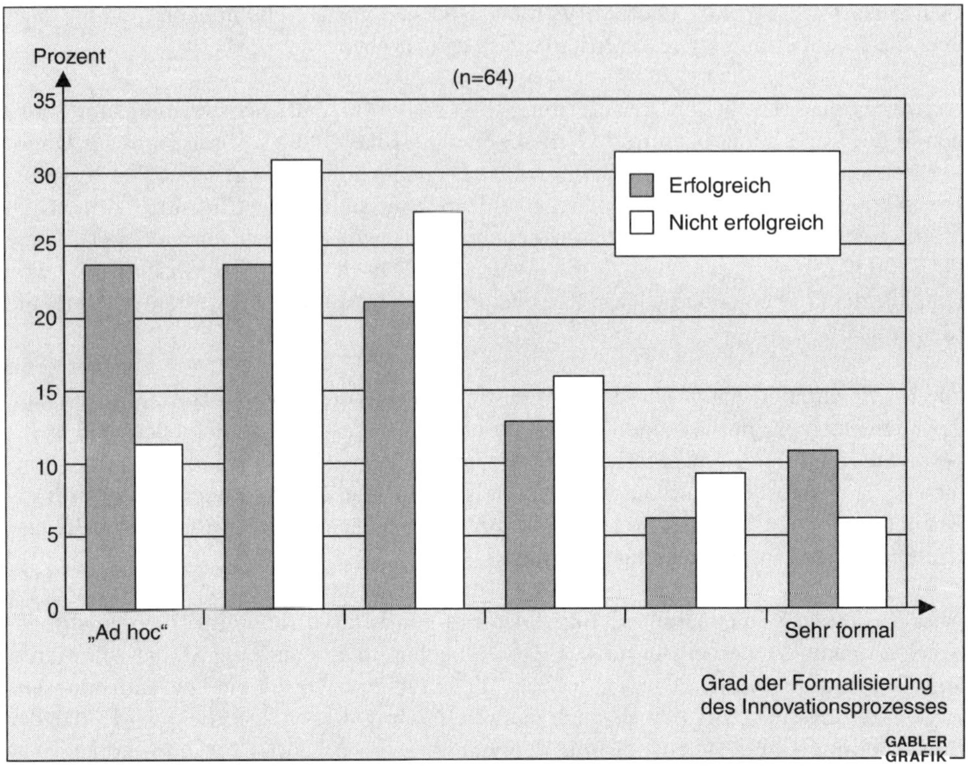

Abbildung 5-10: Erfolg von Dienstleistungsunternehmen in Abhängigkeit von der Formalisierung des Innovationsprozesses
(Quelle: Martin/Horne 1993, S. 52)

Neben der bei dieser Art der Innovation anzunehmenden positiven Kompetenzvermutung seitens des Konsumenten können auch die Vermeidung des Aufbaus zusätzlicher Kostenstrukturen zu diesem Ergebnis beigetragen haben.

1.213 Eliminierung von Dienstleistungen

Eine **Leistungsprogrammreduzierung beziehungsweise -straffung** erfolgt durch die Leistungseliminierung, mittels derer sich das Dienstleistungsunternehmen von unrentablen oder veralteten Leistungsarten trennt. Durch die Freisetzung von Ressourcen materieller, finanzieller und personeller Art soll ein Kostenabbau und eine effizientere Verwendung begrenzter Mittel erreicht werden (Meffert 1986).

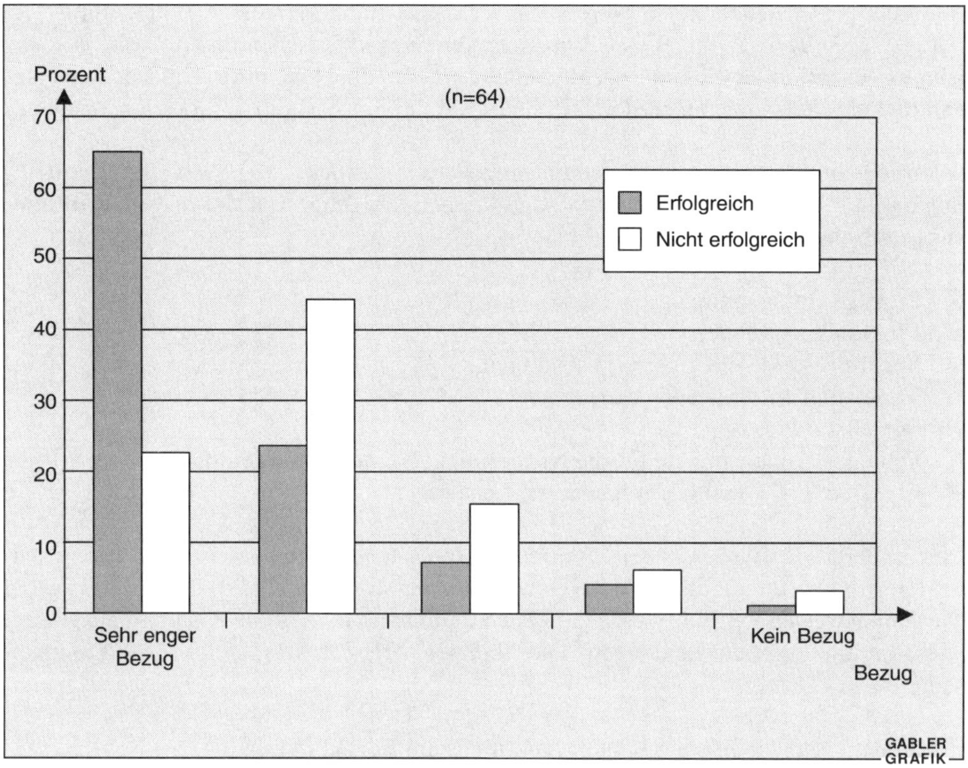

Abbildung 5-11: Erfolg von Dienstleistungsinnovationen in Abhängigkeit vom Bezug zum Kerngeschäft
(Quelle: Martin/Horne 1993, S. 54)

Ebenso wie im Sachgüterbereich können im Dienstleistungsbereich verschiedene Kriterien eine Eliminierung ratsam erscheinen lassen (Meffert 1986):

- **Quantitative Kriterien**
  - Sinkender Umsatz und/oder Marktanteil,
  - Geringer Umsatzanteil am Gesamtumsatz,
  - Sinkender Deckungsbeitrag.
- **Qualitative Kriterien**
  - Negativer Einfluß auf das Firmenimage,
  - Änderung gesetzlicher Vorschriften,
  - Änderung der Bedarfsstruktur,
  - Einführung besserer Leistungen durch die Konkurrenz.

Eliminierungsentscheidungen werden in der Regel durch simultane Betrachtung verschiedener Kriterien, zum Beispiel im Rahmen eines klassischen Punktbewertungsverfahrens, getroffen. In diesem Zusammenhang werden zunehmend strategische Analyse- und Planungskonzepte eingesetzt, wie sie in Kapitel 3, Abschnitt 2, diskutiert wurden.

Allerdings muß an dieser Stelle darauf hingewiesen werden, daß notwendige Eliminierungen nicht immer durchgeführt werden können. Folgende **Barrieren von Eliminierungsentscheidungen** sind vorstellbar:

- Prestige-/Imagegründe,
- Emotionale Gründe,
- Synergieeffekte mit anderen Leistungen,
- Vorleistungen für andere Leistungen,
- Soziale Gründe,
- Fehlende Anhaltspunkte für die Notwendigkeit einer Eliminierung,
- Cross-selling-Potentiale mit anderen Leistungen.

Liegen derartige Barrieren bei Eliminierungsentscheidungen vor, ist zu untersuchen, inwiefern eine Eliminierung umgangen werden kann. In diesem Falle können **alternative Vorgehensweisen** gewählt werden, die sich zumindest in dieselbe Richtung auswirken wie Eliminierungsentscheidungen. Dies können beispielsweise folgende Aktivitäten sein:

- Andere Maßnahmen der Leistungspolitik (zum Beispiel Variation),
- Maßnahmen der Preispolitik,
- Maßnahmen der Kommunikationspolitik,
- Maßnahmen der Vertriebspolitik,
- Internalisierung,
- Externalisierung.

Im Gegensatz zur Eliminierung von Dienstleistungen sind vom Anbieter bei der **Externalisierung** von Dienstleistungen vielfach die Voraussetzungen für eine problemlose Leistungsbeteiligung der Kunden zu schaffen, insbesondere wenn bisher angebotene Zusatzleistungen auf den Dienstleistungsnachfrager übertragen werden. Sofern beispielsweise ein Restaurant die Tischbedienung durch eine Selbstbedienung der Gäste ersetzen will, sind entsprechende Ausstattungen (Selbstbedienungstheke, Tabletts, Checkout usw.) bereitzustellen (Meyer/Rühle 1991). Die Servicequalität bei der Inanspruchnahme einer Grundleistung wird bei der Externalisierung von Zusatzleistungen davon beeinflußt, ob die Selbstbeteiligung problemlos erfolgen kann und die Leistungsbeteiligung aus Kundensicht mit einem höheren Individualisierungsgrad oder Aufwand assoziiert wird.

1.22 Markenpolitik

Der **Markenartikel** als einzigartige Bündelung verschiedener Produkteigenschaften war über Jahrzehnte Garant für eine erfolgreiche Markenstrategie. Dabei hat sich der Markenartikel trotz aller wirtschaftlichen, gesellschaftlichen und politischen Wandlungen seit fast einem Jahrhundert als ein wesentlicher Bezugspunkt für das Konsumentenverhalten sowie für Hersteller- und Handelsaktivitäten erwiesen (Bruhn 1994c).

In der aktuellen Situation ist durch die wachsende Bedeutung des Dienstleistungssektors eine neue Herausforderung für den Markenartikel festzustellen. Mit der **„Dienstleistungsmarke"** wird das Markenangebot um eine Variante ergänzt, die jedoch im Vergleich zu den klassischen Markenartikeln aufgrund der dienstespezifischen Besonderheiten auch neue Anforderungen an die Markenpolitik definiert (Dibb/Simkin 1993; Stauss 1994a).

1.221 Begriff und Zielsetzung von Dienstleistungsmarken

Die **klassische Markenartikeldefinition** von Mellerowicz besagt, daß „Markenartikel für den privaten Bereich geschaffene Fertigwaren sind, die in einem größeren Absatzraum unter einem besonderen, die Herkunft bezeichnenden Merkmal (Marke) in einheitlicher Aufmachung, gleicher Menge sowie in gleichbleibender oder verbesserter Güte erhältlich sind und sich dadurch sowie durch die für sie betriebene Werbung die Anerkennung der beteiligten Wirtschaftskreise (Verbraucher, Händler und Hersteller) erworben haben (Verkehrsgeltung)" (Mellerowicz 1964).

Diese Definition beinhaltet eine Reihe unterschiedlicher Anforderungen an eine Marke. Ohne zunächst zu überprüfen, inwieweit diese Anforderungen für Dienstleistungen erfüllbar sind, soll im folgenden versucht werden, auch Dienstleistungen in der Markendefinition zu berücksichtigen. „Unter einer Marke versteht man ein Zeichen, das der Kennzeichnung von Sachgütern oder Dienstleistungen dient. Die Marke soll die Herkunft des Produkts beziehungsweise der Dienstleistung dokumentieren (Herkunfts- beziehungsweise Identifizierungsfunktion) und das markierte Produkt beziehungsweise die markierte Dienstleistung von anderen Produkten und Dienstleistungen unterscheiden und abheben (Individualisierungsfunktion)" (Graumann 1983).

Aus dieser Definition der Marke und den bereits bekannten Besonderheiten des Dienstleistungsmarketing läßt sich nun folgende Arbeitsdefinition des Terminus **„Dienstleistungsmarke"** ableiten:

Unter einer **Dienstleistungsmarke** versteht man ein Zeichen, das der Kennzeichnung von Gütern dient, deren Produktion die unmittelbare raumzeitliche Integration eines externen Faktors in Form der Person des Leistungsnehmers oder seines Verfügungsobjektes in den Leistungserstellungsprozeß erfordert, und die daher ausschließlich im Rahmen eines synchronen Kontaktes zwischen Leistungsgeber und Leistungsnehmer beziehungsweise deren Verfügungsobjekten produziert werden können (Graumann 1983).

Seit dem 01.04.1979 können Dienstleistungsmarken beim Deutschen Patentamt eingetragen werden und genießen damit den gleichen **zeichenrechtlichen Schutz** wie dies bei Warenzeichen der Fall ist (Meyer 1994; Stauss 1994a, S. 90ff.).

Eine Klassifizierung der Formen von Dienstleistungsmarken ist möglich nach (Stauss 1994a, S. 87ff.):

- dem **Markierungsmittel** in:
  - Wortmarken (zum Beispiel Burger King, Pit Stop, ADAC, Deutsche Bahn),
  - Bildmarken (zum Beispiel Zeichen der Dresdner Bank),
  - Kombinationsmarken (zum Beispiel Schrägstrich im Quadrat als Bild- und „Deutsche Bank" als Wortmarke).
- dem **Wirtschaftssektor des Markenträgers** in:
  - Dienstleistungsmarke eines Dienstleisters (zum Beispiel Lufthansa),
  - Dienstleistungsmarke eines Handelsunternehmens (zum Beispiel „Yesss"-Kundenkarte von Kaufhof, Praktiker),
  - Dienstleistungsmarke eines Industrieunternehmens (zum Beispiel Camel Reisen).
- dem **Markeninhalt** in:
  - Firmenmarken (zum Beispiel TUI, McDonalds, Lufthansa)
  - Leistungsmarken (zum Beispiel Mister Minit)
  - Phantasiemarken (zum Beispiel Namen von Diskotheken, Robinson Club)

Trotz der schutzrechtlichen Möglichkeiten führen die Immaterialität von Dienstleistungen im Hinblick auf die rechtliche Anerkennung der Marke (zum Beispiel können Probleme in bezug auf die Prüfung der Gleichartigkeit und Verwechslungsgefahr als Eintragungsvoraussetzungen nicht auf der Grundlage eines materiellen Leistungskerns ermittelt werden) sowie das Fehlen eines Produktes als physischer Markenträger gegenüber der Markenpolitik bei Sachgütern zu veränderten Problemstellungen. Bevor diese Aspekte näher erörtert werden, sind die mit der Gestaltung von Dienstleistungsmarken verbundenen Zielsetzungen zu kennzeichnen. Ebenso wie in der klassischen, auf Sachgüter ausgerichteten Markenpolitik lassen sich folgende **markenpolitische Funktionen und Zielsetzungen** im Dienstleistungsmarketing skizzieren (Meffert 1986; Becker 1993):

- Zunächst soll die Dienstleistungsmarke dem Konsumenten **Identifikationspotentiale** eröffnen. Aufgrund der Immaterialität sind zur Verankerung von Dienstleistungen im „Evoked Set" des Konsumenten Visualisierungen in Form von Markenzeichen besonders wichtig. Erst die Marke ermöglicht die Diskussion über die spezielle Dienstleistung und die Erinnerung an sie.
- Eine Markenidentifikation soll beim Konsumenten **Präferenzen** erzeugen. Es wird angestrebt, durch die Markierung, ausgehend vom Grundnutzen einer Dienstleistung, einen Zusatznutzen, zum Beispiel in Form eines Prestigevorteils, zu erreichen.
- Bei den Konsumenten soll **Markentreue** aufgebaut werden. Das so erreichte Stammkundenpotential dient der Stabilisierung des Absatzes und damit der für Dienstleistungsunternehmen wichtigen gleichmäßigen Auslastung der Potentiale.
- Das **akquisitorische Potential** des eigenen Dienstleistungsprogramms soll erhöht werden. Die Marke dient in diesem Zusammenhang der **Profilierung** gegenüber Konkurrenzprodukten beziehungsweise konkurrierenden Unternehmen. Ebenso soll mit einer unterschiedlichen Markierung von Dienstleistungen im Programm eines Unternehmens die Möglichkeit einer differenzierten Marktbearbeitung geschaffen werden.
- Die Marke stellt für das Dienstleistungsunternehmen ein visuelles Kommunikationsmittel dar, das aufgrund seines Bekanntheitsgrades und Images zum Aufbau einer **Corporate Identity** beiträgt.
- Die Dienstleistungsmarke soll dem Unternehmen im Rahmen der Präferenzbildung einen **preispolitischen Spielraum** verschaffen.

Als Voraussetzung zur Erreichung der aufgeführten markenpolitischen Ziele und Funktionen sowie zur Etablierung einer erfolgreichen Dienstleistungsmarke sind in Anlehnung an die von Mellerowicz aufgezeigten **Merkmale eines Markenartikels** folgende Gesichtspunkte zu nennen (Mellerowicz 1964):

- **Gleichbleibende oder verbesserte Qualität** des markierten Gutes beziehungsweise der Dienstleistung,
- **Massenproduktion**, die am ehesten eine gleichbleibende Qualität als Voraussetzung zur Markenbildung gewährleistet,
- **Hohe Bedarfsperiodizität** zur Herbeiführung von Gewohnheitskäufen (Präferenzbildung) und Erreichung einer Verkehrsgeltung, und mit Einschränkung
- **Originalität** des Produktes.

Aus diesen Definitionsmerkmalen von Marken entstehen in Verbindung mit den Dienstleistungsbesonderheiten einige **Probleme der Markierungspolitik von Dienstleistungsunternehmen** (vgl. zum Beispiel Stauss 1994a, S. 93ff.):

1. Problem der Gewährleistung von Qualitätskonstanz,
2. Problem der Durchführung einer Massenproduktion,
3. Problem der Sicherstellung einer Bedarfsperiodizität,
4. Problem der Originalität,
5. Problem der Visualisierung des Markenzeichens,
6. Problem der Schaffung von Phantasiemarken.

1. Problem der Gewährleistung von Qualitätskonstanz

Eine **gleichbleibende oder stetig verbesserte Qualität** der Dienstleistungen kann nicht garantiert, sie kann lediglich angestrebt werden. Dies liegt darin begründet, daß von Dienstleistungsanbietern nur die „Potentialqualität" autonom kontrollierbar ist. Daraus resultiert, daß der Anbieter ständig bemüht ist, einen hohen Standard aller internen Potentialfaktoren zu gewährleisten, indem er eine dauernde Schulung und Kontrolle aller Mitarbeiter und eine ständige Wartung und Kontrolle aller maschinellen Einsatzfaktoren vornimmt. Die Gefährdung für die gleichbleibende Qualität resultiert hauptsächlich aus mangelnder qualitativer Konstanz der Inputfaktoren (zum Beispiel bei der Essenszubereitung: Fleisch, Gemüse, Wein sowie Abhängigkeiten von der aktuellen Verfassung des Mitarbeiterstammes) und aus der Heterogenität des externen Faktors (Corsten 1990; Meyer 1994). In diesem Zusammenhang muß die Werbung entsprechende Unterstützungsarbeit leisten. Insbesondere gilt es, die Konstanz der Leistungsfähigkeit des Dienstleistungsanbieters herauszustellen.

2. Problem der Durchführung einer Massenproduktion

Die **Massenproduktion** als Garant für die Qualitätskonstanz ist im Bereich der Dienstleistungen ebenfalls schwierig zu realisieren. Insbesondere bei persönlichen Dienstleistungen, wie zum Beispiel ärztlichen Behandlungen oder Rechtsberatungen, sind die spezifischen Belange des Dienstleistungsnachfragers zu berücksichtigen, so daß eine mit dem Sachgüterbereich vergleichbare Massenproduktion nur im Rahmen der Veredelung von Dienstleistungen erreicht werden kann (siehe Abschnitt 1.21). Darüber hinaus kann eine Annäherung an die Massenproduktion durch Standardisierung und Automatisierung vorgenommen werden.

Als **Beispiele** seien hier die hoch standardisierten Dienstleistungen von Fast-food-Ketten wie McDonald's, von Banken bei der Einrichtung von Geldausgabeautomaten oder von Kinos angeführt. Eine der materiellen Güterproduktion vergleichbare Massenproduktion ist jedoch auch bei diesen Dienstleistungen nicht möglich.

3. Problem der Sicherstellung einer Bedarfsperiodizität

Eine hohe **Bedarfsperiodizität** zur Herbeiführung einer Gewohnheitsinanspruchnahme ist abhängig von der Art der Dienste: Je stärker die Dienstleistungen individualisiert sind (zum Beispiel Unternehmensberatung, ärztliche Diagnose), desto schwieriger ist eine hohe Bedarfsperiodizität zu erreichen. Als Beispiel für eine Dienstleistung mit hoher Bedarfsperiodizität kann der öffentliche Nahverkehr genannt werden.

4. Problem der Originalität

Ferner wird die **Originalität** der Leistungen gefordert. Obwohl dies keine notwendige Voraussetzung ist – sie unterstützt lediglich die Markierungsbemühungen – kann dieses Merkmal aufgrund der hohen Individualität von Diensten relativ gut erreicht werden.

5. Problem der Visualisierung des Markenzeichens

Aus der mangelnden Greifbarkeit einer Dienstleistung für den Leistungsnehmer resultiert auch das Problem der Leistungsmarkierung: Auf welche **Markierungsobjekte** soll das Markenzeichen im technischen/physischen Sinne gebracht werden? Eine Dienstleistung kann zwar im absatzpolitischen, jedoch nicht im technischen Sinne markiert werden. So kann man einen Haarschnitt benennen und auch versuchen, diese Marke mit Hilfe absatzpolitischer Maßnahmen im Markt durchzusetzen, man wird aber kaum in der Lage sein, diese Dienstleistung mit einem „Aufkleber“ zu versehen.

Zunächst liegt die Folgerung nahe, daß eine technische **Markierung immaterieller Leistungen** nicht erforderlich ist, da es ja primär auf die Durchsetzung der Marke beim Konsumenten ankommt. Gerade bei solchen Leistungen ist aber eine Visualisierung dringend angezeigt, da der Verbraucher speziell bei Dienstleistungen noch stärker als bei Sachgütern nach Bewertungsmaßstäben sucht und diese Bewertung durch eine physische Markierung unterstützt wird. Während das Sachgütermarketing primär darauf abstellt, greifbare Produkte mit abstrakten Images zu verknüpfen, um diese so von gleichartigen Konkurrenzangeboten zu differenzieren und gegenüber diesen zu profilieren, wird beim Dienstleistungsmarketing vielfach der umgekehrte Weg beschritten. Für die Visualisierung der Dienstleistungsmarke sind Anhaltspunkte zu schaffen, die berührbare Evidenzbeweise erzeugen. Demnach muß einem Träger von Dienstleistungsmarken in erster Linie daran gelegen sein, jene Objekte in der Peripherie seiner Leistung zu identifizieren und zu markieren, anhand derer sich die Leistungsnehmer orientieren.

Als **Träger des Markenzeichens** für Dienstleistungen bieten sich, wie in Abbildung 5-12 dargestellt, materielle **interne Kontaktsubjekte** (zum Beispiel Flugbegleiter, Schaffner, Bundeswehrsoldat) und **interne Kontaktobjekte** (zum Beispiel Flugzeuge, Bahnwaggons, Gebäude) an. Aber auch **externe Kontaktsubjekte** (zum Beispiel Stempelaufdruck

		Kontaktträger	
		Kontaktobjekte (Dinge)	**Kontaktsubjekte (Menschen)**
Verfügungsbereich	**Extern**	**Externe Kontaktobjekte** ■ Schild an Kleidungsstück nach einer Textilreinigung ■ Hänger am Autospiegel nach einer Reparatur	**Externe Kontaktsubjekte** ■ Stempelaufdruck beim Besuch einer Diskothek ■ Textile Merchandising-Artikel (zum Beispiel Mütze mit Euro-Disney-Aufdruck)
	Intern	**Interne Kontaktobjekte** ■ Markierungen von Gebäuden, Flugzeugen, Zügen, Mietwagen usw.	**Interne Kontaktsubjekte** ■ Einheitliche Bekleidung mit einer Markierung bei Fluggesellschaften

GABLER GRAFIK

Abbildung 5-12: Ansätze zur physischen Markierung von Dienstleistungen

bei Besuch einer Diskothek) und **externe Kontaktobjekte** (zum Beispiel Schild am Kleidungsstück nach der Reinigung oder am Auto nach der Inspektion) können Träger der Markierung sein (Meyer 1994).

Gerade an der Schwierigkeit der physischen Markierung wird deutlich, daß die Markenpolitik von Dienstleistungsunternehmen sich als **Schnittmenge von leistungspolitischen und kommunikationspolitischen Aktivitäten** darstellt. Auf die kommunikative Herausstellung der Dienstleistung als Marke wird daher noch einmal in Abschnitt 2 eingegangen.

6. Problem der Schaffung von Phantasiemarken

In der Dienstleistungsliteratur wird vielfach darauf hingewiesen, daß aufgrund der Immaterialität die Bildung von Phantasiemarken für Dienstleistungen kaum möglich sei (Schreiner 1983, S. 84; Graumann 1983, S. 51). Die Vorherrschung von Firmenmarken wird mit der Schwierigkeit begründet, einzelne Leistungsergebnisse gegenüber dem Wettbewerb zu profilieren. Daher sei eine Unterscheidung von Firmen- und Phantasiemarken rein theoretisch. Stauss kritisiert jedoch eine prinzipielle Gleichsetzung von Dienstleistungs- und Firmenmarke sowie die Überbewertung der Schwierigkeiten beim Aufbau von Phantasiemarken (Stauss 1994a, S. 96). In der Praxis lassen sich in verschiedenen Bereichen Phantasiemarken antreffen:

- Finanzdienstleistungsbereich (zum Beispiel Sinfonima – der Risikoschutz der Mannheimer Versicherung für Musiker und ihre Instrumente),

- Unterhaltungsbereich (zum Beispiel Namen von Kinos oder Diskotheken),
- Gastronomiebereich (zum Beispiel Namen von Restaurants),
- Freizeitbereich (zum Beispiel Phantasialand),
- Tourismusbereich (zum Beispiel Robinson Club).

1.222 Markenstrategische Optionen im Dienstleistungsmarketing

Die Frage, ob eine oder mehrere Dienstleistungen unter einer Marke geführt werden sollen, gehört zu den zentralen markierungspolitischen Problemstellungen im Dienstleistungsmarketing. Grundsätzlich können die folgenden **markenstrategischen Optionen** im Hinblick auf ihre Anwendung im Dienstleistungsbereich diskutiert werden (Meffert 1992b; Stauss 1994a, S. 88; Bieberstein 1995, S. 224):

1. Einzelmarkenstrategie,
2. Markenfamilienstrategie,
3. Dachmarkenstrategie,
4. Mehrmarkenstrategie,
5. Markentransferstrategie,
6. Tandemmarkenstrategie.

Die bisher insbesondere im Konsumgütermarketing entwickelten markenstrategischen Ansätze können unter Berücksichtigung der dienstespezifischen Besonderheiten abweichende Eignungen aufweisen.

1. Einzelmarkenstrategie

Bei der **Einzelmarkenstrategie** wird jede Dienstleistung im Programm unter einer eigenen Markenbezeichnung geführt. Der Hersteller tritt als solcher nicht in Erscheinung. Die wesentlichen Vorteile dieser Strategie liegen in der Möglichkeit der individuellen Gestaltung von Dienstleistungen und der gezielten Ansprache einzelner Kundensegmente ohne die Gefahr negativer Ausstrahlungseffekte auf andere Marken. Diese Gefahr ist insbesondere bei der Neueinführung von Marken mit hohem Fehlschlagrisiko gegeben. Für die jeweilige Dienstleistung kann ein optimales Markenimage aufgebaut werden, da keine Überlagerungen zu anderen Dienstleistungen auftreten. Die Nachteile einer solchen Vorgehensweise sind die hohen Kosten, da für jede Dienstleistung eine eigene Marke konzipiert und am Markt durchgesetzt werden muß.

Es stellt sich nun die Frage, welche praktische Eignung der Einzelmarkenstrategie beizumessen ist. Eine zentrale Rolle spielt hierbei die Tatsache, daß die Einzelmarke weitestgehend von ihrer Herkunft, das heißt der Unternehmung, losgelöst wird. Aufgrund des starken Herstellerbezugs bei Dienstleistungen kann eine solche Loslösung nur sehr begrenzt realisiert werden. Durch die Integration des Dienstleistungsnachfragers bei der Dienstleistungserstellung wird auch bei einer Einzelmarkenstrategie der Dienstleistungsersteller vom Kunden identifiziert, so daß eine Vermeidung von Ausstrahlungseffekten zwischen den einzelnen Dienstleistungsarten und damit -marken häufig nicht verhindert werden kann. Einzelmarkenstrategien für Dienstleistungen bieten sich nur dann an, wenn Erstellung und Verkauf nicht an einen unternehmenseigenen Standort gebunden sind.

Als **Beispiel** lassen sich Reiseveranstalter anführen, die über Reisebüros sogenannte Dienstleistungsversprechen anbieten. Die Neckermann Reisen GmbH als einer der größten Reiseveranstalter in Deutschland hat im Hinblick auf ein zielgruppengerechtes Leistungsprogramm mehrere eigenständige Marken eingeführt. Die Bertelsmann AG verfolgt im Sektor Buchgemeinschaften eine Einzelmarkenstrategie, indem sie mit unterschiedlichen Buchclubs und Verlagen zum Teil ohne den Namen Bertelsmann an den Markt tritt.

2. Markenfamilienstrategie

Die **Markenfamilienstrategie** ist dadurch gekennzeichnet, daß mehrere Leistungen unter einer Marke geführt werden, wobei innerhalb eines Unternehmens durchaus mehrere Markenfamilien nebeneinander laufen können (zum Beispiel im Konsumgüterbereich Nivea und Hansa Plast von Beiersdorf). Dabei müssen für die Leistungen innerhalb der Markenfamilie ähnliche beziehungsweise konsistente Marketingmixstrategien und ein gleichwertiges Qualitätsniveau angestrebt werden. Durch die gegenseitige Stützung der „Familienmitglieder" wird die schnellere Akzeptanz eines neuen Angebots erreicht. Die Kosten der Markenbildung lassen sich durch die Nutzung von Synergien wesentlich herabsetzen. Wenn allerdings Bedingungen, wie zum Beispiel konstante Qualität und Ähnlichkeit der Leistungen, nicht eingehalten werden, ergeben sich negative Ausstrahlungseffekte auf die anderen Leistungen der Markenfamilie. Wie bei der Einzelmarkenstrategie wirft auch die Markenfamilienstrategie für Dienstleistungen insbesondere Probleme hinsichtlich des Herstellerbezugs auf.

3. Dachmarkenstrategie

Im Rahmen einer **Dachmarkenstrategie** werden sämtliche Leistungen eines Unternehmens unter einer Marke zusammengefaßt. Der größte Teil der Dienstleistungsunternehmen verwendet eine Dachmarke zur Markierung ihrer Leistungen. Da im Rahmen dieser Strategie häufig der Name des Herstellers als Markennamen oder zumindest Teil des Markennamens Verwendung findet, birgt diese Vorgehensweise das Risiko negativer Ausstrahlungseffekte zwischen verschiedenen Leistungsarten, zum Beispiel bei Qualitätsmängeln.

Insbesondere bei der **Einführung neuer Leistungsarten** wird der Goodwill oder das Vertrauenskapital, das beim Dienstleistungsnachfrager aufgrund der bisherigen Inanspruchnahme von Diensten aufgebaut wurde, auf die Folgeleistungen übertragen. Bei allen persönlichen Dienstleistungen (zum Beispiel Unternehmensberatungen McKinsey, Kienbaum, Arthur D. Little), dem Hotelgewerbe (zum Beispiel Mövenpick, Sheraton, Hilton, Maritim), dem Bankengewerbe (zum Beispiel Deutsche Bank, Dresdner Bank, Bank für Gemeinwirtschaft) dominieren Firmenmarken als Dachmarken. In Kombination mit Einzelmarken wird hierbei häufig versucht, Einzelleistungen unter dem gemeinsamen Markendach ein eigenständiges Profil zu verleihen.

Aufgrund der Dominanz von Dachmarken im Dienstleistungsbereich erlangt die Wahl eines geeigneten **Dachmarkennamens/-symbols** besondere Bedeutung, da langfristig der Markenname das Spektrum möglicher Dienstleistungen eines Anbieters begrenzt. Zudem muß der Markenname im Hinblick auf eine Internationalisierung der Geschäftstätigkeit länderübergreifend einsetzbar sein.

4. Mehrmarkenstrategie

Bei der **Mehrmarkenstrategie** werden mehrere Marken in einem speziellen Leistungsbereich eingeführt, die nicht jeweils ein spezielles Segment ansprechen sollen, wie es zum Beispiel mit mehreren Einzelmarken möglich ist. Vielmehr sind alle Marken parallel auf den Massenmarkt ausgerichtet. Mit dieser Strategie können Markenwechsler dem Unternehmen erhalten und Wettbewerber mit hohen Markteintrittsbarrieren konfrontiert werden. Diese im Konsumgüterbereich durchaus übliche Strategie findet allerdings im Dienstleistungsbereich selten Anwendung, allenfalls zur Ansprache verschiedener Preissegmente (zum Beispiel Steigenberger Hotels, Avance, Maxx).

5. Markentransferstrategie

Als weitere markenstrategische Option werden Strategien des **Markentransfers** diskutiert, das heißt Markenimage und Bekanntheitsgrad bereits eingeführter Marken sollen von den bestehenden Angeboten auf andere Angebotskategorien ausgedehnt werden (Meffert/Heinemann 1990). Ausgangspunkt ist die Überlegung, bereits für eine Marke bestehende Präferenzen auch für weitere Dienstleistungen nutzbar zu machen.

Als **Beispiel** können „Camel Reisen" herangezogen werden, bei denen das „Abenteuerimage" der Zigarette konsequent auf die neuen Leistungen übertragen wurde. Dabei ist zu berücksichtigen, daß der Effekt auch „zurück" in Richtung Ursprungsleistung stattfindet. Weitere Beispiele finden sich im Finanzdienstleistungssektor, in dem zum Beispiel Bausparkassen versuchen, ihre Dachmarke auch auf die Angebotskategorien von Versicherungs- und Bankdienstleistungen auszudehnen.

6. Tandemmarkenstrategie

Der Markentransferstrategie vergleichbar ist die **Tandemmarkenstrategie**. Sie liegt vor, wenn Dienstleister häufig mittels Lizenzvergabe Sachgüter unter Zuhilfenahme ihrer erfolgreichen Dachmarke anbieten (Stauss 1994a, S. 88). Demnach unterscheidet sie sich vom Markentransfer dahingehend, daß das Image einer Dienstleistungsmarke auf eine Sachgütermarke statt auf eine andere Dienstleistungsmarke übertragen werden soll. Beispiele für diese Strategie sind vor allem im Gastronomiebereich anzutreffen (zum Beispiel Mövenpick-Marmelade, -Speiseeis; Käfer-Pizza).

1.23 Servicepolitik

Der Bereich der Servicepolitik im Rahmen der Leistungspolitik von Dienstleistungsunternehmen erscheint auf den ersten Blick redundant, weil Hersteller materieller Güter ihren Kunden gerade Dienstleistungen anbieten, um sich vom Wettbewerb zu differenzieren. Immer mehr Dienstleistungsunternehmen ergänzen jedoch ihre Hauptleistungen durch bestimmte **Zusatzleistungen**, deren Einsatz im Rahmen der Servicepolitik zu planen ist.

> Unter der **Servicepolitik** ist die Planung, Durchführung und Kontrolle sämtlicher Maßnahmen eines Dienstleisters zu verstehen, die für die Inanspruchnahme der Hauptleistung des Anbieters durch den Kunden nicht notwendig sind, deren Konsum jedoch erleichtern.

Unter Zugrundelegung dieser Definition können demnach folgende Arten von Leistungen ausgegrenzt werden:

- Leistungen, mit denen auf individuelle Kundenwünsche eingegangen wird, weil diese besonders bei stark immateriellen und integrativen Leistungen zur Erstellung erforderlich sind (zum Beispiel Haarschneiden nach den Wünschen des Kunden),
- Zusatzleistungen, die gegen Entgelt angeboten werden (zum Beispiel Verkauf von Getränken während eines Rockkonzertes), weil diese im Rahmen der Leistungsprogrammpolitik (zum Beispiel Dienstleistungsvariation) geplant werden.

Serviceleistungen eines Dienstleisters können dabei an den drei **Dimensionen** einer Leistung ansetzen (Bieberstein 1995, S. 233):

- Potentialdimension (zum Beispiel Reservierung eines Hotelzimmers),
- Prozeßdimension (zum Beispiel Fernsehapparate in den Zügen der Deutschen Bahn),
- Ergebnisdimension (zum Beispiel Garantien).

Zeitpunkt / Leistungsdimension	Vor Inanspruchnahme der Leistung	Während Inanspruchnahme der Leistung	Nach Inanspruchnahme der Leistung
Potentialdimension	zum Beispiel Reservierung eines Hotelzimmers	zum Beispiel Kaffee beim Friseur	zum Beispiel Systempflege durch ein EDV-Unternehmen
Prozeßdimension	zum Beispiel Programmheft mit dem Inhalt eines Theaterstücks	zum Beispiel Musikprogramm während eines Fluges	zum Beispiel Geldrückgabe bei einem Filmriß im Kino
Ergebnisdimension	zum Beispiel Vorschau auf neue Kinofilme	zum Beispiel Zusatzspiegel beim Friseur	zum Beispiel Garantien

GABLER GRAFIK

Abbildung 5-13: Beispiele für Zusatzleistungen von Dienstleistungsunternehmen

Weiterhin können diese Zusatzleistungen vor, während oder nach dem Leistungserstellungsprozeß zum Einsatz kommen. Demnach ergeben sich nach der Dimension der Leistung und dem Zeitpunkt ihres Einsatzes die in Abbildung 5-13 beispielhaft dargestellten Formen von Zusatzleistungen.

Ein Dienstleistungsunternehmen kann mittels der Servicepolitik vor allem affektive und konative Ziele verfolgen (Bruhn 1995c, S. 150). Zu den **affektiven Zielen** zählen:

- Schaffung von Präferenzen beim Kunden,
- Imageverbesserungen,
- Profilierung gegenüber der Konkurrenz,
- Erhöhung der Kundenzufriedenheit.

Bei den **konativen Zielen** können genannt werden:

- Erhöhung der Kundenbindung,
- Beeinflussung der Mund-zu-Mund-Kommunikation.

1.24 Beschwerdepolitik

In engem Zusammenhang zu der Servicepolitik eines Dienstleistungsunternehmens steht die Beschwerdepolitik. In diesem Zusammenhang ist erstaunlich, daß die Beschwerdepolitik bisher vorwiegend im Bereich des Sachgütermarketing untersucht wurde, obwohl sie aufgrund der Besonderheiten von Dienstleistungen von grundlegender Bedeutung für die Gestaltung des Marketingmix ist (Stauss 1989, S. 41ff.). So führt die Tatsache, daß die Dienstleistungsqualität vor dem Kaufentscheid nicht prüfbar ist, bei Dienstleistungen zu einem hohen wahrgenommenen Kaufrisiko und damit in höherem Maße zu möglichen Quellen der Unzufriedenheit als beim Sachgüterkauf. Die vom Kunden artikulierten Beschwerden bilden einen zentralen Ausgangspunkt für die Durchführung von Leistungsverbesserungen, -modifikationen und -differenzierungen. Daher sollten gerade Dienstleistungsunternehmen ein systematisches Beschwerdemanagement institutionalisieren.

> Das **Beschwerdemanagement** umfaßt die Planung, Durchführung und Kontrolle sämtlicher Maßnahmen, die ein Dienstleistungsunternehmen im Zusammenhang mit Kundenbeschwerden ergreift (Wimmer 1985, S. 233).

Dabei sind folgende **Zielsetzungen** zu verfolgen (Meffert/Bruhn 1981; Bruhn 1982, 1986, 1987; Stauss 1989; Hansen/Jeschke 1991b, 1995; Bieberstein 1995, S. 239; Stauss/Seidel 1996, S. 59ff.):

- Herstellung einer hohen **(Beschwerde-)Zufriedenheit** durch unbürokratische Beschwerdebearbeitung, auch wenn aufgrund der Immaterialität der Dienstleistung Beschwerdeursachen nicht wie im Sachgüterbereich (zum Beispiel defekter Motor, fehlerhafte Lackierungen) „vorzeigbar" und „nachweisbar" sind.
- **Vermeidung von Kundenabwanderungen** und **negativer Mund-zu-Mund-Propaganda**. In diesem Zusammenhang verweisen Heskett et al. auf die besondere Bedeutung extrem unzufriedener Kunden, die wegen ihrer negativen Auswirkung auf aktuelle und potentielle Kunden der Unternehmung mit dem plakativen Begriff „Terroristen" gekennzeichnet werden. Im umgekehrten Fall der extrem hohen Zufriedenheit werden die Kunden wegen der von ihnen ausgehenden positiven Mund-zu-Mund-Kommunikation als „Apostel" bezeichnet (Heskett et al. 1994).
- Beitrag zur Verbesserung des **Dienstleistungsimages** beziehungsweise Herausstellung des Unternehmens als „kulanter Dienstleister".
- Im Rahmen der Leistungsprogrammgestaltung **Informationsgewinnung** als Grundlage von Leistungsverbesserungen, -modifikationen und -differenzierungen.

- Reduzierung interner und externer Fehlerkosten aufgrund von Korrekturmaßnahmen zur Vermeidung von Falsch- und Doppelarbeit sowie Garantieansprüchen.

Ein diesen Zielsetzungen gerecht werdendes Beschwerdemanagementsystem muß dabei über die **Elemente**

1. Beschwerdestimulierung,
2. Beschwerdeannahme,
3. Beschwerdebearbeitung/Beschwerdereaktion,
4. Beschwerdeauswertung

verfügen (vgl. zum Beispiel Stauss/Seidel 1996, S. 69ff.).

1. Beschwerdestimulierung

Um zu vermeiden, daß Dienstleistungsnachfrager ihre Beschwerden nicht artikulieren und stillschweigend zur Konkurrenz abwandern, ist eine entsprechende **Beschwerdestimulierung** durch Einrichtung leicht zugänglicher Beschwerdewege vorzunehmen.

In diesem Zusammenhang können der persönliche und der mediale Beschwerdeweg unterschieden werden. Dabei kommt der **persönliche Beschwerdeweg** vor allem für Dienstleistungen mit einem hohen Integrationsgrad des externen Faktors in Betracht. Beim **medialen Beschwerdeweg** können die folgenden Formen differenziert werden:

- Aus Kundensicht **passive schriftliche Beschwerden** (zum Beispiel „Comment Cards" in Hotelzimmern),
- Aus Kundensicht **aktive schriftliche Beschwerden** (zum Beispiel Beschwerdebrief an das Bankmanagement nach Verweigerung der Ausstellung einer Scheckkarte durch einen Bankangestellten),
- Der zukünftig vorstellbare **Einsatz von Touch-Screens** (zum Beispiel Beschwerden am Geldautomaten),
- **Telefonische Beschwerden** (zum Beispiel 0130- und 0180-Telefonnummern).

Gegenüber den anderen medialen Beschwerdewegen weisen telefonische Beschwerden einige **Vorteile** auf (Stauss/Seidel, S. 77f.):

- Kostenvorteile,
- Individuellere Kundenansprache,
- Schnellere Problemlösung.

2. Beschwerdeannahme

In dieser Phase sollen die Beschwerden erfaßt werden. Durch den direkten Kundenkontakt bei vielen Dienstleistungen kann bei persönlichen Beschwerden bereits zu diesem Zeitpunkt die Unzufriedenheit des Kunden zumindest verringert werden. Dazu ist es notwendig, den Mitarbeitern im Kundenkontakt durch Schulungen die gewünschten Verhaltensweisen in Beschwerdesituationen zu vermitteln.

3. Beschwerdebearbeitung/Beschwerdereaktion

Die **Beschwerdebearbeitung** betrifft die internen Prozesse in einem Dienstleistungsunternehmen, die als Konsequenz auf eine Kundenbeschwerde ausgelöst werden (zum Beispiel Festlegung von zeitlichen Vorgaben für die Bearbeitung eines Beschwerdefalles). Dahingegen weist die **Beschwerdereaktion** einen externen Charakter auf. Dabei steht prinzipiell die Problemlösung/Wiedergutmachung im Vordergrund. Zur Steigerung der Kunden- und Beschwerdezufriedenheit sind jedoch zusätzlich prozeßbegleitende Maßnahmen (zum Beispiel Empfangsbestätigung bei schriftlichen Beschwerden, Zwischenbescheide über den jeweiligen Stand der Beschwerdebearbeitung) zu berücksichtigen.

4. Beschwerdeauswertung

Im Rahmen der Beschwerdeanalyse sind sowohl quantitative als auch qualitative Aspekte von Bedeutung. Durch die **quantitative Beschwerdeanalyse** soll mittels Kreuztabellierungen und Frequenz-Relevanz-Analysen insbesondere die relative Bedeutung einzelner Kundenprobleme untersucht werden. Die **qualitative Beschwerdeanalyse** dient vor allem der Identifikation von genauen Ursachen der Kundenunzufriedenheit. Die häufige Nennung gleicher Ursachen der Unzufriedenheit zeigt Ansatzpunkte zur Leistungsverbesserung auf. Zu berücksichtigen ist die **Heterogenität der Beschwerdeursachen**. So werden zum Beispiel Hotelgäste, die ein Hotel in ruhiger Lage gebucht haben, auch dann ihre Unzufriedenheit artikulieren, wenn das Hotel zwar in einer ruhigen Umgebung liegt, aber andere externe Faktoren in Form von Mitgästen (zum Beispiel Familien mit Kleinkindern, Kegelclubs) für „Ruhestörungen" verantwortlich sind. Im Hinblick auf Leistungsvariationen sind hier veränderte Auswahlkriterien für die Einbeziehung des externen Faktors (zum Beispiel Ausschluß von Clubveranstaltungen, Festlegung von Altersgrenzen) oder Vorgabe von Verhaltenshinweisen (zum Beispiel Hinweise für die Beachtung von Ruhezeiten) denkbar.

1.25 Verpackungspolitik

Im Bereich tangibler Güter wird die Verpackungspolitik wie folgt definiert:

> Die **Verpackungspolitik** befaßt sich mit sämtlichen Maßnahmen, die mit der Umhüllung von Produkten verbunden sind (Bruhn 1995c, S. 147).

Aufgrund der Immaterialität von Dienstleistungen ist eine Verpackung der Leistung in dem Sinne nicht möglich, daß die gesamte Leistung umhüllt werden kann. Es ist jedoch möglich, einzelne tangible Elemente einer Dienstleistung zu verpacken. Dabei können die folgenden **Funktionen der Verpackung von Dienstleistungselementen** unterschieden werden (in Anlehnung an Hansen/Leitherer 1984, S. 94; Bruhn 1995c, S. 147):

- **Schutzfunktion**: Schutz und Sicherung der Leistungselemente bei Transport und Lagerung (zum Beispiel Verpackung gereinigter Kleidungsstücke).
- **Dimensionierungsfunktion**: Dimensionierung für den Verkaufsvorgang (zum Beispiel Verpackung der Speisen in Fast-food-Ketten und Take-away-Restaurants).
- **Konsumerleichterungsfunktion**: Konsumerleichterung für den Kunden (zum Beispiel Plastikmappe für Monatskarte des Öffentlichen Nahverkehrs), vor allem Wiedererkennbarkeit interner Faktoren in unübersichtlichen Situationen (zum Beispiel einheitliche Kleidung der Angestellten einer Fluggesellschaft am Flughafen).
- **Markierungsfunktion**: Vermittlung eines Zusatznutzens durch Möglichkeit der Markierung (zum Beispiel Einsteckmappe für entwickelte Paßbilder).

Bei den verpackten Leistungselementen kann es sich sowohl um externe als auch um interne Faktoren handeln. Je nach Leistung erfüllt die Verpackung dabei Funktionen hinsichtlich der Prozeß- oder Ergebnisdimension der Leistung. Abbildung 5-14 gibt eine Übersicht über die **Formen der Dienstleistungsverpackung**:

- Die **prozeßorientierte Verpackung externer Faktoren** dient vor allem der Schutzfunktion (zum Beispiel Verpackung der von einer Spedition transportierten Güter, Schutzbekleidung des Patienten bei Röntgenaufnahmen).
- Mit Hilfe der **ergebnisorientierten Verpackung externer Faktoren** sollen diese ebenfalls geschützt werden. Außerdem bietet diese Verpackungsform Ansatzpunkte für die Markierung von Dienstleistungen (zum Beispiel Umhüllung gereinigter Kleidungsstücke).

Leistungsdimension		Verpackte Faktoren: Externer Faktor	Verpackte Faktoren: Interner Faktor
Leistungsdimension	Prozeß-dimension	■ **Prozeßorientierte Verpackung externer Faktoren** zum Beispiel Verpackung der von einer Spedition transportierten Güter	■ **Prozeßorientierte Verpackung interner Faktoren** zum Beispiel Verpackung der Speisen für Fluggäste
Leistungsdimension	Ergebnis-dimension	■ **Ergebnisorientierte Verpackung externer Faktoren** zum Beispiel Umhüllung gereinigter Kleidungsstücke	■ **Ergebnisorientierte Verpackung interner Faktoren** zum Beispiel Verpackung von entwickelten Paßbildern

GABLER GRAFIK

Abbildung 5-14: Formen der Dienstleistungsverpackung

- Durch die **prozeßorientierte Verpackung interner Faktoren** können insbesondere die Schutzfunktion (zum Beispiel Verpackung der Speisen während eines Fluges), die Konsumerleichterungsfunktion (zum Beispiel einheitliche Kleidung der Angestellten einer Fluggesellschaft auf dem Flughafen) und die Markierungsfunktion (zum Beispiel Umschläge für Kundenpost in einem Hotel) erfüllt werden.

- Die **ergebnisorientierte Verpackung interner Faktoren** dient vor allem der Schutz- und der Markierungsfunktion (zum Beispiel Verpackung von entwickelten Paßbildern).

2. Kommunikationspolitik

2.1 Grundlagen der Kommunikationspolitik

2.11 Besonderheiten der Kommunikationspolitik von Dienstleistungsunternehmen

Aus den **Besonderheiten beim Absatz von Dienstleistungen**, das heißt der Immaterialität, Nichtlagerfähigkeit und Nichttransportfähigkeit von Dienstleistungen sowie der Bereitstellung der Leistungsfähigkeit des Anbieters und der Integration des externen Faktors, ergeben sich zahlreiche **Implikationen für die Kommunikationspolitik** eines Dienstleistungsunternehmens, die in Abbildung 5-15 wiedergegeben sind.

Aus der **Immaterialität** von Dienstleistungen resultieren folgende Konsequenzen für die Kommunikationspolitik:

- Anders als bei anderen Gütern können Dienstleistungen in ihrer Gesamtheit dem Kunden nicht präsentiert oder dargestellt werden. Daher ist es Aufgabe der Kommunikation, eine **Materialisierung** der Leistungen zu erreichen. Dies kann durch die Darstellung tangibler Elemente geschehen, zum Beispiel materielle Geschenke im Rahmen von Verkaufsförderungsaktionen.
- Eine weitere Möglichkeit, weitgehend intangible Dienstleistungen „greifbar" zu machen, liegt in der **Visualisierung** tangibler Leistungselemente, zum Beispiel Darstellung von Mitarbeitern oder anderen Potentialfaktoren in Werbespots.
- Ferner soll die Unternehmenskommunikation dazu dienen, die **Aufmerksamkeit** für neue oder auch bereits bekannte Leistungen mittels materieller Leistungskomponenten zu wecken, zum Beispiel Gestaltung von Hinweisschildern für ein Hotel.
- Schließlich spielt aufgrund der Immaterialität das Unternehmens- oder Leistungsimage eine besondere Rolle bei der Leistungsbeurteilung durch den Kunden. Daher soll mit entsprechenden Kommunikationsmaßnahmen die **Verbesserung des Images** erreicht werden, zum Beispiel Vortrag eines Bankvorstandes vor Unternehmern.

Aus der **Nichtlagerfähigkeit** können folgende Implikationen für die Kommunikation gezogen werden:

Besonderheiten von Dienstleistungen	Implikationen für die Kommunikationspolitik
Immaterialität	■ Materialisierung von Dienstleistungen durch die Darstellung tangibler Elemente ■ Visualisierung von Dienstleistungen durch die Hervorhebung tangibler Elemente ■ Wecken von Aufmerksamkeit mittels materieller Leistungskomponenten ■ Verbesserung des Unternehmens-/Leistungsimages
– Nichtlagerfähigkeit	■ Unterstützung der kurzfristigen Nachfragesteuerung ■ Hinweis auf Maßnahmen zur Kapazitätsaufteilung ■ Ausnutzung von Cross-selling-Potentialen
– Nichttransportfähigkeit	■ Bekanntmachung von Leistungserstellungsbedingungen (Ort, Zeit usw.) ■ Bekanntmachung und Information bei großer räumlicher Distanz von Leistungsangebot und -nachfrage ■ Ausnutzung von Cross-selling-Potentialen ■ Kooperation zwischen Dienstleistungsanbietern
Leistungsfähigkeit des Dienstleistungsanbieters	■ Dokumentation spezifischer Dienstleistungskompetenzen ■ Materialisierung des Fähigkeitenpotentials
Integration des externen Faktors	■ Hinweis auf eventuelle Abholmöglichkeit des externen Faktors ■ Darstellung interner Faktoren ■ Darstellung externer Faktoren ■ Einsatz der Kommunikationspolitik im Rahmen des Leistungserstellungsprozesses ■ Erklärung von Problemen im Leistungserstellungsprozeß ■ Durchführung individueller Kommunikation zum Aufbau enger Kunden-Mitarbeiter-Beziehungen sowie zur Erleichterung der Erhebung von Kundendaten

GABLER GRAFIK

Abbildung 5-15: Besonderheiten der Kommunikationspolitik von Dienstleistungsunternehmen

- Mit Hilfe unterschiedlicher Marketingmaßnahmen soll in verschiedenen Dienstleistungsbereichen eine **kurzfristige Nachfragesteuerung** erreicht werden. In diesem Zusammenhang kommt der Kommunikation eine unterstützende Funktion zu, zum Beispiel Bewerbung von Billigtarifflügen in einer Zeitungsanzeige.

- Ferner kann die Kommunikation Maßnahmen zur **Kapazitätsaufteilung** unterstützen, zum Beispiel Hinweis auf gewünschte Reservierung in einem Hotelprospekt.

- Schließlich ist es aufgrund der Nichtlagerfähigkeit empfehlenswert, mit Hilfe von Kommunikationsmaßnahmen **Cross-selling-Potentiale** auszunutzen, zum Beispiel Hinweis in Rechtsberatungsgesprächen auf Steuerberatungsleistungen einer Kanzlei.

Durch die **Nichttransportfähigkeit** von Dienstleistungen erhält die Kommunikationspolitik die folgenden Aufgaben:

- Aufgrund der Nichttransportfähigkeit ist es wichtig, dem Dienstleistungskunden gewisse **Bedingungen der Leistungserstellung**, wie Ort, Zeitpunkt der Erstellung usw., mitzuteilen, zum Beispiel Bekanntmachung der Filmvorführungstermine von Kinos in Tageszeitungen, Wegbeschreibung zur Konzerthalle auf der Rückseite einer Eintrittskarte.
- Liegen **Leistungsangebot und -nachfrage räumlich weit auseinander**, werden Kommunikationsmaßnahmen durch den Anbieter erforderlich, zum Beispiel Versenden der Leistungsbeschreibung einer Unternehmensberatung.
- Ähnlich wie aus der Nichtlagerfähigkeit ergibt sich auch aus der Nichttransportfähigkeit die Notwendigkeit, **Cross-selling-Potentiale** auszunutzen, zum Beispiel die Frage einer Friseuse, ob sie außer einem Haarschnitt zusätzlich eine Rasur vornehmen soll.
- Schließlich kann die Nichttransportfähigkeit mittels **kooperativer Kommunikationsmaßnahmen** mehrerer Leistungsersteller umgangen werden, zum Beispiel Preisreduktion in Verbindung mit einem Flug bei einer bestimmten Fluggesellschaft als Verkaufsförderungsmaßnahme einer Autovermietung.

Aus der Notwendigkeit der permanenten **Bereitstellung der Leistungsfähigkeit** des Dienstleistungsanbieters können folgende Implikationen für die Unternehmenskommunikation abgeleitet werden:

- Da die Leistungsfähigkeit selbst nicht darstellbar ist, gilt es, **spezifische Dienstleistungskompetenzen zu dokumentieren**, zum Beispiel Aufhängen der Urkunde eines Friseurwettbewerbs im Salon.
- Ferner ist es Aufgabe der Kommunikationspolitik, das **Fähigkeitenpotential zu materialisieren**, zum Beispiel Hinweis auf besondere Klanganlage eines Kinos vor Filmbeginn.

Aus der **Integration des externen Faktors** folgen weitere Besonderheiten der Dienstleistungskommunikation:

- Wenn der externe Faktor in Form eines Objektes beziehungsweise eines Menschen am Ort der Leistungserstellung anwesend sein muß und der Dienstleister hierfür eine **Transportmöglichkeit** anbietet, kann auf diese mit Hilfe von Kommunikationsmaßnahmen aufmerksam gemacht werden, zum Beispiel Anzeige einer Autoreparaturwerkstatt mit einem Hinweis auf die Abholmöglichkeit eines zu reparierenden Fahrzeuges.
- Da der Leistungserstellungsprozeß aufgrund der Integration des externen Faktors nur schwer standardisierbar ist, können in Kommunikationsmaßnahmen unter Umstän-

den lediglich die **internen Faktoren** präsentiert werden, zum Beispiel Darstellung der Stewardessen im Werbespot einer Fluggesellschaft.

- In einigen Dienstleistungsbereichen ist es ferner möglich, den **externen Faktor** beispielhaft darzustellen, zum Beispiel Anzeigenkampagne von American Express mit Prominenten.
- Aufgrund der Integration des externen Faktors bietet sich bei Dienstleistungen anders als bei anderen Gütern der Einsatz von **Kommunikationsmaßnahmen im Rahmen der Erstellung** an, zum Beispiel Angebot einer Lebensversicherung während eines Beratungsgesprächs bezüglich einer Autoversicherung.
- Außerdem kann die Kommunikation zur **Erklärung von Problemen** im Laufe der Leistungserstellung dienen, zum Beispiel Vorwarnung bezüglich möglicher Wartezeiten bei telefonischer Vereinbarung eines Arzttermins.
- Schließlich kann aufgrund der sich aus der Integration des externen Faktors ergebenden Interaktivität eine **individuelle Kommunikation** erreicht werden, die wiederum zum Aufbau enger Kunden-Mitarbeiter-Beziehungen (zum Beispiel Kellner-Gast-Beziehung im Restaurant) sowie zur Erleichterung der Erhebung von Kundendaten (zum Beispiel Kenntnis sämtlicher medizinischer Probleme eines Patienten durch den Hausarzt) führt.

2.12 Integrierte Kommunikation als Ausgangspunkt

2.121 Begriffliche Grundlagen

Neben den Aktivitäten im Leistungsmix kommt den kommunikationspolitischen Maßnahmen im Dienstleistungsmarketing eine wichtige Rolle zu. Wie bereits ausgeführt, bestehen im Rahmen der Markenpolitik von Dienstleistern große **Überschneidungen zwischen der Leistungs- und Kommunikationspolitik**. So hat die Kommunikationspolitik die schwierige Aufgabe zu lösen, eine immaterielle Dienstleistung beziehungsweise das Dienstleistungspotential, -ergebnis oder den Dienstleistungsprozeß durch Visualisierungen oder eine anders geartete Verdeutlichung für den Dienstleistungskonsumenten verständlich und „sichtbar“ zu machen (Scheuch 1982; Corsten 1988). Generell kann unter **Kommunikation** die Übermittlung von Informationen und Bedeutungsinhalten zum Zweck der Steuerung von Meinungen, Einstellungen, Erwartungen und Verhaltensweisen gemäß spezifischer Zielsetzungen verstanden werden (Meffert 1986, S. 443).

Die **Kommunikationspolitik** einer Dienstleistungsunternehmung umfaßt sämtliche unternehmensinternen und -externen Maßnahmen, die auf affektive (zum Beispiel Motive), kognitive (zum Beispiel Kenntnisse, Einstellungen) und konative Reaktionen (zum Beispiel Kaufentscheidung) von Marktteilnehmern auf die Unternehmensleistungen einwirken (Bruhn 1995c, S. 197).

Im Rahmen des Dienstleistungsmarketing erweist es sich zum Teil als besonders schwierig, zwischen den kommunikationspolitischen Maßnahmen und der eigentlichen Leistungserstellung zu differenzieren (Berry 1983; Chase 1984; Compton 1987; Congram/Czepiel/Shanahan 1987; Firnstahl 1990).

Wie Abbildung 5-16 verdeutlicht, kann die **Kommunikation** im Rahmen des Dienstleistungserstellungsprozesses einerseits ein wichtiges **Leistungsmerkmal** darstellen (zum Beispiel Rechtsberatung, ärztliche Beratung), dem weniger die kommunikationspolitischen Zielsetzungen als vielmehr die leistungspolitischen Zielsetzungen (zum Beispiel Erreichung einer hohen Servicequalität) zugrunde zu legen sind.

Andererseits kann die **Kommunikation** auch als reines **Instrument im Sinne der Kommunikationspolitik** zur Leistungsdarstellung eingesetzt werden (zum Beispiel klassische Werbung, Sponsoring). Mitunter kann die wahrgenommene Servicequalität durch einen – im Sinne der angeführten Basisfunktionen nicht exakt getrennten – Einsatz der Kommunikationspolitik negativ beeinflußt werden. Dies kann beispielsweise dann der Fall sein, wenn der Dienstleistungsanbieter während eines Beratungsgesprächs, einer

Art des Kontaktes	Direkter Kontakt	Indirekter Kontakt
Mittelbare (unpersönliche) Kommunikationsbeziehung	■ Leistung: – Telefonische Beratung ■ Kommunikation: – Telefonwerbung – Direct Mail	■ Leistung: – Aufklärungswirkung (zum Beispiel Aids-Kampagne) ■ Kommunikation: – Werbung (klassisch) – Sponsoring
Unmittelbare (persönliche) Kommunikationsbeziehung	■ Leistung: – Rechtsberatung – Ärztliche Beratung ■ Kommunikation: – Persönlicher Verkauf	■ Leistung: – Szenensponsoring ■ Kommunikation: – Mund-zu-Mund-Kommunikation

GABLER GRAFIK

Abbildung 5-16: Kommunikationspolitische Ausprägungen im Dienstleistungsbereich

Theateraufführung oder einer Unterhaltungssendung Werbeargumente gegenüber dem Konsumenten artikuliert, um die Inanspruchnahme weiterer Dienste zu initiieren. Insofern ist es für einen Dienstleistungsanbieter wichtig, zwischen der Kommunikation als Leistungselement und als Instrument der Kommunikationspolitik im klassischen Sinne zur Darstellung der Leistung zu differenzieren.

Darüber hinaus scheint eine weitere Systematisierung angebracht, um die dem Dienstleister grundsätzlich offenstehenden Optionen zu verdeutlichen. Im Hinblick auf die Grundformen der kommunikativen Beziehungen zwischen Dienstleistungsanbieter und aktuellen sowie potentiellen Dienstleistungsnachfragern kann dahingehend differenziert werden, ob beide in **direktem Kontakt** oder aber in **indirektem Kontakt** zueinander stehen. Im Rahmen des direkten Kontaktes wird die Kommunikationsbotschaft vom Sender zum Empfänger geleitet, während im Falle des indirekten Kontaktes eine intervenierende Größe zwischen dem Sender und dem endgültigen Empfänger der Botschaft geschaltet ist (Katz 1957).

Die zweite in Abbildung 5-16 einbezogene Dimension gibt an, ob **mittelbare** beziehungsweise **unpersönliche** oder **unmittelbare** beziehungsweise **persönliche** Kommunikationsbeziehungen bestehen. Aus den beiden genannten Dimensionen lassen sich die vier gezeigten **Kombinationsmöglichkeiten** ermitteln:

- Zunächst ergibt sich der Fall der **unmittelbaren** und **direkten** Kommunikationsbeziehung. Die Kommunikation kann hier sowohl als Instrument des Kommunikationsmix auftreten als auch als Leistungselement. In diesem Quadranten ist eine Vermischung der beiden Fälle mit den entsprechenden positiven (Cross-selling) wie negativen (Reaktanzen beim Konsumenten) Konsequenzen am wahrscheinlichsten.
- Im Rahmen eines **mittelbaren** und **direkten** Kontaktes kann die Kommunikation neben ihrer Funktion als eigentliches Kommunikationsinstrument (Telefonwerbung, Direct Mail) wiederum als Element der Leistung auftreten (telefonische Beratung, Telefonseelsorge sowie weitere Telefondienste).
- Als dritter Fall ist die Kombination eines **indirekten** Kontaktes mit einer **mittelbaren** Kommunikationsbeziehung denkbar. Hier sind einerseits die klassischen, massengerichteten Instrumente der Kommunikationspolitik zu verzeichnen. Andererseits kann die Kommunikation auch Teil der Dienstleistung selbst sein. Als Beispiel können nationale Kampagnen zur AIDS-Aufklärung herangezogen werden.
- Schließlich ist noch die Kombination von **indirektem** Kontakt und **unmittelbaren** Kommunikationsbeziehungen zu verzeichnen. Während hier die Kommunikation als Element der eigentlichen Leistung selten vorzufinden ist (denkbar wäre der Fall, daß die oben angegebene Aufklärungskampagne durch die im Rahmen eines Szenensponsoring ausgelöste Mund-zu-Mund-Kommunikation weitergetragen wird), ist die rein kommunikative Wirkung gerade im Dienstleistungsbereich von großer Bedeutung. Hier handelt es sich um die interpersonale Mund-zu-Mund-Kommunikation. Dabei

ist zu beachten, daß die Mund-zu-Mund-Kommunikation als nachgelagerter Kommunikationsprozeß in der Regel eines Anstoßes durch vorgelagerte Kommunikationsaktivitäten, wie sie in den drei Fällen zuvor beschrieben wurden, bedarf.

Generell kann festgehalten werden, daß gerade den Formen der **direkten Kommunikation** im Rahmen des Dienstleistungsmarketing eine besondere Relevanz zukommt, um dem Kunden mögliche Leistungsbeweise zu dokumentieren und ein entsprechendes Vertrauensverhältnis zur Reduktion des Kaufrisikos bei immateriellen Dienstleistungen aufzubauen.

2.122 Konzept der integrierten Kommunikation

Die Vielfalt bezüglich der Ebenen der Kommunikation und die Vielzahl der Kommunikationsinstrumente machen es erforderlich, daß Dienstleistungsanbieter eine **integrierte Kommunikation** anstreben (Congram/Czepiel/Shanahan 1987; Piercy/Morgan 1990; Bruhn 1995a).

> Unter der **integrierten Unternehmenskommunikation** wird ein Prozeß der Planung und Organisation verstanden, der darauf ausgerichtet ist, aus den differenzierten Quellen der internen und externen Kommunikation von Unternehmen eine Einheit herzustellen, um ein für sämtliche Zielgruppen der Unternehmenskommunikation konsistentes Erscheinungsbild über das Unternehmen zu vermitteln (Bruhn 1995a, S. 13).

Mit Hilfe einer verbesserten integrierten Kommunikation erhoffen sich Dienstleistungsunternehmen Synergieeffekte, indem durch den abgestimmten Einsatz verschiedenartiger Kommunikationsmaßnahmen eine höhere Kommunikationswirkung für das Unternehmen erreicht wird als beim isolierten Einsatz derselben (Bruhn 1989; Zorn 1991).

Dabei können hinsichtlich der Ebene der Integration als **Formen** die inhaltliche (strategische Ebene), die formale sowie die zeitliche (operative Ebene) und organisatorische Integration unterschieden werden (Bruhn 1995a, S. 40ff.).

Auf strategischer Ebene sollen im Rahmen der **inhaltlichen Integration** thematische Verbindungslinien zwischen verschiedenen Kommunikationsmaßnahmen ausgemacht werden. Dies kann durch die Verwendung einheitlicher Slogans, Kernbotschaften usw. beziehungsweise durch Verbindungen multisensualer Art geschehen (zum Beispiel der Slogan „Wir machen den Weg frei" der Volks- und Raiffeisenbanken). Auf der inhaltlichen Ebene kann weiterhin eine Unterteilung in die funktionale, instrumentelle, horizontale und vertikale Integration vorgenommen werden.

Bezüglich der **funktionalen Integration** soll der Zielerreichungsbeitrag der Kommunikationsinstrumente verbessert werden. Es gilt zu überprüfen, welche der folgenden Funktionen einzelne Instrumente gemeinsam übernehmen können:

- Zunächst haben Kommunikationsinstrumente die Aufgabe, dem Kunden ein Leistungsversprechen zu geben. Die erwartete Qualität muß dem Kunden gegenüber definiert und beschrieben werden. Gegebenenfalls werden die Vorzüge der eigenen Dienstleistung gegenüber den Angeboten der Wettbewerber hervorgehoben **(Informations- und Profilierungsfunktion)**.
- Die Kommunikationsinstrumente dienen auch dazu, Kunden zur Inanspruchnahme der Dienstleistung zu motivieren. Ferner sollen die Mitarbeiter des Dienstleistungsunternehmens vom Management motiviert werden, die Dienstleistungsqualität auf dem erwarteten Niveau zu erfüllen **(Motivationsfunktion)**.
- Im Kommunikationsprozeß sind darüber hinaus die Leistungserwartungen sowie die Leistungserfahrungen der Kunden zu erfragen. Dies erfolgt primär durch Kommunikationsinstrumente, die in besonderem Maße dialogfähig sind **(Dialogfunktion)**.
- Schließlich müssen die einzelnen Kommunikationsinstrumente in der Lage sein, zusammen mit anderen Kommunikationsinstrumenten einheitlich aufzutreten. Das Integrationspotential ist besonders groß bei den persönlichen Formen der Kommunikation **(Integrationsfunktion)**.

Die **instrumentelle Integration** dient der Verknüpfung verschiedener Kommunikationsmaßnahmen. Dabei geht es nicht nur um eine inhaltliche Verknüpfung der Argumentation der einzelnen Instrumente, sondern vor allem um die systematische Vernetzung zwischen einzelnen Kommunikationsinstrumenten. Dies bedeutet, daß beispielsweise Verkaufsförderungsprogramme in der Mediawerbung ausgelobt werden, Prospekte und Firmenbroschüren in Verkaufsförderungsprogrammen vor Ort verwendet werden, in der Mediawerbung auf Qualitätsschulungen der Mitarbeiter sowie auf Vorträge und „Tage der offenen Tür“ in der Pressearbeit hingewiesen wird. Grundsätzlich muß jedes einzelne Kommunikationsinstrument in der Lage sein, die Inhalte und Formen der anderen Kommunikationsinstrumente in die eigenen kommunikativen Aktivitäten einzubeziehen.

Während die **horizontale Integration** dafür Sorge trägt, daß an die Kommunikationsempfänger einer Marktstufe gleiche Inhalte gesendet werden, dient die **vertikale Integration** dazu, eine einheitliche Ansprache von Zielgruppen auf unterschiedlichen Marktstufen zu erreichen.

Die operative Ebene umfaßt zunächst Maßnahmen der **formalen Integration**. Hierzu sind formale Gestaltungsprinzipien festzulegen, die bei allen Kommunikationsmaßnahmen einzuhalten sind. Dies ist von zentraler Bedeutung bei allen unpersönlichen Kommunikationsmaßnahmen, die mit gedruckten Medien arbeiten. Im Vordergrund stehen die Vorgabe des Markenzeichens und Logos des Dienstleistungsunternehmens, die in Schrifttyp, Farbe, Größe usw. einheitlich wiedergegeben werden müssen. Die formalen Gestaltungsprinzipien – im Rahmen der Corporate Identity-Diskussion vielfach als Corporate Design bezeichnet – sind in internen und externen Kommunikationsmaßnahmen gleichermaßen wiederzufinden.

Darüber hinaus sind Maßnahmen für eine **zeitliche Integration** zu entwickeln, das heißt für eine zeitliche Abstimmung zwischen den verschiedenen Kommunikationsmaßnahmen. Ein „optimales Timing" ist besonders wichtig, wenn kommunikative Ereignisse im Mittelpunkt stehen, wie beispielsweise bei Verkaufsförderungsprogrammen am Dienstleistungsort, bei „Tagen der offenen Tür", Kongressen. Diese Ereignisse sind mit in die anderen Kommunikationsinstrumente aufzunehmen, sei es durch Ankündigen oder weitere parallele Aktionen.

Auf der organisatorischen Ebene zielt die **interne Integration** darauf ab, eine verbesserte Abstimmung in der Zusammenarbeit verschiedener Abteilungen im Dienstleistungsunternehmen zu erreichen. Normalerweise verfügen unterschiedliche Abteilungen über relevante Informationen, wie die Unternehmensleitung, das Kontaktpersonal, die Marktforschung, die Presse, die Verwaltung, das Controlling. Hier ist eine wechselseitige Information über Kommunikationsmaßnahmen erforderlich. Vor allem sind Informationen über Marktreaktionen an die entsprechenden Stellen weiterzuleiten.

Neben der internen hat die **externe Integration** die Aufgabe, eine Koordination mit all jenen Marktteilnehmern vorzunehmen, die mit dem Dienstleistungsunternehmen zusammenarbeiten (zum Beispiel Agenturen, Berater, Händler). Alle Marktbeteiligten müssen inhaltlich ähnliche Argumente verwenden und formal nach außen einheitlich auftreten. Arbeiten Dienstleistungsunternehmen mit vielen Außenstellen zusammen, so benötigen sie vielfältige Kontakte und Abstimmungsmechanismen (zum Beispiel Schulungen, Arbeitsgespräche, Tagungen), um zwischen der Zentrale und den Mitarbeitern zu koordinieren.

Sämtliche Maßnahmen der integrierten Kommunikation von Dienstleistungsunternehmen zielen darauf ab, einheitlicher in der Kommunikation aufzutreten, damit von einem geschlossenen Erscheinungsbild positive Effekte auf die Anspruchsgruppen ausgehen.

Obwohl die Notwendigkeit zur Integration sämtlicher Kommunikationsaktivitäten des Unternehmens theoretisch einleuchtend und in der Praxis bekannt ist, existieren vor allem auch in Dienstleistungsunternehmen zahlreiche **Widerstände**, die einer Implementierung der integrierten Kommunikation im Wege stehen. Diese Widerstände lassen sich in inhaltlich-konzeptionelle, organisatorisch-strukturelle und personell-kulturelle Barrieren unterteilen (Scherrer 1990; Bruhn 1995a, S. 48ff.):

- Die **inhaltlich-konzeptionellen Barrieren** betreffen zunächst die mangelnde Vollständigkeit der berücksichtigten Kommunikationsinstrumente in der Praxis. Hier ist besonders die Vernachlässigung der internen Kommunikation anzuführen, die vor allem im Dienstleistungsbereich von Bedeutung ist. Ferner sind an dieser Stelle ein fehlendes Konzept der integrierten Kommunikation, die mangelhafte Festlegung der Ziele sowie die lückenhafte Zielgruppendefinition zu nennen.

- Den **organisatorisch-strukturellen Barrieren** ist an erster Stelle das Fehlen formalisierter Abstimmungs- und Entscheidungsregeln zu subsumieren. Ferner ist hier eine mangelnde Zusammenarbeit zwischen einzelnen Kommunikationsabteilungen festzustellen. Mit dieser Barriere in engem Zusammenhang stehen letztlich das Ressortdenken, die fehlende organisatorische Verankerung und Entscheidungskompetenz sowie Probleme bei der kommunikativen Integration von Tochtergesellschaften.
- Zu den **personell-kulturellen Barrieren** zählen neben einem lückenhaften Begriffsverständnis und unterschiedlichen Zielvorstellungen insbesondere ein Mangel an Wissen, Professionalität und Bewußtsein sowie die Existenz sehr unterschiedlich denkender und agierender Subkulturen innerhalb des Unternehmens. Des weiteren sind an dieser Stelle die Angst vor Kompetenzverlusten und verstärkter Kontrolle sowie die geringe Bereitschaft zu Kooperation, Information und Koordination zu erwähnen.

2.123 Anforderungen an die integrierte Kommunikation

Ausgehend von diesen Barrieren ergeben sich Anforderungen, die für eine erfolgreiche Umsetzung des Konzeptes maßgeblich sind. Diese **Anforderungen an die integrierte Kommunikation** für Dienstleistungsunternehmen können anhand von acht Komponenten verdeutlicht werden (Bruhn 1995a, S. 59ff.):

1. **Strategiekomponente**
   Eine integrierte Kommunikation für Dienstleistungsunternehmen verlangt die Formulierung einer Kommunikationsstrategie, die die zentralen Inhalte, Zielgruppen und Instrumente definiert. Diese Kommunikationsstrategie wird planerisch zwischen den verschiedenen Kommunikationsabteilungen festgelegt.

2. **Positionierungskomponente**
   Die verschiedenen Kommunikationsmaßnahmen müssen sich inhaltlich an der angestrebten Qualitätspositionierung des Dienstleistungsanbieters orientieren. Sie bestimmt das (Soll-)Image des Dienstleisters.

3. **Konsistenzkomponente**
   Inhalte und Formen der Kommunikationsinstrumente müssen nach innen und außen konsistent sein. Widersprüche in der Kommunikation führen zu Irritationen bei den Kunden beziehungsweise Mitarbeitern.

4. **Kongruenzkomponente**
   Die Unternehmenskommunikation muß mit dem Unternehmensverhalten kongruent sein. Es dürfen keine Qualitätsversprechen geleistet werden, die durch den Dienstleister nicht auch eingehalten werden können.

5. **Verbindungskomponente**
Zwischen den einzelnen (internen und externen) Kommunikationsinstrumenten des Dienstleistungsunternehmens müssen Verbindungselemente bestehen. Sie stellen sicher, daß die Einheitlichkeit in der Kommunikation wahrgenommen wird. Verbindungslinien können dabei inhaltlicher oder formaler Art sein.

6. **Gestaltungskomponente**
Zu einer integrierten Kommunikation zählt auch die formale Festlegung von Gestaltungsprinzipien. Sie sollen die Wiedererkennung von Kommunikationsmaßnahmen bei den Kunden erleichtern.

7. **Bewußtseinskomponente**
Dienstleistungsanbieter müssen sich darüber bewußt sein, wie ihr Fremdbild (zum Beispiel empfundene Qualitätspositionierung des Dienstleistungsanbieters) von den Kunden wahrgenommen wird und dies in der Kommunikation berücksichtigen. Die Übereinstimmung von Selbstbild und Fremdbild erhöht die Glaubwürdigkeit in der Kommunikation.

8. **Kontinuitätskomponente**
Eine integrierte Kommunikation erfordert eine mittel- bis langfristige Orientierung der Inhalte und Formen der Kommunikation. Bei der Planung der Kommunikationsinstrumente ist deshalb auch auf die Kontinuität ihres Einsatzes zu achten.

Die hier skizzierten Anforderungen sind sowohl bei der Planung als auch bei der Einbindung verschiedener Instrumente in das Gesamtsystem der Unternehmenskommunikation zu berücksichtigen. Durch ein derart abgestimmtes Vorgehen im Rahmen der internen und externen Kommunikation erleichtert sich die Umsetzung der angestrebten Qualitätsstrategie des Dienstleistungsanbieters im Unternehmen und im Markt.

2.13 Beziehungen zwischen den Kommunikationsinstrumenten

Im Rahmen der Interdependenzanalyse der Kommunikationsinstrumente werden funktionale, zeitliche und hierarchische Beziehungszusammenhänge untersucht. Während bei der zeitlichen beziehungsweise hierarchischen Beziehungsanalyse intertemporale beziehungsweise Rangordnungszusammenhänge untersucht werden, geht es bei den funktionalen Beziehungen um den inhaltlich-sachlichen Wirkungsverbund im Hinblick auf ein Kommunikationsziel (Bruhn 1995a, S. 61ff.).

Bei **funktionalen Beziehungen** können fünf Typen unterschieden werden:

- Weisen zwei oder mehrere Instrumente **komplementäre Beziehungen** zueinander auf, ergänzen beziehungsweise unterstützen sie sich in ihrer Wirkung gegenseitig. Dabei können Leit- und Folgeinstrumente unterschieden werden, wobei letztere eine Unterstützungsfunktion für die Leitinstrumente übernehmen, zum Beispiel Schaffung von Aufmerksamkeit für ein Preisausschreiben (Verkaufsförderung) durch die klassische Werbung.
- Bei **konditionalen Beziehungen** zwischen Instrumenten ist der Einsatz eines (oder mehrerer) Instrumente(s) für die Wirkung anderer Instrumente notwendig, zum Beispiel Zeitungsartikel (Öffentlichkeitsarbeit) über die von einer Bank gesponserte Kunstausstellung.
- **Substituierende Beziehungen** können dann festgestellt werden, wenn mit zwei oder mehreren Instrumenten die gleiche Wirkung erzielt werden kann, zum Beispiel Bekanntmachung einer Abenteuerreise mittels Zeitungsanzeige (Werbung) oder Plakat im Reisebüro (Verkaufsförderung).
- Zwischen Instrumenten liegen **indifferente Beziehungen** vor, wenn sie sich in ihren Wirkungen nicht gegenseitig beeinflussen, zum Beispiel Vortrag eines Vorstandsvorsitzenden vor einer Unternehmervereinigung über die wirtschaftliche Lage der Branche (Öffentlichkeitsarbeit) und Kinowerbung.
- Schließlich hat man es mit **konkurrierenden Beziehungen** zu tun, wenn Instrumente in entgegengesetzter Richtung wirken, zum Beispiel ein Werbeversprechen in der Massenkommunikation und eine kontraproduktive Aussage eines Mitarbeiters.

Hinsichtlich der **temporalen Wirkung** kann eine Wirkungsverzögerung von einer Wirkungsübertragung unterschieden werden. In diesem Zusammenhang werden vier Arten von Beziehungen unterschieden (Bruhn 1995a, S. 70ff.):

- **Parallele Beziehungen** liegen vor, wenn die Instrumente zeitgleich eingesetzt werden.
- Von einem **sukzessiven Einsatz** der Instrumente wird gesprochen, wenn sie zeitlich versetzt genutzt werden.
- **Intermittierende Beziehungen** liegen vor, wenn ein Teil der Instrumente kontinuierlich eingesetzt wird, während andere Instrumente fallweise zur Anwendung kommen.
- Durch den Ersatz eines Instruments durch ein anderes im Zeitablauf sind **ablösende Beziehungen** gekennzeichnet.

Betrachtet man die **hierarchischen Beziehungen** zwischen Kommunikationsinstrumenten, so hat ein Teil der Instrumente strategische Bedeutung (zum Beispiel Werbung), während andere Instrumente taktischen Charakter (zum Beispiel Verkaufsförderung, Public Relations) aufweisen.

2.14 Planungsprozesse der Kommunikation

Aufgrund der Vielfalt der Kommunikationsverantwortlichen, -situationen, -ziele, -zielgruppen und -instrumente handelt es sich bei der integrierten Kommunikationsarbeit um ein komplexes Entscheidungsproblem. Um dieser Komplexität entsprechend zu begegnen, sind Unternehmen angehalten, einen strategischen und unternehmensweiten Planungsprozeß der Kommunikationspolitik zu installieren. Dabei muß auf zwei unterschiedlichen Ebenen angesetzt werden: zum einen auf der **Ebene der Gesamtkommunikation** als Top down-Planung und zum anderen auf der **Ebene der einzelnen Kommunikationsinstrumente** als Bottom up-Planung. Die idealtypischen Prozesse für beide Ebenen sind in den Abbildungen 5-17 und 5-18 wiedergegeben. Zentrales Erfordernis ist es, diese beiden Prozesse in Form einer **iterativen Down up-Planung** zusammenzuführen (Bruhn 1995a, S. 115ff.).

Diese iterative Planung impliziert die Notwendigkeit der Abstimmung der unterschiedlichen **Träger der Kommunikation**. Bei den im Rahmen des Dienstleistungsmarketing in Frage kommenden Trägern der Kommunikation – als Absender und/oder als Adressat – soll hier eine Fokussierung auf drei Träger vorgenommen werden. Zunächst ist das (1) **Management von Dienstleistungsunternehmen** Träger der Kommunikation, etwa durch Werbeanzeigen oder Öffentlichkeitsarbeit. Zum anderen sind es die (2) **Mitarbeiter des Dienstleistungsunternehmens**, wie etwa das Kontaktpersonal beziehungsweise die Mitarbeiter, welche die Dienstleistung erbringen. Schließlich sind auch die (3) **Kunden des Dienstleistungsunternehmens** Träger der Kommunikation, indem sie Informationen suchen, empfangen oder weitergeben.

Bei dem hier vorgestellten iterativen Planungsprozeß handelt es sich um eine heuristische Entscheidungsmethodik, die zu einer „guten", nicht jedoch „optimalen" Lösung führen soll. Der Prozeß kann in die folgenden Phasen eingeteilt werden:

1. Analyse der Kommunikationssituation

In dieser Phase geht es darum, die Situation sowohl der Gesamtkommunikation als auch der einzelnen Instrumente zu untersuchen. Um die Analyse möglichst umfassend vollziehen zu können, bietet sich die Identifzierung möglicher Einflußgrößen anhand folgender sechs Kategorien an (Bruhn 1995c, S. 27f., Wells/Burnett/Moriarty 1995, S. 246ff.):

- Marktbezogene Einflußfaktoren,
- Kundenbezogene Einflußfaktoren,
- Absatzmittlerbezogene Einflußfaktoren,
- Konkurrenzbezogene Einflußfaktoren,
- Umfeldbezogene Einflußfaktoren,
- Unternehmensbezogene Einflußfaktoren.

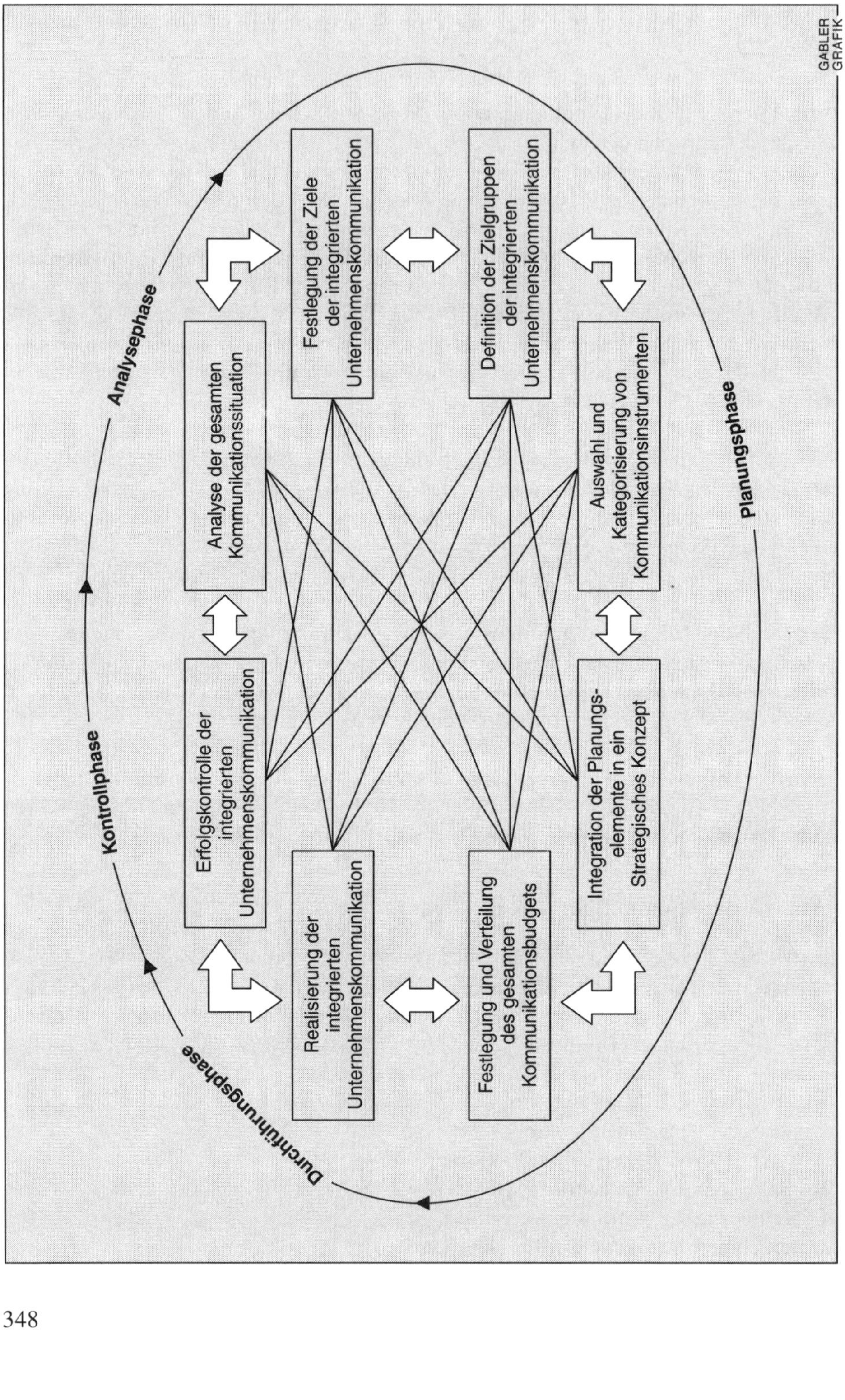

Abbildung 5-17: Planungsprozeß der Gesamtkommunikation

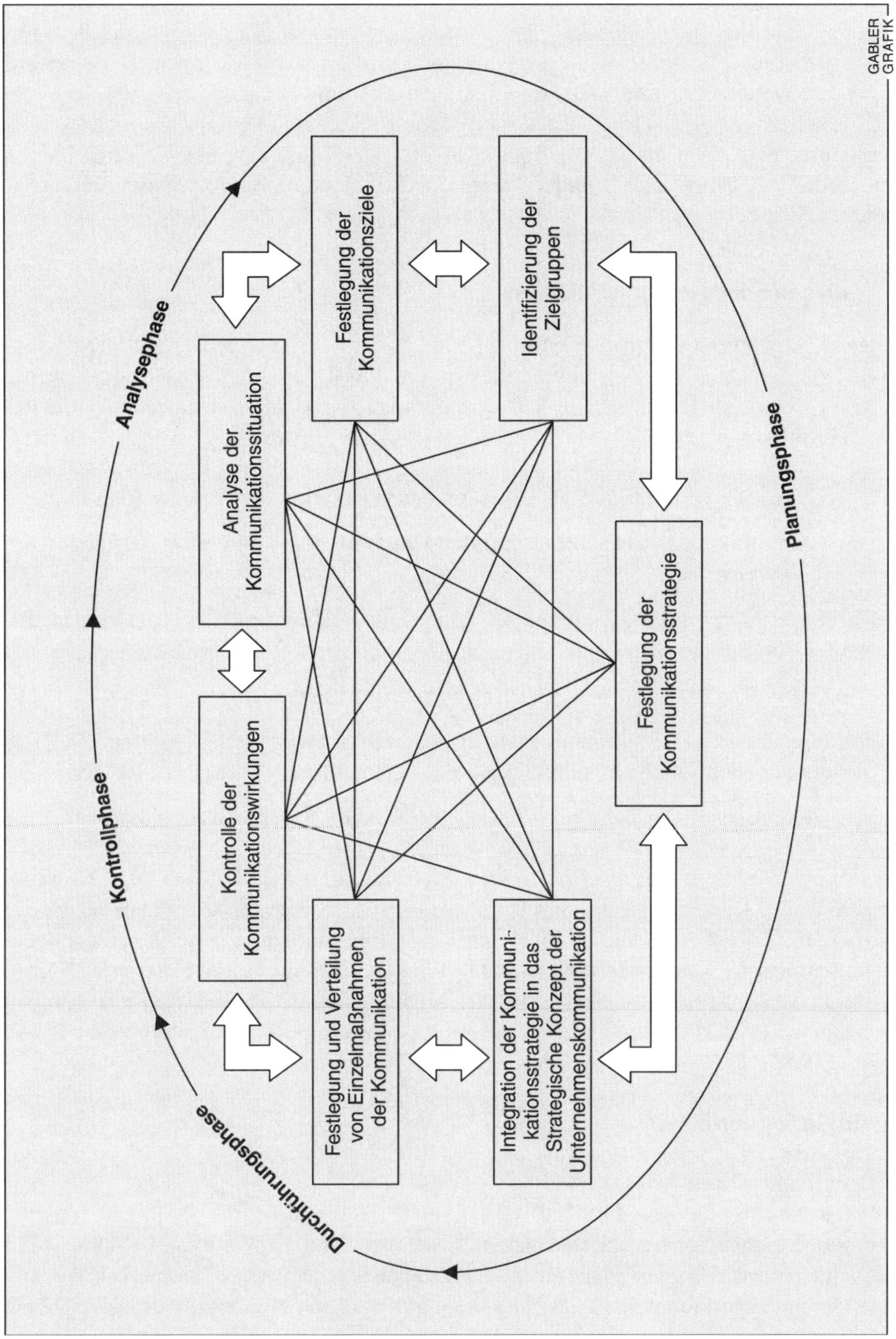

Abbildung 5-18: Planungsprozeß der einzelnen Kommunikationsinstrumente

Bei der Betrachtung der Einflußfaktoren ist zu berücksichtigen, daß aufgrund der zeitlichen und kausalen Interdependenz der Größen untereinander keine eindeutig deterministischen Ursache-Wirkungs-Zusammenhänge postuliert werden können. Bei einer zunehmenden Wettbewerbsintensität in vielen Dienstleistungsbranchen erhalten dabei die konkurrenzbezogenen Faktoren eine besondere Bedeutung. Gerade Dienstleistungsunternehmen benötigen im Kommunikationswettbewerb eine „Unique Communication Proposition" (UCP), um sich von den Hauptkonkurrenten kommunikativ deutlich abzuheben.

2. Festlegung der Kommunikationsziele

Aufgrund der Zuordnungsproblematik von Ursachen und Wirkungen erfolgt die Formulierung von Zielen in der Kommunikationspraxis häufig unvollständig und zu wenig konkret. Um dies zu verhindern, sollten Kommunikationsziele die folgenden **Anforderungen** erfüllen:

- Oberziel ist die verbindliche Verankerung der Integration der Kommunikation.
- Die Kommunikationsziele sollten mit den Unternehmens- und Marketingzielen abgestimmt werden.
- Durch eine hierarchische Zielstrukturierung kann die Zuordnung zu einzelnen Instrumenten vereinfacht werden.
- Die Ziele sollten zielgruppenspezifisch formuliert werden.
- Um eine Zuordnung zu einzelnen Instrumenten zu ermöglichen, sollten die Ziele operational nach Inhalt, Ausmaß, Zeit- und Segmentbezug aufgestellt werden.
- Schließlich sollten die Ziele verbindlichen Charakter haben und erfüllbar sein.

Neben der Verfolgung von **ökonomischen Zielsetzungen**, wie Umsatz- und Gewinnexpansion oder Kostenersparnis durch kommunikative Steuerung der Dienstleistungsnachfrage im Zeitablauf, erlangen im Rahmen der Kommunikationspolitik insbesondere **psychographische Kommunikationsziele** große Bedeutung. Hierbei lassen sich nach den Stufen der Kundenreaktion kognitiv-, affektiv- und konativ-orientierte Zielsetzungen unterscheiden (vgl. zum Beispiel Behrens 1970; Meffert 1986; Schmalen 1992; Bruhn 1995c, S. 199f.):

Kognitiv-orientierte Ziele

- **Berührungs- und Kontakterfolg**
  Werbebotschaften sollen die ausgewählten Zielgruppen in den Marktsegmenten möglichst ohne Streuverlust erreichen. Streuverluste entstehen durch Kontakte mit Nichtzielpersonen (Personen, die weder als Käufer oder Verwender noch als Absatzhelfer in Frage kommen). Dies führt zu wirkungslosen Kommunikationsausgaben.

Bei Nutzung von Medien läßt sich dieser Effekt zwar nicht vermeiden, aber durch bewußte Medienauswahl abschwächen.

- **Aufmerksamkeitswirkung**
  Die Komunikationsbotschaft muß den unbewußten Wahrnehmungsfilter des Umworbenen durchdringen. Die jeweilige Maßnahme soll im Feld der Konkurrenzwerbung bewußt, mindestens jedoch willkürlich wahrgenommen werden. Die in der Botschaft enthaltenen Informationen sollen aufgrund der speziellen Aufmerksamkeitswirkung bewußt aufgenommen werden.

- **Erinnerungswirkung**
  Mehr oder weniger große Teile der durch die Kommunikation vermittelten Informationen sollen im Gedächtnis gespeichert bleiben. Hierbei ist insbesondere die Verankerung einer Dienstleistungsmarke im „Evoked Set" des Konsumenten zu erreichen.

- **Informationsfunktion**
  Aufgrund der Immaterialität von Dienstleistungen ist insbesondere bei komplexen Leistungsarten von der Kommunikationspolitik eine wichtige Informationsfunktion zur Verdeutlichung des Leistungsumfangs, der Leistungserstellung usw. zu erfüllen.

Affektiv-orientierte Ziele

- **Gefühlswirkung**
  Die aufgenommene Botschaft muß auf das individuelle Empfinden des Umworbenen wirken und Emotionen wecken. Die Stärke (nicht die Art und Richtung) dieser Wirkung läßt sich bis zu einem gewissen Grad an den Reaktionen des Angesprochenen messen.

- **Positive Hinstimmung**
  Die Botschaft soll unbewußte Bedürfnisse konkretisieren, bewußt machen und diesen Wunsch rechtfertigen. Zudem soll sich die Überzeugung entwickeln oder bestätigen, daß die durch die Kommunikation versprochene Leistung dem Kunden nach allen Gesichtspunkten den größten Nutzen stiftet.

- **Interessenweckung**
  Die Kommunikation soll das Interesse an der Leistung so aktivieren, daß der Umworbene bereit ist, sich aktiv mit dieser auseinanderzusetzen und diese Leistung als mögliches Kaufobjekt zu sehen.

- **Imagewirkung**
  Mit der Unternehmenskommunikation wird die Schaffung eines positiven Images des Unternehmens und seiner Leistungen angestrebt. Aufgrund der Immaterialität und Intangibilität von Dienstleistungen sowie dem damit einhergehenden Mangel an objektiven Beurteilungskriterien spielt das Image im Rahmen des Kaufentscheidungsprozesses zur Schaffung von Vertrauen bei den Dienstleistungskunden eine besondere Rolle.

Konativ-orientierte Ziele

- **Auslösung von Kaufhandlungen**
  Die Botschaft soll veranlassen, daß der Kaufwunsch in die Tat umgesetzt wird, daß der Angesprochene im Falle eines Wiederkaufs von der Konkurrenz auf die eigene Unternehmung wechselt beziehungsweise der eigenen Unternehmung treu bleibt. Die Kommunikation soll also helfen, den Umsatz zu steigern oder mindestens zu halten. Darüber hinaus sind kommunikationspolitische Instrumente zur mengen- und zeitbezogenen Steuerung der Dienstleistungsnachfrage, insbesondere für ein verstärktes Cross-selling bei den bestehenden Kunden einzusetzen.

- **Beeinflussung des Informationsverhaltens**
  Im Rahmen der Kommunikationspolitik sollten Dienstleistungsunternehmen anstreben, sich dem Kunden als ein Unternehmen zu präsentieren, das darauf bedacht ist, ihn nach seinen Bedürfnissen über die Unternehmensleistungen zu informieren. Insbesondere durch die Bereitschaft der direkten Information des Kunden über potentielle oder aktuelle Probleme im Rahmen des Leistungserstellungsprozesses könnte auch eine verstärkte aktive Beschwerdeführung durch den Kunden initiiert werden.

- **Beeinflussung des Weiterempfehlungsverhaltens**
  Durch die Kommunikationspolitik soll erreicht werden, daß der Kunde die Leistung des Unternehmens an andere potentielle Kunden in seinem Bekanntenkreis weiterempfiehlt. Gerade aufgrund des immateriellen und intangiblen Charakters von Dienstleistungen gewinnt die Mund-zu-Mund-Kommunikation der Kunden für die Gewinnung neuer Kunden an Bedeutung und damit auch für den mittel- bis langfristigen Unternehmenserfolg.

3. Definition der Zielgruppen der Kommunikation

Da die Ziele der Kommunikation zielgruppenspezifisch zu formulieren sind, hat in dieser Phase die Festlegung der Zielgruppen der Kommunikation zu erfolgen. Als **Hauptzielgruppen** können Kunden, Mitarbeiter und Öffentlichkeit angeführt werden.

Als Besonderheit ist bei vielen Dienstleistungsunternehmen zu beachten, daß die Mitarbeiter nicht nur eine eigene Zielgruppe für die interne Kommunikation darstellen (siehe hierzu Abschnitt 5 in diesem Kapitel), sondern bei der externen Kommunikation auch als **„Second Audience"** angesehen werden (Firestone 1983, S. 87f.; Berry 1984, S. 275f.; Stauss 1995b, S. 269f.; Bruhn 1995b, S. 40f.). Dies bedeutet, daß Botschaften, die primär an externe Zielgruppen der Kommunikation gerichtet sind, zum Teil auch die Mitarbeiter als Empfänger haben. Grundsätzlich können zwei Ausprägungsformen von Kommunikationsmaßnahmen mit den Mitarbeitern als „Second Audience" unterschieden werden:

- Externe Kommunikationsmaßnahmen, mit denen sowohl externe als auch interne Kunden angesprochen werden sollen (zum Beispiel Anzeigen mit Mitarbeitern der HYPO-Bank).
- Externe Kommunikationsmaßnahmen, die primär auf externe Kunden ausgerichtet sind, jedoch auch interne Kunden erreichen (zum Beispiel Werbespot eines Dienstleisters zur Imageprofilierung, wie der „Die Bank Ihres Vertrauens"-Spot der Deutschen Bank).

Auf der Ebene der Gesamtkommunikation gilt es, eine breite, möglichst umfassende Zielgruppe festzulegen, die sämtliche Zielgruppen des Unternehmens zusammenfaßt und so die konsistente Gestaltung der Unternehmenskommunikation unterstützt. Auf der Ebene der einzelnen Instrumente hat eine differenzierte Festlegung zu erfolgen, um Ziele und Maßnahmen der Instrumente möglichst exakt auswählen zu können. Daher sollte die Zielgruppenbeschreibung auf instrumenteller Ebene bestimmten **Anforderungen**, wie Segmentbildungseigenschaft, Wiedererkennbarkeit, Auffindbarkeit, Realisierbarkeit, Zielbezug und Konkretisierungsmöglichkeit, genügen. Bei der Integration der Instrumente ist schließlich eine mögliche Überschneidung von Instrumentezielgruppen zu berücksichtigen, um eine bessere Abstimmung der Einzelinstrumente zu gewährleisten (Bruhn 1995a, S. 130f.).

4. Auswahl und Kategorisierung von Kommunikationsinstrumenten

In dieser Phase wird überprüft, inwiefern die einzelnen Instrumente einen **Zielerreichungsbeitrag** leisten können und sich die verschiedenen Instrumente gegenseitig beeinflussen. Ausgehend von diesen Untersuchungen kann jedes Instrument in eine der folgenden vier Kategorien eingeteilt werden (Bruhn 1995a, S. 133ff.):

- **Leitinstrumenten** kommt eine besonders starke strategische Bedeutung zu.
- **Kristallisationsinstrumente** sind sehr wichtig für die zielgruppenspezifische Kommunikation.
- **Integrationsinstrumente** haben die Möglichkeit, andere Instrumente zu unterstützen und zu vereinen.
- **Folgeinstrumente** haben eine geringe strategische Bedeutung und werden vor allem für einzelne Aufgaben im Rahmen der Kommunikation mit Teilzielgruppen eingesetzt.

Dabei ist anzumerken, daß je nach Art der Dienstleistung den Kommunikationsinstrumenten eine unterschiedliche Bedeutung im Kommunikationsmix zuzurechnen ist. Wie in Abbildung 5-19 dargestellt sind jedoch Instrumente, mit denen eine **zielgruppenspezifische oder individuelle Kommunikation** ermöglicht wird, um so bedeutender,

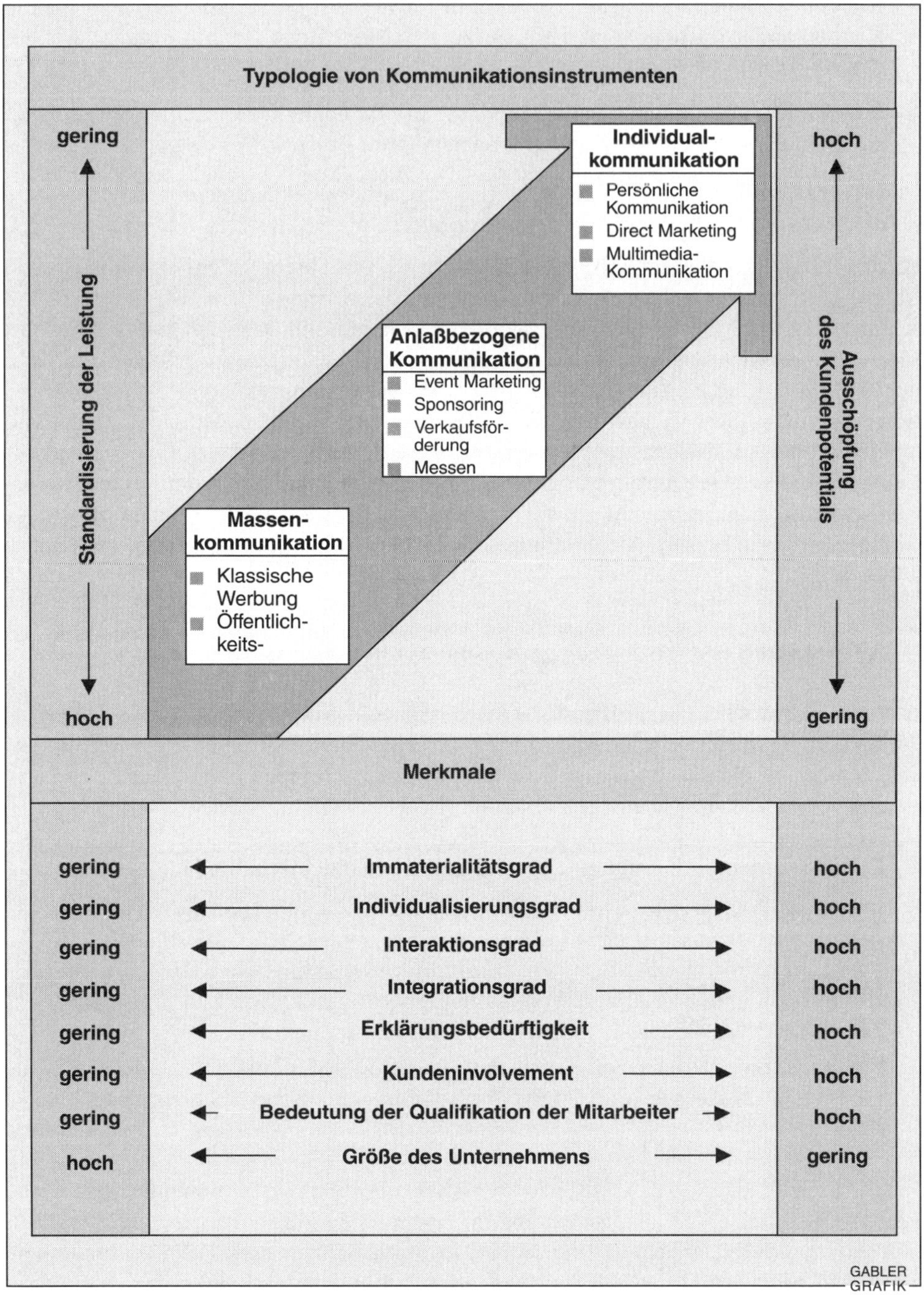

Abbildung 5-19: Typologie von Kommunikationsinstrumenten im Dienstleistungsbereich

- je immaterieller,
- je erklärungsbedürftiger und
- je weniger standardisiert

eine Leistung ist.

5. Integration der Planungselemente in ein strategisches Konzept der integrierten Unternehmenskommunikation

Die Phasen der strategischen Positionierung als Hauptziel der Unternehmenskommunikation, der Festlegung der Kommunikationszielgruppen sowie die Kategorisierung der Kommunikationsinstrumente mit dem Ergebnis der Festlegung der Leitinstrumente ergeben das strategische Konzept der integrierten Unternehmenskommunikation. Ausgehend von diesem Konzept sollte jedes Kommunikationsinstrument strategisch in die Gesamtkommunikation eingebunden werden. Ein **strategisches Konzept für die Gesamtkommunikation** eines Dienstleistungsunternehmens umfaßt die Festlegung von

- Leitinstrumenten,
- Kernbotschaften,
- Hauptzielgruppen.

2.2 Einsatz der Kommunikationsinstrumente

Je nach Art der Zusammensetzung der kommunizierenden Partner können unterschiedliche Instrumente zum Einsatz kommen. Einen zusammenfassenden Überblick der auf der Ebene der Markt-, Kunden- und Mitarbeiterkommunikation einsetzbaren Instrumente und Mittel zeigt Abbildung 5-20. Ebenso wie bei materiellen Gütern lassen sich im Dienstleistungsbereich die folgenden **kommunikationspolitischen Instrumente** der Markt-, Kunden- und Mitarbeiterkommunikation anführen (Johnson/Scheuing/Gaida 1986, S. 183ff.):

- Klassische Werbung (Mediawerbung),
- Verkaufsförderung (Promotions),
- Persönliche Kommunikation,
- Direktkommunikation (Direct Marketing),
- Öffentlichkeitsarbeit/Public Relations,
- Messen/Ausstellungen,
- Sponsoring,
- Event-Marketing,
- Multimedia-Kommunikation.

Ebene / Art der Kommunikation	Marktkommunikation Management – Kunde	Kundenkommunikation Mitarbeiter – Kunde	Mitarbeiterkommunikation Management – Mitarbeiter
Unpersönliche Kommunikation	■ Mediawerbung ■ Pressearbeit ■ Firmenbroschüren ■ Clubsysteme	■ Prospekte ■ Spezialangebote ■ Preisausschreiben ■ Clubsysteme	■ Internes Berichts- und Informationswesen ■ Arbeitsplatzbeschreibungen ■ Corporate Identity ■ Firmenbroschüren
Persönliche Kommunikation	■ Vorträge ■ Tag der offenen Tür ■ Kundenbeschwerden ■ Kundenbeiräte	■ Kontakt-/Verkaufsgespräche ■ Verkaufsförderungsprogramme vor Ort ■ Beschwerdeabteilung ■ Clubsysteme ■ Messen/Ausstellungen	■ Mitarbeitergespräche ■ Arbeitssitzungen ■ Betriebsversammlungen ■ Workshops, Seminare ■ Qualitätszirkel

GABLER GRAFIK

Abbildung 5-20: Instrumente und Mittel der Unternehmenskommunikation für Dienstleistungsunternehmen
(Quelle: Bruhn 1991b)

Die Gestaltung der Mitarbeiterkommunikation soll im Rahmen des Einsatzes der Personalpolitik behandelt werden (siehe Abschnitt 5 in diesem Kapitel).

Eine besondere Rolle im Dienstleistungsmarketing spielt die **Mund-zu-Mund-Kommunikation**. Aufgrund der Intangibilität der Leistung sind die Konsumenten häufig auf Empfehlungen anderer Verbraucher angewiesen, um eine Leistung im vorhinein ansatzweise beurteilen zu können. Während die Mund-zu-Mund-Kommunikation zunächst im Bereich der Soziologie erforscht wurde (Lazarsfeld/Berelson/Gaudet 1948; Katz/Lazarsfeld 1955; Katz 1957), sind im Anschluß daran Untersuchungen im Bereich der Diffusionsforschung (Robertson 1971; Brown 1981; Rogers 1995) und darauf aufbauend im Bereich des Marketing vorgenommen worden (Richins 1983; Johnson/Brown/Reingen 1987; Haywood 1989; Warren/Abercrombie/Berl 1989).

Die Ausführungen im Bereich des Käuferverhaltens haben bereits die Bedeutung der Mund-zu-Mund-Kommunikation im Rahmen des Kaufentscheidungsprozesses aufgezeigt. Daher soll im folgenden eine Konzentration auf die **Optionen der Steuerung** derartiger Kommunikationsprozesse vorgenommen werden.

Untersuchungen im Rahmen der Einführung einer innovativen Dienstleistung haben ergeben, daß 44,6 Prozent der Adopter zumindest zum Teil Informationen aus persönlichen Quellen in ihrer Kaufentscheidung berücksichtigen (Warren/Abercrombie/Berl 1989). Auf der anderen Seite müssen natürlich auch die negativen Aspekte der Mund-zu-Mund-Kommunikation berücksichtigt werden (Richins 1983), insbesondere wenn die Kommunikation sich nicht gegenüber dem Unternehmen äußert (Beschwerden), sondern gegenüber anderen aktuellen und potentiellen Kunden.

Aufgrund der begrenzten Steuerbarkeit bieten sich die im folgenden aufgeführten **Aktivitäten** an (Haywood 1989):

1. **Analyse**
   Das mit den Kunden in Kontakt stehende Personal sollte angehalten werden, die Zufriedenheit in persönlichen Kurzgesprächen abzufragen. Zudem sollte ein Instrumentarium bereitstehen, das die Zufriedenheit der Konsumenten regelmäßig erfaßt (siehe auch Kapitel 4, Abschnitt 3).
2. **Informationsaufbereitung**
   Sämtliche Informationen bezüglich der Reaktion der Konsumenten auf das Leistungsprogramm sollten gesammelt und für mögliche Aktionen des Dienstleisters aufbereitet werden.
3. **Reaktion**
   Zur Wiederherstellung der Zufriedenheit müssen (Re-)Aktionen bezogen auf die unzufriedenen Kunden eingeleitet werden. Darüber hinaus gilt es, das allgemeine Serviceniveau durch geeignete Maßnahmen den Wünschen der Kunden anzupassen. Zu diesen Maßnahmen zählen auch Kundenbindungssysteme mit den Gestaltungselementen Kundenclubs, Kundenkarten, Kundenzeitschriften usw.

Da trotz des Erfordernisses einer iterativen Down up-Planung im folgenden die Kommunikationsinstrumente einzeln vorgestellt werden sollen, wird dabei in den wesentlichen Zügen an dem in Abbildung 5-18 dargestellten Planungsprozeß vorgegangen.

2.21 Klassische Werbung (Mediawerbung)

Vergleichbar der Werbung im Konsumgüterbereich spielt auch die klassische Dienstleistungswerbung eine zentrale Rolle im Kommunikationsmix.

Unter **klassischer Werbung** wird der Prozeß der Planung, Organisation, Durchführung und Kontrolle sämtlicher Aktivitäten eines Unternehmens verstanden, die dazu dienen

- durch die Absendung von unpersönlichen Massenkommunikationsbotschaften visueller, verbaler oder akustischer Gestaltung (Werbemittel),
- mittels ausgewählter Medien (Werbeträger),
- für deren Nutzung ein Entgelt zu entrichten ist,
- die unternehmensspezifischen Zielgruppen zu erreichen,
- um Kommunikationsziele zu realisieren.

(in Anlehnung an Kroeber-Riel 1995, S. 2691 und Bruhn 1995c, S. 202)

In der Dienstleistungswerbung geht es insbesondere darum, das immaterielle Gut „Dienstleistung" sichtbar zu machen und den Aufbau eines positiven Firmenimages zu unterstützen. Dabei hat das durch die Werbung vermittelbare Image vor der Inanspruchnahme der Dienstleistung eine Schlüsselstellung im Rahmen der Kaufentscheidung potentieller Erstkäufer. Gleichzeitig erfüllt die Imagebildung bei potentiellen Wiederkäufern die sehr wichtige Bestätigungs- und Programmierungs-(Habitualisierungs-)funktion (Meyer 1994).

Die Planung des Einsatzes der klassischen Dienstleistungswerbung erfolgt anhand der Phasen des entscheidungsorientierten Planungsprozesses (Meffert 1986, S. 446ff.; Bruhn 1995c, S. 203ff.; Bieberstein 1995, S. 290ff.):

1. Situationsanalyse

Zu Beginn des Planungsprozesses geht es um die Untersuchung der Einsatzmöglichkeiten und -notwendigkeit der klassischen Werbung. Hierbei sollte eine werbebezogene Informationssammlung und -strukturierung in den Bereichen Markt, Kunde, Absatzmittler, Konkurrenz, Umfeld und Unternehmen durchgeführt werden, um das kommunikative Problem des Dienstleistungsunternehmens (zum Beispiel Imageprofilierung) zu identifizieren.

2. Festlegung der Werbeziele

Zur Bestimmung der Werbeziele ist eine Orientierung an Modellen der Werbewirkung ratsam, von denen in den letzten Jahren zahlreiche entwickelt wurden. So ist es zum Beispiel möglich, in Erweiterung des AIDA-Modells (Attention – Interest – Desire – Action) verschiedene **Wirkungsstufen** hinsichtlich der Verarbeitung von Werbeinformationen zu unterscheiden (Meffert 1986, S. 454; Bogart 1990, S. 156ff.; Schweiger 1992, S. 1321; Steffenhagen 1992, S. 290; Kroeber-Riel 1992, S. 632; Murphy/Cunningham 1993, S. 93; Bruhn 1995c, S. 204):

- **Wahrnehmungswirkungen** sind für Dienstleistungsunternehmen wegen der Immaterialität der Leistung insbesondere bei der Einführung neuer Leistungen von Bedeutung (zum Beispiel Wecken von Aufmerksamkeit für die Bank 24 mit Hilfe von Werbespots).
- Da die Auswahl der Leistung eines bestimmten Unternehmens aufgrund ihrer Immaterialität und Intangibilität häufig nicht nach objektiv nachvollziehbaren Kriterien vorgenommen werden kann, streben Dienstleistungsunternehmen **Emotionswirkungen** mit Hilfe der Werbung an (zum Beispiel Erzeugung von Angst durch die Darstellung von unglücklichen und teuren Schadensfällen in Werbespots der Allianz Versicherung; Auslösen von Vorfreude auf einen Diskothekbesuch durch Einspielen von Musiksequenzen in der Radiowerbung).
- Aufgrund der Intangibilität von Dienstleistungen und der Integration des externen Faktors können sich Konsumenten den Nutzen einer Leistung häufig nur schwer vorstellen. Um dem Konsumenten den Charakter einer Leistung näherzubringen, wollen Dienstleistungsunternehmen mit Werbung teilweise spezifische **Informationswirkungen** erzielen (zum Beispiel Prospekt von 1 & 1 mit Informationen darüber, wie man mit von 1 & 1 vertriebenen Leistungen in das Internet kommt).
- Ebenfalls aufgrund der Intangibilität der Leistung und der damit fehlenden objektiven Beurteilungskriterien für den Kunden kommt den **Einstellungswirkungen** der Dienstleistungswerbung, das heißt Imagebildung, Verbesserung der Qualitätswahrnehmung oder Schaffung von Kaufpräferenzen, eine große Bedeutung zu (zum Beispiel Slogan „Die Bank Ihres Vertrauens“ der Deutschen Bank zur Bildung eines positiven Images beim Kunden).
- **Gedächtniswirkungen** sind wichtig für den Markterfolg eines Dienstleistungsunternehmens, weil viele Leistungen nur wenige tangible Elemente aufweisen und daher eher zu den Erfahrungsgütern gehören. Erinnert sich ein Kunde an ein Unternehmen, seinen Slogan, die Marke, so wird er im Bedarfsfalle auf die Leistung des Unternehmens eher zurückgreifen.
- Zu den **Verhaltenswirkungen** zählen neben dem Kaufverhalten das Mediennutzungsverhalten, das Informationsverhalten, das Wiederwahlverhalten, das Weiterempfehlungsverhalten usw. Da es für ein Dienstleistungsunternehmen wesentlich teurer ist, einen neuen Kunden zu gewinnen als einen alten Kunden zu binden, ist das Wiederkaufverhalten von zentraler Wichtigkeit. Aufgrund der Bedeutung der Mund-zu-Mund-Kommunikation im Dienstleistungsbereich rückt ferner das Weiterempfehlungsverhalten in den Vordergrund.

In diesem Zusammenhang ist ein Ansatz erwähnenswert, der im Rahmen der Strukturierung von **Rollen und Wirkungen der Werbung** im Bereich des **Tourismusmanagements** eingesetzt wurde (Braunschweig 1981; Kleinert 1983).

Basis für dieses Modell sind Erkenntnisse der Lerntheorie, der Rezeptionsforschung und der Involvementtheorie. Grundlegend wird eine Unterscheidung zum einen in die Stärke

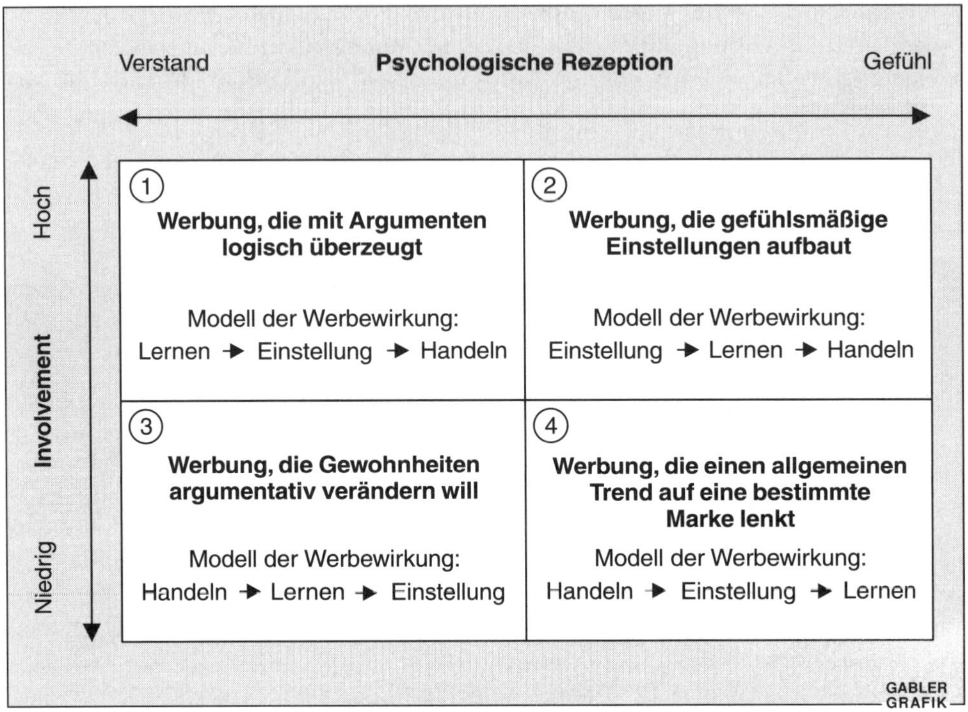

Abbildung 5-21: Vier-Felder-Matrix zur Rolle und Wirkung von Werbung
(Quelle: Kleinert 1983, S. 289)

des **Involvements der Werbung** und zum anderen nach der Art der **psychologischen Rezeption der Botschaft** vorgenommen. Damit ergibt sich die in Abbildung 5-21 dargestellte Vier-Felder-Matrix, die im folgenden am Beispiel der Tourismuswerbung erläutert wird.

- In den ersten Quadranten mit **hohem Involvement** und **kognitiven Argumenten** fallen erklärungsbedürftige touristische Produkte, wie zum Beispiel äußerst hochpreisige Reisen oder Studienreisen in neuerschlossene beziehungsweise noch nicht erschlossene Regionen. Wegen des hohen Informationsanteils eignen sich hier vorrangig Printmedien.

- Der zweite Quadrant mit **hohem Involvement** und **affektiven** beziehungsweise **gefühlsmäßigen Argumenten** enthält Angebote, die beispielsweise aufgrund ihres hohen Preises ein hohes Involvement beim Konsumenten erzeugen, die sich aber gleichzeitig durch ein hohes Maß an Emotionalität auszeichnen (zum Beispiel Luxusreisen, Abenteuerreisen). Dies muß im Rahmen der werblichen Ansprache aufgegriffen und thematisiert werden. Als geeignete Werbeform sieht Kleinert (1983) hier die Imagewerbung mit großformatigen Zeitschriftenanzeigen an.

- Im dritten Quadranten, der durch **geringes Involvement** und **wenig emotional** ausgerichtete Werbeinhalte zu kennzeichnen ist, finden sich touristische Leistungen mit vergleichsweise hoher Kauffrequenz und eher standardisierten Entscheidungsabläufen. In Abhängigkeit von der Zielsetzung der Unternehmung sind dann entweder geringe Werbeaktivitäten zu entfalten

(Bindung des aktuellen Kundenpotentials) oder aber deutlich intensivere Aktivitäten zur Eroberung von Neukunden.

- Im vierten Quadranten findet man touristische Leistungen mit **niedrigem Involvement**, aber gleichzeitig **hoher Bedeutung emotionaler Argumente**. Kleinert weist darauf hin, daß diese Konstellation für wenige touristische Leistungen zutrifft.

Sicherlich lassen sich nicht sämtliche Dienstleistungsangebote und die damit verbundenen Werbeaussagen genau einem dieser Quadranten zuordnen. Allerdings kann dieses Modell zur Strukturierung anstehender Entscheidungen beitragen. So zwingt es zu einer Fokussierung der beabsichtigten Zielsetzung und einer Analyse der grundlegend zu erfüllenden Bedürfnisse der Zielgruppe. Zudem gibt die postulierte Reihenfolge der drei Konstrukte „Lernen", „Handeln" und „Einstellung" Hinweise auf die individuellen Kaufentscheidungsprozesse und damit auf konkrete Schwerpunktsetzungen im Einsatz von Werbung.

3. Beschreibung der Werbezielgruppen

Im Rahmen dieser Phase des Planungsprozesses gilt es, diejenigen Rezipienten zu bestimmen, die durch den Einsatz der klassischen Werbung erreicht werden sollen. Dabei wird anfangs die relevante Unternehmenszielgruppe identifiziert, die anschließend anhand von Merkmalen zu beschreiben ist. Letztlich wird die Zielgruppenerreichbarkeit analysiert, um festzustellen, mit welchen Werbeträgern die entsprechenden Personen und Gruppen angesprochen werden sollten. Grundsätzlich können eine konsumentenbezogene (zum Beispiel privater Bankkunde) und eine organisationsbezogene **Zielgruppenidentifikation** (zum Beispiel Unternehmen nimmt die Leistung einer Beratung in Anspruch) unterschieden werden. Ferner können Käufer und Nichtkäufer beziehungsweise Verwender und Nichtverwender differenziert werden. Aufgrund der Integration des externen Faktors bei Dienstleistungen entspricht der Käufer jedoch meist dem Verwender (zum Beispiel Hotelgast, Fahrgast der Deutschen Bundesbahn, Friseurkunde, Arztbesuch). Ausnahmen dieser Besonderheit liegen in folgenden Fällen vor:

- Der Käufer konsumiert die Leistung gemeinsam mit anderen Verwendern (zum Beispiel der Familienvater zahlt die Restaurantrechnung für die Familie).
- Der Käufer erwirbt einen Leistungsanspruch, der von einer anderen Person (Verwender) genutzt wird (zum Beispiel Verschenken eines Kinogutscheins, Buchen eines Fluges für einen Mitarbeiter durch das Unternehmen, Kinder sind über den Familienvater mitversichert).

Im Rahmen der **Zielgruppenbeschreibung** können verschiedene Gruppen von Kriterien herangezogen werden, die auf ihre Segmentbildungseigenschaft, Wiedererkennbarkeit, Auffindbarkeit (durch Marktforschungsaktivitäten) und ihren Zielbezug hin zu überprüfen sind. Je nachdem, ob es sich um konsumtive oder investive Dienstleistungen handelt, sind unterschiedliche Kriteriengruppen zu verwenden. **Zielgruppenkriterien für konsumtive Dienstleistungen** können sein:

- **Sozioökonomische Kriterien**: Geschlecht, Alter, Einkommen, geographische Kriterien, soziale Schichten, Familienlebenszyklus (zum Beispiel Frauen als Zielgruppe von Werbemaßnahmen für Selbstverteidigungskurse; Personen über 65 als Zielgruppe der Werbung eines Einkaufsservices für Pensionäre; Familienväter mit einem hohen Einkommen als Werbezielgruppe eines luxuriösen Ferienparks).
- **Psychographische Kriterien**: Motive, Einstellungen, Lifestyle (zum Beispiel Personen mit starkem Streben nach Selbstverwirklichung als Werbezielgruppe eines Veranstalters von Abenteuerreisen; Personen mit einer negativen Einstellung gegenüber Autos als Werbezielgruppe einer von einem Autohersteller durchgeführten Imagekampagne).
- **Kriterien des beobachtbaren Kaufverhaltens**: Dienstleistungsbezogene, kommunikationsbezogene, preisbezogene oder einkaufsstättenbezogene Ansatzpunkte (zum Beispiel regelmäßige Kinogänger als Werbezielgruppe einer Videothek; berufstätige Personen mit wenig Freizeit als Werbezielgruppe der Telebanking-Kampagne einer Bank).

Bei **investiven Dienstleistungen** können folgende Kriterien zur **Zielgruppenbeschreibung** herangezogen werden:

- **Objektive Bedarfsmerkmale**: Branche, internationale Ausrichtung (exportierendes Industrieunternehmen als Werbezielgruppe einer internationalen Spedition).
- **Subjektive Bedarfsmerkmale**: Häufigkeit der Bedarfssituation, Zufriedenheit mit der aktuellen Dienstleistungsversorgung, Kostensensitivität (zum Beispiel Geschäftsreisende als Werbezielgruppe einer Fluggesellschaft; Unternehmen mit dringenden Post-Aufträgen als Werbezielgruppe eines Fahrradkurierunternehmens).
- **Organisationsdemographische Merkmale**: Unternehmensgröße, dienstleistungstechnologische Ausstattung (zum Beispiel Unternehmen ohne Kantine als Werbezielgruppe eines Pizza-Lieferservices).
- **Dienstleistungsdemographische Merkmale**: Budget für Dienstleistungen, Aufwand für Dienstleistungsbeschaffung, Nutzungsgrad, Nutzer (zum Beispiel tägliche Nutzer des Paketdienstes als Werbezielgruppe von UPS im Rahmen von besonderen Aktionen).
- **Merkmale des Buying Center** (zum Beispiel Entscheider für den Abschluß von Autoversicherungen in einer Autovermietung als Werbezielgruppe einer Versicherungsunternehmung).

4. Entwicklung der Werbestrategie

Eine Werbestrategie besteht aus Verhaltensplänen unterschiedlicher Fristigkeit, die Intensität, Gewichtung und Gestaltung der Werbemaßnahmen (Werbemittel und -träger) festlegen, durch deren Einsatz die Werbeziele des Unternehmens realisiert werden sollen.

Mittelpunkt der Strategieentwicklung ist die Festlegung der Kernbotschaft, die den Rezipienten kommuniziert werden soll. Ferner werden die Kernmedien bestimmt, durch deren Einsatz die Zielgruppen erreicht werden sollen (Smith 1993, S. 209; Bruhn 1995c, S. 209). Im Rahmen dieser sogenannten **Intermediaselektion** werden die unterschiedlichen Medien hinsichtlich ihrer Eignung zur Verfolgung der Strategie anhand von Kriterien wie Kosten, Gestaltungsmöglichkeiten, Reichweite, Zielgruppenspezifizität, Verfügbarkeit und Image des Mediums beurteilt. Mögliche **Strategietypen** der klassischen Dienstleistungswerbung sind (Bruhn 1995c, S. 210):

- Bekanntmachungsstrategie (zum Beispiel Werbespots zur Bekanntmachung der Leistungen der Bank 24),
- Informationsstrategie (zum Beispiel AIDS-Aufklärungskampagne vom Bundesgesundheitsministerium),
- Imageprofilierungsstrategie (zum Beispiel „Die Bank Ihres Vertrauens"-Kampagne der Deutschen Bank),
- Konkurrenzabgrenzungsstrategie (zum Beispiel warb McDonalds lange Zeit mit dem Slogan „Das etwas andere Restaurant"),
- Zielgruppenerschließungsstrategie (zum Beispiel an Jugendliche gerichtete „Fly and Away"-Kampagne der Lufthansa),
- Kontaktanbahnungsstrategie (zum Beispiel Möbelschau am Sonntag in einem Möbelhaus).

5. Festlegung und Verteilung des Werbebudgets

Bevor die festgelegte Strategie umgesetzt werden kann, ist der finanzielle Rahmen abzustecken, in dem sich die Ausgaben für Werbemaßnahmen innerhalb einer Planungsperiode bewegen sollen. Die Festlegung der **Höhe des Werbebudgets** wird dabei weniger nach **Optimierungsverfahren** erfolgen können (zum Beispiel marginalanalytische Ableitung; vgl. zum Beispiel Tietz/Zentes 1980; S. 290ff.; Schweiger 1985, S. 68ff.; Meffert 1986, S. 459ff.; Broadbent 1989, S. 85ff.; Bruhn 1995c, S. 212f.), da die hierzu notwendigen Werbewirkungsfunktionen empirisch nicht nachgewiesen werden können. In der Praxis von Dienstleistungsunternehmen werden deshalb **heuristische Verfahren** vorherrschen (Tietz/Zentes 1980, S. 288ff.; Bruhn 1995c, S. 213ff.; Kotler/Bliemel 1995, S. 961), die bestimmte Regeln (zum Beispiel branchenübliche Umsatzanteile, Ausrichtung an den geplanten Werbemaßnahmen) als Kriterien für die Budgetbestimmung definieren.

Darüber hinaus ist im Rahmen der Werbestreuplanung das Budget auf die Einzelleistungen, Zielgruppen, Regionen, Werbemaßnahmen, Planungsperioden usw. aufzuteilen. Im Rahmen der **Intramediaselektion** beziehungsweise Mediaplanung erfolgt eine zielgruppengerechte und planungsperiodenbezogene **Aufteilung des Werbebudgets** auf einzelne Werbeträger beziehungsweise Medien. Auch Dienstleistungsunternehmen werden hierbei nach dem Affinitätenkonzept versuchen, durch die Verwendung von Kontaktmaßzahlen und die Berücksichtigung von Kontaktgewichtungen (Personen-, Medien-, Kontaktmengengewichte) ihre Zielgruppen durch die ausgewählten Medien möglichst optimal zu erreichen (Freter 1974; Schmalen 1993).

6. Gestaltung der Werbebotschaft

Aufgrund der Immaterialität von Dienstleistungen bereitet die Umsetzung der Werbestrategie in konkrete Werbemaßnahmen **Visualisierungs- und Argumentationsprobleme**. Eine bildliche Darstellung oder gar eine materielle Präsentation sind, abgesehen vom Spezialfall der veredelten Dienstleistung, nicht möglich (Scheuch 1982; Corsten 1988; Meyer 1994). Daher gilt es, die Werbebotschaft derart zu gestalten, daß diese Probleme umgangen beziehungsweise zumindest abgeschwächt werden können. Im Rahmen der Botschaftsgestaltung können verschiedene Ansatzpunkte unterschieden werden (Weilbacher 1979, S. 233; Bieberstein 1995, S. 299ff.; Schweiger/Schrattenecker 1995, S. 144ff.; Bruhn 1996b):

a) Surrogatbezogene Gestaltungsoptionen

Dienstleistungen verfügen aufgrund ihrer Immaterialität über keinen eigenständigen werblichen Aufforderungscharakter. Deshalb bietet es sich an, für die bildliche Darstellung des Werbeobjektes „Dienstleistung" sogenannte **Surrogate** zu verwenden. Für dieses Vorgehen ergeben sich verschiedene Ansatzpunkte (Johnson/Scheuing/Gaida 1986; Schulze 1993; Meyer 1994; Meffert 1994b), die in vier Kategorien eingeteilt werden können (vgl. Abbildung 5-22):

Gestaltungsziel / Dargestellte Faktoren	Materialisierung	Personifizierung
Externe Faktoren	■ Vorher-/Nachher-Darstellung ■ Verpackung des Dienstleistungsobjektes ■ Darstellung der Bedürfnisbefriedigung	■ Referenzkunden ■ Testimonials ■ Prominente
Interne Faktoren	■ Materielle (sachbezogene) interne Faktoren ■ Objektproben ■ Einsatz von Sinnbildern ■ Herausstellung des Trägermediums	■ Führungskräfte ■ Mitarbeiter (mit oder ohne Kundenkontakt) ■ Darstellung des Dienstleistungsprozesses

GABLER GRAFIK

Abbildung 5-22: Surrogatbezogene Gestaltungsoptionen der klassischen Werbung für Dienstleistungen

Materialisierung durch Gestaltung beziehungsweise Darstellung von externen Faktoren

- Wenn durch den Dienstleistungserstellungsprozeß eine sichtbare Veränderung am externen Faktor eintritt, kann eine **„Vorher/Nachher"-Darstellung** gewählt werden (zum Beispiel Friseur, Diät- beziehungsweise Fitneß-Programme).
- Wird die Veränderung am externen Faktor nicht ohne weiteres sichtbar (zum Beispiel Hose nach der Änderung, chemische Reinigung, Autoreparaturen), so können **Verpackungen** des Dienstleistungsobjektes Kommunikationsfunktionen übernehmen (zum Beispiel Kleiderhülle nach Reinigung).
- Auch ist eine Konkretisierung der abstrakten Leistung möglich, in dem Sinne, daß zum Beispiel Bausparunternehmen nicht ihre eigentliche Dienstleistung, sondern die damit verbundene **Bedürfnisbefriedigung** in den Mittelpunkt der Aussage stellen.

Materialisierung durch Darstellung von internen Faktoren

- Die Werbung kann auf die Darstellung **materieller, sachbezogener interner Faktoren**, wie zum Beispiel Maschinen oder Gebäuden, bis hin zur Darstellung des Einstellungsumfeldes (zum Beispiel Herkunftsland, Feriengebiet, Zielorte bei Kreuzfahrten) zurückgreifen.
- Darüber hinaus bietet sich die Abgabe von **„Objektproben"** in der Form von „Dienstleistungssequenzen" an, wie zum Beispiel die Filmvorschau im Kino oder der Programmhinweis im Fernsehen.
- Weiterhin besteht die Möglichkeit des **Einsatzes von Sinnbildern** (zum Beispiel der „freie Weg" der Volks- und Raiffeisenbanken oder der „Bulle" von Merryl Lynch). Diese Sinnbilder übernehmen vielfach auch die Funktion eines Logos für die Marke des Dienstleistungsunternehmens (siehe auch die Ausführungen zur Markenpolitik in Abschnitt 1 dieses Kapitels).
- Bei veredelten Dienstleistungen besteht die Option der **Herausstellung des Trägermediums** (zum Beispiel einer CD).

Personifizierung durch Darstellung von externen Faktoren

- Weiterhin bietet sich die Möglichkeit der Werbung durch die Wiedergabe zufriedener Kundenstimmen **(Referenzen)** an. Die besondere Leistungsfähigkeit und Qualität der Leistungserstellung kann durch die Dokumentation in Form von Preisen oder Pokalen, zum Beispiel von Friseurmeisterschaften oder Michelin-Sterne in Restaurants, bis hin zur Vergabe von Gütezeichen (zum Beispiel Zertifizierung) reichen.
- Es besteht die Alternative, **„Marktbeeinflusser"** (Meinungsbildner, Prominente) einzusetzen, die die Verbraucher von der Qualität und Notwendigkeit der Dienstleistung überzeugen sollen (zum Beispiel Eduard Zimmermann für American Express).

Personifizierung durch Darstellung von internen Faktoren

- Darstellung der **Führungskräfte** oder **Mitarbeiter** in der Werbung, zum Beispiel Darstellung der Stewardessen in Werbeanzeigen von Thai Airlines.
- Darstellung des **Dienstleistungsprozesses**, zum Beispiel Telefonisten der Citybank (Telebanking) im Werbespot.

Diese **Gestaltungsoptionen** hängen dabei wesentlich von der zu bewerbenden Dienstleistung ab. In diesem Zusammenhang stellen Hill und Ghandi einige Richtlinien vor (Hill/Ghandi 1992), die die generelle Forderung nach Personalisierung und Materialisierung konkretisieren:

- Je höher der Grad an Immaterialität der Dienstleistung ausgeprägt ist, desto eher müssen „tangible" Hinweise in der Werbung gegeben werden (zum Beispiel Darstellung der Telefonisten im Werbespot der „Tele"-Bank 24).
- Je stärker der Kunde als externer Faktor in den Dienstleistungserstellungsprozeß eingebunden wird, desto stärker muß dieser Vorgang werblich aufgegriffen werden. Dies kann insbesondere durch eine Thematisierung und Visualisierung der Interaktion zwischen Dienstleistungspersonal und Kunden geschehen.
- Je heterogener das Dienstleistungsergebnis ausfällt, desto stärker müssen Qualitätsaspekte in der Werbung herausgestellt werden.

b) Psychologische Gestaltungsoptionen

Aufgrund der Feststellung von Zeithaml (1991), daß sich Konsumenten in der Regel an Dienstleistungen im Vergleich zu Sachgütern seltener erinnern und Dienstleistungsmarken in geringem Umfang im „Evoked Set" verankert sind, läßt sich hinsichtlich der psychologischen Gestaltungsoptionen besonders der **Einsatz von Dramaturgie** fordern.

Führt man sich Beispiele von Werbung verschiedener Dienstleistungsanbieter vor Augen, so scheint diese Forderung vielfach in der Praxis Berücksichtigung zu finden. So werden „dramatische Geschichten" zur Dienstleistungscharakterisierung, zum Beispiel in der Fernsehwerbung, von folgenden Anbietern in den Vordergrund gestellt:

- Bausparkasse: Hektisches Agieren auf Konsumentenseite vor bauspartechnisch relevanten Stichtagen, zum Beispiel Wüstenrot.
- Versicherung: Unfall im Ausland, Rettung durch bestimmten Anbieter von Versicherungsleistungen, zum Beispiel Allianz.
- Gemeinschaftswerbung öffentlicher Fernsehanstalten: Im Rahmen der Visualisierung des Slogans „Bei ARD und ZDF sitzen Sie in der ersten Reihe" wird eine Dramaturgisierung der Werbeinhalte durch den Einsatz von Humor vorgenommen.

Dienstleistungsanbieter streben vielfach eine starke **Aktivierung von Konsumenten** mit werblichen Maßnahmen an, damit relevante Dienstleistungsmerkmale (Zuverlässigkeit,

Pünktlichkeit, Aktualität usw.) im Zusammenhang mit bestimmten Sachgeschichten oder vergleichbaren Lebenssituationen erinnert und in Anspruch genommen werden (zum Beispiel Verlust und schnelle Erstattung von Kreditkarten im Ausland).

c) Modalitätsabhängige Gestaltungsoptionen

Im Rahmen der Werbegestaltung können weiterhin die Modalitäten Ton, Text und Bild (Tietz/Zentes 1980, S. 219ff.) variiert werden (vgl. Abbildung 5-23).

Hinsichtlich des **Tones** ist allgemein vor allem die Gestaltung der Lautstärke von Bedeutung. Ferner stellen Musik, die Stimme und Geräusche Ansatzpunkte für Variationen dar. Bezüglich des **Textes** kommen zahlreiche generelle Gestaltungsfaktoren in Betracht. Zusätzlich können spezielle Faktoren für den geschriebenen und den gesprochenen Text unterschieden werden. Was die Gestaltung von **Bildern** anbetrifft, sind neben generellen Optionen spezielle Gestaltungsfaktoren für das ruhende beziehungsweise bewegte Bild zu berücksichtigen. Da die **interaktive und dynamische Darstellung** von Sachverhalten in Bildern die Gedächtniswirkung beim Rezipienten erhöht (Kroeber-Riel 1993, S. 81), sollte insbesondere bei Dienstleistungen mit einem hohen Interaktionsgrad (zum Beispiel Fluggesellschaften, Friseur, Restaurant) die Mitarbeiter-Kunden-Interaktion in der Werbung dargestellt werden (zum Beispiel Anzeige von Fluggesellschaften, die eine Betreuung des Fluggastes durch eine Stewardeß zeigt).

Modalität / Spezialität der Optionen	Ton	Text	Bild
Generelle Gestaltungsoptionen	– Lautstärke	– Wortwahl – Satzlänge – Reime – Rätselhafte Darstellungen	– Zeichnung vs. Foto – Farben – Beleuchtung – Helligkeit – Perspektiven
Spezielle Gestaltungsoptionen	**Speziell für Musik** – Tonart – Rhythmus – Instrumente **Speziell für die Stimme** – Stimmklang – Sprechdynamik – Stimmkontraste **Speziell für Geräusche** – Intensität	**Speziell für geschriebenen Text** – Interpunktion – Textform – Schrifttyp – Schriftgrad **Speziell für gesprochenen Text** – Tempo der Sprache – Dialekt	**Speziell für das ruhende Bild** – Bildaufteilung – Verzerrung – Vermischung **Speziell für das bewegte Bild** – Tempo des Szenenwechsels – Zusammenhang der Passagen – Mimik/Gestik der Personen

GABLER GRAFIK

Abbildung 5-23: Modalitätsabhängige Gestaltungsoptionen der klassischen Werbung

7. Erfolgskontrolle

Aufgrund des zentralen Stellenwertes der Dienstleistungswerbung in bezug auf die Konkretisierung des Dienstleistungspotentials bei den bestehenden und potentiellen Dienstleistungskunden ist eine systematische Werbewirkungskontrolle (vgl. zum Beispiel Schweiger/Schrattenecker 1995, S. 256) im Dienstleistungsmarketing besonders notwendig. Zum einen ist hier die Messung der Werbewirkung beispielsweise anhand von Absatzzahlen oder gestützter beziehungsweise ungestützter Erinnerung (zum Beispiel nach einer Werbekampagne) von Bedeutung. Zum anderen interessiert, ob die vom Dienstleistungsanbieter vorgenommene Form und Art der Visualisierung seiner Dienstleistungen beim Konsumenten tatsächlich zu einem „richtigen Bild" hinsichtlich der Leistungsfähigkeit und der zu erwartenden Dienstleistungsqualität führt (Imagewirkung). Hier besteht insbesondere die Gefahr der Verfehlung eines konstant visualisierten Identitätskerns, da durch die Immaterialität von Dienstleistungen kein zentraler und beständiger Wahrnehmungsanker vorhanden ist, wie zum Beispiel die Produktbeschaffenheit bei Sachgütern.

2.22 Verkaufsförderung (Promotions)

Bei der Verkaufsförderung handelt es sich um ein Instrument, das bei der Vermarktung einiger Produkte des Konsumgüterbereichs teilweise einen höheren Stellenwert aufweist als die Werbung. Seit einigen Jahren haben auch Dienstleistungsunternehmen die Bedeutung der Verkaufsförderung im Kommunikationsmix erkannt (Payne 1993, S. 158).

> **Verkaufsförderung (Promotions)** bedeutet die Planung, Organisation, Durchführung und Kontrolle sämtlicher, meist zeitlich begrenzter Maßnahmen, die dazu dienen, bei den Kunden kurzfristig zusätzliche Kaufanreize zu schaffen, um Kommunikations- und Verkaufsziele des Unternehmens zu realisieren (in Anlehnung an Bruhn 1995c, S. 226).

Die Bedeutung der Verkaufsförderung im Rahmen des Kommunikationsmix ist dabei je nach Dienstleistungsbranche unterschiedlich zu bewerten. Werden Leistungsversprechen zeitlich getrennt vom Dienstleistungserstellungsprozeß angeboten, wie zum Beispiel bei Reiseveranstaltern, so können die **Aktivitäten der Verkaufsförderung** auf zwei **Ebenen** ansetzen (Palmer 1994, S. 290ff.):

- Absatzmittler (zum Beispiel selbständige Reisebüros),
- Konsumenten (zum Beispiel Interessent für eine Reise).

Nicht der Verkaufsförderung sollen Maßnahmen zugerechnet werden, die sich an das eigene Verkaufspersonal richten. Solche Aktivitäten sind eher den Bereichen Vertriebs- und Personalpolitik zuzuordnen (Bruhn 1995c, S. 226f.).

Auf der Ebene der **Absatzmittler** (zum Beispiel Reisebüros) bietet sich das Bereithalten von Katalogen und Displays usw. für den Verkaufsraum an. Die Produktkenntnis des Personals im Reisebüro kann ebenfalls durch Informationsreisen gesteigert werden. Die betriebswirtschaftliche Beratung sowie Verbundaktionen beispielsweise in Form von Werbekostenzuschüssen für Zeitungswerbung können gleichermaßen dem Bereich der Verkaufsförderung subsumiert werden.

Da in vielen Dienstleistungsbranchen ein direkter Dienstleister-Kunden-Kontakt besteht, kommt der **konsumentengerichteten Verkaufsförderung** größere Bedeutung zu. Dabei kann eine Unterscheidung in unmittelbare und mittelbare Verkaufsförderungsmaßnahmen von Dienstleistungsunternehmen anhand der Unterscheidung vorgenommen werden, ob die Maßnahmen innerhalb oder außerhalb der direkten Kontrolle des Unternehmens durchgeführt werden (vgl. Abbildung 5-24):

- Der **unmittelbaren Verkaufsförderung** werden demnach solche Maßnahmen subsumiert, die vom Dienstleistungsunternehmen gänzlich kontrolliert werden können. Dabei kann es sich zum einen um Aktionen handeln, die außerhalb einer Verkaufsstätte durchgeführt werden (zum Beispiel in einer Fußgängerzone oder auf der Straße). Zum anderen sind zu dieser Gruppe Maßnahmen zu zählen, die am Point of Sale durchgeführt werden, sofern die Leistung durch das Unternehmen direkt an einem Ort verkauft wird (zum Beispiel Gutschein vom Friseur) oder es sich um ein Unternehmen mit einem Filialsystem handelt, zum Beispiel Preisausschreiben am Weltspartag durch Banken.
- Von einer **mittelbaren Verkaufsförderung** spricht man, wenn das Unternehmen zumindest nicht vollständigen Einfluß auf die Durchführung der Maßnahmen hat. Zu dieser Gruppe gehören einerseits Aktionen, die in den rechtlichen Grenzen eines Absatzmittlers stattfinden (zum Beispiel POS-Material von Reiseveranstaltern in Reisebüros). Andererseits werden hierzu kooperative Verkaufsförderungsmaßnahmen gerechnet, die in Verbindung mit einem anderen Unternehmen durchgeführt werden (zum Beispiel Hinweisschild und Prospekte für ein Restaurant in der Empfangshalle eines Hotels).

Da der Verkaufsförderung zunehmend auch eine strategische Rolle zugesprochen wird, sollten Verkaufsförderungsmaßnahmen ebenfalls nach dem bekannten **Planungsprozeß** vorbereitet und durchgeführt werden:

Im Rahmen der **Situationsanalyse** gilt es, vor allem drei Bereiche zu überprüfen:

- Zunächst sollte die Eignung der Leistungen für Verkaufsförderungsmaßnahmen untersucht werden.

- Ferner sollten die Verkaufsförderungsmaßnahmen der Vergangenheit hinsichtlich ihres Erfolges und eventueller Problemfelder beleuchtet werden, um Konsequenzen für zukünftige Maßnahmen ziehen zu können.
- Schließlich ist es ratsam, die Verkaufsförderung der Konkurrenz zu untersuchen. Zum einen sollte auf Verkaufsförderungsmaßnahmen der Konkurrenz entsprechend reagiert werden. Zum anderen können eventuell Schwachstellen der Konkurrenzaktionen entdeckt und bei eigenen Maßnahmen vermieden werden.

Erscheinungsformen der Verkaufsförderung im Dienstleistungsbereich	**Mittelbare Verkaufsförderung**		**Unmittelbare Verkaufsförderung**	
	Maßnahmen in Unternehmensfilialen	**Maßnahmen außerhalb der Verkaufsstätte**	**Maßnahmen durch Absatzmittler**	**Kooperative Maßnahmen**
Geschenke/ Merchandising	z.B. Spielzeug in Junior-Tüte bei McDonald's, Universitäts-T Shirt	z.B. Taschenrechner bei Versicherungsabschluß	z.B. exklusives Geschenk bei Werben um neue Kreditkartenmitglieder	z.B. Verteilung von Fähnchen mit Logo des Unternehmens bei Sportveranstaltung
Preisreduktion/ Coupons	z.B. Seniorentarif der Deutschen Bahn	z.B. Miles-and-More-Programm der Lufthansa; Qualifyer der Swissair	z.B. Zusatzversicherung bei Abschluß einer bestimmten Anzahl von Verträgen	z.B. Preisnachlaß von einigen Hotels in Verbindung mit Lufthansa-Flug, Gutscheine für Fachgeschäfte durch Parkticket
Demonstrationen	z.B. Frisurenschau im Friseursalon	z.B. Vorstellung von Zirkustieren in der Fußgängerzone	z.B. Videoterminal von „Premiere" im Fernsehfachhandel	z.B. Videovorführung lokaler Ausflugveranstalter im Hotel
Wettbewerbe	z.B. Sparwettbewerb einer Bank zum Weltspartag	z.B. Fußball-Quiz im Rahmen von „ran" in SAT 1	z.B. Preisausschreiben von Reiseveranstalter über Reisebüros	z.B. Preisausschreiben von Varta mit James-Bond-Kinokarten als Gewinn
POS-Material	z. B. Bildschirm mit Börsenkursen in Bankfiliale	z. B. Verteilung von Prospekten mit Angeboten von Volkshochschulkursen	z.B. Videovorführung im Reisebüro über Lufthansadestinationen	z.B. Hinweis auf Restaurant im Hotel mit Prospekten inkl. Speisekarte

GABLER GRAFIK

Abbildung 5-24: Erscheinungsformen der Verkaufsförderung im Dienstleistungsbereich

Bezüglich der mit der Verkaufsförderung primär verfolgten **Kommunikationsziele** können operative (kurzfristige) und strategische (langfristige) Zielsetzungen unterschieden werden. Dabei haben die kurzfristigen Ziele eher kognitiven oder konativen, die langfristigen vor allem affektiven Charakter. So gilt es auf operativer Ebene, den kurzfristigen Abverkauf und die Zahl der Wiederholungskäufe zu steigern. Ferner dienen Verkaufsförderungsaktionen der Bekanntmachung von sowie der Information über neu eingeführte Leistungen des betreffenden Unternehmens. Im strategischen Bereich hingegen sollen das Image bei Absatzmittlern und Konsumenten sowie die Markenprofilierung vor allem bei den Konsumenten verbessert werden.

Diese Ziele beziehen sich auf zwei verschiedene **Zielgruppen**. Zum einen sollen mit den Maßnahmen die Absatzmittler erreicht werden, um alle Potentiale auszuschöpfen, damit der Abverkauf an den Endkonsumenten erhöht werden kann. Zum anderen können sich Verkaufsförderungsaktivitäten direkt an den Konsumenten richten (Palmer 1994, S. 290). Auf Besonderheiten bezüglich der Absatzmittler, zum Beispiel keine Handelsketten wie im Lebensmittelbereich, wird im Rahmen der Vertriebspolitik (siehe Abschnitt 4 in diesem Kapitel) eingegangen.

Die **Strategie** der Verkaufsförderung ist nach den Dimensionen Objekt, Botschaft, Zielgruppen und Mittel der Verkaufsförderung zu formulieren. Auf Basis der festgelegten Strategie wird das **Budget** bestimmt.

Im Rahmen der Planung von Maßnahmen der Verkaufsförderung sind Entscheidungen in den folgenden Bereichen zu treffen:

- Auswahl der zu präsentierenden Leistungsmerkmale,
- Auswahl des Verkaufsförderungs-Personals,
- Auswahl von tangiblen Hilfsmitteln,
- Einsatz von Kommunikationsmaßnahmen.

Aufgrund der Besonderheiten von Dienstleistungen kommt einigen Verkaufsförderungsmaßnahmen eine besondere Bedeutung zu, andere Maßnahmen sind dadurch mit Problemen behaftet:

- Wegen der **Immaterialität** von Dienstleistungen streben Unternehmen im Rahmen der Kommunikation eine **Materialisierung** der Leistung oder zumindest einzelner Leistungselemente an. In diesem Zusammenhang können vor allem Geschenke und Display-Material am POS eingesetzt werden. Geschenke dienen dazu, den Konsumenten in Form eines Gegenstandes, den er mit der Leistung in Verbindung bringt, permanent an das Unternehmen und seine Leistung zu erinnern (zum Beispiel Spielzeug in der Junior-Tüte von McDonald's). Mit Hilfe von Display-Material am POS kann eine positive Hinstimmung des Konsumenten zur Leistung erreicht werden (zum Beispiel Plakate von Reisezielen in Reisebüros).

- Eine weitere Möglichkeit, die Immaterialtät der Leistung zu umgehen beziehungsweise sogar zu nutzen, besteht darin, den Konsumenten zu einer **geistigen Auseinandersetzung mit der Leistung** zu bringen. Dies kann vor allem durch Wettbewerbe und Preisausschreiben erreicht werden, bei denen der Kunde sich unbewußt mit der Leistung beschäftigt (zum Beispiel Sparwettbewerb für Kinder durch eine Bank anläßlich des Weltspartages).

- Besonders im Rahmen von Einführungen neuer oder unbekannter Leistungen bereitet die Immaterialität Probleme. Dies ist vor allem darauf zurückzuführen, daß der Konsument, anders als im Konsumgüterbereich, schwieriger mit tangiblen Elementen (zum Beispiel Verpackung) zu Probierkäufen angeregt werden kann. Im Rahmen von Verkaufsförderungsaktionen können daher in einigen Dienstleistungsbereichen **Demonstrationen** durchgeführt werden (zum Beispiel Videovorführung lokaler Ausflugveranstalter in der Empfangshalle eines Hotels, „Schnuppertage" für längere Ausbildungsprogramme). Ferner kann der Konsument durch kooperative Maßnahmen auf eine neue Leistung aufmerksam gemacht werden (zum Beispiel Preisausschreiben von Varta mit James-Bond-Kinokarte als Gewinn).

- Zur Umgehung der **Nichtlagerfähigkeit** von Leistungen, das heißt zur **kurzfristigen Nachfragesteuerung**, bieten sich vor allem preispolitische Verkaufsförderungsmaßnahmen an. Hierbei können reine Preisreduktionen (zum Beispiel Seniorentarif der Deutschen Bahn), Coupon-Maßnahmen (zum Beispiel Miles-and-More-Programm der Lufthansa) und Sampling-Aktionen unterschieden werden. Bei letzterer Gruppe ist das Sampling von Leistungen/Leistungselementen (zum Beispiel Zusatzversicherung bei Abschluß einer bestimmten Anzahl von Versicherungsverträgen) vom Sampling von Konsumenten (zum Beispiel Fünf-Personen-Wochenend-Ticket der Deutschen Bahn) zu trennen. Durch solche Maßnahmen kann erreicht werden, daß Leistungspotentiale, die ansonsten verfallen würden, zumindest gegen ein geringeres Entgelt in Anspruch genommen werden.

- Im Zusammenhang mit der **Nichttransportfähigkeit** von Dienstleistungen wurden in den letzten Jahren **kooperative Verkaufsförderungsmaßnahmen** eingeführt. Hierbei geht es vor allem darum, den Kunden während beziehungsweise nach der Inanspruchnahme einer Leistung auf eine andere, mit ersterer oft in Verbindung stehenden Leistung hinzuweisen (zum Beispiel Preisnachlaß in Hotels und bei Autovermietungen im Zusammenhang mit einem Lufthansa-Flug).

- Zahlreiche Verkaufsförderungsmaßnahmen sind aufgrund der **Integration des externen Faktors** in den Leistungserstellungsprozeß mit Problemen verbunden. So können einige Leistungen zwar demonstriert werden. Es ist jedoch nicht gewährleistet, daß die Leistung mit einem anderen Konsumenten auf gleiche Weise verrichtet werden kann (zum Beispiel Frisurenschau im Friseursalon).

2.23 Persönliche Kommunikation

Neben der Mediawerbung nimmt die **Persönliche Kommunikation** im Rahmen der Kommunikationspolitik von Dienstleistungsanbietern eine bedeutende Stellung ein. Diese Bedeutung leitet sich vor allem aus der bereits beschriebenen Überschneidung von kommunikativen Aktivitäten zur Leistungserbringung und kommunikativen Aktivitäten zur Leistungsdarstellung ab.

So ist die Persönliche Kommunikation durch den Dienstleistungsanbieter bei der Erbringung von persönlichen Dienstleistungen aufgrund des unmittelbaren Kontaktes mit den Kunden ein zentrales Kommunikationsinstrument.

Das Instrument **Persönliche Kommunikation** umfaßt sämtliche Maßnahmen, die darauf ausgerichtet sind,

- mit dem Kunden in direkten persönlichen Kontakt zu treten,
- um durch eine individuelle Kundenansprache
- die Kommunikationsziele des Unternehmens zu realisieren.

(in Anlehnung an Kaas 1992, S. 868)

Als **Hindernis** der Persönlichen Kommunikation kann der Trend zur Automatisierung von Dienstleistungen angeführt werden, der zu einer „Entpersonalisierung" des Dienstleistungserstellungsprozesses (zum Beispiel Geldausgabeautomaten) führt und damit zu einer Verringerung des direkten Kundenkontaktes.

Die **Erscheinungsformen** der Persönlichen Kommunikation können in die folgenden Kategorien eingeteilt werden:

- Ausführliches, terminiertes Beratungsgespräch (zum Beispiel Geldanlageberatung für einen vermögenden Kunden),
- Standardberatungsgespräch (zum Beispiel Aufzählen der Reisemöglichkeiten zu einem bestimmten Ort),
- „Small-Talk" bei persönlicher Leistungserstellung (zum Beispiel Frage nach Gesundheitszustand der Mutter während Haarschnitt),
- „Small-Talk" bei automatisierter Leistungserstellung (zum Beispiel Gespräch über das Wetter während der Geldautomatenbenutzung des Kunden).

Eine exaktere Beschreibung der Erscheinungsformen wird durch die Heranziehung verschiedener Unterscheidungskriterien möglich (vgl. Abbildung 5-25).

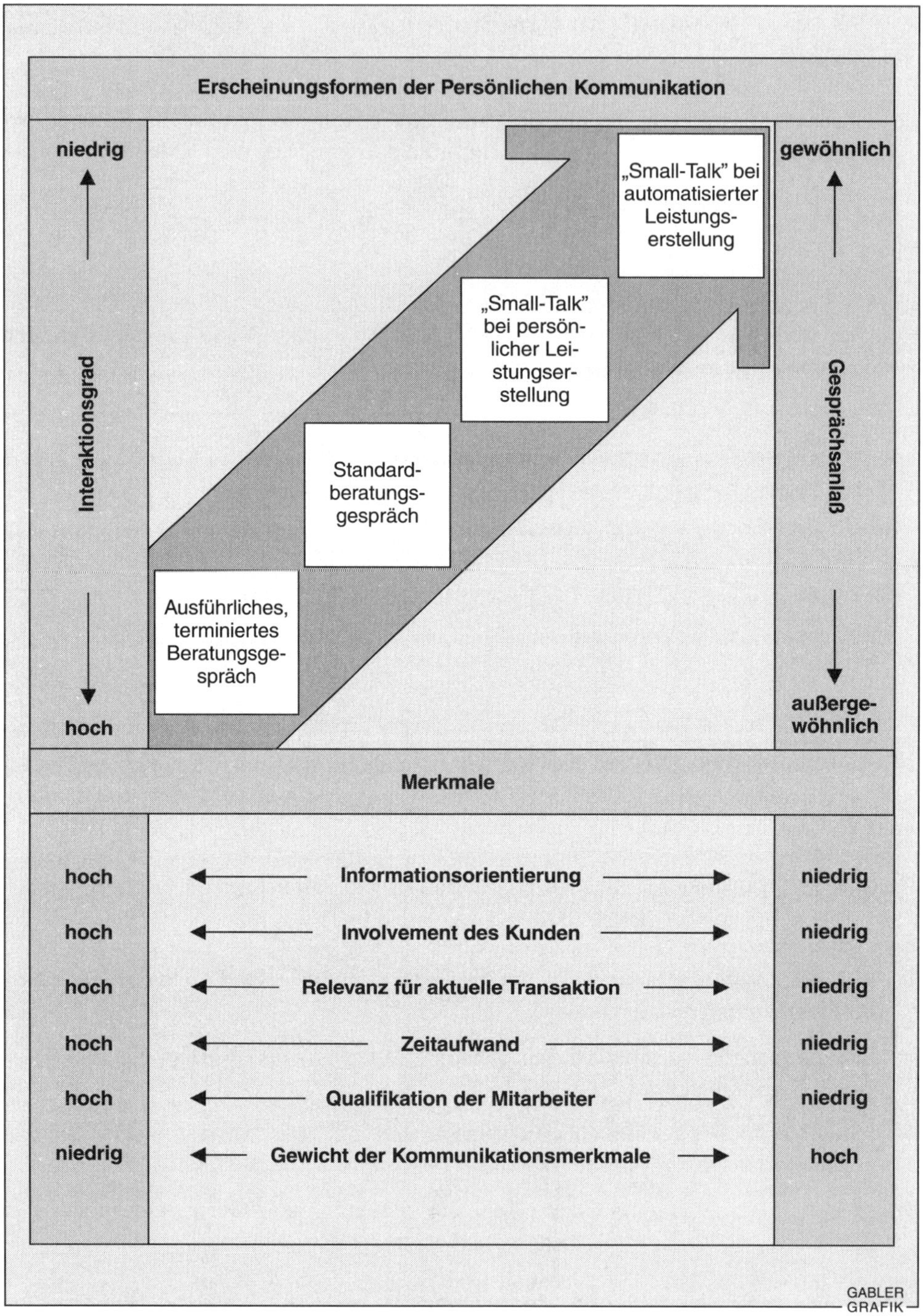

Abbildung 5-25: Erscheinungsformen der Persönlichen Kommunikation

Zur systematischen **Planung** des Einsatzes der Persönlichen Kommunikation wird anhand des klassischen Planungsprozesses vorgegangen. Im Rahmen der **Analysephase** ist zu untersuchen, inwiefern die Persönliche Kommunikation in der Vergangenheit Erfolg hatte und welche Ansatzpunkte für Verbesserungen es gibt. Hinsichtlich der **Zielfestlegung** ist zu erwähnen, daß mit Hilfe der Persönlichen Kommunikation Zielsetzungen aller drei psychologischen Kategorien verfolgt werden können. Mit entsprechenden Maßnahmen soll der Kunde über die Leistungen des Unternehmens informiert oder auf neue Leistungsangebote aufmerksam gemacht werden (kognitiv-orientierte Ziele). Ferner kann es bei entsprechendem Verhalten der Mitarbeiter gelingen, beim Kunden eine positive Einstellung zum Unternehmen zu erzeugen (affektiv-orientierte Ziele). Schließlich kann durch Persönliche Kommunikation der Abverkauf gesteigert und das Informationsverhalten des Kunden beeinflußt werden (konativ-orientierte Ziele). Durch ein direktes Feedback zwischen Dienstleistungskunde und -anbieter entstehen in der Regel erst die Voraussetzungen, um in hohem Maße individualisierte Dienstleistungen erstellen und verkaufen zu können (Meyer 1994). Als **Zielgruppen** der Persönlichen Kommunikation können aktuelle Kunden, potentielle Kunden und die Öffentlichkeit (zum Beispiel Bundesbank, andere Banken, Börsenvereine als Zielgruppen von Banken) in Betracht gezogen werden. Bei der **Strategieentwicklung** für die Persönliche Kommunikation sind folgende Strategieelemente festzulegen:

- Botschaft der Persönlichen Kommunikation,
- Träger der Persönlichen Kommunikation,
- Richtlinien der Persönlichen Kommunikation,
- Zielgruppen der Persönlichen Kommunikation.

Im Anschluß an die Strategieentwicklung und adäquate **Budgetierung** werden die **Maßnahmen** der Persönlichen Kommunikation geplant. Dabei sind Entscheidungen für die folgenden Phasen der Persönlichen Kommunikation zu treffen:

- Vorbereitungsphase,
- Kommunikationsphase,
- Nachbereitungsphase.

In der **Vorbereitungsphase** ist zum einen die Erhebung von Marktforschungsdaten erforderlich, um auf Bedürfnisse und Wünsche der Kunden im Rahmen von Beratungsgesprächen eingehen zu können. Zum anderen ist hier die Schulung der Mitarbeiter notwendig. Bei der Persönlichen Kommunikation wird das Kaufverhalten maßgeblich durch die **Beratungs- und Überzeugungsleistung** des mit den Kunden in Kontakt tretenden Dienstleistungspersonals beeinflußt.

Grundsätzlich „betreiben" alle **Mitarbeiter** im Kundenkontakt Persönliche Kommunikation, seien es nun Schalterangestellte, Filialleiter oder gar der Vorstand, der mit

Großkunden direkt Kontakt hat. Das Anforderungsprofil für Kundenberater wird durch Eigenschaften wie **Kontaktfähigkeit** und **Verhandlungsgeschick** geprägt.

Darüber hinaus ist wegen des Vertrauensgutcharakters vieler Dienstleistungen ein hohes Maß an **Glaubwürdigkeit** eine notwendige Eigenschaft des Kundenberaters. Zudem sollte er sich, angesichts der in vielen Branchen vorzufindenden Heterogenität und Vielzahl der angebotenen Leistungen, durch eine entsprechende **fachliche Kompetenz** auszeichnen. Insbesondere durch den Einsatz nur kurz geschulter und branchenfremder Aushilfskräfte können Imageschäden auftreten und die Vertrauensbeziehung zwischen Kunden und Anbieter kann gestört werden. Zur Erhaltung des Vertrauensverhältnisses erwartet der Kunde bei zahlreichen Dienstleistungen eine Konstanz des Personals bei wiederholter Inanspruchnahme der Leistung. Bei einigen Dienstleistungen ist ein Personalwechsel sogar häufig mit einem Verlust des Kunden verbunden (zum Beispiel Steuerberater, Friseur, Werbeagentur). Insofern ist die **Kontinuität in der persönlichen Kundenbetreuung** im Bereich der persönlichen Dienstleistungen als zentraler Erfolgsfaktor einzustufen.

Das persönliche Gespräch bietet weiterhin die Möglichkeit, in Abhängigkeit von den vom Kunden geäußerten Bedürfnissen in Verbindung mit bereits verfügbaren Kundendaten **Cross-selling-Bemühungen** zu entfalten. Gerade im Bankenbereich verfügt ein Kundenberater über vielfältige persönliche Kundeninformationen (zum Beispiel Vermögens- und Einkommensverhältnisse, eventuell vorliegende Lebensversicherungen, Berufsstand), die in Verbindung mit der bisherigen Inanspruchnahme von Dienstleistungen Ansatzpunkte aufzeigen, um bestehenden Kunden weitere Dienstleistungen anzubieten.

In der **Kommunikationsphase** geht es darum, den Mitarbeitern Materialien zur Verfügung zu stellen, die ihnen im Rahmen des persönlichen Gesprächs hilfreich sein können. Hierbei sind Informationsmaterialien zu erwähnen, die bei solchen Dienstleistungen einzusetzen sind, die aufgrund der Immaterialität einen hohen Erklärungsbedarf aufweisen. Ferner kann es sich dabei um Materialien handeln, die der Visualisierung und Materialisierung der immateriellen Leistungen dienen. Eine besondere Bedeutung im Rahmen der Persönlichen Kommunikation, vor allem in Dienstleistungsunternehmen mit hohem Interaktionsgrad (zum Beispiel Hotels, Autowerkstätten), hat das **Beschwerdemanagement**. Anders als den meisten Konsumgüterunternehmen ist es Dienstleistern aufgrund des direkten Kundenkontaktes und der damit einhergehenden geringeren Beschwerdebarrieren möglich, im Leistungserstellungsprozeß mündliche Beschwerden zu stimulieren (Stauss/Seidel 1996, S. 71f.).

Schließlich sollen in der **Nachbereitungsphase** Kundendaten systematisch gesammelt werden, die für spätere Maßnahmen der Persönlichen Kommunikation oder für Maßnahmen anderer Kommunikationsinstrumente, zum Beispiel der Direktkommunikation, genutzt werden können.

2.24 Direktkommunikation (Direct Marketing)

Die **Direktkommunikation** gehört zu jenen Instrumenten, mit deren Hilfe eine individuelle Kundenansprache erreicht werden soll. Nachdem dieses Instrument zunächst vor allem von Investitionsgüterunternehmen und nur von ausgewählten Dienstleistungsunternehmen (zum Beispiel Versandhandel) eingesetzt wurde, ist der Einsatz der Direktkommunikation auch von weiteren Dienstleistungsunternehmen, die eine flächendeckende Marktbearbeitung betreiben (zum Beispiel Versicherungen, Banken), zu beobachten. Die Direktkommunikation ist dem **Direct Marketing** zuzuordnen (Dallmer 1989, S. 536f.). Da in diesem Abschnitt lediglich kommunikationspolitische Fragestellungen behandelt werden, soll der Begriff Direktkommunikation verwendet werden, wenngleich eine eindeutige Abgrenzung zu den vertriebspolitischen Aufgaben des Direct Marketing nicht immer möglich ist.

Das Instrument **Direktkommunikation** umfaßt sämtliche Maßnahmen, die darauf ausgerichtet sind,

- in der Form unmittelbarer unpersönlicher Kommunikation
- durch eine individuelle Zielgruppenansprache und
- durch das Auslösen von Kundeninteraktionen
- die Kommunikationsziele des Unternehmens zu erreichen.

(in Anlehnung an Köhler 1991, S. 152f.; Hilke 1993, S. 10f.)

Aufgrund der **Integration des externen Faktors** und der Heterogenität der Leistungserstellung ist im Dienstleistungsbereich eine homogene Leistungserbringung weniger möglich als im Konsumgüterbereich. Daher ist es auch beim Absatz von Dienstleistungen von großer Bedeutung, die individuellen Bedürfnisse des einzelnen Kunden bei der Leistungserstellung zu berücksichtigen, weshalb Instrumenten, mit denen eine individuelle Kundenansprache möglich ist, wie der Direktkommunikation, eine zentrale Rolle zukommt.

Je nach Art der Responsemöglichkeit des Rezipienten können die **Erscheinungsformen** der Direktkommunikation eingeteilt werden in (Holland 1992, S. 5; Hilke 1993, S. 11f.):

- Passive Direktkommunikation (zum Beispiel Standardwerbebrief einer Bank),
- Reaktionsorientierte Direktkommunikation (zum Beispiel Werbebrief eines Fitneßstudios mit Gutschein für Saunabenutzung; Werbebrief eines Verlages mit Bestellkarte für Bücher),
- Interaktionsorientierte Direktkommunikation (zum Beispiel Telefonmarketing des Bertelsmann Buchclubs).

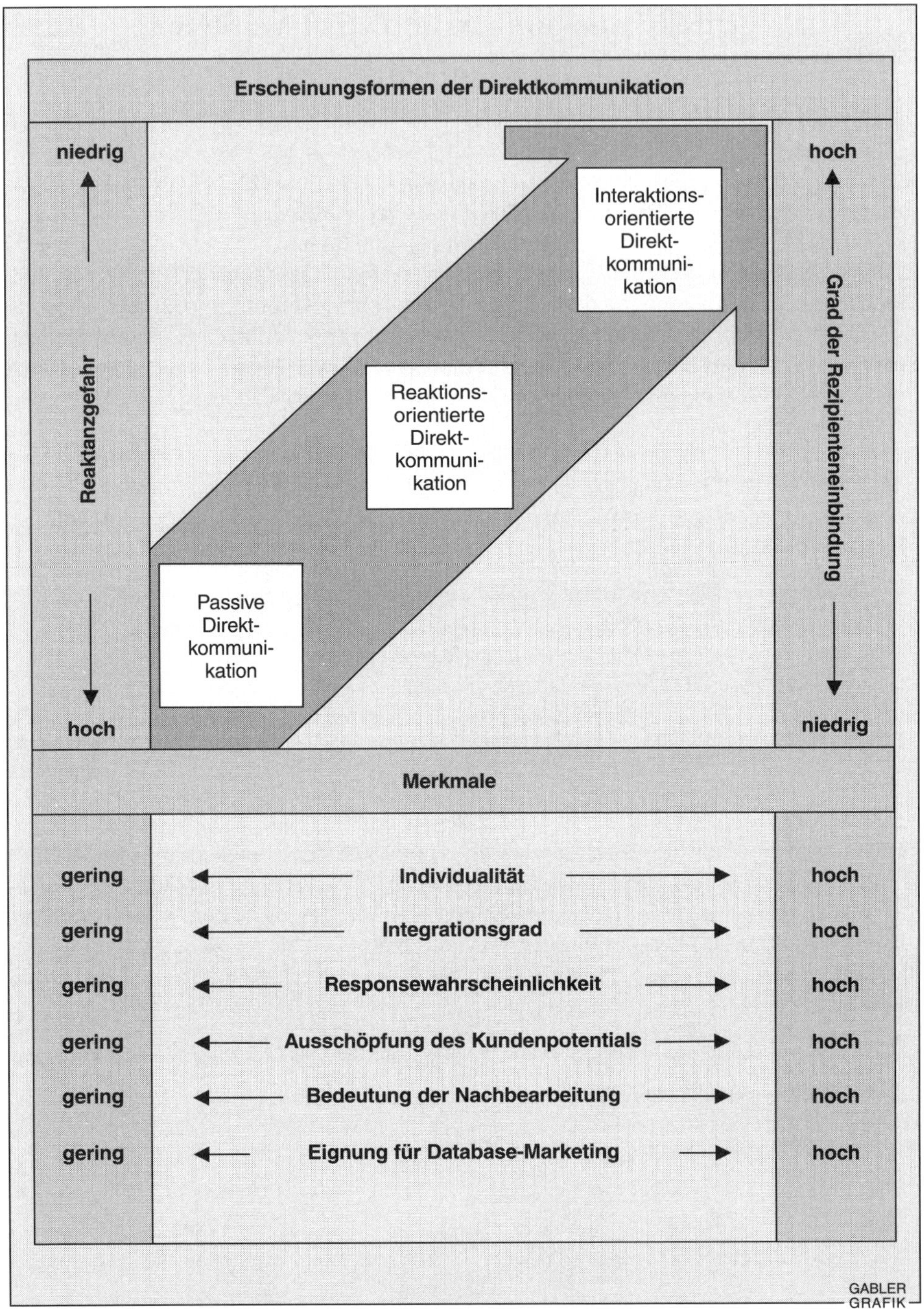

Abbildung 5-26: Erscheinungsformen der Direktkommunikation

Diese Klassifizierung kann mit Hilfe weiterer Kriterien charakterisiert werden. Einen Überblick über die Erscheinungsformen der Direktkommunikation gibt Abbildung 5-26.

Im Rahmen der Direktkommunikation ist es für das Unternehmen unerläßlich, über eine breite Datenbasis seiner aktuellen Kunden und unter Umständen seiner potentiellen Kunden zu verfügen. Aus diesem Grunde hat das **Database-Marketing** an Bedeutung gewonnen (Dallmer 1989, S. 549f.; Bruhn 1995c, S. 232).

Das **Database-Marketing** wird als computer- und datengestütztes Dialog-Marketing bezeichnet (Wilde 1989), bei dem in Abhängigkeit von den in einer Kundendatei des Dienstleistungsanbieters gespeicherten Kundenmerkmalen (zum Beispiel Soziodemographie, Aktions- und Reaktionsdaten) ein „maßgeschneidertes" Kommunikations- und Verkaufsförderungspaket erstellt werden kann.

Mit dem Database-Marketing werden die folgenden **Ziele** angestrebt:

- Gezielte Ansprache auf bisher bevorzugte Dienstleistungen sowie Geben von Hinweisen auf aus den bisherigen Kundenmerkmalen abzuleitende Nachfragelücken hinsichtlich anderer Dienstleistungen im Programm (Cross-selling, zum Beispiel bei Versicherungen).
- Erkennen „kritischer" Kommunikationslücken mit der Gefahr des Abbruchs der Kundenbeziehung (insbesondere bei Dienstleistungen mit längeren Wiederkaufintervallen, wie zum Beispiel Reisen) und Schließung der Lücken (zum Beispiel mittels Direct Mailings).
- Durchführung einer gezielten Ansprache über bevorzugte Medien (Telefon/Fax/Brief/e-mail).
- Bestimmung der „optimalen" Ansprachehäufigkeit in Abhängigkeit des Nachfrageverhaltens bei bestimmten Dienstleistungen (zum Beispiel bei der Anlageberatung einer Bank).

Somit stellt das Database-Marketing eine geeignete Grundlage für eine **„kaufzyklusübergreifende Kommunikation"** zur Verminderung von Dissonanzen nach dem Kauf immaterieller Leistungsversprechen, zur Vorkonditionierung von Käufen weiterer Dienstleistungen sowie zur Stimulierung von Wiederkäufen dar.

Im Dienstleistungsmarketing besteht im Gegensatz zum Konsumgütermarketing durch den intensiven Kontakt des Servicepersonals mit dem externen Faktor während des Dienstleistungserstellungsprozesses die Möglichkeit, eine **Vielzahl individueller Kundendaten** aufzunehmen, die zur Ergänzung des Kundendatensatzes von Interesse sind. Hierbei sind vom Servicepersonal eine schnelle Erfassung von Kundeninformationen und deren schriftliche Fixierung sowie Weitergabe an die Datenbank einzuleiten und durchzuführen.

Die **Planung** des Einsatzes der Direktkommunikation (Holland 1992, S. 41ff.; Kirchner 1992, S. 117) erfolgt nach dem klassischen, entscheidungsorientierten Ansatz und erfordert demnach zunächst eine **Situationsanalyse**, in deren Rahmen es den Erfolg bisheriger Maßnahmen, Einsatzmöglichkeiten zukünftiger Maßnahmen sowie das im Unternehmen vorhandene beziehungsweise extern umgehend beschaffbare Datenmaterial über aktuelle und potentielle Kunden zu untersuchen gilt. Mit Hilfe der Direktkommunikation werden insbesondere kognitiv- und konativ-orientierte **Ziele** verfolgt. Hinsichtlich der kognitiven Orientierung soll vor allem eine zielgruppenspezifische Ansprache ohne Streuverluste, eine hohe Aufmerksamkeitswirkung und eine Informationswirkung erreicht werden. Im konativen Bereich geht es darum, den Kunden zu einer interaktiven Kommunikation zu animieren. Ferner kann mit Direktkommunikation eine Kaufhandlung direkt ausgelöst werden. In der Phase der **Zielgruppenidentifizierung** können Verwender und Nichtverwender beziehungsweise Käufer und Nichtkäufer unterschieden werden, wobei die Unterscheidung von Käufer und Verwender im Dienstleistungsbereich aufgrund der Integration des externen Faktors häufig nicht möglich ist. Bei der **Strategieformulierung** sind die Dimensionen Objekt, Botschaft, Mittel, Zielgruppe, Kontinuität und Intensität der Direktkommunikation zu berücksichtigen. Nachdem auch das **Budget** bestimmt wurde, können die **Maßnahmen** der Direktkommunikation festgelegt werden. Dabei müssen Entscheidungen in drei Bereichen getroffen werden:

- **Sammlung von Kundendaten**
  Insbesondere wenn die Durchführung einer interaktionsorientierten oder reaktionsorientierten Direktkommunikation geplant wird, ist das Wissen um soziodemographische und psychographische Merkmale des Kunden erforderlich. Aufgrund der Integration des Kunden in den Leistungserstellungsprozeß ist es für Dienstleistungsunternehmen sogar möglich, Kaufverhaltensmerkmale durch Beobachtung zu erheben (zum Beispiel Haarprobleme beim Friseur, Kontostand bei der Bank, Reisegewohnheiten bei den Bonus-Programmen der Fluggesellschaften).

- **Auswahl von Kommunikationsmaßnahmen**
  In diesem Bereich geht es um die Auswahl rezipientenadäquater Kommunikationsmaßnahmen. Viele Direktkommunikationsaktionen bewirken Imageverschlechterungen beim Kunden, da sie sehr schematisch und wenig individuell gestaltet sind. Aufgrund des direkten Kontaktes zum Dienstleistungskunden ist es im Extremfall möglich, den Kunden zu fragen, ob und in welcher Art er an Maßnahmen der Direktkommunikation des Dienstleisters beteiligt werden möchte (zum Beispiel Versendung von Angebotslisten bei Weinhändlern, Einladungen zu Auktionen). Aufgrund der kurzfristigen Einsatzmöglichkeit der Direktkommunikation kann – bei entsprechender Datenbasis – die durch die Nichtlagerfähigkeit notwendig werdende kurzfristige Nachfragesteuerung unterstützt werden, indem aktuelle und potentielle Kunden auf freie Kapazitäten hingewiesen werden (zum Beispiel die Erstellung spezieller Angebote).

- **Nachbereitung**
  Beim Einsatz von reaktions- oder interaktionsorientierten Maßnahmen der Direktkommunikation müssen die Kundenantworten ausgewertet werden. Dabei kann es sich um Antworten handeln, die entweder der Erweiterung der Kundendatenbasis dienen oder Kundenfragen oder -probleme betreffen. Bei letzterer Möglichkeit sind meist weitere Aktivitäten des Unternehmens notwendig.

2.25 Öffentlichkeitsarbeit/Public Relations

Da für Dienstleistungsunternehmen aufgrund der **Immaterialität** der Leistung die Imagewirkung der Unternehmenskommunikation eine besondere Rolle spielt, ist die Öffentlichkeitsarbeit/Public Relations von großer Bedeutung. Da diesem Kommunikationsinstrument auch im Konsumgüter- und Investitionsgüterbereich die primäre Funktion der Darstellung des Unternehmens zukommt, sind seine Besonderheiten im Dienstleistungsbereich weniger gravierend als bei anderen Kommunikationsinstrumenten.

> **Öffentlichkeitsarbeit/Public Relations** umfaßt sämtliche Maßnahmen eines Unternehmens, mit denen es bei ausgewählten Zielgruppen um Vertrauen und Verständnis wirbt (Bruhn 1995c, S. 233).

Die **Erscheinungsformen** der Public Relations sind vielfältig (Wilcox/Ault/Agee 1989, S. 22ff.; Naundorff 1993, S. 605ff.; Bieberstein 1995, S. 325). Grundsätzlich können sie in leistungsbezogene (zum Beispiel Zeitungsartikel über die Anlageberatung einer Bank; Präsentation einer neuen Autowaschanlage für die Mitarbeiter), unternehmensbezogene (zum Beispiel Bericht über die Hauptversammlung einer Versicherung) und gesellschaftsbezogene Öffentlichkeitsarbeit (zum Beispiel Stellungnahme des Vorstandsvorsitzenden zum Wirtschaftsstandort Deutschland) klassifiziert werden. Eine spezifischere Unterscheidung unterschiedlicher Public Relations-Aktivitäten kann anhand der folgenden Merkmale vorgenommen werden, die jeweils ein breites Spektrum an Ausprägungen zulassen (vgl. Abbildung 5-27):

- Bezugsrahmen der Aktivitäten,
- Zielgruppenorientierung,
- Informationsvermittlung,
- Imagebildung,
- Individualität,
- Kontinuität,
- Internalisierung,
- Streuverluste,
- Zeitlicher Horizont.

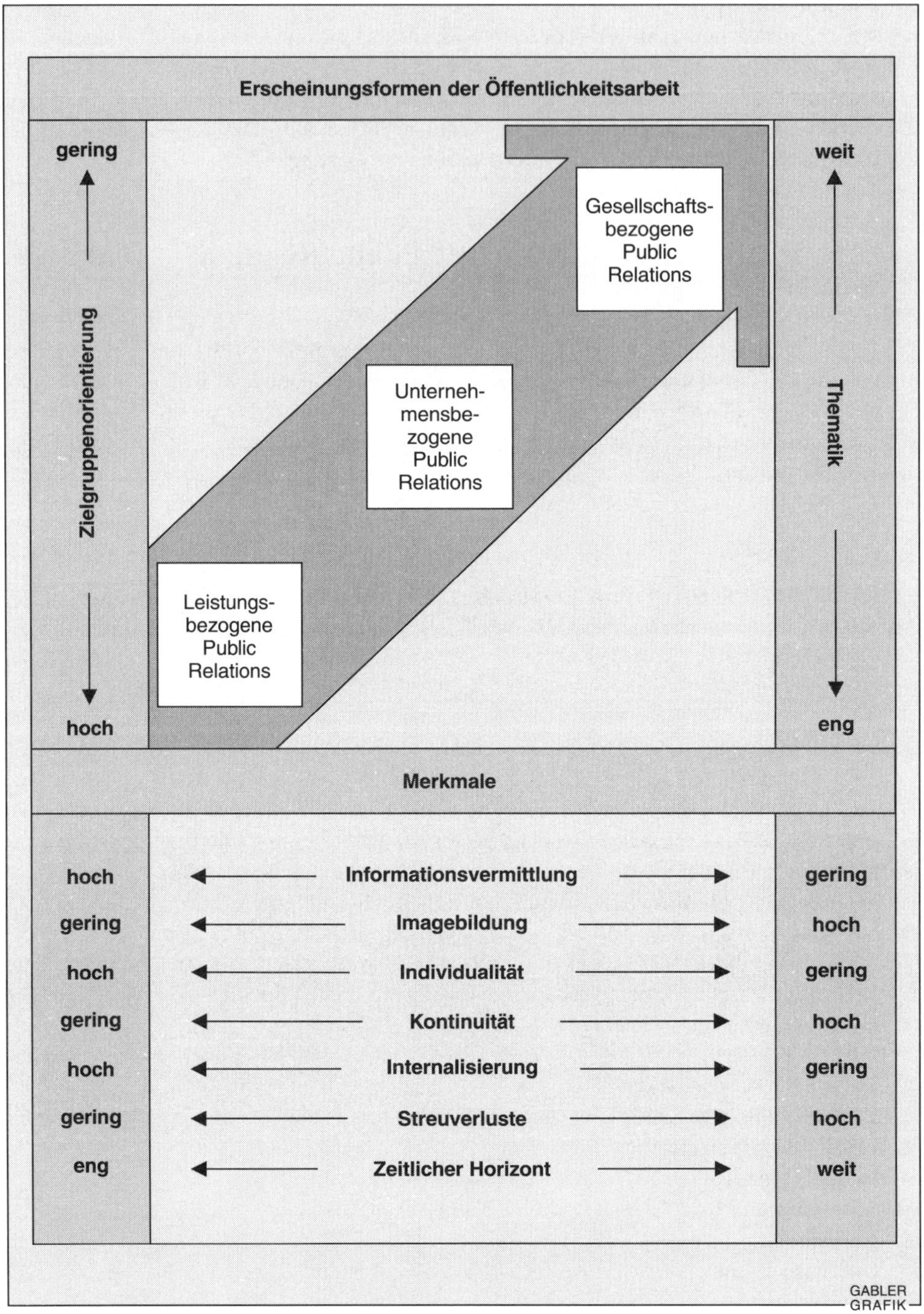

Abbildung 5-27: Erscheinungsformen der Öffentlichkeitsarbeit

Zur **Planung** des Einsatzes der Öffentlichkeitsarbeit gilt es zunächst, eine **Situationsanalyse** durchzuführen. Dabei wird untersucht, inwiefern das Unternehmen Ansatzpunkte liefert, sich in der Öffentlichkeit positiv darzustellen beziehungsweise ob es die Notwendigkeit gibt, Korrekturen des Unternehmensbildes bei den Zielgruppen vorzunehmen. Schließlich sind Maßnahmen der Öffentlichkeitsarbeit aus der Vergangenheit in die Analyse miteinzubeziehen.

Im zweiten Schritt werden die **Ziele** der Öffentlichkeitsarbeit festgelegt. Dabei stehen die Verbesserung des Unternehmens- und Leistungsimages, Kontaktpflege zu unternehmensrelevanten Personen und die Beeinflussung gesellschaftlicher Meinungen und Einstellungen im Vordergrund (Beger/Gärtner/Mathes 1989, S. 64ff.). Diese Ziele sind nach den **Zielgruppen**, wie aktuelle und potentielle Mitarbeiter, aktuelle und potentielle Kunden sowie die Öffentlichkeit auszurichten. Bei der Wahl der **PR-Strategie** sind die Strategiedimensionen PR-Objekt, PR-Botschaft, PR-Zielgruppe und PR-Medium zu berücksichtigen.

Nachdem die Strategie und das **Budget** festgelegt wurden, werden in einem nächsten Schritt die einzelnen **Maßnahmen** der Öffentlichkeitsarbeit bestimmt. Die Auswahl einer PR-Maßnahme hängt dabei von verschiedenen Kriterien ab, wie der gewünschten Katalysatorwirkung oder der Aktualität der PR-Botschaft.

Für Dienstleistungsunternehmen lassen sich aus den **Besonderheiten** von Dienstleistungen die folgenden Implikationen für die Öffentlichkeitsarbeit ableiten:

- Aufgrund der **Immaterialität** von Dienstleistungen spielt das **Image** bei der Beurteilung der Leistung durch den Kunden eine besondere Rolle. Die Öffentlichkeitsarbeit wiederum eignet sich besonders, eine Imageprofilierungsstrategie zu unterstützen.
- Im Dienstleistungsbereich werden aufgrund der Immaterialität der Leistungen häufig **Firmenmarken** eingesetzt. Aufgrund der Funktion der Unternehmensdarstellung der Öffentlichkeitsarbeit bieten sich PR-Maßnahmen dazu an, Firmenmarken darzubieten.
- Da die **Mitarbeiter** bei vielen Dienstleistungen ein wesentliches Beurteilungsmerkmal der Leistung darstellen, ist es wichtig, ein vertrauensvolles Verhältnis zwischen Unternehmen und Mitarbeitern aufzubauen. Je positiver die Einstellung des Mitarbeiters zum Unternehmen ist, desto eher wird er dem Kunden und der Öffentlichkeit gegenüber einen positiven Eindruck bieten („Multiplikatorwirkung" der Mitarbeiter).
- Dem Schaffen von Verständnis und Vertrauen vor allem bei Kunden und der Öffentlichkeit kommt im Dienstleistungsbereich aufgrund der Bedeutung der **Mund-zu-Mund-Kommunikation** besondere Relevanz zu.

2.26 Messen und Ausstellungen

Aufgrund der in der Immaterialität von Dienstleistungen begründeten Schwierigkeit, die Leistungen eines Unternehmens zu präsentieren, existierten Messen und Ausstellungen lange Zeit lediglich für Hersteller von Konsum- und Investitionsgütern. In den letzten Jahren werden jedoch immer mehr Messen für Dienstleistungsanbieter veranstaltet. Da Dienstleistungen wie Leistungen im Tourismus-, Telekommunikations- oder im Bildungsbereich high-Involvement-Charakter aufweisen, das heißt, die Kunden ein ausgeprägtes Informationsinteresse vor der Inanspruchnahme einer Leistung haben, ist die Teilnahme an Messen und Ausstellungen für Dienstleister aus solchen Bereichen eine sinnvolle Ergänzung des Kommunikationsmix. Als **Beispiele für Messen im Dienstleistungsbereich** lassen sich erwähnen:

- ITB – Internationale Tourismus-Börse in Berlin,
- EUROCARGO – Internationale Fachmesse für Transport und Logistik in Düsseldorf,
- MEDICA – Weltforum für Arztpraxis und Krankenhaus in Düsseldorf,
- TRAVEL TREND – Die Internationale Reise-Fachmesse in Frankfurt am Main,
- QUALIFIKATION – Internationale Fachmesse für Berufliche Qualifizierung in Hannover,
- SYSTEC – Internationale Fachmesse für Systemintegration, Automatisierung und Qualitätssicherung in München,
- FIBO – Internationale Messe für Fitneß und Freizeit in Nürnberg,
- INTERSCHUL – Europäische Bildungsmesse in Stuttgart.

Das Kommunikationsinstrument **Messen und Ausstellungen** umfaßt die Planung, Organisation, Durchführung und Kontrolle sämtlicher Aktivitäten eines Unternehmens

- die mit der Teilnahme an einer zeitlich und räumlich begrenzten Veranstaltung verbunden sind,
- die der Unternehmens- beziehungsweise Leistungspräsentation, Information von Interessenten sowie dem direkten Konkurrenzvergleich dienen und
- mit denen die Ziele der Unternehmenskommunikation erreicht werden sollen.

(Bruhn 1996b)

Ausgehend von der obigen Definition können die folgenden **Merkmale** von Messen und Ausstellungen herausgearbeitet werden:

- Zeitliche und räumliche Begrenzung,
- Teilnahme einer Vielzahl von Unternehmen aus einer Branche,
- Präsentation der Unternehmensleistungen.

Obwohl in der Praxis Messen und Ausstellungen sehr unterschiedlicher Art anzutreffen sind, lassen sich die **Erscheinungsformen** nach den folgenden Kriterien strukturieren (Funke 1987, S. 4; Schmidt 1992, S. 767):

- Geographische Herkunft der Aussteller: regionale, überregionale, nationale und internationale Messen/Ausstellungen.
- Breite des Angebotes: Universal-, Spezial-, Branchen-, Solo-, Mono-, Fachmessen/-ausstellungen.
- Hauptrichtung des Absatzes: Export- und Importmessen/-ausstellungen.
- Funktion der Veranstaltung: Informations- und Ordermessen/-ausstellungen.

Um einen effizienten und effektiven Einsatz des Kommunikationsinstrumentes Messen und Ausstellungen zu gewährleisten, sollten sich Dienstleistungsunternehmen an einem **Prozeß der Planung des Messeeinsatzes** orientieren (Bruhn 1996b). Im Rahmen der **Situationsanalyse** muß das Unternehmen Informationen sammeln hinsichtlich der Möglichkeiten zur Teilnahme an einer Messe und der Gestaltung des Engagements bei einer Messe/Ausstellung. Diese Informationen lassen sich in unternehmens-, leistungs-, konkurrenz- und konsumentenbezogene Informationen unterteilen:

- Zu den unternehmensbezogenen Informationen zählt der (Miß-)Erfolg bei früheren Messeeinsätzen. Daraus lassen sich eventuell Verbesserungen für ein nächstes Engagement ableiten. Ferner sollte untersucht werden, inwiefern ein Messeeinsatz einen Beitrag zur Erreichung der Kommunikationsziele leisten kann.
- Die leistungsbezogenen Informationen beziehen sich vor allem auf das (Nicht-)Vorhandensein einer Veranstaltung, bei der sich eine Teilnahme des Unternehmens lohnt. Ferner ist zu beleuchten, ob die Leistung beziehungsweise einzelne Elemente der Leistung geeignet sind, auf einer Messe präsentiert zu werden.
- Bei den konkurrenzbezogenen Informationen ist insbesondere von Bedeutung, ob sich die Hauptkonkurrenten des Unternehmens an Messen/Ausstellungen beteiligen. Ist dies der Fall, wird die Teilnahme des eigenen Unternehmens zu einer Muß-Maßnahme, während sie ansonsten als Kann-Maßnahme anzusehen ist.
- Hinsichtlich der benötigten konsumentenbezogenen Informationen sind vor allem die Bedürfnisse und Ansprüche der Konsumenten und die Zahl der mit Messen erreichbaren aktuellen und potentiellen Kunden abzuschätzen.

Ausgehend von der oben beschriebenen Situationsanalyse und basierend auf den Unternehmens- und Kommunikationszielen werden die **Ziele des Messeeinsatzes** definiert. Hinsichtlich der psychographischen Ziele stehen die Bekanntmachung und Information (kognitiv-orientierte Ziele) sowie die Auslösung einer Kaufhandlung (konativ-orientiertes Ziel) im Vordergrund.

Neben der Festlegung der Messeziele gilt es an dieser Stelle, die **Zielgruppen des Messeeinsatzes** zu bestimmen. Bei Messen/Ausstellungen lassen sich die folgenden Nutzergruppen unterscheiden, die hinsichtlich ihrer Kongruenz mit der Unternehmenszielgruppe beurteilt werden müssen:

- Gruppe der intensiven Messenutzer,
- Gruppe der punktuellen Messenutzer,
- Gruppe der Messebummler,
- Gruppe der praxisorientierten Messenutzer.

Die Festlegung der **Messestrategie** wird anhand der Dimensionen Messeobjekt (Unternehmen oder einzelne Leistungen), Messebotschaft, Messebeteiligung (Auswahl der Messe), Messezielgruppen und Messeinstrumente (Kommunikationsmittel und -träger) vorgenommen. Die Strategie ist an der Kommunikationsstrategie des Unternehmens auszurichten und ist die Basis für die Bestimmung des zur Verfügung stehenden **Budgets**. Im Rahmen der aus der Strategie abzuleitenden **Maßnahmen** müssen innerhalb der folgenden Bereiche Entscheidungen getroffen werden (Meffert 1993, S. 80):

- **Auswahl der präsentierten Leistungselemente**

  Aufgrund der Intangibilität und **Immaterialität** von Dienstleistungen sowie der Integration des externen Faktors sind in dieser Phase wichtige Entscheidungen hinsichtlich der **Präsentation** des Unternehmens und seiner Leistungen in der Messephase zu treffen. Anders als bei Konsum- oder Investitionsgüterunternehmen können die Leistungen nicht in ihrem vollen Umfang vorgestellt werden. Je nach Art der Leistung ist es jedoch möglich, die Potential-, Prozeß- und/oder die Ergebnisdimensionen der Leistung darzustellen.

  Hinsichtlich der **Potentialdimension** ist die Darstellung der Mitarbeiter des Unternehmens sowie tangibler Elemente im Leistungserstellungsprozeß denkbar. Bei Leistungen, die während der Messe vorgeführt oder getestet werden können, bietet sich die Darstellung der **Prozeßdimension** an. Auf diese Weise kann man den Kunden am ehesten in die Lage versetzen, sich unter der intangiblen Leistung etwas konkretes vorzustellen. Wegen der Integration des externen Faktors und der Heterogenität des Leistungserstellungsprozesses ist eine realitätsgetreue Präsentation der Leistung jedoch nicht möglich.

  Einige Leistungen können auch betreffend ihres **Ergebnisses** präsentiert werden. Dabei handelt es sich vor allem um solche Leistungen, die am Menschen oder am Objekt durchgeführt werden und zu konkreten physischen Veränderungen führen.

Hauptleistungs-dimension / Präsentationsart	Potentialdimension	Prozeßdimension	Ergebnisdimension
Physisch	z. B. Lehrer eines Weiterbildungs-unternehmens als Messepersonal	z. B. Denkmalpflege-Demonstration auf einer Messe für Denkmalpflege	z. B. Models eines Friseurs auf einer Friseurmesse
Medial	z. B. Präsentation durch einen Reiseführer über Video	z. B. Flugsimulator-Terminal auf einer Messe für Reisen	z. B. Photos von Teilnehmern eines Diätkurses

GABLER GRAFIK

Abbildung 5-28: Beispiele für präsentierte Leistungsmerkmale im Rahmen von Dienstleistungsmessen

Hinsichtlich aller drei Dimensionen bieten sich die **physische** Präsentation und die Präsentation über **Medien** an. Beispiel für die verschiedenen Möglichkeiten der Präsentation der Unternehmensleistung sind in Abbildung 5-28 wiedergegeben.

- **Konzeption des Messestandes**
  Im Rahmen der Konzeption des Messestandes gilt es, das Design der physischen Elemente des Messestandes auszuwählen. Auch wenn bei Konsum- und Investitionsgütern der Messestand für den Messebesucher angenehm gestaltet werden soll, ist dies für Dienstleistungsunternehmen aufgrund der **Immaterialität** der Leistung ein besonderes Erfordernis. Während bei anderen Gütern das vorgestellte Produkt im Mittelpunkt des Interesses steht, kann die Dienstleistung nicht in ihrer Gesamtheit präsentiert werden. Daher wird der Besucher die Leistung eines Unternehmens um so eher nach der äußeren Beschaffenheit des Messestandes beurteilen, je immaterieller eine Leistung ist.

- **Auswahl und Einsatz des Standpersonals**
  Für die Auswahl des Standpersonals gilt ähnliches wie für die Konzeptionierung des Messestandes. Da auch die Mitarbeiter des Unternehmens und – im Fall von Messen – das Standpersonal vom Kunden für die Leistungsbeurteilung herangezogen werden, ist bei der Auswahl des Personals auf dessen äußeres Erscheinungsbild, seinen Wissensstand und seine Kommunikationsfähigkeit zu achten.

- **Kommunikationsmaßnahmen**
  Schließlich gilt es, die im Rahmen der Vor- und Nachbereitung als auch während der Messe einzusetzenden Kommunikationsmaßnahmen zu bestimmen.

2.27 Sponsoring

Verbunden mit einem Ausgabenzuwachs für das Sponsoring in der Praxis von ca. 150 Millionen DM in 1983 auf über 2 Milliarden DM in 1995 (Drosten 1995, S. 35) findet sich in der Literatur eine intensive Diskussion über seine Erscheinungsformen, Ziele und Ausgestaltungsformen. Dabei wird keine Fokussierung auf den Konsumgüter- beziehungsweise den Dienstleistungsbereich vorgenommen, weil sich nur wenige Unterschiede ergeben (Mertess 1974; Sedgwick 1978; Stevens 1981; Turner 1987; Bruhn 1991; Loock 1988; Hermanns 1989; Drees 1989). Im folgenden soll daher eine kurze Darstellung des Sponsoring vorgenommen werden, wobei die dienstleistungsspezifischen Besonderheiten explizit Berücksichtigung finden.

Sponsoring kann definiert werden als die systematische Förderung von Personen, Organisationen oder Veranstaltungen im sportlichen, kulturellen, sozialen, ökologischen Bereich und/oder im Medienbereich durch Geld-, Sach- oder Dienstleistungen zur Erreichung von Marketing- und Unternehmenszielen.

(Bruhn 1991)

Die **Gründe** für den **Bedeutungsanstieg des Sponsoring** sind dabei vielfältig:

- Wertewandel der Konsumenten, verbunden mit einem größeren Interesse an Freizeitaktivitäten (Kunst, Sport usw.),
- Notwendigkeit der Festigung beziehungsweise der Erhöhung des Images durch die Betonung des sozialen Engagements der Unternehmung gerade im Bereich der Dienstleistungsunternehmen (hier besonders im Bereich des Kultursponsoring),
- Zunehmende rechtliche Werbebeschränkungen,
- Steigende Kosten im klassischen Kommunikationsbereich,
- Beschränkte Verfügbarkeit bestimmter Medien,
- Neue rechtliche Möglichkeiten im Rahmen des Programmsponsoring,
- Insbesondere der bei überdurchschnittlich gebildeten Konsumentenschichten zu beobachtende Trend, sich der üblichen kommerziellen Werbung zu verweigern.

Betrachtet man unterschiedliche **Sponsoringbereiche**, so können Sport-, Kultur-, Sozio-, Umwelt- und Programmsponsoring unterschieden werden. Die Gesamtheit unterschiedlicher Sponsoringformen kann dahingehend unterteilt werden, ob sie aus Sicht des Sponsors oder des Gesponserten betrachtet werden (Bruhn 1991, S. 34ff.).

Bei den **Sponsoringformen aus Sicht des Sponsors** kann eine Klassifizierung vorgenommen werden nach:

- der **Art der Sponsorenleistung** in:
  - Sponsoring mit Geldmitteln,
  - Sponsoring mit Sachmitteln: aufgrund des grundsätzlich intangiblen Charakters von Dienstleistungen kommt die Bereitstellung von Sachmitteln für Dienstleistungsunternehmen weniger in Betracht, zum Beispiel Bereitstellung von Flugzeugen durch Lufthansa,
  - Sponsoring mit Dienstleistungen, zum Beispiel Catering-Service organisiert die Versorgung der VIP-Lounge bei einem Tennisturnier;
- der **Anzahl der Sponsoren** in:
  - Exklusiv-Sponsorships, das heißt das Unternehmen ist alleiniger Sponsor einer Institution, Veranstaltung oder Person,
  - Co-Sponsorships, das heißt das Unternehmen ist ein Sponsor unter mehreren;
- der **Art des Sponsors** in:
  - Produkt-/Leistungssponsoren: zum Beispiel Sponsoring der ATP-Weltmeisterschaft 1995 durch D1,
  - Unternehmen als Sponsor: zum Beispiel Sponsoring von Kunstausstellungen durch die Deutsche Bank,
  - Stiftungen als Sponsoren: zum Beispiel Sponsoring eines Forschungspreises durch die Bertelsmann-Stiftung;
- dem **Initiator des Sponsoring** in:
  - fremdinitiiertes Sponsoring, das heißt an das Unternehmen wird seitens eines potentiellen Gesponserten hinsichtlich eines Sponsoringengagements herangetreten,
  - eigeninitiiertes Sponsoring, das heißt das Unternehmen sucht aktiv nach potentiellen Gesponserten;
- der **Vielfalt des Sponsoring** in:
  - einseitiges Sponsoring, das heißt der Sponsor engagiert sich nur für einen Gesponserten,
  - vielseitiges Sponsoring, das heißt der Sponsor engagiert sich für mehrere Gesponserte.

Die **Sponsoringformen aus der Sicht des Gesponserten** können klassifiziert werden nach der

- Art der Gegenleistung des Gesponserten,
- Art der gesponserten Individuen/Gruppen,
- Klasse des Gesponserten,
- Art der gesponserten Organisation,
- Art der gesponserten Veranstaltung.

Zur **Planung** des Einsatzes des Sponsoring (Bruhn 1991, S. 63ff.) sollte zunächst eine **Situationsanalyse** anhand der Bereiche Unternehmen, Leistung, Markt, Konkurrenz, Kunden und Umfeld vorgenommen werden. Dabei gilt es, den (Miß-)Erfolg vergangener Sponsoringmaßnahmen zu berücksichtigen. Anschließend werden, ausgehend von den Zielen der Unternehmenskommunikation, die **Sponsoringziele** festgelegt. Eine mit Sponsoring zu verfolgende kognitiv-orientierte Zielsetzung ist die Bekanntmachung des Unternehmens, wobei darauf hinzuweisen ist, daß im Gegensatz zur klassischen Werbung eine spezifischere Zielgruppenansprache möglich ist. Im affektiv-orientierten Bereich kommt der Imagewirkung des Sponsoring eine zentrale Bedeutung zu. Hinsichtlich der Besonderheiten von Dienstleistungen kann dieses Instrument demnach hilfreich sein, um dem Unternehmen und seinen Leistungen ein positives Image bei der Zielgruppe zu verschaffen. Das konative Ziel der Weiterempfehlung des Unternehmens kann ebenfalls mittels Sponsoring verfolgt werden; dies ist wegen der großen Bedeutung der Mund-zu-Mund-Kommunikation der Dienstleistungskunden für das Unternehmen erwähnenswert. In einem nächsten Schritt sollte die **Zielgruppe** von Sponsoringaktivitäten identifiziert werden. In diesem Zusammenhang können die Untergruppen „aktive Teilnehmer", „Besucher" und „Mediennutzer" differenziert werden.

Anschließend ist die mit der Kommunikationsstrategie abzustimmende **Sponsoringstrategie** festzulegen. Hinsichtlich der inhaltlichen Bestimmung der Strategie werden die Dimensionen Sponsor (Unternehmen oder einzelne Leistungen), Sponsoringbotschaft (Name, Slogan, Emblem), Gesponserter (in sachlicher, personeller und zeitlicher Hinsicht), Sponsoringzielgruppen und Sponsoringinstrumente (Kommunikationsmittel und -träger) berücksichtigt. Nach der Bestimmung des **Budgets** geht es in der Phase der **Maßnahmenplanung** darum, die festgelegte Sponsoringstrategie unter Berücksichtigung des vorgesehenen Budgets in Form von konkreten Maßnahmen umzusetzen. In diesem Zusammenhang sind die Auswahl von Sponsorships und die Entwicklung von Einzelmaßnahmen zentrale Aktivitäten. Zur Beurteilung der Tauglichkeit eines potentiellen Gesponserten können die folgenden Anforderungskriterien herangezogen werden:

- Bekanntheit des Gesponserten,
- Sympathie des Gesponserten,
- Glaubwürdigkeit des Gesponserten,
- Leistungsstärke/Erfolg des Gesponserten,
- Affinität zwischen Sponsor und Gesponsertem.

Hinsichtlich des Kriteriums **Affinität** ist zu prüfen, ob Verbindungslinien zwischen Sponsor und Gesponsertem festgestellt werden können, denn nicht jede Sponsoringmaßnahme eignet sich für die unterschiedlichen Unternehmen in gleichem Ausmaß. Auf Grundlage der differenzierten Ziele ist zunächst die grundsätzliche Eignung von Sponsoringobjekten für das Unternehmen im Rahmen einer Grobbewertung zu untersuchen. Hierbei sind mögliche Verbindungslinien zwischen den Unternehmen und den Sponsoringobjekten zu überprüfen (Bruhn 1989, 1991):

- **Unternehmens-/Leistungsaffinität**
  Zusammenhang zwischen Unternehmen beziehungsweise Dienstleistung und Förderbereich (zum Beispiel Sponsoring einer Ausstellung historischer Wertpapiere und Münzen durch eine Bank).

- **Imageaffinität**
  Kongruenzvergleich von Firmen- beziehungsweise Leistungsimage mit dem Image des Sponsoringobjektes (zum Beispiel Sponsoring eines Reiseführers durch ein Versicherungsunternehmen).

- **Zielgruppenaffinität**
  Übereinstimmung von Zielgruppen des Sponsors und des Gesponserten (zum Beispiel Sponsoring von Kunstausstellungen durch die Deutsche Bank).

- **Know-how-Affinität**
  Eignung der Unternehmensleistung zur Lösung von Problemen des Gesponserten; im wesentlichen handelt es sich hier um eine fachliche Affinität (zum Beispiel sponsert DEKRA die Deutsche Tourenwagenmeisterschaft).

Im Zusammenhang mit der Entwicklung konkreter Sponsoringmaßnahmen ist darauf hinzuweisen, daß es einem Dienstleistungsunternehmen durch den Einsatz des Sponsoring gelingen kann, die durch die **Besonderheiten** von Dienstleistungen entstehenden Probleme zu verringern:

- Zum einen werden die im Bereich der Werbung bestehenden Einschränkungen für Dienstleistungsanbieter, die aus der **Immaterialität** der Dienstleistungen resultieren, zumindest gemildert. So besteht insbesondere bei Sponsorships nicht die Notwendigkeit, die Leistung in „materialisierter" Form darzustellen.

- Die häufige Verwendung von **Firmenmarken** bei Dienstleistungsunternehmen kommt ebenfalls dem Sponsoringgedanken entgegen. Gerade beim Sponsoring reduziert sich häufig die Darstellung des Unternehmens auf die Firma. Während Konsumgüterhersteller, die vielfach über eine Vielfalt von einzelnen Marken verfügen, keine klaren Synergieeffekte nutzen können, können Dienstleistungsunternehmen ganzheitlich präsentiert werden.

- Insbesondere durch das Sponsoring von Personen oder Personengruppen kann es gelingen, die sich aus der Dienstleistungsimmaterialität und damit der **Intangibilität** ableitenden Kommunikationsprobleme zu mildern. So kann ein entsprechend sorgfältig ausgewählter Sponsorträger zu einer **Personalisierung** der Dienstleistung führen und in diesem Zusammenhang Testimonialfunktionen übernehmen. Hier sind aber zum einen die Kongruenz zwischen dem Firmenimage und dem Image des Gesponserten sicherzustellen (zum Beispiel DEKRA/Michael Schumacher, American Express/Eduard Zimmermann). Zum anderen führt die überdurchschnittliche Stärke der Übertragung zwischen Gesponsertenimage und Dienstleisterimage natürlich auch zu einem gesteigerten Sponsoringrisiko. Hier sind zum Beispiel Dopingskandale im Sportbereich bei den Gesponserten zu nennen.

- Ferner kann als Besonderheit der Sponsoraktivitäten von Dienstleistungsanbietern noch hervorgehoben werden, daß eine positive Wahrnehmung der gesponserten Personen, Aktivitäten oder Leistungen zu einem **Vertrauenstransfer** bei aktuellen und potentiellen Kunden und damit zu einer subjektiv wahrgenommenen **Risikoreduktion** führen kann.

- Wenn es sich bei der Sponsoringmaßnahme um die Bereitstellung einer Dienstleistung handelt, kann die aufgrund der **Integration des externen Faktors** und der **Intangibilität der Leistung** nicht vorhandene Möglichkeit von **„Testkäufen"** umgangen werden. In einem solchen Fall können potentielle Kunden die vom Unternehmen angebotene und im Rahmen des Sponsoring eingesetzte Leistung freiwillig und ohne Entgelt „ausprobieren". Dadurch kann ebenfalls ein Vertrauenstransfer und eine Reduktion des wahrgenommenen Risikos stattfinden. Bei Kunden, die die Leistung bereits in Anspruch genommen haben, kann eine solche Sponsoringaktivität zur Bestätigung und Vermeidung beziehungsweise Verringerung kognitiver Dissonanzen führen. Als Beispiele für solche Sponsoringmaßnahmen können die Bewirtung der VIP-Gäste bei einem Tennisturnier durch einen Catering-Service, die Bereitstellung von Flügen und die Abwicklung des Zahlungsverkehrs durch Kreditkarten, angeführt werden.

2.28 Event-Marketing

Beim Event-Marketing handelt es sich ebenfalls um ein Kommunikationsinstrument, dessen Bedeutung in den letzten Jahren zugenommen hat. Dabei ist eine begriffliche Abgrenzung zwischen **Events** als solchen und dem Instrument **Event-Marketing** vorzunehmen.

> Unter einem **Event** wird ein für den Rezipienten meist besonderes, außergewöhnliches oder einmaliges Ereignis verstanden, das in begrenztem zeitlichem und räumlichem Umfang stattfindet und von einem Unternehmen inszeniert wird (in Anlehnung an Böhne-Köst 1992, S. 341; Weinberg 1992, S. 3ff.).

Da es im Rahmen einer systematischen Kommunikationsplanung jedoch unerläßlich ist, den Einsatz von Events als eigenes Instrument zu verstehen, bietet sich eine Zusammenfassung unter dem Begriff Event-Marketing an.

Event-Marketing umfaßt die Planung, Organisation, Durchführung und Kontrolle sämtlicher Maßnahmen,

- die in begrenztem zeitlichen und räumlichen Umfang stattfinden,
- die von seiten des Unternehmens veranstaltet werden,
- die für den Rezipienten ein Erlebnis darstellen,
- die der Kundeninteraktion und dem Kundendialog dienen und
- durch die in einem zielgruppengerechten Umfeld die Kommunikationsziele des Unternehmens erreicht werden sollen.

(in Anlehnung an BDW 1993, S. 3)

Eine Unterscheidung verschiedener **Erscheinungsformen von Events** (Diller 1992b, S. 289; Bruhn 1996b) im Rahmen des Event-Marketing kann nach verschiedenen Kriterien vorgenommen werden, deren Ausprägungen jeweils ein Spektrum an Erscheinungsformen ergeben. Eine **Klassifizierung** ist möglich nach folgenden Aspekten:

- Gerichtetheit des Events mit den Extrema extern beziehungsweise intern gerichtete Events,
- Zielgruppenansprache mit den Extrema Events für eine breit beziehungsweise eng definierte Zielgruppe,
- Rezipientennutzen mit den Extrema informative beziehungsweise unterhaltsame Events,
- Bedeutung für den Rezipienten mit den Extrema gewöhnliche beziehungsweise einmalige Events,
- Grad der Interaktion mit den Extrema stark beziehungsweise schwach interaktive Events,
- Affinität des Event-Themas zu der Unternehmung/Leistung mit den Extrema Events, die in starkem beziehungsweise keinem Zusammenhang zur Unternehmung/Leistung stehen.

Im Rahmen der **Planung** des Einsatzes des Event-Marketing wird zunächst eine **Situationsanalyse des Event-Marketing** vorgenommen. Dabei gilt es, unter Berücksichtigung des Erfolges vergangener Event-Marketing-Aktivitäten den Handlungsrahmen für weitere Aktivitäten anhand der Bereiche Markt, Kunden, Absatzmittler, Konkurrenz, Umfeld und Unternehmen zu untersuchen. Die **Ziele des Event-Marketing** müssen auf zwei Stufen betrachtet werden. Auf der ersten Stufe stehen vor allem kognitive Ziele im Mittelpunkt. Es geht darum, die gewünschten Teilnehmer zu kontaktieren und zu einem Besuch des Events zu bewegen. Auf der zweiten Stufe werden insbesondere affektivorientierte Zielsetzungen verfolgt. Der Konsument soll das Unternehmen in einem von ihm als positiv empfundenen Umfeld kennenlernen und dadurch das Unternehmen und seine Leistungen mit diesen positiven Eindrücken in Verbindung bringen. Aufgrund der Immaterialität von Dienstleistungen ist eine positive Einstellung zum Unternehmen besonders erstrebenswert. Zur zielgruppenspezifischen Zielformulierung wird die **Zielgruppe des Event-Marketing** ausgewählt und beschrieben. Hierbei können die Primärzielgruppe, das heißt die gewünschten Teilnehmer des Events, und die Sekundärzielgruppe, das heißt die Rezipienten, denen von den Teilnehmern über das Event berichtet wird, unterschieden werden. Die **Event-Marketing-Strategie** wird anhand der Dimensionen Event-Marketing-Objekt (Unternehmung/einzelne Leistungen), Event-Marketing-Botschaft (Art der beabsichtigten Erlebniswahrnehmung), Eventintensität und -zahl, Eventinszenierung, Eventtyp (zum Beispiel mit oder ohne Zusammenhang zur Unternehmensleistung), Event-Marketing-Zielgruppe sowie Event-Marketing-Instrumente (Kommunikationsmittel, -träger) festgelegt.

Nach der strategieabhängigen Bestimmung des **Budgets** gilt es, die **Maßnahmen** des Event-Marketing zu planen. Dabei sind Entscheidungen in den folgenden Bereichen zu treffen:

- Gewinnung des Interesses der gewünschten Besucher,
- Konzeptionierung des Events, zum Beispiel hinsichtlich des Event-Ortes, der inhaltlichen Gestaltung,
- Auswahl von Kommunikationsmaßnahmen während des Events.

Im Rahmen des Einsatzes von Event-Marketing-Maßnahmen ist es möglich, Schwierigkeiten, die aus den **Besonderheiten** von Dienstleistungen entstehen, teilweise zu umgehen:

- Durch den Einsatz tangibler Elemente im Rahmen des Events (zum Beispiel Prominente, Aufmachung der Stätte des Events) kann eine aufgrund der **Immaterialität** der Leistungen erforderliche **Materialisierung und Visualisierung** des Leistungscharakters erreicht werden, zum Beispiel Unterstreichung des Exklusivitätsanspruchs eines Dienstleisters durch das Engagement erstklassiger Künstler.

- Da aufgrund der Immaterialität objektive Kriterien zur Leistungsbeurteilung fehlen, kann im Rahmen des Event-Marketing mittels der **Schaffung eines Erlebnisses** für die Rezipienten der Transfer von während des Events empfundenen positiven Emotionen auf die Leistungstransaktion mit dem Unternehmen und dadurch eine positivere Leistungsbeurteilung erreicht werden. Dabei wird vorausgesetzt, daß das Event derart konzipiert ist, daß der Kunde beim nächsten Kontakt mit dem Unternehmen an das Event erinnert wird.

- Aufgrund der **Integration des externen Faktors** ist es wichtig, eine enge Kunden-Mitarbeiter-Beziehung aufzubauen, um dem Kunden das Gefühl zu geben, daß man Verständnis für seine Bedürfnisse und Probleme hat. Im Rahmen eines Events ist es möglich, dem Kunden ein Erlebnis zu verschaffen, wodurch er emotional enger an das Unternehmen gebunden werden kann.

2.29 Multimedia-Kommunikation

Aufgrund der technologischen Entwicklungen im Telekommunikationsbereich hat sich in den letzten Jahren mit der **Multimedia-Kommunikation** ein neues Kommunikationsinstrument herausgebildet. Die Bedeutung dieses Instrumentes wird wegen der permanent steigenden Nutzerschaft von Multimedia-Anwendungen in Zukunft weiter zunehmen. Da die Multimedia-Kommunikation – je nach Anwendung – einen sehr hohen **Interaktionsgrad** mit dem Kunden erreichen kann, spielt sie im Dienstleistungsbereich eine wichtige Rolle, da hier der Leistungserstellungsprozeß aufgrund der **Integration des externen Faktors** ebenfalls einen hohen Interaktionsgrad aufweist.

Der **Multimedia-Kommunikation** sind die Planung, Organisation, Durchführung und Kontrolle sämtlicher Maßnahmen zu subsumieren, die dazu dienen

- durch die Absendung unpersönlicher Botschaften passiven (Pull-)Charakters, die über die Kombination von Text-, Graphik-, Bild-, Ton- und Bewegtbildelementen gestaltet sind (Multimediamittel),
- mittels elektronischer Medien (Multimediaträger),
- mit dem Kunden in Interaktion zu treten und
- die Kommunikationsziele des Unternehmens zu realisieren.

(Bruhn 1996b)

Die **Erscheinungsformen** der Multimedia-Kommunikation sind vielfältig (Silberer 1995, S. 5ff.; Hünerberg/Heise, S. 8ff.; DIW 1995, S. 18ff., S. 60ff.) und lassen sich anhand der folgenden Ausprägungspaare klassifizieren:

- **Online-/Offline-Kommunikation:** Im Gegensatz zur Offline-Kommunikation (zum Beispiel CD-ROM mit Computerspiel der Commerzbank) besteht bei der Online-Kommunikation (zum Beispiel Homepage der Deutschen Bank im Internet) über Datennetze eine direkte Verbindung zwischen Sender und Rezipient.
- **Domizile/Nicht-domizile Kommunikation:** Bei der domizilen Kommunikation (zum Beispiel Internet) kann der Rezipient die Botschaft zu Hause empfangen, während dies bei der nicht-domizilen Kommunikation (zum Beispiel Terminal am Point of Sale oder Point of Fun, wie Karstadt Music Master) an einem dritten Ort geschieht.

Um mit dem Kunden über elektronische Mittel in Interaktion treten zu können, muß für diesen eine Antwortmöglichkeit gegeben sein. Für eine Kommunikation mit direkter elektronischer **Interaktionsmöglichkeit** muß eine Online-Verbindung vorhanden sein (Rengelshausen 1995, S. 235). Multimediamittel, die lediglich in dieser Hinsicht Online-

Charakter haben (zum Beispiel Point of Sale-Terminal mit Bestellmöglichkeit), jedoch auf Offline-Datenbestände zurückgreifen, werden der Offline-Kommunikation zugerechnet. Diese Gestaltungsmöglichkeit ist nur bei der nicht-domizilen Offline-Kommunikation möglich. Ferner ist der **Pull-Charakter** der Multimedia-Kommunikation zu erwähnen. Die Kommunikationsbotschaft kann vom Rezipienten – anders als zum Beispiel bei TV-Spots – zum großen Teil ausschließlich aktiv empfangen werden; er muß zum Beispiel die Homepage eines Unternehmens im Internet aktiv auswählen, um auf diesem Weg vom Unternehmen angesprochen werden zu können.

Zur feineren Kategorisierung der Multimedia-Kommunikation können weitere Merkmalspaare herangezogen werden, die in Abbildung 5-29 dargestellt sind.

Zur **Planung** des Einsatzes der Multimedia-Kommunikation (Rengelshausen 1995, S. 223) ist zunächst eine **Situationsanalyse** hinsichtlich der Bereiche Markt, Kunden, Absatzmittler, Konkurrenz, Umfeld und Unternehmen vorzunehmen. Daran anschließend sind die mit den Zielen der Unternehmenskommunikation abgestimmten **Ziele** der Multimedia-Kommunikation festzulegen. Hierbei sind sowohl kognitiv-orientierte (insbesondere Erzielen von Informationswirkung) als auch affektiv-orientierte (Erzielen von Image- und Gefühlswirkungen) und konativ-orientierte Zielsetzungen (Steuerung des Informationsverhaltens, Beeinflussung der Mund-zu-Mund-Kommunikation) denkbar. Als **Zielgruppe** für den isolierten Einsatz der Multimedia-Kommunikation kommen lediglich Nutzer von Multimediamitteln in Betracht. Da diese Personengruppe noch relativ gering ist, und aufgrund der Passivität der Multimedia-Kommunikation muß eine adäquate Integration der Multimedia-Kommunikation in die Gesamtkommunikation erfolgen. Die Entwicklung der **Multimedia-Strategie** umfaßt die Dimensionen Multimedia-Objekt (Unternehmen, einzelne Leistungen), Multimedia-Botschaft (Informations- oder Unterhaltungscharakter, Kommunikation mit/ohne Interaktionsmöglichkeit usw.), Multimedia-Zielgruppe und Multimedia-Instrumente.

Nach der unter Berücksichtigung der Strategie durchgeführten Bestimmung des **Multimedia-Budgets** werden die **Multimedia-Maßnahmen** geplant. Dabei sind in den folgenden Bereichen Entscheidungen zu treffen:

- Auswahl der zu kommunizierenden Inhalte: Diese können grundsätzlich informativen (zum Beispiel Informationsseite im Internet, Geschäftsbericht auf CD-ROM, Unternehmenspräsentation auf CD-ROM, LBS-Diskette zur Vorbereitung auf Vorstellungsgespräche für Berufsanfänger) oder unterhaltsamen Charakter (zum Beispiel Computerspiel auf CD-ROM) aufweisen.
- Auswahl der einzusetzenden Multimediamittel und -träger (zum Beispiel CD-ROM, POS-Terminals, Homepage im Internet).
- Bestimmung der Gestaltungsform, das heißt Auswahl einzusetzender Gestaltungselemente visueller, akustischer und verbaler Art.

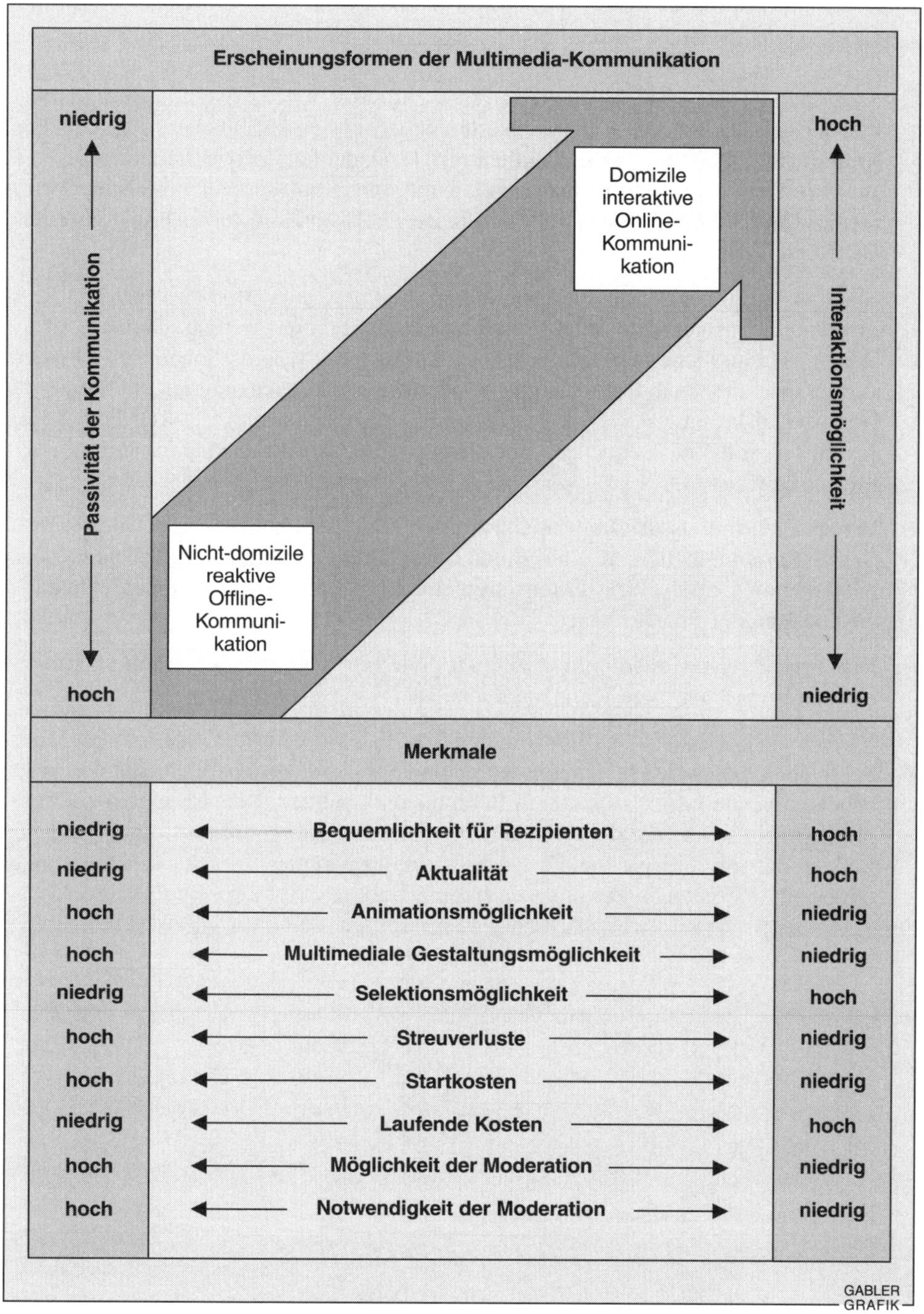

Abbildung 5-29: Erscheinungsformen der Multimedia-Kommunikation

Im Rahmen des Einsatzes der Multimedia-Kommunikation können folgende **Besonderheiten** für den Dienstleistungsbereich hervorgehoben werden:

- Aufgrund der sehr vielfältigen graphischen und akustischen Gestaltungsmöglichkeiten bei der Multimedia-Kommunikation ergeben sich zahlreiche Möglichkeiten, **immaterielle Leistungen zu visualisieren**. Dank der hohen Speicherkapazität ist es sogar vorstellbar, einen vollständigen Leistungserstellungsprozeß mittels der Multimedia-Kommunikation darzustellen, zum Beispiel Simulation eines Fluges an einem CD-ROM-Terminal.
- Ebenfalls aufgrund der hohen Speicherkapazität der neuen Medien kann dem Rezipienten eine ausgeprägte **Selektionsmöglichkeit** geboten werden. Dadurch ist die anwenderfreundliche und übersichtliche Abfrage von Informationen, insbesondere vor der Inanspruchnahme von High-Involvement-Leistungen möglich, die wegen der **Immaterialität** unter Umständen notwendig ist, zum Beispiel CD-ROM eines Reiseanbieters mit Videosequenzen über Urlaubsorte, schriftlichen Informationen wie Preisen usw.
- Ferner kann mittels der Multimedia-Kommunikation, ähnlich wie bei der Persönlichen Kommunikation, die aufgrund der **Nichtlagerfähigkeit** bedeutsame Ausnutzung von **Cross-selling-Potentialen** erreicht werden, zum Beispiel Geldanlageangebote beim Homebanking.
- Durch die **Interaktionsmöglichkeit** im Rahmen der Multimedia-Kommunikation ist es ebenso möglich, dem Kunden gegenüber als ein Dienstleister aufzutreten, dem daran gelegen ist, mit ihm in engem Kontakt zu stehen.
- Schließlich bietet die Multimedia-Kommunikation eine dem persönlichen Gespräch nahekommende Informations- und Beratungsmöglichkeit. Dies ist insbesondere bei großer **räumlicher Distanz zwischen Dienstleistungsangebot und -nachfrage** von Bedeutung, zum Beispiel bei ausführlichen Informationen über das Leistungsangebot einer Unternehmensberatung im Internet.

3. Preispolitik

3.1 Grundlagen der Preispolitik

3.11 Besonderheiten der Preispolitik von Dienstleistungsunternehmen

Ebenso wie bei den zuvor vorgestellten Entscheidungstatbeständen der Leistungs- und Kommunikationspolitik nehmen die **dienstespezifischen Besonderheiten** auch Einfluß auf die Preispolitik von Dienstleistungsunternehmen. Die offensichtlichste Besonderheit besteht in der – im Gegensatz zum Konsum- und Investitionsgüterbereich – seltenen Verwendung des Terminus Preis. Vielmehr werden je nach Dienstleistungsbranche für die vom Konsumenten zu erbringende materielle Gegenleistung Begriffe wie Honorar, Provision, Tarif, Gebühr, Porto usw. verwendet (Simon 1992a, S. 565). Abbildung 5-30 zeigt einen Überblick über dienstleistungsspezifische Besonderheiten der Preispolitik, die im folgenden erläutert werden.

Aus der **Immaterialität** von Dienstleistungen folgt:

- Aufgrund der fehlenden sichtbaren Leistungsmerkmale kann dem Preisniveau einer Dienstleistung als **Ersatzkriterium zur Qualitätsbeurteilung** beim Dienstleistungskauf eine hohe Bedeutung beigemessen werden (zum Beispiel Restaurants, Hotels). So ist es trotz der Schwierigkeiten der Ermittlung einer Preisresponse-/-absatzfunktion bei Dienstleistungen als notwendig anzusehen, mögliche Preis-/Qualitäts-/Absatzmengenzusammenhänge zu ermitteln (Steenkamp/Hoffmann 1994).
- Ein direkter Preisvergleich kann im allgemeinen nicht erfolgen und ohne die tatsächliche Inanspruchnahme einer Dienstleistung (zum Beispiel Durchführung einer Urlaubsreise, Ausführung eines neuen Modehaarschnitts) kann auch das **Preis-Leistungs-Verhältnis** nur mit großer Unsicherheit beurteilt werden (Cannon/Morgan 1990).
- Aufgrund der Immaterialität von Dienstleistungen erweist es sich als schwierig, die **Preisbereitschaft für neue Dienstleistungen** aus Sicht der Dienstleistungsnachfrager zu erfassen.

Die Notwendigkeit der permanenten **Leistungsfähigkeit** führt zu den folgenden Besonderheiten der Preispolitik von Dienstleistungsunternehmen:

Besonderheiten von Dienstleistungen	Implikationen für die Kontrahierungspolitik
Immaterialität (Nichtlagerfähigkeit, Nichttransportfähigkeit)	■ Preis als Qualitätsindikator ■ Dokumentation des Preis-/Leistungs- verhältnisses schwierig ■ Schwierige Ermittlung der Preisbereitschaft
Leistungsfähigkeit des Dienstleistungsanbieters	■ Schwierige Kostenzurechnung bei der Preisgestaltung ■ Preis-/Konditionenpolitik als Instrument zur Steuerung der Kapazitätsauslastung ■ Cross-selling, Preisbündelung
Integration des externen Faktors	■ Heterogenität innerhalb der Preisfest- setzung ■ Preisgestaltung mit Berücksichtigung von Selbstbeteiligungen des Dienstleistungs- nachfragers ■ „Individuelle" Preisgestaltung bei persönlichen Diensten ■ Qualität des externen Faktors als Determinante der Preiskalkulation

GABLER GRAFIK

Abbildung 5-30: Besonderheiten der Preispolitik von Dienstleistungsunternehmen

- Ein grundsätzliches Problem bei der kostenorientierten Preisfestlegung für neue Dienstleistungen ist im hohen Anteil der fixen Kosten an den Gesamtkosten zu sehen. Da Fixkosten vielfach Gemeinkosten sind (zum Beispiel Personalkosten im Hotelgewerbe, Kosten für die Bereitstellung von Transportmitteln bei Verkehrsdienstleistungen), die insbesondere durch die Aufrechterhaltung der Leistungsbereitschaft des Dienstleistungsanbieters hervorgerufen werden (Corsten 1988), können sie in der Regel **nicht verursachungsgerecht auf die Kostenträger verrechnet** werden. Die Festlegung eines Kostenverteilungsschlüssels, um eine geeignete Kalkulationsgrundlage für die kostenorientierte Preisfestsetzung zu erlangen, gestaltet sich somit als besonderes Problem. Bei vielen Dienstleistungen wird die zeitliche Inanspruchnahme der Dienstleistungskapazitäten durch den externen Faktor (zum Beispiel zeitbezogene Verrechnungssätze von Unternehmensberatungen, Telefongebühren) als Verteilungsschlüssel gewählt.

- Die Preis-/Konditionenpolitik kann als Instrument zur Steuerung der Kapazitätsauslastung eingesetzt werden.

- Mittels Maßnahmen der Preisbündelung können Cross-selling-Potentiale genutzt werden.

Die **Integration des externen Faktors** hat folgende Konsequenzen für die Preispolitik:

- Die Integration des externen Faktors führt bei Dienstleistungen mit einem hohen Individualisierungsgrad zum **Problem der Festlegung einheitlicher Preise** für die Inanspruchnahme einer Dienstleistung (Scheuch 1982). Verschiedene Dienstleistungsanbieter lösen dieses Problem, indem sie mit jedem Kunden Rahmenregelungen für die Entlohnung einer Dienstleistung festlegen und erst nach Abschluß des Dienstleistungsvollzugs die endgültige Fixierung des Dienstleistungspreises vornehmen (zum Beispiel Unternehmensberatungen).
- Bei der Preisgestaltung müssen **Selbstbeteiligungen** des externen Faktors berücksichtigt werden.
- Insbesondere bei persönlichen Dienstleistungen findet häufig eine **„individuelle" Preisgestaltung** statt.
- Die **Qualität des externen Faktors** ist zum Teil eine bedeutende Preisdeterminante.

3.12 Ziele der Preispolitik

Im Hinblick auf die **Zielsetzungen kontrahierungspolitischer Maßnahmen** lassen sich unternehmens- und marktgerichtete Ziele unterscheiden (Meffert 1986; Bruhn 1995c, S. 164). Zu den **unternehmensgerichteten Zielsetzungen** zählen unter anderem:

- Möglichst hohe und gleichmäßige Auslastung der aufgebauten Dienstleistungskapazitäten,
- Verwirklichung einer optimalen Kostensituation durch eine preisbezogene Nachfragesteuerung im Rahmen eines „Yield Management" (Enzweiler 1990; Krüger 1990; Smith/Leimkuhler/Darrow 1992),
- Maximierung des Marktanteils,
- Maximierung des Gewinns,
- Maximierung der Rendite.

Zu den **marktgerichteten Zielen** zählen unter anderem:

- Maximierung des Dienstleistungsabsatzes,
- Gewinnung einer führenden Wettbewerbsstellung im Sinne einer Kosten- beziehungsweise Preisführerschaft,
- Förderung der Einführung neuer Dienstleistungen durch preis- und konditionenpolitische Maßnahmen,

- Beeinflussung von Preiserwartung und -wahrnehmung,
- Erzielung von Imagewirkungen.

Die genannten Ziele gelten hauptsächlich für Dienstleistungsunternehmen, die privatwirtschaftlich organisiert sind und damit auch dem erwerbswirtschaftlichen Prinzip unterliegen. Für öffentliche Dienstleistungsunternehmen, wie zum Beispiel Krankenhäuser, Theater, Museen, Schwimmbäder und öffentliche Verkehrsunternehmen rücken andere Zielsetzungen in den Mittelpunkt. Als preispolitisches Oberziel wird hier häufig die Verlustminimierung oder die Kostendeckung angestrebt.

Weitere Ziele beziehungsweise **Unterziele der Preispolitik** öffentlicher Dienstleistungsunternehmen sind beispielsweise:

- Erschließung der Dienstleistung für eine breite Bevölkerungsschicht (zum Beispiel Theater, Museen),
- Steigerung der Volksgesundheit (zum Beispiel Schwimmbäder, Sportstätten),
- Zurückdrängen des Individualverkehrs aus den Innenstädten (zum Beispiel öffentlicher Nahverkehr).

3.13 Ansatzpunkte und Einflußfaktoren der Preispolitik

Preisentscheidungen können nach der Neuartigkeit der Leistung in Preisentscheidungen für neue Leistungen und bereits vorhandene Leistungen eingeteilt werden. Ferner sind Entscheidungen im Bereich der Zahlungsbedingungen festzulegen. Dabei ist zu beachten, daß im Dienstleistungsbereich vielfach **Preisnormierungen** anzutreffen sind (Corsten 1988; Meyer 1994). Hierbei handelt es sich weniger um einen preispolitischen Entscheidungstatbestand als vielmehr um eine von außen vorgegebene Restriktion bei der Preisfestlegung. Normpreise werden als Einheitspreis, Höchstpreis, Mindestpreis, Spannenpreis oder Richtpreis entweder von staatlicher Seite durch Gesetze und Verordnungen oder durch privatrechtliche Vereinbarungen von Berufsverbänden festgesetzt. Als Beispiel für Preisnormierungen können Gebührenordnungen von Ärzten, Rechtsanwälten oder Steuerberatern aufgeführt werden, die von den Berufsverbänden in Zusammenarbeit mit staatlichen Stellen festgesetzt werden. Daher können nach dem Grad der Entscheidungsfreiheit des Dienstleistungsunternehmens regulierte und freie Preisentscheidungen unterschieden werden. Beispiele für die verschiedenen Ansatzpunkte der Preispolitik von Dienstleistungsunternehmen zeigt Abbildung 5-31.

Im Rahmen der Preisfestlegung sind zahlreiche Einflußfaktoren zu berücksichtigen. Dabei können die **Preisdeterminanten** in fünf Gruppen unterteilt werden:

Preispolitische Entscheidung / Restriktion bei der Preisfestlegung	Regulierung	Keine Regulierung
Preis für neue Leistung	z. B. Gebühren für Funktelekommunikation	z. B. Gebühren für das Telebanking-Angebot einer Bank
Preis für vorhandene Leistung	z. B. Steuerberatungs-Stundensatz	z. B. Senken der Filmleihgebühr einer Videothek aufgrund der Gebührensenkung einer anderen Videothek oder aufgrund der Senkung der Kinopreise
Zahlungsbedingungen	z. B. Scheckzahlung bei der KFZ-Zulassungsstelle	z. B. Zahlungsmöglichkeit mit Kundenkreditkarte an Tankstellen

GABLER GRAFIK

Abbildung 5-31: Ansatzpunkte der Preispolitik von Dienstleistungsunternehmen

- Zu den **unternehmensbezogenen** Faktoren zählen die Kosten der Leistungserstellung, die Unternehmensziele, die angestrebte Positionierung des Unternehmens, das Lebenszyklusstadium der betrachteten Leistung, die strategische Rolle des Preises für das Unternehmen beziehungsweise in seiner Branche sowie die Kapazitätsplanung des Dienstleisters.

- Den **konsumentenbezogenen** Determinanten des Leistungsentgeltes können die Zahl der Nachfrager, die Substituierbarkeit der Leistung durch die Konkurrenz beziehungsweise durch den Konsumenten selbst, die Preisvorstellungen und Preisbereitschaft der Konsumenten, die Preiselastizität der Nachfrage sowie die allgemeine wirtschaftliche Lage subsumiert werden.

- Bei indirekt vertriebenen Leistungen sind hinsichtlich der **Absatzmittler** insbesondere die Stellung und das Ansehen des Unternehmens und seiner Leistungen beim Absatzmittler zu berücksichtigen.

- Bei den **konkurrenzbezogenen** Einflußfaktoren sind vor allem der Wettbewerberpreis sowie die Wettbewerbssituation zu erwähnen.

- Besonders im Dienstleistungsbereich sind bezüglich der **Umfeldfaktoren** Regulierungen des Preises zu nennen (zum Beispiel durch politische Entscheidungen).

3.14 Methoden der Preisfestlegung

In der Marketingliteratur werden zahlreiche Methoden der Preisfestlegung diskutiert (Meffert 1986, S. 286ff.; Diller 1991, S. 63ff., S. 150ff.; Simon 1992a, S. 86ff.; Bruhn 1995c, S. 171ff.). Diese können eingeteilt werden in:

- Methoden der kostenorientierten Preisfestlegung,
- Methoden der marktorientierten Preisfestlegung,
- Methoden der marginalanalytischen Preisfestlegung.

1. Methoden der kostenorientierten Preisfestlegung

Die kostenorientierte Preisfestlegung wird auf Basis der Kostenträgerrechnung des Dienstleistungsunternehmens durchgeführt (Diller 1991, S. 150ff.). Wird die **Vollkostenrechnung** als Kalkulationsgrundlage verwendet, berechnet sich der Preis für die Leistung, indem zu den Selbstkosten der Leistung ein Gewinnzuschlag addiert wird. Das bedeutet, daß die gesamten Gemeinkosten des Unternehmens auf die einzelnen Leistungseinheiten verteilt werden. Dies ist auch ein wesentlicher Ansatzpunkt der Kritik an dieser Vorgehensweise, der unter Verwendung der **Teilkostenrechnung** vermieden werden kann. Bei dieser Methode wird eine Unterteilung in fixe und variable Kosten vorgenommen, wobei sich der Preis aus den variablen Stückkosten und einem Deckungsspannenzuschlag zusammensetzt.

Anders als im Konsumgüterbereich kann bei Dienstleistungen eine annähernd verursachungsgerechte Verteilung der fixen Kosten nicht vorgenommen werden (Bieberstein 1995, S. 274). Dies hat unter anderem folgende Ursachen:

- Überdurchschnittlicher Anteil der fixen Kosten an den Gesamtkosten; Abbildung 5-32 zeigt beispielhaft für einige Dienstleistungsbranchen typische fixe und variable Kostenfaktoren.
- Bei vielen Dienstleistungen müssen die Preise festgelegt werden, bevor die Leistung erstellt wird und somit bevor die entstehenden Kosten bekannt sind (zum Beispiel Preisfestlegung einzelner Speisen eines Restaurants, bevor bekannt ist, wieviel Zeit- und Personalaufwand die Bedienung eines Gastes in Anspruch nimmt).

2. Methoden der marktorientierten Preisfestlegung

Bei Anwendung der Methoden der marktorientierten Preisfestlegung, die auf den Prinzipien der Teilkostenrechnung beruhen, werden neben den Kosten die Reaktionen der Marktteilnehmer berücksichtigt (Bruhn 1995c, S. 173). Die **Break-Even-Analyse** be-

Branche \ Kostenart	Fix	Variabel
Restaurants	■ Gebäudewartung ■ Miete, Zinsen ■ Personalkosten für Köche, Bedienung	■ Nahrungsmittel ■ Spülkosten
Banken	■ Personalkosten ■ Gebäudewartung ■ Werbung	■ Provisionen ■ Papier, Porto
Fluggesellschaften	■ Flugzeugwartung ■ Overheads	■ Flughafensteuer ■ Verpflegung der Gäste
Friseursalons	■ Gebäudewartung ■ Personalkosten ■ Miete, Zinsen	■ Shampoo ■ Haarspray

GABLER GRAFIK

Abbildung 5-32: Fixe und variable Kostenfaktoren verschiedener Dienstleistungen (Quelle: Palmer 1994, S. 251)

rechnet unter Konstanthaltung des Preises die für das Erreichen der Gewinnschwelle benötigten Absatzmengen. In einem iterativen Prozeß wird ausgehend von der als realistisch angenommenen Absatzmenge der Preis festgelegt. Neben der Schwierigkeit der Schätzung der Preis-Absatz-Funktion und der realistischen Absatzmenge besteht bei diesem Verfahren für Dienstleistungsunternehmen zusätzlich das Problem, daß die Bestimmung von Absatzmengen von vornherein selten möglich ist (während sich die Absatzmenge zum Beispiel bei einem Autohersteller aus der Anzahl der abgesetzten Kraftfahrzeuge ergibt, ist bei einem Friseur aufgrund der Erstellung von Herren-, Damenhaarschnitten, Dauerwellen, Rasuren, Tönungen usw. keine eindeutige Grundlage zur Bestimmung der Absatzmenge gegeben). Eine **Preisfestlegung bei Entscheidungssituationen unter Risiko** muß auf die Unsicherheit der preisbezogenen Reaktionen der Nachfrager Rücksicht nehmen. Mittels der Erwartungswertmaximierung wird unter Berücksichtigung der Wahrscheinlichkeiten für bestimmte Nachfragerreaktionen eine empfehlenswerte Preisforderung bestimmt. Hierbei entsteht die Schwierigkeit der Schätzung entsprechender Wahrscheinlichkeiten. Generell kann eine kritische Würdigung der marktorientierten Preisfestlegung dahingehend vorgenommen werden, daß sie auf der Teilkostenrechnung basiert.

Das konstitutive Merkmal der Integration des externen Faktors stellt das **Grundproblem der marktorientierten Preisfestsetzung** im Dienstleistungsbereich dar. Hier ist die aus der Heterogenität des externen Faktors resultierende Heterogenität der Dienstleistungsprozesse näher zu untersuchen. In Abbildung 5-33 sind verschiedene Optionen darge-

Heterogenität der Dienstleistung		Zeitpunkt der Preisfestsetzung: A priori	Zeitpunkt der Preisfestsetzung: A posteriori
	Niedrig	① Zum Beispiel – Kino – Kleiderreinigung	② Zum Beispiel – Telefon – Sondermüllentsorgung
	Hoch	③ Zum Beispiel – Komplettpakete – Pauschalreise	④ Zum Beispiel – Kfz-Reparatur – Beratungsleistung

GABLER GRAFIK

Abbildung 5-33: Klassifizierung der Dienstleistungen nach dem Zeitpunkt der Preisfestsetzung und der Heterogenität der Dienstleistung

stellt, die sich aus einer Kombination unterschiedlicher **Heterogenitätsgrade** mit unterschiedlichen **Zeitpunkten der endgültigen Preisfestsetzung** ergeben.

Aus der Einordnung verschiedenartiger Leistungen in die Felder der Matrix lassen sich unterschiedliche **preispolitische Optionen** ableiten, die im wesentlichen auf das vom Konsumenten empfundene Kaufrisiko zielen (Zeithaml 1991; Müller/Klein 1993a). Grundsätzlich kann davon ausgegangen werden, daß das Risiko um so höher eingeschätzt wird, je später der endgültige Preis feststeht, je höher die Heterogenität der Dienstleitung und je schwieriger die Leistungsbeurteilung aus Konsumentensicht ist.

Im einfachsten Fall von Abbildung 5-33 (**Feld 1**) erfolgt die Preissetzung ähnlich wie bei Produkten. Im Fall eines Kinobesuchs oder einer Kleiderreinigung kann der Konsument die Leistung aufgrund der geringen Heterogenität relativ gut beurteilen. Zudem ist der Preis im voraus bekannt, so daß das Kaufrisiko in der Regel als begrenzt zu bezeichnen ist.

Ganz das Gegenteil ist der Fall, wenn eine Preisfestsetzung erst nach Erbringung der Dienstleistung erfolgt und Dienstleistungsprozesse und -ergebnisse sehr heterogen ausfallen (**Feld 4**). Hier ist das Kaufrisiko generell als hoch zu bezeichnen.

Daraus lassen sich zwei generelle **preispolitische Stoßrichtungen** ableiten. Zum einen kann der Dienstleister den Grad der Heterogenität der Dienstleistung abschwächen, das heißt sich in Richtung von **Feld 2** bewegen. Derartige Optionen fallen in den Bereich der Leistungspolitik. Sie sind bereits unter dem Stichwort der Standardisierung diskutiert worden. Am Beispiel von Beratungsleistungen würde das bedeuten, daß die Dienstleistung „Beratung" in klar strukturierte Leistungsmodule unterteilt wird (zum Beispiel das Paket der Gemeinkostenwertanalyse einer Unternehmensberatung). Eine derartige Vorgehensweise bietet sich aber nicht für alle Dienstleistungen an.

Der einfachere und gängige Weg ist eine Bewegung in Richtung von **Feld 3**. Am Beispiel der Kfz-Reparatur wäre hier ein Angebot von Komplettpreispaketen vorzuschlagen. Dabei ist die Heterogenität der einzelnen eingebrachten Faktoren und die damit verbundene unterschiedliche Kostenbelastung bewußt in Kauf zu nehmen und im Rahmen einer Mischkalkulation auszugleichen.

3. Methoden der marginalanalytischen Preisfestlegung

Während es sich bei den Methoden der kosten- und marktorientierten Preisfestlegung um sehr praxisorientierte Verfahren handelt, soll bei der Marginalanalyse mittels der Differentialrechnung ein optimaler Preis bestimmt werden (Meffert 1986, S. 286ff.; Bruhn 1995c, S. 179). Hierbei spielt die **Preiselastizität der Nachfrage** eine wichtige Rolle. Sie gibt die Reaktionen der Nachfrage auf infinitesimal geringe Preisveränderungen wieder. Da in zahlreichen Dienstleistungsbranchen sehr niedrige Nutzen- und Preistransparenzen gegeben sind (zum Beispiel Banken, Unternehmensberatung, vgl. Simon 1992a, S. 566f.), ist die Nachfrage nach diesen Leistungen sehr preisunelastisch. Abbildung 5-34 gibt zur Veranschaulichung eine Klassifizierung von Dienstleistungen anhand der Kriterien Nutzentransparenz und Preistransparenz wieder.

Preistransparenz / Nutzentransparenz	Niedrig	Hoch
Niedrig	Beispiele: ■ Banken ■ Versicherungen ■ Beratung	Beispiele: ■ Chemische Reinigung ■ Telekommunikation
Hoch	Beispiele: ■ Hotels ■ Gesundheitsbereich ■ Urlaubsreisen	Beispiele: ■ Autowäsche ■ Spedition ■ Luftverkehr (Standardrouten)

GABLER GRAFIK

Abbildung 5-34: Klassifizierung von Dienstleistungen nach den Nutzen- und Preistransparenzen
(Quelle: Simon 1992a, S. 567)

Im Rahmen der marginalanalytischen Preisfestlegung werden häufig die Unterschiede in verschiedenen Marktformen beleuchtet (Bruhn 1995c, S. 186ff.), wie zum Beispiel:

- Preisfestlegung im Monopol (zum Beispiel Gebühren der Telekom bei festnetzgebundenen Telekommunikationsleistungen; Fahrpreise der Deutschen Bahn auf Strecken ohne sonstigen öffentlichen Nahverkehr),
- Preisfestlegung im Oligopol (zum Beispiel Bankgebühren, Preise von Paketdiensten, Eintrittspreise der Kinos einer Stadt),
- Preisfestlegung im Polypol (zum Beispiel Menüpreise von Restaurants).

Die kritische Würdigung der marginalanalytischen Preisbestimmung setzt an den Annahmen dieser Verfahren (zum Beispiel vollständige Information, rationales Verhalten der Nachfrager, Preis als einziger Einflußfaktor der nachgefragten Menge) an, die als unrealistisch anzusehen sind.

3.15 Prozeß der Preisfestlegung

Vergleichbar mit der Planung des Einsatzes anderer Marketinginstrumente sollte die Preisfestlegung anhand verschiedener Phasen strukturiert werden.

1. Analyse des preispolitischen Spielraums

Um unter Berücksichtigung sämtlicher Einflußfaktoren eine effiziente Preisfestlegung vornehmen zu können, sollte zum Prozeßbeginn eine Situationsanalyse dahingehend vorgenommen werden, welche preispolitischen Spielräume dem Unternehmen bleiben.

2. Festlegung preispolitischer Ziele

In der nächsten Phase gilt es, die preispolitischen Ziele des Dienstleistungsunternehmens festzulegen. Bei Zielkonflikten zwischen einzelnen Zielen, insbesondere zwischen unternehmens- und konsumentenorientierten Zielen, sind Prioritäten zu setzen, um die Festlegung einer widersprüchlichen Strategie zu vermeiden.

3. Festlegung preispolitischer Strategien

- Hinsichtlich der **Preispositionierung** des Unternehmens können eine Hoch-, Mittel- und Niedrigpreisstrategie unterschieden werden.
- Betrachtet man den **Preiswettbewerb**, können Strategien der Preisführerschaft, des Preiskampfes sowie der Preisfolgerschaft abgegrenzt werden.
- Angelehnt an das Konzept des Produkt- beziehungsweise **Leistungslebenszyklus** können gemäß der Phasenabhängigkeit des Preises eine Penetrations- und eine Skimmingstrategie differenziert werden.

- Bezüglich der **Variabilität** der Preise können eine Festpreisstrategie, eine flexible Preisstrategie sowie eine pulsierende Preisstrategie angeführt werden.
- Aufgrund ihrer besonderen Bedeutung im Dienstleistungsbereich wird auf die Strategien der **Preisdifferenzierung** und **Preisbündelung** später noch ausführlicher eingegangen.

4. Festlegung preispolitischer Maßnahmen

Im Rahmen der Preispolitik können verschiedene Instrumente eingesetzt werden, die den folgenden vier Kategorien subsumiert werden können:

- Der **Preis** selbst gibt den monetären Gegenwert der Unternehmensleistung wieder, der vom Konsumenten zu entrichten ist.
- **Preisnachlässe** können in Form von Rabatten, Boni oder Skonti gewährt werden.
- Zu den **Preiszuschlägen** zählen Entgelte für Sonderleistungen, Mindermengenzuschläge, Preiszuschläge in Abhängigkeit von bestimmten Zeiten.
- Den **Zugaben** können die Bereitstellung zusätzlicher materieller oder immaterieller Leistungen subsumiert werden.

5. Preiskontrolle

Preiskontrollen sollen Ansatzpunkte für eventuell notwendige Korrekturen der Preis- und Konditionenpolitik liefern und erstrecken sich im Dienstleistungsbereich grundsätzlich auf zwei Bereiche:

- Kontrolle der Endverbraucherpreise,
- Kontrolle der Konkurrenzpreise.

Im folgenden werden mögliche preispolitische Strategien eines Dienstleistungsunternehmens ausführlich dargestellt.

3.2 Preispolitische Strategien

3.21 Preisbezogene Strategien

3.211 Preisdifferenzierung

Die Preisdifferenzierung ist im Dienstleistungsmarketing zum einen als wichtiges **Instrument zur Beeinflussung des Nachfrageverhaltens** der Konsumenten anzusehen, wobei hier die gleichmäßige Auslastung der Dienstleistungskapazitäten und damit die Vermeidung von Leerkosten angestrebt wird (Corsten 1988). Zum anderen kann die Preisdifferenzierung unter Berücksichtigung der spezifischen Bedingungen (zum Beispiel Preisbereitschaft, Preisreaktionsfunktion) in einzelnen Zielgruppensegmenten zur besseren **Ausschöpfung von Marktpotentialen** beitragen (Simon 1992a).

Zur Differenzierung können verschiedene **Kriterien**, die in Abbildung 5-35 dargestellt sind, isoliert oder kombiniert herangezogen werden:

1. **Räumliche Kriterien** (zum Beispiel regionale Differenzierung),
2. **Zeitliche Kriterien** (zum Beispiel Zeitpunkt der Inanspruchnahme sowie der Bestellung von Dienstleistungen),
3. **Abnehmerorientierte Kriterien** (zum Beispiel Alter, Geschlecht, soziale Stellung),
4. **Quantitative Kriterien** (zum Beispiel Inanspruchnahme von Einzelleistungen versus Dauer- oder Mehrfachleistungen).

1. Räumliche Preisdifferenzierung

Bei der **räumlichen Preisdifferenzierung** werden die Dienstleistungen auf **geographisch unterschiedlichen Märkten** zu unterschiedlichen Preisen angeboten. Dies kann bei Dienstleistungsunternehmen zum Beispiel durch Filialisierung erreicht werden. Eine häufig vorzufindende Form der räumlichen Preisdifferenzierung ist bei den Dienstleistungen gegeben, die der Dienstleistungsanbieter direkt vor Ort beim Kunden erbringt (zum Beispiel Wartungsarbeiten, Reparaturdienstleistungen). Hier werden häufig – je nach Entfernung des Dienstleistungsnachfragers vom Firmenstandort – unterschiedliche Tarifklassen für die Erstellung von Dienstleistungen vorgesehen beziehungsweise differenzierte Anfahrtskosten in die Gesamtrechnung einbezogen.

Bei Reiseveranstaltern werden beispielsweise für Flugreisen in Abhängigkeit des gewählten Abflughafens vielfach unterschiedliche Preise festgelegt. Im Rahmen einer derartigen

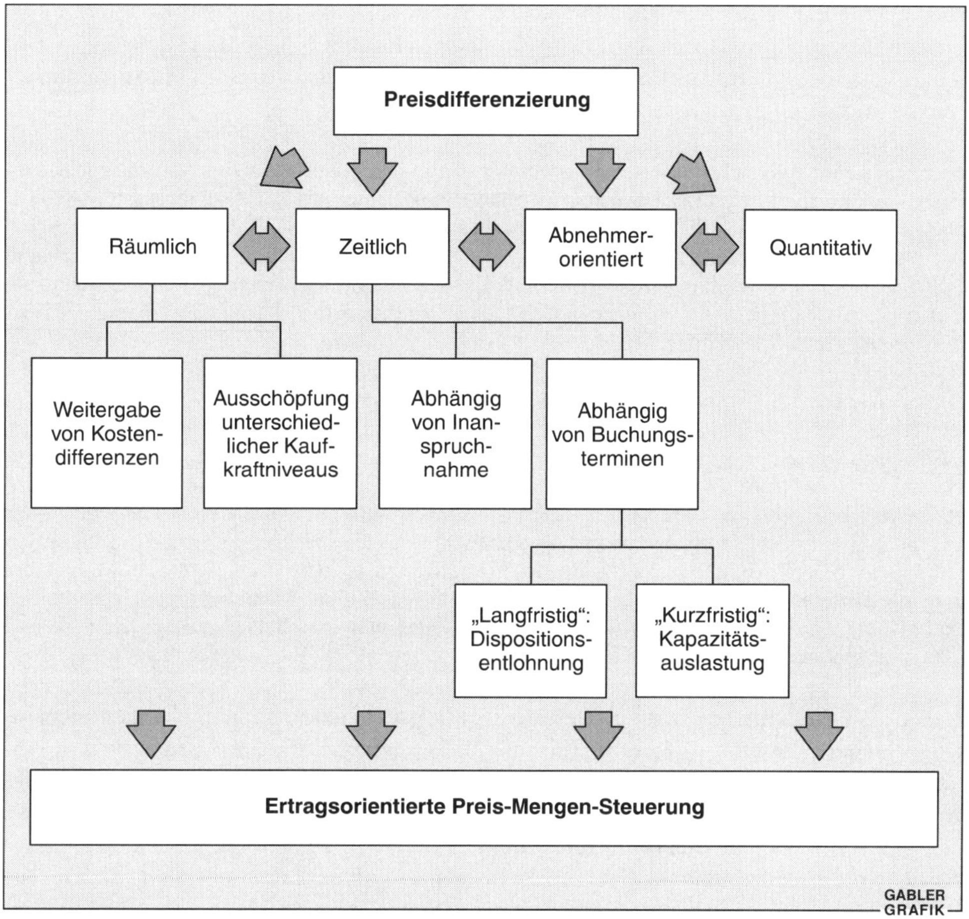

Abbildung 5-35: Formen der Preisdifferenzierung

Vorgehensweise werden Kostendifferenzen zumindest teilweise auf die Preise übertragen. Hier bieten sich beispielsweise Möglichkeiten, angesichts der zunehmenden verkehrstechnischen Probleme von Großflughäfen die Kapazitäten kleiner Flughäfen unter gleichzeitiger Verbesserung der Servicequalität (zum Beispiel Vermeidung von langen Wartezeiten beim Einchecken) besser auszunutzen. Vielfach wird auch eine **regionen- oder länderspezifische Differenzierung** der Preisforderungen vorgenommen, um unterschiedlichen Kaufkraftniveaus gerecht zu werden.

2. Zeitliche Preisdifferenzierung

Insbesondere die **zeitliche Preisdifferenzierung** dient im Dienstleistungsmarketing als wichtiges Instrument zur Steuerung der Dienstleistungsnachfrage. Hierbei sind die folgenden **Formen** der zeitlichen Preisdifferenzierung hervorzuheben: Einerseits können je nach dem **Zeitpunkt der konkreten Inanspruchnahme** einer Dienstleistung beziehungsweise dem **Zeitpunkt des Dienstleistungserstellungsprozesses** Preisdifferenzierungen vorgenommen werden.

So werden zum Beispiel bei Reiseveranstaltungen in Zeiten höherer Nachfrage nach Reiseangeboten (zum Beispiel Feiertage, Ferienzeiten) höhere Preise gefordert, während in nachfrageschwächeren Zeiten die gleichen Dienstleistungsangebote zum Teil wesentlich günstiger angeboten werden. Häufig findet sich auch eine zeitbezogene Preisdifferenzierung nach Haupt-, Vor- und Nebensaison. Bei Kurzreisen (Dreitagesreisen, Kurzaufenthalte in Ferienparks usw.) finden zum Teil sogar wochenbezogene (Wochenende, Wochenmitte) und tagesbezogene (Feiertage) Preisdifferenzierungen Anwendung.

Dienstleistungen, die nur stundenweise in Anspruch genommen werden (zum Beispiel Vermietung von Tennisplätzen, Unterhaltungsdienste wie Kino-, Theater-, Diskothekenbesuche) sind vielfach nach verschiedenen Tageszeiten im Preis differenziert. Darüber hinaus kann für Dienstleistungen, die stundenweise in Anspruch genommen werden und deren Nachfrage sowohl tageszeiten- und wochentagsbezogene als auch saisonale Schwankungen aufweist (zum Beispiel Skikurse oder Segelkurse, deren Inanspruchnahme insbesondere vormittags, an Wochenenden und in Schulferien präferiert wird), ein komplexes zeitbezogenes Preisdifferenzierungssystem aufgebaut werden, bei dem alle Differenzierungskomponenten Berücksichtigung finden. Dabei sind jedoch die beiden Zielgrößen „maximale Abschöpfung von Konsumentenrente durch Preisdifferenzierung" und „Preistransparenz" gegeneinander abzuwiegen.

Neben der Preisdifferenzierung nach der zeitlichen Inanspruchnahme finden sich im Dienstleistungsbereich zahlreiche Beispiele dafür, daß eine Preisdifferenzierung in Abhängigkeit des **Zeitraumes zwischen der Buchung einer Dienstleistung** (zum Beispiel Buchung einer Flugreise, Hotelreservierung, Kauf einer Konzertkarte) beziehungsweise dem **Kauf eines Dienstleistungsversprechens** und dem Beginn des Dienstleistungserstellungsprozesses vorgenommen wird. In diesem Zusammenhang „entlohnt" der Dienstleistungsanbieter den ihm vom Kunden zur Verfügung gestellten Dispositionsspielraum. Im Rahmen der so ermöglichten frühzeitigen Planung variabler Dienstleistungskapazitäten räumt der Dienstleistungsanbieter dem Nachfrager Preisnachlässe für eine möglichst frühzeitige Reservierung oder Buchung eines Leistungsversprechens ein.

Beispiele hierfür finden sich bei Verkehrsdienstleistungen, Autovermietungen oder Angeboten von Reiseveranstaltern. So ermöglicht ein frühzeitiger Überblick des Dienstleistungsanbieters über die Auslastungsquoten seiner Dienste in der Regel eine kostengünstigere Anpassung seiner Dienstleistungskapazitäten, als wenn kurzfristig eine unerwartete Spitzennachfrage zu bewältigen ist (zum Beispiel Festeinstellung von Tennislehrern für bestimmte Monate gegenüber einer kurzfristigen Bereitstellung und stundenweisen Vergütung von Lehrkapazitäten).

Neben der Vergütung des zeitlichen Dispositionsraumes ist eine zweite Variante der vom Zeitpunkt der Buchung abhängigen Preisdifferenzierung anzuführen. In diesem Zusammenhang können zur Auslastung von Dienstleistungskapazitäten (zum Beispiel Last-Minute-Flüge, Hotelzimmer), insbesondere wenn der Dienstleistungserstellungsprozeß unabhängig von der Anzahl der einzubeziehenden externen Faktoren vollzogen wird, kurzfristig Dienstleistungsnachfrager zur Teilnahme am Erstellungsprozeß durch **Preisnachlässe** stimuliert werden (zum Beispiel Stand-by-Flüge). Hierbei wird insbesondere eine Deckung der Fixkosten angestrebt.

Eine Sonderform der zeitlichen Preisdifferenzierung stellt die **ertragsorientierte Preis-Mengen-Steuerung (Yield Management)** dar, die in den letzten fünf Jahren intensiv diskutiert wurde (Daudel/Vialle 1989; Vogel 1989; Bertsch 1990; Enzweiler 1990; Hopper 1990; Krüger 1990; Zehle 1990; Kirstges 1992; Simon 1992a; Smith/Leimkuhler/Darrow 1992). Diese bietet insbesondere Dienstleistungsanbietern mit unflexiblen Kapazitäten und hohen Fixkosten (zum Beispiel Fluglinien, Transport- und Reiseunternehmen) Vorteile. Hinter diesem Begriff, der sich mit **Ertragsmanagement** übersetzen läßt, verbirgt sich ein **preisgesteuertes Kapazitätsmanagement**. Vereinzelt wird das Yield Management bereits als „Wunderwaffe für jeden Dienstleister" gepriesen (Enzweiler 1990). Allerdings ist zu bedenken, daß es sich hier im wesentlichen um eine Form der Preisdifferenzierung handelt, die bereits seit längerer Zeit zum Einsatz kommt.

Die im Verlauf der Diskussion angeführten Beispiele (Theaterkartenvorverkauf, Last-minute-Flüge usw.) zeigten, daß der Preis für die Dienstleistung im Zeitablauf schwanken kann, wenn man ihn in Abhängigkeit vom Nutzen des **Dienstleistungsanbieters** gestaltet. Idealtypisch ist der Preis zunächst relativ niedrig, da er dem Dienstleister zu diesem Zeitpunkt große Dispositionsräume ermöglicht. Daraufhin steigt der Preis wegen enger werdender Dispositionsspielräume an, um schließlich, kurz vor Beginn des Erstellungsprozesses, zur Vermeidung des Verfalls der bereitstehenden Dienstleistungspotentiale im Fall der Nichtnutzung wieder deutlich zu sinken.

Neben dieser anbieterbezogenen Perspektive läßt sich noch die **nachfragerbezogene Perspektive** aufspannen. Dienstleistungen haben für unterschiedliche Nachfrager zu verschiedenen Zeiten einen unterschiedlichen Wert (Enzweiler 1990). Aus Kundensicht sollte der Preis zunächst recht niedrig sein, da der Kunde auf Dispositionsspielräume verzichtet. Diesen Verzicht möchte er entsprechend entlohnt haben. Im Zeitablauf steigt der Preis dann, weil der Kunde auf weniger Dispositionsfreiräume verzichtet und entsprechend weniger Preisnachlässe beansprucht. Kurz vor Beginn des Dienstleistungsprozesses sinkt der Preis dann wieder, weil der Kunde das Risiko entlohnt haben möchte, die Dienstleistung wegen Kapazitätsmangel beim Anbieter nicht mehr beziehen zu können (Last-minute-Risiko).

Aus den beschriebenen Verlagerungen von Dispositionspotentialen sowie den Risikoüberlegungen von Anbieter und Nachfrager ergeben sich die beschriebenen **Preisänderungen im Zeitablauf**. Im Rahmen des Yield Management werden diese Überlegungen nun in einen EDV-gestützten Optimierungsprozeß überführt. Dies stellt den wesentlichen Unterschied zu bisher bekannten Ansätzen dar.

Diese Form des Preismanagements wurde erstmals bei American Airlines eingesetzt, die sich Ende der siebziger Jahre aufgrund der Deregulierung des amerikanischen Luftverkehrsmarktes einer steigenden Anzahl kleinerer Fluggesellschaften gegenübersahen, die sich durch Niedrigpreisstrategien im Markt zu etablieren versuchten. Durch den Einsatz des Yield Management konnte American Airlines diese Bedrohung meistern und eine Umsatzsteigerung von 1978 bis 1988 um 221 Prozent erreichen. Gegenwärtig wird Yield Management von zahlreichen Fluggesellschaften und Hotelketten betrieben (Enzweiler 1990). Aus diesem doch recht begrenzten Branchenfokus wird bereits erkennbar, daß ein Einsatz des Yield Management nicht für alle Dienstleistungsunternehmen geeignet ist.

Für einen sinnvollen **Einsatz des Yield Management** sollten folgende **Kriterien** erfüllt sein (Daudel/Vialle 1989; Enzweiler 1990; Zehle 1990):

- Die Leistungspotentiale verfallen bei Nichtinanspruchnahme der Dienstleistung (zum Beispiel Linienflug).
- Eine Kontrahierung kann bereits vor Inanspruchnahme der Dienstleistung erfolgen (handelbares Leistungsversprechen; nicht möglich bei zum Beispiel Steuerberatungen).
- Die Nachfrage unterliegt hohen Schwankungen, die a priori weitgehend unbekannt sind.
- Eine Stimulierung der Nachfrager durch Variationen der Preisgestaltung ist grundsätzlich möglich (Preiselastizität; nicht möglich zum Beispiel bei Krankenhäusern, Ärzten).
- Der Dienstleistungsanbieter sieht sich mit einem hohen Fixkostenblock konfrontiert.
- Der Dienstleistungsanbieter verfügt über eine bestimmte Größe, so daß sich der Einsatz von EDV lohnt.

Bei Erfüllung dieser Voraussetzungen kann dann ein **Yield-Management-System** implementiert werden, das über folgende Teilmodule verfügen sollte (Daudel/Vialle 1989; Enzweiler 1990; Simon 1992a):

- **Datenerfassungs, -aufbereitungs- und -bereitstellungsmodul**
  Zum einen müssen historische Daten erfaßt werden. Dazu zählen die Kundenhistorie mit sämtlichen Daten zur Dienstleistungsnutzung inklusive der vorgenommenen Stornierungen. Falls die Dienstleistung in Kooperation mit anderen Anbietern erfolgt, sind sämtliche Daten bezüglich dieser Zusammenarbeit zu erfassen. Neben den historischen Daten müssen über ein Check-in-System die aktuellen Anfragen und Buchungen erfaßt werden. Weiterhin muß die Datenbank Informationen zu den Kapazitäten des Dienstleisters enthalten.
- **Analysemodul**
  Im Rahmen dieses Moduls werden die historischen Daten und die Gegenwartsdaten gegenübergestellt. In diesem Zusammenhang werden auch Prognosen beispielsweise über die zukünftig zu erwartenden Buchungsraten, über allgemeine und personen-

spezifische Stornierungsraten sowie die zu erwartenden Buchungsverläufe erstellt. Durch Lösungsalgorithmen werden dann unter Berücksichtigung der Deckungsbeiträge oder Umsätze pro Engpaßeinheit Entscheidungen hinsichtlich der Vergabe der knappen Einheiten und ihrer Vergütung beziehungsweise hinsichtlich der Preise getroffen.

- **Ausgabemodul**
  Im Anschluß an den Optimierungsprozeß erfolgt dann je nach Problemstellung eine Angebotserstellung beziehungsweise eine Entscheidung hinsichtlich der Annahme oder Ablehnung einer Anfrage. Diese Entscheidung wird dann entweder mündlich vom Personal des Dienstleistungsanbieters überbracht oder – entsprechende technische Ausstattung des Nachfragers vorausgesetzt – mittels Datenaustausch zwischen Yield-Management-System und EDV des Nachfragers transferiert.

Diese Unterteilung stellt selbstverständlich nur ein Grobraster dar, das von der betreffenden Unternehmung noch individuell den eigenen Belangen angepaßt werden muß (vgl. Smith/Leimkuhler/Darrow 1992).

Die **Erfolgswahrscheinlichkeit** derartiger **Yield-Management-Systeme** wird als hoch beurteilt. So erhofft sich die Swissair durch den Einsatz des Yield Management eine achtprozentige Umsatzsteigerung. Hotels sollen gar Umsatzsteigerungen um zehn Prozent realisieren können. Solche Einschätzungen müssen aber sicherlich relativiert und den durch den Einsatz des Systems entstehenden Kosten gegenübergestellt werden. Insgesamt kann das Yield Management aber als innovative und effiziente Gestaltung bisher eher heuristischer Vorgehensweisen bewertet werden.

3. Abnehmerorientierte Preisdifferenzierung

Die **abnehmerorientierte Preisdifferenzierung** knüpft in der Regel an die mit verschiedenen abnehmerbezogenen Merkmalen (zum Beispiel Alter, Familienstand, Geschlecht, soziale Stellung) variierende Preisbereitschaft bei der Inanspruchnahme von Dienstleistungen an. Hierbei kann auf die im Rahmen der Marktsegmentierung gebildeten Zielgruppensegmente und deren Preisbereitschaft Bezug genommen werden.

Als **Beispiel** hierfür können die differenzierten Preistarife für gewerbliche und nichtgewerbliche beziehungsweise private Zeitungsanzeigen herangezogen werden. In Abhängigkeit des Abnehmermerkmals Alter bieten auch öffentliche Verkehrsträger mit Junioren- und/oder Seniorentarifen ein preislich differenziertes Dienstleistungsangebot an.

4. Quantitative Preisdifferenzierung

Schließlich bieten sich Dienstleistungsunternehmen noch Formen der **quantitativen Differenzierung**. Preisdifferenzierungen werden hier in Abhängigkeit von der **Anzahl der nachgefragten Dienstleistungseinheiten** vorgenommen.

In diesem Zusammenhang sei auf den Kauf von Abonnements, Dauerkarten oder Mengenkarten für Kinobesuche oder Gruppenreisen verwiesen. Voraussetzung für diese Art der Differenzierung ist die Handelbarkeit des Leistungsversprechens. Durch die Reform des Rabattgesetzes sind hier zahlreiche Impulse zu erwarten (o. V. 1994).

Häufig erfolgt eine **kombinierte Anwendung der vorgestellten Kriterien** im Dienstleistungsmarketing. So wird beispielsweise im Bereich der Non-Profit-Organisationen (zum Beispiel Museen, Theater, Schwimmbad, Krankenhaus) hauptsächlich nach den Kriterien Abnehmer und Menge differenziert. Konkret bedeutet dies, daß Kinder, Schüler, Studenten, Lehrlinge und Rentner verminderte Eintrittspreise für die genannten Einrichtungen bezahlen müssen. Gleichzeitig werden Abonnements, Dauer- und Zehnerkarten zu einem reduzierten Preis angeboten (quantitative Preisdifferenzierung). Hier wird deutlich, daß es beim Einsatz verschiedener Arten der Preisdifferenzierung zu Überschneidungen kommen kann, deren Behandlung a priori vom Dienstleistungsanbieter festzulegen ist („doppelte", also kumulierte versus „einfache" Ermäßigung). Zudem kann beim Einsatz mehrerer Differenzierungsarten die Transparenz der Dienstleistung leiden und dadurch die Akzeptanz beim Konsumenten gefährdet sein. Gleichzeitig können sich hier innovative Dienstleister profilieren, indem sie als Zwischenhändler (zum Beispiel Reisebüro) oder als reiner Berater (zum Beispiel Versicherungsberater) die für den individuellen Kunden günstigsten Anbieter herausfiltern.

Im Bankenbereich wird häufig eine Preisdifferenzierung nach den Kriterien Abnehmer, Zeit und Menge vorgenommen. So erhalten Privatkunden oftmals ungünstigere Konditionen als Firmenkunden; dies hat aber auch indirekt Bezug zum Geschäftsvolumen beziehungsweise der „Menge". Längere Anlageformen von Geld erbringen höhere Zinsen (Zeit) und höhere Kreditbeträge sind in der Regel günstiger zu erhalten als kleinere (Menge). Neben der Überschneidung im Rahmen der Anwendung (kombinierter Einsatz mehrerer Differenzierungsmechanismen) sind also auch Überschneidungen der Zielsetzungen einzelner Differenzierungsarten denkbar und üblich.

Zu den Methoden der Preisdifferenzierung kann ferner die **nichtlineare Preisbildung** gezählt werden. Hierbei sinkt der Preis pro Einheit mit zunehmender gekaufter Menge (Simon 1992a, S. 44). Diese Art der Preisbildung ist freilich nur möglich, wenn die Absatzmenge einer Dienstleistung anhand eines geeigneten Maßstabes (zum Beispiel Zeiteinsatz von Unternehmensberatungen) quantifiziert werden kann.

Ein **Beispiel** für die nichtlineare Preisbildung ist das Angebot der BahnCard durch die Deutsche Bahn (vgl. Abbildung 5-36). In Abhängigkeit von der gefahrenen Kilometerzahl besteht für Kunden ohne BahnCard eine lineare Preisabsatzfunktion, das gleiche gilt für Kunden mit BahnCard. Diese beiden Geraden schneiden sich in einem Punkt. Der rational handelnde Kunde wird bis zu diesem Punkt ohne BahnCard fahren, anschließend mit BahnCard. Dies liegt in der fixen Anschaffungsausgabe für die BahnCard begründet. Aggregiert man die beiden Geraden, ergibt sich eine nichtlineare Preisabsatzfunktion für alle Bahnkunden.

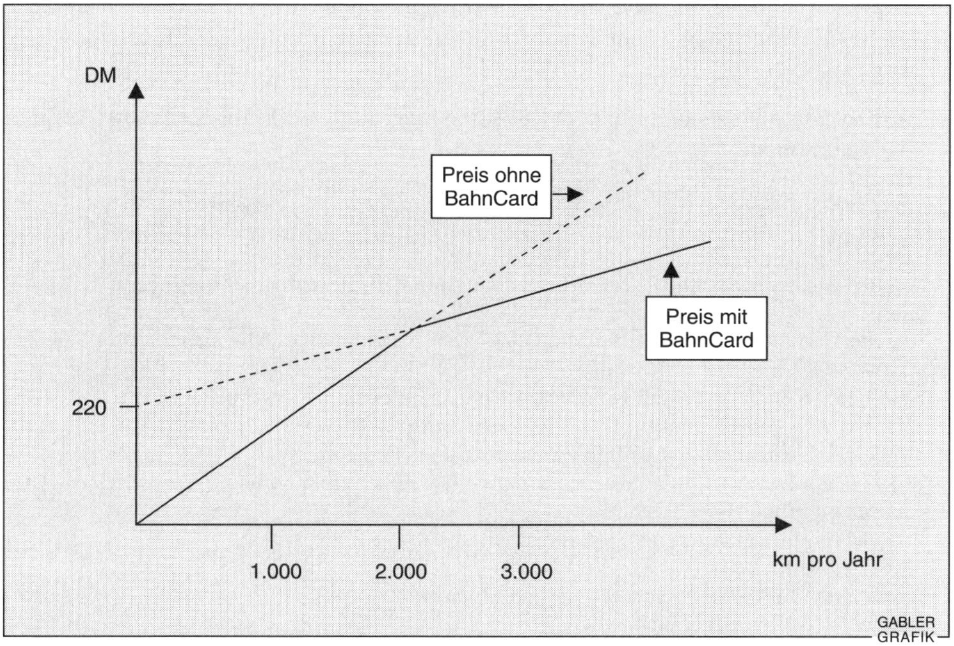

Abbildung 5-36: Nichtlineare Preisbildung am Beispiel der Deutschen Bahn
(Quelle: Jeschke 1996)

3.212 Preisbündelung und Preisbaukästen

Ebenso wie im Sachgüterbereich besteht im Dienstleistungssektor die Möglichkeit, dem Dienstleistungskunden die Wahl zu bieten, verschiedene Dienstleistungen im Programm getrennt zu kaufen oder im Verbund als **„Servicepaket"** mit einem gewissen Preisvorteil zu erwerben (Telser 1979; Schmalensee 1984; Guiltinan 1987, S. 74; Vogel 1989; Wilson/Weiss/John 1990; Hanson/Martin 1990; Simon 1992a, S. 442, 1992b, S. 1214; Diller 1993, S. 270f.). Es kann sogar davon ausgegangen werden, daß eine derartige **Bündelung im Dienstleistungsbereich** häufiger als im Sachgüterbereich vorgenommen wird (Dolan 1987; Guiltinan 1987, S. 74; Simon 1992a, S. 442). Guiltinan, der erstmals einen konzeptionellen **Modellansatz zur Preisbündelung** im Servicebereich vorstellt (Guiltinan 1987), räumt der Anwendung dieses preispolitischen Instruments im Dienstleistungsmarketing gegenüber dem Konsumgütermarketing eine besonders hohe Relevanz ein, um:

- Dienstleistungskapazitäten gleichmäßig auszulasten und aufgrund der hohen Fixkostenbelastung den Verkauf bisher wenig in Anspruch genommener Dienstleistungen zu fördern,

- aufgrund des höheren wahrgenommenen Risikos beim Kauf von Dienstleistungen bei unterschiedlichen Dienstleistungsanbietern dem Kunden ein „One-stop-shopping“ anbieten zu können,
- die Kundenzufriedenheit mit dem Dienstleistungsangebot (Preis-/Leistungs-Verhältnis) zu erhöhen.

Beispiele für eine Preisbündelung sind (vgl. zum Beispiel Guiltinan 1987, S. 74; Simon 1992b, S. 1214):

- Wochenendangebote von Hotels in Verbindung mit dem Besuch einer kulturellen Veranstaltung,
- Angebot von Flugtickets, die die Möglichkeit der Nutzung eines Mietwagens am Flughafen miteinschließen,
- Kombination der Vermietung von Skiausrüstungen mit einem Kursangebot,
- Angebot von Versicherungspaketen, wie zum Beispiel Reiseversicherungen, die eine Haftpflicht-, Krankengeld- und Unfallversicherung umfassen,
- Blockbuchung in der Filmindustrie, bei der dem Kinobetreiber von dem Filmverleiher ganze Blöcke von Filmen angeboten werden,
- Pauschalreisen, die Flug und Hotelaufenthalt umfassen,
- Menüs in Restaurants,
- Jahreskarten für Fußballspiele eines Bundesligavereins,
- Theater- und Konzertkartenabonnements.

Bei genauerer Betrachtung dieser Beispiele fällt auf, daß vielfach **Überschneidungen** zwischen der Preisbündelung und anderen Maßnahmen des preispolitischen und sonstigen Marketinginstrumentariums auftreten, wie:

- Abonnements als Maßnahme der Rabattpolitik,
- Menüs in Restaurants als Maßnahme der Leistungspolitik,
- Hotelaufenthalt in Verbindung mit dem Besuch einer kulturellen Veranstaltung als Maßnahme der Kommunikationspolitik (kooperative Verkaufsförderungsmaßnahme).

Hinsichtlich der **Erscheinungsformen der Preisbündelung** kann grundsätzlich zwischen einem „pure bundling“ („reine Bündelung“) und einem „mixed bundling“ („gemischte Bündelung“) differenziert werden (Guiltinan 1987; Simon 1992b). Im Falle eines **„pure bundling“** sind die zu einem Kombinationspreis angebotenen Dienstleistungen für den Konsumenten nicht einzeln zu erwerben. Diese Form der Preisbündelung kann insbesondere die Transparenz von Dienstleistungsangeboten und -entgelten im Vergleich zu Konkurrenzangeboten für den Kunden erschweren, weil unter Umständen unterschiedliche Leistungsarten in die jeweiligen Servicepakete einbezogen werden.

Beim **„mixed bundling“** hat der Konsument die Wahl, die Dienstleistungsangebote einzeln oder als Servicepaket mit einem Preisvorteil zu erwerben. Erhält der Kunde einen Rabatt auf eine zweite Leistung bei Inanspruchnahme der „Leitleistung“, spricht man vom **„mixed-leader bundling"**, während **„mixed-joint bundling"** die Existenz eines eigenständigen Bündelpreises bedeutet.

Je nachdem, welche der in dem Bündel zusammengefaßten Leistungen der Kunde bereits vor der Bündelung in Anspruch genommen hat, kann die Preisbündelung die folgenden **strategischen Konsequenzen** haben (Guiltinan 1987, S. 77):

- Ausschöpfung von Cross-selling-Potentialen, wenn der Kunde zuvor einen Teil der Bündelleistungen in Anspruch genommen hat,
- Neukundenakquisition, wenn der Kunde zuvor keine der betroffenen Leistungen in Anspruch genommen hat,
- Kundenbindung, wenn der Kunde zuvor beide Leistungen in Anspruch genommen hat.

Der Anreiz für einen Dienstleistungsnachfrager, anstelle einer Dienstleistung weitere Leistungen zu kaufen, liegt in der Regel in einem mit dem Erwerb des „Servicepaketes" verbundenen preislichen Vorteil begründet. Zur Verdeutlichung der Wirkungsweise des „Pure Bundling" und des „Mixed Bundling" soll ein von Simon angeführtes **Beispiel** mit zwei Dienstleistungen aufgegriffen werden (Simon 1992a; Simon 1992b; Diller 1993).

In Abbildung 5-37 sind unter der Teilabbildung **„Einzelpreisstellung"** die Preisbereitschaften von fünf Konsumenten (gekennzeichnet von 1 bis 5) für zwei Leistungen A und B eingetragen. Gleichzeitig sind die unter der Vernachlässigung von variablen Kosten optimalen Preise für Leistung A (p_A = 5) und Leistung B (p_B = 4) eingetragen. Im Rahmen dieser Preissetzung werden dann jeweils zwei Produkte von A und B abgesetzt, so daß ein Gesamtumsatz von 18 Einheiten erzielt wird.

Im Falle des **„Pure Bundling"** ergibt sich ein optimaler Bündelpreis von 5,5 Einheiten, der hier durch einfaches Ausprobieren ermittelt werden kann. In komplexeren Fällen, insbesondere wenn mehr als zwei Leistungen gebündelt werden, bietet sich der Einsatz von mathematischen Lösungsalgorithmen an (Kinberg/Sudit 1979; Hanson/Martin 1990). Der durch den Absatz von vier Bündeln erzielte Umsatz liegt bei 22 Einheiten, also um vier Einheiten höher als im Falle der Einzelpreisstellung. Die Steigerung begründet sich durch eine bessere Abschöpfung der Konsumentenrente (Konsument 1: + 0,5 Einheiten; Konsument 2: + 1,5 Einheiten; Konsument 3: – 3,5 Einheiten; Konsument 4: + 5,5 Einheiten; Konsument 5: keine Abschöpfung).

Dieses auf den ersten Blick eindrucksvolle Ergebnis muß in seiner Aussagekraft für den praktischen Einsatz allerdings relativiert werden (vgl. zum Beispiel Simon 1992b, S. 1228ff.):

- Zunächst einmal wird vorausgesetzt, daß alle individuellen Preisbereitschaften ermittelt werden können. Dies ist in der Realität sicher nicht der Fall. Näherungswerte

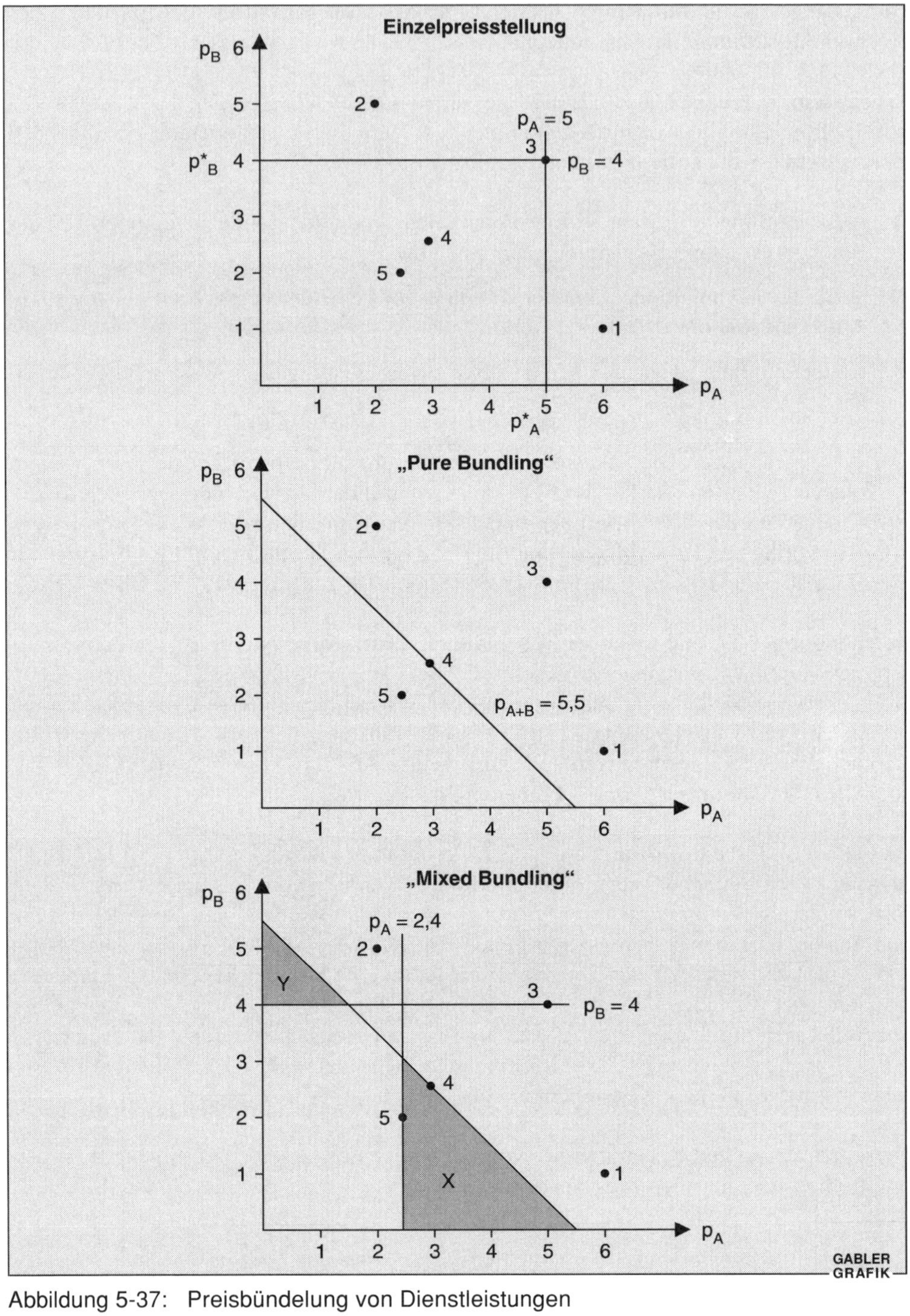

Abbildung 5-37: Preisbündelung von Dienstleistungen
(Quelle: Simon 1992a, S. 447ff.)

können mit entsprechenden Marktforschungsbemühungen ermittelt werden. Dann allerdings müssen die dafür notwendigen Ausgaben den im Rahmen der Preisbündelung ermittelbaren zusätzlichen Deckungsbeiträgen gegenübergestellt werden, was a priori nicht möglich ist.

- Weiterhin sind alle betrachteten Konsumenten an beiden Leistungen interessiert (Preisbereitschaft größer 0). Falls diese Annahme entfällt, ändert das zwar nichts an der grundlegenden Vorgehensweise, allerdings kann sich dann eine Gewinnverschlechterung ergeben. Beispiel: Zwei Konsumenten, von denen Konsument 1 nur Leistung A zum Preis von fünf Einheiten kaufen will und Konsument 2 nur Leistung B zum Preis von ebenfalls fünf Einheiten. Der Bündelpreis beträgt dann fünf Einheiten, so daß sich ein Gesamtumsatz von zehn Einheiten einstellt. Diese zehn Geldeinheiten hätten auch im Rahmen einer Einzelpreissetzung erzielt werden können. Allerdings hätten dann nicht jeweils eine Leistung A und B „verschenkt" werden müssen, um deren variable Kosten sich das Ergebnis nun reduziert. In diesem Zusammenhang müssen zur Ableitung von Optimalitätsaussagen die Kosten berücksichtigt werden.

- Die Reduzierung der Preistransparenz durch den Einsatz von Bündelpreisen kann zu Dissonanzen bei potentiellen Nachfragern führen.

- Der Anwendung von Preisbündeln im Rahmen eines Preisbaukasten können kartellrechtliche Überlegungen entgegenstehen.

Zur Darstellung der Vorgehensweise im Rahmen des **„Mixed Bundling"** soll wiederum das Beispiel von Simon verwendet werden (vgl. Abbildung 5-37). Der Bündelpreis liegt erneut bei 5,5 Einheiten. Da die Summe der Einzelpreise höher sein muß als diese 5,5 Einheiten, wird der Preis für Leistung A auf 2,4 Geldeinheiten und der von Leistung B auf 4 Einheiten festgelegt. Damit teilt sich der Markt in kleinere Einheiten auf beziehungsweise wird deutlicher segmentiert. Alle Konsumenten, die im schraffierten Dreieck X liegen, werden zu Käufern der Leistung A und die Konsumenten im Feld Y zu Käufern der Leistung B. Somit steigt der Umsatz gegenüber dem „Pure Bundling" um 2,4 Geldeinheiten auf 24,4 Geldeinheiten (Simon 1992a, 1992b). Allerdings ist an diesem Beispiel nicht einsichtig, warum beispielsweise Konsument 1 weiterhin das Bündel beziehen soll. Sinnvollerweise wird er jetzt nur das Produkt A zum Preis von 2,4 Geldeinheiten kaufen, da die Differenz zum Paketpreis mit 3,1 Geldeinheiten deutlich über seiner Preisbereitschaft für Leistung B liegt.

Einige Autoren haben sich mit der Frage der **relativen Vorteilhaftigkeit der Einzelpreisstellung** gegenüber der Preisbündelung befaßt (Adams/Yellen 1976; Telser 1979; Schmalensee 1984; Simon 1992b, S. 1223ff.). Die Untersuchungen ergaben die folgenden Ergebnisse:

- Die Einzelpreisbildung ist empfehlenswert, wenn der Nutzen der einen Leistung besonders hoch, derjenige der anderen besonders niedrig ist.

- Die reine Bündelung ist vorteilhaft, wenn der Nutzen beider Leistungen und damit der Bündelnutzen relativ hoch ist.
- Die gemischte Bündelung ist bei einem hohen Heterogenitätsgrad der Kundschaft zu empfehlen, das heißt, wenn ein Teil der Kunden extreme Präferenzen, ein anderer Teil ausgewogene Präferenzen hinsichtlich der beiden Leistungen hat. Dieser Fall trifft häufig auf Restaurantgäste zu. Kunden, die ausgewogene Präferenzen bezüglich einzelner Menügänge haben, bestellen das Menü. Gäste, die Extrempräferenzen hinsichtlich einzelner Gänge (zum Beispiel Nachspeise) gegenüber anderen Gängen (zum Beispiel Suppe) haben, werden „à la carte" bestellen.

Insgesamt zeigt sich, daß Preisbündelungen zum Erfolg der Dienstleistungsunternehmen beitragen können. Dieser Zusammenhang ist aber nicht zwingend. Vielmehr muß im Einzelfall eine Entscheidung getroffen werden, die sich zwar auf bestimmte Prognosen stützen kann, die aber dennoch mit erheblicher Unsicherheit behaftet ist. Grundsätzlich kann die Preisbündelung aber zu einer gerade für Dienstleistungsunternehmen wichtigen **Auslastung der Potentiale** beitragen. Sie stellen aber nur ein Element von Preisbaukästen dar. Neben den bereits beschriebenen Optionen der Preisdifferenzierung besteht auch die Möglichkeit der Entbündelung von Leistungen, die dann entweder einzeln bezogen werden oder aber auf den Konsumenten verlagert werden können.

3.22 Konditionenbezogene Strategien

Neben der Festlegung von Preisen steht dem Dienstleistungsanbieter noch das Instrument der **Gestaltung der Zahlungsbedingungen** zur Verfügung:

- Bei längerer Dauer des Dienstleistungsprozesses oder im Fall des Angebots von Dienstleistungsversprechen (zum Beispiel Buchung einer Reise) können **Teilzahlungsoptionen** angeboten werden.
- Die Nichtinanspruchnahme einer bestellten Dienstleistung, wie zum Beispiel eines Linienfluges, einer Reiseveranstaltung oder Theateraufführung, führt zum „Verfall" dieser Leistung, da aufgrund der Nichtlagerfähigkeit von Diensten keine Möglichkeit besteht, sie für eine spätere Nutzung „aufzubewahren". Somit sind auch im Interesse des Kunden Vereinbarungen über Rücktrittsmöglichkeiten mit **Abstandszahlungen** oder über den Abschluß von **Rücktrittskostenversicherungen** zu treffen.
- Aufgrund der Immaterialität von Dienstleistungen ist in den **„Lieferungsbedingungen"** möglichst präzise die zu erbringende Dienstleistung zu konkretisieren (zum Beispiel Checklisten mit Teilleistungen bei Reparaturdiensten), um dem Dienstleistungsnachfrager einen möglichst genauen Überblick über die Verrichtungsschritte zu geben und damit Auseinandersetzungen über nicht erbrachte Leistungen zu

vermeiden. Nachkaufdissonanzen sind in diesem Zusammenhang durch differenzierte Rechnungserstellung, möglichst verbunden mit einer im persönlichen Gespräch stattfindenden Aufschlüsselung, entgegenzuwirken.

- Als Sonderform der Gestaltung von Zahlungsbedingungen kann die **Garantie** angesehen werden. Diese bietet sich insbesondere bei Dienstleistungen an, die sich durch ein hohes wahrgenommenes Risiko auszeichnen. Die Garantien sollten dabei keine einschränkenden Bedingungen enthalten, leicht einsehbar und vermittelbar sowie rasch und ohne große Mühen zu beanspruchen beziehungsweise einzulösen sein (Hart 1989). Darüber hinaus darf aber nicht vergessen werden, daß die positiven Wirkungen des Einsatzes von Garantien den Kosteneffekten gegenübergestellt werden müssen. Hier gilt es, mit Hilfe versicherungsmathematischer Modelle einen sinnvollen Kompromiß zu finden.

4. Distributionspolitik

Auch im Rahmen der Distributionspolitik wirken sich die konstitutiven Eigenschaften von Dienstleistungen, insbesondere die Nichttransportfähigkeit, sowohl auf die Zahl der einsetzbaren Instrumente als auch auf deren Gestaltungsmöglichkeiten aus.

Die **Distributionspolitik** umfaßt alle Entscheidungen, die mit dem Weg einer Dienstleistung zum Endabnehmer im Zusammenhang stehen (Meffert 1986, S. 421ff.).

In diesem Zusammenhang ist ferner die Integration des externen Faktors von Bedeutung. Daher können Dienstleistungen generell nur bei Anwesenheit des externen Faktors vertrieben werden. Eine Ausnahme bildet die Möglichkeit, den Anspruch auf eine Leistung bereits vor der Erstellung der Leistung mittels eines sogenannten Leistungsversprechens zu vertreiben.

4.1 Grundlagen der Distributionspolitik

4.11 Besonderheiten der Distributionspolitik von Dienstleistungsunternehmen

Aufgrund der Besonderheiten von Dienstleitungen ergeben sich einige Besonderheiten für die Distributionspolitik von Dienstleistungsunternehmen, die in Abbildung 5-38 dargestellt sind.

Aus der **Immaterialität** von Dienstleistungen läßt sich folgern:

- Aufgrund der Notwendigkeit einer einheitlichen Präsentation des Dienstleisters kommt **Franchisesystemen** im Dienstleistungsbereich eine besondere Bedeutung zu.
- Bei Dienstleistungen besteht die Möglichkeit einer **Online-Distribution.**
- Beim indirekten Vertrieb tritt der Absatzmittler unter Umständen als sogenannter **„Co-Producer“** auf.

Besonderheiten von Dienstleistungen	Implikationen für die Distributionspolitik
Immaterialität (Nichtlagerfähigkeit, Nichttransportfähigkeit)	■ Bedeutung des Franchising ■ Möglichkeit der Online-Distribution ■ Absatzmittler als „Co-Producer“ ■ Lagerung materieller Leistungselemente ■ Transport materieller Leistungselemente
Leistungsfähigkeit des Dienstleistungsanbieters	■ Dokumentation der Leistungsfähigkeit des Absatzmittlers ■ Häufig kombinierte Distribution ■ Erfüllung des raumzeitlichen Präsenzkriteriums als zentrale logistische Aufgabe ■ Dokumentation der Lieferbereitschaft
Integration des externen Faktors	■ Vorherrschen der direkten Distribution ■ Bedeutung des Standorts

GABLER GRAFIK

Abbildung 5-38: Besonderheiten der Distributionspolitik von Dienstleistungsunternehmen

- Aufgrund der Nichtlagerfähigkeit von Dienstleistungen müssen **Lagerhaltungsentscheidungen** lediglich für materielle Leistungselemente und Faktoren getroffen werden.
- Wegen der Nichttransportfähigkeit betreffen **Transportentscheidungen** ebenfalls lediglich materielle Leistungselemente und Faktoren.

Die Notwendigkeit der permanenten **Leistungsfähigkeit** eines Dienstleistungsunternehmens hat folgende Aspekte für die Distributionspolitik zur Konsequenz:

- Bei der indirekten Distribution muß neben dem Dienstleister selbst auch der **Absatzmittler** seine Leistungsfähigkeit dokumentieren.
- Im Dienstleistungsbereich kommt häufig eine **Kombination** von direkter und indirekter Distribution zum Einsatz.
- Die Erfüllung des **raumzeitlichen Präsenzkriteriums** ist die zentrale logistische Aufgabe für Dienstleistungsunternehmen.
- Dienstleistungsunternehmen müssen ihre **permanente Lieferbereitschaft** dokumentieren.

Die **Integration des externen Faktors** in den Leistungserstellungsprozeß führt zu folgenden Implikationen für die Distributionspolitik:

- Die meisten Dienstleistungen werden **direkt** vertrieben.
- **Standortentscheidungen** haben im Dienstleistungsbereich aus Kundensicht eine größere Bedeutung als im Konsum- oder Investitionsgüterbereich.

4.12 Ziele der Distributionspolitik

Die Zielsetzungen der Distributionspolitik eines Dienstleistungsunternehmens lassen sich in ökonomisch-orientierte, versorgungsorientierte und psychologisch-orientierte Ziele einteilen. Da die Realisierung der meisten ökonomisch-orientierten Zielsetzungen, mit Ausnahme der Sicherstellung des Preisniveaus, nicht exakt auf spezifische Distributionsaktivitäten zurückgeführt werden können, wird hier lediglich auf die beiden letztgenannten Kategorien eingegangen.

Zu den **versorgungsorientierten Zielsetzungen** zählen:

- **Präsenz und Erreichbarkeit** (Distributionsgrad und -dichte von Diensten)
  Die Nichttransportfähigkeit von Dienstleistungen und die im Rahmen ihrer Erstellung notwendige Integration des externen Faktors erfordert häufig die simultane Präsenz des Dienstleisters und des Kunden. Daraus leitet sich die Forderung nach **kundennahen Standorten** (bei standortgebundenen Diensten) beziehungsweise nach einem dichten Außendienstnetz (bei räumlich flexibler Dienstleistungserstellung) ab. Insbesondere bei Dienstleistungen des täglichen Bedarfs (Verkehrsdienstleistungen, Bankdienste, Postdienste) wird die schnelle Erreichbarkeit des Dienstleistungsanbieters zu einem zentralen Qualitätsmerkmal. Gleiches gilt für den Fall, daß der Dienstleister zum Kunden kommt (zum Beispiel Handwerker, Pizzadienst). Besonders deutlich wird dieser Zusammenhang bei bestimmten öffentlichen Diensten wie Notarzt, Polizei, Feuerwehr. Hier muß der Standort so gewählt werden, daß eine den Anforderungen der Kunden entsprechende Präsenz gewährleistet ist.
- **Lieferzeit**
  Insbesondere bei Diensten, die vor Ort beim Kunden erbracht werden, sowie beim Verkauf von Leistungsversprechen (zum Beispiel Abschluß eines Wartungsvertrages für einen Computer und Inanspruchnahme des Kundendienstes) ist die zuverlässige Einhaltung der „Lieferzeit" sowie eine schnelle Reaktionszeit im Rahmen der Distributionspolitik sicherzustellen. Insgesamt sind die Ziele „Lieferzeitminimierung" und „Erreichen einer ausreichenden Marktpräsenz" komplementär. Beide Ziele wiederum stehen in Zielkonflikt mit dem Ziel „Kostenminimierung".
- **Zugang des externen Faktors zum Erstellungsprozeß**
  Zielsetzung der Distributionspolitik im Dienstleistungsmarketing ist weiterhin die problemlose und kundengerechte Integration des externen Faktors in den Dienstleistungserstellungsprozeß. Aufgrund der Nichtlagerfähigkeit von Diensten sind

kundengerecht ausgestattete Warteräume (zum Beispiel Bahnhof, Arztpraxis) einzurichten und Beförderungseinrichtungen (zum Beispiel Shuttle-Verkehr auf Flughäfen) sowie Reservierungssysteme und ähnliches vorzusehen.

- **Lieferbereitschaft**
  Weiterhin ist eine kontinuierliche Lieferbereitschaft durch den Dienstleister zu gewährleisten. Aufgrund der Nichtlagerfähigkeit und der Integration des externen Faktors muß während der Öffnungszeiten das Leistungspotential des Unternehmens permanent bereitgestellt werden. Anders als im Konsumgüterbereich kann der Zeitpunkt des Vertriebs grundsätzlich nicht vom Unternehmen festgelegt werden.

- **Lieferzuverlässigkeit**
  Schließlich ist eine kontinuierliche Lieferzuverlässigkeit nötig. Aufgrund der Simultaneität von Produktion und Absatz der Leistung muß gewährleistet sein, daß der Kunde sich zum Zeitpunkt der Inanspruchnahme auf den Dienstleister verlassen kann.

Im Rahmen der Distributionspolitik eines Dienstleistungsunternehmens sind folgende **psychologisch-orientierten Zielsetzungen** von Bedeutung:

- **Image des Absatzkanals**
  Aufgrund ihrer Immaterialität sind Dienstleistungen nicht wie Sachgüter handelbar. Lediglich Leistungsversprechen (Versicherungspolicen, Eintrittskarten, Lottoscheine usw.) sind über eigene oder fremde Verkaufsorgane zu vertreiben. Das Image des Absatzkanals, die Ausstattung und persönliche Identifikation der einbezogenen Absatzmittler stellen bereits erste Indikatoren zur Beurteilung und Konkretisierung der „nicht greifbaren" Dienstleistungen dar. Ziel ist daher die Herstellung der Übereinstimmung des Images von Absatzmittlern und eigentlichem Dienstleistungsanbieter.

- **Kooperationsbereitschaft**
  Im Hinblick auf einen einheitlichen Außenauftritt und die Notwendigkeit der Errichtung von Reservierungs- und Buchungssystemen zur Steuerung von Dienstleistungskapazitäten ist eine enge Kooperation zwischen dem Dienstleistungsersteller und seinen Absatzmittlern anzustreben.

- **Qualitätsorientierte Beratung**
  Aufgrund der Intangibilität von Dienstleistungen kommt der Qualitätsbeurteilung einer Leistung durch den Konsumenten besondere Bedeutung zu. Daher muß den am Vertrieb der Leistung Beteiligten deutlich gemacht werden, wie wichtig eine qualitätsorientierte Beratung beim Absatz von Dienstleistungen ist.

Unter Zugrundelegung dieser Zielsetzungen lassen sich die distributionspolitischen Entscheidungstatbestände im Sachgüterbereich, insbesondere Entscheidungen hinsichtlich Wahl und Struktur der Absatzkanäle sowie Gestaltung des logistischen Systems, auf den Dienstleistungsbereich übertragen. Angesichts der dienstespezifischen Besonderheiten sind diese entsprechend zu modifizieren.

4.13 Planungsprozeß der Distributionspolitik

Zur systematischen Distributionsplanung wird anhand der Phasen des entscheidungsorientierten Planungsprozesses vorgegangen (Specht 1992; Bruhn 1995c, S. 245f.). Im Rahmen der **Situationsanalyse des Vertriebs** müssen unternehmensexterne (zum Beispiel Eröffnung neuer Distributionswege mittels der neuen Medien) und -interne (zum Beispiel Expansionsbestrebungen eines Restaurants) distributionspolitisch relevante Tendenzen untersucht werden. Ferner sollten die Stellung des Distributionsweges im Markt (zum Beispiel Vertrieb der Leistungen eines Reiseveranstalters über Reisebüros wegen derer starker Marktstellung) berücksichtigt werden. Bei der **Festlegung der Distributionsziele** des Dienstleisters sind die Unternehmensziele zu berücksichtigen. Mit der **Festlegung der Distributionsstrategie** wird bestimmt, welche Leistungen über welche Distributionswege vertrieben werden sollen. Hierbei sind insbesondere Entscheidungen hinsichtlich eventueller vertraglicher Bindungen der Absatzmittler (zum Beispiel im Rahmen eines Franchisesystems) zu treffen. Im Rahmen der **Bestimmung des Distributionsbudgets** können die im Rahmen der Werbebudgetierung eingesetzten Verfahren in modifizierter Form verwendet werden. Auf Basis der Distributionsstrategie gilt es, die **Festlegung der Distributionsmaßnahmen** durchzuführen. Schließlich soll im Rahmen der **Distributionskontrolle** untersucht werden, inwiefern die Distributionsziele erreicht wurden und welche Ursachen eventuelle Abweichungen haben.

4.2 Einsatz distributionspolitischer Instrumente

4.21 Gestaltung von Absatzkanalsystemen für Dienstleistungen

Im Rahmen der Gestaltung des Absatzkanalsystems geht es in erster Linie darum, die Absatzwege für die Leistung festzulegen. Betrachtet man die Möglichkeiten bei der **Wahl der Absatzwege**, so kann zwischen den Grundformen eines direkten und indirekten Absatzweges differenziert werden. Bei der **direkten Distribution** wird anders als bei der **indirekten Distribution** (zum Beispiel erfolgt die Leistungserstellung eines Reiseveranstalters bei Reiseantritt des Dienstleistungsnachfragers direkt, jedoch werden die Leistungsversprechen in bezug auf eine Reise in der Regel indirekt vertrieben) kein Absatzmittler zum Absatz der Leistungen eingesetzt. Außerdem existieren **Kombinationslösungen aus direkter und indirekter Distribution**. Schließlich stellt die aufgrund der technologischen Entwicklung an Bedeutung gewinnende **Online-Distribution** eine Sonderform der direkten Distribution dar.

Beispiele für verschiedene Ausgestaltungsformen des Absatzkanalsystems zeigt Abbildung 5-39.

Vertriebsweg \ Vertriebsobjekt		Eigentliche Leistung	Leistungsversprechen
Direkt	**Unmittelbar (Eigenvertrieb)**	z. B. Friseur	z. B. Vorverkauf von Eintrittskarten durch ein Kino
	Mittelbar (Filialsystem)	z. B. Bank	z. B. Flugtickets in Lufthansa-Agenturen
	Mittelbar (Franchisesystem)	z. B. Fast-Food-Ketten	z. B. Franchisesystem einer Konzertagentur
	Mittelbar (Online-Vertrieb)	z. B. Homebanking	z. B. Fahrkarten der Deutschen Bahn über T-Online
Indirekt		z. B. Autoversicherung über Autovermietung	z. B. Eintrittskarten für ein Musical in einer Vorverkaufsstelle

GABLER GRAFIK

Abbildung 5-39: Beispiele für Absatzkanalsysteme für Dienstleistungen

Im folgenden werden die vier genannten Alternativen der Gestaltung von Absatzkanalsystemen für Dienstleistungen im einzelnen vorgestellt.

1. Direkte Distribution

Im Rahmen der **direkten Distribution** können wiederum zwei Ausgestaltungsformen unterschieden werden:

- **Unmittelbare Direktdistribution** (Eigendistribution): Hierbei handelt es sich um eine zentralisierte Distributionsform, das heißt der Dienstleister stellt sein Leistungspotential dem Kunden meist an einer zentralen Stelle zur Verfügung (zum Beispiel einzelner Friseursalon, einzelnes Restaurant).
- **Mittelbare Direktdistribution** (zum Beispiel in einem Filial- oder Franchisesystem): Bei dieser Ausgestaltungsform bietet der Dienstleister sein Leistungspotential an unterschiedlichen Stellen an (zum Beispiel Geschäftsbank, Fast-Food-Ketten).

Im Rahmen des direkten Vertriebs erfolgt die Verpflichtungserklärung sowie die Erbringung der Dienstleistung durch das gleiche Unternehmen (zum Beispiel Autoreparatur).

Damit sind den **Expansionsbestrebungen** des Dienstleistungsanbieters natürlich enge Grenzen gesetzt.

In diesem Zusammenhang kommen Multiplikationsbestrebungen des Dienstleistungsanbieters eine besondere Bedeutung zu. Hübner definiert **Multiplikation** wie folgt: „Die Multiplikation ist die Vervielfältigung von definierbaren Einheiten. Diese Einheiten müssen unabhängig sein und die als erfolgskritisch angesehenen Bestandteile beziehungsweise Merkmale vollständig beinhalten, um die Basis für neue zieladäquate Einheiten bilden zu können und somit als Vorbild im Prozeß der Multiplikation zu dienen. Die Multiplikation basiert auf dem bestehenden Leistungsprogramm und auf schon bearbeiteten Zielgruppen mit dem Ziel, trotz der Beibehaltung der vorhandenen Absatzmarktprogrammstruktur ein marktorientiertes Wachstum durch intensivere Marktpotentialnutzung zu erreichen." (Hübner 1993).

Übertragen auf die Problemstellung von Dienstleistungsanbietern ergeben sich die in Abbildung 5-40 dargestellten Optionen. Zum einen wird hinsichtlich der Multiplikation von Leistungsprozessen und Leistungspotentialen unterschieden. Im Rahmen der Marktdimension wird dann zusätzlich zwischen Multiplikationen ohne beziehungsweise mit geographischer Marktausdehnung differenziert.

Falls keine geographische Marktausdehnung erfolgt und lediglich Prozesse multipliziert werden, liegt kein Multiplikationsprozeß im eigentlichen Sinne vor. Vielmehr handelt es

Objektdimension / Marktdimension	**Multiplikation von**	
	Leistungserstellungsprozessen	**Leistungserstellungspotentialen**
Ohne geographische Marktausdehnung	Reine Marktdurchdringung	Konzentrische Multiplikation Intensivierung durch Potentialmultiplikation
Mit geographischer Marktausdehnung	Expansive Multiplikation (ohne Strukturerweiterung) Extensivierung durch Leistungsmultiplikation	Expansive Multiplikation (mit Strukturerweiterung) Extensivierung durch Potential- (und Leistungs-) multiplikation

GABLER GRAFIK

Abbildung 5-40: Systematisierung von marktgerichteten Multiplikationsstrategien

sich um den Fall der reinen **Marktdurchdringung**. Denkbar wäre hier eine ärztliche Untersuchung, die in ihrer zeitlichen Ausdehnung reduziert wird, so daß eine größere Anzahl von Patienten pro Zeiteinheit behandelt werden kann.

Eine **expansive Multiplikation ohne Strukturerweiterung** findet dann statt, wenn Leistungserstellungsprozesse multipliziert werden und gleichzeitig eine geographische Marktausdehnung erfolgt. Als Beispiele können hier der über die bisherigen Vertriebsgrenzen hinausreichende Export veredelter Dienstleistungen sowie die Entsendung von Mitarbeitern (zum Beispiel Unternehmensberatung, Anwaltskanzlei, Architektur- und Ingenieurbüros) angeführt werden.

Im Rahmen der Multiplikation von Leistungspotentialen ohne geographische Marktausdehnung kann von einer **konzentrischen Multiplikation** gesprochen werden. Diese kann durch Franchising, Filialisierung oder Übernahme lokaler Wettbewerber durchgeführt werden.

Die **expansive Multiplikation mit Strukturerweiterung** schließlich liegt dann vor, wenn im Rahmen einer geographischen Marktausdehnung eine Multiplikation von Leistungserstellungspotentialen erfolgt. Eine derartige Extensivierung kann wiederum durch Franchising oder Akquisitionen erfolgen. Darüber hinaus sind Lizenzvergaben oder Direktinvestitionen zur Filialisierung denkbar.

Gerade im Dienstleistungsbereich wird dem **Franchising** als Konzept der „Quasi-Filialisierung" ein bedeutender Stellenwert beigemessen. Cross und Walker kennzeichnen den Einsatz von Franchisekonzepten bei Serviceleistungen treffend als „A Practical Business Marriage" und sehen einen engen Zusammenhang zwischen der Ausweitung des Dienstleistungsbereiches und der zunehmenden Anzahl von Franchisekonzepten (Cross/Walker 1987). Franchising läßt sich dabei wie folgt definieren:

Franchising ist eine Form der Kooperation, bei der ein Kontraktgeber (Franchiser) aufgrund einer langfristigen vertraglichen Bindung rechtlich selbständig bleibenden Kontraktnehmern (Franchisees) gegen Entgelt das Recht einräumt, bestimmte Waren oder Dienstleistungen unter Verwendung von Namen, Warenzeichen, Ausstattungen oder sonstigen Schutzrechten sowie der technischen und gewerblichen Erfahrungen des Franchisegebers und unter Beachtung des von letzterem entwickelten Absatz- und Organisationssystems anzubieten (Kaub 1980; Tietz 1991; Ahlert 1996).

Im Dienstleistungsbereich findet Franchising häufig in der Form statt, daß dem Franchisenehmer die Einrichtung und Führung einer Dienstleistungs-„Filiale" beziehungsweise die Organisation zur Dienstleistungserstellung gegen Entgelt obliegt. Das Dienstleistungsunternehmen als Franchisegeber stellt zur Führung der Dienstleistungs-„Filiale" beziehungsweise zur Durchführung der Dienstleistungserstellungsprozesse ein umfassendes Softwarepaket zur Verfügung. Durch einheitliche Ausgestaltung dieses Paketes kann eine weitgehende Systemkonformität der Franchisenehmer sichergestellt werden.

Aufgrund der Immaterialität und Simultaneität von Produktion und Konsum von Diensten kann im Rahmen von Franchisesystemen insbesondere eine einheitliche „Materialisierung“ von Dienstleistungspotentialen durch die Verwendung gleicher Ausstattungen, Dienstleistungsmarken und -programme angestrebt werden. Aber auch Vorgaben zur Erstellung der jeweiligen Dienstleistungen dienen der Sicherung einer konstanten Dienstleistungsqualität.

Typische **Beispiele** für Franchisesysteme finden sich im Bereich der Fast-food-Ketten (zum Beispiel McDonald's, Burger King) und im Hotelgewerbe (zum Beispiel Holiday Inn).

Die Beliebtheit des Franchising im Dienstleistungsbereich gründet sich auf die zahlreichen Vorteile sowohl für den Franchisegeber als auch für den Franchisenehmer. Diese werden zur Verdeutlichung im folgenden aufgeführt (Tietz 1991).

Vorteile des Franchisegebers

- Risikominderung (insbesondere des finanziellen Risikos),
- Dezentralisierung von Personalproblemen,
- Einsatzmöglichkeit lokaler Expertise,
- Loyalität der Franchisenehmer trotz selbständigem Unternehmertum,
- Regelmäßige Franchisegebühr,
- Beitrag zum Bekanntheitsgrad des Gesamtsystems,
- Systematische Informationsweitergabe über Zielmarkt,
- Begrenzter Kapitaleinsatz.

Vorteile des Franchisenehmers

- Risikominimierung,
- Zentrale Kommunikationsaktivitäten,
- Gebietsschutz im Absatzmarkt,
- Einkaufsvorteile im Beschaffungsmarkt (insbesondere auch Humankapital),
- Unterstützungsleistungen hinsichtlich Unternehmensführung, Aus- und Weiterbildung sowie Marketingaktivitäten,
- Erleichterte Kapitalbeschaffung.

Insgesamt stellt das Franchising eine Option dar, Dienstleistungskonzepte mit begrenztem Kapitaleinsatz und gleichzeitig intensiven Steuerungsmöglichkeiten zu multiplizieren.

Schließlich kann die Durchführung des Direktvertriebs auch beim Kunden oder an einem dritten Ort stattfinden. Aufgrund der Integration des externen Faktors in den Leistungserstellungsprozeß wird bei der ersten Möglichkeit die Problematik umgangen, daß der Kunde zum Ort der Leistungserstellung kommen muß. Der Direktvertrieb an einem dritten Ort kommt meist dann zum Tragen, wenn sich der Kunde nicht zu Hause befindet und auch nicht zum Dienstleister kommen kann. Dies ist meist in speziellen Notsituationen der Fall (zum Beispiel Notarzteinsatz bei Autounfall, Anwaltsbesuch im Gefängnis).

2. Indirekte Distribution

Aufgrund der Immaterialität von Dienstleistungen sind diese nicht in gleicher Weise wie zum Beispiel Konsumgüter über Absatzmittler (Handel, Großhandel) zu vertreiben. Allerdings können Dienstleistungsversprechen gehandelt werden, also die Verpflichtung des Dienstleistungsanbieters, zu einem späteren Zeitpunkt eine mehr oder weniger genau definierte Leistung zu erbringen (Hilke 1989b). Diese Verpflichtung wird häufig an ein materielles Trägermedium gebunden, zum Beispiel eine Eintrittskarte oder Versicherungspolicen (Maleri 1994; Meyer 1994). Ferner unterscheidet sich die indirekte Distribution von Dienstleistungen gegenüber derjenigen von materiellen Gütern dahingehend, daß der Absatzmittler als reiner Verkäufer der Leistung/des Leistungsversprechens oder aber als sogenannter „Co-Producer" der Leistung auftritt. Im zweiten Falle übernimmt er Teile der Leistungserstellung (Palmer/Cole 1995, S. 204ff.). Demzufolge ergeben sich vier **Formen der indirekten Distribution**, die in Abbildung 5-41 gezeigt sind und folgendermaßen benannt werden können:

- **Indirekte Distribution der Leistung mittels eines Co-Producers**
  Beispiel: Vertrieb des Autoversicherungsschutzes durch eine Autovermietung, wobei die Angestellten der Autovermietung den Versicherungsnehmer hinsichtlich der Versicherung beraten und dadurch die Erstellung von Teilleistungen übernehmen.
- **Indirekte Distribution der Leistung über einen reinen Absatzmittler**
  Beispiel: Vertrieb der Telekommunikationsleistungen der Telekom durch eine Gaststätte, in der ein öffentlicher Telefonapparat installiert ist.
- **Indirekte Distribution des Leistungsversprechens mittels eines Co-Producers**
  Beispiel: Vertrieb von Eintrittskarten für Musicals durch eine Vorverkaufsstelle, deren Mitarbeiter den Zuschauer über Inhalt des Stückes, Qualität bestimmter Sitze usw. informieren.
- **Indirekte Distribution des Leistungsversprechens über einen reinen Absatzmittler**
  Beispiel: Vertrieb von Telefonkarten in Tankstellen.

Bei der Durchführung eines indirekten Vertriebs stehen grundsätzlich drei **Arten von Absatzmittlern** zur Auswahl (Palmer/Cole 1995, S. 209):

- **Dienstleistungsagenten** haben das Recht, einen Vertrag zwischen Dienstleistungsanbieter und -nachfrager abzuschließen (zum Beispiel Reisebüros als Agent der Lufthansa beim Vertrieb von Flugtickets).
- **Dienstleistungs-Einzelhändler** vertreiben Leistungen, deren tangible Elemente zuvor in ihrem Eigentum waren (zum Beispiel Vertreiber von Kinofilmen).

Funktion des Absatzmittlers / Vertriebsobjekt	„Co-Producer"	Verkäufer
Eigentliche Leistung	**Indirekter Vertrieb der Leistung mittels eines „Co-Producers"** z. B. Autoversicherung über Autovermietung	**Indirekter Vertrieb der Leistung über einen reinen Absatzmittler** z. B. Telekommunikationsleistung über Gaststätte
Leistungsversprechen	**Indirekter Vertrieb des Leistungsversprechens mittels eines „Co-Producers"** z. B. Eintrittskarte über Vorverkaufsstelle	**Indirekter Vertrieb des Leistungsversprechens über einen reinen Absatzmittler** z. B. Telefonkarten über Tankstelle

GABLER GRAFIK

Abbildung 5-41: Formen des indirekten Vertriebs von Dienstleistungen

- **Dienstleistungs-Großhändler** kaufen Leistungsanspruchsrechte vom Dienstleister und vertreiben diese an den Einzelhändler (zum Beispiel Hotelbuchungsagenturen, die zahlreiche Zimmerreservationen verschiedener Hotels „kaufen" und diese an Reisebüros „vertreiben").

Entscheidet sich ein Dienstleister für den teilweisen indirekten Vertrieb seiner Leistungen, so strebt er an, daß der Absatzmittler gewisse Aufgaben im Rahmen des Leistungsabsatzes übernimmt. Zu diesen **Funktionen des Absatzmittlers** zählen (vgl. zum Beispiel Palmer/Cole 1995, S. 204f.; Bieberstein 1995, S. 260):

- **Verkaufsfunktion:** In erster Linie soll der Absatzmittler dafür Sorgen, den Absatz des Dienstleistungsangebotes zu steigern.
- **Beratungsfunktion:** Insbesondere vor Verkauf der Dienstleistung beziehungsweise des Leistungsversprechens übernimmt der Absatzmittler die Aufgabe, die Kunden bezüglich der angebotenen Leistung zu beraten. In Einzelfällen besteht seitens der Kunden auch nach Inanspruchnahme der Leistung Beratungsbedarf (zum Beispiel bei Verlust einer Kamera in einem Hotel).
- **Kommunikationsfunktion:** Ferner soll der Absatzmittler teilweise dazu beitragen, Kommunikationsziele des Dienstleisters (zum Beispiel Information, Kundenakquisition) zu realisieren.
- **Raumüberbrückungsfunktion:** Weiterhin ist es Aufgabe des Absatzmittlers, räumliche Distanzen zwischen Leistungsanbieter und -nachfrager zu überwinden.

- **Beschwerdefunktion:** Aufgrund der besonderen Bedeutung des Beschwerdemanagements im Dienstleistungsbereich dient der Absatzmittler dazu, Kundenbeschwerden entgegenzunehmen, an den Dienstleister weiterzuleiten sowie unter Umständen selbst zu behandeln.
- **Sortimentsfunktion:** Aus Kundensicht dient der Absatzmittler der Zusammenstellung eines umfangreichen Komplexes an Angeboten verschiedener Dienstleister.

Da der Absatzmittler Teile der Leistungserstellung übernimmt (zum Beispiel Beratung, Information) muß der Dienstleister zur Erfüllung der genannten Funktionen einige **absatzmittlergerichtete Maßnahmen** festlegen. Hierzu zählen zum Beispiel:

- Bereitstellung von Informationsmaterialien,
- Bereitstellung von Musterverträgen,
- Bereitstellung von Verkaufsförderungsmaterialen,
- Durchführung von Schulungen des beim Absatzmittler angestellten Kundenkontaktpersonals.

Ähnlich wie bei Konsumgütern hat der Dienstleister bei einem zum Teil indirekten Vertriebssystem zwei grundsätzliche Alternativen der **Zusammenarbeit mit dem Absatzmittler** (Bruhn 1995c, S. 251):

- Bei Verfolgung einer **absatzmittlergerichteten Strategie („push-Strategie")** werden die Absatzmittler vom Dienstleister intensiv bearbeitet, damit sie dessen Leistungen engagiert an den Endverbraucher vertreiben.
- Versucht der Dienstleister eine **konsumentengerichtete Strategie („pull-Strategie")** umzusetzen, sollen die Endverbraucher dazu gebracht werden, beim Absatzmittler nach der Leistung des Unternehmens zu verlangen.

Werden die Dienstleistungen eines Anbieters ganz oder zumindest zum Teil über Absatzmittler vertrieben, so ist eine Entscheidung hinsichtlich

- universalem Vertrieb,
- exklusivem Vertrieb oder
- selektivem Vertrieb

nötig (Ahlert 1996). Grundsätzlich gilt es hierbei zu berücksichtigen, daß aufgrund der Immaterialität von Dienstleistungen das Image des Absatzkanals, die personelle Qualifikation der Absatzmittler, das Erscheinungsbild und die technischen Voraussetzungen als mögliche Indikatoren zur Leistungsbeurteilung eines Dienstleisters herangezogen werden. Deshalb wird den vertraglichen Bindungen zwischen Dienstleistungsersteller und Absatzmittler zur Koordination der marktgerichteten Aktivitäten ein besonderer Stellenwert beigemessen.

3. Kombinierte Distribution

Bei vielen Dienstleistungen bietet es sich nicht an, lediglich einen der beiden alternativen Absatzwege, das heißt entweder die direkte oder die indirekte Distribution, zu wählen. Vielmehr ist in der Praxis häufig der kombinierte Einsatz der beiden Arten von Absatzwegen zu beobachten. Eine **Kombination von direktem und indirektem Vertrieb** wird beispielsweise von der Deutschen Bahn und verschiedenen Luftfahrtgesellschaften genutzt, die einerseits eigene Verkaufsstellen unterhalten und ihre Leistungen andererseits über Reisebüros anbieten.

4. Online-Distribution

Aufgrund der technologischen Entwicklung hat in zahlreichen Dienstleistungsbranchen der direkte Leistungsvertrieb mit Hilfe der **neuen Medien (Online-Distribution)** an Bedeutung gewonnen. Beispielhaft können folgende Branchen erwähnt werden (MGM 1996, S. 53ff.):

- Finanzdienstleistungen (zum Beispiel Homebanking),
- Versicherungsdienstleistungen,
- Verkehrsdienstleistungen (zum Beispiel Reservierungssystem der Deutschen Bundesbahn über T-Online),
- Reisedienstleistungen (zum Beispiel Buchung von Last-Minute-Reisen),
- Informationsdienstleistungen (zum Beispiel Online-Vertrieb von Zeitschriftenabonnements),
- Unterhaltungsdienstleistungen (zum Beispiel Video-on-demand),
- Bildungsdienstleistungen (zum Beispiel Vertrieb von wissenschaftlichen Veröffentlichungen im Internet).

Die Auflistung der Beispiele zeigt, daß je nach Art der Dienstleistung die gesamte Dienstleistung oder einzelne Leistungselemente online vertrieben werden können. Zu letzteren zählen folgende **Arten von Leistungselementen**:

- Immaterielle Leistungselemente, die eine Aktion des Dienstleisters auslösen (zum Beispiel Tätigung von Überweisungen mittels Homebanking; Hotelreservierung),
- Immaterielle Leistungselemente mit Kundeninteraktion (zum Beispiel Lernprogramm „Schreibmaschineschreiben" im Internet),
- Multimedial lieferbare materielle Leistungselemente, das heißt Texte, Bilder, Musik usw. (zum Beispiel wissenschaftliche Veröffentlichungen).

An dieser Stelle soll als ein **Beispiel** für den Online-Vertrieb das Vertriebssystem AMADEUS genannt werden (von Dörnberg 1989, S. 104ff.). Es wurde 1987 von den Fluggesellschaften Lufthansa, Air France, Iberia und SAS gegründet und verfolgt primär das Ziel, den beteiligten Unternehmen globale Vertriebsmöglichkeiten zu eröffnen. AMADEUS besteht unter anderem aus folgenden Modulen:

- Automatische Autoreservierung und direkte Buchungsabwicklung durch die Autovermietungen Autohansa, Avis, Europcar, Hertz, Interrent, Sixt-Budget,
- Automatische Hotelreservierung in zahlreichen Hotels in vielen Großstädten weltweit.

Zur **Beurteilung verschiedener Alternativen von Absatzkanalsystemen** für eine Dienstleistung können verschiedene Kriterien herangezogen werden, die in die folgenden Kriteriengruppen einteilbar sind (vgl. zum Beispiel Bruhn 1995c, S. 253; Bieberstein 1995, S. 261f.):

- **Dienstleistungsbezogene Faktoren:** Erklärungsbedürftigkeit (problemlose Dienste wie zum Beispiel U-Bahnfahrt versus Reise ins Ausland), Bedarfshäufigkeit (Postdienste versus Unternehmensberatung), räumliche Flexibilität des Dienstleistungserstellungsprozesses (standortgebundene Dienste wie Kinobesuch, Krankenhausbehandlung, Besichtigung eines Freizeitparks versus räumlich flexible Dienste wie Partyservice, Unternehmensberatungen usw.).

- **Konsumentenbezogene Faktoren:** Anzahl der potentiellen Konsumenten (Bank versus Friseur), geographische Verteilung der Konsumenten (Fast-Food-Kette versus Touristeninformation), Kaufgewohnheiten.

- **Unternehmensbezogene Faktoren** (zum Beispiel Marktstellung des Anbieters: Lufthansa versus Gesellschaft für kurzfristig zu buchende Geschäftsflüge).

- **Absatzkanalsystembezogene Faktoren** (zum Beispiel Flexibilität des Vertriebskanals, Kosten des Absatzkanalsystems).

- **Konkurrenzbezogene Faktoren** (zum Beispiel Markstellung der Konkurrenten in den Vertriebskanälen).

- **Umfeldbezogene Faktoren** (zum Beispiel Einfluß neuer Technologien).

Nach der Festlegung eines adäquaten Absatzkanals für die Dienstleistung gilt es in einem nächsten Schritt, Entscheidungen hinsichtlich des logistischen Systems zu treffen.

4.22 Gestaltung des logistischen Systems

Das **logistische System** befaßt sich mit der physischen Bewegung der Leistungen zwischen Hersteller und Endkäufer. Aufgabe der Marketinglogistik ist es, dafür zu sorgen, daß das richtige Produkt zur gewünschten Zeit in der richtigen Menge an den gewünschten Ort gelangt (Ihde 1978; Pfohl 1996).

Gilt diese Aufgabenbeschreibung unbeschränkt für materielle Güter, so muß sie angesichts der Immaterialität von Dienstleistungen modifiziert werden. Im Bereich der Dienstleistungen beziehen sich die logistischen Aufgaben insbesondere auf die Erfüllung des raumzeitlichen Präsenzkriteriums und auf das Tätigwerden des Dienstepotentials. Der Anbieter von Dienstleistungen hat somit Planungs- und Vorbereitungsverrichtungen zu vollziehen, um die raumzeitliche Bereitschaft des Dienstepotentials sicherzustellen (Scheuch 1982). Generell müssen bezüglich des logistischen Systems Aufgaben in den folgenden Bereichen erfüllt werden:

1. Standort der Leistungserstellung,
2. Lagerhaltung materieller Leistungselemente und Faktoren,
3. Transport materieller Leistungselemente und Faktoren.

1. Standort der Leistungserstellung

Unter dem Standort der Leistungserstellung ist der geographische Ort zu verstehen, an dem der Dienstleister seine Leistungspotentiale bereithält, um die Leistung zu erstellen. Aufgrund der Integration des externen Faktors in den Leistungserstellungsprozeß besteht eine wesentliche Aufgabe der Distributionspolitik darin, Angebot und Nachfrage der Leistung zusammenzubringen. Dabei besteht beim Vertrieb von Dienstleistungen die Besonderheit, daß Anbieter und Nachfrager nicht nur bei Kaufabschluß und Übergabe zusammengebracht werden müssen, sondern auch während eines Großteils des Erstellungsprozesses.

Hinsichtlich der **Wahl des Standortes** können verschiedene Kriterien zur Bewertung unterschiedlicher Standorte und zur Kontrolle bisheriger Standorte herangezogen werden (vgl. zum Beispiel Bieberstein 1995, S. 267f.). Diese Faktoren können in drei Gruppen unterteilt werden:

a) Strukturbezogene Faktoren

- Die **Größe des Einzuggebietes** ist ein wichtiger Standortfaktor für Leistungen des täglichen Bedarfs (zum Beispiel Reinigungen, Ärzte).
- Die **Lage des Standortes** ist ein bedeutendes Kriterium für Leistungen des täglichen Bedarfs (zum Beispiel zentrale Lage einer Bank, McDonald's in einer Fußgängerzone) und für Leistungen, bei deren Erstellung und Konsumption viele Kunden gleichzeitig anwesend sind (zum Beispiel Rockkonzert).

b) Umfeldbezogene Faktoren

- Die **Qualität des Umfeldes** ist wichtig für Leistungen mit Exklusivitätscharakter (zum Beispiel Unternehmensberatung in repräsentativer Gegend).
- Die **Nähe zu zentrenfördernden Einrichtungen** ist ein entscheidender Faktor für Leistungen des täglichen Bedarfs (zum Beispiel Totoannahmestelle in der Nähe einer U-Bahn-Station).
- Die **Anwesenheit von Konkurrenz** kann einerseits die Ansiedlung von Leistungsanbietern fördern (zum Beispiel mehrere Fachärzte in einem Gebäude). Andererseits kann sie die Ansiedlung weiterer Anbieter einer bestimmten Leistung verhindern (zum Beispiel wird Burger King seinen Standort nicht direkt neben McDonald's wählen).
- Die **Erreichbarkeit** des Standortes ist entscheidend für Leistungen des täglichen Bedarfs (zum Beispiel Reinigung).

c) Räumlichkeitenbezogene Faktoren

- Die **Raumkosten** werden insbesondere Leistungsanbieter versuchen gering zu halten, die außerhalb der Räumlichkeiten des Unternehmens in Kontakt mit dem Kunden treten (zum Beispiel Notarzt, Fensterreinigungsunternehmen).
- Das gleiche gilt für die **Raumqualität**, die in gewissem Maße mit den Raumkosten korreliert. Eine große Rolle spielt diese jedoch bei Dienstleistungen, bei denen der externe Faktor zum Anbieter kommt (zum Beispiel Unternehmensberatung, Fitneß-Studio).
- Die **Raumkapazitäten** sind vor allem bei solchen Dienstleistungen ein entscheidendes Kriterium, bei deren Erstellung mehrere externe Faktoren gleichzeitig anwesend sind (zum Beispiel Restaurants, Diskotheken, klassische Konzerte).

In Abhängigkeit zu den Entscheidungen hinsichtlich des Absatzkanalsystems ergeben sich drei verschiedene **Grundkonstellationen**, auf denen logistische Ausgestaltungsoptionen aufbauen müssen:

- Die Dienstleistungserstellung findet beim **Nachfrager** statt (zum Beispiel handwerkliche Dienstleistungen, ärztliche Hausbesuche).
- Die Dienstleistungserstellung findet beim **Anbieter** statt (zum Beispiel Autoreparatur).
- Die Dienstleistungserstellung findet an einem **„dritten Ort“** statt (zum Beispiel Konzertveranstaltung, Auto-Pannendienst).

Je nach Konstellation sind unterschiedliche Standortfaktoren von Bedeutung. Eine Übersicht über die Relevanz der oben beschriebenen Standortfaktoren gibt Abbildung 5-42.

Leistungserstellung beim Nachfrager	Leistungserstellung beim Anbieter	Leistungserstellung an einem dritten Ort
▪ Größe des Einzugsgebiets ▪ Lage des Standortes ▪ Raumkosten	▪ Größe des Einzugsgebiets ▪ Lage des Standortes ▪ Qualität des Umfeldes ▪ Nähe zu zentrenfördernden Einrichtungen ▪ Anwesenheit der Konkurrenz ▪ Erreichbarkeit ▪ Raumqualität	▪ Größe des Einzugsgebiets ▪ Lage des Standortes ▪ Erreichbarkeit ▪ Raumkosten

GABLER GRAFIK

Abbildung 5-42: Relevanz ausgewählter Standortfaktoren für Dienstleistungsunternehmen in Abhängigkeit vom Ort der Leistungserstellung

Im folgenden soll anhand ausgewählter **Beispiele** die Bedeutung unterschiedlicher logistischer Anforderungen erläutert werden.

Ein typisches Beispiel für die **Dienstleistungserstellung beim Nachfrager** sind ärztliche Hausbesuche. Zum einen ist hier die permanente Erreichbarkeit der Dienstleistungszentrale zu gewährleisten. Hier bietet sich eine entsprechende Telefonanlage an, die bei Nichtpräsenz des Personals Telefonanrufe automatisch weiterleitet. Zur möglichst effizienten Steuerung der Hausbesuche sind darüber hinaus zeitminimale Wegepläne zu erarbeiten. Um situativen Anforderungen genügen zu können, muß eine jederzeitige Erreichbarkeit des Arztes zum Beispiel durch ein Autotelefon gewährleistet werden. Weiterhin müssen Verhaltensmaßregeln/Ausweichpläne vorliegen, die zum Beispiel bei Notfällen greifen und eine entsprechende Behandlung des Patienten beziehungsweise den Transport in ein nahegelegenes Krankenhaus sicherstellen.

Autoreparaturen in einer Vertragswerkstätte sind ein typisches Beispiel für **beim Anbieter erbrachte Dienstleistungen**. Zum einen ist hier die Lage des Betriebes so zu wählen, daß eine aus Konsumentensicht zumindest akzeptable Erreichbarkeit gewährleistet ist. Die logistischen Überlegungen betreffen weiterhin ein Wegeleitsystem auf dem Firmengelände sowie die Organisation der Annahmeprozedur. Gegenwärtig versuchen sich beispielsweise viele Automobilhändler durch innovative Direktannahmekonzepte zu profilieren. Die Bereitstellung und insbesondere Koordination der Dienstleistungskapazität zur Gewährleistung einer zeitminimalen Durchführung des Dienstleistungsprozesses ist eine weitere logistische Aufgabe, die beispielsweise durch ein EDV-gestütztes Zeitmanagementsystem gelöst werden kann. Darüber hinaus sollte bei länger andauernden Reparaturen die Mobilität des Kunden aufrechterhalten bleiben. In diesem Zusammenhang ist an einen Leihwagenservice oder an einen Shuttle- beziehungsweise Hol- und Bringdienst zu denken.

Falls die **Dienstleistungen an einem dritten Ort** stattfinden, lassen sich am Beispiel eines Pop-Konzertes zahlreiche logistische Aufgaben ableiten. So ist zum Beispiel für die Auswahl des Standorts entscheidend, ob die Halle beziehungsweise das Areal groß genug ist, um die erwarteten Zuschauer aufzunehmen. Die Erreichbarkeit mit öffentlichen Verkehrsmitteln und PKW muß gegeben sein, und es muß ein genügend hohes Marktpotential für die Veranstaltung (im realistisch geschätzten Einzugsbereich) vorhanden sein. Darüber hinaus müssen die Anforderungen der Künstler berücksichtigt werden. Weiterhin ist für ärztliche Notbetreuung und sanitäre Anlagen zu sorgen.

Die dargestellten Fälle beziehen sich auf logistische Anforderungen im Rahmen der Erbringung von Dienstleistungen. Ist hingegen die **Distribution von Anrechten** auf Dienstleistungen Gegenstand der logistischen Überlegungen, so ergeben sich die logistischen Anforderungen insbesondere hinsichtlich der Reservierungssysteme. Hier ist im Optimalfall eine Online-Verbindung von Absatzmittler und Dienstleistungsanbieter herzustellen, um ein reibungsloses **Kapazitätsmanagement** zu gewährleisten (zum Beispiel Reservierungssysteme/Yield Management der Fluglinien).

2. Lagerhaltung

Die Immaterialität von Dienstleistungen impliziert ihre Nichtlagerfähigkeit. Daher sind Entscheidungen hinsichtlich der Lagerhaltung im Dienstleistungsbereich weniger wichtig als bei anderen Gütern. Dennoch besteht die Notwendigkeit, einzelne Elemente der jeweiligen Dienstleistung zwischenzulagern. Je mehr materielle Bestandteile eine Leistung enthält beziehungsweise je eher materielle Faktoren zur Leistungserstellung notwendig sind, desto bedeutender sind lagertechnische Entscheidungen im Rahmen der Vertriebspolitik des Dienstleisters. Dabei kann es sich bei den zu lagernden Gegenständen um interne oder um externe Faktoren handeln. Demnach können hinsichtlich des Lagerbedarfs vor, während und nach dem Leistungserstellungsprozeß drei Typen von Leistungen unterschieden werden (vgl. Abbildung 5-43):

- Leistungen ohne Lagernotwendigkeit (zum Beispiel Nachhilfeunterricht),
- Leistungen mit der Notwendigkeit der Lagerung interner Faktoren (zum Beispiel Vergnügungspark, Bank),
- Leistungen mit der Notwendigkeit der Lagerung externer Faktoren (zum Beispiel Autowerkstatt).

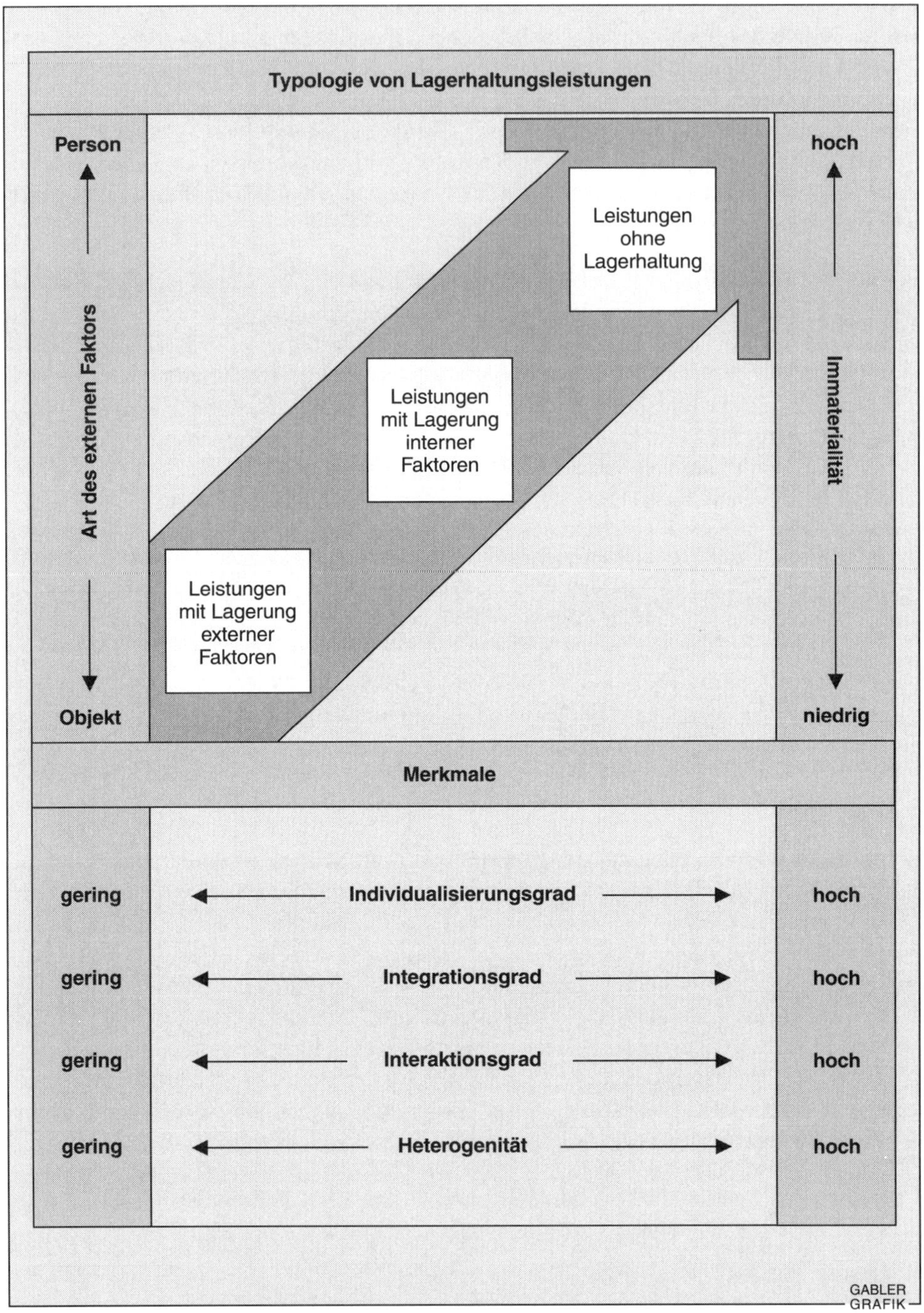

Abbildung 5-43: Typologisierung von Dienstleistungen hinsichtlich der Notwendigkeit der Lagerhaltung

3. Transport

Ebenfalls aus der Immaterialität der Leistung folgt die Nichttransportfähigkeit. Auch hier ist es jedoch je nach Art der Leistung erforderlich, entweder externe (zum Beispiel Autowerkstatt) oder interne Faktoren (zum Beispiel Hausbesuch eines Arztes) zu transportieren. Einen beispielhaften Überblick über Dienstleistungen mit der Notwendigkeit des Transportes gibt Abbildung 5-44.

Transportierte Faktoren / Ort der Erstellung	Interne Faktoren	Externe Faktoren
Beim Nachfrager	z. B. Hausbesuch eines Arztes	z. B. Maschinenreinigung
Beim Anbieter	z. B. Einsatz eines Branchenexperten im Rahmen eines Unternehmensberatungsprojektes	z. B. Autoreparatur
Dritter Ort	z. B. Notarzt	z. B. Open-Air-Konzert

GABLER GRAFIK

Abbildung 5-44: Beispiele für Dienstleistungen mit Transportbedarf

Im Rahmen der Bewältigung des jeweiligen Transportproblems sind verschiedene Aspekte zu berücksichtigen:

- Transportmittel (zum Beispiel Schleppwagen für Autowerkstatt, Auto für Notarzt, Flugzeug für Unternehmensberatungsteam),
- Transportzeit (zum Beispiel hohe Relevanz bei Notarzt; geringere Relevanz bei Außendienstmitarbeitern einer Versicherung),
- Transportsicherheit (zum Beispiel hohe Relevanz bei Bank, Krankenhaus; geringe Relevanz bei Schuhreparaturwerkstatt),
- Transportkosten.

Abschließend ist festzustellen, daß aufgrund der Integration des externen Faktors, der Nichtlager- und der Nichttransportfähigkeit von Dienstleistungen die Distributionspolitik von Dienstleistungsunternehmen erhebliche Besonderheiten aufweist. Es ist die Aufgabe von Dienstleistungsunternehmen, aufgrund der spezifischen Art der Dienstleistungen Entscheidungen über die Distributionspolitik zu treffen, die den Kunden einen erleichterten Zugang zum Leistungskonsum ermöglichen.

5. Personalpolitik

5.1 Grundlagen der Personalpolitik

5.11 Internes Marketing als Ausgangspunkt

In der Dienstleistungsliteratur wird diskutiert, die vier Felder des operativen Marketing, das heißt die sogenannten 4 P's: Leistungs-, Kommunikations-, Preis- und Distributionspolitik, um den Bereich der Personalpolitik zu ergänzen (Cowell 1984, S. 69; Payne 1993, S. 123; Bieberstein 1995, S. 335; vgl. auch die einführenden Worte zu Kapitel 5). Im folgenden soll daher auf das interne Instrument des Dienstleistungsmarketing, die Personalpolitik, eingegangen werden.

Die **Personalpolitik** eines Dienstleistungsunternehmens umfaßt die Planung, Organisation, Durchführung und Kontrolle sämtlicher Entscheidungen, die mit

- der Einstellung von Mitarbeitern,
- dem Arbeitsplatz und -umfeld der Mitarbeiter,
- der Entwicklung der Mitarbeiter,
- der Kommunikation mit und zwischen den Mitarbeitern sowie
- der Freisetzung der Mitarbeiter

in Verbindung stehen.

Aufgrund des hohen Interaktionsgrades des magischen Dreiecks Unternehmen – Mitarbeiter – Kunde soll dabei jedoch Abstand genommen werden von der traditionellen Sichtweise, daß die Personalpolitik ein isoliert zu betrachtender Teil der Unternehmensführung sei. Vielmehr soll ein **ganzheitlicher Ansatz** gewählt werden, dessen Grundlage das **Konzept des Internen Marketing** darstellt, das versucht, die Personal- und Marketingsichtweise zu integrieren.

Internes Marketing ist die systematische Optimierung unternehmensinterner Prozesse mit Instrumenten des Marketing- und des Personalmanagements, um durch eine konsequente Kunden- und Mitarbeiterorientierung das Marketing als interne Denkhaltung durchzusetzen, damit die marktgerichteten Unternehmensziele effizienter erreicht werden (Bruhn 1995b, S. 22).

Wesentliches Merkmal dieser Definition ist die Forderung einer **parallelen Kunden- und Mitarbeiterorientierung**. Dies impliziert gleichzeitig die Betrachtung des Mitarbeiters als internen Kunden (Thomson 1993, S. 7; Nerdinger/Rosenstiel 1995, S. 115). Dadurch entstehen die folgenden, in Abbildung 5-45 dargestellten **Interdependenzen** (Bruhn 1995b, S. 23):

- Die **Unternehmen-Kunden-Beziehung** setzt eine Kundenorientierung voraus, die durch das externe Marketinginstrumentarium sichergestellt werden muß.
- Die **Unternehmen-Mitarbeiter-Beziehung** verlangt eine interne Kunden- und Mitarbeiterorientierung, die durch das Interne Marketing erreicht werden soll.
- Die **Mitarbeiter-Kunden-Beziehung** fordert eine individuelle Kundenorientierung bei der Leistungserstellung.

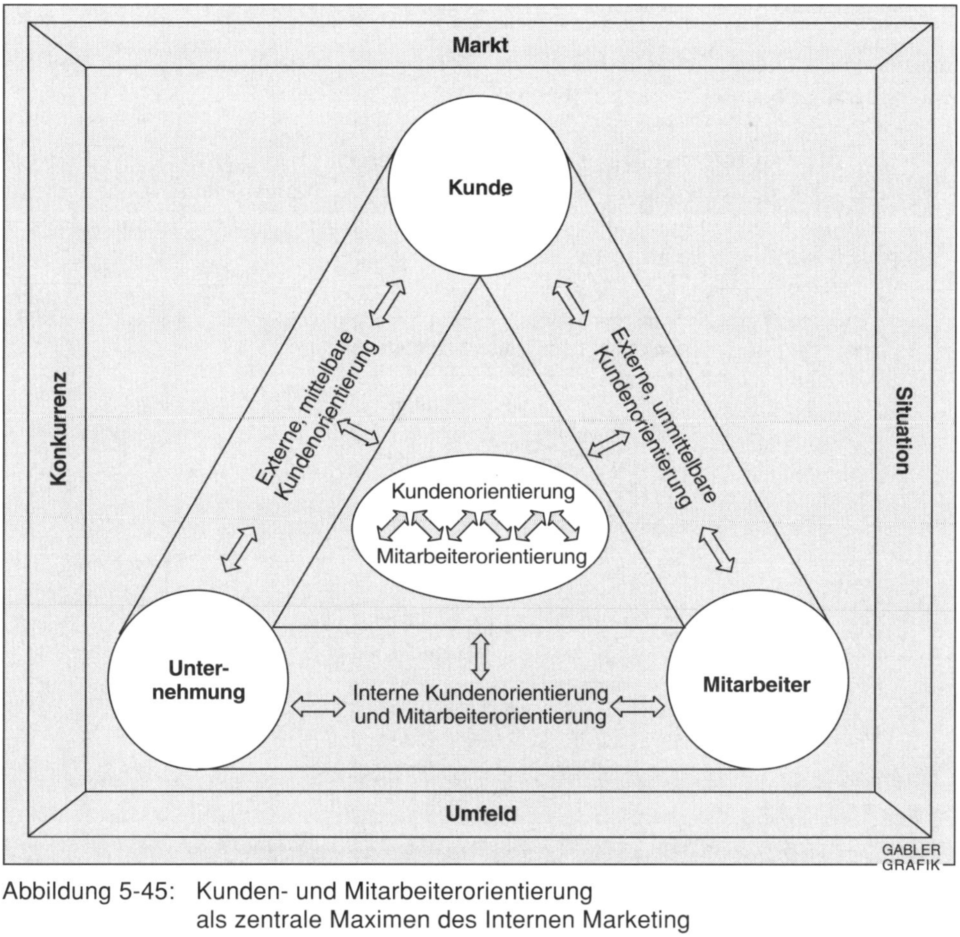

Abbildung 5-45: Kunden- und Mitarbeiterorientierung als zentrale Maximen des Internen Marketing
(Quelle: Bruhn 1995b, S. 23)

Hinsichtlich des **Grundverständnisses** des Internen Marketing lassen sich drei Ansatzpunkte herausfiltern (Bruhn 1995b, S. 24f.):

- Internes Marketing als **Maxime**
  Dieser Sichtweise liegt die Annahme zugrunde, daß nur zufriedene Mitarbeiter die Kunden zufriedenstellen können, so daß die Mitarbeiterbedürfnisse in den Vordergrund rücken.
- Internes Marketing als **Methode**
  Bei dieser Betrachtungsweise geht es darum, den externen Marketingmix auf die Zielgruppe des internen Kunden, das heißt des Mitarbeiters, anzuwenden.
- Internes Marketing als **Gestaltung von Austauschbeziehungen**
  Hierbei wird aufgrund der Interdependenz von Kunden- und Mitarbeiterzufriedenheit sowie Kunden- und Mitarbeiterbindung ein Gleichgewicht aus Kunden- und Mitarbeiterorientierung angestrebt.

Ausgehend von diesen Betrachtungsweisen können vier **Themenkomplexe** des Internen Marketing abgeleitet werden (Bruhn 1995b, S. 25f.):

- Beim **Angebot interner Dienstleistungen an interne Kunden** wird davon ausgegangen, daß sich externes und internes Marketing kaum unterscheiden. Hierbei tritt jedoch das Problem auf, daß vielfach angenommen wird, daß die Bedürfnisse der internen Kunden bekannt seien.

Abbildung 5-46: Bausteine des Internen Marketing
(Quelle: Bruhn 1995b, S. 27)

- Wenn es um die **marktgerechte Gestaltung der Arbeitsplätze für die Mitarbeiter** geht, sollen die vier „P's" des klassischen Marketingmix auf das Produkt „Arbeitsplatz" angewandt werden.
- Wird primär die **interne Umsetzung der externen Marketingstrategie** angestrebt, dann geht es um das Verhalten der Mitarbeiter gemäß der externen Marketingstrategie.
- Soll die **Generierung eines internen Marketingverständnisses** erreicht werden, steht die unternehmensweite Verankerung des Marketinggedankens im Vordergrund.

Da es sich hierbei um Themenschwerpunkte handelt, die nicht isoliert nebeneinander betrachtet werden können, läßt sich als wesentliches Element des Internen Marketing die **Integration von Kunden- und Mitarbeiterorientierung** herausarbeiten. Mittels der oben beschriebenen Schwerpunkte soll daher sowohl die Akquisition und Bindung qualifizierter, hochmotivierter Mitarbeiter als auch die Gewinnung und Bindung zufriedener Kunden erreicht werden (Bruhn 1995b, S. 27). Dieser Zusammenhang ist in Abbildung 5-46 wiedergegeben.

5.12 Besonderheiten der Personalpolitik von Dienstleistungsunternehmen

Ausgehend von einem ganzheitlichen, unternehmensweiten Verständnis der Personalpolitik ergeben sich für diese im Dienstleistungsbereich aufgrund der Immaterialität der Leistungen, der Notwendigkeit der Bereitstellung der Leistungsfähigkeit sowie der Integration des externen Faktors einige Besonderheiten. In diesem Zusammenhang ist zu beachten, daß deren Bedeutung je nach Art der Dienstleistung unterschiedlich sein kann. Zunächst sollen Dienstleistungen hierzu nach Kontinuität der Leistungserstellung in professionelle und nicht-professionelle Leistungen eingeteilt werden. In einer zweiten Dimension wird nach der Intensität des Mitarbeiter-Kunden-Kontaktes in Leistungen mit intensivem sowie Leistungen mit weniger intensivem Mitarbeiter-Kunden-Kontakt unterschieden (Woodruffe 1995, S. 178). Unter Heranziehung dieser beiden Dimensionen ergeben sich vier Typen von Dienstleistungen, die in Abbildung 5-47 dargestellt sind:

- **Professionelle Dienstleister mit intensivem Mitarbeiter-Kunden-Kontakt** erstellen die Leistung von Berufs wegen, und das Personal ist ein bedeutender Faktor im Leistungserstellungsprozeß, zum Beispiel Rechtsanwalt, Arzt, Weiterbildungsunternehmen, Restaurants.
- **Nicht-professionelle Dienstleister mit intensivem Mitarbeiter-Kunden-Kontakt** erstellen die Leistung in ihrer Freizeit, und das Personal ist ein bedeutender Faktor im Leistungserstellungsprozeß, zum Beispiel Babysitter, Erste-Hilfe-Einsatz.

Intensität des Kundenkontaktes / Leistungserstellung	Professionell	Nicht-professionell
Intensiv	Professionelle Dienstleister mit intensivem Mitarbeiter-Kunden-Kontakt Beispiele: ■ Restaurants ■ Ärzte ■ Weiterbildungsunternehmen	Nicht-professionelle Dienstleister mit intensivem Mitarbeiter-Kunden-Kontakt Beispiele: ■ Babysitter ■ Erste-Hilfe-Einsatz
Weniger intensiv	Professionelle Dienstleister mit weniger intensivem Mitarbeiter-Kunden-Kontakt Beispiele: ■ Autowaschanlage ■ Kino	Nicht-professionelle Dienstleister mit weniger intensivem Mitarbeiter-Kunden-Kontakt Beispiele: ■ Freiwillige Feuerwehr ■ Spendensammlungsorganisation GABLER GRAFIK

Abbildung 5-47: Klassifizierung von Dienstleistungen nach der Art der Leistungserstellung und der Intensität des Mitarbeiter-Kunden-Kontaktes

- **Professionelle Dienstleister mit weniger intensivem Mitarbeiter-Kunden-Kontakt** erstellen die Leistung von Berufs wegen, und das Personal ist ein weniger bedeutender Faktor im Leistungserstellungsprozeß, zum Beispiel Autowaschanlage, Kino.

- **Nicht-professionelle Dienstleister mit weniger intensivem Mitarbeiter-Kunden-Kontakt** erstellen die Leistung in ihrer Freizeit, und das Personal ist nicht bedeutsamer als andere Faktoren im Leistungserstellungsprozeß, zum Beispiel freiwillige Feuerwehr, Spendensammlungsorganisation.

Die sich aufgrund der Dienstleistungscharakteristika ergebenden und in Abbildung 5-48 wiedergegebenen Besonderheiten der Personalpolitik sind insbesondere für die ersten beiden Gruppen von Dienstleistungen bedeutsam, weil hier die Mitarbeiter in engem Kontakt zum Kunden stehen.

Aus der **Immaterialität** der Leistungen läßt sich folgern:

- Da die Immaterialität dazu führt, daß die Qualitätsbeurteilung von Dienstleistungen durch den Kunden anhand der wenigen tangiblen Elemente vorgenommen wird, rücken die **Mitarbeiter als Qualitätsindikator** in den Vordergrund (Woodruffe 1995, S. 178). Aufbauend auf der Forderung, das Konzept des Total Quality Ma-

Besonderheiten von Dienstleistungen	Implikationen für die Personalpolitik
Immaterialität (Nichtlagerfähigkeit, Nichttransportfähigkeit)	■ Mitarbeiter als Qualitätsindikator ■ Maßnahmen der Standardisierung des internen Faktors Personal ■ Personenbezogenes Unternehmensimage ■ Forderung einer ganzheitlichen Betrachtung des Internen Marketing ■ Unterstützung der kurzfristigen Nachfragesteuerung
Leistungsfähigkeit des Dienstleistungsanbieters	■ Qualifizierung der Mitarbeiter ■ Einstellung von Mitarbeitern mit entsprechenden Fähigkeiten zur Dokumentation des Leistungspotentials
Integration des externen Faktors	■ Schaffung einer Mitarbeiter-Kunden-Partnerschaft ■ Information der Mitarbeiter über mögliche Probleme im Leistungserstellungsprozeß ■ Externe Kundenorientierung über interne Kundenorientierung

GABLER GRAFIK

Abbildung 5-48: Besonderheiten der Personalpolitik von Dienstleistungsunternehmen

nagement (TQM) auf das Qualitätsmanagement anzuwenden (vgl. Kapitel 4), und der ganzheitlichen Definition der Personalpolitik auf Basis des Internen Marketing lassen sich aus den TQM-Prinzipien Anforderungen an die Personalpolitik ableiten. Dabei steht die Definition interner Kunden-Lieferanten-Beziehungen im Vordergrund, die zu einer Reduzierung der unternehmensinternen Schnittstellen führt. Der hieraus folgende häufigere Einsatz von Arbeitsprinzipien wie der Teamarbeit führt zu der Notwendigkeit einer zusätzlichen Qualifizierung der Mitarbeiter, welche wiederum durch **Maßnahmen der Personalentwicklung** erreicht werden kann (Töpfer 1995, S. 549f.). So werden zum Beispiel Mitarbeiter von Unternehmensberatungen häufig zu Beginn ihrer Tätigkeiten bezüglich der von dem Unternehmen verwendeten Methoden geschult, um denjenigen Mitarbeitern, die zukünftig unter Umständen in einem Team zusammenarbeiten, hinsichtlich dieser Methoden die gleiche Wissensbasis anzutrainieren.

- Da in vielen Dienstleistungsbranchen die Mitarbeiter einen Wissensvorsprung gegenüber dem Kunden haben sollten (zum Beispiel Geldanlageberatung einer Bank, Versicherungsmakler, Autoreparaturwerkstatt), zieht der Kunde in diesen Bereichen die **Qualifikation der Mitarbeiter als Qualitätsmerkmal** heran. Daher ist es von Bedeutung, die Mitarbeiter mittels **Maßnahmen der Personalentwicklung**, zum Beispiel Schulungen, mit dem entsprechenden Fachwissen auszustatten und somit einen fachkundigen Auftritt gegenüber dem Kunden zu ermöglichen.

- Um die **Schwierigkeit der Standardisierbarkeit** von Leistungen aufgrund der Immaterialität abzuschwächen, soll weiterhin ein einheitlicher Auftritt der Mitarbeiter des Unternehmens gewährleistet werden. Dies gilt nicht nur für die äußere Erscheinung, wofür insbesondere Maßnahmen der Marken- und Kommunikationspolitik Sorge tragen, sondern auch für das Verhalten der Mitarbeiter gegenüber dem Kunden. Dieses muß daher durch **Maßnahmen der Einführung in den Arbeitsplatz, der Personalentwicklung sowie der Personalführung** gesteuert werden, zum Beispiel Beibringen der Begrüßungsformel im Rahmen der Einarbeitung für Telefonistinnen einer Bank mit Telebanking, Festlegung des Ablaufes der Bedienung der Gäste in einem Restaurant und Bekanntgabe in Mitarbeiterbesprechungen. Dadurch gelingt es, zumindest einzelne Elemente der Leistung zu standardisieren, was zum einen Gedächtniswirkungen und zum anderen ein Gefühl der Vertrautheit beim Kunden zur Folge hat.

- Schließlich führt die Immaterialität von Dienstleistungen dazu, daß dem Image des Unternehmens im Rahmen der Leistungsbeurteilung eine besondere Bedeutung zukommt. Insbesondere bei Dienstleistungen mit engem Mitarbeiter-Kunden-Kontakt handelt es sich beim Image des Dienstleisters um ein **personenbezogenes Unternehmensimage**, welches positiv mit der Einstellung des Mitarbeiters zum Unternehmen und zum Kunden korreliert. Um die Einstellung der Mitarbeiter zu beeinflussen, sind **Maßnahmen der Personalentwicklung und der Mitarbeiterkommunikation** unerläßlich, zum Beispiel Angebot von Kursen, die mit den Hobbys der Mitarbeiter zusammenhängen.

Aus der Notwendigkeit der permanenten **Bereitstellung des Dienstleistungspotentials** ergeben sich die folgenden Implikationen für die Personalpolitik:

- Insbesondere bei Dienstleistungen mit engen Mitarbeiter-Kunden-Beziehungen rükken eine **umfassende Qualifikation und der Charakter** der Mitarbeiter in den Vordergrund. Dabei sind nicht nur die technischen und fachlichen Fähigkeiten von Bedeutung (zum Beispiel Technik des Haarschneidens einer Friseuse), sondern auch Merkmale wie Kommunikationsfähigkeit, Einfühlungsvermögen usw. (vielen Friseurkunden ist zum Beispiel an einem Gespräch mit der Friseuse während des Haarschnitts gelegen). Um diese Merkmale bei neuen Mitarbeitern zu gewährleisten, sind entsprechende **Maßnahmen der Personalauswahl und der Personalentwicklung** zu realisieren, zum Beispiel Durchführung von psychologischen Tests und Berücksichtigung kommunikativer Fähigkeiten in Vorstellungsgesprächen im Rahmen der Personalauswahl.

- Ferner gilt es, das vorhandene **Leistungspotential des Dienstleisters zu dokumentieren**. Daher sollten die Mitarbeiter in der Lage sein, dieses Potential zu kommunizieren, zum Beispiel Hinweis auf Autorückgabemöglichkeit an einem anderen Ort durch Angestellten einer Autovermietung. Um dies zu gewährleisten, sind insbesondere **Maßnahmen der Personalauswahl** notwendig.

Aus der **Integration des externen Faktors** in den Leistungserstellungsprozeß lassen sich ebenfalls Schlußfolgerungen ziehen:

- Durch die Integration des externen Faktors folgt die Heterogenität des Leistungserstellungsprozesses. Zur Erreichung einer teilweisen **Homogenisierung der Leistungserstellung** sollte die Kontinuität der Mitarbeiter-Kunden-Beziehungen und damit eine Partnerschaftsbildung zwischen Unternehmen beziehungsweise Mitarbeiter und Kunde angestrebt werden (Stauss/Neuhaus 1995, S. 581). Die hierzu notwendige niedrige Fluktuationsrate und Mitarbeiterbindung kann mit Hilfe von **Maßnahmen des Personaleinsatzes und der Personalentwicklung** erreicht werden, zum Beispiel Angebot materieller und nicht-materieller Anreize, mitarbeitergerechte Arbeitsplatzgestaltung.
- Im Rahmen der Darstellung der Kommunikationspolitik von Dienstleistungsunternehmen wurde auf die Notwendigkeit hingewiesen, den Kunden auf mögliche **Probleme bei der Leistungserstellung** hinzuweisen und ihm diese zu erklären. Da dies unter Umständen seitens der Mitarbeiter vorgenommen werden muß, mit denen der Kunde in direktem Kontakt steht, ist es unerläßlich, diese Mitarbeiter zunächst mittels **Maßnahmen der Einarbeitung und der Mitarbeiterkommunikation** auf diese Problemfelder aufmerksam zu machen beziehungsweise ihnen mögliche Aktivitäten zur Behebung der Probleme aufzuzeigen, zum Beispiel Dokumentation eines „perfekten" Erstellungsprozesses beim Einführungsgespräch, Hinweis auf häufig auftretende Fehler in einem Rundschreiben.
- Zur Förderung der Verinnerlichung einer externen **Kundenorientierung** kann die Internalisierung einer internen Kundenorientierung hilfreich sein. Um dies zu gewährleisten, sind insbesondere **Maßnahmen der Personalentwicklung** durchzuführen, zum Beispiel Durchführung von Workshops zur Kundenorientierung.
- Schließlich wird aufgrund der Integration des externen Faktors und des direkten Mitarbeiter-Kunden-Kontaktes angenommen, daß ein positiver Zusammenhang zwischen Mitarbeiter- und Kundenzufriedenheit besteht (Bruhn 1995b, S. 25). Daraus ergibt sich die Notwendigkeit der Erreichung einer möglichst hohen Mitarbeiterzufriedenheit durch **Maßnahmen des Personaleinsatzes, der Personalentwicklung und der Mitarbeiterkommunikation**.

5.13 Ziele der Personalpolitik

Aufgrund der großen Bedeutung der Mitarbeiter zur Erzielung einer hohen Dienstleistungsqualität tritt im Rahmen der Personalpolitik das Ziel der Entwicklung und Erhaltung kundenorientierter und motivierter Mitarbeiter neben das Ziel der Erzielung einer hohen Kundenzufriedenheit (Grönroos 1980, S. 16f.; Stauss 1994d, S. 477; Bruhn 1995b, S. 28).

Ebene \ Ausrichtung	Intern	Extern
Strategisch	■ Mitarbeitermotivation ■ Kundenbewußtsein ■ Qualitätsbewußtsein ■ Geringe Fluktuation ■ Imageprofilierung als Arbeitgeber ■ Gewinnung qualifizierter neuer Mitarbeiter	■ Kundenbindung ■ Kundengewinnung ■ Hohe Qualitätseinschätzung der Leistung durch Kunden ■ Imageprofilierung als Dienstleistungsersteller
Taktisch	■ Einstellung und Verhalten der Führungskräfte ■ Know-how der Mitarbeiter ■ Verhalten der Mitarbeiter untereinander ■ Mitarbeiterzufriedenheit	■ Differenzierung gegenüber dem Wettbewerb ■ Kundenzufriedenheit ■ Verhalten des Kundenkontaktpersonals ■ Positive Mund-zu-Mund-Kommunikation

GABLER GRAFIK

Abbildung 5-49: Ziele der Personalpolitik

Zur Kategorisierung der Ziele der Personalpolitik können zunächst eine **strategische** und eine **taktische Ebene** unterschieden werden. Da sich die Maßnahmen der Personalpolitik nicht lediglich auf den internen, sondern auch auf den externen Kunden ausrichten sollen, bietet sich ferner eine Untergliederung in **interne** und **externe Zielsetzungen** an (Bruhn 1995b, S. 28). Aus dieser Systematisierung ergeben sich vier Gruppen von Zielsetzungen der Personalpolitik, die in Abbildung 5-49 dargestellt sind:

Strategisch-interne Ziele

Zu den strategisch-internen Zielsetzungen der Personalpolitik gehören zum einen jene, durch deren Erzielung langfristige **affektive und kognitive Wirkungen bei den aktuellen Mitarbeitern** erreicht werden sollen, zum Beispiel Schaffung von Mitarbeitermotivation, Kundenorientierung, Qualitätsbewußtsein. Voraussetzung für die Realisierung dieser Zielsetzungen ist die Zielerreichung auf der taktisch-internen Ebene. Dazu ist es notwendig, daß sich die Vorstellungen der Mitarbeiter und des Managements von Unternehmenszweck und -zielen entsprechen; dies bedeutet die Forderung nach

- der Vermittlung der grundlegenden Zielsetzungen an die Mitarbeiter,
- der Identifikation der Mitarbeiter mit Unternehmenszweck und -zielen,
- der Identifikation des Managements mit Unternehmenszweck und -zielen,
- dem Vorleben des Managements nach Unternehmenszweck und -zielen.

Zum anderen sind zu dieser Gruppe von Zielen solche zu zählen, die **affektive und konative Wirkungen bei potentiellen Mitarbeitern** auslösen sollen, zum Beispiel Imageprofilierung als mitarbeiterorientierter Arbeitgeber, Gewinnung qualifizierter Mitarbeiter.

Taktisch-interne Ziele

Den taktisch-internen Zielen sind solche zu subsumieren, durch deren Realisierung kurzfristige **kognitive, affektive und konative Wirkungen bei Mitarbeitern und beim Management** ausgelöst werden. Diese Ziele können weiterhin in management- und mitarbeiterbezogene taktisch-interne Zielrichtungen eingeteilt werden:

- Bei den **managementbezogenen Zielen** steht die Veränderung der Einstellung und des Verhaltens der Führungskräfte im Vordergrund. Da der Gedanke des Internen Marketing im Rahmen der Personalpolitik unternehmensweit nachvollzogen werden soll, ist eine Unterstützung aller Unternehmensebenen erforderlich. Dabei übernehmen die Führungskräfte die Funktion eines Katalysators für die Verankerung des Konzeptes bei allen Mitarbeitern.
- Zu den **mitarbeiterbezogenen Zielrichtungen** gehören die Verbesserung des Know-hows der Mitarbeiter, die Steuerung des Verhaltens der Mitarbeiter untereinander sowie die Steigerung der Mitarbeiterzufriedenheit. Einzelziele im Rahmen der **Verbesserung des Know-hows der Mitarbeiter** sind die Erreichung von Akzeptanz für Unternehmenszweck, -ziele, -strategien, von Verständnis um die Wichtigkeit einer internen und externen Kundenorientierung sowie die Verbesserung der im Rahmen der Leistungserstellung benötigten Kenntnisse und Fähigkeiten. Bei der **Steuerung des Verhaltens der Mitarbeiter untereinander** steht die Umsetzung einer internen Kundenorientierung im Vordergrund. Aufgrund des postulierten positiven Zusammenhangs zwischen Mitarbeiter- und Kundenorientierung soll die **Steigerung der Mitarbeiterzufriedenheit** mittels Maßnahmen der Personalpolitik sowie durch das Verhalten der Führungskräfte gegenüber den Mitarbeitern erzielt werden.

Strategisch-externe Ziele

Die Erreichung der strategisch-externen Zielsetzungen dient der effizienteren Gestaltung der Erfüllung der externen marktorientierten Zielsetzungen. Hierbei sollen **langfristige psychologische Wirkungen bei aktuellen und potentiellen Kunden** erreicht werden. Hinsichtlich der aktuellen Kunden steht dabei die Kundenbindung, bei potentiellen Zielgruppen die Neukundengewinnung im Vordergrund.

Taktisch-externe Ziele

Zu den taktisch-externen Zielen gehören solche, deren Realisierung der Erzielung **kurzfristiger psychologischer Wirkungen bei aktuellen und potentiellen Kunden** dient.

Bezüglich der aktuellen Kunden ist die Erreichung einer hohen Kundenzufriedenheit und einer positiven Mund-zu-Mund-Kommunikation zu nennen. Sowohl für aktuelle als auch für potentielle Kunden gilt das Ziel der Differenzierung gegenüber dem Wettbewerb als besonders kundenorientierter Dienstleister.

5.2 Instrumente eines Personalmanagementsystems

Zu den Instrumenten der Personalpolitik gehören sämtliche Maßnahmen, durch deren Einsatz affektive, kognitive und konative Wirkungen bei den Mitarbeitern erzielt werden sollen. Der Einsatz der Instrumente kann anhand eines Personalmanagementsystems systematisch vorgenommen werden. Dieses System umfaßt verschiedene Phasen, die in Abbildung 5-50 veranschaulicht sind. Sie umfassen die Planungsphase (Personalplanung), die Durchführungsphase (Personaleinsatz, Personalveränderung, Mitarbeiterkommunikation) sowie die Kontrollphase (Personalprüfung).

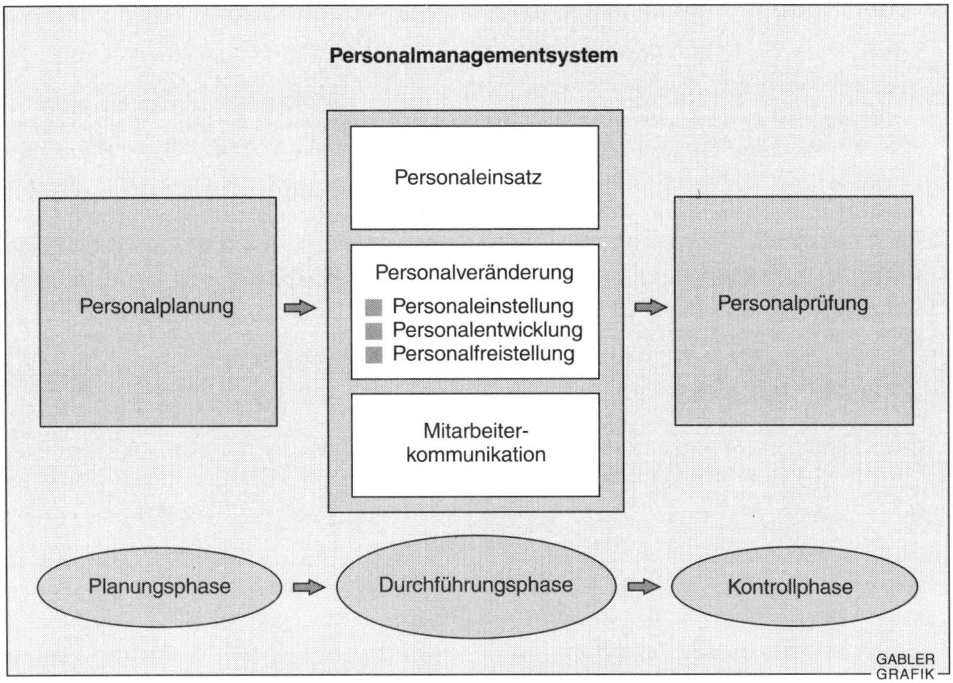

Abbildung 5-50: Phasen eines Personalmanagementsystems

5.21 Personalplanung

Die Personalplanung ist die notwendige Voraussetzung einer systematischen Personalpolitik.

> Unter **Personalplanung** wird die gedankliche Vorwegnahme sämtlicher Maßnahmen verstanden, die der Überwindung von Differenzen zwischen mitarbeiterbezogenen Ist- und Soll-Zuständen im Hinblick auf die Ziele der Personalpolitik dienen.

Im Rahmen der Planungsphase können drei Gruppen von Instrumenten unterschieden werden:

- Instrumente zur Bestimmung des Personalbestands und -bedarfs,
- Festlegung der Anforderungen an die interne Dienstleistungsqualität,
- Personalforschung.

5.211 Bestimmung des Personalbestands und -bedarfs

Ausgangspunkt für die Festlegung von Personalmaßnahmen jeglicher Art sind die Personalbestandsanalyse und die Personalbedarfsbestimmung. Mit Hilfe der Personalbestandsanalyse erhält man den mitarbeiterbezogenen Ist-Zustand, während der Personalbedarf festlegt, wie viele Mitarbeiter welcher Qualifikation aufgrund des geplanten Leistungsprogramms zu welchen Zeitpunkten zur Verfügung stehen müssen, das heißt den mitarbeiterbezogenen Soll-Zustand determiniert (Beyer 1990, S. 255).

Mittels beider Instrumente sollen vier **Funktionen** erfüllt werden:

- Diagnosefunktion,
- Projektionsfunktion,
- Handlungsfunktion,
- Prognosefunktion.

Beide Instrumente betrachten auf der zeitlichen Dimension nicht nur die gegenwärtigen Zustände, sondern darüber hinaus Entwicklungen in der Zukunft. In der inhaltlichen Dimension lassen sich jeweils quantitative und qualitative Aspekte unterscheiden.

a) Quantitative Personalbestandsanalyse und Personalbedarfsbestimmung

Im Rahmen der quantitativen Betrachtung geht es um die zahlenmäßige Erfassung der Mitarbeiter (Personalbestand) sowie die Bestimmung der erforderlichen Anzahl von Mitarbeitern zur Erfüllung der Unternehmensziele (Personalbedarf). Dabei wird insbesondere die sogenannte **Skontrationsrechnung** angewandt, die ausgehend vom gegenwärtigen Bestand über den projektierten Soll-Bestand zum prognostizierten Bestand führt (Scholz 1991, S. 56; Thommen 1991, S. 589ff.).

Insbesondere bei Dienstleistungen mit vom Unternehmen wenig beeinflußbaren **Nachfrageschwankungen** ist diese quantitative Sichtweise wichtig. Hierbei lassen sich nach der Schwankungsursache zeitabhängige und naturabhängige Schwankungen unterscheiden. Hinsichtlich der **zeitabhängigen Schwankungen**, die vom Unternehmen aufgrund von Erfahrungswerten und Marktforschungsergebnissen vorhersehbar sind, können die folgenden Arten von Nachfrageschwankungen nach ihrer Frequenz unterschieden werden:

- Tageszeitabhängige Schwankungen, zum Beispiel Restaurants, Tennishalle, Wach- und Schließgesellschaften,
- Wochentagsabhängige Schwankungen, zum Beispiel Diskotheken, Freizeitparks, Speditionen,
- Saisonale Schwankungen, zum Beispiel Reiseunternehmen.

Die **naturabhängigen Schwankungen** sind vom Unternehmen nicht vorhersehbar und lassen sich unterteilen in:

- Wetterabhängige Schwankungen, zum Beispiel Surfschule,
- Naturkatastrophenabhängige Schwankungen, zum Beispiel Ärzte, Rechtsanwälte, Krankenhäuser, Rettungsorganisationen.

Insbesondere bei Unternehmen, deren Nachfrage zeitabhängigen Schwankungen unterliegt, ist es aufgrund der **Nichtlagerfähigkeit von Dienstleistungen** notwendig, den jeweiligen quantitativen Personalbestand an den zeitabhängigen Personalbedarf anzupassen. In der Phase der Personalplanung sind daher mögliche Differenzen festzustellen und zu antizipieren, um Maßnahmen des Personaleinsatzes, der Personalentwicklung sowie der Mitarbeiterkommunikation festlegen zu können.

b) Qualitative Personalbestandsanalyse und Personalbedarfsplanung

Die qualitativen Aspekte von Personalbestand und Personalbedarf beziehen sich auf die Eignung der Mitarbeiter, mit Hilfe ihrer Fähigkeiten einen Beitrag zur Erreichung der Unternehmens- und Personalziele zu leisten. Bei der Betrachtung der hierbei verwendeten Instrumente bietet sich eine Unterscheidung in mitarbeiterbezogene und unternehmens- beziehungsweise abteilungsbezogene Instrumente an:

aa) Mitarbeiterbezogene Instrumente

Diese Gruppe von Instrumenten dient der Betrachtung der Fähigkeiten des einzelnen Mitarbeiters. Im Rahmen der Personalbestandsanalyse werden hierzu **Eigenschaftsprofile** des jeweiligen Mitarbeiters erstellt (Bisani 1989, S. 230ff.; Beyer 1990, S. 8ff.). In Eigenschaftsprofilen werden die Ausprägungen von mitarbeiterbezogenen Merkmalen dargestellt.

Dabei lassen sich positionsrelevante und unternehmensrelevante Merkmale unterscheiden. Zu den **positionsrelevanten Merkmalen** gehören:

- Fähigkeitsmerkmale: Wissensbezogene und könnensbezogene Merkmale.
- Persönlichkeitsmerkmale: Zum Beispiel Verantwortungsbewußtsein, Kommunikationsfähigkeit.

Zu den **unternehmensrelevanten Merkmalen** zählen:

- Mitarbeiterorientierte Merkmale: Zum Beispiel Teamfähigkeit, Bereitschaft zu sozialer Verantwortung.
- Unternehmensorientierte Merkmale: Zum Beispiel unternehmenskulturbedingte Merkmale.

Betrachtet man die **mitarbeiterbezogenen Instrumente des Personalbedarfs**, dann steht die Festlegung der vom Leistungsprogramm sowie unternehmensinternen und -externen Kontextfaktoren abhängigen Anforderungen an die Mitarbeiter im Vordergrund (Bisani 1989, S. 230ff.). Eine Übersicht über Anforderungen an das Kundenkontaktpersonal von Dienstleistungsunternehmen zeigt Abbildung 5-51.

Potentialorientierte Anforderungen	Prozeßorientierte Anforderungen	Ergebnisorientierte Anforderungen
■ Belastbarkeit ■ Streßtoleranz ■ Beharrungsvermögen ■ Geistige Flexibilität ■ Qualifikation ■ Energie ■ Äußerer Eindruck	■ Klare Ausdrucksweise ■ Einfühlungsvermögen ■ Kommunikationsfähigkeit ■ Kontaktfähigkeit ■ Selbstbeherrschung ■ Fähigkeit, zuzuhören ■ Eigeninitiative	■ Zuverlässigkeit ■ Genauigkeit ■ Pünktlichkeit ■ Erreichbarkeit ■ Entscheidungsfähigkeit ■ Flexibilität ■ Kritikfähigkeit

GABLER GRAFIK

Abbildung 5-51: Anforderungen an das Kundenkontaktpersonal von Dienstleistungsunternehmen

Die Mitarbeiteranforderungen können in einem **Anforderungsprofil** dargestellt werden, das aus den vom Unternehmen geforderten Ausprägungen der oben genannten Merkmale besteht. Bei der Erstellung eines Anforderungsprofils sollte nach den folgenden Schritten vorgegangen werden (Bisani 1989, S. 236ff.):

1. **Auswahl der Merkmale**

2. **Zusammenstellung der von einem Positionsinhaber zu erfüllenden Funktionen**
   Hinsichtlich der für einen Mitarbeiter des mittleren Managements relevanten Funktionen können zum Beispiel die folgenden genannt werden:
   - Initiativfunktion,
   - Planungsfunktion,
   - Entscheidungsfunktion,
   - Delegations- und Koordinationsfunktion,
   - Informationsfunktion,
   - Kontrollfunktion,
   - Personalführungsfunktion,
   - Repräsentationsfunktion.

3. **Ableitung eines detaillierten Anforderungsprofils**
   Aus den in Schritt 2 ermittelten Funktionen lassen sich die in Schritt 1 ausgewählten Merkmale detaillierter erfassen.

4. **Gewichtung der einzelnen Anforderungen**
   So wie die einzelnen Funktionen eine unterschiedliche Wertigkeit für den jeweiligen Aufgabenbereich haben, haben auch die einzelnen Detailanforderungen je nach Position ein unterschiedliches Gewicht. Daher gilt es, in diesem letzten Schritt eine Gewichtung der einzelnen Anforderungen (zum Beispiel mittels einer Skala „für die Position bedeutungslos" bis „für die Aufgabenerfüllung auf der Position unerläßlich") für die jeweilige Position vorzunehmen.

bb) Abteilungs-/Unternehmensbezogene Instrumente

Bei diesen Instrumenten wird nicht der einzelne Mitarbeiter betrachtet, sondern eine Abteilung beziehungsweise das ganze Unternehmen. Hierbei können die folgenden Instrumente herangezogen werden:

1. Fähigkeitsbezogene Aggregation,
2. Mitarbeiterbezogene SWOT-Analyse,
3. Mitarbeiterportfolio.

1. **Fähigkeitsbezogene Aggregation**
   Im Rahmen der Bestandsanalyse kann, ausgehend von den Fähigkeitsprofilen, eine fähigkeitsbezogene **Aggregation** vorgenommen werden. Dabei bietet sich die folgende **Vorgehensweise** an (Scholz 1991, S. 69f.):

- **Clusteranalytische Untersuchung der Einzelprofile**
  Dies setzt die Strukturgleichheit der Einzelprofile voraus, das heißt bei den einzelnen Mitarbeitern müssen identische Merkmale berücksichtigt werden. Mittels der Clusteranalyse erhält man somit Mitarbeitergruppen mit in sich ähnlichen Profilen.
- **Bestimmung eines Durchschnittsprofils**
  Ausgehend von den Einzelprofilen kann für jede Abteilung ein Durchschnittsprofil gebildet werden. Die einzelnen Profile lassen sich dann verbal beschreiben und aussagekräftig benennen.
- **Verwendung des Durchschnittsprofils als Anforderungsprofil**
  Die gebildeten Durchschnittsprofile lassen sich schließlich als Grundlage für Anforderungsprofile zur Beurteilung aktueller und potentieller Mitarbeiter heranziehen.

2. **Mitarbeiterbezogene SWOT-Analyse**
   Basierend auf der SWOT-Analyse aus dem Bereich der strategischen Planung können auch für den Personalbereich Stärken, Schwächen, Chancen und Risiken analysiert werden. Bei den **Stärken und Schwächen** handelt es sich dabei um unternehmensinterne, mitarbeiterbezogene Kriterien, zum Beispiel Qualifikation der Mitarbeiter, Kundenorientierung der Mitarbeiter, Einstellung der Mitarbeiter gegenüber dem internen Kunden. Unter **Chancen und Risiken** werden hingegen solche mitarbeiterbezogenen Kriterien zusammengefaßt, die unternehmensextern und daher vom Unternehmen nicht zu beeinflussen sind, das heißt Anzahl und Qualifikation ausgebildeter Mitglieder eines Berufsstandes, Qualifikation von Mitarbeitern der Konkurrenz, tarifliche Bestimmungen.

3. **Mitarbeiterportfolio**
   In der Personalliteratur finden sich bereits Ansätze einer mitarbeiterbezogenen Modifikation der marktbezogenen Portfoliomatrix der Boston Consulting Group. Bei diesem sogenannten **Human-Ressourcen-** oder **Personalportfolio** (Hentze 1989, S. 510f.; Schreyögg 1991, S. 110ff.) wird anhand der beiden Dimensionen „strategische Bedeutung der Geschäftsbereiche“ und „Personalqualität der Geschäftsbereiche“ eine Vier-Felder-Matrix aufgespannt. Unter Berücksichtigung des Konzeptes des Internen Marketing sowie der Besonderheiten von Dienstleistungen soll diese Matrix hier mit den folgenden Dimensionen gebildet werden:

   - Kundenorientierung der Mitarbeiter,
   - Unternehmensorientierung der Mitarbeiter.

   Unter Verwendung einer hohen und einer niedrigen Ausprägung für die jeweilige Dimension ergeben sich die vier in Abbildung 5-52 dargestellten Typen von Mitarbeitern beziehungsweise Abteilungen:

   - Sogenannte „Mißerfolgsmitarbeiter“,
   - Kundenorientierte Mitarbeiter,
   - Unternehmensorientierte Mitarbeiter,
   - Sogenannte „Erfolgsmitarbeiter“.

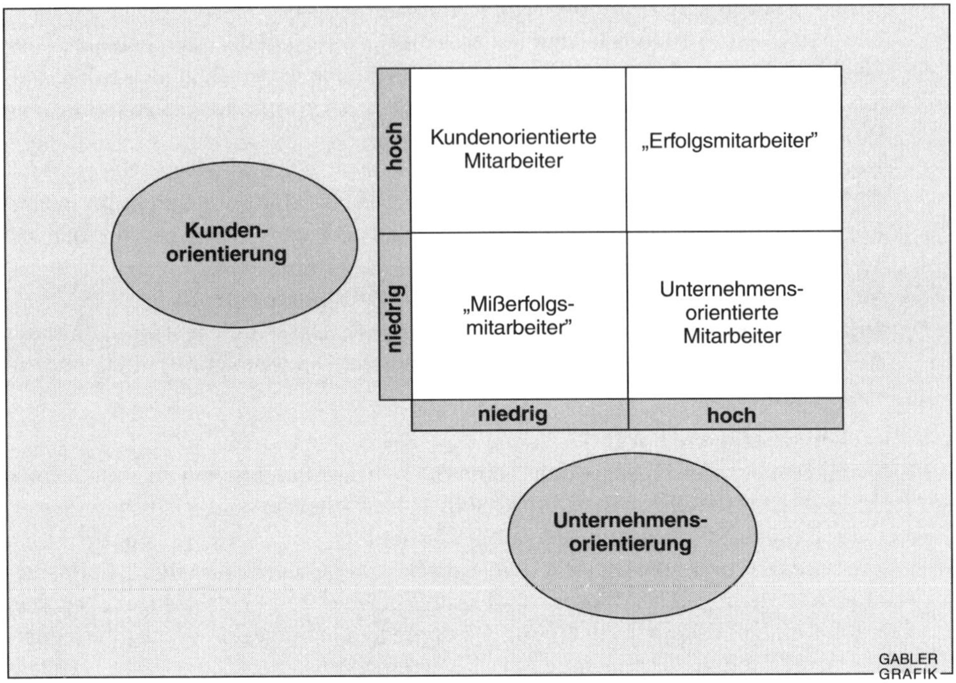

Abbildung 5-52: Mitarbeiterportfolio eines Dienstleistungsunternehmens

Für den Unternehmenserfolg ist sowohl eine Kunden- als auch eine Unternehmensorientierung der Mitarbeiter unerläßlich. Daher sollte es Ziel eines Dienstleistungsunternehmens sein, möglichst viele sogenannte „Erfolgsmitarbeiter" beschäftigt zu haben. Lediglich **unternehmensorientierte Mitarbeiter** neigen dazu, wenig Rücksicht auf Kundenwünsche zu nehmen. Dies kann, vor allem bei Dienstleistungen mit einem hohen Integrationsgrad des externen Faktors, eine Kundenabwanderung zur Folge haben. Dahingegen besteht bei einseitig **kundenorientierten Mitarbeitern** die Gefahr, daß sie die Unternehmens- und Marketingziele des Dienstleisters aus den Augen verlieren. Dies wiederum kann eine negative Entwicklung finanzieller Größen (zum Beispiel Umsatz, Gewinn) zur Folge haben. Aus diesen Gründen sollten Dienstleistungsunternehmen sämtliche Maßnahmen der Personalpolitik auf das Ziel ausrichten, Mitarbeiter zu engagieren, die sowohl eine Kunden- als auch eine Unternehmensorientierung zu realisieren gewillt und fähig sind.

In der Matrix können nun einzelne Abteilungen oder Mitarbeiter in Form von Kreisen eingezeichnet werden, wodurch man den qualitativen Personalbestand (Ist-Position) erhält. Unter Heranziehung der vom Unternehmen verlangten Anforderungen können in einem weiteren Schritt Soll-Positionen für die einzelnen Mitarbeiter oder Abteilungen eingezeichnet werden. Je nach Abstand zwischen der jeweiligen Ist- und Soll-Position kann anschließend die Notwendigkeit für Personalmaßnahmen abgeleitet werden. Wenn es sich zum Beispiel ergeben hat, daß ein Großteil des Kundenkontaktpersonals einer Bank aus Sicht der Unternehmensleitung, der Kunden oder der Mitarbeiter/Kollegen als wenig qualifiziert und motiviert eingeschätzt wird, ist der Einsatz von Maßnahmen der Personalpolitik zur Qualifizierung und Motivation der Mitarbeiter, zum Beispiel durch Trainingsmaßnahmen, notwendig.

Das Instrument der Portfoliomatrix kann dahingehend kritisiert werden, daß die Beurteilung der beiden Dimensionen trotz der Möglichkeit der Heranziehung unterschiedlicher Kriterien sehr unspezifisch ist. Die Ursache ist in der Bestimmung eines einzelnen Wertes je Dimension und Mitarbeiter/Abteilung zu sehen. Mit Hilfe dieser Methode können jedoch Tendenzaussagen hinsichtlich der Notwendigkeit von Maßnahmen der Personalpolitik getroffen werden.

5.212 Festlegung der Anforderungen an die interne Dienstleistungsqualität

Neben der Bestimmung der Anforderungen der Unternehmensleitung an einzelne Mitarbeiter und Abteilungen ist ferner die Messung der Anforderungen an die interne Dienstleistungsqualität von Bedeutung.

> **Interne Dienstleistungsqualität** ist die Fähigkeit eines internen Lieferanten, die Beschaffenheit einer primär intangiblen und der Kundenbeteiligung bedürfenden Leistung aufgrund von internen Kundenerwartungen auf einem bestimmten Anforderungsniveau zu erfüllen (Bruhn 1995f, S. 616).

Als relevante **interne Qualitätsdimensionen** kommen dabei folgende in Betracht (Bruhn 1995f, S. 618):

- Sachliche Dimension, zum Beispiel Pünktlichkeit, Zuverlässigkeit, Genauigkeit der erwarteten Dienstleistung,
- Persönliche Dimension, zum Beispiel Offenheit, Ehrlichkeit, Freundlichkeit der beteiligten Manager und Mitarbeiter,
- Zwischenmenschliche Dimension, zum Beispiel Entgegenkommen, Flexibilität, Einfühlungsvermögen, Fairneß im Umgang mit anderen Führungskräften, Mitarbeitern, Kollegen, Abteilungen.

Die Anforderungen der internen Leistungsempfänger können anhand dieser Dimensionen zum Beispiel mittels Befragungen erfaßt werden.

5.213 Personalforschung

Die Instrumente der Personalforschung dienen der Sammlung von meist unternehmensexternen Informationen, die zur Vorbereitung von Personalentscheidungen notwendig sind. Diese Instrumente können in folgende Bereiche zusammengefaßt werden (Fröhlich/Gieffers 1989, S. 17ff.):

- **Personalforschung im engeren Sinne**
  Der Personalforschung im engeren Sinne lassen sich Untersuchungen der Psychologie und Motivationsforschung sowie diesbezügliche Mitarbeiterbefragungen subsumieren. Ausgehend von den gefundenen Ergebnissen sollen die Maßnahmen der Personalpolitik, sofern dies unter Berücksichtigung der Unternehmensziele möglich ist, an den Bedürfnissen der Mitarbeiter ausgerichtet werden.

- **Berufsforschung**
  Hierbei werden Untersuchungen aus zahlreichen Bereichen (zum Beispiel Ethik, Philosophie, Medizin) herangezogen, um Maßnahmen der Personalpolitik zu fundieren und zu unterstützen.

- **Arbeitsmarktforschung**
  Bei der Arbeitsmarktforschung werden Entwicklungen auf dem Arbeitsmarkt und mitarbeiterbezogene Entwicklungen im eigenen Unternehmen miteinander verglichen. Im Falle von Diskrepanzen (zum Beispiel Gehälter in der Branche steigen schneller als Gehälter im eigenen Unternehmen) können entsprechende Gegenmaßnahmen geplant und realisiert werden (zum Beispiel Erhöhung der Gehälter, Bieten von Anreizen).

- **Imageforschung**
  Die Ergebnisse der Imageforschung belegen, daß es Unternehmen mit dem Image eines attraktiven Arbeitgebers in der Öffentlichkeit leichter fällt, hochqualifizierte und -motivierte Mitarbeiter zu akquirieren als Unternehmen mit einem schlechtem Image.

Im Anschluß an die Personalplanung gilt es, unter Berücksichtigung der Personalziele Maßnahmen der Organisations- und Realisierungsphase der Personalpolitik festzulegen.

5.22 Instrumente der Personalpolitik in der Durchführungsphase

In der **Durchführungsphase** eines Personalmanagementsystems kommen die folgenden Instrumente zur Anwendung:

- Instrumente des **Personaleinsatzes**,
- Instrumente der **Personalveränderung**,
- Instrumente der **Mitarbeiterkommunikation**.

5.221 Personaleinsatz

Dem **Personaleinsatz** im weiteren Sinne werden sämtliche Maßnahmen subsumiert, die mit der Festlegung und Gestaltung der Arbeitsorganisation, des Arbeitsplatzes sowie der Arbeitszeit in Verbindung stehen.

Ausgehend von der Definition des Personaleinsatzes lassen sich die folgenden **Kategorien von Instrumenten** unterscheiden:

a) Arbeitsplatzbezogene Instrumente,

b) Arbeitszeitbezogene Instrumente,

c) Arbeitsorganisationsbezogene Instrumente,

d) Tätigkeitsunabhängige Maßnahmen.

a) Arbeitsplatzbezogene Instrumente

Die arbeitsplatzbezogenen Instrumente des Personaleinsatzes betreffen Maßnahmen, die mit dem **Arbeitsplatz des einzelnen Mitarbeiters** direkt in Verbindung stehen.

Zu Beginn eines Arbeitsverhältnisses sowie bei Veränderungen in der Unternehmenspolitik, die Auswirkungen auf den einzelnen Arbeitsplatz haben, sollte der Mitarbeiter eine entsprechende **Einweisung** in seine Aufgaben, Befugnisse und Verantwortlichkeiten erhalten (Dill/Hügler 1987, S. 199). Nur so kann gewährleistet werden, daß er sich an seinem Arbeitsplatz wohlfühlt und zur Erstellung einer den Anforderungen entsprechenden internen und externen Dienstleistungsqualität befähigt wird. Aufgrund der Immaterialität versuchen viele Dienstleistungsunternehmen, durch eine weitgehende Standardisierung des Mitarbeiterverhaltens Teile der Leistung zu homogenisieren. Daher ist es notwendig, dem Mitarbeiter entsprechende Verhaltensweisen zu vermitteln.

Für die Leistungsqualität der Mitarbeiter bedeutsam ist die Weite des ihnen zugestandenen **Handlungsspielraums**. Dabei können unterschieden werden (Bokranz 1989, S. 429; Berry/Parasuraman 1995, S. 101):

- Eine **Aufgabenerweiterung** (Job enlargement) bedeutet die Ausdehnung des Tätigkeitsspielraums, zum Beispiel die Bedienung darf nicht nur Bestellungen aufnehmen, sondern auch servieren. Eine Aufgabenerweiterung kann zu einer höheren Motivation der Mitarbeiter führen und damit zu einer höheren Kundenorientierung. Meist sind in diesem Zusammenhang jedoch Maßnahmen der Personalentwicklung und der Mitarbeiterkommunikation Voraussetzung für eine Erfüllung der neuen Anforderungen.
- Eine **Aufgabenbereicherung** (Job enrichment) bedeutet die Vergrößerung des Dispositionsspielraums, zum Beispiel Bankangestellter darf über Kreditvergabe bei höheren Beträgen entscheiden. Auch hier ist eine Motivationssteigerung der Mitarbeiter beabsichtigt. Ferner wird dem Mitarbeiter auf diese Weise ermöglicht, auf spezifische Kundenwünsche eigenständig einzugehen.
- Eine **Aufgabenbegrenzung** bedeutet die Verringerung des Tätigkeits- und/oder Dispositionsspielraums, zum Beispiel eine Friseuse ist nur noch für Männer-, jedoch nicht mehr für Damenhaarschnitte zuständig. Auf den ersten Blick erscheinen Maßnahmen der Aufgabenbegrenzung eine Form der „Bestrafung“ für die Erstellung schwacher Leistungsqualität zu sein. Es ist jedoch auch denkbar, eine solche Maßnahme durchzuführen, um eine höhere Kundenorientierung des Mitarbeiters zu bewirken. Beispielsweise ist es vorstellbar, daß sich ein Bankangestellter nur noch um Anleger mit Aktienportfolios kümmert und nicht mehr um Kunden mit festverzinslichen Anleihen. Dadurch wird es dem Mitarbeiter ermöglicht, sich im Bereich des Aktienmarktes zu spezialisieren und somit den Kunden qualifizierter zu beraten.

Da die Höhe des Gehalts ein wesentlicher Motivationsfaktor für die Mitarbeiter ist (Grätz 1989, S. 459), wird es unerläßlich, ein wesentliches Augenmerk auf das **Vergütungssystem** des Unternehmens zu legen. Durch ein angemessenes Gehalt kann dem Mitarbeiter signalisiert werden, daß das Unternehmen qualitativ hochwertige Leistungen von ihm erwartet.

Eng verbunden mit der Mitarbeitervergütung steht das Angebot von **Incentives**. Unter Incentives wird die Gesamtheit der materiellen und immateriellen Anreize verstanden, die der Dienstleister dem Mitarbeiter neben der Zahlung des Festgehalts für seinen Beitrag zur Realisierung der Unternehmensziele anbietet. Mit Hilfe solcher Incentives soll eine Steigerung der Motivation des Mitarbeiters erreicht werden, sich gemäß den Vorstellungen des Unternehmens zu verhalten, zum Beispiel stärker kundenorientiert.

Als Ausgestaltungsformen für **materielle Incentives** im Dienstleistungsbereich können angeführt werden:

- Prämie für besonders kundenorientiertes Verhalten, zum Beispiel für Bedienungen eines Restaurants, wenn sie die Namen von 100 Stammkunden kennen (Bieberstein 1995, S. 348).
- Prämie für Kundenlob, zum Beispiel für eine Stewardeß mit den meisten positiven Kommentaren von Fluggästen.
- Prämie für interne Kundenorientierung, zum Beispiel Spende für die Kasse der Abteilung, die von anderen Abteilungen als sehr kundenorientiert eingestuft wird.

Immaterielle Incentives im Dienstleistungsbereich können sein:

- Verleihung von Urkunden, zum Beispiel Ernennung eines „Mitarbeiter des Monats" bei McDonalds,
- Verleihung von Sachpreisen, zum Beispiel Schenken einer Urlaubsreise,
- Mitgliedschaft in Mitarbeiterclubs, für die sporadisch besondere Veranstaltungen organisiert werden.

b) Arbeitszeitbezogene Instrumente

Zur Betrachtung der arbeitszeitbezogenen Instrumente muß zunächst eine Kategorisierung von Dienstleistungen hinsichtlich der **Leistungserstellungszeiten** vorgenommen werden. Dabei sind folgende Dimensionen bedeutsam (vgl. Abbildung 5-53):

Zeitdauer des Kunden-Mitarbeiter-Kontaktes / Notwendigkeit der Zeitflexibilität	Relativ kurz	Relativ lang
Eher gering	Beispiele: ■ Autowaschanlage ■ Bank (Standardleistungen)	Beispiele: ■ Friseur ■ Bank (Beratungsleistung)
Eher hoch	Beispiele: ■ Paketdienst ■ Personentransport	Beispiele: ■ Restaurant ■ Weiterbildungsunternehmen

GABLER GRAFIK

Abbildung 5-53: Erstellungszeitbezogene Klassifizierung von Dienstleistungen

- **Zeitdauer des Kunden-Mitarbeiter-Kontaktes:** Bei Dienstleistungen, die einen hohen Integrationsgrad des externen Faktors aufweisen, ist die Zeitdauer relativ lang. Dieser Tatbestand muß dem jeweiligen Mitarbeiter bewußt gemacht werden, damit er die Kundenkontaktzeit nicht als verschwendete Zeit ansieht.

- **Zeitflexibilität:** Einige Dienstleistungen müssen aus Kundensicht zu einem bestimmten Zeitpunkt erstellt werden. Dieser Notwendigkeit können Kundengewohnheiten (zum Beispiel bei Restaurants: Abendessen zwischen 18 und 23 Uhr) oder Zeitzwänge seitens der Kunden (zum Beispiel beim Personentransport: Fahrgast möchte nicht zwei Stunden auf einen Bus warten; bei Weiterbildungskursen: Schüler können häufig nur abends oder am Wochenende an solchen Kursen teilnehmen) zugrunde liegen. Je eher eine Leistung aus diesem Grunde zeitflexibel erstellt werden muß, desto eher ergeben sich **Besonderheiten für die Gestaltung der Arbeitszeit**. In diesem Zusammenhang kann beispielsweise das Instrument der Schichtarbeit (zum Beispiel Bedienungen in einem Restaurant, das ganztägig geöffnet hat) oder der Einsatz von Aushilfskräften (zum Beispiel Studenten als Nachtportier in einem Hotel) Anwendung finden.

c) Arbeitsorganisationsbezogene Instrumente

Zur Verringerung der psychologischen (zum Beispiel unverschämte Gäste in einem Restaurant) und physischen Belastungen (zum Beispiel Bedienung einer hohen Anzahl an Fluggästen durch Stewardeß) im Rahmen einer Tätigkeit in einem Dienstleistungsunternehmen ist das Instrument der **Teamarbeit** eine sinnvolle und notwendige Maßnahme. Unter der Voraussetzung, daß die Teammitglieder gewillt sind, gut miteinander auszukommen, kann es durch den Einsatz von Teams gelingen, den Mitarbeitern ein positiveres Arbeitsumfeld zu bieten sowie die Leistungserstellungsabläufe effizienter zu gestalten und somit die Leistungsbereitschaft und Motivation der Mitarbeiter zu erhöhen (Berry/ Zeithaml/Parasuraman 1990, S. 33).

Studien von Berry und Parasuraman zeigen, daß Kundenkontaktmitarbeiter, die nach Aussagen von Kollegen und Vorgesetzten die Leistungsstandards nicht erfüllen, die folgenden Statements verneinten (Berry/Parasuraman 1995, S. 99):

- Ich fühle mich als Mitglied eines Teams in meiner Abteilung.
- Jeder in meiner Abteilung trägt zu den gemeinsamen Anstrengungen für die Kunden bei.
- Ich fühle mich dafür verantwortlich, meinen Kollegen dabei zu helfen, ihre Arbeit gut auszuführen.
- Meine Kollegen und ich kooperieren eher miteinander, als daß wir konkurrieren.
- Ich fühle mich als wichtiges Mitglied meines Unternehmens.

Zur Realisierung erfolgreicher Teamarbeit können die folgenden **Anforderungen** angeführt werden:

- Dauerhafte Mitgliedschaft im Team,
- Regelmäßige Kontakte im Team,
- Teamorientierte Personalführung,
- Gemeinsame Ziele,
- Teambezogene Leistungsmessungen und -belohnungen.

Ein weiteres Instrument der Arbeitsorganisation ist die Einführung eines Systems der **Job Rotation**. Dies bedeutet, daß ein systematisches Wechseln des Arbeitsplatzes in festgelegten Zeitabständen stattfindet (Thommen 1991, S. 615). Dadurch kann erreicht werden, daß der Mitarbeiter seine Tätigkeit weniger monoton empfindet, wodurch motivations- und identifikationsfördernde Wirkungen erzielt werden können. Schließlich gehört die **Art der Mitarbeiterführung** zu den Instrumenten der Arbeitsorganisation. Je partizipativer der Führungsstil ist, desto eher fühlt sich der Mitarbeiter in Entscheidungsprozesse des Unternehmens eingebunden und desto eher wird er gegenüber dem Kunden als verantwortungsbewußter Dienstleister auftreten können.

d) Tätigkeitsunabhängige Maßnahmen

Immer mehr Unternehmen bieten ihren Mitarbeitern besondere Leistungen an, die nicht in Zusammenhang mit der Tätigkeit im Unternehmen stehen. Dadurch wollen sich Unternehmen als mitarbeiterfreundlich präsentieren und die Einstellung der Mitarbeiter gegenüber dem Dienstleister verbessern. So bietet zum Beispiel die Unternehmensberatung Andersen Consulting ihren Mitarbeitern einen Reinigungsservice für private Zwecke an. Die Angestellten können ihre zu reinigenden Kleidungsstücke an einem Schalter im Hause des Unternehmens abgeben und nach der Reinigung wieder abholen (Caudron 1995, S. 88ff.)

5.222 Personalveränderung

Zur **Personalveränderung** gehören sämtliche Maßnahmen, die mittels Einstellung, Entwicklung oder Freistellung von Mitarbeitern auf eine Modifikation des quantitativen oder qualitativen Mitarbeiterpotentials abzielen.

5.2221 Personalbeschaffung

Der Prozeß der Personalbeschaffung kann in die Phasen der Personalakquisition und -auswahl unterteilt werden, denen sich jeweils bestimmte Instrumente zuordnen lassen.

a) Instrumente der Personalakquisition

Um neue motivierte und qualifizierte Mitarbeiter für das Dienstleistungsunternehmen zu gewinnen ist es unerläßlich, mit potentiellen Angestellten Kontakt aufzunehmen, um ihnen einen Arbeitsplatz anzubieten, an dem sie sich täglich verwirklichen können und an dem ihre Tätigkeit einen großen Einfluß auf den Unternehmenserfolg hat.

Personalakquisition bezeichnet die Summe der Maßnahmen, durch die im Rahmen der Personalbeschaffung mit potentiellen Mitarbeitern Kontakt aufgenommen wird (Weber/Mayrhofer/Nienhüser 1993, S. 197).

Die Vielfalt der **Instrumente der Personalakquisition** kann in direkte und indirekte Instrumente eingeteilt werden. Anders als bei **indirekten Instrumenten** wirbt das Unternehmen durch den Einsatz **direkter Instrumente** potentielle Mitarbeiter ohne Zwischenschaltung anderer Institutionen an.

Je nachdem, ob bei der Akquisition bestimmte Gruppen potentieller Mitarbeiter angesprochen werden sollen, werden die **direkten Instrumente** wiederum in spezifische direkte und unspezifische direkte Instrumente der Personalakquisition unterteilt. Bei den **spezifischen direkten Instrumenten** stehen beispielsweise Hochschulkontakte im Vordergrund. Insbesondere die Anwerbung von (Nachwuchs-)Führungskräften kann mittels der Teilnahme an Bewerbungskongressen, der Zusammenarbeit mit Career-Services von Hochschulen, der Durchführung von Unternehmenspräsentationen usw. erfolgen (Fröhlich/Langecker 1989, S. 154ff.).

Bei den **unspezifischen direkten Instrumenten** sind zu nennen:

- **Personalimagewerbung**
  Die Personalimagewerbung dient der Schaffung eines Images als attraktiver und mitarbeiterorientierter Arbeitgeber. Diese Wirkung soll durch die Ansprache potentieller Mitarbeiter mittels Instrumenten der externen Kommunikation (zum Beispiel Werbung, Öffentlichkeitsarbeit, Sponsoring) erreicht werden (Fröhlich/Sitzenstock 1989, S. 134ff.).
  Beispiel:
  Das Century Plaza Hotel in Los Angeles veranstaltete gemeinsam mit zwei Schulen Informationstage für eine Gruppe von 14- bis 18-jährigen Schülern aus ärmlichen

Verhältnissen. Dabei wurden den Teilnehmern Ausbildungs- und Karrieremöglichkeiten in der Hotelbranche aufgezeigt (Laabs 1995, S. 50).

- **Stellenanzeigen**
  Mit Hilfe von vielgelesenen Stellenanzeigen in großen überregionalen Zeitungen kann ein relativ großer Teil potentieller Mitarbeiter auf eine bestimmte Stelle aufmerksam gemacht werden. Der Erfolg einer Stellenanzeige hängt dabei davon ab, inwiefern mit ihr

  - kognitive Wirkungen (zum Beispiel Wecken von Aufmerksamkeit aufgrund der Anzeige),
  - affektive Wirkungen (zum Beispiel positive Hinstimmung zu der angebotenen Stelle) und
  - konative Wirkungen (zum Beispiel Anfertigen einer Bewerbung)

  erzielt werden.

- **Direktansprache**
  Schließlich besteht die Alternative, potentielle Mitarbeiter direkt und persönlich anzusprechen. Dies ist in den folgenden Fällen gegeben:

  - Abwerben von Mitarbeitern der Konkurrenz (zum Beispiel auf Messen),
  - Abwerben von Mitarbeitern von Kunden,
  - Abwerben von Mitarbeitern von Zulieferern (zum Beispiel Abwerben eines Unternehmensberaters durch eine Bank),
  - Anwerben von Kunden (zum Beispiel Anwerben einer Diskothekbesucherin als Bedienung).

Beim Einsatz von **indirekten Instrumenten** der Personalakquisition verläuft die Kundenansprache über eine vermittelnde Institution. Hierbei sind die folgenden Alternativen möglich:

- **Personalberatung**
  Im Laufe der vergangenen Jahre sind einige seriöse, qualifizierte Personalberatungen entstanden. Der Einsatz von Personalberatungen bietet mehrere Vorteile gegenüber der eigenen Personalwerbung, wie zum Beispiel ein guter Überblick über den Arbeitsmarkt, weniger Zeitaufwand für die eigenen Mitarbeiter.

- **Führungskräftevermittlung/Arbeitsämter**
  Diese Alternativen haben mit den Personalberatungen einen großen Überblick über den Arbeitsmarkt gemein, meist bieten sie jedoch, im Gegensatz zu den Personalberatungen, keine qualifizierte Selektion von Bewerbern an.

- **Zeitarbeit**
  Im Rahmen der Zeitarbeit wird temporär die Arbeitskraft von Mitarbeitern in Anspruch genommen, die von Personalleasinggesellschaften vermittelt werden. Neben der Nutzung der Zeitarbeit im Rahmen des Interimsmanagements (zum Beispiel bei

Schwangerschaften, Ausscheiden von Führungskräften) bietet sie sich insbesondere bei Dienstleistungen mit zeitabhängigen, vorhersehbaren Nachfrageschwankungen an, weil die betroffenen Mitarbeiter lediglich für einen vorab festgelegten Zeitraum angestellt werden. Die kurze Anstellungszeit birgt den Nachteil, daß sich der Einsatz von Personalentwicklungsmaßnahmen für diese Mitarbeiter häufig nicht lohnt. Dieses Instrument ist daher vor allem dann attraktiv,

- wenn es sich um Stellen handelt, für die kein hohes Qualifikationsniveau erforderlich ist,
- wenn die Personalleasinggesellschaft zusichern kann, daß die Mitarbeiter die benötigte Qualifikation besitzen.

In jedem Fall muß jedoch auch Teilzeitkräften, insbesondere mit direktem Kundenkontakt, deutlich gemacht werden, welch großen Einfluß ihr Verhalten gegenüber dem Kunden auf dessen Qualitätswahrnehmung der Leistungen und sein Image vom Unternehmen hat.

b) Instrumente der Personalauswahl

Der Einsatz von Maßnahmen der Personalauswahl ist angeraten, wenn für eine Stelle mehrere Bewerbungen vorliegen (Beyer 1990, S. 253; Scholz 1991, S. 165). Da in Dienstleistungsunternehmen die Erfüllung der an die Mitarbeiter gestellten Anforderungen zur Erreichung der Unternehmensziele besondere Relevanz hat, sollten Instrumente der Personalauswahl in jedem Falle zur Bewerbungsanalyse herangezogen werden.

Bei der Auswahl von Bewerbern sind zwei Gruppen von Kriterien heranzuziehen:

- Formale Kriterien (zum Beispiel Alter, Ausbildung, Staatsbürgerschaft),
- Die in der Personalplanung festgelegten Anforderungen an die Mitarbeiter des Unternehmens.

Die Erfüllung der gewünschten Ausprägungen dieser Kriterien kann mit Hilfe der folgenden Instrumente überprüft werden:

- Schriftliche Bewerbung,
- Referenzen,
- Persönliches Gespräch,
- Assessment-Center,
- Fragebogen,
- Psychologische Testverfahren,
- Musterleistungserstellung.

5.2222 Personalentwicklung

Der Personalentwicklung sind sämtliche Maßnahmen zu subsumieren, die der Veränderung von

- kognitiven Persönlichkeitsmerkmalen der Mitarbeiter (zum Beispiel Kenntnisse, Fähigkeiten),
- affektiven Persönlichkeitsmerkmalen der Mitarbeiter (zum Beispiel Einstellungen, Motivation),
- konativen Persönlichkeitsmerkmalen der Mitarbeiter (zum Beispiel kundenorientiertes Verhalten)

dienen, um eine effizientere Erreichung der Unternehmensziele zu gewährleisten (Kitzmann/Zimmer 1982, S. 11).

Die **Ziele der Personalentwicklung** lassen sich in unternehmens- und mitarbeiterbezogene Ziele einteilen (Becker 1995, S. 395; Berry/Parasuraman 1995, S. 95). Zu den **unternehmensbezogenen Zielen** zählen:

- Erhaltung und Verbesserung der Wettbewerbsfähigkeit,
- Erhöhung der Flexibilität der Mitarbeiter,
- Änderung der Einstellungen und Werte der Mitarbeiter,
- Mitarbeitermotivation,
- Sicherung und Verbesserung eines qualitativen und quantitativen Personalbestands.

Im Dienstleistungsbereich kommt der Personalentwicklung die Besonderheit zu, den Mitarbeitern ihre Rolle als Marktforscher deutlich zu machen (Thomson 1993, S. 75; Bieberstein 1995, S. 344). Aufgrund der Integration des externen Faktors in den Leistungserstellungsprozeß sind die Kundenkontaktmitarbeiter in ständigem Kontakt mit dem Kunden. Dies versetzt sie in die Lage, Informationen hinsichtlich der Bedürfnisse und des Kaufverhaltens des Kunden aus erster Hand zu erhalten.

Den **mitarbeiterbezogenen Zielen** lassen sich zuordnen:

- Aktivierung des Qualifikationspotentials,
- Minderung der Risiken des Arbeitsplatzverlustes,
- Erhöhung individueller Mobilität,
- Erhaltung und Verbesserung der persönlichen Qualifikation,
- Befriedigung materieller und immaterieller Motive.

Unter Verwendung des Kompetenzbegriffes ist die **Aufgabe der Personalentwicklung** in Veränderungen der **Handlungskompetenz** von Mitarbeitern zu sehen (Becker 1995, S. 396). Dabei lassen sich vier Typen der Handlungskompetenz unterscheiden:

- **Fach- beziehungsweise Sachkompetenz:** Fachspezifische Kenntnisse für die jeweilige Stelle, zum Beispiel Kenntnisse des Versicherungsmarktes für einen Versicherungsmakler.
- **Methoden- beziehungsweise Konzeptkompetenz:** Fähigkeit, unterschiedliche Lösungsmethoden auf ein Problem anwenden zu können, Selektions- sowie Lernfähigkeit, zum Beispiel Behandlung spezifischer Kundenprobleme.
- **Sozialkompetenz:** Teamfähigkeit, Verantwortungsbewußtsein, Kommunikationsfähigkeit, Kundenorientierung.
- **Psychologische Kompetenz:** Motivation, Einstellungen, Einsatzwillen, zum Beispiel Fähigkeit, eine kundenorientierte Unternehmenskultur zu verwirklichen.

Durch die Veränderung dieser Kompetenzen sollen die Mitarbeiter auf zukünftige Aufgaben vorbereitet, das heißt qualifiziert werden. Je nach **Qualifizierungsrichtung** lassen sich differenzieren (Becker 1995, S. 396):

- **Erweiterungsqualifizierung:** Vergrößerung des Ausmaßes der Handlungskompetenz, ohne daß ein Stellenwechsel angestrebt wird, zum Beispiel Einarbeitung eines Kreditsachbearbeiters in eine neue Methode zur Beurteilung der Kreditwürdigkeit.
- **Anpassungsqualifizierung:** Anpassung der Qualifikation des Mitarbeiters an unternehmensexterne oder -interne Entwicklungen, zum Beispiel Computerkurs für Bankmitarbeiter.
- **Aufstiegsqualifizierung:** Vorbereitung eines Mitarbeiters auf eine neue Stelle, zum Beispiel „Kreativitätstechniken"-Kurs für einen Mitarbeiter, der als Projektleiter eingesetzt werden soll.

Die Vielzahl der Instrumente der Personalentwicklung kann nach dem Tätigkeitsbezug der Maßnahme und der Kontinuität ihres Einsatzes gemäß Abbildung 5-54 klassifiziert werden in (vgl. zum Beispiel Becker 1995, S. 409):

- **Stellengebundene Personalentwicklung (on-the-job)**
  Hierbei findet eine kontinuierliche Qualifizierung am Arbeitsplatz statt, zum Beispiel Einsatz als Assistent, Modellernen, Leittextmethode.
- **Stellenübergreifende Personalentwicklung (near-the-job)**
  Hierbei handelt es sich um Maßnahmen, die eng mit dem Arbeitsplatz und -gebiet des Mitarbeiters in Zusammenhang stehen, zum Beispiel Fremdsprachenkurs, Rollenspiel, Planspiel.

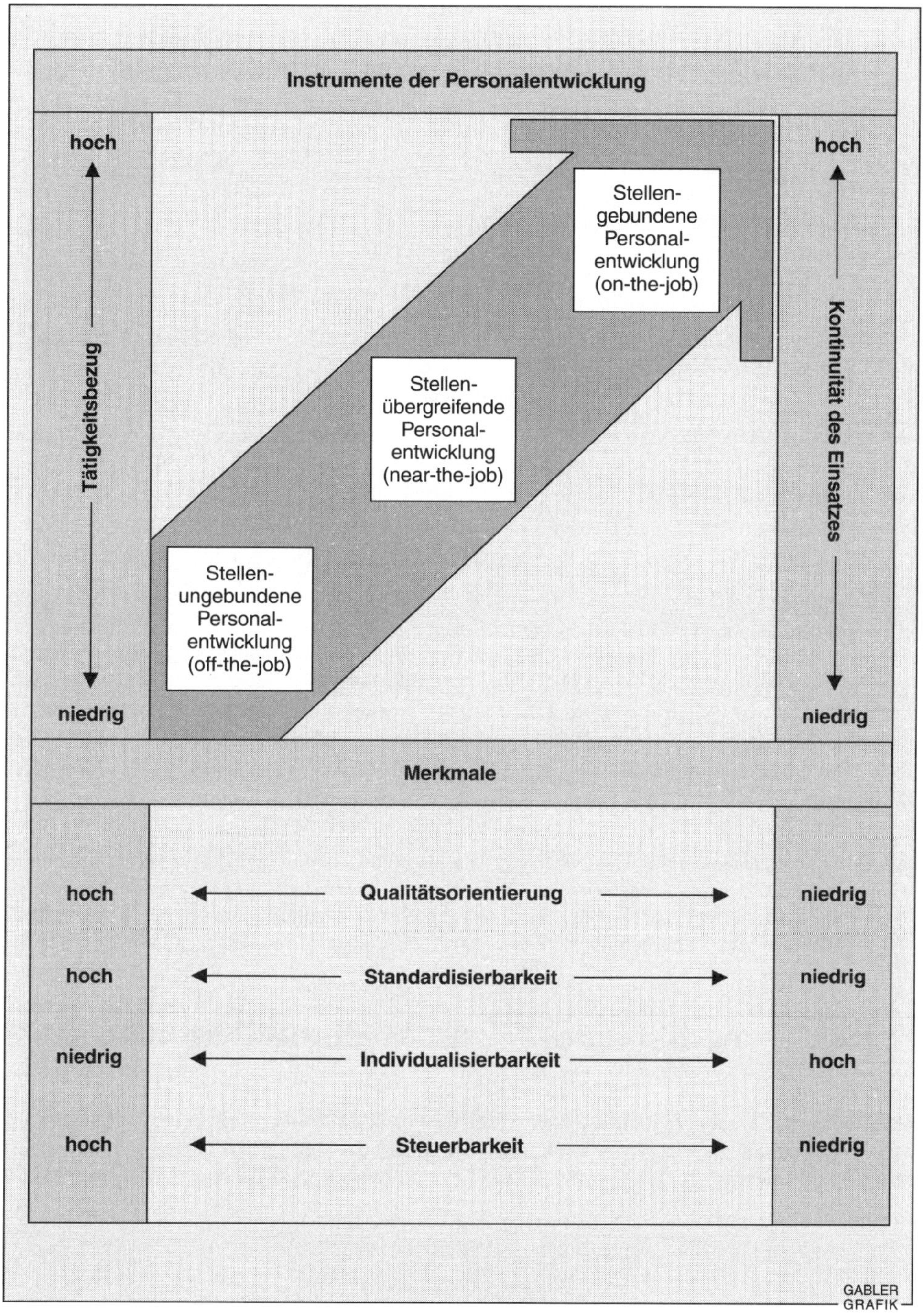

Abbildung 5-54: Instrumente der Personalentwicklung

- **Stellenungebundene Personalentwicklung (off-the-job)**
  Solche Maßnahmen werden losgelöst vom Tätigkeitsfeld des Mitarbeiters durchgeführt, zum Beispiel Qualitätszirkel, Projektgruppenarbeit.

Zur detaillierteren Beschreibung der Instrumente können weitere Kriterien herangezogen werden:

- Qualitätsorientierung der Maßnahmen,
- Standardisierbarkeit der Maßnahmen,
- Individualisierbarkeit der Maßnahmen,
- Steuerbarkeit durch die Unternehmensleitung.

Dabei kommt den stellenübergreifenden Instrumenten eine besondere Bedeutung im Dienstleistungsbereich zu. Da der Dienstleistungserstellungsprozeß häufig einen Charakter der Interaktivität zwischen Mitarbeiter und Kunde aufweist, können mit Hilfe von Maßnahmen des Training-near-the-job (zum Beispiel Rollenspiele) **Dienstleistungserstellungsprozesse simuliert** werden (Bieberstein 1995, S. 344). Dabei soll der Kunde einen „Musterkunden“ (zum Beispiel Psychologe, Trainer) bedienen, so daß eine sofortige Beurteilung der exemplarischen Mitarbeiterleistung möglich ist und er sofort auf mögliche Schwächen aufmerksam gemacht werden kann.

Schließlich ist anzumerken, daß jedes der Instrumente im Hinblick auf die Ziele der Personalentwicklung in Abhängigkeit der Persönlichkeit des Mitarbeiters unterschiedliche Wirkungen hervorrufen kann. Daher ist es empfehlenswert, die Instrumente nicht isoliert einzusetzen, sondern aufeinander abzustimmen. Ferner wird insbesondere von der amerikanischen Dienstleistungsliteratur (Berry/Parasuraman 1995, S. 97) **Kreativität** bei der Auswahl und Durchführung von Personalentwicklungsmaßnahmen gefordert.

Beispiel: Eine amerikanische Bank verlangte von Mitarbeitern, denen mit Vaseline verschmierte Brillen aufgesetzt wurden, Überweisungsscheine auszufüllen und mit drei zusammengebundenen Fingern Geld zu zählen. Durch diese Maßnahme sollte den Mitarbeitern verdeutlicht werden, welche Probleme ältere und behinderte Kunden im Leistungserstellungsprozeß haben können.

5.2223 Personalfreistellung

Wenn Mitarbeiter den Anforderungen ihrer und anderer freier Stellen im Unternehmen nicht entsprechen, ist es erforderlich, diese Stelle durch eine andere Person zu besetzen. Dabei bestehen für die Behandlung des alten Stelleninhabers zwei Handlungsalternativen:

- Kündigung,
- Outplacement.

In zahlreichen Fällen ist die Kündigung des Mitarbeiters nicht möglich beziehungsweise nicht erwünscht. Dies kann zum Beispiel eine vertragliche Bindung oder soziale Gründe als Ursache haben. Daher ist in den letzten Jahren das Instrument des Outplacement entwickelt worden.

Unter **Outplacement** versteht man sämtliche Maßnahmen, die dazu dienen, dem Unternehmen und dem freizustellenden Mitarbeiter unter Federführung eines erfahrenen Personalberaters eine einvernehmliche Trennung zu ermöglichen (Heymann/Motz 1995, S. 649).

Gegenüber traditionellen Kündigungen hat das Outplacement für das Unternehmen unter anderem folgende **Vorteile** (Heymann/Motz 1995, S. 651):

- Vermeidung von Störungen des Betriebsklimas,
- Stärkung des öffentlichen Ansehens durch Verantwortungsübernahme für Mitarbeiter,
- Verkürzung des Trennungsprozesses bei Führungskräften,
- Verhinderung von arbeitsrechtlichen Schritten.

Bei der Durchführung des Outplacement kann der folgende **Prozeß** zugrundegelegt werden (Heymann/Motz 1995, S. 655):

- Schilderung des Problems gegenüber dem Mitarbeiter durch das Unternehmen,
- Aufzeigen von Alternativen, zum Beispiel Outplacement,
- Bereitschaftserklärung des Mitarbeiters zum Outplacement,
- Gemeinsame Suche nach erfahrenem Personalberater,
- Beratung durch den Personalberater in der Emotions-/Aufrüstphase, der Sammlungs-/Sichtungsphase sowie der Bewerbungsphase,
- Finden einer den Fähigkeiten und Kenntnissen des Mitarbeiters entsprechenden neuen Stelle,
- Aufgabenadäquate Besetzung der freigewordenen Stelle.

5.223 Mitarbeiterkommunikation

Der **Mitarbeiterkommunikation** werden sämtliche Informations- und Kommunikationsabläufe in einem Unternehmen subsumiert, die der Steuerung von Meinungen, Einstellungen und Verhalten der Mitarbeiter und Führungskräfte dienen (Schick 1995, S. 456).

Die **Aufgaben der Mitarbeiterkommunikation** umfassen:

- Kommunikation aller Maßnahmen, Programme und Instrumente der Personalpolitik (zum Beispiel Aufzeigen der Karrieremöglichkeiten, Vorstellung von Weiterbildungsangeboten),
- Unterstützung der Führungskräfte aller Ebenen bei ihren Kommunikationsaufgaben,
- Information von Mitarbeitern und Führungskräften bei Veränderungsprojekten.

Ausgehend von diesen Aufgaben lassen sich drei grundsätzliche **Arten der Mitarbeiterkommunikation** unterscheiden:

- Kommunikation der Unternehmens-/Personalleitung mit Führungskräften,
- Kommunikation der Unternehmens-/Personalleitung mit Mitarbeitern,
- Kommunikation der Führungskräfte mit Mitarbeitern.

Die Gesamtheit der **Maßnahmen der Mitarbeiterkommunikation** läßt sich gliedern nach zwei Dimensionen:

- Medium der Ansprache in persönliche und mediale Mitarbeiterkommunikation,
- Kontinuität des Einsatzes in kontinuierliche und sporadische Mitarbeiterkommunikation.

Bildet man eine Vier-Felder-Matrix aus diesen beiden Dimensionen, so erhält man vier Instrumentegruppen der Mitarbeiterkommunikation, die in Abbildung 5-55 dargestellt sind:

- Kontinuierliche persönliche Mitarbeiterkommunikation (zum Beispiel Mitarbeiterbesprechungen, Qualitätsgruppen, Projektsitzungen),
- Kontinuierliche mediale Mitarbeiterkommunikation (zum Beispiel Führungskräfteinformation, Mitarbeiterzeitschrift, Betriebliches Vorschlagswesen, internes Stellenmagazin),

Kontinuität des Einsatzes / Ansprache	Persönlich	Medial
Kontinuierlich	Kontinuierliche persönliche Mitarbeiterkommunikation Beispiele: ■ Mitarbeiterbesprechung ■ Qualitätsgruppen ■ Projektsitzungen	Kontinuierliche mediale Mitarbeiterkommunikation Beispiele: ■ Führungskräfteinformation ■ Mitarbeiterzeitschrift ■ Internes Stellenmagazin
Sporadisch	Sporadische persönliche Mitarbeiterkommunikation Beispiele: ■ Managementtagung ■ Workshops ■ Unternehmensversammlung	Sporadische mediale Mitarbeiterkommunikation Beispiele: ■ Mitarbeiterbrief ■ Aushänge ■ Datenbanken

GABLER GRAFIK

Abbildung 5-55: Instrumente der Mitarbeiterkommunikation

- Sporadische persönliche Mitarbeiterkommunikation (zum Beispiel Managementtagung, Workshops, Seminare, Unternehmensversammlung),
- Sporadische mediale Mitarbeiterkommunikation (zum Beispiel Mitarbeiterbrief, Mitarbeiterbroschüren, Aushänge, Datenbanken).

Vielfach geschieht die Information von Führungskräften und Mitarbeitern erst, nachdem Entscheidungen bereits getroffen sind. Um den Mitarbeitern das Gefühl zu geben, mitverantwortlich für den Unternehmenserfolg und nicht nur Empfänger von Weisungen zu sein, ist es ratsam, bereits im Prozeß der Entscheidungsfindung permanent die neuesten Informationen zur Verfügung zu stellen. Diese offene Informationspolitik der Unternehmensleitung kann Steigerungen von Motivation und Einsatzwillen seitens der Mitarbeiter zur Folge haben, zum Beispiel permanente Information über die Entwicklung eines Qualitätsprogramms. Gerade im Dienstleistungsbereich ist es aufgrund des ständigen Kundenkontaktes wichtig, Mitarbeiter insbesondere über den Kunden betreffende Entwicklungen in den Bereichen Markt, Unternehmen, Konkurrenz, Umfeld zu informieren. So wird es ihnen ermöglicht, dem Kunden gegenüber als kompetenter und gut informierter Dienstleister aufzutreten, zum Beispiel Information des Bankpersonals über Vorhaben des Finanzminister, die Zinsabschlagssteuer zu erhöhen. Diese Art der kontinuierlichen Information wird in der Literatur **Prozeßkommunikation** genannt (Dotzler 1995, S. 229).

Die Prozeßkommunikation hat gegenüber der traditionellen Mitarbeiterkommunikation eine Reihe von **Vorteilen** (Schick 1995, S. 464):

- Höhere Akzeptanz von Entscheidungen,
- Höhere Loyalität gegenüber Entscheidern,
- Engagierte und selbstverantwortliche Umsetzung,
- Geringere Widerstände bei der Umsetzung,
- Geringere Kosten der Umsetzung,
- Höhere Entscheidungssicherheit.

Allerdings stellt die Prozeßkommunikation auch höhere **Anforderungen** an Führungskräfte und Mitarbeiter als die traditionelle Mitarbeiterkommunikation (Dotzler 1995, S. 230):

- Vertrauen von Führungskräften und Mitarbeitern,
- Selbstbewußtsein und Sicherheit der Führungskräfte und Mitarbeiter,
- Bereitschaft, Entscheidungen aktiv mitzutragen und zu verantworten,
- Bereitschaft, sich mit Fragestellungen, die über den eigenen Aufgabenbereich hinausgehen, auseinanderzusetzen.

5.23 Personalprüfung

In der Kontrollphase eines Personalmanagementsystems steht die Personalprüfung im Vordergrund.

> Unter der **Personalprüfung** sind sämtliche Maßnahmen zu verstehen, mit deren Hilfe festgestellt werden soll, inwieweit
>
> - die Mitarbeiter die an sie gestellten Anforderungen seitens des Unternehmens sowie
> - das Unternehmen und die Mitarbeiter die an sie gestellten Anforderungen seitens der Mitarbeiter
>
> im Hinblick auf die Ziele der Personal- und Marketingpolitik erfüllen.

Die Personalprüfung besteht in der **Messung der internen Dienstleistungsqualität**. Diese geht unter Zugrundelegung des Konzeptes des Internen Marketing über die traditionelle Personalbeurteilung hinaus. Während unter letzterer die Einschätzung des Beitrages einzelner Mitarbeiter zu den Unternehmenszielen verstanden wird (Weber/Mayrhofer/Nienhüser 1993, S. 204), zielt die Messung der internen Dienstleistungsqualität auf die Beurteilung der potential-, prozeß- und ergebnisorientierten Qualität interner Leistungen bezüglich folgender Ebenen ab (Bruhn 1995f, S. 615):

- Personale Ebene (Führungskraft, Mitarbeiter),
- Gruppenbezogene Ebene (Leitung, Abteilungen),
- Organisationale Ebene (Zentrale, Filiale).

Bei der Messung der internen Dienstleistungsqualität geht es darum, den Erfüllungsgrad interner Dienstleistungen zu beurteilen. Ähnlich wie bei der Messung der externen Dienstleistungsqualität müssen Meßmethoden die folgenden **Anforderungskriterien** erfüllen, um sinnvolle Implikationen für die Personalpolitik zu ermöglichen (Bruhn 1995f, S. 626f.):

- Interne Qualitätsrelevanz der gemessenen Merkmale,
- Vollständigkeit der gemessenen Kriterien,
- Aktualität der Meßergebnisse,
- Eindeutigkeit der Meßergebnisse,
- Umsetzbarkeit der Ergebnisse,
- Validität der Ergebnisse,
- Kosten der Durchführung der Meßmethoden.

Anhand dieser Anforderungskriterien müssen die jeweiligen Methoden auf ihre Eignung zur Messung der internen Dienstleistungsqualität hin überprüft werden. Aufgrund der Ähnlichkeit der Definitionen der internen und externen Dienstleistungsqualität erscheint es sinnvoll, externe Meßmethoden auf den internen Bereich anzuwenden. Diese können eingeteilt werden in **Methoden aus Sicht des internen Lieferanten** sowie Verfahren aus Sicht des internen Kunden. Zur ersten Gruppe gehören:

- **Globale Eigenbewertung:** Diese Form der Messung ist relativ undifferenziert, weil keine Rücksicht auf die Anforderungen des internen Kunden genommen wird. Dies kann eine zu positive Wahrnchmung seitens des Meßobjektes „Lieferant" zur Folge haben.

- **Benchmarking** der eigenen Leistung mit anderen externen und internen Lieferanten: Hierbei ist auf die Vollständigkeit der Qualitätsmerkmale zu achten, wobei auch in diesem Fall Wahrnehmungsverzerrungen möglich sind.

- **Expertenanalysen:** Ähnlich dem Benchmarking vergleichen Experten (zum Beispiel Unternehmensberater) die Leistungen verschiedener interner und externer Lieferanten.

- **Qualitätsstatistiken:** Erstellung von Statistiken über ausgewählte Merkmale durch die Messung von Potentialen und Ergebnissen der Mitarbeiterleistungen.

- **Qualitätskostenanalysen:** Zuordnung der relevanten internen Qualitätskosten.

- **Fishbone-Analyse:** Ursachenanalyse für Probleme im Personalbereich.

- **Fehlermöglichkeits- und -einflußanalyse:** Analyse der Fehlerwahrscheinlichkeit und des -einflusses auf die Leistungsqualität.

Aufgrund der auf der Vernachlässigung von internen Kundenerwartungen beruhenden mangelnden Vollständigkeit und Qualitätsrelevanz der zur Messung herangezogenen Merkmale lassen diese Verfahren keine eindeutigen Schlüsse für die Personalpolitik zu. Diese Mängel können mit Hilfe von **Methoden aus Sicht des internen Kunden** teilweise vermieden werden. Bei diesen Verfahren sind zu nennen:

- **Erfassung eines globalen Qualitätsurteils:** Bestimmung der Zufriedenheit mit den Leistungen einer bestimmten Abteilung. Aufgrund der undifferenzierten Messung, zum Beispiel durch Mitarbeiterbefragungen, wird keine Erfassung der Ursachen von Qualitätsdefiziten ermöglicht.
- **„Meckerkasten":** Diese Option liefert aktuelle, qualitätsrelevante Ergebnisse, sie kann allerdings niemals vollständig sein, weil sie unter Umständen nicht von allen Mitarbeitern genutzt wird und nicht unbedingt alle Probleme genannt werden.
- **Betriebliches Vorschlagswesen:** Diese Methode verfügt über eine hohe Qualitätsrelevanz.
- **Problem-detecting-Methode:** Erfassung von Problemen und der Dringlichkeit ihrer Lösung, hohe Qualitätsrelevanz.
- **Frequenz-Relevanz-Analyse für Probleme:** Sammlung von Kundenproblemen und Bestimmung ihrer Relevanz für die Beurteilung interner Dienstleistungen.
- **Sequentielle Ereignismethode:** Anhand von Blueprints, insbesondere bei stark interaktiven internen Kunden-Lieferanten-Beziehungen einsetzbar.
- **Critical-Incident-Technik:** Erfassung kritischer positiver und negativer Ereignisse bei internen Kunden-Lieferanten-Beziehungen.

5.3 Implementierung eines Personalmanagementsystems

5.31 Barrieren der Implementierung

Der Implementierung eines Personalmanagementsystems, dem der Gedanke des Internen Marketing als Basis dient, stehen einige **Widerstände** entgegen. Diese umfassen (Bruhn 1995b, S. 43ff.):

- Inhaltlich-konzeptionelle Barrieren,
- Organisatorisch-strukturelle Barrieren,
- Personell-kulturelle Barrieren.

Die **inhaltlich-konzeptionellen Barrieren** beziehen sich auf das Verständnis der Notwendigkeit der Implementierung des internen Marketinggedankens seitens Führungskräften und Mitarbeitern. Zunächst kann es zu **Fehlinterpretationen** des Begriffes „Internes Marketing" kommen. Ferner sind sich viele Unternehmen nicht bewußt, daß auf dem Arbeitsmarkt **kein Überangebot an hochqualifizierten potentiellen Mitarbeitern** besteht. Dadurch werden aktuelle Mitarbeiter häufig so behandelt, als seien sie jederzeit ersetzbar, wodurch negative Auswirkungen auf deren Motivation entstehen können. Viele Unternehmen erkennen nicht, daß es notwendig ist, ein umfassendes Verständnis der Personalpolitik zu haben. Dies führt zur **Implementierung von Teilkonzepten**, die zum Teil Alibifunktion für das Management übernehmen sollen. Schließlich ist die **Erfolgskontrolle** von internen Marketingaktivitäten schwierig.

Die **organisatorisch-strukturellen Barrieren** entwachsen der Tatsache, daß der interne Marketinggedanke auf eine Integration von Marketing- und Personalmanagement abzielt. Vielfach fehlen den für den jeweiligen Bereich zuständigen Mitarbeitern **Kompetenzen** für den anderen Bereich. Ferner ist ein **Macht- und Abteilungsdenken** anzutreffen. Dies liegt darin begründet, daß die zuständigen Abteilungen die Abgabe von Verantwortungsbereichen fürchten. Schließlich fällt es in vielen Unternehmen schwer, die **Bewußtseinsprozesse** von Führungskräften und Mitarbeitern in Richtung des internen Marketinggedankens zu modifizieren.

Hinsichtlich der **personell-kulturellen Barrieren** ist zunächst der Mangel an fachlichen und sozialen Fähigkeiten von Führungskräften und Mitarbeitern zu nennen. Insbesondere die **Verbesserung der sozialen Kompetenz** ist ein sehr komplexer Prozeß. Ähnlich wie auf Abteilungsebene entstehen auch auf der Ebene des einzelnen Mitarbeiters **Angstgefühle**, aufgrund der Integration von Personal- und Marketingmanagement Kompetenzen oder sogar die Stelle zu verlieren. Schließlich sind an dieser Stelle **Demotivations- und Frustrationseffekte** bisheriger Maßnahmen zu erwähnen.

5.32 Ansatzpunkte der Implementierung

Die Implementierung eines auf dem internen Marketinggedanken beruhenden **Personalmanagementsystems** kann anhand der folgenden **Phasen** erfolgen (Bruhn 1995b, S. 48ff.):

- **Verpflichtung des Managements**
  Um den Gedanken des Internen Marketing effizient und effektiv umzusetzen, ist es erforderlich, daß sich die Führungskräfte des Unternehmens dazu verpflichten, aktiv an der Implementierung des Personalmanagementsystems mitzuwirken. Diese Beteiligung bezieht sich zunächst auf die Auseinandersetzung mit dem Gedanken dieser neuen Art von Personalpolitik. Außerdem kann die unternehmensweite Implemen-

tierung aufgrund der Vorbildfunktion der Führungskräfte für die Mitarbeiter nur vollzogen werden, wenn das Management bereit ist, die Prinzipien des Internen Marketing vorzuleben.

- **Kommunikation mit den Mitarbeitern**
  Nachdem die Führungskräfte sich mit dem Internen Marketing auseinandergesetzt und die Prinzipien akzeptiert und verinnerlicht haben, müssen die Mitarbeiter von der Idee überzeugt und mit ihr vertraut gemacht werden. Hierbei geht es weniger um die Erlernung von Methoden der Personalpolitik, als vielmehr um die Erlangung eines Grundverständnisses des Internen Marketing. Dies kann am wirkungsvollsten durch offene persönliche Gespräche der Führungskräfte mit ihren Mitarbeitern bewerkstelligt werden.

- **Vermittlung des erforderlichen Know-hows**
  Nachdem auch die Mitarbeiter den internen Marketinggedanken der Personalpolitik verinnerlicht haben, muß ihnen das erforderliche Know-how, das heißt Methoden und Techniken der auf dem Internen Marketing beruhenden Personalpolitik, nähergebracht werden. Dabei geht es um die Vermittlung des Unternehmensleitbildes sowie der Marketingstrategien, neuer Führungsmethoden (zum Beispiel Workshops), Qualitätstechniken (zum Beispiel Qualitätszirkel) und Techniken zur Lösung interner und externer Leistungsprobleme (zum Beispiel Behandlung von Beschwerden).

- **Verpflichtung der Mitarbeiter**
  Nach den ersten drei Phasen sollten die Mitarbeiter in der Lage sein, die Notwendigkeit einer Implementierung des Internen Marketing im Rahmen der Personalpolitik zu erkennen. Ferner sollten sie bereit sein, aktiv an der Implementierung mitzuwirken. Die Verpflichtung der Mitarbeiter wird erleichtert, wenn das Unternehmen die kontinuierliche prinzipiengetreue Implementierung glaubwürdig gewährleisten kann.

Schließlich ist darauf hinzuweisen, daß bei der Implementierung des Internen Marketing im Rahmen der Personalpolitik wie bei anderen Marketinginstrumenten Aspekte der **Wirtschaftlichkeit** zu berücksichtigen sind. Daher sollte eine Gegenüberstellung der Kosten und des Nutzens einer solchen Personalpolitik erfolgen (George/Grönroos 1995, S. 72). Mögliche **Kostenfaktoren** sind:

- Großes Engagement aller Mitarbeiter auf allen Unternehmensebenen,
- Zeiteinsparungen aller Mitarbeiter,
- Veränderungen in Denkstrukturen und Verhaltensweisen,
- Kosten für ein Team zur Implementierung,
- Implementierungsbudget.

Demgegenüber sind folgende **Nutzenaspekte** zu erwähnen:

- Synergetische Wirkung auf Zielbeiträge einzelner Abteilungen und Mitarbeiter,
- Kundenbindung,
- Mitarbeiterbindung,
- Erreichung von Wettbewerbsvorteilen.

Die Ausführungen dieses Abschnitts haben die Bedeutung einer systematischen Personalpolitik für Dienstleistungsunternehmen aufgezeigt. Es kann hervorgehoben werden, daß insbesondere bei Dienstleistungen mit intensivem Mitarbeiter-Kunden-Kontakt die Mitarbeiter durch ihr Verhalten das gesamte Dienstleistungsunternehmen repräsentieren und dieses Verhalten demnach gemäß den Marketingzielen (zum Beispiel Kundenorientierung) gesteuert werden muß. Aufgrund des Zusammenwirkens der verschiedenen Marketinginstrumente (zum Beispiel müssen die Leistungen in der durch die Werbung versprochenen Weise erbracht werden) ist eine unternehmensweite Planung der Personalpolitik und ihre Integration in die klassischen 4 P's notwendig.

Kapitelübersicht

Sechstes Kapitel

Implementierung des Dienstleistungsmarketing

1. Grundlagen der Strategieimplementierung

1.1 Begriff und Inhalt der Strategieimplementierung

Zunächst bedarf es einer grundlegenden Klärung des **Implementierungsbegriffs**, der in Forschung und Praxis mit sehr unterschiedlichen Inhalten belegt wird.

> In der anglo-amerikanischen Managementliteratur wird unter **Implementierung** beziehungsweise Implementation ein **Prozeß** verstanden, durch den „Marketingpläne in aktionsfähige Aufgaben umgewandelt werden und durch den sichergestellt wird, daß diese Aufgaben so durchgeführt werden, daß sie die Ziele des Planes erfüllen“ (Kotler 1994, S. 738; Kotler/Bliemel 1995, S. 1143).

Diese sehr allgemein gehaltene Definition mit der zentralen Aussage des „Make the Strategy Work“ öffnet der Interpretation einen erkennbar breiten Spielraum. Generell können folgende **Teilaufgaben der Implementierung** identifiziert werden (Meffert 1994a, S. 362):

- Spezifizierung der globalen Strategievorhaben,
- Anpassung von Unternehmensstrukturen, -systemen und -kultur,
- Schaffung von Akzeptanz für die Strategie bei den betroffenen Unternehmensmitgliedern.

Der Aspekt der Strategiespezifizierung wird von Kolks (1990, S. 78f.) als **„Umsetzung“** verstanden, während die Akzeptanzschaffung von ihm mit dem Begriff **„Durchsetzung“** belegt wird. Die Anpassung der Unternehmenspotentiale Systeme, Strukturen und Kultur kann schließlich weitgehend der Umsetzung von Strategien zugerechnet werden (Meffert 1994a). Lediglich die Anpassung der Unternehmenskultur umfaßt sowohl Aspekte der Umsetzung als auch der Durchsetzung.

Für die weitere Argumentation erscheint die **Unterteilung in Systeme, Strukturen und Kultur** insbesondere vor dem Hintergrund der Besonderheiten des Dienstleistungsmarketing geeigneter als die schwer abzugrenzende Unterscheidung in Um- und Durchsetzungsmaßnahmen.

1.2 Implementierung als Managementprozeß

Der Begriff der Strategieimplementierung läßt sich zudem noch danach abgrenzen, ob es sich bei der Implementierung um eine **Teilphase des strategischen Managementprozesses** handelt, oder ob die Implementierung als **eigenständiges Projekt** angesehen wird (Meffert 1994a, S. 362f.).

Wenn die **Implementierung als Teilphase des strategischen Managementprozesses** aufgefaßt wird, dann erfolgen die Formulierung von Implementierungszielen, die Maßnahmen der Durchsetzung (wie zum Beispiel Vermittlung, Schulung) und Umsetzung von Marketingkonzepten (zum Beispiel Potentialanpassung und Maßnahmenprogramme) sowie die Durchführung der Implementierungskontrolle stets im interdependenten Zusammenhang mit der eigentlichen Strategieentwicklung und -kontrolle.

Gerade in unmittelbaren Realisationsphasen von komplexen Strategiekonzepten empfiehlt es sich darüber hinaus, die **Implementierung als eigenständiges Projekt** mit festgelegten Verantwortungsbereichen der Mitarbeiter und einer spezifischen Implementierungsorganisation zu definieren.

1.3 Grundlegende Implementierungsstile des Dienstleistungsmarketing

Als zentrale Aufgabenstellung der Dienstleistungsimplementierung läßt sich die **Sicherstellung einer Integration und Koordination der geplanten und konzipierten Unternehmensaktivitäten** festhalten. Dieses Ziel kann wiederum auf drei unterschiedlichen **Ebenen** realisiert werden, wie auch in Abbildung 6-1 deutlich wird:

- Zwischen selbständigen Unternehmen,
- Zwischen strategischen Geschäftseinheiten,
- Zwischen einzelnen Funktionsbereichen.

Die **Notwendigkeit einer Integration** auf Unternehmens- und Geschäftsbereichsebene hat dabei im Dienstleistungsmarketing aufgrund der wachsenden Bedeutung von Verbund- und Leistungsprogrammvorteilen zur Wettbewerbsprofilierung in den vergangenen Jahren sehr an Bedeutung gewonnen (Meffert 1993; 1994a).

Zur Erfüllung dieser Aufgaben stehen mit planungstechnokratischen, strukturorientierten und kulturorientierten Ansätzen drei verschiedene, einander ergänzende **Koordinations-**

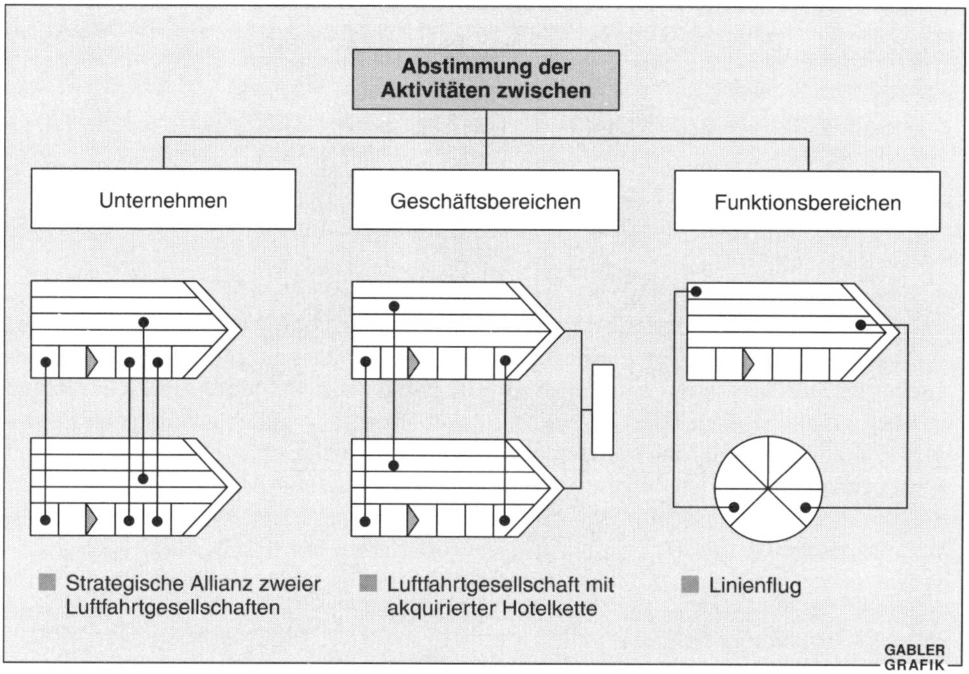

Abbildung 6-1: Ebenen der Integration und Koordination

konzepte zur Verfügung. Da der Einsatz dieser Koordinationskonzepte in hohem Maß von der Art des Dienstleistungsanbieters beziehungsweise der Ausprägung der von ihm angebotenen Leistungen abhängig ist, kann eine Einbeziehung der in Kapitel 1, Abschnitt 2.2 vorgestellten **Leistungstypologie** zur Systematisierung der Einsatzmöglichkeiten beitragen, wie sich auch in Abbildung 6-2 erkennen läßt (Wohlgemuth 1989; Meffert 1993).

Die **Eignung dieser Koordinationskonzepte** wird somit wesentlich durch den Interaktions- und Individualisierungsgrad der Leistung bestimmt. Empfehlungen zu Strukturen, Kulturen und Systemen können daher immer nur für einen bestimmten Dienstleistungstyp ausgesprochen werden.

Planungstechnokratische Ansätze, die eine Abstimmung durch Plan- und Sollvorgaben anstreben, sind vor allem bei niedrigem Individualisierungsgrad der Dienstleistungen als Integrations- und Steuerungskonzept geeignet. Die geforderte Standardisierung der Leistungserstellung, die zusätzlich noch von der Einbindung des externen Faktors beeinflußt wird, ermöglicht die Vereinheitlichung zahlreicher Abläufe und damit deren genaue Antizipation und Planung. Wesentliche Nachteile derartiger Konzepte liegen in einer geringen Flexibilität des Leistungserstellungssystems sowie in motivationshemmenden Wirkungen für das Dienstleistungspersonal (Meffert 1990a, S. 387).

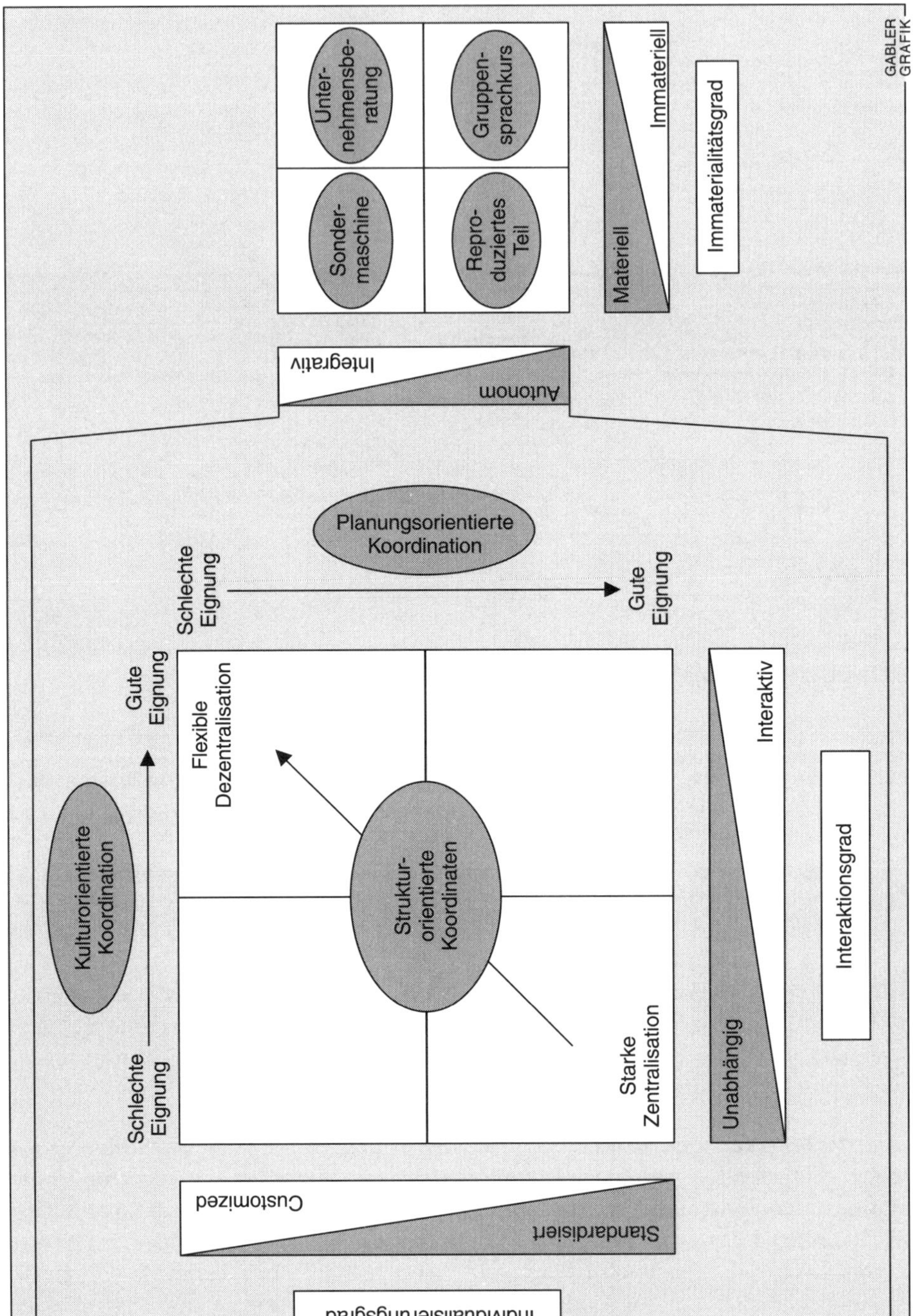

Abbildung 6-2: Eignung von Koordinationskonzepten

Kulturorientierte Koordinationskonzepte basieren hingegen auf der integrierenden Wirkung gemeinsamer Werte, Verhaltensnormen sowie Denk- und Handlungsweisen der Mitarbeiter. Eine kulturorientierte Abstimmung ist insbesondere bei solchen Leistungen notwendig, die sowohl kundenindividuell als auch stark interaktiv erbracht werden. Dies liegt vor allem darin begründet, daß im Falle eines hohen Individualisierungs- und Interaktionsgrades die gegenseitige Abhängigkeit zwischen einzelnen Funktionsbereichen bei der Leistungserstellung wächst, aber die Strukturiertheit der Aufgabe abnimmt. Die Integration der für die Leistungserstellung notwendigen Teilprozesse kann dabei nicht durch externe Vorgaben erreicht werden, sondern muß gleichsam „von innen heraus gelebt" werden.

Strukturorientierte Koordinationskonzepte streben durch das direkte Zusammenwirken von Entscheidungsinstanzen eine bessere Abstimmung der Unternehmensaktivitäten an (Meffert 1990a, S. 388), wobei dieses Ziel durch aufbau- oder ablauforganisatorische Maßnahmen gewährleistet werden soll. Die strukturorientierten Konzepte sind vergleichsweise umfassend in ihrer Eignung zur Erfüllung von Koordinationsaufgaben. Sie sind aber, im Gegensatz zu den planungstechnokratischen und kulturorientierten Ansätzen, schwerpunktmäßig nur für bestimmte Typen von Dienstleistungen geeignet. Die zweckmäßige Ausgestaltung der Strukturen variiert sehr stark und hängt wesentlich vom betrachteten Dienstleistungstyp ab. Somit wird ein Spektrum zwischen traditionellen, stark zentralisierten Stab-Linien-Organisationen sowie innovativen Organisations- und Führungskonzepten aufgespannt.

2. Barrieren der Implementierung des Dienstleistungsmarketing

In der Vergangenheit konzentrierte sich die Diskussion zur Problemlösung offensichtlich primär auf die konzeptionelle Gestaltung des Marketing, während **Fragen der Marketingimplementierung** deutlich seltener in Wissenschaft und Praxis untersucht wurden. Dies ist insofern ein Mangel, als Fragen der Implementierung untrennbar mit der Konzeptionierung verbunden sind und zu erwarten ist, daß nur bei simultaner Berücksichtigung beider Problembereiche die anvisierte Anwendung des Marketing im Unternehmen möglich ist (Hilker 1993).

Demzufolge muß neben den dargestellten Teilbereichen der Marketingkonzeption von Dienstleistungsanbietern der Bereich der Implementierung diskutiert werden (Meffert 1994a, S. 359ff.; 1994c, S. 532ff.). Damit soll dem Umstand Rechnung getragen werden, daß erfolgversprechende strategische Pläne in der Praxis vielfach entweder gar nicht zur Anwendung kommen oder im Unternehmen sogar eine kontraproduktive Wirkung durch aktive und passive Widerstandsreaktionen bei den von der Strategierealisation betroffenen Unternehmensmitgliedern hervorrufen.

Diese generellen **Gründe des Scheiterns von Marketingstrategien** lassen sich weiter klassifizieren, wie in Abbildung 6-3 deutlich wird.

Strategie / Implementierung	Schlecht	Gut
Schlecht	„Verhinderte Gefahr“	„Verspielte Chance“
Gut	Mißerfolg	Erfolg

GABLER GRAFIK

Abbildung 6-3: Ursachen für das Scheitern von Strategien
(Quelle: Kolks 1990)

So kann neben anderen Ursachen die Qualität der entwickelten Strategien selbst, ein fehlender „Fit“ der Strategie zu den vorhandenen Unternehmensressourcen oder aber ein unerwarteter Wechsel der unterstellten Rahmenbedingungen Strategiekonzepte vorzeitig zum Scheitern verurteilen (Bonoma 1985a; Meffert 1994a; Kolks 1990).

Die **Implementierungsproblematik des Dienstleistungsmarketing** bezieht sich somit sowohl auf mögliche inhaltlich-konzeptionelle Widerstände als auch auf organisatorisch-strukturelle und personell-unternehmenskulturelle Barrieren.

2.1 Inhaltlich-konzeptionelle Widerstände

Inhaltlich-konzeptionelle Barrieren bei der Implementierung im Unternehmen betreffen direkt das Konzept beziehungsweise die Strategie des Dienstleistungsmarketing.

Ein in der Dienstleistungspraxis häufig auftretender Fall ist die „schlechte“ Implementierung von „guten“ Strategien im Sinne einer „verspielten Chance“ (Bonoma 1985a; 1985b; Kolks 1990; Weiss 1990). Im folgenden wird stets von diesem Fall einer „guten“ Unternehmensstrategie ausgegangen, wenn die einzelnen Teilaspekte einer Implementierung des Dienstleistungsmarketing vorgestellt werden.

Aber auch, wenn es sich grundsätzlich um ein „gutes“ Konzept des Dienstleistungsmarketing handelt, können **inhaltlich-konzeptionelle Barrieren** im Unternehmen beispielsweise aufgrund folgender Umstände auftreten:

- Mangelnde Meßbarkeit des Zusammenhangs zwischen Dienstleistungsmarketingkonzept und Unternehmenserfolg (Wirtschaftlichkeitsaspekt),
- Ungenaue Vorstellungen über die Effizienz einzelner Servicebereiche,
- Eindimensionale Lösungsansätze, die eine ganzheitliche, Ursachenbündel berücksichtigende Betrachtungsweise vermissen lassen (Bleicher 1995),
- Fehlendes geschlossenes Konzept der Implementierung im realen Unternehmenskontext (Kolks 1990, S. 2),
- Probleme bei der Bewältigung beziehungsweise Berücksichtigung dynamischer Veränderungen, das heißt mangelnde Revidierbarkeit des Konzeptes.

2.2 Organisatorisch-strukturelle Widerstände

Organisatorisch-strukturelle Barrieren bei der Umsetzung des Dienstleistungsmarketing treten hinsichtlich der organisatorischen Verankerung des Marketing im Unternehmen sowie der Existenz bestehender Unternehmensstrukturen beziehungsweise -hierarchien auf. Hier seien beispielhaft folgende organisatorisch-strukturelle Widerstände genannt:

- Keine Verankerung des Marketing auf der Führungsebene des Dienstleistungsunternehmens,
- Fehlende Abteilung für Kundenprobleme, zum Beispiel Beschwerdemanagement,
- Zu viele Hierarchieebenen im Unternehmen, die eine flexible Orientierung an den Kundenbedürfnissen behindern,
- Keine formellen, festgeschriebenen Entscheidungsregeln in bezug auf die Qualitätsorientierung der Mitarbeiter.

2.3 Personell-unternehmenskulturelle Widerstände

Personell-unternehmenskulturelle Barrieren sind demgegenüber in Verbindung mit unternehmensindividuellen Wertvorstellungen sowie Denk- und Verhaltensweisen der Mitarbeiter des Dienstleistungsunternehmens zu sehen. Folgende Beispiele sind hier zu nennen:

- Mangelndes Verständnis für Service- beziehungsweise Kundenorientierung auf der Managementebene,
- Angst der Führungskräfte vor Kompetenzverlust bei dem Empowerment des Kontaktpersonals,
- Mangelndes Bewußtsein der Mitarbeiter für eine externe und interne Kundenorientierung,
- Überforderung der Mitarbeiter in bezug auf ihre Erfassungs- und Lernfähigkeit (Bleicher 1995),
- Fehlender Informationsaustausch zwischen verschiedenen Abteilungen.

Die genannten Barrieren verdeutlichen die Notwendigkeit einer intensiveren Auseinandersetzung mit dem Konzept und insbesondere den Erfolgsvoraussetzungen der Strategieimplementierung.

3. Voraussetzungen für eine erfolgreiche Implementierung des Dienstleistungsmarketing

Um Konzepte des Dienstleistungsmarketing am Markt erfolgreich umsetzen und hierbei bestehende Widerstände und potentielle Probleme im Unternehmen umgehen beziehungsweise bewältigen zu können, sind verschiedene Voraussetzungen zu erfüllen.

Im Rahmen der Diskussion verschiedener Koordinationsansätze wurde eine Interdependenz zu Strukturen, Systemen und Kultur des Dienstleistungsanbieters deutlich. Diese drei Bereiche mit ihren unterschiedlichen Einzelaspekten werden daher im folgenden ausführlich vorgestellt.

Beispielhaft sollen die zentralen Implikationen abgeleitet werden, die sich für die Koordination und Integration bei individuell erbrachten Leistungen mit starker Interaktion mit dem externen Faktor ergeben. Dieser Leistungstyp weist die deutlichsten Unterschiede gegenüber dem Sachgüterbereich auf und erweist sich damit für die Darstellung der Besonderheiten bei der Implementierung des Dienstleistungsmarketing als besonders geeignet.

3.1 Gestaltung der Struktur des Dienstleistungsunternehmens

Im Rahmen der Implementierung von Dienstleistungsstrategien gilt es vielfach, bestehende Strukturen im Unternehmen den geänderten Anforderungen am Markt anzupassen. In diesem Zusammenhang sind insbesondere Aspekte der **Organisation und Führung von Dienstleistungsunternehmen** zu nennen.

Grundsätzlich ist zu beachten, daß hier im Gegensatz zum Konsumgüter- und Investitionsgüterbereich der Kundenkontakt vor allem durch **Mitarbeiter aus dem „unteren" Bereich der Unternehmenshierarchie** erfolgt. Durch das Uno-actu-Prinzip, das heißt die Simultaneität von Produktion und Absatz einer Leistung, haben diese „dienstleistungsproduzierenden" Mitarbeiter zwingend direkten Kontakt mit den Kunden des Unternehmens und bedürfen daher unter anderem einer **spezifischen organisatorischen Einbindung**, die es ihnen ermöglicht, auf die verschiedenen Bedürfnisse der Kunden umfassend und flexibel zu reagieren.

Die Notwendigkeit einer Auseinandersetzung mit bestehenden Organisationsstrukturen von Dienstleistungsunternehmen ergibt sich auch aus einem wirtschaftlichen Effekt dieses Sektors, der in den letzten Jahren immer deutlicher zu Tage tritt. Während die

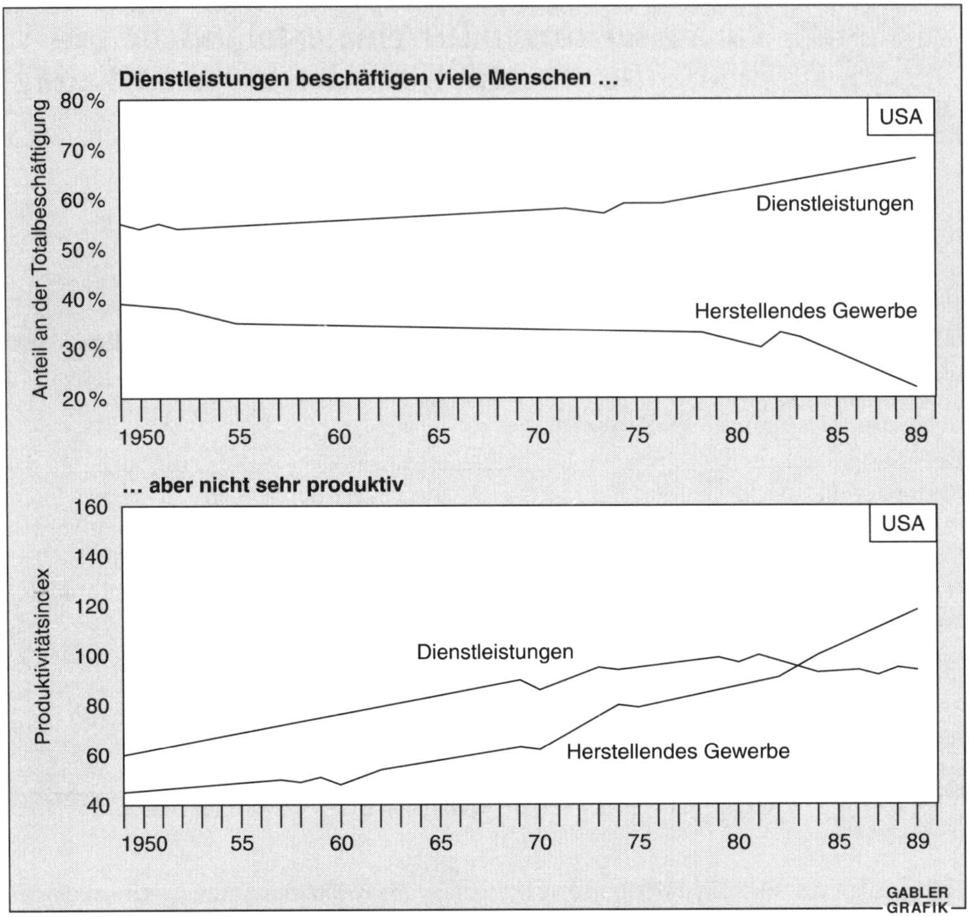

Abbildung 6-4: Produktivitätsentwicklung im Dienstleistungssystem
(Quelle: Roach 1991, S. 83)

Produktivität im verarbeitenden Gewerbe im Laufe der letzten Jahrzehnte kontinuierlich angestiegen ist, konnten, wie sich in Abbildung 6-4 erkennen läßt, im Dienstleistungsbereich seit den siebziger Jahren keine entscheidenden Produktivitätsverbesserungen erzielt werden (Roach 1991, S. 83). Die Anpassung der Strukturen in Form von Aufbau- und Ablauforganisation hat somit auch das Ziel, derartige Produktivitätshemmnisse zu überwinden.

Nachfolgend werden die zentralen Implikationen abgeleitet, die sich im Fall **individuell erbrachter Leistungen und starker Interaktion mit dem externen Faktor** nach Abbildung 6-2 für Koordination und Integration und daher die Implementierung des Dienstleistungsmarketing ergeben.

Für individuelle und interaktiv erbrachte Dienstleistungen wird zunehmend die Forderung nach einem neuen **Leitbild der Organisation und Führung** erhoben (Reichheld/Sasser 1991, S. 108ff.; Schlesinger/Heskett 1991, S. 72; Drucker 1992, S. 64ff.). Wie in Abbildung 6-5 deutlich wird, sollten **Kunden und Mitarbeiter** stets in den **Mittelpunkt der Überlegungen zur Führung** des Unternehmens gestellt und das Geschäftssystem dann um diese Personengruppen herum angeordnet werden (Bleicher 1990, S. 152). Gleichzeitig wird ein Höchstmaß an Flexibilität nach innen und außen angestrebt (Grönroos 1989, S. 512). Geleitet von der Erkenntnis, daß die starke Vertikalisierung traditioneller Strukturen diesen Anforderungen nicht gerecht wird, gewinnen Maßnahmen an Bedeutung, die eine Entbürokratisierung der Organisation und eine stärker **horizontale Ausrichtung** ermöglichen (Peters 1991, S. 58).

Zur Umsetzung dieser Zielvorgaben können folgende, auch in Abbildung 6-5 ersichtliche, **organisatorische Maßnahmen** dienen:

- Abbau der Hierarchiestufen im Unternehmen,
- Größtmögliche Delegation und Selbstkontrolle seitens der Mitarbeiter,
- Einführung temporärer Parallelstrukturen,
- Eine personenbezogene Strukturierung des gesamten Unternehmens (ad personam).

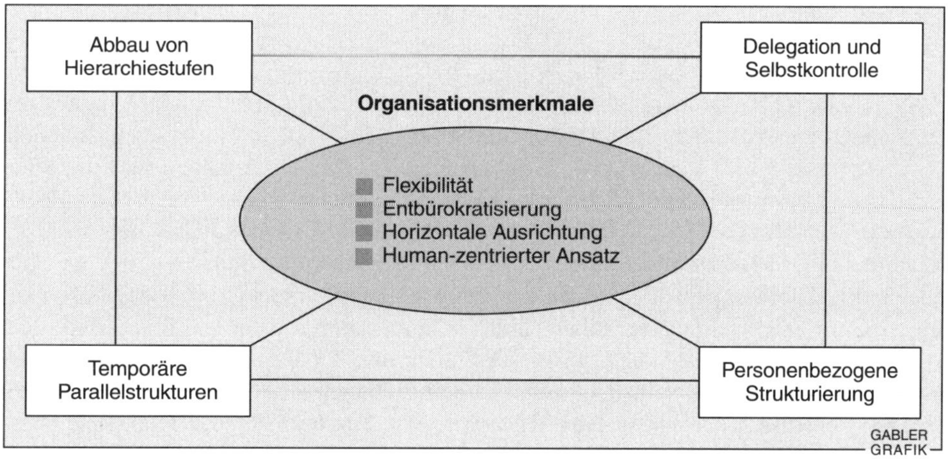

Abbildung 6-5: Leitbild der Organisation und Führung im Dienstleistungsbereich

Durch den **Abbau von Hierarchiestufen** wird insbesondere ein besserer Informationsfluß, wie er für eine effektive Koordination unabdingbar ist, sichergestellt. Ein klassisches Beispiel für eine derartige Politik ist die Luftverkehrsgesellschaft People Express, deren Organisationsstruktur nur drei Hierarchieebenen aufweist (Heskett 1988, S. 130f.).

Zudem kann eine nachhaltige Motivationssteigerung beim Kontaktpersonal erreicht werden, wenn der Hierarchieabbau durch einen Wandel von einer „pyramiden"förmigen hin zu einer „tannen"förmigen Organisationsstruktur begleitet wird. Der **Abbau von Stellen im mittleren Management** führt in diesem Zusammenhang zu Mittelfreisetzungen, die beispielsweise für Gehaltserhöhungen beim Kontaktpersonal sowie intensivere Schulungs- und Trainingsmaßnahmen genutzt werden können (Schlesinger/Heskett 1991, S. 77ff.).

Diese strukturellen Maßnahmen sollten notwendigerweise von einer **Anpassung des Führungssystems** flankiert werden. Nicht Leitungs- und Kontrollfunktionen sind schwerpunktmäßig von den Vorgesetzten wahrzunehmen, sondern vielmehr Coaching- und Unterstützungsfunktionen (Wohlgemuth 1989, S. 341; Schlesinger/Heskett 1991, S. 77). Die Funktionsverschiebung ist verbunden mit einer größtmöglichen **Delegation von Aufgaben** an die unteren Hierarchiestufen. Diese reicht bis zu umfangreichen Verantwortlichkeiten im Rahmen des Innovationsmanagements für neue Dienstleistungskonzepte (Grönroos 1989, S. 517). Hohe Delegationsgrade verfügen aus Sicht von Dienstleistungsunternehmen über zwei wesentliche Vorteile. Sie ermöglichen eine effiziente, weil auf der Ebene der Bedarfsentstehung stattfindende, Koordination der Aufgaben sowie eine größtmögliche Markt- und Kundennähe. Eine effiziente Gestaltung der Aktivitäten ist insbesondere dann zu erreichen, wenn die planenden und ausführenden Einheiten im Rahmen der **Selbstkontrolle** Zielabweichungen identifizieren und revolvierend in ihren Planungsprozeß einfließen lassen.

Seit Ende der achtziger Jahre wird in Wissenschaft und Praxis zunehmend gefordert, dem Kundenkontaktpersonal mehr Selbständigkeit und Entscheidungsfreiheit im Umgang mit den Kunden zuzugestehen, damit die Mitarbeiter nach eigenem Ermessen so handeln können, wie sie es zur Zufriedenstellung der Kunden für richtig halten. Das unter der Bezeichnung **Empowerment** diskutierte Konzept (Zeithaml/Parasuraman/Berry 1990; Swartz/Bowen/Brown 1992; Mudie/Cottam 1993, S. 124ff.) beinhaltet demnach die Gesamtheit aller Maßnahmen, die zum einen den Kundenkontaktmitarbeitern eine weitgehende Entscheidungsfreiheit sowohl im Kundenkontaktmoment als auch in bezug auf ihre Arbeitsplatzgestaltung verleihen, und die zum anderen dazu bestimmt sind, dem Mitarbeiter zu dem Gefühl der Selbstbestimmtheit und der Kontrolle über seine Arbeit zu verhelfen sowie ihn zu selbständigem Handeln zu bewegen. Außen- und innengerichtetes Empowerment der Mitarbeiter ist somit vom Management der Dienstleistungsunternehmen zu entwickeln.

In diesem Zusammenhang ist festzustellen, daß die **organisatorische Verankerung des Marketing** in Dienstleistungsunternehmen aufgrund der konstitutiven Merkmale von Dienstleistungen oftmals deutlich von entsprechenden Ansätzen im Konsumgüterbereich abweicht. Während dort vielfach eine **Zentralisierung der Marketingaufgaben** durch organisatorische Implementierung einer Marketingabteilung erfolgt, ist dies in Dienstleistungsunternehmen aufgrund der im folgenden angeführten Überlegungen zum Teil weniger ratsam (Bednarczuk/Friedrich 1992; Grönroos 1990a).

Zum einen müssen in Dienstleistungsunternehmen wichtige Marketingentscheidungen oft direkt im Rahmen des Interaktionsprozesses mit den Kunden getroffen werden, zum anderen ist an diesen operativen Prozessen die grundsätzlich mit Marketingaufgaben betraute organisatorische Einheit in der Regel nicht beteiligt. Insbesondere spezielle Innovationsprozesse im Unternehmen und die damit verbundene Planung der Mitarbeiter-Kunde-Interaktion könnten nur über zeitintensive Rückkoppelungsprozesse mit dem ausführenden Personal durchgeführt werden, wenn eine zentrale Marketingabteilung stets in die Entscheidungen einbezogen werden müßte.

Die in Dienstleistungsunternehmen so bedeutende **horizontale Koordination bei dezentraler Übernahme von Marketingaufgaben** sollte durch eine flexible Aufgabenverteilung an **Projektteams** unterstützt werden (Wohlgemuth 1989, S. 341f.; Servatius 1991, S. 178). Diese übernehmen die Lösung komplexer Problemstellungen wie etwa die Entwicklung neuer Verbundkonzepte, die häufig eine intensive funktions- und geschäftsbereichsübergreifende Zusammenarbeit erfordern. Derartige **temporäre Parallelstrukturen** können insbesondere bei Innovationsprozessen Zeitvorteile sowie ein größtmögliches „Pooling" von Mitarbeiterkompetenzen herbeiführen.

Angesichts der vielen Freiheitsgrade und der hohen individuellen Verantwortung, die eine derartige Organisationsstruktur mit sich bringt, kommt den **Fähigkeiten** und der **Motivation der Humanressourcen** eine überaus hohe Bedeutung zu. Um eine optimale Ausschöpfung individueller Fähigkeitspotentiale im Unternehmen zu gewährleisten, kann möglicherweise eine relativ stark **personenbezogene Strukturierung** mit entsprechender Berücksichtigung der jeweiligen Stärken-Schwächen-Profile der Mitarbeiter gewählt werden (Wohlgemuth 1989, S. 341f.).

3.2 Anpassung der Informations- und Kontrollsysteme von Dienstleistungsunternehmen

Für die erfolgreiche Implementierung von Dienstleistungsstrategien bedarf es neben der Umgestaltung von Organisationsstrukturen auch einer **Anpassung der Systeme von Dienstleistungsanbietern** (Meffert 1994a, S. 370). Der effektive Einsatz der Koordinationskonzepte erfordert eine Unterstützung durch entsprechend angepaßte Informations- und Kontrollsysteme. Im Mittelpunkt steht dabei die Forderung nach mitarbeiter- und kundenbezogenen Informations- und Kontrollsystemen.

Unter einem **System** kann grundsätzlich ein natürliches oder künstliches Gebilde verstanden werden, das ein Ganzes ausmacht, dessen Teile in gegenseitiger Abhängigkeit stehen und so eine bestimmte Ordnung aufweisen. Organisationen sind stets sozio-mechanische Systeme, das heißt sie dienen mittels zwischenmenschlicher Kooperation und Koordination von Menschen und Sachen der Leistungserstellung (Bleicher 1972).

Im folgenden werden diejenigen Unternehmenssysteme genauer untersucht, die bei der Implementierung von Marketingkonzepten in Dienstleistungsunternehmen von besonderer Bedeutung sind und hierbei folgende grundsätzliche **Funktionen** erfüllen (Meffert 1994a, S. 404ff.):

- **Informationsversorgungsfunktionen**, das heißt Erfassung und Lieferung sämtlicher planungs-, entscheidungs- und kontrollrelevanter Informationen,
- **Kontrollfunktionen**, das heißt Prüfung und Beurteilung der Ziele, Strategien, Organisation, Marketingaktivitäten sowie deren Ergebnisse und ähnliches,
- **Planungsfunktionen**, das heißt Managementunterstützung auf sämtlichen Ebenen des Planungsprozesses.

Grundsätzlich kann zwischen **innen- und außengerichteten Systemen** unterschieden werden. Die innengerichteten Systeme beschäftigen sich mit der Erfassung und Kontrolle innerbetrieblicher Größen, während außengerichtete Systeme vornehmlich auf kundenbezogene Informationen abzielen.

Zu den **innengerichteten Systemen** zählt das **Human Resources-Controlling**. Zwei Aufgabenkomplexe lassen sich für ein derartiges personalorientiertes Controlling identifizieren (Welge 1988, S. 139ff.):

- **Erfolgskontrollen im Personalwesen**, die sowohl die Personalbeschaffungs- und -freisetzungskontrolle als auch die Kontrolle von Personalerhaltungs- und -entwicklungsmaßnahmen umfassen,
- **Personalinformationswirtschaft**, deren wichtigste Funktion in der Implementierung umfangreicher Personalinformationssysteme besteht.

Bei Dienstleistungsunternehmen wird die Leistung der Mitarbeiter im Kundenkontakt zum Teil an den konkreten Leistungsergebnissen (zum Beispiel Verkäufe pro Woche) gemessen. Diese sogenannten **Ergebniskontrollsysteme** basieren dann oftmals auf schriftlichen Geschäftsvorgängen, können allerdings bestimmte, nicht unmittelbar quantifizierbare Leistungen der Mitarbeiter bei der Erstellung der Dienstleistungsqualität, wie beispielsweise Höflichkeit und Freundlichkeit bei der Bedienung am Schalter, nicht erfassen (Ouchi 1981; Zeithaml/Berry/Parasuraman 1988). Dementsprechend beabsichtigen sogenannte **Verhaltenskontrollsysteme**, mit Hilfe von Beobachtungen, Testkäufen oder anderen Berichten die Arbeitsweise und das Verhalten der Mitarbeiter im Kundenkontakt zu überwachen (Ouchi 1981; Zeithaml/Berry/Parasuraman 1988).

Während Erfolgskontrollen schwerpunktmäßig zur Erhöhung der Effizienz des Personalmanagements beitragen, kommt **Personalinformationssystemen** wesentliche Bedeutung bei der Verfolgung von Motivations- und Personalbindungszielen zu. Sie erleichtern damit die notwendige Anpassung der Führungssysteme und unterstützen kulturorientierte Koordinationskonzepte.

So richtete etwa Mövenpick zur Senkung der bei jährlich über 100 Prozent liegenden Fluktuationsrate im Gastronomie- und Hotelleriebereich ein innovatives Zeiterfassungssystem ein. Es bietet die Möglichkeit zu einer individuellen und flexiblen Arbeitszeitplanung und führt zu einem Höchstmaß an Zeitsouveränität der Mitarbeiter (Lange 1991, S. 159ff.; Schulz/Hentschel 1992, S. 53).

Zu den innengerichteten Systemen zählt darüber hinaus der Bereich der **Kostenrechnung**. Insbesondere die korrekte Schlüsselung von Kosten zu den verursachenden Größen zeigt an, wie der Erfolg der Implementierung voranschreitet und wo gegebenenfalls weitere Anpassungserfordernisse liegen. Grundsätzlich erwachsen aus den Besonderheiten der Dienstleistung – hier sind an erster Stelle die vielfach individualisierten Leistungserstellungsprozesse zu nennen – besondere Schwierigkeiten für die Kostenrechnung. Dadurch erklärt sich auch der bisher hinter dem Sachgüterbereich zurückbleibende Einsatz einer Kostenrechnung und eines Controlling im Dienstleistungsbereich (Vikas 1988; Krumnow 1993).

Die **außengerichteten Systeme** in Form **kundenbezogener Informations- und Kontrollsysteme** verfügen schließlich über eine wesentliche Unterstützungsfunktion bei der Planung und Durchführung effizienter Kundengewinnungs- und -betreuungsaktivitäten. Dazu müssen disaggregierte Ein- und Auszahlungsgrößen bereitgestellt werden. Aus den prognostizierten Einzahlungsgrößen läßt sich der **Lebenszeitwert eines Kunden** ermitteln (Hart/Heskett/Sasser 1990, S. 148ff.). Dieser erfaßt den Barwert aller kundenbezogenen Umsätze und stellt eine zentrale Steuerungsgröße im Rahmen individualisierter Marktbearbeitungsstrategien, im Extremfall sogenannter „Segment-of-one"-Strategien, dar.

Zu den **kundenbezogenen Informations- und Kontrollsystemen** zählen:

- Regelmäßige Erfassungen der Kundenzufriedenheit und Kundenloyalität zur Überprüfung des Implementierungserfolges (vgl. Kapitel 4),
- Laufende Erfassungen der Kundenaktivitäten und Beeinflussung des Kunden im Rahmen eines Database-Marketing,
- Gestaltung von Beschwerdemanagementsystemen (Bruhn 1982; 1986; Stauss 1989; Hansen/Jeschke 1991a; 1991b).

Der Einsatz dieser Systeme hängt erkennbar von dem jeweiligen Dienstleistungstyp beziehungsweise der Dienstleistungsbranche sowie der Größe des Unternehmens ab. Sämtliche Kundeninformationssysteme versuchen allerdings, den relevanten Anspruchsgruppen Informationen über Reaktionen der Kunden auf die erbrachten Dienstleistungen in verdichteter Form zur Verfügung zu stellen, um so den Implementierungserfolg laufend ermitteln zu können. Zielabweichungen sind dann daraufhin zu überprüfen, ob sie auf unzureichende Marketingstrategien oder auf Mängel bei der Implementierung selbst zurückzuführen sind.

Aufgrund der großen Bedeutung persönlicher Kommunikationsprozesse im Dienstleistungsbereich erscheinen **Beschwerdemanagementsysteme** in besonderer Weise geeignet, derartige Aufgaben zu übernehmen. Allerdings ist die Beschwerdeneigung der Konsumenten bei Dienstleistungen häufig geringer ausgeprägt als in bezug auf Sachleistungen. Gründe hierfür finden sich bei den zentralen Einflußfaktoren der Beschwerdewahrscheinlichkeit.

Generell läßt sich feststellen, daß bei Konsumenten die **Beschwerdewahrscheinlichkeit** um so größer ist (Bruhn 1982; Stauss 1989, S. 43ff.),

- je wichtiger Kauf und Leistung in finanzieller und sozialer Hinsicht für den Konsumenten sind,
- je geringer der Konsument seinen zur Beschwerdeführung notwendigen Einsatz beurteilt,
- je eindeutiger die Ursache der Unzufriedenheit in den Bereich der leistungserbringenden Partei fällt,
- je weniger Ermessensspielräume für die Beurteilung von Mängeln vorhanden sind,
- je größer die Erfolgswahrscheinlichkeit der Beschwerdeführung eingeschätzt wird.

Insbesondere bei den drei letztgenannten Merkmalen treten im Dienstleistungsbereich Schwierigkeiten auf, so daß viele Konsumenten von einer Beschwerde gegenüber dem Unternehmen absehen und als sogenannte „Unvoiced Complainers" ihre Unzufriedenheit nicht direkt, sondern indirekt Freunden und Bekannten gegenüber äußern. Daher ist es im Rahmen eines aktiven Beschwerdemanagements zweckmäßig, zunächst die branchen- und konsumentenabhängigen Hemmschwellen abzubauen und die Kunden in den verschiedenen Kontaktmomenten dazu anzuregen, ihre Zufriedenheit oder Unzufriedenheit mit bestimmten Dienstleistungen zu äußern. In einem zweiten Schritt sollte dann die sach- und problemgerechte Behandlung der Beschwerde erfolgen. Schließlich ist auch eine Beschwerdeanalyse durchzuführen, um die Schwachstellen der Dienstleistungskonzeption oder der Implementierung durch eine Erfassung der Gründe für die Unzufriedenheit zu ermitteln (Bruhn 1982).

3.3 Anpassung der Kultur von Dienstleistungsunternehmen

Neben der optimalen Gestaltung von Strukturen und Systemen ist als dritter Faktor die **Unternehmenskultur** ausschlaggebend für die erfolgreiche Implementierung von Marketingstrategien (Meffert 1994a, S. 371). Dies gilt insbesondere für den Dienstleistungsbereich, der vielfach durch intensiven Kontakt zwischen Mitarbeitern und Kunden im

Rahmen des Leistungserstellungsprozesses gekennzeichnet und somit meist sehr personenabhängig ist (Webster 1993, S. 113). In vielen Dienstleistungsbranchen hängt auch das konkrete Leistungsergebnis stark von der Qualität der eingebrachten internen Ressourcen, das heißt der Tätigkeiten der Mitarbeiter im Unternehmen ab. Deren Leistungsfähigkeit und -willigkeit werden wiederum in hohem Maße von der Unternehmenskultur geprägt und umgekehrt.

Trotz der Bedeutung der Unternehmenskultur sowie einer intensiven Auseinandersetzung mit diesem Thema in Wissenschaft und Praxis existiert noch derzeit jedoch kein einheitliches **Begriffsverständnis** (Meffert 1994a, S. 371). Folgt man der Definition von Heinen und Dill, so läßt sich Unternehmenskultur als **Grundgesamtheit gemeinsamer Werte- und Normenvorstellungen sowie geteilter Denk- und Verhaltensmuster** beschreiben, die Entscheidungen, Handlungen und Aktivitäten der Organisationsmitglieder prägen (Heinen/Dill 1990, S. 17). Dieses Begriffsverständnis, das sowohl Auffassungen der objektivistischen Unternehmenskulturforschung (Deal/Kennedy 1982) als auch die Sichtweise der individualistisch-subjektivistischen Kulturforschung (Smircich 1983) kombiniert, verdeutlicht insbesondere den engen Zusammenhang zwischen unternehmensinternen Aspekten und den nach außen gerichteten Strategien (Meffert 1994a, S. 427). Bei der Unternehmenskultur handelt es sich demnach formal um Interaktionen zwischen Marktpartnern, Mitarbeitern und dem Unternehmen (Peters 1991, S. 57).

Abzugrenzen sind ebenso Werte, Normen und Symbole als konstituierende **Grundelemente der Unternehmenskultur**; ihre Analyse ist notwendig, um dann letztlich Empfehlungen zur Gestaltung der Unternehmenskultur geben zu können.

- **Werte** drücken verhaltensbestimmende Präferenzen und Orientierungsmaßstäbe für Ziele und Zustände aus; sie gelten somit für Individuen als eher globale Handlungsorientierungen und können zum Beispiel eine konsequente Ausrichtung sämtlicher Unternehmensaktivitäten an den Kundenwünschen beinhalten.
- Demgegenüber sind **Normen** konkreter gefaßt und bedeuten spezifische Regeln und Verhaltensvorschriften, beispielsweise im Umgang mit Mitarbeitern und Kunden (Heinen/Dill 1990).
- Letztlich werden Bestandteile einer Unternehmenskultur auch mit Hilfe von **Symbolen** oder symbolischen Handlungen wahrgenommen, das heißt spezifische Medien können Inhalte der Kultur beispielsweise an außenstehende Gruppen weiterleiten (Meffert 1994a, S. 429f.).

Insgesamt werden hierbei der Unternehmenskultur folgende **Wirkungen** zugesprochen (Webster 1993):

- Kultur stellt eine Richtgröße für das Verhalten der Mitarbeiter dar (Gregory 1983).

- Kultur ist ein Schlüsselfaktor zur Unternehmenssteuerung für das strategische Management (Smircich 1983).
- Kultur schafft ein Grundraster von Werten sowie Verhaltensmustern und damit Normen mit impliziter Kontrollfunktion (Wilkins/Ouchi 1983).
- Kultur hat einen deutlichen Einfluß auf die Produktivität des Unternehmens (Ouchi 1981; Pascale/Athos 1981; Deal/Kennedy 1982; Schneider/Reichers 1983).
- Kultur hilft bei der Anwerbung und Eingliederung neuer Mitarbeiter (Schneider/Reichers 1983; Downey 1987).

Wenn Dienstleistungsunternehmen ihre Marketingkonzepte erfolgreich umsetzen wollen, wird, beispielsweise aufgrund eines **fehlenden Kultur-Strategie-Fits** (Meffert 1994a, S. 440f.), eine **Beeinflussung** und **Gestaltung der bestehenden Unternehmenskultur** notwendig.

Hierfür ist aber zunächst eine genaue **Bestimmung der unternehmenseigenen Kulturposition** notwendig. Diese Analyse der Ist-Unternehmenskultur kann anhand von grundsätzlichen Eckpfeilern der Dienstleistungsunternehmung, wie Kunden- und Mitarbeiterorientierung, Qualitäts- oder Technologieorientierung, erfolgen. Hierbei sind allerdings auch divergierende Subkulturen im Unternehmen zu identifizieren.

Anschließend müssen die **Beziehungen zwischen der Unternehmenskultur und Marketingstrategie** ermittelt werden, das heißt es ist zu prüfen, ob die kulturellen Werte und Normen im Unternehmen den Anforderungen zur Umsetzung geplanter Dienstleistungsmarketingkonzepte genügen oder eine Anpassung erfahren sollten. Bei erkennbar fehlender Übereinstimmung beziehungsweise Divergenzen zwischen historisch gewachsenem Kulturkern im Unternehmen und den gestellten Ansprüchen an das Dienstleistungsmarketing ist jedoch zu beachten, daß sich die bestehende Unternehmenskultur möglicherweise nur zum Teil an veränderte Bedingungen und Aufgaben anpassen lassen wird, das heißt auch die postulierte Marketingstrategie wieder grundsätzlich in Frage stellen kann (Meffert 1994a, S. 445).

Je nach Dienstleistungsunternehmen sind die unterschiedlichsten Anforderungskriterien in bezug auf die Unternehmenskultur von Bedeutung, wenn strategische Konzepte implementiert werden sollen. Webster (1993) hat beispielsweise in einer empirischen Untersuchung sechs **Kulturdimensionen** ermittelt, hinter denen sich 34 einzelne Items verbergen. Diese Einzelkriterien können auf einer 6er-Skala, deren Ausprägung von „notwendig“ bis „unwichtig“ reicht, konkret abgefragt werden. Um die Vielschichtigkeit der Erscheinungsformen von Unternehmenskultur und damit auch Ansätze zu ihrer Gestaltung zu verdeutlichen, werden die Dimensionen mit den jeweiligen Einzelitems im folgenden vorgestellt.

1. **Bedeutung von Dienstleistungsqualität im Unternehmen**
   - Explizite Definition der Dienstleistungsstandards,
   - Commitment des Topmanagements zur Bereitstellung von qualitativ hochwertigen Dienstleistungen,
   - Systematische Erfassung der Mitarbeiterleistungen,
   - Grad, zu dem Mitarbeiter den Konsumentenbedürfnissen Rechnung tragen,
   - Überzeugung der Mitarbeiter, daß ihr Verhalten das Unternehmensimage beeinflußt,
   - Übereinstimmung der Mitarbeiter-Performance mit den Firmenerwartungen,
   - Bedeutung der kommunikativen Fähigkeiten der Mitarbeiter in der Zielhierarchie der Unternehmung,
   - Aufmerksamkeit der Mitarbeiter hinsichtlich einzelner Details ihres Aufgabenkreises.

2. **Bedeutung der interpersonalen Beziehungen im Unternehmen**
   - Bedeutungszumessung hinsichtlich der Empfindungen der Mitarbeiter durch das Unternehmen (soziale Kompetenz),
   - Grad, zu dem jeder einzelne Mitarbeiter als wichtiger Teil der Gesamtunternehmung anerkannt wird,
   - Möglichkeit von Mitarbeitern, ihre Meinung höhergestellten Hierarchiestufen vorzutragen,
   - „Open-door-Policy" des Managements,
   - Interaktion von Managern und Mitarbeitern mit Kundenkontakt.

3. **Bedeutung der Verkaufsaufgaben für das Unternehmen**
   - Gewichtung der Personalbeschaffung,
   - Ausbildung der Mitarbeiter im Kundenkontakt,
   - Unterstützung kreativer Ansätze im Verkauf,
   - Anerkennung außergewöhnlicher Leistungen im Verkauf,
   - Begeisterung der Mitarbeiter bei der Suche nach neuen Kundenpotentialen,
   - Vergabe von Incentives zur Forcierung des Verkaufs (im Vergleich zur Konkurrenz),
   - Starke Zielorientierung der Mitarbeiter bei der Anbahnung neuer Geschäfte.

4. **Bedeutung der Organisation für das Unternehmen**
   - Jeder Mitarbeiter hat seine Arbeit deutlich strukturiert,
   - Sorgfältige Planungen sind charakteristisch für tägliche Arbeitsabläufe der Mitarbeiter,
   - Mitarbeiter räumen ihrer Arbeit Priorität ein,
   - Die Arbeitsbereiche der Mitarbeiter sind gut „organisiert",
   - Jeder Mitarbeiter verfügt über ein gutes Zeitmanagement.

5. **Bedeutung der internen Kommunikationsprozesse für das Unternehmen**
   - Das Unternehmen verfügt über ein bewährtes Set von Verfahren und Abläufen, das jedem Mitarbeiter zugänglich ist,
   - Vorgesetzte stellen ihre Anforderungen an die Mitarbeiter klar heraus,

- Jeder Mitarbeiter versteht die „Business Mission“ und die zentralen Leitlinien der Unternehmung,
- Das Management läßt die Mitarbeiter auch an finanziellen Informationen partizipieren,
- Aufforderung an die Mitarbeiter im Kundenkontakt, an der Formulierung von Standards mitzuwirken,
- Bemühung um Weiterbildung und Motivation der Mitarbeiter.

6. **Bedeutung von Innovationen für das Unternehmen**
   - Empfänglichkeit der Mitarbeiter für innovative Ideen,
   - Unternehmen hält mit den technischen Verbesserungen schritt,
   - Bereitschaft zum Wandel.

Mit Hilfe dieser Checkliste von Einzelaussagen können bei einer Mitarbeiterbefragung zum einen die gegenwärtigen Ausprägungen der Unternehmenskultur des Dienstleisters erfaßt werden, zum anderen stellen die aufgeführten Größen jeweils Ansatzpunkte zur möglichen Beeinflussung und Veränderung der bestehenden Unternehmenskultur dar.

Grundsätzlich läßt sich festhalten, daß der Erfolg einer Marketingstrategie bei Dienstleistungsunternehmen maßgeblich davon abhängt, daß sich eine **Dienstleistungskultur** im Unternehmen entwickelt beziehungsweise entwickeln kann (Grönroos 1990b, S. 241ff.). Nur wenn sämtliche Führungskräfte sowie das Kundenkontaktpersonal und die Mitarbeiter in den „Back Offices“ einerseits gute Dienstleistungsqualität schätzen und andererseits die interne und externe Kunden- beziehungsweise Dienstleistungsorientierung als „natural way of life“, das heißt als selbstverständliche Aufgabe ansehen, kann Dienstleistungsmarketing wirksam und effizient am Markt umgesetzt werden. Dieses Dienstleistungsbewußtsein der Mitarbeiter kann als „organisatorischer Imperativ“ bezeichnet werden, der sowohl für sämtliche strategischen als auch operativen Entscheidungen im Unternehmen höchste Priorität besitzt, dabei aber andere Normen und Werte nicht grundsätzlich ausschließt (Grönroos 1990b, S. 244).

Im Zusammenhang mit der Unternehmenskultur ist nochmals auf das **Konzept des Internen Marketing** (vgl. zum Beispiel Grönroos 1981; 1985; Stauss/Schulze 1990; Stauss 1991c; Schulze 1992; Laakmann 1994b; Bruhn 1995b) hinzuweisen, das bei der möglichen Gestaltung oder Veränderung von Werten und Normen der Mitarbeiter zahlreiche Ansatzpunkte beziehungsweise Handlungsalternativen bietet.

Mittels des Einsatzes von Instrumenten des Internen Marketing kann eine **dienstleistungsbezogene Wirkungskette** gestaltet werden, wie sie in Abbildung 6-6 dargestellt ist.

Ausgehend von der Prämisse, daß sich Mitarbeiter im Unternehmen wie **„interne Kunden“** beziehungsweise **„interne Lieferanten“** verhalten (vgl. zum Beispiel Berry 1984; Grönroos 1990b, S. 197f.), muß zunächst die **unternehmensinterne Dienstleistungsqualität** sichergestellt werden, um dann die Dienstleistungsqualität gegenüber den

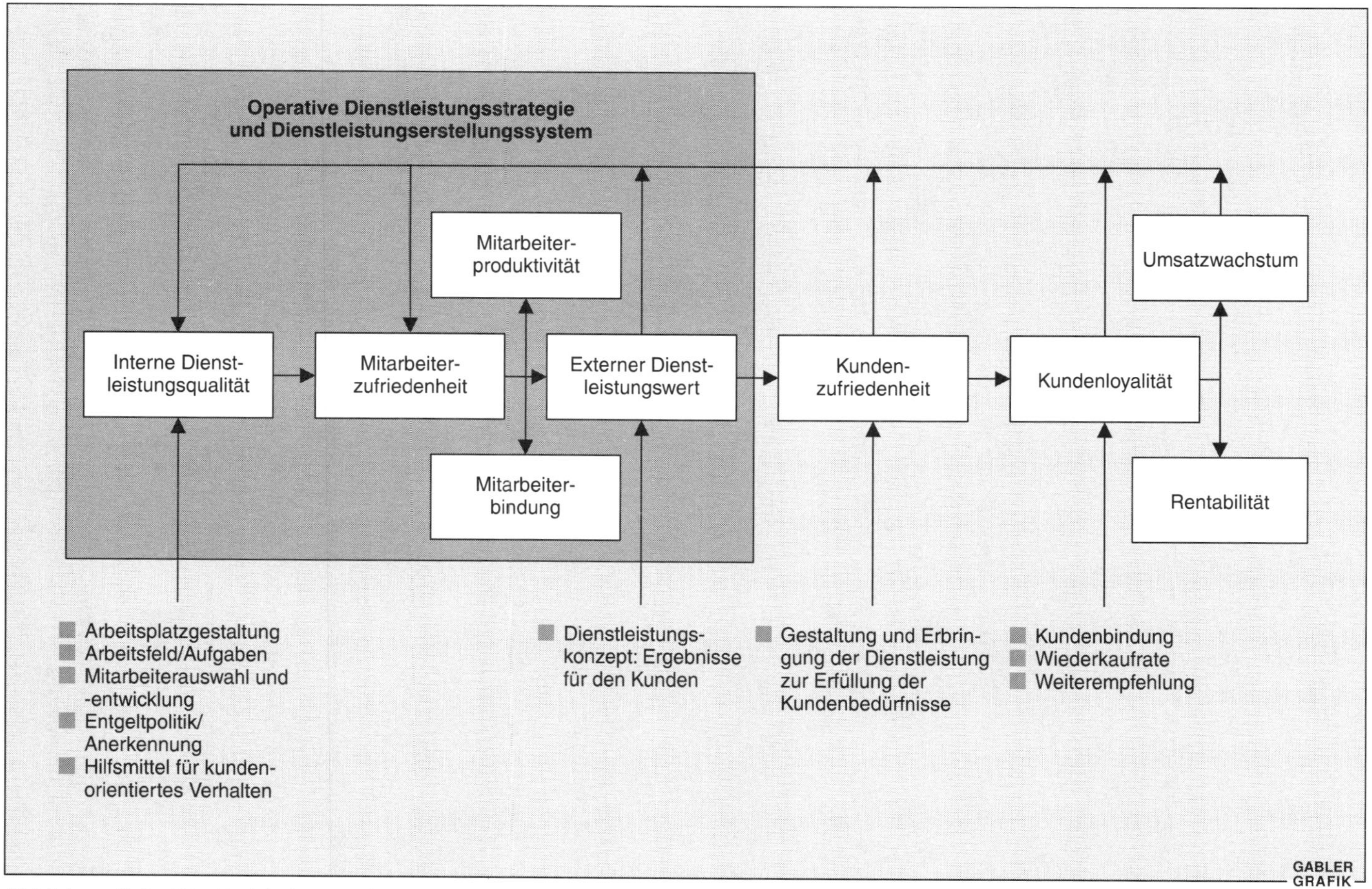

Abbildung 6-6: Die Verbindungen innerhalb der Nutzenkette von Dienstleistungen
(Quelle: Heskett et al. 1994)

unternehmensexternen Kunden zu optimieren (Heskett et al. 1994). Dies kann durch die Ausgestaltung und Beeinflussung der bereits beschriebenen Größen geschehen. Ziel derartiger Aktivitäten des internen Marketing ist grundsätzlich die Sicherstellung und der Ausbau der Mitarbeiterzufriedenheit, die sich dann positiv auf die Produktivität auswirkt und zudem die Abwanderung von Mitarbeitern reduziert. Hieraus leitet sich wiederum ein Anstieg des erbrachten Dienstleistungswertes aus Sicht des Konsumenten ab, der dann eine Verbesserung der Kundenzufriedenheit nach sich zieht. Letztlich schließen sich die bereits diskutierten Effekte der Kundenbindung und Steigerung des ökonomischen Erfolges an. Positive Zusammenhänge zwischen **langfristiger Mitarbeiterbindung** und **langfristiger Kundenbindung** sind nicht nur bei Dienstleistungsunternehmen zu konstatieren.

Generell hängt es von der **Art der Dienstleistung** beziehungsweise der Dienstleistungsbranche sowie von der Größe des Dienstleisters selbst ab, welche Form der Unternehmenskultur idealtypischerweise anzustreben ist. Im folgenden werden die **zentralen idealtypischen Unternehmenskulturen von Dienstleistungsunternehmen** kurz skizziert, wobei stets auf die jeweiligen Dienstleistungstypen Bezug genommen wird (vgl. auch im folgenden Schulze 1992, S. 79ff.).

Dienstleistungsunternehmen mit **machtorientierter Unternehmenskultur** („Power Culture“) werden von starken Führungsgruppen „beherrscht“, zeichnen sich durch streng hierarchischen Unternehmensaufbau aus und sehen Faktoren wie Macht, Status und Einfluß als zentrale Werte an. Diese Form der Organisationskultur bietet sich bei unterstützend-interaktiven Dienstleistungen, wie beispielsweise in Hotels oder Restaurants an, da hier vor allem dingliche Einflußfaktoren, wie Qualität des Essens, Ausstattung der Räume und ähnliches, eine Rolle spielen.

Rollenorientierte Unternehmenskulturen („Role Culture“), die sich ebenfalls durch stark hierarchischen Aufbau auszeichnen, aber anstatt persönlicher Machtpositionen eher gesetzesähnliche, formale Strukturen aufweisen, begründen im Unternehmen Werte wie Korrektheit, Ordnung und Beständigkeit. Bei dieser Form der Unternehmenskultur steht die Erstellung uniformer Leistungen für uniforme Konsumentenwünsche im Vordergrund (zum Beispiel Fast-food-Unternehmen, Zustelldienste), das heißt die Dienstleistungsqualität bestimmt sich in einem durchgeplanten Produktionsprozeß primär aus den Faktoren Erstellungsgeschwindigkeit, minimaler Ressourcenverbrauch und maximale Wirtschaftlichkeit. Dementsprechend befindet sich das Kundenkontaktpersonal eher in der Position eines funktionierenden Produktionsfaktors ohne viel Handlungsspielraum und Entscheidungsfreiheit bei von der Norm abweichenden Konsumentenwünschen.

Bei **leistungsorientierten Unternehmenskulturen** („Achievement Culture“) steht für die Mitarbeiter die Erreichung bestimmter Unternehmensziele, die sie zum Teil sogar selbst bestimmen, im Mittelpunkt sämtlicher Handlungsaktivitäten. Starke intrinsische Motivation bestimmt das Mitarbeiterverhalten. Insbesondere Unternehmen, die ihren Kunden problemorientiert-interaktive Dienstleistungen, wie zum Beispiel Beratungsleistungen, anbieten, benötigen leistungsorientierte Unternehmenskulturen, da die Qualität der Dienstleistung in erheblichem Maße von der Innovationskraft, Flexibilität und Professionalität der Mitarbeiter abhängt.

Als eine weitere idealtypische Kultur von Dienstleistungsunternehmen kann die sogenannte **unterstützungsorientierte Unternehmenskultur** („Support Culture") abgegrenzt werden. Wenn nicht die Leistungs- und Verkaufsorientierung, sondern eher gegenseitiges Vertrauen, Verständnis und persönliche Bindungen bei den Mitarbeitern einer Unternehmung im Vordergrund stehen, dann sind die Werte und Normen eher unterstützungsorientiert. Die Grundeinstellung einer permanenten internen und externen Serviceorientierung (Frage: „Was können wir für Sie tun?") sollte vor allem bei den Unternehmen angestrebt werden, die persönlich-interaktive Dienstleistungen anbieten. Wenn die zwischenmenschliche Interaktion beziehungsweise Geschäftsbeziehung eine wichtige Komponente der wahrgenommenen Dienstleistungsqualität darstellt (zum Beispiel bei investiven Dienstleistungen), dann ist die Kooperation zwischen den Mitarbeitern und die Unterstützung des Kontaktpersonals insbesondere durch das Management eine notwendige kulturelle Voraussetzung. Die Ausführungen zeigen, daß der Typ der erstellten Dienstleistung maßgeblich unternehmenskulturelle Notwendigkeiten impliziert; viceversa werden aber auch wiederum die angebotenen Dienstleistungen von der Unternehmenskultur beeinflußt (Schulze 1992, S. 79).

Unternehmen, die sich der steigenden Bedeutung der Unternehmenskultur und des internen Marketing bewußt werden, wählen zum Teil auch die Möglichkeit des übergreifenden Wettbewerbsvergleichs, um entsprechende Aktivitäten zu übernehmen und darüber hinaus zu verbessern. Neben der Betrachtung von Unternehmen in der eigenen Branche werden zunehmend Unternehmen aus anderen Branchen herangezogen, um deren Lösungsansätze für das eigene Unternehmen zu adaptieren. Diese Orientierung an erfolgreichen Marktführern unterschiedlichster Branchen wird als **„Benchmarking"** bezeichnet und aktuell in Wissenschaft und Praxis diskutiert. In diesem Zusammenhang wird oft das Unternehmen Walt Disney Company als Vorbild herangezogen (Berry 1984, S. 354; Connelly 1992, S. 3), dessen besondere Unternehmenskultur im folgenden kurz dargestellt werden soll.

Bei dem Dienstleistungsunternehmen **Walt Disney Company** als Betreiber von Freizeitparks fallen zunächst die aus dem Entertainmentbereich entliehenen Bezeichnungen für Mitarbeiter, Kunden und Serviceleistungen auf. Statt Personal wird bei den Mitarbeitern von „Cast Members" gesprochen, die teilweise „on stage", teilweise „backstage" arbeiten, je nachdem, ob sie im direkten oder indirekten Kundenkontakt stehen. Im Unternehmen wird aber stets die Gleichrangigkeit dieser Personengruppen beziehungsweise ihrer Tätigkeiten herausgestellt, da erst die abgestimmte Interaktion sämtlicher Mitarbeiter ermöglicht, sämtliche Leistungen der Servicekette optimal nach den Kundenwünschen zu erbringen, beziehungsweise „to put on a show". Darüber hinaus fällt auf, daß die Konsumenten stets als Gäste bezeichnet werden und sämtliche Mitarbeiter im Kundenkontakt dementsprechend als „host" betitelt sind.

Bei der Einführung neuer Mitarbeiter werden diese zunächst intensiv mit der Geschichte des Unternehmens Walt Disney vertraut gemacht, da nur bei umfassender Kenntnis über das Unternehmen eine spätere Loyalität und Identifikation möglich werden kann. Auch im weiteren Verlauf der Unternehmenszugehörigkeit wird bei Walt Disney großen Wert darauf gelegt, daß Manager sowohl den direkten Kontakt zu den Kunden, als auch zu den Mitarbeitern aufrechterhalten, die im direkten Kundenkontakt stehen und somit permanent die Erwartungen und Bedürfnisse der Kunden unmittelbar erfahren. Zu diesem Zweck sind sämtliche Führungskräfte verpflichtet, regelmäßig einen begrenzten Zeitraum im Jahr im direkten Kundenkontakt zu arbeiten.

Diejenigen Unternehmen, die sich bisher über das Angebot von Sachleistungen profiliert und erst im Laufe der Zeit ihr zusätzliches Angebot an Dienstleistungen deutlich ausgebaut haben, sollten sich weltweit erfolgreiche Unternehmen als Vorbild nehmen. Hier bestehen vielfach noch deutliche Defizite hinsichtlich der Unternehmenskultur, die es im Rahmen der Wettbewerbsprofilierung abzubauen gilt.

Insgesamt erscheint im Rahmen des Angebots von Dienstleistungen insbesondere die Herausbildung einer **kundenorientierten Intrapreneurkultur** notwendig, wie sie in Abbildung 6-7 dargestellt ist (Bleicher 1990, S. 156).

Zentrale **Elemente** eines solchen Kulturtyps sind:

- Kreativität und Innovationsfähigkeit,
- Flexibilität im Denken und Handeln,
- Veränderungsbereitschaft,
- Eigenverantwortlichkeit.

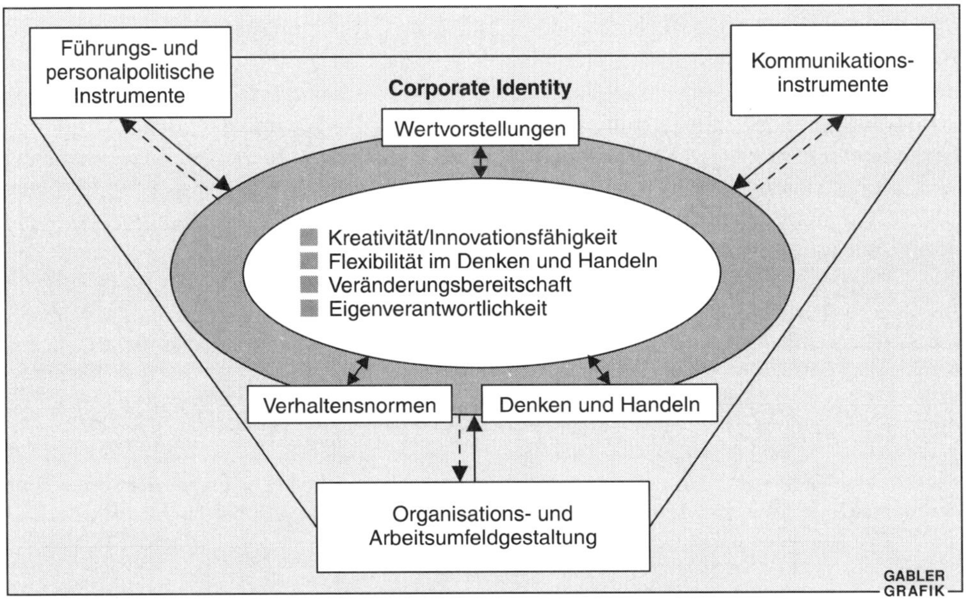

Abbildung 6-7: Merkmale einer kundenorientierten Intrapreneurkultur in Dienstleistungsunternehmen

Spezifisch für das Dienstleistungsmarketing ist dabei vor allem die Notwendigkeit einer hohen Flexibilität der Mitarbeiter, die aus einer im Vergleich zum Sachgüterbereich ungleich höheren **Rollenvielfalt** resultiert (Schneider 1989, S. 306). Diese äußert sich zunächst in einem breiten Spektrum tätigkeitsbezogener Verhaltenserwartungen, die, wie aus Abbildung 6-8 ersichtlich, vereinfachend in Leistungserstellungs- und Marketingfunktionen unterteilt werden können (Grönroos 1989, S. 511).

Überfordern diese Verhaltenserwartungen den Mitarbeiter quantitativ, besteht die Gefahr einer **Rollenüberlastung** (Staehle 1994, S. 369). Die funktionsbestimmte Rollenvielfalt wird aber noch dadurch vergrößert, daß Verhaltenserwartungen nicht nur durch Vorgesetzte, sondern in besonderem Maße auch von der Nachfragerseite formuliert werden. Die Verhaltenserwartungen dieser beiden Anspruchsgruppen sind nicht immer kompatibel, wie das Beispiel des Beschwerdemanagements verdeutlicht. Eine derartige Inkompatibilität kann dann zu den in Abbildung 6-8 dargestellten **Rollenkonflikten** mit entsprechend dysfunktionalen Wirkungen für die Zielerreichung führen (Shamir 1989, S. 317f.).

Im Gegensatz zu Industrieunternehmen ist es im Dienstleistungsbereich von zentraler Bedeutung, eine **Intrapreneurkultur** insbesondere auch auf den unteren Hierarchiestufen durchzusetzen. Die dort beschäftigten Mitarbeiter tragen über ihre Interaktionsbeziehung mit dem externen Faktor hohe Verantwortung für den dauerhaften Unternehmenserfolg. Zur Gestaltung beziehungsweise Implementierung einer derartigen Kultur

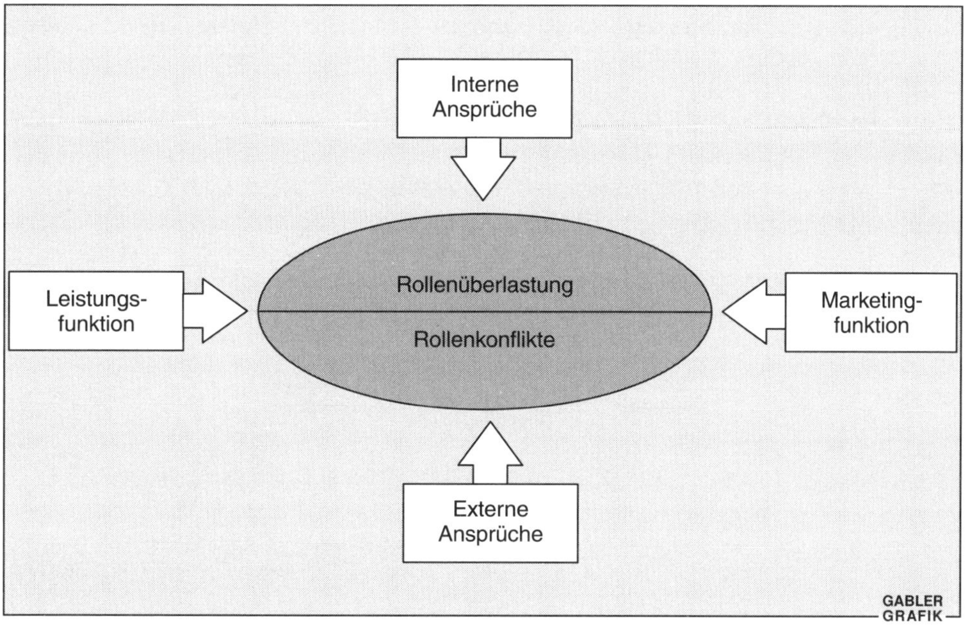

Abbildung 6-8: Ursachen und Konsequenzen der Rollenvielfalt

kann auf das dargestellte, umfangreiche Instrumentarium zurückgegriffen werden. Neben Instrumenten der internen Kommunikation sowie der Organisations- und Arbeitsumfeldgestaltung verfügen vor allem führungs- und personalpolitische Maßnahmen über einen starken kulturprägenden Charakter. So belegen empirische Untersuchungen aus dem Finanzdienstleistungsbereich die **Vorbildfunktion der Führungskräfte** (Schneider 1989, S. 305ff.). Demnach besteht ein eindeutig positiver Zusammenhang zwischen einer gelebten Dienstleistungsorientierung des Managements und der Zufriedenheit sowie Motivation der Mitarbeiter.

Im Vergleich zur Anpassung von Strukturen und Systemen gestaltet sich ein **Wandel der Unternehmenskultur** somit als sehr langfristiger und schwieriger Prozeß. Zum einen verhalten sich die Mitarbeiter häufig ablehnend gegenüber solchen Veränderungen, die im Widerspruch zu dem über Jahre gewachsenen und fest verankerten Werte- und Normengefüge stehen. Zum anderen ist es im Gegensatz zur Neustrukturierung von Organisationen oder der Einführung von Systemen nicht beziehungsweise nur sehr eingeschränkt möglich, grundlegende Kulturveränderungen ausschließlich durch formale Anordnungen durchzusetzen.

Die Ausführungen belegen, daß das Versagen strategischer Konzepte des Dienstleistungsmarketing nur in Einzelfällen auf die mangelnde Qualität des Konzeptes an sich, sondern vielmehr auf Defizite bei der konkreten Implementierung der Strategie im Unternehmen zurückzuführen ist.

In Wissenschaft und Praxis bestehen demnach zahlreiche offene Problemstellungen, die bislang eine systematische Implementierung des Dienstleistungsmarketing verhindern. Es wird eine zukünftige Aufgabe des Dienstleistungsmarketing sein, sich dieser Teilaspekte in Zukunft weiter intensiv zu widmen und Vorschläge zu entwickeln, wie, in Abhängigkeit von den speziellen markt- und unternehmensbezogenen Rahmenbedingungen, ein kundenorientiertes Marketingkonzept für Dienstleistungen erfolgreich inhaltlich, personell und organisatorisch umgesetzt werden kann.

Kapitelübersicht

Siebtes Kapitel

Entwicklungstendenzen des Dienstleistungsmarketing

Viertes Kapitel
Qualitätsmanage
1. Bedeutung und
2. Begriffliche Gr
3. Messung der A
4. Modelle zur Er
5. Konzeptionieru
6. Instrumente des
7. Implementierung eines Qualitätsmanagements
8. Zertifizierung, Qualitätsauszeichnungen und Nationale Kundenbarometer

Fünftes Kapitel
Operatives Dienstleistungsmarketing
1. Leistungspolitik
2. Kommunikationspolitik
3. Preispolitik
4. Distributionspolitik
5. Personalpolitik

Sechstes Kapitel
Implementierung des Dienstleistungsmarketing
1. Grundlagen der Strategieimplementierung
2. Barrieren der Implementierung
3. Voraussetzungen für eine erfolgreiche Implementierung des Dienstleistungsmarketing

Siebtes Kapitel
Entwicklungstendenzen des Dienstleistungsmarketing

Achtes Kapitel
Fallstudien erfolgreicher Dienstleistungsunternehmen
1. Vorbemerkungen
2. Fallstudie AMERICAN EXPRESS COMPANY
3. Fallstudie AVIS DEUTSCHLAND GmbH
4. Fallstudie DEUTSCHE LUFTHANSA AG
5. Fallstudie PLOENZKE AG
6. Fallstudie UNITED PARCEL SERVICE DEUTSCHLAND Inc.
7. Fallstudie BERTELSMANN CLUB GmbH

Dienstleistungsunternehmen werden sich in Zukunft einer Vielzahl neuartiger Herausforderungen stellen müssen, für welche die betriebswirtschaftliche Forschung derzeit nur zum Teil Lösungen bereithält.

Im folgenden werden daher einige zusammenfassende **Thesen** formuliert, die Perspektiven für die erfolgreiche Führung von Dienstleistungsunternehmen in den neunziger Jahren aufzeigen (Meffert 1994c, S. 537f.). Im Anschluß an jede These werden konkrete Implikationen für die wissenschaftliche Forschung abgeleitet.

1. **Der Weg in die Dienstleistungsgesellschaft wird sich mit unvermittelter Geschwindigkeit fortsetzen.**

   Die Gründe hierfür sind vielfältig. Gesellschaftliche Veränderungen wie der gestiegene Anteil erwerbstätiger Frauen, die Verkürzung der Arbeitszeit sowie die Entlokalisierung von geschäftlichen und privaten Kontakten tragen hierzu ebenso bei wie demoskopische Veränderungen durch eine steigende Lebenserwartung, die eine erhöhte Nachfrage nach Pflege- und Freizeitdienstleistungen zur Folge haben werden. Auch durch von Konsum- und Investitionsgüterunternehmen induzierte Veränderungen wie die wachsende Bedeutung von Value-added-Services, die Differenzierungsvorteile durch Zusatzleistungen bieten, wird dieser Trend verstärkt. Schließlich ist auch auf das veränderte Konsumentenverhalten hinzuweisen. Der Trend zur Bequemlichkeit und die damit einhergehenden steigenden Ansprüche an die Dienstleistungsangebote stellen eine weitere Ursache für die wachsende Nachfrage nach Dienstleistungen dar.

   Die Ursachen der wachsenden Nachfrage nach Dienstleistungen bedürfen einer noch detaillierteren Untersuchung durch die betriebswirtschaftliche Forschung. Die Wissenschaft ist daher aufgefordert, Ursachen- und Wirkungszusammenhänge von veränderten gesellschaftlichen Rahmenbedingungen einerseits und der Nachfrage nach Dienstleistungen andererseits genauer zu untersuchen.

2. **In der Zukunft wird jedes Unternehmen ein Dienstleistungsunternehmen sein. Die richtige Vernetzung der angebotenen Leistungen stellt einen Schlüssefaktor für den Unternehmenserfolg dar.**

   Der steigende Serviceanteil im Angebot klassischer Konsum- und Investitionsgüterhersteller erschwert zunehmend die Grenzziehung zwischen Sachgüter- und Dienstleistungssektor. Ein in diesem Zusammenhang wichtiges Problem für die Hersteller von Sachgütern wie auch für Dienstleistungsunternehmen bleibt die Beurteilung der Affinität zwischen Verbundleistungen und dem eigentlichen Produkt- beziehungsweise Leistungskern. Ferner bedarf es der richtigen Vernetzung der angebotenen Leistungen, um erfolgreich am Markt operieren zu können.

   Klassische Abgrenzungsmerkmale von Dienstleistungen (und Sachgütern) verlieren somit immer mehr an Erklärungsbeitrag und Trennschärfe für die Beschreibung realer Absatzleistungen von Unternehmen. Die Wissenschaft ist daher aufgefordert, Dienstleistungen als Element einer ganzheitlichen Typologie von Absatzleistungen zu verstehen. Eine derartige, allgemein akzeptierte Typologie existiert bislang jedoch nicht. Ansatzpunkte können vor allem aus dem Gutscharakter (Erfahrungs-, Inspektions- und Vertrauensgut) abgeleitet werden. Ferner ist die Marketingwissenschaft aufgefordert, zu untersuchen, welche Rahmenbedingungen für eine erfolgreiche Vernetzung der angebotenen Leistungen vorliegen müssen. Im Zusammenhang mit der Affinitätsproblematik ist es sinnvoll, die bislang dominierende anbieterbezogene Perspektive durch eine eher nachfragerbezogene Perspektive zu ergänzen.

3. Das Angebot von Value-added-Services stellt das wirkungsvollste Mittel dar, der fortschreitenden Homogenisierung von Leistungsprogrammen und dem damit zunehmenden Preiswettbewerb entgegenzutreten.

Um die notwendige Profilierung und Differenzierung im Wettbewerbsumfeld erreichen zu können, bieten sich vor allem leistungsbegleitende Dienstleistungen in Form von Value-added-Services an. Damit kann nicht nur eine Heterogenisierung des angebotenen Leistungsbündels erreicht, sondern auch die von vielen Konsumenten als Kaufhemmnis wahrgenommene technische Komplexität der Produkte reduziert werden. Zugleich stellen Value-added-Services auch ein Instrument dar, den Wettbewerb und hier insbesondere den Preiswettbewerb abzuschwächen, da durch die Differenzierung über die angebotenen Leistungen die Bedeutung des Preises als zentrales Kaufentscheidungskriterium eingeschränkt wird.

Value-added-Services sind bisher in nicht ausreichendem Umfang zum Gegenstand der betriebswirtschaftlichen Forschung gemacht worden. So stellt sich die Frage nach der Tragfähigkeit einer Primärleistung hinsichtlich der Erweiterung des Angebotes um Value-added-Services. Existiert in diesem Zusammenhang eine Obergrenze, schließt sich die Frage nach ihrer Messung sowie den relevanten Einflußgrößen an. Auch im Bereich der Implementierung dürften zukünftige Forschungsaktivitäten von Interesse sein. So sollte die Frage geklärt werden, unter welchen Voraussetzungen welche Implementierungsoption zum Erfolg führt.

4. Auch innerhalb des Dienstleistungssektors, beispielsweise bei der Telekommunikation oder bei Finanz- und Versicherungsdienstleistungen, verwässern traditionelle Branchengrenzen und die verschiedenen Branchen wachsen zusammen. Die neue Herausforderung liegt im Schnittstellenmanagement dieses neuen Leistungsnetzes.

Viele Arbeiten zum Dienstleistungsmarketing weisen einen sehr engen Branchenfokus auf, lassen aber die Frage nach einer Übertragbarkeit ihrer Ergebnisse auf andere Leistungsbereiche unbeantwortet. Die Marketingwissenschaft sollte daher dazu beitragen, den branchenübergreifenden Erkenntnistransfer durch die Entwicklung dienstleistungsspezifischer Leistungstypologien voranzutreiben.

5. Das Wachstum von Dienstleistungsunternehmen vollzieht sich zukünftig verstärkt über die Internationalisierung.

Angesicht der zunehmenden Deregulierung und Liberalisierung nationaler Dienstleistungsmärkte sowie der damit verbundenen strategischen Bedeutung des Faktors „Zeit" werden Wachstumsstrategien von Dienstleistungsunternehmen in Zukunft immer stärker durch die Multiplikation erfolgreicher Dienstleistungskonzepte in Auslandsmärkte gekennzeichnet sein.

Die Marketingwissenschaft beziehungsweise die betriebswirtschaftliche Forschung hat sich, anders als die Volkswirtschaftslehre, mit der Internationalisierung von Dienstleistungen bislang nur wenig auseinandergesetzt. Forschungsbedarf besteht hier vor allem im Hinblick auf die Fragestellung, welche Dienstleistungskonzepte besonders für eine Multiplikation geeignet sind und in welchen Branchen aufgrund gesellschaftlich-kultureller, rechtlicher oder wirtschaftlicher Rahmenbedingungen eine entsprechende Anpassung an die Erfordernisse des jeweiligen Ländermarktes notwendig ist.

6. Das Dienstleistungsmarketing bewegt sich im Spannungsfeld von Standardisierung und Automatisierung einerseits sowie Individualisierung andererseits.

Aufgrund des verstärkten Wettbewerbs zwischen Dienstleistungsunternehmen, wie beispielsweise den Banken, und dem damit einhergehenden stärkeren Preiswettbewerb müssen die Unternehmen ihre Dienstleistungen zunehmend kostengünstiger produzieren, um eine angemessene Rentabilität sicherzustellen. Hieraus resultiert der Trend zu einer zunehmenden Standardisierung und Automatisierung innerhalb der Dienstleistungsunternehmen. Die Erreichung der erwünschten Kosten- und Zeitvorteile impliziert aber auch einen zunehmenden Verlust persönlicher Kundenkontakte. Um dennoch beim Konsumenten eine hohe Akzeptanz sicherzustellen und im Wettbewerb Profilierungsvorteile zu erlangen, bieten Dienstleistungsunternehmen vermehrt modulartig aufgebaute, kundenindividuell zusammengestellte Leistungspakete an. So kann dem Konsumenten trotz in sich standardisierter Module eine auf die speziellen Kundenbedürfnisse maßgeschneiderte Dienstleistung angeboten werden.

Vor diesem Hintergrund ist die Wissenschaft aufgefordert zu untersuchen, welche Dienstleistungen sich besonders für die Standardisierung eignen und wie die verschiedenen Module sich erfolgreich miteinander kombinieren lassen. Auch die Auswirkungen der Automatisierung von Dienstleistungen auf die Zufriedenheit der Kunden und den Grad der Kundenbindung bedürfen weitergehender Untersuchungen.

7. Marketing von Dienstleistungen steht in Zukunft unter der Leitidee des „Total Quality Management“. Das Qualitätsmanagement muß sich daher auf alle Stufen des Wertschöpfungsprozesses beziehen.

Bei Dienstleistungen, die durch eine intensive Integration des externen Faktors in den Leistungserstellungsprozeß gekennzeichnet sind, weist das Qualitätsmanagement einen hohen Komplexitätsgrad auf. Nahezu jede Wertaktivität bietet Ansatzpunkte zur Beeinflussung relevanter Dimensionen der Qualitätswahrnehmung. Qualitätsmanagement von Dienstleistungsunternehmen ist daher in besonderem Maße ein Schnittstellenmanagement.

Die Marketingwissenschaft sollte diese Problematik des Schnittstellenmanagements erfassen und detailliert untersuchen. Eine funktionsübergreifende Integration von Wertaktivitäten ist im Dienstleistungsbereich nicht nur zwischen Unternehmensbereichen oder Abteilungen, sondern – auf disaggregierter Ebene – auch zwischen einzelnen Stelleninhabern oder sogar bei Rollenerwartungen an ein und denselben Mitarbeiter notwendig, um Kunden langfristig an das Unternehmen zu binden.

8. Die Herausforderung, Dienstleistungen als Vertrauensgut darzustellen, muß zukünftig verstärkt durch gezielte Markenführung bewältigt werden.

Die Markenpolitik von Dienstleistungsunternehmen weist besondere Probleme auf. Zum einen ist aufgrund des bei Dienstleistungen meist hohen wahrgenommenen Risikos für Kunden die Markierung als Kompetenznachweis offensichtlich von zentraler Bedeutung, zum anderen erweist sich aber die Identifikation von Markenträgern, wie beispielsweise das Gesamtunternehmen, bestimmte Leistungsbündel oder Einzelleistungen, und die damit verbundene Festlegung einer geeigneten Markenstrategie bei Dienstleistungen oftmals als schwierig.

Aus diesen Problemen leitet sich die Aufgabe der Marketingwissenschaft ab, insbesondere bei komplexen, zahlreiche Einzelleistungen umfassenden Dienstleistungen jeweils das Problem der Bestimmung geeigneter Markenträger zu lösen. Ziel dieser Bemühungen sollte ein System situativ gültiger Erfolgsfaktoren von Markenstrategien im Dienstleistungsbereich sein.

9. Die Integration des Nachfragers und die Interaktionsprozesse erfolgen in Zukunft verstärkt über interaktive Medien (Multimedia).

Multimediale Kommunikationsmöglichkeiten erschließen neue Vertriebswege (zum Beispiel Homebanking) und werfen zugleich die Frage nach einer Internationalisierung der angebotenen Dienstleistung auf, die beispielsweise durch Online-Dienste ermöglicht wird. Die Interaktion mit dem Nachfrager derartiger Multimedia-gestützter Dienstleistungen vollzieht sich entweder unter der völligen Substitution des Kontaktpersonals durch EDV-Systeme oder unter einer technisierten persönlichen Interaktion, die beispielsweise bei Bildtelefonen oder PC-gestützten bild- und klanganimierten Diensten vorliegt. Es ist in Zukunft verstärkt zu untersuchen, welchen Einfluß das Fehlen einer „echten" persönlichen Interaktion auf den Verlauf und das Ergebnis von Dienstleistungsprozessen hat.

10. Kundenbindung wird zur zentralen Zielgröße von Dienstleistungsunternehmen.

Vor dem Hintergrund einer steigenden Wettbewerbsintensität in vielen Dienstleistungsbranchen wird die Fokussierung auf den bestehenden Kundenstamm weiter an Bedeutung gewinnen. Die Akquisition von Neukunden ist in der Regel mit hohen Kosten verbunden, so daß die Deckungsbeiträge bei Geschäften mit Neukunden weitaus geringer ausfallen als bei Dienstleistungen, die für bereits bestehende Kunden erstellt werden. Neben höheren Erfolgsbeiträgen aufgrund geringerer Betriebskosten führt ein proaktives Kundenbindungsmanagement zudem zu einer erhöhten Kauffrequenz und gestiegenen Rechnungsbeiträgen sowie zu Erfolgsbeiträgen durch Weiterempfehlungen zufriedener Kunden. Ferner dürften einzelne Dienstleistungsnachfrager aufgrund des reduzierten wahrgenommenen Kaufrisikos eine geringere Preiselastizität aufweisen.

Die Marketingwissenschaft sollte sich in diesem Zusammenhang verstärkt der Frage nach der Erfolgswirkung verschiedener Kundenbindungsinstrumente in unterschiedlichen Branchenkontexten widmen. Forschungsbedarf besteht zudem hinsichtlich der Fragestellung, auf welche Kundengruppen sich ein Dienstleistungsunternehmen im Rahmen des Kundenbindungsmanagements konzentrieren sollte.

11. Der Einsatz des „Internen Marketing" ist elementarer Bestandteil eines erfolgreichen Dienstleistungsmarketing, wobei die Unternehmenskultur ein zentrales Koordinationsinstrument darstellt.

Bei Dienstleistungen, die durch einen hohen Interaktionsgrad zwischen Anbieter und Nachfrager bei der Leistungserstellung gekennzeichnet sind, kommt dem Kundenkontaktpersonal des Dienstleistungsanbieters zentrale Bedeutung für die Qualitätswahrnehmung des Nachfragers zu. Gleichzeitig erweist sich aber die Suche nach qualifizierten, das heißt fachlich und sozial kompetenten, aber auch motivierten Arbeitskräften in vielen Dienstleistungsbranchen als ein zentraler Engpaßfaktor. Die Schaffung einer „Dienstleistungskultur" ist daher ein Schlüsselproblem der Unternehmensführung von Dienstleistern.

Mehr noch als bisher muß die Forschung angesichts dieser Entwicklung nach geeigneten Modellen der Führung und Organisation von Dienstleistungsunternehmen suchen. Ziel muß beispielsweise die Erarbeitung von konkreten Handlungsempfehlungen für die Herausbildung einer Dienstleistungskultur sein, die ein hohes Maß an Identifikation und Motivation insbesondere der kundennah tätigen Mitarbeiter sichern hilft.

12. Leistungsfähigeren Ansätzen des Dienstleistungscontrolling kommt in der Zukunft entscheidende Bedeutung zu.

Aus der Sicht von Dienstleistungsanbietern ergibt sich aus der Immaterialität sowie der Integration des externen Faktors in den Dienstleistungserstellungsprozeß die Problematik der Bewertung von Dienstleistungen im Sinne von Herstellkosten, die in Verbindung mit Erlösdaten zu einem optimalen Einsatz des Leistungspotentials beitragen sollen. Zugleich impliziert der oftmals hohe Anteil der Fixkosten an den Gesamtkosten von Dienstleistungsanbietern eine Zurechnungsproblematik, zu deren Lösung die Wissenschaft durch die Entwicklung leistungsfähiger Schlüsselungssysteme aufgefordert ist. In diesem Zusammenhang wird eine Internationalisierung von Kostenstrukturen auch für Dienstleistungsunternehmungen an Bedeutung gewinnen.

Kapitelübersicht

Achtes Kapitel

Fallstudien zum Dienstleistungsmarketing

1. Vorbemerkungen

Die bisherigen Kapitel des Buches haben verdeutlicht, daß Dienstleistungsunternehmen vor einer Vielzahl komplexer Entscheidungsprobleme stehen. Auf der Grundlage der charakteristischen Besonderheiten des jeweiligen Dienstleistungsangebotes muß über die Gewinnung der relevanten Marktinformationen, die Marktbearbeitungsstrategien, das Qualitätsmanagement, den Einsatz von Marketinginstrumenten, die Überwindung von Implementierungsbarrieren u.a. entschieden werden. Dies verlangt ein hohes Maß an konzeptioneller und kreativer Arbeit, um den Markterfolg sicherzustellen.

Die aktuelle Situation der Dienstleistungsmärkte stellt hohe Anforderungen an das **Management von Dienstleistungsunternehmen**. Dabei muß das Dienstleistungsmarketing in der Lage sein, eine eng am Markt orientierte Analyse, Planung, Durchführung und Kontrolle sämtlicher Marktaktivitäten vorzunehmen. Die intensive Interaktion zwischen dem Dienstleistungsanbieter und -nachfrager bei der Leistungserstellung macht ein hohes Maß an **Kundenorientierung** erforderlich. Erfahrungen auf vielen Dienstleistungsmärkten haben gezeigt, daß letztlich nur durch eine konsequente Kundenorientierung Chancen zur Erlangung von Wettbewerbsvorteilen bestehen.

In dem vorliegenden Kapitel soll anhand ausgewählter Dienstleistungsunternehmen aus unterschiedlichen Branchen exemplarisch aufgezeigt werden, wie sich Unternehmen in Dienstleistungsmärkten durch ein systematisches und konsequentes Vorgehen in der Unternehmung und im Markt durchgesetzt haben. Anhand dieser Praxisbeispiele sollen **Erfolgsfaktoren von Dienstleistungsunternehmen** identifiziert und systematisch dargestellt werden.

Von besonderer Bedeutung ist dabei die Orientierung der Unternehmen an der **Dienstleistungsqualität**. Sämtliche Fallstudien zeigen, daß nur eine interne und externe Qualitätsorientierung die Voraussetzungen für eine marktorientierte Unternehmensführung darstellt, die vom Markt auch honoriert wird.

Bei der **Darstellung der einzelnen Fallstudien** wurde eine relativ ähnliche Struktur gewählt. So setzt die Bestimmung der Erfolgsfaktoren in Dienstleistungsunternehmen eine intime Kenntnis der jeweiligen Markt- und Unternehmenssituation voraus. Auf dieser Grundlage dienen Unternehmensphilosophie und -strategien dazu, die Richtung der Marktbearbeitung aufzuzeigen. Dabei kommt es darauf an, die spezifischen Anforderungen an die Dienstleistungsqualität aus Unternehmens- und Kundensicht zu erkennen und in Spezifikationen für die Erbringung der Dienstleistung umzusetzen. Einem System des Qualitätsmanagements kommt dabei besondere Bedeutung zu. Hierin werden die verschiedenen unternehmensintern und -extern ausgerichteten Qualitätssicherungsinstrumente zusammengefaßt. Wie die vom Management geplante Qualitätsstrategie durch Marketing- und Personalmaßnahmen umgesetzt werden kann und welche organisatorische Verankerung im Unternehmen dabei zweckmäßig ist, wird im einzelnen aufgezeigt.

Die nachfolgenden **Fallstudien erfolgreicher Dienstleistungsunternehmen** sollen Hilfestellung geben bei der Umsetzung der bisherigen Ausführungen über das Dienstleistungsmarketing auf spezifische Markt- und Unternehmenssituationen. Der Leser soll erkennen, daß ein erfolgreiches Dienstleistungsmarketing in hohem Maße davon abhängt, daß die Anforderungen an die Dienstleistungen aus Kundensicht richtig wahrgenommen und in eine konsequente, marktorientierte Qualitätsstrategie umgesetzt werden.

2.

Fallstudie
AMERICAN EXPRESS COMPANY

Dokumentation: Prof. Dr. Manfred Bruhn/Dipl.-Kfm. Michael Grund

Die Verfasser danken Herrn Walter Hinkelmann (Director Customer Service & Systems) und den anderen beteiligten AMERICAN EXPRESS Mitarbeiterinnen und Mitarbeitern für die Bereitstellung der Unterlagen sowie die Diskussionen zur Fertigstellung der Fallstudie.

2.1 Besonderheiten des Dienstleistungsmarketing und Daten zum Unternehmen

2.11 Daten zum Unternehmen und seiner Entwicklung

Das Unternehmen American Express (AMERICAN EXPRESS COMPANY) entstand als Expreßfrachtunternehmen aus dem Zusammenschluß von Wells & Co. mit Livingston & Fargo sowie Butterfield, Wasson & Co. durch Henry Wells im Jahr 1850. Begleitet von dem Slogan „Safety & Dispatch" lag der vorläufige Schwerpunkt der Unternehmenstätigkeit auf dem Gebiet des sicheren Warentransports, eine Aufgabe, die in den bewegten Zeiten Amerikas vor der Jahrhundertwende besondere Bedeutung hatte. Die damalige Situation im inneramerikanischen Warenverkehr war geprägt von Unsicherheit; Überfälle auf Reiter, Kutschen und die Eisenbahn waren an der Tagesordnung. In diesem Umfeld war das Versprechen von Sicherheit Vision und Verpflichtung zugleich. American Express kam seinen hochgesteckten Zielen beispielhaft nach und versorgte zum Beispiel auch in den Jahren des amerikanischen Bürgerkriegs Armeedepots mit Waren jeglicher Art – bis hin zu Wahlurnen.

1882 wurde die Geschäftstätigkeit auf erste Leistungen im Finanzbereich ausgedehnt. Die Innovation der American Express Geldanweisung durch Marcellus Berry, die die bargeldlose Begleichung von Rechnungen ermöglichte, war unter dem Gesichtspunkt von Sicherheit und Zuverlässigkeit auch im Zahlungsverkehr die konsequente Umsetzung der ursprünglichen Idee von Wells & Fargo im Finanzsektor. Die Einführung des American Express Traveler Cheque im Jahre 1891 rundete die Palette der Finanzdienstleistungen vorläufig ab. Mit dem Angebot von Reise- und Lifestyleservices im Jahr 1900 waren für lange Zeit die zentralen Geschäfte von American Express umrissen.

Um in dem stark wachsenden internationalen Geschäft die verschiedenen Märkte entsprechend differenziert bearbeiten zu können, wurden 1989 mehrere Geschäftsbereiche aus der Gesellschaft ausgegliedert. Es entstand die AMERICAN EXPRESS INTERNATIONAL (AEI) Inc., deren Hauptsitz sich in New York befindet und die für die gesamten internationalen Aktivitäten des Unternehmens verantwortlich ist.

Unter dem Dach der AEI, die für alle außeramerikanischen Aktivitäten von American Express zuständig ist, sind die Travel Related Services (TRS), die American Express Bank und die Consumer Financial Services zusammengefaßt. Im Mittelpunkt dieser Fallstudie stehen dabei die klassischen Kernleistungen aus dem Bereich TRS, die American Express Kreditkarten.

Bestimmend für das Bild des Unternehmens sind – auch unterstützt durch die Gewichtung im kommunikativen Auftritt – heute noch immer die Aktivitäten im Kreditkartenbereich.

Die American Express Card wurde 1958 eingeführt, bereits 1966 erfolgte als Pionierleistung die Markteinführung einer Gold Card. Mit der Corporate Card (1970), der Platinum Card (1984), der Optima (1987) und der Corporate Purchasing Card (1993) wurde das Leistungsangebot auf dem Kreditkartenmarkt abgerundet.

American Express zählt heute zu den führenden Unternehmen im Markt der internationalen Finanzdienstleistungen, weltweit sind 36 Millionen American Express-Karten im Gebrauch. Etwa 1,2 Millionen Deutsche nutzen zur Zeit die American Express-Karten als Karteninhaber. Sie können die Leistungen von 170 000 Vertragspartnern in Deutschland und 3,6 Millionen weltweit in Anspruch nehmen (allein 1993 kamen 220 000 neue Vertragsunternehmen hinzu). Das Unternehmen beschäftigt in Deutschland ca. 1 000 Mitarbeiter (weltweit 71 000) und ist mit knapp 3 000 Geschäftsstellen und Repräsentanzen weltweit präsent. Bei einem Umsatz von 14,173 Milliarden Dollar 1993 weltweit wurde ein Jahresüberschuß von 1,478 Milliarden Dollar erzielt (vgl. auch Abbildung 8-2-1).

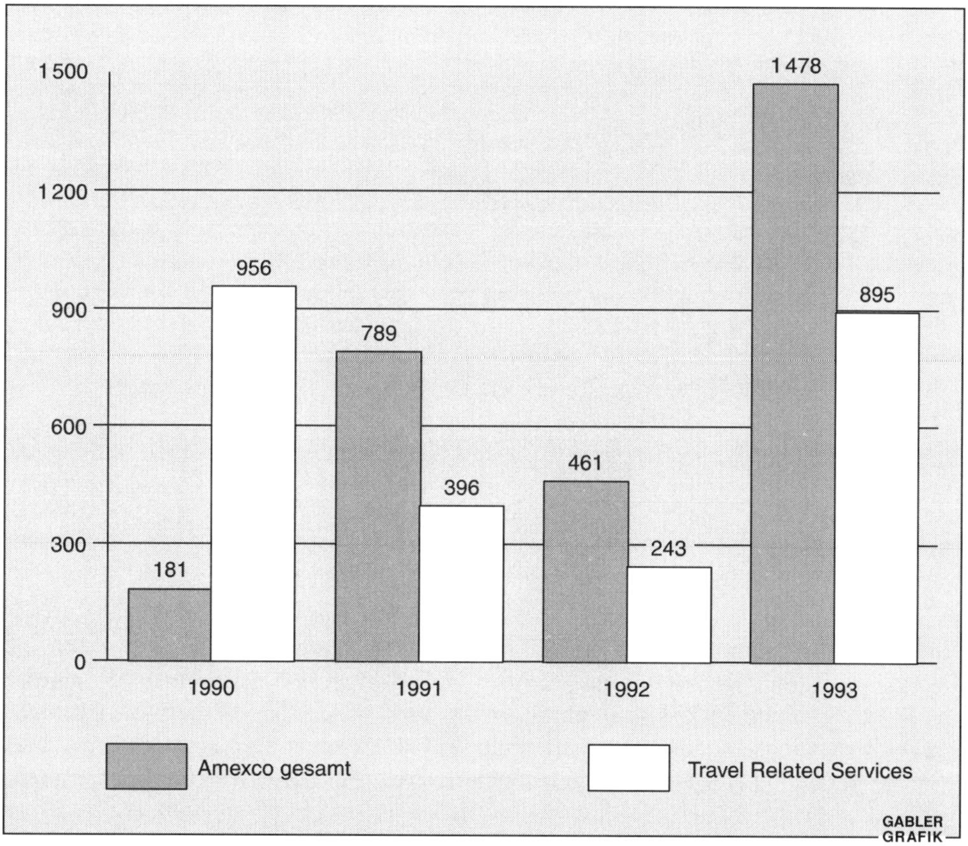

Abbildung 8-2-1: Jahresüberschuß der American Express Company 1990–199: in Millionen Dollar

2.12 Analyse des Marktes für Kreditkarten

Kreditkarten stehen nicht nur in Deutschland in einem engen wettbewerblichen Umfeld. Die Konsumenten können unter einer Vielzahl konkurrierender Zahlungsmittel wählen, Hauptkonkurrenten sind hierbei:

- Bargeld,
- Eurocheque mit Scheckkarte,
- EC-Karte mit Geheimnummer (Electronic Cash),
- EC-Karte mit Unterschrift (Einzugsverfahren),
- Kundenkarten/Zahlungskarten sowie
- Kreditkarten.

Ein Vergleich dieser Zahlungsmittel an Hand der Kriterien Internationalität, Flexibilität, Sicherheit und Nebenleistungen ist in Abbildung 8-2-2 wiedergegeben.

	Bargeld	Eurocheque	EC-Karte	Kundenkarte	Kreditkarte
Internationalität	nein	europaweit	europaweit	nein	ja
Kosten	nur bei Valuta-Umtausch	Scheckgebühr	Jahresgebühr	nein	Jahresgebühr
Sicherheit	gering	mittel	mittel	mittel	hoch
Nebenleistungen	keine	keine	keine	einige	vielfältige
Flexibilität	gering	begrenzt	begrenzt	begrenzt	hoch

GABLER GRAFIK

Abbildung 8-2-2: Vergleichende Betrachtung verschiedener Zahlungsmittel

In diesem Umfeld stellen sich die Leistungen der Kreditkarte sehr positiv dar. Sie ist das einzige Zahlungsmittel, das weitgehend weltweit eingesetzt werden kann. Ihre Flexibilität kann aufgrund der vielfältigen Einsatzmöglichkeiten und der Freiheit hinsichtlich des Ausgabeverhaltens der Kartenbesitzer als hoch bezeichnet werden. Im Falle von Verlust oder Diebstahl haftet der Karteninhaber bei American Express nur bis maximal 100 DM. Ersatz für eine abhanden gekommene Karte ist bei American Express beispielsweise sogar innerhalb von 24 Stunden erhältlich. Darüber hinaus sind mit den einzelnen Kreditkartenangeboten mehr oder weniger umfangreiche Nebenleistungen verknüpft, die von dem Angebot spezieller Finanzdienstleistungen bis hin zu Spezialangeboten für

Karteninhaber im Reisesektor reichen. Für den Karteninhaber fallen dabei neben den Jahresgebühren keine weiteren Kosten für die Inanspruchnahme der Basisdienstleistungen an.

Der Markt für bargeldlosen Zahlungsverkehr hat sich in Deutschland vergleichsweise spät entwickelt. Trotz der breiten Penetration von Eurocheque-Karten (Bestand 1993 in Deutschland ca. 35 Millionen) konnten Zahlungs- und Kreditkarten als Zahlungsmittel erst in der jüngsten Vergangenheit eine größere Verbreitung erreichen. In Deutschland sind zur Zeit ca. 8,9 Millionen Kredit- und ca. 35 Millionen Zahlungskarten im Umlauf.

Aufgrund dieser Daten kann Deutschland noch immer als Zukunftsmarkt für den bargeldlosen Zahlungsverkehr bezeichnet werden. Im Vergleich zu seinen europäischen Nachbarländern oder auch den USA zeigt sich für Deutschland noch erhebliches Potential in Hinblick auf die Verbreitung dieses modernen Zahlungsmittels. So sind in den USA bereits über eine Milliarde Karten im Umlauf. Experten rechnen für Deutschland mit einer Gesamtanzahl ausgegebener Kreditkarten bis zur Jahrtausendwende von etwa 15 Millionen Stück. Damit wäre freilich dann eine gewisse Sättigung des Marktes erreicht.

Trotz der bereits erheblich gestiegenen Akzeptanz der unbaren Begleichung von Rechnungsbeträgen spiegeln die Zahlungsgewohnheiten der Deutschen noch immer die Vorliebe für die Barzahlung wider. So werden 85 Prozent aller Einkäufe bar bezahlt, 10 Prozent per Scheck und lediglich 5 Prozent mit einer Kreditkarte. Eine erheblich größere Durchsetzung haben die Karten lediglich bei der Begleichung von Reisekosten erfahren, diese Transaktionen werden zu etwa 12 Prozent auf dem Kartenweg beglichen.

Untersucht man das engere wettbewerbliche Umfeld – die Angebote auf dem eigentlichen Kreditkartenmarkt , so erkennt man, daß die Kreditkarte inzwischen vielfach zu den Kerndienstleistungen von Banken und Sparkassen zählt. Sie wird hier als jeweiliges Bankprodukt in Zusammenarbeit mit einer Kreditkartenorganisation (Co-Branding) sowohl für Kunden als auch für Nicht-Kunden der Bank vermarktet. Darüber hinaus sind viele Unternehmen aus dem Near- und Non-Banking-Bereich über entsprechende Kooperationsprojekte in den Kreditkartenmarkt eingetreten. Das Spektrum der Firmen reicht hier von Banktöchtern der Automobilhersteller (VW/Audi) über Fluggesellschaften (Lufthansa), Versandhäuser (Quelle) und Fußballvereine (Bayern München) bis hin zu Organisationen aus dem Non-Profit-Bereich (Deutsche Aids-Hilfe).

2.13 Besonderheiten des Dienstleistungsmarketing und Implikationen für das Unternehmen American Express

Im Geschäftsfeld „Kreditkarten" sieht sich American Express einer Reihe von zum Teil sehr mächtigen Wettbewerbern gegenüber. Das Kernprodukt dieser Kreditkartenemittenten, die Kreditkarte an sich, bietet den (potentiellen) Kunden dabei weitgehend gleiche Leistungen: Sie kann für ihren Besitzer Bargeld ersetzen und ermöglicht die Zahlung von Rechnungsbeträgen in vielen Ländern der Erde, ohne im Besitz der jeweiligen Landeswährung sein zu müssen.

Die Entscheidung für einen bestimmten Kreditkartenemittenten ist dabei nicht uneingeschränkt mit jeder anderen Anbieterwahl im Dienstleistungsbereich vergleichbar. So zeichnet sich der Markt für Kreditkarten hinsichtlich verschiedener Kriterien durch einige Besonderheiten aus:

- Dauer der Geschäftsbeziehung,
- Art der angebotenen Leistung,
- Grad der Immaterialität.

Im Gegensatz zu einem Restaurantbesuch oder zur Buchung einer Urlaubsreise hat die Nutzung einer Kreditkarte per se einen zeitraumbezogenen Aspekt. Während die erstgenannten Dienstleistungen unter Umständen situationsabhängig nur ein einziges Mal bei einem bestimmten Anbieter in Anspruch genommen werden, steht die Entscheidung für eine Kreditkarte am Beginn einer Geschäfts**beziehung**.

Die mit einer Kreditkarte angebotene Kernleistung, die Möglichkeit des bargeldlosen Begleichens von Rechnungen, ist dabei in aller Regel nicht das eigentliche Objekt der Konsumentscheidung des Verbrauchers. Sieht man vom demonstrativen Gebrauch einer Karte einmal ab, so ist die Kreditkarte als Bargeldäquivalent vielfach lediglich Mittel zum Zweck. Die Kreditkarte wird somit eingesetzt, um andere Sach- oder Dienstleistungen zu kaufen beziehungsweise in Anspruch zu nehmen und steht nicht im Mittelpunkt des eigentlichen Konsumwunsches ihrer Nutzer. Das vom Unternehmen offerierte Leistungsversprechen ist somit – abgesehen von der Karte selbst – in besonderer Weise immateriell, da sich die tatsächliche Realisation nur in den mit der Karte erworbenen Leistungen vollzieht. Diese Charakteristik des Leistungsversprechens spiegelt sich auch in der branchenüblichen Erhebung einer Jahresgebühr wider, die in der Regel unabhängig von der Anzahl und dem Wert der mit der Karte getätigten Transaktionen ist. Nutzungsabhängige Kosten entstehen lediglich für die jeweiligen Akzeptanzstellen und Vertragspartner des emittierenden Unternehmens.

Sieht man von der Kernleistung einmal ab, so ist der Leistungsumfang der Angebote einzelner Kreditkartenorganisationen sehr verschieden. Bereits die Modalitäten der Inrechnungstellung und Abrechnung differenzieren die Angebote recht deutlich. Während klassische Kreditkartenkonten eine monatliche Abrechnung umfassen, der jeweilige Rechnungsbetrag also tatsächlich unter Umständen einige Wochen kreditiert wird, bieten einzelne Unternehmen beziehungsweise Emittenten Guthabenzinsen für Haben-Beträge, verlangen allerdings auch aufgrund einer tagesgenauen Abrechnung der Kartenumsätze Sollzinsen für kreditierte Summen bis zum Zeitpunkt des Rechnungsausganges, zum Beispiel am Monatsende.

Das insbesondere durch die Co-Branding-Aktivitäten einzelner Kreditkartenunternehmen bereits auch in Deutschland unüberschaubar gewordene Angebot von Kreditkarten zeichnet sich durch ein breites Spektrum an Dienstleistungen rund um die Karte aus, das neben naheliegenden Bank- und Finanzdienstleistungen vielfach auch mehr oder weniger artfremde Leistungen umfaßt.

2.2 Unternehmensphilosophie und Strategien des Dienstleistungsunternehmens

2.21 Die Unternehmensphilosophie von American Express

„In this challenging cnvironmcnt, our mission can be achieved by delivering value in clear and tangible ways to our two crucial constituencies, Cardmembers and Service Establishments.“

Dieses Selbstverständnis von American Express verdeutlicht in eindrucksvoller Weise, welche beiden Determinanten das unternehmerische Handeln bestimmen. Es sind dies die Marktpartner des Unternehmens, die Mitglieder einerseits und die Vertragsfirmen andererseits. Markterfolg durch außerordentliche Dienstleistungsqualität kann nur dann erreicht werden, wenn den Erfordernissen dieser beiden Anspruchsgruppen Rechnung getragen wird.

2.22 Strategische Grundsätze von American Express

Die Basis des unternehmerischen Handelns von American Express bilden eine Reihe von Grundsätzen, die in den sogenannten **„Blue Box Values“** niedergelegt sind:

- Alle unsere Entscheidungen und Handlungen orientieren sich an den American Express-Werten.
- Die Wünsche und Erwartungen unserer Mitglieder und Partner stehen an erster Stelle.
- Ständige Qualitätsverbesserung ist unsere zentrale Aufgabe.
- Wir begegnen uns mit Achtung und Menschlichkeit.
- Unser Verhalten ist glaubwürdig und überzeugend.
- Teamgeist – von der kleinsten Abteilung bis zum Unternehmen als Ganzes.
- Wir übernehmen gesellschaftspolitische Verantwortung zum Wohle unserer Mitarbeiter und unserer Umwelt.

Garant dieser Blue Box Values sind engagierte und motivierte Mitarbeiter bei American Express. Sie gewährleisten einen hohen Qualitätsstandard sowohl für die Mitglieder als auch für die Partner, die mit dem Unternehmen zusammenarbeiten. Neben diesem primär kundenorientierten Verständnis steht allerdings auch die Stärkung des eigenen Wettbewerbsvorteils und damit der Position im Markt im Vordergrund. Hervorzuheben ist vor allem auch die explizite Betonung der Bedeutung der Qualität in einem dieser strategischen Grundsätze.

2.23 Qualitätsorientierte Strategieausrichtung von American Express

American Express grenzt sich in seiner strategischen Ausrichtung klar von den Massenanbietern im Kreditkartenmarkt ab. Während diese mit Hilfe von Preis-Mengen-Strategien versuchen, eine möglichst breite Streuung ihrer Karten zu erreichen und dieses Ziel vor allem auch über Co-Branding-Projekte mit anderen Unternehmen umzusetzen versuchen, betreibt American Express eine scharf positionierte, globale Nischenpolitik. Im Mittelpunkt steht der Bereich Travel & Entertainment (T & E). Ziel des Unternehmens ist nicht die Gewinnung eines hohen Marktanteils an ausgegebenen Karten, sondern vielmehr die Akquisition und Bindung von Mitgliedern, die besondere Ansprüche an sich selbst und an ihren Lebensstil stellen.

Die strategische Grundausrichtung des Unternehmens kann somit durch das Streben nach qualitativem Wachstum gekennzeichnet werden. Als Zielgruppe wird klar abgegrenzt das obere Marktsegment des Kreditkartenmarktes angesprochen, somit also vermögende Privatleute, erfolgreiche beziehungsweise aufstrebende Geschäftsleute, Selbständige und Unternehmer, kurzum ein Personenkreis, der über ein hohes Einkommen verfügt und dabei gleichzeitig auch viel verreist (sogenannte „high-net-worth individuals"). Den unterschiedlichen Ansprüchen dieser Klientel wird American Express dabei durch differenzierte Leistungsangebote gerecht, die ihren Ausdruck in den verschiedenen Kartenangeboten finden (vgl. auch Abschnitt 2.41).

Der Erfolg dieser Positionierung zeigt sich beispielsweise daran, daß American Express-Kartenkunden wesentlich höhere Umsätze mit ihrer Karte tätigen als die Inhaber konkurrierender Karten. Während der Kartenumsatz hier im Jahresdurchschnitt etwa 1 300 Dollar beträgt, setzen American Express-Mitglieder durchschnittlich 3 500 Dollar pro Jahr mit ihrer Karte um. Sie sind mobiler und nutzen ihre Karten vermehrt auf Reisen, während die anderen Karten hauptsächlich zum Tanken beziehungsweise für Kaufhauseinkäufe genutzt werden.

American Express-Karten sind **Markenartikel**, sie sollen sich bewußt und eindeutig von den Angeboten im Massenmarkt absetzen. Entsprechend diesem Verständnis stellen Service und Qualität die zentralen Elemente dieser strategischen Grundausrichtung des Markenartikels „American Express-Karte" dar, wobei die eigentlichen Ziele des Unternehmens immer aus der Perspektive der Kunden und Partner, also der Mitglieder und der Vertragsunternehmen, bestimmt werden. Ihre Bedürfnisse sind es, die über das unternehmerische Handeln von American Express entscheiden.

Um die erforderliche Identifikation mit den Kunden zu erreichen, ist die „weitestgehende Übereinstimmung der Corporate Culture des Unternehmens, seiner Produkte und Leistungen sowie seiner Darstellung in der Öffentlichkeit mit den spezifischen Bedürfnissen, Werten und Einstellungen seiner Kunden" anzustreben.

Der Schlüssel zur Umsetzung eines solchen „Market-Driven-Approach" liegt in einer umfassenden Analyse der Einstellungen, Bedürfnisse und Präferenzen der Kunden und einer daran ausgerichteten Marktsegmentierung mit der Definition von Zielgruppen und deren konsequenter Bearbeitung. Ausgehend von seiner Unternehmensphilosophie und dem unternehmerischen Selbstverständnis konzentriert sich American Express auf die Bearbeitung des oberen Segmentes des Kreditkartenmarktes, womit die anzusprechende Zielgruppe noch nicht exakt genug beschrieben ist. Insbesondere in diesem von Konsumenten mit gehobenen Ansprüchen geprägten Marktbereich sind die Erwartungen an eine Kreditkarte recht heterogen. So sind zum Teil signifikante Unterschiede zu beobachten, die insbesondere auch die Qualitätsanforderungen betreffen.

Die Ausrichtung an einer marktorientierten Qualitätsstrategie betreibt American Express bewußt in Hinblick auf das qualitätsbewußte obere Marktsegment. In dieser Qualitäts-

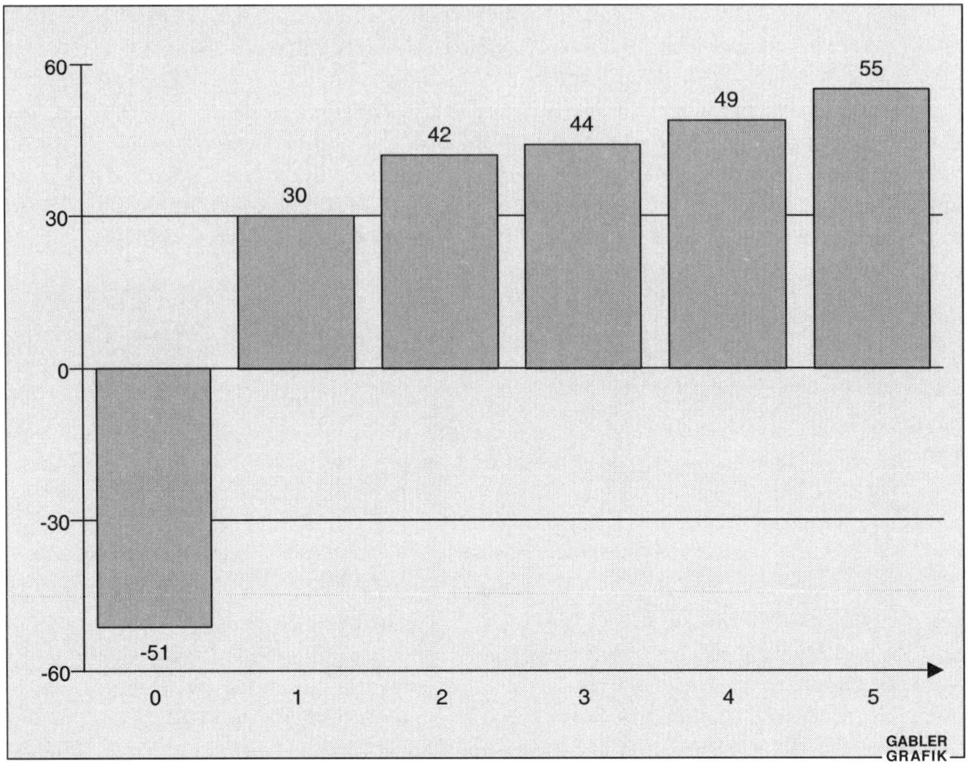

Abbildung 8-2-3: Gewinn pro Kreditkartenkunde in Dollar nach Dauer der Kundenbeziehung in Jahren
(Quelle: Reichheld/Sasser 1991, S. 110)

nische kann das Unternehmen komparative Konkurrenzvorteile gegenüber den Wettbewerbern nutzen, die in der langjährigen Tradition als exklusiver Kreditkartenanbieter gewonnen werden konnten. Durch das Festhalten an einer Unternehmenspolitik, die nicht auf den Massenmarkt fokussiert ist, kann American Express einen Erfahrungsschatz an speziellen Verbraucherkenntnissen nutzen, der von anderen Anbietern nicht ohne weiteres kopiert werden kann.

Welche Ertragsrelevanz eine qualitätsorientierte Unternehmenspolitik für ein Kreditkartenunternehmen hat, belegt eine Untersuchung aus dem Jahre 1991 (Reichheld/Sasser 1991). Demnach kosten die Neugewinnung eines Kunden und die damit verbundenen organisatorischen Prozesse ein Kartenunternehmen etwa 51 Dollar. Dem stehen etwa 30 Dollar Gewinn im ersten Jahr der Nutzung der Karte gegenüber, so daß das Unternehmen mit jedem Kunden, der nach einem Jahr kündigt, einen Verlust von 21 Dollar macht (vgl. Abbildung 8-2-3). Per Saldo positive Gewinnbeiträge entstehen erst, wenn die Geschäftsbeziehung aktiviert wird und sich über einen längeren Zeitraum erstreckt. Eine

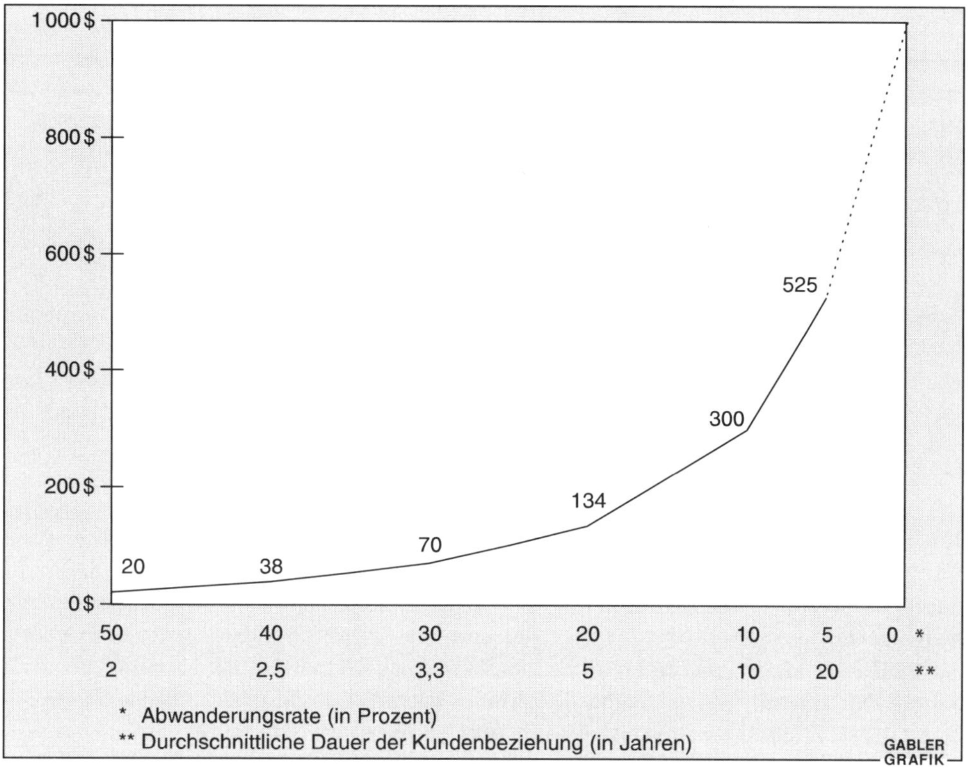

Abbildung 8-2-4: Kumulierter Wert eines Kreditkartenkunden nach Dauer der Kundenbeziehung in Dollar
(Quelle: Reichheld/Sasser 1991, S. 112)

Analyse des Kundenverhaltens zeigt nämlich, daß die Intensität der Kartennutzung erst allmählich zunimmt. Weitere Gewinnbeiträge entstehen im Verlaufe der Geschäftsbeziehung beispielsweise aus einer positiven Mund-zu-Mund-Kommunikation, die zur Akquisition neuer Kunden beiträgt und aus geringeren Verwaltungskosten.

Der Zusammenhang zwischen Kundenbindung und dem kumulierten Kundenwert ist in Abbildung 8-2-4 wiedergegeben.

Die Abbildung vermittelt eindrucksvoll, welches hohe Gewinnpotential in der Ausdehnung der Dauer der Kundenbeziehungen im Kreditkartenmarkt realisierbar ist. So führt ein Rückgang der jährlichen Abwanderungsrate (Migrationsrate) von 20 Prozent auf 10 Prozent zu einer Steigerung des Kundenwertes von über 120 Prozent. Diese Zahlen belegen eindrucksvoll, welchen Erfolgsbeitrag die von American Express verfolgte qualitätsorientierte Strategie mit dem Ziel der langfristigen Kundenbindung leisten kann.

2.3 Qualitätsmanagement bei American Express

2.31 Anforderungen an die Dienstleistungsqualität aus Unternehmenssicht

Aufgrund der genannten Spezifika des Kreditkartenmarktes ist für die hier agierenden Unternehmen die Erreichung einer besonderen Marktstellung von großer Bedeutung. Berücksichtigt man, daß der Einsatz einer Karte nicht Ziel der Transaktion, sondern vielmehr Mittel zum Zweck ist, so müssen Kreditkartenemittenten in ganz besonderer Weise einen „Reason why" liefern, warum Transaktionen gerade mit ihrer Karte getätigt werden sollen.

Nach Auffassung von American Express ist **Servicequalität** das entscheidende – wenn nicht sogar das einzige – Merkmal, das über den langfristigen Erfolg im Markt für Kreditkarten entscheiden wird. Erfolgreiche Dienstleistungen müssen einmalig sein und sich von der austauschbaren Masse gleichartiger Angebote abheben. So formulierte James Robinson, der Chairman und Chief Executive Officer von American Express im Jahre 1988: „Qualität ist unsere einzige Art des Patentschutzes" (Zeithaml/Parasuraman/Berry 1992, S. 25). Die Orientierung am Kundennutzen und die Sicherung der Servicequalität müssen erste Priorität haben und gehören zu den zentralen Aufgaben, die von allen Mitarbeitern des Unternehmens getragen werden müssen.

American Express ist sich der Vergänglichkeit einstiger herausragender Marktstellungen durchaus bewußt. Daher gibt es nach Meinung des Unternehmens auch keine perfekte beziehungsweise ideale Definition von Dienstleistungsqualität. Dies ist der Grund dafür, daß der gesamte Qualitätsprozeß jährlich aus einer Headquarter-Funktion heraus neu definiert wird. Der Erfolg liegt mithin nicht im blinden Hinzufügen stets neuer Servicekomponenten, sondern in der Art und Weise, wie der Service erbracht wird. Neue Leistungen können leichter kopiert werden als die Art ihrer Erstellung. Zweifelsfrei haben Kreativität und Innovationskraft in der Schaffung neuer Servicekomponenten die qualitative Marktführerschaft von American Express mitbegründet. Die Verknüpfung des Begriffs „Service" mit dem Unternehmen American Express in den Köpfen der Menschen wäre aber nicht so intensiv, wenn es nicht vor allem die Qualität des Service wäre, die das Unternehmen gegenüber den Konkurrenten auszeichnet.

2.32 Anforderungen an die Dienstleistungsqualität aus Kundensicht

Die Märkte für Dienstleistungen im allgemeinen und für Kreditkarten im besonderen haben, wie die meisten Sachgütermärkte, schon seit geraumer Zeit den Charakter eines Käufermarktes. Den Konsumenten stehen heute vielfältige Informationsmöglichkeiten offen, mit Hilfe derer sie die Angebote der konkurrierenden Anbieter vergleichen können. Das gestiegene Verbraucherbewußtsein und die kritische Haltung gegenüber den Angeboten des Marktes äußern sich in einer raschen Abwendung von Produkten und Dienstleistungen, die nicht exakt ihren Bedürfnissen entsprechen.

Dabei ist auf Unternehmensseite immer noch ein Phänomen zu beobachten, das den Erfolg einzelner Anbieter erheblich schmälert. So wird die Qualität von Leistungen und Teilleistungen noch immer ausschließlich aus der Unternehmensperspektive definiert. Die Kunden jedoch, die die Dienstleistungen in Anspruch nehmen sollen, sind letztlich die einzige Instanz, die über die Qualität entscheidet. Ihre subjektive Wahrnehmung ist es, die sie in gute und schlechte Dienstleistungen und Dienstleistungsanbieter unterscheiden läßt.

In Hinblick auf die individuellen Kundenbedürfnisse hat die Marktforschung von American Express bereits Ende der 70er Jahre im Rahmen des Phoenix-Programms (vgl. hierzu auch Abschnitt 3.4) drei zentrale Anforderungen der Kunden im Kreditkartenmarkt aufgedeckt:

- Pünktlichkeit,
- Genauigkeit,
- Entgegenkommen.

So erwarteten die Mitglieder fehlerfreie Rechnungen, die schnelle Beantwortung von Fragen sowie Sachkenntnis und Höflichkeit von den Mitarbeitern. Die hier identifizierten Kundenbedürfnisse fanden Eingang in die Definitionen von Qualitätsstandards. So wurden beispielsweise die Zeiten, in denen ein Kartenantrag bei American Express bearbeitet werden muß, und die Genauigkeit der Erledigung (stets 100 Prozent) als Kennzahlen in Form von Standards festgeschrieben und im Qualitätshandbuch niedergelegt.

Unter dem Begriff „Entgegenkommen" ist in diesem Zusammenhang die Fähigkeit des Dienstleistungsanbieters zu verstehen, auf den spezifischen Bedarf und die Wünsche der Kunden einzugehen und sie erfüllen zu können. Das Entgegenkommen richtet sich dabei sowohl an die Vertragsunternehmen als auch an die Mitglieder. So sollen beispielsweise die negativen Folgen eines Kartenverlustes oder Kartenmißbrauchs für den Kunden möglichst gering ausfallen. Gegenüber den Akzeptanzstellen drückt sich das Entgegenkommen beispielsweise in Belohnungen aus, wenn ein Geschäft verlorene Karten an American Express weiterleitet (Horovitz/Panak 1993, S. 177).

2.33 Aufgaben des Qualitätsmanagementsystems

Das Qualitätsmanagementsystem bei American Express hat eine einfach definierte Aufgabe, die ebenfalls in den Blue Box Values definiert ist:

„Ständige Qualitätsverbesserung ist unsere zentrale Aufgabe."

Unter „Qualitätssicherung" versteht man dabei bei American Express „ein voll integriertes Bewertungsprogramm, das über alle Aspekte des Service berichtet, den wir und unsere Dritt-Partnerunternehmen, wie Versicherungen und Handelsunternehmen, unseren externen und internen Kunden bieten. Das Programm mißt die Qualität der Leistungen an den Kundenerwartungen und -bedürfnissen. Es verbindet beides, die interne Serviceorientierung und die Erforschung der externen Kundenzufriedenheit."

Diese Auffassung bestimmt bereits die beiden Zielgruppen, die American Express in das Zentrum seiner Arbeit stellt: Die externen und die internen Kunden (vgl. Abbildung 8-2-5).

Externe Kunden:	Interne Kunden:
■ Mitglieder (Karteninhaber)	■ Mitarbeiter bei TRS
■ Kunden aus dem Reisegeschäft	■ Mitarbeiter bei American Express
■ Traveler Cheque-Kunden	
■ Aktionäre	
■ Dienstleistungsunternehmen	
■ Finanzserviceinstitutionen	

GABLER GRAFIK

Abbildung 8-2-5: Schlüsselkundengruppen bei American Express

Es gehört zu den Aufgaben des Qualitätsmanagements sicherzustellen, daß alle Kunden auf der ganzen Welt ein gleich hohes Serviceniveau erhalten, daß die erarbeiteten Servicestandards entsprechend der Zielgrößen also auch tatsächlich erreicht werden. Einen ganz besonders sensiblen Bereich stellen hierbei zum Beispiel die Autorisierungsanfragen an, in denen ein Vertragsunternehmen die Richtigkeit der Angaben und die

Zulässigkeit einer Transaktion überprüft. Das Qualitätsmanagement hat sicherzustellen, daß gerade in diesen Fällen eine schnelle und zu 100 Prozent korrekte Auskunft erteilt wird (Zur Ex-post-Kontrolle solcher Anfragen existiert bei American Express beispielsweise ein spezieller Fragebogen.).

Zu den intern gerichteten Aufgaben des Qualitätsmanagements gehört auch die Optimierung der Prozeßeffizienz der unternehmensinternen Abläufe. So dienen die bei Kundenanfragen gesammelten Informationen beispielsweise auch dazu, vermeidbare Anfragen an American Express zu verhindern, die sich aus unklaren Rechnungsstellungen oder sonstigen Inkonsistenzen der Unternehmensaktivitäten ergeben. Die Ursachen der so ermittelten Probleme müssen beseitigt werden, um die Kundenzufriedenheit zu erhöhen und vermeidbare Anfragen auszuschließen. So konnten zum Beispiel die Anfragen zu Auslandseinkäufen der Mitglieder deutlich gesenkt werden, als American Express erkannte, daß viele Probleme der Kunden in dem mangelnden Verständnis nationaler und lokaler Gegebenheiten begründet waren. Ergebnis dieser Analyse war eine spezielle Broschüre, die sich mit diesem Thema beschäftigte und Unklarheiten bereits im Vorfeld beseitigte (Berry/Parasuraman 1992, S. 41f.).

2.34 Struktur und Instrumente des Qualitätsmanagements

Die Anfänge eines Qualitätsmanagementsystems lassen sich bei American Express bis in die 70er Jahre verfolgen. 1978 fiel die Entscheidung, daß ein neues Programm zur Sicherstellung der Dienstleistungsqualität aufgelegt werden sollte. Ausgestattet mit einem Budget von 750000 Dollar nahm eine Task Force ihre Arbeit in Phoenix, dem Zentrum aller Kartentransaktionen, auf. Zu dieser Zeit begann man bei American Express mit der Umsetzung der Erkenntnis, daß nicht in erster Linie die Vorstellungen des Unternehmens von der Servicequalität wesentlich sind, sondern vielmehr die der Kunden.

Mit dem **Service Tracking Report** (STR) wurde ein System zur ständigen Qualitätskontrolle und -verbesserung entwickelt, das später auch weltweit eingesetzt wurde. Um die Qualität der Büroarbeit zu messen, wurden beispielsweise mehr als 100 Aufgaben untersucht. Das Spektrum reichte von der Frage, in welcher Zeit Telefonanrufe beantwortet wurden, bis hin zur Richtigkeit der monatlichen Abrechnungen und Kontoauszüge. Auch wurde beispielsweise untersucht, wie lange Kunden auf eine neu beantragte Kreditkarte warten müssen. Dabei stellte man fest, daß es nicht allein ausreicht, die Bearbeitungszeit eines Kartenantrages in der Kreditabteilung zu messen, da der Antrag in jedem Falle von vier weiteren Abteilungen bearbeitet wurde.

Um aufbauend auf diesen Erkenntnissen Maßstäbe festzulegen, an denen die Aufgabenerledigung gemessen werden konnte, wurden **Qualitätsstandards** in Form von Kennzahlen eingeführt. Diese sollten die Qualitätsmessung aus Kundensicht ermöglichen, ein

Ansatz, der zu dieser Zeit in der Branche nahezu unbekannt war. Bereits nach einem Jahr konnten erhebliche Verbesserungen in der Servicequalität verzeichnet werden (Horovitz/Panak 1992, S. 173f.).

Beispielsweise sollte der Telefondienst tagsüber in der Lage sein, 96 Prozent aller Anfragen direkt zu erledigen, so daß nur in den verbleibenden Fällen eine Nacharbeit notwendig werden sollte. Darüber hinaus sind maximale Reaktionszeiten festgelegt, in denen die Anfragen bearbeitet werden müssen (vgl. auch Abschnitt 3.5). Auf die Aufgaben im Telefondienst werden die Mitarbeiter von American Express mindestens 14 Tage vorbereitet, bevor sie die ersten Anrufe bearbeiten dürfen. Hierzu gehört beispielsweise auch, daß sich alle Mitarbeiter am Telefon mit dem Namen des Unternehmens, ihrem eigenen Namen und „Guten Tag" melden.

Um die genannten Standards einhalten zu können, stehen den Mitarbeitern in allen Niederlassungen Computerterminals zur Verfügung. Diese ermöglichen zum Beispiel auch, daß ein Kunde eine eventuelle Beschwerde nicht mehrfach vortragen muß. So können die Mitarbeiter bei einem zweiten Anruf am Bildschirm überprüfen, welchen Anlaß der vorhergehende Anruf des Mitglieds hatte.

Für 48 der insgesamt 100 überwachten Aufgaben existieren weltweit identische Standards, die Erfüllung dieser Leistungsmerkmale muß mithin weltweit auf einem einheitlichen Niveau erfolgen. Darüber hinaus gibt es Indikatoren, die beispielsweise europaweit gelten, andere besitzen nur lokal Gültigkeit. Dies schließt zwar nicht aus, daß die Kriterien auch weltweit kontrolliert werden, doch werden aufgrund lokaler Gegebenheiten keine einheitlichen Standards festgelegt. So gilt beispielsweise für die Zeitspanne, bis der Telefonhörer abgenommen wird, in den USA ein höherer Standard als in Europa (7 Sekunden). Auch gibt es bislang nur in Europa ein Kunden-werben-Kunden-Programm, das die Werbung neuer Kunden durch die Mitglieder honoriert.

Inzwischen hat American Express sein weltweites **Controllingsystem** so weit verbessert und verfeinert, daß die heute gültigen Qualitätsstandards deutlich höher liegen als in der Anfangszeit. Auch waren in verschiedenen Geschäftsbereichen Serviceverbesserungen zu verzeichnen, so beispielsweise in den für potentielle beziehungsweise tatsächliche Kunden enorm wichtigen Telefondiensten und den dazu gehörenden Back-Office Services.

So ist heute beispielsweise sichergestellt, daß in jedem Land, in dem American Express vertreten ist, rund um die Uhr ein Ansprechpartner verfügbar ist. Unabhängig von der Art des Problems sind die Mitarbeiter dieses Telefondienstes in der Lage, eine ganze Bandbreite von Standardproblemen direkt zu lösen. Unterstützt werden sie dabei von einem Online-Computersystem. Der 24-Stunden-Dienst steht dabei nicht nur den Mitgliedern, sondern auch Vertragsunternehmen zur Verfügung (Horovitz/Panak 1992, S. 175f.).

Der Service Tracking Report wird weltweit verschickt. Neben der bloßen Dokumentationsfunktion hat er gleichzeitig auch den Charakter eines Forums für den Erfahrungsaustausch. So können Problemlösungen, die in einzelnen Ländern hilfreich waren, auch von anderen Ländern genutzt werden.

Kürzere Durchlaufzeiten für die kompetente Beantwortung von Kundenanfragen beziehungsweise für tatsächliche Problemlösungen sind Qualitätsverbesserungen, die bei American Express auch mit Hilfe des **Telemarketing** erfaßt werden, bei dem die Resultate von Telefonkontakten abgefragt werden. Darüber hinaus werden Originaltelefonate zwischen American Express-Mitgliedern und Angestellten regelmäßig von Managern des Unternehmens gemeinsam angehört und diskutiert, um daraus Maßnahmen für den künftigen Telefonservice ableiten zu können (Zeithaml/Parasuraman/Berry 1992, S. 102).

Wesentliches Element des Qualitätsmanagements ist schließlich die Behandlung von **Beschwerden**. Beschwerden werden zuerst von den lokalen Direktoren gesichtet, die sie gegebenenfalls selbst sofort beantworten. In einzelnen Fällen entsteht auch ein persönlicher Kontakt zwischen den Direktoren und den Mitgliedern. Ein Teil der Beschwerden wird weitergeleitet an die Zentrale in New York und vom Chief Executive Officer (CEO) direkt beantwortet. Die Relevanz von Beschwerden für den Unternehmenserfolg hat Maryanne Rasmussen, die Vizepräsidentin für Qualität weltweit, in eine knappe Formel gefaßt: „Bessere Bearbeitung von Beschwerden = größere Zufriedenheit der Kunden = größere Treue zur Marke = höhere Rentabilität“ (Zeithaml/Parasuraman/Berry 1992, S. 47). Dabei ist für American Express insbesondere die Forcierung telefonischer Beschwerden von Interesse, da die Kosten der Bearbeitung schriftlicher Reklamationen bis zu zehnmal höher liegen.

Darüber hinaus nutzt American Express das Instrument des **Empowerment**, wonach die Mitarbeiter in direktem Kundenkontakt einen gewissen Ermessensspielraum haben, in dem sie auch telefonisch direkt über Kompensationszahlungen im Falle eines Fehlers von American Express entscheiden können.

Neben dem Service Tracking Report existiert bei American Express ein weiteres zentrales Instrument des Qualitätsmanagements. In sogenannten **Reviews**, die zwischen zwei und vier Wochen pro Land dauern, wird eine Momentaufnahme der aktuellen Marktsituation, der Konkurrenten, der Organisation, der Instrumente und der Systeme zusammengestellt. Aus den so gesammelten Daten werden Handlungsempfehlungen abgeleitet, die die jeweilige Landesgesellschaft bei ihrer Arbeit unterstützen sollen.

Schließlich werden im Rahmen sogenannter **Customer Satisfaction Surveys** Kundenwünsche analysiert. Die hier gewonnenen Erkenntnisse werden anschließend als Trend auf das gesamte Dienstleistungsangebot von American Express projiziert. Diese Untersuchungen werden nach Inanspruchnahme einer American Express-Serviceleistung durchgeführt. Beispiele solcher Erhebungen sind in Deutschland Ex-post-Befragungen zur Zufriedenheit des Mitglieds

- nach der Genehmigung einer Zahlung (Autorisierungsvorgang),
- nach Erhalt einer Ersatzkarte,
- nach einer Anfrage zur Rechnungsstellung oder auch
- nach verspäteter Begleichung der Kartenumsätze.

Im Falle des Erhalts einer Ersatzkarte wird den Mitgliedern zum Beispiel ein Fragebogen mit 23 Fragen zugesandt. Hierin sind beispielsweise Fragen zu der Form der Kontaktaufnahme mit American Express, zu aufgetretenen Schwierigkeiten und der Zeitdauer bis zum Erhalt der Ersatzkarte enthalten. Neben den mit der eigentlichen Aktion in Verbindung stehenden Fragen finden sich zudem allgemeine Fragen zum Kundendienst von American Express.

2.35 Erfolgskontrolle im Rahmen des Qualitätsmanagements

Der Erfolg des gesamten Qualitätsmanagementsystems wird über eine zwölfmonatige, sich selbst fortschreibende Darstellung aller Ergebnisse handhabbar und überschaubar gemacht. Als zentrale Erfolgsindikatoren gelten die folgenden Kriterien:

- Beschwerdehäufigkeit,
- Kündigungsquoten,
- Akzeptanzverhalten im Bereich der Vertragsunternehmen und
- Image.

Konkret festgehalten wird im Rahmen der Qualitätskontrolle die Einhaltung der Qualitätsstandards des **Service Tracking Report**.

Das 1978 initiierte Phoenix-Programm war der erste Schritt auf dem Weg zu einem immer höheren Qualitätsniveau. Innerhalb der ersten drei Jahre konnten beträchtliche Verbesserungen erreicht werden. So konnte die Gesamtqualität um 78 Prozent gesteigert werden, die Kosten pro Transaktion wurden um 21 Prozent gesenkt, der Prozeß der Ausstellung einer neuen Karte konnte gar um 37 Prozent in nur zwei Jahren verkürzt werden (Horovitz/Panak 1992, S. 173f.).

Für die einzelnen internen Leistungen des Unternehmens sind in Qualitätshandbüchern konkrete Qualitätsstandards mit entsprechenden **Kennzahlen** festgelegt worden, von denen einige ausgewählte in Abbildung 8-2-6 dargestellt sind.

Aufgrund der zentralen Bedeutung des Telefondienstes sind hier besondere Kennzahlen als American Express-Standard festgeschrieben. So sollten 96 Prozent aller telefonischen Anfragen sofort beantwortet werden können, die Antwortzeit in den anderen Fällen darf sich auf maximal 48 Stunden bei telefonischer und 72 Stunden bei schriftlicher Antwort

	Maximale Dauer	Genauigkeit
Bearbeitung Kartenanträge		
Personal Cards Hauptkarten Zusatzkarten	 14 Tage 3 Tage	 100 Prozent 100 Prozent
Corporate Cards Hauptkarten Zusatzkarten	 10 Tage 3 Tage	 100 Prozent 100 Prozent
Gold Cards Hauptkarten Zusatzkarten	 14 Tage 2 Tage	 100 Prozent 100 Prozent
Ersatzkarten		
Normale Ersatzkarte Emergency Ersatzkarte	2 Tage 24 Stunden	
Korrespondenz		
Serviceanfragen Rechnungsanfragen	5 Tage 8 Tage	100 Prozent 100 Prozent
Vertragspartner		
Verträge Zahlungsanfragen	8 Tage 5 Tage	100 Prozent 100 Prozent

GABLER GRAFIK

Abbildung 8-2-6: Ausgewählte Servicestandards der American Express TRS

belaufen. In Fällen, bei denen aufgrund der Konstellation internationale Recherchen erforderlich werden, ist ein Limit von 55 Tagen festgelegt.

Insgesamt wird weltweit die Einhaltung von 24 Qualitätsstandards monatlich überwacht, um ein einheitliches Serviceniveau in allen Ländern zu gewährleisten. Die einzelnen Kennzahlen werden in Hinblick auf Dauer/Pünktlichkeit und die Genauigkeit der Leistung hin erhoben, so daß sich insgesamt 48 Meßgrößen ergeben.

Eine weitere Interessengruppe in Hinblick auf die Sicherstellung der Dienstleistungsqualität sind die **Vertragspartner** von American Express. Ein Indikator ihrer Zufriedenheit mit den Leistungen und Konditionen von American Express sind Meldungen von Mitgliedern, die von der Zahlung mit der American Express-Karte abgehalten wurden oder abgehalten werden sollten. Aktuelle Untersuchungen von American Express in den USA belegen, daß diese Fälle jedoch die Ausnahme bilden und daß sich die Gesamtzufriedenheit mit American Express von seiten der Partner insbesondere 1993 erheblich verbessert hat.

In den Fällen, in denen die Entwicklung des Service Tracking Report zu wünschen übrig läßt, erhält das lokale Management Unterstützung durch das Qualitätsteam im Head Office. Dabei werden Aktionspläne entworfen, die die Einhaltung der gewohnten Servicemaßstäbe wieder sicherstellen.

Die Einhaltung der gesetzten Qualitätsmaßstäbe hat dabei nicht nur Einfluß auf die Zufriedenheit der Mitglieder – und damit indirekt auf Ertragsziele –, sondern äußert sich auch unmittelbar in monetären Dimensionen. So hat American Express herausgefunden, daß an jedem Tag, den ein Mitglied auf seine Karte warten muß, sei es bei der Neubeantragung oder aufgrund des Verlustes der alten Karte, dem Unternehmen Einnahmen in Höhe von 2,70 Dollar entgehen. Dies sind die Umsatzprovisionen, die anfielen, wenn der Kunde mit seiner American Express-Karte hätte zahlen können (Heskett/Sasser/Hart 1991, S. 145).

2.4 Umsetzung der Qualitätsstrategie durch Marketing- und Personalmaßnahmen

2.41 Umsetzung der Qualitätsstrategie im Rahmen der Angebotspolitik

Die Qualitätsstrategie von American Express manifestiert sich im Rahmen der Angebotspolitik in vielfältiger Weise. So kann durch den Verzicht auf ausufernde Co-Branding-Projekte eine viel schärfere Positionierung der Leistungen erreicht werden als dies bei den zahlreichen Kooperationskarten möglich ist. Eine zielgruppengerechte Marktdifferenzierung ist dabei seit jeher die Unternehmensstrategie von American Express. Das Verständnis der Karten als Markenartikel und der Schwerpunkt der Unternehmenstätigkeit im Reise- und Finanzdienstleistungsbereich bedingen die Konzentration auf eine genau definierte Zielgruppe, an deren Bedarf sich Leistung und Serviceniveau der Kartenprodukte orientieren. Traditionelle Merkmale dieser Zielgruppe sind ausgeprägte Mobilität und ein durchweg relativ hohes Einkommensniveau.

Die Struktur der American Express-Kartenfamilie deckt die unterschiedlichen Wünsche und Bedürfnisse seiner Mitglieder in ausgeprägter Weise ab. Das Spektrum der verfügbaren Kartendienstleistungen reicht dabei von Standardleistungen wie dem Bezahlen von Rechnungen beziehungsweise dem Erhalt von Bargeld in nahezu der gesamten Welt bis hin zu besonderen Lifestyle-Aspekten oder auch dem extrem kurzfristigen Arrangement einer Geschäftsreise.

Zur Zeit sind weltweit sechs American Express-Kartenprodukte (die ersten vier davon auch in Deutschland) verfügbar, die sich wie folgt charakterisieren lassen:

- **Personal Card** (Grüne Karte)
  Sie ist das klassische Einstiegsprodukt in die „American Express-Welt". Mit einer Jahresgebühr von 100 DM für die Erst- und 25 DM für die Zweitkarte umfaßt das Leistungsangebot alle grundlegenden American Express-Reise- und Finanzdienstleistungen. Schon dieses Standardprodukt ist mit einer Reihe zusätzlicher Features ausgestattet, die die Grüne Karte von den Angeboten konkurrierender Anbieter abhebt. Hierzu gehören beispielsweise diverse Versicherungsleistungen, wenn eine Reise mit der Karte bezahlt wurde. In diesem Fall besteht eine Unfallversicherung bis 400 000 DM, das Mitglied erhält im Notfall 50 DM Krankentagegeld, es werden bis zu 20 000 DM Bergungskosten erstattet. Für American Express-Mitglieder gibt es kein Ausgabenlimit, sie können an über 60 000 Express Cash-Automaten weltweit bis zu 3 500 DM pro Woche bar abheben. Global Assist tritt in Notfällen darüber hinaus mit bis zu 20 000 DM in Vorlage. Der Entfall der Mietwagenkaution, der 24-Stunden-Service (zentrale Telefonnummer für Anfragen wie zum Beispiel Notfälle, Kartenverlust usw.), das Document Register (Registrierung der Nummern wichtiger Ausweispapiere, Bank- und Kreditkarten usw.), der kostenlose Kartenersatz binnen 24 Stunden, Sonderkonditionen in vielen Hotels sowie der Quick Check-Out runden das Servicepaket der Personal Card ab. Hauptzielgruppe sind jüngere Verbraucher beziehungsweise aufstiegsorientierte Nachwuchsmanager.
- **Gold Card**
  Die goldene American Express-Karte gibt es seit 1966, sie wurde jedoch erst 1984 in Deutschland eingeführt. Zielgruppe dieses Kartenangebotes sind anspruchsvolle Kunden des oberen Marktsegments, die über die Leistungen der Grünen Karte hinaus besondere Erwartungen an eine Kreditkarte stellen, die ihrem gehobenen Lebensstil gerecht werden. Enthalten sind hier zusätzliche Versicherungen (im Rahmen von GoldAssist: Verkehrsmittel-Unfallversicherung, Reise-Assistance-Versicherung, Pkw-Schutzbrief, Auslandskrankenversicherung 1. Klasse), spezielle Reiseservices ohne Extrakosten (Gold Card Travel Service: Planung und Arrangement von Reisen, bevorzugte Behandlung in ausgewählten Hotels), die Teilnahme an exklusiven Veranstaltungen oder auch Sonderreisen. Auch bei der Gold Card gibt es kein Ausgabenlimit, die American Express Service-Büros und die Express Cash-Automaten ermöglichen die Barverfügung über bis zu 10 500 DM in der Woche, in Notfällen zusätzlich bis zu 20 000 DM. Die Jahresgebühr beträgt hier 200 DM für eine Erst- und 50 DM für weitere Zweitkarten. Hauptzielgruppen der Gold Card sind überdurchschnittlich anspruchsvolle Kunden, die typischerweise im Topmanagement von Wirtschaft und Verwaltung zu finden sind, gutsituierte Selbständige und andere vermögende Privatpersonen.

- **Platinum Card**

  Dieses Spitzenprodukt des Kreditkartenmarktes (eingeführt 1984) ist mit Leistungen ausgestattet, die den üblichen Rahmen bei weitem sprengen und die ein Großteil der potentiellen und tatsächlichen Kunden gar nicht in vollem Umfang nutzen kann. Die Platinum Card rundet mit ihren exklusiven Features die Kartenangebote für den privaten Gebrauch ab und stellt die weltweit exklusivste Kreditkarte dar. Sie kann nicht beantragt werden, da man Platinum Card Mitglied nur auf Einladung von American Express werden kann. Zu diesem exklusiven Kreis gehören Spitzenführungskräfte und Persönlichkeiten aus Wirtschaft, Politik und Gesellschaft. Spitzenleistungen in Hinblick auf persönlichen Service wie die permanente Verfügbarkeit eines persönlichen Platinum Card Attaché kennzeichnen die Leistungen dieser Karte, für die eine Jahresgebühr von 800 DM zu entrichten ist. In dieser Gebühr ist eine weitere Platinum Card und eine unbegrenzte Anzahl an Zweitkarten (Gold Cards) enthalten.

- **Corporate Card**

  Diese Kreditkarte ist als Angebot für Firmenkunden entwickelt worden, die ihren häufig reisenden Mitarbeitern, in der Regel Führungskräfte oder Kundenkontaktpersonal, eine Kreditkarte zur Verfügung stellen möchten. Die Corporate Card (eingeführt 1970) ist ebenfalls im klassischen Grün gehalten und bietet neben den Leistungen der Personal Card, die hauptsächlich dem Mitarbeiter zugute kommen, auch ein Spektrum von Vorteilen für das Unternehmen. Genannt seien hier Controlling- und Reporting-Systeme, die in Verbindung mit der Verwaltung von Reise- und Bewirtungsbudgets die Kosten für Reise und Bewirtung transparenter machen und eine bessere Kontrolle der Ausgaben ermöglichen. Darüber hinaus wird die Ausstattung mit der Corporate Card von Mitarbeitern als Auszeichnung beziehungsweise Belohnung verstanden und kann somit vom Unternehmen als Motivationsfaktor eingesetzt werden.

  In den USA nutzen 89 von 100 Firmen der Fortune 100-Liste und über eine Million kleinerer Unternehmen die Leistungen der American Express-Corporate Card. Allein 1993 wurden hierüber 34 Milliarden Dollar umgesetzt. Neuestes Produkt auf diesem Markt ist eine spezielle Ausgabe der American Express-Karte für Mitarbeiter des US-amerikanischen Staates. Seit 1993 sind etwa 900 000 Mitarbeiter im Besitz einer solchen Corporate Card des United States Government, die damit berufsbedingte Reise- und Verpflegungsausgaben begleichen können. Für 1994 wird hier ein Transaktionsvolumen von etwa 2,5 Milliarden Dollar erwartet.

- **Optima**

  Die 1987 auf den Markt gebrachte Optima-Karte gehört ebenfalls zur American Express-Kartenfamilie und besitzt erweiterte Kreditierungsfunktionen. In Hinblick auf die Flexibilität bei größeren Einkäufen konnte hier für die Mitglieder ein Gewinn an Lebensqualität erzielt werden, da die Begleichung von Rechnungsbeträgen und Soll-Salden verschoben werden kann. Die Optima-Karte ist bislang in den USA, Kanada, Japan, Frankreich und England eingeführt.

Da die Angebote im Bereich der Kreditierung nach Auffassung von American Express in Zukunft größeren Stellenwert genießen werden, wird die Leistungspalette mit weiteren Angeboten auf dem Gebiet der Kreditierung weiter ausgebaut werden. Auch hier steht jedoch die Qualität des Wachstums vor der Quantität. Kriterien sind hier neben den Forderungsausfällen beispielsweise auch die Solidität der Kreditinfrastruktur und die Ertragskraft des Geschäfts. Neue Angebote in diesem Bereich wird es noch 1994 geben.

- **Corporate Purchasing Card**
  Mit der Corporate Purchasing Card (Einführung in den USA Anfang 1994) setzt American Express den mit der Corporate Card bereits erfolgreich eingeschlagenen Weg fort. Während diese für die geschäftlich veranlaßten Ausgaben der Mitarbeiter konzipiert ist, sollen mit der Corporate Purchasing Card Rechnungen des Unternehmens bei Vertragspartnern beglichen werden, die bereits Partner von American Express sind. Im Mittelpunkt stehen jene Produkte, die vergleichsweise geringwertig sind und damit gerade einen unverhältnismäßig hohen Beschaffungsaufwand bedingen.

  Nach einer unabhängigen Studie kostet es ein Unternehmen durchschnittlich 100 Dollar, eine Beschaffungsaktion abzuwickeln. Unternehmen, die die Corporate Purchasing Card einsetzen, können solche Verwaltungsausgaben erheblich einschränken. Neben der Bündelung der Zahlungen an American Express und einer detaillierten Ausweisung der einzelnen Transaktionen können die Beschaffungen schneller abgewickelt und besser kontrolliert werden.

Mit diesem Spektrum von Angeboten deckt American Express bereits weit spezifischere Kundenbedürfnisse ab, als dies beispielsweise die Mitbewerber tun. Trotz dieser Differenzierung in der Angebotspolitik hatte sich in Untersuchungen des Unternehmens gezeigt, daß die Mitglieder vielfach ihre Karte selektiv nur für bestimmte Transaktionen einsetzen. Während ganz im Sinne von Travel & Entertainment hauptsächlich im Reise- und Unterhaltungssektor mit der American Express-Karte bezahlt wurden, nutzten die Mitglieder für ihre privaten Einkäufe teilweise Bankkarten. Anreiz- und Belohnungssysteme in der Angebotspolitik von American Express werden daher in Zukunft so ausgerichtet sein, daß auch dieses Transaktionsvolumen für American Express erschlossen werden kann.

Welchen Erfolgsbeitrag dabei insbesondere innovative Produkte leisten können, zeigt das 1991 eingeführte Programm der **Membership Miles** von American Express. Während Vielflieger-Programme von Fluggesellschaften nichts Außergewöhnliches mehr sind, bietet American Express seinen Mitgliedern einen ganz besonderen Service. Teilnehmer des Programms erhalten für jede mit der American Express-Karte getätigte Transaktion – unabhängig von der Art des gekauften Gegenstandes oder der in Anspruch genommenen Leistung – eine Meilen-Gutschrift auf ihrem Vielfliegerkonto. Die so gesammelten Meilen können bei verschiedenen Gesellschaften eingelöst werden. Zur Zeit nehmen USAir, Continental, Delta und Southwest am US-Programm teil.

Das Ergebnis dieses Serviceangebotes spricht für sich. Das Membership Miles-Programm, das inzwischen in den USA, Kanada, Australien, Neuseeland, Mexiko, Hong Kong, Malaysia, Singapur, Thailand, England, Frankreich und Deutschland eingeführt wurde, ist mit zwei Millionen eingeschriebenen Kunden das größte Vielflieger-Programm der Welt. Dabei ergeben sich nicht nur für die Mitglieder erhebliche Vorteile. Insbesondere auch für American Express macht sich die enorme Resonanz positiv bemerkbar. So stiegen die Umsätze je Karte bei den Teilnehmern im Durchschnitt um 20 Prozent.

Um die Kundenbeziehung zu den Mitgliedern auch bei Erreichen des Pensionsalters aufrechtzuerhalten, wurden über die üblichen Leistungen hinaus inzwischen spezielle Angebote für Mitglieder erarbeitet, deren Alter über 55 beziehungsweise 62 Jahren liegt. Sie erhalten besondere Vergünstigungen bei Reisen, Einkäufen und Restaurantbesuchen.

2.42 Umsetzung der Qualitätsstrategie im Rahmen der Kommunikationspolitik

Für ein Unternehmen, das wie American Express Dienstleistungsqualität stets aus der Kundenperspektive definiert, stellt die Unternehmenskommunikation ein zentrales Qualitätsfeld dar. Empirische Untersuchungen zur Qualitätsbeurteilung aus Kundensicht belegen, daß die unternehmerische Kommunikationspolitik neben anderen Faktoren erheblichen Einfluß auf die wahrgenommene Dienstleistungsqualität hat. Durch seinen kommunikativen Auftritt schafft jede Organisation bei den Konsumenten ein Sollbild der erwarteten Dienstleistung und ihrer Qualität. Dienstleistungsqualität aus Kundensicht kann demnach nur dann erreicht werden, wenn das Niveau der tatsächlich erbrachten Dienstleistungsqualität die Erwartungen der Kunden (über)erfüllt. Treffen sich die hier induzierten Erwartungen nicht mit der Unternehmensrealität, so entstehen bei den Konsumenten kognitive Dissonanzen hinsichtlich der Qualitätsbeurteilung, die vielfach einen Anbieterwechsel nach sich ziehen.

Hervorragende Unternehmen wie American Express bringen dabei ihre Unternehmenskultur beziehungsweise Corporate Culture so auch in der Qualität der Marktkommunikation zum Ausdruck. Ziel der kommunikativen Aktivitäten innerhalb des Kommunikationsmix ist dabei nicht nur die zielgruppengerechte Ansprache der aktuellen und potentiellen Mitglieder, sondern auch die Identifikation mit dem Kunden. Diese Identifikation kommt sehr deutlich in dem seit Jahren unverändert eingesetzten und noch immer aktuellen Slogan von American Express zum Ausdruck:

„Bezahlen Sie einfach mit Ihrem guten Namen.“

Diese Aussage ist inzwischen schon beinahe ein geflügeltes Wort und gleichzeitig Synonym geworden für die bargeldlose Begleichung von Rechnungen mittels Kreditkarte. Sie veranschaulicht sowohl das Besondere als auch die hohe gesellschaftliche Stellung beziehungsweise Vermögensposition der American Express-Mitglieder.

Auf dem Wege der klassischen Werbung betont American Express die Exklusivität der Karteninhaber beziehungsweise der Mitgliedschaft und rückt damit gleichzeitig auch das Nicht-Gewöhnliche und die Überlegenheit der American Express-Dienstleistungen sowie die permanente Orientierung an höchsten Qualitätsstandards in den Vordergrund. In diesem Zusammenhang ist auch die sogenannte „Portraits Campaign" zu sehen, die die photographischen Kunstwerke von Annie Leibovitz in den Mittelpunkt der Print-Kommunikation rückt.

American Express entschloß sich 1987 zu dieser ungewöhnlichen, außergewöhnlich personenzentrierten Werbekampagne, die prominente American Express-Mitglieder in ungewöhnlicher Weise zeigt. Prominente aus Kunst, Sport, Politik und Wirtschaft werden dabei in einer untypischen, fremden aber gleichzeitig auch privaten Umgebung so photographiert, daß sie eine bemerkenswerte und unvergleichliche Persönlichkeit erhielten. Für die Betrachter sind die Portraits unwirklich, faszinierend und doch schlüssig zugleich. Die Kampagne soll die weltweite Markenpositionierung von American Express unterstützen und dabei dokumentieren, daß die Mitglieder im oberen Marktsegment ganz besondere Menschen sind, die mit Phantasie einen exklusiven Lebensstil pflegen und auf höchste Qualität Wert legen. Nur die American Express-Karte kann ihren gehobenen Ansprüchen an das Leben und damit auch an ihre Kreditkarte gerecht werden. Und es sind auch eben jene Menschen, die American Express mit der Kampagne als zukünftige Mitglieder ansprechen will. Die Portrait-Kampagne wird mit nationalen und internationalen Motiven in Nord- und Südamerika, Asien und einigen europäischen Ländern eingesetzt. Sie kann schon heute als Erfolgsstory bezeichnet werden und wird in die Geschichte der Werbung eingehen.

Beispielhaft sind in Abbildung 8-2-7 einige der internationalen Auszeichnungen genannt, mit denen die Serie bereits ausgezeichnet wurde.

1987	Stephen Kelly Award	Beste Zeitschriftenkampagne
1990	Die Anzeige	Goldener Druckzylinder
1991	Art-Directors-Club	Gold
1991	CLIO New York	Finalist
1991	Gewinnende Werbung	Hervorragend
1991	Advertising Age	Die Kampagne der 80er Jahre

GABLER GRAFIK

Abbildung 8-2-7: Internationale Auszeichnungen der American Express-Portrait-Kampagne

In Deutschland läuft die Kampagne seit 1990 in führenden Publikumszeitschriften. Porträtiert wurden hier neben weiteren, international bekannten Prominenten unter anderem Michael Stich, Peter Hofmann, Klaus von Dohnanyi und Hanns Joachim Friedrichs.

Trotz des eigentlich klassischen Werbeträgers Print ist diese Kampagne ungewöhnlich und zugleich auch keine klassische Werbung im herkömmlichen Sinn. Im Vordergrund steht die künstlerische Aufnahme des Prominenten, mit der keinerlei werbliche Aussage zugunsten von American Express verbunden ist. Abgebildet werden neben dem Porträt nur der Name des Prominenten, seine Kreditkarte und der Beginn der Mitgliedschaft; ein insgesamt stark emotionaler Auftritt, bei dem in erster Linie Imageziele verfolgt werden und der die Informationsvermittlung in den Hintergrund rückt.

Das letztlich veröffentlichte Photo steht dabei am Ende eines langen Prozesses, dem umfangreiche Vorbereitungen und Vorarbeiten zugrunde liegen. Es werden Photos von der späteren Location gemacht und im Vorfeld Interviews mit allen Beteiligten – möglichst bei den Stars zuhause – geführt. Die so gewonnenen Einblicke prägen das spätere Photo als Ergebnis der Arbeit ganz entscheidend. Es wird eine ganz persönliche, subjektive Sicht des Prominenten zeigen, so wie er von Annie Leibovitz gesehen wird.

Die hohen Anforderungen, die American Express an die unternehmerische Kommunikationspolitik stellt, werden auch durch den unterschiedlichen kommunikativen Auftritt in den alten und den neuen Bundesländern nach der Wiedervereinigung deutlich. Während die Portrait-Kampagne weiterhin nur im alten Bundesgebiet geschaltet wurde, wurde den besonderen Anforderungen der potentiellen Mitglieder aufgrund der eher geringen Produktkenntnis in den fünf neuen Ländern über eine stärker informationsorientierte Kommunikation Rechnung getragen. Mittelpunkt war hier die Verbraucherinformation über den Zweck von und den Umgang mit Kredit- beziehungsweise Zahlungskarten. Diese Art der Werbung brachte dem Verbraucher das unbekannte und bislang nicht verfügbare Instrument des bargeldlosen Zahlens näher und stellte die Kreditkarte sachlich und mit solider Informationsbasis vor. Auch dieses Vorgehen belegt wiederum die zentrale Maxime von American Express, die Orientierung an den Kunden, ihren Bedürfnissen und Qualitätsanforderungen.

Auch über diese Art der Kommunikation hinaus ist das Unternehmen American Express sehr aktiv. So werden jährlich Sponsoringengagements in den Bereichen Kultur, Soziales und Umwelt in zweistelliger Millionenhöhe eingegangen, wobei hier ebenfalls eine konsequente Umsetzung der Qualitätsstrategie erfolgt. Zu nennen sei zum Beispiel die Unterstützung der Rembrandt-Ausstellung 1991, eine Ausstellung, die aufgrund ihres enormen künstlerischen Wertes weltweit Beachtung gefunden hat – sowohl bei den Mitgliedern als auch in der breiten Öffentlichkeit. Die Ausstellung war in Berlin, London und Amsterdam zu sehen, American Express Mitglieder aus aller Welt konnten sie kostenlos besuchen, an manchen Tagen war der Zugang für sie exklusiv reserviert. Dies galt im übrigen auch für Veranstaltungen im Begleitprogramm der Ausstellung. Hier sei zum Beispiel der feierliche Eröffnungsempfang mit der Möglichkeit einer Vorschau genannt.

Auch wurde beispielsweise das einzige Konzert von Frank Sinatra in Deutschland im Rahmen seiner Welttournee 1991 von American Express präsentiert, es war exklusiv American Express-Mitgliedern vorbehalten. Wie exakt American Express mit diesem Angebot die Bedürfnisse seiner Mitglieder getroffen hat, zeigt sich daran, daß die über 7000 Karten in kürzester Zeit ausverkauft waren. Daß dabei Nichtmitglieder bewußt ausgegrenzt wurden, kann nicht Anlaß von Kritik sein, sondern ist vielmehr die bewußte Umsetzung der Kommunikation:

„Membership has its privileges."

Die beiden Beispiele belegen, wie sich für die Mitglieder von American Express der Name des Sponsors mit den Leistungen des Unternehmens verbindet. Auf diese Weise werden die Begriffe Einmaligkeit, Hochwertigkeit und Exklusivität mit Leben erfüllt. In diesen Rahmen fügt sich schließlich auch die Nabucco-Aufführung in Frankfurt im Jahre 1994 ein, ein Ereignis, bei dem das Ensemble der Arena di Verona zum ersten Mal außerhalb von Verona Nabucco zeigte. American Express-Mitglieder wurden hierüber im Rahmen der Monatsabrechnung informiert und konnten Kartenbestellungen über eine spezielle Telefonnummer vornehmen.

Über diese besonderen „Highlights" hinaus engagiert sich American Express in einer Vielzahl weiterer Sponsoringprojekte. Die Palette reicht hier von der Unterstützung hochkarätiger Sportereignisse über die Erhaltung kunsthistorisch wertvoller Gebäude und Denkmäler bis hin zur Finanzierung tourismusbezogener Förderprojekte. Darüber hinaus setzt sich American Express auch in sozialen Projekten für Bedürftige und Benachteiligte der Gesellschaft ein, Aktivitäten, die allerdings in der Unternehmenskommunikation der Öffentlichkeit nicht detailliert dargestellt werden. Eine Überbetonung der vielfältigen sozialen Förderprogramme erscheint American Express aus ethisch-moralischen Gründen nicht angebracht.

Sponsoringprojekte sind auch bei American Express vor dem Hintergrund der angestrebten Erreichung der Marketing- und Kommunikationsziele zu sehen. Gemäß dem Sponsoringprinzip von Leistung und Gegenleistung werden die jeweiligen Engagements auch eingegangen, um sie begleitend kommunikativ verwerten zu können. Dies bedeutet konkret, daß American Express zum einen durch den nach außen gerichteten Einsatz kommunikationspolitischer Maßnahmen (beispielsweise Pressemitteilungen über Sponsoringaktivitäten) positive Imagewirkungen (insbesondere auch in Hinblick auf die Qualitätsdimension) beziehungsweise überhaupt auch erst einen höheren Bekanntheitsgrad in der Gesellschaft und damit bei potentiellen Mitgliedern erzielen will. Zum anderen sollen sich aber auch gerade die American Express-Mitglieder angesprochen fühlen, deren spezifischen, exklusiven Erwartungen durch möglichst einmalige und qualitativ hochwertige Sonderveranstaltungen Rechnung getragen werden muß.

Seine Mitglieder informiert American Express regelmäßig, einmal im Monat, auf dem Wege der Monatsabrechnung. Neben einer tagesgenauen Aufstellung der Rechnungsdaten, bei Fremdwährungsoperationen mit den entsprechenden Originalbeträgen, werden den Mitgliedern ständig neue Spezialarrangements im Touristikbereich angeboten, die jeweils über spezielle Telefonnummern gebucht werden können. Dies können zum Beispiel Wochenendangebote in neu eröffneten Hotels sein oder auch längere Ferienaufenthalte. Darüber hinaus werden die Mitglieder mit Beilagen über besondere Offerten im Bereich der Finanzdienstleistungen des Unternehmens (Premier-Liquiditätskonto, Daily Cash, Lebensversicherungen usw.) informiert.

Als weiteres Kommunikationsmedium werden von American Express auch Direct Mailing-Aktionen genutzt. In diesem Falle wird ein ausgewählter Personenkreis direkt angeschrieben und mit den Vorzügen der Kartenleistungen – soweit erforderlich – vertraut gemacht. Direct Mailings werden darüber hinaus auch bei Mitgliedern für den Absatz von Zweitkarten eingesetzt. Dabei wird den angesprochenen Kunden zum Beispiel eine Zweitkarte ohne Gebühr im ersten Jahr angeboten, die Ausstellung erfolgt ohne weitere Formalitäten binnen drei bis vier Tagen. Diese gezielten Mailingaktionen verhindern ineffektive Fehlstreuungen und dokumentieren dem angesprochenen Personenkreis gleichzeitig die Exklusivität des Angebots, die vielfach explizit betont wird.

Im Rahmen der Massenkommunikation konzentriert sich American Express neben der Portrait-Kampagne auf Fernsehspots, die sich ebenfalls von den Mediaaktivitäten der Wettbewerber unterscheiden. Dabei werden die Vorzüge der Karte in kurzen Filmhandlungen auf sympathische Weise vorgestellt. So wird einmal der schnelle Kartenersatz thematisiert, wenn zum Beispiel der Familienvater erst durch die Übergabe der Ersatzkarte am Flughafen in der Türkei bemerkt, daß seine kleine Tochter die American Express-Karte gegen eine Spielkarte ausgetauscht hat und er somit ohne Kreditkarte unterwegs war (Dinosaurier-Spot). In einem anderen Fall werden die Leistungen bei Verlust der Karte dargestellt, wenn der hilfsbereite Kavalier der Straße erst im Motel bemerkt, daß er bei der Pannenhilfe auf der Landstraße seine Brieftasche verloren hat. Hier genügt ein Anruf beim 24-Stunden-Service, der dann die Übernachtung auch trotz verlorener Kreditkarte möglich macht. American Express garantiert dem Hotel in dieser Konstellation beispielsweise die Übernahme der Rechnung. In jüngster Zeit werden schließlich auch Testimonials eingesetzt, die die Exklusivität und das Außergewöhnliche der Akzeptanzstellen hervorheben.

Als letztes Beispiel für die qualitätsorientierte Kommunikationsarbeit von American Express sei die Testimonialwerbung mit Eduard Zimmermann genannt. Der „Vater" von „Aktenzeichen XY ungelöst" tritt in gewohnt seriöser Weise auf und kommentiert, hinterlegt von einem kurzen Filmausschnitt, die Vorzüge von American Express-Reiseschecks.

2.43 Qualitätsorientierte Preis- und Konditionenpolitik

Zur Umsetzung des Qualitätsmanagements im Rahmen der Preis- und Konditionenpolitik bedient sich American Express einer Reihe unterschiedlicher Maßnahmen. Im Gegensatz zu den Angeboten konkurrierender Kreditkartenunternehmen, die neben ihrer Standardkarte jeweils lediglich eine Goldkarte anbieten und dafür entsprechend höhere Gebühren fordern, hat American Express die Preise seiner Leistungen in Anlehnung an die einzelnen Kartenangebote (Personal, Gold, Platinum, Corporate, Optima, Corporate Purchasing Card) weitaus stärker differenziert.

Für die grüne Personal Card fordert American Express vom Hauptkarteninhaber einen Jahresbeitrag von 100 DM, Zusatzkarten für Familienangehörige und Lebenspartner werden mit 25 DM je Karte berechnet. Die Gold Card kostet demgegenüber 200 DM für den Erstkarteninhaber und 50 DM für jede Zusatzkarte. In der Jahresgebühr der Platinum Card von 800 DM ist eine weitere Platinum Card und eine unbegrenzte Anzahl an Zweitkarten (Gold Cards) enthalten. Die Kosten der Corporate Card sind gestaffelt und unter anderem abhängig von der Anzahl der eingesetzten Karten.

Über die in den jeweiligen Kartenangeboten enthaltenen kostenfreien Leistungen werden insbesondere den Inhabern der Gold und Platinum Card zusätzliche Dienstleistungen angeboten, die separat honoriert werden müssen. So ist für Gold-Karteninhaber die Mitgliedschaft im Consul Club beispielsweise mit einer zusätzlichen Gebühr von 1 000 DM im Jahr verbunden, während die Leistungen des Consul Clubs in den Gebühren der Platinum Card bereits enthalten sind.

Erhoben werden die aufgelaufenen Rechnungsbeträge einmal im Monat. Das Mitglied hat dabei die Wahl zwischen Bankeinzug oder Begleichung mittels Scheck oder Überweisung. Die einzelnen Transaktionen werden auf der Rechnung mit Betrag und exakter Vertragspartnerangabe ausgewiesen, so daß die Kontrolle der Belastungen außerordentlich einfach ist. Darüber hinaus werden im Falle von Fremdwährungsgeschäften auch die genauen Valutabeträge aufgeführt. Schließlich ist auf der aktuellen Abrechnung auch ein Vermerk über den Saldo des Vormonats zu finden, so daß zum Beispiel im Fall des Bankeinzugs der eingezogene Betrag nochmals überprüft werden kann. Fehlbelastungen beziehungsweise Irritationen bei den Mitgliedern aufgrund unklarer Rechnungsstellung sind somit weitestgehend ausgeschlossen.

Qualitätsorientierte Konditionenpolitik heißt darüber hinaus beispielsweise auch, daß den Kunden verschiedene Perspektiven für die Rückzahlung der umgesetzten Beträge geboten werden. So können die Optima-Kunden die Rückzahlung der Kartenumsätze zeitlich strecken, sie gewinnen so eine größere finanzielle Flexibilität. Mitglieder, die ihre Rechnungen regelmäßig fristgerecht begleichen, werden dabei von der Zinshöhe her bessergestellt.

2.44 Qualitätsorientierte Distributionspolitik

American Express ist bestrebt, seine qualitätspolitischen Strategien operativ so umzusetzen, daß nicht nur die Anforderungen der tatsächlichen oder potentiellen Mitglieder erfüllt werden. Gemäß der Maxime, daß die Wünsche der Mitglieder und Partner an erster Stelle stehen, ist im Rahmen der qualitätsorientierten Unternehmenspolitik von American Express die Berücksichtigung der Qualitätsanforderungen und Wünsche der Vertragspartner, wie zum Beispiel Handelsunternehmen, Hotels oder Mineralölgesellschaften, für American Express eine Selbstverständlichkeit.

Eine Konkretisierung dieser Orientierung an den Bedürfnissen der Vertragspartner ist zum Beispiel ein Abrechnungssystem, das 1991 eingeführt wurde und den Zahlungsverkehr für die Akzeptanzstellen flexibel gestaltet und eine schnelle Abrechnung der Kartenumsätze erlaubt. So können die einzelnen Vertragspartner individuell die Modalitäten der Zahlungen von American Express bestimmen, indem sie je nach Interessenlage unter mehreren alternativen Abrechnungssystemen wählen können, die sich nach Zahlungsart und -ziel unterscheiden.

Darüber hinaus stehen den Vertragsunternehmen sowohl in den Serviceabteilungen als auch im Außendienst von American Express speziell geschulte Mitarbeiter als kompetente Ansprechpartner zur Verfügung. Sie helfen den Akzeptanzstellen, auch bei branchenspezifischen und gegebenenfalls komplexen Problemsituationen, eine schnelle Lösung zu finden, die den Anforderungen der Mitglieder und der Vertragsunternehmen gerecht wird. So wird beispielsweise sichergestellt, daß der Ansprechpartner eines Hoteliers stets ein auf diesem Gebiet erfahrener Mitarbeiter von American Express ist, selbst also ein Experte im Hotel- und Gaststättengewerbe. Diese Konstellation fördert das gegenseitige Verständnis und kann helfen, individuelle Schwierigkeiten schnell und gut zu lösen.

Auch 1993 konnten in diesem Bereich erhebliche Verbesserungen für die Vertragspartner erzielt werden. So konnte die Zeitspanne zwischen Einkauf des Mitgliedes und Erstattung des Betrages an die Akzeptanzstelle nochmals verkürzt werden. Auch wurden für die Vertragspartner in Hinblick auf die geforderten Gebühren Verbesserungen erreicht, doch ist hier in absehbarer Zeit keine völlige Angleichung an die Gebührenstruktur von Bankkarten angestrebt, da American Express für die höheren Gebühren auch einen entsprechenden Gegenwert liefert.

Schließlich signalisiert die Auswahl der Akzeptanzstellen bereits den (potentiellen) Mitgliedern, daß American Express nur solche Unternehmen unter Vertrag nimmt, die in ihrer Leistungserfüllung ein hohes Maß an (Dienst-)Leistungsqualität gewährleisten können. Die Akzeptanzstellen selbst sollen Teil des von American Express-Mitgliedern praktizierten Lebensstils sein, sie müssen den hohen Anforderungen der Kunden an ein außergewöhnliches Angebot und eine überlegene Leistungsbereitschaft gerecht werden können. Das Blue Box-Logo ist für das Vertragsunternehmen dabei ein Statussymbol, quasi eine Auszeichnung, die alle potentiellen Kunden anspricht – auch die Nichtmitglieder. Für den Karteninhaber ist es Sinnbild der Gewißheit, in Geschäften einzukaufen oder Dienstleistungen in Anspruch zu nehmen, die seinen gehobenen Anforderungen gerecht werden. Insbesondere auch in der aktuellen Kommunikationsstrategie von American Express werden beispielhaft Vertragspartner vorgestellt, die diesen Ansprüchen in besonderer Weise entsprechen.

2.45 Umsetzung der Qualitätsstrategie im Rahmen der Personalpolitik

Servicequalität ist gerade in dem von American Express bearbeiteten oberen Segment des Kreditkartenmarktes eine conditio sine qua non. Aufgrund der hohen Interaktionsintensität im Dienstleistungsbereich ist die Darstellung hervorragender Servicequalität dabei in besonderem Maße von der Qualifikation und der Leistungsbereitschaft der beteiligten Mitarbeiter abhängig. American Express ist sich dieser Herausforderung bewußt. Schon die Blue Box Values dokumentieren den herausragenden Stellenwert der Belegschaft:

„Engagierte und motivierte Mitarbeiter verwirklichen die Blue Box Values."

Personalakquisition und -auswahl sind auf die Rekrutierung hoch qualifizierter und motivierter Mitarbeiter auf allen Ebenen ausgerichtet, wobei ihre fachliche Qualifikation über Weiterbildungsprogramme kontinuierlich gefördert wird. Incentive-Programme sollen die American Express-Mitarbeiter darüber hinaus motivieren und möglichst langfristig an das Unternehmen binden.

Alle personalpolitischen Maßnahmen bei American Express sind integraler Bestandteil der Qualitätsstrategie. Daher investiert das Unternehmen in hohem Maße in die „Human Resources", um die Servicebereitschaft und das Wissen der Mitarbeiter zu fördern. Jeder Mitarbeiter im Servicebereich erhält bis zu acht Wochen Schulungen, in denen der Schwerpunkt der Weiterbildung auf der Genauigkeit der Aufgabenerfüllung liegt.

2.5 Organisatorische Verankerung des Qualitätsmanagements

Die Verantwortung für die Sicherstellung der Dienstleistungsqualität ist bei American Express nicht einer beliebigen Stabsstelle zugeordnet. So ist der Chairman des Unternehmens als Chief Quality Assurance Officer gleichzeitig weltweit für das Thema Qualität zuständig und verantwortlich. Darüber hinaus gibt es in jedem Land, in dem American Express vertreten ist, einen zuständigen Quality Assurance Officer (QAO). Das Qualitätsmanagement ist bei American Express somit Führungsaufgabe.

Verantwortlich für die Erfassung und Kontrolle der Qualitätsmerkmale ist der Manager Quality Assurance, der mit seinem Team unter dem Vice President Customer Service angesiedelt ist. Der gesamte Quality Assurance-Bereich unterhält dabei enge Beziehungen zur Trainingsabteilung, die sich bei der Entwicklung neuer Seminarangebote nicht zuletzt an dem über die Quality Assurance identifizierten Bedarf orientiert. Der gesamte Bereich des Qualitätsmanagements ist dabei im wesentlichen zentral organisiert, Ausnahmen bilden nur einige räumlich getrennte Geschäftsbereiche.

Das aktuelle Quality Assurance-System zeichnet sich dabei insbesondere durch die Offenheit für neue Aktivitäten, die Zentralität des Prozesses, die enge Bindung an die Geschäftsführung, die daraus erwachsende Unterstützung und den neutralen Ansatz gegenüber den Fachabteilungen aus. Die Rahmenrichtlinien des Qualitätsmanagements werden in enger Zusammenarbeit mit einer Headquarter-Funktion marktspezifisch modifiziert.

Beispielhaft sei die Qualitätsmanagementorganisation in Deutschland in Abbildung 8-2-8 dargestellt.

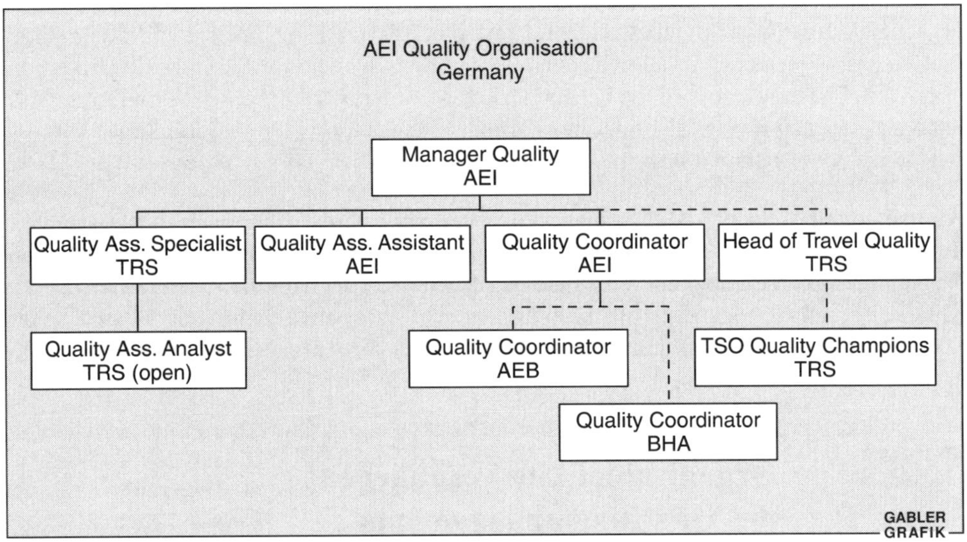

Abbildung 8-2-8: Organisation des Qualitätsmanagements in Deutschland

Unter organisatorischen Gesichtspunkten hat das Qualitätsmanagement dabei den Quality-Assurance-Prozeß durchzuführen, Verbesserungsmöglichkeiten zu identifizieren und das TQM-Konzept zu verbreiten. Seine Aufgaben umfassen dabei nicht nur die Beobachtung der unternehmensinternen Strukturen und Prozesse, auch im Bereich der Lieferanten und Dienstleistungszulieferer werden die relevanten Qualitätsmerkmale identifiziert und überprüft.

Die spezifischen Aufgaben und Probleme, die dabei aktuell im Vordergrund stehen, werden jeweils in einem Jahresplan für die Quality Assurance und das Total Quality Management niedergelegt.

Zwischen den einzelnen Abteilungen von American Express werden zur Durchsetzung der internen Standards Servicevereinbarungen genutzt. In diesen Vereinbarungen wird ein bestimmtes Serviceniveau festgeschrieben, das auch eingehalten werden muß. Die Einhaltung dieser Standards wird auf wöchentlicher oder monatlicher Basis überprüft. Wird das vereinbarte Serviceniveau auf einem kontinuierlich hohen Niveau erreicht, so wird die Überprüfung beendet. Damit wird gewährleistet, daß Kontrollen nicht um ihrer selbst willen durchgeführt werden (Horovitz/Panak 1992, S. 178f.).

2.6 Erfolgsfaktoren der Qualitätssicherung und des Dienstleistungsmarketing aus Sicht von American Express

Die langfristige Sicherung des Unternehmenserfolges eines Dienstleistungsanbieters ist abhängig von der Identifikation der bestimmenden Erfolgsfaktoren des jeweiligen Marktes. Als zentrale Erfolgsfaktoren für American Express lassen sich dabei folgende Punkte identifizieren:

- Qualitätsmanagement ist eine Führungsaufgabe,
- Qualitätsbewußtsein auf allen Ebenen,
- Identifikation des Unternehmens mit den Kunden und umgekehrt,
- Marktsegmentierung und Konzentration auf Kernzielgruppen bei Individualisierung des Serviceangebotes,
- Integrierte Kommunikation,
- Verständnis der American Express-Karte als Markenartikel,
- Mitarbeiter als Basis der Dienstleistungsqualität.

Nach Auffassung von American Express ist Dienstleistungsmarketing und Qualitätsmanagement eine nicht delegierbare strategische Aufgabe der Unternehmensleitung. Die Marketingidee muß, initiiert vom Topmanagement, von allen Mitarbeitern auf allen Ebenen gelebt werden, bei American Express ist sie integraler Teil der Unternehmenskultur. American Express sieht seinen Erfolg nicht mehr nur begründet in einer bloßen Markt- oder Kundenorientierung, sondern in der Identifikation der Kultur und der Leistungen des Unternehmens mit den Werten und Erwartungen seiner Kunden, mit ihrem Lebensstil. Eine solchermaßen idealtypische Übereinstimmung der Interessen und Ziele von Kunden und Unternehmen setzt die umfassende Kenntnis von Zielmärkten beziehungsweise Zielgruppen voraus. Marktsegmentierung, die Konzentration auf Kernzielgruppen und ein Angebot entsprechend gestalteter Leistungen sind der Weg zum Markterfolg.

American Express sieht das größte Wachstumspotential in einem möglichst **individuellen Serviceangebot** begründet. Bislang hat der Kartenmarkt gezeigt, daß Kredit- und Zahlungskarten keineswegs vollständig austauschbare Commodities sind, die sich lediglich in Hinblick auf den Preis unterscheiden. Die Kunden honorieren vielmehr individuelle Angebote – insbesondere im Dienstleistungssektor – durch erheblich wachsende Anbietertreue. Auf individuelle Bedürfnisse speziell zugeschnittene Tarifstrukturen, Incentives und Serviceangebote führen zu einer erhöhten Identifikation mit dem Produkt Kreditkarte. Die Kunden der Zukunft werden in größerem Umfang spezialisierte Produkte erwarten, und sie werden bereit sein, für individuelle Problemlösungen einen dem gestifteten Nutzen adäquaten Beitrag zu leisten. In der Orientierung am Kundennutzen liegt der Schlüssel für den zukünftigen Markterfolg, und so hat American Express seine Kunden nach ihren Bedürfnissen und ihrem Ausgabeverhalten segmentiert.

Besondere Chancen des qualitativen Wachstums sieht American Express für die Zukunft in einer weiter **differenzierten Marktbearbeitung**. So werden individuelle Kreditierungsfunktionen für den Erfolg am Markt immer entscheidender werden. Die Angebote im Bereich der Optima-Karte sind hier ein erster Schritt, wobei dieses Angebot nur der Anfang weiterer Leistungen im Finanzierungsbereich sein wird. Ein zweiter erfolgsträchtiger Bereich ist das wachsende Engagement im Segment der Firmenkunden mittels der Corporate Card. Die Firmenausgaben in den klassischen American Express-Bereichen Travel and Entertainment belaufen sich außerhalb der USA auf mehrere hundert Milliarden Dollar, an denen American Express bislang einen vergleichsweise kleinen Marktanteil besitzt. Das internationale Wachstum im Firmengeschäft ist einer der zentralen Erfolgsfaktoren für American Express in den kommenden Jahren.

Überdurchschnittlich erfolgversprechend ist dabei mit der Corporate Purchasing Card das neue Angebot im Firmenbeschaffungsbereich, das dem Unternehmen einmal mehr einen Markt beträchtlicher Größenordnung erschließt. Allein die Beschaffung von Gütern und Leistungen, die einen Wert von unter 1 000 Dollar haben, beläuft sich in den USA auf über 250 Milliarden Dollar pro Jahr.

Im Privatkundenbereich sind es die sogenannten **Members of Distinction**, die überdurchschnittlich lange Mitglied bei American Express sind, überdurchschnittlich hohe Beträge mit ihren Karten umsetzen und in Hinblick auf Forderungsausfälle weit weniger problematisch sind. Ziel des Dienstleistungsmarketing und der Sicherstellung der Dienstleistungsqualität ist es demnach, die Kundenbindung zu eben diesen Mitgliedern weiter auszubauen, um damit einen größeren Anteil ihrer Gesamtausgaben über die American Express-Karte abzuwickeln.

Die Identifikation mit den Zielgruppen kann dabei nicht allein über die angebotenen Leistungen erreicht werden. An Bedeutung gewinnen werden nach Auffassung von American Express in den kommenden Jahren Konzepte der **integrierten Kommunikation**, bei denen die klassischen Instrumente wie Werbung oder auch Public Relations mit neueren Formen der Marktkommunikation wie zum Beispiel Sponsoring verknüpft werden. Zu dieser Integration gehört auch, daß die unternehmensinternen Informationsbestände intensiv genutzt werden. Ein Kreditkartenunternehmen wie American Express sammelt im Laufe der Zeit einen beträchtlichen Stamm an Kundendaten an, die für die weitere Arbeit von enormem Wert sein können, wenn entsprechende Auswertungsmöglichkeiten eine selektive Nutzung der Datenbestände erlauben (American Express gibt allein für die Kommunikationseinrichtungen, Computer, Datenbanken usw. 150 Millionen Dollar im Jahr aus; Lovelock 1988, S. 270f.).

American Express versteht sein Kartenangebot als **Markenartikel**, als Produkt, das den Mitgliedern überdurchschnittlichen Nutzen bietet. Ganz im Lichte der Markenartikeltradition umfaßt dieses Verständnis die exakte und scharfe Positionierung der American Express-Karte im Insystem der Verbraucher, eine besondere Verpflichtung gegenüber der Qualität und die ständige Suche nach Optimierungsmöglichkeiten. Diese Optimierungsmöglichkeiten kann nur ein Unternehmen erschließen, das die Gründe seines Markterfolges bei seinen Marktpartnern sucht und ihre Bedürfnisse in den Mittelpunkt des unternehmerischen Handelns rückt.

Die Ansprüche, die American Express dabei an seine Dienstleistungsqualität stellt, lassen sich nur verwirklichen, wenn die **Qualifikation und die Motivation der Mitarbeiter** entsprechend hoch sind. Deren Förderung und Entwicklung gilt American Express als Investition in die zukünftige Wettbewerbsfähigkeit des Unternehmens.

Literatur

Neben der angegebenen Literatur (siehe dazu das Literaturverzeichnis am Ende des Buches) wurden die folgenden unternehmensinternen Quellen verwendet:

American Express (Hrsg.): Geschäftsberichte 1990, 1991, 1993.

3.

Fallstudie
AVIS DEUTSCHLAND GmbH

Dokumentation: Prof. Dr. Manfred Bruhn/Dipl.-Kffr. Bettina Bunge

Die Verfasser danken Herrn Dipl.-Kfm. Dieter Woitscheck (Vorsitzender der Geschäftsführung der AVIS Autovermietung GmbH & Co. KG), Herrn Dipl.-Kfm. Thomas Rath (Marketingleiter des Unternehmens), Frau Barbara Klehr (Training & Customer Satisfaction Manager des Unternehmens) und den anderen beteiligten AVIS Mitarbeiterinnen und Mitarbeitern für die Bereitstellung der Unterlagen sowie die Diskussionen zur Fertigstellung der Fallstudie.

3.1 Besonderheiten des Dienstleistungsmarketing und Daten zum Unternehmen

3.11 Daten zum Unternehmen und seiner Entwicklung

Die AVIS Deutschland GmbH & Co. KG mit Hauptverwaltung in Oberursel ist die deutsche Tochter eines international tätigen Dienstleisters im Bereich Autovermietungen. Das Unternehmen wurde von dem Autohändler Warren E. Avis 1946 in den USA mit lediglich zwei Autos an den Flughäfen von Detroit und Miami als „AVIS Airline Rent a Car" gegründet. Avis verkaufte das Unternehmen aber schon nach zehn Jahren an Richard S. Roblis, der unter anderem die Einwegvermietung „Rent it here – leave it there" erfand. Bald darauf wurde AVIS Europe als die europäische Hauptverwaltung der amerikanischen AVIS Rent a Car System Inc. gegründet. Die erste Vermietstation in Deutschland eröffnete schließlich 1965. 64,7 Prozent der Firmenanteile von AVIS Deutschland hält derzeit die Cilva Holding in Belgien, 26,5 Prozent General Motors und 8,8 Prozent die Konzernmutter AVIS Inc. in den USA.

Das **Dienstleistungsangebot der AVIS Unternehmung** umfaßt zum einen die Vermietung von Pkws aller Klassen, vom Kleinwagen bis zum Luxusfahrzeug sowie von Nutzfahrzeugen beziehungsweise Transportern bis 7,5 Tonnen. Zudem werden „Dienstleistungen rund ums Auto" geboten, wie beispielsweise Zustell- und Abholdienste, Chauffeur-Service, Sonderausstattungen und Extra-Service-Angebote im Auto. Die **AVIS** Autovermietung bietet **weltweit** in 140 Ländern an knapp 5 000 Vermietstationen, davon 1 200 an Flughäfen, ihre Dienstleistungspakete an. Mit ca. 15 Millionen Vermietungen pro Jahr, 400 000 Fahrzeugen und 21 000 AVIS Mitarbeitern konnten im Jahr 1993 weltweit Einnahmen in Höhe von 6,8 Milliarden DM erzielt werden.

Untersucht man speziell **AVIS Europa**, so wird eine Marktabdeckung in 30 Ländern mit 2 300 Vermietstationen (davon 290 an Flughäfen) offensichtlich. Mit mittlerweile 3 Millionen Vermietungen pro Jahr, einer Fahrzeugflotte von über 125 000 Wagen und ca. 7 000 Mitarbeitern wurden 1993 bei AVIS Umsätze in Höhe von 1,7 Milliarden DM getätigt.

Zur Veranschaulichung der außergewöhnlichen Unternehmensentwicklung von **AVIS Deutschland** dient beispielsweise die Anzahl der Neugründungen von Vermietstationen. Waren es 1988 in Deutschland insgesamt 172 Stationen, so gab es 1990 schon 270 AVIS Vermietungsgebäude in Ost und West. 1992 umfaßte das Netzwerk insgesamt knapp 360 Stationen. 1993 fand aufgrund der schwierigen konjunkturellen Situation in Deutschland bei der AVIS Autovermietung eine Konsolidierung statt, 1994 wird sich die Anzahl der Stationen bei 300 bewegen und sich 1995 auf 330 stabilisieren. Mit 600 000 Vermietungen pro Jahr, 11 000 Fahrzeugen und 800 Mitarbeitern ist AVIS Deutschland im europäischen Vergleich das zweitgrößte AVIS Tochterunternehmen.

Im Hinblick auf die Umsatzentwicklung bei AVIS Deutschland läßt sich feststellen, daß von 1987 bis 1991 eine Umsatzverdopplung auf 358 Millionen DM stattgefunden hat. In den letzten drei Jahren ist der Vermietumsatz des Unternehmens inklusive Lizenznehmer allerdings aufgrund der schlechten wirtschaftlichen Rahmenbedingungen, aber auch aufgrund der von der Unternehmensleitung aktiv gesteuerten Konzentration des Unternehmensgeschäftes auf eher hochpreisige Segmente, etwas weniger angestiegen, so daß bei AVIS 1993 Umsätze von 304 Millionen DM verzeichnet werden konnten.

Die Stationsentwicklung von AVIS weltweit, in Europa und insbesondere in Deutschland wird in einem Überblick in Abbildung 8-3-1 dargestellt.

Stationsentwicklung AVIS Autovermietung (Anzahl der Stationen)			
Jahr	Deutschland	Europa	Weltweit
1965	17	50	2 000
1972	31	400	2 800
1980	78	1 000	3 500
1992	356	2 380	5 200
1993	270	2 215	4 800

GABLER GRAFIK

Abbildung 8-3-1: Die Stationsentwicklung der AVIS Autovermietung

3.12 Analyse des Marktes für Autovermietungen

Die Branche der Autovermieter in Deutschland zeigt für den Zeitraum 1988 bis 1991 ständig steigende Umsätze in Millionenhöhe, seit 1992 allerdings stagniert beziehungsweise schrumpft dieser Markt kontinuierlich, wie Abbildung 8-3-2 zeigt. Das Gesamtmarktvolumen schrumpfte offensichtlich von 3,9 Milliarden DM im Jahr 1992 auf knapp 3,4 Milliarden DM im Jahr 1993.

Deutschland bleibt allerdings trotz dieses Umsatzeinbruchs ein attraktiver Markt für Autovermietungsunternehmen und gilt als ein sehr reiseintensives Land sowie wichtigster Teilmarkt in Europa: Der Vermietumsatz pro Kopf der Bevölkerung ist mit 44 DM der höchste im Vergleich zu den europäischen Nachbarn.

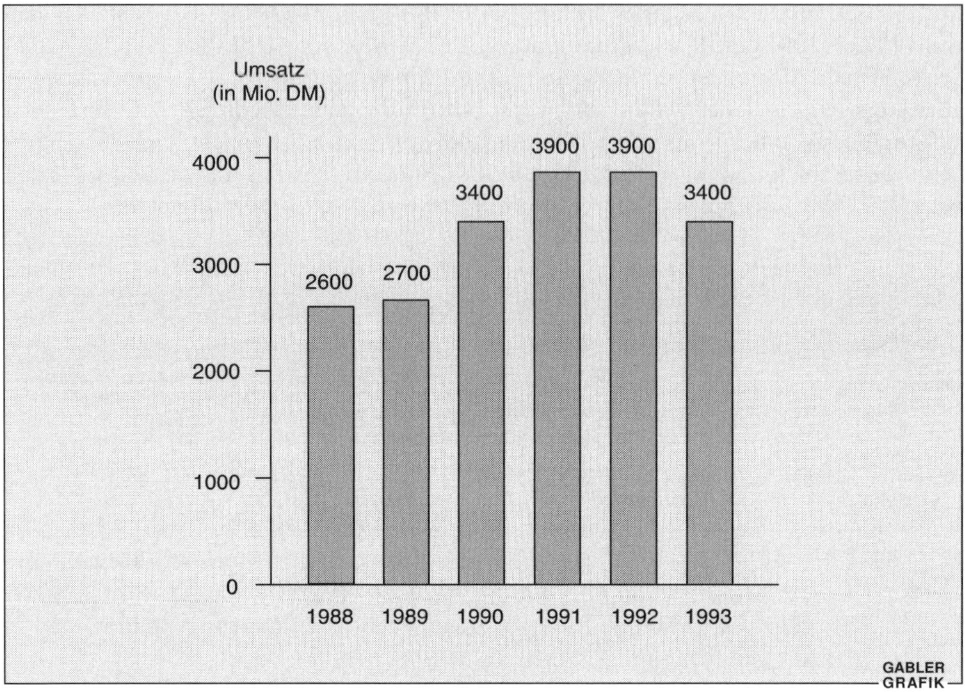

Abbildung 8-3-2: Der deutsche Markt für Autovermieter 1988 bis 1993

Die Autovermieter als wichtige Kunden der Automobilindustrie erweitern offensichtlich ihre Fuhrparks jedes Jahr (abgesehen von 1993) um mindestens 20 Prozent, so daß 1993 insgesamt 150 000 Mietwagen – davon 130 000 Pkw und 20 000 Lkw – in den alten und neuen Bundesländern zur Verfügung standen (vgl. Abbildung 8-3-3).

Im **Markt für Autovermietungen** lassen sich folgende **Marktsegmente** unterscheiden, wobei zusätzlich noch zwischen den verschiedenen Fahrzeugtypen Pkw, Lkw mit Auflieger sowie Spezialfahrzeugen unterschieden werden kann (in Klammern der jeweilige Umsatzanteil):

- Vermietung von Unfallersatzwagen (ca. 35 Prozent),
- Vermietung zur geschäftlichen Nutzung (ca. 30 Prozent),
- Vermietung an Touristen (ca. 15 Prozent),
- Vermietung für sonstige, private Zwecke (zum Beispiel Wochenendfahrten, Umzüge, Luxusfahrzeuge für Hochzeiten u. ä.) (ca. 5 Prozent),
- Vermietung von Lkws (ca. 15 Prozent).

Jahr	Zahl der Unternehmen	Mietwagen			Umsatz (in Mrd. DM)
		Insgesamt	davon Pkw	davon Lkw	
1989	1 100	100 000	75 000	25 000	2,7
1990	1 300	140 000	110 000	30 000	3,4
1991	1 400	170 000	135 000	35 000	3,9
1993	1 400	150 000	130 000	20 000	3,4

GABLER GRAFIK

Abbildung 8-3-3: Entwicklung des Marktes für Autovermietungen in Deutschland
(Quelle: Gruner + Jahr Branchendienst)

Bei der Untersuchung der **Marktanteilssituation der einzelnen Autovermieter** läßt sich feststellen, daß AVIS in Europa Marktführer ist, aber weltweit an zweiter Stelle und in Deutschland mittlerweile hinter Sixt und Europcar an dritter Stelle steht. Zur Charakterisierung der **Marktsituation in Europa** dient hier die Marktanteilsstruktur der Autovermieter an den Flughäfen für 1993, die in Abbildung 8-3-4 dargestellt ist.

Angaben zu den **vier größten Autovermietern in Deutschland** für das Jahr 1993 sind der Abbildung 8-3-5 zu entnehmen.

Bei einer genaueren Untersuchung des Marktes für Autovermietungen läßt sich feststellen, daß die durchschnittliche Haltedauer eines Pkw in der Flotte eines Vermietungsunternehmens immer kürzer wird und meist nur noch bei sechs Monaten liegt. Der Verkauf

Autovermietung	Marktanteile (in Prozent)
AVIS Europe	32
Hertz	28
Europcar	24
Sixt Budget	11
Andere Autovermieter	5

GABLER GRAFIK

Abbildung 8-3-4: Die Marktanteilsstruktur der Autovermieter an europäischen Flughäfen im Jahr 1993

Autovermietung	Fahrzeugbestand	Stationen	Vermietungsumsatz (in Millionen DM)
Europcar	22 500	470	490
Sixt Budget	22 000	238	490
AVIS Deutschland	16 000	270	304
Hertz	12 000	230	190

GABLER GRAFIK

Abbildung 8-3-5: Autovermieter in Deutschland im Jahr 1993
(Quelle: Bundesverband der Autovermieter)

der gebrauchten Fahrzeuge ist mit einem Umsatzanteil von ca. 60 Prozent ein bedeutender Faktor im Geschäft der Autovermieter, die 1991 letztmalig von der großen Nachfrage nach Gebrauchtwagen in den neuen Bundesländern profitiert haben. Der intensive und aggressive Wettbewerb hat, in Verbindung mit der konjunkturellen Talfahrt, zu Beginn der neunziger Jahre zu einem Strukturwandel in der Vermietungsbranche geführt.

3.13 Besonderheiten des Dienstleistungsmarketing und Implikationen für das Unternehmen AVIS Deutschland

Die derzeitigen Marktstrukturen sowie die Entwicklungstendenzen auf dem Markt für Autovermietungen verändern die Anforderungen und Aufgaben des Dienstleistungsmarketing dieser Branche.

Zu erwähnen ist in diesem Zusammenhang, daß der Bereich Autovermietung hierbei zu den konsumtiven kommerziellen Dienstleistungen zählt und als ein persönlicher, nicht automatisierter Service am Kunden bezeichnet werden kann, der ergebnis- und auch prozeßorientiert zu vollziehen ist (vgl. Lovelock 1988). Die wachsende Homogenität der **Kernleistung** „Zurverfügungstellung eines Wagens zur Fahrt von A nach B" mit identischen Angeboten hinsichtlich Vermietstationen, Fahrzeugflotte, Innenausstattung u.a. führt dazu, daß eine Differenzierung gegenüber dem Wettbewerb allein über das Kernprodukt kaum noch möglich ist. Zudem ist aus Sicht der Kunden nicht mehr nur der Autotyp w zum Zeitpunkt x am Ort y gefragt, sondern umfassende **Problemlösungen** mit flexibler Anpassung des Vermietungsunternehmens auch an sich kurzfristig ändernde Kundenwünsche und -bedürfnisse. Vor diesem Hintergrund wird die Qualität zum entscheidenden Erfolgsfaktor am Markt.

Aufgabe des Dienstleistungsmarketing ist es damit, ein eindeutiges und unverwechselbares Profil der AVIS Autovermietung als Qualitätsanbieter zu entwickeln, zu sichern und den Anspruchsgruppen des Unternehmens zu kommunizieren, um langfristige Wettbewerbsvorteile zu schaffen. Sämtliche Maßnahmen des Dienstleistungsmarketing müssen sich an den Kundenerwartungen ausrichten und letztlich versuchen, neue AVIS Kunden zu gewinnen und vorhandene AVIS Kunden an das Unternehmen zu binden, um somit langfristig wirtschaftliche Geschäftsbeziehungen realisieren zu können.

3.2 Unternehmensphilosophie und Strategien des Dienstleistungsunternehmens

3.21 Die Unternehmensphilosophie der AVIS Autovermietung

Die **Unternehmensphilosophie** beinhaltet die allgemeinen Zielvorstellungen sowie Werte der Unternehmung und bildet damit die Basis für die Bestimmung eines konsistenten Zielsystems. Ausgangspunkt der Diskussion um die Unternehmensphilosophie ist der **Unternehmenszweck**, der bestimmt, welche Art von Leistungen die Unternehmung als Teil der Gesamtwirtschaft erbringen soll. Mit der Beantwortung der Fragen „Was ist unser Geschäft?“ und „Was sollte unser Geschäft sein?“ gibt sich die Unternehmung eine klare Grundrichtung.

AVIS hat es sich zur Aufgabe gesetzt, den Bedürfnissen und Erwartungen ihrer Kunden, Aktionäre und Mitarbeiter nachzukommen oder nach Möglichkeit sogar zu übertreffen, indem „bester Service“ geleistet wird. Mit der Vision „Unser Produkt sind nicht die Fahrzeuge, sondern Kundenzufriedenheit, die von Menschen geleistet wird“ als umfassende Handlungsmaxime versucht AVIS, bei seinen Anspruchsgruppen Anerkennung als „Weltklasse Service Organisation“ zu erlangen.

Seit Anfang der sechziger Jahre ist **„We Try Harder“** das weltweit gültige Firmenmotto von AVIS. Als Unternehmensphilosophie ist es die Verpflichtung jedes Mitarbeiters, in sämtlichen Aktivitäten den Kunden gegenüber größtmöglichen Service in bezug auf Vermietungsleistungen zu bieten, wobei hierfür ständige Verbesserungsanstrengungen notwendig sind. Zwei Hauptmotive sind für sämtliche Entwicklungen und Maßnahmen der AVIS Mitarbeiter von Bedeutung, wie sich in Abbildung 8-3-6 erkennen läßt. Das Ziel **„To Do The Job Right The First Time“** beinhaltet die zentrale Aufgabe jedes Mitarbeiters, unbedingt zu versuchen, daß die Dienstleistungen bereits beim ersten Mal möglichst fehlerfrei beziehungsweise den Kundenanforderungen entsprechend erbracht werden, um Mängel und spätere Beschwerden zu minimieren. Mit der Aufgabe **„To**

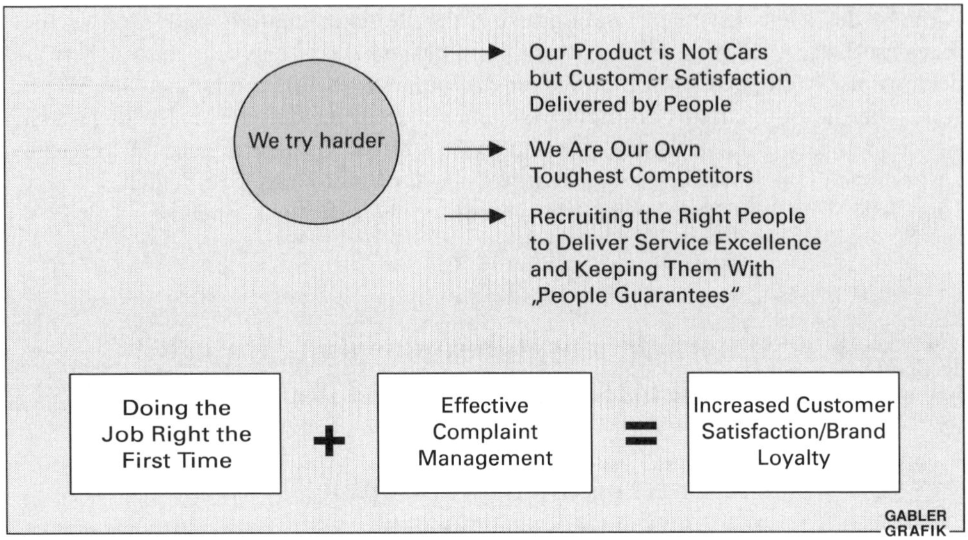

Abbildung 8-3-6: Die Firmenphilosophie der AVIS Autovermietung

Effectively Manage Complaints" ist die Notwendigkeit angesprochen, die von Kunden artikulierten Beschwerden, sollten sie dennoch auftreten, so zu bearbeiten, daß der „Complainer" beziehungsweise der Führer der Beschwerde letztlich mit der Beschwerdebearbeitung und mit dem Beschwerdeergebnis zufrieden ist.

Da jede Mitarbeitertätigkeit innerhalb einer Organisation letztlich einen externen Kunden betreffen wird, sind bei AVIS die genannten Unternehmensprinzipien ohne Rücksicht darauf anzuwenden, ob eine Veränderung Bezug zu einem „internen Kunden", das heißt einem AVIS Mitarbeiter, oder einem externen Lieferanten beziehungsweise Kunden hat.

3.22 Strategische Grundsätze der AVIS Autovermietung

Die Unternehmensphilosophie findet in **Unternehmensleitlinien** beziehungsweise **Unternehmensgrundsätzen** ihren konkreten Ausdruck, und ihr verbindlicher Charakter sollte durch die schriftliche Dokumentation unterstrichen werden (Meffert 1994a, S. 80). Bei der AVIS Autovermietung sind verschiedene unternehmenspolitische Grundsätze, Struktur- und Verhaltensrichtlinien formuliert worden, wobei der **Kunde stets im Mittelpunkt sämtlicher Unternehmensaktivitäten** steht, wie Abbildung 8-3-7 verdeutlicht, die das in den AVIS Stationen und Handbüchern schriftlich vorliegende und sämtlichen Mitarbeitern offen zugängliche Kerndokument der AVIS Autovermietung darstellt.

DER KUNDE

- Unsere Kunden sind für uns die wichtigsten Personen, keine Außenstehenden, sondern Teil unseres Geschäfts.
- Unsere Kunden hängen nicht von uns ab. Wir hängen von ihnen ab.
- Unsere Kunden stören nicht bei unserer Arbeit, sie sind der Inhalt unserer Arbeit. Wir erweisen ihnen keinen Gefallen, indem wir sie bedienen. Sie geben uns die Gelegenheit, sie bedienen zu dürfen.
- Unsere Kunden sind keine EDV-gespeicherten Größen. Sie sind menschliche Wesen aus Fleisch und Blut mit Meinungen und Gefühlen wie wir selbst.
- Mit unseren Kunden streiten wir nicht. Niemand hat jemals einen Streit mit einem Kunden gewonnen.
- Unsere Kunden kommen mit ihren Wünschen und Bedürfnissen zu uns. Es ist unsere Aufgabe, diese Wünsche zu erfüllen zum Nutzen unserer Kunden sowie zum Nutzen unseres Unternehmens und zu unserer eigenen beruflichen Zufriedenheit.

WE TRY HARDER.

GABLER GRAFIK

Abbildung 8-3-7: Grundsätze der AVIS Autovermietung

Die AVIS Unternehmung definiert ihre **Produktpositionierungsstrategie** hierbei so, daß sie die eigene aktuelle Marktposition (so wie sie die Konsumenten wahrnehmen) unbedingt stärken beziehungsweise verbessern will, nach dem global formulierten Prinzip „We Are Number Two. We Try Harder." (Kotler 1988, S. 314). Die generellen AVIS Unternehmensziele Gewinnoptimierung, Marktanteilssteigerung und „Sinnmanagement" für die Mitarbeiter bilden hierbei die Oberziele für das Ziel der Schaffung dauerhafter Kundenzufriedenheit und wiederkehrender Geschäftsabschlüsse beziehungsweise Kundentreue.

Um das Ziel der umfassenden, permanenten Kundenzufriedenheit zu gewährleisten, ist es aus Sicht von AVIS zudem notwendig, Zufriedenheit bei den AVIS Mitarbeitern und die Erreichung gesellschaftlicher Ziele zu realisieren.

Zu den **mitarbeiterbezogenen Zielen** zählen die

- Schaffung von Zufriedenheit bei sämtlichen AVIS Mitarbeitern,
- Bildung von Partnerschaften zwischen AVIS und den Mitarbeitern,
- Erzeugung wettbewerbsfähiger Gehälter und sozialer Leistungen,
- Auszeichnung und Anerkennung von Mitarbeiterloyalität,

- optimale Schulung sämtlicher Mitarbeiter,
- Entsprechung von internem und externem Service,
- Schaffung eines Arbeitsumfeldes, bei dem 90 Prozent der Mitarbeiter sagen, daß die AVIS Unternehmung einer der besten Arbeitgeber ist sowie
- Schaffung eines Arbeitsumfeldes, bei dem 90 Prozent der Mitarbeiter sagen, daß AVIS die Verpflichtung hat, den besten Service der Branche zu bieten.

Zu den **gesellschaftsbezogenen Zielen und Aufgaben**, die AVIS sich beziehungsweise seinen Mitarbeitern setzt, zählen die folgenden Bereiche:

- Öffentliches Wohlergehen und Sicherheit (zum Beispiel die Schaffung von Bewußtsein für vorsichtiges Fahren, Sicherheit und Schutz),
- Umweltschutz (zum Beispiel Müllreduktion und Wiederverwertung von Abfall, insbesondere Papier, bei der Arbeit mit Hilfe elektronischer Mailingsysteme; Fahrzeuge für den Betrieb mit bleifreiem Kraftstoff),
- Unterstützung von Gemeinden (zum Beispiel bei Sportvereinen, Behindertenwerkstätten o. ä.).

3.23 Qualitätsorientierte Strategieausrichtung der AVIS Autovermietung

Angesichts der Unterscheidung zwischen technischer und wahrgenommener Qualität lassen sich unter dynamischen Gesichtspunkten verschiedene Strategien der Qualitätsorientierung identifizieren. Im Rahmen von Qualitätsverbesserungsstrategien sind die aus Konsumentensicht wichtigsten Qualitätsdimensionen technisch und wirtschaftlich zu verbessern. Über eine mögliche Veränderung des Qualitätsbewußtseins kann die Wahrnehmung und Wichtigkeit von Leistungsmerkmalen aus Kundensicht beeinflußt werden.

Bei AVIS entspricht die qualitätsorientierte Strategieausrichtung weitgehend den beschriebenen strategischen Grundsätzen der Unternehmung. Die Kundenzufriedenheit beziehungsweise -unzufriedenheit bestimmt für AVIS weltweit die Gestaltung der Dienstleistungsqualität.

In Anlehnung an das japanische Qualitätskonzept KAIZEN, nach dem die gesamten Unternehmensaktivitäten ständig verbessert werden müssen, ist eine **fortwährende Verbesserung im Unternehmen unter Einbeziehung sämtlicher Mitarbeiter** auch für AVIS von größter Bedeutung. Mit der beständigen Frage: „Wie können wir uns noch verbessern?“ sind sämtliche Unternehmenstätigkeiten in einem „Verbesserungskreislauf", dem sogenannten **Improvement Circle**, festgehalten. 1994 wurde beispielsweise bei AVIS unter anderem das **Betriebliche Vorschlagswesen** mit dem Slogan **„We try harder. Denk mit!"** ins Leben gerufen.

3.3 Qualitätsmanagement bei AVIS Deutschland

Qualitätsmanagement wird nach DIN 55350 Teil 11 (neu) sowie nach DGQ Nr. 11-04 „Begriffe zum Qualitätsmanagement" grundsätzlich als „Gesamtheit der qualitätsbezogenen Tätigkeiten und Zielsetzungen" im Unternehmen verstanden (vgl. hierzu zum Beispiel Geiger 1994, S. 29ff.) und beinhaltet demzufolge das langfristig orientierte integrierte Führungskonzept einer Organisation, das Qualität in den Mittelpunkt sämtlicher Unternehmensaktivitäten stellt und durch Zufriedenstellen der Kunden auf langfristigen Geschäftserfolg sowie auf Nutzen für die Mitglieder der Organisation und für die Gesellschaft zielt.

Die Qualität bestimmt sich aus der Summe der Eigenschaften von Produkten oder Dienstleistungen, um bestimmten Erfordernissen beziehungsweise Anforderungen gerecht zu werden (Bruhn 1991a, S. 23). Sowohl aus Sicht des Unternehmens AVIS als auch aus der Kundenperspektive sind im folgenden die verschiedenen Qualitätsanforderungen zu bestimmen.

3.31 Anforderungen an die Dienstleistungsqualität aus Unternehmenssicht

Die Dienstleistungsqualität aus Sicht von AVIS Deutschland wird nicht autonom durch die Unternehmensleitung definiert, sondern die Anforderungen ergeben sich aufgrund der Fähigkeit und Bereitschaft der Mitarbeiter des Dienstleistungsanbieters zur Erbringung bestimmter Niveaus von Dienstleistungsqualitäten. In Abbildung 8-3-8 sind verschiedene Beispiele für **Standards** aus den Bereichen Reservierung und Vermietung zusammengestellt, für die AVIS detaillierte Qualitätsanforderungen festgelegt hat (Aus Wettbewerbsgründen sind die quantitativen Ausprägungen der Qualitätsstandards teilweise verschlüsselt.). Für das Unternehmen ist im Bereich der Reservierung beispielsweise von besonderer Wichtigkeit, daß XX Prozent der Kunden am Telefon innerhalb von XX Sekunden bedient werden.

Bereich Reservierung	
Servicekriterium	**Standard**
Anrufe pro Mitarbeiter pro Tag	Weniger als XX
Anteil Reservierungen an den Telefonanrufen	Mehr als XX Prozent
Verlorengegangene Anrufe	Weniger als XX Prozent
Verhältnis zwischen Supervisor und Mitarbeiter	Maximal 8 Mitarbeiter pro Supervisor
Bereich Vermietung	
Servicekriterium	**Standard**
Shuttle Bus-Fahrplan (USA, England)	Maximal X Minuten Wartezeit
Fahrzeugvorbereitung	43-Punkte-Prüfliste
Reservierungsanfrage (Sonderwünsche)	Antwort innerhalb von XX Stunden (bei normaler Anfrage „on-line“-Reservierung)
Vermietvorgang (Check-out)	Maximal X Minuten pro administrativem Vermietvorgang

GABLER GRAFIK

Abbildung 8-3-8: Beispiele für Qualitätsstandards bei AVIS

Für sämtliche **Stationen**, **Agenturen** und **Lizenzpartner** hat AVIS in umfangreichen Handbüchern **Qualitätsstandards** für folgende **Bereiche** definiert beziehungsweise detaillierte Handlungsanweisungen festgelegt:

- Erscheinungsbild der Mitarbeiter, Vermietstationen, eingesetzte Technologien, Drucksachen u. ä. („System Identity“),
- Fahrzeugflotte,
- Administration (zum Beispiel Formulare, erlaubte Zahlungsmittel),
- Agenturabrechnung,
- Sales (zum Beispiel Betreuung durch Verkaufsrepräsentanten, Tele Sales Abteilung),
- Werbung und Öffentlichkeitsarbeit.

3.32 Anforderungen an die Dienstleistungsqualität aus Kundensicht

Die Anforderungen aus Kundensicht sind definiert durch die spezifischen Erwartungshaltungen der in Frage kommenden aktuellen und potentiellen AVIS Kunden. Die Erwartungen an die Dienstleistungsqualität richten sich sowohl auf das Potential, den Prozeß als auch auf das Ergebnis der Dienstleistung.

Das Unternehmen AVIS nutzt interne und externe Marktforschungssysteme, um die spezifischen Qualitätsanforderungen der unterschiedlichen Zielgruppen zu ermitteln.

Um aus der umfassenden **Dienstleistungskette** die verschiedenen **Teilqualitäten**, die jeweils von potentiellen und aktuellen Kunden eines Autovermietungsunternehmens gefordert werden, zu ermitteln, ist der **Gesamtprozeß beim Anmieten eines Mietwagens** zu analysieren. In Abbildung 8-3-9 wird ein sogenanntes „Blueprinting" dargestellt, das hier exemplarisch sämtliche **Kontaktsituationen** bei der Anmietung eines Autos erfaßt. Anhand dieses graphischen Ablaufdiagramms lassen sich so die verschiedenen Bereiche des Dienstleistungsprozesses systematisch analysieren und die spezifischen Qualitätsanforderungen aus Kundensicht generieren.

Hierbei ist allerdings zu berücksichtigen, daß die **verschiedenen Kundengruppen** beziehungsweise Kundensegmente zum Teil divergierende Anforderungen an die Dienstleistungsqualität stellen oder sich zumindest in ihrer Gewichtung der jeweiligen Teilqualitäten unterscheiden können.

Generell fordern potentielle und aktuelle AVIS Kunden bereits in der **Phase der Reservierung** von dem Vermieter, genauer der Vermietzentrale oder der Vermietstation, daß je nachdem, ob die Anfrage schriftlich (per Brief oder Fax), telefonisch oder direkt persönlich erfolgt, eine schnelle, freundliche und unkomplizierte Buchung des gewünschten Wagens für einen bestimmten Zeitraum gewährleistet ist. Die maximal mögliche Erfüllung der Kundenansprüche in bezug auf die Einhaltung gesetzter Termine, Repräsentationszwecke oder besondere berufliche oder private Umstände sowie persönliche Präferenzen für exklusive, außergewöhnliche Automarken, individuelle Wagenausstattungen oder zusätzliche Chauffeurdienste sind bereits in dieser Phase der Dienstleistungskette vom Kundenkontaktpersonal des anbietenden in Aussicht zu stellen.

Beim potentiellen Kunden entsteht ein Bild beziehungsweise eine Vorstellung vom gewünschten Mietwagen, das aber im Rahmen der gesamten Reisevorbereitungen noch relativiert beziehungsweise verändert werden kann oder aufgrund neuer Rahmenbedingungen verändert werden muß.

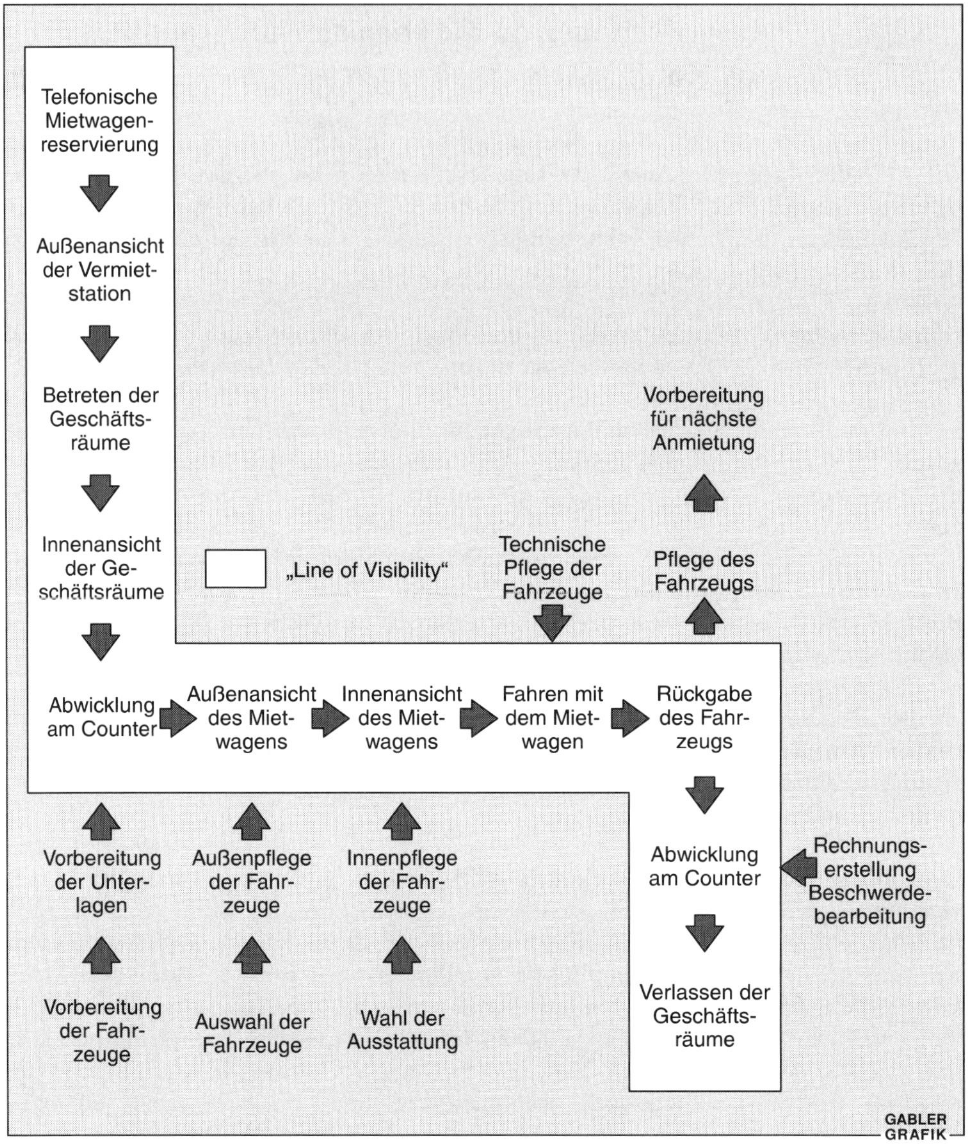

Abbildung 8-3-9: Blueprint für den Prozeß der Autoanmietung

Wenn der AVIS Kunde dann beispielsweise am Flughafen oder in der Stadt eine Vermietstation aufsucht, dann ist für ihn zunächst sehr wichtig, daß er das AVIS Gebäude oder den AVIS Counter problemlos findet; Anfahrtsskizzen, Hinweisschilder und sonstige Orientierungshilfen können hier hilfreich sein.

Bei der anschließenden **Abwicklung der Wagenanmietung am Counter** ist es für den Kunden essentiell, daß er nicht lange auf die Bedienung warten muß und daß er am Counter freundlich und zuvorkommend behandelt wird sowie zügigen Service erhält. Insbesondere unter Termindruck erwartet der Kunde eine schnelle Erledigung der Formalitäten. Auch die anschließende Übergabe des gewünschten Wagens muß aus Kundensicht zügig verlaufen. Der gemietete Wagen hat dann in bezug auf Sauberkeit, bestellter Innenausstattung und gewünschten Zusatzleistungen wie Straßenkarten, Reiseführer o.ä. den individuellen Kundenanforderungen zu entsprechen.

Während der **Fahrt mit dem Wagen** sollten keine technischen Pannen passieren, das heißt, Sicherheit und optimale Wartung des Fahrzeugs sind für den Kunden von besonderer Wichtigkeit. Wenn während der Autofahrt dennoch selbst- oder fremdverschuldete Unfälle geschehen, dann erwartet der Kunde von der AVIS Unternehmung Unterstützung am Unfallort bei der Schadensabwicklung, die schnelle Zurverfügungstellung eines adäquaten Ersatzwagens sowie eine spätere unkomplizierte Regulierung und korrekte Abrechnung der Schadensaufwendungen.

Bei Erreichen des Zielortes beziehungsweise bei **Rückgabe des Fahrzeugs** ist es für den AVIS Kunden wiederum wichtig, daß die Vermietstation ohne größere Schwierigkeiten zu finden ist sowie die Abwicklung der notwendigen Abrechnungsformalitäten unkompliziert erfolgt. Kundenkontaktpersonal, das sich auch bei „gestreßten" Kunden, die möglicherweise im Stau gestanden oder sich verfahren haben, einen Unfall hatten, sich bereits verspätet haben oder ansonsten mit der Reise unzufrieden waren, stets freundlich, geduldig und zuvorkommend verhält, kann Unannehmlichkeiten im nachhinein noch abmildern und den Kunden möglicherweise zumindest besänftigen. Offensichtlich sind diese externen Effekte, für die das Unternehmen AVIS zwar ursächlich nicht verantwortlich ist, die aber dennoch die vom Kunden wahrgenommene Dienstleistungsqualität maßgeblich bestimmen können, vom Kundenkontaktpersonal zu berücksichtigen und gegebenenfalls positiv zu beeinflussen. Auch das professionelle Management von spezifischen Kundenbeschwerden, die den Reservierungsvorgang, den Mietwagen o.ä. betreffen, sind von enormer Signifikanz für die Kundenzufriedenheit und mögliche längerfristige Bindung des AVIS Kunden an das Unternehmen.

3.33 Aufgaben des Qualitätsmanagementsystems

Grundsätzlich ist es Aufgabe des Qualitätsmanagements des Dienstleistungsanbieters, die vom Unternehmen definierte Dienstleistungsqualität permanent sicherzustellen (Bruhn 1991a, S. 40). Bei der Autovermietung AVIS Deutschland können folgende Teilaufgaben des Qualitätsmanagements unterschieden werden:

- Sicherstellung der Dienstleistungsqualität,
- Erhöhung der Kundenzufriedenheit,
- Verbesserung der Konkurrenzfähigkeit,
- Optimierung interner Prozesse,
- Erhöhung der Mitarbeiterzufriedenheit und damit
- generelle Verbesserung der Wirtschaftlichkeit des Unternehmens.

3.34 Struktur und Instrumente des Qualitätsmanagements

Das Qualitätsmanagement von AVIS Deutschland ist ein komplexes System, das mit dem Ziel der Schaffung von Kundenzufriedenheit bei sämtlichen Anspruchsgruppen des Unternehmens die in Abbildung 8-3-10 dargestellten qualitätsbezogenen Subsysteme umfaßt.

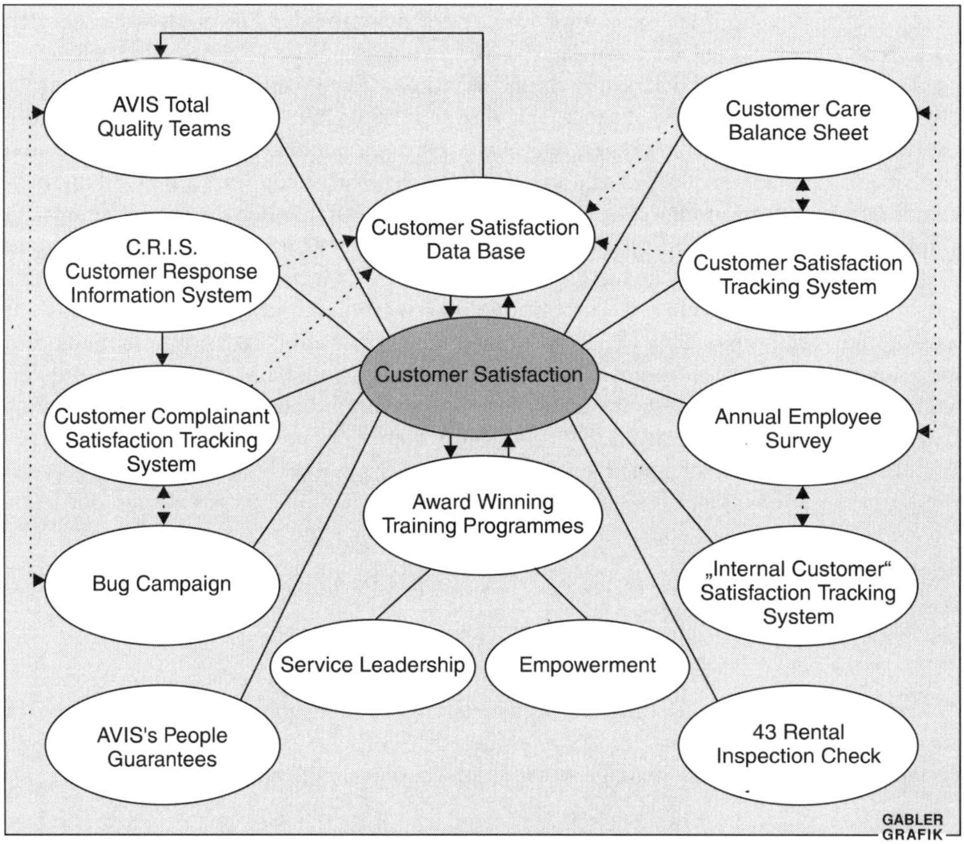

Abbildung 8-3-10: System des Qualitätsmanagements von AVIS

In den verschiedenen Phasen des Qualitätsmanagements werden unterschiedliche **Methoden** und **Techniken zur Messung der Dienstleistungsqualität** beziehungsweise der **Kunden- und Mitarbeiterzufriedenheit** eingesetzt, die zum Teil interdependent wirken oder wirken müssen. Bei AVIS ist die permanent aktualisierte sogenannte „Customer Satisfaction Data Base" empirische Grundlage für sämtliche Zufriedenheits- und Unzufriedenheitsmessungen. Die drei zentralen Systeme sind in Abbildung 8-3-11 genauer beschrieben.

Das **AVIS Customer Satisfaction Tracking System** liefert jeden Monat über 1300 Berichte für sämtliche AVIS Mitarbeiter der Vermietstationen, das heißt sowohl für das Kundenkontaktpersonal als auch die Führungskräfte im Unternehmen. Für jedes Land wird ein **Customer Satisfaction Index** ermittelt, der jeweils die monatlichen Abweichungen der Kundenzufriedenheit zu Vergangenheitsdaten im Vormonat, im vorherigen Quartal, aber auch im Vorjahr ermittelt. Als Beispiel sind die Umfrageergebnisse zur allgemeinen Kundenzufriedenheit in Europa für den Monat August 1994 in Abbildung 8-3-12 dargestellt.

Im folgenden wird am **Beispiel der Fahrzeugrückgabe** demonstriert, welchen konkreten Einfluß die Untersuchungsergebnisse zur Kundenzufriedenheit für das Qualitätsmanagement von AVIS haben. Die Einführung des AVIS Wizard Systems im Jahr 1986 machte es dem AVIS Mitarbeiter technisch möglich, erstmals ohne Anwesenheit des Kunden die Fahrzeugrückgabe korrekt abzuwickeln. Um Zeit beim Check-In zu sparen, konnten AVIS Kunden Wagenschlüssel und ein Formular in Post-it-Format in den Nachtbriefkasten der Vermietstation werfen, ohne dann noch weitere Formalitäten ausführen zu müssen. Die Analyse von Kundenantworten der Customer Satisfaction Fragebögen ergab allerdings, daß der Zufriedenheitsgrad der Kunden höher ist, wenn er zum Rückgabezeitpunkt nicht die Wagenschlüssel einfach in den Briefkasten wirft, sondern im persönlichen Kontakt mit dem AVIS Mitarbeiter einen Beleg über die Mietwagenkosten erhält. Hier wird deutlich, daß für bestimmte Kundengruppen der Qualitätsfaktor „Direkte, persönliche Interaktion mit dem Mitarbeiter" von größerer Wichtigkeit ist als der Qualitätsfaktor „Zeitersparnis". Aus diesen Untersuchungsergebnissen ergab sich für AVIS Europe die Schlußfolgerung beziehungsweise Notwendigkeit, von dem Zeitpunkt an 60 Prozent aller Fahrzeugrückgaben als sogenannte „Full Service Returns" abzuwickeln, das heißt in Anwesenheit der betroffenen Personengruppen.

Um regelmäßig festzustellen, wie effektiv AVIS Mitarbeiter Kundenbeschwerden bearbeiten, werden vom Unternehmen im Rahmen des sogenannten **Complainant Satisfaction Tracking Systems** jeden Monat Umfragekarten an 400 Kunden verschickt, die bereits schriftlich oder mündlich eine Reklamation an AVIS weitergeleitet hatten. Bei einer außergewöhnlich hohen Rücklaufquote von 25 bis 30 Prozent werden die Umfrageergebnisse mit Hilfe multivariater Analysemethoden ausgewertet, indem für die verschiedenen Reklamationsarten generelle, aber auch spezielle Zufriedenheitsmaße, die sogenannten **Complainant Satisfaction Indices**, für einzelne Maßnahmen der Beschwerdeführung ermittelt und den AVIS Mitarbeitern dann zugesandt werden. Die

	Customer Satisfaction Tracking System	Complainant Satisfaction Tracking System	Customer Response and Information System (C.R.I.S.)
Form	Fragebogen (aktiv)	Fragebogen (aktiv)	EDV-Auswertung von Briefen/Anrufen
Anwendung im Vermietkreislauf	Nach Wagenanmietung und Rechnungserhalt beim Kunden	Nach Bearbeitung der Kunden-reklamation	Nach Erfassung von Kundenanfragen/ Reklamationen
Frequenz	Monatlich	Monatlich	Kontinuierlich
Rücklauf/Kontakte	20–25 Prozent (Rücklaufquote)	25–30 Prozent (Rücklaufquote)	< 4 Prozent (Reklamationsquote in bezug auf Anzahl Anmietungen)
Anzahl/Jahr (Europa)	175 000	40 000	120 000–150 000
Parameter	Grad der Kundenzufriedenheit „Repurchase Intention"		55 Informations-/ Reklamationskriterien
Kennziffer	Customer Satisfaction Index	Complainant Satisfaction Index	Gewichtete Bedeutung der verschiedenen Anfragen/ Reklamationen
Steuerungs-instrument	1 100 Reports für 600 Stationen und ausgewählte Topkunden		„Bug Campaign" (50 Prozent Reduktion ausgewählter Reklamationen)
Aktivität	Marketing/Vertrieb/Operations		Total Quality Team (horizontales Prozeßmanagement)

Anmerkung: Die Systeme sind aus Gründen der Übersichtlichkeit nicht in zeitlich chronologischer Abfolge dargestellt. Bei AVIS wird C.R.I.S. zeitlich vor dem Complainant Satisfaction Tracking System eingesetzt. GABLER GRAFIK

Abbildung 8-3-11: Systeme zur Messung der Kundenzufriedenheit bei AVIS Deutschland

Rang	Land	3-Mailings Customer Satisfaction Index (in Prozent)	Current Month C.S. Index (in Prozent)	12-Month C.S. Index (in Prozent)
1	Schweiz	89	89	87
2	Norwegen	86	86	86
3	England	85	85	85
4	Deutschland	85	85	84
5	Dänemark	85	84	86
6	Schweden	84	86	82
7	Holland	83	82	83
8	Belgien	83	83	81
9	Portugal	83	79	82
10	Spanien	82	83	83
11	Frankreich	80	79	81

GABLER GRAFIK

Abbildung 8-3-12: Der Customer Satisfaction Index für AVIS Europa (Stand: August 1994)

verschiedenen Gründe, die AVIS Kunden im Rahmen einer **Beschwerde** angeben, sind hierbei nach acht **Bereichen** klassifiziert, zum Beispiel Fahrzeugtyp und Abrechnungsmodalitäten.

Seit 1989 existiert bei AVIS Deutschland zudem das DV-gestützte **Customer Response and Information System C.R.I.S.**, das sämtliche schriftlichen oder mündlichen Beschwerden von AVIS Kunden erfaßt. Mit einem ständig aktualisierten Raster von ca. 100 möglichen Beschwerdegründen werden automatisch standardisierte Antwortschreiben verfaßt. Ungefähr 3 000 Briefe werden so pro Monat von Deutschland aus verschickt. Die erstellten C.R.I.S. Reports werden in der AVIS Hauptverwaltung dergestalt ausgewertet, daß die jeweiligen Stationsleiter weniger umfangreiche Detailinformationen über die erfolgten Beschwerden, sondern vielmehr konkrete Empfehlungen für operative Maßnahmen erhalten.

In diesem Zusammenhang ist die sogenannte **„Bug Campaign"** von AVIS zu erläutern, die als Instrument des Qualitätsmanagements in einem kontinuierlichen Prozeß speziell versucht, die von AVIS Kunden identifizierten und zudem auch artikulierten Serviceprobleme zu lösen. Mit dieser Maßnahme will die AVIS Autovermietung ihre unternehmensweite Reklamationsrate auf unter 2 Prozent sowie spezifische Reklamationskategorien um mehr als 50 Prozent reduzieren, um letztlich dann die Kundenzufriedenheit erhöhen zu können. Im folgenden werden die relevanten Ablaufschritte dieses Verfahrens kurz vorgestellt:

Zunächst werden aus den Ergebnissen der regelmäßig durchgeführten Kundenbefragungen die signifikanten Reklamationsarten identifiziert. Mit den betroffenen Abteilungen des Unternehmens werden spezielle Arbeitsgruppen, die sogenannten **Bug Groups**, gebildet, die versuchen müssen, ihre spezifischen Probleme zu analysieren. Quartalsweise werden die zu erreichenden Ziele für jeweils drei Reklamationsarten festgelegt, und es erfolgt dann ein regelmäßiges „Reporting" der Ergebnisse an die Geschäftsleitung. Die Projektleitung wird bei sämtlichen Bug Groups vom Quality Manager beziehungsweise Customer Satisfaction Manager der Zentrale übernommen.

Im Jahre 1990 führte die AVIS Autovermietung die in ihren Grundsätzen des Total Quality Management verankerten vier sogenannten „AVIS People Guarantees" ein:

1. **Entwicklung:** Danach haben alle Mitarbeiter Fortbildungsmöglichkeiten, um ihren persönlichen Beitrag zur Arbeit verbessern zu können.
2. **Kommunikation:** Alle Mitarbeiter erhalten regelmäßig sachdienliche Mitteilungen, und ihre Ansichten und Vorschläge werden von der Geschäftsleitung angehört.
3. **Leistungsförderung:** Alle Mitarbeiter haben wenigstens einmal pro Jahr die Gelegenheit, ihre Leistungen und Fortbildungsansprüche beziehungsweise -möglichkeiten mit ihren Vorgesetzten zu besprechen.
4. **Arbeitsqualität:** Alle Mitarbeiter haben die Möglichkeit, persönlich zum Erfolg ihres Teams insbesondere bei der Verbesserung der Dienstleistungsqualität gegenüber externen und internen Kunden beizutragen.

Diese festgelegten Garantien basieren auf langjährigen praktischen Erfahrungen von AVIS Mitarbeitern und Vorgesetzten. Indem sämtliche Mitarbeitergarantien wichtige Qualitätsgrundsätze enthalten, wird deutlich, daß jeder einzelne AVIS Mitarbeiter in den gesamten Qualitätsmanagementprozeß einzubeziehen ist. Ausgestattet mit bestimmten Handlungskompetenzen und Verantwortungsbereichen soll jedem Mitarbeiter ein Arbeitsumfeld geschaffen werden, in dem er eigenverantwortlich beziehungsweise selbständig arbeiten und sinngebende, zufriedenstellende sowie innovative Tätigkeiten ausüben kann.

Hinzuweisen ist in diesem Zusammenhang insbesondere auf die im Rahmen der AVIS People Guarantee **„Kommunikation"** postulierte Anhörung der Mitarbeitervorschläge.

Die AVIS Unternehmung hat 1994 unter dem Motto **„We Try Harder. Denk mit!“** das bereits erwähnte **Betriebliche Vorschlagswesen** institutionalisiert, das jedem AVIS Mitarbeiter die Möglichkeit gibt, der Geschäftsleitung regelmäßig Verbesserungsvorschläge für sämtliche Bereiche der Dienstleistungskette zu unterbreiten.

Von besonderer Bedeutung ist für die AVIS Unternehmung auch die im Kontext des **Leistungsförderungsprogramms** vorgenommene **Jahresbeurteilung der AVIS Mitarbeiter**. Jeder unmittelbare Vorgesetzte bewertet jeweils im Rahmen eines intensiven Gesprächs sämtliche ihm direkt unterstellten Mitarbeiter auf einer 5er-Skala von E = Exceptional bis U = Unsatisfactory nach folgenden Beurteilungsdimensionen (die wiederum in verschiedene Einzelkriterien unterteilt werden):

- Qualität der Leistung bezogen auf die Aufgabenstellung,
- Anwendung der Fachkenntnisse,
- Dienstleistungsbereitschaft,
- Initiative,
- Fleiß und Zeitausnutzung,
- Bereitschaft zur Zusammenarbeit (soziales Verhalten).

Bei Angestellten mit Vorgesetztenfunktion kommen noch die beiden folgenden Kriterien hinzu:

- Führungsverhalten,
- Dispositionsfähigkeit.

In Abstimmung mit den zu beurteilenden Mitarbeitern wird von den Vorgesetzten zusätzlich eine generelle Einschätzung der derzeitigen Funktion vorgenommen und sowohl die jeweilige Entwicklungsfähigkeit als auch Möglichkeiten der Personalentwicklung festgeschrieben. Fortbildungs- und Förderungsmaßnahmen werden im Beurteilungsbogen empfohlen und konkrete Ziele beziehungsweise Aufgaben für den nächsten Beurteilungszeitraum festgelegt.

Ein umfassendes Qualitätsmanagement setzt voraus, daß zahlreiche qualitätsbezogene Tätigkeiten nicht mehr ausschließlich durch Individualleistungen, sondern im Team verrichtet werden. Das Unternehmen AVIS versucht demzufolge, im Rahmen von sogenannten **AVIS Total Quality Teams** verschiedene, die Kunden- und Mitarbeiterzufriedenheit betreffende Themen zu diskutieren und erkennbare Qualitätsprobleme zu lösen.

Zu den speziellen **Award Winning Training Programs** von AVIS zählen das sogenannte **Service-Leadership** und das **Empowerment-Konzept** des Unternehmens. Mit dem Ziel „Besserer Service durch gezieltes Führen“ hat AVIS ein dezidiertes **Service-Leadership-Program** in 14 Schritten ausgearbeitet, das für sämtliche Mitarbeiter des Unternehmens gilt. Diese Schritte umfassen beispielsweise Grundlagen der Mitarbeiterführung, Personalbedarfsermittlung, Personalauswahl und Vorstellungsgesprächsführung.

Ziel von AVIS ist die Erreichung von Kundenzufriedenheit durch sogenanntes **„Empowerment“**. Darunter versteht das Unternehmen die Bereitschaft und Fähigkeit kompetenter Mitarbeiter, den erfolgreichen Umgang mit aktuellen und potentiellen Kunden zu realisieren. Das Konzept wurde 1988 von Linda Lash, die als „Director of Customer Satisfaction, AVIS Europe PLC“ in 63 Ländern für Qualität und Kundenzufriedenheit zuständig ist, entwickelt (Lash 1989, S. 122) und 1991 mit Modifikationen in Deutschland eingeführt. AVIS verfolgt das Empowermentkonzept in fünf Schritten:

1. Ermittlung der Kundenzufriedenheit,
2. Vermittlung kundenorientierten, konfliktarmen Verhaltens,
3. Rückerstattung von Auslagen,
4. Kompensationsprogramm (das heißt Probleme dort zu lösen, wo sie entstehen) und
5. Kompensationsreport.

Der AVIS Mitarbeiter, der direkten und persönlichen Kontakt zum Kunden hat, muß in der Lage sein, professionell, effizient und absolut kundenorientiert zu arbeiten. Er braucht hierfür die nötigen Kompetenzen und die Selbstsicherheit, um die erforderlichen Schritte einzuleiten, damit der Kunde bei eventuellen Reklamationen sofort und auch im Detail zufriedengestellt wird. Obwohl situationsbezogenes, flexibles Verhalten der AVIS Mitarbeiter in Problemfällen das wichtigste Instrument ist, die Zufriedenheit der Kunden zu gewährleisten beziehungsweise wiederherzustellen, ergeben sich auch solche Situationen, in denen der Kunde von der Autovermietung ein materielles Entgegenkommen erwartet. AVIS stellt aus diesem Grund seinen Stationen nach umfassenden **Trainingsmaßnahmen** (wie beispielsweise das Service Leadership Training für Mitarbeiter mit Personalverantwortung oder das Empowerment Training für Mitarbeiter im direkten Kundenkontakt) eine Reihe von **Kompensationsgeschenken** zur Verfügung, mit denen sie extreme Fälle von Kundenunzufriedenheit materiell ausgleichen können. Hierzu zählen sogenannte „Upgrade Certificates“, Wertgutscheine und Voucher für Folgeanmietungen, sowie Freifahrten ins Wochenende inklusive Haftungsbefreiungen.

Um Zufriedenheit der Kunden mit der AVIS Flotte ermöglichen und gewährleisten zu können, führt das Unternehmen zwischen jeder Anmietung umfangreiche Kraftfahrzeugqualitätskontrollen, sogenannte **43 Point Rental Inspection Checks** durch, die vom Linienmanagement und dem Customer Satisfaction Tracking System überwacht werden und die Voraussetzung schaffen sollen, jedes AVIS Fahrzeug in einwandfreiem Zustand an den Kunden zu übergeben. Die Qualitätsprüfung der AVIS Fahrzeuge vollzieht sich hierbei in vier Arbeitsschritten, indem zunächst sorgfältig der Motorraum, dann gewissenhaft die Außensicherheit des Fahrzeugs geprüft werden; danach erfolgt eine detaillierte Funktionskontrolle und abschließend eine gründliche Inspektion der Sauberkeit des Wagens.

In der Überzeugung, daß der Grad der externen Dienstleistungsqualität gegenüber den Kunden in besonderem Maße davon abhängig sein kann, wie der unternehmensinterne Service zwischen den Mitarbeitern beziehungsweise Kollegen funktioniert, hat das Unternehmen AVIS zusätzlich ein sogenanntes **„Internal Customer Satisfaction Tracking System“** entwickelt.

Mit der langfristigen Zielsetzung, die interne Zusammenarbeit zwischen den AVIS Mitarbeitern kontinuierlich zu verbessern, ist es notwendig, die Qualität der unternehmensinternen Dienstleistungen periodisch zu messen, permanent zu überwachen und zu optimieren beziehungsweise einer ständigen Prozeßanpassung aufgrund sich verändernder Umfeldsituationen zu unterziehen. AVIS Mitarbeiter sind somit als **interne Kunden** beziehungsweise Dienstleister zu verstehen, die sich permanent in sogenannten **„Kunden-Lieferanten-Beziehungen“** qualitätsorientiert verhalten müssen.

In den Fragebögen werden vierteljährlich AVIS Mitarbeiter der Abteilung Customer Service beispielsweise danach gefragt, ob sie mit der Beantwortung von unternehmensinternen Anfragen zufrieden waren, wie sie die Geschwindigkeit und Qualität der jeweiligen Antwort beurteilen würden (rechtzeitiger Erhalt) und ob sie generell Vertrauen in die Arbeitsweise ihrer Kollegen hätten. Die Mitarbeiter werden nicht nur aufgefordert, sich über den Sachverstand ihrer Kollegen zu äußern, sondern auch ihre allgemeine Zufriedenheit mit dem Service der Kollegen anzugeben. Das Konzept des „Internal Customer Satisfaction Tracking System“ wird von AVIS bisher in verschiedenen Ländern Europas, Asiens und des Mittleren Ostens eingesetzt.

Seit 1988 führt das Dienstleistungsunternehmen AVIS zudem länderübergreifend umfangreiche Mitarbeiterbefragungen durch, sogenannte **„Annual Employee Surveys“**, um die grundsätzlichen Erwartungen und Sorgen der Mitarbeiter sowie die Gründe für ihre mögliche Unzufriedenheit zu erfassen.

Langfristige Zielsetzung beim Einsatz dieses Qualitätsmanagementinstruments ist die **Schaffung von Kundenzufriedenheit durch Mitarbeiterzufriedenheit**. Die AVIS Unternehmung beabsichtigt, unter Berücksichtigung der Umfrageergebnisse dauerhaft ein Arbeitsumfeld zu schaffen, in dem 90 Prozent der Mitarbeiter sagen können, daß sie ihr Unternehmen für eine der besten Firmen zum Arbeiten halten und daß sie sich zu optimalem Service der Autovermietungsbranche verpflichtet fühlen; dieses erwünschte Mitarbeiterverhalten wird auch als **„AVIS Commitment“** bezeichnet.

Um die Einstellung, Motivation und Zufriedenheit der Mitarbeiter zu erfassen, ist der verwendete Fragebogen so gestaltet, daß sich die AVIS Mitarbeiter zu den Bereichen Umfeld der Arbeit, Umfeld der Kollegen, Zusammenarbeit mit Vorgesetzten, Dienstleistungsqualität im Dreiecksverhältnis Kunde, AVIS und Mitarbeiter, interne Kommunikation sowie Einschätzung des eigenen Unternehmens im Vergleich zum Wettbewerb äußern können. Die Umfrageergebnisse werden abteilungsspezifisch, stationsbezogen aber auch im Ländervergleich analysiert und anhand der gesetzten Anforderungen beurteilt.

In Deutschland werden Mitarbeiterumfragen seit 1992 jährlich durchgeführt, deren Ergebnisse in Form sogenannter **AVIS Germany Staff Survey Results Memoranda** veröffentlicht beziehungsweise sämtlichen betroffenen Mitarbeitern kommuniziert werden. Konkrete Handlungsmaßnahmen können jeweils abgeleitet werden. Wenn beispielsweise festgestellt wird, daß Anfragen aus einer bestimmten Abteilung zu lange dauern, dann wird Ursachenforschung direkt vor Ort betrieben. Bei erkennbarer Überlastung dieser Abteilung wird dann zum Beispiel eine Aufstockung des Personalbestandes zumindest zu Zeiten von Sonderaktionen vorgenommen.

Mit Hilfe zusätzlich durchgeführter Kunden-Intensiv-Befragungen **(Customer Care Balance Sheet)** versucht das Unternehmen herauszufinden, wie die Einstellung der Kunden zur AVIS Autovermietung und den vom Unternehmen angebotenen Dienstleistungen aussieht, welche konkreten Serviceprobleme extern identifiziert werden können und welche Kundenbedürfnisse sich frühzeitig erkennen lassen. Diese Kundenbefragungen, die unter anderem im Rahmen von Fokusgruppendiskussionen stattfinden, sind beispielsweise für spezielle Produktneueinführungen oder geplante Sonderaktionen geeignet, das heißt, sie werden nur in unregelmäßigen Abständen durchgeführt.

Mit Hilfe des von AVIS beauftragten amerikanischen Marktforschungsinstituts **TARP (Technical Assistance Research Programme Inc.)** können in sogenannten **Market Damage Simulation Models** real existierende Problemfelder bei der Dienstleistungsqualität herausgefunden, die Reklamationsintensität sowie die Wiederkaufabsicht („Repurchase Intention") bestimmt, Lösungen für Qualitätsprobleme aufgedeckt und zudem die allgemeine Einstellung der Kunden zum Dienstleistungsunternehmen AVIS in Erfahrung gebracht werden.

3.35 Erfolgskontrolle im Rahmen des Qualitätsmanagements

Grundsätzlich am Ende, aber auch zweckmäßigerweise bereits während des Qualitätsmanagementprozesses steht die Erfolgskontrolle der durchgeführten Maßnahmen. Sie bezieht sich sowohl auf internes als auch externes dienstleistungsorientiertes Qualitätscontrolling. Zum einen müssen die Qualitätsaktivitäten, zum anderen die Entwicklung der Qualitätskosten kontrolliert werden.

Bei AVIS existieren verschiedene Ansätze eines Qualitätscontrolling. Die genannten **Customer Satisfaction** und **Customer Complainant Satisfaction Tracking Systems** dienen dazu, den Grad der Kundenzufriedenheit beziehungsweise -unzufriedenheit permanent für die jeweiligen AVIS Unternehmen, Distrikte und Vermietstationen zu erfassen und somit das Verhalten der Mitarbeiter im Kundenkontaktmoment in monatlichen Abständen zu messen und zu kontrollieren.

Weitere Kontrollinstrumente bei AVIS sind das bereits erwähnte **Customer Response Information System C.R.I.S.** sowie der **Kompensationsreport des Empowermentprogramms.** Als wichtige Maßnahme zur Überprüfung der Dienstleistungsqualität sieht AVIS zudem die stetige Frage des Kundenkontaktpersonals beim Check-In des Kunden nach Beendigung der Anmietung: „Waren Sie mit uns zufrieden?“ Diese Kundenantworten direkt nach der erbrachten Dienstleistung können wertvolle Hinweise für Kundenzufriedenheit oder -unzufriedenheit und damit möglicherweise zu verbessernden Serviceleistungen geben.

3.4 Umsetzung der Qualitätsstrategie durch Marketing- und Personalmaßnahmen

Die operative Umsetzung der unternehmensbezogenen Qualitätsstrategien am Markt erfolgt durch die verschiedenen Ausprägungen des Dienstleistungsmarketing. Da sich das Marketinginstrumentarium für Sachgüter auch auf Dienstleistungen übertragen läßt, zählen Angebots-, Preis-, Kommunikations- und Distributionspolitik zu den operativen Bereichen des Dienstleistungsmarketing. Zusätzlich sind spezifische personalpolitische Maßnahmen von besonderer Bedeutung. Im folgenden werden die von AVIS Deutschland im Rahmen der Qualitätspolitik operativ eingesetzten Marketingmixinstrumente näher untersucht.

3.41 Umsetzung der Qualitätsstrategie im Rahmen der Angebotspolitik

In der **Angebotspolitik** legt das Unternehmen AVIS Deutschland seine verschiedenen Dienstleistungen nach Art, Intensität, Zeitpunkt, Ort und Dauer fest. Hierbei wird auch das jeweilige Niveau der Dienstleistungsqualität definiert. Neben dem eigentlichen Kern der Dienstleistungen werden zudem die zusätzlich anzubietenden Serviceleistungen, die sogenannten „Value-added-services“, bestimmt.

Grundsätzlich ist hierbei für AVIS jede Person, die einen Führerschein besitzt, ein potentieller Kunde des Unternehmens. Da allerdings nur 5 Prozent der Führerscheininhaber in Europa jemals ein Auto gemietet haben, ist auch für AVIS das Marktpotential zum großen Teil noch nicht ausgeschöpft.

Um den unterschiedlichen Kundenbedürfnissen Rechnung tragen zu können, hat die AVIS Autovermietung insgesamt **zwölf Kundensegmente** beziehungsweise Geschäftsfelder nach den Kriterien Art des Fahrzeugs, Art der Nutzung und Marktareal für sich definiert, wie sich in Abbildung 8-3-13 erkennen läßt.

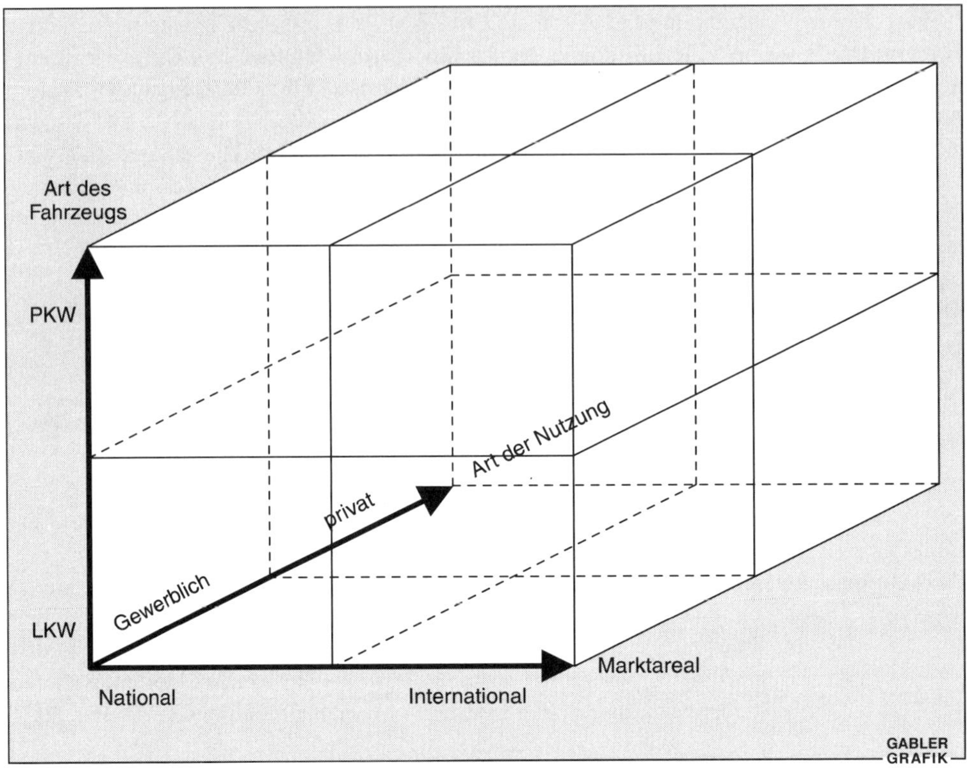

Abbildung 8-3-13: Geschäftsfeldabgrenzung der AVIS Autovermietung

Diese AVIS Kundensegmente werden ständig analysiert und verändert, um unter anderem neue Kundenstrukturen zu berücksichtigen und dann entsprechend den unterschiedlichen Konsumentenbedürfnissen individuelle Dienstleistungen anzubieten.

Zur Umsetzung ihrer Qualitätspolitik bietet AVIS Deutschland ein differenziertes Serviceangebot, die allgemeine Autovermietung und auch Dienstleistungen „rund ums Auto" betreffend.

Das **AVIS Pkw-Angebot** umfaßt ca. 30 Fahrzeugtypen aller Klassen vom Kleinwagen bis zum Luxusfahrzeug, wobei nur neueste Fahrzeugmodelle mit einer Haltefrist von durchschnittlich vier Monaten vermietet werden. Das Unternehmen garantiert zusätzlich stets gehobene Ausstattung, das heißt Stereoradio mit Cassettenteil, geregelter Dreiwege-Katalysator und Autotelefon bei gehobener Fahrzeugklasse. Auf Wunsch werden auch Dachgepäckträger oder Kindersitze montiert und Winterausrüstung mitgeliefert. Das **Lkw-Angebot** betreffend stehen bei AVIS sieben Nutzfahrzeugtypen bis 7,5 Tonnen (Kombi, Kasten- oder Kofferwagen, u.ä.) zur Auswahl, bei Bedarf auch mit Hebebühne.

AVIS garantiert mit den „Dienstleistungen rund ums Auto" jedem Kunden zusätzliche Teilqualitäten, die über die Kerndienstleistung der Bereitstellung eines „irgendwie gearteten" Mietwagens hinausgehen. Zu diesen Serviceangeboten zählen beispielsweise die optimale Wartung vor jeder Anmietung (24 Punkte „AVIS Car Care" Check-Programm), der gesicherte Zustell- sowie Abholdienst und die schnelle und unkomplizierte Abwicklung der Mietvertragsformalitäten. AVIS offeriert seinen Kunden einen im Mietpreis eingeschlossenen, umfassenden Versicherungsschutz, internationale Flexibilität bei Einwegmieten sowie professionellen Chauffeur-Service. Das Reservierungssystem **„Wizard"** bietet in über 43 internationalen Reservierungsbüros weltweiten Service mit Satellitenverbindung. Mit dem aktuellen Programm **„Wizard into Licensee"** versucht die AVIS Unternehmung, auch die Computerisierung ihrer Lizenznehmer zu verbessern und somit den Reservierungsvorgang an sämtlichen AVIS Stationen kundenorientierter zu gestalten.

Das **AVIS Express-System**, das bisher nur in den USA und England angeboten wird, ermöglicht speziell für AVIS Kunden schnellen Check-In beziehungsweise Check-Out-Service in Vermietstationen an Flughäfen. Kunden mit einer Reservierung für Express Service können am Tag der Anmietung sofort zum AVIS Express Schalter gehen, wo ihr Mietvertrag bereits vorbereitet wurde, und sparen dadurch gegenüber dem Standard AVIS Service einige Minuten Zeit.

Darüber hinaus wurde im Rahmen der Zusammenarbeit zwischen AVIS und der Lufthansa AG ein weiteres Express Service Angebot konzipiert. An den AVIS Stationen in den Flughäfen können auch AVIS Kunden, die mit dem Flugzeug weiterfliegen möchten, bei der Abgabe ihres Wagenschlüssels sofort einen Lufthansa-Check-In durchführen, wenn sie Express Service gebucht haben und lediglich Handgepäck mit sich führen.

Mit der Einführung des sogenannten **Roving Rapid Return** bietet AVIS eine Neuheit des Services in Form eines tragbaren Rechners und Druckers für den AVIS Mitarbeiter, um ihm die Möglichkeit zu geben, die Fahrzeugrückgabe direkt an Ort und Stelle auf dem Parkplatz zu vollziehen, ohne daß der Kunde an den Schalter gehen muß.

Bei einem Unfall wird immer ein passendes Ersatzfahrzeug gestellt und Hilfestellung bei Versicherungsformalitäten geleistet. Außerdem plant AVIS zusätzlichen Service im Auto, wie beispielsweise Städteinformationen, Wirtschaftsmagazine oder Snacks. In diesem Zusammenhang wurden bereits Kooperationsverträge mit Zeitschriftenverlagen und Lebensmittelherstellern geschlossen.

3.42 Umsetzung der Qualitätsstrategie im Rahmen der Kommunikationspolitik

Aufgrund der Immaterialität von Dienstleistungen kommt der **Kommunikationspolitik** eine wichtige Funktion zu. Einsatzmöglichkeiten sind zunächst durch die **indirekte Kommunikation** gegeben, wie etwa die klassische Mediawerbung, die Erstellung von Broschüren und anderen Druckschriften, die Pressearbeit sowie andere Formen der Public Relations. Von zentraler Bedeutung sind jedoch die Formen der **direkten, persönlichen Kommunikation**, da hierbei besser Vertrauen in die Dienstleistungsqualität des Anbieters aufgebaut werden kann als mit der unpersönlichen Kommunikation über Massenmedien. Dazu zählen neben Verkaufsgesprächen ebenso die Durchführung von Verkaufsförderungsprogrammen am Dienstleistungsort sowie direkte Kontakte per Telefon durch die jeweilige Customer-Service-Abteilung.

Im folgenden wird anhand von Beispielen aus der Mediawerbung dokumentiert, wie AVIS konsequent versucht, seine Qualitätsstrategie im Rahmen der Marktkommunikation umzusetzen. Bereits 1962 sollte beispielsweise die Werbeagentur Doyle, Dane, Bernbach eine **Anzeigenkampagne** für AVIS, die zu der damaligen Zeit zweitgrößten Autovermietung in den USA, entwickeln. Gründliche Marktforschung zeigte, daß AVIS die gleichen Autos anbot wie ihr Hauptwettbewerber, ähnliche Tarife verlangte und auch ein ähnliches Netz von Vermietstationen hatte. Zudem war die AVIS Unternehmung auch in bezug auf die Anzahl ihrer Vermietstationen und Mitarbeiter am Markt nur die Nummer Zwei. Der einzige komparative Wettbewerbsvorteil konnte im „Spirit of the AVIS Employees" festgestellt werden. Daraufhin wurde der Werbeslogan **„We Are Only Number Two. But We Try Harder."** entwickelt und den Zielgruppen kommuniziert. Ziel war es, die Mitarbeitermotivation zu erhöhen und dadurch wieder neue Kunden zu gewinnen.

Jubiläumshefte für AVIS Kunden und Mitarbeiter mit Informationen über das Unternehmen und individuellen Danksagungen sowie spezielle **Informationsbroschüren für Firmenkunden**, wie zum Beispiel Hefte mit dem Titel „So gut fährt IBM mit AVIS" beabsichtigen, insbesondere Kunden- und Mitarbeitergruppen aktuell über das Unternehmen zu informieren und diesen Anspruchsgruppen zudem das Gefühl zu geben, daß sie stets wissen, was in „ihrem" Unternehmen aktuell passiert.

Wenn die AVIS Unternehmung **europäische Auszeichnungen** erhält, wie beispielsweise die Ernennung zur „Autovermietung des Jahres" oder 1990 die Auszeichnung als „Firma mit dem besten Service", dann tragen öffentliche **Pressemitteilungen** zum einen zur unternehmensinnengerichteten Motivation der AVIS Mitarbeiter bei, die stolz über den Erfolg des eigenen Unternehmens sein können. Zum anderen verbessern aktuelle Pressemitteilungen über gewonnene Preise oder Auszeichnungen möglicherweise auch das marktgerichtete Firmenimage und fördern damit letztlich sowohl die Neukundenakquisition als auch die Stammkundenpflege. Auszeichnungen für unternehmensinterne Teilqualitäten, die von den Kunden nicht unmittelbar wahrgenommen werden können, wie zum Beispiel in England der **„National Training Award 1987“** für vorbildliche Mitarbeiterschulung, stellen das Unternehmen AVIS nach außen in der Öffentlichkeit und nach innen für sämtliche Mitarbeiter positiv dar (Lash 1989, S. 93).

Da für ein weltweit tätiges Unternehmen wie AVIS ein **einheitliches Erscheinungsbild** zwingend notwendig ist, um eine homogene beziehungsweise kongruente Wirkung nach außen zu erzielen, die unter anderem für potentielle, aber auch aktuelle AVIS Kunden die Suche und Identifizierung einer Vermietstation erleichtert, wird vom Unternehmen folgende **Qualitätsgarantie** angestrebt: AVIS versucht, sowohl von außen als auch von innen weltweit das gleiche Erscheinungsbild einer AVIS Vermietstation zu bieten. Aus diesem Grund wurde in den USA die sogenannte **AVIS System Identity** konzipiert, in Handbüchern detailliert festgeschrieben und mittlerweile auch in sämtlichen AVIS Vermietstationen umgesetzt, unabhängig davon, ob es sich bei der Station um firmeneigene Unternehmen, Lizenzpartner- oder internationale Joint-Venture-Firmen handelt.

Für folgende Bereiche beziehungsweise Bestandteile des Systems sind die spezifischen **Handbuchvorschriften** insbesondere von den AVIS Agenturen und Lizenznehmern unbedingt einzuhalten beziehungsweise bedürfen einer Freigabe durch das Network Department der AVIS Hauptverwaltung:

- Darstellung und Verwendung des Markenzeichens AVIS in den Niederlassungen,
- Verwendung der AVIS Farben Grau, Rot und Weiß auf Glas, Folien, Drucksachen und bei Anstrichen,
- Erscheinungsbild der Vermietstation in bezug auf Markenzeichen, Counter, Wände, Böden, Decken, Beleuchtung, Mobiliar und sonstiger Innenausstattung,
- Maßnahmen der Außen- und Innenwerbung,
- Dienstbekleidung der AVIS Mitarbeiter sowie
- sämtliche nach außen- und innengerichteten Drucksachen.

3.43 Umsetzung der Qualitätsstrategie im Rahmen der Preis- und Konditionenpolitik

In engem Zusammenhang mit der Angebotspolitik steht die **Preis- und Konditionenpolitik** des Dienstleistungsanbieters. Neben der Festlegung der Preishöhe sind Möglichkeiten der Preisdifferenzierung, Sonderangebote für bestimmte Zeiträume, Gewährung von Rabatten, Gestaltung der Zahlungsbedingungen, Einführung von Garantieleistungen u. a. gegeben.

Zur Umsetzung der Qualitätspolitik durch preis- und konditionenpolitische Maßnahmen wird bei der AVIS Unternehmung nach dem Prinzip „AVIS bietet den richtigen Tarif für jeden Bedarf!“ gehandelt.

Das spezielle AVIS Computersystem Wizard errechnet nach Abgabe des Wagens, das heißt mit Beendigung des Mietverhältnisses, den für den jeweiligen Kunden günstigsten Tarif, je nach gefahrenen Kilometern und unter Berücksichtigung seiner individuellen Konditionen.

Tages- und Kilometerangebote, Wochenpauschalen, Wochenend- und Feiertagssondertarife sowie günstige Lokaltarife und flexible Mietzeiten von vier Stunden bis zu drei bis sechs Monaten sollen den individuellen Kundenbedürfnissen gerecht werden.

Die AVIS Autovermietung will auch die Attraktivität der kombinierten Nutzung von Verkehrsmitteln erhöhen, indem beispielsweise günstige Anschlußtarife für Flüge und Bahnfahrten geboten werden (zum Beispiel **„flyDRIVE“**, eine Kooperation zwischen AVIS und der Lufthansa AG, und **„railDRIVE“**, eine Kooperation mit der Deutschen Bahn AG). Ein weiteres Programm zur Förderung des „Zusammenspiels“ der Verkehrsträger ist das von AVIS 1994 entwickelte und zunächst in Berlin eingesetzte System **„Oscar“**, das den Verbraucher motivieren soll, sein eigenes Auto abzuschaffen, um bedarfsgerecht öffentlichen Nahverkehr, Bahn, Flugzeug und/oder Mietwagen zu nutzen. Als Mitglied im Oscar-Club kann ein Kunde in den AVIS Stationen weltweit Mietvorteile und günstige Sonderkonditionen in Anspruch nehmen. Ein neues AVIS Konzept ist auch das derzeit in Süddeutschland getestete Programm **„Bike & Ride“**, das an den AVIS Stationen die kombinierte oder ausschließliche Anmietung von Fahrrädern und Autos ermöglicht und somit neben dem Oscar-Club als sehr umweltfreundliche Serviceleistung angesehen werden kann.

Darüber hinaus offeriert AVIS spezielle Ferientarife, wie den **„Super-Value“**, der Touristen weltweit für das Anmieten eines Fahrzeuges einen sogenannten Inklusiv-Tarif ohne versteckte Extras garantiert, das heißt inklusive eines kompletten Versicherungsschutzes, unbegrenzter Fahrkilometer und nur die lokalen Steuern berücksichtigend.

Das Unternehmen AVIS bietet zudem seinen Kunden vielfältige Möglichkeiten, wie sie ihren Zahlungsverpflichtungen nachkommen können: Einerseits werden **interne AVIS Zahlungsmittel**, wie Firmenkreditkarten, personenbezogene Kreditkarten, Gutscheine zur einmaligen Anmietung oder Reisebürogutscheine mit variabler oder fixer Wertangabe akzeptiert. Andererseits können bei AVIS alle namhaften Kreditkarten sowie die Zahlungsmittel internationaler Fluggesellschaften, aber selbstverständlich auch bare Zahlungsmittel, wie Traveler Schecks, Euroschecks oder Bargeld in in- und ausländischer Währung verwendet werden, um die Rechnung für den Mietwagen zu begleichen.

3.44 Umsetzung der Qualitätsstrategie im Rahmen der Distributionspolitik

Bei der **Distributionspolitik** gilt es, die angebotenen Dienstleistungen und die relevanten Informationen vom Unternehmen AVIS Deutschland, gegebenenfalls unter Einschaltung von Absatzmittlern, zu steuern.

Um zu ermitteln, wie die Qualitätspolitik von AVIS Deutschland speziell durch distributionspolitische Maßnahmen umgesetzt wird, ist zunächst das **System der AVIS Absatzkanäle** näher zu untersuchen. Neben eigenen Vermietstationen und -agenturen hat AVIS ein „service-firm-sponsored retailer franchise system" (Kotler 1988, S. 547) eingeführt. Diese AVIS Absatzmittler sind Franchisenehmer, die in Lizenz selbständig ihren Autovermietungsbetrieb führen, aber unter dem Zeichen des Franchisegebers AVIS, der unter anderem die Marktkommunikation und bestimmte Qualitätskontrollen übernimmt. Für AVIS ist es bekanntermaßen von besonderer Wichtigkeit, das einheitliche Erscheinungsbild nach außen zu gewährleisten. Im Rahmen von regelmäßigen Gesprächsrunden mit den Lizenznehmern werden die AVIS Qualitätsgrundsätze vermittelt und offene Probleme bei der Erbringung der Dienstleistungen diskutiert.

3.45 Umsetzung der Qualitätsstrategie im Rahmen der Personalpolitik

Als **Instrumente der personalorientierten Qualitätspolitik** stehen für AVIS Deutschland verschiedene Maßnahmenbündel der Personalauswahl, -einstellung und -förderung zur Verfügung, mit deren Hilfe Einfluß auf Motivation, Einstellung und Verhalten der potentiellen und aktuellen Mitarbeiter genommen werden kann.

Effektives Anwerben von guten Mitarbeitern spielt eine wichtige Rolle bei AVIS. Mitarbeiter müssen die Fähigkeit besitzen, in einem Team zu arbeiten und mitzuwirken, und bereits zu Beginn ihrer Tätigkeit ihr kundenorientiertes Talent unter Beweis stellen, unabhängig davon, ob sie im Rahmen ihrer Aufgaben mit externen oder internen Kunden in Kontakt treten.

Linienmanager sind für die Einstellung ihrer eigenen Mitarbeiter selbst verantwortlich und erhalten besondere Unterstützung von der Personalabteilung sowie psychologische Schulungen, um Vorstellungsgespräche erfolgreich führen zu können. Stellenbeschreibungen und Anforderungsprofile werden von AVIS im Detail bestimmt; die Stellenausschreibungen erfolgen dann sowohl extern als auch intern. Da für AVIS die Kundenorientierung ihrer Mitarbeiter von besonderer Wichtigkeit ist, wird in den Anzeigen externer

Stellenausschreibungen der Servicegedanke stets besonders betont und Bewerber mit Berufserfahrung im Servicebereich bei der Einstellung meist bevorzugt.

Zur Umsetzung ihrer Qualitätsstrategien hat AVIS Deutschland im Rahmen von personalpolitischen Maßnahmen als einzige deutsche Autovermietung eine eigene **Trainingsabteilung** eingerichtet. Dort werden sowohl neueingestellte als auch langjährige Mitarbeiter der AVIS Zentrale und der verschiedenen Vermietstationen kontinuierlich hinsichtlich Produktwissen, Service und Verkauf geschult. Ziel ist immer die verbesserte zwischenmenschliche Kommunikation zwischen Angestellten und Kunden. Das jährlich aktualisierte, das heißt an veränderte Kunden- und Mitarbeiteranforderungen angepaßte **AVIS Schulungsprogramm für Deutschland, Österreich und Schweiz** unterscheidet zwischen der Ausbildung neuer Mitarbeiter, dem Verkaufstraining und dem Managementtraining, wobei sowohl den Mitarbeitern der AVIS Autovermietung, aber auch den Lizenzpartnern und Agenturen jeweils folgende **Kursbausteine** angeboten werden:

1. **Ausbildung neuer Mitarbeiter**
   Dieser Schulungsbereich umfaßt Grundkurse für Autovermieter beziehungsweise Agenturmitarbeiter an manuellen und Wizard-Stationen sowie Einführungskurse für neue Mitarbeiter der Hauptverwaltung. Zudem wird für Stationsmitarbeiter der erfolgreiche Umgang mit Kunden generell sowie für Mitarbeiter der Hauptverwaltung der erfolgreiche Umgang mit Kunden am Telefon trainiert. Als Abschluß des Einarbeitungsprogramms für neue Autovermieter und Mitarbeiter im Kundenkontakt werden Empowerment-Trainings angeboten.

   Während des umfassenden Einarbeitungsprogramms erfolgen **manuelle und programmierte Unterweisungen** zu den wesentlichen operativen Arbeiten der künftigen Tätigkeit zum einen in der Trainingsabteilung, aber auch „on the job“ in der jeweiligen Vermietstation. Hierbei wird jedem neuen Mitarbeiter ein sogenannter **„Pate“** zugeordnet, das heißt ein bereits erfahrener, langjähriger AVIS Mitarbeiter, der psychologisch geschult persönliche Betreuungs- und Beratungsfunktionen während der gesamten Einarbeitungsdauer übernimmt.

   Nach vier bis sechs Monaten Verweildauer im Unternehmen können Autovermieter dann in dem Kurs **„Erfolgreicher Umgang mit Kunden“** lernen, sich in verschiedenen Situationen des Kundenumgangs konfliktarm zu verhalten.

   Bereits in der Einarbeitungsphase sollen neue AVIS Mitarbeiter mit dem Konzept des **Empowerment** vertraut gemacht werden, indem sie im Rahmen eines dreitägigen Seminars in Vorträgen, Gruppenarbeiten und Rollenspielen den Empowerment-Grundgedanken des Zusammenhangs zwischen kompetenten Mitarbeitern und Kundenzufriedenheit vermittelt bekommen.

2. **Verkaufstraining**
   Zu den verkaufsorientierten Schulungsblöcken zählen Kurse für Stationsmitarbeiter zum erfolgreichen Verkauf in den Vermietstationen, Kommunikation und Kundengespräch sowie Trainings von Telefonverkäufen beziehungsweise Telemarketing.

Autovermieter mit guter Berufserfahrung und ausreichenden Produktkenntnissen werden bei dem Kurs **„Erfolgreicher Verkauf in der Vermietstation“** im Rahmen von Vorträgen, Gruppenarbeiten und Rollenspielen durch den Einsatz gezielter Verkaufstechniken geschult, mehr Kundenanfragen in konkrete Reservierungen und Anmietungen zu verwandeln.

Der Schulungsbereich **„Kommunikation und Kundenbereich“** mit Vorträgen, Gruppenarbeiten, Videoanalysen und Rollenspielen ist für Mitarbeiter im Verkaufsaußendienst, Stationsleiter mit starker Außendiensttätigkeit und Mitarbeiter der Hauptverwaltung mit Verkaufstätigkeit konzipiert. AVIS Mitarbeiter sollen zu „richtigen“ Verkäuferpersönlichkeiten mit Verhandlungsgeschick ausgebildet werden, denn es gilt: „Je mehr über den Preis verkauft wird, desto wichtiger ist die Verkäuferpersönlichkeit!“ Im ersten Teilblock werden grundlegende verkaufspsychologische und verkaufstechnische Kenntnisse vermittelt, die beispielsweise Grundlagen menschlichen Verhaltens in Verkaufssituationen, aktives Zuhören, Adreßfindung und Terminakquisition sowie die gezielte Gesprächsführung betreffen. In einem weiterführenden Teil dieses Schulungsblocks soll dann die persönliche Standfestigkeit des Verkäufers sowie die verbesserte Einwandbehandlung trainiert werden.

Im Rahmen des Kursblocks **„Telefonverkauf – Telemarketing“** können Mitarbeiter der Verkaufsabteilung sowie Stationsmitarbeiter mit lokalen Verkaufsaufgaben durch praktische Übungen und den Einsatz eines telefonischen Leitfadens lernen, gezielt Bedarfsermittlungen und Terminvereinbarungen durchzuführen. Grundlagen der menschlichen Kommunikation sowie Besonderheiten der telefonischen Ansprache werden vermittelt und gezielte Fragetechniken geübt. Die Teilnehmer sollen ein Bewußtsein für die Wichtigkeit jedes einzelnen Kundenkontaktes entwickeln, um ihn durch entsprechende Gesprächsführung zu einem positiven Erlebnis für den Kunden zu machen. Beispielsweise werden auch Techniken vorgestellt, um mit emotionalisierten Anrufern erfolgreich umgehen zu können.

3. **Management Training**
   Zu den Schulungsblöcken des Management Trainings zählen zum einen das sogenannte Service Leadership Training sowie die effektive Kommunikation in Arbeitsgruppen.

   Die Schulungsmaßnahme des **Service Leadership Training** wird für alle AVIS Mitarbeiter mit Führungsverantwortung (Manager, Supervisor) angeboten, um durch gezieltes Führen den Kunden einen besseren Service zu gewährleisten. Durch das Training sollen zum Beispiel Stations- oder Abteilungsleiter bestimmte Führungsbeziehungsweise Gesprächstechniken lernen, um die eigenen Mitarbeiter zu Einstellungs- und Verhaltensänderungen im Servicebereich zu veranlassen. Diese Schulung ist der erste Schritt zum Verständnis des „Empowerment Trainings“ der Stationsmitarbeiter.

   Im Rahmen des Kurses **„Service Leadership Teil 1“** sollen sämtliche Mitarbeiter, die bei AVIS Führungsverantwortung tragen, wie zum Beispiel Supervisor, Manager oder Lizenznehmer, Ideen des Mitarbeiter Empowerment sowie Techniken zur zielgerichteten Gestaltung von Mitarbeitergesprächen vermittelt werden.

„Service Leadership Teil 2“ beinhaltet dann die Vorbereitung von Führungskräften auf Personalauswahl, -einstellung und -einarbeitung, wobei ein Schwerpunkt der Schulung auf Abstimmung und Verbesserung der Zusammenarbeit zwischen den Führungskräften von der Mitarbeitersuche bis zur Einarbeitung neu eingestellter AVIS Mitarbeiter gelegt wird.

In dem Seminar **„Effektive Kommunikation in Arbeitsgruppen“** sollen insbesondere Lizenznehmer beziehungsweise Agenturmitarbeiter, die häufig in Arbeitsgruppen und Meetings gemeinschaftliche Arbeitsergebnisse erreichen müssen, trainiert werden, vor allem Zeitersparnisse und Ergebnissteigerungen besser realisieren zu können.

Von zunehmender Bedeutung im Rahmen des AVIS Schulungsprogramms ist der Bereich des **Empowerment Training** geworden, bei dem jeder Mitarbeiter im Kundenkontakt, der bereits mindestens sechs Monate Berufserfahrung hat, in die Lage versetzt werden soll, erfolgreiche Kundengespräche führen zu können, um so den AVIS Service individuell und einmalig zu gestalten. Zu den zentralen Zielsetzungen des Empowerment Training zählen das Erlernen von Verhaltensweisen, Kunden in allen Situationen des Vermietalltags zufriedenzustellen sowie die erfolgreiche Behandlung von unzufriedenen Kunden und Reklamationen im Rahmen eines Beschwerdemanagements (vgl. hierzu auch die Ausführungen bei den oben diskutierten Instrumenten des Qualitätsmanagements).

Mit dem sogenannten **Visible Management Programm** beabsichtigt AVIS, sämtliche Führungskräfte des Unternehmens dahingehend zu trainieren, daß sie bei ihrer täglichen Arbeit niemals die Wünsche und Bedürfnisse der AVIS Kunden vergessen. Jeder AVIS Manager wird dementsprechend aufgefordert, wenigstens an drei Tagen im Jahr in einer Vermietstation im direkten Kundenkontakt zu arbeiten.

Das **„In“-Visible Management Programm** von AVIS beinhaltet demgegenüber das Konzept, sämtlichen Mitarbeitern der Vermietstationen Einblick in die Arbeit der AVIS Hauptverwaltung zu gewähren. Folglich wird pro Vermietstation jedes Jahr ein Mitarbeiter in das AVIS Headquarter geschickt, der sich dann in sämtlichen Abteilungen über die Aufgabenbereiche der Mitarbeiter informieren kann, um vielleicht auch möglicherweise auftretende Probleme und Verzögerungen in der Servicekette besser verstehen zu können.

Der absatzmarktorientierte Einsatz personalorientierter interner Marketinginstrumente betrifft neben den genannten Maßnahmen der Personalbeschaffung, des Personaleinsatzes und Personaltrainings auch **Instrumente der internen Kommunikation**.

Im Rahmen der **internen Individualkommunikation** sind bei AVIS insbesondere Maßnahmen der interaktiven Kommunikation zwischen Mitarbeitern und Management zu nennen. Da im Unternehmen AVIS die Auffassung vertreten wird, daß nicht nur die Trainingsabteilung intensive Schulungsprogramme für sämtliche Mitarbeiter durchführen soll, sondern daß jeder Vorgesetzte die Verantwortung für Schulung und Fortbildung seiner jeweiligen Mitarbeiter übernehmen muß, ist demzufolge jeder AVIS Manager verpflichtet, jederzeit für alle Belange der Mitarbeiter erreichbar und ansprechbar zu sein. Nach dem **Prinzip der offenen Tür** sind in sämtlichen AVIS Gebäuden weltweit die Büros nie verschlossen, außer in den Ausnahmefällen, daß spezielle „vertrauliche" Zusammenkünfte erforderlich sind.

Zudem treffen sich sämtliche AVIS Mitarbeiter eines Landes einmal im Jahr zu einer Konferenz, der sogenannten **„Roadshow"**, bei der Angestellte und Führungskräfte Informationen und neue Ideen austauschen können. Die Geschäftsleitung von AVIS berichtet beispielsweise über neueste Betriebsergebnisse wie Customer Satisfaction Indices oder die generelle Ertragslage des Unternehmens. Diese Konferenz dient nach dem „Wasserfallprinzip" primär dem allgemeinen Informationsaustausch, aber auch der Entwicklung und Festigung persönlicher Kontakte beziehungsweise Bindungen zwischen AVIS Mitarbeitern verschiedener Vermietstationen, Verwaltungs- und sonstiger Serviceabteilungen. Mit dem Programm **„Seniors On Tour"** versucht AVIS dann in kleinerem Rahmen, dienstleistungsbezogene Probleme hierarchieübergreifend und tiefergehend zu diskutieren. Hierbei stellen sich die Mitglieder der Geschäftsleitung von AVIS in Veranstaltungen mit ca. 80 Personen den kritischen Fragen der Mitarbeiter aus den jeweiligen Distrikten. Bei diesen Zusammentreffen muß das Senior Management auch bei unbequemen Fragen Rede und Antwort stehen, damit weniger Monologe, sondern vielmehr konstruktive Dialoge den Service verbessern helfen. **Kleinere Treffen**, **Qualitätskreise** oder **Problemlösungsgruppen** finden zudem regelmäßig in der europäischen Hauptverwaltung in Bracknell, England sowie auf Landes-, Distrikt- und Stationsebene statt.

Im Rahmen der **internen Massenkommunikation** können Qualitätsinformationen durch das in sämtlichen europäischen Hauptverwaltungen, Flughäfen und wichtigen Stadtbüros installierte **Wizard System** umgehend an jeden AVIS Mitarbeiter mitgeteilt werden. Das Wizard System wird außerdem durch **PROFS**, ein elektronisches Postsystem, unterstützt, mit dem On-Line beispielsweise sogenannte **„Communication Bulletins"** an die Länder verschickt werden. Informationen über qualitätsbezogene Bereiche werden zusätzlich sämtlichen AVIS Mitarbeitern kontinuierlich durch **interne Nachrichtenblätter** vermittelt. Die regelmäßig herausgegebene **AVIS Mitarbeiterzeitschrift „VISAVIS"** berichtet mit Beiträgen aus der Hauptverwaltung und den Vermietstationen in regelmäßigen Abständen über „Wissenswertes" und „Unterhaltsames" aus dem Unternehmen.

Von besonderer Bedeutung für die AVIS Unternehmung im Rahmen des internen Marketing ist das neu entwickelte und seit März 1994 durchgeführte sogenannte **„Smilie"-Programm**. Die AVIS Hauptverwaltung versucht mit diesem Konzept, ihre Mitarbeiter zu mehr Freundlichkeit und Kundenorientierung innerhalb und auch außerhalb der Unternehmung zu motivieren; das AVIS Maskottchen Smilie soll dabei diesen Anspruch der Freundlichkeit beziehungsweise Herzlichkeit gegenüber Kollegen und Kunden symbolisieren. Mit Veranstaltungen wie speziellen Kommunikationstagen, Überraschungsbesuchen in den Vermietstationen, persönlichen Geschenken oder anderen internen Verkaufsförderungsaktionen setzt AVIS dieses Smilie-Programm in die Tat um. Als spezielle Maßnahme sind hierbei noch die neu eingeführten **„Mitarbeiterwetten"** zu nennen, bei denen Vermietstationen und AVIS Headquarter miteinander um das Erreichen von gesetzten Zielen bei den Vermietumsätzen wetten und auch jeweils Einsätze für den Fall bieten müssen, daß sie die Wette verlieren.

3.5 Organisatorische Verankerung des Qualitätsmanagements

Für ein effizientes Qualitätsmanagement ist stets eine entsprechende „qualitätsorientierte" Unternehmensorganisation erforderlich. Obgleich sich immer auch generelle Aussagen über einen, für ein Total Quality Management zweckmäßigen organisatorischen Rahmen treffen lassen, muß jede Unternehmung die für sie speziell geeignete organisatorische Form finden.

Die Verantwortung für Qualitätssicherung wurde früher vorwiegend als Aufgabe spezieller Abteilungen angesehen. Für ein umfassendes Qualitätsmanagement ist es indes zweckmäßig, die Verantwortung für Qualität auf das Linienmanagement zu übertragen, so daß jeder für die Qualität der von ihm geleisteten Arbeit selbst verantwortlich ist. Daß dies geschieht, ist Aufgabe der Unternehmensleitung beziehungsweise des Managing Directors.

Der Erfolg des Unternehmens AVIS insbesondere im Hinblick auf die erreichte Dienstleistungsqualität wird maßgeblich durch die **Organisationsstruktur** der Autovermietung bedingt. Bei AVIS wird Dienstleistungsqualität nicht als Aufgabe einer Abteilung oder einer organisatorischen Einheit angesehen, sondern als umfassende Philosophie im gesamten Unternehmen. Abbildung 8-3-14 zeigt die verschiedenen organisatorischen Verflechtungen beziehungsweise intern und extern gerichteten Geschäftsbeziehungen im Unternehmen, ohne dabei Anspruch auf die Umsetzung klassischer Organisationsformen zu erheben.

Im Unternehmen AVIS Europe werden mit Hilfe einer **flachen Organisationsstruktur** alle Entscheidungen **dezentral** getroffen. Nur fünf Hierarchieebenen liegen zwischen Front-Line Mitarbeitern und dem sogenannten AVIS Country Manager, der jeweils für das Geschehen in seinem Land verantwortlich ist und die weltweit gültigen Unternehmensziele und -strategien entsprechend den jeweiligen Marktgegebenheiten anpassen muß.

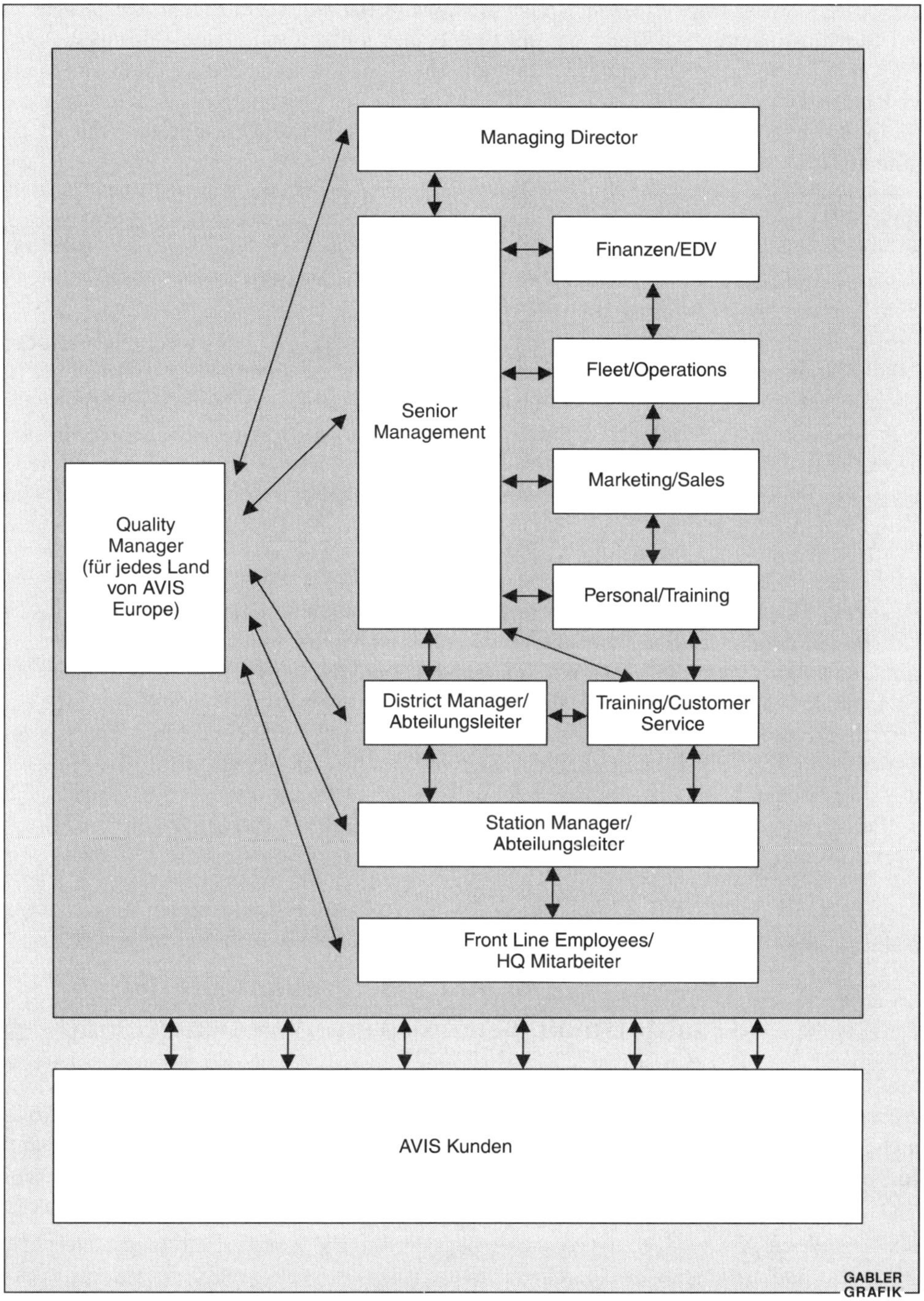

Abbildung 8-3-14: Organisatorische Einbindung des Qualitätsmanagements bei AVIS Deutschland

Das AVIS Unternehmen ist an der Spitze in zwei sogenannte **„Power Groups“** aufgeteilt, auf der einen Seite Finanzen und Marketing und auf der anderen Seite Operations, Personalwesen und Mitarbeiterschulung. Dieser Aufbau bedingt kürzere Dienstwege als in Unternehmen mit traditionell funktional orientierter Organisationsstruktur und die Möglichkeit der unmittelbaren Kommunikation von den Power Groups zum Managing Director (vgl. Lash 1989, S. 61f.).

Bei AVIS finden beständig organisationale Aktivitäten statt, um eine flexible Anpassung an Marktveränderungen beziehungsweise veränderte Qualitätsanforderungen der Kunden zu gewährleisten. Zu speziellen Anlässen wird beispielsweise für einen begrenzten Zeitraum ein **Projektmanagement** in der Organisationsstruktur verankert. Als das Wizard-Computer-System 1983 in 13 europäischen Ländern (1985 in Deutschland) an über 2000 Stationen implementiert werden sollte, war ein Zwei-Jahres-Projekt erforderlich. Hierfür wurden spezielle Entwicklungsteams im Head Office gebildet, deren Mitglieder sich einerseits aus „Permanent Training Personnel“ und andererseits aus Schulungsmitarbeitern der jeweiligen Länder zusammensetzten, die dann jeweils nur für acht Monate ihren „normalen“ Arbeitsplatz verließen. Herauszustellen ist hierbei, daß die Stellen und Aufgaben im Projekt den Fähigkeiten der ausgewählten „Auslandsmitarbeiter“ angepaßt wurden, und nicht umgekehrt die Mitarbeiter den Aufgaben.

Bei AVIS Deutschland existieren, wie auch in sämtlichen anderen europäischen AVIS Unternehmungen, **Qualitätsverbesserungsgruppen** heute schon in der zweiten Generation, die sogenannten **„WTH2-(We Try Harder Two-)Groups“**. Ihre Herausforderung beziehungsweise Aufgabe besteht darin, sich mit den Qualitätsinitiativen auseinanderzusetzen, die durch Rückkoppelung mit dem AVIS Customer und AVIS Complainant Satisfaction Tracking System angeregt werden. Funktion dieser **Qualitätszirkel** ist es, die spezifischen Ursachen für Kundenunzufriedenheit zu ermitteln, verbessernde und vorbeugende Schritte zu unternehmen und fortlaufendes Feedback bezüglich dieser Verbesserungen an das gesamte Unternehmen weiterzugeben.

3.6 Erfolgsfaktoren und Erfolgspotentiale des Qualitätsmanagements von AVIS Deutschland

Neben den im Rahmen von Unternehmensführung und Marketing im Vordergrund stehenden traditionellen „harten“ Erfolgsfaktoren Strategie, Struktur und Systeme sind hier die sogenannten weichen Erfolgsfaktoren wie Unternehmensphilosophie, Unternehmenskultur, Mitarbeiter und Management im Hinblick auf das Unternehmen AVIS Deutschland zu erwähnen.

Die von AVIS eingesetzte **Technologie** kann als größter Vorteil gegenüber den Wettbewerbern angesehen werden, da das Unternehmen die einzige Autovermietung ist, die mit voll integriertem „On-Line-Real-Time"-Rechner alle wichtigen europäischen AVIS Stationen verbindet und den umfassenden, weltweiten Informationsaustausch ohne Zeitverzögerung ermöglicht.

Da für AVIS „die Menschen am wichtigsten sind", die **AVIS Mitarbeiter** demzufolge derart geschult und motiviert werden, daß sie sich in der Branche der Autovermietungsunternehmen extrem kundenorientiert verhalten, stellen sie zusammen mit der AVIS Technologie die **zentralen Erfolgsfaktoren des Unternehmens** dar und machen AVIS zur führenden europäischen Autovermietung. Da aus Sicht von AVIS der Unternehmenserfolg insbesondere von der Fähigkeit der eigenen Mitarbeiter abhängt, die aus Kundensicht optimale Dienstleistungsqualität zu leisten, gibt das Unternehmen beispielsweise doppelt so viel für Schulung und Fortbildung aus wie seine Mitbewerber.

Aus Sicht der AVIS Unternehmung zählen auch das **einheitliche Philosophieverständnis** und der implizite Anspruch einer **immerwährenden Verbesserung der Dienstleistungsqualität** sowie die **internationale Ausrichtung** des Unternehmens zu den Erfolgsfaktoren. Wichtig ist für AVIS allerdings stets auch die Wirtschaftlichkeitsorientierung sämtlicher qualitätsbezogener Aktivitäten, das heißt, nur mit Hilfe eines **effizienten Kostenmanagements** kann das Unternehmen auch in Zukunft am Markt bestehen und erfolgreich sein.

Die Umsetzung eines Total Quality Managements erfordert Zeit. Es sind daher noch einige Jahre nötig, bis AVIS weltweit für sämtliche Vermietstationen eine **ganzheitliche Qualitätsstrategie** konzipiert und implementiert haben wird. Aber der Weg lohnt sich, denn die mit der geforderten TQM-Philosophie zusammenhängenden Bestrebungen der AVIS Mitarbeiter, die zugrundeliegenden Qualitätsanforderungen erfolgreich umzusetzen, bewirken bereits Verbesserungen interner und externer Geschäftsprozesse, die letztlich stets der Erfüllung der Kundenbedürfnisse dienen, getreu der Devise „We Try Harder".

4.

Fallstudie
DEUTSCHE LUFTHANSA AG

Dokumentation: Prof. Dr. Manfred Bruhn/Dipl.-Kfm. Markus Schneider

Die Verfasser danken Frau Dipl.-Kfm. Ursula Schörcher (Leiterin Abteilung Qualitätsmanagement Passage), Herrn Hans Breuer (Projektleiter Lufthansaprodukt 2000) und den anderen beteiligten Lufthansa Mitarbeiterinnen und Mitarbeitern für die Bereitstellung der Unterlagen sowie die Diskussionen zur Fertigstellung der Fallstudie.

4.1 Besonderheiten des Dienstleistungsmarketing und Daten zum Unternehmen

4.11 Daten zum Unternehmen und seiner Entwicklung

Die Deutsche Lufthansa AG blickt in ihrer Geschichte – bedingt durch den 2. Weltkrieg – auf zwei Gründungsdaten zurück. Anfang 1926 entstand durch den Zusammenschluß der Fluggesellschaften „Deutsche Aero Lloyd AG“ und „Junker-Luftverkehr AG“ die „Deutsche Luft Hansa Aktiengesellschaft“. Nach Einstellung der Flüge 1945 und der späteren Liquidation wurde der planmäßige Flugbetrieb am 1. April 1955 unter dem seit der Umbenennung 1933 geltenden Firmennamen „Deutsche Lufthansa Aktiengesellschaft“ mit Sitz in Köln wieder aufgenommen.

Die **Kernleistung** der Deutschen Lufthansa AG ist die Beförderung von Passagieren und Fracht. Heute befördert die Lufthansa AG jährlich über 28,4 Millionen Passagiere, 1,2 Millionen Tonnen Fracht und über 160 000 Tonnen Postsendungen. Ein weltumspannendes Streckennetz mit 238 Zielflughäfen in Europa, Afrika, Nord- und Südamerika, Asien sowie dem Pazifischen Raum wird täglich bedient. Insgesamt ist die Lufthansa in 91 Ländern präsent. Damit belegt der Reise- und Transportkonzern Lufthansa einen der vorderen Plätze unter den größten internationalen Fluggesellschaften.

Der Start in die neunziger Jahre begann für die Lufthansa turbulent. Wie die gesamte Luftfahrtbranche steckte auch der Lufthansakonzern mit dreistelligen Millionenverlusten in seiner tiefsten Krise seit seinem Bestehen. Ein konsequentes Sanierungsprogramm wurde 1992 aufgelegt und zeigte für das Jahr 1993 erste Erfolge, wenn auch immer noch ein – im Vergleich zum Vorjahr jedoch moderater – Verlust eingeflogen wurde. Entscheidend verbessert wurde die Produktivität der Aktiengesellschaft sowohl im Transport- als auch im Personenflugverkehr. Vor allem umfassende Reorganisationsmaßnahmen und Personaleinsparungen im Rahmen des Sanierungsprogrammes sind dafür verantwortlich, daß heute davon gesprochen werden kann, Lufthansa hätte „1993 eine weiche Landung hingelegt und 1994 einen flotten Start erwischt“.

Mit der Divisionalisierung des **Lufthansa-Konzerns** im Jahre 1992 und der Überführung in eine Profit-Center-Organisation, um die Kostenstrukturen wettbewerbsfähiger und den Konzern flexibler und kundenorientierter auszurichten, reagierte die Deutsche Lufthansa AG auf die Veränderungen im Luftverkehr. **Passage** und **Fracht** wurden in ergebnisverantwortliche Bereiche getrennt. Dadurch soll das Kerngeschäft der Deutschen Lufthansa AG konsequent auf die unterschiedlichen Herausforderungen in den Schlüsselmärkten Europa, Amerika und Asien/Pazifik sowohl hinsichtlich Produktgestaltung als auch Verkauf und Vertrieb ausgerichtet werden. Dazu wurden Marketing und Produktentwicklung sowie der Verkauf unter den in den drei Schlüsselmärkten ergebnisverantwortlich handelnden Area Managements zusammengeführt.

Die Deutsche Lufthansa AG versteht sich selbst jedoch nicht nur als reines „Transportunternehmen“, sondern als **Dienstleistungsanbieter** rund um die Kernleistung Transport von Passagieren und Fracht. Nicht mehr nur der einfache Transport zwischen zwei Orten ist gefragt, sondern die umfassende und individuelle Lösung von Transportproblemen mit einem hochwertigen Service am Kunden charakterisiert heute Luftverkehrsunternehmen. Dies führte zur Ausweitung des Dienstleistungsangebotes rund um die Basisleistung, um das Angebot und den Absatz von Dienstleistungen der Lufthansa AG für Passage und Fracht zu erweitern. So betätigt sich die Lufthansa AG in Form von Tochtergesellschaften oder Beteiligungen u.a. in den **Geschäftsfeldern** Regionalflugverkehr, Touristik, Charter, Catering, Finanzierung, Luftfahrtversicherungen sowie Hotellerie, die in den Lufthansa-Konzern integriert sind. Zusätzlich wurden in der Tochtergesellschaft Lufthansa Commercial Holding GmbH diverse Servicefunktionen rund um den eigentlichen Flug, wie Reisebüros, Kommunikation/Vertrieb, Transport/Verkehr, Betankung, Abfertigung, Technologie und Beratung/Marketing zusammengefaßt.

In Fortführung der strukturellen Sanierung soll nun bis Ende 1995 die Konzernstruktur der Lufthansa in sieben ergebnisverantwortliche Geschäftsfelder – Flugbetrieb, Fracht, Technik, Bodenservice, Catering, Touristik und Systemhaus – mit dem Stammhaus Lufthansa AG als Linienfluggesellschaft überführt werden. In diesem Zusammenhang wird das Geschäftsfeld Fracht aus der Lufthansa AG herausgelöst und rechtlich verselbständigt, so daß neben Zentralbereichen wie Finanzen und Personal nur noch die Ressorts Passage und Operation in der Aktiengesellschaft verbleiben. In der Passage sollen die Kernaufgaben Netzmanagement, Produktdefinition, Vertrieb und das Geschäftsfeld Bodendienste sowie die Federführung für die Touristik im Konzern wahrgenommen werden. In dem Ressort wird die Planung und Steuerung der Geschäftsfelder Flugbetrieb und Technik verantwortet. Dezentrale Entscheidungs- und Ergebnisverantwortung, Flexibilität und Unternehmertum sollen als neue Merkmale der Organisationsstruktur die Kundenorientierung und Effizienz der Dienstleistungserstellung und damit die Wettbewerbsfähigkeit der Deutschen Lufthansa AG und des Konzerns fördern.

Einschneidende Personaleinsparungen sind der zweite entscheidende Ansatz, die Produktivität der Deutschen Lufthansa AG zu steigern. Waren es zu Beginn der Krise noch knapp 50 000 Mitarbeiter, die von der Deutschen Lufthansa AG beschäftigt wurden, über 16 000 davon als Flugbegleiter und Bodenpersonal im direkten Kundenkontakt, so wurden bis Ende 1993 rund 5 000 Stellen abgebaut, und mindestens noch einmal so viele werden es 1994 sein.

Ende 1993 umfaßte die **Konzernflotte** 301 Flugzeuge, wovon nur rund 24 Prozent über Leasingverträge betrieben werden. Damit liegt der Leasinganteil deutlich unter dem Durchschnitt europäischer (38 Prozent) oder nordamerikanischer Carrier (52 Prozent). Mit einem Durchschnittsalter von etwas mehr als sechs Jahren besitzt die Lufthansa die jüngste Flotte der Welt. Das beträchtliche für die Flottenerneuerung aufgewendete Investitionsvolumen bringt wirtschaftliche Vorteile durch geringeren Treibstoffverbrauch und Wartungskosten, weiterhin bieten moderne Flugzeuge jedoch auch einen höheren Passagierkomfort. Die der Deutschen Lufthansa AG allgemein bescheinigte hohe technische Qualität wird damit zu einem wichtigen Wettbewerbsvorteil gegenüber Wettbewerbern mit veralteter Flotte.

4.12 Analyse des Luftverkehrsmarktes

Seit 1990 befindet sich die Weltluftfahrt in der schwersten Krise ihrer Geschichte. Der Luftverkehrsmarkt mit einem Gesamtertrag 1993 von 227 Milliarden US-Dollar, traditionell ein Frühindikator der konjunkturellen Entwicklung und für Krisen besonders anfällig, wurde von der allgemeinen Rezession in den wichtigsten Märkten der Welt hart getroffen. Die Verluste der rund 200 IATA-Fluggesellschaften im internationalen Liniendienst kumulierten sich 1992 auf einen Rekordverlust von über 4,8 Milliarden US-Dollar und sanken 1993 nur leicht auf 4,1 Milliarden US-Dollar. Die Durchschnittserlöse je Passagiermeile sanken im Zeitraum 1991 bis 1993 um 14 Prozent. Von dieser Entwicklung war auch die Deutsche Lufthansa AG nicht ausgenommen. Als Folge dieser Krise sind im Weltluftverkehr zur Zeit große Strukturveränderungen zu beobachten. Fusionen, strategische Allianzen und Kooperationsabkommen kennzeichnen die Bemühungen der Luftverkehrsgesellschaften, im veränderten Wettbewerbsumfeld zu bestehen.

Zunehmende Rivalität unter den Wettbewerbern, Eintritt neuer Wettbewerber in den Luftverkehrsmarkt, die sich in profitablen Nischen positionieren, ein verändertes Kundenverhalten, die Entwicklung innerhalb der Luftfahrtbranche von der Produzenten- zur Handelsmacht, knappe und deshalb teure Infrastrukturkapazitäten der Flughäfen und der Flugsicherung und ein zunehmender Substitutionswettbewerb mit neuen Telekommunikationsmedien sowie Hochgeschwindigkeitszügen charakterisieren den **Wettbewerb** im Passagebereich des Luftverkehrs. Abbildung 8-4-1 stellt die Wettbewerbskräfte aus Sicht der Deutschen Lufthansa AG dar.

Die wachsende **Rivalität unter den Wettbewerbern** ist gekennzeichnet durch die zunehmende Globalisierung der Luftfahrtgesellschaften und wird in Folge eines aggressiven Preis- und Verdrängungswettbewerbes und dem damit verbundenen „shake out" zur Entwicklung oligopolistischer Marktstrukturen führen. Carlzon geht davon aus, daß nur vier oder fünf große europäische Fluggesellschaften überleben werden (Werb 1992, S. 113). Die wachsende Homogenität der Kernleistung sowie die zunehmende Transparenz des Flugangebotes hinsichtlich Flugplänen, Preisen und Sitzplatzverfügbarkeit durch weltumspannende computergestützte Vertriebssysteme fördern die Wettbewerbsintensität unter den Fluggesellschaften zusätzlich und ermöglichen dem Kunden eine umfassende Vergleichsmöglichkeit der Angebote. Für die Deutsche Lufthansa AG bedeutet dies, daß sie nicht nur im Wettbewerb mit europäischen Airlines steht, sondern auch

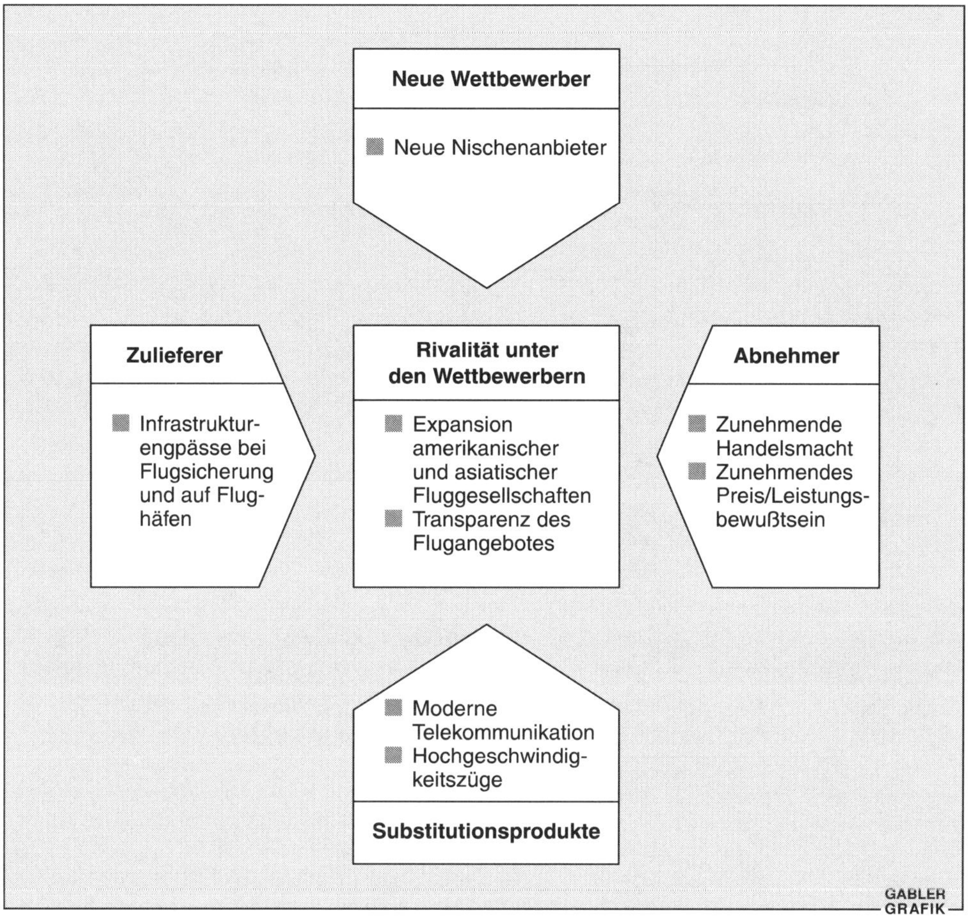

Abbildung 8-4-1: Wettbewerbskräfte im Luftverkehr aus Sicht der Deutschen Lufthansa AG

mit den drei amerikanischen Mega-Carriern (American Airlines, United Airlines und Delta Airlines), die nach der Konsolidierung des US-Marktes zu einer aggressiven internationalen Expansion ansetzten, sowie mit den asiatischen Fluggesellschaften. Allein in Deutschland steht die Deutsche Lufthansa AG mit über 80 Luftverkehrsgesellschaften im Wettbewerb, die im Linienflug in oder von/nach Deutschland fliegen.

Die **Nachfragerseite** ist durch ein verändertes Kundenverhalten und den Wandel von der Produzenten- zur Handelsmacht charakterisiert. Den Großteil ihrer Leistungen (85 Prozent) verkauft die Deutsche Lufthansa AG über selbständige Reisebüros, unter denen ein zunehmender Konzentrationsprozeß zu verzeichnen ist. Durch den hohen Fremdvertriebsanteil besitzt die Deutsche Lufthansa AG genauso wie zahlreiche andere Flug-

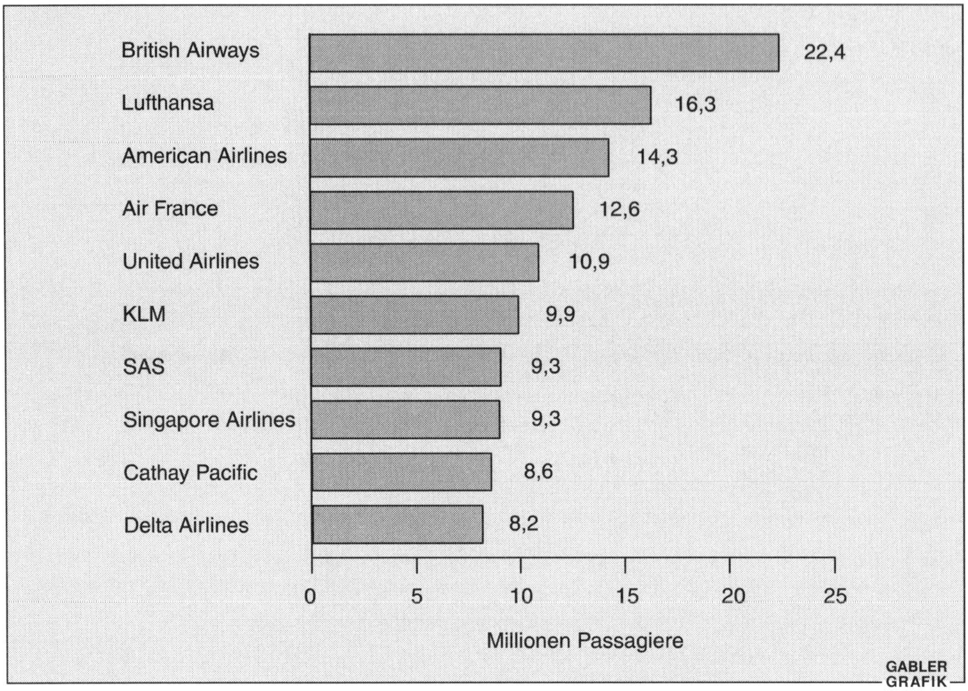

Abbildung 8-4-2: Passagierzahlen der 10 größten Fluggesellschaften im internationalen Linienluftverkehr der IATA 1993

gesellschaften folglich keine beziehungsweise nur geringe Kontrolle über die Vertriebskanäle. Darüber hinaus zeichnet sich das Nachfrageverhalten in den Segmenten Geschäfts- und Privatreisende durch steigende Preissensitivität und abnehmende Kundenloyalität aus. Durch die höhere Reiseintensität ist der Fluggast bei der Beurteilung der Leistungen und des Preis-/Leistungsverhältnisses erfahrener und kritischer geworden. Die Luftverkehrsgesellschaften müssen sich auf ständig höhere Anforderungen der Kunden einstellen. Die Kernleistungen der Fluggesellschaften, das heißt der sichere Transport von Ort A nach Ort B, haben sich weitgehend angeglichen. Zahlreiche Fluggesellschaften produzieren aber zu weitaus niedrigeren Kosten entweder aufgrund von Größenvorteilen oder aufgrund günstigerer Kostenstrukturen und können dadurch ihre Leistungen auf der ganzen Welt – auch in Deutschland – zu günstigeren Preisen anbieten. Diesen Kostennachteil muß die Deutsche Lufthansa AG auf anderen Gebieten auffangen, um wettbewerbsfähig zu bleiben. Vor diesem Hintergrund bekommt die Dienstleistungsqualität in immer stärkerem Maße eine Schlüsselfunktion für die Wettbewerbsfähigkeit und Zukunftssicherung der Deutschen Lufthansa AG.

In diesem Wettbewerbsumfeld konnte die Deutsche Lufthansa AG mit 28,4 Millionen Passagieren 1993 (davon internationaler Linienverkehr: 16,3 Millionen) ihre Stellung im internationalen Linienluftverkehr behaupten. Das Gesamtpassagieraufkommen im Linienluftverkehr der IATA belief sich 1993 auf 990 Millionen Passagiere. Die Deutsche Lufthansa AG gehörte damit auch 1993 zu den größten Airlines der Welt. Abbildung 8-4-2 zeigt die zehn größten IATA-Fluggesellschaften, gemessen am Passagieraufkommen im internationalen Linienluftverkehr der IATA 1993.

Die einzelnen **Teilmärkte** entwickelten sich jedoch äußerst unterschiedlich. Während sich europaweit die Folgen der Rezession in den Passagierzahlen deutlich abzeichnen, konnte die Zahl der Buchungen in Deutschland trotz der bestehenden Konjunkturprobleme leicht gesteigert werden. Problematisch ist auf den Kurzstrecken allerdings die Erlössituation, da das Halten beziehungsweise die leichte Steigerung der Passagierzahlen nur durch Preiszugeständnisse möglich war. Der Linienverkehr nach Asien und in den Pazifischen Raum dagegen zeigt anhaltend hohe Zuwachsraten und gehört inzwischen zu einem der Schlüsselmärkte für die Deutsche Lufthansa AG. Auf der Nordatlantikroute herrscht demgegenüber durch die hohen Überkapazitäten ein harter Preis- und Verdrängungswettbewerb; allerdings ist die Lufthansa auf diesen Strecken der führende Anbieter in Deutschland. Die Märkte Südamerika, Nahost und Afrika zeichnen sich mit wenigen Ausnahmen zwar durch wachsende politische und wirtschaftliche Stabilität aus, der Luftverkehr konnte jedoch im allgemeinen davon nicht profitieren. Abbildung 8-4-3 gibt die Struktur der Nettoverkehrserlöse 1993 der Deutschen Lufthansa AG nach Märkten und nach Beförderungsarten wieder.

Verschiedene Studien kommen jedoch zu dem Schluß, daß die derzeitige Krise des weltweiten Luftverkehrsmarktes nur von vorübergehender Dauer ist. Insgesamt prognostizieren sie dem Weltluftverkehr ein jährliches Wachstum von 5,5 Prozent bis zum Jahre 2000.

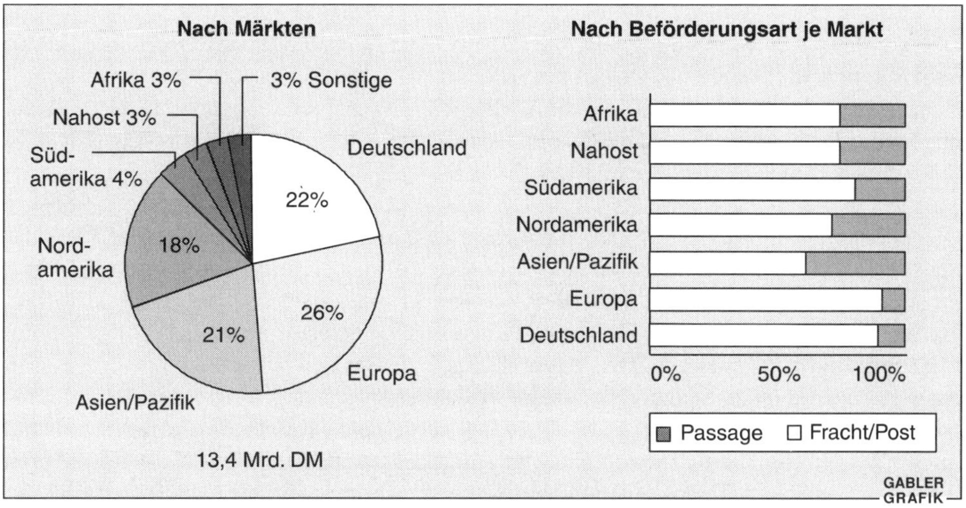

Abbildung 8-4-3: Nettoverkehrserlöse der Deutschen Lufthansa AG 1993 nach Märkten und Beförderungsarten

4.13 Besonderheiten des Dienstleistungsmarketing und Implikationen für das Unternehmen Lufthansa AG

Die sich auf dem Luftverkehrsmarkt abzeichnenden Entwicklungstendenzen zum einen sowie dienstleistungsspezifische Besonderheiten zum anderen führen zu einem differenzierten Aufgaben- und Anforderungsprofil an das Dienstleistungsmarketing der Deutschen Lufthansa AG.

Die wachsende Homogenität der Kernleistung aufgrund fortschreitender technologischer Entwicklungen hinsichtlich der sicheren und zuverlässigen Flugdurchführung führt dazu, daß eine **Differenzierung** gegenüber Wettbewerbern allein über die Kernleistung nicht mehr möglich ist. Die Leistungspotentiale sind weitgehend angeglichen, das heißt die Flugzeugtypen beschränken sich auf vor allem drei Anbieter (Boeing, McDonnell Douglas, Airbus). Die Kabinenausstattungen sowie der Bordservice sind ebenfalls weitgehend identisch oder werden innerhalb kürzester Zeit im Wettbewerb angeglichen. Zudem ist aus Sicht der veränderten Kundenanforderungen nicht mehr nur der sichere Transport gefragt, sondern die umfassende Problemlösung mit einem hochwertigen Service am Kunden. Vor diesem Hintergrund wird die Qualität sämtlicher Bestandteile der Dienstleistung zu einem entscheidenden Erfolgsfaktor im Wettbewerb um die Kunden.

Aufgabe des Dienstleistungsmarketing ist es damit, ein eindeutiges und **unverwechselbares Profil** der Deutschen Lufthansa AG als **„Hochqualitätscarrier"** zu entwickeln, zu sichern und zu kommunizieren, um langfristige und verteidigbare Wettbewerbsvorteile zu schaffen. Eine Schlüsselstellung nimmt dabei die **Servicequalität**, verstanden als Qualität der Kundenbetreuung, ein, um das im Grunde standardisierte Kernprodukt mit individuellen Merkmalen anzureichern, die dem Kunden einen Zusatznutzen versprechen. Allerdings birgt jedoch die Individualisierung der angebotenen Dienstleistung wieder das Problem in sich, konkrete und garantierbare Aussagen über die Leistungsqualität zu treffen und zu kommunizieren.

Dienstleistungsanbieter wie Luftverkehrsgesellschaften stehen zudem generell vor der Schwierigkeit, daß ihre Absatzobjekte **immaterielle Leistungsfähigkeiten** in Form interner Produktionsfaktoren darstellen, zu deren Konkretisierung die zeitgleiche Integration eines externen Faktors, das heißt des Fluggastes, erforderlich ist. Aufgrund der Immaterialität des Absatzobjektes, das im Grunde nur ein Leistungsversprechen darstellt, entzieht sich die Dienstleistung beispielsweise einer eingehenden Beurteilung durch den Kunden vor dem Kauf, so daß sie ein hohes subjektives Kaufrisiko in sich birgt und interne Produktionsfaktoren, wie materielle und personelle Ressourcen, als Indikatoren für die zu erwartende Dienstleistung herangezogen werden. Die zeitliche Integration des Fluggastes in den Erstellungsprozeß führt zudem dazu, daß der Prozeß und das Ergebnis der Dienstleistungserstellung sehr stark von der Beteiligung und der Interaktivität der Fluggäste abhängen und eine Nachbesserung fehlerhafter Produkt- und Serviceelemente wie bei Sachgütern nur begrenzt möglich ist. An das Dienstleistungsmarketing für Luftverkehrsgesellschaften ergeben sich damit spezielle Anforderungen.

Erstens ist der **Produktcharakter** des Leistungsversprechens für den Kunden zu betonen, da aufgrund der Individualität jeder einzelnen Kundenbeziehung eine streng standardisierte Leistungserstellung mit einheitlicher Qualität nicht möglich ist. Zweitens darf die Gestaltung der **Leistungserstellungsprozesse** nicht nur einseitig unter funktionalen Aspekten erfolgen; vielmehr muß die Integration des Kunden berücksichtigt werden. Drittens ist das Produkt der Deutschen Lufthansa AG als **Markenartikel** im Sinne eines Hochqualitätscarriers in den Augen der Kunden zu positionieren, um das subjektiv wahrgenommene Kaufrisiko insbesondere in bezug auf die relevanten Qualitätsaspekte zu reduzieren. Dazu trägt viertens auch die marktkonforme **Kommunikation** zwischen Kunden und Unternehmen sowie im Unternehmen bei, die zudem eine Voraussetzung für die Erarbeitung individueller Problemlösungen für die Kunden darstellt. Und fünftens ist im Rahmen des Dienstleistungsmarketing dafür Sorge zu tragen, daß alle **Mitarbeiter** über eine positive Grundeinstellung zur Serviceleistung am Kunden verfügen, denn ihre Leistung übt einen hohen Einfluß auf die Qualitätsbeurteilung durch den Kunden aus.

Ziel aller Maßnahmen im Rahmen des Dienstleistungsmarketing der Deutschen Lufthansa AG muß es sein, die Leistungsmerkmale an den Kundenerwartungen auszurichten und die Qualität der Dienstleistung sicherzustellen, um dadurch Kundenzufriedenheit zu erreichen und ein Vertrauensverhältnis zwischen Unternehmen und Kunden aufzubauen, das letztlich in einer hohen Kundenbindung und Markenloyalität mündet.

4.2 Unternehmensphilosophie und Strategien des Dienstleistungsunternehmens

4.21 Die Unternehmensphilosophie der Lufthansa AG

Die Deutsche Lufthansa AG versteht sich selbst als europäisches Dienstleistungsunternehmen im Luftreise- und Lufttransportverkehr mit Konzernsitz in Deutschland. Grundlage des wirtschaftlichen Erfolges ist das Ziel der **Erfüllung der Kundenwünsche** durch individuelle Problemlösungen und innovative Angebote. Als Dienstleister strebt die Deutsche Lufthansa AG höchste Qualität in allen Leistungsbereichen – technische und fliegerische Kompetenz, hohe Dienstleistungsbereitschaft, kundengerechte Servicekonzepte sowie ökologisches Verantwortungsbewußtsein – der Servicekette an. Die Assets der Lufthansa liegen vor allem im Rahmen der Kernleistung in den Bereichen Sicherheit,

Pünktlichkeit und Zuverlässigkeit als Elemente der technischen Kompetenz sowie in der Dienstleistungsbereitschaft im Sinne bedarfsgerechter Flugpläne und Streckennetze. Diese Kernleistung reicht jedoch nicht mehr aus, denn Fluggesellschaften werden sich hinsichtlich dieser Aspekte immer ähnlicher. Serviceaspekte im Sinne kundengerechter Servicekonzepte und individueller Serviceleistungen entscheiden über Wettbewerbsvorteile. Nur wenn in den Augen der Kunden ein zusätzlicher Wert in allen Leistungsbereichen erreicht wird, sind die Qualitätsansprüche der Kunden getroffen. Dadurch werden die eigenen Mitarbeiter mit ihren individuellen Fähigkeiten und insbesondere diejenigen im ständigem Kundenkontakt zur wichtigsten Ressource für den Erfolg im Wettbewerb.

Kunden- und Qualitätsorientierung wird bei der Lufthansa als unternehmerische Grundhaltung verstanden, die vom gesamten Unternehmen getragen wird und in den **Unternehmensleitlinien** festgeschrieben wurde. Dort heißt es wörtlich:

- Die Wünsche unserer Kunden stehen an erster Stelle. Sie sind der Maßstab unseres Handelns. Die Kunden entscheiden über unseren Erfolg im Wettbewerb. Wir bieten unseren Kunden weltweit pünktliche, zuverlässige und sichere Luftverkehrsverbindungen.
- Die beste Qualität ist unser Ziel. Engagierte Mitarbeiter und eine moderne Flotte sind die Kennzeichen unserer Leistungskraft. Qualität und Leistungsfähigkeit sichern unsere Zukunft.

Mit den Leitlinien wird eine **Dienstleistungskultur** beschrieben, die die Kommunikation zwischen Kunden und Mitarbeitern in den Mittelpunkt stellt. Gleichzeitig wird eine Unternehmensidentität geschaffen, die ganzheitlich für alle Unternehmensteile die Orientierung am Kunden für sämtliche inner- und außerbetrieblichen Aktivitäten vorgibt.

Darüber hinaus wurde durch den Unternehmensvorstand die **Mission des Geschäftsfeldes Passage** festgelegt, die ebenfalls die Bedeutung der Kunden- und Qualitätsorientierung betont. Im einzelnen wird sie wie folgt beschrieben:

Made by Lufthansa wird zum Qualitätssiegel in den Märkten der Welt:

- Wir sind ein Dienstleistungsunternehmen. Unsere Arbeit bezahlt der Kunde. Ihm dienen wir, für ihn leisten wir.
- Wir sind Lufthansa: jeder von uns, jeden Tag, jederzeit, überall.
- Kundennutzen ist unser Produkt. Vor, während und nach der Reise setzen wir Maßstäbe in Qualität für unsere Kunden.
- Wir wollen Wettbewerb. Um im Wettbewerb vorn zu sein, müssen wir kostengünstiger sein als die anderen. Und besser.
- Wir hören zu und lernen von unseren Kunden, von unseren Partnern, von unseren Kolleginnen und Kollegen.

- Wir sind ein Team, helfen den anderen und vertrauen einander.
- Wir werden als Deutsche Lufthansa in den Märkten der Welt erfolgreich sein.
- Wir verstehen als Erfolg: Nutzen für unsere Kunden, Rendite für unsere Eigentümer und Perspektive für jeden von uns.

4.22 Strategische Grundsätze der Lufthansa AG

Die oben beschriebenen Veränderungen im Wettbewerbsumfeld machten es für die Deutsche Lufthansa AG erforderlich, ihre Strategie für den Passagebereich zu überarbeiten und an die aktuellen sowie die sich bereits abzeichnenden zukünftigen Entwicklungen anzupassen, um auch in Zukunft erfolgreich im Wettbewerb bestehen zu können.

Mit Hilfe der folgenden **strategischen Zielsetzungen** will die Lufthansa im Passagebereich die Präsenz und Qualität ihrer Dienstleistungen im Markt sicherstellen, die zu einer hohen Kundenzufriedenheit als Voraussetzung für zukünftigen Unternehmenserfolg beitragen. Sie werden von der Lufthansa wie folgt angegeben:

- **Europa**, einer der größten Wachstumsmärkte von morgen, mit mehr als 700 Millionen Einwohnern wird den bisherigen Heimatmarkt der Lufthansa Deutschland ablösen. Ziel ist es, die Deutsche Lufthansa AG als Marktführer in Europa zu etablieren.
- **Kooperative Allianzen** mit den europäischen Partnern Lauda Air, Luxair und Finnair sollen das notwendige Wachstum sicherstellen. Durch das bestehende weltweite Streckennetz wird die Position in Europa zusätzlich gesichert und ausgebaut. Langfristig ist es jedoch auch für die Deutsche Lufthansa AG erforderlich, sich zu einem Global Player weiterzuentwickeln. Die Kooperationsabkommen mit unseren Netzpartnern United Airlines und Varig stellen den ersten wichtigen Schritt in diese Richtung dar.
- Das heterogene Leistungsangebot der Lufthansa soll weltweit im Rahmen eines neuen **Dachmarkenkonzeptes** „Made by Lufthansa" als Qualitätssymbol für Fliegen positioniert werden.
- Durch die Entwicklung des Luftverkehrsmarktes von einem Produzenten- zu einem Handelsmarkt geraten die Luftverkehrsgesellschaften zunehmend in die Abhängigkeit von Reisevermittlern, die durch die dort fortschreitende Konzentration weiter wächst. Für die Lufthansa ergibt sich daraus die Notwendigkeit, ihren Einfluß auf die **Vertriebswege** durch Maßnahmen der vertikalen Vorwärtsintegration, wie beispielsweise Minderheitsbeteiligungen, zumindest in den Schlüsselmärkten zu sichern.
- Die Strategie der Lufthansa zielte bisher vor allem auf das Marktsegment der Geschäftsreisenden ab, das jedoch nur 20 Prozent des Gesamtflugmarktes ausmacht

und im Vergleich zum **Privatreisemarkt** nur unterdurchschnittlich wächst. Ziel der Lufthansa wird es in Zukunft sein, ihr Engagement im Touristikbereich auszubauen und Lufthansa auch im Privatreisemarkt verstärkt als Hochqualitätscarrier zu positionieren.

- Die **Innovationskraft**, das heißt, die Fähigkeit der Deutschen Lufthansa AG, schnell und flexibel auf veränderte Kundenbedürfnisse zu reagieren und Differenzierungsvorteile wirkungsvoll zu kommunizieren, wird für den langfristigen Erfolg und die Zukunftssicherung zunehmend von Bedeutung sein.

- **Kundenorientierung** beziehungsweise **Kundennähe** ist nicht nur ein Lippenbekenntnis der Unternehmensführung, sondern elementarer Bestandteil des täglichen Geschäftes, sie wird zur Selbstverpflichtung für alle Mitarbeiter, in der Sicht- und Denkweise des Kunden zu leben. In der Mission des Passage-Ressorts heißt es u. a.: Bei Lufthansa steht der Dienst am Kunden im Mittelpunkt. Für jeden von uns, jeden Tag, mit jedem Kontakt, zu jedem Zeitpunkt, zu jedem Thema. Wir dienen dem Kunden mit Kompetenz, Zuverlässigkeit, Flexibilität und Freundlichkeit.
  Mitarbeiter mit einer ausreichenden fachlichen Qualifikation und einer hohen Bereitschaft zur Dienstleistung sind damit die wichtigste Ressource und Engpaß des Unternehmens, so daß sie in ihrer fachlichen und persönlichen Kompetenz permanent unterstützt und gefördert werden müssen.

- Marktorientierte Geschäftsfelder, dezentrale Entscheidungs- und Ergebnisverantwortung, flache Hierarchien, Flexibilität und Unternehmertum sollen als neue Merkmale der **Organisationsstruktur** die Kundenorientierung und Effizienz der Dienstleistungserstellung und damit auch die Wettbewerbsfähigkeit der Deutschen Lufthansa AG in Zukunft fördern.

4.23 Qualitätsorientierte Strategieausrichtung der Lufthansa AG

Verstand man früher unter Qualität die Einhaltung von Spezifikationen, so versteht man heute unter Qualitätsorientierung die **Ausrichtung aller Unternehmensaktivitäten an den Kundenwünschen**. Um der Dienstleistungsqualität als entscheidendem Erfolgsfaktor für die Zukunft den nötigen Stellenwert auf allen Ebenen des Unternehmens zu verschaffen, wurde das beabsichtigte Qualitätsprofil der Deutschen Lufthansa AG bereits in den Unternehmensgrundsätzen formell festgeschrieben. Ziel der Qualitätsstrategie der Deutschen Lufthansa AG in diesem Sinne ist die **Positionierung des Unternehmens** als Hochqualitätscarrier im Luftverkehrsmarkt. Diese für die tägliche Arbeit wenig spezifischen Forderungen werden in einem hierarchischen Prozeß unter Beteiligung der jeweils Betroffenen in den Zielsetzungen für die einzelnen Ressorts und Abteilungen näher spezifiziert, die zum gemeinsamen Ziel einer hohen Dienstleistungsqualität beitragen.

Vergleicht man die Qualität des Dienstleistungsangebotes verschiedener Luftfahrtgesellschaften anhand der beiden Dimensionen **Produktqualität**, verstanden als Beurteilung der materiellen Elemente, und **Servicequalität**, verstanden als Bewertung der Kundenbetreuung, so stellt man fest, daß es im Wettbewerb immer notwendiger wird, auf beiden Dimensionen einen Spitzenplatz zu belegen (Whiteley 1991). Der Deutschen Lufthansa AG wird von Kunden und Wettbewerbern eine hervorragende Produktqualität zugebilligt. Um auch auf der Dimension Servicequalität eine Spitzenposition zu erreichen, werden von seiten der Deutschen Lufthansa AG im Rahmen von Produkt- und Serviceinnovationen sowie dem Qualitätsmanagement zahlreiche Anstrengungen unternommen, auch auf dieser Dimension Qualitätsführer zu werden.

Ziel der **Qualitätsstrategie** der Lufthansa ist es, einen hohen Grad an Kundenzufriedenheit zu erreichen, die das Image des Unternehmens fördert und in dauerhafter Produkt- und Markenloyalität mündet. Diese Loyalität ist nur zu erreichen, wenn die Erwartungen der Kunden immer wieder übertroffen werden. Ein Unternehmen, das den Erwartungen seiner Kunden lediglich „genügt", wird als durchschnittlich – mithin austauschbar – wahrgenommen. Für die Lufthansa, die sich als Hochqualitätscarrier positioniert, bedeutet das, daß der Service ständig verbessert werden muß, denn hohe Servicequalität konkurriert in erster Linie mit sich selbst. Mit jeder **Qualitätsverbesserung** erhöhen sich die Erwartungen der Kunden bei zukünftigen Kundenkontakten. Ebenso wirkt sich eine verbesserte Dienstleistungsqualität auch direkt auf die Kundenerwartungen gegenüber Wettbewerbern aus. In diesem Zusammenhang müssen durch kontinuierliche Verbesserungen der eigenen Produkt- und Servicequalität Vorsprünge gegenüber den Konkurrenten verteidigt werden, wenn sie als dauerhafter Wettbewerbsvorteil gelten sollen.

Qualität ist für die Lufthansa AG insofern die Antwort auf individuelle Kundenerwartungen. Unter der Prämisse der **stetigen Qualitätsverbesserung** ist es das Ziel, diese Kundenerwartungen in allen mit dem Flug zusammenhängenden Bestandteilen der sogenannten Servicekette (siehe Abschnitt 4.32) zu erfüllen beziehungsweise zu übertreffen und sich in der Produkt- und Serviceperformance positiv von „Best Practices" der Wettbewerber abzuheben.

Untersuchungen über die Wirkung von **Kundenloyalität** haben gezeigt, daß sich bereits geringe Erhöhungen der Wiederkaufrate überproportional auf die Gewinne auswirken. Eine Steigerung der Wiederkaufrate um 5 Prozent führte in unterschiedlichen Dienstleistungsbereichen zu Ertragssteigerungen von 25 Prozent bis 125 Prozent (vgl. Reichheld/Sasser 1990, S. 112). Dieser Effekt läßt sich sowohl auf kostensenkende als auch ertragssteigernde Faktoren zurückführen. Welche zusätzlichen Gewinne nach Einschätzung von Reichheld und Sasser durch eine dauerhafte Kundenbeziehung realisiert werden können, wird in Abbildung 8-4-4 dargestellt (vgl. Reichheld/Sasser 1990, S. 111).

Unzufriedene Kunden dagegen geben ihre negativen Erlebnisse weitaus häufiger in ihrem Umfeld bekannt, äußern ihre subjektiv schlechten Erfahrungen jedoch in den seltensten Fällen in Form von **Reklamationen** gegenüber dem Unternehmen. Bei der

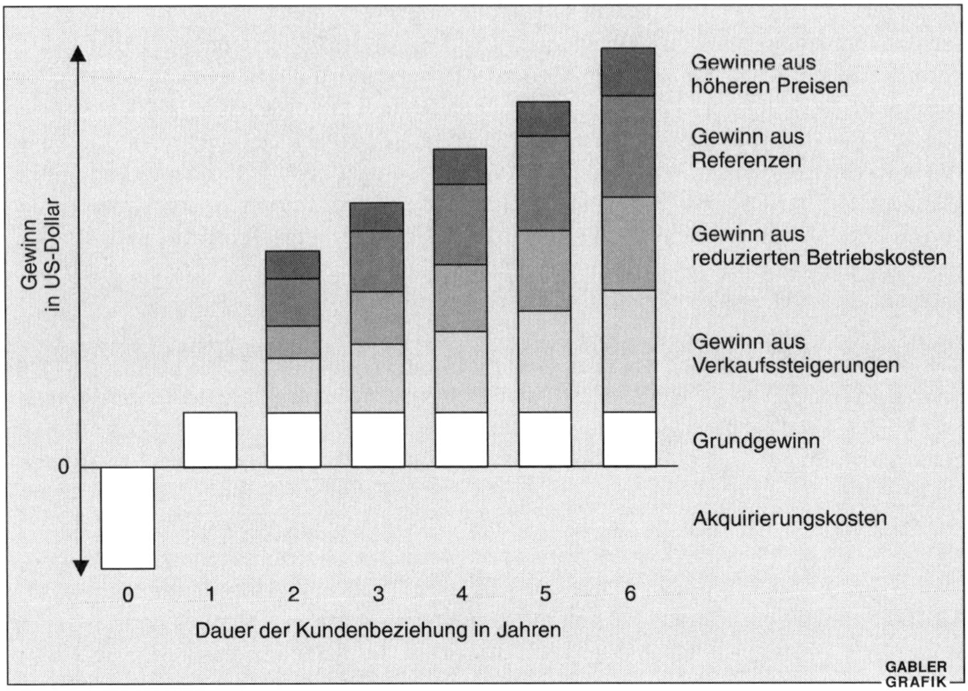

Abbildung 8-4-4: Einfluß der Kundenloyalität auf die Gewinnentwicklung
(Quelle: Reichheld/Sasser 1991, S. 111)

Lufthansa schätzt man, daß der Anteil der unzufriedenen Fluggäste, die sich mit einer Beschwerde an das Unternehmen wenden, unter 1 Prozent liegt. Sie stellen allerdings die „Spitze eines Eisberges" dar. Die Gefahr, daß unzufriedene Kunden abwandern, ohne ihre negativen Wahrnehmungen und Probleme zu artikulieren, ist um ein Vielfaches größer als die Chance, die Probleme der Kunden in Erfahrung zu bringen.

Vor diesem Hintergrund wird die herausragende Bedeutung der **Dienstleistungsqualität** und **„sichtbarer" Qualitätsverbesserungen** deutlich. Durch eine „Qualitätsoffensive" sollen Stammkunden gehalten und darüber hinaus neue Fluggäste hinzugewonnen werden. Kundenorientierte Serviceleistungen rund um den Flug in Verbindung mit ständigen Produktverbesserungen und attraktiven Preissystemen binden Kunden langfristig an das Unternehmen. Um eine Positionierung der Lufthansa AG als Hochqualitätscarrier und die damit verbundenen Zielsetzungen zu erreichen, wurde im Unternehmen zur Durchsetzung der Unternehmensstrategie ein umfassendes **Qualitätsmanagementsystem** eingerichtet.

4.3 Qualitätsmanagement bei der Lufthansa AG

Das **Qualitätsmanagement** hat bei der Lufthansa eine lange Tradition. Eine konsequente Qualitätsorientierung läßt sich bis in die fünfziger Jahre zurückverfolgen, wenn auch damals der Schwerpunkt ausschließlich im Technikbereich lag. Mit den Jahren wurde der Qualitätsgedanke immer weiter auf andere Bereiche übertragen, so auch auf den Servicebereich. Seit den siebziger Jahren existieren **Qualitätsstandards**, die zusammen mit Elementen eines **Qualitätscontrolling** implementiert wurden. Von einem **Total Quality Management** im Sinne einer Führungsmethode, die das Erreichen von umfassenden Qualitätszielen in den Mittelpunkt stellt, kann explizit seit 1990 gesprochen werden. Ab diesem Zeitpunkt hat das Qualitätsmanagement der Lufthansa eine zügige Entwicklung genommen. Derzeit wird daran gearbeitet, die für Lufthansa relevanten Qualitätsziele, -leitlinien und -standards in einen Gesamtzusammenhang zu bringen und zu einem **unternehmensweit gültigen Qualitätskonzept** zusammenzufügen.

4.31 Anforderungen an die Qualität aus Unternehmenssicht

Vertritt man eine kundenorientierte Qualitätsauffassung wie die Deutsche Lufthansa AG, dann ist **Qualität** keine absolute, sondern eine **relative Größe**. Qualität aus Sicht des Unternehmens entsteht im Spannungsfeld zwischen Kundenerwartungen, Konkurrenzleistungen und Unternehmensinteressen. Abbildung 8-4-5 stellt die Qualitätsauffassung der Deutschen Lufthansa AG in diesem Spannungsverhältnis dar.

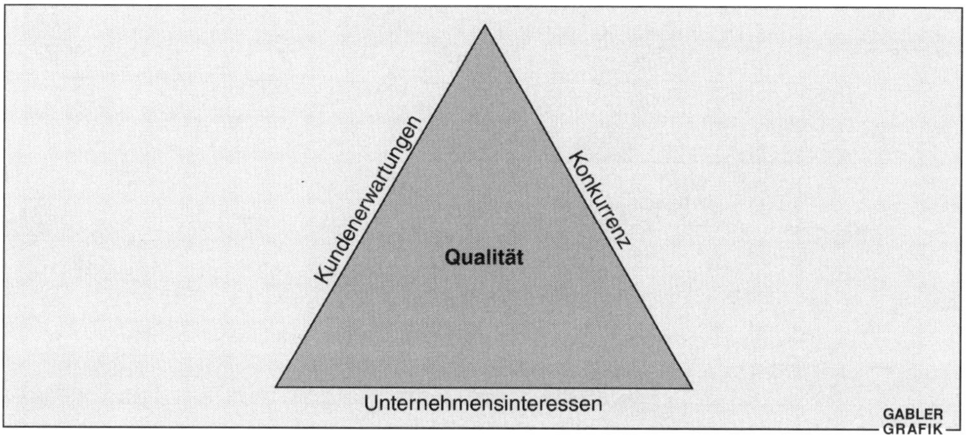

Abbildung 8-4-5: Qualitätsauffassung der Deutschen Lufthansa AG

Bei der Festlegung der Anforderungen an die Qualität aus Unternehmenssicht müssen demzufolge alle drei Facetten gleichermaßen berücksichtigt werden. Ausgangspunkt aller Überlegungen sind in jedem Falle die **Erwartungen der Kunden** in bezug auf die Leistung der Lufthansa. Das Produkt der Deutschen Lufthansa AG besteht aus einer Vielzahl an materiellen (Flugzeuge, Stationen- und Kabinenausstattung, Mahlzeiten und Flugplan) und immateriellen (Freundlichkeit, Kompetenz und Flexibilität der Mitarbeiter sowie die Atmosphäre an Stationen beziehungsweise an Bord) Einzelelementen, die in drei Komponenten zerlegt werden können:

- Erstens die **Mußkomponente**, verstanden als technische und fliegerische Kompetenz, um einen sicheren und zuverlässigen Transport zu gewährleisten.
- Zweitens die **Sollkomponente** in Form der Dienstleistungsbereitschaft (zum Beispiel dichter Flugplan, umfassendes Streckennetz oder Servicekette).
- Drittens die **Kannkomponente** im Sinne der persönlichen Kompetenz, der Betreuungsqualität sowie kundengerechter Serviceabläufe.

Muß- und Sollkomponente bieten dem Kunden einen entsprechenden Grundnutzen, während die Kannkomponente einen darüber hinausgehenden Zusatznutzen (added va-

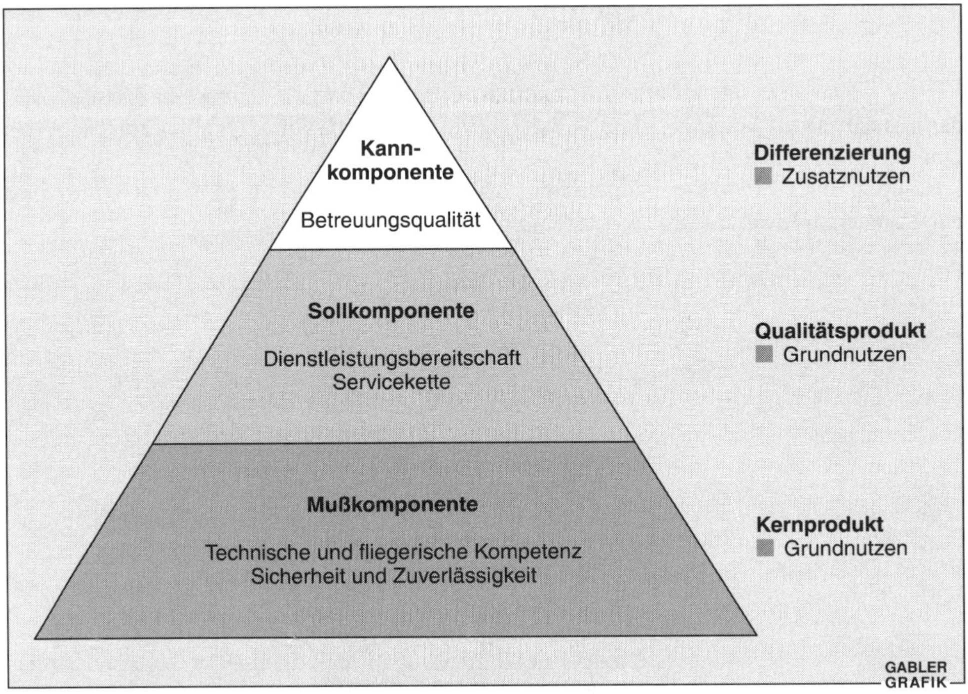

Abbildung 8-4-6: Dienstleistungs- und Nutzenkomponenten eines Luftverkehrsunternehmens

lue) stiften kann. Hier liegt das eigentliche **Differenzierungspotential zur Erlangung von Wettbewerbsvorteilen**. Anstrengungen in diesem Bereich machen jedoch nur Sinn, wenn die den Grundnutzen stiftenden Aspekte des Kern- und Qualitätsproduktes den Kundenerwartungen entsprechen. Abbildung 8-4-6 stellt die Dienstleistungs- und Nutzenkomponenten graphisch dar.

Maßstab für die Formulierung von Qualitätszielen aus Unternehmenssicht sind neben den Kundenanforderungen schließlich auch noch die Einschätzung der **Qualität der Wettbewerber** in den verschiedenen Verkehrsgebieten sowie die Berücksichtigung von **Unternehmensinteressen** wie Produktivität oder Kosten.

Dienstleistungsqualität kann die Deutsche Lufthansa AG insofern nur durch die Erfüllung der Kundenerwartungen unter Berücksichtigung von Konkurrenzleistungen und Unternehmensinteressen erreichen. Sie sicherzustellen und zu fördern ist eine gesamtunternehmerische Aufgabe und nicht nur einzelner Bereiche mit Kundenkontakt, die durch das Qualitätsmanagement gewährleistet werden soll.

4.32 Anforderungen an die Qualität aus Kundensicht

Dienstleistungsqualität aus Kundensicht heißt, den Kundenerwartungen in allen Produktkomponenten (Muß-, Soll- und Kannkomponente) gerecht zu werden. Zu beachten ist in diesem Zusammenhang, daß der einzelne Kunde die Dienstleistung aus seiner persönlichen, subjektiven Sicht beurteilt. Er entscheidet ganz alleine, ob die Dienstleistung seinen Erwartungen gerecht wird, und ob er mit der Leistung zufrieden ist. Oder anders ausgedrückt, Dienstleistungsqualität ergibt sich als die vom Kunden wahrgenommene Differenz zwischen seinen Erwartungen und der Wahrnehmung der erhaltenen Dienstleistung. Diese vom Kunden **wahrgenommene Qualität** muß als Maßstab für die Unternehmensleistung dienen.

Obwohl die Interaktion zwischen der Deutschen Lufthansa AG und den Fluggästen in der Regel auf die wenigen „Momente" an den Stationen auf den Flughäfen und während des Fluges beschränkt ist, erlebt der Kunde alle mit dem Flugereignis zusammenhängenden Service- und Produktleistungen als Ganzes. Der Gesamteindruck von der Flugreise ergibt sich aus der Summe aller Einzeleindrücke entlang der gesamten **Servicekette**, wobei die interne Organisation der Serviceabläufe für den Kunden irrelevant ist. Was zählt, ist nur die tatsächlich wahrgenommene Gesamtleistung. Schwachstellen in einem Teilbereich der Gesamtleistung beeinflussen die Kundenzufriedenheit überproportional. Unter Umständen genügt ein einziger Fehler in einem Element, um den Gesamteindruck ins Negative umzukehren. Abbildung 8-4-7 stellt die Servicekette eines Luftverkehrsunternehmens vereinfacht dar.

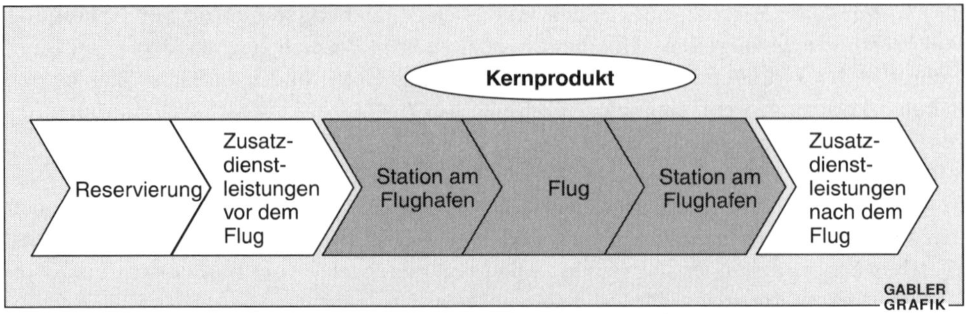

Abbildung 8-4-7: Vereinfachte Servicekette eines Luftverkehrsunternehmens

Untersuchungen der Lufthansa zeigen deutlich, daß eine an den Kundenerwartungen orientierte hohe Dienstleistungsqualität in den Bereichen der Muß- und Sollkomponente heute nicht mehr ausreicht. Die kundengerechte Gestaltung der Serviceabläufe und die persönlichen Leistungskomponenten (Kannkomponente) sind aus Sicht der Kunden die entscheidenden Dimensionen in der Beurteilung der Dienstleistungsqualität. Dies hängt vor allem damit zusammen, daß Dienstleistungen gleichzeitig produziert und verwertet werden.

Für ein erfolgreiches Qualitätsmanagement ist es daher unabdingbar, die Anforderungen an die **Dienstleistungsqualität aus Kundensicht** laufend detailliert zu erfassen und die tatsächliche Leistung permanent daraufhin zu überprüfen. Aufgabe der Marktforschung ist es insofern, die unterschiedlichen Erwartungen der verschiedenen Kundengruppen hinsichtlich sämtlicher Produkt- und Serviceleistungen in der gesamten Servicekette zu erfassen. Dabei muß jedes Element der Servicekette als Ansatzpunkt und Chance zur Verbesserung der Dienstleistungsqualität und zur Erhöhung des Kundennutzens verstanden werden.

Die Deutsche Lufthansa AG unterscheidet generell zwischen den beiden in sich relativ homogenen **Kundengruppen** Privat- und Geschäftsreisende (1993: 38 Prozent beziehungsweise 62 Prozent der Passagiere), für die sich unterschiedliche Anforderungsprofile ergeben. Geschäftsreisende stellen sehr differenzierte Anforderungen an das Produkt der Lufthansa. Aufgrund der vorgegebenen Geschäftstermine sollen zum Beispiel die Zielorte schnell, auf dem direkten Weg und pünktlich erreichbar sein. Ein wichtiges Kriterium sind daher Pünktlichkeit, optimale Flugplanangebote, Sicherheit und Zuverlässigkeit. Geschäftskunden erwarten darüber hinaus ein hohes Maß an Flexibilität bei notwendigen Veränderungen der Reiseroute und anderen Umbuchungen. Die persönlichen Leistungskomponenten wie freundliche Betreuung, perfekter Bordservice usw. werden ebenso als Selbstverständlichkeit vorausgesetzt wie eine zügige Bodenabfertigung oder die Bequemlichkeit an Bord. Im Gegensatz zum Bereich Geschäftsreisen stellt der Preis bei Privatreisenden das zentrale Kaufentscheidungskriterium dar, weil sie den Flugpreis selbst bezahlen. Was das Flugplanangebot betrifft, so legt diese Zielgruppe

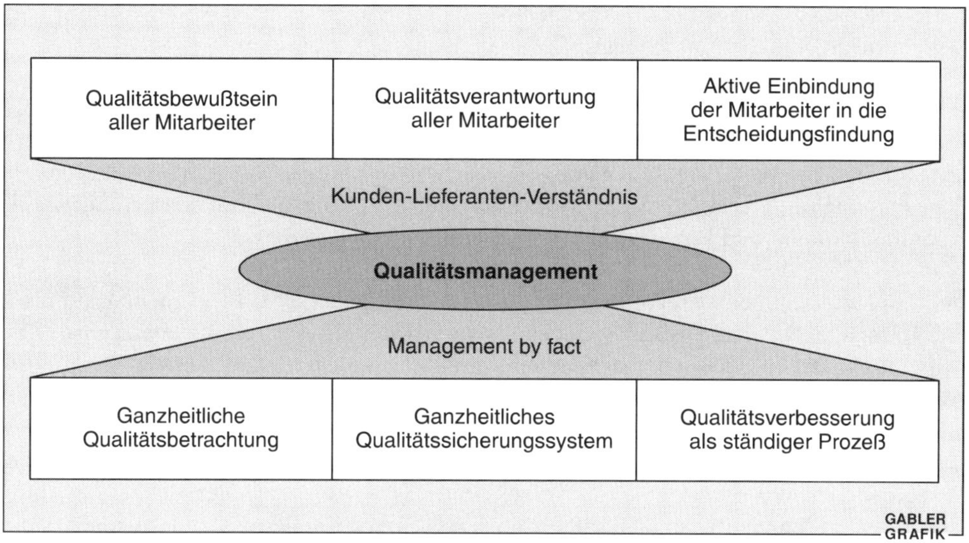

Abbildung 8-4-8: Grundelemente des Qualitätsmanagements der Deutschen Lufthansa AG

Wert darauf, daß ein Angebot zum gewünschten Termin besteht. Vielleicht weil Privatreisende nicht so häufig mit dem Flugzeug unterwegs sind, achten sie weitaus stärker auf die persönlichen Leistungskomponenten des Personals und den Komfort an Bord. Umbuchungsmöglichkeiten werden als selbstverständlich erwartet, spielen aber nur eine untergeordnete Rolle.

4.33 Struktur und Aufgaben des Qualitätsmanagementsystems

Das Qualitätsmanagement der Deutschen Lufthansa AG zielt darauf ab, den Qualitätsanspruch gemäß den formulierten Unternehmensleitsätzen für alle Bereiche in der gesamten Leistungskette zu spezifizieren, zu operationalisieren, zu messen und umzusetzen. Im Spannungsfeld zwischen Qualität und Kosten liegt der Schlüssel zum Erfolg heute nicht mehr nur in hoch spezifizierten Qualitätssicherungssystemen, sondern vor allem im Qualitätsbewußtsein aller Mitarbeiter. Unter **Qualitätsmanagement** wird also zum einen ein umfassendes Qualitätssicherungssystem verstanden, innerhalb dessen die Qualität der Dienstleistung in der gesamten Servicekette ganzheitlich, das heißt im Planungs-, Erstellungs- und Vermarktungsprozeß, sichergestellt und in Form eines permanenten Prozesses kontinuierlich verbessert wird. Qualitätsmanagement trägt aber auch bei allen Mitarbeitern zu einem neuen Verständnis ihrer Einbindung in die internen und externen Kunden-

Lieferanten-Beziehungen bei, fördert deren Qualitätsbewußtsein und -verantwortung und bezieht sie aktiv in die Entscheidungsfindung mit ein (vgl. Abbildung 8-4-8).

Insofern ist das Qualitätsmanagement eine umfassende **Managementmethode**, die einerseits darauf abzielt, höchstmögliche Kundenzufriedenheit zu erreichen, und andererseits für die Mitarbeiter ein Arbeitsumfeld zu schaffen, das eine höhere Identifikation mit dem Unternehmen erlaubt, deren Motivation und Leistungsqualität fördert sowie die Kommunikations- und Prozeßstrukturen im Unternehmen verbessert.

Für den Unternehmensbereich Passage stellt ein breitgefächertes Instrumentarium über alle Phasen sicher, daß in den Servicekonzepten jederzeit die Kundenerwartungen im Mittelpunkt stehen. Qualitätsmanagement impliziert jedoch nicht allein die Identifizierung und Gestaltung kundenorientierter Produkte und Serviceleistungen, sondern vor allem auch eine stärkere **Prozeßorientierung** im Unternehmen. Denn letztlich sind die erbrachten Leistungen Ergebnis unternehmensweit vernetzter Einzelprozesse, so daß die Prozeßqualität und deren laufende Verbesserung von entscheidender Bedeutung sind. Ziel ist es, in enger Zusammenarbeit mit den Fachabteilungen ein unternehmensweit gültiges Qualitätskonzept zu entwickeln, das unter Berücksichtigung der Unternehmensinteressen sowie den Entwicklungen im Wettbewerbsumfeld Ziele, Leitlinien und Standards für Produkte und Prozesse festlegt, sich aber in erster Linie an den Kundenanforderungen orientiert. Abbildung 8-4-9 stellt das Qualitätsmanagementsystem Passage der Deutschen Lufthansa AG vereinfacht dar.

4.34 Instrumente des Qualitätsmanagements

Die bisherigen Ausführungen haben deutlich werden lassen, daß ein bestimmtes Qualitätsniveau nicht durch die bloße Existenz von Qualitätsstandards und -grundsätzen zu erreichen ist. Qualitätsentwicklungen und veränderte Kundenerwartungen sind permanent zu analysieren und erforderliche Verbesserungen zu entwickeln. Insofern steht die genaue Kenntnis der Kundenerwartungen und damit die **Marktforschung** am Anfang des Qualitätsmanagements.

Da die Qualität der Dienstleistung durch die Integration der Kunden in die Leistungserstellung entscheidend von deren Beteiligung abhängt, ist es von zentraler Bedeutung, bereits im Rahmen der **Produktentwicklung** mögliche Wechselwirkungen zwischen Kunden sowie zwischen Kunden und Mitarbeitern durch einen aktiven Kundendialog zu erfassen und zu berücksichtigen. Deshalb werden die Kundenwünsche schon in der Planungsphase durch ein Spektrum unterschiedlicher qualitativer und quantitativer Untersuchungen laufend und im direkten Kundendialog verfolgt, für den Luftverkehrsmarkt relevante gesellschaftliche Entwicklungen beobachtet (zum Beispiel wachsendes Umweltbewußtsein) und das Marktvolumen weltweit differenziert nach Märkten, Zielgrup-

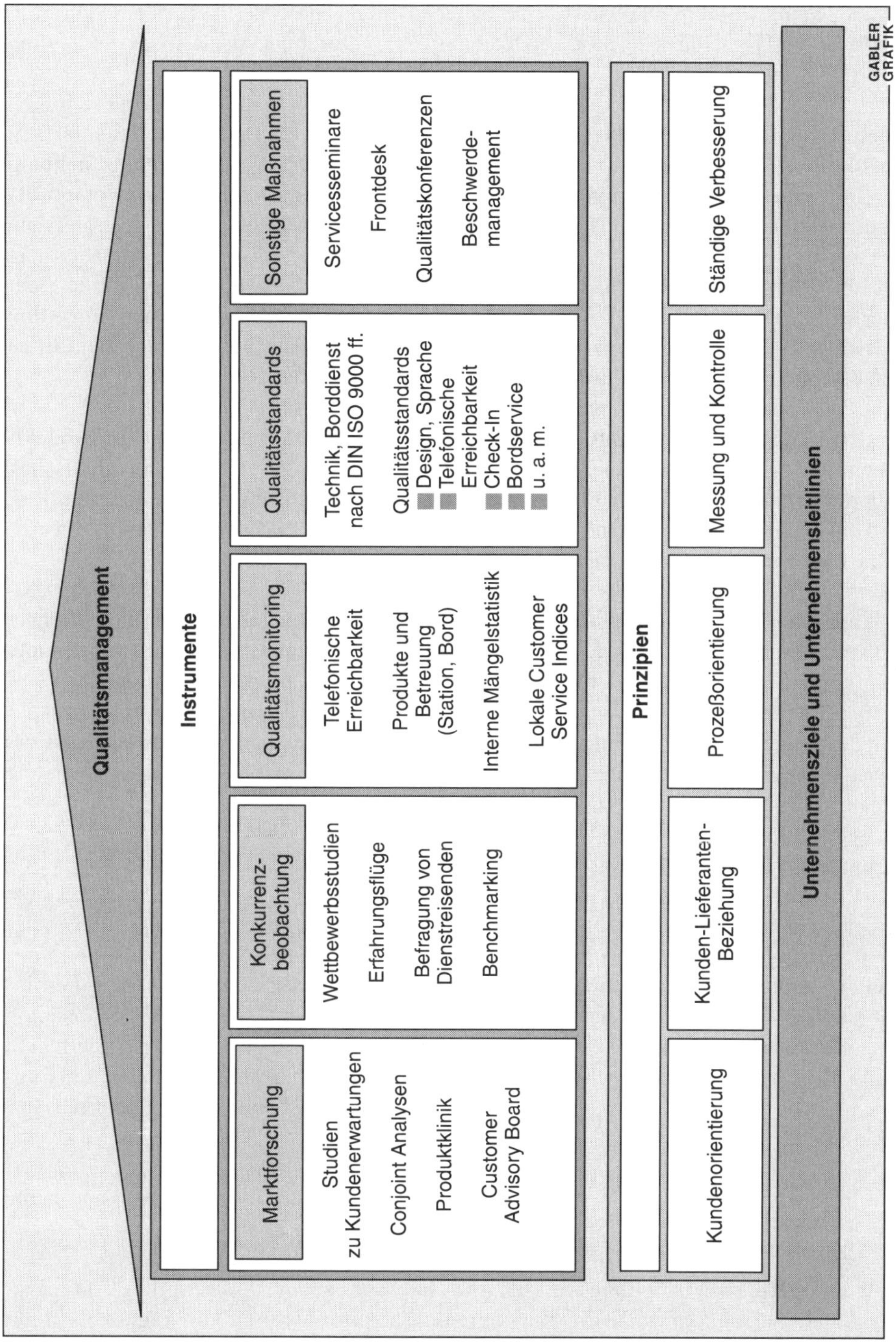

Abbildung 8-4-9: Qualitätsmanagementsystem für den Bereich Passage der Deutschen Lufthansa AG

pen und Wettbewerbern analysiert. Eine Unterscheidung nach den beiden Kundengruppen Privat- und Geschäftsreisende erlaubt dabei eine zielgruppenspezifische Ausrichtung der Produkt- und Serviceangebote.

Mit Hilfe von **Conjoint-Analysen** wird für alle Zielgruppen die Bedeutung der einzelnen (materiellen) Produkt- und (immateriellen) Servicebestandteile für die Kaufentscheidung entlang der gesamten Servicekette, deren Zusammensetzung und der ihnen durch die Kunden subjektiv beigemessene Wert bestimmt. Denn Kunden bewerten und vergleichen die Dienstleistung nicht nur nach einzelnen Elementen, sondern primär ganzheitlich. Diese Erkenntnisse werden dann zur Entwicklung von auf zielgruppenspezifische Kundenerwartungen abgestimmten Produktlinien herangezogen. Dies ist die Basis, um schon im Stadium der Produktentwicklung die Qualität zu einem zentralen Maßstab zu machen und kostspielige Fehlentwicklungen zu vermeiden.

Vor allem im Rahmen der Einführung neuer Serviceabläufe sowie innovativer Produktbestandteile wird das Instrument der **„Produktklinik“** eingesetzt. Unter realistischen Bedingungen werden in einer Flugzeugattrappe Flüge mit neuen oder veränderten Produktkonzepten für verschiedene Kundengruppen simuliert und deren Meinung im Anschluß daran erfaßt und analysiert (Beispiel: Business-Class-Sitze).

Eine andere Form der Erfassung von Kundenerwartungen stellen die monatlichen, weltweit regional durchgeführten **„Customer Advisory Boards“** dar. Dabei finden alle Zielgruppen vom potentiellen Fluggast über den Touristen bis zum vielfliegenden Geschäftsreisenden Berücksichtigung. Hier werden in kleinen Gruppen Erfahrungen mit der Lufthansa oder anderen Airlines, Verbesserungsvorschläge sowie Erwartungen an die Dienstleistung wie Mitarbeiterverhalten, Kundenbindungsmaßnahmen oder auch die Gestaltung von Kabine und Station diskutiert.

Wertvolle Informationen über Kundenerwartungen können Dienstleistungsanbieter von ihren Mitarbeitern im Kundenkontakt erhalten. Um diese effektiv nutzen zu können, werden bei der Lufthansa regelmäßig **Mitarbeiterbefragungen** durchgeführt und geeignete formelle sowie informelle Kommunikationswege zwischen den Kundenkontaktmitarbeitern und der Marktforschungsabteilung beziehungsweise den Führungskräften installiert. Um den Mitarbeitern die Möglichkeit zu geben, sich schnell und unabhängig vom Vorgesetzten zu den Leistungen der Deutschen Lufthansa AG zu äußern und eventuelle Verbesserungsvorschläge vorzubringen, wurde beispielsweise eine **telefonische „Hotline“** und für den fliegerischen Bereich ein **„Front Desk“** in Frankfurt eingerichtet.

Eine Produktentwicklung allein an den Kundenerwartungen auszurichten, kann heute jedoch nicht mehr einen kontinuierlichen Qualitätsvorsprung sicherstellen. Neben die Kundenanforderungen muß die Einschätzung der Qualität der Wettbewerber treten. Laufende **Wettbewerbsbeobachtungen und -analysen** sowie Durchführung von Erfahrungsflügen beziehungsweise die Nutzung von Erfahrungswerten von Dienstreisen mit

Fremdgesellschaften als Voraussetzung für ein **Benchmarking** geben Aufschluß zur Einschätzung der eigenen Kunden sowie Kunden der Wettbewerber bezüglich des Images (**„Imagemonitor“**) und die Bindung an einzelne Gesellschaften. Durch die Definition einer „idealen“ Airline und die Feststellung der Abweichung der Lufthansa von diesem Ideal lassen sich Ansatzpunkte identifizieren, um den Qualitätsvorsprung zu sichern.

Luftverkehrsgesellschaften wie die Deutsche Lufthansa AG bieten ihre Dienstleistungen weltweit auf den unterschiedlichsten Luftfahrtmärkten an und erbringen sie durch Mitarbeiter, die den verschiedensten Kulturkreisen angehören. Um ein einheitlich hohes und kontinuierliches Qualitätsniveau in allen Servicebereichen sicherzustellen, ergibt sich die Notwendigkeit, eine Reihe von Qualitätsindikatoren im Sinne von Standards für die gesamte Leistungskette zu definieren. **Qualitätsstandards** können und sollen nicht alle Situationen erfassen und haben daher ihre natürlichen Grenzen – sonst besteht sogar die Gefahr, daß sie zu Qualitätsverschlechterungen führen können, beispielsweise wenn örtliche und räumliche Gegebenheiten, klimatische Verhältnisse oder behördliche Auflagen die Einhaltung erschweren und so die Notwendigkeit einer situativen Anpassung besteht.

Die Lufthansa unterscheidet die Qualitätsstandards in **Rahmenrichtlinien** und in eine Reihe **quantitativer und qualitativer Standards**. Die Rahmenrichtlinien sollen dem Kunden eine komplexe Dienstleistung sichtbar machen, um eine positive Kundeneinstellung und eine hohe Kundenbindung sicherzustellen. Aus diesem Grunde hat Lufthansa beispielsweise weltweit einheitliche Richtlinien in bezug auf das Erscheinungsbild und das Design sowie vor allem die Kommunikation festgelegt, die die Wiedererkennung erleichtern, eine deutliche Differenzierung zur Konkurrenz ermöglichen und den Qualitätsanspruch der Lufthansa signalisieren. So werden durch die Designrichtlinien einheitliche Farbkombinationen und Stilelemente für alle Kontaktpunkte zwischen Lufthansa und Kunden vorgegeben. Ein Rahmenkonzept für die Kommunikation stellt sicher, daß die verschiedenen externen und internen Kommunikationsinstrumente (zum Beispiel Werbung, Verkauf, Bordansage sowie innerbetriebliche Publikationen) hinsichtlich Information, Dialog und Sprache aufeinander abgestimmt sind und den Dienstleistungscharakter der Arbeit der Mitarbeiter unterstützen. Neben diesen Rahmenrichtlinien gibt es entlang der Servicekette qualitative und quantitative Standards. So soll zum Beispiel jeder Kunde:

- bei einem Anruf (zum Beispiel telefonische Reservierung) nach spätestens 20 Sekunden mit einem kompetenten Lufthansa-Mitarbeiter sprechen können,
- am Check-in-Schalter nicht länger als maximal fünf Minuten vom Anstellen in der Reihe bis zur Bedienung warten müssen, bei 95prozentiger Kundenzufriedenheit.

Zur Sicherstellung der Qualität im Vertrieb wurden auch für die eigenen Stadtbüros und die Lufthansa-Vertriebspartner Standards für den Kundendialog, aber auch für die optische Präsenz und die Produktpräsentation festgelegt. Der Schwerpunkt liegt dabei auf der Sicherung der fachlichen Beratung, der Freundlichkeit sowie Kompetenz der Mitarbeiter, nicht nur die konkreten Preis- und Flugplanangebote, sondern auch die qualitätsrelevanten Aspekte der Leistung der Lufthansa vermitteln zu können.

Standards stellen eine Orientierungshilfe dar und dienen als Meßlatte. Allerdings bedürfen sie einer gewissen Flexibilität. Standards begründen nur den formalen Rahmen, innerhalb dessen Service erst durch das tägliche situationsbezogene Verhalten der Mitarbeiter und die Problemlösung vor Ort lebendig wird. So vielseitig und vielschichtig wie die Kundenwünsche sind, so variabel müssen nach Auffassung der Lufthansa auch die Qualitätsstandards von den Mitarbeitern gehandhabt werden. Wenn alle Mitarbeiter den Anspruch an sich selbst haben, die Kundenerwartungen nicht nur zu erfüllen, sondern die Qualitätsansprüche immer wieder zu übertreffen, so werden sie in der Lage sein, alle erdenklichen Probleme im Tagesgeschäft zu bewältigen.

Der Erfolg eines Qualitätsmanagements wird maßgeblich vom Dialog und der Einbeziehung aller Mitarbeiter in den Prozeß mitbestimmt. Dazu trägt vor allem die Einrichtung und Förderung von **abteilungsinternen Qualitätsgruppen** und bereichsübergreifenden, interdisziplinär besetzten **Problemlösungsgruppen** bei. Mitarbeiter werden dadurch aktiv in die Gestaltung der betrieblichen Prozesse eingebunden und können ihre Verbesserungsvorschläge zur Qualität am Kunden, am Arbeitsplatz beziehungsweise im Arbeitsprozeß aktiv einbringen. Voraussetzung dafür ist jedoch die Vertrautheit jedes Mitarbeiters mit Methoden, die zur stetigen Verbesserung am Arbeitsplatz beitragen. Dazu werden Lufthansa-Mitarbeiter in entsprechenden Trainings in die Anwendung dieser Tools wie „flowchart" oder „quality indicator method" eingeführt, um die Voraussetzungen zur Identifikation innerbetrieblicher Lücken zu schaffen und effizientere und qualitativ bessere Arbeitsstrukturen zu realisieren.

Da sich Kundenorientierung und Dienstleistungsqualität nicht nur in der serviceorientierten Leistungserstellung, sondern auch in der Bearbeitung von Kundenanliegen nach dem Flug ausdrücken, kommt dem **Beschwerdemanagement** als Instrument der Qualitätssicherung und der Kundenbindung erhebliche Bedeutung zu. Neben der Nutzung von Informationen aus Reklamationen zur Weiterentwicklung von Qualitätssicherungsmaßnahmen soll durch die schnelle und persönliche Bearbeitung von Kundenanliegen eventuell entstandener materieller oder immaterieller Schaden ausgeglichen und die Kundenzufriedenheit wiederhergestellt werden. Insofern ist das Beschwerdemanagement der Lufthansa nicht nur reaktiv auf Kundenanliegen ausgerichtet, sondern greift auch aktiv bei offensichtlichen Mängeln, wie zum Beispiel bei Verspätungen, ein. Um eine möglichst hohe Kundennähe zu erlangen, wird das Beschwerdemanagement prinzipiell dezentral vor Ort abgewickelt. Die zentrale Abteilung Kundenbeziehungen/Beschwerdemanagement, die die Regeln für die Schadensregulierung und Argumentationshilfen gegenüber dem Kunden vorgibt, übernimmt im Grunde nur Unterstützungsfunktionen und wird lediglich in besonders schwerwiegenden Fällen eingeschaltet.

4.35 Erfolgskontrolle im Rahmen des Qualitätsmanagements

Langfristig trägt zur anhaltenden Steigerung des Qualitätsniveaus nur die permanente Beobachtung und Überprüfung der Servicequalität bei. Um die Kontinuität zu gewährleisten, nutzt die Lufthansa im Bereich des **Qualitätsmonitoring** unternehmensexterne wie auch -interne Quellen zur Informationsgenerierung. Da bei einer kundenorientierten Qualitätsauffassung die subjektiv vom Kunden wahrgenommene Qualität ausschlaggebend ist, liegt der Schwerpunkt im Rahmen des Qualitätsmonitoring auf den Instrumenten der **Kundenbefragung**. Die Ergebnisse sollen nicht nur zur Überprüfung des Niveaus der Kundenzufriedenheit dienen, sondern auch Schwachstellen sowie mögliche Entwicklungspotentiale identifizieren. Standardisierte Untersuchungen stoßen hier jedoch schnell an ihre Grenzen, so daß eine Kombination verschiedener Meßansätze auf den unterschiedlichen Stufen der Servicekette erforderlich ist, um Informationen möglichst nahe am Kundenproblem gewinnen zu können. Dabei ist die Repräsentativität der Untersuchungen eher von zweitrangiger Bedeutung. Viel wichtiger ist der Informationswert im Hinblick auf mögliche Verbesserungen der Produkt- und Servicebestandteile sowie die Schnelligkeit der Auswertung und der Kommunikation an die betroffenen Bereiche, um flexibel auf Kundenprobleme reagieren zu können. Sämtliche gewonnenen Informationen müssen aber immer im Vergleich zur Konkurrenz gesehen werden, um überhaupt eine Aussagefähigkeit in bezug auf eventuell erreichbare Wettbewerbsvorteile zu besitzen.

Grundlage des Qualitätsmonitoring sind systematische **Meinungsumfragen bei Fluggästen**. Seit Ende der siebziger Jahre werden dazu bei der Lufthansa jährlich rund 230 000 Passagiere in der ganzen Welt mit Hilfe standardisierter Fragebögen befragt. Die Umfragen bestehen aus einem Basisfragebogen, der sehr detailliert unterschiedliche Dimensionen der Produkt- und Servicequalität innerhalb der Servicekette erfaßt, die hierarchisch zu Indizes verdichtet werden. Dabei spielt die Freundlichkeit und Aufmerksamkeit des Personals am Boden wie an Bord oder die Zufriedenheit mit den angebotenen Mahlzeiten und Getränken eine ebenso große Rolle wie die Zufriedenheit mit dem Platzangebot im Flugzeug, der Check-in-Vorgang oder die angebotenen Unterhaltungsmedien. Erhoben werden auch generelle Einstellungen der Kunden gegenüber der Lufthansa wie Preis-/Leistungsverhältnis, Kundenloyalität und Gesamteindruck. Mit einem eigenen Instrument werden parallel dazu regelmäßig Kunden von Wettbewerbern zur Einschätzung der Qualität der Konkurrenten befragt.

Die Vielzahl der wahrnehmbaren Qualitätsaspekte erschwert die Analyse, insbesondere weil sie subjektiv wahrgenommen werden und sich auch erst durch ihr Zusammenwirken ein Gesamtbild für den Kunden ergibt. Durch geeignete Auswertungsverfahren ist es jedoch möglich, die Bedeutung der einzelnen Servicebestandteile aus Sicht der verschiedenen Zielgruppen zu bestimmen. Durch die **Gewichtung der Teilqualitäten** läßt sich

Level 0 Index	Level 1 Index	Level 2 Index	Level 3 Einzelitems
			Gesamteindruck der Flugreise Gesamturteil Station Gesamturteil Kabine Kundenloyalität Preis-/Leistungsverhältnis
Lufthansa Betreuungsqualität	Betreuungsqualität Station	Check-In Service Station	Freundlichkeit Check-In Effizienz Check-In
		Information Station	Allgemeines Informationsverhalten Information bei Verspätung
	Betreuungsqualität Kabine	Service Kabine	Freundlichkeit Flugbegleiter Aufmerksamkeit Flugbegleiter
		Informationen an Bord	Informationen Flugbegleiter Informationen Cockpit
			Abflugpünktlichkeit
Lufthansa Produktqualität	Produktqualität Station	Einrichtungen Station	Erscheinungsbild Check-In Bereich Einschätzung Warteräume
		Abläufe Station	Wartezeit Check-In Einsteigevorgang
	Produktqualität Kabine	Sitzkomfort	Ellenbogenfreiheit Beinfreiheit
			Stauraum Handgepäck Sauberkeit Kabine
		Mahlzeiten (international)	Mahlzeitenpräsentation Mahlzeitenangebot Mahlzeitenqualität
		Gatebuffet (innerdeutsch)	Gatebuffet Quantität Gatebuffet Angebot Gatebuffet Qualität
			Getränkeauswahl
		Lesematerial	Zeitungen Zeitschriften
		Unterhaltung	Audio Video Film

GABLER GRAFIK

Abbildung 8-4-10: Systematik der Bordbefragung zur Servicequalität

sehr gut erkennen, welche Produktbestandteile einen großen Stellenwert am Gesamteindruck haben. Ergänzt wird der Basisfragebogen durch Spezialbefragungen, die von Quartal zu Quartal ausgewählten Fragestellungen nachgehen. Abbildung 8-4-10 gibt die Systematik der Bordbefragung zu verschiedenen Aspekten der Servicequalität bei der Deutschen Lufthansa AG wieder.

Zusätzlich werden lokal Marktforschungsinstrumente wie **Beobachtungen** und **Befragungen** eingesetzt, die sämtliche lokal beeinflußbaren Serviceaspekte, wie etwa die Zufriedenheit der Kunden bei der örtlichen Reservierung, Ticketversand per Post oder die Betreuung durch die Lufthansamannschaft vor Ort erfassen, und zu regionalen „Customer Satisfaction Indices" aggregieren.

Weitere Instrumente zur Kundenzufriedenheitsmessung und Identifizierung von Verbesserungspotentialen sind standardisierte Berichte des Cockpit- und Kabinenpersonals, sogenannte **„Flight reports"** sowie **Reports der Stationen** zu Einzelereignissen, wie Informationen über Fracht- und Gepäckunregelmäßigkeiten, fehlerhafte Beladungen und Pünktlichkeitsstatistiken. Messungen zur telefonischen Erreichbarkeit der Lufthansa-Verkaufsbüros und Serviceschalter runden das Gesamtkonzept des Qualitätsmonitoring ab, denn individuelle Informationen im Augenblick des Kundeninteresses sind von zentraler Bedeutung für den Vertrieb von Dienstleistungen.

Kundenorientierung kann im Unternehmen jedoch nur dann praktiziert werden, wenn sämtliche qualitätsrelevanten Informationen im Gesamtzusammenhang analysiert sowie schnell und zielgruppenspezifisch kommuniziert werden. Dies erfolgt im Rahmen eines entsprechend umfangreichen **Berichtswesens** (Lufthansa-Qualitätsprofile), das quartalsweise oder monatlich Vorstand, Topmanagement, Verantwortliche in den Fachbereichen, Verkaufsleitungen und Produktmanagement über die neuesten für sie relevanten Daten informiert. Zusätzlich zu diesen schriftlichen Unterlagen ist der regelmäßige Erfahrungsaustausch aller Qualitätsverantwortlichen notwendig und wird in Form von **Qualitätskonferenzen** gefördert.

4.4 Umsetzung der Qualitätsstrategie durch Marketing- und Personalmaßnahmen

Sämtliche Maßnahmen zur Sicherung und Verbesserung der Produkt- und Servicequalität dienen der Ausrichtung aller Unternehmensaktivitäten an den Kundenwünschen. Damit wird das Qualitätsmanagement der Lufthansa nicht nur als eine Managementmethode angesehen, sondern wird auch als Marketinginstrument verstanden. Das Marketing hat erst durch die Betonung der Qualitäts- beziehungsweise Kundenorientierung die nötigen

Impulse erhalten, als das gesehen zu werden, was es von Anfang zu bewirken versucht: die Führung und Ausrichtung der Unternehmen vom Standpunkt der Konsumenten aus.

Unter wachsendem Wettbewerbsdruck stehen alle Anbieter heute in einer „Pattsituation". Immer mehr Luftfahrtgesellschaften sind qualitativ wettbewerbsfähig und können sich nicht mehr alleine über die Argumente Qualität/Preis differenzieren. Gerade Dienstleistungsunternehmen wie Lufthansa sind stärker denn je gezwungen, sich den Herausforderungen einer verstärkten Individualisierung der Nachfrage im Marketing zu stellen.

4.41 Umsetzung der Qualitätsstrategie im Rahmen der Angebotspolitik

Aus den bisherigen Ausführungen wurde deutlich, daß der Kunde nicht den Aufwand, den ein Anbieter betreibt, honoriert, sondern den Nutzen, den er aus der angebotenen Leistung zieht. Für die Deutsche Lufthansa AG bedeutet das eine enge Ausrichtung des **Leistungsangebotes** und der **Dienstleistungsqualität** an den Kundenerwartungen. Alle Elemente des Angebotes sind daraufhin zu untersuchen, ob sie nur dem Selbstzweck des Unternehmens dienen oder ob sie den Kundenanforderungen entsprechen.

Der Kunde erwartet ein umfassendes Angebot zur Lösung seines Reiseproblems und empfindet alle mit dem Flug zusammenhängenden Serviceleistungen als eine Einheit. Somit müssen im Rahmen der Angebotspolitik alle Elemente zu einem in sich geschlossenen Gesamtkonzept aufeinander abgestimmt werden, das sich dem Kunden als **durchgängige Servicekette** darstellt. Beschränkt man die Betrachtung auf das eigentliche Kernprodukt der Lufthansa, so kann man Boden- und Borddienstleistungen unterscheiden. Dabei kommt den **Serviceleistungen an den Stationen** besondere Bedeutung zu, denn hier kommt der Großteil aller Fluggäste erstmals mit der Lufthansa direkt in Kontakt. Die reibungslose Passagierabfertigung und Betreuung vor dem Abflug beziehungsweise nach der Ankunft ist die zentrale Aufgabe im Rahmen des Gesamtkonzeptes. Die persönlichen Leistungskomponenten und die Kommunikation sind hierbei besonders relevant. Durch den Einsatz technischer Hilfsmittel sollen Mitarbeiter von Routinearbeiten entlastet werden, um der Kundenbetreuung mehr Aufmerksamkeit widmen zu können. An **Bord** fällt der Lufthansa im Rahmen der Servicekette die Rolle des Gastgebers zu, um dem Kunden den Flug so angenehm wie möglich zu gestalten. Kabinenkomfort, Bordservice und individuelle Betreuung sind dabei entscheidende Differenzierungskriterien.

Die Erwartungen der verschiedenen Kunden hinsichtlich Leistungsangebot sowie Produkt- und Servicequalität sind jedoch ausgesprochen heterogen. Für die Lufthansa bedeutet dies, durch eine geeignete **Differenzierung des Leistungsangebotes** den unterschiedlichen Anspruchsniveaus gerecht zu werden, wie es beispielsweise durch das Dreiklassensystem – Economy-, Business- und First-Class – angestrebt und durch das

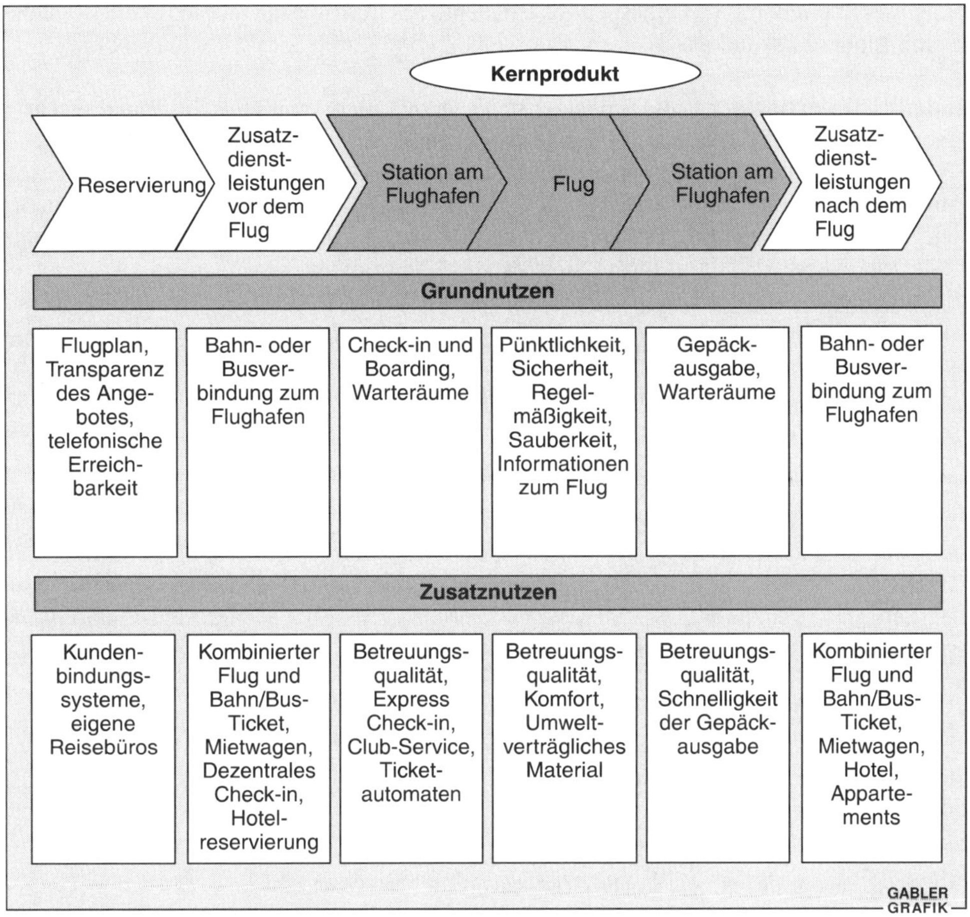

Abbildung 8-4-11: Servicekette einer Flugreise

integrierte Passage-EDV-System unterstützt wird. Unterschiede zwischen den Klassen kommen in materiellen Standards zum Ausdruck, dürfen jedoch nicht zu einer prinzipiell differenzierten Grundeinstellung dem Kunden gegenüber führen.

Allein die Erfüllung der Kundenerwartungen genügt heute jedoch nicht mehr, um im Wettbewerb bestehen zu können. Die Lufthansa sieht es als eine ihrer zentralen Aufgaben an, das Angebot und dessen Qualität permanent zu verbessern sowie latent vorhandene Kundenbedürfnisse zu identifizieren, die aus Kundensicht einen echten Zusatznutzen stiften, um sich gegenüber dem Wettbewerb zu differenzieren. Jedes Element der Servicekette ist dabei als möglicher Ansatzpunkt für Verbesserungs- und Innovationspotentiale, die zur individuellen Lösung der Kundenprobleme beitragen, zu verstehen. Kundenzufriedenheit ist nur zu erzielen, wenn das Leistungsangebot und dessen Produkt- und Servicequalität den Kundenerwartungen entspricht und sie stellenweise übertrifft. Abbildung 8-4-11 gliedert beispielhaft einige Elemente des Leistungsangebotes in die Bereiche Grund- und Zusatznutzen.

Individualisierung der Problemlösung heißt jedoch nicht, daß eine **Standardisierung** bestimmter Prozesse durch den Einsatz von Technik ausgeschlossen ist. Wo es sinnvoll ist, kann und soll der Technikeinsatz bei der Lufthansa stärker genutzt werden. So werden derzeit elektronische Bordkartensysteme getestet, an denen Reisende ihre Tickets direkt am Automaten beziehen können. Gerade im innerdeutschen Flugverkehr, der unter besonderem Kostensenkungsdruck steht, ist das eine sinnvolle Ergänzung des Angebotes, die bedeutende Vorteile bringt. Die stündlichen Flüge von City zu City werden in der Mehrheit von Geschäftsleuten frequentiert, die das Procedere kennen und in erster Linie schnell einchecken wollen. Durch die Standardisierung der Abläufe lassen sich Warteschlangen an den Schaltern vermeiden und die Boardingzeiten erheblich verkürzen ohne Verlust an Servicequalität bei den persönlichen Leistungskomponenten, die sich daran anschließen oder bei Beratungsbedarf jederzeit zur Verfügung stehen.

Im Rahmen der Angebotspolitik sind aber auch Entscheidungen bezüglich des Erscheinungsbildes und der Markierung der Leistung zu treffen. Die bewußte Gestaltung des **Erscheinungsbildes** soll die Wiedererkennung durch den Kunden erleichtern, eine deutliche Differenzierung von den Wettbewerbern ermöglichen und den Qualitätsanspruch der Lufthansa signalisieren. Um dies zu erreichen, wurden Designrichtlinien vor allem in bezug auf Farbgebung und Stilelemente einheitlich für alle Bereiche vorgegeben. Dies soll auch die Positionierung der **Lufthansa als Markenartikel** unterstützen. Markenartikel beinhalten ein Versprechen, auf Kundennutzen ausgerichtete Leistungen standardisiert in gleichbleibender Qualität zu offerieren (Bruhn 1990). Lufthansa verfolgt dabei konsequenterweise eine Dachmarkenstrategie „Made by Lufthansa“, um die Möglichkeiten des Markentransfers für das heterogene Leistungsangebot zu nutzen und dem Kunden das umfassende Leistungsangebot transparent zu machen.

4.42 Umsetzung der Qualitätsstrategie im Rahmen der Kommunikationspolitik

Im Rahmen der Kommunikationspolitik müssen drei zentrale **Zielgruppen** unterschieden werden – aktuelle und potentielle Kunden, Absatzmittler sowie Mitarbeiter.

Aufgrund der Immaterialität des Absatzobjektes der Lufthansa, die ein hohes subjektiv wahrgenommenes Risiko des **Kunden** beim Kauf der Dienstleistung bedingt und der Tatsache, daß im Beurteilungsprozeß des Kunden subjektive Entscheidungskriterien im Vordergrund stehen, erlangt die Kommunikationspolitik und dabei insbesondere die **persönliche Kommunikation** für Dienstleistungsunternehmen eine hohe Bedeutung. Denn erst durch Kommunikation wird das an sich intangible Absatzobjekt „greifbar“. Hier gilt es, den Produktcharakter der Leistung zu betonen und die Vorteile der Dienstleistung der Lufthansa zielgruppengerecht zu kommunizieren, ohne jedoch übersteigerte Erwartungen zu wecken, die dann nicht eingehalten werden können. Die Gefahr der Weckung übersteigerter Erwartungen stellt sich insbesondere für Dienstleistungsanbieter, da die Leistungserstellung in einem interaktiven Prozeß zwischen Lufthansa sowie Kunden erfolgt und insofern stark von dessen Beteiligung abhängt.

Bezogen auf die Zielgruppe der **Kunden** werden durch den Einsatz **klassischer Werbemittel** bei der Lufthansa verschiedene Zielsetzungen wie Informations-, Kontaktanbahnungs- sowie Verkaufsfunktion verfolgt. Im Mittelpunkt steht jedoch die Profilierungsfunktion, das heißt die Positionierung der Marke Lufthansa, die den eigenen Anspruch an die Produkt- und Servicequalität erfolgreich kommuniziert und so das wahrgenommene Risiko im Vorfeld bereits mindert. Dazu werden die Lebens- und Konsumstile der angesprochenen Zielgruppen in der Werbung berücksichtigt und die emotionalen Aspekte der Betreuungsqualität stärker betont. Im Gegensatz dazu wird durch Maßnahmen der **Direktwerbung** vor allem die Betreuungsfunktion verfolgt. Neben der zielgruppenspezifischen Versendung unterschiedlicher Werbemittel ist in diesem Zusammenhang auch auf Maßnahmen wie die Produktklinik, das Customer Advisory Board oder das Beschwerdemanagement zu verweisen.

Als zweite Zielgruppe sind im Rahmen der Kommunikationspolitik die **Absatzmittler**, unterschieden in eigene Akquisiteure und Reisebüromitarbeiter, zu berücksichtigen. Geringe Produktkenntnis, unzureichendes Verkaufstraining und mangelhaftes Verständnis für das komplexe Leistungsangebot der Lufthansa führen häufig dazu, daß Absatzmittler leistungs- und qualitätsbezogene Angebotsmerkmale nicht berücksichtigen und auf die einfachere Argumentation über den Preis zurückgreifen. Maßnahmen der Kommunikationspolitik sollen diese Verkaufsbarrieren bei den Absatzmittlern abbauen. Beratungs- und Betreuungsqualität kann jedoch nur durch **aktive Verkaufsunterstützung** in Form umfassender Produkt- und Angebotsinformationen, Schulung der betroffenen Personen und die Sicherstellung der Verfügbarkeit von Informationsmaterial für Reisende erreicht werden. Darüber hinaus werden den Absatzmittlern je nach Grad der Kooperation mit der Lufthansa abgestufte Varianten an Präsentations- und Werbeangeboten, Schaufensterdekorationen oder Ausstattungen der Verkaufsräume angeboten, die den Qualitätsanspruch der Lufthansa signalisieren.

Um die Qualitätsorientierung im Unternehmen langfristig sicherzustellen, ist ein permanenter interner Kommunikationsdruck zum Ansporn der **Mitarbeiter** notwendig, um eine Identifikation der Mitarbeiter mit den Qualitätszielen zu erreichen. Dazu wird im Rahmen des **Informationsmanagements** dafür gesorgt, daß die Qualitätsberichte nicht nur an das Management geleitet werden, sondern jeder Mitarbeiter alle für ihn relevanten Informationen innerhalb der Servicekette möglichst zeitnah erhält. Unter dem Aspekt der Informationsfunktion sind u.a. auch die zielgruppenspezifischen **internen Publikationen** wie Lufthanseaten (alle Beschäftigte), LeitWerk (Führungskräfte) und TeamWork (Kundenkontaktmitarbeiter) sowie die Einbindung sämtlicher betroffenen Fachbereiche in die Planungs- und Umsetzungsprozesse zu betrachten.

Ein **Rahmenkonzept für die Kommunikation** stellt sicher, daß die verschiedenen externen und internen Kommunikationsinstrumente hinsichtlich Information, Dialog und Sprache aufeinander abgestimmt sind und den Dienstleistungscharakter der Arbeit der Mitarbeiter unterstützen.

4.43 Umsetzung der Qualitätsstrategie im Rahmen der Personalpolitik

Durch die Qualitätspolitik der Lufthansa erfährt die Personalpolitik eine neue Bedeutung, denn für jeden Mitarbeiter wächst die persönliche Verantwortung, in der Sichtweise des Kunden zu denken und zu handeln, das heißt, sich bei allen Aktivitäten an den Erwartungen der Kunden zu orientieren.

Die Deutsche Lufthansa AG beschäftigt derzeit am Boden und an Bord über 16000 Mitarbeiter im ständigen Kundenkontakt. Der persönliche Kontakt zwischen den Lufthansamitarbeitern und den Kunden beschränkt sich dabei in den meisten Fällen auf wenige Minuten. Die Bedeutung dieser „moments of truth" ist nicht hoch genug einzuschätzen, da der persönliche Eindruck des Kunden über die Zufriedenheit mit der erbrachten Dienstleistung entscheidet.

Insofern spielen bereits bei der **Personalauswahl** Aspekte der Dienstleistungsorientierung neben den fachlichen Qualifikationen eine wesentliche Rolle. Zukünftige Mitarbeiter müssen als persönliche Grundvoraussetzung die Bereitschaft zur Dienstleistung in Form von Freundlichkeit und aktiver Hilfsbereitschaft mitbringen. Die positive Grundhaltung in diesem Bereich wird in psychologischen Eignungsuntersuchungen zunehmend stärker bewertet. Gute Servicemitarbeiter besitzen Fachkompetenz, persönliche Reife und Selbstvertrauen. Sie können überdurchschnittlich gut mit anderen Menschen umgehen, das heißt, sie haben Geduld, können gut zuhören und sind in der Lage, situativ auf die Wünsche der Kunden einzugehen. Ausnahmesituationen sind bei der Vielzahl der zu betreuenden Kunden die Regel. Die Lufthansamitarbeiter müssen deshalb in der Lage sein, mit vielen Menschen unterschiedlichen Charakters gleichzeitig zurechtzukommen, ohne sich überlastet zu fühlen. Reaktionsschnelligkeit und Wandlungsfähigkeit stellen die großen Herausforderungen an die Mitarbeiter dar. Dienstleistungsorientierung kann sich nach Ansicht der Lufthansa nicht allein aus einer Dienstvorschrift, festgelegten Standards oder geregelten Abläufen ergeben, sondern zeigt sich vielmehr im situationsbezogenen Verhalten der Mitarbeiter im Berufsalltag. Oft sind es die kleinen und schnellen Lösungen, die den großen Konzepten den Rang ablaufen, umschreibt man bei der Lufthansa den Vorteil von Problemlösungen vor Ort. Und bei allen diesen Anforderungen dürfen „Streßanzeichen" niemals vom Kunden wahrgenommen werden; eine Aufgabe, die sich nicht durch Überspielen oder Verstellung erfüllen läßt, sondern nur durch innere Einstellung und Motivation.

Die damit verbundene Delegation der Qualitätsverantwortung auf die Mitarbeiter setzt die kontinuierliche **Unterstützung** und **Weiterbildung** von Mitarbeitern und Vorgesetzten voraus. Das Potential der Mitarbeiter zu fördern, wird deshalb bei der Lufthansa als eine zentrale Investition in die Zukunft angesehen. In der Erstschulung werden die Mitarbeiter mit dem Produkt der Lufthansa vertraut gemacht, um das Bewußtsein für den Gesamtzusammenhang aller Serviceleistungen und den Stellenwert der persönlichen Tätigkeit der Mitarbeiter in der Servicekette zu stärken. Denn erst durch die Kenntnis des Gesamtzusammenhangs kann das notwendige Qualitätsbewußtsein und Verantwortungsgefühl reifen. Im Hinblick auf die Förderung der Servicekultur im Unternehmen wurden spezielle **Schulungsprogramme** entwickelt. Das modulare System setzt sich aus drei Bausteinen zusammen:

- **Lufthansa Service Seminar**
  Zielgruppe sind Mitarbeiter aller Unternehmensbereiche. Das Seminar dient als Diskussionsforum für die unterschiedlichsten Qualitätsthemen, um persönlichen Service durch persönliche Entwicklung zu fördern.
- **Lufthansa Service Training**
  Zielgruppe sind sämtliche Mitarbeiter im Kundenkontakt. Das Seminar dient zur Weiterentwicklung der persönlichen Leistungskompetenzen durch die Erweiterung des Verhaltensrepertoires.
- **Lufthansa Coaching Seminar**
  Zielgruppe sind Vorgesetzte servicenaher Bereiche. Das Seminar dient vor allem zur Förderung der serviceorientierten Führung durch Weiterentwicklung der kommunikativen Fähigkeiten als Voraussetzung für Führungs- und damit auch Servicequalität.

Lufthansa Service Seminar und Lufthansa Service Training bieten allen Mitarbeitern unterschiedlicher Hierarchieebenen die Möglichkeit zum ungefilterten Erfahrungsaustausch zwischen verschiedenen Unternehmensbereichen sowie zwischen Vorgesetzten und Mitarbeitern zur gleichzeitigen Förderung des gegenseitigen Verständnisses.

In allen Schulungen und Workshops ist durchgängig feststellbar, daß es die Mitarbeiter selbst sind, die großen Wert auf Service legen. Ihre Erwartungen und Ziele sind von der Serviceorientierung geprägt. Sie wollen den Service gegenüber den Kunden persönlicher gestalten und ihre Teamfähigkeit zum Nutzen des Kunden weiterentwickeln. Als wesentliche Voraussetzungen dafür gelten frühzeitige und umfassende Informationen durch die Führungskräfte. Diesem Anspruch werden nur solche Führungskräfte gerecht, die in der Lage sind, Verantwortung zu delegieren und Teams zu führen. Die Servicekultur des Unternehmens wird durch die permanenten Anstrengungen in einem dauerhaften Prozeß weiterentwickelt, der gewährleistet, daß Verbesserungen von allen Mitarbeitern direkt am Arbeitsplatz gesucht und umgesetzt werden.

Im Rahmen der Personalpolitik ist auch auf die jährliche **Beurteilung** der Mitarbeiter durch die Vorgesetzten einzugehen. Bei der Lufthansa steht dabei nicht mehr die primär vergangenheitsorientierte Benotung der einzelnen Arbeitsleistung im Vordergrund, sondern im Rahmen eines Mitarbeitergespräches werden vielmehr Arbeitsziele für die Zukunft durch Mitarbeiter und Vorgesetzten gemeinsam vereinbart, wobei das Verhalten gegenüber dem Kunden im Mittelpunkt steht. Gleichzeitig wurde ein anonymes Beurteilungssystem zur Leitungs- und Führungsqualität der Vorgesetzten etabliert.

4.44 Qualitätsorientierte Preis-, Konditionen- und Distributionspolitik

Transparenz des Marktangebotes ist eine unabdingbare Voraussetzung für exzellenten Service am Kunden im Vertrieb. Dazu wurde von der Lufthansa zusammen mit ihren Partnern Air France, Iberia und SAS das modernste **Vertriebssystem** Europas „Amadeus" entwickelt und in Betrieb genommen.

Durch den hohen Fremdvertriebsanteil (bis zu 85 Prozent der Leistungen werden über selbständige Reisebüros vertrieben) hat die Deutsche Lufthansa AG jedoch kaum Kontrolle über die Vertriebskanäle. Um hier eine stärkere Bindung zu erreichen, bietet die Fluggesellschaft mittelständischen Reisebüros verschiedene Kooperationsformen im Rahmen seines **Lufthansa-Partner-Konzeptes** an. Das Reisebüro behält dabei seine unternehmerische Selbständigkeit, Lufthansa stellt ihm jedoch unter ihrem Markenkonzept ein breites Leistungsspektrum zur Verfügung, wie Hilfe bei der Gestaltung des Büros, Betreuung und Beratung sowie Schulung der Mitarbeiter. Das Partnerkonzept gliedert sich in vier Stufen: von der (1) losen Partnerschaft im Bereich der Verkaufsförderung über einen (2) Verkaufsschalter innerhalb des Reisebüros oder einen kompletten Umbau gemäß den Lufthansa-Gestaltungsrichtlinien zu einem (3) Lufthansa-City-Center bis hin zu (4) Lufthansa-Ladenlokalen wird alles getan, um mehr Kundennähe zu erreichen. Ziel ist, die Beratungs- und Betreuungsqualität in den Partnerbüros durch ein höheres Serviceniveau von anderen Reisebüros zu differenzieren, das Lufthansaimage positiv zu vermitteln und dadurch für beide Seiten wirtschaftliche Vorteile zu realisieren, denn Defizite im Vertrieb werden letztendlich der Lufthansa angelastet. Zusätzlich wurden in den regionalen Verkaufsbüros Customer Service Teams gebildet, die für fest abgegrenzte Kundengruppen wie Reisebüros oder Firmenreisestellen individuellen Service garantieren. In diesen Bereich fallen auch Systeme des **Key Account-Managements**, um neben der individuellen Betreuung die Entwicklung maßgeschneiderter Lösungen anbieten zu können.

Um den Wünschen der vielfliegenden Kunden zu entsprechen, die mehr Wert auf Schnelligkeit als auf persönliche Betreuung beim Ticketkauf und der Platzreservierung legen, bietet die Lufthansa neben den bestehenden Vertriebsstrukturen **Selbstbedienungsangebote** in Form von Ticketautomaten an, um für größere Flexibilität in Engpaßsituationen zu sorgen.

Kundenorientierung beschränkt sich jedoch nicht nur auf die Betreuung an den Stationen oder an Bord, sondern auch auf die Zeit zwischen den Flügen. Hierzu setzt die Lufthansa **Kundenbindungssysteme** ein, um ein Abwandern der Fluggäste zu anderen Gesellschaften zu verhindern. Seit langem bewährte Instrumente wie Honourable Client (HON)- und Frequent Traveller (FTL)-Syteme oder Großkundenrabatte wurden durch das System Miles & More, das sich an vielfliegende Einzelkunden wendet, ergänzt.

Die Umsetzung der Qualitätsstrategie in der Preispolitik zeigt sich in einer qualitätsorientierten **Preisdifferenzierung**, entsprechend dem bestehenden Dreiklassenkonzept.

4.5 Organisatorische Verankerung des Qualitätsmanagements

Grundsätzlich wird Servicequalität bei der Lufthansa nicht als die Aufgabe einer Abteilung oder einer organisatorischen Einheit selbst angesehen, sondern als Philosophie, die sich durch das gesamte Unternehmen zieht. Organisatorisch ist das Qualitätsmanagement bei der Lufthansa durch das dem Vorstand Passage direkt unterstellte Ressort **„Qualitätsmanagement Passage"** mit beratender Funktion gegenüber Vorstand und Linie im Unternehmen verankert. Der Schwerpunkt liegt dabei auf der Qualitätssicherung und -verbesserung derjenigen Produkt- und Serviceelemente, die der Fluggast zusätzlich zu den eher technisch orientierten Unternehmensleistungen wie Wartung oder Flugsicherheit erlebt.

Aufgabe des Ressorts „Qualitätsmanagement Passage" ist es, im Rahmen einer umfassenden Qualitätskonzeption für eine flächendeckende Umsetzung der Qualitätsziele der Lufthansa im Produkt- und Servicebereich zu sorgen und bei Defiziten notwendige Qualitätssicherungsmaßnahmen zu initiieren. Dabei wird großer Wert darauf gelegt, daß gemeinsam mit den jeweiligen Fachbereichen für die einzelnen Elemente der Servicekette Qualitätsziele unter Berücksichtigung von Kundenanforderungen, Wettbewerbsumfeld und Unternehmensinteressen definiert, Qualitätsstandards spezifiziert sowie Qualitätssicherungsmaßnahmen entwickelt und implementiert werden. Am Ende sollen dann die einzelnen Unternehmensbereiche in der Lage sein, die Wirkungen der durchgeführten Maßnahmen selbst zu überprüfen.

Die Koordinierungs- und Monitoringaufgaben werden in den Abteilungen „Kundenbeziehungen" sowie „Qualitätsbeobachtung und -beratung" wahrgenommen. Wesentliche Aufgabe der Abteilung „Kundenbeziehungen" ist die Bearbeitung und Auswertung von Kundenanliegen, um frühzeitig Informationen über Kundenwünsche und -zufriedenheit hinsichtlich der Serviceleistungen der Lufthansa zu erhalten. Hier werden ebenso direkt an den Vorstand gerichtete Anliegen bearbeitet und beantwortet. Ergibt sich aus den Erkenntnissen Bedarf zur Produktverbesserung, werden entsprechende Veränderungen initiiert.

Die Abteilung **„Qualitätsberatung“** dient dazu, ein effizientes System zur Beurteilung und Sicherung der Produkt- und Servicequalität zu entwickeln und zusammen mit den Fachbereichen umzusetzen. Hier werden Kriterien und Meßverfahren zur Einschätzung der bestehenden Qualität festgelegt beziehungsweise überprüft und Informationen aus der Praxis erfaßt. Treten Qualitätsdefizite auf, so werden sie von den Mitarbeitern analysiert und Problemlösungen erarbeitet.

Außerdem ist im „Qualitätsmanagement Passage“ die Konzeption und Koordination des Total Quality Management-Prozesses für das Ressort Passage angesiedelt. Dessen Konzeption wird gemeinsam mit allen beteiligten Bereichen erarbeitet. Schulungsinhalte werden in Zusammenarbeit mit eigenen Trainern und externen Beratern formuliert und weltweit in entsprechenden Seminaren umgesetzt.

Um das dem Kunden gegebene Versprechen „Die beste Qualität ist unser Ziel“ einlösen zu können, müssen alle Teilbereiche – Produktmanagement, Marketing, Verkauf, Boden- und Borddienste usw. – aufeinander abgestimmt werden. Aus diesem Grunde gibt es in sämtlichen Unternehmensbereichen **Qualitätsbeauftragte**, die auf allen Stufen des Wertschöpfungsprozesses eine durchgängige Qualitätsorientierung sicherstellen und deren Aktivitäten durch das Qualitätsmanagement koordiniert und in einem **Review Board** abgestimmt werden. Ressortübergreifende Aktivitäten wiederum werden durch einen unternehmensweiten **Koordinationsausschuß** initiiert und gefördert.

Durch das Qualitätsmanagement erfährt die nach außen kommunizierte Qualitätsorientierung ihre entsprechende Umsetzung im Unternehmen und beschränkt sich nicht nur auf die Qualitätskontrolle, sondern wirkt weit in die Produktgestaltung sowie Planung innerbetrieblicher Abläufe und Prozesse hinein.

4.6 Erfolgsfaktoren und -potentiale des Qualitätsmanagements und des Dienstleistungsmarktes aus Sicht der Lufthansa AG

Produkt- und Servicequalität ist die Antwort auf individuelle Kundenbedürfnisse. Aus Sicht der Lufthansa werden sie im Wettbewerb um den Kunden immer wichtiger. Dauerhafte Produkt- und Markenloyalität des Kunden ist jedoch nur zu erreichen, wenn die Kundenerwartungen im Mittelpunkt aller Anstrengungen des Unternehmens liegen.

Um jedoch durch das Qualitätsmanagement die angestrebte Kundenorientierung erreichen zu können, müssen entsprechende Rahmenbedingungen im Unternehmen geschaffen werden, die für den Erfolg von entscheidender Bedeutung sind. Qualitätsmanagement muß auf den folgenden **drei Elementen** aufbauen können:

- Professionelle Serviceorientierung der Mitarbeiter in allen Funktionsbereichen und Hierarchieebenen des Unternehmens,
- Entbürokratisierte und teamorientierte Strukturen sowie
- Führung im ständigen Kundenkontakt.

Verpflichtung zur **professionellen Serviceorientierung** bedeutet, permanent in der Sicht- und Denkweise der Kunden zu leben. Damit muß jedem einzelnen Mitarbeiter die Qualitätsverantwortung für seinen Tätigkeitsbereich übertragen werden. Voraussetzung für die Übernahme der Qualitätsverantwortung durch die Mitarbeiter sind jedoch **entbürokratisierte, teamorientierte Strukturen**, die zum einen erst eine serviceorientierte Zusammenarbeit im Unternehmen und damit auch gegenüber dem Kunden ermöglichen und zum anderen entscheidend zur Mitarbeitermotivation beitragen.

Nur unter diesen Voraussetzungen kann die Kenntnis der Kundenbedürfnisse zu schnellen, marktgerechten Lösungen und einer sofortigen Reaktion auf Qualitätsmängel führen. Daher erfolgte bei der Lufthansa AG u.a. der Abbau von zwei Führungsebenen, um die Kommunikation zwischen Mitarbeitern und Vorgesetzten hinsichtlich Inhalt und Zeitaufwand effizienter zu gestalten. Dazu zählt auch die Einführung kleiner, eigenverantwortlich handelnder Teams auf der untersten Hierarchieebene für den Bord- und Stationsdienst sowie auf der Ebene des Verkaufs, um abteilungsinterne, aber auch abteilungsübergreifende Koordinations-, Informations- und Kommunikationsschwierigkeiten abzubauen. Aus der Anforderung an die Führung, in einem **ständigen Kundenkontakt** zu bleiben, leitet sich die Verpflichtung der Manager ab, ihrer Vorbildfunktion für ihre Mitarbeiter nachzukommen und ihre eigene Arbeit als Service diesen gegenüber zu verstehen, denn Kundenzufriedenheit setzt Mitarbeiterzufriedenheit voraus.

Literatur

Neben der angegebenen Literatur (siehe dazu das Literaturverzeichnis am Ende des Buches) wurden die folgenden unternehmensinternen Quellen verwendet:

Dörnberg, A. v. (1992): Schlagkräftige Verkaufs- und Vertriebsstrategie, in: Deutsche Lufthansa AG (Hrsg.), Lufthansa Jahrbuch '92, Köln, S. 156–165.

Meier, E. (1992): Luftverkehr in der Rezession, in: Deutsche Lufthansa AG (Hrsg.), Lufthansa Jahrbuch '92, Köln, S. 122–129.

Pfeil, A. C. (1992): Lufthansa vor dem Binnenmarkt, in: Deutsche Lufthansa AG (Hrsg.), Lufthansa Jahrbuch '92, Köln, S. 90–105.

5.

Fallstudie PLOENZKE AG

Dokumentation: Prof. Dr. Manfred Bruhn/Dipl.-Kffr. Anja Zimmermann

Die Verfasser danken Herrn Dipl.-Volksw. Klaus-Michael Erben (Leiter Zentralbereich Kommunikation der Ploenzke AG) sowie Herrn Dr. Christoph Meller (Qualitätsbeauftragter des Unternehmens) für die Bereitstellung der Unterlagen sowie die Diskussionen zur Fertigstellung der Fallstudie.

5.1 Besonderheiten des Dienstleistungsmarketing und Daten zum Unternehmen

5.11 Daten zum Unternehmen und seiner Entwicklung

Die Ploenzke AG ist ein herstellerneutrales und unabhängiges Beratungsunternehmen im Bereich der Datenverarbeitung und der Softwaresysteme. Mit seinem Leistungsangebot deckt das Unternehmen dabei alle Beratungsleistungen im Umfeld der Datenverarbeitung sowie der damit in Verbindung stehenden organisatorischen und personalwirtschaftlichen Aspekte ab. Die Ploenzke AG mit Sitz der Unternehmenszentrale in Kiedrich/Rheingau wurde 1969 als EDV-Studio Ploenzke gegründet und entwickelte sich in den letzten 25 Jahren zu einem der führenden Beratungsunternehmen im Bereich der Datenverarbeitung und der Softwareentwicklung, das flächendeckend in Deutschland und mit Tochterunternehmen im europäischen Ausland vertreten ist. Nachdem bereits 1986 die 100-Millionen-DM-Umsatzgrenze überschritten wurde, konnte das 1990 zur Ploenzke Gruppe zusammengeschlossene Unternehmen regelmäßig zweistellige Umsatzwachstumsraten verzeichnen (1989: 150 Millionen DM; 1990: 182 Millionen DM; 1993: 259 Millionen DM).

Die Umwandlung der Ploenzke Gruppe in die Ploenzke AG als Holding mit selbständiger GmbH mit einem Eigenkapital von 25 Millionen DM im Jahre 1992 unterstreicht die Entwicklung des Unternehmens, das heute international zu den 20 größten Beratungsfirmen für Software und Datenverarbeitungsservice zählt. Im Zuge der dynamischen Umsatzentwicklung ist auch die Mitarbeiterzahl, mit Ausnahme des rezessionsbedingten Einstellungsstopps für 1993, im Laufe der Jahre kontinuierlich angestiegen. Begann man die Arbeit in den siebziger Jahren mit etwa fünf Mitarbeitern, so sind heute ca. 1 300 Mitarbeiter bei der Ploenzke AG beschäftigt. Eine Darstellung der Entwicklung des Umsatzes sowie der Expansion der Unternehmensgruppe, ausgedrückt durch die Mitarbeiterzahl, gibt Abbildung 8-5-1 wieder.

Die Ploenzke Gruppe versteht sich selbst weder als Softwarehaus noch als reines Servicecenter, sondern als „Know-how"-Unternehmen. Als **herstellerunabhängiges Beratungsunternehmen**, dessen Dienstleistungsspektrum sich über vier Unternehmen erstreckt, die von der Ploenzke AG als geschäftsführende Holding gesteuert und koordiniert werden, charakterisiert sich Ploenzke als **„Komplettanbieter"** im Bereich der Datenverarbeitungsberatung. Das Dienstleistungsspektrum der Ploenzke AG umfaßt dabei die gesamte Bandbreite des Informationsmanagements, von der Entwicklung von Managementstrategien über die betriebswirtschaftliche und/oder technische Beratung, die informations- und kommunikationstechnischen Komponenten bis zu speziellem Methodenwissen und zur Entwicklung von Qualifikationskonzepten. Abbildung 8-5-2 gibt einen Überblick über das Ploenzke Dienstleistungsspektrum.

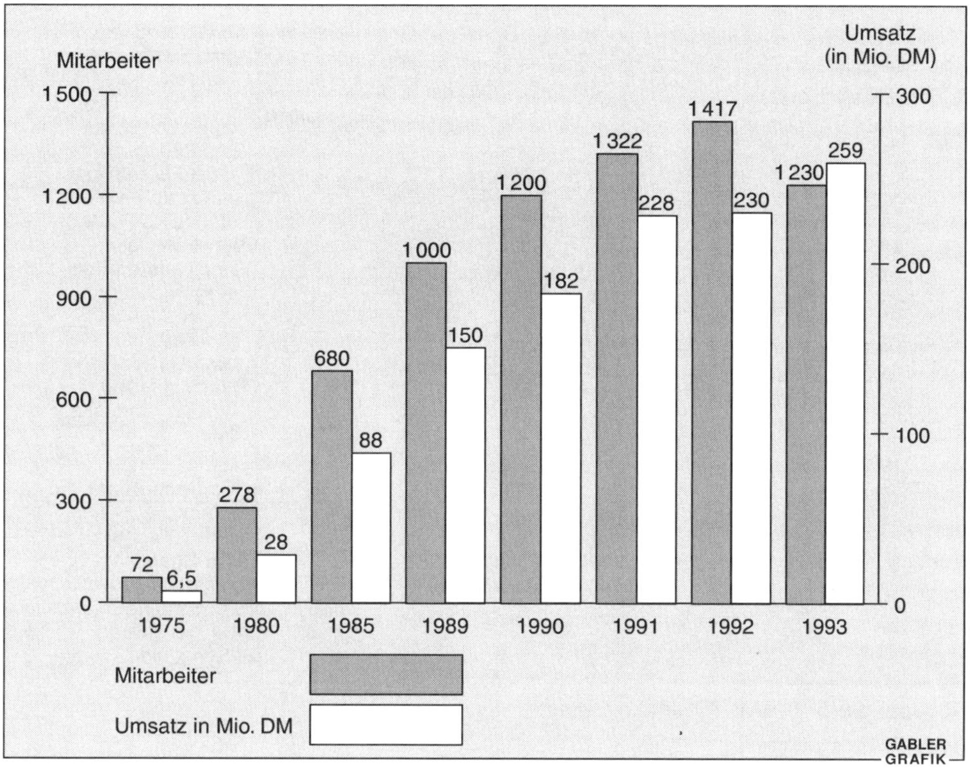

Abbildung 8-5-1: Umsatzentwicklung und Mitarbeiterzahl der Ploenzke AG

Das Komplettangebot wird dabei durch die unterschiedlichen Tochterunternehmen, die auf korrespondierenden Geschäftsfeldern tätig sind und ihr Know-how in Form von Personal austauschen, sichergestellt. Die Holdingstruktur der Ploenzke AG gibt Abbildung 8-5-3 wieder.

Neben diesen unter der Holding zusammengefaßten Unternehmen gibt es weitere 100prozentige Tochtergesellschaften, wie etwa die Ploenzke Informatik (Austria) GmbH, die Ploenzke Informaticá Ibérica S.A., die Ploenzke Informatica Nederland B.V. sowie weitere verbundene Unternehmen. In der Ploenzke International als gesondertes schweizerisches Tochterunternehmen sind die ausländischen Tochtergesellschaften aus der Schweiz, Österreich, Holland und Spanien zusammengefaßt.

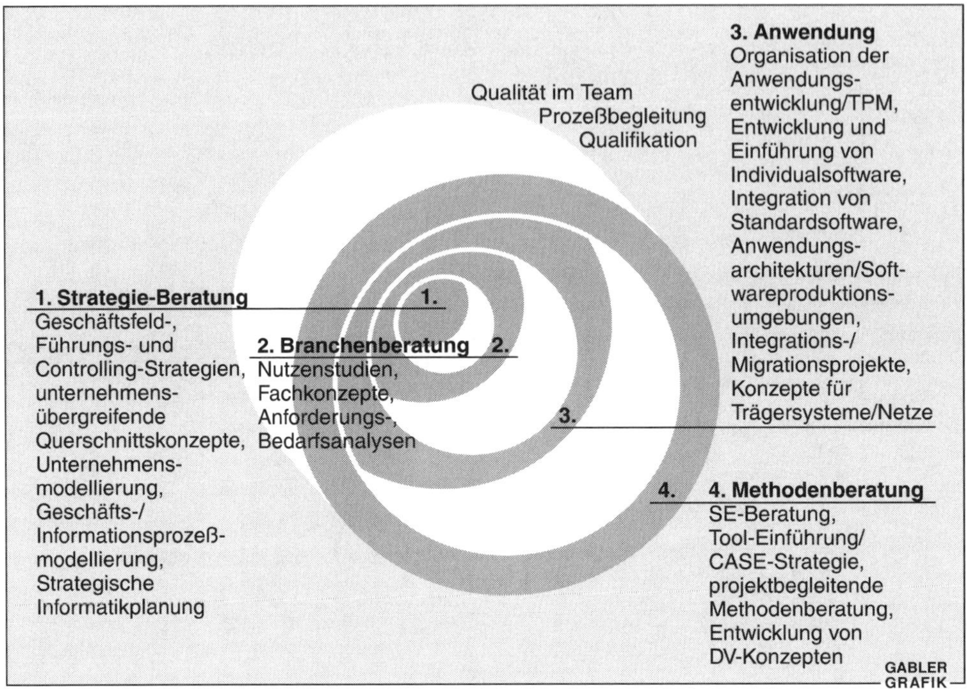

Abbildung 8-5-2: Das Ploenzke Dienstleistungsspektrum

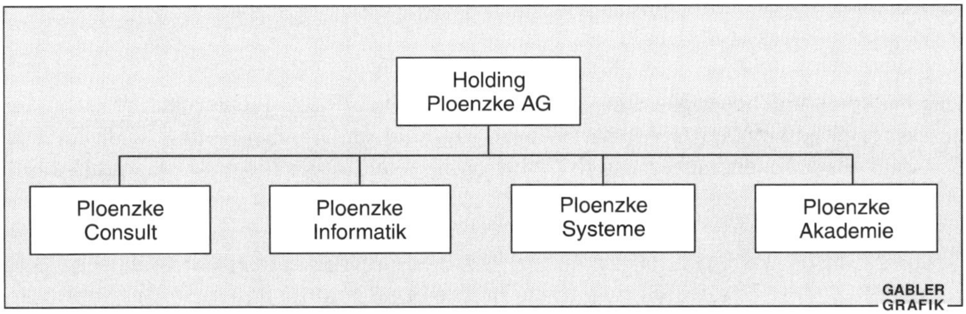

Abbildung 8-5-3: Die Struktur der Ploenzke Gruppe im Überblick

In Anlehnung an die Struktur der Holding operieren die eigenständigen Gesellschaften in den folgenden miteinander verbundenen **strategischen Geschäftsfeldern**:

- Strategieentwicklung,
- Projektgeschäft,
- Informationstechnologie-Planung,
- Qualifizierung.

Eine klar nach den Tochtergesellschaften abgrenzbare Beschreibung der Produktpalette beziehungsweise des Serviceangebotes des Hauses Ploenzke ist dabei nur schwer möglich. Folgende **Tätigkeitsschwerpunkte** in den einzelnen Geschäftsfeldern sollen herausgestellt werden:

Im Bereich des Projektgeschäftes stellen die strategische Planung der Informationsverarbeitung, die Managementberatung und Technologieberatung für einzelne Branchen sowie auch Anwendungsentwicklungen die Tätigkeitsschwerpunkte dar. Die Leistungen haben sich dabei, ausgehend von technischer Datenverarbeitungsunterstützung, hin zu Entwicklungsprojekten verlagert. Im Rahmen dieses Aufgabengebietes werden zum Beispiel Logistikstrategien konzipiert, PPS-(Produktionsprogrammplanungs-)Systeme entwickelt und eingeführt oder CAD/CAM-(Computer Aided Design/Computer Aided Manufacturing-)Systeme implementiert beziehungsweise auf Basis des Engineering entsprechende Management-Konzepte untereinander gekoppelt.

Konzeptionelle Beratung bei der Entwicklung und Umsetzung von Unternehmensstrategien in Controllingsysteme, Beratung im Bereich der Personal- und Organisationsentwicklung sowie auf dem Gebiet der Informations- und Kommunikationsstrategie wird als weiterer Aufgabenschwerpunkt von der Ploenzke Gruppe geleistet. Die unternehmensspezifischen und bereichsstrategischen Konzepte werden auf der Basis von Markt-Raum-Analysen entwickelt, die ebenfalls von der Ploenzke Gruppe erstellt werden. Durch Workshops und Managementseminare werden die Entwicklungen implementiert.

Die Ploenzke Gruppe arbeitet ebenfalls als technisch orientiertes Beratungsunternehmen für strategische Planung und die effiziente Nutzung von Hard- und Software. Die Tätigkeitsschwerpunkte liegen in der Planung von Informationstechnologien, der Auswahl von Hard- und Softwareplattformen sowie der Planung von Softwareproduktionsumgebungen, Architekturen und Netzen. Migrations- und Reengineeringprojekte sowie die Optimierung der Informationstechnologie-Ausstattung stellen den wesentlichen Anteil der Aufgaben dar.

Mit der Qualifikationsvermittlung durch Einzelseminare, Workshops und Blockausbildungen sowie der unternehmensindividuellen Anwendung von Qualifikationskonzepten rundet die Ploenzke Gruppe ihr Leistungsspektrum ab. Neben der klassischen Schulung im Bereich der elektronischen Datenverarbeitung betätigt sich das Unternehmen auch auf den Feldern des Projektmanagements, der Moderation sowie der Bildungsbedarfsermittlung.

Den Beitrag, den die jeweiligen Aktivitätsbereiche zum Gesamtumsatz der Ploenzke Gruppe leisten, verdeutlicht Abbildung 8-5-4, die den prozentualen Anteil der Arbeitsbereiche am 1993 erwirtschafteten Umsatz angibt.

Die **Kundensegmente** der Ploenzke Gruppe sind heterogen und gehören primär zu der Gruppe der großen und mittelständischen Unternehmen. Ca. 90 Prozent des Umsatzes

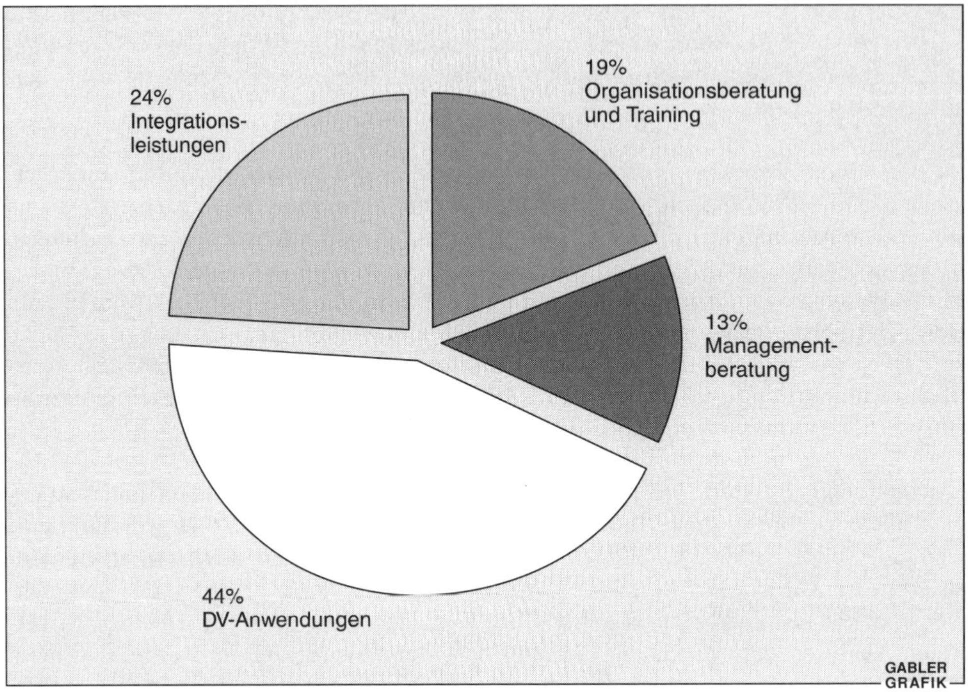

Abbildung 8-5-4: Umsatzanteile einzelner Betätigungsfelder der Ploenzke Gruppe im Jahr 1993

werden mit Unternehmen erwirtschaftet, die einen Jahresumsatz von über 100 Millionen DM aufweisen. Bei durchschnittlich etwa 3 000 Projekten im Jahr kann die Ploenzke AG jährlich auf durchschnittlich 250 aktive Kundenbeziehungen blicken. Diese Zahlen sind ein deutlicher Beleg für die von Großunternehmen und Stammkunden geprägte Kundenstruktur.

Die Kunden kommen aus dem deutschen Markt und auch aus den europäischen Nachbarländern und stammen aus den unterschiedlichsten Branchen. Beispielsweise berät Ploenzke die Stadt Berlin bei der Finanzsteuerung und implementiert ein Kosten-/Leistungsrechnungssystem, das dem Kunden mehr Transparenz über die Kosten interner Prozesse bringen soll. Der größte Auftraggeber der Firma Ploenzke ist die Finanzbranche. Der größte Einzelberatungsauftrag seit Gründung des Unternehmens wurde durch die Landesbausparkasse Münster erteilt, die ein neues Abrechnungssystem entwickeln läßt. Das Auftragsvolumen aus der Industrie nimmt ebenfalls zu, zumal viele Industrieunternehmen zunehmend die Beratung aus einer Hand, wie sie Ploenzke anbietet, nachfragen. Das stärkste Wachstum für Beratungsdienstleistungen geht zur Zeit von der öffentlichen Verwaltung aus. Neben namhaften Kunden wie Allianz, Bayerische Hypotheken- und Wechselbank, Deutsche Bank, Deutsche Bahn, Deutsche Bundespost POSTDIENST,

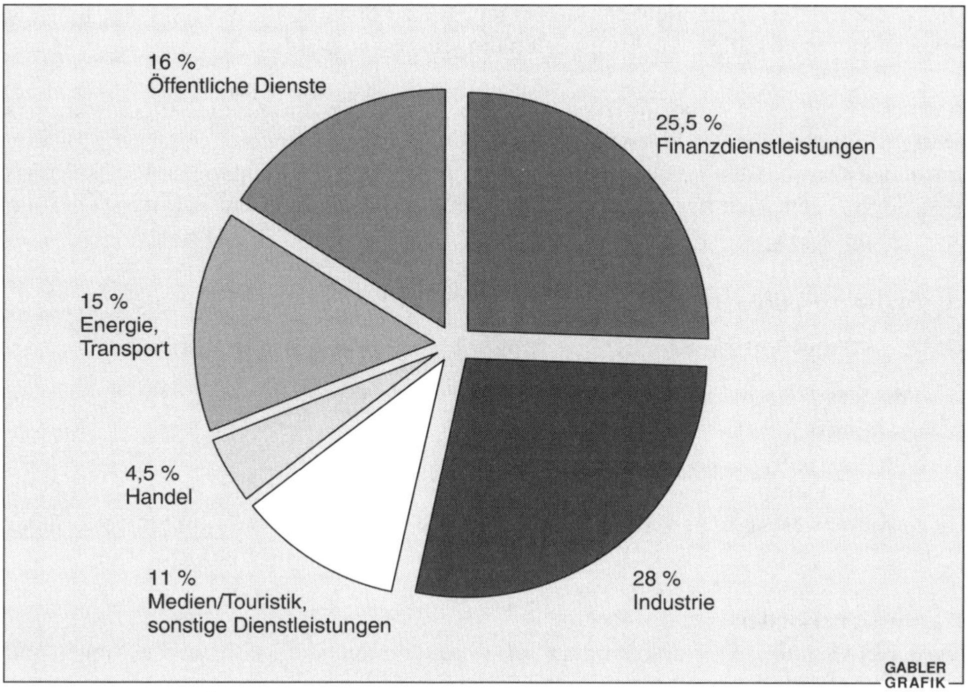

Abbildung 8-5-5: Überblick über die Kundenstruktur der Ploenzke Gruppe auf Basis des Umsatzes von 1993

Hoechst, IBM Deutschland, Lufthansa, Linde, Philips, R + V Versicherungen und Siemens stehen also auch Einrichtungen der öffentlichen Dienste sowie Institutionen der öffentlichen Verwaltungen und Genossenschaften auf der Auftragsliste der Ploenzke Gruppe. Einen Überblick über die Struktur und die Zusammensetzung des Kundenstammes liefert Abbildung 8-5-5.

5.12 Analyse des Marktes für Datenverarbeitung und Softwareentwicklung

Eine wachsende Informationsintensität verlangt von Unternehmen ein effizientes Management von internen und externen Daten mit Hilfe dementsprechender Informations- und Softwarearchitekturen. Der Informatikbereich verändert sich daher zunehmend weg vom reaktiven Supportbereich hin zu einem strategischen Instrumentarium des Unternehmens. Der Markt, auf dem sich die Ploenzke Gruppe bewegt, gehört daher zu den sich stark expansiv entwickelnden und hart umkämpften Märkten der letzten Jahrzehnte.

Durch die rezessiven Tendenzen des vergangenen Jahres mußte jedoch auch hier ein Verzicht auf zweistellige Wachstumsraten hingenommen werden.

An dieser Stelle gilt es anzumerken, daß eine exakte Definition und Abgrenzung des Marktes, auf dem sich die Ploenzke AG bewegt, aufgrund der Heterogenität der Produkte sowie der Komplexität des Angebotes nicht möglich ist. In Anlehnung an Preiss (Preiss 1992, S. 17) läßt sich der Markt für EDV-Beratung, Software und Services wie folgt untergliedern:

- **Standard-Software** (System-Software, Standard-Anwendungssoftware),
- **Individual-Software** (Individual-Anwendungs-Software),
- **Services** (Hardware-Wartung, Rechenzentrumsdienstleistungen, Beratung und Training).

Gemäß der heterogenen Struktur und Marktsegmente wird der Markt von unterschiedlichen Wettbewerbsgruppen beziehungsweise **Konkurrenten** bestimmt (Weckmüller 1994):

Hardwarehersteller
Diese Konkurrenzgruppe diversifiziert aufgrund stagnierender Marktentwicklungen und homogener Produkte zunehmend in den Service- und Beratungsmarkt.

Softwarehäuser
Häufig sehr kleine Unternehmen, die als zusätzliche Dienstleistung die Implementierung der eigenen Software in die Umgebung des Unternehmens offerieren und somit den Markt für Informationstechnologien penetrieren können.

Beratende Systemhäuser
Diese Anbieter offerieren bewußt ein Komplettangebot im Sinne einer ganzheitlichen Beratung. Sie sind in der Regel herstellerunabhängig und vertreiben keine eigenen Hardwareprodukte. Zu dieser Gruppe zählt die Ploenzke AG.

Systemintegratoren
Die Systemintegratoren liefern im Gegensatz zu den beratenden Systemhäusern auch die Hardware an den Kunden. Sie addieren demnach die Komponenten verschiedener Hersteller zu einem Angebot. Bevorzugt werden einfache Lösungskonzepte und eher standardisierte Vorgehensweisen für den Kunden erarbeitet.

Diversifizierende Dritte
Zu dieser Wettbewerbergruppe zählen zum Beispiel Wirtschaftsprüfungs-Gesellschaften, die als Beratungsleistung Organisations- und Systementwicklung anbieten. Diese Gruppe ist jedoch eher als Randgruppe des Marktes zu bezeichnen.

Anwender
Diese Konkurrenten sind die eigentlichen Zielgruppen des Marktes, die jedoch aufgrund ihrer Unternehmensgröße eigenständige Abteilungen oder Unternehmenseinheiten gegründet haben, die sich mit der Informationsverarbeitung beschäftigen. Sind diese Abteilungen nicht voll durch interne Projekte ausgelastet, bieten sie ihre Leistungen dem Markt an. Auch diese Wettbewerbsgruppe ist eher als Randgruppe einzuschätzen.

Der Versuch, den Markt, auf dem die Ploenzke AG agiert, in Form eines **Marktvolumens** zu quantifizieren, gestaltet sich ebenfalls schwierig. Betrachtet man den Markt für Informationstechnologien, so beträgt das wertmäßige Volumen 1992 weltweit ca. 1,7 Billionen DM. 33,1 Prozent des Marktvolumens wurden dabei alleine im europäischen Markt erwirtschaftet, das Marktvolumen in Deutschland beträgt ca. 130 Milliarden DM.

Betrachtet man den Software- und Servicemarkt als Teilmarkt des Informationstechnologiemarktes, so ist es aufgrund der Heterogenität der Anbieter ebenfalls nur schwer möglich, konkrete Zahlen zu generieren. Nach einer Erhebung durch das Redaktionsbüro Lünendonk (Lünendonk-Liste 1993) belief sich der Gesamtumsatz der Datenverarbeitungs-, Beratungs-, Software- und Systemhäuser im Jahre 1993 auf ca. 22,3 Milliarden DM. Alleine in Europa wird der Markt für Software und IT-Service auf rund 80 Milliarden DM geschätzt. Die Ploenzke Gruppe gehörte dabei mit Platz sechs zu den umsatzstärksten Unternehmen der Branche in Deutschland. Insgesamt teilen sich die größten 25 Anbieter über 20 Prozent des Marktes. Abbildung 8-5-6 gibt einen Überblick über die führenden deutschen Datenverarbeitungs-, Beratungs- und Softwareunternehmen (Lünendonk-Liste 1993). Bei dieser Auflistung ist zu berücksichtigen, daß in die Lünendonk-Liste nur solche Unternehmen aufgenommen werden, die mindestens zwei Drittel ihres Umsatzes durch Projekte im Bereich der Datenverarbeitung und Software erwirtschaften.

Vergleicht man die **Angebotsstruktur** der Wettbewerber, so fällt auf, daß der Anteil der Standardsoftware bei der Firma Ploenzke weniger als ein Prozent des Umsatzes ausmacht, das heißt im Rahmen der Betätigungsfelder des Unternehmens keine Bedeutung hat. Der Anteil der Beratung sowie der individuellen Softwareentwicklung macht weit über 90 Prozent des Umsatzes aus. Die auf den Plätzen 1 bis 4 stehenden Mitbewerber (SAP AG, Walldorf, Software AG, Darmstadt, Cap debis Software und Systeme, Leinfelden und Microsoft GmbH, Unterschleißheim) erzielen einen wesentlich höheren Anteil ihres Umsatzes (zwischen 23 und 68 Prozent) mit dem Vertrieb von Standardsoftware und sind damit von ihrem Leistungsangebot mit der Ploenzke AG nur bedingt vergleichbar. Im Vergleich zum vergangenen Jahr hat jedoch der Anteil an Standardsoftware auch bei diesen Unternehmen abgenommen. Die Individualität von Beratung und Softwareentwicklung erklärt auch den im Vergleich zum Marktführer relativ hohen Anteil an Mitarbeitern bezogen auf die Umsatzgröße des Unternehmens. Da die Ploenzke AG im Bereich der personalintensiven Leistungserstellung tätig ist, kann eine Standardisierung der Leistung kaum möglich sein. Dies wird auch durch den sinkenden Anteil von Unterstützungsleistungen im Programmierumfeld dokumentiert, der in den letzten

Rang 1993	Rang 1992	Unternehmen	Umsatz 1993	Umsatz Inland	Umsatz 1992	Mitarbeiter 1993	Mitarbeiter 1992
1	(1)	SAP AG, Walldorf*)	1 102**)	573	931	3 423	2 924
2	(2)	Software AG, Darmstadt	843	158	780	4 400	4 100
3	(4)	Microsoft GmbH, Unterschleißheim*)	713	596	595	605	450
4	(3)	Cap debis Software und Systeme, Leinfelden	655	598	665	3 400	2 700
5	(6)	CA Computer Associates GmbH, Darmstadt*)	301	236	251	450	450
6	(5)	Ploenzke AG, Kiedrich	260	221	258	1 365	1 486
7	(9)	Andersen Consulting GmbH, Sulzbach	214	212	175	990	800
8	(–)	Sligos Software Products GmbH, Stuttgart	212	205	197	830	830
9	(8)	Novell GmbH, Düsseldorf*)	210	210	198	101	105
10	(–)	Oracle Deutschland GmbH, München	210	208	162	680	433
11	(–)	ESG GmbH, München	170	145	175	800	826
12	(7)	Alldata GmbH, München	168	168	209	780	1 119
13	(12	Softlab GmbH, München	156	110	150	769	741
14	(11)	Strässle Informationssysteme GmbH, Stuttgart	152	126	133	540	520
15	(13)	pdv Unternehmensberatung GmbH, Hamburg	122	121	120	495	489
16	(12)	Integrata AG, Tübingen	121	113	122	650	700
17	(16)	Sietec Systemtechnik GmbH, Berlin	121	114	106	565	520
18	(17)	Schumann Unternehmensberatung AG, Köln	108	107	104	480	480
19	(18)	PSI Berlin	108	98	103	656	635
20	(23)	Sema Group GmbH, Köln	106	106	69	485	425
21	(–)	C & L Unternehmensberatung GmbH, Frankfurt	102	98	77	339	298
22	(19)	Mummert & Partner GmbH, Hamburg	100	98	100	490	490
23	(24)	Plaut Gruppe, Ismaring	70	56	67	230	230
24	(25)	Dr. Materna GmbH, Dortmund	68	56	65	281	250
25	(–)	VW-GEDAS GmbH, Berlin	65	56	70	460	495

*) Standard-Software-Anteil ist größer als 60 Prozent; **) in Millionen DM.

GABLER GRAFIK

Abbildung 8-5-6: Überblick über die umsatzstärksten Unternehmen in der DV-Beratungs- und Softwarebranche im Jahr 1993

Jahren von 75 Prozent auf rund 40 Prozent gesunken ist. Entsprechend gestiegen ist der Anteil an konzeptionellen Beratungsleistungen und der Anteil des Projektgeschäftes auf Werkvertragsbasis.

Auch wenn Abbildung 8-5-6 die „Großen der Branche“ zeigt, ist die Struktur des Marktes eher atomistisch, das heißt, viele kleine und mittelständische Anbieter kennzeichnen die Angebotsseite. Insgesamt sind auf dem Software- und Servicemarkt über 2000 Unternehmen zu finden. Davon sind 1200 Softwarehäuser (davon 500 mit mehr als zehn Mitarbeitern), 500 Systemhäuser (davon 200 mit mehr als zehn Beschäftigten) sowie 100 Hardwarehersteller und ca. 300 Service-Rechenzentren (Lünendonk-Liste 1992). Die **Wettbewerbsbedingungen** haben sich dabei im Lauf der Jahre erheblich verändert. Dies wird insbesondere deutlich, wenn man den Markt für Informationstechnologie-Produkte und seine Entwicklung untersucht.

Bis noch vor wenigen Jahren war der Markt für elektronische Datenverarbeitung ein klassischer Herstellermarkt, der durch „Quasi-Monopole“ einiger weniger Hersteller bestimmt war. Heute hat sich dieser Markt in einen **Käufermarkt** gewandelt, indem die Nachfrager die Rolle der dominanten Marktteilnehmer eingenommen haben. Beachtlich gewachsene Kompetenz und Sachverständnis und damit Selbstbewußtsein auf seiten der Kunden führen heute vielfach dazu, daß der Kunde zunehmend seine Ansprüche an die EDV-Systeme den Unternehmen diktieren kann. Gleichzeitig aber steigt der Bedarf an professioneller Beratung, um trotz der Vielzahl ähnlicher Angebote und der schnellen technischen Entwicklung zu richtigen Entscheidungen im Bereich der Implementierung von Datenverarbeitungssystemen zu gelangen.

Um unter diesen veränderten Wettbewerbsbedingungen, die durch eine stärkere Annäherung der standardisierten Technologien zwischen den Herstellern geprägt sind, im Wettbewerb erfolgreich zu sein, ist eine **Differenzierungsstrategie** im Bereich der Anwendungssoftware, der zusätzlichen Dienstleistungen sowie der Kommunikation notwendig. Hier gewinnt das Qualitätsmanagement sowohl bei den herstellenden Unternehmen aber auch bei den herstellerunabhängigen Beratungsunternehmen wie die Ploenzke AG erheblich an Bedeutung.

Die rasante technische und wirtschaftliche Entwicklung des Marktes der Informationstechnologien impliziert zudem die Notwendigkeit für Mitarbeiter dieser Branche sowie auch für Kunden, sich permanent weiterzuqualifizieren, um sich mit dem technologischen Fortschritt entwickeln zu können.

5.13 Besonderheiten des Dienstleistungsmarketing und Implikationen für das Unternehmen Ploenzke AG

Die beschriebenen Marktstrukturen sowie die Entwicklungstendenzen auf dem Markt der DV-Beratung und Softwareberatung verändern die Anforderungen und Aufgaben des Dienstleistungsmarketing dieser Branche. Aufgrund der dynamischen Entwicklungen komplexer Angebotsstrukturen mit technologischer Gleichwertigkeit ist eine Differenzierung vom Wettbewerb über die reine Produktpolitik durch das Anbieten von Standardsoftware nicht mehr als realistisch anzusehen. Vielmehr steigt die Bedeutung des Dienstleistungsmarketing. Das Marketing muß ein **unverwechselbares Dienstleistungskonzept** entwickeln, das sich insbesondere auf die Instrumente des Qualitätsmanagements, der Vermittlung von Zusatznutzen durch erweiterte Serviceangebote sowie die Kommunikationspolitik konzentriert, um Alleinstellungsmerkmale im Wettbewerb zu erlangen. Diese komparativen Konkurrenzvorteile müssen dabei vor dem Hintergrund der Dynamik der Entwicklung konstant bleiben sowie leicht und schnell kommunizierbar sein.

Im EDV-Bereich wird hier bereits von einem, dem Markt für elektronische Datenverarbeitung eigenen Marketingbeziehungsmuster gesprochen, das durch drei voneinander abhängige Variablen gekennzeichnet ist (Olschewski 1990):

- Der Faktor **„Produkt“**, der zum einen ein Standardprodukt beziehungsweise eine Standardleistung darstellen kann, zum anderen die Zusatzleistungen, die zur Wettbewerbsprofilierung angeboten werden.
- Der Faktor **„Markt“**, der sich hier auf die aktuellen und potentiellen Kunden bezieht, die ihr Kaufverhalten erheblich verändert haben. Dieser Faktor wird durch die Wettbewerbssituation, die Kundenakzeptanz, das Know-how der Kunden und die Kundenansprüche geprägt.
- Der Faktor **„Kommunikation“**, der zwischen den Faktoren Markt beziehungsweise Kunde und Produkt steht. Dieser Faktor hat eine Art Katalysatorfunktion und erfüllt als intervenierende Variable eine zentrale Funktion im Kaufentscheidungsprozeß.

Der Faktor Produkt steht mit dem Faktor Kommunikation in wechselseitiger Beziehung. Gleiches gilt für die Faktoren Kommunikation und Markt, so daß der Faktor Kommunikation offensichtlich eine zentrale Rolle in diesem Beziehungsgeflecht einnimmt, da er die Beziehung zwischen Produkt und Markt herstellt. Dabei ist die Einflußnahme des Produktes mittels Kommunikation auf den Markt häufig gegeben, während die Einflußnahme des Marktes mittels Kommunikation auf das Produkt eher geringer ausgeprägt ist. Die Aufgabe des Marketing ist es hier zukünftig, diese Beziehung stärker auszubauen, denn gerade für Individuallösungen im Bereich der Datenverarbeitung ist ein effizientes und zweiseitig ausgerichtetes Kommunikationssystem zwischen Angebot und Nachfrage von zentraler Bedeutung für den Erfolg der erarbeiteten Problemlösung.

Betrachtet man das Haus Ploenzke, so zeigt sich, daß einerseits durch das Angebot von individuellen Dienstleistungen eine Alleinstellung gegenüber dem Wettbewerb einfacher zu erreichen ist als durch den Vertrieb von Standardsoftware. Andererseits bringt die Individualität der Produkte erhebliche Schwierigkeiten für die Kommunikation der Qualität sowie des Qualitätsmanagements mit sich, da hier erhöhte Anforderungen an die Kommunikation zwischen Markt und Produkt gestellt werden.

Mit dem Namen Ploenzke verbinden sich keine standardisierbaren Produkte beziehungsweise Dienstleistungen, wie etwa bei Luftverkehrsgesellschaften, Bankdienstleistern, Autovermietungen oder Hotels. Vielmehr ist jedes Produkt, das heißt, jede Dienstleistung, ein eigenes Projekt, und diese **Dienstleistung „Beratungskonzept"** setzt sich sowohl aus der Individualität und der Kreativität des Beraters sowie der konkreten, auf die individuellen Bedürfnisse des Auftraggebers gezielte Beratungsleistung im EDV-Bereich zusammen und basiert nicht zuletzt damit auf der Logik einer im weitesten Sinne ingenieurwissenschaftlichen Denk- und Arbeitsweise. Für den Kunden hingegen stellt das Produkt eine umfangreiche Investition dar. Die Ploenzke AG hat es demnach mit sogenannten „Kontraktgütern" zu tun, eine Gütergruppe, die eine Kombination von Dienstleistung und Investitionsgut darstellen. Diese Kontraktgüter sind Vertrauensgüter, die individuelle Leistungsversprechen beinhalten (Schade/Schott 1993). Für die Ploenzke AG ist jede Beratung, Konzeption oder Entwicklung eine kundenindividuell und, bis auf wenige Teilbereiche, eine einmalig erbrachte Dienstleistung. Die resultierende geringe Homogenität der angebotenen Problemlösungen bringt für das Haus Ploenzke das Problem mit sich, keine konstanten Aussagen über Quantität, Qualität und Erstellungsaufwand des Produktes treffen zu können. Dieses Problem wird noch dadurch verschärft, daß die rasanten technischen und fachlichen Entwicklungen im Bereich der Datenverarbeitung und die damit dynamischer Anpassung unterworfene Angebotsstruktur die Möglichkeit zu konstanten Aussagen über Qualität der Produkte stark einschränkt. Das Geschäft der Ploenzke AG bezieht sich auf und handelt mit Informationen. Informationen aber sind instabil und flüchtig, Hinweise auf ihre Qualität kann man erst erlangen, wenn sie vorliegen, das heißt nach Erstellung der Dienstleistung. An das **Dienstleistungsmarketing** im Bereich der Datenverarbeitungskonzepte, deren Kernprodukt die Information darstellt, werden damit besondere **Anforderungen** gestellt:

- Zunächst ist der **„Produktcharakter"** der Dienstleistung herauszustellen, da aufgrund der Individualität der Ploenzke-Dienstleistungen und der starken Abhängigkeit von einzelnen Personen dauerhaft gültige Aussagen über die Qualität der Dienstleistungen nicht möglich sind.
- Der Dienstleistung ist darüber hinaus ein **„Markencharakter"** zu verleihen, der die hohe Qualität der Beratungsprodukte kommunizieren soll, da der Preis als Wettbewerbsinstrument an Bedeutung verliert.

- Die **Kommunikation** zwischen Kunden, Lieferanten und Unternehmen ist zu optimieren, da die Kommunikation bei Individuallösungen im EDV-Bereich notwendige Voraussetzung ist, um die zu erbringende Dienstleistung zu definieren und zu konkretisieren und sie anschließend zufriedenstellend zu erbringen.

Im Rahmen der Vermarktung von Beratungsleistungen im Bereich der Datenverarbeitung beziehungsweise der Informationstechnologien kommt es daher insbesondere darauf an, den Dienstleistungen einen materiellen Charakter zu geben, Vertrauen in die immateriellen und in der Regel im Bereich der DV-Beratung mit hohen finanziellen Ausgaben verbundenen Dienstleistungen zu geben. Die Sicherstellung der Qualität dieser unternehmensindividuell ausgerichteten Dienstleistung sowie die interne und externe Kommunikation stellen zentrale Herausforderungen an das Marketing dar. Der Service verdient ebenso eine besondere Stellung innerhalb des Dienstleistungsmarketing, da er den Zusatznutzen vermitteln kann, der bei hochkomplexen Systemen und zum Teil technologischer Gleichwertigkeit der Produkte zur differenzierten Wahrnehmung durch den Kunden führt. Durch das Anbieten von Serviceleistungen wird auch nach der Implementierung der entwickelten Datenverarbeitungssysteme der Kontakt zum Kunden aufrechterhalten und damit die Chance zur Kundenbindung durch eine hohe „Nachkauf-Qualität" erhöht.

5.2 Unternehmensphilosophie und Strategien des Dienstleistungsunternehmens

5.21 Die Unternehmensphilosophie der Ploenzke AG

Als Beratungsunternehmen in der Datenverarbeitungsbranche, das unabhängig von Hardware- und Softwareherstellern berät, stellt die Ploenzke AG die Interessen ihrer Auftraggeber in den Mittelpunkt ihrer Arbeit. Die Ploenzke AG ist im Vergleich zu herstellereigenen Beratungseinheiten am Kunden und nicht am Hersteller interessiert. Die **Unternehmensphilosophie** ist daher ausgerichtet auf ein partnerschaftliches Verhältnis zum Kunden und nicht durch den Wunsch nach einem Abhängigkeitsverhältnis geprägt. Gerade im Bereich der Systemberatung können solche Abhängigkeiten schnell entstehen, hat man sich erst einmal für die Implementierung eines großangelegten Datenverarbeitungssystems entschieden. Das **Partnerschaftsverständnis** wird durch die gemeinsame Erarbeitung der Problemstellung des Kunden sowie deren Lösungsansätze sichergestellt. Kunde und Berater müssen ein Team bilden, das dazu in der Lage ist, Leistungen objektiv zu beurteilen. Beide Partner müssen sich dabei zu bestimmten Leistungen verpflichten. Die Unternehmensführung der Ploenzke AG ist sich dabei bewußt, daß aufgrund der Individualität der Dienstleistungserstellung die eigenen Mitarbeiter das wichtigste Kapital und der Schlüssel zum Erfolg im Wettbewerb darstellen. Daher sind in dem in einem Qualitätsmanagementhandbuch formulierten **Selbstverständnis** des Unternehmens auch hohe unternehmensseitige Anforderungen an ein partnerschaftliches Verhalten der Ploenzke-Mitarbeiter untereinander gestellt.

Ein Auszug aus dem Vorwort der Unternehmensbroschüre von Unternehmensgründer und Vorstandsvorsitzendem Klaus C. Plönzke dokumentiert die Philosophie, die die Leistungsfähigkeit der Ploenzke AG trägt:

„Wir sind kein Softwarehaus. Wir sind kein Servicezentrum. Die Ploenzke AG ist ein Know-how-Unternehmen, dessen wichtigstes Kapital das Wissen der Mitarbeiterinnen und Mitarbeiter ist. ... Ploenzke soll als die Know-how-AG Flagge für eine neue Informations- und Kommunikationskultur zeigen, in der der Computer das Wissen und die Kreativität der Menschen freisetzt. Insofern stellen wir uns stets neu dem Anspruch, ein anderes Unternehmen zu sein, herstellerneutral, ohne Standardprodukte, offen und somit bereit zur Objektivität".

5.22 Strategische Grundsätze des Unternehmens

Die Ploenzke AG versucht, die Qualität ihrer Leistungen und damit die Zufriedenheit des Kunden, die Bedingung für ein weiteres Wachstum des Unternehmens ist, mit Hilfe der folgenden strategischen Prinzipien zu erreichen. Diese **strategischen Prinzipien** sind im Rahmen der Unternehmensstrategie sowie auch des Qualitätsmanagementhandbuchs festgeschrieben, und heute, nach Aussage des Unternehmens, bereits fester Bestandteil der Unternehmensphilosophie geworden.

Erfolg durch Mitarbeiterkompetenz
Ploenzke ist sich über die Rolle der Mitarbeiter als wichtigstes Kapital des Unternehmens voll bewußt. Die Kompetenz und Leistungsfähigkeit der Firma ist, zumindest kurz- bis mittelfristig, unabänderlich an die Kompetenz jedes einzelnen Mitarbeiters gebunden. Aus dieser Einsicht heraus werden durch ein über alle Hierarchiestufen hinweg durchgeführtes Aus- und Weiterbildungsprogramm sowie individuelle Personalförderungsprogramme die fachlich-qualitative, aber auch die persönliche Kompetenz der Mitarbeiter regelmäßig gefördert (siehe dazu auch Abschnitt 5.43).

Qualität durch Mitarbeiterzufriedenheit
Mit der Schaffung eines Arbeitsumfeldes, das es jedem Mitarbeiter erlaubt, sich entsprechend seinen Fähigkeiten und Neigungen zu entfalten, wird eine hohe Identifikation der „Ploenzkianer" mit ihrem Unternehmen angestrebt. Die großzügige Architektur des Hauses, seine Lage sowie die materielle und persönliche Freiheit der Mitarbeiter in der Gestaltung ihrer Arbeitsräume sind hier als Ausprägungen der Ploenzke-Unternehmenskultur zu nennen.

Neutrale Beratung
Zur Sicherstellung von Vertrauen und Objektivität von Beratungsdienstleistungen muß unabhängig von Hard- und Softwareherstellern beraten werden.

Full-Service-Konzepte
Um die angestrebten langfristigen Partnerschaften mit dem Kunden aufzubauen, werden die unterschiedlichsten Beratungsleistungen durch die Kooperation von Ploenzke Informatik, Ploenzke Consult, Ploenzke Systeme und Ploenzke Akademie angeboten. Das Angebot eines Full-Service-Konzeptes erlaubt es dem Unternehmen, seine gesamte Professionalität einzusetzen und die Funktionsfähigkeit der angebotenen Dienstleistungsprodukte zu erhöhen, da ganze Problemlösungskonzepte aus einer Hand geliefert werden und so die Teilsysteme besser aufeinander abgestimmt werden können. Dem Kunden werden somit „Integrationsaufgaben" komplexer Systeme abgenommen. Das Full-Service-Konzept fördert maßgeblich die Kundenbindung.

Ploenzke als Know-how-Unternehmen
Hinter diesem Prinzip verbirgt sich die Komplettberatung, die sich an der gesamten Wertschöpfungskette des zu beratenden Unternehmens orientiert und nicht nur an isolierten Leistungsbereichen. Für Ploenzke heißt das, bei jedem Projekt die Softwareentwicklung in einen langfristig angelegten Personal- und Organisationsentwicklungsprozeß zu integrieren. Mit Hilfe des Einsatzes moderner Methoden und Werkzeuge, der Vermittlung aktueller Softwaretechnologien sowie der Einbringung der spezifischen Branchenkenntnis, die im Laufe der Jahre erworben werden konnte, ist das Übertragen des Know-how in jede einzelne Firma das Ziel.

Kundennähe und dezentrale Unternehmensstruktur
Die Nähe zum Kunden ist für die Ploenzke AG nicht nur ein plakatives Ziel des Marketing, sondern sie ist in dem beschriebenen Tätigkeitsfeld elementare Voraussetzung für die erfolgreiche Erstellung der Dienstleistung. Durch dezentrale Unternehmensstrukturen, die durch die eigenständig geführten, aber untereinander kommunizierenden Geschäftseinheiten realisiert werden, ist die Nähe zum Kunden und die Flexibilität, auf seine Wünsche und wechselnden Anforderungen reagieren zu können, möglich. Die geographische Nähe zum Kunden demonstriert Abbildung 8-5-7.

Europaweite Präsenz
Die Strategie der Ploenzke AG zielt auf ein europaweites Netz von Stützpunkten bei gleichzeitig starkem Heimatschwerpunkt durch die flächendeckende Präsenz von Ploenzke Niederlassungen in Deutschland. Diese geographische Zielrichtung trägt der Verflechtung der Märkte und der Internationalisierung der beratenen Wirtschaftsunternehmen Rechnung. Um international tätige Unternehmen im Bereich der Datenverarbeitung kompetent beraten zu können, muß die Ploenzke AG selbst auch international vertreten sein. Nur so ist Kundennähe realisierbar.

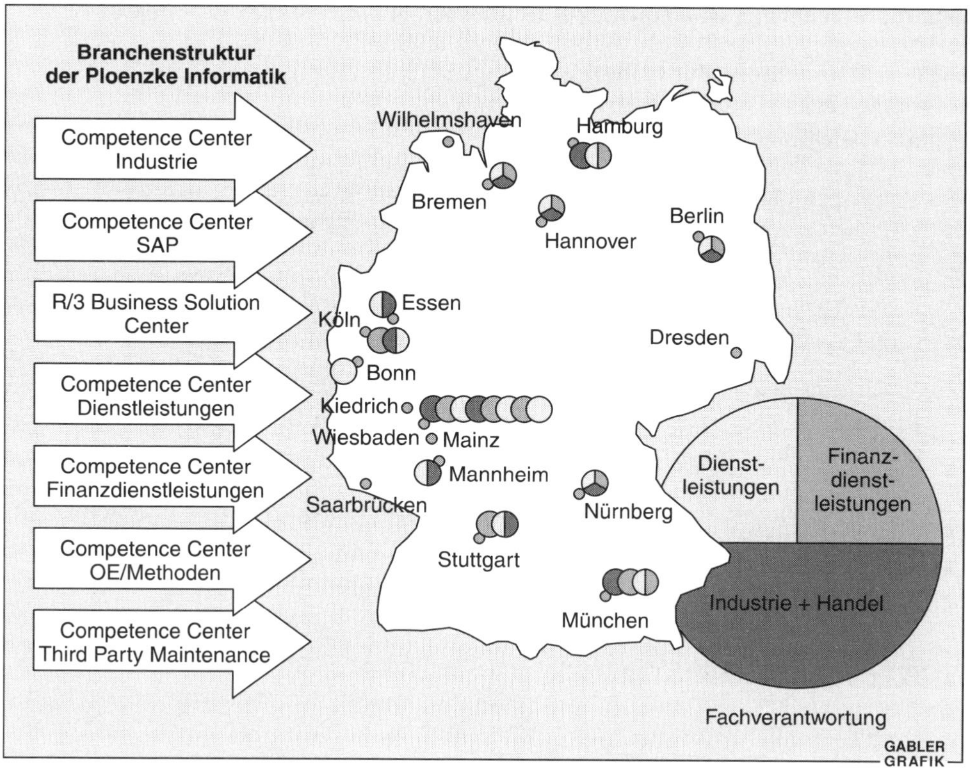

Abbildung 8-5-7: Dezentrale Unternehmensstruktur der Ploenzke AG

Strategische Allianzen

Um weiterhin wachsen und dem Kunden dabei jederzeit eine neutrale und am neuesten Stand der Technik ausgerichtete Beratung liefern zu können, sind strategische Allianzen, die den Charakter von technologischen, international und am Kundenpotential ausgerichteten Partnerschaften haben, Bestandteil der Unternehmensstrategie für das Jahr 2000.

5.23 Qualitätsorientierte Strategieausrichtung der Ploenzke AG

Der Qualitätsstrategie der Ploenzke AG liegt ein qualitätspolitisches Grundverständnis zugrunde, das sich in den letzten Jahren in den Köpfen aller Mitarbeiter erst langsam entwickeln mußte. Bei Management und Mitarbeitern hat sich schrittweise ein **verändertes Qualitätsverständnis** verfestigt, das mit dem folgenden Satz verdeutlicht werden kann:

„Qualitätssicherung ist elementares Leistungsmerkmal statt notwendiges Übel.“

Die **Qualitätsstrategie der Ploenzke AG** wurde vor dem Hintergrund folgenden **Grundverständnisses** für den Qualitätsbegriff entwickelt (Auszug aus dem Qualitätsmanagementhandbuch):

- Qualität in der Leistung und ihrer Erbringung garantiert langfristige Kunden- und Mitarbeiterzufriedenheit sowie bei der Bindung an die Ploenzke AG.
- Wirkliche Wettbewerbsvorteile für die Ploenzke AG werden weniger durch dem Kunden gegenüber proklamierte als vielmehr durch nachgewiesene Qualität (verbesserte Qualität, reduzierte Kosten, zufriedene Mitarbeiter) erreicht.
- Jeder Mitarbeiter, jede Führungskraft der Ploenzke AG wird nicht an seinen/ihren Rufen nach mehr Qualität, sondern an seinem eigenen Beitrag zum Erreichen von mehr Qualität gemessen.

Vor diesem Hintergrund ist das Ziel der langfristig ausgelegten Marketing- und Qualitätsstrategie der Ploenzke AG die Profilierung des Unternehmens als **Qualitätsführer im Projektgeschäft**. Um diese strategische Positionierung als Qualitätsführer zu erreichen, stehen drei **Marketinggrundsätze** im Vordergrund:

1. Schaffung von **Dienstleistungsmarken**, die für den Kunden eine Orientierungsfunktion erfüllen sollen. Damit verbunden ist die Absicht, den immateriellen und häufig abstrakten Dienstleistungen einen Produktcharakter zu verleihen und die Qualität sowie Professionalität der Dienstleistungserstellung „erfaßbar“ zu machen. Firmen- und Dienstleistungsprodukt-Image sollen damit nachhaltig geprägt und verfestigt werden.
2. Sicherstellung der **Dienstleistungsqualität**, um dem Leistungsversprechen von Dienstleistungsmarken, eine gleichbleibend hohe Qualität aufzuweisen, gerecht zu werden.
3. Aktive und einheitliche Gestaltung des Firmenimages und des Markenimages im Sinne eines in sich geschlossenen **Kommunikationskonzeptes**. Dadurch soll das produktorientierte Marketing unterstützt werden.

Die Grundsätze der qualitätsorientierten Marketingstrategie der Ploenzke AG implizieren die Formulierung bestimmter **Qualitätsoberziele**, die sich auf die Mitarbeiter und die Kunden als primäre Zielgruppen beziehen. Die strategische Ausrichtung im Bereich der Qualität ist bei Ploenzke durch zielbezogene Formulierungen im Qualitätsmanagementhandbuch dokumentiert.

Kundenzufriedenheit

- Zufriedenstellung des Kunden durch Erfüllung seiner Anforderungen und anhaltend gute Produkt- und Prozeßqualität.

- Erreichen einer dauerhaften Bindung an Ploenzke.

Mitarbeiterzufriedenheit

- Hohe mitarbeiterseitige Akzeptanz des Qualitätsmanagementsystems und Bereitschaft, sich kontinuierlich an dessen Regelungen zu halten.
- Erhaltung von Engagement, Motivation und Leistungsbereitschaft auf hohem Niveau.
- Bindung zufriedener Mitarbeiter an Ploenzke.

Die Oberziele, die sich auf Kunden und Mitarbeiter richten, werden durch leistungsbezogene Qualitätsunterziele konkretisiert beziehungsweise operationalisierbar gemacht. Dabei wird zwischen Zielen bezüglich der Prozeßqualität und der Ergebnisqualität differenziert. Folgende **Qualitätsunterziele** sind im Qualitätsmanagementhandbuch festgehalten:

Qualität der Dienstleistungserbringung (Prozeßqualität)

- Professionalität bei der Projektabwicklung in fachlicher, technischer, methodischer und projektorganisatorischer Hinsicht bei hoher Termintreue.
- Beherrschung der Projektabwicklung zu jedem Projektzeitpunkt; kein einziges A-Projekt wird aus Gründen, die die Ploenzke AG zu vertreten hat, abgebrochen.
- Optimale Einbeziehung des Kunden in die Projektabwicklung, Abstimmung mit dem Kunden in erforderlichem Umfang, Verständlichmachung der Abläufe gegenüber dem Kunden.
- Ständige Verbesserung allgemeiner interner und kundengerichteter Kommunikations- und Abstimmungsprozesse, klare Regelung von Verantwortlichkeiten und Befugnissen, Festlegung der Abhängigkeiten zwischen Prozessen zum Zwecke der kontinuierlichen Ergebnisbeeinflussung.

Qualität der Dienstleistungsprodukte (Ergebnisqualität)

- Erfüllung höchster qualitativer Anforderungen an Funktionalität, Leistungsfähigkeit, Zuverlässigkeit, Zweckmäßigkeit, Verständlichkeit und Benutzerfreundlichkeit der Dienstleistungsprodukte.
- Früherkennung und Vorwegnahme von methodischen, softwaretechnischen und fachlichen Entwicklungstrends und frühzeitige Berücksichtigung in kundenbezogenen Lösungsansätzen.

Alle Strategieelemente der Ploenzke AG sind festgeschriebene Verhaltensnormen. Die Marketingstrategie findet sich in Management- und Unternehmensgrundsätzen wieder, während die Qualitätsstrategie insbesondere durch das Qualitätsmanagementhandbuch nach DIN ISO 9000 definiert ist.

5.3 Struktur und Aufgaben des Qualitätsmanagements bei der Ploenzke AG

5.31 Anforderungen an die Qualität aus Unternehmenssicht

Aufgrund der Angebotsstruktur ergeben sich für die Ploenzke AG sowohl Qualitätsanforderungen an Produkte beziehungsweise an die Produktentwicklungen als auch Qualitätsanforderungen an Beratungsleistungen. Die Qualitätsanforderungen beziehen sich daher zum einen auf eine **Produktqualität**, zum anderen auf eine **Prozeßqualität**. Eine klare Abgrenzung der beiden Qualitätsbegriffe ist dabei nicht möglich, denn die Produktqualität als Ergebnis einer Produktentwicklung hängt auch maßgeblich von der Qualität des Entwicklungsprozesses ab.

Für die Prozeß- und Produktqualität gelten bei Ploenzke schwerpunktmäßig unterschiedliche vorgehensbezogene beziehungsweise ergebnisbezogene **Anforderungen** beziehungsweise Erfolgskriterien, die auch als Kriterien der Zielerreichung dienen. Diese Anforderungen dürfen an dieser Stelle nicht isoliert oder global verstanden werden, sondern sie sind im konkreten Zusammenhang mit einzelnen Prozessen zu sehen, die im Rahmen des Qualitätsmanagementhandbuches konkret definiert werden (siehe Abschnitt 5.34). Im Sinne der Erreichung einer optimalen **Prozeßqualität** stehen folgende Anforderungen im Vordergrund:

- **Effizienz:** Erreichung einer definierten Leistung mit minimalem, zielgerichtetem Aufwand.
- **Effektivität:** Erreichung einer mit definiertem Aufwand erbrachten optimalen Leistung.
- **Methodik:** Gewährleistung eines methodisch abgesicherten, strukturierten und systematischen Vorgehens.
- **Angemessenheit/Objektivität:** Durchführung der im Sinne der Aufgabenstellung erforderlichen Aktivitäten.
- **Verständlichkeit:** Vermittlung der im Beratungs- oder Entwicklungsprozeß gewonnenen Erkenntnisse/erarbeiteten Vorschläge in einer für den Leistungsempfänger verständlichen Form.
- **Termintreue:** Beherrschung der Projektabwicklung zu jedem Projektzeitpunkt. Kein einziges A-Projekt wird aus Gründen, die Ploenzke zu vertreten hat, abgebrochen. Fertigstellung des Projektes zum vereinbarten Zeitpunkt.

Die Erzielung von **Produktqualität** wird durch die Erfüllung der folgenden **Anforderungen** sicherzustellen versucht:

- **Effizienz:** Leistungsfähigkeit (Funktionalität, Komfort, Performance usw.) eines Produktes im festgelegten Umfang bei minimalem Aufwand für Entwicklung und Einsatz.
- **Effektivität:** Im Sinne des Einsatzzweckes optimale Eignung des Produkts.
- **Nützlichkeit/Zweckmäßigkeit:** Zweckmäßigkeit des im Produkt realisierten Lösungsweges.
- **Vollständigkeit:** Grad der Abdeckung des vom Kunden geforderten Leistungsspektrums.
- **Zuverlässigkeit/Stabilität:** Grad der Betriebssicherheit/Fehlerfreiheit des Produktes im Einsatz.
- **Verständlichkeit/Benutzerfreundlichkeit:** Leicht erlernbare und der Arbeitsweise des Benutzers angepaßte Handhabung des Produkts im Einsatz.

Die Qualitätsanforderungen an die Dienstleistung aus Sicht des Hauses Ploenzke sind schriftlich dokumentiert. Vornehmlich für den Bereich der Softwareentwicklung sind hier die Anforderungen an qualitativ hochwertige Produkte und Prozesse definiert. Das zentrale Dokument im Bereich des Qualitätsmanagements für Prozesse und Produktleistungen ist das Handbuch zur ISO 9000 Zertifizierung. Hier sind die einzelnen Phasen der Projektabwicklung präzise mit ihren einzelnen Anforderungen dargelegt.

Aufgrund der Individualität der Produkte beziehungsweise Dienstleistungen des Hauses Ploenzke ist die Formulierung allgemeingültiger, aber dennoch präziser Qualitätsanforderungen nur schwer möglich. Die Möglichkeit der Formulierung konstanter Anforderungen an die Dienstleistungsqualität wird durch den stetigen technischen und methodischen Fortschritt erschwert. Die Anforderungen, die von dem Unternehmen Ploenzke an die eigene Dienstleistungsqualität gestellt werden, konzentrieren sich daher darauf, eine einheitliche methodische und vorgehensbezogene Basis und unternehmensweit gültige Qualitätsstandards einzuführen.

5.32 Anforderungen an die Qualität aus Kundensicht

Die Messung beziehungsweise Erhebung allgemeingültiger Anforderungen der Kunden an die Beratungsleistungen im Bereich der EDV-Systeme gestaltet sich sehr schwierig. Dies liegt in der Individualität der Produkte begründet. Die Qualitätsansprüche der Kunden müssen bei jeder Beratungsleistung individuell erfragt werden. Die Qualitätsanforderungen lassen sich dabei aus der Vielzahl sehr komplexer, technisch-methodisch innovativer Projekte, zum Teil auch aus sicherheitsrelevanten Bereichen ableiten. Die Firma Ploenzke muß als Anbieter hier aktiv in die **Erarbeitung der Kundenanforderungen** einwirken, denn vielen Kunden ist die Komplexität der Datenverarbeitungssysteme beziehungsweise der Informationstechnologien nicht bewußt und daher sind sie auch nicht dazu in der Lage, ihre Ansprüche und Erwartungen richtig zu definieren. Die gemeinsame Festlegung der Anforderungen an die Qualität und die Leistungsfähigkeit des Datenverarbeitungssystems ist zentraler Bestandteil und erster Schritt im Qualitätsmanagementsystem. Sie setzt eine intensive Beziehung zum Kunden voraus und bedarf der aktiven Mitwirkung des Kunden bei der Leistungserbringung.

Unabhängig von den individuellen Leistungsanforderungen der Kunden werden seit Beginn der neunziger Jahre zunehmend Qualitätsansprüche sowie die Forderung nach der ISO-9000-Zertifizierung des Beraters von Kunden artikuliert. Diese **Zertifizierungsnorm** kann als ein „quasi-objektiver" Qualitätsanspruch interpretiert werden. Vornehmlich aus den öffentlichen Bereichen wird vermehrt angekündigt, die Aufträge zukünftig bevorzugt oder ausschließlich an Beratungsunternehmen mit ISO-9000-Zertifizierung zu erteilen. Die ISO-9000-Zertifizierung dient den Kunden als **neutrale beziehungsweise objektive Qualitätsgarantie**, die insbesondere bei stark erklärungsbedürftigen Produkten beziehungsweise Leistungen, deren Komplexität der Kunde nicht mehr völlig zu verarbeiten vermag, das Sicherheitsbedürfnis der Kunden befriedigen kann. Tatsächlich aber kann man die Zertifizierung alleine nicht als objektive Qualitätsgarantie interpretieren, da sich die Qualität der Dienstleistungen der Ploenzke AG immer erst mit der Erfüllung der individuellen und unternehmensspezifischen Kundenanforderungen im Rahmen der Kundenbindung während eines Projektes ergibt. Die ISO-9000-Zertifizierung stellt somit eher einen internen Qualitätsmindeststandard dar; der Total Quality-Ansatz ergibt sich dann konkret in der realisierten Kundenorientierung.

5.33 Aufgaben des Qualitätsmanagements

Die strategische Ausrichtung des Qualitätsmanagements ist bei Ploenzke durch die Festschreibung strategischer Aufgabenbereiche festgelegt. Diese Aufgaben sind im einzelnen:

Sachaufgabe
Die sachbezogene Formulierung der Qualitätsstrategie bezieht sich auf die Art der Leistungserstellung des Unternehmens. Hier liegt es in den strategischen Zielvorstellungen des Unternehmens, **Standards und Normen** für die einzelnen Phasen innerhalb der Dienstleistungserstellung zu entwickeln. Konkret bedeutet dies, für die Projektplanung, das Projektmanagement, die Methodik, das Qualitätsmanagement innerhalb des Projektmanagements sowie die fachliche und datenverarbeitungstechnische Vorgehensweise

und die Projektauswertung Mindeststandards zu entwickeln und durchzusetzen, die ein gleichbleibend hohes Maß an Qualität sicherstellen.

Organisationsaufgabe
Qualitätsmanagement soll bei der Ploenzke AG institutionalisiert sein und über alle Ebenen hinweg, im Vertrieb sowie bereits in der Akquisition durchgesetzt werden. Die Institutionalisierung wird dabei durch ein nachgewiesenes und **zertifiziertes Qualitätsmanagementsystem** realisiert. Zertifizierung ist dabei definiert als eine Maßnahme durch einen unparteiischen Dritten, die aufzeigt, daß angemessenes Vertrauen besteht, daß eine ordnungsgemäß bezeichnete Einheit die Qualitätsforderung erfüllt (DGQ-Lenkungsausschuß Gemeinschaftsarbeit (LAG) der Deutschen Gesellschaft für Qualität e.V. 1993).

Ein zertifiziertes Qualitätsmanagementsystem als Dienstleistungsprodukt soll dabei die Bekanntheit der hohen Qualitätsstandards der von der Ploenzke Gruppe erstellten Dienstleistungen erhöhen. Die Zertifizierung und Festschreibung der Qualitätspolitik im Rahmen eines Qualitätsmanagementhandbuchs gemäß der DIN ISO 9000-Norm dient außerdem dazu, das Vertrauen und die Akzeptanz der immateriellen Beratungsleistung bei den aktuellen und potentiellen Kunden herzustellen.

Umsetzungsaufgabe
Der Erfolg wird bei der Ploenzke AG durch die Einhaltung von Qualitätsstandards im operativen Projektgeschäft beziehungsweise die diesbezüglich laufende Unterstützung, Unterweisung und Feinsteuerung der Qualität in jeder Phase der Dienstleistungskette sichergestellt. Qualität auf allen Ebenen ist damit für Ploenzke die Voraussetzung für Erfolg und damit langfristiges Wachstum.

Das Qualitätsmanagement der Ploenzke AG differenziert in innengerichtete und nach außen gerichtete Aufgaben. Die strategischen Aufgabenbereiche der Qualitätssicherung gehören dabei zu den nach innen gerichteten Aufgaben. Durch Optimierung interner Prozesse und Techniken sowie Arbeitsvoraussetzungen soll „indirekt" über eine bessere Entwicklungsarbeit im Hause eine bessere Ergebnisqualität für den Kunden erreicht werden. Die Qualitätssicherungsmaßnahmen, die sich dahinter verbergen, werden vom Kunden jedoch meist nicht wahrgenommen. Die operativen Tätigkeiten, die eher nach außen gerichtet sind, werden vom Kunden in jeder einzelnen Projektphase wahrgenommen.

5.34 Struktur und Instrumente des Qualitätsmanagementsystems

5.341 Isotec als konzeptionelle Grundlage des Qualitätsmanagements

Um die Struktur des derzeitigen Qualitätsmanagementsystems nachzuvollziehen, ist es zunächst notwendig, auf zugrundeliegende Entwicklungen im Hause zurückzugreifen. Dem Qualitätsmanagementsystem der Ploenzke AG liegt ein zentrales **Methodenkonzept** zugrunde: ISOTEC, das **Integrierte System-, Organisations- und Technik-Konzept**. Isotec ist eine Software-Engineering-Konzeption, die die Entwicklung von Informationssystemen von der Planung bis zur Wartung ermöglicht und die Geschäftsprozesse unternehmensweit und bereichsübergreifend transparent macht. Die Realisierung, Einführung und Wartung von Software soll mit Hilfe von Isotec zu einem kalkulierbaren Prozeß gemacht werden, der das Risiko für den Kunden verringert. Isotec liefert keine Standardsoftware, sondern standardisiert den Softwareentwicklungsprozeß, indem Werkzeuge eingesetzt werden, die die Daten- und Prozeßmodellierung ebenso wie die Softwareerstellung effizient unterstützen. Dabei werden von Isotec folgende Phasen des Entwicklungsprozesses unterstützt: die strategische Informationsplanung, die Analyse von Geschäftsbereichen, der Entwurf von Anwendungssystemen sowie deren Realisierung, Einführung und Wartung.

Isotec unterscheidet Konzepte und Methoden zur objektorientierten Vorgehensweise des Software Engineerings und zur konventionellen Vorgehensweise. Einen Überblick über das Gesamtsystem gibt Abbildung 8-5-8.

Die **Geschäftsprozeßanalyse** (GPA) ist einer konventionellen oder objektorientierten Vorgehensweise vorgeschaltet. Die GPA untersucht die Geschäftsprozesse eines Unternehmens hinsichtlich ihrer Wertschöpfung und ihres Beitrages, die eigentlichen Unternehmensziele zu erreichen. Sie identifiziert Potentiale im Geschäftsprozeß und versucht diese für eine Optimierung der Ablauf- und Aufbauorganisation zu nutzen. Die GPA kann zum Beispiel im Rahmen der strategischen Unternehmensplanung, der Organisationsentwicklung oder der strategischen Informationsplanung eingesetzt werden.

Die **objektorientierte Modellierung** (OOM) ist eine neue Linie von Isotec. Sie kombiniert objektorientierte Methoden zu einem integrierten Vorgehensmodell, das objektorientiert abgewickelte Projekte der Anwendungsentwicklung praktisch unterstützt. Das OOM-Vorgehensmodell deckt alle Projektabschnitte von der Analyse bis zur Implementierung ab und legt die zu erstellenden Ergebnisse, die Aktivitäten und Darstellungsweisen für die einzelnen Projektabschnitte fest. Zusätzlich enthält es auch Regeln zur Qualitätssicherung.

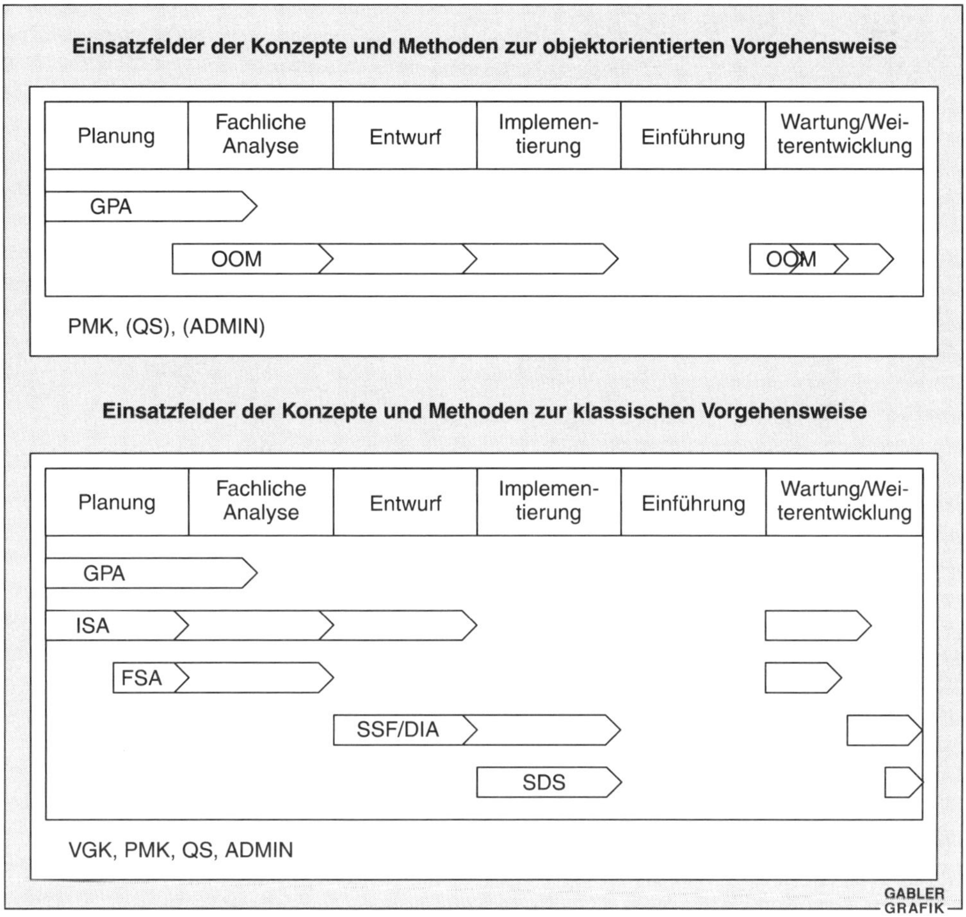

Abbildung 8-5-8: Struktur und Bausteine von Isotec

Im Bereich des konventionellen Software Engineerings ist die Funktionsweise von Isotec verbunden mit den in Abbildung 8-5-9 im Überblick dargestellten **phasenübergreifen-den Konzepten.**

Konzepte	Inhalte und Aufgaben	Nutzer
Vorgehenskonzept (VGK)	– bietet verschiedene Vorgehensmodelle für unterschiedliche Projekttypen – Strukturierung des Softwareentwicklungsprozesses und Festlegung von Meilensteinen – Regelung des Einsatzes von Methoden und der Dokumentation der Entwicklungsergebnisse	Projektleiter
Projektmanagementkonzept (PMK)	– Planung, Steuerung, Disposition und Kontrolle von Aktivitäten, personellen und materiellen Ressourcen, Aufwendungen, Terminen und Ergebnissen in der Projektabwicklung – Vorschlag von Planungs- und Steuerungsinstrumenten zur Abwicklung – Beschreibung der Aufgaben zur Initiierung von Projekten, der Projektrahmenplanung und der Projektorganisation (Gremien/Verantwortung)	Projektleiter
Administrationskonzept (ADMIN)	– Regelung der Handhabung und Verwaltung von Entwicklungsergebnissen auf der Basis einer zentralen Entwicklungsbank – Regeln, Vereinbarungen und Verfahren zur Koordination der Ergebnisse mehrerer Analytiker beziehungsweise Entwickler	Projektleiter
Qualitätssicherungskonzept (QS)	– Methoden und Techniken zur Strukturierung, Modellierung, Koordination und Visualisierung mit dem Ziel der Sicherstellung der konstruktiven Qualität – Entwicklung phasenübergreifender Reviews sowie Testmethoden und Verfahren im Sinne einer analytischen Qualitätssicherung	Projektleiter

GABLER GRAFIK

Abbildung 8-5-9: Phasenübergreifende Konzepte im Rahmen von Isotec

Neben den phasenübergreifenden Konzepten bietet Isotec **Methoden** an, die den Softwareentwicklungsprozeß phasenspezifisch unterstützen. Diese sind in Abbildung 8-5-10 kurz dargestellt.

Methoden	Inhalte/Aufgaben
Informationsstrukturanalyse (ISA)	– Eindeutige Darstellung der relevanten Begriffe der betrieblichen Realität, ihrer Eigenschaften und ihrer Beziehungen untereinander
Funktionsstrukturanalyse (FSA)	– Erstellung eines Modelles der betrieblichen Funktionen – Beschreibung der hierarchischen Zerlegung der betrieblichen Funktionen in Teilfunktionen, die zeitliche Abhängigkeit der Funktionen sowie der Kommunikation der Funktionen untereinander und mit der Außenwelt
Strukturierung und Spezifikation von Systemfunktionen (SSF)	– Realisierung der in der Funktionsanalyse ermittelten betrieblichen Funktionen in einem Datenverarbeitungssystem – Produktivitätserhöhung durch Standardisierung und Wiederverwendung fachlicher und technischer Leistungen
Dialogentwurf (DIA)	– Gestaltung und Steuerung von Dialogen im Rahmen der Bestimmung der Benutzerschnittstellen
Systemspezifischer Datenstrukturentwurf (SDS)	– Ableitung eines Datenbankschemas aus einem – mit Hilfe der Informationsstruktur entwickelten – Anwendungsdatenmodell

GABLER GRAFIK

Abbildung 8-5-10: Phasenspezifische Methoden im Rahmen von Isotec

Die Anwendung der Konzepte und Methoden im Rahmen von Isotec wird durch eine logische zentrale Entwicklungsdatenbank (Repository) unterstützt. In ihr werden sämtliche Ergebnisse des Anwendungsentwicklungsprozesses abgelegt. Sie stellt die Basis der Integration von Anwendungsentwicklungen dar.

Da Softwaresysteme sehr komplex sind und so nicht die Anforderungen des Systems transparent gemacht werden können, unterteilt Isotec das Entwicklungsmodell in unterschiedliche Ebenen, die verschiedenen Ansichten auf den Gesamtentwicklungsprozeß entsprechen. Jede Ebene enthält ein Datenmodell, ein Funktionsmodell, deren Interaktion sowie die Interaktion mit der Außenwelt.

Als Integriertes System-, Organisations- und Technik-Konzept liefert Isotec ein System von Methoden und Werkzeugen, die dazu dienen, die Daten- und Prozeßmodellierung sowie die Anwendungssoftwareentwicklung effizienter zu gestalten. Durch die Vorgabe von Konzepten und Methoden kann der Prozeß der Softwareentwicklung standardisiert und so die Effizienz und Produktivität der Entwicklung erhöht werden. Standardisierte und wiederverwendbare Leistungsbausteine werden in einem sogenannten „Programmrahmen“ abgelegt. Aus diesem können dann mit Hilfe von Montage-Tools automatisiert Anwendungssysteme entwickelt werden. Ein „Einschleichen“ von Fehlern kann so verhindert werden. Isotec ermöglicht es, schon bei der Konstruktion von

Software Qualität zu garantieren und durch analytische Maßnahmen sicherzustellen. Isotec ermöglicht es, Anwendungssysteme mit hoher Zuverlässigkeit und Fehlerrobustheit zu erstellen.

Das Dienstleistungs- und Beratungskonzept Isotec wurde bereits 1981 im Hause Ploenzke entwickelt und wird seitdem kontinuierlich fortgeschrieben beziehungsweise um neue Module (siehe OOM) ergänzt.

5.342 Bestandteile des Qualitätsmanagementsystems

Das bei der Ploenzke AG eingeführte **Qualitätsmanagementsystem** umfaßt drei Bausteine:

- Qualitätsmanagementhandbuch,
- Prozeßbeschreibungen,
- Arbeitsanweisungen.

Zusätzlich zu diesen Bausteinen liegen begleitende Unterlagen (bereits existierende Dokumente) vor. Dieses Qualitätsmanagementsystem ist im Zuge der ISO-9000-Zertifizierung erarbeitet worden und hat viele, im Hause bereits bestehende und angewandte Qualitätssicherungselemente und -techniken in einer Struktur zusammengefaßt.

Das **Qualitätsmanagementhandbuch** beschreibt dabei die im Rahmen des Qualitätsmanagementsystems getroffenen aufbau- und ablauforganisatorischen Festlegungen zur Sicherstellung der Dienstleistungsqualität und stellt somit das Kernstück des Qualitätsmanagementsystems dar. Verantwortlichkeiten, Befugnisse, Abläufe, Steuerungs- und Korrekturmechanismen, Verhaltensvorschriften, Anweisungen und sonstige Anleitungen werden gegeben. Das Qualitätsmanagementhandbuch ist dabei ein Instrument des Qualitätsmanagements, das nicht nur für die internen Zielgruppen (Projekt-Mitarbeiter), sondern auch für die externen Zielgruppen, das heißt die Kunden, Lieferanten und Geschäftspartner, bestimmt ist.

Die **Prozeßbeschreibungen** knüpfen an die ablaufgebundenen Prozeßbeschreibungen des Qualitätsmanagementhandbuchs an und vertiefen diese. Die Prozeßbeschreibungen haben Anweisungscharakter und stellen somit **Richtlinien** für den einzelnen Mitarbeiter im Prozeß des Qualitätsmanagements dar.

Während die Prozeßbeschreibungen allgemein gehaltene Verfahrensweisen vorgeben, enthalten die **Arbeitsanweisungen** konkrete und verbindliche Anleitungen für einzelne Arbeitsschritte. Derartige Arbeitsschritte sind im Rahmen des Qualitätsmanagementhandbuchs genau beschrieben und beziehen sich beispielsweise auf das Ausfüllen von Formularen oder das Erstellen von Qualitätsberichten.

Da im Rahmen dieser Dokumentation insbesondere der Aufbau und die Inhalte des Qualitätssicherungssystems im Vordergrund stehen, wird im folgenden näher auf die Festlegungen innerhalb des Qualitätsmanagementhandbuchs eingegangen, da diese die Struktur des Qualitätsmanagementsystems widerspiegeln.

Das Qualitätsmanagementsystem von Ploenzke vollzieht sich auf **zwei Ebenen**, die das gesamte Aufgabenspektrum des Qualitätsmanagements widerspiegeln. Zum Zwecke einer übersichtlichen Beschreibung der Struktur des Qualitätsmanagementsystems wird zwischen der

- Qualitätssicherung für ablaufgebundene Tätigkeiten und der
- Qualitätssicherung für übergreifende Tätigkeiten

unterschieden.

Das Geschäft der Ploenzke AG läuft vornehmlich in Form von Projekten ab. Mit den **ablaufgebundenen Tätigkeiten** sind dabei die einzelnen Projektphasen angesprochen. Für jede Phase beziehungsweise jeden Projektschritt wird mit Hilfe des Qualitätsmanagementhandbuchs eine Kurzbeschreibung der Inhalte und besonderen Merkmale der Tätigkeiten gegeben. Im Qualitätsmanagementhandbuch sind für jede einzelne Projektphase die Qualitätsaspekte herausgearbeitet und die damit verbundenen Anforderungen definiert. Auch die Verantwortlichkeit und Befugnisse für die Qualitätssicherung in dieser Projektphase werden festgelegt, der Prozeß wird in dem Sinne identifiziert, daß die einzelnen Arbeitsschritte innerhalb einer Projektphase deutlich gemacht werden. Durch konkrete Arbeitsanweisungen beziehungsweise den Verweis auf begleitende Unterlagen wird operative Anleitung für die Qualitätssicherung gegeben.

Das Qualitätsmanagementsystem der Ploenzke AG unterscheidet dabei sechs ablaufgebundene Themengebiete beziehungsweise Tätigkeitsfelder, die alle in der oben beschriebenen Form durch das Qualitätsmanagementsystem bearbeitet und in ihrem Ablauf festgeschrieben sind. Abbildung 8-5-11 gibt einen Überblick über die einzelnen Phasen und die dazugehörigen Prozesse, deren Realisierung durch das Qualitätsmanagementhandbuch vorgeschrieben ist.

Anhand der ablaufgebundenen Tätigkeit „Projektinitialisierung“ soll die Vorgehensweise einmal exemplarisch veranschaulicht werden (Auszug aus dem Qualitätsmanagementhandbuch der Ploenzke AG, Kapitel 3.2).

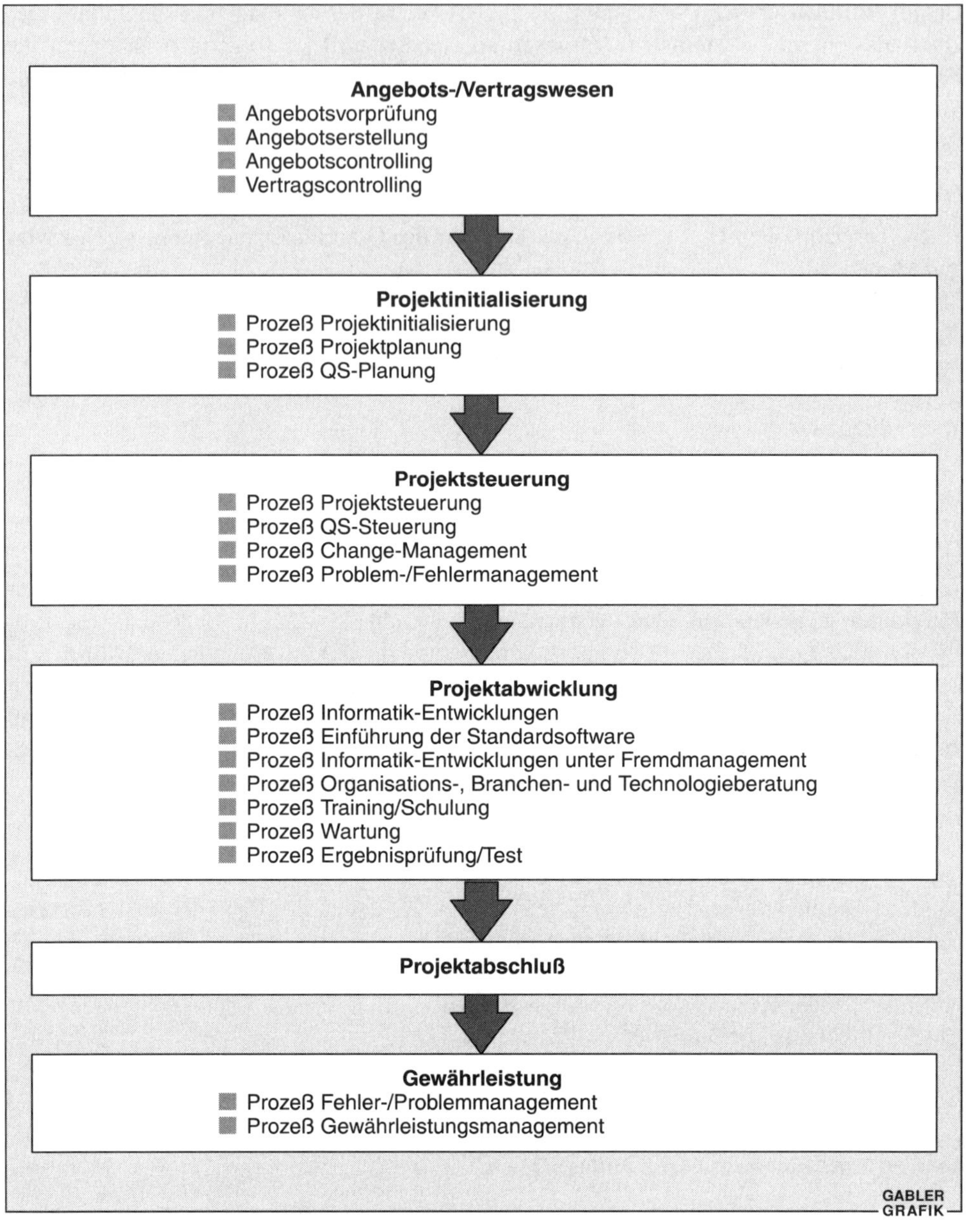

Abbildung 8-5-11: Übersicht über die einzelnen von Ploenzke definierten ablaufgebundenen Projekte

Projektinitialisierung

Kurzbeschreibung

In dem von Ploenzke entwickelten Projektmanagementkonzept, zentrale Komponente des Integrierten System-, Organisations- und Technik-Konzepts ISOTEC, ist die Projektinitialisierung die erste von drei Phasen des Projektmanagements. Nachfolgende Phasen sind die Projektsteuerung und Projektabschluß. Mit Hilfe des Projektmanagements werden die für den Projekterfolg notwendigen Aktivitäten und Ressourcen organisiert, koordiniert, geplant, kontrolliert und gesteuert. Es werden die Anforderungen an eine themenneutrale Projektsteuerung definiert. Das ISOTEC-Projektmanagementkonzept findet Verwendung in allen Projekten, in denen Ploenzke die Projektverantwortung trägt.

Projekte werden definiert als thematisch abgegrenzte Vorhaben in einem festen Zeit- und Kostenrahmen. Projekte sind außerdem im allgemeinen gekennzeichnet durch

- Einmaligkeit,
- hohen Innovationsgrad,
- Komplexität.

Dazu kommen Merkmale wie

- ein überdurchschnittliches Risiko des Fehlschlags,
- spezielle organisatorische Probleme,
- Bedarf an interdisziplinärem Know-how,
- spezielle Personalproblematik.

Die Projektinitialisierungsphase startet mit der Ploenzke-internen Freigabe des Projektes durch den Geschäftsstellenleiter. In der Projektinitialisierungsphase wird als erste Aktivität die Ausgangslage des Projekts analysiert. Basis hierfür können das Angebot, der Vertrag oder die Projektdefinition sein. Ergänzend dazu müssen die im Projektvorfeld bereits definierten Ziele des Projekts nochmals verifiziert und, falls notwendig, um weitere ergänzt werden. Nach Abschluß dieser beiden ersten Schritte erfolgt die eigentliche Projektplanung. Es werden sowohl die inhaltlichen als auch die organisatorischen Rahmenbedingungen festgelegt. Für die erste Projektphase wird eine Feinplanung durchgeführt. Sollten bereits weitere Projektphasen absehbar sein, so werden diese auf grober Ebene ebenfalls geplant.

Wichtige Punkte der inhaltlichen Planung sind

- die Festlegungen von Leistungsumfang und Ergebnistypen gemäß den Leistungsbestandteilen von Vertrag und Auftrag,
- die Festlegung anzuwendender Standards, Normen und Methoden sowie des Tooleinsatzes,
- die Definition der notwendigen Aktivitäten und Meilensteine mit Inhalten und Ergebnissen,
- die Festlegung projektspezifischer Qualitätsziele,
- die inhaltliche und zeitliche Planung von Qualitätssicherungsaktivitäten, zum Beispiel Reviews, Tests usw.,
- die Festlegung von Dokumentationsumfang und -form.

Die organisatorische Planung beinhaltet die Planung von

- Projektteam- und Projektorganisation,
- Projektberichtswesen,
- Projektinfrastruktur,
- Querschnittsaufgaben,
- Aufwand, Termine, Mitarbeiter,
- Finanz- und Sachmittelplan.

Art und Umfang der Ergebnisse der Projektinitialisierungsphase richten sich nach Projektgröße und Komplexität. Für sogenannte A- und B-Projekte sind ein Projekthandbuch, ein Projektplan und ein Qualitätsplan zu erstellen.

Das Projekthandbuch sollte mindestens folgende Bestandteile umfassen:
- ausgewähltes Vorgehenskonzept,
- einzusetzende Methode,
- durchzuführende Aktivitäten,
- zu erbringende Meilensteine und durchzuführende Reviews,
- Festschreibung der Ergebnistypen zur Übergabe an den Kunden (je Meilenstein).

Der Projektplan ist zyklisch, das Projekthandbuch bei Änderungen der das Projekthandbuch betreffenden Aufgabenstellungen, zum Beispiel Änderungen von Ergebnistypen, fortzuschreiben.

Den Abschluß der Projektinitialisierung bildet das Projekt-Kick-Off. Im Projekt-Kick-Off werden die geplante Vorgehensweise, insbesondere der Projektplan, der Qualitätsplan und das Projekthandbuch allen am Projekt Beteiligten vorgestellt. Dem Projektteam wird nochmals eine Vorstellung der vertraglich vereinbarten Leistungen vermittelt. Das Projekt-Kick-Off-Meeting gibt den Startschuß für die Projektmanagementphase Projektsteuerung und die eigentliche Projektabwicklung. Teilnehmer des Projekt-Kick-Off sollten alle Projektmitglieder sein. Bei Projekten, die gemeinsam mit Kunden durchgeführt werden, sind im Projekt-Kick-Off auch die betroffenen Mitarbeiter des Kunden vertreten. Die Durchführung des Projekt-Kick-Offs ist für A-Projekte zwingend, für alle anderen Projekttypen optional.

Qualitätsaspekte

Ziele und Beurteilungskriterien der Projektinitialisierung sind
- die Klarheit der Projektziele und der Aufgabenstellung,
- die Beständigkeit der projektorganisatorischen, methodischen, materiellen/personellen Ausstattung,
- die Stabilität der für das Projekt definierten Projektstandards,
- die Effizienz und Transparenz der Projektorganisation und Projektplanung.

Weitere Qualitätsaspekte sind eine sorgfältige Planung der Produkt- und Prozeßqualität.

Die Produktqualität bezieht sich auf die zu erstellenden Ergebnisse. Diese müssen richtig, vollständig, notwendig und verständlich sein. Die Prozeßqualität betrachtet den Entwicklungsweg. Er muß vollständig, angemessen und änderungsfreundlich sein.

Qualitätsaspekte insbesondere des Projekt-Kick-Offs und des Projekthandbuchs sind:
- die klare und für den Kunden nachvollziehbare Definition der Aktivitäten,
- die exakte Definition von Meilensteinen und Reviews,
- die klare Festlegung von Zwischen- und Endergebnissen,
- die Terminierung von Zwischenabnahmen zur Absicherung von Teilergebnissen,
- die Festlegung und Kommunikation der methodischen Plattform.

Verantwortlichkeiten und Befugnisse

Verantwortlich für die Projektinitialisierungsphase ist bis zur Ernennung eines Projektleiters der kundenverantwortliche Manager (Geschäftsstellenleiter). Ab Ernennung des Projektleiters ist dieser für das Projekt hauptverantwortlich.

Der Projektleiter ist für die operative Steuerung von Projekten zuständig. Er untersteht und berichtet unmittelbar an das Projektlenkungsgremium. Er ist der zentrale Ansprechpartner für das Projektteam in allen Projektbelangen.

Prozeßidentifikation
Zum Kapitel „Projektinitialisierung" im Qualitätsmanagementhandbuch gehören die Prozesse
- Projektinitialisierung,
- Projektplanung,
- Qualitätssicherungsplanung.

Arbeitsanweisungen und begleitende Unterlagen
Die im Bereich „Projektinitialisierung" Anwendung findenden Arbeitsanweisungen und begleitenden Unterlagen sind:
- ISOTEC Projektmanagementkonzept,
- ISOTEC Administrationskonzept,
- ISOTEC Qualitätssicherung.

Prozeß Projektinitialisierung
Der Projektinitialisierungsprozeß regelt die neben der Projektplanung zu Projektbeginn durchzuführenden Tätigkeiten. Eine erste wesentliche Aktivität ist die Ernennung des Projektleiters durch den Geschäftsstellenleiter und die Ernennung des für das Projekt zuständigen Qualitätsverantwortlichen. In der Projektinitialisierungsphase müssen definiert, festgelegt und vereinbart werden:
- das Projektbudget und das Investitionsvolumen,
- die Verantwortung und spezielle Aufgaben,
- die Vermarktungsmöglichkeiten der Projektergebnisse,
- die Wiederverwendbarkeit vorhandener Konzepte und Verfahren,
- die Planung und Durchführung des Projekt-Kick-Off-Meetings.

Prozeß Projektplanung
Der Prozeß Projektplanung wird in der Projektinitialisierungsphase durchgeführt zur Grobplanung des Gesamtprojektes und Feinplanung der ersten Durchführungsphase, am Ende der laufenden Durchführungsphase zur Feinplanung der folgenden Durchführungsphase.

Die Projektplanung orientiert sich an den Richtlinien ISOTEC-Projektmanagementkonzept.

In der Projektplanungsphase müssen definiert, festgelegt und vereinbart werden:
- Richtlinien und Standards,
- Aktivitäten und Meilensteine,
- Aufwandschätzung,
- Aufbauorganisation,
- Ablauf und Termine,
- Mitarbeiter, Sachmittel und Finanzen.

Nach Fertigstellung wird die Planung gemeinsam mit dem Kunden verabschiedet. Als Ergebnis der Projektplanung sollte ein Projektplan und ein Projekthandbuch erstellt werden.

Prozeß Qualitätssicherungsplanung
Als Teil der Entwicklungsplanung sind die Maßnahmen und Methoden zu planen, die erforderlich sind, um den festgelegten Qualitätsanforderungen zu genügen. Es wird eine Feinplanung der nächsten Projektphase durchgeführt, ergänzt um eine Grobplanung der weiteren Projektphasen.

Als Ergebnis der Qualitätssicherungsplanung ist ein Qualitätsplan zu erstellen.

Die hier beispielhaft demonstrierte Unterteilung der Tätigkeiten in einzelne Prozeßschritte und die auf diese bezogenen Elemente des Qualitätsmanagementsystems gewährleisten eine differenzierte Qualitätsmessung in jedem wichtigen Prozeßstadium.

Neben den ablaufgebundenen Tätigkeiten werden im Rahmen des Qualitätsmanagementhandbuchs **übergreifende Tätigkeiten** beschrieben. Diese übergreifenden Tätigkeiten entsprechen den strategischen Aufgabenbereichen des Qualitätsmanagementsystems. Zu den übergeordneten Tätigkeiten zählen die folgenden Aufgabenbereiche:

- Konfigurationsmanagement,
- Dokumentationsverwaltung,
- Qualitätsaufzeichnungen,
- Analyse, Bewertung und Verbesserung,
- Methoden, Techniken, Werkzeuge,
- Beschaffte Produkte und Dienstleistungen,
- Beigestellte Produkte und Dienstleistungen,
- Personal und Mittel,
- Unternehmensstrategie,
- Vertrieb und Marketing,
- Leistungsabrechnung.

Diese Tätigkeitsbereiche laufen unabhängig von den einzelnen Projektphasen, und der Kunde wird sich der Qualitätssicherungsmaßnahmen in übergeordneten Tätigkeitsbereichen häufig nicht bewußt. Sie entsprechen der sogenannten „Hardware“ im Unternehmen, die das Erreichen eines bestimmten Qualitätsniveaus erleichtern soll, indem unternehmensintern Instrumente und Techniken sowie Anforderungen festgelegt werden, die eine einfachere und sichere Qualitätserzielung im laufenden Projekt sicherstellen sollen.

5.343 Phasen des Qualitätsmanagementprozesses

Das Qualitätsmanagement läuft in drei unterschiedlichen **Phasen** ab:

- Qualitätsplanung,
- Qualitätslenkung,
- Qualitätsüberwachung.

Gemäß der DIN ISO 8402 gehört zum Qualitätsmanagementsystem zusätzlich eine Phase der „Qualitätsmanagementdarlegung“, die von der Firma Ploenzke durch die Erstellung eines Qualitätsmanagementhandbuchs realisiert ist. Hier werden die oben genannten Phasen spezifiziert.

Im Zuge der **Qualitätsplanung** werden Qualitätsanforderungen ausgewählt, klassifiziert und gewichtet. Dieser Planungsprozeß wird durch die Bewertung aktueller betrieblicher Abläufe, insbesondere durch die Auswertung der hierbei erkannten Mängel, beeinflußt. Im Ergebnis schlägt sich die Qualitätsplanung in der Beschreibung und Umsetzung verbesserter Prozesse und Verfahren (Anforderungen an Abläufe, Vorgaben und Standards), das heißt den Prozeßbeschreibungen nieder. Die Grundlage für die festzulegenden Qualitätsanforderungen im Qualitätsmanagementsystem bilden die **Norm DIN ISO 9001** (Qualitätssicherungssysteme; Modell zur Darlegung der Qualitätssicherung in Design/Entwicklung, Produktion, Montage und Kundendienst) sowie die **Norm DIN ISO 9000 Teil 3** (Qualitätsmanagement- und Qualitätssicherungsnormen; Leitfaden für die Anwendung der ISO 9001 auf die Entwicklung, Lieferung und Wartung von Software). Die Empfehlungen der **Norm DIN ISO 9004** für den Aufbau eines Qualitätsmanagementsystems sind ebenfalls berücksichtigt.

Über die **Qualitätslenkung** wird die Einhaltung der so definierten Anforderungen sichergestellt. Hier kommt zum einen dem Coaching der betroffenen Mitarbeiter durch die Unternehmensleitung und die Qualitätsbeauftragten besondere Bedeutung zu. Zum anderen wird durch die Verpflichtung zum Führen von Qualitätsaufzeichnungen die Einhaltung der Bestimmungen des Qualitätsmanagementhandbuchs gewährleistet. Zweck des **Coaching** ist die Hinführung zu veränderten Vorgehensweisen, Prozessen, Dokumentationsanforderungen und Qualitätsansprüchen am praktischen Beispiel, möglichst unter Vermeidung von Anfangsfehlern, die in einem späteren Projektstadium schwer auszumerzen sind.

Die **Qualitätsaufzeichnungen** begleiten den gesamten Entwicklungsprozeß und sind in seine Abläufe integriert, das heißt geregelt. Ein Beispiel für die in den einzelnen Prozessen vorzunehmende Qualitätsbewertung zeigt Abbildung 8-5-12. Die Anforderungen an Qualitätsaufzeichnungen sind im Rahmen derjenigen Prozeßbeschreibungen festgelegt, für die sie den Qualitätsnachweis, das heißt den Nachweis der Erfüllung der definierten Anforderungen erfüllen sollen. Die gezielte Qualitätslenkung durch die Vorgaben des Qualitätsmanagementhandbuchs sowie durch projektspezifische Einweisung (Coaching) wird durch flankierende Fördermaßnahmen unterstützt. Hierzu zählen allgemeine Schulungsmaßnahmen, Information und Kommunikation sowie der Ploenzke Qualitätspreis.

Die **Schulungsmaßnahmen** werden dabei von der Ploenzke Akademie durchgeführt und vermitteln Basiswissen zum Qualitätsmanagement, zum Total Quality Management sowie die Ziele und Aufgaben im Rahmen der DIN-ISO-9000-Zertifizierung. Dieses theoretische Wissen wird durch Schulungen in anwendungsorientiertes Qualitäts-Know-how transferiert.

Durch gegenseitige **Information und Kommunikation**, die im Hause Ploenzke einen hohen Stellenwert einnimmt, werden Mitglieder des Unternehmens über Neuentwicklungen im Bereich des Qualitätsmanagements regelmäßig informiert. Das Thema Qualitätsmanagement und diesbezüglich besonders bedeutsame Projekte, Entwicklungen und Sachverhalte wird durch interne Medien stark gefördert. Es ist Teil einer aufwendigen Informationspolitik. Zum Beispiel wird durch die hausinterne Mitarbeiterzeitschrift „Ploenzke News" die Entwicklung des Qualitätsmanagementhandbuchs sowie die Weiterentwicklung von Isotec für alle Mitarbeiter regelmäßig reflektiert. Mit Hilfe dieses

QS-Bewertung **PLOENZKE AG**

Projekt:	Projekt-Nr.:	Bereitgestellt zur QS am:
Auftraggeber:	Seite:	Entwickler:

Gegenstand der QS-Bewertung/Aktivität:

Testfall	OK	NOK	Testfall	OK	NOK	Testfall	OK	NOK
1			11			21		
2			12			22		
3			13			23		
4			14			24		
5			15			25		
6			16			26		
7			17			27		
8			18			28		
9			19			29		
10			20			30		

Bemerkungen:

Bewertung des Qualitätssichernden:

Ergebnis akzeptiert ( )
wie es ist ( )
kleine Änderungen
(ohne Nach-QS) ( )

Ergebnis nicht akzeptiert ( )

Bemerkungen:

Unterschrift des Qualitätssichernden:	Datum:

GABLER GRAFIK

Abbildung 8-5-12: Qualitätsbewertungsformular

Mediums wird ebenso auf die strikte Anwendung der entwickelten Systeme hingewiesen. Neben der formalisierten Informationspolitik ist im Hause insbesondere auch die informelle Informationspolitik auf Geschäftsstellenebene durch wiederkehrende Treffen, sogenannte „Infobörsen" (fachliche Gesprächsrunden außerhalb der Arbeitszeit) für die Diffusion und Weiterentwicklung qualitätsrelevanter Aspekte wichtig.

Weiterhin wird durch Berichte des Qualitätsbeauftragten an die Unternehmensleitung, durch **Qualitätszirkel** auf Unternehmensebene zum Zweck des Erfahrungs- und Informationsaustausches sowie durch Qualitäts-Workshops auf Niederlassungsebene das Qualitätsmanagement als Thema bewußt gesteuert.

Als wirkungsvolles Instrument innerhalb der Qualitätslenkung soll zukünftig der halbjährlich verliehene **Ploenzke-Qualitätspreis** dienen, der erstmalig im April 1995 vergeben werden soll. Er zeichnet diejenige Idee eines Mitarbeiters oder eines Projektteams aus, die am wirkungsvollsten zum Erreichen der Ploenzke-Qualitätsziele beigetragen hat.

Der dritte Aufgabenbereich im Rahmen des Qualitätsmanagementsystems betrifft die **Qualitätsüberwachung**. Sie hat die Aufgabe, die Wirksamkeit des Qualitätsmanagementsystems zu bestätigen und gegebenenfalls auf Defizite hinzuweisen. Die Qualitätsüberwachung orientiert sich dabei an den im Rahmen der Qualitätsplanung definierten Qualitäts- und Prüfmerkmalen. Die Ergebnisse der Qualitätsüberwachung dienen wiederum der Qualitätslenkung, die bei Abweichungen der Istqualität von der definierten Sollqualität korrigierend eingreifen muß. Die Qualitätsüberwachung wird von der Unternehmensleitung initiiert. Sie umfaßt die Maßnahmen

- gezielte Kundenbefragungen,
- Auswertung von Qualitätsaufzeichnungen,
- interne Audits durch den Qualitätsbeauftragten sowie
- Reviews der Unternehmensleitung,

die im folgenden Abschnitt näher beschrieben werden.

5.35 Erfolgskontrolle im Rahmen des Qualitätsmanagements

Die Kontrolle des Erfolges der Qualität der erbrachten Leistung wird durch die **Messung des Zielerreichungsgrades** vorgenommen. Hier wird, ausgehend von den zu Projektbeginn formulierten Qualitätszielen, eine Soll/Ist-Analyse der Qualität angestellt. Diese Art der Qualitätsmessung ist aber nur bei **quantifizierbaren Qualitätsindikatoren** möglich. Sie kann etwa für die folgenden Qualitätsdimensionen durchgeführt werden:

- Fehleranfälligkeit (Soll/Ist-Fehlerrate, Soll/Ist-Fehlerhäufigkeit),
- Gewährleistungsansprüche (Anzahl der Nachbesserungen, ausgedrückt in Geldeinheiten),
- die Termintreue,
- die Budgeteinhaltung und die
- Wirtschaftlichkeit (Nutzen in Form von Kosteneinsparungen/Produktivitätssteigerung).

Durch Befragungen von Kunden im Rahmen der kontinuierlichen Kundenbetreuung sowie im Zuge von projektbegleitenden Veranstaltungen (zum Beispiel Projektabnahme, Projektabschlußmeeting) und durch die Befragung von Mitarbeitern wird versucht, die Qualitätseinschätzung direkt zu erfragen. Ergänzend werden **qualitative Indikatoren** der erbrachten Dienstleistungsqualität hinzugezogen, welche die Erreichung der in Abschnitt 5.23 formulierten Qualitätsziele überprüfen sollen. Diese können zum einen die Bereitschaft des Kunden sein, gegenüber anderen (Neu-)Kunden Referenzen über die Ploenzke AG auszustellen, die Bereitschaft des Kunden, Kostensteigerungen, insbesondere bei den Personalkosten, mitzutragen oder die Entscheidung des Kunden, Folgeaufträge ebenfalls an die Ploenzke AG zu erteilen.

Im Rahmen des Qualitätsmanagementhandbuchs sind verschiedene Maßnahmen der Qualitätsüberwachung festgeschrieben. Zum einen werden die Ergebnisse von ereignisbezogenen (das heißt im Rahmen eines laufenden Projektes stattfindenden) **Kundenbefragungen** als fester Bestandteil der Projektabschlußphase in Form von Projektabschlußberichten ausgewertet. Zusätzlich werden ereignisunabhängige Berichte dokumentiert und auch die vom Kunden selbst initiierten Qualitätsäußerungen (Anfragen/ Beschwerden) aufgenommen und ausgewertet. Ergänzend werden flächendeckende Befragungen durchgeführt, die versuchen, die Einschätzung des Unternehmens als Ganzes beziehungsweise bestimmter Themengebiete zu ermitteln. Diese Aktivitäten sollen zukünftig um wiederkehrende Gesamtbefragungen der Kunden durch ein unabhängiges Institut ergänzt werden.

Neben den Kundenbefragungen werden **systematisch Qualitätsaufzeichnungen** funktionen-, themen- und projektbezogen ausgewertet. Die Anforderungen an die Qualitätsaufzeichnungen sind im Qualitätsmanagementhandbuch ebenfalls als Prozeß definiert.

Zusätzlich werden von den Qualitätsbeauftragten **interne Qualitätsaudits** durchgeführt. Mit Hilfe dieser Qualitätsaudits soll der Grad der Erfüllung der Qualitätsmanagementsystem-Forderungen sowie der Grad der Wirksamkeit der Maßnahmen festgestellt werden. Durch die Ermittlung von Qualitätsdefiziten und Schwachstellen sowie dem Aufzeigen von Abhilfemaßnahmen kann dann steuernd in den Qualitätsmanagementprozeß eingegriffen werden. Die Qualitätsaudits werden dabei jährlich für alle Niederlassungen und Geschäftsstellen durchgeführt sowie vierteljährlich für einzelne Projekte.

Die Unternehmensleitung erhält alle drei Monate ein Management-Summary, das die Ergebnisse der in den zurückliegenden Monaten durchgeführten internen Qualitätsaudits zusammenfaßt. Durch einen solchen Review durch die Unternehmensleitung wird sichergestellt, daß die Geschäftsführung ihre Führungsaufgabe im Qualitätsmanagementprozeß wahrnehmen kann, über alle relevanten Qualitätsstandards und -maßnahmen informiert ist, die Defizitbereiche einzuschätzen weiß sowie Maßnahmen zur Verbesserung der Qualitätsleistung initiieren kann.

5.4 Umsetzung der Qualitätsstrategie durch Marketing- und Personalmaßnahmen

5.41 Umsetzung der Qualitätsstrategie im Rahmen der Angebotspolitik

Die Qualitätsansprüche der Ploenzke AG sollen bereits bei der **Angebotserstellung** deutlich werden. Ein Angebot ist in der Regel ein komplexes Gesamtwerk im Umfang von 100 bis 2000 Seiten (für A-Projekte) mit verbindlichen Aussagen zu inhaltlichen, methodischen, projektorganisatorischen und vertragsrechtlichen Themen. Die Komplexität der Angebotserstellung wird weiterhin dadurch erhöht, daß daran das Angebotsteam, die interne Qualitätssicherung, das zentrale Projektcontrolling, das Management und der Kunde mitwirken. Um die Verständigung zwischen all diesen Parteien zu verbessern, wurde ein **Ploenzke-Angebotsstandard** entwickelt, der formale, strukturelle, inhaltliche, organisatorische und rechtliche Orientierungsrichtlinien für die Angebotserstellung gibt. Der Standard setzt sich aus dem aktuellen Isotec und den neuen Allgemeinen Geschäftsbedingungen der Ploenzke AG zusammen und ist im Rahmen der ISO-9000-Zertifizierung im Qualitätsmanagementhandbuch dokumentiert.

Der Angebotsstandard gliedert sich dabei nach Bereichen in 14 Kapitel, wie in Abbildung 8-5-13 dargestellt.

Regelungsbereiche	Inhalte in den einzelnen Kapiteln
Form des Angebotes	Grundlagen des Angebotes
Inhalt des Angebotes	Gegenstand des Angebotes Lieferumfang und Leistungsbeschreibung Vorgehensweise
Projektorganisation	Projektorganisation intern Mitwirkungspflicht des Auftraggebers Technische Infrastruktur
Vertragsrecht	Haftung Verzug Gewährleistung Geheimhaltung, Schutzrechte Treuepflicht
Kommerzielle Aspekte	Aufwände, Preise, Termine Kommerzielle Bedingungen

GABLER GRAFIK

Abbildung 8-5-13: Ploenzke-Angebotsstandard

Mit vorformulierten Textbausteinen und Gliederungspunkten soll mit Hilfe des Angebotsstandards insbesondere der enge Bezug zu den Handbüchern „Vorgehenskonzept“, „Projektmanagementkonzept“ und „Qualitätssicherung“ hergestellt werden.

Qualität in der Datenverarbeitungsberatung wird bei Ploenzke unter anderem dadurch realisiert, daß dem Kunden nicht einzelne Bausteine im Rahmen einer kundenspezifischen Produktentwicklung angeboten werden, sondern daß der gesamte Prozeß der Entwicklung, Implementierung und Kontrolle erarbeiteter DV-Systeme von Ploenzke geleistet werden kann. Die Beratungskompetenzen von Ploenzke im Bereich der Unternehmensstrategie sowie der Organisationsentwicklung garantieren, daß die eigentliche Dienstleistung, die DV-Beratung, nicht isoliert von unternehmensbezogenen Entwicklungen erbracht wird. Insbesondere durch das Angebot der Ploenzke Akademie, die auch den Kompetenzaufbau von Mitarbeitern hinsichtlich neu implementierter Systeme übernehmen kann, wird ein auf ganzheitliche Qualität ausgerichtetes Komplettangebot mit Full-Service ermöglicht.

Qualitätsmanagement wird bei der Ploenzke AG nicht erst im Rahmen der Angebotspolitik umgesetzt. Systematisches Qualitätsmanagement ist vielmehr ein eigener Bestandteil der Angebotspalette von Ploenzke. Für jedes Beratungsprojekt beziehungsweise Softwareentwicklungsprojekt werden die geplanten Qualitätssicherungsverfahren, die verantwortlichen und ausführenden Personen sowie die organisatorische Verankerung der Qualitätssicherungsfunktion innerhalb eines Projektteams im Angebot schriftlich fixiert.

Jedes Projekt erhält demnach, wie eine eigenständige Unternehmung, ein eigenes und individuell auf die spezifischen Projektelemente ausgelegtes Qualitätssicherungssystem.

Auch die **Zertifizierung nach DIN ISO 9000** ist ein Instrument der Angebotspolitik, das für den Kunden nach außen sichtbar die Qualität der Dienstleistung von Ploenzke dokumentiert. Die Zertifizierung wird zum einen von insbesondere öffentlichen Nachfragern als Voraussetzung zur Angebotsvergabe verlangt, zum anderen gibt sie dem Kunden eine Art „objektives“ Qualitätsversprechen. Die Zertifizierung kann also auch als Mittel der Kommunikation von Qualitätsansprüchen gesehen werden.

5.42 Umsetzung der Qualitätsstrategie im Rahmen der Kommunikationspolitik

Die Qualität der Beratungsleistung ist eine Kernbotschaft der Ploenzke AG, die sich in allen unternehmensinternen und unternehmensexternen Medien und Kommunikationsmitteln wiederfinden läßt. Hinweise auf Methodenstandards, Qualitätssicherungsrichtlinien sowie auf qualitätssichernde Praktiken des Projektmanagements werden sowohl in Anzeigen, in Prospekten, bei Veranstaltungen oder auch im anonymen Umfeld sowie in der konkreten kundenbezogenen Akquisitionsarbeit gegeben. Dadurch wird im Sinne einer ganzheitlichen Kommunikation auf allen Ebenen und in alle Richtungen der Kommunikation die Qualitätsstrategie beschrieben, „erfaßbar“ gemacht und damit nachgewiesen. Mit sämtlichen vertriebsunterstützenden Maßnahmen, wie etwa die klassische Pressearbeit, die Durchführung offener und geschlossener Kundenveranstaltungen zu Fachthemen, die Verfassung von Basisvorträgen oder die Veranstaltung von Management-Symposien wird eine auf Qualität ausgerichtete Image-Positionierung der Ploenzke AG angestrebt. Die besondere Fokussierung der Ploenzke AG auf die Qualität ihrer Leistungen wird aber auch in speziell dafür entwickelten Medien beschrieben, wie zum Beispiel in einer Broschüre zu Isotec, oder der Unternehmensbroschüre zum Qualitätsmanagementhandbuch ISO-9000-Zertifizierung. Beide Broschüren sind nicht nur der internen Zielgruppe, sondern auch der externen Zielgruppe zugänglich.

5.43 Umsetzung der Qualitätsstrategie im Rahmen der Personalpolitik

Die Qualität der Dienstleistung von Ploenzke ist fast ausschließlich das Ergebnis der Summe individueller Qualitäten einzelner Mitarbeiter eines Projektteams. Im Vergleich zu anderen Anbietern von Dienstleistungen, wie etwa Autovermietungen, gibt es nur wenige objektiv meßbare Qualitätsdimensionen. Die Dienstleistungsqualität ist vielmehr an individuelle Teilqualitäten gebunden. Für die Ploenzke AG heißt das, daß die Mitarbeiter der wesentliche Bestimmungsfaktor der Qualität sind. Daher liegt für Ploenzke in der qualitätsorientierten Personalpolitik ein Schwerpunkt des Qualitätsmanagementsystems.

Die Qualitätsstrategie wird dabei in zwei Bereichen verfolgt. Zum einen erfolgt die **Personalauswahl** nach fest definierten Qualitätsansprüchen, zum anderen wird die Qualitätsstrategie in der **Personalentwicklung** und der **Personalförderung** konsequent verfolgt.

Die **qualitätsorientierte Personalbeschaffung** wird durch die Einstellung erfahrener Praktiker mit fundierter kaufmännischer und technischer Ausbildung sichergestellt sowie die überwiegende Beschäftigung von Hochschulabsolventen mit Berufserfahrung. Die neuen Mitarbeiter durchlaufen fast durchgängig ein mindestens sechsmonatiges Traineeprogramm. Dieses Traineeprogramm ist nicht als rein unternehmensinternes Traineeprogramm anzusehen, sondern es wird auch dem Markt angeboten. Gleichzeitig mit ca. 15 Trainees aus Kundenunternehmen der Finanzbranche werden ca. drei bis vier Ploenzke-Mitarbeiter ausgebildet. Über 80 Prozent der Ploenzke-Mitarbeiter haben ein abgeschlossenes Studium im Bereich der Informatik, Wirtschaftsinformatik, Mathematik, Wirtschaftswissenschaften o.ä. absolviert. Die weit überwiegende Zahl der Ploenzke-Mitarbeiter kann auf eine langjährige Berufspraxis mit unterschiedlichen technischen, methodischen und fachlichen Schwerpunkten zurückblicken. Die Basis für ein erfolgreiches Qualitätsmanagement ist daher durch die Einstellung von Mitarbeitern mit einer guten Ausbildung, kombiniert mit gewonnener Praxiserfahrung, bereits gelegt.

Neben der professionellen Qualifikation jedes einzelnen Mitarbeiters ist aber auch die Interdisziplinarität der Projektteams ausschlaggebend für die Qualität der zu erbringenden Leistungen. Diese Interdisziplinarität, die sich insbesondere zwischen Informatikfachleuten und kaufmännischen Fachleuten ergibt, wird bereits bei der Personalbeschaffung berücksichtigt, indem nicht nur Informatiker, sondern auch andere Studienrichtungen berücksichtigt werden. Abbildung 8-5-14 gibt einen Überblick über die Personalstruktur im Hause Ploenzke.

Die **Personalentwicklung und -förderung** wird durch kontinuierliche Aus- und Weiterbildungsmaßnahmen sichergestellt und erfolgt auf der Basis eines jährlichen Beratungs- und Förderungsgespräches, das die verantwortliche Führungskraft anbietet und im Er-

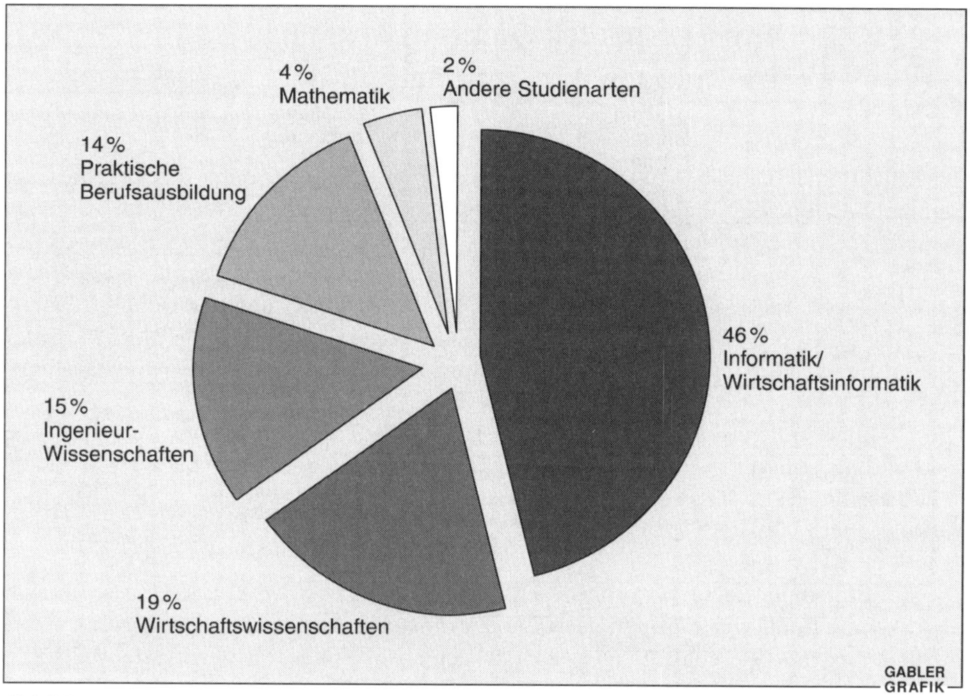

Abbildung 8-5-14: Ausbildungsprofil der Mitarbeiter der Ploenzke AG

gebnis dokumentiert. Für die Ploenzke AG ist es dabei wichtig, daß jeder Mitarbeiter seine Aus- und Weiterbildung auf mehrere Segmente erstreckt, um branchen- und technologiebezogen professionell arbeiten zu können. Interdisziplinarität hat auch bei der Ausbildung einen hohen Stellenwert. Die Wahrnehmung allgemeiner und besonderer qualitätsrelevanter Aufgaben durch Ploenzke-Mitarbeiter wird durch ein abgestuftes Schulungsprogramm unterstützt. Ploenzke selbst spricht dabei von **„Qualifizierungsprogrammen"**, die für das Sekretariat und die Verwaltung ebenso maßgeschneidert sind, wie für Informatik-Fachleute und Führungskräfte.

Für den Einstieg in das Projektmanagement ist ein bestimmter Bildungsweg „Methoden" vorgesehen, der aus einzelnen Trainingseinheiten besteht und den jeder Mitarbeiter im Bereich Projektmanagement zu durchlaufen hat. Den Ausbildungsweg verdeutlicht Abbildung 8-5-15.

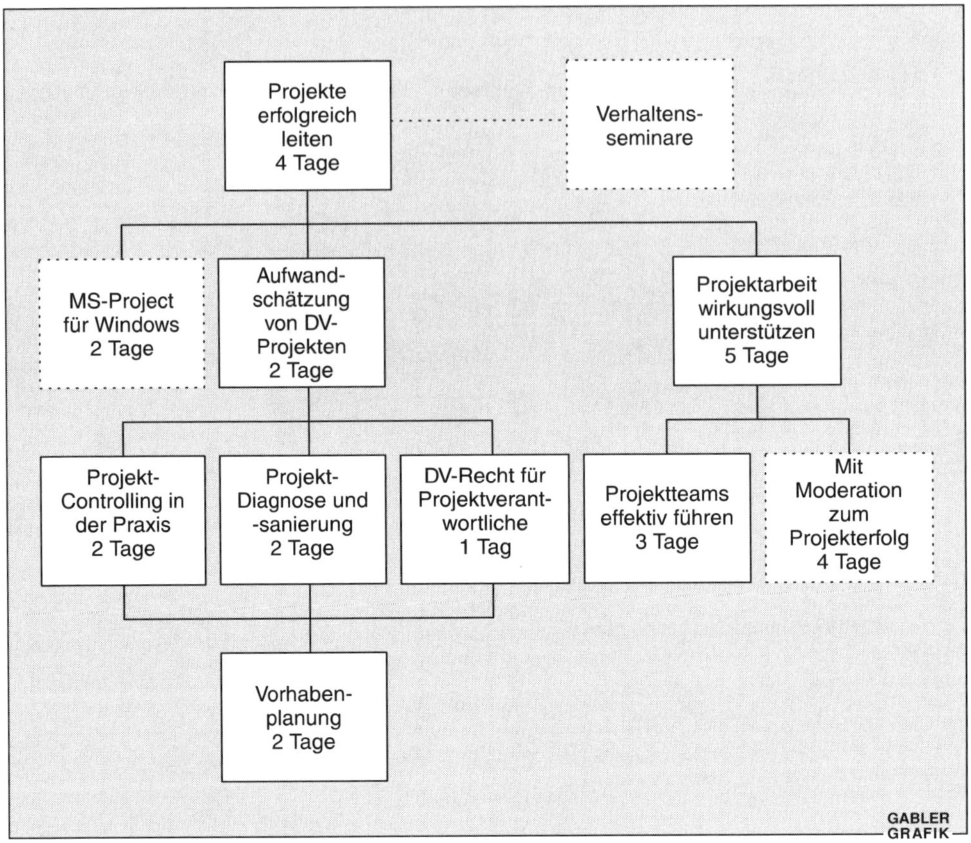

Abbildung 8-5-15: Überblick über den Ausbildungsweg beim Einstieg in das Projektmanagement der Ploenzke AG

Auch für den Bildungsweg des Beraters hat Ploenzke ein eigenes Ausbildungsprogramm entwickelt, das den Mitarbeiter an ein professionelles Kundenkontaktmanagement im Sinne der Kundenorientierung als Qualitätsmerkmal ebenso heranführen soll wie an erfolgreiche Teamarbeit. Beides sind für Ploenzke relevante interne und externe Qualitätsaspekte. Abbildung 8-5-16 spiegelt den Ausbildungsweg zum Berater wider.

Sämtliche Mitarbeiter sind somit in allgemeinen Aspekten des Qualitätsmanagements sowie in den speziellen Bestimmungen des Ploenzke-Qualitätsmanagementsystems geschult. Mit Einführung des Ploenzke-Qualitätsmanagementsystems werden die Mitarbeiter der Ploenzke AG von den Qualitätsbeauftragten über gezieltes Coaching unterstützt.

Für ein Unternehmen, dessen Qualität das Produkt aus der Qualität aller einzelnen Mitarbeiter darstellt, ist die kontinuierliche und langfristige Beschäftigung der Mitarbei-

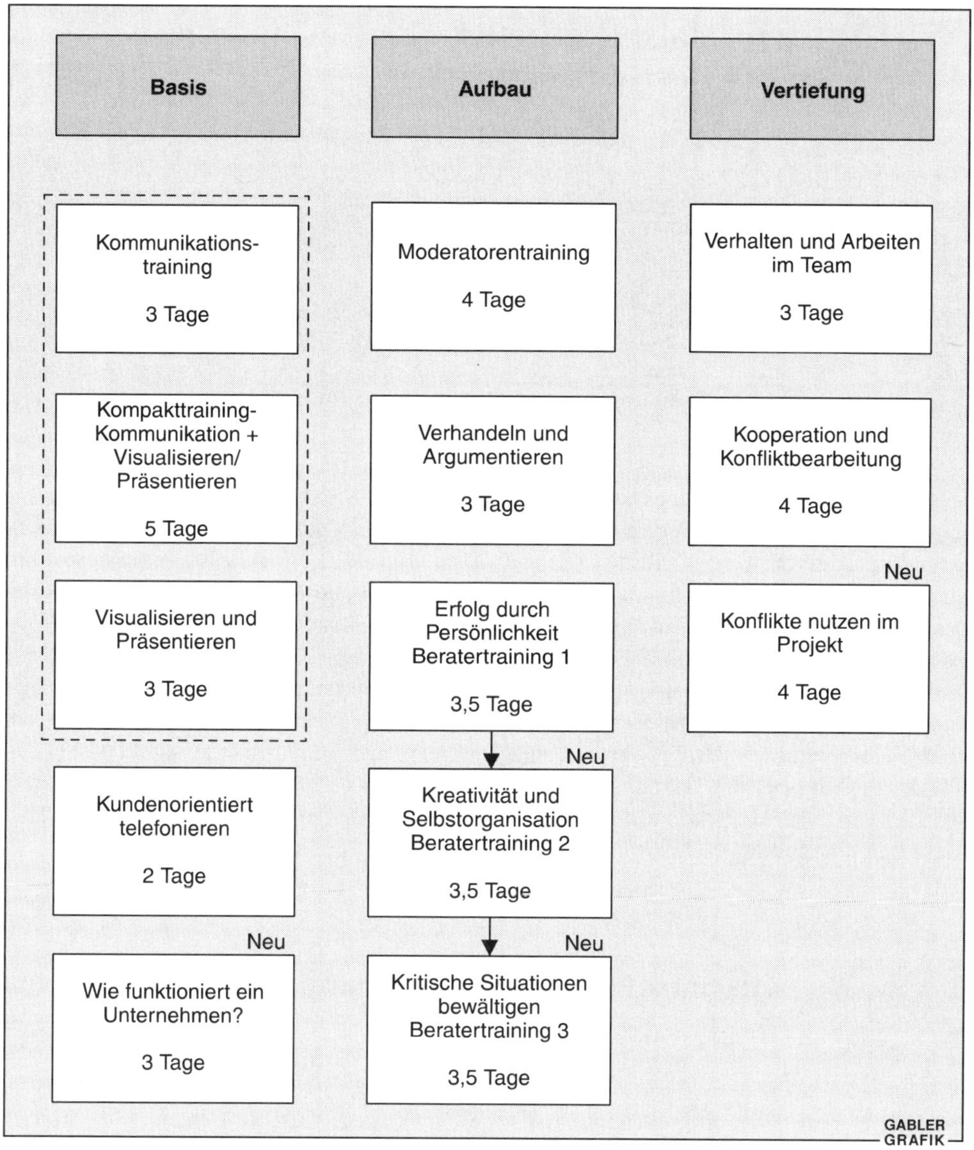

Abbildung 8-5-16: Der Bildungsweg „Berater“ im Hause Ploenzke

ter eine entscheidende Voraussetzung für den kontinuierlichen Erfolg. Durch transparente Perspektivenkonzepte innerhalb einer Projektgruppe wird in Form eines „Investitionsschutzes“ in die Ausbildung und Weiterqualifikation der Mitarbeiter ein Anreiz für die Dauerbeschäftigung gegeben.

5.44 Qualitätsorientierte Preis-, Konditionen- und Distributionspolitik

Das preispolitische Instrumentarium der Ploenzke AG ergibt sich aus dem direkten Kundenkontakt. Lediglich im Bereich der Standardprogrammierung, der bei Ploenzke keine Hauptrolle spielt, kann man von sogenannten „Marktpreisen" sprechen, die transparent sind. Die Dienstleistungen der Ploenzke AG sind in der Regel mit einer höheren Wertschöpfung durch individualisierte, konzeptionelle Leistungen verbunden, für die es keine transparenten Marktpreise gibt. Hier können Projektangebote auf Festpreisbasis oder nach Tagessätzen, das heißt mit Zahlung entsprechend dem entstandenen Aufwand, unterschieden werden. Festpreisprojekte stellen dabei für beide Seiten ein größeres Risiko dar.

Qualitätssicherung verursacht Kosten, die dem Kunden durch die Ploenzke AG transparent gemacht werden, indem entsprechende Preise für den Zusatzaufwand der Qualitätssicherung erhoben werden. Dieser Zusatzaufwand wird aus der Beschreibung geplanter qualitätssichernder Maßnahmen und Abläufe sowie aufbauorganisatorischer Vorkehrungen und dem hierfür in Ansatz gebrachten Aufwand heraus deutlich gemacht.

Von einer klassischen Distribution im engeren Sinne kann man bei Individualberatungsleistungen, wie sie die Firma Ploenzke erbringt, nicht sprechen, zumal Ploenzke eine große Zahl Stammkunden aufweisen kann. Die Verantwortung für aktuelle und potentielle Kunden liegt bei der Geschäftsstelle vor Ort. Durch eine dezentrale Unternehmensstruktur versucht das Unternehmen, eine möglichst große Kundennähe aufzubauen. Die Mehrzahl der Kunden wird durch Veranstaltungen oder durch Referenzen akquiriert.

5.5 Organisatorische Verankerung des Qualitätsmanagements

Betrachtet man die aufbauorganisatorische Struktur des Qualitätsmanagements bei Ploenzke, so ist dieses auf drei Ebenen im Unternehmen verteilt. Der Aufbau des Qualitätsmanagements ist in Abbildung 8-5-17 wiedergegeben.

Die Abteilung **„Zentrales Projekt-Controlling/Zentrale Qualitätssicherung"** ist eine Abteilung der Unternehmenszentrale (Holding), die unmittelbar unter dem Vorstand angesiedelt ist. Diese aufbauorganisatorische Entscheidung dokumentiert nachhaltig, daß die Aufgabe der Qualitätssicherung im Rahmen der unternehmerischen Qualitätsstrategie als Führungsaufgabe angesehen wird. Die Abteilung „Zentrales Projekt-Control-

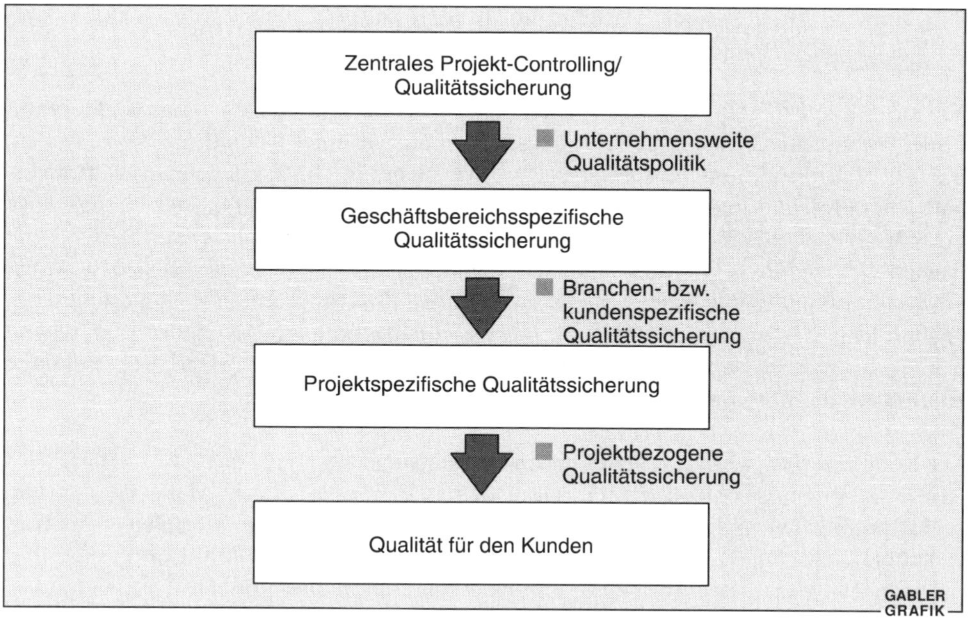

Abbildung 8-5-17: Aufbauorganisatorische Verankerung des Qualitätsmanagements bei der Ploenzke AG

ling/Zentrale Qualitätssicherung" ist zuständig für die unternehmensweite beziehungsweise gruppenweite Qualitätspolitik und Qualitätsplanung. Sie entwickelt Qualitätsnormen, Qualitätsstandards wie etwa die Angebots- und Vertragsstandards, Methoden und Tools für ein qualitätsorientiertes Projektmanagement und ist verantwortlich für die Projektdatenbanken und die Skill-Börse. Dabei hat dic Abteilung ein Eigeninitiativrecht ohne Weisungsbefugnis seitens der Geschäftsführung der Einzelgesellschaften. Für ausgewählte Projekte, sogenannte A-Projekte, die aufgrund ihrer Bedeutung für den Kunden, der Anwendung neuer Technologien oder besonderer Zuverlässigkeits- oder Sicherheitsanforderungen strategisch besonders wichtig sind, kann die Zentralabteilung auch operative Aufgaben der Qualitätslenkung und -steuerung übernehmen. Durch ein institutionalisiertes Berichtswesen gegenüber dem Vorstand der Holding beziehungsweise der Geschäftsführung der Einzelgesellschaften wird Transparenz und gegenseitige Information und auch eine Kontrolle der Arbeit der Zentralabteilung sichergestellt.

Die **„Geschäftsbereichsspezifische Qualitätssicherung"** ist eine Querschnittsfunktion im Unternehmen. Sie ist zuständig für die besonderen Qualitätssicherungsaspekte der einzelnen Geschäftsbereiche. Unter einem Geschäftsbereich wird dabei die Zusammenfassung der zu einer Branche oder Kundengruppe gehörigen Geschäftsstellen, wie etwa Banken/Versicherungen, Öffentliche Verwaltung oder Industrie/Handel usw. verstanden. Das Betätigungsfeld für „Geschäftsbereichsspezifische Qualitätssicherung" erstreckt sich von Qualitätssicherungsaktivitäten für spezifische Themenstellungen über Technologien und Auftrags-/Projekttypen bis hin zur branchen- beziehungsweise kundenspezifischen Projektplanung oder der Ergebnisprüfung.

Die **projektspezifische Qualitätssicherung** ist als separat ausgewiesene Aufgabe im Projektaktivitäten- beziehungsweise Projektstrukturplan eines jeden Projektes zu finden. Sie erfüllt die Funktion der operativen Qualitätssicherung im täglichen Geschäft innerhalb eines Projektes und ist im Projektteam bei einer bestimmten Person beziehungsweise Personengruppe verankert. In der Regel wird die projektspezifische Qualitätssicherung bewußt nicht der Projektleitung unterstellt, sondern ist parallel hierzu angesiedelt, wobei ein direkter Berichtsweg an die projektbegleitenden Kontrollgremien sichergestellt wird. Die projektspezifische Qualitätssicherung ist für die projektbegleitende Analyse von Entwicklungsprozessen und -ergebnissen zuständig und kann direkten, konstruktiven Einfluß auf die Entwicklungsschritte nehmen.

Die **Koordination** der drei beschriebenen Qualitätsmanagementebenen erfolgt durch das „Zentrale Projekt-Controlling/Zentrale Qualitätssicherung" nach Maßgabe der Geschäftsleitung. Die endgültigen Strukturen und Zuständigkeiten der zentralen und dezentralen Qualitätssicherungsbereiche werden im Rahmen der ISO-9000-Einführung definiert. Auf gegenseitige Information und Kommunikation über alle drei Ebenen hinweg wird besonderen Wert gelegt und durch institutionalisierte Berichtswege und Informationsaustauschkanäle wird dies auch sichergestellt.

Betrachtet man die Ablauforganisation des Qualitätsmanagements der Ploenzke AG so erstreckt sie sich mit dem Einsatz sogenannter „Qualitätsbeauftragter" über die folgenden Unternehmensebenen:

- Unternehmensleitung,
- Niederlassung,
- Projekt,
- Projektmitarbeiter.

Die Gesamtverantwortung für die Qualität im Unternehmen liegt – nicht delegierbar – bei der Unternehmensleitung. Sie hat, nach einem internen Meinungsbildungs- und Abstimmungsprozeß innerhalb des Managements, gemeinsam mit der Geschäftsführung der Tochtergesellschaften die Qualitätspolitik der Ploenzke AG verabschiedet.

Qualitätsverantwortung des Projektleiters

Die Verantwortung für Qualität trägt der zuständige Projektleiter sowie jeder Mitarbeiter von Ploenzke für seinen Aufgabenbereich. Zusätzlich ist jeder Mitarbeiter dafür verantwortlich, bewußte Qualitätsmängel zu melden beziehungsweise selbst für deren Abhilfe zu sorgen. Durch die Qualitätsverantwortung ist jeder einzelne Projektmitarbeiter dazu verpflichtet,

- auf nicht erfüllte Voraussetzungen für das Erfüllen von Qualitätszielen hinzuweisen (zum Beispiel gefährden zu kurze Bearbeitungszeiten die Termintreue),
- nicht erfüllte Zusagen über qualitätsrelevante Zusagen einzuklagen (zum Beispiel Sachmittelbeschaffung) sowie
- Verbesserungsvorschläge zur Behebung von Qualitätsdefiziten einzureichen.

Diese Verantwortlichkeiten werden im Rahmen der Prozeßbeschreibungen für die Ploenzke AG (Bestandteil des Qualitätsmanagementhandbuchs) exakt definiert.

Qualitätsverantwortung des Qualitätsbeauftragten im Projekt

Der Projektbeauftragte für Qualität ist in der Regel ein Ploenzke-Mitarbeiter, der nicht selbst im Projektteam mitarbeitet, in Qualitätsfragen erfahren ist und dessen Auftrag auf die Laufzeit des Projektes befristet ist.

Je nach Bedeutung des Projektes gestaltet sich die Bestimmung des Qualitätsbeauftragten im Projekt unterschiedlich. Bei sogenannten A-Projekten ist der Qualitätsbeauftragte der Niederlassung selbst der Qualitätsbeauftragte im Projekt. Als A-Projekte werden dabei solche Projekte bezeichnet, die durch das Umsatzvolumen sowie ergänzende strategische Parameter als besonders bedeutend für das Unternehmen eingeschätzt werden. Handelt es sich um B-Projekte, dann ist der kundenverantwortliche Manager oder der Qualitätssicherer des Projektes der Qualitätsbeauftragte im Projekt.

Der Projekt-Qualitätsbeauftragte hat im Rahmen der Qualitätssicherung folgende Aufgaben zu erfüllen:

- Definition, Entwicklung und Pflege allgemeiner und projektspezifischer Qualitätsstandards,
- Überwachung der Einhaltung dieser Standards in der Projektarbeit,
- Empfehlung bestimmter Korrekturmaßnahmen bei Erkennung von Qualitätsdefiziten.

Qualitätsverantwortung des Qualitätsbeauftragten der Niederlassung

Jede Niederlassung bestimmt einen Mitarbeiter, der neben seinem angestammten Aufgabenbereich Qualitätssicherungs- und Qualitätsüberwachungsaufgaben übernimmt. Um Qualitätsbeauftragter einer Niederlassung zu werden, sind fundierte Kenntnisse in Projektmanagement und Methodik, langjährige Projekterfahrung als (Teil-)Projektleiter, Ausbildung auf dem Qualitätsmanagementsektor und diesbezügliche Erfahrungen aus Projekteinsätzen gefordert.

Der Qualitätsbeauftragte einer Niederlassung hat folgenden Aufgabenbereich wahrzunehmen:

- Steuerung und Überwachung des Qualitätsmanagementsystems innerhalb der eigenen Niederlassung, Identifikation von Schwachstellen, Mängeln und Fehlentwicklungen sowie Veranlassung von Korrekturmaßnahmen.
- Qualitätsbezogene Begleitung von A-Projekten einer Niederlassung über alle Phasen des Lebenszyklus hinweg.
- Befugnis und Verpflichtung zur Meldung nicht eigenständig behebbarer Fehlentwicklungen an den Qualitätsbeauftragten der Unternehmensleitung beziehungsweise an die Unternehmensleitung selbst.
- Allgemeine Unterstützung des Qualitätsbeauftragten der Unternehmensleitung in seinen Aufgaben.

Der Qualitätsbeauftragte der Niederlassung kann bei extremen Qualitätsproblemen der Unternehmensleitung empfehlen, ein Projekt zu stoppen.

Qualitätsverantwortung des Qualitätsbeauftragten der Unternehmensleitung

Der Qualitätsbeauftragte hat zur Aufgabe,

- eine auf allen Unternehmensebenen anerkannte und verwirklichte Qualitätspolitik sicherzustellen,
- die Befolgung des Qualitätsmanagementhandbuches und der diesem zugrundeliegenden Normen zu gewährleisten,
- über Ausnahmesituationen, Qualitätsmängel und allgemeine Fehlentwicklungen an die Unternehmensleitung zu berichten,
- A-Projekte mittelbar über alle Phasen des Lebenszyklus hinweg zu betreuen.

Die Steuerung und Überwachung des Qualitätsmanagementsystems durch den Qualitätsbeauftragten der Unternehmensleitung erfolgt im Namen und im direkten Auftrag der Unternehmensleitung, zu der der Qualitätsbeauftragte jederzeit Zugang hat, sofern er es für erforderlich hält. Der Qualitätsbeauftragte der Unternehmensleitung erfüllt seine Steuerungs- und Überwachungsfunktion durch laufende Verfolgung qualitätsrelevanter Prozesse. Auch durch regelmäßig durchgeführte interne Audits, deren Ergebnisse in eigenverantwortete oder bei der Unternehmensleitung beantragte Korrekturmaßnahmen umgesetzt werden, nimmt er seine Kontroll- und Steuerungsfunktion wahr.

Gesamtverantwortung für Qualität in der Unternehmensleitung

Die Gesamtverantwortung für das Qualitätsmanagementsystem, für politisch-strategische sowie operative Entscheidungen zu seiner Umsetzung liegt bei der Unternehmensleitung der Ploenzke AG. Zu den zentralen Verantwortungsbereichen zählt die Aufstellung und Fortschreibung der Qualitätspolitik mit ihren zentralen Zielen und Strategien. Diese nicht delegierbare Aufgabe wird fortlaufend wahrgenommen.

Auch die Schaffung organisatorischer Voraussetzungen für die Umsetzung des Qualitätsmanagementsystems ist Aufgabe der Unternehmensleitung. Sie überzeugt sich in regelmäßigen Abständen selbst davon, daß die aufbau- und ablauforganisatorischen Voraussetzungen (inklusive der Ausstattung mit Personal und Sachmitteln) für ein funktionsfähiges Qualitätsmanagementsystem gegeben sind. In ebenso regelmäßigen Abständen überzeugt sich die Unternehmensleitung vom Funktionieren des Systems und von der Einhaltung der im Qualitätsmanagementhandbuch festgehaltenen Normen. Die hier beschriebenen Funktionen der Unternehmensleitung demonstrieren deutlich, daß die Unternehmensleitung im Hause Ploenzke nicht nur formal das Qualitätsmanagement mitträgt, sondern auch inhaltlich-konzeptioneller Träger des Qualitätswesens ist.

Die Verantwortung für die Qualität ist im Hause Ploenzke auf viele Schultern verteilt. Primär liegt jedoch die Verantwortung für die Sicherstellung der Dienstleistungsqualität bei dem einzelnen Mitarbeiter. Darüber hinausgehende Qualitätsverantwortlichkeiten sollen das Funktionieren dieser Selbstverantwortung der Mitarbeiter garantieren.

5.6 Erfolgsfaktoren des Qualitätsmanagements und des Dienstleistungsmarktes

Jedes Qualitätsmanagementsystem muß im Unternehmen entwickelt und vorgegeben werden. Der Erfolg des Systems ist jedoch, unabhängig von der Leistungsfähigkeit des Systems selbst, vor allem von der Bereitschaft der Mitarbeiter abhängig, dieses System anzunehmen und umzusetzen. Alle am Qualitätserstellungs- und -sicherstellungsprozeß beteiligten Personen (Führungskräfte, Projektmitarbeiter und Stabsstellen) müssen aus Überzeugung die Vorschriften des Qualitätsmanagementsystems einhalten. Daher ist die Einführung eines Qualitätssicherungssystems mindestens genauso erfolgsentscheidend wie dessen professionelle Erarbeitung. Qualitätsmanagement kann nicht ad-hoc implementiert werden, sondern die Einführung muß einem langfristig angelegten Entwicklungs- und Erziehungsprozeß entsprechen. Kontinuierlich erfolgreiche Qualitätssicherung wird daher auch insbesondere von der Kontinuität des Mitarbeiterstamms beeinflußt.

Obwohl im Hause Ploenzke die Ausgangsbasis für ein erfolgreiches Qualitätsmanagementsystem durch vorhandene allgemein-administrative, projektorganisatorische und methodische Standards und Qualitätsrichtlinien gegeben ist, steht und fällt die zu erbringende Dienstleistungsqualität vor allem mit der Kompetenz und dem Qualitätsbewußtsein der verantwortlichen Projektleiter. Insofern mißt das Unternehmen seiner Projektleiterschulung und der künftigen Ausarbeitung eines speziellen „Projektleiter-Führerscheins“ eine große Bedeutung bei.

Hinderlich für die Einführung eines wirklich standardisierten Qualitätsmanagementsystems in einem informatikorientierten Beratungsunternehmen wie der Ploenzke AG ist die große Varianz von Entwicklungs- und Beratungsprojekten, vor allem vor dem Hintergrund eines gewandelten Selbstverständnisses der Informatik. Jede Anwendungsentwicklung hat fast immer über den einzelnen Arbeitsplatz hinausreichende Auswirkungen. Als Organisationsinstrument hat sie Leitbildcharakter, was die Strukturen der Gesamtorganisation in Frage stellt und die Gestaltung neuer sozialer Prozesse bedingt. Unterschiedlichste Aufgabenstellungen und Kundenwünsche machen eine standardi-sierte Qualitätsleistung bei der Projektabwicklung nahezu unmöglich. Bei jedem Projekt sind die Qualitätsverantwortlichen vor neue Herausforderungen gestellt, die ihre individuelle Qualitätsmanagementkompetenz verlangen. Das „Einschwören" der Mitarbeiter auf einen standardisierten Qualitätsweg muß sich bei der Unterschiedlichkeit der Fragestellung auf eine gleichartige Vorgehensweise, Methodik und damit auch Checkpunkte für die Beurteilung der Qualitätssicherung beziehen. Es handelt sich insofern um ein ingenieurwissenschaftliches Transferwissen, vergleichbar etwa der Situation des Projektbüros im Anlagenbau. Der Zukunft bleibt vorbehalten, aus den notgedrungen noch theoretischen Qualitätsmanagement-Checklisten praxistaugliche Standardisierungen und Elemente einer Qualitätstrategie zu entwickeln, die von den Projektleitern an verschiedenen Punkten im Beratungsprozeß eingesetzt und wiederkehrend kontrolliert werden können.

Das Qualitätsmanagement der Ploenzke AG wird sich dank der fachlichen Kompetenz und methodischer sowie zielgerichteter Arbeitsweise des einzelnen Mitarbeiters, darauf konzentrieren, Leistungen einzelner oder von Gruppen zu koordinieren, Vorgehensweisen abzustimmen und so langfristig in ein Total Quality Management-Gesamtkonzept zu überführen.

6.

Fallstudie
UNITED PARCEL SERVICE DEUTSCHLAND Inc.

Dokumentation: Prof. Dr. Manfred Bruhn/Dipl.-Kffr. Bettina Bunge
Die Verfasser danken Herrn Ralf Schreckling (Direktor Qualitätsmanagement-Systeme, Zentral Europa Region, United Parcel Service Deutschland Inc.), Herrn Achim Briesenick (Direktor Service-Involvement, Zentral Europa Region, des Unternehmens) und den anderen beteiligten UPS Mitarbeiterinnen und Mitarbeitern für die Bereitstellung der Unterlagen sowie die Diskussionen zur Fertigstellung der Fallstudie.

6.1 Besonderheiten des Dienstleistungsmarketing und Daten zum Unternehmen

6.11 Daten zum Unternehmen United Parcel Service und seiner Entwicklung

Das Dienstleistungsunternehmen **United Parcel Service (UPS)** wurde 1907 von Jim Casey als einfacher Botendienst in Seattle, Washington (USA) unter dem Namen „American Messenger Company" gegründet, erhielt 1919 seinen heutigen Firmennamen und belieferte bereits 1927 alle Großstädte an der Westküste der USA. Die dynamische Entwicklung des Unternehmens wird auch dadurch deutlich, daß bereits 1928 zum ersten Mal eigene Frachtflugzeuge für einen kombinierten Boden-Luft-Transport von Paketen und Dokumentensendungen eingesetzt wurden, und schon 1975 von UPS jede Adresse in sämtlichen Bundesstaaten der USA flächendeckend erreicht werden konnte. Seit 1980 setzt das Unternehmen UPS zur internationalen Zustellung permanent eigene Frachtflugzeuge ein, und 1988 wurde dann schließlich eine UPS-eigene Fluggesellschaft gegründet, die das Unternehmen von nun an unabhängig gegenüber Dritten machte.

UPS gilt mittlerweile als weltweit größter, das heißt in über 200 Ländern und Gebieten mit ca. 2400 Niederlassungen vertretener, privater Paket- und Expreßdienst. 1993 wurden weltweit 2,94 Milliarden Pakete und Dokumente transportiert. 303000 Mitarbeiter arbeiten insgesamt bei United Parcel Service, die Transporte erfolgen dabei in ca. 120000 Fahrzeugen und 219 firmeneigenen Flugzeugen. Darüber hinaus sind täglich über 300 gecharterte Flugzeuge für UPS im Einsatz.

United Parcel Service Deutschland Inc., die erste, außerhalb Amerikas angesiedelte Paketdienstoperation von UPS, nahm 1976 ihren Service auf und hat in Deutschland als Aktiengesellschaft amerikanischen Rechts inzwischen neben der Hauptverwaltung in Neuss und der Regionalverwaltung in Oberursel über 100 Niederlassungen und ca. 14000 Beschäftigte. Das Sendungsvolumen von UPS Deutschland beträgt über 100 Millionen Pakete jährlich; somit steht das Dienstleistungsunternehmen im Markt für private Zustelldienste in Deutschland an zweiter Stelle.

6.12 Analyse des Marktes für Zustelldienste

Die Problematik der Abgrenzung des relevanten Marktes erweist sich für den **Markt der Zustelldienste** aufgrund der zahlreichen Wettbewerbsebenen und Substitutionsbeziehungen als besonders notwendig und zugleich extrem schwierig. Die Marktabgrenzung wird vorwiegend anhand bestimmter sachlicher, güter- beziehungsweise dienstleistungsbezogener Kriterien vorgenommen, wobei ein Markt durch die von den Nachfragern als gleichwertig im Sinne von gleichermaßen zur Befriedigung eines Bedürfnisses geeigneten Güter definiert wird. Besonders problematisch ist die Einordnung der Deutschen Bundespost Postdienst in den Markt der Zustelldienste, da in bezug auf das Dienstleistungsangebot des Unternehmens Gewichtsbeschränkungen für die Pakete privater und gewerblicher Versender bestehen, die nicht den maximal erlaubten Gewichten bei anderen Zustelldiensten entsprechen.

Auf dem Markt der Zustelldienste wird eine Vielzahl von Dienstleistungen angeboten, die zueinander in unterschiedlicher Substitutionsbeziehung stehen. Angrenzende Märkte, mit denen der Zustelldienstmarkt Überschneidungen aufweist und als deren Teilmarkt er jeweils aufgefaßt werden kann, sind der **Güterverkehrsmarkt** und der **Kommunikations-** oder **Nachrichtenverkehrsmarkt**.

Der Markt der Zustelldienste setzt sich wieder aus mehreren Teilmärkten zusammen, für die eine grobe, nicht überschneidungsfreie Unterteilung in den Markt für die Beförderung von Kleingutsendungen beziehungsweise **paketfähigen Sendungen** und den Markt für die **Übermittlung schriftlicher Mitteilungen** beziehungsweise Briefe vorgenommen werden kann.

Vor allem der sich in den siebziger Jahren vollziehende Wandel der Transportbedürfnisse hat eine rasche Verbreitung von **Kurier-, Expreß- und Paketdienstunternehmen (KEP)** hervorgerufen. Obgleich eine klare, überschneidungsfreie Abgrenzung zwischen Kurier-, Expreß- und Paketdiensten aufgrund der dynamischen Marktentwicklung kaum noch möglich ist, werden im folgenden die Gemeinsamkeiten und Besonderheiten dieser Zustelldienste herausgearbeitet (Gottwald 1992, S. 99ff.).

Kurierdienste sind in ihrem Dienstleistungsangebot sehr heterogen und reichen von städtischen oder regionalen Kleinunternehmen mit Zweirad oder Pkw bis zu internationalen Luftkurierdiensten mit eigener Flugzeugflotte und weltweitem Einsatzgebiet. Der klassische Kurierdienst mit der Sendung als Passagiergepäck im Flugzeug und dem mitreisenden Kurier hat sich mittlerweile zum Zustelldienst sämtlicher begleitenden Schnell- und Direktsendungen, ungeachtet des Beförderungsmittels, weiterentwickelt. Die traditionellen Kurierdienstunternehmen befördern hauptsächlich Dokumente, Originalschriftstücke oder Kopien mit einem Durchschnittsgewicht von 2 kg. Zunehmend befördern Kurierdienste aber auch Waren und Kleingüter, geraten damit dann in höhere Gewichtsklassen, Zollpflicht und den Expreßgutbereich; allerdings bleibt das signifikante Charakteristikum des unverzüglichen Transports spontan in Auftrag gegebener eiliger Sendungen weiterhin bestehen.

Expreß- und Paketdienste weisen untereinander geringere Unterscheidungsmerkmale auf als gegenüber den beschriebenen Kurierdiensten. Sie können als differenzierte und qualitativ verbesserte Entwicklung des **Spediteursammelladungsverkehrs** bezeichnet werden. Die Kleingutsendungen für gewerbliche Kunden und Privatkunden erfolgen meist ohne persönliche Begleitung, allerdings schneller als auf dem herkömmlichen Beförderungsweg mit mehreren Versandstufen. Gemeinsamkeiten bezüglich der Gewichtsangaben und Beförderungsmittel bestehen besonders bei reinen Expreß- und Paketdiensten. Zu unterscheiden sind aber Expreßfrachtdienste, die erheblich größere Sendungen häufig ohne Gewichtsbeschränkungen mit Lkw oder per Luftfracht transportieren.

Paketdienste bieten demgegenüber meist ein weitgehend standardisiertes Produkt an und führen ihre Dienste regelmäßig und fahrplanmäßig, meist auf nationalen Märkten, durch. Die Leistung schließt Abholung und Auslieferung in der Regel innerhalb von 24 Stunden ein, es bestehen hierbei Größenlimits und Gewichtsbeschränkungen bis 50 kg oder auch 70 kg, und die Beförderung erfolgt meist mit unternehmenseigenen Pkws, Lkws oder Flugzeugen. Im Unterschied zu Expreßverkehren erfolgt der Pakettransport immer über ein Depot, bei dem die einzelnen Pakete gesammelt beziehungsweise konsolidiert und anschließend in definierten Gebieten zugestellt werden. Obgleich auch Paketdienste immer schneller werden, erreichen sie aufgrund ihrer standardisierten Serviceleistungen nicht immer die Geschwindigkeit der „echten“ Kurierdienste.

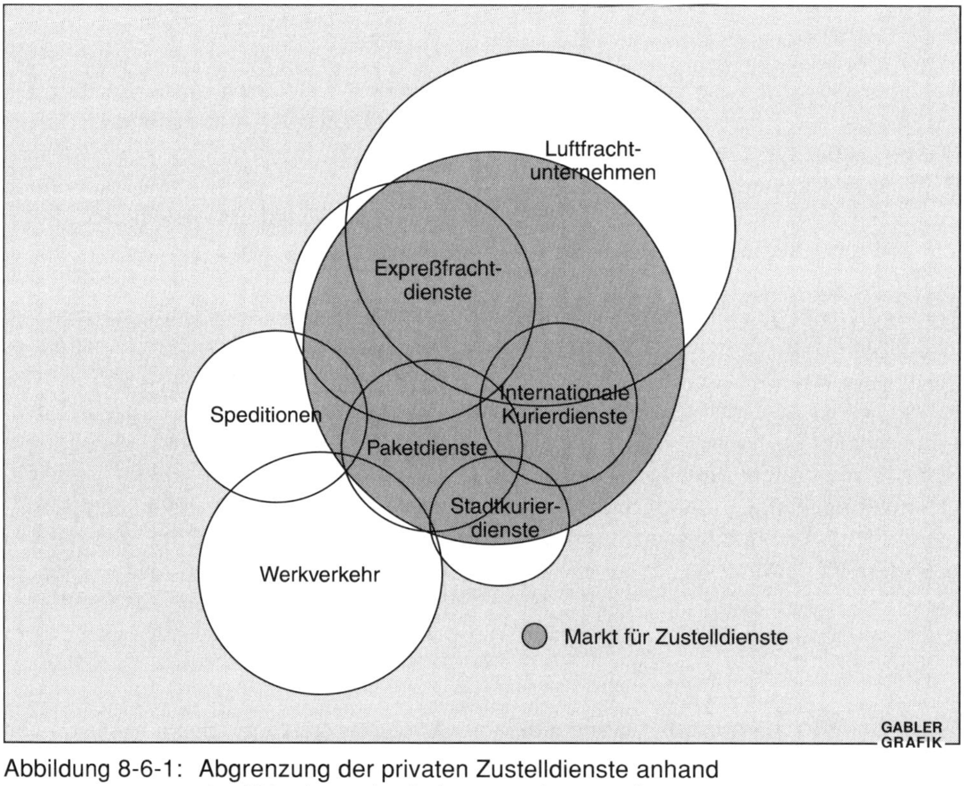

Abbildung 8-6-1: Abgrenzung der privaten Zustelldienste anhand des Kriteriums des Leistungsschwerpunktes

Die Übergänge zwischen den einzelnen Zustelldiensten sind „fließend“, da die auf dem Markt tätigen Dienstleistungsunternehmen ihr Angebot bei zunehmendem Wettbewerb immer stärker ausdehnen und kaum noch beispielsweise auf eine der drei Dienstleistungsbereiche beschränken. In Abbildung 8-6-1 wird versucht, anhand des Kriteriums des Leistungsschwerpunktes die Interdependenzen zwischen den verschiedenen Anbietergruppen aufzuzeigen und den Bereich der privaten Zustelldienste zumindest etwas einzugrenzen.

Der folgende Überblick in Abbildung 8-6-2 über den **Markt der Kurier-, Expreß- und Paketdienstleistungen** ist aufgrund der dargestellten Abgrenzungsschwierigkeiten mit Vorbehalt in bezug auf die Korrektheit der Daten zu sehen, versucht allerdings zumindest die Entwicklungen der jeweiligen Unternehmen über die letzten zehn Jahre aufzuzeigen.

Sendungsvolumen auf dem Deutschen Expreß-, Kurier- und Paketmarkt (in Millionen Sendungen)

	1984*	1987*	1989*	1990*	1991	1992	1993
DBP Postdienst (national)	496	521	541	545	610	617	646
DPD	25	60	72	86	100	112	124
UPS	31	46	60	69	81	91	102
Hermes	28	41	43	55	71	k. A.	k. A.
trans-o-flex	11	18	22	27	29	25,8	36,1
German Parcel				12	16	27,9	39,3
KN Parcel Service	3,2	4,7	5,6	5,8	5,2	nicht mehr am Markt	
TNT Deutschland	1,2	1,7	2,1	3,4	4,0	3,3	4,4
IDS Logistik			3,3	4,1	5,2	5,4	5,9
DHL	1,0	1,2	1,5	1,7	2,0	2,4	k. A.

* Werte ohne Neue Bundesländer

GABLER GRAFIK

Abbildung 8-6-2: Die Entwicklung des Sendungsvolumens auf dem deutschen Kurier-, Expreß- und Paketmarkt nach Anbietern (in Millionen Sendungen)

Ebenso problematisch ist die Abschätzung der **Marktanteile der Zustelldienste**, da beispielsweise die gewichtsbezogene Abgrenzung des Gesamtmarktes kaum möglich ist. Einige Zustelldienste haben Gewichtsbeschränkungen von maximal 20 kg oder 31,5 kg, andere Unternehmen versenden auch Pakete von 50 oder 70 kg Gewicht.

Eine Vielzahl von Zustelldiensten, allein in Deutschland über 100, ist bestrebt, sich Marktanteile zu sichern. Neben United Parcel Service gehören die Deutsche Bundespost Postdienst (DBP) und der Deutsche Paketdienst (DPD) zu den größten Mitbewerbern um das Paketvolumen.

Die **Deutsche Bundespost Postdienst** beförderte 1988 237,2 Millionen Paketsendungen, 275,5 Millionen Päckchen und 11,5 Millionen Schnellsendungen; für die Entgegennahme dieser Sendungen wird u.a. ein Netz von 17 000 Postämtern (seit der deutschen Vereinigung ca. 28 000) unterhalten. Mit der Gründung des Tochterunternehmens EMS (Express Mail Service) Kurierpost im Jahr 1992 hat die DBP ihr Dienstleistungsangebot auch auf den Expreßdienst ausgeweitet. Durch Zusammenarbeit mit ausländischen Postverwaltungen kann die Post mittlerweile auch außerhalb Deutschlands operieren. Beispielsweise sind bei dem Zusammenschluß internationaler Postverwaltungen und dem Unternehmen TNT im Rahmen des Global Distribution Express Worldwide Network GD-NET die

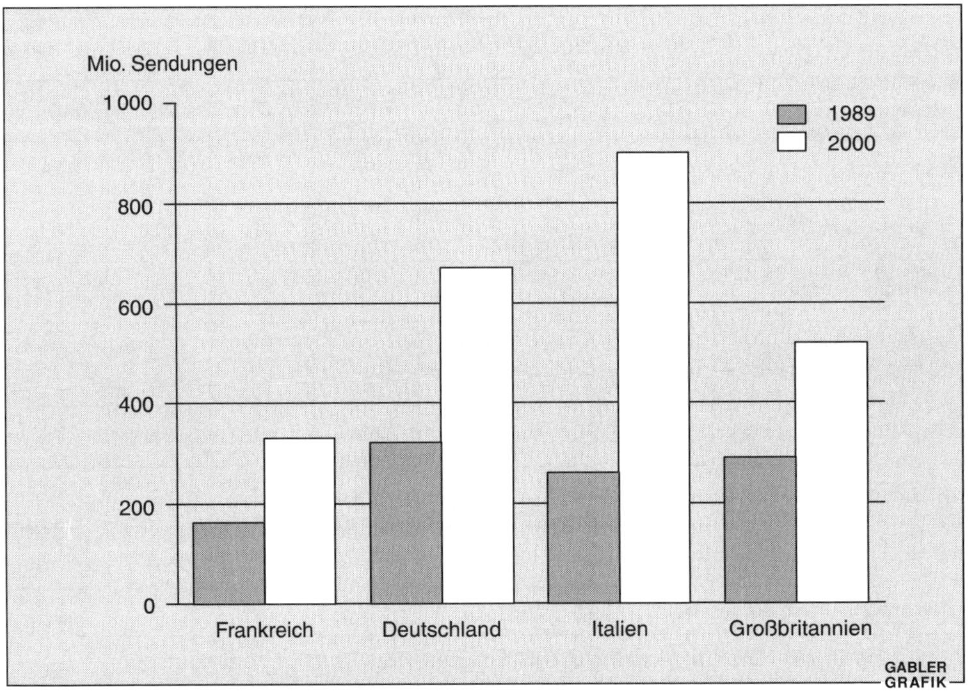

Abbildung 8-6-3: Marktvolumen und Marktpotential für Kurier-, Expreß- und Paketdienste

deutsche Postverwaltung beziehungsweise das Tochterunternehmen EMS mit 33 Prozent, TNT mit 50 Prozent und vier weitere internationale Postverwaltungen (Kanada, Schweden, Frankreich, Niederlande) mit 17 Prozent beteiligt.

Der **Deutsche Paketdienst (DPD)** ist ein Zusammenschluß mehrerer Speditionen, verfügt im Bundesgebiet flächendeckend über 50 Niederlassungen und ist in 14 europäischen Ländern tätig.

Nach einer Studie der Prognos AG, Schweiz, wird sich das Marktvolumen der Kurier-, Expreß- und Paketdienste in Deutschland bis zum Jahr 2000 verdoppeln (vgl. Berninger 1991, S. 104), wie sich in Abbildung 8-6-3 erkennen läßt. Offensichtlich ist somit das **Marktpotential für Zustelldienste** noch über Jahre nicht ausgeschöpft und bietet den Unternehmen vielfältige Wachstums- und Erfolgsmöglichkeiten.

6.13 Besonderheiten des Dienstleistungsmarketing und Implikationen für das Unternehmen United Parcel Service Deutschland

Transportdienstleistungen befinden sich im Prozeß der Veränderung. Der Abbau der Fertigungstiefe in der Industrie, Outsourcing und andere Entwicklungen im unternehmenspolitischen Bereich haben dazu geführt, daß die Transportdienstleistung als Fremdleistung immer mehr ein integraler Bestandteil der Logistikkette des produzierenden Gewerbes geworden ist (vgl. v. Schwamen 1994, S. 167).

Transportdienstleistungen werden heute zunehmend unter Einsatz von Logistiksystemen erbracht, die die gesamte Transportlogistik mit allen dazugehörenden, begleitenden und unterstützenden Funktionen sicherstellen.

Folgende Besonderheiten bei Transportdienstleistungen beeinflussen die strategische Ausrichtung des Marketing in besonderem Maße:

- Die **Vielzahl der Beteiligten in der Logistikkette** aus unterschiedlichsten Wirtschafts- und Sozialgefügen, Rechts- und Organisationsformen bedingen zahlreiche Schnittstellen der Transportkette, denen besondere Aufmerksamkeit im Hinblick auf die Qualität entgegengebracht werden muß. Das Dienstleistungsangebot von UPS hat **prozessualen Charakter**, wobei jedoch für den Versender das Leistungsergebnis, das heißt die Abgabe der Sendung beim Empfänger, im Vordergrund der Qualitätswahrnehmung steht.
- Die **Flüchtigkeit** und **Immaterialität** der Transportdienstleistung bewirken, daß ein Fehler keine direkten Folgen für denjenigen zeigt, der ihn verursacht. Der Fehler wird durch die gesamte Logistikkette „hindurchgeschoben" und äußert sich an einer

ganz anderen Stelle, meist beim Empfängerkunden zum Beispiel durch eine Falschzustellung. Fehlt die exakte Lokalisierung von Fehler und Verantwortlichkeit, dann wird der Fehler immer wieder gemacht, da keine Korrektur- und Lernmöglichkeiten für den Ausführenden bestehen.

- Der **Technologieschub**, wie der Einzug von EDV und modernen Fördertechniken der Transportbranche, bedingt bei einer **Dominanz der Verhaltenskomponente** eine notwendige Anpassung im Bereich der Bedienung. Zustellmitarbeiter im direkten Kundenkontakt, aber auch beispielsweise Paketsortierer sind mit technischen Hilfsmitteln optimal auszustatten, die eine schnelle, aber vor allem genaue Sortierung, Zustellung oder Abholung von Sendungen ermöglichen.
- Die verschiedenen **individuellen Bedürfnisse und Leistungsanforderungen** der unterschiedlichen privaten oder gewerblichen Nachfragergruppen bedingen die Notwendigkeit differenzierter, sich den Kundenwünschen flexibel anpassender Angebote der am Markt existierenden Zustelldienste.
- Der **Zeitfaktor** beziehungsweise die **Schnelligkeit der Sendung** ist von besonderer Wichtigkeit für die gesamte Qualität der Zustelleistung, da von den Kunden ansonsten möglicherweise Postdienste in Anspruch genommen werden, die zum Teil kostengünstiger anbieten können. Die zunehmende Bedeutung der Beförderungsgeschwindigkeit ist insbesondere auch vor dem Hintergrund schneller Güterumschläge zum Abbau teurer Lagerbestände im Unternehmen zu sehen, die ein effizientes „Just-in-time-Management", das heißt die exakte Lieferung einer Sendung im Rahmen der geplanten Transportzeit, erforderlich werden lassen.
- Die mit der **Deregulierung der Postdienste** und der Aufhebung des Monopols beziehungsweise Beförderungsvorbehaltes für Dokumentensendungen der Deutschen Bundespost Postdienst zusammenhängende Liberalisierung des deutschen Briefmarktes im Jahr 1989 bewirkte erstmals die Zulassung direkten Wettbewerbs und somit ein konkurrenz- und kundenorientiertes Angebot an Zustelldienstleistungen für schriftliche Mitteilungen und Briefe.

Die genannten Besonderheiten und Entwicklungsperspektiven der Zustelldienste machen deutlich, daß das Unternehmen United Parcel Service vor großen Aufgaben steht, die es im Rahmen eines umfassenden Qualitätsmanagements zu bewältigen gilt.

6.2 Unternehmensphilosophie und Strategien des Dienstleistungsunternehmens

6.21 Die Unternehmensphilosophie des United Parcel Service

Heute und in Zukunft genügt es auf dem Markt für Zustelldienste nach Meinung des Unternehmens United Parcel Service nicht mehr, nur „Service" zu bieten, sondern entscheidend ist seine „Qualität" und die Fähigkeit, diese stetig zu verbessern und zu perfektionieren.

United Parcel Service beschreibt seine **Unternehmensphilosophie** wie folgt:

> „UPS wird weltweit die Führungsposition in der Paketdistribution einnehmen, indem wir Lösungen entwickeln und realisieren, die den Versandbedarf unserer Kunden zu wettbewerbsfähigen Tarifen optimal decken. Dabei stützen wir uns zur Realisierung dieser Unternehmensstrategie auf unser ausgedehntes und leistungsfähiges Verteilernetz, auf die Tradition und den Ehrgeiz unserer Mitarbeiter, Perfektion in der Arbeits- und Dienstleistung zu erreichen und auf unsere Verpflichtung, sich ändernde Marktbedingungen zu erkennen und sich ihnen schnell anzupassen."

Bei United Parcel Service steht der „Service" zwar als letztes Wort im Firmennamen, aber von der Bedeutung her für das Unternehmen eindeutig an erster Stelle. Das bereits 1907 als Werbespruch konzipierte Motto „Bester Service zu kostengünstigen Tarifen" hat bis heute als Leitmotiv von UPS Allgemeingültigkeit und veranschaulicht akzentuiert den komparativen Wettbewerbsvorteil des Unternehmens, der nicht im generellen Zustellen von Paketen, sondern in der Qualität der angebotenen Dienstleistungen rund um Paket- und Dokumentenversand liegt.

Schon Jim Casey stellte die Maxime auf, daß sich United Parcel Service nicht erlauben dürfte, von anderen Mitbewerbern auf dem Markt „in irgendeiner Sache" übertroffen zu werden. Aus diesem Grund versucht das Unternehmen seit seiner Gründung, jedem Kunden zu jeder Zeit umfassenden Service zu bieten und kein Stückwerk, das sich lediglich auf einzelne Teilqualitäten beschränkt, wie beispielsweise eine schnelle Zustellung des Paketes, aber unfreundliche UPS-Mitarbeiter in der Telefonzentrale.

Unabdingbare Voraussetzung für unübertrefflichen Kundenservice ist nach Meinung von United Parcel Service die umfassende Motivation der eigenen Mitarbeiter, da nur sie die Qualität der Dienstleistungen sicherstellen können.

6.22 Strategische Grundsätze des United Parcel Service

Jedes Unternehmen hat Grundsätze, die für sein Handeln bestimmend sind, und es hat generelle Ziele, die es verfolgt. Für den Erfolg des Unternehmens ist es wichtig, den Mitarbeitern diese Grundsätze und Ziele in geeigneter Form bekanntzugeben, denn nur so ist deren Beachtung und Anwendung in der täglichen Arbeit jedes Mitarbeiters sicherzustellen.

Da bei United Parcel Service schon die Unternehmensgründer der Auffassung waren, daß ein Betrieb nur dann effektiv arbeiten kann, wenn die Mitarbeiter bestrebt sind, klar umrissene Ziele durch die Anwendung bestimmter Grundsätze zu erreichen, wurden seit 1929 im sogenannten **„Policy Book"** von United Parcel Service in immer wieder überarbeiteter Form detailliert ausgearbeitete Unternehmensziele und -grundsätze schriftlich festgehalten und jedem leitenden UPS-Angestellten zugänglich gemacht. Jeder dieser UPS-Mitarbeiter erhält ein Exemplar für den persönlichen Gebrauch und ist angehalten, es auch tatsächlich zu nutzen, Anmerkungen hinzuzufügen und die Inhalte quasi zu „verinnerlichen". Die Führungskräfte sollen zudem die Inhalte des Policy Books anderen UPS-Mitarbeitern kommunizieren.

1991 wurden bei United Parcel Service die Aufgaben des Unternehmens neu definiert, um die Unternehmensziele wieder stärker auf die vier Personengruppen Kunden, Mitarbeiter, Aktionäre und Allgemeinheit auszurichten, denen das Unternehmen von Nutzen sein soll. Danach ist die Existenz der UPS-Organisation als eine Verpflichtung gegenüber jeder dieser Personengruppen anzusehen.

Im folgenden werden die auf der Erfahrung von engagierten und ideenreichen Mitarbeitern basierenden, weltweit festgelegten **Unternehmensaufgaben von United Parcel Service** im originalen Wortlaut dargestellt:

Kunden

Wir wollen die ständig wachsenden Versandbedürfnisse unserer Kunden weltweit erfüllen und weitere Dienstleistungen anbieten, die unsere Geschäftsbeziehungen vertiefen und unsere Position als bester Anbieter von Dienstleistungen in der Paketdistribution festigen, indem wir erstklassige Qualität und hochwertigen Service in jeder Dienstleistungsart anbieten.

Mitarbeiter

Wir wollen ein hochangesehener Arbeitgeber sein, der sich um das Wohlergehen seiner Mitarbeiter kümmert und ihnen gestattet, ihre individuellen Fähigkeiten in einer unvoreingenommenen, anregenden, lohnenden und kooperativen Umgebung zu entwickeln, und ihnen die Möglichkeit zum beruflichen Aufstieg bietet.

Aktionäre
Wir wollen ein finanziell unabhängiges Unternehmen sein, das im Besitz seiner Manager ist, einen vernünftigen Gewinn erwirtschaftet und unseren Aktionären langfristige und attraktive Renditen bietet.

Gemeinschaft/Allgemeinheit
Wir wollen auf dem Ruf unseres Unternehmens aufbauen und eine verantwortungsvolle Körperschaft sein, deren Wohlergehen im Interesse der Allgemeinheit ist und deren Mitarbeiter wegen ihrer Leistung und Integrität geachtet werden.

Um die verschiedenen Unternehmensaufgaben zu erfüllen, wurden im „Policy Book" detaillierte **Unternehmensgrundsätze** aufgestellt, die allen Managern und Supervisoren auf allen Ebenen innerhalb United Parcel Service helfen sollen, ihre jeweiligen unternehmensbezogenen Entscheidungen zu treffen. Einige dieser sogenannten **„Policies"** könnten fast als Unternehmensideale beschrieben werden, andere eher als Verfahren oder Regeln für die tägliche Arbeit.

Im folgenden werden zunächst wichtige **allgemeine Unternehmensgrundsätze von UPS** in Abbildung 8-6-4 dargestellt, anschließend werden dann die qualitätsbezogenen Policies näher untersucht.

Unternehmensgrundsätze von United Parcel Service

- Wir befolgen festgelegte Policies.
- Wir arbeiten auf einer persönlichen Basis.
- Wir dezentralisieren die Operationen.
- Wir arbeiten effizient.
- Wir wenden objektive, gewissenhafte Personaleinstellungsmethoden an.
- Wir fördern und unterstützen die Entwicklung von Mitarbeitern.
- Wir sind an dem Wohl all unserer Mitarbeiter interessiert.
- Wir behandeln unsere Mitarbeiter unparteiisch.
- Wir bieten zuverlässigen Service.
- Wir stehen den Bedürfnissen unserer Kunden aufmerksam gegenüber.
- Wir streben danach, einen guten Ruf zu haben.
- Wir halten einen hohen Standard aufrecht.
- Wir halten freundliche Beziehungen aufrecht.
- Wir unterstützen Wohlfahrtseinrichtungen und andere ehrbare Organisationen.
- Wir bestehen auf einem hohen Standard im Verhalten und im Erscheinungsbild.
- Wir halten effektive Kommunikation mit verschiedenen öffentlichen Zielgruppen.
- Wir erhalten unser Kapital.
- Wir führen genaue Unterlagen.
- Wir fördern, daß das Unternehmen im Besitz seiner Manager bleibt.

GABLER GRAFIK

Abbildung 8-6-4: Unternehmensgrundsätze von United Parcel Service

Offensichtlich hat United Parcel Service die zentralen Grundsätze des Unternehmens in erkennbar knapper, einfacher Form so formuliert, daß sie weltweit für sämtliche UPS-Mitarbeiter, aber auch interessierte Kunden, verständlich und nachvollziehbar sein können. Diese Dokumentation konkreter Grundsätze und Wertvorstellungen ist wichtig, um insbesondere den Mitarbeitern die Richtung für ihre Tätigkeiten und Aktivitäten aufzuzeigen.

6.23 Qualitätsorientierte Strategieausrichtung des United Parcel Service

United Parcel Service Deutschland hat in seiner **Qualitätsaussage** die generelle qualitätsorientierte Strategieausrichtung des Unternehmens formuliert:

> „Wir bedienen unsere Kunden mit der Verpflichtung, eine ausgezeichnete Dienstleistung zu erbringen, und in dem Bemühen, Kundenzufriedenheit zu erreichen. Damit sichern wir die Erbringung hochwertiger Produkte und Dienstleistungen gegenüber externen und internen Kunden. Eine kontinuierliche Verbesserung unserer Dienstleistungen wie der angewendeten Prozesse und Systeme erreichen wir durch das Engagement unserer Mitarbeiter, durch die Umsichtigkeit unseres Managements und durch stets praktizierte Teamarbeit und Innovation."

Im Policy Book von United Parcel Service sind auch zahlreiche Prinzipien beziehungsweise **Unternehmensgrundsätze** festgeschrieben, die sich speziell auf die **Dienstleistungsqualität** beziehen, wie sich in Abbildung 8-6-5 erkennen läßt.

Es finden sich bei UPS offensichtlich festgeschriebene, weltweit gültige Qualitätsgrundsätze, die bereits so umfassend und präzise im Detail artikuliert worden sind, daß sie den UPS-Mitarbeitern als Standards für die Erfüllung ihrer Aufgaben im Rahmen der gesamten Dienstleistungskette dienen können.

6.3 Qualitätsmanagement bei United Parcel Service Deutschland

Qualitätsmanagement wird seit 1993 nach DIN 55 350 Teil 11 (neu) sowie nach DGQ Nr. 11-04 Begriffe zum Qualitätsmanagement (5. Aufl. 1993) umfassend definiert als „Gesamtheit der qualitätsbezogenen Tätigkeiten und Zielsetzungen" (vgl. Geiger 1994, S. 29), und darf somit nicht als bloße Führungsaufgabe des Unternehmens mißverstanden werden. Bestandteile des Qualitätsmanagements sind demzufolge sämtliche Tätigkeiten

Qualitätsbezogene Grundsätze von United Parcel Service
■ Wir führen gezielte Serviceverbesserungsaktivitäten durch.
■ Wir halten, was wir versprechen.
■ Wir haben klar umrissene Dienstleistungsmerkmale.
■ Wir bieten einen zuverlässigen Abholdienst.
■ Wir unterhalten Kundenschalter für die Öffentlichkeit.
■ Wir unterhalten einen zuverlässigen Zustellservice.
■ Wir bieten ein breites Angebot an „Expedited Services".
■ Wir bieten einen qualitativ hochwertigen Paketnachforschungs-Service an.
■ Wir unternehmen mehrere Versuche, um ein Paket zuzustellen.
■ Wir versuchen, falsche Adressen zu berichtigen.
■ Wir senden ein unzustellbares Paket umgehend zurück.
■ Wir kassieren Nachnahmegelder und überweisen diese unverzüglich und gewissenhaft an unsere Kunden.
■ Wir unterstützen unsere Kunden bei ihren Paketdistributions-Bedürfnissen.
■ Wir bieten einen qualitativ hochwertigen Service zu niedrigen Tarifen.
■ Wir behandeln alles, was wir über einen Kunden erfahren, vertraulich.
■ Wir unterhalten freundliche und hilfreiche Beziehungen zu unseren Kunden.
■ Wir schenken Beschwerden sofortige Aufmerksamkeit.
■ Wir klären und berichten unverzüglich alle Anfragen.
■ Wir erledigen alle Telefongespräche prompt und höflich.
■ Wir erledigen Ersatzansprüche fair und prompt.

GABLER GRAFIK

Abbildung 8-6-5: Qualitätsbezogene Grundsätze von United Parcel Service

zur Qualitätsplanung, -lenkung, -prüfung und Qualitätsmanagementdarlegung im Unternehmen.

Bei United Parcel Service wird dem Qualitätsgedanken seit Bestehen des Unternehmens eine besondere Bedeutung zugemessen. Allerdings erfolgt erst seit einigen Jahren eine systematische Berücksichtigung der Qualität im Rahmen sämtlicher extern und intern gerichteter Unternehmensprozesse.

6.31 Anforderungen an die Dienstleistungsqualität aus Unternehmenssicht

Erstes Ziel jedes Qualitätsmanagements ist die dem jeweiligen Zweck angepaßte konkrete Festlegung der Qualitätsforderungen an die verschiedenen Einheiten der Dienstleistungskette. Die Qualität der Dienstleistungen wird sowohl durch die innovative Gestaltung der „richtigen" Produkte und Dienstleistungen sowie durch die Gesamtheit der in den Dienstleistungsprozeß mit dem Kunden involvierten Personen, Maschinen und

Sachressourcen, Objekte, Räumlichkeiten und Hilfsmittel geprägt. Das Unternehmen United Parcel Service definiert für die auf den einzelnen **Stufen der Dienstleistungskette** gebotenen Leistungen jeweils bestimmte Qualitätsanforderungen, deren 100prozentige Erfüllung zumindest annähernd gewährleistet sein sollte, da aufgrund ausgeprägter Interdependenzen zwischen einzelnen Diensten im Paketzustellkreislauf minimale Fehler auf einer Dienstleistungsstufe gravierende Auswirkungen auf alle nachfolgenden Stufen der Dienstleistungskette haben können.

Dieser, sich bei UPS tagtäglich abspielende **Paketkreislauf** beginnt beispielsweise damit, daß ein Kunde telefonisch bei einem UPS Kundendienst Telefoncenter einen **Auftrag** für eine Paketabholung aufgibt. Bereits dort sind strenge Qualitätskriterien in bezug auf Schnelligkeit der Telefonanrufbeantwortung, Freundlichkeit der Beratung und Flexibilität bei Sonderwünschen der Kunden vorgegeben. Nach **Dokumentation der Buchung** und Weitergabe der Information an die entsprechenden Niederlassungen erfolgt die sogenannte **Vorlaufphase**. Die Pakete werden beim Versender abgeholt und in die verschiedenen Niederlassungen transportiert. „Feederfahrer" von UPS befördern anschließend Lastzüge voller Abholpakete aus den Niederlassungen in die Hauptumschlagsbasen (HUB) zur **Sortierung**. Jede Fahrzeugbewegung wird genauestens registriert und gewissenhaft koordiniert. Teilzeitmitarbeiter entladen systematisch die an den Ladeluken stehenden Container. Die Pakete werden entsprechend ihren Bestimmungsorten sortiert, wobei die Anschriften stets mehrfach überprüft werden, bevor jeweils weiterverladen wird. Rangierer sorgen dafür, daß fertig geladene Container wieder von den Ladepositionen abgezogen und neue Lastzüge für den Weitertransport der Pakete an die Bestimmungszentralen zusammengestellt werden. Alle Arbeitsabläufe werden genau, auch per Funk, gesteuert; eine automatische Paketzählanlage stellt laufend die Auslastung der einzelnen Transportbänder in den Hallen fest und gibt, falls erforderlich, diese Informationen an die UPS-Mitarbeiter an den Transportbändern oder Laderampen weiter. Nachdem alle Pakete entladen, sortiert und weiterverladen sind, fahren die Feederfahrer in der sogenannten **Hauptlaufphase** zu den jeweiligen Empfangs-Paketniederlassungen.

Damit diese verschiedenen Transport- und Umschlagphasen der Logistikkette reibungslos funktionieren, ist bei UPS eine optimale Vorbereitung durch die Mitarbeiter der Abteilungen Industrial Engineering und Plant Engineering erforderlich. Optimale Standorte für Paketniederlassungen werden vom **Industrial Engineering** ermittelt, Paketvolumina werden aufgrund langjähriger Erfahrungen prognostiziert, die Anzahl der notwendigen Paketzusteller demzufolge bestimmt und Tourenplanungen mit konkreten Zeitvorgaben festgelegt. Mitarbeiter des **Plant Engineering** sind demgegenüber für das Bauwesen bei UPS zuständig, indem sie geeignete Grundstücke und/oder Gebäude auswählen und die Bauprojekte streng überwachen, damit sie den UPS-Anforderungen in bezug auf Qualität, optimaler Hallenkonstruktion und Sicherheit entsprechen.

Wenn die Lastzüge morgens in den **Hauptumschlagsbasen** eintreffen, werden eilige Sendungen sofort herausgefiltert und die Gesamtladung mit der Volumenvorausplanung gegengeprüft, bevor die Sortierung beginnen kann. Der Werkstattcheck ist zu diesem

Zeitpunkt bereits erfolgt, das heißt ein einsatzbereiter und verkehrssicherer Fuhrpark von UPS-Transportern steht auf den vorbestimmten Stellpositionen an den Bandanlagen zur Verfügung. Nach dem traditionellen Mitarbeitermorgengespräch, beispielsweise mit Hinweisen für einzuhaltende Qualitätsstandards, erfolgt die Entladung der Container und Sortierung der Sendungen. Die Pakete müssen auf die richtigen Transportbänder sortiert werden, damit jede Sendung an den vorbestimmten Platz im richtigen Fahrzeug gelangt. Anschließend wird die Tourenauslastung überprüft, das heißt das Zustellvolumen ist möglichst gerecht auf die einzelnen UPS-Mitarbeiter zu verteilen beziehungsweise zu „dispatchen", so daß niemand während der Tagestour über- oder auch unterfordert wird. Nun können die UPS-Zusteller in ihre Zustell- und Abholgebiete fahren; bereits vor Arbeitsbeginn der Paketzusteller erfolgte eine Überprüfung der Arbeitsqualität des Vortages, um so gegebenenfalls umgehend korrigierend eingreifen zu können. Wenn die Zusteller abends von ihren Touren zurückkommen, werden die jetzt eintreffenden Abholpakete ausgeladen, die Wagen werden gewaschen, und es beginnt die Abendsortierung, der Paketkreislauf schließt sich und beginnt wieder von neuem.

Auf sämtlichen Stufen der Servicekette existieren bei UPS vielfältige **Unternehmensrichtlinien** beziehungsweise **Anforderungen an die Qualität** der Dienstleistungen, die beispielsweise das Autowaschen, Beladen der Fahrzeuge, das Ausliefern oder auch die Dienstbekleidung der Paketzusteller betreffen. Umfassende Checklisten beschreiben die spezifischen Qualitätsanforderungen im Detail.

Wenn im Rahmen der **Transportkette** auch die **Versendung per Luftfracht** erforderlich ist, dann wird in Deutschland zusätzlich der Paketumschlag im UPS Air HUB in

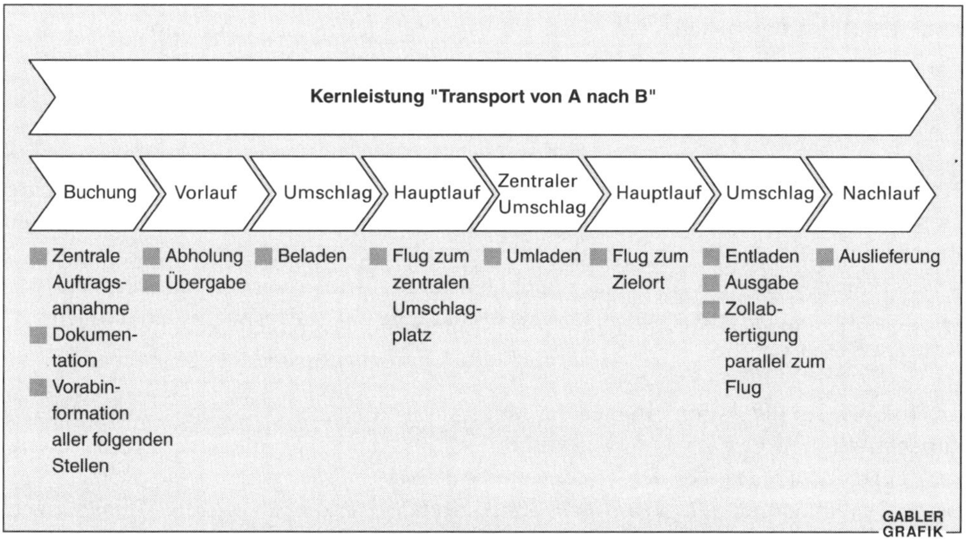

Abbildung 8-6-6: Servicekette eines internationalen Zustelldienstes
(Quelle: in Anlehnung an Schneider/Schnetkamp 1994)

Köln/Bonn sowie in den internationalen Umschlagsbasen notwendig. Abbildung 8-6-6 stellt beispielhaft die Servicekette eines internationalen Zustelldienstes vereinfacht dar.

Offensichtlich wird beim UPS Express und Express Plus Service die Dienstleistungskette beziehungsweise der Paketkreislauf umfassender und komplexer; die beschriebenen Qualitätsanforderungen aus Unternehmenssicht gelten zwar weiterhin, allerdings kommen zusätzlich Kriterien wie Flugsicherheit, Garantie der Zustellung auch bei schwierigen Wetterverhältnissen oder „verstopften" Lufträumen sowie optimale Zollabfertigung und die Bewältigung internationaler Bestimmungen zu den bestehenden Anforderungen hinzu.

6.32 Anforderungen an die Dienstleistungsqualität aus Kundensicht

Anforderungen an die Qualität von Zustelldiensten ergeben sich zum einen aus Sicht der Empfänger und zum anderen aus Sicht der Versender der Ware, wobei sich zudem Unterschiede ergeben, je nach dem, ob es sich bei den Kunden um Einzelpersonen oder Unternehmen handelt und je nachdem, welche Dienstleistungen nachgefragt werden.

Anforderungen der **Empfänger von Paketsendungen** beinhalten zunächst die **termingerechte Zustellung der Ware**. Da aufgrund der verminderten Lagerbestände in Unternehmen Dispositionsentscheidungen oft recht kurzfristig vorgenommen werden, ist vor allem hier ein zuverlässiger Logistikpartner gefordert, der feste, kalkulierbare Laufzeiten bietet. Für den Empfänger der Ware ist es ebenso wichtig, daß der benötigte Inhalt **unbeschädigt übermittelt** wird. Wird ein Paket fehlgeleitet, so muß sofort festgestellt werden, wo sich die Sendung befindet. Gleiches gilt auch bei Nachfragen eines Empfängers, dessen Sendung länger als üblich unterwegs ist. Kunden wünschen sich in dem Transportunternehmen einen kompetenten Ansprechpartner, der Auskünfte geben kann, falls Probleme bei der Zustellung auftreten. Hat der Empfänger einer Sendung den Transportpreis zu entrichten, wird er besonders auf **kostengünstige, leistungsgerechte Tarife** achten. Ein weiteres Empfängerkriterium kann eine hohe **Flexibilität bei der Zustellung** sein. In diesem Zusammenhang sollte es möglich sein, Änderungen zu berücksichtigen, die sich auf den Zeitpunkt und Ort der Lieferung beziehen. Gewünschte Zusatzleistungen betreffen beispielsweise **mehrfache Zustellversuche** und die Behandlung von **Retouren**.

Im Hinblick auf die Anforderungen der Versender von Paketsendungen ist insbesondere die **Schnelligkeit des Transports** anzuführen. Um Kunden termingerecht zu beliefern, sind kurze Laufzeiten bei der Warenverteilung von größter Wichtigkeit. Demzufolge fordern Unternehmen oft **garantierte Laufzeiten**; wenn die angegebene Transportzeit nicht eingehalten wird, erwarten sie zumindest eine Rückerstattung des Transportpreises. Weiterhin muß die **pünktliche Abholung der Pakete** gewährleistet sein, das heißt

Kunden sind zum einen nur selten bereit, Pakete an Sammelstellen persönlich abzuliefern und zum anderen kaum gewillt, länger als zwei Stunden, vom Zeitpunkt der Auftragserteilung an gerechnet, auf die Abholung der Sendung zu warten. Auch wird auf ein gutes **Preis-/Leistungsverhältnis** geachtet, die Transportpreise sollten zudem in der Tarifliste klar und übersichtlich dargestellt sein. Manche Versender, insbesondere gewerbliche Kunden, verlangen auch die Möglichkeit, vor allem bei Großaufträgen **individuelle Preisvereinbarungen** treffen zu können.

Unternehmen fragen heutzutage aber nicht einfach mehr Zustelldienste nach, sondern suchen kompetente **Logistikpartner**, die **komplexe Problemlösungen** anbieten. Für viele Versender ist es beispielsweise wichtig, ob der Paketdienst einen Lagerdienst anbietet, die Ware kommissioniert oder Sendungen gegen Nachnahme ausliefert.

Ein unabdingbares Anforderungskriterium an einen deutschen Paketdienst ist ein **lückenloses, flächendeckendes Transport- beziehungsweise Verteilungsnetz** in Deutschland, um sämtliche in Frage kommenden Kundenadressen der Versender umfassend bedienen zu können. Des weiteren kann für ein Unternehmen der Grad der möglichen Abstimmung mit dem eigenen Betriebsablauf, das heißt die **Kompatibilität der Arbeitsweise des Paketdienstes** mit dem System des Unternehmens wichtig sein, indem beispielsweise die Möglichkeit der Datenübertragung gegeben ist oder das Formularwesen angeglichen wird. Auch die **Beratungsqualität der Paketdienstmitarbeiter** ist ein wichtiges Anforderungskriterium aus Kundensicht.

Werden demgegenüber **internationale Kurierdienste** nachgefragt, verschieben sich zum Teil die **Qualitätsanforderungen der Versender und Empfänger**. Im allgemeinen sind die Kriterien Zuverlässigkeit der Zustellung einschließlich Auslieferungsbestätigung und die Schnelligkeit der Übermittlung von besonderer Bedeutung bei der Heranziehung von internationalen Kurierdiensten. Auch die Anpassungsfähigkeit an spezielle Versanderfordernisse der Kunden, so zum Beispiel die vertrauliche Behandlung von Sendungen geheimer Papiere und Dokumente, die zum Beispiel auch den Wettbewerbern nutzen würden, kann bei der Auswahl eines Luftkuriers bedeutsam sein. Gleichermaßen wird vom internationalen Kurierdienst erwartet, daß er über Spezialkenntnisse verfügt, die für den Transport der Sendungen zum Empfänger von Wichtigkeit sein können, wie zum Beispiel Versicherungs- und Zollbestimmungen.

6.33 Aufgaben des Qualitätsmanagementsystems

Es ist Aufgabe des Qualitätsmanagements des Dienstleistungsunternehmens, die vom Unternehmen definierte Dienstleistungsqualität permanent sicherzustellen. Zu den Teilaufgaben des Qualitätsmanagements von United Parcel Service zählen die bereits in Abschnitt 6.23 diskutierten qualitätsbezogenen Grundsätze des Unternehmens, die im Policy Book festgeschrieben sind.

6.34 Struktur und Instrumente des Qualitätsmanagements

Ein Qualitätsmanagementsystem dient der Strukturierung und systematischen Umsetzung von Qualitätsaufgaben in einer Unternehmung. Dabei entsteht ein System vernetzter Regelkreise auf allen betrieblichen Ebenen, in dem Ziele, Struktur, Verantwortlichkeiten, Verfahren, Prozesse und die zur Durchführung erforderlichen Mittel zur Sicherstellung der Qualität festgelegt werden.

Bei United Parcel Service beinhaltet das Qualitätsmanagementsystem zum einen das Konzept der Qualitätszirkel beziehungsweise **B.A.S.I.S.-Gruppen** und zum anderen das Konzept des **Management by Commitment** (MBC).

Da sich im Unternehmen United Parcel Service alle Beschäftigten nicht nur ein Servicebewußtsein verinnerlichen, sondern an der Realisierung eines ausgezeichneten Service aktiv beteiligen sollen, wurde 1991 das Qualitätsmanagementsystem um das Programm **B.A.S.I.S.** erweitert.

Die doppelte Bedeutung des Namens veranschaulicht bereits die inhaltliche Zielsetzung dieses Programms beziehungsweise Systems: Zum einen gilt der Unternehmensgrundsatz „**B**eständige **A**ktivitäten **S**ichern **I**ndividuellen **S**ervice", und zum anderen ist zur Realisierung dieses kontinuierlichen Prozesses der Serviceverbesserung die aktive Mitarbeit der „Basis" des Unternehmens, also der gewerblichen Mitarbeiterinnen und Mitarbeiter, der Sachbearbeiter aus sämtlichen Abteilungen und Niederlassungen, sowie der Einsatz-, Niederlassungs-, Gebiets- und Abteilungsleiter erforderlich.

Mindestens einmal im Monat finden möglichst in jeder Niederlassung und Abteilung sogenannte **B.A.S.I.S.-Gruppen-Meetings** statt mit dem Zweck, gezielte Aktivitäten der Qualitätssicherung und -steigerung ein- beziehungsweise durchzuführen, wobei die Verantwortung für die Durchführung dieser Treffen dem zuständigen Hauptumschlagsbasis-, Niederlassungs-, Einsatz- oder Gruppenleiter obliegt.

Zu Beginn dieser Gruppengespräche wird gemeinsam jeweils ein Serviceelement ausgewählt, das nach Ansicht der Teilnehmer verbessert werden müßte. Beispiele für **verbesserungsfähige Elemente** bei UPS sind:

- Abfahrtzeiten der Fernlastzüge,
- Absendebelege (Vollständigkeit),
- Abholungen vor 14.30 Uhr,
- Anschriftenberichtigungen,

- Beladungsqualität,
- Beschädigungen,
- Bezahlte Wiederholungen (erneute Zustellung bei „nicht angetroffen“),
- Empfangsbestätigung,
- Ersatzanspruchsforderungen,
- Fehlsortierungen, Nachnahmeservice,
- Pannen,
- nicht zugestellte Pakete,
- Zustellverzeichnis (Genauigkeit der Aufzeichnungen).

In Teamwork werden dann unter Anleitung einer UPS-Führungskraft konstruktive Möglichkeiten der Problemlösung gesucht; anschließend wird sofort auf freiwilliger Basis verabredet, welche Mitarbeiter wie bis zu welchem Zeitpunkt die erforderliche Serviceverbesserung durchführen sollen. In sogenannten B.A.S.I.S.-Arbeitsblättern werden diese Verbesserungsaktivitäten festgehalten. Abbildung 8-6-7 zeigt ein fiktives, aber mögliches Beispiel für ein solches B.A.S.I.S.-Arbeitsblatt.

Nur die Planung meßbarer Ergebnisse kann nach Ansicht von UPS dazu führen, daß ein B.A.S.I.S.-Gruppen-Meeting erfolgreich sein wird, denn zum einen lassen sich tatsächliche Qualitätsverbesserungen nur anhand detaillierter, operationaler Vorgaben nachprüfen, und zum anderen wollen Mitarbeiter aus Motivationsgründen möglichst konkrete Ergebnisse ihrer Anstrengungen sehen.

Eine typische B.A.S.I.S.-Gruppe beispielsweise aus dem Bereich „Vorladung“ könnte aus zwei Entladern, zwei Sortierern, drei Beladern, einem Splitter, einem Sachbearbeiter für Unregelmäßigkeiten, einem Teilzeit- und einem Vollzeit-Gruppenleiter und/oder dem Niederlassungsleiter bestehen und möglicherweise mit der B.A.S.I.S.-Gruppe „Paketniederlassung“ zusammenarbeiten, um bestehende Fehlladungen zu verringern und die Qualität der Ladungen in den Paketzustellfahrzeugen zu verbessern.

Als zweite zentrale „Säule“ des Qualitätsmanagements von UPS kann das bereits in der ersten Policy begründete Konzept des **Management by Commitment** beziehungsweise der „Betriebsführung durch Zielsetzung“ angesehen werden. Während es bei dem B.A.S.I.S.-Konzept offensichtlich primär darum geht, UPS-Mitarbeiter der unteren Hierarchieebenen zu motivieren, die gesetzten Qualitätsforderungen zu erfüllen und eigene Verbesserungsvorschläge zu realisieren, setzt das MBC-Konzept vornehmlich an der Führungsebene des Unternehmens an.

Für sämtliche Führungskräfte beziehungsweise Supervisoren von UPS sind ihre jeweils zu erfüllenden Tätigkeiten festgeschrieben, für jeden Verantwortungsbereich werden

B.A.S.I.S.-Arbeitsblatt
Service-Verbesserungs-Aktivitäten

Gruppenmitglieder: *Uwe P.* *Peter S.* *Volker D.* *Achim K.* *Horst A.*
Gäste:
Niederlassung/Abteilung: *Düsseldorf/ Reload* Datum: *03. 07. 91*

Service-Element	Wer macht mit?	Wie wollen Sie das Element verbessern?	Datum der Aktivitäten	Status zu Beginn	Status bei Abschluß
Beschädigungen	*Uwe*	*eingehende Ladungen überprüfen*	*wöchentlich*	*30. 6. 0,11*	
Ziel: 0,07 pro 10 000	Peter	*Verpackungen prüfen*	*2 x pro Woche*	*31. 7. Plan 0,1*	
	Volker	*Beladungsqualität Container*	*8. 7.*	*31. 8. Plan 0,09*	
	Achim	*Beladung Paket-zustellfahrzeuge*	*9. 7.*	*30. 9. Plan 0,07*	
	Horst	*Informationsgespräche aller Mitarbeiter*			

Kumulierte Ergebnisse:

Januar	Februar	März	April	Mai	Juni	Juli	August	September	Oktober	November	Dezember
					0,11						

Termine B.A.S.I.S.-Meeting für das laufende Jahr:

Januar	Februar	März	April	Mai	Juni	Juli	August	September	Oktober	November	Dezember
						3. 7.	*14. 8.* *29. 8.*	*27. 9.*	*14. 10.* *21. 10.*	*15. 11.* *29. 11.*	*13. 12.*

GABLER GRAFIK

Abbildung 8-6-7: Beispiel für ein B.A.S.I.S.-Arbeitsblatt

kurzfristige Ziele gesetzt, aber jeder Manager soll selbst unmittelbare Probleme erkennen, Prioritäten setzen und Versprechen geben, die aufgetretenen Schwierigkeiten zu bewältigen. Jede Führungskraft bei UPS ist aufgefordert, sich beispielsweise auch selbständig um Gewinn- und Verluststatistiken zu bemühen, die die Unternehmensentwicklung darstellen.

Der sogenannte **Commitmentzyklus** ist in verschiedenen Stufen aufgebaut, die sämtliche Manager und Supervisoren kennen und beherrschen lernen sollen.

Die sogenannten **Grundelemente** des Geschäftes sollen die langfristigen Ziele von UPS hinsichtlich Service, Mitarbeiter, Kosten, Management und Operationen widerspiegeln. Die UPS-Manager haben dafür Sorge zu tragen, daß sie sämtliche Betriebsbereiche und Abteilungen in den jeweils vorgegebenen geeigneten Elementen, deren maximale Zahl 25 nicht überschritten werden sollte, regelmäßig messen.

Im Rahmen der **Jahresvorausplanung** werden vor Beginn jeden Jahres für jedes Element konkrete Jahres- und Monatsziele festgelegt, die Mindestanforderungen, sogenannte **MARs (Minimum Acceptable Requirements)**, beinhalten. Jeder Supervisor ist beispielsweise verpflichtet, in Zusammenarbeit mit Managern und Division Managern monatliche Aktionspläne für seine Arbeitsgruppe im Hinblick auf sinnvolle und mögliche Qualitätsverbesserungen aufzustellen und regelmäßig zu überprüfen. MAR's werden nach jedem Quartal im Hinblick auf ihren Nutzen und ihre Erreichbarkeit kontrolliert, sie können aber nie ohne Zustimmung der nächsthöheren Managementebene nach unten geändert werden.

Jedes Jahr werden auf National-, Regional-, Distrikt- oder Divisionsebene bestimmte Elemente als absolute Prioritäten festgelegt, wobei der Anteil an **Prioritätselementen** nicht mehr als 20 Prozent der Grundelemente betragen sollte.

Damit die Führungskräfte von UPS permanent wissen, wie sie persönlich beziehungsweise ihre Arbeitsgruppe oder ihr Verantwortungsbereich in bezug auf Etat, Planung und Ziele konkret abschneiden, werden zusätzlich **wöchentliche Statistiken**, sogenannte Add-a-lines, benutzt, die einen Überblick über die aktuellen Erfolge oder Mißerfolge geben können.

Monatlich werden dann übersichtliche **Profile** erstellt, die die angestrebten Ziele (MARs) mit den aktuellen Ergebnissen in den Prioritäts- und Grundelementen vergleichend darstellen. Abweichungen und Toleranzen werden statistisch ermittelt, und anschließend werden die Elemente herausgefiltert, deren Ergebnisse besonders schlecht waren und die demzufolge Handlungs- beziehungsweise Verbesserungsbedarf erkennen lassen. Hervorzuheben ist in diesem Zusammenhang, daß bei UPS nie von schlechten, sondern vielmehr von **letztbesten Ergebnissen** gesprochen wird. Beispielsweise müssen für sämtliche Prioritätselemente unter MAR von den UPS-Mitarbeitern unter der Verantwortung der Führungskräfte „Commitments" ausgearbeitet und in Arbeitsplänen dokumentiert werden. Auch Mitarbeiterprofile werden erstellt und analysiert. Wenn sich in einer Supervisorgruppe überdurchschnittlich viele „letztbeste" Mitarbeiter befinden, dann kann zusätzliche Unterstützung durch Manager beziehungsweise andere Supervisoren festgelegt werden, indem formelle und informelle Mitarbeitergespräche geführt werden oder Arbeiten eine Zeitlang gemeinsam erfolgen. Sämtliche Supervisoren und Manager von UPS verpflichten sich letztlich, bei sämtlichen Aktivitäten verantwortungsbewußt, zielorientiert und, allerdings bei kontinuierlicher Abstimmung mit den höheren Führungsebenen, selbständig zu handeln, um die Qualität sämtlicher Teile der Dienstleistungskette permanent sicherzustellen.

Weitere Instrumente und Methoden, die UPS zur Sicherung und kontinuierlichen Förderung der Qualität und Kundenzufriedenheit einsetzt, lassen sich erkennbar in nahezu allen Unternehmensbereichen beziehungsweise in sämtlichen „Teilen" der Servicekette ermitteln. Die Abhängigkeit der einzelnen Qualitätssicherungsmaßnahmen wird deutlich, wenn man sich überlegt, daß ein Fehler beziehungsweise eine fehlgeleitete Sendung zu Beginn des Paketkreislaufs nur dann ohne größere Folgen für den Kunden bleibt, wenn er spätestens in den nächsten Schritten der Dienstleistungskette erkannt und behoben werden kann.

UPS besitzt für jeden der drei innerdeutschen Regionalbereiche ein sogenanntes **Customer Service Telephone Center (CSTC)**, das heißt eine Telefonzentrale, in der aktuelle und potentielle UPS-Kunden von 08.00 bis 18.00 Uhr mit einer gebührenfreien Telefonnummer anrufen können. Das CSTC ist nicht nur für Auftragsannahmen, sondern auch für Paketnachforschungen zuständig. Im Rahmen eines UPS-eigenen Berichtswesens werden sämtliche Anrufe pro Stunde einschließlich Wartezeiten registriert, die dann als Basis für die Personaldisposition und damit für einen optimalen Kundenservice dienen.

Alle vier bis fünf Jahre werden auch regelmäßig sämtliche 50 000 UPS-Kunden befragt; zusätzlich erfolgen selektiv repräsentative **Kundenbefragungen** beispielsweise im Rahmen von Produktneueinführungen.

UPS verfügt über umfassende **Computersimulationsmodelle**, bei denen eine detaillierte Aufteilung des zu beliefernden Gebiets in bestimmte Zellen erfolgt, deren Tagesvolumen, Zustellmöglichkeiten, Quoten u.ä. festgelegt werden, so daß eine genaue Disposition der Fahrzeuge vorgenommen werden kann. Mit Hilfe dieses UPS-eigenen Computerprogramms kann das Unternehmen genau bestimmen, wieviele Zusteller aufgrund welcher Bedingungen wo zu welchem Zeitpunkt gebraucht werden, das heißt dieses Modell ermöglicht eine flexible, dynamische Anpassung an situative Gegebenheiten, wie saisonale Schwankungen im Paketversand beispielsweise an Weihnachten. So kann beispielsweise die Zustellreihenfolge geändert werden, und eine effiziente Personalauslastung wird möglich. Auch werden Fahrtstrecken simuliert und regelmäßig von Wirtschaftsingenieuren zusammen mit den Paketzustellern abgefahren.

Weitere Instrumente des Qualitätsmanagements bei UPS betreffen **Kontrollen der Arbeitssicherheit** sowie die **Ermittlung von Fluktuationszahlen** der Mitarbeiter als interne Qualitätsindikatoren. Ein Beschwerdemanagement führt UPS durch, indem die Paketzusteller, die bei der Auslieferung der Pakete in direkten Kundenkontakt mit dem Empfänger der Sendung kommen, dahingehend geschult werden, sich bei Beschwerden freundlich zu verhalten und angemessen zu reagieren sowie weiterreichende Probleme in der Niederlassung zu melden. Tägliche Treffen zwischen Kundendienstrepräsentanten, die jeweils ca. 500 bis 800 Kunden persönlich betreuen, und den UPS-Zustellern dienen hierbei dem Informations- und Erfahrungsaustausch über Kundenzufriedenheit und -unzufriedenheit.

Darüber hinaus werden bei United Parcel Service Deutschland im Rahmen des Qualitätsmanagements seit 1993 auch regelmäßig **Kundenzufriedenheitsmessungen** durchgeführt. Vierteljährlich ermittelt ein externes Marktforschungsunternehmen bei UPS-Kunden den sogenannten Customer Satisfaction Index, der für sämtliche UPS-Distrikte den Zufriedenheitsgrad der jeweiligen Kundengruppen angibt. Hierfür werden bundesweit jeweils 500 Kunden, die den UPS Bodenservice und 100 Kunden, die den UPS Express und UPS Euro Service in Anspruch genommen haben, telefonisch (mit Vorankündigung) danach befragt, ob sie mit den Dienstleistungen von United Parcel Service generell zufrieden sind und wie sie verschiedene Einzelleistungen, das heißt 20 bis 30 unterschiedliche Qualitätskriterien, bewerten. Berichte über die Ergebnisse dieser Kundenbefragungen werden den zuständigen UPS Distrikten zugesandt, und die jeweiligen regionalen Geschäftsführer diskutieren die Konsequenzen mit den betroffenen Mitarbeitern. Kurze Videos mit den zentralen Aussagen der Befragung werden hierbei unterstützend eingesetzt.

6.35 Erfolgskontrolle im Rahmen des Qualitätsmanagements

Im Rahmen eines Qualitätsmanagements ist es von zentraler Bedeutung, zum einen die vom Unternehmen durchgeführten Qualitätsaktivitäten, zum anderen die Entwicklung der Qualitätskosten zu kontrollieren. Das Controlling als computergestützte Überwachung der Gesamtqualität gestaltet sich in Form eines dauernden Berichts, der Analyse von Entwicklungen und der Überwachung von Korrekturmaßnahmen, einschließlich dem Betreiben eines formalisierten Mahnwesens. Das Controlling hat den Charakter eines permanenten Systemaudits, wobei das Schwergewicht allerdings auf der Motivation der Betriebe zur Selbstkontrolle liegen muß.

Bei UPS werden im Rahmen der **B.A.S.I.S.-Aktivitäten** ständige Qualitätskontrollen durchgeführt, indem die für die einzelnen Qualitätskriterien festgelegten Standards ständig überprüft werden.

Das umfassende **Berichtssystem beziehungsweise Betriebsvergleichssystem** von UPS versucht, mit täglichen Auswertungen von Leistungskennzahlen für die einzelnen Regionen und Distrikte bis hin zur Kontrolle des einzelnen Paketzustellers die Qualität der gesamten Transportkette kontinuierlich sicherzustellen. Auch **unangemeldete Audits beziehungsweise Stichprobenverfahren mit Checklisten** im Umfang von 60 bis 70 Seiten ermöglichen es UPS, sämtliche Unternehmenstätigkeiten und -prozesse im Detail zu überwachen.

6.4 Umsetzung der Qualitätsstrategie durch Marketing- und Personalmaßnahmen

Zur operativen Umsetzung der Qualitätsstrategie sind vom Dienstleistungsunternehmen neben klassischen Maßnahmen des Marketingmix auch Instrumente der Personalpolitik zu nutzen.

6.41 Umsetzung der Qualitätsstrategie im Rahmen der Angebotspolitik

Das **Dienstleistungsangebot** von United Parcel Service Deutschland umfaßt die Paket- und Dokumentenbeförderung „Haus-zu-Haus" von und zu sämtlichen Adressen in Deutschland für Sendungen bis maximal 70 kg Gewicht, 2,5 m Länge und einem Gurtmaß von 3,3 m. Eine Versicherung bis 500 DM ist im Beförderungspreis inbegriffen, weitere Leistungen wie Vordrucke, Dokumentation, Nachforschungen und Ablieferungsnachweise sind in einer wöchentlichen Servicepauschale von 10 DM für regelmäßige Versender und 2,50 DM für unregelmäßige Versender enthalten. Die Lieferzeit im Bodentransport beträgt für nahezu alle Relationen 24 Stunden oder weniger, nur für besonders weite Entfernungen werden zwei Tage benötigt, die Express-Zustellung erfolgt grundsätzlich mit einer „Geld-zurück"-Garantie am Arbeitstag nach der Abholung. Den Dokumenten- oder Briefdienst bietet UPS im Deutschlandverkehr seit der Lockerung des Beförderungsvorbehaltes der Post Mitte 1989 an. Auf dem internationalen Markt offeriert UPS ebenfalls Dokumenten- und Paket- beziehungsweise Warensendungen bis 70 kg sowie Frachtsendungen ohne Gewichtsbeschränkungen.

UPS Deutschland bietet für den Dokumentenversand den UPS-Envelope und seit 1985 den Paketversand bei Selbsteinlieferung oder Erteilung eines Abholauftrages mittlerweile auch privaten Kunden an. Schwerpunktmäßig wird das Dienstleistungsangebot jedoch von ca. 50000 regelmäßigen, mittelständischen Versendern, beim UPS-Envelope verstärkt im tertiären Sektor, in Anspruch genommen.

Neben der Angebotsausweitung im Dokumentenbereich hat sich UPS in den letzten zehn Jahren von einem reinen Paketdienst zu einem integrierten Transportunternehmen entwickelt, das umfassende Logistiklösungen vom Rohmaterial bis zum Endverbraucher anbietet.

UPS hat in bezug auf die **Kundengruppen** keinen besonderen Branchenschwerpunkt, allerdings werden vorzugsweise mittelständische Betriebe betreut. Auf der Empfängerseite werden, im Gegensatz zu vielen anderen privaten Zustelldiensten, gewerbliche und private Kunden gleichermaßen bedient. Unterschieden werden allerdings Empfänger und Versender von Paketen, da sie zum Teil sehr unterschiedliche Qualitätsanforderungen an die Zustelldienste stellen. Zudem differenziert UPS zwischen regelmäßigen und unregelmäßigen Versendern.

Folgende zusätzliche **Serviceleistungen für den Empfänger** der Pakete werden von UPS angeboten: Falls der Empfänger der Sendung nicht angetroffen wird, ist bei UPS mindestens ein weiterer Zustellversuch vorgesehen, falls notwendig sogar eine Dritt- oder Viertzustellung der Pakete ohne zusätzliche Kosten.

Eine weitere Serviceleistung ist der **terminsichere Rückholdienst**, das heißt auf schriftlichen Wunsch des ursprünglichen Versenderkunden werden die Pakete beim Empfänger wieder abgeholt und zurück an den Versender übermittelt.

Die **computergeführte Verfolgung des Paketlaufs**, das sogenannte „Tracking and Tracing", ermöglicht es dem Unternehmen UPS, jederzeit eine Standortbestimmung der einzelnen Express-Sendung durchzuführen. Insbesondere die elektronische Erfassung der Unterschrift des Paketempfängers erleichtert es betroffenen Personen, sofort weltweit festzustellen, wann diese Sendung am Bestimmungsort angekommen ist und wer sie hierbei in Empfang genommen hat. Mit Hilfe der Datenfunkübertragung MoDaCom (Mobile Datenkommunikation), dem D-Netz der Deutschen Bundespost Telekom und/oder der Übertragung per Satellit können diese Informationen bereits Minuten nach der Zustellung an den UPS-Kundendiensttelefonzentralen erfragt werden.

Für den **Versender der Pakete** werden von sämtlichen Paketdiensten u.a. folgende Dienstleistungen angeboten:

- Ablieferungsnachweise,
- Rückführung unzustellbarer Sendungen,
- Einfaches Formularwesen,
- Paketaufkleber,
- Nachforschung und
- Anschriftenberichtigung.

Im Rahmen der **internationalen Kurierdiensttätigkeit** bietet UPS zusätzliche Dienstleistungen an, die neben dem weltweit garantierten Haus-zu-Haus-Transport von Doku-

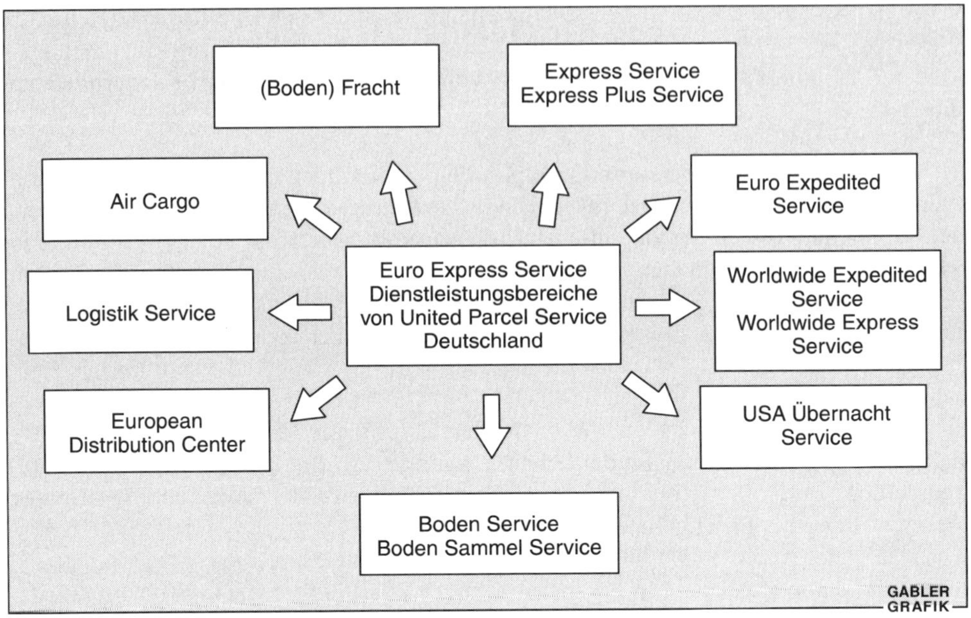

Abbildung 8-6-8: Das Dienstleistungsangebot von United Parcel Service Deutschland Inc.

menten und kleineren Warensendungen innerhalb von maximal zwei Tagen die komplette Zollabwicklung für Warensendungen mit kommerziellem Wert umfassen.

Mit dem elektronischen **„Customs Pre Alert System"** wird der Zollfreigabeprozeß bereits im Bestimmungsland eingeleitet, noch bevor die Sendung eingetroffen ist. Dieses System hilft, die Zollabfertigung sowie die Auslieferung der Sendung an den Empfänger zu beschleunigen. Bei der Annahme internationaler Transportaufträge hat UPS allerdings den maximalen Sendungswert auf 70000 DM festgelegt und Gefahrgüter vom Versand ausgeschlossen. UPS akzeptiert aber Unfreisendungen von und zu den meisten internationalen Bestimmungsorten. Einfuhrsendungen werden stets mit der gleichen Schnelligkeit, Wirtschaftlichkeit und den gleichen Vorteilen befördert wie Ausfuhrsendungen.

Zusammenfassend sind sämtliche Bereiche des Dienstleistungsangebots von United Parcel Service in Abbildung 8-6-8 dargestellt.

6.42 Umsetzung der Qualitätsstrategie im Rahmen der Kommunikationspolitik

Da bei Dienstleistungsunternehmen die Kommunikation häufig als Teil der Serviceleistung angesehen wird und in der Regel in der Phase der Leistungsbereitschaft erfolgt, sich aber auch während der eigentlichen Leistungserstellung abspielt, ergeben sich zwei verschiedene Kommunikationsstufen. Ziel der **Kommunikationspolitik** ist es daher zum einen, die Entscheidung des potentiellen Konsumenten, eventuell bestimmte Dienstleistungen nachzufragen, positiv zu beeinflussen und zum anderen, die Kunden zum Zeitpunkt des „Konsums der Dienstleistung" mit Hilfe kommunikationspolitischer Maßnahmen in ihrer Entscheidung zu bestätigen.

Bei den Kommunikationsinstrumenten sind Aktionen der direkten, persönlichen Kommunikation von großer Bedeutung, da durch den direkten Kontakt des Dienstleistungsanbieters beziehungsweise seiner Mitarbeiter zu den Dienstleistungsnachfragern eine Aufhebung der Anonymität und eine positive Beeinflussung am einfachsten möglich ist.

Das Dienstleistungsunternehmen United Parcel Service setzt zur Realisierung seiner Qualitätsstrategien hauptsächlich Instrumente der **persönlichen Markt- und Kundenkommunikation** ein. In der persönlichen Kommunikation mit regelmäßigen und unregelmäßigen Versenderkunden werden qualitätsbezogene Informationen von UPS kontinuierlich übermittelt, neueste Produkte vorgestellt und um persönliche Meinungsäußerungen gebeten. Letztlich will UPS stets die positive Mund-zu-Mund-Kommunikation zufriedener Kunden über Leistungen von UPS fördern, da diese Personen als wichtige Meinungsmultiplikatoren agieren können.

Der **Corporate Identity**, dem einheitlichen Unternehmensauftritt gegenüber den Kunden und der Öffentlichkeit, wird von UPS eine große Bedeutung zugemessen. Das Unternehmen setzte seit seiner Firmengründung auf ein einheitliches Erscheinungsbild. Die Richtlinien hinsichtlich Firmenlogo, Fuhrpark und Dienstbekleidung der Paketzusteller wurden von der amerikanischen Muttergesellschaft übernommen. Die auffallenden braunen Lieferwagen, deren Aufbauten und Fahrerkabinen Eigenkonstruktionen des Unternehmens UPS sind, werden täglich gewaschen; und auch die UPS-eigenen Flugzeuge werden nach einem besonderen Waschplan im 90-Tage-Zyklus gewartet, um nicht nur Sauberkeit nach außen zu demonstrieren, sondern auch, um die Lebensdauer der Fahrzeuge zu verlängern und bei den Flugzeugen weniger Treibstoff zu verbrauchen.

Bei UPS sind die **unpersönlichen Kommunikationsmittel**, wie Prospekte, Broschüren und Geschäftsberichte, von eher untergeordneter Bedeutung und dienen daher in erster Linie als Hilfsmittel bei der Vorbereitung, Unterstützung und Begleitung der persönlichen, direkten Kommunikation.

Die **UPS-Firmenbroschüre „Wir über uns“** übernimmt beispielsweise eine Informationsfunktion, indem sie dem Leser und potentiellen Kunden anhand von komprimierten, anschaulichen Übersichten die Qualitätsvorteile des Unternehmens bewußt machen soll.

In Printmedien geschaltete **Anzeigen** mit klar verständlichen Headlines wie „UPS bringt Sie auf den Weg.“ oder „Als ob Sie es selbst hinbringen.“ sollen dem Leser in knapper Form wesentliche Informationen über den Wettbewerbsvorteil von United Parcel Service liefern, wobei die Kernqualitäten Schnelligkeit, Zuverlässigkeit und Wirtschaftlichkeit in den Vordergrund gestellt werden.

Im folgenden wird im Rahmen der Kommunikationspolitik noch untersucht, welche Maßnahmen das Management von United Parcel Service ergriffen hat, um sich im Rahmen der **internen Kommunikation** mit den eigenen Mitarbeitern auszutauschen. Da UPS bestrebt ist, sämtliche Mitarbeiter beständig über Qualitätsziele und -strategien sowie spezielle Projekte zur Serviceverbesserung, die noch in Planung oder bereits durchgeführt worden sind, zu informieren, finden sich als Bestandteile der **internen Massenkommunikation** überall in den Abteilungen des Unternehmens **„Schwarze Bretter“** mit kontinuierlichen Veröffentlichungen über Qualitätsprogramme und -aktivitäten wie auch aufgehängte Plakate und (Sonder-)Berichterstattungen in der **Mitarbeiterzeitschrift** „Das Päckchen“, die jeweils für die verschiedenen Distrikte individuell gestaltet wird.

Zweck dieser internen Mitarbeiterkommunikation ist es zum einen, Begeisterung für durchzuführende Qualitätsprogramme zu wecken, zum anderen die qualitätsorientierte Arbeit der UPS-Angestellten zu würdigen und zudem wertvolle Ideen an Mitarbeiter beziehungsweise Abteilungen weiterzugeben, die möglicherweise Synergieeffekte für ihren Aufgabenbereich in der Dienstleistungskette nutzen können.

Im Rahmen der **internen Individualkommunikation** finden bei UPS jeden Morgen bei Arbeitsbeginn dreiminütige **Mitarbeitergespräche** in Gruppen statt, um die Aufgaben des Tages kurz zu besprechen und ein Spezialthema zu reflektieren. Auch regelmäßige **Treffen der B.A.S.I.S.-Qualitätsgruppen**, generell proklamierte **Teamarbeit** und **offene Türen** in sämtlichen UPS-Büros fördern die interne Kommunikation zwischen UPS-Mitarbeitern.

6.43 Umsetzung der Qualitätsstrategie im Rahmen der Preis- und Konditionenpolitik

Die **Preispolitik** hat die Aufgabe, über die Höhe der Preisforderungen für die angebotenen Transportdienstleistungen zu entscheiden. Bei den Einflußgrößen der Preispolitik der Transporteure handelt es sich u.a. um die Liefer- und Zahlungsbedingungen sowie die Provisionspolitik. Bei den Lieferbedingungen steht die Zeit des Versands im Vordergrund der Vereinbarungen, das heißt der Kunde kann wählen, ob die Sendung besonders schnell transportiert wird oder ob der übliche Transportweg für die Beförderung ausreicht.

Im Hinblick auf die **Zahlungsbedingungen** bei United Parcel Service ist festzustellen, daß grundsätzlich der Versender den Transport bezahlt, unter Umständen ist allerdings auch ein sogenanntes „Consignee Billing" erlaubt, bei dem dann der Empfänger der Sendung die Transportkosten übernimmt.

Im internationalen Verkehr von Sendungen sind bei UPS nach den Regeln für die Auslegung bestimmter im internationalen Handel gebräuchlicher Vertragsformeln, den sogenannten „Incoterms-Klauseln", diverse **Zahlungsformen und Frankaturen** möglich, wie beispielsweise „frei Haus", „unfrei ab Werk", „frei deutsche Grenze" oder „carriage forward". Sämtliche Steuern und Zölle gehen aber stets zu Lasten des Versenders.

Unter besonderer Berücksichtigung der Paketstruktur, das heißt der Anzahl der an einen Empfänger gerichteten Pakete, des Gewichts dieser Pakete sowie bestimmter Serviceanforderungen werden vom Unternehmen United Parcel Service zusätzlich **Mengenboni** und bestimmte **Sonderkonditionen** angeboten.

Um eine übersichtliche und einfache Preisermittlung für den Kunden zu ermöglichen, hat UPS die gesamte Welt in **sieben Zustellzonen** aufgeteilt und bietet so eine vereinfachte Festlegung des Beförderungspreises. Die jeweiligen Preise von UPS sind einer nach Gewichten und Entfernungszonen systematisierten **Preisliste** zu entnehmen. Mit Großversendern und Stammkunden werden jedoch meist **individuelle Preisverhandlungen** geführt. Wenn UPS sein Serviceversprechen, beispielsweise ein UPS-Envelope am nächsten Tag zuzustellen, nicht einhalten kann, dann gibt es für den betroffenen Kunden eine **„Geld-zurück-Garantie"**.

6.44 Umsetzung der Qualitätsstrategie im Rahmen der Distributionspolitik

Durch die Analyse der **Distributionskanäle** soll geklärt werden, mit welchen Mitteln United Parcel Service den sicheren und schnellen Sendungsablauf ermöglichen kann. Die elementaren Merkmale der Transportabwicklung bei UPS sind die Integration von Produktion und Absatz der Transportleistungen, die Wahl eines geeigneten Hub-and-Spoke-Systems und der Einsatz firmeneigener Frachtflugzeuge.

Die **Integration von Produktion und Absatz** bei UPS bedeutet, daß im Unterschied zu traditionellen Transportanbietern die Transportkette nicht aus der Verknüpfung der

Leistungen unterschiedlicher Transportanbieter, sondern aus einer durchgehenden Dienstleistung besteht, bei der „alles aus einer Hand" erfolgt. Durch die Minimierung der Schnittstellen wird die Abwicklung des Transportweges hinsichtlich der erforderlichen Zeit und der notwendigen Sicherheit optimiert. UPS verwendet im Rahmen seiner Zustelldienste firmeneigene Lkws und Flugzeuge, um eine reibungslose Distribution der Sendungen zu ermöglichen.

In bezug auf die Transporttechnik ist festzustellen, daß die wesentlichen Elemente zum Aufbau eines weltweiten, zuverlässigen Services eine oder mehrere zentrale Umschlagsanlagen, auch **Hubs** genannt, sowie die lokalen Depots bilden, die als Sammel- oder Verteilerstellen fungieren und die jeweils ersten Ansprechpartner der Kunden darstellen. Die lokalen Depots sind durch direkte Transportverbindungen, die sogenannten **Spokes**, mit dem jeweiligen Hub verbunden.

Die Standortwahl ist beim Hub-System von entscheidender Relevanz. Die Wahl der Distributionskanäle muß auf die Transportabwicklung abgestimmt sein, um optimale Laufzeiten zu erreichen. Das Hub-and-Spoke-System ist ausschlaggebend für die schnellen Beförderungszeiten von Gütern auf langen Strecken.

UPS Deutschland hat ein spezielles Drehscheibensystem mit den Hauptumschlagbasen in Hannover, Herne, Ginsheim-Gustavsburg, Ditzingen/Stuttgart, Nürnberg und Gera. Von dort wird die An- und Ablieferung vom oder zum Kunden mit den firmeneigenen dunkelbraunen Lieferwagen durchgeführt. Vorteile des Systems sind die kleinen Entfernungen zum Kunden, die eine schnelle Bedienung sicherstellen. Ein gut ausgebautes Niederlassungsnetz ist Voraussetzung dafür.

Die tägliche Tour ist bei UPS zweigeteilt, das heißt, vormittags beziehungsweise mittags werden die Pakete beim Empfänger zugestellt, im Laufe des Nachmittags erfolgt die Abholung der Pakete beim Versender mit den gleichen Fahrzeugen nach festen Zeiten. Lediglich Großversender werden gesondert behandelt. UPS fährt jeden dieser Versender zur Abholung von Paketen ganz automatisch zwischen 15 und 17 Uhr an, unabhängig davon, ob Pakete zum Transport bereitstehen oder nicht.

UPS Deutschland bietet seinen Kunden das **größte internationale Vertriebsnetz**; im Rahmen des internationalen Air Service bedient UPS derzeit bereits 200 Länder und Gebiete. Vom European Air Center, das sich seit 1986 am Flughafen in Köln/Bonn befindet, werden täglich mehrere 10 000 Pakete und Dokumente versandt, wobei die dort arbeitenden UPS-Angestellten Aufgaben wie Flugverkehr, Zuliefernah- und -fernverkehr, Paketsortierung, Verwaltung und Zollabfertigung zu erfüllen haben.

6.45 Umsetzung der Qualitätsstrategie im Rahmen der Personalpolitik

Zu den **personalpolitischen Maßnahmen** im Unternehmen zählen grundsätzlich die Bereiche der Personalauswahl, -schulung und -entwicklung.

Bei Zustelldiensten sind für die Servicebereiche Auftragsvergabe und Akquisition Mitarbeiter, die flexibel und freundlich auf Kundenwünsche eingehen, ein wichtiger Qualitätsfaktor. Im Unternehmen ist ein kompetenter **Ansprechpartner** für den UPS-Kunden unerläßlich, der mit dem Dienstleistungsangebot bestens vertraut ist und somit zu allen Fragen bezüglich des Transports fundierte Auskunft geben kann. Neben den Ansprechpartnern im Unternehmen, das heißt beispielsweise den Mitarbeiterinnen und Mitarbeitern der zentralen Kundendienst-Telefonzentralen, wird den **Paketzustellern** eine besonders große Bedeutung beigemessen. Bei Zustellung und Abholung der Pakete sind sie das Bindeglied zwischen dem Kunden und dem Paketdienst und bestimmen somit entscheidend die Qualität der Kundenbeziehung.

Zur Umsetzung seiner Qualitätspolitik führt das Unternehmen United Parcel Service verschiedene personalpolitische Maßnahmen durch:

Im Rahmen der **Personalauswahl** stellt UPS beispielsweise sehr hohe Anforderungen an die Paketzusteller, wie Abbildung 8-6-9 deutlich macht.

Für sämtliche potentiellen UPS-Mitarbeiter gilt zudem, daß sie im Rahmen ihres Bewerbungsgesprächs erkennen lassen sollten, daß sie mit freundlichem, selbstbewußtem Auftreten und Geradlinigkeit genau in die UPS-Unternehmenskultur passen. Wichtig ist dem Unternehmen UPS bei der Personalbeschaffung, daß der potentielle neue Mitarbeiter ins Team paßt, denn „Einzelkämpfer" sind bei UPS nicht gefragt.

In bezug auf **Aus- und Weiterbildung der Mitarbeiter** ist United Parcel Service sehr sorgfältig. Die neuen UPS-Mitarbeiter durchlaufen unmittelbar nach der Anstellung ein spezielles Ausbildungsprogramm für Paketzusteller, das sogenannte 21 Tage-Trainings- beziehungsweise Orientierungsausbildungsprogramm. Bevor der Zusteller eigenständig Pakete ausliefern darf, wird er sechs Tage lang vom Niederlassungs- beziehungsweise Einsatzleiter begleitet. Anschließend darf der Mitarbeiter, allerdings zunächst nur für zwei Tage, die Kundschaft allein bedienen. Insgesamt dauert das Trainingsprogramm mehrere Wochen, wobei zum Beispiel das korrekte Be- und Entladen des Fahrzeugs einen besonderen Stellenwert einnimmt.

Unter dem Leitspruch **„Wir befördern von innen heraus"** setzt UPS schon bei seiner Personalauswahl auf Mitarbeiter mit Entwicklungsmöglichkeiten, denn für höhere Positionen sollen möglichst Mitarbeiter aus eigenen Reihen gefunden werden, deren Stärken

Ideal-Anforderungsprofil und Aufgabenprofil für Paketzusteller	
Alter	24 bis 30 Jahre
Familienstand	Verheiratet
Ausbildung	■ Hauptschulabschluß ■ Abgeschlossene Berufsausbildung
Fahrpraxis	■ Mindestens 3 Jahre Fahrpraxis, davon die letzten beiden Jahre unfallfrei ■ Nicht mehr als 6 Punkte in Flensburg
Sonstiges	■ Abgeleisteter Wehr- oder Ersatzdienst ■ Polizeiliches Führungszeugnis ohne Eintragungen ■ Positive Referenzen vorheriger Arbeitgeber ■ Gesundheitliche Eignung ■ Leserliche Handschrift
Stellenbeschreibung	■ Be- und Entladen seines Fahrzeuges ■ Verantwortung für termingerechte Zustellung/Abholung von Paketen in einem Zustellgebiet ■ Sicheres Führen des Fahrzeugs ■ Sorgfältige Abwicklung der schriftlichen Arbeiten, korrektes Abrechnen der kassierten Nachnahmebeträge ■ Verantwortung für die Sauberkeit des Fahrzeugs
Nebenleistungen	■ Erhöhter Stundenlohn nach 6 Monaten Betriebszugehörigkeit ■ Spesen bei längerer Abwesenheit von der Niederlassung ■ Überstundenaufschläge ■ Fahrgeldzuschuß ■ Dienstkleidung wird gestellt ■ Einarbeitung durch Trainingsprogramm ■ Urlaubs- und Weihnachtsgeld ■ Vermögenswirksame Leistungen nach 6 Monaten
Arbeitszeit	■ 40 Stunden pro Woche (zum Teil regionale Unterschiede) ■ Bereitschaft zu Mehrarbeit muß vorhanden sein

GABLER GRAFIK

Abbildung 8-6-9: Anforderungs- und Aufgabenprofil für UPS-Zusteller

und Schwächen bereits bekannt sind. Die meisten UPS Manager und Supervisoren haben somit als Zusteller angefangen, als Mechaniker, Sachbearbeiter oder auch Teilzeitmitarbeiter einer Hauptumschlagsbasis und sich dann mit Engagement, Ehrgeiz, Teamgeist und neuen Ideen emporgearbeitet.

Damit sich das geschulte Kundenkontaktpersonal auch kundenorientiert verhalten kann, müssen im Unternehmen gewisse Voraussetzungen erfüllt werden, das heißt, es ist notwendig, daß das Arbeitsumfeld, das Design der Serviceaktivitäten und die innerbetrieblichen Arbeitsprozesse funktional richtig konzipiert werden. Die Zusammenarbeit zwischen Kundenkontaktmitarbeitern und „support"-Personal im „back office"-Bereich kann nur dann reibungslos funktionieren, wenn **innerbetriebliche Leistungsempfänger** als **interne Kunden** verstanden und behandelt werden. Beim Dienstleistungsunternehmen United Parcel Service heißt es hierzu wörtlich: „Service liegt in den Händen all jener, die Pakete handhaben, die den Kunden auf andere Weise bedienen und all derjenigen, die für die Mitarbeiter arbeiten, die Pakete handhaben – zum Beispiel in den Büros oder im Management." UPS versucht, optimale Kunden-Lieferanten-Beziehungen im Unternehmen dadurch zu realisieren, daß jedem UPS-Mitarbeiter in Schulungen das grundlegende Prinzip der Serviceorientierung gegenüber externen und internen Kunden vermittelt werden soll. Die Teilzeit- und Vollzeitkräfte aller Abteilungen und sämtlicher Hierarchieebenen müssen (spätestens) in Seminaren lernen, daß ihr Verhalten auch den Qualitätsanforderungen der internen Kunden zu entsprechen hat, das heißt beispielsweise, daß Dienstleistungen einer Verwaltungsabteilung an eine extern gerichtete Serviceabteilung auch spezifischen Qualitätsanforderungen entsprechen müssen.

Das Unternehmen UPS führt bei seinen Paketzustellern regelmäßige **Schulungen** für den richtigen **Umgang mit dem Fahrzeug** durch, damit die UPS-Zusteller die notwendige Qualifikation erlangen beziehungsweise nicht verlernen, insbesondere die Sicherheit im Straßenverkehr betreffend. Für unfallfreies Fahren erhalten die UPS-Zusteller dann auch Anerkennung durch das Unternehmen in Form von Geschenken und persönlichen Belobigungen.

UPS versucht zudem, seine Mitarbeiter zu motivieren, sich freiwillig für Aufgaben zu entscheiden, die nicht unbedingt attraktiv erscheinen, die aber bei erfolgreicher Erledigung gut belohnt werden, entweder mit **Beförderungsmaßnahmen** oder zumindest **finanziellen Anreizen**. Beispielsweise werden für die Paketsortierzentralen vom Unternehmen UPS viele Mitarbeiter eingestellt, wobei ein Großteil der Angestellten auf Vollzeitbasis arbeitet. Bei guter Arbeit in der Paketsortierung wird dem UPS-Mitarbeiter meist eine Chance auf eine Paketzustellerposition eröffnet; und gute Arbeit als Zusteller kann dann in einer aufsichtführenden Stellung resultieren, die Aktienanteile mit sich bringt. Eine erfolgreiche Karriere als „Supervisor" bietet überdurchschnittliche Gehälter und somit auch finanzielle Unabhängigkeit.

Um UPS-Mitarbeiter zu selbständigem Handeln zu ermutigen, werden sie mit umfassenden Entscheidungsfreiheiten ausgestattet, wie eine „Lieblingslegende" bei United Parcel Service dokumentiert. Ein regionaler UPS-Manager ergriff die Initiative, um eine fehlgeleitete Sendung von Weihnachtsgeschenken an ihre Bestimmungsorte zu bringen, indem er einen ganzen Güterzug mietete und zwei firmeneigene Boeing 727 aus ihrem Flugplan nahm. Als die Unternehmensleitung von UPS von diesen Aktivitäten des Managers erfuhr, wurde der Mitarbeiter belobigt und erhielt eine angemessene Prämie (vgl. Zeithaml/Parasuraman/Berry 1992, S. 124). Dieses sogenannte **Empowermentkonzept** ist wichtiger Bestandteil der UPS-Strategie, da das Unternehmen stets flexible

Mitarbeiter benötigt, die, mit ausreichend Handlungskompetenzen ausgestattet, problemlos insbesondere unvorhergesehene Schwierigkeiten im Zustellkreislauf beheben können.

6.5 Organisatorische Verankerung des Qualitätsmanagements

Die **Aufbau- und Ablauforganisation** einer Unternehmung nimmt entscheidenden Einfluß auf die Koordinierung und Durchsetzung der Qualitätspolitik am Markt. Während die Aufbauorganisation die sinnvolle arbeitsteilige Gliederung und Ordnung der betrieblichen Prozesse beinhaltet, baut die Ablauforganisation auf der Aufbauorganisation auf, das heißt die einzelnen Tätigkeiten im betrieblichen Ablauf sind unter wirtschaftlichkeitsorientierten Gesichtspunkten miteinander zu verknüpfen. Für das Qualitätsmanagement ergibt sich daraus beispielsweise die Aufgabe, einzelne qualitätssichernde Maßnahmen optimal in häufig schon bestehende Abläufe einzugliedern.

United Parcel Service beschäftigt, im Gegensatz zu vielen anderen Zustelldiensten, keine Subunternehmer beziehungsweise Franchisenehmer, obgleich zum Zeitpunkt der Unternehmensgründung nicht auf ein bestehendes Speditionssystem zurückgegriffen werden konnte. UPS Deutschland hat das Organisationskonzept von der Muttergesellschaft übernommen. Da keine Kooperation mit anderen Unternehmen angestrebt wurde, war es notwendig, Speditions- beziehungsweise Transportunternehmen aufzukaufen, um die erforderlichen Erlaubnisurkunden für den Güterfernverkehr zu bekommen. Das Unternehmen United Parcel Service GmbH teilte sich 1980 in UPS Deutschland Inc., die die Sortierung und Flächenverteilung der Pakete übernahm, und in UPS Transport GmbH, die die langen Strecken bedient.

Bei UPS können an den gezielten Serviceverbesserungsaktivitäten alle Mitarbeiter sämtlicher Unternehmensebenen aus allen Abteilungen und Niederlassungen beteiligt sein, je nachdem, ob sie für das jeweils anstehende Problem mit ihrem „Service-Expertenwissen" zur Lösung beitragen können. Somit kommen Anreize für Qualitätsverbesserungen von den verschiedensten Abteilungen beziehungsweise aus allen Bereichen des Paketkreislaufes.

Die Verantwortung für die Sicherstellung der Qualität liegt allerdings stets bei den einzelnen Fachabteilungen in den jeweiligen Distrikten, die für ihre Fehler selbst einstehen müssen, aber auch Erfolge für sich registrieren können.

Im Hinblick auf die **Aufbauorganisation** von UPS setzt das Unternehmen auf eine eher **hierarchische Struktur**, in der die Mitarbeiter nach festgelegten Regeln und Ablauf-

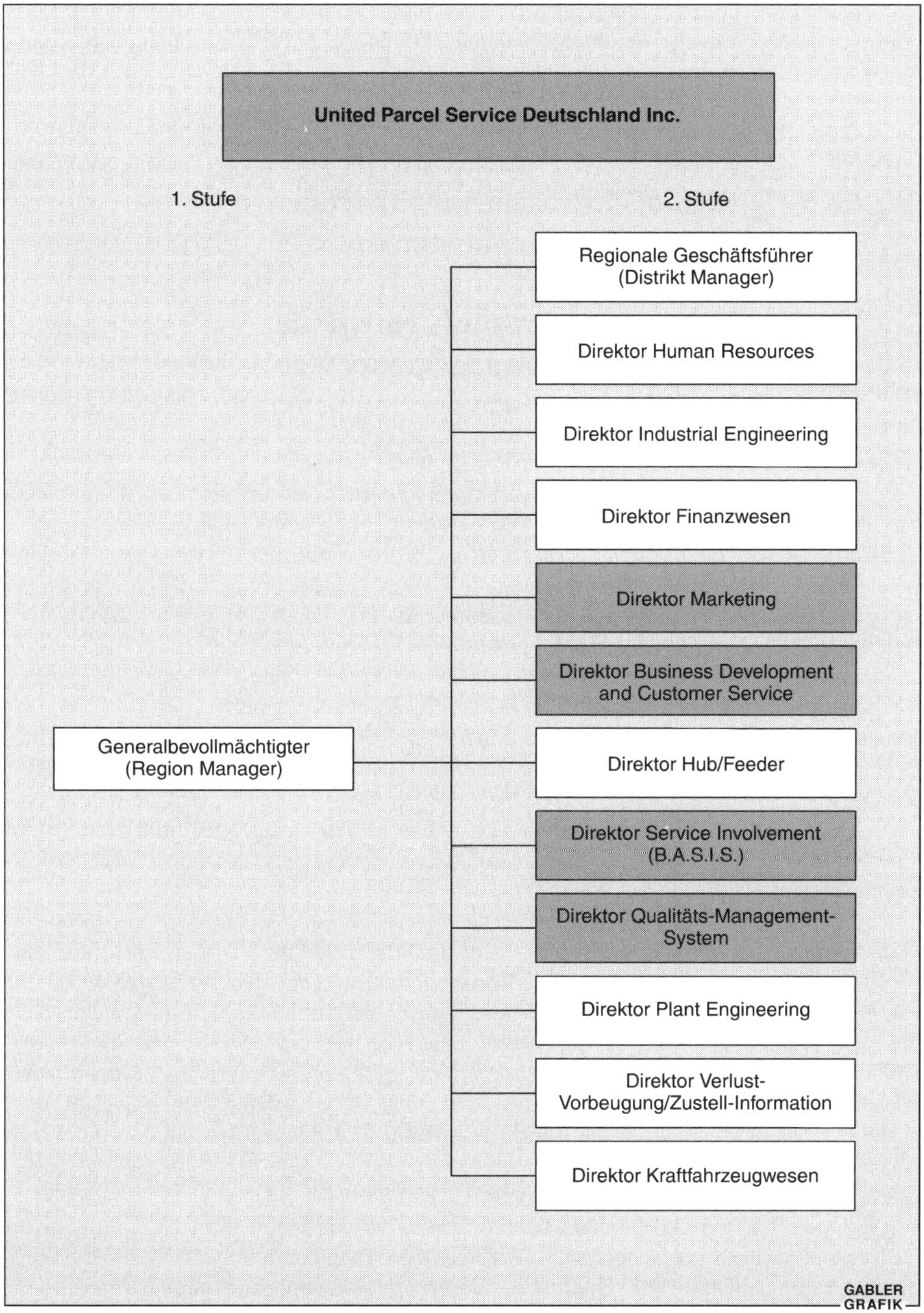

Abbildung 8-6-10: Organisationsstruktur von United Parcel Service Deutschland Inc.

plänen arbeiten. Die Abteilung Qualitätssicherung ist hierbei im Unternehmen UPS bewußt vom Marketing getrennt, um die eher unternehmensintern gerichteten Qualitätskontrollen vom externen, marktorientierten Auftreten nach außen zu trennen.

Zur qualitätsbezogenen Organisationsstruktur bei UPS Deutschland läßt sich generell feststellen, daß in verschiedenen Abteilungen des Unternehmens Qualitätsaufgaben wahrgenommen werden, wie Abbildung 8-6-10 verdeutlicht.

6.6 Erfolgsfaktoren und -potentiale des Qualitätsmanagements von United Parcel Service Deutschland

Faktoren, die in hohem Maße den langfristigen Unternehmenserfolg beeinflussen, werden als **Erfolgsfaktoren** bezeichnet. Die Erfolgsfaktoren eines Unternehmens ergeben sich aus dem Abgleich seiner überlegenen Fähigkeiten mit den Faktoren der Kaufentscheidung. Das Dienstleistungsunternehmen UPS begründet seinen Erfolg mit der konsequenten Ausrichtung sämtlicher Unternehmensaktivitäten darauf, die Verpflichtungen beziehungsweise Serviceversprechen gegenüber den Kunden tagtäglich zu erfüllen, um damit optimale Kundenzufriedenheit erwirken zu können. Die Flexibilität gegenüber Kundenwünschen und die Reagibilität des Unternehmens gegenüber mittel- bis langfristigen Marktveränderungen bestimmen den Markterfolg. Bei UPS wird versucht, Qualität im Qualitätskreis zu planen und zu realisieren, das heißt jeder Mitarbeiter hat seinen Teil zur Qualität des intangiblen Produktes beizutragen und damit auch zur Qualitätsverantwortung. United Parcel Service stützt sich neben seinen engagierten, motivierten und leistungsorientierten Mitarbeitern auch auf das ausgedehnte und leistungsfähige Verteilernetz des Unternehmens.

UPS konzentriert sich weiterhin auf Paketsendungen, dehnte das Angebot dafür auf nationale und regionale Märkte aus, die im Hauptlauf über den Straßengüterverkehr bedient werden. Da sich UPS allerdings immer neuen Wettbewerbern im Paketexpreßmarkt gegenübersieht, die beispielsweise einen 24-Stunden-Service garantieren und einen zunehmenden Preiskampf auslösen, wird UPS sein erfolgreiches Qualitätsmanagementkonzept in Zukunft weiterentwickeln, um die exzellente Marktposition noch ausbauen, das heißt weltweit die Führungsposition in der Paketdistribution einnehmen zu können.

Um ein umfassendes Total Quality Management zu verwirklichen, wird das Unternehmen UPS beispielsweise versuchen, seine auf der Mitwirkung sämtlicher Mitarbeiter beruhende Führungsmethode, die Qualität in den Mittelpunkt stellt und durch Zufriedenstellung der UPS-Kunden auf langfristigen Geschäftserfolg sowie auf Nutzen für die Mitarbeiter und die Gesellschaft zielt, noch weiter zu verbessern. Die für ein TQM notwendige Organisationsstruktur, die Zuständigkeiten, Verfahren und erforderlichen finanziellen und personellen Mittel sind bei UPS noch weiter zu ergänzen. Insbesondere die intern und extern gerichteten, kontinuierlich durchzuführenden Marktforschungsuntersuchungen, wie die bereits bestehende Customer Satisfaction Index-Befragung, werden in Zukunft noch erweitert werden, um Kunden- und Mitarbeiterzufriedenheit auch weiterhin permanent sicherstellen zu können.

7.

Fallstudie
BERTELSMANN CLUB GmbH

Dokumentation: Dr. Manfred Kirchgeorg/Dr. Nicolaus Müller

Die Verfasser danken Herrn Dr. Stephan Buchner (Geschäftsleitung Marketing) und den übrigen beteiligten Mitarbeiterinnen und Mitarbeitern der Bertelsmann Club GmbH für die großzügige Bereitstellung von Unterlagen und die Unterstützung während der Fertigstellung der Fallstudie.

7.1 Markenpolitische Ausgangssituation des Bertelsmann Clubs

Der Bertelsmann Club ist eine 100prozentige Tochtergesellschaft der Bertelsmann AG und erzielte in Deutschland in den Jahren 1985-1989 schwerpunktmäßig mit dem Verkauf von Buch-, Tonträger- und Videoprodukten an ungefähr vier Millionen Club-Mitglieder im Versand- und Filialgeschäft einen durchschnittlichen Jahresumsatz von ca. 550 Millionen DM.

Die für die Geschäftsaktivitäten gewählte Bezeichnung „Bertelsmann Club" hat sich über Jahrzehnte hinweg einen Markencharakter erworben. Markenpolitisch ist die Form der gewählten Markenstrategie bis Anfang der neunziger Jahre als **Mono- beziehungsweise Einmarkenstrategie** zu kennzeichnen. Hierbei nimmt die Marke „Bertelsmann Club" den Charakter einer **Dienstleistungsmarke** an. Die Club-Mitgliedschaft wird im Vertrauen auf eine besondere Leistungsfähigkeit erworben, die erst im Laufe der Zeit für einen Kunden durch konkrete Leistungsbeweise überprüfbar wird. Aufgrund des immateriellen Charakters erfordern die Akquisition neuer Club-Mitglieder sowie die Schaffung einer langen Club-Bindung und eines hohen Club-Umsatzes besondere markenstrategische Anstrengungen. In diesem Zusammenhang bilden neben den konkreten Leistungsbeweisen der Aufbau eines vertrauensvollen Markenimages und Ansätze der Visualisierung des Club-Angebotes nach dem Grundsatz „Make the intangible tangible" gerade für die Neu-Kundenakquisition zentrale Erfolgsfaktoren.

Die Vertriebspolitik des Bertelsmann Clubs ist durch ein zweistufiges Absatzsystem gekennzeichnet. Diese Entscheidung geht auf den Firmengründer Reinhard Mohn zurück, der ab 1950 Bücher und später auch Tonträger- beziehungsweise Videoprodukte auf Basis eines **zweistufigen Club-Systems** vertrieben hat. Einerseits ist es dem Clubmitglied möglich, über die Auswahl im Club-Katalog das Leistungsangebot direkt per Post zu beziehen. Andererseits wurde der Buchhandel in die Akquisitions- und Vertriebsarbeit des Bertelsmann Clubs einbezogen. Kooperierende Handelsunternehmen wurden primär in die Gewinnung von Mitgliedern integriert und hielten vor Ort das Club-Angebot in ihrem Sortiment für die Mitglieder bereit. Der Bertelsmann Club übernahm vor allem die Bereitstellung von Produktleistungen sowie die Mitgliederbetreuung (zum Beispiel Katalogzusendung). Der Vorteil der Vertriebskooperation bestand darin, daß die hohen Aufwendungen für die Akquisition von Mitgliedern von den Handelspartnern getragen wurden. Die kooperierenden Handelsunternehmen profitierten wiederum davon, daß sie einen festen Anteil der Mitgliedererlöse erhielten. Das zweistufige Club- System entwikkelte sich für beide Seiten lange Zeit positiv.

Interessenkonflikte traten erst auf, als mit zunehmender Marktdurchdringung zahlreiche der mit den Handelsunternehmen zusammenarbeitenden Vertriebsfirmen zu einer aggressiven Mitgliederakquisition und „unseriösen" Werbemethoden übergingen. Das Verhalten der selbständigen Vertriebsfirmen bewirkte eine starke Marktverunsicherung, eine wachsende Unzufriedenheit der Club-Mitglieder und erhebliche markenbezogene Imageprobleme. Aus diesem Grund übernahm der Bertelsmann Club 1985 auch die Verantwortung für die Mitgliedergewinnung und baute eine **eigene Außendienstorganisation** auf. Es wurde jedoch in den Jahren 1985 bis 1989 deutlich, daß sich die firmeneigene Vertreterwerbung unter Renditegesichtspunkten kaum noch zur Gewinnung von Club-Mitgliedern eignete. Darüber hinaus konnte die unternehmenseigene Vertriebsorganisation das in der Vergangenheit geprägte ,,Drückerimage" nicht verbessern.

Vor diesem Hintergrund sah sich das Unternehmen 1989 veranlaßt, seine bisherige Marketing- und Markenstrategie grundlegend zu überdenken und neue Profilierungsansätze sowie innovative Formen der Kundenansprache zu entwickeln. Voraussetzung hierfür war es zunächst, durch eine umfassende Situationsanalyse eine geeignete Informationsgrundlage für die Entscheidungsfindung bereitzustellen.

7.2 Situationsanalyse

Grundlage eines neuen Profilierungskonzeptes bildete zunächst eine systematische Analyse der Markt- und Unternehmenssituation. Die Erfassung dieser Informationen bildete die Ausgangsposition, um die markenstrategischen Schlüsselfaktoren des Bertelsmann Clubs in Form einer Chancen/Risiken- und Stärken/Schwächen-Analyse abzuleiten. Hierauf aufbauend wurden entsprechende Marketingziele sowie die notwendigen strategischen und operativen Markenentscheidungen zur Profilierung fixiert.

7.21 Marktsituation

Als wichtige Teilbereiche der Unterhaltungsindustrie lassen sich insbesondere der Buch-, Tonträger- und Videomarkt identifizieren. Die genannten Sektoren waren Mitte bis Ende der achtziger Jahre durch ein moderates Wachstum gekennzeichnet (vgl. Abbildung 8-7-1).

Der gesamte westdeutsche **Buchmarkt** hatte im Zeitraum von 1985 bis 1989 eine jährliche Umsatzsteigerung zwischen 4 und 6 Prozent zu verzeichnen. Diese Entwicklung wurde auch für die neunziger Jahre prognostiziert. Der Gesamtbuchmarkt teilte sich 1989 zu ca. 40 Prozent in spezielle Fachbücher und wissenschaftliche Publikationen sowie zu ca. 60 Prozent in allgemeine Literatur auf. Im letzteren Bereich wurden ungefähr dreimal so viele Hardcover-Bücher wie Taschenbücher und Billigbücher (Mangelexem-

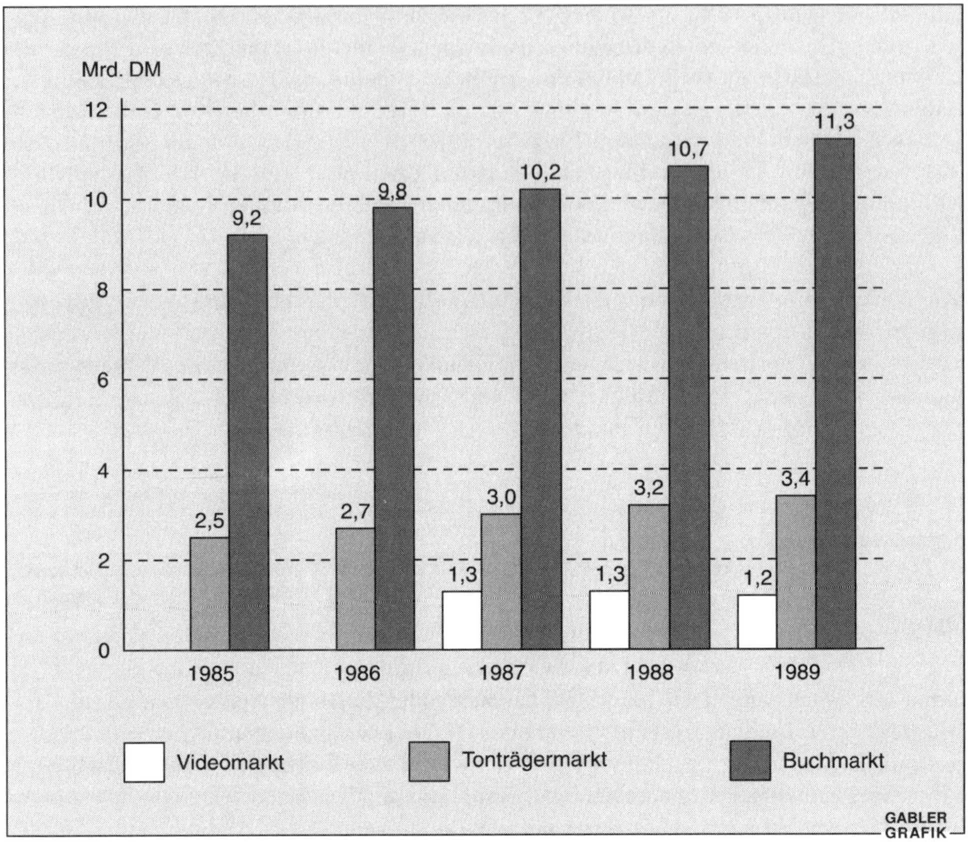

Abbildung 8-7-1: Entwicklung des Buch-, Tonträger- und Videomarktes in Westdeutschland in den Jahren 1985–1989 (Quelle: Bertelsmann AG)

plare, Restauflagen, Sonderausgaben) verkauft. Es war jedoch in der Zukunft davon auszugehen, daß der Absatz von Hardcover-Exemplaren im Vergleich zu Taschen- und Billigbüchern unterproportional zunehmen würde.

Der **Tonträgermarkt** in Westdeutschland war in den Jahren 1985 bis 1989 wertmäßig permanent um mehr als 6 Prozent gewachsen. In den neunziger Jahren sollten sich die jährlichen Wachstumsraten voraussichtlich noch erhöhen. Gegenwärtig umfaßt über die Hälfte des Tonträgermarktes internationale Popmusik und ca. ein Viertel nationale Musikprodukte, während ca. 20 Prozent des Gesamtmarktes durch klassische Musik und Produkte für Kinder abgedeckt wurden. In diesem Zusammenhang zeichnete sich eine drastische Bedeutungsverschiebung zwischen den Tonträgerarten Compact Disc (CD) auf der einen Seite sowie Langspielplatte (LP) und Single auf der anderen Seite ab. Es war damit zu rechnen, daß der Umsatzanteil von CD's am Gesamtmarkt bis Anfang der neunziger Jahre auf mehr als 80 Prozent ansteigen und der Anteil von LP's beziehungsweise Singles unter ca. 5 Prozent sinken würden. Im gleichen Zeitraum würde der wertmäßige Marktanteil von Musikcassetten (MC) vergleichsweise stabil verlaufen.

Der westdeutsche **Videomarkt** hatte sich 1987 bis 1989 mengenmäßig kontinuierlich ausgeweitet, obwohl der Gesamtumsatz aufgrund der Preiserosion nahezu konstant blieb. In diesem Zusammenhang war davon auszugehen, daß das Marktvolumen in den neunziger Jahren noch stärker wachsen würde. Zudem zeichnete sich im Videomarkt eine Veränderung im Hinblick auf den Verleih beziehungsweise Verkauf von Videocassetten ab. Es war zu erwarten, daß der Absatz von Kaufcassetten zukünftig deutlich zunehmen und bis Mitte der neunziger Jahre ungefähr die Hälfte des gesamten Videoumsatzes ausmachen würde. Hierbei würde der Schwerpunkt der gekauften Videocassetten voraussichtlich mit über 75 Prozent bei Kinder- und Spielfilmen liegen.

7.22 Konsumentensituation

Innerhalb der Unterhaltungsbranche ließen sich im Zeitablauf **Bedürfnis- und Verhaltensveränderungen** bei den Konsumenten feststellen. Als eine wichtige nachfragerbezogene Entwicklung war die Bildung einer „hybriden" Konsumstruktur zu sehen. So stand der Nachfrage nach niedrigpreisigen Produktleistungen des täglichen Bedarfs oftmals der Wunsch nach einem erlebnisbezogenen Luxuskonsum und Freizeitverhalten gegenüber. Daneben zeichnete sich eine fortschreitende Individualisierung beziehungsweise Fragmentierung des Konsumentenverhaltens ab, die zu einem steigenden Angebot an Special Interest- und Lifestyle-Literatur (zum Beispiel bei Zeitschriften: Country, Vital, Prinz) führte.

Es war weiterhin zu erkennen, daß sich das **medienspezifische Nutzungsverhalten** der Bevölkerung von 1980 bis 1990 gewandelt hatte (vgl. Abbildung 8-7-2). So wurde den Bereichen Fernsehen und Radio ein immer größerer Stellenwert in der Freizeitgestaltung beigemessen. Die TV-Nutzung war im Durchschnitt von 125 Minuten auf 133 Minuten (ca. + 6 Prozent), die Einschaltzeit beim Radio sogar von 135 auf 177 Minuten pro Tag (ca. + 31 Prozent) angestiegen. Darüber hinaus wurde Videofilmen zunehmend mehr Zeit gewidmet. Im Vergleich dazu wurden vor allem Tageszeitungen und Bücher deutlich weniger gelesen sowie Tonträger weniger gehört. Bis Anfang der neunziger Jahre war der durchschnittliche Gebrauch von Tageszeitungen um ca. 27 Prozent, von Büchern um ca. 22 Prozent und von Tonträgern um ca. 7 Prozent zurückgegangen. Zeitschriften waren von dem allgemein rückläufigen Verwendungsverhalten im Bereich der Printmedien jedoch kaum betroffen.

In diesem Zusammenhang wurde in einer vom Bertelsmann Club durchgeführten Untersuchung deutlich, daß in Abhängigkeit vom Alter der Mitglieder eine Verschiebung bezüglich der **Beschäftigung mit Büchern beziehungsweise Musik** eingetreten war.

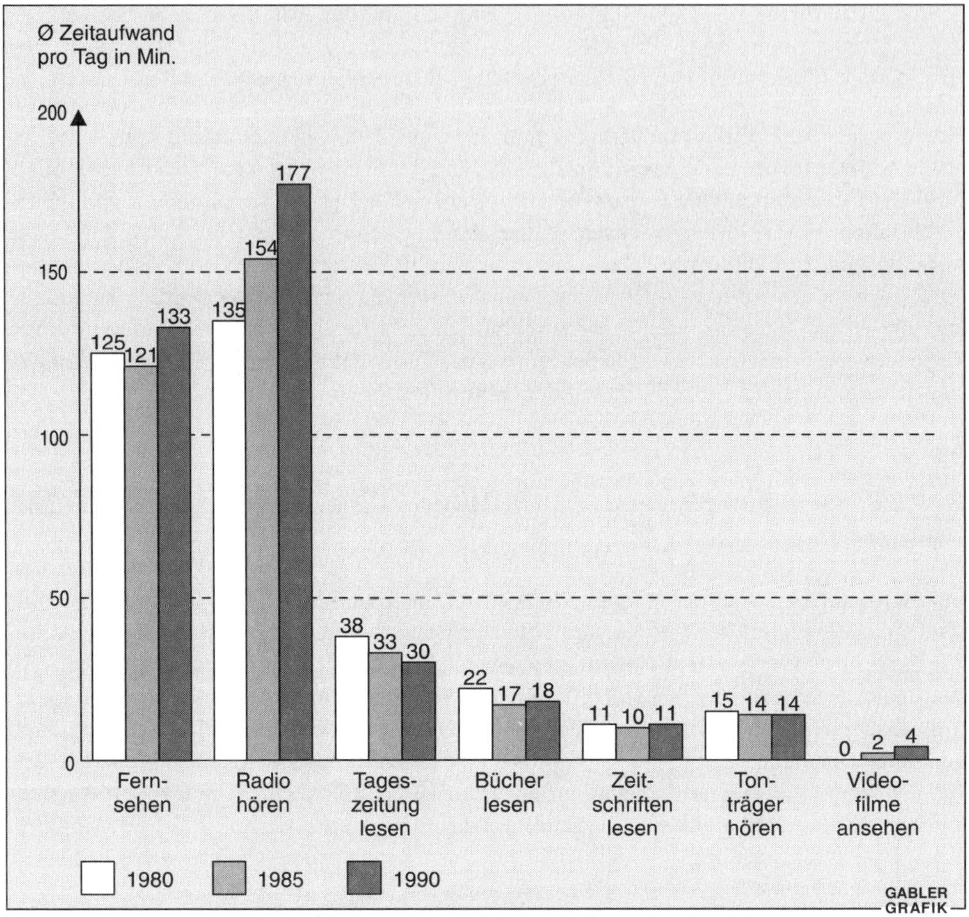

Abbildung 8-7-2: Nutzung ausgewählter Medien im Zeitraum 1980–1990
(Quelle: Bertelsmann AG)

Während ältere Menschen eher Bücher lasen als Musik hörten, ist es bei jüngeren genau umgekehrt. So beschäftigten sich von den 30- bis 49jährigen ca. 20 Prozent mehr und von den über 50jährigen sogar knapp 35 Prozent mehr Personen mit Büchern als mit Musik. Demgegenüber zogen in der Altersgruppe bis 30 Jahre 10 Prozent mehr Befragte das Musikhören dem Lesen von Büchern vor.

7.23 Wettbewerbssituation

Im Rahmen der Analyse der Wettbewerbssituation ließen sich aus der Sicht des Bertelsmann Clubs direkte und indirekte Konkurrenten unterscheiden. Zu den **direkten Konkurrenten** zählten diejenigen Unternehmen, die auf der Basis von Kundenclubs im Buch-, Tonträger- und Videomarkt tätig waren. Es zeigte sich, daß die beschriebene Unterhaltungsbranche im Jahr 1988 durch eine **oligopolistische Anbieterstruktur** gekennzeichnet war. Von den drei wichtigsten Anbietern Bertelsmann Club, Deutscher Bücherbund und Büchergilde Gutenberg wurden über 90 Prozent des Gesamtmarktes abgedeckt, wobei der Bertelsmann Club eine klare Marktführerposition einnahm. Dem Unternehmen wurden dabei die Universal-Clubs Deutsche Buch-Gemeinschaft und Europäische Bildungsgemeinschaft sowie die eigenen Spezial-Clubs (u. a. Historische Buchgemeinschaft, Ring der Musikfreunde, Mail Music) untergeordnet.

Da der Bertelsmann Club seine markenbezogenen Produktleistungen sowohl über Directmail als auch über ca. 300 Filialen anbot, gehören zu den **indirekten Konkurrenten** jene Unternehmen, die auf der Grundlage einer Versand- oder stationären Handelstätigkeit Bücher, Tonträger beziehungsweise Videos an Konsumenten verkaufen. Ein Teil der indirekten Wettbewerber legt den strategischen Schwerpunkt auf beträchtliche Investitionen in die Verkaufsfläche der Filialen. Vor allem Warenhausketten und große Handelsorganisationen treten in den städtischen Ballungsgebieten durch den Aufbau großer **Medien-Center** in einen erbitterten Kampf um Marktanteile ein. Dies könnte beim Bertelsmann Club zu einer Absatz- beziehungsweise Umsatzverschlechterung führen, da die Größe der Filialen normalerweise in Abhängigkeit von der Anzahl der am Ort ansässigen Mitglieder bestimmt wird. Ein anderer Teil der indirekten Wettbewerber wird zukünftig versuchen, sich stärker als **Versandbuchhändler** zu etablieren, indem sie die bestehenden Buchhandelskunden laufend über Neuerscheinungen und Sonderangebote informieren. Hierdurch würde beim Bertelsmann Club insbesondere das klassische Katalog-Geschäft gefährdet. Es ergab sich deshalb die Notwendigkeit, verstärkt in ein Database-Management zu investieren, das die Basis für ein systematisches und effizientes Direktmarketing bildete.

Darüber hinaus wurde der Bertelsmann Club durch eine fortschreitende Polarisierung der Einkaufsstätten im Buch-, Tonträger- und Videomarkt bedrängt. So entstanden auf der einen Seite **Discount-Konzepte** wie Bestseller-Shops beziehungsweise moderne Antiquariate und auf der anderen Seite **erlebnisorientierte Einkaufsstätten** wie World of Music beziehungsweise Saturn. Für den Bertelsmann Club könnten angesichts dieser Situation hieraus Probleme in der Art auftreten, daß die Kompetenz des Unternehmens von den Konsumenten nicht mehr ausreichend wahrgenommen würde. Dies ließ sich am Beispiel des Buchmarktes veranschaulichen (vgl. Abbildung 8-7-3). Während die Konsumenten den Fachhandel wegen der breiten Auswahl und der guten Beratung schätzten, wurde der Kauf von Büchern in Kauf- und Warenhäusern aufgrund der angenehmen

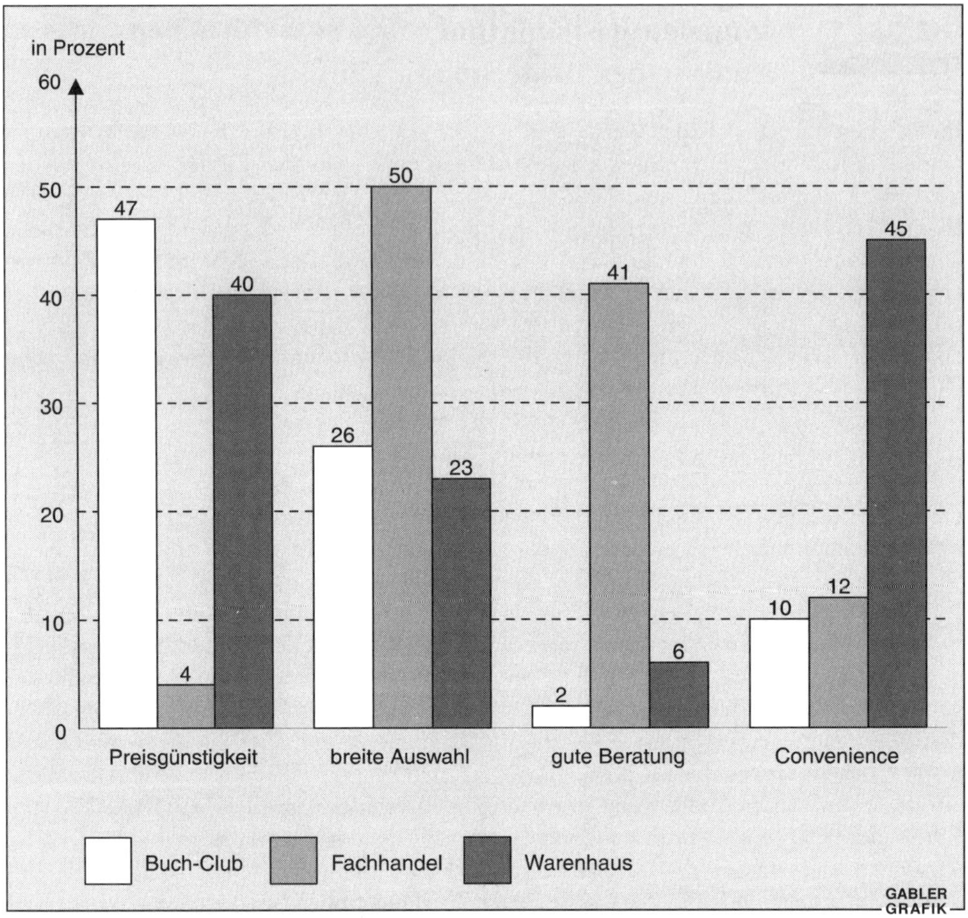

Abbildung 8-7-3: Bedeutung ausgewählter Kriterien beim Kauf von Literatur in unterschiedlichen Vertriebswegen
(Quelle: Bertelsmann AG)

Atmosphäre in der Einkaufsstätte (Convenience) und der preisgünstigen Angebote bevorzugt. Demgegenüber beurteilten die Konsumenten generell bei einem Buch-Club primär den Preisvorteil als positiv, wobei ein solcher jedoch auch bei Kauf- und Warenhäusern als weitgehend gegeben angenommen wurde. Es zeigten sich deutliche Tendenzen, daß in Zukunft den Kaufkriterien Programmbreite und Preis-/Leistungsverhältnis eine stärkere Bedeutung zukommen würde. Deshalb lag der markenbezogene Handlungsbedarf für den Bertelsmann Club neben einer grundsätzlichen Verbesserung des Markenimages schwerpunktmäßig im Kompetenzaufbau bei der Programmauswahl und Preisgünstigkeit.

7.24 Chancen/Risiken- und Stärken/Schwächen-Analyse des Bertelsmann Clubs

Die geschilderte Marktentwicklung war mit Risiken für den Bertelsmann Club verbunden. Mit Blick auf die markenstrategischen Herausforderungen lassen sich zusammenfassend folgende strategische Schlüsselfaktoren im Rahmen einer **Chancen/Risiken-Analyse** identifizieren (vgl. Abbildung 8-7-4).

Marktbezogene Risiken wurden in dem relativ geringen Wachstum des Buchmarktes und in der Bedeutungsverschiebung von Printmedien zu elektronischen Medien gesehen, da ungefähr die Hälfte des Unternehmensumsatzes auf Bücher entfiel. Demgegenüber wurden die positiven Wachstumsprognosen im Tonträger- und Videobereich als Chance betrachtet, wenn es dem Unternehmen gelingen würde, sein Engagement in diesen Märkten zu intensivieren. Der Bertelsmann Club erwartete weiterhin, daß sich die zunehmende Zahl berufstätiger Singles, deren Einkaufsmöglichkeiten aufgrund restriktiver Ladenöffnungszeiten begrenzt waren, günstig auf das Club-Geschäft auswirken würde. Darüber hinaus bot sich zusätzliches Wachstumspotential bei älteren Bevölkerungsgruppen, denen ein Versandgeschäft wegen ihrer oftmals eingeschränkten Mobilität besonders entgegenkam.

Externe Faktoren	Chancen	Risiken
Markt	■ Starkes Wachstum im Tonträger- und Videomarkt ■ Zunahme berufstätiger Singles und älterer Bevölkerungsgruppen	■ Vergleichsweise geringes Wachstum im Buchmarkt ■ Substitution von Printmedien durch elektronische Medien
Konsument	■ Steigendes Preisbewußtsein ■ Zunehmende Individualisierung des Konsumentenverhaltens ■ Trend zu erlebnisorientierter Freizeitgestaltung ■ Streben nach mehr Convenience	■ Abnehmende Club-Bindung ■ Stagnierende Pro-Kopf-Umsätze im Club-Geschäft ■ Vermehrtes Fremdkaufverhalten von Club-Mitgliedern ■ Nachlassende Leseintensität im Buchsektor
Wettbewerb	■ Marktführerschaft im Club-Geschäft schafft strategische Gestaltungsspielräume ■ Technologische Entwicklungen (zum Beispiel „Electronic Publishing") ermöglichen bessere Wettbewerbsdifferenzierung	■ Trend zum Taschenbuch und Billigbuch erhöht Wettbewerb ■ Steigender Wettbewerb bei Aufhebung der Preisbindung für Bücher (EG-Harmonisierung) ■ Hoher stationärer Flächenwettbewerb gefährdet Expansion im Filialsystem des Bertelsmann Clubs

GABLER GRAFIK

Abbildung 8-7-4: Chancen und Risiken beim Bertelsmann Club

Auf der **Nachfrageseite** wurde das steigende Preisbewußtsein der Konsumenten positiv beurteilt, da ein wesentlicher Vorteil des Club-Systems in der Preisgünstigkeit des Leistungsangebots lag. Als wichtige konsumentenbezogene Marktrisiken wurden die abnehmende Club-Bindung, eine allgemein zurückhaltende Kaufaktivität und ein vermehrtes Fremdkaufverhalten der Club-Mitglieder eingeschätzt. Ein möglicher negativer Einfluß auf das Club-Geschäft wurde zudem in dem rückläufigen Leseverhalten der Bevölkerung gesehen. Im Vergleich hierzu wurde damit gerechnet, daß sich der Wunsch nach mehr Convenience beim Kaufverhalten positiv auf Kunden-Clubs auswirken würde. Außerdem eröffnete der Trend zu einem stärker individualisierten und erlebnisbetonten Konsumentenverhalten dem Bertelsmann Club zusätzliche Expansionsmöglichkeiten bei einer entsprechenden Anpassung und Erweiterung der markenspezifischen Club-Leistungen.

Die Betrachtung der **Wettbewerbssituation** verdeutlichte, daß der hohe Flächenwettbewerb im Handel die Ausdehnung des Filialgeschäfts beim Bertelsmann Club gefährden könnte. Als wesentliche Ursache für eine in der Zukunft steigende Wettbewerbsintensität im Buchmarkt wurde der Trend vom Hardcover-Buch zur Taschen- und Billigausgabe identifiziert. Ein Risiko wurde auch darin gesehen, daß eine Aufhebung der Preisbindung für Bücher, bedingt durch eine Harmonisierung von Gesetzen in der EU, zu einer weiteren Erhöhung des Wettbewerbs führen könnte. Positiv war festzuhalten, daß dem Bertelsmann Club aufgrund der Marktführerschaft im Club-Geschäft ein größerer Gestaltungsfreiraum bei markenstrategischen Optionen, zum Beispiel beim Ausbau des Filialsystems oder beim Aufbau eines zielgruppenbezogenen Direktmarketing, zur Verfügung stand. Letztlich wurde die Nutzung von technologischen Entwicklungen wie des „Electronic Publishing“ als markenspezifische Chance erkannt, sich durch eine differenzierte Mitgliederansprache und eine individuelle Kataloggestaltung bei den Club-Kunden stärker profilieren und gegenüber der Konkurrenz deutlicher differenzieren zu können.

Den extern bedingten Chancen und Risiken im Unterhaltungsbereich sind die **unternehmens- beziehungsweise markenspezifischen Stärken und Schwächen** des Bertelsmann Clubs gegenüberzustellen, um Ansatzpunkte zur Markenprofilierung abzuleiten (vgl. Abbildung 8-7-5).

Bezüglich der **Ressourcenlage** war positiv hervorzuheben, daß auf finanzielle Mittel und ein qualifiziertes Management-Know-how im Mutterunternehmen zurückgegriffen werden konnte. Demgegenüber wurde das Markenimage des Bertelsmann Clubs und der Bertelsmann AG durch die aggressiven Werbemethoden der ursprünglich selbständig agierenden Vertriebsfirmen stark negativ beeinträchtigt.

Es war weiterhin notwendig, das **Club-System** einer differenzierten Analyse zu unterziehen. Zum besseren Verständnis wurden die grundlegenden Systembestandteile des Bertelsmann Clubs skizziert. Das Club-System war als ein Vertriebssystem anzusehen, bei dem sich die Mitglieder damit einverstanden erklärten, mindestens einmal je Quartal ein Produkt aus dem angebotenen Programm zu erwerben. Eine Hauptleistung bestand

Interne Faktoren	Stärken	Schwächen
Unternehmensressourcen	■ Gute Finanzausstattung durch Bertelsmann AG ■ Qualifiziertes Management-Know-how im Mutterunternehmen	■ Vertreterwerbung führt zu Imageschäden im Bertelsmann-Konzern
Clubsysteme	■ All-Präsenz im Buch-, Tonträger- und Videobereich ■ Hohe Programmkompetenz ■ Preisvorteil bei Hardcover-Büchern ■ Langjährige Erfahrung im Club-Geschäft	■ Club-Vorteile (Preisgünstigkeit, Programmauswahl) werden nicht genügend wahrgenommen ■ Negative Beurteilung der Abnahmeverpflichtung ■ Universal-Club berücksichtigt Nachfragefragmentierung unzureichend ■ Angebotslücke im Club-Programm für junge Leute ■ Geringe emotionale Bindung durch Universal-Club
Marketing-Know-how	■ Database ermöglicht differenzierte Kundenanalyse ■ Gute Kenntnis des Versand- und Filialgeschäfts	■ Bisher wenig Know-how im Direktmarketing und Kundenbindungsmanagement

GABLER GRAFIK

Abbildung 8-7-5: Stärken und Schwächen beim Bertelsmann Club

darin, aus dem unübersichtlichen Buch-, Tonträger- beziehungsweise Videomarkt die wichtigsten und interessantesten Titel auszuwählen, da zum Beispiel allein im deutschen Buchmarkt pro Jahr über 70 000 Neuerscheinungen eingeführt werden. Die ausgesuchten Produktangebote wurden in einen qualitativ hochwertigen Katalog aufgenommen, wobei dieser den Mitgliedern vierteljährlich kostenlos zugesandt wird. All dies ermöglicht den Konsumenten eine bessere Orientierung und führt zu einer Entlastung im Rahmen der Kaufentscheidung.

Als besondere Unternehmensstärken wurden die All-Präsenz in den Unterhaltungsmärkten, die hohe Kompetenz in der Programmgestaltung und der umfassende Erfahrungsschatz im Club-Geschäft identifiziert. Eine weitere Stärke bildete die Preisgünstigkeit des Angebots. Es besteht beispielsweise bei Hardcover-Büchern ein Preisvorteil zwischen 25 Prozent und 30 Prozent. Ein Problem sah der Bertelsmann Club vor allem darin, daß Preisgünstigkeit und Programm-Kompetenz von den Nichtkunden unzureichend und von den Club-Mitgliedern immer weniger wahrgenommen wurden. Darüber hinaus wurde als Schwäche erkannt, daß die Kunden die vierteljährliche Abnahmeverpflichtung negativ beurteilten. Die Kaufverpflichtung setzte der Club mit Hilfe eines sogenannten Hauptvorschlagsbandes durch, der ein besonders attraktives Angebot aus dem Programm darstellte und allen Kunden zugeschickt wurde, die bis Ende des Quartals kein Produkt erworben hatten. Die Kunden erhielten jedoch vorher eine Erinnerungskarte, die auf die Abnahmeverpflichtung aufmerksam machte und eine erneute Chance zum freiwilligen Kauf einräumte. Den Club-Kunden stand somit die Möglichkeit offen, den Hauptvorschlagsband abzulehnen und ein anderes Produktangebot aus dem Programm auszuwählen.

Weitere markenspezifische Schwachpunkte wurden im Zusammenhang mit der Positionierung als Universal-Club und der damit einhergehenden undifferenzierten Marktausrichtung festgestellt. Die Hauptprobleme bestanden darin, daß ein Universal-Club kaum in der Lage war, die zunehmende Differenzierung der Nachfragebedürfnisse zu berücksichtigen und die Mitglieder emotional an den Club zu binden. Dies hatte beispielsweise zur Folge, daß das Programmangebot zu wenig auf junge Leute ausgerichtet war und deshalb der Anteil von Club-Mitgliedern unter 20 Jahren kontinuierlich zurückging.

Im Hinblick auf das **Marketing-Know-how** zeigte sich, daß der Club aufgrund langjähriger Markterfahrung über eine gute Kenntnis im Versand- und Vertriebsgeschäft verfügte. Eine weitere Stärke wurde in der internen Kunden-Datenbank gesehen, die eine detaillierte Untersuchung der Mitglieder nach soziodemographischen und kaufverhaltensrelevanten Kriterien erlaubte. Hierbei stellte die differenzierte Kundenanalyse im Rahmen eines Database-Management eine zentrale Voraussetzung für eine direkte Ansprache und individuelle Betreuung der Mitglieder dar. Deshalb war es notwendig, verstärkt Know-how im Bereich des Direktmarketing und des Kundenbindungsmanagement aufzubauen.

7.3 Konzept zur Markenprofilierung beim Bertelsmann Club

Auf Grundlage der Analyse der zentralen externen und internen Einflußfaktoren wurde entschieden, aktiv ein Profilierungskonzept im Rahmen der Marketing- und Markenkonzeption zu erarbeiten. Hierzu waren Modifikationen auf der Ziel-, Strategie- und Maßnahmenebene vorzunehmen.

7.31 Ziele und Strategien zur Markenprofilierung

Der Mitgliederbestand stellte das wichtigste Kapital des Unternehmens dar. Im Vordergrund der **Club-Ziele** standen deshalb die Gewinnung von Neukunden und die Bindung von Stammkunden. Diese markenpolitischen Ziele sollten durch eine entsprechende Schwerpunktsetzung in der Club-Strategie erreicht werden (vgl. Abbildung 8-7-6).

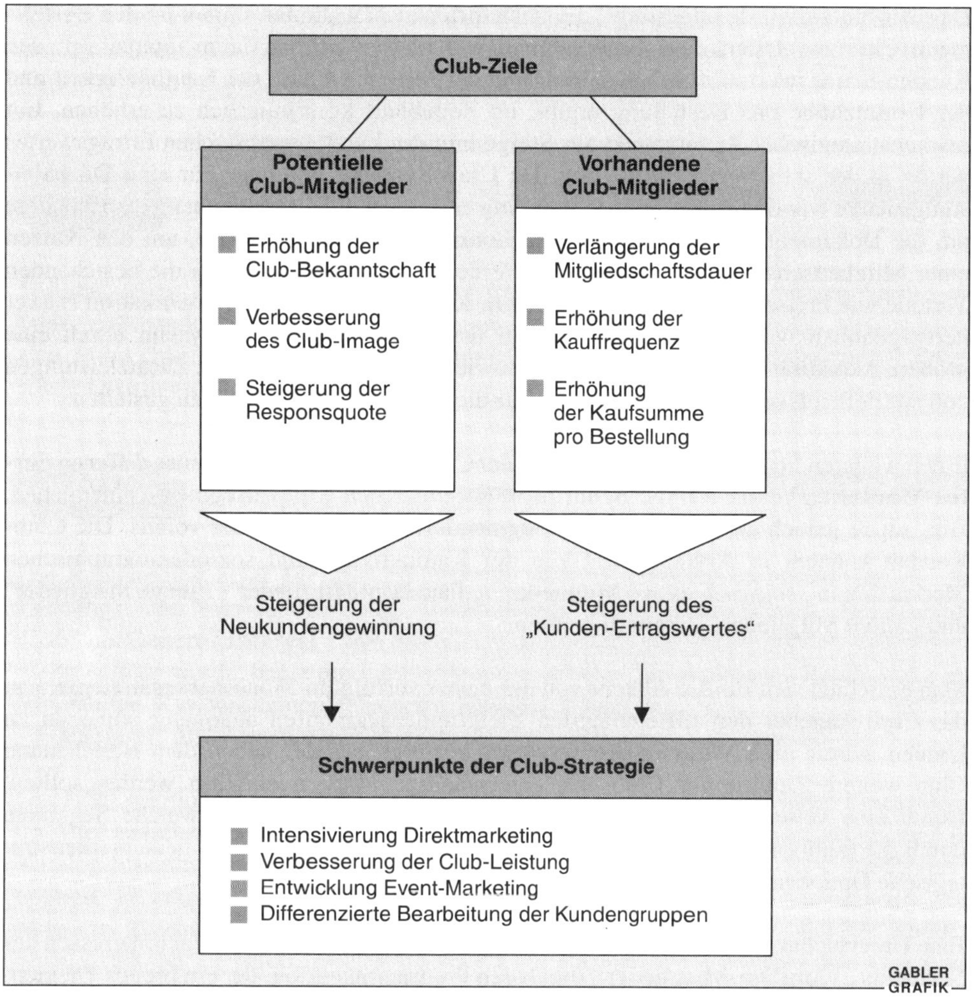

Abbildung 8-7-6: Ziele und Strategieschwerpunkte beim Bertelsmann Club

Hinsichtlich der Gewinnung von **Neumitgliedern** stellten die Erhöhung des Bekanntheitsgrades und die Bildung eines sympathischen, modernen und die gesamten Club-Leistungen umfassenden Markenimages wesentliche Teilziele dar. Zur Verbesserung des Club-Images und zum Aufbau einer eigenständigen Markenpersönlichkeit wurde eine Kommunikationskampagne für notwendig erachtet. Das Responseverhalten potentieller Kunden sollte vor allem durch ein gezieltes **Direktmarketing** verbessert werden. In diesem Zusammenhang wurde die strategische Entscheidung getroffen, neue Club-Mitglieder nicht mehr über die firmeneigene Vertreterorganisation anzuwerben, sondern hierfür imageverträglichere Maßnahmen der Direktkommunikation einzusetzen.

Abbildung 8-7-7: Markenauftritt Bertelsmann Club

Abbildung 8-7-8: Markenauftritt Liveclub

Abbildung 8-7-9: Markenauftritt Schatzinsel

an den speziellen Wünschen der Kinder. Es war zu erkennen, daß sich auch dieser Special Interest Club nach der Gründung erfolgreich entwickelte. Innerhalb eines Jahres war die Mitgliederzahl immerhin auf ca. 50 000 Kunden angewachsen.

Darüber hinaus verwirklichte das Unternehmen einige **Verbesserungen im Club-System.** Durch Exklusivangebote wie zum Beispiel eigene Buchtitel und musikbezogene Package-Angebote wurden Inhalt und Aktualität des Produktprogramms aufgewertet. Es wurden auch Maßnahmen ergriffen, die den Kunden noch mehr Convenience u.a. bei der Bestellung, Belieferung beziehungsweise Abrechnung und beim Einkauf in den Filialen boten. So wurden den Club-Kunden seit 1993 in Abhängigkeit vom spezifischen Kaufverhalten als Hauptvorschlagsband eher Buch-, Musik- oder Videoprodukte zugeschickt. Durch die Bereitstellung spezieller Serviceleistungen, wie preisgünstige Reiseangebote sowie Konzert-, Musical-, Theater- und Kinokarten oder das Angebot besonderer Zusatzleistungen, wie die Überreichung eines Gutscheins zum Geburtstag, sollte die Attraktivität der Club-Mitgliedschaft gesteigert werden.

Der Bertelsmann Club versuchte außerdem, die emotionale Club-Bindung durch ein aktuelles und abwechslungsreiches **Event-Marketing** zu erhöhen. In diesem Zusammenhang wurden speziell für die Mitglieder musik- und literaturbezogene Event-Veranstaltungen organisiert. Beispielsweise wurden im Frühjahr 1993 die Musical-Highlights aus „Cats", „Das Phantom der Oper", „Starlight Express" und „Miss Saigon" im Rahmen einer exklusiven Neuinszenierung dargeboten. Im Herbst des gleichen Jahres traten die US-Stars Liza Minnelli, Shirley Bassey und Ray Charles gemeinsam in Gala-Veranstaltungen in Berlin, Frankfurt, München und Essen auf. Im Dezember 1993 wurde Club-Advent veranstaltet. Dabei trugen zahlreiche bekannte Interpreten von Ruth-Maria Kubitschek bis Hanns Joachim Friedrichs in der Vorweihnachtszeit ausgewählte Texte bedeutender Autoren vor. Einen weiteren erfolgreichen Marketing-Event stellte „Leipzig liest" auf der Leipziger Buchmesse im März 1993 dar, wo mehr als 60 000 Besucher an zahlreichen Autorenlesungen teilnahmen. Ab dem Frühjahr 1994 hatten die Club-Mitglieder auch die Gelegenheit, exklusiv Film-Premieren vor dem offiziellen Start in den Kinos beizuwohnen. Mit „Die Akte", einer Verfilmung des Bestsellerromans von John Grisham, traf der erste Kinofilm auf breite Resonanz bei den Club-Mitgliedern.

7.322 Kommunikationspolitik

Maßnahmen zur Verbesserung der Markenbekannheit und des Markenimages des Bertelsmann Clubs bildeten einen Schwerpunkt der Kommunikationspolitik. In den Jahren 1989 bis 1990 wurde deshalb zum einen die Kundenakquisition über die Vertreterwerbung eingestellt. Das Unternehmen führte zum anderen eine umfassende **Kommunikationskampagne** in den klassischen Print- und TV-Medien durch. Um insbesondere den Club-Charakter in den Vordergrund zu stellen, wurde in den Kampagnen teilweise lediglich „Der Club" als Absender in den Vordergrund gestellt, während auf den Zusatz

Bertelsmann verzichtet wurde. Studien hatten in diesem Zusammenhang ergeben, daß in der Bevölkerung mit dem Begriff „Club“ in hohem Maße Buch-Clubs und insbesondere der Bertelsmann Club assoziiert wurden. Somit wollte man sich im kommunikativen Auftritt insbesondere auf die Stärkung des Markenkerns „Club“ konzentrieren und die Vorteile Preisgünstigkeit, Convenience, Programmauswahl und Programmaktualität herausstellen. Ein weiteres Anliegen der Kommunikationskampagne bestand darin, den Club stärker als modernen, sympathischen und kompetenten Kunden-Club zu positionieren. Neben einer einmaligen Kommunikationskampagne wurden auch regelmäßige **Public-Relations-Aktionen** veranstaltet, die auf Meinungsführer oder Club-Mitglieder (zum Beispiel Wahl des Autors des Jahres, Kulis Buch-Club) ausgerichtet waren.

Zur Gewinnung neuer Club-Kunden wurden seit 1990 verstärkt Maßnahmen der schriftlichen **Direktwerbung** eingesetzt. Den potentiellen Neukunden wurde dabei ein attraktives Einführungsangebot in einer Zeitungsbeilage, einer Zeitschriftenanzeige oder einem Werbebrief vorgestellt und die Möglichkeit eines „Direct-Response“ eingeräumt. Das Einführungsangebot wurde meist mit einem Gewinnspiel gekoppelt, um das Response-Verhalten zu verbessern. Es zeigte sich in den Jahren 1990 bis 1992, daß die schriftliche Direktwerbung besonders gut geeignet war, bisherige Nichtkunden zur Club-Mitgliedschaft zu bewegen. Im Jahr 1992 traten bereits nahezu 40 Prozent der Mitglieder auf der Basis einer schriftlichen Direktansprache in den Bertelsmann Club ein.

Neben der Direktwerbung konnten zahlreiche Club-Mitglieder durch **Freundschaftswerbung** gewonnen werden. Dieser Werbeform wurde eine besondere Bedeutung beigemessen, da 1990 bis 1992 mehr als ein Drittel der Neuzugänge hierauf beruhte. Dabei überzeugten Club-Kunden Familienangehörige, Freunde und gute Bekannte von den Vorteilen einer Mitgliedschaft. Für Altmitglieder stellte ein umfangreiches Prämienprogramm einen wichtigen Anreiz dar, ihr Umfeld auf eine Mitgliedschaft anzusprechen. Die verschiedenen Prämien im Wert von meist über 100 DM (zum Beispiel CD-Player, Videorecorder, Telefon mit integriertem Anrufbeantworter) wurden den Altmitgliedern jeweils in den vierteljährlich zugesandten Programmkatalogen präsentiert.

Darüber hinaus trug die **Ladenwerbung** zur Gewinnung von Neumitgliedern bei. Hierbei wurden die Kontakte mit bisherigen Nichtmitgliedern in den Club-Filialen dahingehend genutzt, den am Bertelsmann Club interessierten Personen die speziellen Club-Leistungen nahezubringen. Der Anteil der durch Ladenwerbung entstandenen Mitgliedschaften betrug in den Jahren 1990 bis 1992 ungefähr 10 Prozent. Gleichwohl wurde die strategische Bedeutung dieser Werbeform als begrenzt eingeschätzt, da die relativ konstante Anzahl an Filialgeschäften einer intensiveren Mitgliederwerbung entgegenstand.

7.323 Preispolitik

Die Vorteilhaftigkeit einer Mitgliedschaft sollte durch den Einsatz preispolitischer Maßnahmen unterstrichen werden. Es wurde deshalb darauf geachtet, daß die verkauften Hardcover-Bücher im Durchschnitt um ca. 25 Prozent im **Absatzpreis** günstiger waren als vergleichbare Bücher aus dem Fachhandel. Im Musik- und Videobereich wurden vor allem Preisvorteile durch eine Koppelung exklusiver Produktangebote aufgebaut. Beispielsweise erhielten die Kunden beim Kauf von drei Klassik-CD's oder vier Pop-CD's je einen Bonus von 10 DM.

Zur Intensivierung der Kundenbindung entwickelte der Bertelsmann Club auch ein **„Treue-System"**. Den Mitgliedern wurden in Abhängigkeit von der Dauer der Mitgliedschaft eine von fünf Kundenkarten mit jeweils unterschiedlichen Vergünstigungen zur Verfügung gestellt. Beim Eintritt erhielten alle Neumitglieder eine blaue Kundenkarte, die mit einer persönlichen Kreditzusage von 1 000 DM verbunden war. Nach zwei Jahren stieg der Kreditumfang mit der Bronze-Karte auf 1 500 DM an. Diese Club-Kunden konnten das Angebot der „Treue-Collection" und ausgewählte Produkte aus dem Programmkatalog zu einem durchschnittlich bis zu 10 Prozent reduzierten Preis erwerben. Die silberne Kundenkarte wurde wiederum nach einer fünfjährigen Mitgliedschaft überreicht. Sie gewährte einen Kredit von 2 000 DM und einen Preisvorteil von bis zu 15 Prozent. Nach 10 beziehungsweise 25 Jahren wurde sogar ein Kreditrahmen von 3 000 beziehungsweise 5 000 DM eingeräumt. Mit der Gold-Karte beziehungsweise der Gold Plus-Karte hatten die Club-Mitglieder Gelegenheit, um bis zu 20 beziehungsweise 25 Prozent preiswertere Produkte zu bestellen. In einer bezüglich der Wirkung des Treue-Systems durchgeführten Untersuchung wurde ermittelt, daß sich der Pro-Kopf-Umsatz von Kartenkunden während eines Jahres signifikant verbessert hatte. Es wurde außerdem deutlich, daß weniger Kartenkunden im Vergleich zu Mitgliedern ohne Kundenkarte aus dem Club ausgetreten waren.

7.324 Distributionspolitik

Der Bertelsmann Club konzentrierte sich innerhalb der Distributionspolitik primär darauf, das Filialsystem zu optimieren und zu erweitern. Hierdurch sollten eine bessere Profilierung der Club-Filialen im stationären Buchhandel und eine Steigerung des „Kunden-Ertragswertes" erreicht werden.

Im Rahmen der **Standortpolitik** wurde der Aufbau der Club-Filialen in Ostdeutschland intensiv vorangetrieben. Das Unternehmen dehnte gleichzeitig das bestehende Filialnetz in den alten Bundesländern kontinuierlich aus. Auf diese Weise wurde die clubeigene Filialkette bis zum Jahr 1992 auf ungefähr 300 Läden ausgebaut. Hierbei wurden als Standorte überwiegend attraktive Lagen in der Innenstadt ausgewählt und bei der Ladengestaltung für einen einheitlichen Club-Auftritt im Sinne eines Corporate Design gesorgt. Darüber hinaus pflegte der Bertelsmann Club die langjährigen Geschäftsbeziehungen zu den ca. 70 unabhängigen Partner-Buchhandlungen weiter.

Um die Qualifikation und die Motivation der Mitarbeiter in den Filialen zu erhöhen, wurde ein innerbetriebliches **Schulungs- beziehungsweise Weiterbildungsprogramm** entwickelt. Seminare zum Verkaufstraining und Servicemanagement wurden allen Filialmitarbeitern angeboten, während spezielle Trainingsveranstaltungen, zu denen u. a. Moderationstechnik und Personalführung zählten, für besonders engagierte bestimmt waren. Dies bewirkte insgesamt eine Verbesserung der Beratungs- und Servicequalität im Filialsystem.

Hierzu trug auch die Nutzung der unternehmensinternen **Kunden-Datenbank** über eine On-line-Verbindung bei. In den Filialen konnte dabei anhand der jeweiligen Kundenkarte das individuelle Kaufverhalten ermittelt werden. Auf dieser Grundlage war es wiederum möglich, den Mitgliedern differenzierte Produkte aus dem Buch-, Musik- oder Videobereich anzubieten.

7.4 Erfolg der Markenprofilierung beim Bertelsmann Club

Nachdem der Bertelsmann Club 1989 eine strategische und operative Neuausrichtung in der Marketing- beziehungsweise Markenkonzeption eingeleitet hatte, war zu erkennen, daß sich der psychographische und ökonomische Markterfolg in den folgenden Jahren deutlich verbesserte (vgl. Abbildung 8-7-10).

Einen wichtigen Indikator für den **psychographischen Markterfolg** stellte der Bekanntheitsgrad dar. Es zeigte sich, daß die umfangreiche Kommunikationskampagne kurzfristig zu einer deutlichen und langfristig zu einer moderaten Steigerung der ungestützten Markenbekannheit führte. Zudem wurde der Abstand zwischen der Bekanntheit des Bertelsmann Clubs und anderer Kunden-Clubs wie der Büchergilde Gutenberg kontinuierlich ausgebaut. Eine weitere zentrale Erfolgsgröße des psychographischen Markterfolges bildete die Imageposition. Im Vergleich zum generellen Image (vgl. Abbildung 8-7-4) konnte sich der Bertelsmann Club in den Dimensionen vielseitiges Angebot, moderner Auftritt, guter Erfahrungsschatz und zuverlässige Leistungserstellung differenzieren und gegenüber den Wettbewerbern das Image zum Teil leicht verbessern (vgl. Abbildung 8-7-11). Profilierungsanstrengungen dürften zukünftig vor allem in der weiteren Verbesserung der Vertrauenswürdigkeit des Clubs bestehen.

Erfolgsgröße	1990	1991	1992
Ungestützte Bekanntheit	138[1)]	–	105
Club-Bindung[2)]	110[3)]	110	138
Club-Mitglieder	96[4)]	134	170
Pro-Kopf-Umsatz	108[4)]	110	121
Gesamtumsatz	100[4)]	139	191

1) Basis für die Berechnung der Erfolgsgrößenentwicklung bildet der jeweilige Wert des Geschäftsjahres 1985. Kurzfristige Erfolgswirkung 1990 durch Kommunikationskampagne.
2) Eine Zunahme der Club-Bindung bedeutet, daß weniger Mitglieder den Bertelsmann Club verlassen möchten.
3) Basis für die Berechnung der Erfolgsgrößenentwicklung bildet der jeweilige Wert des Geschäftsjahres 1988.
4) Basis für die Berechnung der Erfolgsgrößenentwicklung bildet der jeweilige Wert des Geschäftsjahres 1989.

GABLER GRAFIK

Abbildung 8-7-10: Indizierte Entwicklung ausgewählter psychographischer und ökonomischer Erfolgsgrößen beim Bertelsmann Club
(Quelle: Bertelsmann AG)

Im Rahmen der Analyse des **ökonomischen Markterfolgs** interessierte vor allem die Veränderung der Mitgliederzahl, der Kundenbindung, des Durchschnitts- und Gesamtumsatzes. Das Unternehmen stellte hierbei fest, daß die Zahl der Club-Mitgliedschaften in den Jahren 1991 und 1992 außergewöhnlich zunahm und der Austritt gleichzeitig erkennbar zurückging. Darüber hinaus wurden die signifikante Erhöhung des Pro-Kopf-Umsatzes und die außergewöhnliche Steigerung des Unternehmensumsatzes als positiv beurteilt. In Deutschland erzielte das Unternehmen erstmals 1992 einen Gesamtumsatz von mehr als 1 Milliarde DM.

Insgesamt bleibt festzuhalten, daß der Bertelsmann Club seine Position im Buch-, Tonträger- und Videomarkt durch eine kontinuierliche Leistungsverbesserung des Club-Systems sowie durch einen effizienten Einsatz von Direktmarketing-Maßnahmen ausbauen konnte. Die strategische Entscheidung, zusätzlich zur General Interest-Marke die beiden Special Interest-Clubs Liveclub und Schatzinsel als Einzelmarken aufzubauen, trug wesentlich zu diesem Markterfolg bei.

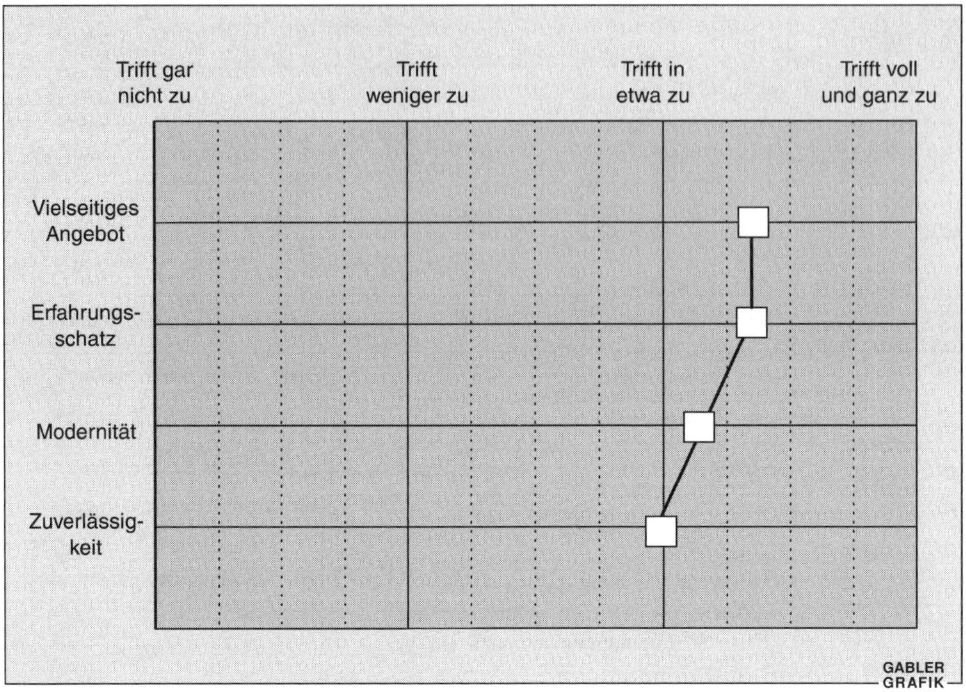

Abbildung 8-7-11: Imageprofil des Bertelsmann Clubs anhand ausgewählter Eigenschaften
(Quelle: Bertelsmann AG)

Literaturverzeichnis

Abell, D. F. (1980), Defining the Business. The Starting Point of Strategic Planning, Englewood Cliffs.

Adams, W. J./Yellen, J. L. (1976), Commodity Bundling and the Burden of Monopoly, in: Quarterly Journal of Economics, Vol. 40, S. 475–488.

Agthe, K. (1978), Strategie und Wachstum der Unternehmung, Baden-Baden.

Ahfeld, H. (1988), Erfolge mit Dienstleistungen. Initiative für neue Märkte, Stuttgart.

Ahlert, D. (1996), Distributionspolitik, 3. Aufl., Stuttgart/New York.

Albach, H. (1989), Dienstleistungsunternehmen in Deutschland, in: Zeitschrift für Betriebswirtschaft, 59. Jg., Nr. 4, S. 397–421.

Albrecht, K./Zemke, R. (1987), Service-Strategien, Hamburg/New York.

Altenburger, O. A. (1981), Ansätze zu einer Produktions- und Kostentheorie der Dienstleistungen, Berlin/München.

Altschul, K. (1991), Erfolg durch Total Quality Management, in: Absatzwirtschaft, 34. Jg., Nr. 10, S. 262–276.

Ambros, H. (1991), Entwicklungen, Trends und Gefahren für Sparkassen, in: Banking & Finanzen, Mai, S. 74–87.

Ansoff, H. I. (1966), Management Strategies, München.

Ansoff, H. I. (1976), Managing Surprise and Discontinuity. Strategic Response to Weak Signals, in: Zeitschrift für betriebswirtschaftliche Forschung, 28. Jg., Nr. 2, S. 129–152.

Arnold, D. R./Hoffmann, K. D./McCormick, J. (1989), Service Pricing. A Differentiation Premium Approach, in: Journal of Services Marketing, Vol. 3, No. 3, S. 25–33.

Atkinson, H./Hamburg, J./Ittner, C. (1994), Linking Quality to Profits. Quality-Based Cost Management, Milwaukee.

Backhaus, K. (1995), Investitionsgütermarketing, 4. Aufl., München.

Backhaus, K./Erichson, B./Plinke, W./Weiber, R. (1996), Multivariate Analysemethoden. Eine anwendungsorientierte Einführung, 8. Aufl., Berlin/Heidelberg.

Baron, S./Harris, K. (1995), Services Marketing. Text and Cases, Houndsmill u. a.

Bauche, K. (1994), Segmentierung von Kundendienstleistungen auf investiven Märkten, Frankfurt am Main u. a.

Baum, S. H. (1990), Making your Service Blueprint pay-off, in: Journal of Services Marketing, Vol. 4, No. 3, S. 45–52.

BDW e. V. (1993), Ergebnisbericht der Erhebung des Deutschen Kommunikationsverbandes BDW zur Bedeutung, Planung, Durchführung von Events, Bonn.

Beaven, M. H./Scotti, D. J. (1990), Service-Oriented Thinking and Its Implications for the Marketing Mix, in: Journal of Services Marketing, Vol. 4, No. 4, S. 5–19.

Becker, F. G. (1995), Marketingorientierte Ausrichtung der Personalentwicklung in Dienstleistungsunternehmen. Am Beispiel von Finanzdienstleistern, in: Bruhn, M. (Hrsg.), Internes Marketing. Integration der Kunden- und Mitarbeiterorientierung. Grundlagen, Implementierung, Praxisbeispiele, Wiesbaden, S. 391–413.

Becker, J. (1993), Marketing-Konzeption, 5. Aufl., München.

Beckmann, F. (1991), Qualitätssicherung und -messung bei der Deutschen Lufthansa AG, in: Bruhn, M./Stauss, B. (Hrsg.), Dienstleistungsqualität. Konzepte, Methoden, Erfahrungen, Wiesbaden, S. 379–389.

Beckmann, F. (1992), Die beste Qualität ist unser Ziel. Die Deutsche Lufthansa AG setzt auf weiche Service-Qualität, in: Marketing Journal, 25. Jg., Nr. 2, S. 116–121.

Bednarczuk, P./Friedrich, J. (1992), Kundenorientierung ohne Marketing. Eine Lösung für Dienstleistungsunternehmen, in: Absatzwirtschaft, 35. Jg., Nr. 9, S. 90–97.

Beger, R./Gärtner, H.-D./Mathes, R. (1989), Unternehmenskommunikation. Grundlagen, Strategien, Instrumente, Wiesbaden.

Behrens, K. C. (Hrsg.) (1970), Handbuch der Werbung, Wiesbaden.
Benkenstein, M. (1993), Dienstleistungsqualität. Ansätze zur Messung und Implikationen für die Steuerung, in: Zeitschrift für Betriebswirtschaft, 63. Jg., Nr. 11, S. 1095–1116.
Benölken, H./Greipel, P. (1994), Dienstleistungsmanagement. Service als strategische Erfolgsposition, 2. Aufl., Wiesbaden.
Berekoven, L. (1966), Der Begriff „Dienstleistung" und seine Bedeutung für eine Analyse der Dienstleistungsbetriebe, in: Jahrbuch der Absatz- und Verbrauchsforschung, 12. Jg., Nr. 4, S. 314–326.
Berekoven, L. (1974), Der Dienstleistungsbetrieb. Wesen, Struktur, Bedeutung, Wiesbaden.
Berekoven, L. (1983), Der Dienstleistungsmarkt in der BRD, Bd. 1 und 2, Göttingen.
Berekoven, L./Bruchmann, K. (1992), Verlagstypologien, in: Diller, H. (Hrsg.), Vahlens Großes Marketinglexikon, München, S. 1233.
Berndt, R./Hermanns, A. (Hrsg.), Handbuch Marketing-Kommunikation, Wiesbaden.
Berninger, T. (1991), Die Entwicklung der Kurier- und Expreßdienste im Portfolio der deutschen Bundespost als Logistikdienstleister, Diplomarbeit, Frankfurt am Main.
Berry, L. L. (1981), The Employee as Customer, in: Journal of Retail Banking, Vol. 3, No. 1, S. 33–40.
Berry, L. L. (1983), Relationship Marketing, in: Berry, L. L./Shostack, G. L./Upah, G. D. (Hrsg.), Emerging Perspectives on Services Marketing, Chicago, S. 25–28.
Berry, L. L. (1984), The Employee as Customer, in: Lovelock, C. (Hrsg.), Services Marketing. Text, Cases and Readings, Englewood Cliffs, S. 271–278.
Berry, L. L. (1986), Big Ideas in Services Marketing, in: Venkatesan, M./Schmalensee, D. M./Marshall, C. (Hrsg.), Creativity in Services Marketing. What's new, what works, what's developing, Chicago, S. 6–8.
Berry, L. L. (1987), Big Ideas in Services Marketing, in: Journal of Services Marketing, Vol. 1, No. 1, S. 5–9.
Berry, L. L. et al. (1985), Quality Counts in Services, Too, in: Business Horizons, Vol. 28, May/June, S. 48–52.
Berry, L. L./Bennett, D. R./Brown, C. W. (1989), Service Quality. A Profit Strategy for Financial Institutions, Homewood.
Berry, L. L./Lefkowith, E. E./Clark, T. (1988), In Services, what's in a Name?, in: Harvard Business Review, Vol. 66, No. 5, S. 28–30.
Berry, L. L./Parasuraman, A. (1992), Service-Marketing. Wettbewerbsvorsprung durch erstklassige Qualität, Frankfurt am Main/New York.
Berry, L. L./Parasuraman, A. (1995), Dienstleistungsmarketing fängt beim Mitarbeiter an, in: Bruhn, M. (Hrsg.), Internes Marketing. Integration der Kunden- und Mitarbeiterorientierung. Grundlagen, Implementierung, Praxisbeispiele, Wiesbaden, S. 87–110.
Berry, L. L./Parasuraman, A./Zeithaml, V. A. (1988), The Service-Quality Puzzle, in: Business Horizons, Vol. 31, No. 3, S. 37–44.
Berry, L. L./Shostack, G. L./Upah, G. D. (Hrsg.) (1983), Emerging Perspectives on Services Marketing, Chicago.
Berry, L. L./Zeithaml, V. A./Parasuraman, A. (1990), Five Imperatives for Improving Service Quality, in: Sloan Management Review, Vol. 31, No. 4, S. 29–38.
Bertsch, L. H. (1990), Kostenbasierte Bestimmung situativer Preisuntergrenzen für Luftfrachttransportleistungen, in: Zeitschrift für Verkehrswissenschaft, 61. Jg., Nr. 4, S. 237–253.
Bieberstein, I. (1995), Dienstleistungs-Marketing, Ludwigshafen.
Birkelbach, R. (1988), Strategische Geschäftsfeldplanung im Versicherungssektor, in: Marketing ZFP, 10. Jg., Nr. 8, S. 231–239.
Birkelbach, R. (1993), Qualitätsmanagement in Dienstleistungs-Centern. Konzeption und typenspezifische Ausgestaltung unter besonderer Berücksichtigung von Verkehrsflughäfen, Frankfurt am Main.
Birkelbach, R./Terhorst, H. (1991), Flughafenmarketing. Dargestellt am Beispiel des FMO, in: Seitz, B. (Hrsg.), Handbuch für Tourismus, Management und Marketing, Landsberg am Lech.

Bisani, F. (1989), Anforderungs- und Qualitätsprofil, in: Strutz, H. (Hrsg.), Handbuch Personalmarketing, Wiesbaden, S. 230–243.
Bitner, M. J./Booms, B. H./Tetreault, M. S. (1990), The Service Encounter. Diagnosing Favorable and Unfavorable Incidents, in: Journal of Marketing, Vol. 54, No. 1, S. 71–84.
Bleicher, K. (1990), Zukunftsperspektiven organisatorischer Entwicklung. Von strukturellen zu human-zentrierten Ansätzen, in: Zeitschrift Führung und Organisation, 59. Jg., Nr. 3, S. 152–161.
Bleicher, K. (1995), Das Konzept Integriertes Management, 3. Aufl., Frankfurt am Main/New York.
Bogart, L. (1990), Strategy in Advertising. Matching Media and Messages to Markets and Motivations, 2. Aufl., Lincolnwood.
Böhme-Köst, P. (1992), Ein Event ist ein Event ist ein Event ..., in: Marketing Journal, 25. Jg., S. 340–342.
Bokranz, R. (1989), Arbeitsgestaltung, in: Strutz, H. (Hrsg.), Handbuch Personalmarketing, Wiesbaden, S. 421–437.
Bonoma, T. V. (1985a), The Marketing Edge. Making Strategies Work, New York/London.
Bonoma, T. V. (1985b), Wie man Marketingstrategien in die Praxis umsetzt, in: Harvard Manager, 7. Jg., Nr. 2, S. 72–79.
Boulding, W./Kalra, A./Staelin, R./Zeithaml, V. A. (1993), A Dynamic Process Model of Service Quality. From Expectations to Behavioral Intentions, in: Journal of Marketing Research, Vol. 30, No. 1, S. 7–27.
Boulding, W./Staelin R. (1993), A Dynamic Process Model of Service Quality Assessment, in: Scheuing, E. E./Christopher, W. F. (Hrsg.), The Service Quality Handbook, New York, S. 177–194.
Bowen, D. E./Chase, R. B./Cummings, T. G. (Hrsg.) (1990), Service Management Effectiveness, Balancing Strategy, Organization and Human Resources, Operations and Marketing, San Francisco/Oxford.
Bowers, M. R. (1986), New Product Development in Service Industries, Ph. D. Dissertation, Texas A & M University, College Station.
Bowers, M. R. (1989), Developing New Services. Improving the Process Makes it Better, in: Journal of Services Marketing, Vol. 3, No. 1, S. 15–20.
Brandt, D. R. (1987), A Procedure for Identifying Value-Enhancing Service Components Using Customer Satisfaction Survey Data, in: Surprenant, C. F. (Hrsg.), Add Value to Your Service, Chicago, S. 61–65.
Brandt, D. R. (1988), How Service Marketers Can Identify Value-Enhancing Service Elements, in: Journal of Services Marketing, Vol. 2, No. 3, S. 35–41.
Braunschweig, E. (1981), Werbewirkungsmodelle. Planungsgerecht?, in: Vierteljahreshefte für Mediaplanung, 7. Jg., Nr. 1, S. 2–5.
Bressand, A. (1986), Dienstleistungen in der neuen „Weltwirtschaft". Auf der Suche nach einem neuen Bezugsrahmen, in: Pestel, E. (Hrsg.), Perspektiven der Dienstleistungswirtschaft, Göttingen, S. 73–82.
Broadbent, S. (1989), The Advertising Budget, London u. a.
Brockhoff, K. (1993), Produktpolitik, 3. Aufl., Stuttgart/New York.
Brown, L. A. (1981), Innovation Diffusion. A New Perspective, London/New York.
Brown, S. W. et al. (Hrsg.) (1991), Service Quality. Multidisciplinary and Multinational Perspectives, Lexington.
Brown, S. W./Haynes, R. M./Saunders, D. L. (1993), Revitalizing Service Innovations, in: International Journal of Service Industry Management, Vol. 4, No. 1, S. 65–77.
Bruhn, M. (1982), Konsumentenzufriedenheit und Beschwerdeverhalten, Frankfurt am Main/Bern.
Bruhn, M. (1986), Beschwerdemanagement, in: Harvard Manager, 8. Jg., Nr. 3, S. 104–106.

Bruhn, M. (1987), Der Informationswert von Beschwerden für Marketingentscheidungen, in: Hansen, U./Schoenheit, I. (Hrsg.), Verbraucherzufriedenheit und Beschwerdeverhalten, Frankfurt am Main/New York, S. 123–140.

Bruhn, M. (1989), Planung des Kommunikationsmix von Unternehmen, in: Bruhn, M. (Hrsg.), Handbuch des Marketing. Anforderungen an die Marketingkonzeption aus Wissenschaft und Praxis, München, S. 397–432.

Bruhn, M. (Hrsg.) (1989), Handbuch des Marketing, München.

Bruhn, M. (1991), Sponsoring. Unternehmen als Mäzene und Sponsoren, 2. Aufl., Wiesbaden.

Bruhn, M. (1994a), Bedeutung der Qualität für das Service- und Dienstleistungsmanagement, in: Hansen, W./Jansen, H. H./Kamiske, G. F. (Hrsg.), Qualitätsmanagement im Unternehmen. Grundlagen, Methoden und Werkzeuge, Praxisbeispiele, Loseblatt-Sammlung, Kapitel 09.01., Berlin u. a., S. 1–8.

Bruhn, M. (1994b), Messung der Anforderungen an die Dienstleistungsqualität, in: Hansen, W./Jansen, H. H./Kamiske, G. F. (Hrsg.), Qualitätsmanagement im Unternehmen. Grundlagen, Methoden und Werkzeuge, Praxisbeispiele, Loseblatt-Sammlung, Kapitel 09.02., Berlin u. a., S. 1–32.

Bruhn, M. (1994c), Begriffsabgrenzungen und Erscheinungsformen von Marken, in: Bruhn, M. (Hrsg.), Handbuch Markenartikel, 3 Bände, Stuttgart, S. 3–41.

Bruhn, M. (1995a), Integrierte Unternehmenskommunikation. Ansatzpunkte für eine strategische und operative Umsetzung integrierter Kommunikationsarbeit, 2. Aufl., Stuttgart.

Bruhn, M. (1995b), Internes Marketing als Forschungsgebiet der Marketingwissenschaft. Eine Einführung in die theoretischen und praktischen Probleme, in: Bruhn, M. (Hrsg.), Internes Marketing. Integration der Kunden- und Mitarbeiterorientierung. Grundlagen, Implementierung, Praxisbeispiele, Wiesbaden, S. 13–61.

Bruhn, M. (1995c), Marketing. Grundlagen für Studium und Praxis, 2. Aufl., Wiesbaden.

Bruhn, M. (1995d), Qualitätssicherung im Dienstleistungsmarketing. Eine Einführung in die theoretischen und praktischen Probleme, in: Bruhn, M./Stauss, B. (Hrsg.), Dienstleistungsqualität. Konzepte, Methoden, Erfahrungen, 2. Aufl., Wiesbaden, S. 19–46.

Bruhn, M. (1995e), Sicherstellung der Dienstleistungsqualität durch integrierte Kommunikation, in: Bruhn, M./Stauss, B. (Hrsg.), Dienstleistungsmarketing. Konzepte, Methoden, Erfahrungen, 2. Aufl., Wiesbaden, S. 161–187.

Bruhn, M. (1995f), Verfahren zur Messung der Qualität interner Dienstleistungen. Ansätze für einen Methodentransfer aus dem (externen) Dienstleistungsmarketing, in: Bruhn, M. (Hrsg.), Internes Marketing. Integration der Kunden- und Mitarbeiterorientierung. Grundlagen, Implementierung, Praxisbeispiele, Wiesbaden, S. 611–649.

Bruhn, M. (Hrsg.) (1995), Internes Marketing. Integration der Kunden- und Mitarbeiterorientierung. Grundlagen, Implementierung, Praxisbeispiele, Wiesbaden.

Bruhn, M. (1996a), Qualitätsmanagement für Dienstleistungen. Grundlagen, Konzepte, Methoden, Berlin/Heidelberg/New York.

Bruhn, M. (1996a), Kommunikationspolitik, München.

Bruhn, M./Bunge, B. (1994), Beziehungsmarketing. Neuorientierung für Marketingwissenschaft und -praxis?, in: Bruhn, M./Meffert, H./Wehrle, F. (Hrsg.), Marktorientierte Unternehmensführung im Umbruch. Effizienz und Flexibilität als Herausforderungen des Marketing, Stuttgart, S. 41–84.

Bruhn, M./Dahlhoff, H. D. (Hrsg.) (1993), Effizientes Kommunikationsmanagement. Konzepte, Beispiele und Erfahrungen aus der integrierten Unternehmenskommunikation, Stuttgart.

Bruhn, M./Hennig, K. (1993), Selektion und Strukturierung von Qualitätsmerkmalen. Auf dem Weg zu einem umfassenden Qualitätsmanagement für Kreditinstitute, Teil 1 und 2, in: Jahrbuch der Absatz- und Verbrauchsforschung, 39. Jg., Nr. 3, S. 214–238; Nr. 4, S. 314–337.

Bruhn, M./Stauss, B. (Hrsg.) (1991), Dienstleistungsqualität. Konzepte, Methoden, Erfahrungen, Wiesbaden.

Bruhn, M./Stauss, B. (Hrsg.) (1995), Dienstleistungsqualität. Konzepte, Methoden, Erfahrungen, 2. Aufl., Wiesbaden.

Büker, B. (1991), Qualitätsbeurteilung investiver Dienstleistungen, Frankfurt am Main.

Burmann, C. (1991), Konsumentenzufriedenheit als Determinante der Marken- und Händlerloyalität, in: Marketing ZFP, 13. Jg., Nr. 4, S. 249–258.

Buzzell, R. D./Gale, B. T. (1989), Das PIMS-Programm. Strategien und Unternehmenserfolg, Wiesbaden.

Campanella, J. (1990), Principles of Quality Costs. Principles, Implementation and Use, 2. Aufl., Milwaukee.

Cannon, H. M./Morgan, F. W. (1990), A Strategic Pricing Framework, in: Journal of Services Marketing, Vol. 4, No. 2, S. 19–31.

Canton, J. D. (1985), Wachstumschancen im Dienstleistungssektor, in: Harvard Manager, 7. Jg., Nr. 1, S. 22–29.

Carlisle, A. E./Carter, K. (1988), Fortune Service and Industrial Presidents. Priorities and Perceptions, in: Business Horizons, Vol. 31, March/April, S. 77–83.

Carman, J. M. (1990), Consumer Perception of Service Quality. An Assessment of the SERVQUAL Dimensions, in: Journal of Retailing, Vol. 66, S. 33–57.

Carr, L. P. (1992), Applying Costs of Quality to a Service Business, in: Sloan Management Review, Vol. 33, No. 4, S. 72–77.

Caudron, S. (1995), Andersen is at Employees' Service, in: Personnel Journal, No. 9, S. 88–96.

Chapman, R. G. (1989), Problem-Definition in Marketing Research Studies, in: Journal of Services Marketing, Vol. 3, No. 3, S. 51–59.

Chase, R. B. (1984), Where Does the Customer Fit in a Service Operation?, in: Lovelock, C. (Hrsg.), Services Marketing. Text, Cases and Readings, Englewood Cliffs, S. 400–407.

Chase, R. B./Hayes, R. H. (1991), Beefing Up Operations in Service Firms, in: Sloan Management Review, Vol. 32, No. 3, S. 15–26.

Compton, F. F. (1987), Internal Marketing of Marketing, in: Czepiel, J. A./Congram, C. A./Shanahan, J. B. (Hrsg.), The Services Challenge. Integrating for Competitive Advantage, Chicago, S. 17–20.

Congram, C. A./Czepiel, J. A./Shanahan, J. B. (1987), Achieving Internal Integration in Service Organizations. Five Propositions, in: Czepiel, J. A./Congram, C. A./Shanahan, J. B. (Hrsg.), The Services Challenge. Integrating for Competitive Advantage, Chicago, S. 5–6.

Connelly, M. (1992), Chrysler Adopts Disney Mindset for Customers, in: Automotive News, 24. February, S. 3 und 34.

Corsten, H. (1985a), Zur ökonomischen Bedeutung von Dienstleistungen. Möglichkeiten und Grenzen der Erfassung, in: Jahrbuch der Absatz- und Verbrauchsforschung, 31. Jg., Nr. 3, S. 230–251.

Corsten, H. (1985b), Die Produktion von Dienstleistungen, Betriebswirtschaftliche Studien, Nr. 51, Berlin.

Corsten, H. (1986), Zur Diskussion der Dienstleistungsbesonderheiten und ihrer ökonomischen Auswirkungen, in: Jahrbuch der Absatz- und Verbrauchsforschung, 32. Jg., Nr. 1, S. 16–41.

Corsten, H. (1987), Vergleichende Gegenüberstellung des Quality-Circle-Ansatzes mit anderen mitarbeiterorientierten Qualitätsförderungskonzepten (I), in: Das Wirtschaftsstudium (WISU), 16. Jg., Nr. 4, S. 196–200.

Corsten, H. (1988), Betriebswirtschaftslehre der Dienstleistungsunternehmungen, München u. a.

Corsten, H. (1989), Dienstleistungsmarketing. Elemente und Strategien, in: Jahrbuch der Absatz- und Verbrauchsforschung, 35. Jg., Nr. 1, S. 23–40.

Corsten, H. (1990), Betriebswirtschaftslehre der Dienstleistungsunternehmungen, 2. Aufl., München/Wien.

Corsten, H. (1995), Externalisierung und Internalisierung als strategische Optionen von Dienstleistungsunternehmen, in: Bruhn, M./Stauss, B. (Hrsg.), Dienstleistungsqualität. Konzepte, Methoden, Erfahrungen, 2. Aufl., Wiesbaden, S. 189–206.

Cowell, D. W. (1993), The Marketing of Services, Oxford u. a.

Crawford, C. M. (1983), New Products Management, Homewood.

Crawford, C. M. (1987), New Product Development in Service Industries, Homewood.

Cronin, J./Taylor, S. (1992), Measuring Service Quality. A Reexamination and Extention, in: Journal of Marketing, Vol. 56, No. 3, S. 55–68.
Crosby, L. A./Evans, K. R./Cowles, D. (1990), Relationship Quality in Services Selling. An Interpersonal Influence Perspective, in: Journal of Marketing, Vol. 54, No. 3, S. 68–81.
Crosby, L. A./Stephens, N. (1987), Effects of Relationship Marketing on Satisfaction, Retention, and Price in the Life Insurance, in: Journal of Marketing Research, Vol. 24, No. 4, S. 404–411.
Cross, J. C./Walker, B. J. (1987), Service Marketing and Franchising. A Practical Business Marriage, in: Business Horizons, Vol. 30, November/December, S. 50–58.
Czepiel, J. A. (1990), Service Encounters and Service Relationships. Implications for Research, in: Journal of Business Research, Vol. 23, No. 1, S. 13–21.
Czepiel, J. A./Congram, C. A./Shanahan, J. (Hrsg.) (1987), The Service Challenge. Integrating for Competitive Advantage, Chicago.
Dahringer, L. D. (1991), Marketing Services Internationally. Barriers and Management Strategies, in: Journal of Services Marketing, Vol. 5, No. 3, S. 5–17.
Dale, B. G./Lascelles, D. M./Plunkett, J. J. (1990), The Process of Total Quality Management, in: Dale, B. G./Plunkett, J. J. (Hrsg.), Managing Quality, New York u. a., S. 3–18.
Dale, B. G./Plunkett, J. J. (1993), Quality Costing, 3. Aufl., London.
Dallmer, H. (1989), Direct-Marketing, in: Bruhn, M. (Hrsg.), Handbuch des Marketing, München, S. 535–562.
Dallmer, H. (Hrsg.) (1991), Handbuch Direct Marketing, 6. Aufl., Wiesbaden.
Dalrymple, D. J./Parsons, L. J. (1994), Marketing Management, 6. Aufl., New York u. a.
Darby, M. R./Karni, E. (1973), Free Competition and the Optimal Amount of Fraud, in: Journal of Law and Economics, Vol. 16, April, S. 67–86.
Daudel, S./Vialle, G. (1989), Le Yield Management, Paris.
Deal, T. E./Kennedy, A. A. (1982), Corporate Cultures. The Rites and Rituals of Corporate Life, Mass.
Deutsche Gesellschaft für Qualität e. V. (1990), TQM. Eine unternehmensweite Verpflichtung, Berlin.
Deutsche Gesellschaft für Qualität e. V. (1991), Qualitätssicherungshandbuch und Verfahrensanweisungen. Ein Leitfaden für die Erstellung, Berlin.
Deutsche Gesellschaft für Qualität e. V. (1993), Begriffe zum Qualitätsmanagement, Berlin.
Deutsche Gesellschaft für Qualität e. V. (1995), Begriffe zum Qualitätsmanagement, DGQ-Schrift, Nr. 11-04, 6. Aufl., Frankfurt am Main.
DGQ-Lenkungsausschuß Gemeinschaftsarbeit (LAG) der Deutschen Gesellschaft für Qualität e. V. (1993), Begriffe zum Qualitätsmanagement, Berlin.
Dibb, S./Simkin, L. (1993), The Strength of Branding and Positioning Services, in: International Journal of Service Industry Management, Vol. 4, No. 1, S. 25–35.
Diegruber, J. (1991), Erfolgsfaktoren nationaler europäischer Linien-Luftverkehrsgesellschaften im Markt der 90er Jahre, Konstanz.
Diller, H. (1991), Preispolitik, 2. Aufl., Stuttgart/Berlin/Köln.
Diller, H. (1992a), Beziehungsmanagement, in: Diller, H. (Hrsg.), Vahlens Großes Marketinglexikon, München, S. 115–117.
Diller, H. (1992b), Event-Marketing, in: Diller, H. (Hrsg.), Vahlens Großes Marketinglexikon, München, S. 289.
Diller, H. (Hrsg.) (1992), Vahlens Großes Marketinglexikon, München.
Diller, H. (1993), Preisbaukästen als preispolitische Option, in: Wirtschaftswissenschaftliches Studium (WiSt), 22. Jg., Nr. 6, S. 270–275.
DIN (1987), Begriffe der Qualitätssicherung und Statistik, Grundbegriffe der Qualitätssicherung, DIN 55350, Teil 11, Berlin.
DIN ISO 8402/E.03.92 (1992), Qualitätsmanagement und Qualitätssicherung, Begriffe.
DIN ISO 9004 (1993), (Teil 2) Leitfaden für Dienstleistungen.
Dodds, W. B. (1991), In Search of Value. How Price and Store Name Information Influence Buyers' Product Perceptions, in: Journal of Services Marketing, Vol. 5, No. 3, S. 27–36.

Dolan, R. J. (1987), Managing the Pricing of Service-Lines and Service-Bundles, in: Wright, L. K./Cambridge, M. A. (Hrsg.), Competing in a Deregulated or Volatile Market, Report No. 87–114, Marketing Science Institute.

Donabedian, A. (1980), The Definition of Quality and Approaches to its Assessment. Explorations in Quality, Assessment and Monitoring, Vol. I, Ann Arbor.

Donelly, J. H./Berry, L. L./Thompson, T. W. (1985), Marketing Financial Services. A Strategic Vision, Homewood.

Donelly, J. H./George, W. R. (1981), Marketing of Services, Chicago.

Döttinger, K./Klaiber, E. (1994), Realisierung eines wirksamen Qualitätsmanagementsystems im Sinne des TQM, in: Stauss, B. (Hrsg.), Qualitätsmanagement und Zertifizierung. Von DIN ISO 9000 zum Total Quality Management, Wiesbaden, S. 255–273.

Dotzler, H.-J. (1995), Gestaltung der internen Kommunikation als Grundlage marktorientierter Veränderungsprozesse. Am Beispiel der HYPO-BANK, in: Bruhn, M. (Hrsg.), Internes Marketing. Integration der Kunden- und Mitarbeiterorientierung. Grundlagen, Implementierung, Praxisbeispiele, Wiesbaden, S. 221–235.

Dotzler, H.-J./Schick, S. (1995), Systematische Mitarbeiterkommunikation als Instrument der Qualitätssicherung, in: Bruhn, M./Stauss, B. (Hrsg.), Dienstleistungsqualität. Konzepte, Methoden, Erfahrungen, 2. Aufl., Wiesbaden, S. 277–294.

Downey, S. M. (1987), The Relationship Between Corporate Culture and Corporate Identity, in: Public Relations Quarterly, Winter, S. 7–12.

Drees, N. (1989), Sportsponsoring, Wiesbaden.

Drosten, M. (1995), Sponsoring nach Maß, in: Absatzwirtschaft, 38. Jg., Nr. 6, S. 34–40.

Drucker, P. F. (1992), Dienstleister müssen produktiver werden, in: Harvard Manager, 14. Jg., Nr. 2, S. 64–72.

Dyckhoff, B. (1993), Diversifikation von Handelsunternehmen in den Finanzdienstleistungsbereich. Dargestellt am Beispiel des Automobilhandels, Frankfurt am Main u. a.

Easton, G. (1987), Competition and Marketing Strategy, in: European Journal of Marketing, Vol. 21, No. 2, S. 31–49.

Edvardsson, B./Gustavsson, B. (1991), Quality in Services and Quality in Services Organisations, in: Brown, S. W. et al. (Hrsg.), Service Quality. Multidisciplinary and Multinational Perspectives, Lexington, S. 319–340.

Eisen, R. (1971), Zur Produktionsfunktion der Versicherung, in: Zeitschrift für die gesamte Versicherungswissenschaft, 60. Jg., S. 407–419.

Eiteneyer, H./Meissner, H. G. (1978), Marketing öffentlicher Unternehmung, Schriftenreihe des Lehrstuhls für Marketing, Universität Dortmund, Heft 1, hrsg. von Meissner, H. G., Dortmund.

Elfgen, R./Klaile, B. (1987), Unternehmensberatungen. Angebot, Nachfrage, Zusammenarbeit, Stuttgart.

Engelhardt, W. H. (1990), Dienstleistungsorientiertes Marketing. Antwort auf die Herausforderung durch neue Technologien, in: Adam, D. (Hrsg.), Integration und Flexibilität. Eine Herausforderung für die Allgemeine Betriebswirtschaftslehre, 51. Wissenschaftliche Jahrestagung des Verbandes der Hochschullehrer für Betriebswirtschaftlehre e. V. 1989 in Münster, Wiesbaden, S. 269–288.

Engelhardt, W. H. (1991), Total Quality Management, in: Das Wirtschaftsstudium (WISU), 20. Jg., Nr. 8, S. 394–399.

Engelhardt, W. H./Kleinaltenkamp, M./Reckenfelderbäumer, M. (1992), Dienstleistungen als Absatzobjekt, Arbeitsbericht Nr. 52 des Instituts für Unternehmensführung und Unternehmensforschung an der Ruhr-Universität Bochum, Bochum.

Engelhardt, W. H./Kleinaltenkamp, M./Reckenfelderbäumer, M. (1993), Dienstleistungen als Absatzobjekt, in: Zeitschrift für betriebswirtschaftliche Forschung, 45. Jg., Nr. 5, S. 395–426.

Engelhardt, W. H./Kleinaltenkamp, M./Reckenfelderbäumer, M. (1995), Leistungstypologien als Basis des Marketing. Ein erneutes Plädoyer für die Aufhebung der Dichotomie von Sachleistungen und Dienstleistungen, in: Die Betriebswirtschaft, 55. Jg., Nr. 5, S. 673–678.

Engelhardt, W. H./Schwab, W. (1982), Die Beschaffung von investiven Dienstleistungen, in: Die Betriebswirtschaft, 42. Jg., Nr. 4, S. 503–513.
Enis, B. M./Roering, K. J. (1981), Services Marketing. Different Products, Similar Strategy, in: Donelly, J. H./George, W. R. (Hrsg.), Marketing of Services, Chicago, S. 1–4.
Entgelter, K. A. (1979), Das Rationalisierungspotential im Dienstleistungsbereich. Zu den Möglichkeiten der Substitution persönlicher Leistungsträger durch realtechnische Systeme im Bereich der Produktion immaterieller Güter, Frankfurt am Main.
Enzweiler, T. (1990), Wo die Preise Laufen lernen, in: Manager Magazin, 21. Jg., Nr. 3, S. 246–253.
Ernenputsch, M. A. (1986), Theoretische und empirische Untersuchungen zum Beschaffungsprozeß von konsumtiven Dienstleistungen, Bochum.
Falk, B. (1980a), Zur Bedeutung des Dienstleistungsmarketing, in: Falk, B. (Hrsg.), Dienstleistungsmarketing, Landsberg am Lech, S. 9–28.
Falk, B. (Hrsg.) (1980), Dienstleistungsmarketing, Landsberg am Lech.
Farny, D. (1969), Grundlagen einer theoretischen Versicherungsbetriebslehre, in: Farny, D. (Hrsg.), Wirtschaft und Recht der Versicherung, Festschrift für P. Braess, Karlsruhe, S. 27–72.
Farny, D./Kirsch, W. (1987), Strategische Unternehmenspolitik von Versicherungen, in: Zeitschrift für die gesamte Versicherungswissenschaft, 76. Jg., S. 369–401.
Feldbausch, F. K. (1975), Bankmarketing, München.
Festinger, L. (1957), A Theory of Cognitive Dissonance, Stanford.
Firestone, S. H. (1983), Why Advertising a Service is Different, in: Berry, L. L./Shostack, G. L./Upah, G. D. (Hrsg.), Emerging Perspectives on Services Marketing, Chicago, S. 86–89.
Firnstahl, T. W. (1990), Mitarbeiter garantieren die Produktqualität, in: Harvard Manager, 12. Jg., Nr. 1, S. 7–12.
Fishbein, M. A. (1967), A Behavior Theory Approach to the Relations between Beliefs about an Object and the Attitude towards the Object, in: Fishbein, M. A. (Hrsg.), Readings in Attitude Theory and Measurement, New York u. a., S. 389–400.
Fisher, R. J. (1991), Durable Differentiation Strategies for Services, in: Journal of Services Marketing, Vol. 5, No. 1, S. 19–28.
Fornell, C. (1992), A National Customer Satisfaction Barometer. The Swedish Experience, in: Journal of Marketing, Vol. 56, No. 1, S. 6–21.
Fourastié, J. (1954), Die große Hoffnung des Zwanzigsten Jahrhunderts, Köln.
Frehr, H.-U. (1994), Total Quality Management. Unternehmensweite Qualitätsverbesserung, 2. Aufl., München/Wien.
Freter, H. (1974), Mediaselektion, Wiesbaden.
Freter, H. (1983), Marktsegmentierung, Stuttgart.
Freyer, W. (1995), Tourismus. Einführung in die Fremdenverkehrsökonomie, 5. Aufl., München/Wien.
Friedman, M. L./Smith, L. J. (1993), Consumer Evaluation Processes in a Service Setting, in: Journal of Services Marketing, Vol. 7, No. 2, S. 47–61.
Frisch, W. (1989), Service-Management. Marktorientierung in der mittelständischen Unternehmerpolitik, Wiesbaden.
Fröhlich, W./Gieffers, F. (1989), Personalforschung, in: Strutz, H. (Hrsg.), Handbuch Personalmarketing, Wiesbaden, S. 15–24.
Fröhlich, W./Langecker, F. (1989), Hochschulkontakte, in: Strutz, H. (Hrsg.), Handbuch Personalmarketing, Wiesbaden, S. 152–157.
Fröhlich, W./Sitzenstock, K. (1989), Personalimage-Werbung, in: Strutz, H. (Hrsg.), Handbuch Personalmarketing, Wiesbaden, S. 134–142.
Fryar, C. R. (1991), What's Different About Services Marketing, in: Journal of Services Marketing, Vol. 5, No. 4, S. 53–58.
Funke, K. (1987), Messeentscheidungen. Handlungsalternativen und Informationsbedarf, Frankfurt am Main/Bern/New York.

Gabbott, M./Hogg, G. (1994), Consumer Behaviour and Services. A Review, in: Journal of Marketing Management, Vol. 10, No. 10, S. 311–324.
Gahl, A. (1991), Die Konzeption strategischer Allianzen, Berlin.
Garhammer, M. (1988), Die unbezahlte häusliche Dienstleistungsproduktion. Ein Beitrag zur Diskussion über Dienstleistungsbesonderheiten, in: Jahrbuch der Absatz- und Verbrauchsforschung, 34. Jg., Nr. 1, S. 61–94.
Garvin, D. A. (1984), What Does „Product Quality" Really Mean?, in: Sloan Management Review, Vol. 25, No. 3, S. 25–43.
Gaster, D. (1994), Qualitätsaudit, in: Masing, W. (Hrsg.), Handbuch des Qualitätsmanagement, 3. Aufl., München/Wien, S. 927–948.
Geiger, W. (1992), Qualitätsmanagement und Qualitätssicherung. Achtung! Vorfahrt wird geändert, in: Qualität und Zuverlässigkeit (QZ), 37. Jg., Nr. 5, Sonderdruck.
Geiger, W. (1994), Die Entstehung, Erstellung und Weiterentwicklung der DIN ISO 9000-Familie, in: Stauss, B. (Hrsg.), Qualitätsmanagement und Zertifizierung. Von DIN ISO 9000 zum Total Quality Management, Wiesbaden, S. 27–62.
George, S. (1992), The Baldrige Quality System. The Do-it-yourself way to transform your business, New York u. a.
George, W. R./Berry, L. L. (1981), Guidelines for the Advertising of Services, in: Business Horizons, Vol. 24, July/August.
George, W. R./Grönroos, C. (1995), Internes Marketing. Kundenorientierte Mitarbeiter auf allen Unternehmensebenen, in: Bruhn, M. (Hrsg.), Internes Marketing. Integration der Kunden- und Mitarbeiterorientierung. Grundlagen, Implementierung, Praxisbeispiele, Wiesbaden, S. 63–86.
George, W. R./Marshall, C. E. (1984), Developing New Services, Chicago.
Gerhardt, J. (1987), Dienstleistungsproduktion. Eine produktionstheoretische Analyse der Dienstleistungsprozesse, Bergisch Gladbach/Köln.
Ghemawat, P. (1985), Building Strategy on the Experience Curve, in: Harvard Business Review, Vol. 64, No. 2, S. 143–149.
Gierl, H. (1987), Ist der Erfolg industrieller Innovationen planbar?, in: Zeitschrift für betriebswirtschaftliche Forschung, 39. Jg., Nr. 1, S. 53–73.
Gilbert, X./Strebel, P. J. (1985), Outpacing Strategies, in: IMEDE, Perspectives for Managers, No. 2.
Goehrmann, K. (Hrsg.), Polit-Marketing auf Messen und Ausstellungen, Düsseldorf.
Gogoll, A. (1995), Service-QFD. Quality Function Deployment für den Dienstleistungsbereich, in: Hansen, W./Jansen, H. H./Kamiske, G. F. (Hrsg.), Qualitätsmanagement im Unternehmen. Grundlagen, Methoden und Werkzeuge, Praxisbeispiele, Loseblatt-Sammlung, Kapitel 09.04, Berlin u. a., S. 1–18.
Goodall, B. (1988), How Tourists Choose Their Holidays. An Analytical Framework, in: Goodall, B./Ashworth, G. (Hrsg.), Marketing in the Tourism Industry, New York, S. 1–17.
Gottwald, U. (1992), Deregulierung der Postdienste, Köln.
Graham, R. J. (1981), The Role of Perception of Time in Consumer Research, in: Journal of Consumer Research, Vol. 7, No. 4, S. 335–342.
Grätz, F. (1989), Vergütung, in: Strutz, H. (Hrsg.), Handbuch Personalmarketing, Wiesbaden, S. 459–469.
Graumann, J. (1983), Die Dienstleistungsmarke, München/Florenz.
Graumann, J. (1984), Die Dienstleistungsmarke. Ein neuer Markentypus aus absatzwirtschaftlicher Sicht, in: Markenartikel, 4. Jg., Nr. 12, S. 607–610.
Greenly, G. E./Matcham, A. S. (1983), Problems in Marketing Services. The Case of Incoming Tourism, in: European Journal of Marketing, Vol. 17, No. 6, S. 57–64.
Gregory, K. L. (1983), Native View Paradigms. Multiple Cultures and Culture Conflicts in Organizations, in: Administrative Science Quarterly, Vol. 27, No. 3, S. 459–476.
Gröne, A. (1984), Personalisierung und Automatisierung von Dienstleistungen als strategische Alternativen des Bankmarketing, in: Dienstleistungsmarketing, Arbeitspapier Nr. 19 der Wis-

senschaftlichen Gesellschaft für Marketing und Unternehmensführung e. V., hrsg. von Meffert, H./Wagner, H., Münster, S. 46–68.
Grönroos, C. (1979), An Applied Theory For Marketing Industrial Services, in: Industrial Marketing Management, Vol. 8, S. 45–50.
Grönroos, C. (1980), An Applied Service Marketing Theory, Arbeitspapier Nr. 57, Swedish School of Economics and Business Administration, Helsinki.
Grönroos, C. (1981), Internal Marketing. An Integral Part of Marketing Theory, in: Donnelly, J. H./George, W. R. (Hrsg.), Marketing of Services, Chicago, S. 236–238.
Grönroos, C. (1983), Innovative Marketing Strategies and Organization Structure for Service Firms, in: Berry, L. L./Shostack, G. L./Upah, G. D. (Hrsg.), Emerging Perspectives on Services Marketing, Chicago, S. 9–21.
Grönroos, C. (1989), Innovative Marketing Strategies and Organization Structures for Service Firms, in: Bateson, J. E. G. (Hrsg.), Managing Services Marketing. Text and Readings, Chicago u. a., S. 506–521.
Grönroos, C. (1990a), Relationship Approach to Marketing in Service Contexts. The Marketing and Organizational Behavior Interface, in: Journal of Business Research, Vol. 23, No. 2, S. 3–11.
Grönroos, C. (1990b), Service Management and Marketing. Managing The Moments of Truth in Service Competition, Lexington.
Guiltinan, J. P. (1987), The Price Bundling of Services. A Normative Framework, in: Journal of Marketing, Vol. 51, No. 2, S. 74–85.
Gummesson, E. (1981), Marketing Cost Concept in Service Firms, in: Industrial Marketing Management, Vol. 10, S. 175–182.
Gummesson, E. (1987), Toward the Theory of Professional Service Marketing, in: Industrial Marketing Management, Vol. 7, S. 89–95.
Gupta, A. K./Rogers, E. M. (1991), Internal Marketing. Integrating R & D and Marketing within the Organization, in: Journal of Services Marketing, Vol. 5, No. 2, S. 55–68.
Gutenberg, E. (1979), Grundlagen der Betriebswirtschaftlehre, Bd. 1: Die Produktion, 23. Aufl., Berlin/Heidelberg/New York.
Haak, W. (1982), Produktion in Banken, Frankfurt am Main/Bern.
Haedrich, G. (1983), Angebotspolitik, in: Haedrich, G. et al. (Hrsg.), Tourismus-Management. Tourismus-Marketing und Fremdenverkehrsplanung, Berlin/New York, S. 241–261.
Haedrich, G. et al. (Hrsg.) (1983), Tourismus-Management. Tourismus-Marketing und Fremdenverkehrsplanung, Berlin/New York.
Haedrich, G./Gussek, F./Tomczak, T. (1989), Differenzierte Marktbearbeitung und Markterfolg im Reiseveranstaltermarkt der Bundesrepublik Deutschland, in: Marketing ZFP, 11. Jg., Nr. 1, S. 11–18.
Haedrich, G./Tomczak, T. (1990), Strategische Markenführung, Bern.
Hafner, K./Reineke, R.-D. (1988), Unternehmensführung und Unternehmensberatung. Bestandsaufnahme und Entwicklungsperspektiven, Arbeitspapier Nr. 44 der Wissenschaftlichen Gesellschaft für Marketing und Unternehmensführung e. V., hrsg. von Meffert, H./Wagner, H., Münster.
Haist, F./Fromm, H. (1991), Qualität im Unternehmen. Prinzipien, Methoden, Techniken, 2. Aufl., München/Wien.
Haley, R. I. (1968), Benefit Segmentation. A Decision-Oriented Research Tool, in: Journal of Marketing, Vol. 32, Nr. 3, S. 30–35.
Haller, S. (1993), Methoden zur Beurteilung der Dienstleistungsqualität. Überblick zum State of the Art, in: Zeitschrift für betriebswirtschaftliche Forschung, 45. Jg., Nr. 1, S. 19–38.
Haller, S. (1995), Beurteilung von Dienstleistungsqualität. Dynamische Betrachtung des Qualitätsurteils im Weiterbildungsbereich, Wiesbaden.
Hammann, P. (1986), Ansätze zu einem Marketing für kommende Standorte, Arbeitspapier zum Marketing, Nr. 15, hrsg. von Engelhardt, W. H./Hammann, P., Bochum.

Hansen, U./Jeschke, K. (1991), Die Beschwerdepolitik des KFZ-Handels, in: Thexis, 8. Jg., Nr. 2, S. 41–46.
Hansen, U./Jeschke, K. (1995), Beschwerdemanagement für Dienstleistungsunternehmen. Beispiel des Kfz-Handels, in: Bruhn, M./Stauss, B. (Hrsg.), Dienstleistungsqualität. Konzepte, Methoden, Erfahrungen, 2. Aufl., Wiesbaden, S. 525–550.
Hansen, U./Leitherer, E. (1984), Produktpolitik, 2. Aufl., Stuttgart.
Hansen, W./Jansen, H. H./Kamiske, G. F. (Hrsg.), Qualitätsmanagement im Unternehmen. Grundlagen, Methoden und Werkzeuge, Praxisbeispiele, Loseblatt-Sammlung, Kapitel 09.04, Berlin u. a.
Hanson, M. A./Martin, R. K. (1990), Optimal Bundle Pricing, in: Management Science, Vol. 36, No. 2, S. 155–174.
Harris, N. D. (1989), Service Operations Management, Oxford.
Hart, C. W. L. (1989), Auch Dienstleister nutzen Garantien, in: Harvard Manager, 11. Jg., Nr. 1, S. 114–121.
Hart, C. W. L./Heskett, J. L./Sasser, W. E. Jr. (1990), The Profitable Art of Service Recovery, in: Harvard Business Review, Vol. 68, No. 4, S. 148–156.
Hartmann, D. E./Lindgren, J. H. Jr. (1993), Consumer Evaluation of Goods and Services, in: Journal of Services Marketing, Vol. 7, No. 2, S. 4–15.
Hasitschka, W./Hruschka, H. (1982), Non-Profit Marketing, München.
Hauser, J. R./Clausing, D. (1988), The House of Quality, in: Harvard Business Review, Vol. 63, No. 3, S. 63–72.
Haywood, K. M. (1989), Managing Word of Mouth Communications, in: Journal of Services Marketing, Vol. 3, No. 2, S. 55–67.
Heil, G. (1979), Die Dienstleistungsmarke. Erste Erfahrungen und die geplante Praxis, in: Markenartikel, 41. Jg., Nr. 5, S. 237–245.
Heinen, E. (1991), Industriebetriebslehre, 9. Aufl., Wiesbaden.
Heinen, E./Dill, P. (1990), Unternehmenskultur aus betriebswirtschaftlicher Sicht, in: Simon, H. (Hrsg.), Herausforderung Unternehmenskultur, Stuttgart, S. 12–24.
Heller, H. (1992), Die Integration zum Technologiekonzern muß in den Köpfen der Mitarbeiter beginnen, in: Handelsblatt vom 12.05., S. 13.
Henderson, B. D. (1974), Die Erfahrungskurve in der Unternehmensstrategie, Frankfurt am Main.
Hensel, J. S. (1990), Service Quality Improvement and Control. A Customer-Based Approach, in: Journal of Business Research, Vol. 23, No. 2, S. 43–54.
Hentschel, B. (1990a), Die Messung wahrgenommener Dienstleistungsqualität mit SERVQUAL. Eine kritische Auseinandersetzung, in: Marketing ZFP, 12. Jg., Nr. 4, S. 230–240.
Hentschel, B. (1990b), Die Messung wahrgenommener Dienstleistungsqualität mit SERVQUAL. Eine kritische Auseinandersetzung, Diskussionsbeiträge der Wirtschaftswissenschaftlichen Fakultät Ingolstadt, Nr. 3, Ingolstadt.
Hentschel, B. (1992), Dienstleistungsqualität aus Kundensicht. Vom merkmals- zum ereignisorientierten Ansatz, Wiesbaden.
Hentschel, B. (1995), Multiattributive Messung von Dienstleistungsqualität, in: Bruhn, M./Stauss, B. (Hrsg.), Dienstleistungsqualität. Konzepte, Methoden, Erfahrungen, 2. Aufl., Wiesbaden.
Hentze, J. (1989), Personalplanung, in: Strutz, H. (Hrsg.), Handbuch Personalmarketing, Wiesbaden, S. 503–518.
Hergert, M./Morris, D. (1987), Trends in International Collaborated Agreements, in: Columbia Journal of World Business, Vol. 22, Summer, S. 15–22.
Hermanns, A. (Hrsg.) (1989), Sport- und Kultursponsoring, München.
Heskett, J. L. (1986), Managing in the Service Economy, Boston.
Heskett, J. L. (1988), Management von Dienstleistungsunternehmen, Wiesbaden.
Heskett, J. L./Jones, T. O./Levemann, G. W./Sasser, W. E. Jr. (1994), Putting the Service-Profit Chain to Work, in: Harvard Business Review, Vol. 72, No. 2, S. 164–174.
Heskett, J. L./Sasser, W. E./Hart, C. W. L. (1990), Service Breakthroughs. Changing the Rules of the Game, New York.

Heskett, J. L./Sasser, W. E./Hart C. W. L. (1991), Bahnbrechender Service. Standards für den Wettbewerb von morgen, Frankfurt am Main/New York.
Hesse, H.-W. (1987), Kommunikation und Diffusion von Produktinnovationen im Konsumgüterbereich, Berlin.
Hesse, J. (1982), Marketing für öffentliche Unternehmungen, Heft 110, Betriebswirtschaftliche Schriften, Berlin.
Hilke, W. (1984), Dienstleistungsmarketing aus Sicht der Wissenschaft, Diskussionsbeiträge des Betriebswirtschaftlichen Seminars der Universität Freiburg, Freiburg.
Hilke, W. (Hrsg.) (1989a), Dienstleistungs-Marketing, Wiesbaden.
Hilke, W. (1989b), Grundprobleme und Entwicklungstendenzen des Dienstleistungs-Marketing, in: Hilke, W. (Hrsg.), Dienstleistungs-Marketing, Wiesbaden, S. 5–44.
Hilke, W. (1993), Kennzeichnung und Instrumente des Direkt-Marketing, in: Hilke, W. (Hrsg.), Direkt-Marketing, Wiesbaden.
Hilke, W. (Hrsg.) (1993), Direkt-Marketing, Wiesbaden.
Hilker, J. (1993), Marketingimplementierung, Münster.
Hill, D. (1986), Satisfaction and Consumer Research, in: Lutz, R. J. (Hrsg.), Advances in Consumer Research, Vol. 13, Provo, S. 310–315.
Hill, D./Gandhi, N. (1992), Services Advertising. A Framework to its Effectiveness, in: Journal of Services Marketing, Vol. 6, No. 4, S. 63–76.
Hille, W. (1987), Verkaufsförderung bei Bankleistungen, in: Marktforschung, 31. Jg., Nr. 2, S. 42–45.
Hinterhuber, H. H. (1996), Strategische Unternehmensführung, 2 Bände, 6. Aufl., Berlin/New York.
Hofmann, M./Sertl, W. (Hrsg.) (1987), Management Consulting, Stuttgart/Berlin.
Holland, H. (1992), Direktmarketing, München.
Homburg, C./Garbe, B. (1996), Industrielle Dienstleistungen. Bestandsaufnahme und Entwicklungsrichtungen, in: Zeitschrift für Betriebswirtschaft, 66. Jg., Nr. 3, S. 253–282.
Hopper, M. O. (1990), Rattling SABRE. New Ways to Compete on Information, Harvard Business Review, Vol. 68, No. 3, S. 118–125.
Horovitz, J. (1992), Service entscheidet im Wettbewerb um den Kunden, 4. Aufl., Frankfurt am Main/New York.
Horovitz, J./Panak, M. J. (1992), Total Customer Satisfaction, London.
Horovitz, J./Panak, M. J. (1993), Marktführer durch Service. Lehren aus 50 hervorragenden europäischen Unternehmen, Frankfurt am Main/New York.
Huber, R. J. (1992), Die Nachfrage nach Dienstleistungen, Hamburg.
Hübner, C. C. (1993), Multiplikation, in: Meyer, P. W./Mattmüller, R. (Hrsg.), Strategische Marketingoptionen, Stuttgart/Berlin/Köln, S. 186–222.
Hummrich, U. (1975), Interpersonelle Kommunikation im Konsumgüterbereich, Münster.
Hünerberg, R./Heise, G. (1995), Multimedia und Marketing. Grundlagen und Anwendungen, in: Hünerberg, R./Heise, G. (Hrsg.), Multimedia und Marketing. Grundlagen und Anwendungen, Wiesbaden, S. 1–21.
Hünerberg, R./Heise, G. (Hrsg.) (1995), Multimedia und Marketing. Grundlagen und Anwendungen, Wiesbaden.
Ihde, G. B. (1978), Distributionslogistik, Stuttgart/New York.
ISIS Engineering Report (1992), Unternehmen der Informationsindustrie. Firmenprofile Software, Hardware, Services, Nr. 2.
Jahn, H. (1987), Qualitätssicherungssysteme und ihre Zertifizierung, in: Qualität und Zuverlässigkeit (QZ), 32. Jg., Nr. 7, S. 341–344.
Jahn, H. (1988), Zertifizierung von Qualitätssicherungs-Systemen, in: Masing, W. (Hrsg.), Handbuch der Qualitätssicherung, 2. Aufl., München/Wien, S. 923–934.
Javalgi, R. (1992), Marketing Financial Services to Affluent Consumers, in: Journal of Services Marketing, Vol. 6, No. 2, S. 33–44.
Jeschke, J. (1996), Preismanagement für Dienstleistungen, Bonn.

Johnson, E. M./Scheuing, E. E./Gaida, K. A. (1986), Profitable Service Marketing, Homewood.
Johnson, T./Brown, J./Reingen, P. H. (1987), Social Ties and Word-of-Mouth Referral Behavior, in: Journal of Consumer Research, Vol. 14, No. 3, S. 350–362.
Jugel, S./Zerr, K. (1989), Dienstleistungen als strategisches Element eines Technologie-Marketing, in: Marketing ZFP, 11. Jg., Nr. 3, S. 162–172.
Jütting, K./Möbus, M. (1994), Aufbau eines unternehmensweiten Qualitätsmanagementsystems und Vorbereitung auf die Zertifzierung, in: Hanser Fachzeitschriften, Sonderteil, Heft 4, S. 14–20.
Kaas, K. P. (1992), Persönliche Kommunikation, interpersonelle Kommunikation, direkte Kommunikation, in: Diller, H. (Hrsg.), Vahlens Großes Marketinglexikon, München, S. 868.
Kamiske, G. F./Brauer, J.-P. (1993a), Qualitätsmanagement von A bis Z, Erläuterungen moderner Begriffe des Qualitätsmanagements, München/Wien.
Kamiske, G. F./Brauer, J.-P. (1993b), Modernes Qualitätsmanagement, in: Hansen, W./Jansen, H. H./Kamiske, G. F. (Hrsg.), Qualitätsmanagement im Unternehmen. Grundlagen, Methoden und Werkzeuge, Praxisbeispiele, Loseblattsammlung, Kapitel 01.01, Berlin u. a. 1993, S. 1–38.
Kamiske, G. F./Brauer, J.-P. (1995), Qualitätsmanagement von A bis Z, Erläuterungen moderner Begriffe des Qualitätsmanagements, 2. Aufl., München/Wien.
Kandaouroff, A. (1994), Qualitätskosten. Eine theoretisch-empirische Analyse, in: Zeitschrift für Betriebswirtschaft, 64. Jg., Nr. 6, S. 765–786.
Katz, E. (1957), The Two-Step Flow of Communications: An Up-To-Date Report of an Hypothesis, in: Public Opinion Quarterly, Vol. 21, S. 61–78.
Katz, E./Lazarsfeld, P. F. (1955), Personal Influence, Glencoe.
Kaub, E. (1980), Franchise-Systeme in der Gastronomie, Saarbrücken.
Kelley, S. W. (1989), Efficiency in Service Delivery. Technological or Humanistic Approaches?, in: Journal of Services Marketing, Vol. 3, No. 3, S. 43–50.
Kinberg, Y./Sudit, E. F. (1979), Country/Service Bundling in International Tourism. Criteria for the Selection of an Efficient Bundle Mix and Allocation of Joint Revenues, in: Journal of International Business Studies, Vol. 10, Fall, S. 51–63.
Kirchner, G. (1992), Direktmarketing-Kommunikation, Wiesbaden.
Kirstein, H. (1991), Audit als Managementinstrument zur Prozeßverbesserung, in: Qualität und Zuverlässigkeit (QZ), 36. Jg., Nr. 4, S. 207–212.
Kirstges, T. (1992), Expansionsstrategien im Tourismus, Wiesbaden.
Klaus, P. (1984), Auf dem Weg zu einer Betriebswirtschaftslehre der Dienstleistungen. Der Interaktionsansatz, in: Die Betriebswirtschaft, 44. Jg., Nr. 3, S. 467 475.
Klaus, P. (1991), Die Qualität von Bedienungsinteraktionen, in: Bruhn, M./Stauss, B. (Hrsg.), Dienstleistungsqualität. Methoden, Konzepte, Erfahrungen, Wiesbaden, S. 247–265.
Klein, H. (1995), Qualitätsmanagement der Deutschen Lufthansa AG, in: Bruhn, M./Stauss, B. (Hrsg.), Dienstleistungsqualität. Konzepte, Methoden, Erfahrungen, 2. Aufl., Wiesbaden, S. 477–493.
Kleinaltenkamp, M. (1987), Die Dynamisierung strategischer Marketingkonzepte, in: Zeitschrift für betriebswirtschaftliche Forschung, 39. Jg., Nr. 1, S. 31–52.
Kleinaltenkamp, M. (Hrsg.) (1995), Dienstleistungsmarketing. Konzeptionen und Anwendungen, Wiesbaden.
Kleinert, H. (1983), Das Instrumentarium des Tourismusmarketing und der Fremdenverkehrsplanung. Kommunikationspolitik, in: Haedrich, G. et al. (Hrsg.), Tourismus-Management, Berlin/New York, S. 287–300.
Köhler, R. (1981), Grundprobleme der strategischen Marketingplanung, in: Geist, M. N./Köhler, R. (Hrsg.), Die Führung des Betriebs, Stuttgart, S. 261–291.
Köhler, R. (1991), Einfluß des Kommunikators auf die Wirkung direkter Marktkommunikation, in: Dallmer, H. (Hrsg.), Handbuch Direct Marketing, 6. Aufl., Wiesbaden, S. 151–173.
Köhler, R. (1993), Beiträge zum Marketing-Management, 3. Aufl., München.
Kolks, U. (1990), Strategieimplementierung. Ein anwendungsorientiertes Konzept, Wiesbaden.

Köppe, D. (1993), Erstellen eines Qualitätssicherungs-Handbuchs, in: Hanser Fachzeitschriften, Sonderteil, Heft 4, S. 23–31.
Kotler, P. (1994), Marketing Management. Analysis, Planning, Implementation and Control, 8. Aufl., Englewood Cliffs.
Kotler, P./Bliemel, F. (1995), Marketing-Management, 8. Aufl., Stuttgart.
Kotler, P./Bloom, P. N. (1984), Marketing Professional Services, Englewood Cliffs.
Kotler, P./Clarke, R. N. (1987), Marketing for Health Care Organizations, Englewood Cliffs.
Kotler, P./Ferell, O. C./Lamb, C. (1984), Cases and Readings for Marketing for Nonprofit Organizations, Englewood Cliffs.
Kotler, P./Roberto, E. (1991), Social Marketing, Düsseldorf u. a.
Kreilkamp, E. (1987), Strategisches Management und Marketing, Berlin/New York.
Kroeber-Riel, W. (1992), Konsumentenverhalten, 5. Aufl., München.
Kroeber-Riel, W. (1993), Bildkommunikation. Imagerystrategien für die Werbung, München.
Kroeber-Riel, W. (1995), Werbung, in: Tietz, B./Köhler, R./Zentes, J. (Hrsg.), Handwörterbuch des Marketing, 2. Aufl., Stuttgart, S. 2692–2703.
Krotz, J./Gratzer, W. (1989), Qualitätsmanagement. Ein marktstrategischer Erfolgsfaktor, in: Thexis, 6. Jg., Nr. 6, S. 18–20.
Krubasik, E. G. (1988), Customize Your Product Development, in: Harvard Business Review, Vol. 66, No. 6, S. 46–52.
Krüger, L. (1990), Yield Management. Dynamische Gewinnsteuerung im Rahmen integrierter Informationstechnologie, in: Controlling, 2. Jg., Nr. 5, S. 240–251.
Krümmel, H. J./Rudolph, B. (1983), Strategische Bankplanung, Frankfurt am Main.
Krümmel, H. J./Rudolph, B. (Hrsg.) (1987), Bankmanagement für neue Märkte. Chancen und Risiken der Banken in Finanzmärkten mit neuen Produkten und neuen Wettbewerbern, Frankfurt am Main.
Krumnow, J. (1993), Strategisches Controlling in der Deutschen Bank, in: Controlling, 5. Jg., Nr. 1, S. 4–9.
Krups, M. (1985), Marketing innovativer Dienstleistungen am Beispiel elektronischer Wirtschaftsinformationsdienste, Frankfurt am Main u. a.
Kulhavy, E. (1974), Dienstleistung, in: Tietz, B. (Hrsg.), Handwörterbuch der Absatzwirtschaft, Stuttgart, S. 455–459.
Kulhavy, E. (1988), Vom Produktmarketing zum Marketing für das Dorf, in: Der Markt, 60. Jg., S. 180–189.
Laabs, J. L. (1995), L. A. Hotel Gives Teens a Career Orientation, in: Personnel Journal, Nr. 11, S. 50–61.
Laakmann, K. (1994a), Innovations-Marketing, in: Meffert, H. (Hrsg.), Lexikon der aktuellen Marketingbegriffe, Wien, S. 93–98.
Laakmann, K. (1994b), Internes Marketing, in: Meffert, H. (Hrsg.), Lexikon der aktuellen Marketingbegriffe, Wien, S. 111–114.
Laakmann, K. (1995), Value-Added Services als Profilierungsinstrument im Wettbewerb. Analyse, Generierung und Bewertung, Frankfurt am Main u. a.
Lambin, J. J. (1987), Grundlagen und Methoden strategischen Marketings, Hamburg/New York.
Lange, B. (1982), Die Erfahrungskurve als Instrument der strategischen Bankplanung, in: Krümmel, H./Rudolph, B. (Hrsg.), Strategische Bankplanung, Frankfurt am Main.
Lange, P. (1991), Die individuelle Arbeitszeit. Konzept der serviceorientierten Führung und Unternehmenskultur, in: Stauss, B. (Hrsg.), Erfolg durch Servicequalität, München, S. 159–170.
Langeard, E. (1981), Grundfragen des Dienstleistungsmarketing, in: Marketing ZFP, 3. Jg., Nr. 4, S. 233–240.
Lash, L. M. (1989), The Complete Guide to Customer Service, New York u. a.
Lazarsfeld, P. F./Berelson, B./Gaudet, H. (1948), The People's Choice, 2. Aufl., New York.
Lehmann, A. (1989), Marketing-Qualität im Dienstleistungsmanagement. Eine neue Perspektive?, in: Thexis, 6. Jg., Nr. 6, S. 46–50.

Lehmann, A. (1992), Top Service – Top Quality. Visionen prägen die amerikanische Dienstleistungsentwicklung, in: Thexis, 9. Jg., Nr. 1, S. 20–25.
Lehmann, A. (1993), Dienstleistungsmanagement. Strategien und Ansatzpunkte zur Schaffung von Servicequalität, Stuttgart/Zürich.
Lehmann, A. (1995a), Dienstleistungsmanagement. Strategien und Ansatzpunkte zur Schaffung von Servicequalität, 2. Aufl., Stuttgart/Zürich.
Lehmann, A. (1995b), Qualität und Produktivität im Dienstleistungsmanagement. Strategien konkretisiert im Versicherungs- und Finanzdienstleistungswettbewerb (noch nicht veröffentlichte) Habilitationsschrift, St. Gallen.
Levitt, T. (1960), Marketing Myopia, in: Harvard Business Review, Vol. 44, No. 4, S. 45–56.
Levitt, T. (1972), Production-line Approach to Service, in: Harvard Business Review, Vol. 50, No. 5, S. 41–52.
Levitt, T. (1981), Marketig Intangible Products and Product Intangibles, in: Harvard Business Review, Vol. 59, No. 3, S. 94–102.
Lewis, B./Owtram, M. (1986), Customer Satisfaction with Package Holidays, in: Moores, B. (Hrsg.), Are They Being Served?, Oxford, S. 201–213.
Libonati, K. (1992), Quality for Value-Added Perceptions and Bottom-Line Results, in: Journal of Services Marketing, Vol. 6, No. 4, S. 23–28.
Liebau, G. (1981), Marktorientierte Organisation in Kreditinstituten, Göttingen.
Lienemann, C./Reis, T. (1996), Der ressourcenorientierte Ansatz. Struktur und Implikationen für das Dienstleistungsmarketing, in: Wirtschaftswissenschaftliches Studium (WiSt), 25. Jg., Nr. 5, S. 257–260.
Light, D. H. (1986), A Guide for New Distribution Channel Strategies for Service Firms, in: Journal of Business Strategy, Vol. 7, No. 1, S. 56–64.
Liljander, V./Strandvik, T. (1993), Different Comparison Standards as Determinants of Service Quality, in: Journal of Consumer Satisfaction, Dissatisfaction and Complaining Behavior, Vol. 6, S. 118–132.
Liljander, V./Strandvik, T. (1995), The Nature of Customer Relationships in Services, in: Swartz, T. A./Bowen, D. E./Brown, S. W. (Hrsg.), Advances in Services Marketing and Management. Research and Practice, Vol. 4, Greenwich/London, S. 141–167.
Loock, F. (1988), Kunstsponsoring, Wiesbaden.
Lovelock, C. H. (1983), Classifying Services to Gain Strategic Marketing Insights, in: Journal of Marketing, Vol. 47, No. 3, S. 9–20.
Lovelock, C. H. (Hrsg.) (1984), Services Marketing. Text, Cases and Readings, Englewood Cliffs.
Lovelock, C. H. (Hrsg.) (1988), Managing Services. Marketing, Operations and Human Resources, Englewood Cliffs.
Lovelock, C. H. (Hrsg.) (1995), Services Marketing. Text, Cases and Readings, 3. Aufl., Englewood Cliffs.
Lovelock, C. H./Langeard, E./Bateson, J. E. G. (1988), Some Organizational Problems Facing Marketing in the Service Sector, in: Lovelock, C. H. (Hrsg.), Managing Services, Englewood Cliffs, S. 359–366.
Lovelock, C. H./Quelch, J. A. (1983), Consumer Promotions in Service Marketing, in: Business Horizons, Vol. 26, May/June, S. 6–75.
Lovelock, C. H./Weinberg, C. B. (1990), Readings in Public and Nonprofit Marketing, 2. Aufl.
Lünendonk-Liste 1993 – die größten DV-Beratungs- und Software-Unternehmen in Deutschland 1993, Umsätze, Mitarbeiter, Relationen, Tendenzen, Hrsg.: Redaktionsbüro Lünendonk und Streicher Kommunikation Unternehmensberatung, Bad Wörrishofen 1994.
Lutz, R./Reilly, P. J. (1973), An Exploration of the Effects of Perceived Social and Performance Risk on Consumer Information Acquisition, in: Ward, S./Wright, P. (Hrsg.), Advances in Consumer Research, Urbana, S. 393–405.
Lynn, S. A. (1986), Segmenting a Business Market for a Professional Service, in: Industrial Marketing Management, S. 13–21.

Madu, Ch. N./Kuei, Ch.-H. (1995), Strategic Total Quality Management. Corporate Performance and Product Quality, Westport.
Magrath, A. J (1986), When Marketing Services, 4 Ps Are Not Enough, in: Business Horizons, Vol. 29, May/June, S. 44–50.
Magyar, K. M./Magyar, P. K. (1987), Marketingpioniere und Pioniermanagement, Landsberg am Lech.
Maister, D. H./Lovelock, C. H. (1988), Managing Faciliator Services, in: Lovelock, C. H. (Hrsg.), Managing Services. Marketing Operations and Human Resources, Englewood Cliffs, S. 58–70.
Maleri, R. (1994), Grundlagen der Dienstleistungsproduktion, 3. Aufl., Berlin u. a.
Malthus, T. (1836), Principles of Political Economy, London.
Männel, W. (Hrsg.) (1992), Handbuch der Kostenrechnung, Wiesbaden.
Martin, C. R. Jr./Horne, D. A. (1993), Services Innovation. Successful versus Unsuccessful Firms, in: International Journal of Service Industry Management, Vol. 4, No. 1, S. 49–65.
Masing, W. (Hrsg.) (1988), Handbuch der Qualitätssicherung, 2. Aufl., München/Wien.
Masing, W. (Hrsg.) (1994), Handbuch Qualitätsmanagement, 3. Aufl., München/Wien.
Masing, W. (1995), Planung und Durchsetzung der Qualitätspolitik im Unternehmen. Zentrale Prinzipien und Problembereiche, in: Bruhn, M./Stauss, B. (Hrsg.), Dienstleistungsqualität. Konzepte, Methoden, Erfahrungen, 2. Aufl., Wiesbaden, S. 239–253.
Maslow, A. M. (1975), Motivation and Personality, in: Levine, F. M. (Hrsg.), Theoretical Readings in Motivation. Perspections on Human Behavior, Chicago, S. 358–379.
Mattson, B. E. (1985), Spotting a Market Gap for a New Product, in: Long Range Planning, Vol. 18, No. 1, S. 173–181.
Meffert, H. (Hrsg.) (1984), Dienstleistungsmarketing, Dokumentation des Workshops vom 28. November 1983, Arbeitspapier Nr. 19 der Wissenschaftlichen Gesellschaft für Marketing und Unternehmensführung e. V., hrsg. von Meffert, H./Wagner, H., Münster.
Meffert, H. (1985), Zur Bedeutung von Konkurrenzstrategien im Handel, in: Marketing ZFP, 7. Jg., Nr. 1, S. 13–19.
Meffert, H. (1986), Marketing, 7. Aufl., Wiesbaden.
Meffert, H. (1987), Kundendienstpolitik. Eine Bestandsaufnahme zu einem komplexen Kundendienstinstrument, in: Marketing ZFP, 9. Jg., Nr. 2, S. 93–102.
Meffert, H. (1988), Strategische Unternehmensführung und Marketing, Wiesbaden.
Meffert, H. (1989a), Die Wertkette als Instrument der Unternehmensplanung, in: Delfmann, W. (Hrsg.), Der Integrationsgedanke in der Betriebswirtschaftslehre, Wiesbaden, S. 257–278.
Meffert, H. (Hrsg.) (1989b), Flughafenmarketing. Dargestellt am Beispiel des Flughafens Münster/Osnabrück, Münster.
Meffert, H. (1990a), Klassische Funktionenlehre und marktorientierte Führung. Integrationsperspektiven aus der Sicht des Marketing, in: Adam, D. (Hrsg.), Integration und Flexibilität. Eine Herausforderung für die Allgemeine Betriebswirtschaftslehre, 51. Wissenschaftliche Jahrestagung des Verbandes der Hochschullehrer für Betriebswirtschaftslehre e. V. 1989 in Münster, Wiesbaden, S. 373–408.
Meffert, H. (Hrsg.) (1990b), Entwicklung eines neuen Preissystems bei Verkehrsdienstleistungsunternehmen. Dargestellt am Beispiel der Deutschen Bundesbahn, Münster.
Meffert, H. (1992a), Marketingforschung und Käuferverhalten, 2. Aufl., Wiesbaden.
Meffert, H. (1992b), Strategien zur Profilierung von Marken, in: Dichtl, E./Eggers, W. (Hrsg.), Marke und Markenartikel, München, S. 129–156.
Meffert, H. (1993), Marktorientierte Führung von Dienstleistungsunternehmen. Neuere Entwicklungen in Theorie und Praxis, Arbeitspapier Nr. 78 der Wissenschaftlichen Gesellschaft für Marketing und Unternehmensführung e. V., hrsg. von Meffert, H./Wagner, H., Münster.
Meffert, H. (1993), Messen und Ausstellungen als Marketinginstrument, in: Goehrmann, K. (Hrsg.), Polit-Marketing auf Messen und Ausstellungen, Düsseldorf, S. 74–96.
Meffert, H. (1994a), Marketing Management. Analyse, Strategie, Implementierung, Wiesbaden.
Meffert, H. (1994b), Dienstleistungsmarketing, in: Tietz, B./Köhler, R./Zentes, J. (Hrsg.), Handwörterbuch des Marketing, 2. Aufl., Stuttgart, S. 454–469.

Meffert, H. (1994c), Marktorientierte Führung von Dienstleistungsunternehmen. Neuere Entwicklungen in Theorie und Praxis, in: Die Betriebswirtschaft, 54. Jg., Nr. 4, S. 519–541.
Meffert, H./Benkenstein, M. (1989), Die Wertkette, in: Die Betriebswirtschaft, 49. Jg., Nr. 6, S. 785–787.
Meffert, H./Birkelbach, R. (1991), Thesen zur Auswirkung des Freizeitphänomens auf die Bearbeitung von Freizeitmärkten, in: Marketing ZFP, 13. Jg., Nr. 4, S. 265–269.
Meffert, H./Birkelbach, R. (1992), Customized Marketing, in: Thexis, 9. Jg., Nr. 1, S. 18–19.
Meffert, H./Bruhn, M. (1981), Beschwerdeverhalten und Zufriedenheit von Konsumenten, in: Die Betriebswirtschaft, 41. Jg., Nr. 4, S. 597–613.
Meffert, H./Frömbling, S. (1993), Regionenmarketing Münsterland. Fallbeispiel zur Segmentierung und Positionierung, in: Haedrich, G. et al. (Hrsg.), Tourismus-Management, Berlin/New York, S. 631–652.
Meffert, H./Heinemann, G. (1990), Operationalisierung des Imagetransfers. Begrenzung des Transferrisikos durch Ähnlichkeitsmessungen, in: Marketing ZFP, 12. Jg., Nr. 1, S. 5–10.
Meffert, H./Wagner, H. (Hrsg.) (1988), Marketing für Finanzdienstleistungen, Workshopdokumentation, Arbeitspapier Nr. 48 der Wissenschaftlichen Gesellschaft für Marketing und Unternehmensführung e. V., hrsg. von Meffert, H./Wagner, H., Münster.
Meffert, H./Wagner, H./Backhaus, K. (Hrsg.) (1991), Marketing in der Freizeit- und Dienstleistungsgesellschaft, Dokumentation des 20. Münsteraner Führungsgesprächs vom 21./22. Februar 1991, Arbeitspapier Nr. 62 der Wissenschaftlichen Gesellschaft für Marketing und Unternehmensführung; hrsg. von Meffert, H./Wagner, H./Backhaus, K., Münster.
Meissner, H. G. (1987), Marketing für gemeinnützige Wohnungsunternehmen, Stuttgart.
Mellerowicz, K. (1964), Markenartikel. Die ökonomischen Gesetze ihrer Preisbildung und Preisbindung, 2. Aufl., München/Berlin.
Mertess, J. E. (1974), Corporate Response to the Artist, in: MSU Business Topics, 22. Jg., Autumn, S. 45–51.
Meyer, A. (1987), Die Automatisierung und Veredelung von Dienstleistungen. Auswege aus der dienstleistungsinhärenten Produktivitätsschwäche, in: Jahrbuch der Absatz- und Verbrauchsforschung, 33. Jg., Nr. 1, S. 25–46.
Meyer, A. (1991), Dienstleistungsmarketing, in: Die Betriebswirtschaft, 51. Jg., Nr. 2, S. 195–209.
Meyer, A. (1994), Dienstleistungs-Marketing, 6. Aufl., Augsburg.
Meyer, A./Dornach, F. (1995a), Jahrbuch der Kundenzufriedenheit in Deutschland 1995. Das Deutsche Kundenbarometer 1995 – Qualität und Zufriedenheit, München.
Meyer, A./Dornach, F. (1995b), Nationale Barometer zur Messung der Qualität und Kundenzufriedenheit bei Dienstleistungen, in: Bruhn, M./Stauss, B. (Hrsg.), Dienstleistungsqualität. Grundlagen, Konzepte, Methoden, 2. Aufl., Wiesbaden, S. 429–453.
Meyer, A./Mattmüller, R. (1987), Qualität von Dienstleistungen. Entwurf eines praxisorientierten Qualitätsmodells, in: Marketing ZFP, 9. Jg., Nr. 3, S. 187–195.
Meyer, A./Noch, R. (1992), Dienstleistungen im Investitionsgütermarketing, in: Das Wirtschaftsstudium (WISU), 21. Jg., Nr. 12, S. 954–961.
Meyer, A./Rühle, M. (1991), Innovationspotentiale der Kundenselbstbedienung, in: Thexis, 8. Jg., Nr. 6, S. 50–56.
Meyer, J. (1991), Wie Qualität den Unternehmenserfolg fördert. Erfahrungen von PIMS, in: Little, A. D. (Hrsg.), Management von Spitzenqualität, Wiesbaden, S. 37–40.
Meyer, P. W./Meyer, A. (1990), Dienstleistungen. Die große Hoffnung für Wirtschaft und Wirtschaftswissenschaften in den neunziger Jahren, in: Jahrbuch der Absatz- und Verbrauchsforschung, 36. Jg., Nr. 2, S. 124–139.
Meyer, P. W./Tostmann, T. (1979), Dienstleistungsmarketing, in: Jahrbuch der Absatz- und Verbrauchsforschung, 25. Jg., S. 286–309.
MGM Mediagruppe München (1996), Werbung im Internet, München.
Middleton, V. (1988), Marketing in Travel & Tourism, Oxford.

Milind, M. L. (1986), How Service Needs Influence Product Strategy, in: Sloan Management Review, Vol. 27, No. 3, S. 63–70.
Miller, D./Friesen, D. H. (1982), Innovation in Conservative and Entrepreneurial Firms. Two Models of Strategic Momentum, in: Strategic Management Journal, Vol. 3, No. 1, S. 1–25.
Mischler, P. (1898), Dienstleistungen (persönliche), in: Elster, L. (Hrsg.), Wörterbuch der Volkswirtschaft in zwei Bänden, Bd. 1, Jena, S. 548.
Moller, C. (1987), Persönliche Qualität als Voraussetzung für jede andere Qualität, o. O.
Moormann, J. (1988), Strategische Planung in Geschäftsbanken. Ergebnisse einer Umfrage, in: Die Bank, 28. Jg., Nr. 6, S. 309–316.
Mudie, P./Cottam, A. (1993), The Management and Marketing Services, Oxford u. a.
Mühlbacher, H./Botschen, G. (1990), Benefit-Segmentierung von Dienstleistungsmärkten, in: Marketing ZFP, 12. Jg., Nr. 3, S. 159–168.
Müller, W. (1993), Konzeptionelle Grundlagen des Integrativen Dienstleistungsmarketing, WHU-Forschungspapier Nr. 23, Wissenschaftliche Hochschule für Unternehmensführung, Vallendar.
Müller, W./Klein, S. (1993a), Grundzüge einer verhaltensorientierten Preistheorie im Dienstleistungsmarketing, WHU-Forschungspapier Nr. 16, Wissenschaftliche Hochschule für Unternehmensführung, Koblenz.
Müller, W./Klein, S. (1993b), Grundzüge einer verhaltensorientierten Preistheorie im Dienstleistungsmarketing, Teil 1: Preisgünstigkeitsurteile, in: Jahrbuch der Absatz- und Verbrauchsforschung, 39. Jg., Nr. 3, S. 261–282.
Müller, W./Klein, S. (1993c), Grundzüge einer verhaltensorientierten Preistheorie im Dienstleistungsmarketing, Teil 2: Preisgelenkte Qualitätsbeurteilungsprozesse und Preiswürdigkeitsurteile, in: Jahrbuch der Absatz- und Verbrauchsforschung, 39. Jg., Nr. 4, S. 360–385.
Müller, W./Riesenbeck, H.-J. (1991), Wie aus zufriedenen auch anhängliche Kunden werden, in: Harvard Manager, 13. Jg., Nr. 3, S. 67–79.
Müller-Merbach, H. (1985), Ansätze zu einer informationsorientierten Betriebswirtschaftslehre, in: Ballwieser, W./Berger, K. H. (Hrsg.), Information und Wirtschaftlichkeit, Wiesbaden, S. 117–144.
Murphy, J. H./Cunningham, I. C. M. (1993), Advertising and Marketing Communication Management, Fort Worth u. a.
Murray, J. A. (1984), A Concept of Entrepreneurial Strategy, in: Strategic Management Journal, Vol. 5, S. 1–13.
Murray, K. B. (1991), A Test of Services Marketing Theory. Consumer Information Acquisition Activities, in: Journal of Marketing, Vol. 55, No. 1, S. 10–25.
Naundorf, S. (1993), Charakterisierung und Arten der Public Relations, in: Berndt, R./Hermanns, A. (Hrsg.), Handbuch Marketing-Kommunikation, Wiesbaden, S. 595–616.
Nelson, P. (1970), Advertising as Information, in: Journal of Political Economy, Vol. 78, No. 4, S. 729–754.
Nerdinger, F./von Rosenstiel, L. (1995), Die Umgestaltung der Führungsstrukturen im Rahmen der Implementierung des Internen Marketing, in: Bruhn, M. (Hrsg.), Internes Marketing. Integration der Kunden- und Mitarbeiterorientierung. Grundlagen, Implementierung, Praxisbeispiele, Wiesbaden, S.113–128.
Neubauer, F. F. (1989), Portfolio-Management, 3. Aufl., Neuwied.
Nicklisch, H. (1922), Wirtschaftliche Betriebslehre, 6. Aufl. der „Allgemeinen Kaufmännischen Betriebslehre“, Stuttgart.
Nieschlag, R./Dichtl, E./Hörschgen, H. (1994), Marketing, 17. Aufl., Berlin.
NIST National Institute of Standards and Technology (1993), Award Criteria 1994, Gaithersburg.
Normann, R. (1987), Dienstleistungsunternehmen, Hamburg.
o. V. (1979), Dienstleistung im Test. Stiftung Warentest prüft Service-Funktionen, in: Absatzwirtschaft, 22. Jg., Nr. 10, Sonderausgabe, S. 162–168.
o. V. (1992), Die Kundendiensteinrichtungen werden in den Heimatmärkten zusammengelegt, in: Handelsblatt vom 21.5., S. 53.

o. V. (1993), Jeder Mitarbeiter sollte Qualitätsmanager sein. TQM – ein nötiger Weg, in: Hessische Wirtschaft, Nr. 12, S. 8–9.
o. V. (1994a), Flickwerk mit Kompromissen. Rabattgesetz-Fall. Handlungsalternativen für Fachhändler, in: Einzelhandelsberater, Nr. 6, S. 20–29.
o. V. (1994b), Mit mehr Produktivität und dem Erfolg der Töchter gut auf Kurs, in: Handelsblatt vom 16. Mai, S. 22.
Oess, A. (1991), Total Quality Management. Die ganzheitliche Qualitätsstrategie, 2. Aufl., Wiesbaden.
Oess, A. (1993), Total Quality Management. Die ganzheitliche Qualitätsstrategie, 3. Aufl., Wiesbaden.
Olschewski, J. (1990), Wandel vom Hersteller- zum Kundenmarkt, in: Blick durch die Wirtschaft vom 26. Oktober, Nr. 208, S. 7.
Opaschowski, H. W. (1989), Tourismusforschung, Opladen.
Opaschowski, H. W./Raddatz, G. (1982), Freizeit im Wertewandel. Die neue Einstellung zu Arbeit und Freizeit, Bd. 4 der Schriftenreihe zur Freizeitforschung, hrsg. vom B.A.T. Freizeit-Forschungsinstitut, Hamburg.
Otto, A./Reckenfelderbäumer, M. (1993), Zeit als strategischer Erfolgsfaktor im „Dienstleistungsmarketing“, Arbeitspapier zum Marketing, Nr. 27, hrsg. von Engelhardt, W./Hamman, P., Bochum.
Ouchi, W. G. (1981), Theory Z. How American Business can Meet the Japanese Challenge, Reading, Mass.
Palmer, A. (1994), Principles of Services Marketing, London u. a.
Palmer, A./Cole, C. (1995), Services Marketing. Principles and Practice, Englewood Cliffs.
Parasuraman, A./Zeithaml, V. A./Berry, L. L. (1985), A Conceptual Model of Service Quality and its Implications for Future Research, in: Journal of Marketing, Vol. 49, No. 1, S. 41–50.
Parasuraman, A./Zeithaml, V. A./Berry, L. L. (1988), SERVQUAL. A Multiple-Item Scale for Measuring Consumer Perceptions of Service Quality, in: Journal of Retailing, Vol. 64, No. 1, S. 12–40.
Pascale, R./Athos, A. G. (1981), The Art of Japanese Management, New York.
Payne, A. (1986), New Trends in the Strategy Consulting Industry, in: Journal of Business Strategy, Vol. 5, No. 1, S. 43–55.
Payne, A. (1993), The Essence of Services Marketing, New York u. a.
Pessemier, E. A. (1977), Product Management, New York.
Peters, M. (1995), Besonderheiten des Dienstleistungsmarketing. Planung und Durchsetzung der Qualitätspolitik im Markt, in: Bruhn, M./Stauss, B. (Hrsg.), Dienstleistungsqualität. Konzepte, Methoden, Erfahrungen, 2. Aufl., Wiesbaden, S. 47–64.
Petersen, H. J. et al. (1984), Der internationale Handel mit Dienstleistungen aus der Sicht der Bundesrepublik Deutschland. Entwicklung, Handel, Politik, Deutsches Institut für Wirtschaftsforschung, Beiträge zur Strukturforschung, Heft 78, Stuttgart.
Pfeifer, T. (1993), Qualitätsmanagement. Strategien, Methoden, Techniken, München/Wien.
Pfeiffer, W. (1985), Zur Notwendigkeit strategischer Vorsteuerung von Innovationsprozessen, in: Franke, J. (Hrsg.), Betriebliche Innovation als interdisziplinäres Problem, Stuttgart, S. 124–134.
Pfohl, H. C. (1996), Logistiksysteme, 5. Aufl., Berlin u. a.
Pfund, K. (1992), Der Not gehorchend, nicht dem eigenen Triebe, in: Handelsblatt vom 10.06., S. 17.
Piercy, N. F./Morgan, N. A. (1990), Strategic Internal Marketing. Managerial Frameworks and Empirical Evidence, in: Enhancing Knowledge Development in Marketing, AMA Educators's Proceedings, Vol. 1, Chicago, S. 308–313.
Porter, M. E. (1985), Competitive Advantage, London/New York.
Porter, M. E. (1995), Wettbewerbsstrategie, 8. Aufl., Frankfurt am Main/New York.
Porter, M. E./Fuller, M. B. (1989), Koalitionen und globale Strategien, in: Porter, M. E. (Hrsg.), Globaler Wettbewerb, Wiesbaden, S. 363–399.

Potts, G. W. (1989), Im Servicezyklus steckt Profit, in: Harvard Manager, 11. Jg., Nr. 2, S. 100–104.

Preiss, F. J. (1993), Strategische Erfolgsfaktoren im Softwaremarketing. Ein Konzept zur Erfassung und Gewichtung strategischer Erfolgsfaktoren mit Hilfe qualitativer Verfahren, Frankfurt am Main u. a.

Priewasser, E. (1987), Die Banken im Jahre 2000. Eine Analyse und Prognose der Umweltbedingungen, der Bankpolitik und des Bankwachstums in den 80er und 90er Jahren, 3. Aufl., Frankfurt am Main.

Quinn, J. B./Gagnon, C. E. (1987), Die Dienstleistungen werden automatisiert, in: Harvard Manager, 9. Jg., Nr. 2, S. 74–81.

Rados, D. L. (1996), Marketing for Non-Profit Organizations, 2. Aufl., Boston.

Rapp, R. (1993), Umsetzungsorientiertes Marketing für industrielle Dienstleistungen, in: Simon, H. (Hrsg.), Industrielle Dienstleistungen, Stuttgart, S. 135–159.

Reckenfelderbäumer, M. (1995), Marketing-Accounting im Dienstleistungsbereich. Konzeption eines prozeßkostengestützten Instrumentariums, Wiesbaden.

Reichheld, F. F./Sasser, W. E. (1990), Zero Defections. Quality Comes to Services, in: Harvard Business Review, Vol. 68, No. 5, S. 105–111.

Reichheld, F. F./Sasser, W. E. (1991), Zero Migration. Dienstleister im Sog der Qualitätsrevolution, in: Harvard Manager, 13. Jg., Nr. 4, S. 108–116.

Reimann, C. W./Hertz, H. S. (1994), Der Malcolm Baldrige National Quality Award und die Zertifizierung gemäß den Normen ISO 9000 bis 9004. Die wichtigsten Unterschiede, in: Stauss, B. (Hrsg.), Qualitätsmanagement und Zertifizierung. Von DIN ISO 9000 zum Total Quality Management, Wiesbaden, S. 333–364.

Reiss, M. (1992), Mit Blut, Schweiß und Tränen zur schlanken Organisation, in: Harvard Manager, 13. Jg., Nr. 2, S. 57–62.

Remmerbach, K.-U. (1988), Markteintrittsentscheidungen, Wiesbaden.

Rengelshausen, O. (1995), Multimedia-Management. Zur Planung, Realisierung und Kontrolle von Multimedia-Applikationen, in: Silberer, G. (Hrsg.), Marketing mit Multimedia. Grundlagen, Anwendungen und Management einer neuen Technologie im Marketing, Stuttgart, S. 221–254.

Rennert, C. (1993), Dienstleistungen als Elemente innovativer Betreibungskonzepte im Automobilhandel, Ottobrunn.

Rheinbay, P./Günther, A. (1995), Rechtsfragen des Dienstleistungsangebotes. Wettbewerbsrecht und Haftung, in: Bruhn, M./Stauss, B. (Hrsg.), Dienstleistungsqualität. Konzepte, Methoden, Erfahrungen, 2. Aufl., Wiesbaden, S. 105–127.

Richins, M. L. (1983), Negative Word-of-Mouth by Dissatisfied Customers. A Pilot Study, in: Journal of Marketing, Vol. 47, No. 4, S. 63–78.

Roach, S. S. (1991), Services under Siege. The Restructuring Imperative, in: Harvard Business Review, Vol. 69, No. 5, S. 82–91.

Robertson, T. S. (1967), The Process of Innovation and the Diffusion of Innovation, in: Journal of Marketing, Vol. 31, No. 1, S. 14–19.

Robertson, T. S. (1971), Innovative Behaviour and Communication, New York u. a.

Robertson, T. S./Wortzel, L. H. (1978), Consumer Behavior and Health Care Change. The Role of Mass Media, in: Lovelock, C. H./Weinberg, C. B. (Hrsg.), Readings in Public and Nonprofit Marketing, S. 205–208.

Rock, R./Ulrich, P./Witt, F. (1990), Strukturwandel der Dienstleistungsrationalisierung, Frankfurt am Main.

Rogers, E. M. (1995), Diffusion of Innovations, 4. Aufl., New York.

Rosada, M. (1990), Kundendienststrategien im Automobilsektor, Berlin.

Rosander, A. C. (1989), The Quest for Quality in Services, New York.

Rößl, D. (1991), Demarketing bei verrichtungssimultanen Diensten, in: Zeitschrift für betriebswirtschaftliche Forschung, 43. Jg., Nr. 5, S. 435–449.

Rust, R. T./Oliver, R. L. (Hrsg.) (1994), Service Quality. New Directions in Theory and Practice, Thousand Oaks.
Rust, T. R./Zahorik, A. J./Keiningham, T. L. (1994), Return on Quality. Measuring the Financial Impact of your Company's Quest for Quality, Chicago/Cambridge.
Saatweber, J. (1994), Quality Function Deployment (QFD), in: Masing, W. (Hrsg.), Handbuch Qualitätsmanagement, 3. Aufl., München/Wien, S. 445–468.
Sachs, M. C. (1993), Praktiziertes Qualitätsmanagement für Dienstleistungen. Tugend oder Vision, in: Qualität und Zuverlässigkeit (QZ), 38. Jg., Nr. 4, S. 217–222.
Say, J. B. (1830), Ausführliche Darstellung der Nationalökonomie oder der Staatswissenschaft, 1. Buch, 3. Aufl., Heidelberg.
Schade, C./Schott, E. (1993), Kontraktgüter im Marketing, in: Marketing ZFP, 15. Jg., Nr. 1, S. 15–25.
Scharitzer, D. (1993), Das Dienstleistungs-„Produkt", in: Der Markt, 32. Jg., Nr. 2, S. 94–107.
Schertler, W./Popp, W. (1983), Attraktivitätsanalyse von Dienstleistungen. Ein empirischer Ansatz zur Entwicklung von Ausbaustrategien für Unternehmen und Staat, Füssen.
Scheuch, F. (1982), Dienstleistungsmarketing, München.
Scheuing, E. E. (1974), New Product Management, Hinsdale.
Scheuing, E. E./Christopher, W. F. (Hrsg.) (1993), The Service Quality Handbook, New York.
Scheuing, E. E./Johnson, E. M. (1988), New Product Management in Service Industries. An Early Assessment, in: Surprenant, C. (Hrsg.), Add Value to Your Service, 6th Annual Service Marketing Conference, Proceedings, Chicago 1988, S. 91–95.
Scheuing, E. E./Johnson, E. M. (1989), A Proposed Model for New Service Development, in: Journal of Services Marketing, Vol. 3, No. 2, S. 25–34.
Schick, S. (1995), Strukturierung und Gestaltung der Mitarbeiterkommunikation als Personalaufgabe, in: Bruhn, M. (Hrsg.), Internes Marketing. Integration der Kunden- und Mitarbeiterorientierung. Grundlagen, Implementierung, Praxisbeispiele, Wiesbaden, S. 453–470.
Schlesinger, L. A./Heskett, J. L. (1991), The Service-Driven Service Company, in: Harvard Business Review, Vol. 69, No. 5, S. 71–81.
Schlesinger, L. A./Heskett, J. L. (1992), Dem Kunden dienen. Das müssen viele Dienstleister erst noch lernen, in: Harvard Manager, 14. Jg., Nr. 1, S. 106–116.
Schmalen, H. (1992), Kommunikationspolitik. Werbeplanung, 2. Aufl., Stuttgart/Berlin/Köln.
Schmalen, H. (1993), Mediaselektion, in: Berndt, R./Hermanns, A. (Hrsg.), Handbuch Marketing-Kommunikation, Wiesbaden, S. 463–476.
Schmalensee, R. (1984), Gaussian Demand and Commodity Bundling, in: Journal of Business, Vol. 57, Nr. 1, S. 211–230.
Schmenner, R. W. (1988), How Can Service Businesses Survive and Prosper?, in: Lovelock, C. H. (Hrsg.), Managing Services. Marketing, Operations and Human Resources, Englewood Cliffs, S. 25–36.
Schnaars, S. P. (1986), When Entering Growth Markets, Are Pioneers Better than Poachers?, in: Business Horizons, Vol. 29, March/April, S. 27–36.
Schneider, B. (1989), The Service Organization. Climate is Crucial, in: Bateson, J. E. G. (Hrsg.), Managing Services Marketing. Text and Readings, Chicago u. a., S. 304–316.
Schneider, B./Reichers, A. E. (1983), On the Etiology of Climates, in: Personnel Psychology, Vol. 36, No. 1, S. 19–39.
Schneider, D./Schnetkamp, G. (1994), Wettbewerbsvorteile durch integrierte Systemangebote. Dargestellt am Beispiel des Luftfrachtmarktes, in: Bruhn, M./Meffert, H./Wehrle, F. (Hrsg.), Marktorientierte Unternehmensführung im Umbruch. Effizienz und Flexibilität als Herausforderungen des Marketing, Stuttgart, S. 321–344.
Schöler, K. (1981), Das Marktgebiet im Einzelhandel. Determinanten, Erklärungsmodelle und Gestaltungsmöglichkeiten des räumlichen Absatzes, Berlin.
Schörcher, U./Buchholz, R. (1994), Qualitätsmanagement in der Luftfahrt, in: Masing, W. (Hrsg.), Handbuch Qualitätsmanagement, 3. Aufl., München/Wien, S. 833–849.
Schreiner, R. (1982), Die Dienstleistungsmarke, in: Markenartikel, 44. Jg., Nr. 10, S. 436–440.

Schreiner, R. (1983), Die Dienstleistungsmarke. Typus, Rechtschutz und Funktion, Köln u. a.
Schreyögg, G. (1991), Managementrolle. Stratege, in: Staehle, W. H. (Hrsg.), Handbuch Management, Wiesbaden, S. 99–119.
Schüller, A. (1967), Dienstleistungsmärkte in der Bundesrepublik Deutschland, Köln/Opladen.
Schulz, B./Hentschel, B. (1992), Erfolg durch Service-Qualität, in: Thexis, 9. Jg., Nr. 1, S. 51–53.
Schulze, H. S. (1992), Internes Marketing von Dienstleistungsunternehmungen. Fundierungsmöglichkeiten mittels ausgewählter Konzepte der Transaktionsanalyse, Frankfurt am Main.
Schulze, H. S. (1993), Dienstleistungswerbung. Ursachen, Anforderungen und Lösungsansätze der externen Massenkommunikation von Dienstleistungsunternehmen am Beispiel ausgewählter Print-Kampagnen, in: Jahrbuch der Absatz- und Verbrauchsforschung, 39. Jg., Nr. 2, S. 139–164.
Schürmann, U. (1993), Erfolgsfaktoren der Werbung im Produktlebenszyklus, Frankfurt am Main u. a.
Schwamen, J. von (1994), Effiziente Vorbereitung auf die Zertifizierung sowie deren Durchführung in einem Dienstleistungsunternehmen. Erfahrungsbericht der Deutscher Paket Dienst GmbH, in: Stauss, B. (Hrsg.), Qualitätsmanagement und Zertifizierung. Von DIN ISO 9000 zum Total Quality Management, Wiesbaden, S. 165–196.
Schweiger, G. (1975), Mediaselektion, Wiesbaden.
Schweiger, G. (1992), Werbeziele, in: Diller, H. (Hrsg.), Vahlens Großes Marketinglexikon, München, S. 1320–1321.
Schweiger, G./Schrattenecker, G. (1995), Werbung, 4. Aufl., Stuttgart.
Schwenker, B. (1989), Dienstleistungsunternehmen im Wettbewerb, Wiesbaden.
Sedgwick, A. (1978), Is there a Reasonable Case to Sponsor the Arts?, in: Advertising and Marketing, Vol. 15, Autumn, S. 20–23.
Seghezzi, H. D. (1989), Total Quality Management, in: Thexis, 6. Jg., Nr. 6, S. 21–25.
Seghezzi, H. D. (1992), Quality Systems, in: Seghezzi, H. D. (Hrsg.), Top Management and Quality, München u. a., S. 109–128.
Seghezzi, H. D. (1993), Konzepte, Strategien und Systeme qualitätsorientierter Unternehmen, in: Seghezzi, H. D./Hansen, J. R. (Hrsg.), Qualitätsstrategien. Anforderungen an das Management der Zukunft, München, S. 1–41.
Servatius, H. G. (1991), Vom strategischen Management zur evolutionären Führung. Auf dem Weg zu einem ganzheitlichen Denken und Handeln, Stuttgart.
Shamir, B. (1989), Between Service and Servility. Role Conflict in Subordinate Service Roles, in: Bateson, J. E. G. (Hrsg.), Managing Services Marketing. Text and Readings, Chicago u. a., S. 317–327.
Shostack, G. L. (1984), Planung effizienter Dienstleistungen, in: Harvard Manager, 6. Jg., Nr. 3, S. 93–99.
Shostack, G. L. (1987), Service Positioning through Structural Change, in: Journal of Marketing, Vol. 51, No. 1, S. 34–43.
Silberer, G. (1991), Werteforschung und Werteorientierung im Unternehmen, Stuttgart.
Silberer, G. (1995), Marketing mit Multimedia im Überblick, in: Silberer, G. (Hrsg.), Marketing mit Multimedia. Grundlagen, Anwendungen und Management einer neuen Technologie im Marketing, Stuttgart, S. 3–31.
Silberer, G. (Hrsg.) (1995), Marketing mit Multimedia. Grundlagen, Anwendungen und Management einer neuen Technologie im Marketing, Stuttgart.
Simon, H. (1988), Management strategischer Wettbewerbsvorteile, in: Simon, H. (Hrsg.), Wettbewerbsvorteile und Wettbewerbsfähigkeit, Stuttgart, S. 1–17.
Simon, H. (1992a), Preismanagement, 2. Aufl., Wiesbaden.
Simon, H. (1992b), Preisbündelung, in: Zeitschrift für Betriebswirtschaft, 62. Jg., Nr. 11, S. 1213–1235.
Simon, H. (Hrsg.) (1993), Industrielle Dienstleistungen, Stuttgart.
Singer, H. (1986), Dienstleistungen als Wettbewerbsinstrument im industriellen Anlagengeschäft, in: Zeitschrift für betriebswirtschaftliche Forschung, 38. Jg., Nr. 1, S. 84–96.

Singh, M. P. (1990), Service as a Marketing Strategy. A Case Study at Reliance Electric, in: Industrial Marketing Management, Vol. 19, S. 193–200.
Smircich, L. (1983), Concepts of Culture and Organizational Analysis, in: Administrative Science Quarterly, Vol. 28, No. 3, S. 339–358.
Smith, A. (1789), Welfare of Nations, London.
Smith, B. C./Leimkuhler, J. F./Darrow R. M. (1992), Yield Management at American Airlines, in: Interfaces, Vol. 23, No. 1, S. 8–31.
Smith, P. R. (1993), Marketing Communications. An Integrated Approach, London.
Sommerlatte, T./Layng, B. J./Oene, F. van (1986), Innovationsmanagement. Schaffen einer innovativen Unternehmenskultur, in: Little, A. D. (Hrsg.), Management der Geschäfte von morgen, Wiesbaden, S. 35–75.
Sondermann, J. P. (1994), Instrumente des Total Quality Management. Ein Überblick, in: Stauss, B. (Hrsg.), Qualitätsmanagement und Zertifizierung. Von DIN ISO 9000 zum Total Quality Management, Wiesbaden, S. 223–253.
Specht, G. (1992), Distributionsmanagement, 2. Aufl., Stuttgart/Berlin/Köln.
Staal, R. (1990), Qualitätsorientierte Unternehmensführung. Strategie und operative Umsetzung, Stuttgart/Düsseldorf.
Staehle, W. H. (Hrsg.) (1991), Handbuch Management, Wiesbaden.
Staehle, W. H. (1994), Management. Eine verhaltenswissenschaftliche Perspektive, 7. Aufl., München.
Staffelbach, B. (1988), Strategisches Marketing von Dienstleistungen, in: Marketing ZFP, 10. Jg., Nr. 4, S. 277–284.
Stark, H. (1979), Marketing im Handwerk, Stuttgart.
Statistisches Bundesamt (Hrsg.) (1995), Statistisches Jahrbuch 1995, Wiesbaden.
Stauss, B. (1989), Beschwerdepolitik als Instrument des Dienstleistungsmarketing, in: Jahrbuch der Absatz- und Verbrauchsforschung, 35. Jg., Nr. 1, S. 41–62.
Stauss, B. (1991a), Dienstleister und die vierte Dimension, in: Harvard Manager, 13. Jg., Nr. 2, S. 81–89.
Stauss, B. (1991b), Internes Marketing als personalorientierte Qualitätspolitik, in: Bruhn, M./Stauss, B. (Hrsg.), Dienstleistungsqualität. Konzepte, Methoden, Erfahrungen, Wiesbaden, S. 227–246.
Stauss, B. (Hrsg.) (1991), Erfolg durch Service-Qualität, München.
Stauss, B. (1993), TQM im industriellen Service, in: Absatzwirtschaft, 36. Jg., Nr. 9, S. 112–119.
Stauss, B. (1994a), Dienstleistungsmarken, in: Bruhn, M. (Hrsg.), Handbuch Markenartikel, Bd. 1, Stuttgart, S. 79–103.
Stauss, B. (1994b), Markteintrittsstrategien im internationalen Dienstleistungsmarketing, in: Thexis, 11. Jg., Nr. 3, S. 10–16.
Stauss, B. (1994c), Qualitätsmanagement und Zertifizierung als unternehmerische Herausforderung. Eine Einführung in den Sammelband, in: Stauss, B. (Hrsg.), Qualitätsmanagement und Zertifizierung. Von DIN ISO 9000 zum Total Quality Management, Wiesbaden, S. 11–23.
Stauss, B. (1994d), Internes Marketing, in: Diller, H. (Hrsg.), Vahlens Großes Marketinglexikon, München, S. 477–479.
Stauss, B. (Hrsg.) (1994), Qualitätsmanagement und Zertifizierung. Von DIN ISO 9000 zum Total Quality Management, Wiesbaden.
Stauss, B. (1995a), „Augenblicke der Wahrheit" in der Dienstleistungserstellung. Ihre Relevanz und ihre Messung mit Hilfe der Kontaktpunkt-Analyse, in: Bruhn, M./Stauss, B. (Hrsg.), Dienstleistungsqualität. Konzepte, Methoden, Erfahrungen, 2. Aufl., Wiesbaden, S. 379–400.
Stauss, B. (1995b), Internes Marketing als personalorientierte Qualitätspolitik, in: Bruhn, M./Stauss, B. (Hrsg.), Dienstleistungsqualität. Konzepte, Methoden, Erfahrungen, 2. Aufl., Wiesbaden, S. 257–276.
Stauss, B./Hentschel, B. (1990), Verfahren der Problementdeckung und -analyse im Qualitätsmanagement von Dienstleistungsunternehmen, in: Jahrbuch der Absatz- und Verbrauchsforschung, 36. Jg., Nr. 3, S. 232–244.

Stauss, B./Hentschel, B. (1991), Dienstleistungsqualität, in: Wirtschaftswissenschaftliches Studium (WiSt), 20. Jg., Nr. 5, S. 238–244.

Stauss, B./Neuhaus, P. (1995), Das Qualitative Zufriedenheitsmodell, Diskussionsbeiträge der Wirtschaftswissenschaftlichen Fakultät Ingolstadt Nr. 66, Ingolstadt.

Stauss, B./Scheuing, E. E. (1994), Der Malcolm Baldrige National Quality Award und seine Bedeutung als Managementkonzept, in: Stauss, B. (Hrsg.), Qualitätsmanagement und Zertifizierung. Von DIN ISO 9000 zum Total Quality Management, Wiesbaden, S. 303–332.

Stauss, B./Schulze, H. S. (1990), Internes Marketing, in: Marketing ZFP, 12. Jg., Nr. 3, S. 149–158.

Stauss, B./Seidel, W. (1996), Beschwerdemanagement. Fehler vermeiden, Leistung verbessern, Kunden binden, München/Wien.

Stebbing, L. (1990), Quality Management in the Service Industry, Chichester.

Steenkamp, J.-B. E. M./Hoffmann, D. L. (1994), Price and Advertising as Market Signals for Service Quality, in: Rust, R. T./Oliver, R. L. (Hrsg.), Service Quality. New Directions in Theory and Practice, Thousand Oaks, S. 95–107.

Steffenhagen, H. (1975), Konflikt und Kooperation in Absatzkanälen. Ein Beitrag zur verhaltensorientierten Marketingtheorie, Wiesbaden.

Steffenhagen, H. (1992), Werbestrategie, in: Diller, H. (Hrsg.), Vahlens Großes Marketinglexikon, München, S. 1308–1309.

Stein, J. H. von (1988), Innovationsmanagement bei Finanzdienstleistungen, Frankfurt am Main.

Steinbach, W. (1994), Qualitätskosten, in: Masing, W. (Hrsg.), Handbuch Qualitätsmanagement, 3. Aufl., München/Wien, S. 65–88.

Stevens, A. (1981), Brandstanding. Long Lived Product Promotion, in: Harvard Business Review, Vol. 59, No. 3, S. 54–58.

Stieger, H. (1980), Zur Ökonomie der Hochschule, Gießen.

Stracke, G./Pohl, M. (1988), Financial Services in Deutschland (IV). Marktstrategien der Versicherer, in: Die Bank, 28. Jg., Nr. 4, S. 191–211.

Strutz, H. (Hrsg.) (1989), Handbuch Personalmarketing, Wiesbaden.

Süchting, J./Hooven, E. (Hrsg.) (1991), Handbuch des Bankmarketing, 2. Aufl., Wiesbaden.

Suppan, E. (1980), Direktwerbung Komplett, Wien.

Surprenant, C. F. (1987), Predictability and Personalization in the Service Encounter, in: Journal of Marketing, Vol. 51, No. 2, S. 86–96.

Swartz, T. A./Bowen, D. E./Brown, S. W. (Hrsg.) (1992), Advances in Services Marketing and Management, Vol. 1, Greenwich.

Swartz, T. A./Bowen, D. E./Brown, S. W. (Hrsg.) (1993), Advances in Services Marketing and Management, Vol. 2, Greenwich.

Swartz, T. A./Bowen, D. E./Brown, S. W. (Hrsg.) (1994), Advances in Services Marketing and Management, Vol. 3, Greenwich.

Swartz, T. A./Bowen, D. E./Brown, S. W. (Hrsg.) (1995), Advances in Services Marketing and Management, Vol. 4, Greenwich/London.

Taylor, S. (1994), Waiting for Service. The Relationship Between Delays and Evaluation of Service, in: Journal of Marketing, Vol. 58, No. 2, S. 56–69.

Teas, R. K. (1993), Consumer Expectations and the Measurement of Perceived Service Quality, in: Journal of Professional Services Marketing, Vol. 8, No. 2, S. 33–53.

Telser, L. G. (1979), A Theory of Monopoly of Complementary Goods, in: Journal of Business, Vol. 52, No. 4, S. 211–230.

Tengler, H./Hennicke, M. (1987), Dienstleistungsmarkt in der Bundesrepublik Deutschland, Stuttgart.

Terrahe, J. (1992), Das Rationalisierungs-Motiv der Banken ist längst dem Kundenwunsch gewichen, in: Handelsblatt vom 12.5., S. B15.

Thiesing, E.-O. (1986), Strategische Marketingplanung in filialisierten Universalbanken, Frankfurt am Main/Bern.

Thomas, D. R. E. (1983), Strategie in Dienstleistungsunternehmen, in: Harvard Manager, 5. Jg., Nr. 2, S. 42–48.
Thompson, K. (1993), Managing your Internal Customer, London.
Tietz, B. (1981), Regional- und Kommunalmarketing, in: Marketing ZFP, 3. Jg., Nr. 2, S. 129–131.
Tietz, B. (1991), Handbuch Franchising. Zukunftsstrategien für die Marktbearbeitung, 2. Aufl., Landsberg am Lech.
Tietz, B./Köhler, R./Zentes, J. (Hrsg.), Handwörterbuch des Marketing, 2. Aufl., Stuttgart.
Tietz, B./Zentes, J. (1980), Die Werbung der Unternehmung, Reinbek bei Hamburg.
Tlach, H. (1993), FMEA. Ein strategisches Element des Qualitätsmanagementsystems, in: Qualität und Zuverlässigkeit (QZ), 38. Jg., Nr. 5, S. 278–280.
Töpfer, A. (1995), Anforderungen des Total Quality Managements an Konzeption und Umsetzung des Internen Marketing, in: Bruhn, M. (Hrsg.), Internes Marketing. Integration der Kunden- und Mitarbeiterorientierung. Grundlagen, Implementierung, Praxisbeispiele, Wiesbaden, S. 545–573.
Trommsdorff, V. (1993), Konsumentenverhalten, 2. Aufl., Stuttgart u. a.
Turner, S. (1987), Practical Sponsorship, London.
Uhl, K. P./Upah, G. D. (1979), The Marketing of Services. Why and How is it Different?, Faculty Working Papers, College of Commerce and Business Administration, University of Illinois at Urbana-Champaign, Nr. 584, Urbana-Champaign.
Uhl, K. P./Upah, G. D. (1983), The Marketing of Services. Why and How is it Different?, in: Research in Marketing, Vol. 6, S. 231–257.
Urban, G. L./Hauser, J. R. (1980), Design and Marketing of New Products, Englewood Cliffs.
Vandermerwe, S./Chadwick, M. (1991), The Internationalization of Services, in: Lovelock, C. H. (Hrsg.), Services Marketing, 2. Aufl., London u. a., S. 48–58.
Venkatesan, M./Schmalensee, D. M./Marshall, C. (Hrsg.) (1986), Creativity in Services Marketing. What's New, What Works, What's Developing, Chicago.
Vikas, K. (1988), Controlling im Dienstleistungsbereich mit Grenzplankostenrechnung, Wiesbaden.
Vogel, H. (1989), Yield Management. Optimale Kapazität für jedes Marktsegment zum richtigen Preis. Ist der Stein der Weisen für die Reisebranche gefunden?, in: Fremdenverkehrswirtschaft International, Nr. 22 vom 10.10.
Vogler-Ludwig, K. (1987), Dynamik der Dienstleistungsproduktion in der Bundesrepublik Deutschland, in: ifo-Schnelldienst, 40. Jg., Nr. 14–15, S. 32–41.
Warren, W. E./Abercrombie, C. L./Berl, R. L. (1989), Adoption of a Service Innovation. A Case Study With Managerial Implications, in: Journal of Services Marketing, Vol. 3, No. 1, S. 21–33.
Wasmer, D. J./Bruner, G. C. (1991), Using Organizational Culture to Design Internal Marketing Strategies, in: Journal of Services Marketing, Vol. 5, No. 1, S. 35–46.
Weber, M. R. (1989), Erfolgreiches Service-Management, Landsberg am Lech.
Webster, C. (1988), The Importance Consumers Place on Professional Services, in: Journal of Services Marketing, Vol. 2, No. 1, S. 59–70.
Webster, C. (1990a), Toward the Measurement of the Marketing Culture of a Service Firm, in: Journal of Business Research, Vol. 21, S. 345–362.
Webster, C. (1990b), Marketing Culture. Does it Differ Between a Service and a Goods Producing Firm?, in: Atlantic Marketing Association Conference Proceedings, o. O., October.
Webster, C. (1992), What Kind of Marketing Culture exists in your Service Firm? An Audit, in: Journal of Services Marketing, Vol. 6, No. 2, S. 54–67.
Webster, C. (1993), Refinement of the Marketing Culture Scale and the Relationship Between Marketing Culture and Profitability of a Service Firm, in: Journal of Business Research, Vol. 26, S. 111–131.

Firmen-, Institutionen- und Markenverzeichnis

Stichwortverzeichnis